中国财政发展协同创新中心资助出版

# 十通财经文献注释

王文素 孙祤刚 洪钢 注

（第一册）

中国社会科学出版社

# 图书在版编目（CIP）数据

十通财经文献注释. 第1册/王文素, 孙祕刚, 洪钢注. —北京: 中国社会科学出版社, 2015.6
ISBN 978 - 7 - 5161 - 6250 - 7

Ⅰ.①十… Ⅱ.①王… ②孙… ③洪… Ⅲ.①财政史—史料—中国—古代 Ⅳ.①F812.92

中国版本图书馆 CIP 数据核字（2015）第 123590 号

| | |
|---|---|
| 出 版 人 | 赵剑英 |
| 责任编辑 | 卢小生 |
| 特约编辑 | 熊江平 |
| 责任校对 | 李　楠 |
| 责任印制 | 王　超 |
| 出　　版 | 中国社会科学出版社 |
| 社　　址 | 北京鼓楼西大街甲 158 号 |
| 邮　　编 | 100720 |
| 网　　址 | http://www.csspw.cn |
| 发 行 部 | 010 - 84083685 |
| 门 市 部 | 010 - 84029450 |
| 经　　销 | 新华书店及其他书店 |
| 印刷装订 | 北京君升印刷有限公司 |
| 版　　次 | 2015 年 6 月第 1 版 |
| 印　　次 | 2015 年 6 月第 1 次印刷 |
| 开　　本 | 710×1000　1/16 |
| 印　　张 | 50.5 |
| 插　　页 | 2 |
| 字　　数 | 856 千字 |
| 定　　价 | 168.00 元 |

凡购买中国社会科学出版社图书，如有质量问题请与本社发行部联系调换
电话：010 - 84083683
版权所有　侵权必究

# 凡 例

一、本书将"十通"的食货部分汇编成书,目的是方便财经领域的读者了解和研究中国财政、经济的发展变化历史,特别是历代王朝的财政、税收制度,以便借鉴历史、古为今用。

二、为保持原文来源的同一性,我们选用了浙江古籍出版社2000年出版的"十通"作为底本。因为专业所限及选编目的单一,我们没有将不同版本进行比较,更未参考诸多古籍对原文进行考据校订,只是在原文文句不通顺,或刊刻明显有误的情况下,才与二十四史中的"食货志"、"纪"、"传"等有关记叙文字进行比照,并且不改动原文。

三、对于原著中作者所加的小字注解,按《续通典》所说:"三代以上,文出经传者,往往诠释旨意;三代以下,文有繁复,未可遽删,则大书旁注,意存互见。"此系先贤治学严谨,对历史负责的态度。为此,我们保持原注、原式(大小字),不作任何改动。

四、为方便读者阅读,我们对原文中那些艰涩难懂、妨碍阅读的字、词、重要人物、事件、古代地名、相关著作等加了一些脚注。加注的原则是:尽可能少,而且简短。本来,相关财经制度应是说明的重点,但"十通"的编著者对制度源流多有说明,所以,我们只对其未加解释而又比较重要的政治经济和财税制度做了简要说明。但只做解释,不做评论。

五、我们将原书的繁体字改为简体字。只有个别极少使用、汉字简化时未涉及的古字,我们保持原字不变。

六、对于《通典》、《通志》及其续作,我们在句读时,为使眉目更加清晰,多划分出了一些段落。只是《文献通考》,因其内容有其特殊性,则基本保持其原来的段落划分和排版方式不变。

七、原文中有些地方明显有错、漏或衍文者,我们不在正文中做出更正,只在页下注明"某书、某卷(纪、传、志……)"作何字。

八、原文中有的字句语义与全局上下不合,文字有明显错漏者,我们尽可能依据文义进行更正；无法更正的，则保持原文不动。

九、原文中有些文字同列传、志书比较，发现原文中文字有省略，或其文字归纳并不完全合乎原意，或因其文字较长，我们只能在页下注明"此文有省略"。

十、分段问题。因有些文字过长，我们按文意做了分段。但是，对某些事件，细分起来就会出现一事（句）一段的情况，过于繁、碎，因此，我们就不再分段。至于《文献通考》，因其体例不同，则保留其原格式不变。

十一、因"十通"所反映的史实，从汉至清，历时两千多年，写作的时间不同（各个写作时代有其时代特色），风格、体例也不同（各有其特有的写法和读法）；特别是其间经过多次抄写、翻刻；对此，我们保留原貌未做改动，只是对那些不常见的人和事，在页下加注予以说明。

十二、原文中的有些数字，看似不合理，但又无准确的资料可资说明时，我们保持原貌，未做改动。

十三、关于本书的句读。"十通"文字内容，有的采用有关典籍，有的则来自他书。我们对采自古代典籍者，如《二十四史》中的"纪"、"传"、"志"等，则按其标点本标点，对没有标点本可依者，我们则按文意试着标点，尽量符合文义。

十四、原文中有些文句艰涩难懂，或有删节，我们按照自己的认知给予句读，使之尽可能便于阅读；根据我国古人行文习惯，四字一读，对一些文句存在句读困难时，我们也按此法句读。

十五、标点符号。本书采用《中华人民共和国国家标准标点符号用法》。

# 前　言

"十通"是中国古代典章制度总汇，是今人研究中国古代史必须借助的史籍。

"十通"，是人们对《通典》、《通志》等十部古文献的简称。最初，世人把《通典》、《通志》和《文献通考》三部书合称为"三通"。到乾隆年间，清王朝组织人力编写了《续通典》、《续通志》、《续文献通考》、《清通典》、《清通志》、《清文献通考》六部书，加前"三通"合称为"九通"。1935年上海商务印书馆在出版"九通"时，将刘锦藻等1921年编撰完成的《清朝续文献通考》也一并印刷出版，故称"十通"。

《通典》，唐朝杜佑编纂，全书200卷。记载上起传说中的唐虞时期，下讫唐肃宗、代宗时期三千多年的历代典章制度沿革，内容包括食货、选举、职官、礼、乐、兵、刑、州郡、边防九个门（类），每个门类又有子目，不但详细记载了典章的源流，有时也夹有评论。它开创了典章制度专史的体例，在史学史上具有重要影响。

《通志》，南宋郑樵撰，全书200卷，是一部综合历代（自上古至宋）史料而成的纪传体通史。其采摭广博，议论也多有警辟之语。全书精华在仿照《通典》体例而成的、记载典章制度创变的"二十略"，故后人将其列为典章制度类史书。

《文献通考》，宋元之际马端临撰，全书348卷。记自上古至宋宁宗时期的历代典章制度，分为田赋、钱币等二十四个门类。唐肃宗、代宗以前部分，参考《通典》资料，肃宗、代宗以后部分则为独创。《通考》采用经史、会要、传记、奏疏及其他文献，取材广博，资料比《通典》更翔实。体例也有创新。

《续通典》，记自唐肃宗至明朝末年的典章制度，全书150卷，体例与《通典》相同。《续通志》，记自唐初至元末（《二十略》从五代至明末）期间的史事沿革，共640卷，体例与《通志》大体相同。《续文献通考》，先是明朝王圻等撰，收集史料很多，全书254卷。到清乾隆年间，对王圻所撰版本进行了改编，内容包括宋宁宗至明朝末年的政治、经济制度沿革，体例与《文献通考》相同。

《清通典》，为《续通典》的续编，全书共100卷，以《清会典》、《清律例》、《清一统志》为材料综合编纂而成。《清通志》，为《续通志》的续编，全书共126卷。其体例与《通志》有所不同，其内容又与《清通典》有重复。《清文献通考》为《续文献通考》的续编，全书共300卷，体例与《续通考》相同。《清朝续文献通考》是《清文献通考》的续编，全书共400卷，门类增至30个，适应清后期政治经济的变化而做了增添，比如增加了邮传、实业、银行、厘金、学堂、海陆军、船政等部类。

杜佑等古代先贤们将自上古之事讫至清朝各代典章制度沿革，分类汇纂，使历代典章制度因革，粲然可考。早在春秋时期，孔子就感叹：夏殷之礼已经没有文献可供考据了。马端临也认为，自《诗》、《书》、《春秋》之后，唯有司马迁作"纪"、"传"、"书"、"表"。"纪"、"传"的重点在于叙述国家"理乱兴衰"，"书"则重视记述"典章经制"。但自汉代班固之后，断代为史，使读者不能"会通"史料和探寻历史发展规律。至于司马光所著《资治通鉴》，则"详于理乱兴衰，而略于典章经制"。记述"理乱兴衰"的史实，因各国或者各朝代具体形势不同，不能因袭、继承。只有"典章制度"能够因袭、继承，如商朝因袭、继承于夏朝，周朝因袭、继承于商朝。这就使人们可以通过典章制度探寻社会发展变化的规律。可见，杜佑等人撰写"十通"，是想将此书提供给各代统治者和各位政治家、思想家作为治国安邦的重要借鉴。清朝乾隆皇帝（高宗弘历）就曾认识到：法久则必变，所以通之者，必鉴于前代以为之折中兼采。为此，他对《文献通考》给予了很高的评价，认为该书做到了：会通古今，该洽载籍；荟萃源流，综统同异；考核精审，持论平正。且对数千年的历史考证，能够"于制度张弛之迹，是非得失之林，粲然具备"。正所谓温故而知新。"十通"对于我们今天的财政理论研究和国家财政制度的完善，仍然具有重要的参考价值和现实意义。

《汉书》云："厥初生民，食货为先。"所谓"食"，《汉书·食货志》认为，是指："农殖嘉谷可食之物。""货"，是指"布帛可衣，及金、刀、龟、贝，所以分财布利通有无者也"。"食货"，包括一切生活必需的衣食物资和货币及其生产和交换，关系到人类吃、穿、用等生产、生活的各个方面。例如，《通典·食货典》包括有田制、水利田、屯田、乡党、土断、版籍、赋税（附诸郡常贡）、历代盛衰户口、丁中（徭役）、钱币、漕运、盐铁、鬻爵、榷酤、算缗、杂税、平准、均输、轻重、平籴、常平、义仓等门类。《通志·食货略》包括田制、陂渠、屯田、赋税，历代户口丁中，钱币，漕运，盐、铁、茶，鬻爵，榷酤，算缗，杂税，平准均输，平籴、常平、义仓等门类。《文献通考》中关于"食货"的内容更多，在田赋方面，分为历代田赋之制、水利田、湖田、围田、沙田、芦场、屯田、官田等；在钱币方面分为历代钱币之制、钱、交子、会子、川引、淮交、湖会；在户口方面，分为历代户口、丁中、赋役、奴婢；在职役方面，分历代乡党版籍、职役、复除；在征榷方面，分征商、关市，盐、铁、矾，榷酤、禁酒，榷茶，坑冶，杂征敛（山泽、津渡）；在市籴方面，分均输、市易、和买、常平、义仓、租税、社仓；在土贡则列历代土贡；在国用方面，分历代国用、漕运、赈恤、蠲贷等项目。至于君主及其亲属的费用开支（皇室支出）、官员的俸禄、军队（国防）开支、行政开支以及对外交往和招待赏赐之类，则在有关门类中如《礼典》、《职官》、《兵典》等中有其具体的制度规定。

可见，《通典》等著作大多把"食货"放在首要地位（第一篇），按杜佑的说法是："夫理道之施在乎行教化，教化之本在乎足衣食。《易》称：聚人曰财。《洪范》八政，一曰'食'，二曰'货'。《管子》曰：'仓廪实知礼节，衣食足知荣辱'。"又说："谷者，人之司命也；地者，谷之所生也；人者，君之所治也。有其谷则国用备，辨其地则人食足，察其人则徭役均。知此三者，谓之治政。"即食物和财货二者是维持生命的物质基础；而人、财、物三者则是国家政权巩固、社会稳定的物质基础。

据此我们认为，作为财经文献"十通"中的"食货"部分，是承载财经历史和华夏文化的重要载体，是人们在长期的社会历史实践中创造和积淀下来的宝贵财富，它直接反映当时历史背景及财经体制的沿革与发展，所以，是研究财经历史和财经文化的重要资料。鉴于当前财经专业青年学生的古汉语水平不高，要读懂并对我国古代财经文献进行比较深入、独到的研究，会有一定的困难；特别是目前许多外国学者对中国先贤们的财经理论和智慧充满崇敬，但是，中国的古代汉语对他们来说，也是一个很大的障碍，我们将古代财经文献进行断句，并做一些必要的注释，期望有助于他们克服阅读古代财经文献的困难，使更多的人了解我国博大精深的古代财经理论和古人的理财智慧。如此，古人"经世致用"的愿望有可能得以实现，中国古代文明也能够得以薪火承袭，发扬光大。

对古代财经文献的句读和注释，是一件非常艰巨和困难的工作。虽然我们不是古汉语研究领域的专家，难以全面、准确地注释这部巨著，但是，我们能够做到的是：倾尽几十年财政史研究和教学的经验，对该著作进行力所能及的注释。这里还需要说明的是，由于我们的研究领域和知识水平的限制，我们未能参考"十通"的不同版本做考证和校订，只是采用最常见的版本做了句读和简单注释。

总之，在中国传统文化的继承和发扬方面，我们只做了很少的一点工作。这与积累文化、服务当代，特别是与为推动人类文明进步做出贡献的需要，相去甚远。我们盼望有更多此类项目成为传承文化和文明之作，精品之作，从而增强中华民族的凝聚力，并扩大中华文明的国际影响力。

最后，希望各位古汉语研究领域的专家、史学工作者、广大财经领域的学者不吝赐教，以帮助我们进一步改进和完善作品。

编者

2015 年 1 月 10 日

# 目 录

## 《通典》

**卷一　食货一** ········································································· 3

　　田制上：唐、周、秦、汉、后汉、晋、宋、后魏 ················· 3

**卷二　食货二** ········································································ 17

　　田制下：北齐、后周、隋、大唐 ··············································· 17
　　水利田：周、秦、汉、后汉、晋、东晋、宋、后魏、
　　　大唐 ························································································ 22
　　屯田：汉、魏、晋、东晋、齐、后魏、北齐、隋、大唐 ········· 26

**卷三　食货三** ········································································ 30

　　乡党　土断　版籍并附：上古、周、晋、宋、
　　　齐、梁、陈、后魏、北齐、隋、大唐 ································· 30

**卷四　食货四** ········································································ 38

　　赋税上：唐、殷、周、秦、汉、魏、晋、宋 ···························· 38

**卷五　食货五** ········································································ 49

　　赋税中：齐、东晋、后魏、北齐、后周、隋 ···························· 49

**卷六　食货六** ········································································ 57

　　赋税下：大唐 ·············································································· 57

## 卷七　食货七 …………………………………… 72

历代盛衰户口：周、汉、后汉、魏、晋、宋、齐、
梁、陈、后魏、北齐、后周、隋、大唐 ………… 72

丁中：汉、晋、宋、北齐、隋、大唐 …………………… 80

## 卷八　食货八 …………………………………… 85

钱币上：周、秦、汉、后汉、晋 ………………………… 85

## 卷九　食货九 …………………………………… 97

钱币下：宋、齐、梁、陈、后魏、北齐、
后周、隋、大唐 …………………………………… 97

## 卷十　食货十 …………………………………… 110

漕运：秦、汉、魏、晋、后魏、隋、大唐 …………… 110

盐铁：周、汉、后汉、陈、后魏、后周、隋、大唐 …… 117

## 卷十一　食货十一 ……………………………… 123

鬻爵：汉、后汉、晋、后魏、大唐 …………………… 123

榷酤：汉、陈、隋、大唐 ……………………………… 126

算缗：汉、晋以后 ……………………………………… 127

杂税：汉、后汉、宋、齐、东晋、后魏、北齐、
后周、隋、大唐 …………………………………… 128

平准　均输附：周、汉、后汉 ………………………… 130

## 卷十二　食货十二 ……………………………… 139

轻重　平籴　常平仓　义仓：周、汉、后汉、晋、
宋、齐、后魏、北齐、后周、隋、大唐 ………… 139

## 《续通典》

## 卷一　食货 ……………………………………… 155

田制上：唐、五代、宋 ………………………………… 156

| 卷二　食货 | 166 |
|---|---|
| 　　田制中：南宋、辽、金 | 166 |
| 卷三　食货 | 179 |
| 　　田制下：元、明 | 179 |
| 卷四　食货 | 194 |
| 　　水利田：唐、宋、辽、金、元、明 | 194 |
| 卷五　食货 | 210 |
| 　　屯田上：唐、五代、宋、辽、金 | 210 |
| 卷六　食货 | 223 |
| 　　屯田下：元、明 | 223 |
| 卷七　食货 | 238 |
| 　　乡党版籍　职役附：五代、宋、辽、金、元、明 | 238 |
| 卷八　食货 | 244 |
| 　　赋税上：唐、五代、宋 | 244 |
| 卷九　食货 | 253 |
| 　　赋税下：辽、金、元、明 | 253 |
| 卷十　食货 | 264 |
| 　　户口丁中：五代、宋、辽、金、元、明 | 264 |
| 卷十一　食货 | 272 |
| 　　钱币上：唐、五代、宋 | 272 |
| 卷十二　食货 | 286 |
| 　　钱币中：南宋、辽、金 | 286 |

## 卷十三　食货 ································· 300

　　钱币下：元、明 ······················· 300

## 卷十四　食货 ································· 314

　　漕运：唐、五代、宋、辽、金、元、明 ········ 314
　　盐铁：唐、五代、宋、辽、金、元、明 ········ 324

## 卷十五　食货 ································· 334

　　榷酤醋税附：唐、五代、宋 ············· 334
　　杂税：唐、五代、宋、辽、金、元、明 ········ 338
　　榷茶：唐、宋、金、元、明 ··············· 340

## 卷十六　食货 ································· 347

　　平准均输：唐、五代、宋、辽、金、元、明 ···· 347
　　互市：宋、辽、金、元、明 ··············· 350
　　平粜　常平　义仓：唐、五代、宋、辽、金
　　　元、明　社仓附 ····················· 352

# 《清朝通典》

## 卷一　食货一 ································ 361

　　田制：民田 ····························· 361

## 卷二　食货二 ································ 371

　　田制：官庄 ····························· 371

## 卷三　食货三 ································ 380

　　田制：驻防庄田　官田 ················· 380
　　驻防官兵庄田 ························· 380
　　官田：祭田、学田、马厂牧厂附 ········· 384

　　　　祭田　学田附 ……………………………………………………… 385
　　　　马厂　牧厂附 ……………………………………………………… 385

**卷四　食货四** …………………………………………………………… 387
　　　　田制：屯田、新疆屯田附 …………………………………………… 387

**卷五　食货五** …………………………………………………………… 398
　　　　水利上：河工 ………………………………………………………… 398

**卷六　食货六** …………………………………………………………… 412
　　　　水利下：海塘 ………………………………………………………… 412

**卷七　食货七** …………………………………………………………… 418
　　　　赋税上：田赋、丁银、芦课附 ……………………………………… 418

**卷八　食货八** …………………………………………………………… 429
　　　　赋税下：关榷、杂税附 ……………………………………………… 429

**卷九　食货九** …………………………………………………………… 445
　　　　户口丁中 ……………………………………………………………… 445
　　　　八旗户口 ……………………………………………………………… 451

**卷十　食货十** …………………………………………………………… 455
　　　　钱币 …………………………………………………………………… 455

**卷十一　食货十一** ……………………………………………………… 469
　　　　漕运 …………………………………………………………………… 469

**卷十二　食货十二** ……………………………………………………… 475
　　　　盐法 …………………………………………………………………… 475

**卷十三　食货十三** ……………………………………………………… 489
　　　　轻重上：平粜、常平仓、义仓、社仓、盐义仓 …………………… 489

卷十四　食货十四 ………………………………… 496
　　轻重下 ………………………………………… 496

卷十五　食货十五 ………………………………… 502
　　市籴 …………………………………………… 502

卷十六　食货十六 ………………………………… 507
　　蠲赈上：赐复、免科、免役、灾蠲、赈恤 …… 507

卷十七　食货十七 ………………………………… 529
　　蠲赈下 ………………………………………… 529

## 《通志》

卷六十一　食货略第一 …………………………… 553
　　田制、陂渠、屯田、赋税、历代户口、丁中 … 553

卷六十二　食货略第二 …………………………… 574
　　钱币、漕运、盐铁茶、鬻爵、榷酤、算缗、杂税、
　　平准均输、平籴常平、义仓 ………………… 574

## 《续通志》

卷一百五十二　食货略一 ………………………… 601
　　田制 …………………………………………… 602
　　陂渠 …………………………………………… 608

卷一百五十三　食货略二 ………………………… 614
　　屯田 …………………………………………… 614

赋税 …………………………………………………………… 618

**卷一百五十四　食货略三** ……………………………………… 625
　　历代户口丁中 ………………………………………………… 625
　　钱币 …………………………………………………………… 633

**卷一百五十五　食货略四** ……………………………………… 638
　　漕运 …………………………………………………………… 638
　　盐铁茶 ………………………………………………………… 642
　　榷酤 …………………………………………………………… 647
　　杂税 …………………………………………………………… 648
　　平准均输 ……………………………………………………… 650
　　平籴常平、义仓 ……………………………………………… 652

## 《清朝通志》

**卷八十一　食货略一** …………………………………………… 657
　　田制上 ………………………………………………………… 658

**卷八十二　食货略二** …………………………………………… 665
　　田制下 ………………………………………………………… 665

**卷八十三　食货略三** …………………………………………… 670
　　赋税上 ………………………………………………………… 670

**卷八十四　食货略四** …………………………………………… 682
　　赋税下 ………………………………………………………… 682

**卷八十五　食货略五** …………………………………………… 688
　　户口丁中 ……………………………………………………… 688

## 卷八十六　食货略六 ……………………………………… 693
蠲赈上 …………………………………………………… 693

## 卷八十七　食货略七 ……………………………………… 703
蠲赈下 …………………………………………………… 703

## 卷八十八　食货略八 ……………………………………… 714
平籴常平仓、义仓、社仓 ……………………………… 714

## 卷八十九　食货略九 ……………………………………… 722
钱币 ……………………………………………………… 722

## 卷九十　食货略十 ………………………………………… 731
关榷杂税附 ……………………………………………… 731
杂税附：茶法、坑冶、契税、行帖、杂征 …………… 736

## 卷九十一　食货略十一 …………………………………… 743
盐法 ……………………………………………………… 743

## 卷九十二　食货略十二 …………………………………… 751
屯田新疆屯田附 ………………………………………… 751

## 卷九十三　食货略十三 …………………………………… 758
市易 ……………………………………………………… 758
互市市舶之制 …………………………………………… 760

## 卷九十四　食货略十四 …………………………………… 766
漕运 ……………………………………………………… 766

## 卷九十五　食货略十五 …………………………………… 770
水利 ……………………………………………………… 770

卷九十六　食货略十六·························································· 779
　　河工······································································· 779
　　海塘······································································· 786
后记············································································· 791

# 卷一 食货一

## 田制上：唐、周、秦、汉、后汉、晋、宋、后魏

谷者，人之司命也；地者，谷之所生也；人者，君之所治也。有其谷则国用备，辨其地则人食足，察其人则徭役均，知此三者，谓之治政。夫地载而不弃也，一著而不迁也。国固而不动，则莫不生殖。圣人因之设井邑，列比闾①，使察黎民之数，赋役之制，昭然可见也。自秦孝公用商鞅计，乃隳经界，立阡陌②，虽获一时之利，而兼并逾僭兴矣！降秦以后，阡陌既弊，又谓隐核在乎权宜，权宜凭乎簿书。簿书既广，必藉众功，藉众功则政由群吏，政由群吏则人无所信矣。夫行不信之法，委政于众多之胥，欲纪人事之众寡，明地利之多少，虽申商督刑③，挠首总算，亦不可得而详矣。不变斯道而求理者，未之有也。夫春秋之义，诸侯不得专封，大夫不得专地。若使豪人占田过制，富等公侯，是专封也；买卖由己，是专地也。欲无流窜，不亦难乎！

陶唐以前，法制简略，不可得而详也。及尧遭洪水，天下分绝，使禹平水土，别九州。其分别疆理所在，具州郡篇。冀州，厥土惟白壤，无块曰壤。厥田惟中中；田第五。兖州，厥土黑坟，色黑而坟④起。厥田惟中下；第六。青州，厥土白坟，厥田惟上下；第三。徐州，厥土赤埴坟⑤，土黏曰埴。厥

---

① 井邑：九夫为井，四井为邑。比闾：古村社组织，五家为比，五比为闾。
② 经界：指田地之间划分的界限。阡陌：田间的小道。
③ 申商：指申不害和商鞅（公孙鞅）。申不害（约公元前385—前337年），战国时思想家，郑国人，曾任韩昭侯相十五年。主张"因任而授官，循名而责实"，使韩国治兵强。商鞅（约公元前390—前338年），战国时政治家、思想家。卫国人。亦称卫鞅。由魏入秦，在秦孝公的支持下推行变法，使秦国富兵强。因功封其於（今河南内乡东）、商（今陕西商州市东南）十五邑。因号商君。
④ 坟：指高出地面的土堆。《礼记·檀弓》郑玄注：土之高者曰坟。
⑤ 赤埴坟：赤色黏土，即棕壤。

田惟上中；第二。扬州，厥土惟涂泥①，地泉湿。厥田惟下下；第九。荆州，厥土惟涂泥，厥田惟下中；第八。荆河豫州，厥土惟壤，下土坟垆，高者壤，下者垆。垆，疏也。厥田惟中上；第四。梁州，厥土青黎，色青黑，沃壤也。厥田惟下上；第七。雍州，厥土惟黄壤，厥田惟上上。第一。九州之地，定垦者九百一十万八千二十顷。虞夏殷三代凡千余载，其间定垦书册不存，无以详焉。

周文王在岐，今扶风郡岐山县。用平土之法，以为治人之道；地著为本，地著谓安土。故建司马法："六尺为步，步百为亩，亩百为夫，夫三为屋，屋三为井，井十为通，通十为成，成十为终，终十为同，同方百里，同十为封，封十为畿，畿方千里。故丘有戎马一匹，牛三头；甸有戎马四匹，兵车一乘，牛十二头，甲士三人，步卒七十二人。一同百里，提封万井②，戎马四百匹，车百乘，此卿大夫采地之大者，是谓百乘之家。一封三百六十六里，提封十万井，定出赋六万四千井，戎马四千匹，车千乘，此诸侯之大者，谓之千乘之国③。天子之畿内，方千里，提封百万井，定出赋六十四万井，戎马四万匹，兵车万乘，戎卒七十二万人，故曰万乘之主。"小司徒之职，"乃均土地，以稽其人民，而周知其数。上地家七人，可任也者家三人；中地家六人，可任也者二家五人；下地家五人，可任也者家二人。"郑玄曰："均，平也。周，犹遍也。一家男女七人以上，则授之上地，所养者众也；男女五人以下，则授之下地，所养者寡也。正以七人、六人、五人为率者，有夫有妇，然后为家，自二人以至于十为九等，七、六、五者为其中。可任，谓丁强任力役之事者，出老者一人，其余男女强弱相半，其大数也。""乃经土地，而井牧其田野。九夫为井，四井为邑，四邑为丘，四丘为甸，四甸为县，四县为都，以任地事而令贡赋，凡税敛之事。"此谓造都鄙也。采地制井田异于乡遂，重立国，小司徒为经之。立其五沟五涂之界，其制似井字，因取名焉。谓隰皋之地，九夫为牧，二而当一井。今造都鄙，授民田，有不易，有一易，有再易④，通率二而当一，是之谓井牧。昔夏少康在虞，思有田一成，有众一旅。一旅之

---

① 涂泥：指湿润之土。因扬州地势低洼，土地湿润。
② 提封：亦作堤封。古代指诸侯或宗室的封地。井：井田。
③ 百乘（shèng）：古代以四匹马拉一辆兵车称为一乘。百乘之家：指拥有兵车百乘的大国之卿。千乘之国：诸侯之国。古制，诸侯之国，地方百里，有兵车千乘，故称。
④ 易：易田，循环耕种之农田。按周制，不易，指每年都能耕种之田，即上田；一易，指耕一年，休耕一年，为中田；再易，指耕种一年，休耕二年之下田。三年后，更换农户耕种，以达到均平的目的。

众而田一成，则井牧之法，先古然矣。九夫为井者，方一里，九夫所治之田也。四井为邑，方二里；四邑为丘，方四里；四丘为甸，甸方八里；旁加一里，则方十里，为一成。积百井九百夫，其中六十四井五百七十六夫出田税，三十六井三百二十四夫治洫。四甸为县，方二十里，四县为都，方四十里；四都方八十里，旁加十里，乃得方百里，为一同也。积万井九万夫，其四千九十六井三万六千八百六十四夫出田税，二千三百四井二万七百三十六夫治洫①，三千六百井三万二千四百夫治浍，井田之法，备于一同。今止于都者，采地食者，皆四之一。其制三等，百里之国凡四都，一都之田税入于王。五十里之国凡四县，一县之田税入于王。二十五里之国凡四甸，一甸之田税入于王。地事谓农牧衡虞，贡谓九谷山泽之材也，赋谓出车徒给徭役也。任土之法，以物地事，授地职，而待其政令。任土者，任其力势所能生育，且以制贡赋也。物，物色之，以知其所宜之事而授农牧衡虞，使职之。以廛里任国中之地，以场圃任园地，以宅田、圭田、贾田任近郊之地，以官田、牛田、赏田、牧田任远郊之地，以公邑之田任甸地，以家邑之田任稍地②，以小都之田任县地，以大都之田任疆地③。谓廛里者，若今云邑居里矣。廛，民居之区域也；里，居也；圃，树果蓏之属；季秋于中为场，樊圃为之园④。宅田者，致仕之家所受之田也。士相见礼曰："宅者在邦，则曰市井之臣；在野，则曰草茅之臣。"士读为仕，仕亦受田，所谓圭田⑤也。孟子曰："自卿以下，必有圭田，圭田五十亩。"贾田，在市贾人其家所受田也。官田，庶人在官者其家所受田也。牛田，牧田，畜牧者之家所受田也。赏田者，赏赐之田。公邑谓六遂余地，天子使大夫治之，自此以外皆然。家邑，大夫之采地；小都，卿之采地；大都，公之采地，王子弟所食邑也。疆五百里，王畿界也。皆言任者，地之形实不方平如图，受田邑者远近不得尽如制，其所生育职贡，取正于是耳。民受田，上田夫百亩，中田夫二百亩，下田夫三百亩。岁耕种者为不易上田，休一岁者为一易中田，休二岁者为再易下田，三岁更耕之，自爰其处。爰，于也。更谓三岁即与别家佃，以均厚薄。农民户人已受田，其家众男为余夫，亦以口受田如比。比，例也。必寐反⑥。士工商家受田，五口乃当农夫一人，口田二十亩。此谓平土可以为法者也。

---

① 洫：古指成与成之间的渠道。《周礼·地官·遂人》称：凡治野，夫间有遂，十夫有沟，百夫有洫，千夫有浍，万夫有川。遂：田间水沟，广深各二尺；洫：十里为成，中间有一宽八尺、深八尺的沟渠；浍：水渠，宽二寻（古八尺为寻），深二仞（八尺）。
② 稍地：指距王城三百里之地。
③ 参见《周礼·地官·载师》。
④ 《周礼·载师》注："樊圃谓之园。"
⑤ 圭田：古者授予卿、大夫、士供祭祀用的土地，即下面所说的五十亩。
⑥ 反：反切，中国传统的一种注音方法。

若山林薮泽原陵淳卤之地①，淳，尽也，泽卤之田不生谷。各以肥硗多少为差。硗，硗确，谓瘠薄之田。民年二十受田，六十归田，七十以上，上所养也；十岁以下，上所长也；十二以上，上所强也。勉，强劝之，令习事。

孟子曰："夫仁政必自经界始。经界不正，井地不均，谷禄不平，是故暴君污吏必慢其经界。经界既正，分田制禄可坐而定也②。"

秦孝公任商鞅，鞅以三晋地狭人贫，三晋，韩赵魏三卿，今河东道之地。秦地广人寡，故草不尽垦，地利不尽出，于是诱三晋之人，利其田宅，复三代无知兵事，而务本于内，而使秦人应敌于外，故废井田，制阡陌，任其所耕，不限多少。孝公十二年之制。数年之闲，国富兵强，天下无敌。

汉孝文时，民近战国，皆多背本趋末。贾谊说上曰："古之治天下，至孅至悉，故其畜积足恃③。今背本而趋末，游食者甚众，是天下之大残也；本，农桑也。末，工商也。言人已弃农而务工商矣，其食米粟者又甚众也。残谓伤害。汉之为汉，几四十年矣，几，近。公私之积，犹可哀痛。言年载已多，而无储积。即不幸有方二三千里之旱，国胡以相恤？卒然边境有急，数十万之众，国胡以馈之？兵旱相乘，天下大屈。今殴人而归之农，皆著于本，使天下各食其力，末伎游食之民转而缘南亩，言皆趋农作。则畜积足而人乐其所矣。"④ 帝感谊言，始开籍田，躬耕以劝百姓。诏曰："夫度田非益寡，而计民未加益，度谓量计。以口量地，其于古犹有余，而食之甚不足者，其咎安在？无乃百姓之从事于末以害农者蕃，蕃，多也。为酒醪以靡谷者多，靡，散也。靡读曰糜。六畜之食焉者众，与细大之义，吾未能得其中。竹仲反。其与丞相列侯吏二千石博士议之，有可以佐百姓者，率意远思⑤，无有所隐也。"

晁错复说曰："圣王在上而民不冻饥者，非能耕而食之，织而衣之，食读曰嗣。为开其资财之道也。故尧禹有九年之水，汤有七年之旱，而国亡捐瘠者，捐，谓人饥相弃捐也。瘠，瘦病也，言无相弃捐而瘦病者。以畜积多而备先具也。今海内为一，土地人民之众不避汤、禹，加以亡天灾数年之

---

① 薮泽：古称无水曰薮，有水曰泽。薮：水浅草多的湖泽；泽：低洼积水的池泽地。原陵：平原与丘陵。淳卤：含有碱性的瘠地。
② 分田：古指划分土地为井田以授民；制禄：制定俸禄等级制度。
③ 畜积即蓄积，指积聚财货。
④ 参见《汉书·食货志》，此段文字有脱漏。
⑤ 率意：指任意，或肆意。

水旱,而畜积未及者,何也?地有遗利,民有余力,生谷之土未尽垦,山泽之利未尽出也;游食之民未尽归农也。民贫,则奸邪生。贫生于不足,不足生于不农,不农则不地著,不地著则离乡轻家。民如鸟兽,虽有高城深池,严法重刑,犹不能禁也。夫寒之于衣,不待轻暖;苟御风霜,不求靡丽。饥之于食,不待甘旨;旨,美也。饥寒至身,不顾廉耻。夫腹饥不得食,肤寒不得衣,虽慈父不能保其子,君安能以有其民哉!明主知其然也,故务农桑,薄赋敛,广畜积,以实仓廪,备水旱,故民可得而有也,是故明君贵五谷而贱金玉。今农夫五口之家,其服役者不下二人,服,事也。其能耕者不过百亩,百亩之收不过百石。春耕夏耘,秋获冬藏,伐薪樵,治官府,给徭役;春不得避风尘,夏不得避暑热,秋不得避阴雨,冬不得避寒冻,四时之间亡日休息;又私自送往迎来,吊死问疾,养孤长幼在其中。勤苦如此,尚复被水旱之灾,急政暴赋,赋敛不时,朝令而暮改。当其有者半价而卖,本值千钱者,价得五百。亡者取倍称之息,取一偿二为倍。称,举也。今俗所谓举债。于是有卖田宅、鬻子孙以偿债者矣。方今之务,莫若使民务农而已矣。欲民务农,在于贵粟;贵粟之道,在于使民以粟为赏罚。"① 帝从之。其后务敦农本,仓廪充实。

孝景元年,制曰②:"间者岁比不登③,民多乏食,夭绝天年,朕甚痛之。郡国或地硗狭,无所农桑系畜;或地饶广,荐草莽,草稠曰荐,草深曰莽。水泉利而不得徙;其议民欲徙宽大地者,听之。"

后元三年,诏曰:"农,天下之本也。黄金珠玉,饥不可食,寒不可衣,以为币用,不识其终始。间岁或不登,意为末者众,农民寡也。其令郡国务劝农桑,益种树,可得衣食物。"

孝武外事四夷,内兴功利,役费并兴,而民去本。董仲舒说上曰:"《春秋》它谷不书④,至于麦禾不成则书之,以此见圣人于五谷最重麦与禾也。今关中俗不好种麦,是岁失《春秋》之所重,而损生民之具也。愿陛下幸诏大司农,使关中民益种宿麦,令毋后时。"宿麦,谓苗经冬。仲舒又说上曰:"秦用商鞅之法,改帝王之制,除井田,民得买卖,富者田连阡陌,贫者无立锥之地,汉兴,循而未改。古井田法虽难卒音猝行,宜

---

① 参见《汉书·食货志》,此段引文有脱漏文字。
② 制:文体的一种,敕命。
③ 岁比不登,即连年歉收。
④ 《春秋》,指鲁史《春秋》。谷:百谷的总称。

少近古，限民名田，名田，占田也。以赡不足，各为立限，不使富者过制，则贫弱之家可足也。塞并兼之路，然后可善治也。"① 竟不能用。

元狩三年，遣谒者劝种宿麦，举吏人能假贷贫人者以名闻。及末年，帝悔征伐之事，乃封丞相田千秋为富民侯。下诏曰："方今之务，在于力农。"以赵过为搜粟都尉。过能为代田，一亩三甽，甽②，垄也，音工犬反，字或作畎。岁代处，故曰代田，代，易也。古法也。后稷始甽田，以二耜③为耦，并两耜而耕。广尺深尺曰甽，长终亩④。一亩三甽，一夫三百甽，而播种于甽中。播，布也。种谓谷子。苗生叶以上⑤，稍耨陇草，耨，钼也。因隤其土以附苗根。隤谓下之。音颓。故其诗曰："或芸或籽，黍稷儗儗。"音拟。小雅甫田之诗。儗儗，盛貌。籽音子。芸，除草也；籽，附根也。言苗稍壮，每耨辄附根，比必霖反盛暑⑥，陇尽而根深，能风与旱⑦，能读曰耐。故儗儗而盛也。其耕耘下种田器，皆有便巧。率十二夫为田一井一屋，故亩五顷，九夫为井，三夫为屋，夫百亩，于古为十二顷。古百步为亩，汉时二百四十步为亩，古千二百亩，则得今五顷也。用耦犁，二牛三人，一岁之收常过缦田亩一斛以上，缦田，谓不甽者，音莫干反。善者倍之。善为甽者，又过缦田二斛以上。过使教田太常、三辅，太常主诸陵，有民，故亦谓田种。大农置工巧奴与从事，为作田器。二千石遣令长、三老、力田及里父老善田者受田器，学耕种养苗状。为法意状。民或苦少牛，无以趋泽，趋读曰趣，及也。泽，雨之润泽。故平都令光教过以人挽犁。挽，音晚，引也。过奏光史失光姓。以为丞，教民相与庸挽犁。庸，功也，言换功共作也。义与佣赁同。率多人者田日三十亩，少者十三亩，以故田多垦辟。过试以离宫卒田其宫壖而缘反地，离宫，别处之宫，非天子所常居也。壖，余也。宫壖地，谓外垣之内，内垣之外也。诸缘河壖地，庙垣壖地，其义皆同。守离宫卒，闲而无事，因令于壖地为田。课得谷皆多其旁田亩一斛以上。令命家田三辅公田。令，使也；命者，

---

① 参见《汉书·食货志》，原引文有删节。
② 甽：田中之沟。畎之籀文。这里是指田垄。
③ 耜：古代农具，似锸起土之用。
④ 古代以长百步、宽一步作为一亩。每步长六尺。秦汉改为二百四十步为一亩。
⑤ 苗生叶以上：此句可能有漏字。
⑥ 比：及。
⑦ 能：通耐。这里是说，在北方干旱地区，古代农民将一亩地做成三甽三垄，每甽宽深各一尺，作物种在低洼的甽内，中耕后，分次把垄上的土培到苗上；第二年，因垄上的土已培到苗上，成了低洼的甽，甽与垄的位置互换，这种方法就叫甽种法。由于此法可抗旱保墒，又可保护地力，赵过把它发展为代田法。

教也。令离宫卒教其家田，公田也。又教边郡及居延城。居延，张掖县也。时有甲卒也。是后边城、河东、弘农、三辅、太常民皆便代田，用力少而得谷多。①

至孝昭时，流民稍还，田野垦辟，颇有畜积。

孝宣地节三年，诏曰："郡国宫馆，勿复修治。流民还归者，假公田，贷种食。"种，五谷种。

孝元初元元年，以三辅、太常、郡国公田及苑可省者振业贫民，江海陂湖园池属少府者以假贫民，勿租赋。

建昭五年，诏曰："方春农桑兴，百姓戮力自尽之时也。故是月劳农劝桑，无使后时。今不良之吏，覆按小罪，征召证按，兴不急之事，以妨百姓，使失一时之作，亡终岁之功，公卿其明察申敕之。"

孝成帝之时，张禹占郑白之渠四百余顷，他人兼并者类此，而人弥困。阳朔四年正月，诏曰："夫洪范八政②，以食为首，斯诚家给刑错之本也③。先帝劝农，薄其租税，宠其强力，令与孝弟同科。间者民弥惰怠，乡本者少，趋末者众，将何以矫之？方东作时④，其令二千石勉劝农桑⑤，出入阡陌，致劳来之。书不云乎，'服田力穑，乃亦有秋'。其勖之哉！⑥"

孝哀即位，师丹辅政，建言："古之圣王莫不设井田，然后治乃可平⑦。孝文皇帝承亡周乱秦兵革之后，天下空虚，故务劝农桑，帅以节俭，民始充实，未有并兼之害，故不为民田及奴婢为限。今累世承平，豪富吏民訾数钜万⑧，而贫弱逾困。盖君子为政，贵因循而重改作⑨，所以有改者，将以救急也，亦未可详，宜略为限。"天子下其议。丞相孔光、

---

① 参见《汉书·食货志》。
② 洪范八政：洪范九筹之一。洪：大；范：法。指天地之大法。八政：食、货、祀、司空、司徒、司寇、宾、师。
③ 家给刑错：即家给人足，天下安宁。刑错：刑罚措置而不用。
④ 东作：指春耕。《尚书·尧典》传曰：岁起于东，而始就耕，谓之东作。
⑤ 二千石：汉代官吏等级之一。又分中二千石（月俸一百八斛）、二千石（月俸一百二斛）和比二千石（月俸一百斛）。
⑥ 服田力穑，其勖之哉！语出《尚书·盘庚》。意即尽力于农事耕作，秋天才有望获得丰收。勖：勉励。
⑦ 意即只有实行井田制，才能使国家太平。
⑧ 訾：通赀，财货。
⑨ 这句是说应该以遵守古法为贵，而不应该轻易改革。

大司空何武奏请"诸侯王、列侯皆得名田国中，列侯在长安，公主名田县、道，及关内侯、吏民名田皆无过三十顷；诸侯王奴婢二百人，列侯、公主百人，关内侯、吏民三十人。期尽三年，犯者没入官。"时田宅奴婢贾为减贱，丁、傅用事，董贤隆贵①，皆不便也。诏书且须后，须，待也。遂寝不行②。

孝平元始元年，置大司农部丞十三人，人部一州，劝农桑。

二年，定垦田八百二十七万五百三十顷。盖纪汉盛时之数。据元始二年户一千二百二十三万三千，每户合得田六十七亩百四十六步有奇。

王莽篡位，下令曰："古者设井田，则国给人富而颂声作，此唐虞之道，三代所遵行也。秦为无道，坏圣制，废井田，是以兼并起，贪鄙生，强者规田以千数③，弱者曾无立锥之居。"于是"更名天下田曰'王田'，奴婢曰'私属'，皆不得买卖。其男口不盈八而田过一井者，分余田与九族邻里乡党；故无田今当受田者，如制度。敢有非井田圣制、无法惑众者，投诸四裔④"。于是农商失业，食货⑤俱废，百姓涕泣于市道，坐卖买田宅奴婢，自诸侯卿大夫至于庶人，抵罪者不可胜数。经二年余，中郎区博谏曰："井田虽圣王法，其废已久，周道既衰而人不从；秦顺人心，改之可以获大利，故灭庐井而置阡陌，遂王诸夏，讫今海内未厌其弊，今欲违人心，追复千载绝迹，虽尧舜复生，而无百年之渐，不能行也。"莽知人愁，乃许买卖。其后百姓日以凋敝。

后汉之初，百姓虚耗，率土遗黎⑥，十才一二。光武建武十五年，诏下州郡检覆垦田顷亩及户口年纪，河南尹张伋及诸郡守十余人，坐度田不实下狱死。

顺帝建康元年，定垦田六百八十九万六千二百七十一顷五十六亩九十

---

① 丁、傅：即丁明、傅晏，汉哀帝时外戚。传称丁、傅以一二年间，暴兴犹盛。董贤（公元前23—1年），云阳（今陕西淳化西北）人。为哀帝所宠幸，二十二岁官至大司马，操纵朝政。哀帝死后被罢官，其家所有财物被官卖，价值四十三万万钱。

② 意即师丹的建议因涉及外戚和宠幸，故搁置起来，没有实行。

③ 规田：古井田的等级，为井田的四分之一。《礼记·王制》百亩之分疏：九夫为规，四规而当一井。

④ 四裔：指四方极远的地方。

⑤ 食货：可食之物和财物。《汉书·食货志》：食谓农殖嘉谷可食之物，货谓布帛可衣及金刀龟贝，所以分财布利通有无者也。《尚书·洪范》：食者民之所急，货者民之所依。食货：所以养生也。

⑥ 遗黎：指遗民。劫后残留的人民。

四步。据建康元年户九百九十四万六千九百九十，每户合得田七十亩有奇。

荀悦论曰："昔文帝十三年六月，诏除人田租。且古者十一而税，以为天下之中正①。今汉人田，或百一而税，可谓鲜矣。然豪富强人占田逾多，其赋太半②，官收百一之税，而人输豪强太半之赋。官家之惠，优于三代，豪强之暴，酷于亡秦，是以惠不下通③，而威福分于豪人也。今不正其本，而务除租税，适足以资富强也。孝武皇帝时董仲舒尝言，宜限人占田，至哀帝时，乃限人占田不得过三十顷，虽有其制，卒难施行。然三十顷又不平矣，且夫井田之制，不宜于人众之时，田广人寡，苟为可也。然欲废之于寡，立之于众，土地布列在豪强，卒而革之，并有怨心，则生纷乱，制度难行。由是观之，若高祖初定天下，光武中兴之后，人众稀少，立之易矣。既未悉备井田之法，宜以口数占田为之立限，人得耕种，不得卖买，以赡贫弱，以防兼并，且为制度张本④，不亦宜乎！虽古今异制，损益随时，然纪纲大略，其致一也。"

崔寔政论曰："昔圣人分口耕耦地，各相副适，使人饥饱不变，劳逸齐均，富者不足僭差，贫者无所企慕。始暴秦隳坏法度，制人之财，既无纲纪，而乃尊奖并兼之人：乌氏倮⑤以牧竖致财，宠比诸侯；寡妇清以攻丹殖业，礼以国宾，于是巧猾之萌，遂肆其意。上家累巨亿之赀，斥地俟⑥封君之土，行苞苴⑦以乱执政，养剑客以威黔首，专杀不辜⑧，号无市死之子；生死之奉，多拟人主。故下户踦跦（qíqū），无所跱足⑨，乃父子低首，奴事富人，躬帅妻孥，为之服役。故富者席余而日炽，贫者蹙短而岁踧⑩，历代为虏，犹不赡于衣食，生有终身之勤，死有暴骨之忧，岁小

---

① 《尚书·吕刑》：咸庶中正。中：心志。正：道也。中正，《礼·乐记》内心中正，无邪。
② 太半：过半。《史记·项羽本纪》集解韦昭曰：凡数三分有二为太半，一为少半。
③ 惠不下通，这就是说，中央的惠农措施，底层的农民享受不到。
④ 张本：事先为势态的发展做好布置。
⑤ 乌氏，古县名。又作阏氏，焉氏。按《史记·货殖列传》所说，此处当指乌氏倮，活跃于秦始皇时期的秦地富商。从事畜牧业，马牛多到无法计算，得到的宠信可与当时的封君相比。巴（蜀）的寡妇清，以开矿致富，资财无数，秦王以为贞妇而客之。
⑥ 俟：相等。
⑦ 苞苴：裹鱼肉之具。这里是指行贿。
⑧ 不辜：无罪之人。即滥杀无辜。
⑨ 跱足：没有立足的地方。跱：置也。
⑩ 蹙短而岁踧：指下户在宗族思想的统治下，整天生活在艰困和惊恐中。

不登，流离沟壑，嫁妻卖子。其所以伤心腐藏、失生人之乐者，盖不可胜陈。故古有移人通财，以赡蒸黎①。今青、徐、兖、冀，后汉青州，今北海、济南、淄川、东莱、东牟、高密、平原等郡地；徐州，今东海、琅邪、彭城、临淮、广陵等郡地；兖州，今陈留、灵昌、濮阳、东平、济阳、济阴、鲁等郡地；冀州，今魏郡、邺郡、钜鹿、清河、常山、赵郡、博陵、信都、景城等郡地。人稠土狭，不足相供，而三辅左右及凉、幽州，内附近郡，凉州，今安定、彭原之北、天水、陇西并其地；幽州，今上谷、范阳之北，东至辽东并其地。皆土旷人稀，厥田宜稼，悉不肯垦，小人之情，安土重迁，宁就饥馁，无适乐土之虑。故人之为言瞑也，谓瞑瞑无所知，犹群羊聚畜，须主者牧养处置，置之茂草，则肥泽繁息，置之硗卤，则零丁耗减。是以景帝六年，诏郡国，令人得去硗狭，就宽肥。至武帝，遂徙关东贫人于陇西、北地、西河、上郡、会稽，陇西，今陇西、天水、金城、会宁、安乡等郡地；北地，今安定、彭原、安化、平原、灵武、五原等郡地；西河，今银川、新秦、西河、昌化等郡地；上郡，今延安、咸宁、洛交中部等郡地；会稽，今浙江东晋陵郡以东，直至信安、永嘉郡地。凡七十二万五千口，后加徙猾吏于关内，今宜复遵故事，徙贫人不能自业者于宽地，此亦开草辟土，振人之术也。"

仲长统昌言曰："远州县界至数千，而诸夏有十亩共桑之迫②，远州有旷野不发之田，代俗安土有死无去，君长不使，谁能自往缘边之地！亦可因罪徙人，便以守御。"

晋武帝泰始八年，司徒石苞奏："州郡农桑未有殿最之制③，宜增椽属令史，有所循巡幸。"④帝从之。苞既明劝课，百姓安之。平吴之后，有司奏："王公以国为家，京城不宜复有田宅。今未暇作诸国邸，当使城中有往来之处，近郊有刍稿之田⑤，今可限之。国王公侯，京城得有宅一处；近郊田，大国十五顷，次国十顷，小国七顷；城内无宅、城外有者，皆听留之。"男子一人占田七十亩，女子三十亩。其丁男课田五十亩，丁女二十亩，次丁男半之，女则不课。其官第一品五十顷，每品减五顷以为差，第九品十顷；而又各以品之高卑荫其亲属，多者及九族，少者三代。

---

① 蒸黎：庶民。《资治通鉴》德宗兴元元年注，按诗传笺，蒸：众也；黎：亦众也。
② 诸夏：指华夏各诸侯国，意即全中国。十亩共桑之迫，应是指土地面积狭小。
③ 殿最：古代考核臣下的政绩或军功评价的标准，考核结果为下等称为殿，如果属于上等则称最。
④ 按《晋书·石苞传》所记，此句为"州郡农桑未有赏罚之制，宜遣椽属循行"。
⑤ 刍稿之田：种植有茎秆类作物之田，即农田。

宗室、国宾、先贤之后、士人子孙亦如之①。而又得荫人以为衣食客及佃客②，量给官品以为差降。自西晋则有荫客之制，至东晋其数更加，具赋税上篇。

宋孝武帝大明初，羊希为尚书左丞。时扬州刺史西阳王子尚上言："山湖之禁，虽有旧科，人俗相因，替而不奉，炌许气反山封水③，保为家利。自顷以来，颓弛日甚，富强者兼岭而占，贫弱者薪苏无托，至渔采之地，亦又如兹，斯实害理之深弊，请损益旧条，更申恒制。"有司检壬辰诏书："擅占山泽，强盗律论，赃一贯以下，皆弃市。"希以"壬辰之制，其禁严刻，事既难遵，理与时弛。而占山封水，渐染复滋，更相因仍，便成先业，一朝顿去，易致怨嗟。今更刊革，立制五条。凡是山泽，先恒炌爊力居反，种竹木薪果为林仍④，及陂湖江海鱼梁鰌鲊⑤七由反,即移反，恒加工修作者，听不追旧⑥。官品第一、第二品，听占山三顷；第三、第四品，二顷五十亩；第五、第六品，二顷；第七、第八品，一顷五十亩；第九品与百姓，一顷。皆依定格，条上赀簿。若先已占山，不得更占；先占足，若非前条旧业，一不得禁。有犯者，水土一尺以上并计赃，依常盗论。除晋咸康二年壬辰之科⑦"。从之。

时山阴县人多田少，孔灵符表请徙无赀之家于余姚、鄞莫侯反、鄮三县垦开湖田。余姚，今会稽郡县。鄞、鄮则今余姚郡地。帝令公卿博议，咸曰："夫训农修政，有国所同。土著之人，习翫日久，如京师无田，不闻徙居他县。寻山阴豪族富室，顷亩不少，贫者肆力，非为无处。又缘湖居人，鱼鸭为业，小人习始既难，劝之未易，远废之畴，方剪荆棘，率课穷乏，

---

① 《尚书·尧典》释文。九族：上自高祖，下至玄孙凡九族。三代：自祖至孙三辈。宗室：皇室家族。国宾：指前代亡国之君及其嫡系子孙。先贤：指古代有道德、有学问被人尊为贤哲之人。

② 衣食客：晋代世族或豪强荫庇下的一种依附人口。佃客：指在豪强荫庇下的一种依附农民。佃客在经济上依附于地方豪强，不向国家缴纳租税和服徭役。

③ 炌：火焚山草。《释文》芟草烧之曰芟。

④ 仍，当为艿字：意即草不剪。谓陈根草不芟，新草又生，相因仍。参见《宋书·羊玄保传》。

⑤ 鰌（qiū）：同鳅（泥鳅）；鲊（cǐ）：生活在海里的一种鱼。

⑥ 当为"夺"字之误，繁体"舊"同"奪"字形相似。

⑦ 参见《宋书·羊玄保羊希传》。本引文对原文有所改动，如民改为人，治改为理，常改为恒，"占山护泽"改为"擅占山泽"，"赃一丈以上"改为"赃一贯以下"，杂果改为薪；又删去"为政所宜去绝"；还有漏字加字的情况。

其事弥难①，资徒粗立，徐行无晚。"②帝违众议徙人，并成良业。

后魏明帝永兴中，频有水旱。神瑞二年，又不熟，于是分简尤贫者就食山东。敕有司劝课田农。曰："前志有之③，人生在勤，勤则不匮。凡庶人不畜者祭无牲，不耕者祭无盛，不树者死无椁，不蚕者衣无帛，不绩者丧无缞④。教行三农⑤，生殖九谷。"自是人皆力勤，岁数丰穰，畜牧滋息。

太武帝初为太子监国，曾令有司课畿内之人，使无牛家以人牛力相贸，垦殖锄耨。其有牛家与无牛家一人种田二十亩，偿以耘锄功七亩，如是为差；至与老小无牛家种田七亩，老小者偿以锄功二亩，皆以五口下贫家为率。各列家别口数、所种顷亩，明立簿目。所种者于地首标题姓名，以辨播殖之功。

孝文太和元年三月，诏曰："去年牛疫，死太半，今东作既兴，人须肄业，有牛者加勤于常岁，无牛者倍佣于余年；一夫制理四十亩，中男二十亩。无令人有余力，地有遗利。"时李安世上疏曰："臣闻量人画野，经国大式⑥，邑地相参，致理之本。井税之兴，其来日久⑦，田莱之数⑧，制之以限，盖欲使土不旷功，人罔游力；雄擅之家，不独膏腴之美；单陋之夫，亦有顷亩之分。窃见州郡之人，或因年俭流移，弃卖田宅，漂居异乡，事涉数代；三长既立，始返旧墟，庐井荒凉，桑榆改植，事已历远，易生假冒，彊宗豪族，肆其侵凌，远认晋魏之家，近因亲旧之验，年载稍久，乡老所惑，群证虽多，莫可取据；各附亲知，互有长短，两证徒具，听者犹疑，争讼迁延，连纪不判；良畴委而不开，柔桑枯而不采⑨，欲令家丰岁储，人给资用，其可得乎！愚谓今虽桑井难复，宜更均量，审其径

---

① 这里是说长期荒废的土地，刚得到开垦，不宜急于征税。
② 参见《宋书·孔灵符传》，此为节录王义恭等人所言而成。
③ 志：指《汉书·食货志》。
④ 这里是说凡平民百姓，家不畜养牲畜者，祭祀时不许供牺牲；不从事农耕者，祭祀时不得供粮食祭品；不植树者，死后不准用棺椁；家不养蚕者，不准穿帛质衣服；不纺绩者，死后亲属不能穿丧服。
⑤ 三农：指平地农、山农、泽农。
⑥ "量人画野"句，当是量地画野，经国大式：即丈量土地，划分境界，是经理国家的大法。
⑦ 井税：当指按井田出赋税，始于夏、商、周时期。
⑧ 田莱：荒芜之田，或指休耕田。
⑨ 指因土地所有权的长期争讼难定，致使农桑受损。委：弃置。

术，令分艺有准①，力业相称，细人获资生之利，豪右靡余地之盈。无私之泽，乃播均于兆庶，如阜如山，可有积于比户矣。又所争之田，宜限年断，事久难明，悉属今主。然后虚诈之人，绝于觊觎，守分之士，免于凌夺。"帝深纳之，均田之制起于此矣。

九年，下诏均给天下人田：诸男夫十五以上，受露田四十亩，不栽树者谓之露田②。妇人二十亩，奴婢依良③。丁牛一头受田三十亩，限四牛。所授之田率倍之，三易之田再倍之，以供耕休及还受之盈缩④。人年及课则受田⑤，老免及身没则还田，奴婢、牛随有无以还受。诸桑田不在还受之限⑥，但通入倍田分；于分虽盈，不得以充露田之数，不足者以露田充倍。诸初受田者，男夫一人给田二十亩，课莳⑦余，种桑五十树，枣五株，榆三根；非桑之土⑧，夫给一亩，依法课莳余果及多种桑榆者不禁。诸应还之田，不得种桑榆枣果，种者以违令论，地入还分。诸桑田皆为代业⑨，身终不还，恒从见口。有盈者无受无还，不足者受种如法。盈者得卖其盈，不足者得买所不足。不得卖其分，亦不得买过所足。诸麻布之土，男夫及课，别给麻田十亩，妇人五亩，奴婢依良，皆从还受之法。诸有举户老小残疾无受田者，年十一以上及废疾者⑩，各授以半夫田。年逾七十者不还所受。寡妇守志者，虽免课亦受妇田。诸还受人田，恒以正月。若始受田而身亡及卖买奴婢、牛者，皆至明年正月乃得还受。诸土广人稀之处，随力所及，官借人种莳。后有来居者，依法封授。诸地狭之处，有进丁授田而不乐迁者，则以其家桑田为正田分，又不足不给倍田，又不足家内人别减分。无桑之乡，准此为法。乐迁者听逐空荒，不限异州他郡，唯不听避劳就逸。其地足之处，不得无故而移。诸人有新居者，三

---

① 径术：田间道路和沟洫。艺：法制，理。
② 露田：指按规定必须种植谷物，身亡或年老时要交还的耕地。
③ 奴婢依良：意即奴婢同平民一样受露田。
④ 男夫在分得四十亩露田之后，还可分得四十亩倍田。倍田的作用除供休耕之外，还可供临时调剂之用。
⑤ 指男子到了应该服役和纳税的年龄（即成丁）。
⑥ 指分给农民家庭种植桑麻榆及果木之用的田地。桑田属于农民的永业田，无须归还国家。
⑦ 莳：指种植或移栽。
⑧ 非桑之土：指不宜桑树生长的土地。
⑨ 代业：指世代为己使用的永业田。
⑩ 废疾：《魏书·食货志》作"癃者"，指衰弱多病。

口给地一亩，以为居室，奴婢五口给一亩。男女十五以上，因其地分口课种菜五分亩之一。诸一人之分，正从正，倍从倍，不得隔越他畔。进丁受田者，恒从所近，若同时俱受，先贫后富，再倍之田，放此为法。诸远流配谪无子孙及户绝者，墟宅、桑榆尽为公田，以供授受。授受之次，给其所亲，未给之间，亦借其所亲。诸宰人之官①，各随匠给公田②：刺史十五顷，太守十顷，治中、别驾各八顷，县令、郡丞六顷。更代相付。卖者坐如律。职分田起于此。

---

① 宰人之官：指地方官。
② 各随匠给公田，《魏书·食货志》为"各随地给公田"。

# 卷二 食货二

## 田制下：北齐、后周、隋、大唐

北齐给授田令，仍依魏朝，每年十月普令转授，成丁而授，丁老而退，不听卖易。文宣帝天保八年，议徙冀、定、瀛无田之人，谓之乐迁，于幽州宽乡①以处之。秦汉州郡则大，魏晋年代又远，改移分析，或未易知，以此要有解释。近代制置，今多因习，则不假繁叙，他皆类此。

武成帝河清②三年诏：每岁春月，各依乡土早晚，课人农桑。自春及秋，男子十五以上，皆营蚕桑，孟冬布田亩。蚕桑之月，妇女十五以上，皆营蚕桑。孟冬，刺史听审教之优劣③，定殿最之科品④。人有人力无牛，或有牛无人力者，须令相便⑤，皆得纳种，使地无遗利，人无游手。又令男子率以十八受田，输租调；二十充兵，六十免力役，六十六退田，免租调。京城四面，诸方之外三十里内为公田。受公田者，三县代迁户职事官一品以下，逮于羽林武贲，各有差。其外畿郡，华人官⑥第一品以下，羽林武贲以上，各有差；职事及百姓请垦田者，名为永业田；奴婢受田者，亲王止三百人，嗣王二百人，第二品嗣王以下及庶姓王百五十人，正三品以上及皇宗百人，七品以上八十人，八品以上至庶人六十人，奴婢限外不给田者皆不输；其方百里外及州人，一夫受露田八十亩，妇人四十亩，奴婢依良人，限数与者在京百官同；丁牛一头受田六十亩，限止四牛；每丁给永业二十亩，为桑田，其田中种桑五十根，榆三根，枣五根，不在还受

---

① 宽乡：指田多人少，可供多人开垦的地方。
② 河清（公元562—564年），北齐武成帝高湛年号。
③ 刺史听审教之优劣，《隋书·食货志》记为"刺史听审邦教之优劣"。邦教：指地方的风化、道德。
④ 殿最：考课之等差。上等为最，下等为殿。科品：差等，等级。
⑤ 相便：两相便利。
⑥ 这里的华人官，当指汉族官员。华：华夏，是相对北齐而言的华人。

之限，非此田者，悉入还受之分。土不宜桑者给麻田，如桑田法。

关东风俗传曰：其时强弱相凌，恃势侵夺，富有连畛亘陌①，贫无立锥之地。昔汉氏募人徙田，恐遗垦课，令就良美，而齐氏全无斟酌，虽有当年权格，时蹔②施行，争地文案有三十年不了者，此由授受无法者也。其赐田者，谓公田及诸横赐③之田。魏令，职分公田④，不问贵贱，一人一顷，以供刍秣⑤。自宣武出猎以来，始以永赐，得听卖买。迁邺之始，滥职众多，所得公田，悉从货易。又天保⑥之代，曾遥压首人田，以充公簿。比武平⑦以后，横赐诸贵及外戚佞宠之家，亦以尽矣。又河渚山泽有司耕垦肥饶之处，悉是豪势，或借或请，编户之人不得一垄。纠赏者，依令。口分之外知有买匿，听相纠列，还以此地赏之。至有贫人，实非者⑧，苟贪钱货，诈吐壮丁口分，以与纠人⑨，亦既无田，即便逃走。帖卖⑩者，帖荒田七年，熟田五年，钱还地还，依令听许；露田虽复不听卖买，卖买亦无重责。贫户因王课不济，率多货卖田业，至春困急，轻致藏走；亦懒惰之人，虽存田地，不肯肆力，在外浮游；三正⑪卖其口田以供租课。比来频有还人之格，欲以招慰逃散。假使蹔还，即卖所得之地，地尽还走，虽有还名，终不肯住，正由县听其卖帖田园故也。广占者，依令。奴婢请田亦与良人相似，以无田之良口，比有地之奴、牛。宋世良天保中献书，请以富家牛地先给贫人，其时朝列，称其合理。宋孝王撰。

后周文帝霸政之初，创置六官。司均掌田里之政令，凡人口十以上宅五亩，口七以上宅四亩，口五以下宅三亩。有室者田百四十亩，丁者田百亩。

隋文帝令自诸王以下至于都督，皆给永业田，各有差，多者至百顷，

---

① 连畛亘陌：意即阡陌相连，是富有之家。畛：田界。
② 蹔：同暂。
③ 横赐：指不合常理的赐予。
④ 职分公田：职分田，又叫职田。是按官职的品级，授给官吏一定量的公田作为俸禄，这种公田就叫职田。
⑤ 刍秣：喂牲畜的草、谷。
⑥ 天保（公元550—559年），北朝北齐文宣帝高洋年号。
⑦ 武平（公元570—576年），北朝北齐后主高纬年号。
⑧ 这里是说贫人并非有多少多余的田而要隐匿的。
⑨ 纠人：纠举揭发之人。
⑩ 帖卖：指出卖土地须书立契约。帖：券帖，文契。
⑪ 三正：乡官、乡正、里正之类。

少者至三十顷。其丁男、中男永业露田，皆遵后齐之制，并课树以桑榆及枣；其田宅，率三口给一亩。京官又给职分田，一品者给田五顷，至五品则为田三顷，其下每品以五十亩为差，至九品为一顷。外官亦各有职分田。又给公廨田①以供用。

开皇九年，任垦田千九百四十万四千二百六十七顷。隋开皇中，户总八百九十万七千五百三十六。按定垦之数，每户合垦田二顷余也。

开皇十二年，文帝以天下户口岁增，京辅及三河地少而人众，衣食不给，议者咸欲徙就宽乡。帝乃发使四方出，均天下之田，其狭乡，每丁才至二十亩，老小又少焉。

至大业中，天下垦田五千五百八十五万四千四十顷。按其时有户八百九十万七千五百三十六，则每户合得垦田五顷余，恐本史之非实。

大唐开元二十五年令：田广一步、长二百四十步为亩，百亩为顷。自秦汉以降即二百四十步为亩，非独始于国家，盖具令文耳。国家程式虽则具存，今所在纂录不可悉载，但取其朝夕要切，冀易精详，乃临事不惑。丁男给永业田二十亩，口分田八十亩；其中男年十八以上亦依丁男给，老男、笃疾、废疾各给口分田四十亩②，寡妻妾各给口分田三十亩，先永业者，通充口分之数。黄、小、中、丁男子及老男、笃疾、废疾、寡妻妾当户者③，各给永业田二十亩，口分田二十亩。应给宽乡，并依所定数，若狭乡所受者，减宽乡口分之半。其给口分田者，易田则倍给。宽乡三易以上者，仍依乡法易给。其永业田：亲王百顷，职事官正一品六十顷，郡王及职事官从一品各五十顷，国公若职事官正二品各四十顷，郡公若职事官从二品各三十五顷，县公若职事官正三品各二十五顷，职事官从三品二十顷，侯若职事官正四品各十四顷，伯若职事官从四品各十顷，子若职事官正五品各八顷，男若职事官从五品各五顷；上柱国三十顷，柱国二十五顷；上护军二十顷，护军十五顷；上轻车都尉十顷，轻车都尉七顷；上骑都尉六顷，骑都尉四顷；骁骑尉、飞骑尉各八十亩，云骑尉、武骑尉各六十亩。其散官五品以上同职事给，兼有官爵及勋俱应给者，唯从多，不并给。若当家口分

---

① 公廨田：指朝廷中央给各官署一定量的公田供其出租，以其地租收入充作办公经费之用，这种公田就叫公廨田。

② 笃疾：不治之症。按《便读》所说，笃疾者，谓癫狂。癫：两目盲、二枝（肢）折也。废疾者，谓癃、哑、腰脊、疽、折一枝（肢）也。

③ 按《旧唐书·食货上》说，男女始生者为黄，四岁为小，十六岁为中，二十一岁为丁。

之外，先有地非狭乡者并即回受，有剩追收，不足者更给。诸永业田皆传子孙，不在收授之限，即子孙犯除名者，所承之地亦不追。每亩课种桑五十根以上，榆枣各十根以上，三年种毕。乡土不宜者，任以所宜树充。所给五品以上永业田，皆不得狭乡受，任于宽乡隔越射无主荒地充。即买荫赐田充者，虽狭乡亦听。其六品以下永业，即听本乡取还公田充①，愿于宽乡取者亦听。应赐人田，非指的处所者不得狭乡给，其应给永业人。若官爵之内有解免者，从所解者追。即解免不尽者，随所降品追。其除名者依口分例给，自外及有赐田者并追。若当家之内有官爵及少口分应受者，并听回给，有剩追收；其因官爵应得永业未请及未足而身亡者，子孙不合追请也。诸袭爵者唯得承父祖永业，不合别请。若父祖未请及未足而身亡者，减始受封者之半给。其州县县界内所有部受田，悉足者为宽乡，不足者为狭乡。诸狭乡田不足者，听于宽乡遥受。应给园宅地者，良口三口以下给一亩，每三口加一亩；贱口五口给一亩②，每五口加一亩，并不入永业口分之限。其京城及州郡县郭下园宅，不在此例。

诸京官文武职事职分田：一品一十二顷，二品十顷，三品九顷，四品七顷，五品六顷，六品四顷，七品三顷五十亩，八品二顷五十亩，九品二顷，并去京城百里内给。其京兆、河南府及京县官人职分田亦准此，即百里外给者亦听。

诸州及都护府、亲王府官人职分田：二品一十二顷，三品一十顷，四品八顷，五品七顷，六品五顷，京畿县亦准此。七品四顷，八品三顷，九品二顷五十亩。

镇戍关津岳渎及在外监官③：五品五顷，六品三顷五十亩，七品三顷，八品二顷，九品一顷五十亩；三卫中郎将、上府折冲都尉各六顷，中府五顷五十亩，下府及郎将各五顷；上府果毅都尉四顷，中府三顷五十亩，下府三顷；上府长史、别将各三顷，中府、下府各二顷五十亩；亲王府典军五顷五十亩，副典军四顷，千牛备身左右、太子千牛备身各三顷；亲王府文武官随府出藩者，于在所处给。诸军上折冲府兵曹二顷，中府、下府各一顷五十亩；其外军校尉一顷二十亩，旅师一顷，队正副各八十亩，皆

---

① 这里是说，六品以下官之永业田，允许从本乡因年老或亡故交还的公田中补足。
② 贱口：指社会地位卑贱的民户。如奴仆、俳优、娼妓、乐人、剃头人等是。
③ 岳渎：即五岳四渎。五岳：指东岳（泰山）、南岳（衡山）、西岳（华山）、北岳（恒山）、中岳（嵩山）。四渎：指江、河、淮、济四大水。

于领所州县界内给；其校尉以下在本县及去家百里内领者不给；诸驿封田皆随近给，每马一匹给地四十亩，若驿侧有牧马之处，匹各减五亩；其传送马，每匹给田二十亩；诸庶人有身死家贫无以供葬者，听卖永业田，即流移者亦如之；乐迁就宽乡者，并听卖口分。卖充住宅、邸店、碾硙者，虽非乐迁，亦听私卖。诸买地者，不得过本制，虽居狭乡，亦听依宽制，其卖者不得更请；凡卖买，皆须经所部官司申牒，年终彼此除附；若无文牒辄卖买，财没不追，地还本主；诸以工商为业者，永业、口分田各减半给之，在狭乡者并不给；诸因王事没落外藩不还，有亲属同居，其身分之地六年乃追，身还之日，随便先给；即身死王事者，其子孙虽未成丁，身分地勿追；其因战伤及笃疾废疾者，亦不追减，听终其身也；诸田不得贴赁及质①，违者财没不追，地还本主；若从远役外任，无人守业者，听贴赁及质；其官人永业田及赐田，欲卖及贴赁者，皆不在禁限，诸给口分田，务从便近，不得隔越；若因州县改易，隶地入他境及犬牙相接者，听依旧受；其城居之人本县无田者，听隔县受。虽有此制，开元之季，天宝以来，法令弛坏，兼并之弊，有逾于汉成哀之间。

又田令，在京诸司及天下府州县兼折冲府、镇戍、关津、岳渎等公廨田、职分田，各有差。诸职分陆田限三月三十日，稻田限四月三十日，以前上者并入后人，以后上者入前人。其麦田以九月三十日为限。若前人自耕未种，后人酬其功直；已自种者，准租分法。其价六斗以下者，依旧定；以上者，不得过六斗，并取情愿，不得抑配。亲王出藩者②，给地一顷作园，若城内无可开拓者，于近城便给；如无官田，取百姓地充，其地给好地替。

天宝③中，应受田一千四百三十万三千八百六十二顷十三亩。按十四年有户八百九十万余，计定垦之数，每户合一顷六十余亩。至建中初，分遣黜陟使按比垦田田数，都得百十余万顷。

---

① 质：抵押。
② 亲王：皇帝之宗室封王者曰亲王。藩：王侯之封国；出藩：指进入自己的封国。
③ 天宝（公元742—756年），唐玄宗李隆基年号。

## 水利田：周、秦、汉、后汉、晋、东晋、宋、后魏、大唐

魏文侯使李悝①作尽地力之教，以为地方百里，提封九万顷，除山泽邑居三分去一，为田六百万亩，理田勤谨则亩益三斗，不勤则损亦如之，地方百里之增减，辄为粟百八十万石。必杂五种，以备灾害；力耕数耘，收获如寇盗之至。谓促遽之甚，恐为风雨损之。还庐树桑，还，逸也。菜茹有畦，瓜瓠果蓏，木实曰果，草实曰蓏。茹，所食之菜。畦，区也。殖于疆场。②至曾孙襄王，以史起为邺令③，起进曰："魏氏之行田也以百亩，赋田之法，一夫百亩。邺独二百亩，是田恶也。漳水在其旁，西门豹为邺令不知用，是不知也。"于是，遂引漳水溉邺，以富魏之河内。民歌之曰："邺有贤令兮为史公，决漳水兮灌邺旁，终古舃（xì）卤④兮生稻粱。"舃卤，即斥卤也。卤，咸苦也，谓咸之地。史记云西门豹引漳水溉邺，误。

其后，韩闻秦之好兴事，欲疲之，无令东伐，乃使水工郑国间说秦，令凿泾水，自仲山西抵瓠口为渠，并蒲浪反北山东注洛，三百余里，欲以溉田。中作而觉，秦欲杀国，国曰："始臣为间，然渠成亦秦之利也。"秦以为然，卒使就渠。渠就，用注填阏之水，溉舃卤之地四万余顷，收皆亩一钟。于是关中为沃野，无凶年，命曰郑国渠。阏与淤同。

秦平天下，以李冰为蜀守，冰壅江水作堋⑤部用反，穿二江成都中，双过郡下，以通舟船，因以溉灌诸郡，于是蜀沃野千里，号为陆海。

汉文帝以文翁为蜀郡太守，穿煎溛羊朱反口，溉灌、繁田千七百顷，人获其饶。⑥

武帝元光中，大司农郑当时言："引渭穿渠，起长安，并南山下，至河三百余里，渠下民田万余顷，又可得以溉田，益肥关中之地，得谷。"天子以为然，令齐水工徐伯表，巡行表记之。悉发卒数万人穿漕渠，三岁而通，渠下民颇得以溉田矣。

---

① 李悝：战国时魏国人，魏文侯时（公元前446—前397年）为相，对魏国的政治、经济诸方面进行了有效的改革，尽地力之教即是其中的一项主要内容。就是鼓励农民充分利用土地以增产粮食，增加国家收入。

② 疆场：畔上，即田界。

③ 史起：战国时魏人。为邺令，引漳水溉田。

④ 舃卤：此处应为潟卤，即盐碱地。

⑤ 堋：李冰修都江堰时所创建的一种分水堤。

⑥ 文翁为蜀地太守，穿湔江以灌溉灌、繁二县农田。

其后，河东守番系请"穿渠引汾溉皮氏，汾阴下引河溉汾阴，蒲坂下，皮氏，今龙门县地，属绛郡；汾阴，今宝鼎县地，蒲坂，今河东县地，并属河东郡。度可得五千顷。五千顷故尽河壖弃地，民茭牧①其中耳，今溉田之，度可得谷二百万石以上"。天子以为然，发卒数万人作渠田。数岁，河移徙，渠不利，则田者不能偿种。久之，河东渠田废，与越人，令少府以为稍入。时越人有徙者，以田与之，其租税入少府也。稍，渐也。其入未多，故谓之稍。

其后庄熊罴言："临晋民即今冯翊县也。愿穿洛以溉重泉以东万余顷，重泉在今冯翊郡界，今有干坑，是熊罴之所穿渠。故恶地，诚得水可令亩十石。"于是为发卒万余人穿渠，自征音惩引洛水至商颜下。征在冯翊，即今郡之澄城县；商颜，今冯翊县界。岸善崩，洛水岸。乃凿井，深者四十余丈。往往为井，井下相通行水，水穨以绝商颜，下流曰穨。东至山岭十余里闲。井渠之开自此始。穿渠得龙骨，故名曰龙首渠。作之十余岁，渠颇通，犹未得其饶。是时，用事者争言水利，朔方、西河、河西、酒泉皆引河及川谷以溉田；而关中沣渠、灵轵引诸水，汝南、九江引淮，东海引钜定泽名，泰山下引汶水，皆穿渠为溉田各万余顷。佗小渠陂山通道，不可胜言。

自郑国渠起，至元鼎六年②，百三十六岁，而倪宽为左内史，奏请穿凿六辅渠，在郑国渠之里，今尚谓之辅渠，亦曰六渠。以益溉郑国傍高仰之田。素不得郑国之溉灌者。仰谓上向。帝曰："农，天下之本也；泉流灌浸，所以育五谷也。左、右内史地，名山川原甚众，细民未知其利，故为通沟渎，畜陂泽③，所以备旱也。今内史稻田租挈重④，不与郡同，租挈，收田租之约令。郡为四方诸郡。其议减。令吏民勉农，尽地利，平繇行水，勿使失时。"平繇者，均齐渠堰之力役，谓俱得水之利。

后十六岁，赵中大夫白公此时无公爵，盖相呼尊老之称也。复奏穿渠，引泾水，首起谷口，尾入栎音药阳，谷口，今云阳县冶谷是。注渭中，袤二百

---

① 茭牧：指刈干草以喂养牛羊。《史记·河渠书》中《索引》称，收茭（干草）及牧畜于中。

② 元鼎（公元前116—前111年），西汉武帝刘彻年号。

③ 沟渎：即沟渠。《周礼·考工记·匠人》：井（田）间广四尺、深四尺谓之沟。陂泽：储水的池塘。陂：挡水的堤。

④ 挈：与"契"同。

里，溉田四千五百余顷，因名白渠，民得其饶，歌之曰："田于何所？池阳、谷口。郑国在前，白渠起后。郑国兴于秦时，故云前也。举锸为云，决渠为雨。锸，锹。泾水一石，其泥数斗。且溉且粪，长我禾黍。水停淤泥，可以当粪。衣食京师，亿万之口。"言此两渠饶也。

元帝建昭中，邵信臣为南阳太守，于穰县理南六十里造钳卢陂，累石为堤，傍开六石门以节水势，泽中有钳卢王池，因以为名。用广溉灌，岁岁增多至三万顷，人得其利。及后汉杜诗为太守，复修其业，时歌之曰："前有邵父，后有杜母。"

后汉章帝建初中，王景为庐江太守，郡部安丰县有楚孙叔敖所起芍陂，先是荒废，景重修之，境内丰给。其陂径百里，灌田万顷。芍音鹊。今寿春郡安丰县界。

顺帝永和五年，马臻为会稽太守，始立镜湖，筑塘周回三百十里，灌田九千余顷，至今人获其利。

晋武帝咸宁元年①，诏曰："今年霖雨过差②，又有虫灾。颍川、襄城自春以来，略不下种，深以为虑。主者何以为百姓计。"当阳侯杜元凯上疏曰："臣辄思惟，今者水灾东南特剧，非但五谷不收，居积并损，下田所在渟污，高地皆多硗埆③，百姓困穷方在来年。虽诏书切告长吏二千石为之设计，不廓开大制，定其趣舍之宜，恐徒文具④，所益盖薄。当今秋夏蔬食之时，而百姓已有不赡，前至冬春，野无青草，则必指仰官谷，以为生命。此乃一方之大事，不可不早为思虑。臣愚谓既以水为田，当恃鱼菜螺蚌，而洪波泛溢，贫弱者终不能得。今者宜大坏兖及荆河州东界兖州东界，今济阳、济阴、东平、鲁郡之间。荆河州东界，今汝南、汝阴、谯郡之间也。诸陂，随其所归而宣导之。令饥者尽得水产之饶，百姓不出境界之内，朝暮野食，此目下日给之益也。水去之后，填淤之田，亩收数钟。至春大种五谷，五谷必丰，此又明年之益也。"杜君又言："诸欲修水田者，皆以火耕水耨为便。非不尔也，然此施于新田草莱，与百姓居相绝离者耳。往者东南草创人稀，故得火田之利。顷来户口日增，而陂堰岁决，良田变生

---

① 咸宁元年，《晋书·食货志》记为咸宁三年。《本纪》亦以咸宁三年灾情重，受灾面积大。
② 霖雨：长久下雨。古称三日以上连续降雨为霖雨，又称霪雨。
③ 渟污：洼处积水。硗埆：坚硬瘠薄的土地。
④ 趣舍：即取舍。文具：指空具其文。

蒲苇，人居沮泽之际，水陆失宜，放牧绝种，树木立枯，皆陂之害也。陂多则土薄水浅，潦不下润。故每有雨水，辄复横流，延及陆田。言者不思其故，因云此土不可陆种。臣计汉之户口，以验今之陂处，皆陆业也。其或有旧堰，则坚完修固，非今所谓当为人害也。臣见尚书胡威启宜坏陂，其言恳至。臣又见宋汉侯相应遵上便宜，求坏泗陂，徙运道。时下都督度支共处当，各据所见，不从遵言。臣按遵上事，运道东诣寿春，有旧渠，可不由泗陂出，泗陂在彼地界，坏地凡万三千余顷，伤败成业。遵县领应佃二千六百口，可谓至少，而无患地狭，不足肆力，此皆水之为害也。当所共恤，而都督度支方复执异，非所见之难，直以不害理也。人心所见既不同，利害之情又有异，军家之与郡县，士大夫之与百姓，其意莫有同者，此皆偏其利以忘其害。此理之所以未尽，而事之所以多患也。臣又按，荆河州界中度支所领佃者，州郡大军杂士，凡用水田七千五百余顷耳，计三年之储，不过二万余顷。以常理言之，无为多积无用之水，况于今者水潦瓮溢，大为灾害。臣以为宜发明诏，敕刺史二千石，汉氏旧堰及山谷私家小陂，皆当修缮以积水。其诸魏氏以来所造立，及诸因雨决溢蒲苇马肠陂之类，皆决沥之。长吏二千石躬先劝戒，诸食力之人并一时附功令，比及水冻，得粗枯涸。其所修功实之人皆以畀之。其旧陂堰沟渠当有所补塞者，比寻求微迹，一如汉时故事，早为部分列上，须冬闲东南休兵交代，各留一月以佐之。夫川渎有常流，地形有定体，汉氏居人众多，犹以无患，今因其所患而宣泻之，迹古事以明近，大理昭然，可坐论而得。臣不胜愚意，尝窃谓最是今日之实益也。"朝廷从之①。

东晋张闿<small>音开</small>为晋陵内史，时所部四县并以旱失田，闿乃立曲阿新丰塘，<small>今丹阳郡丹阳县界</small>。溉田八百余顷，每岁丰稔。葛洪为其颂，乃征入拜大司农。

宋文帝元嘉七年，刘义欣为荆河刺史，镇寿阳。<small>今寿春郡也</small>。于是土境荒毁，百姓离散。义欣纲维补缉②，随宜经理。芍陂良田万顷，堤堰久坏，秋夏常苦旱。义欣遣谘议参军殷肃循行修理，因旧沟引洈<small>匹诣反</small>水入陂，<small>洈水名，在汝南</small>。伐木开榛，水得通泾，由是遂丰稔。

后魏刁雍为薄骨律镇将，至镇，上表曰："富平西三十里，薄骨律镇，

---

① 此文引自《晋书·食货志》，其中文字有所增减，如稼改为谷，业改为积，豫州记为荆河，等等。

② 纲维：即纲领，指国家的法度。补缉：修补、搜缉。

今灵武郡。富平，今回乐县。有艾山，南北二十六里，东西四十五里，凿以通河，似禹旧迹。其两岸作溉田大渠，广十余步，山南引水入此渠中。计昔时高于河水不过一丈，河水激急，沙土漂流，今日此渠高于河水二丈三尺；又河水侵射，往往崩颓。渠既高县（悬），水不得上，虽复诸处按旧引水，水亦难求。今艾山北，中有洲渚，水分为二，西河小狭，水广百四十步，臣今请入来年正月，于河西高渠之北八里，分河之下五里，平凿渠，广十五步，深五尺，筑其两岸，令高一丈，北行四十里，还入古之高渠，即修高渠而北，复八十里，合百二十里，大有良田。计用四千人，四十日功，渠得成就。所欲凿新渠口，河下五尺，水不得入，今求从小河东南岸斜断到西北岸，计长二百七十步，广十步，高二尺，绝断小河，二十日功，计得成毕，合计用功六十日，小河之水尽入新渠，水则充足，溉官私田四万余顷，旬日之间则水一遍，水凡四溉，谷得成实。"从之，公私获其利。

裴延俊为幽州刺史，范阳郡有旧沈渠，径五十里；渔阳燕郡有故戾诸堰，广袤三十里，皆废毁多时，莫能修复，水旱不调，人多饥馁。延俊自度水形营造，未几而就，溉田万余顷，为利十倍。

大唐贞观十八年，李袭称为扬州大都府长史，乃引雷陂水，又筑句城塘，以溉田八百余顷，百姓获其利，征拜太府卿，人至今赖之。

永徽六年，雍州长史长孙祥奏言："往日郑、白渠溉田四万余顷，今为富商大贾竞造碾硙，堰遏费水，渠流梗涩，止溉一万许顷，请修营此渠，以便百姓。至于咸卤，亦堪为水田。"高宗曰："疏导渠流使通溉灌，济汲炎旱，应大利益。"太尉无忌对曰："白渠水带泥淤，灌田益其肥美。又渠水发源本高，向下枝分极众，若使流至同州，则水饶足。比为碾硙用水，泄渠水随入滑，加以壅遏耗竭，所以得利遂少。"于是遣祥等分检渠上碾硙，皆毁之。至大历中，水田才得六千二百余顷。

## 屯田：汉、魏、晋、东晋、齐、后魏、北齐、隋、大唐

汉昭帝始元二年，诏发习战射士诣朔方，调徒钓反故吏将子亮反屯田张掖郡。调，发选之也。故吏，前为官职者。令其部率战射士于张掖为屯。

孝宣帝神爵元年，遣后将军赵充国将兵击先零羌。充国以击虏珍灭为期，乃欲罢骑兵，屯田以待其弊。奏曰："臣所将吏士马牛食，月用粮谷十九万九千六百三十斛，盐千六百九十三斛，茭藁二十五万二百八十六

石。石，百二十斤。难久不解，徭役不息，又恐他夷卒有不虞之变。且羌虏易以计破，难用兵碎也，故臣愚心以为击之不便，计度临羌东至浩音告亹，音门，即金城郡广武县地。临羌，在今西平郡也。羌虏故田及公田，民所未垦，可二千顷以上。愿罢骑兵，留弛刑应募，及淮阳、汝南步兵与吏私从者，合凡万二百八十一人，用谷月二万七千三百六十三斛，盐三百八斛，分屯要害处；冰解漕下，缮乡亭，浚沟渠，漕下，以水运木而下也；缮，补也。理湟音皇；陿①，音夹。以西道桥七十所，令可至鲜水左右。田事出，赋人二十亩。田事出，谓至春人出营田也。赋谓班与之。至四月草生，发郡骑及属国胡骑伉健各千，倅马什二，就草，倅，副也。什二者，千骑则与副马二百匹也。为田者游兵，以充入金城郡，益积蓄，省大费。今大司农所转谷至者，足支万人一岁食。谨上田处及器用簿，唯陛下裁许之。"上报曰："如将军之计。"充国又奏曰："今留步士万人屯田，地势平易，臣愚以为屯田内有亡费之利，外有守御之备。骑兵虽罢，虏见万人留田为必禽②之具，其土崩归德，宜不久矣。③"诏罢兵，独充国留屯田，大获地利。明年遂破先零。

魏武既破黄巾④，欲经略四方，而苦军食不足。羽林监颍川枣祗建置屯田，于是以任峻为典农中郎将，募百姓屯田于许下，今颍川郡许昌县也。得谷百万斛。郡国例置田官，数年之中，所在积粟，仓廪皆满。

废帝齐王芳正始四年，司马宣王督诸军伐吴，时欲广田畜谷为灭贼资，乃使邓艾行陈、项以东至寿春。自今淮阳郡项城县以东至寿春郡。艾以为田良水少，不足以尽地利，宜开河渠，可以大积军粮，又通漕运之道，乃着济河论以喻其指。又以为："昔破黄巾，因为屯田，积谷于许都以制四方。今三隅已定，事在淮南，每大军征举，运兵过半，功费巨亿，以为大役。陈、蔡之间，土下田良，可省许昌左右诸稻田并水东下。令淮北屯二万人，淮南三万人，十二分休，常有四万人且耕且守。水丰，常收三倍于西，计除众费，岁完五百万斛以为军资。六七年间，可积三千万斛于淮

---

① 陿："狭"的异体字。
② 禽：通"擒"。
③ 参见《汉书·赵充国传》，此引文有删节。
④ 魏武：指曹操，死后追封为魏武帝。黄巾：指黄巾军，东汉灵帝时，巨鹿人张角以传道为名，四处联络，十余年间聚众数十万，宣称"苍天已死，黄天当立"，举义旗反抗朝廷。因皆戴黄巾，故称黄巾军。

上，此则十万之众五年之食也。以此乘吴，无往而不克矣。"宣王善之，皆如艾计。遂北临淮水，自钟离西南，横石以西，尽沘旁脂反水①，四百余里置一营六十人②，且耕且守。兼循广淮阳、百尺二渠，上引河流，下通淮、颍，大理诸陂于颍南北，穿渠三百余里，溉田三万顷，淮南、淮北皆相连接，自寿春到京师，农官兵田，鸡犬之声，阡陌相属；每东南有事，大军兴众，泛舟而下，达于江淮，资食有储而无水害，艾所建也。

晋羊祜为征南大将军，镇襄阳，吴石城守去襄阳七百余里，每为边害，祜患之，竟以诡计令吴罢守。于是戍逻减半，分以垦田八百余顷，大获其利。祜之始至也，军无百日之粮，及至季年，有十年之积。

太康元年平吴之后，当阳侯杜元凯在荆州今襄阳郡。修邵信臣遗迹，邵信臣所作钳卢陂、六门堰并今南阳郡穰县界，时为荆州所统。激用滍音蚩淯音育诸水以浸原田万余顷，分疆刊石，使有定分，公私同利，众庶赖之，号曰"杜父"。旧水道唯沔、汉达江陵千数百里，北无通路。又巴丘湖沅湘之会，表里山川，实为险固，荆蛮之所恃也。预乃开扬口，起夏水达巴陵千余里，夏水、扬口在今江陵县界。巴陵即郡。内泻长江之险，外通零、桂之漕。零陵、桂阳并郡。南土歌之曰："后世无叛由杜翁，孰识智名与勇功。"

东晋元帝③督课农功，二千石长吏以入谷多少为殿最。其宿卫要任，皆令赴农，使军各自佃即以为廪。大兴中，三吴大饥，后军将军应詹上表曰："魏武帝用枣祗、韩浩之议，广建屯田，又于征伐之中分带甲之士，随宜开垦，故下不甚劳，大功克举。间者流人奔东吴，东吴今俭，皆已还返。江西良田，旷废未久，火耕水耨，为功差易。宜简流人，兴复农官，功劳报赏，皆如魏氏故事：一年中与百姓，二年分税，三年计赋税以使之，公私兼济，则仓庾盈亿，可计日而待之。"

穆帝升平④初，荀羡为北部都尉，镇下邳，今临淮郡县。屯田于东阳之石鳖，亦在今临淮郡界也。公私利之。

齐高帝敕桓崇祖修理芍陂田，曰："卿但努力营田，自然平殄虏寇。昔魏置典农，而中都足食；晋开汝颍，而河汴委储。卿宜勉之。"

后魏文帝大统十一年大旱，十二年，秘书丞李彪上表："请别立农

---

① 沘，误。泚：泚水，即今河南泌阳河及其下游唐河。
② 这句话念不通，意思不明，其中可能有漏字。
③ 东晋元帝司马睿，公元317—323年在位。
④ 升平（公元357—361年），晋穆帝司马聃（公元345—361年在位）年号。

官，取州郡户十分之一为屯田人。相水陆之宜，料①顷亩之数，以赃赎杂物市牛科给，令其肆力。② 一夫之田，岁责六十斛，甄其正课并征成杂役。行此二事，数年之中则谷积而人足矣。"帝览而善之，寻施行焉。自此公私丰赡，虽有水旱，不为害也。

北齐废帝乾明③中，尚书左丞苏珍芝又议修石鳖等屯，岁收数十万石，自是淮南军防粮足。

孝昭帝皇建④中，平州刺史嵇晔建议，开幽州督亢旧陂，今范阳郡范阳县界。长城左右营屯，岁收稻粟数十万石，比境得以周赡。又于河内置怀义等屯，以给河南之费，自是稍止转输之劳。

武成帝河清三年诏："缘边城守堪垦食者营屯田，置都子使以统之。一子使当田五十顷，岁终课其所入，以论褒贬。"

隋文帝开皇三年，突厥犯塞，吐谷浑寇边，转输劳弊，乃令朔方总管赵仲卿于长城以北大兴屯田。

大唐开元⑤二十五年令：诸屯隶司农寺者，每三十顷以下、二十顷以上为一屯。隶州镇诸军者，每五十顷为一屯。应置者，皆从尚书省处分；其旧屯重置者，一依承前封疆为定；新置者，并取荒闲无籍广占之地。其屯虽料五十顷，易田之处各依乡原量事加数。其屯官取勋官五品以上及武散官并前资边州县府镇戍八品以上文武官内，简堪者充，据所收斛斗等级为功优。诸屯田应用牛之处，山原川泽，土有硬软，至于耕垦，用力不同。土软处每一顷五十亩配牛一头，强硬处一顷二十亩配牛一头，即当屯之内有硬有软，亦准此法。其稻田每八十亩配牛一头。诸营田若五十顷外更有地剩配丁牛者，所收斛斗皆准顷亩折除，其大麦、荞麦、干萝卜等，准粟计折斛斗，以定等级。

天宝八年，天下屯收者百九十一万三千九百六十石，关内五十六万三千八百一十石，河北四十万三千二百八十石，河东二十四万五千八百八十石，河西二十六万八十八石，陇右四十四万九百二石。后上元中于楚州古谢阳湖置洪泽屯，寿州置芍陂屯，厥田沃壤，大获其利。

---

① 料：计量，度。
② 肆力：尽力。
③ 乾明（公元560年），北齐废帝高殷年号。
④ 皇建（公元560—561年），北齐孝昭帝高演年号。
⑤ 开元（公元713—741年）、天宝（公元742—756年），都是唐玄宗李隆基年号。

# 卷三　食货三

**乡党　土断　版籍并附：上古、周、晋、宋、齐、梁、陈、后魏、北齐、隋、大唐**

昔黄帝始经土设井以塞诤端①，立步制亩以防不足②，使八家为井，井开四道而分八宅③，凿井于中。一则不泄地气，二则无费一家，三则同风俗，四则齐巧拙，五则通财货，六则存亡更守，七则出入相同，八则嫁娶相媒，九则无有相贷，十则疾病相救。是以情性可得而亲，生产可得而均。均则欺凌之路塞，亲则斗讼之心弭。既牧之于邑，故井一为邻，邻三为朋，朋三为里，里五为邑，邑十为都，都十为师，师十为州。夫始分之于井则地著，计之于州则数详，迄乎夏殷，不易其制。

周制：大司徒令五家为比，使之相保；五比为闾，使之相受；四闾为族，使之相葬；五族为党，使之相救；五党为州，使之相赒；五州为乡，使之相宾。郑元曰："此所以劝民者也。使之者，皆谓立其长而教令使之。保，犹任也。救，救凶灾也。宾，宾客其贤者也。受者，宅舍有故相受寄托也。赒者，谓礼物不备相给足也。闾二十五家，族百家，党五百家，州二千五百家，乡万二千五百家。此总谓郊内者也"。及三年则大比④，大比则受邦国之比要。大比，谓使天下更简阅人数及其财物也。受邦国之比要⑤，则亦受乡遂矣。郑司农云："五家为比，故以比为名。今时八月按比是也。要谓其簿。"遂人掌邦之野，郊外曰野。此野谓

---

① 经土设井：这里应是划分各家土地耕作范围。经：度之也，即丈量土地；设井：指建立井田制度。
② 立步制亩：黄帝确立计量标准，规范田亩面积。立：确立；制：正也，法度也。
③ 按孟子所说，方里而井，八家分耕等量土地。四道即指井田中间的田界。
④ 比：考校。大比，周初规定，每三年对全国的人口进行一次普查。自生齿以上登于天府。《周礼》云：乃颁比法于六乡之大夫，使各登其乡之众寡，六畜车辇，辨其物，以岁时入其数。
⑤ 比要：检查邦国各地人民、六畜、车辆财物谓之比；要：指簿籍。

甸稍县都。以土地之图经田野，造县鄙形体之法。五家为邻，五邻为里，四里为酇，作管反。五酇为鄙，五鄙为县，五县为遂，皆有地域沟树之①，使各掌其政令刑禁，以岁时稽其人民，而授之田野，简其兵器，教之稼穑。经、形体，皆谓制分界也。邻、里、酇、鄙、县、遂犹郊内比、闾、族、党、州、乡也。郑司农云："田野之居，其比伍之名与国中异制，故五家为邻。"郑玄谓异其名者，示相变耳。遂之军旅、追胥、起徒役如六乡。里有序而乡有庠，序以明教，庠则行礼而视化焉。夫均其厚薄则生产平，统之于鄙则其数举，家于乡遂则其户可详，五人为伍则人之众寡可知。故管子曰："欲理其国者必先知其人，欲知其人者必知其地。"自昭穆之后②，王室中衰，井田废坏，不足以纪人之众寡，宣王是以料人于太原③，由兹道失之。

齐桓公用管仲。管仲曰："夫善牧者④，非以城郭也，辅之以什⑤，司之以伍。伍无非其里，什无非其家，故奔亡者无所匿，迁徙者无所容。不求而得，不召而来，故人无流亡之意，吏无备追之忧。故主政可行于人，人心可系于主。"是以制国，郊内则以五家为轨，轨十为里，里四为连，连十为乡，乡五为帅，国内十五乡，自五至帅；郊外则三十家为邑，邑十为卒，卒十为乡，乡三为县，县十为属，属有五，自五至属各有官长，以司其事，寓军政焉。而齐遂霸。

徐伟长中论曰："夫治平在庶功兴⑥，庶功兴在事役均，事役均在民数周，民数周为国之本也。先王周知其万民众寡之数，乃分九职焉⑦。九职既分，则劬劳者可见，勤惰者可闻也，然而事役不均者未之有也；事役既均，故上尽其心而人竭其力，然而庶功不兴者未之有也；庶功既兴，故国家殷富，大小不匮，百姓休和，下无怨疾焉，然而治不平者未之有也。

---

① 沟树：按周王朝规定，邻、里、酇、鄙、县、遂之间，都划定有地界，四边挖沟，沟上栽树，便于识别和管理。见《周礼·地官·遂人》。

② 昭穆，昭：指周昭王，约公元前995—前977年在位；穆：指周穆王，约公元前976—前922年在位。

③ 料人：此处当指料民，《国语·周语上》：宣王即丧南国之师，而料民于太原。料：指清查户口。

④ 善牧：指善于治理。牧：指治理。

⑤ 什：相什保也。《管子·立正》：十家为什。

⑥ 治平：即治国平天下。庶功：指各种功业。

⑦ 九职：指周代九种职业即三农、园圃、虞衡、薮牧、百工、商贾、嫔妇、臣妾、闲民。《周礼·天官·大宰》：以九职任万民：一曰三农，生九谷；二曰园圃，毓草木；三曰虞衡，作山泽之材；四曰薮牧，养蕃鸟兽；五曰百工，饬化八材；六曰商贾，阜通货贿；七曰嫔妇，化治丝枲；八曰臣妾，聚敛疏材；九曰闲民，无常职，转移执事。

故泉有源，治有本，道者审本而已矣。故周礼孟冬，司寇献民数于王，王拜受之，登于天府，内史、司会、冢宰贰之，其重之也如是。今之为政者，未之知恤已也。辟犹无田而欲树艺，虽有农夫，安能措其强力乎！是以先王制六乡六遂之法，所以维持其民而为之纲目也，使其邻比相保，受赏罚相延及，故出入存亡臧否逆顺可得而知也。及乱君之为政也，户口漏于国版，夫家脱于联伍，避役逋逃者有之，于是奸心竞生而伪端并作，小则滥窃，大则攻劫，严刑峻令不能救也。人数者，庶事之所自出也，莫不取正焉。以分田里，以令贡赋，以造器用，以制禄食，以起田役，以作军旅，国以建典，家以立度，五礼用修①，九刑用措②，其唯审人数乎？"

东晋哀帝崇和元年三月庚戌，天下所在土断③。

孝武时，范宁陈时政曰："昔中原丧乱，流寓江左，庶有旋反之期，故许其挟注本郡，自尔渐久，人安其业，丘垄坟柏，皆以成行，无本邦之名，而有安土之实，今宜正其封疆，土断人户，明考课之科，修闾伍之法。难者必曰：'人各有桑土之怀，下役之虑。'斯诚并兼之所执，而非通理之笃论也。古者失地之君，犹臣所寓之主，列国之臣，亦有违适之礼。随会仕秦，致称春秋④；乐毅道燕，见褒良史。且今普天之人，原其氏出，皆随代移迁，何至于今而独不可。"帝善之。

安帝义熙九年，宋公刘裕缘人居土，上表曰："臣闻先王制理，九土攸序⑤，分境画野，各安其居。故井田之制，三代以崇。秦革其政，汉遂不改，富强兼并，于是为弊。在汉西京，大迁田、景之族，以实关中⑥，

---

① 五礼：指吉（祭祀）、凶（丧葬）、宾（宾客）、军（军旅）、嘉（冠婚）五礼。
② 九刑：周之九种刑法，即墨刑、劓刑、刖刑、宫刑、大辟（死刑）、流刑、赎刑、鞭刑、扑刑。
③ 土断：指以现居地定户籍，使南流之侨民得以安居的政策。东晋初，南迁之民，在江南建立侨州郡县，相互并无一定境界，士族广占田地，兼并激励，致管理失控，赋税流失。咸康七年，晋成帝下令侨寓的王公以下都以土著为断，户口编入所在郡县。参见《宋书·武帝纪》。
④ 随会：春秋晋国人，史称范武子、随武子，杰出的政治家，先秦时代贤良的典范。
⑤ 九土攸序：先圣王之治，使华夏攸然有序。九土：指九州，华夏大地。
⑥ 田、景之族：属六国旧贵族。西汉初，原六国旧贵族如齐之田氏、楚之昭氏、屈氏、景氏和怀氏以及燕赵韩魏之后，仍然是十分强大的地方势力，汉高祖把这些旧贵族及其他豪杰名家十万余口迁到关中。

即以三辅为乡间，不复系之于齐、楚。九服不扰①，所托成旧。自永嘉播越②，爰托淮、海，朝运匡复之算，人怀思本之心，经略之图，日不暇给。是以宁人绥理，犹有未遑。及至大司马桓温，以人无定本，伤理为深，庚戌土断③，以一其业。于时财阜国丰，实由于此。自兹迄今，弥历年载，画一之制，渐用颓弛。杂居流寓，闾伍不修，王化所以未纯，人瘼所以犹在④。自非改调，无以济理。夫人情滞常，难与虑始，谓父母之邦以为桑梓者，诚以生焉，敬爱所托。请依庚戌土断之科，庶存其本，稍与事著。然后率之以仁义，鼓之以威声，超大江而跨黄河，抚九州而复旧土，则恋本之志，乃速申于当年，在始暂勤，要终必易。"于是依界土断，唯徐、兖、青三州人居晋陵者，不在断限。诸流寓郡县，多被并省⑤。

宋孝武大明中，王元谟请土断雍州诸侨郡县。今襄阳、汉东等郡也。

齐高帝建元二年，诏朝臣曰："黄籍⑥，人之大纪，国之理端。自顷氓伪已久，乃至窃注爵位，盗易年月，或户存而文书已绝，或人在而反记死版，停私而云隶役，身强而称六疾⑦。皆政之巨蠹，教之深疵。比年虽却改籍书，终无得实。若约之以刑，则人伪已远；若绥之以德，又未易可惩。诸贤并深明理体，各献嘉谋，以何科算能革斯弊也？"虞玩之上表曰："宋元嘉二十七年八条取人，孝建元年书籍，众巧之所始也。元嘉中，故光禄大夫傅崇，年出七十，犹手自书籍，躬加隐校。崇何必有石建之慎，高柔之勤，盖以时属休明，服道修身故耳。古之共理天下，唯良二千石，今欲求理正，其在勤明令长。凡受籍，县不加检勘，但封送州。州检得知，方却归县。吏贪其赂，人肆其奸，奸弥深而却弥多，赂逾厚而答逾缓。自泰始三年至元徽四年，扬州等九郡黄籍，共却七万一千余户。于今十一年矣，而所正者犹未四万。神州奥区⑧，尚或如此，江、湘诸郡，倍

---

① 九服：与九畿同，王畿以外的九等地区，也泛指全国。
② 永嘉（公元307—313年），晋怀帝司马炽年号。播越：指流亡在外，失去居所。这里是说，西晋末年，全国大乱，刘聪陷洛阳，执怀帝并将其杀害。史称，永嘉之乱，天下崩离，长安城中，户不盈百。
③ 庚戌土断：东晋桓温执政时，于兴宁二年三月庚戌日行土断法，史称"庚戌土断"。
④ 人瘼：指人民的疾苦。瘼：病。
⑤ 参见《宋书·本纪·武帝中》，此引文略有改易。
⑥ 黄籍：户口版籍。
⑦ 六疾：指寒疾、热疾、末疾、腹疾、惑疾、心疾。《左传·昭公元年》：淫生六疾。如阴淫寒疾、阳淫热疾、风淫末疾等是。
⑧ 奥区：指朝廷中央所在地。即国之中央，与边境相对之称。

不可念。愚谓宜以元嘉二十七年籍为正。人惰法既久，今建元二年书籍，宜更立明科，一听首悔，迷而不返，依制必戮。使官长审自检校，切令明洗，然后上州，永以为正。若有虚昧，州县同咎。今户口多少，不减元嘉，而版籍顿阙，弊亦有以。自孝建以来，入勋者众，其中操干戈卫社稷者，三分殆无一焉。寻苏峻平后，庾亮就温峤求勋簿，而峤不与，以为陶侃所上，多非实录。物之怀私，无代不有，宋末落纽，此巧尤多。又有改注籍状，诈入仕流，昔为人役者，今反役人。又生不长发，便谓为道人。或抱子并居，竟不编户，迁徙去来，公违土断。属役无漏，流亡不归。法令必行，自然竟反。为理不患无制，患在不行，不患不行，患在不久。"帝省表，纳之。乃别置校籍官，置令史，限人一日得数巧，以防懈怠①。

至武帝永明八年②，谪巧者戍缘淮各十年，百姓怨咨。帝乃诏曰："既往之愆，不足追咎，自宋昇明以前③，皆听复注。其有谪役边疆，各许还本。自此后有犯，严加其罚。"

梁武帝时，所司奏南徐、江、郢逋两年黄籍不上。尚书令沈约上言曰："晋咸和初，苏峻作乱，版籍焚烧，此后起咸和三年以至于宋，并皆详实，朱笔隐注，纸连悉缝。而尚书上省库籍，唯有宋元嘉中以来，以为宜检之日，即事所须故也。晋代旧籍，并在下省左人曹，谓之晋籍，自东西二库。既不系寻检，主者不复经怀，狗牵鼠啮，雨湿沾烂，解散于地，又无扃縢④。此籍精详实宜保惜，位高官卑，皆可依按。宋元嘉二十七年，始以七条征发。既立此科，苟有回避，奸伪互起，岁月滋广，以至于齐。于是东堂校籍，置郎令史以掌之，而簿籍于此大坏矣。凡粗有衣食者，莫不互相因依，竞行奸货，落除卑注，更书新籍，通官荣爵，随意高下，以新换故，不过用一万许钱。昨日卑微，今日仕伍，凡此奸巧，并出愚下，不辨年号，不识官阶。或注义熙在宁康之前，或以崇安在元兴之后⑤。此时无此府，此年无此国。元兴唯有三年，而猥称四年。又诏书甲子，不与长历相应，如此诡谬，万绪千端，校籍诸郎亦所不觉，不才令史

---

① 参见《南齐书·虞玩之传》。此段引文有所删改。
② 永明（公元483—493年），南朝齐武帝萧赜年号。
③ 昇明（公元477—479年），南朝宋顺帝刘準年号。
④ 扃縢：指收藏版籍的房屋、箱笼。
⑤ 义熙（公元405—418年），东晋安帝司马德宗年号。宁康（公元373—375年），东晋孝武帝司马曜年号。崇安，应为隆安（公元397—401年），东晋安帝司马德宗年号，《通典》为避玄宗之讳改为崇安。元兴（公元402—404年），东晋安帝司马德宗年号。

更何可言。且籍字既细，难为眼力，寻求巧伪，莫知所在，徒费日月，未有实验。假令兄弟三人分为三籍，却一籍父祖官，其二初不被却，同堂从祖以下固自不论，诸如此例，难可悉数。或有应却而不却，不须却而却，所却既多，理无悉当，怀冤抱屈，非止百千，投辞请诉，充曹牣府，既难领理，交兴人怨。于是悉听复注，普停洗却，既蒙复注，则莫不成官，此盖核籍不精之巨弊也。臣谓宋齐二代，士庶不分，杂役减阙，职由于此。自元嘉以来，籍多假伪。景平以前，既不系检，凡此诸籍，得无巧换。今虽遗落，所存尚多，宜有征验，可得信实。其永初、景平籍，宜移还上省。窃以为晋籍所余，须加宝爱，若不切心留意，则还复散失矣。不识胄允①，非谓衣冠②，凡诸此流，罕知其祖。假称高曾，莫非巧伪，质诸文籍，奸事立露，惩覆矫诈，为益实弘。又上省籍库，虽直郎题掌，而尽日料校，唯令史独入，籍既重宝，不可专委群细。若入库检籍之时，直郎、直都，应共监视。写籍皆于郎、都，目前并加掌置，私写私换，可以永绝。事毕郎出，仍自题名。臣又以为，巧伪既多，并称人士，百役不及，高卧私门，致令公私阙乏，是事不举。宜选史传学士谙究流品者，为左人郎、左人尚书，专共校勘。所贵卑姓杂谱，以晋籍及宋永初景平籍在下省者，对共雠校；若谱注通籍有卑杂，则条其巧谬，下在所科罚。"帝以是留意谱籍，诏御史中丞王僧孺改定百家谱。由是有令史书吏之职，谱局因此而置。

始，晋太元中③，员外散骑侍郎贾弼好簿状，大披群族，所撰十八州百一十六郡，合七百一十二卷，士庶略无遗阙，其子孙代传其业。宋王弘、刘湛并好其书。弘日对千客，而不犯一人讳。湛为选曹，始撰百家谱以助铨序，伤于寡略。齐王俭复加得繁省之衷。僧孺为八十卷，东南诸族别为一部，不在百家之数。

陈文帝天嘉初，诏曰："自顷编户播迁，良可哀悼。其亡乡失土逐食流移者，今年内随其适乐，来岁不问侨旧，悉令著籍，同土断之例。"

后魏初不立三长，唯立宗主督护④，所以人多隐冒，五十、三十家方

---

① 胄允：指子孙。
② 衣冠：指官吏或缙绅之家。
③ 太元（公元376—396年），东晋孝武帝司马曜年号。
④ 宗主督护：北魏前期地方基层组织的一种形式。宗主：一宗之主；督护：官名，东晋始置。北魏政权初入中原，不得不承认利用宗族关系控制一定数量农民、聚族而居的豪强地主的地位，让他们为督护管理民户。

为一户，谓之荫附。荫附者皆无官役，豪强征敛，倍于公赋矣。

孝文太和十年，给事中李冲以三正理人，所由来远，于是创三长之制，曰："宜准古，五家立一邻长，五邻立一里长，五里立一党长，党长取乡人强谨者。邻长复一夫①，里长二，党长三。所取复征戍，余若人。三长三载亡愆则陟用之一等。"太后览而称善，引见公卿议之。中书令郑羲、秘书令高佑等曰："冲求立三长者，乃欲混天下为一法，言似可用，事实难行。"太尉元丕曰："臣谓此法若行，公私有益。"方今有事之月，校比人户，新旧未分，人心劳怨。请过今秋，至冬闲月，徐乃遣使，于事为宜。冲曰："'人可使由之，不可使知之。'若不因调时，百姓徒知立长校户之勤，未见均徭省赋之益，心必生怨。宜及课调之月，令知赋税之均。既识其事，又得其利，因人之欲，为之易行。"著作郎傅思益进曰："人俗既异，险易不同，九品差调，为日已久，一朝改法，恐成扰乱。"太后曰："立三长，则课有常准，赋有恒分，苞荫之户可出，侥幸之人可止，何为而不可？"遂立三长，公私便之。

北齐令人居十家为邻比，五十家为闾，百家为族党。一党之内则有党族一人，副党一人，闾正二人，邻长十人，合有十四人，共领百家而已。至于城邑，一坊侨旧或有千户以上，唯有里正二人，里吏二人。里吏不常置。隅老四人，非是官府，私充事力，坊事亦得取济。若论外党，便是烦多。时宋孝王撰关东风俗传，曰："昔六国之亡，豪族处处而有，秦氏失驭，竞起为乱。及汉高徙诸大姓齐、田、楚、景之辈以实关中，盖所以强本弱末之计也。文宣之代，政令严猛，羊、毕诸豪，颇被徙逐。② 至若瀛、冀诸刘，清河张、宋，并州王氏，濮阳侯族，诸如此辈，一宗近将万室，烟火连接，比屋而居。献武初在冀郡③，大族蝟起应之。④ 侯景之反⑤，河南侯氏几为大患，有同刘元海、石勒之众也。凡种类不同，心意亦异，若遇间隙，先为乱阶。时宋世良献书，以为'魏氏十姓八氏三十

---

① 复：免除赋役。
② 北齐高洋天保七年（公元556年），下令并省豪强大族自立的州郡，大大削弱了部曲强大的封、高、羊、毕等家族在地方上的势力。
③ 献武：指东魏权臣高欢。其子高洋篡取东魏政权建立北齐后，追尊高欢为献武皇帝。
④ 蝟起：指事变纷乘，有如猬毛惊竖。
⑤ 侯景（公元503—552年），字万景，北魏怀朔镇（今内蒙古固阳南）鲜卑化羯人。善骑射，参加过北魏末的六镇起义，后降魏，追随高欢。欢疾笃，降梁。后又叛梁自称为汉帝，被王僧辩、陈霸先等镇压。

六姓，皆非齐代腹心，请令散配郡国无士族之处，给地与人。一则令其就彼仕宦，全其门户；二则分其气势，使无异图'。文宣不纳。数年之后，乃滥戮诸元。与其酷暴诛夷，未若防其萌渐，分隶诸郡。"

隋文帝受禅，颁新令：五家为保，保五为闾，闾四为族，皆有正。畿外置里正，比闾正①，党长比族正，以相检察。苏威奏置五百家乡正，令理人闲词讼。李德林以为："本废乡官判事，为其里闾亲识，剖断不平，今令乡正专理五百家，恐为害更甚。且今时吏部总选人物，天下不过数百县，于六七百万户内铨简数百县令，犹不能称才，乃欲于一乡之内选一人能理五百家者，必恐难得。又即要荒小县有不至五百家者，复不可令两县共管一乡。"敕内外群官，就东宫会议，自皇太子以下，多从德林议。苏威又言废郡，德林语之云："修令时，公何不论废郡为便。令繢出，其可改乎！"然高颎同威之议，遂置之。十年，虞庆则于关东诸道巡省使还，并奏云："五百家乡正专理词讼，不便于人，党与爱憎，公行货贿。"乃废之。

大唐令：诸户以百户为里，五里为乡，四家为邻，三家为保。每里置正一人，若山谷阻险，地远人稀之处，听随便量置。掌按比户口，课植农桑，检察非违，催驱赋役。在邑居者为坊，别置正一人，掌坊门管钥，督察奸非，并免其课役。在田野者为村，别置村正一人，其村满百家，增置一人，掌同坊正。其村居如满十家者，隶入大村，不须别置村正。天下户为九等，三年一造户籍，凡三本，一留县，一送州，一送户部。常留三比在州县②，五比送省。仪凤二年二月敕，自今以后省黄籍及州县籍也。诸里正，县司选勋官六品以下、白丁清平强干者充，其次为坊正；若当里无人，听于比邻里简用。其村正取白丁充，无人处，里正等并通取十八以上中男、残疾等充。

---

① 比：比拟。同。
② 三比：周王朝每三年调查一次人口，同时考察各级官吏。这里是指每届登记的人口簿籍，州县留三届（九年）。五届人口簿籍送中央。

# 卷四　食货四

## 赋税上：唐、殷、周、秦、汉、魏、晋、宋

古之有天下者，未尝直取之于人，其所以制赋税者，谓公田什之一及工商衡虞之人①。税以供郊庙社稷、天子奉养、百官禄食也，赋以给车马兵甲士徒赐予也，言人君唯于田及山泽可以制财贿耳，其工商虽有技巧之作，行贩之利，是皆浮食不敦其本，盖欲抑损之义也。古者，宅不毛有里布，地不耕有屋粟，人无职事出夫家之征②。言宅不毛者出一里二十五家之布，田不耕者出三家之税粟，人虽有闲无职事，犹出夫税家税。夫税者谓田亩之税，家税者谓出士徒车辇给徭役也。盖皆罚其惰，务令归农。是故历代至今，犹计田取租税。古者人君上岁役不过三日。是故历代至今，虽加至二十日，数倍多古制，犹以庸为名③。既免其役，日收庸绢三尺，共当六丈，更调二丈，则每丁壮当两匹矣。夫调者，犹存古井田调发兵车名耳，此岂直敛人之财者乎！什一者，天下之正中④，多乎则大桀小桀，寡乎则大貉小貉⑤。故什一行而颂声作，二不足而硕鼠兴⑥。古之圣王以义为利，不以利为利，宁积于人，无藏府库，百姓不足，君孰与足。是故

---

① 衡虞：主管山林川泽之官。
② 此句见《周礼·地官·载师》。宅不毛者：指庐舍外不种植桑麻的；出里布：指罚出里布，郑元说是一里二十五家之泉，就是罚款。对田地荒芜不耕种者，罚出三家之屋粟，屋粟者，夫三为屋，即罚出三家之税粟。无职事：指不农不商，无任何职业的流民，仍要交税服徭役。这是一种奖勤罚懒的政策措施。
③ 庸：用也，常也，法。
④ 正中：指正当中之意。《管子·白心》若左若右，而正中者也。
⑤ 大桀小桀、大貉小貉，参见《春秋公羊传》。古时人认为，什一税率是天下之中正，公正无邪。所以，高于什一，就是夏桀一样的暴君；而低于什一，则是没有开发、还没有建立政府管理机构的野蛮人。
⑥ 硕鼠：参见《诗经·国风·硕鼠》。

钜桥盈而殷丧①，成皋溢而秦亡。记曰："人散则财聚，财散则人聚。"此之谓也。汉武攘四夷，平百越，边用益广，杼轴其空②。于是置平籴，立均输③，起漕运，兴盐铁，开鬻爵，设榷酤，收算缗，纳杂税，更造钱币，蕃货长财。虽经费获济，而下无聊矣。夫文繁则质衰，末盈则本亏④，反散淳朴之风，导成贪叨之行，是以恶其启端也。贤良文学，辩论甚详，然处升平之代，是古则理高，居多务之时⑤，非今则事阙。一臧一否⑥，故悉存焉。

陶唐制：冀州⑦，厥赋唯上上错⑧。孔安国曰："赋谓土地所生，以供天子。上上，第一。错，杂。出第二之赋。"兖州⑨，厥赋贞，贞，正也。州第九，赋正与九相同。厥贡漆、丝，厥篚织文。地宜漆林，又宜桑蚕。织文，锦绮之属，盛之筐篚而贡。青州⑩，厥赋中上，第四。厥贡盐、絺，海物惟错，絺，细葛。错，杂，非一种。岱畎丝、枲、铅、松、怪石，畎，谷也。怪异好石似玉者，岱山之谷出此五物，皆贡之。厥篚檿丝。檿桑蚕丝中琴瑟弦。檿，于敛反。徐州⑪，厥赋中中，第五。厥贡惟土五色，王者封五色土为社，建诸侯，则各割其方色土与之，使立社。焘以黄土，苴以白茅。茅取其洁，黄取王者覆四方。泗滨浮磬，淮

---

① 钜桥：仓名，地在今河北省曲周县东北。传为殷纣王储藏财货的仓库。《书·武成》散鹿台之财，发钜桥之粟。

② 杼轴其空：这里是指纺织女不织布（绢）。杼：司纬线的梭子；轴：卷经线的滚筒。

③ 平籴：指国家在丰年收购粮食储存，以备灾荒发生时出售的平抑市场物价的措施。以高于市场物价购进称平籴，低于市场物价出售称平粜。均输：汉武帝时颁行的调剂市场物资、增加财政收入的政策措施。按《盐铁论·本议》："往者，郡国诸侯各以其方物贡输，往来繁杂，物多苦恶，或不偿其费。故郡国置输官以相给运，而便远方之贾，故曰均输。"

④ 文繁：指文饰过甚。文繁则质衰，文，华也；质，实也。《论语·雍也》质胜文则野，文胜质则史。文质彬彬，然后君子。末盈则本亏，古代以农为本业，工商等为末业，工商业过分发展就会影响农业的发展。

⑤ 务：政事，事务。

⑥ 臧、否：指善恶得失。

⑦ 冀州：中国古代九州之一。《尔雅·释地》：两河间曰冀州。包括现在河北省、山西省、河南省黄河以北和辽宁省辽河以西的地区。

⑧ 上上：古代划分等级，一般分为上、中、下三等，然后每等再分为上、中、下三级，如上上、上中、上下、中上、中中、中下、下上、下中、下下，共九等，也称三等九级。

⑨ 兖州："济、河惟兖州。"济，指古济水（自今荥阳市北东北流至山东利津南入海）；河，指故黄河（自今河南武陟东北流至河北沧县东北入海）。相当于今河北西南部和山东西北部地区。

⑩ 青州："海、岱惟青州。"东北据海，西南距岱。指今山东济南、青州、登州、莱州及辽宁辽河以东地域。

⑪ 徐州："海、岱及淮惟徐州。"辖今江苏西北部、山东南部及安徽东北部地区。

夷蟾珠暨鱼，泗水涯水中见石，可以为磬。蟾珠，珠名，淮、夷二水出蟾珠及美鱼。厥篚元纤缟①。元，黑缯。缟，白缯。纤，细也。纤在中，明二物皆细。扬州②，厥赋下上上错，赋第七，杂出第六。厥贡惟金三品，金、银、铜。瑶琨筱簜，瑶、琨皆美玉。筱③，竹箭；簜，大竹。齿革羽毛惟木，齿，象牙。革，犀皮。羽，鸟羽。毛，牦牛尾。木，楩梓豫章。厥篚织贝，织，细纻。贝，水物。厥包橘柚锡贡。小曰橘，大曰柚，其所包裹而致者。锡命乃贡，言不常。荆州④，厥赋上下，第三。厥贡羽、毛、齿、革，惟金三品，杶、干、栝、柏，干，柘也。柏，叶松；身曰栝。砺、砥、砮、丹，砥，细于砺，皆磨石也。砮，石中矢镞。丹，朱类。惟箘簵楛，三邦底贡厥名，箘、簵，美竹；楛⑤，中矢榦，三物皆出云梦之泽。近泽三国常致贡之，其名天下称善。包橘柚。瓯菁、茅，瓯，匦也。菁以为菹，茅以缩酒。厥篚元纁、玑、组，此州染元纁色善，故贡之。玑，珠类。组，绶类。九江纳锡大龟。尺二寸曰大，大龟出九江水中，中龟不常用，锡命而纳之。豫州⑥，厥赋错上中，赋第二，又杂出第一。厥贡漆、枲、絺、纻⑦，厥篚纤纩，纩，细绵。锡贡磬错。治玉石曰错，治磬错。梁州⑧，厥赋下中三错，赋第八，杂出第七第九，三等也。厥贡璆、铁、银、镂、砮、磬，璆，玉名。镂，刚铁也。熊、罴、狐、狸织皮。贡四兽之皮，织，金罽。雍州⑨，厥赋中下，第六。厥贡惟球、琳、琅玕。球、琳皆玉名。琅玕，石似珠。

禹定九州，量远近制五服，任土作贡，分田定税，十一而赋，万国以康。故天子之国内五百里甸服：为天子服甸田。百里赋纳总，禾稿曰总，供饲马。二百里纳铚⑩，铚，刘谓禾穗。三百里纳秸服，秸，稿也。服稿役。四百

---

① 元：据《尚书·禹贡》中华书局影印版，元应是"玄"字。
② 扬州："淮、海惟扬州。"《尔雅·释地》：江南曰扬州。包括今江苏、安徽、江西、浙江、福建等地区。
③ 筱：孔颖达疏："筱为小竹。"
④ 荆州："荆及衡阳惟荆州。"《尔雅·释地》"汉南曰荆州。"汉的辖境相当于今湖北、湖南两省及河南、四川、贵州、广东、广西的部分地区。
⑤ 楛：木名，可以用来制作矢干。
⑥ 豫州："荆、河惟豫州。"《尔雅·释地》"河南曰豫州。"指黄河以南、荆山以北的今河南省地区。
⑦ 枲：麻，其纤维可织布；絺：细葛；纻：檾（麻）属，布白而细者。
⑧ 梁州："华阳黑水惟梁州。"华阳，指华山南。包括今陕西西南部及四川、重庆等地区。
⑨ 雍州："黑水西河惟雍州。"《尔雅·释地》"河西曰雍州。"黑水，说法不一，有指今甘肃张掖河、党河和青海的大通河等几种说法；西河，当指今山西、陕西之间的黄河。包括今陕西、甘肃及青海等部分地区。
⑩ 铚：古代一种短小的镰刀。这里是指禾穗。

里粟，五百里米。所纳精者少，粗者多。其外五百里曰侯服：侯，候也。斥候而服事①。百里采，供王事，不主一。二百里男邦，男，任也。三百里诸侯。同为王者斥候。又其外五百里曰绥服：服王者政教。三百里揆文教，度王者文教而行之。二百里奋武卫。奋武卫，天子所以安也。又其外五百里曰要服：要，束以文教。三百里夷，守平常之教。二百里蔡。蔡，法也。法三百里而差简。又其外五百里曰荒服：言荒，又简略。三百里蛮，以文德蛮来之，不制以法。二百里流。流，移也，言政教随其俗。尧命禹理水，因别九州，遂定贡赋。虞舜之化，及夏禹革命，不闻改作，盖因也。

殷以天子之地，百里之内以供官。千里之内曰甸，以为御；千里之外曰流，设方伯以为属。公田藉而不税，税，均取也。七十而助。助者，藉也，借力理公田也。是以其求也寡，其供也易。降及辛纣，暴虐，厚赋以实鹿台，大敛以积钜桥。

周武王既诛纣，发其财，散其粟，反其失而人安。于是分九畿，方千里曰王畿，其外曰侯畿，亦曰服。其贡祀物；又外曰甸畿，其贡嫔物；任嫔以女事，贡布帛。又外曰男畿，其贡器物；任土以饬材事。又外曰采畿，其贡服物；绣纩也。又外曰卫畿，其贡财物；龟贝之具。又外曰蛮畿，又外曰夷畿，要服也，其贡货物；丝枲。又外曰镇畿，又外曰藩畿，藩，限也。自侯、甸、男、采、卫、蛮、夷、镇、蕃，各相去五百里为限。其来朝之岁，具礼朝觐篇也。此荒服也，具职官封建篇。谓之蕃国，世一见，各以其所贵宝为贽。司徒职以岁时登其夫家之众寡，辨其可任者。国中自七尺以及六十，野自六尺以及六十有五皆征之。其舍者：国中贵者、贤者、能者、服公事者、老者、疾者皆舍。以岁时入其书。郑元曰："登，成也，定也；国中，城郭中也。郑司农云：'征之者，给公上事也；舍者，谓有复除，舍，不收役事也；贵者，谓若今宗室及关内侯皆复也；服公事者，谓若今吏有复除也；老者，谓若今八十、九十；复，羡卒也。疾者，谓若今癃不可事者②，复之。'玄谓入其书者，言于大司徒。"凡任地，国宅无征，园廛二十而一③，近郊十一，远郊二十而三，甸、稍、县、都皆无过十二，惟其漆林之征二十而五。征，税也，言征者以供国政也。任地，谓任土地以起税赋也。国宅，凡官所有宫室吏所治者也。周税轻近而重远，近者多役也。园廛亦轻之者，廛无谷，园少利也。凡宅不毛者有里布，

---

① 斥候：指侦察敌情，检行险阻，追查盗贼，服务王事。
② 癃：颜师古称为疲病。表现为弯腰驼背、身材矮小或足不能行等病状。
③ 园廛：指园圃与市之店铺。

凡田不耕者出屋粟，凡民无职事者出夫家之征。宅不毛者，谓不树桑麻也，罚以一里二十五家之泉。空田者，罚以三家之税粟，以供吉凶二服及丧器也。民虽有闲无职事者，犹出夫税、家税也。夫税者，百家之税；家税者，出士徒车辇给徭役。国中及四郊之人民六畜之数，以任其力，待其政令，以时征其赋。自庐里至远郊也，掌六畜数者，农事之本也。赋谓九赋及九贡。凡任民，任农以耕事，贡九谷；任圃以树事，贡草木；任工以饬材事，贡器物；任商以市事，贡货贿；任牧以畜事，贡鸟兽；任嫔以女事，贡布帛；任衡以山事，贡其物；任虞以泽事，贡其物。贡草木，谓葵、韭、果、蓏之属。凡庶民不畜者祭无牲，不耕者祭无盛，不树者无椁，不蚕者衣不帛，不绩者丧不缞。掌罚其家事也。盛，黍稷也；椁，周棺也；不帛，不得衣帛也；不缞，丧不得衣缞也。皆所以耻不勉也。又因其比邻，以五人为伍，五伍为两，四两为卒，五卒为旅，五旅为师，五师为军，以起军旅，以作田役。夫役，人岁不过三日。任其土，所以纪地宜也；分五服，设九畿，所以别远近也；五人为伍，所以知众寡也。因井庐以定赋税，税谓公田什一及工商衡虞之入也。赋谓计口发财，税谓收其田租也。什一，谓什取其一也。工商衡虞虽不垦殖，亦取其税者，工有伎巧之作，商有兴贩之利，衡虞取山泽之财产。赋谓供车马兵甲士徒之役，充实府库赐予之用。税给郊社宗庙百神之祀，天子奉养百官禄食庶事之费。皆因其所工，不求其所拙。农人纳其获，工女效其织，是以黔首安本而易赡①，下足而上有余也。

鲁宣公十五年，初税亩。《公羊传》曰："初者何？始也。税亩者何？履亩而税也。宣公无恩信于民，民不肯尽力于公田，故履践按行，择其善亩谷最好者取之。初税亩何以书？讥。何讥尔？讥始履亩而税也。何讥乎始履亩而税？据用田赋，不言初亦不言税亩。古者什一而籍。什一，以借民力，以什与民，自取其一为公田。古者曷为什一而籍？据数非一。什一者，天下之中正也，什一行而颂声作矣。"颂声者，太平歌颂之声，帝王之高致也。春秋经传数万，指意无穷，至此独言颂声作者，民以食为本也，是故圣人制井田之法而口分之，一夫一妇受田百亩，以养父母妻子。五口为一家，公田十亩，即所谓什一而税也，庐舍二亩半，凡为田一顷十二亩半。八家而九顷，共为一井，田也。《谷梁传》曰："私田稼不善则非吏，非，责也；吏，田畯也。言吏急民，使不得营私田。公田稼不善则非民。民勤私也。初税亩者，非公之去公田而履亩十取一也，以公之与

---

① 黔首：平民。秦称平民为黔首，以其肤黑；周称黎民。

民为已悉矣。"悉谓尽其力。

《左传》成公元年三月，作丘甲①。《周礼》：九夫为一井，四井为邑，四邑为丘，丘十六井，出戎马一匹，牛三头。四丘为甸，甸六十四井，出长毂一乘，戎马四匹，牛十二头，甲士三人，步卒七十二人。此甸所赋，今鲁使丘出之，讥重敛，故书。

哀公十二年春，用田赋。《公羊传》曰："何以书？据当赋税，为何书。讥。何讥尔？讥始用田赋也。"田，谓一井之田。赋者，敛取其财物也。言用田赋者，若今汉家敛民钱以田为率矣。不言井者，城郭里巷亦有井，嫌悉赋之。礼，税民公田不过什一，军赋十井不过一乘。哀公外慕强吴，空尽国储，故复用田赋过什一。公问于有若："年饥，用不足，如之何？"对曰："盍彻乎。②"公曰："二③，吾犹不足，如之何其彻也？"有若曰："百姓足，君孰与不足；百姓不足，君孰与足。"古什取一，时什取二。又问孔子，孔子曰："薄赋敛则人富。"公曰："若是，寡人贫矣。"对曰："恺悌君子，人之父母，未见子富而父贫也。"

管子曰："地之生财有时，人之用力有倦，而人君之欲无穷。以有时与有倦，养无穷之君，而度量不生于其间④，度量不生，则赋役无限也。则下上相疾也。"

孟献子曰："畜马乘不察于鸡豚，伐冰之家不畜牛羊⑤，百乘之家不畜聚敛之臣。与其有聚敛之臣，宁有盗臣⑥。此谓国不以利为利，以义为利也。"

孟子曰："夏后氏五十而贡，殷人七十而助，周人百亩而彻。其实皆什一也。彻者，彻也。助者，藉也⑦。诗曰：'雨我公田，遂及我私。'惟

---

① 丘甲：春秋时鲁国田赋名。鲁成公元年作丘甲，使丘之民出甸之赋，重敛于民。也有人认为，古者丘之民无甲的负担，今令出甲，违反常制。
② 彻，有多种解释：(1)《诗经·大雅·公刘》"彻田为粮"，彻：治或税的意思；(2) 彻，通也，天下之通法。参见《论语·颜渊》郑注；(3) 指周代赋法，仍然是什一税率。《说文通调定声》：彻，按周制，野九一而助，国中什一使自赋。即野用助法，国中用贡法，两者相互而行。
③ 二：吾犹不足，其"二"是指不分公田、私田，都要按率征税。
④ 度量：计数的器具。度：指长尺高低广狭；量：指豆区斗斛筐筥（盛米容器）诸容器。这里是说，如果没有计量工具，则赋税征收就会失去公正公平。
⑤ "伐冰之家"句，参见《大学》注。伐冰之家：指贵族高官之家，因卿大夫以上丧祭用冰。《后汉书·冯衍传》，夫伐冰之家，不利鸡豚之息。
⑥ 聚敛之臣：指征收重税，致人民困苦之臣；盗臣：为盗之臣。盗：古指阴私自利者，凡盗窃财物、窃取名誉等皆谓之盗。这里是说，比较起来，聚敛之臣比盗臣为害更厉。
⑦ 藉：借也，借助民力耕种公田。

助为有公田，由此观之，虽周亦助也。"又曰："尊贤使能，则天下之士皆悦而愿立于其朝矣；市廛而不征，法而不廛，则天下之商皆悦而愿藏于其市矣。廛，市宅也，古者无征，衰世征之。王制曰："市廛而不税。"周礼曰："国宅无征。"① 法而不廛者，当以什一之法征其地耳，不当征其廛宅也。关讥而不征②，则天下之行旅皆悦而愿出于其路矣。言关禁异服异语耳，不征税也。周礼曰"关市之赋"，司关门之征，犹讥。王制不讥，谓文王以前也。文王亦不征也。耕者助而不税，则天下之农皆悦而愿耕于其野矣。助者，井田什一助佐公家理公田，不横税，若履亩之类者也。廛无夫里之布，则天下之人皆悦而愿为之氓矣。"里，居也。布，钱也。夫，一夫也。周礼曰，"宅不毛者有里布，田不耕者有屋粟"，凡人无职事者出夫家之征。衰代缘是赋之重。故孟子欲使反古，宽田夫，去里布，则人皆乐为之也。

白圭问孟子曰："吾欲二十而税一，何如？"孟子曰："子之道，貊道也。万室之国而一人陶，则可乎？"曰："不可。器不足用也。""夫貊，五谷不生，惟黍生之。无城郭宫室宗庙祭祀之礼，无诸侯币帛饔飧③，无百官有司，故二十取一而足也。今居中国，去人伦，无君子，如之何其可也？④"

孙武曰："夫帝王处四海之内，居五千里之中，焉能尽专其利，是以分建诸侯，以其利而利之，使食其土毛之实⑤，役其民氓之故。赋税无转徙之劳，徭役无怨旷之叹。"

魏文侯时，租赋增倍于常，或有贺者。文侯曰："今户口不加，而租赋岁倍，此由课多也。比如彼治治，令大则薄，令小则厚，治人亦如之。夫贪其赋税不爱人，是虞人反裘而负薪也，徒惜其毛，而不知皮尽而毛无所附。⑥"

秦孝公十二年，初为赋。纳商鞅说，开阡陌，制贡赋之法。始皇建守罢

---

① 即指市场的房屋不征税，只收租金。国宅：指公房，不收税。
② 关讥而不征：指守关官吏只对出入关人员进行稽查，并不收税。
③ 饔：熟食。《孟子·滕文公上》注：朝曰饔，夕曰飧。
④ 参见《孟子·告子下》。貊：告子篇作貉，都是指北方荒蛮地区的少数民族。当时还没有进入阶级社会，所以无百官、城郭、宫室，也无须财税征收制度。
⑤ 土毛：指土地所生的草谷蔬菜。《后汉书·马融传》：其草毛则权牧，荐草，芳茹，甘茶。
⑥ 这里是说，户口未增加，而赋税加倍，其危害非常大。犹如山农穿裘，为保护兽毛，将有毛的一面放在里面，属于因小失大的做法。

侯，贵以自奉。提封之内①，撮粟尺布，一夫之役，尽专于己。徂春历秋，往还万里，是所得者至寡，所苦者至大。人用无聊，海内咸怨。夫夏之贡，殷之助，周之藉，皆十而取一，盖因地而税；秦则不然，舍地而税人，故地数未盈，其税必备，是以贫者避赋役而逃逸，富者务兼并而自若；加之以内兴工作，外攘夷狄，收太半之赋，发闾左之戍②，竭天下之资财以奉其政，犹未足以赡其欲也。二世承之，不变其失，反更益之。海内愁怨，遂用溃畔。

汉高帝接秦之敝，诸侯并起，民失作业，而大饥馑。凡米石五千。上于是约法省禁，轻田租，什五而税一。量吏禄，度官用，以赋于民，才取足。而山川园池市肆租赋之入，自天子以至封君汤沐邑，皆各为私奉养，不领于天下之经费。言各收其所赋税以自供，不入国朝之仓廪府库也。经，常也。又令贾人不得衣丝乘车，重租税以困辱之。四年八月，初为算赋③。汉仪注："人年十五以上至五十六出赋钱，人百二十为一算，为治库并车马。"

孝惠元年，减田租，复什五税一。汉家初什五税一，俭于用，中间废，今复之。六年，令女子年十六以上至三十不嫁，五算。国语：越王句践令国中女子年十七不嫁，父母有罪，欲人民繁息也。汉律：人出一算，算百二十钱，唯贾人与奴婢倍算。今使五算，罪谪之也。

孝文人赋四十，丁男三年而一事。如淳曰："常赋岁百二十，岁一事。时天下之人多，故出赋四十，三岁而一事。"晁错上说④，令人入粟得以拜爵，边食足支五岁；可令入粟郡县，足支一岁以上。可时赦，勿收农人租。如此德泽加于万人。帝从其言。后天下充实，乃下诏赐人十一年租税之半。十三年，诏曰："农，天下之本，务莫大焉。今勤身从事，而有租税之赋，是谓本末者无以异也。本，农也。末，贾也。言农与贾俱出租，无异也，故除田租。其于劝农之道未备。其除田之租税。"其时亦以仓廪丰实之故也。

孝景帝二年，令人半出田租，三十而税一。时上溢而下有余，又礼高年，九十者一子不事，八十者二算不事。一子不事，蠲其赋役。二算不事，免二口之算赋。令天下男子年二十始傅。旧法二十三，此二十，更为异制。

孝武即位，董仲舒说上曰：古者税民不过什一，其求易供；使民不过

---

① 提封：古指诸侯之封地。
② 闾左：古指居闾里之左者，为生活贫苦的平民，而以富强者居右。
③ 算赋：汉代施行的丁口税。
④ 上说：《汉书·食货志》记为"说上曰"。

三日，其力易足。至秦则不然，用商鞅之法，又加月为更卒，已复为正，一岁屯戍，一岁力役，三十倍于古。更卒，谓给郡县一月而更者也。正卒，谓给中都官也。率计今人一岁之中，屯戍及力役之事，三十倍多于古也。田租、口赋，盐铁之利，二十倍于古。秦卖盐铁贵，故下民受其困也。既收田租，又出口赋，而官更夺盐铁之利，率计今人一岁之中，失其资产，二十倍多于古。或耕豪民之田，见税什五。言贫人自无田而耕垦豪富贵家田，十分之中以五输本田主也。故贫民常衣牛马之衣，而食犬彘之食矣。建元元年，制：八十复二算，九十复甲卒。二算，二口之算也。复甲卒，不在革车之式。

孝昭始元六年秋七月，罢榷酤官，令民得以律占租。律，诸当占租者，家长身各以其物占，占不以实，家长不身自书，皆罚金二斤，没入所不自占物及贾钱县官也。颜师古曰："占，谓自隐度其实，定其辞也。占，音章赡反。盖武帝时赋敛繁多，律外而取，今始复旧。"元凤二年，三辅、太常郡得以菽粟当赋。太常主诸陵，别治其爵，秩如三辅郡矣。元帝永光五年，令各属所在郡邑。诸应出赋算租税者，皆听以菽粟当钱物也。三年以前逋更赋未入者，皆勿收；更有三品：有卒更，有践更，有过更①。古者正卒无常人，皆当迭为之。一月一更，是为卒更也。贫者欲得顾更钱者，次直者出钱顾之，月二千，是为践更也。天下人皆直戍边三日，亦名为更，律所谓繇戍也。虽丞相子亦在戍边之调。不可人人自行三日戍，又行者当自戍三日，不可往便还，因作一岁一更。诸不行者，出钱三百入官，官以给戍者，是谓过更也。此汉初因秦法而行之也。后遂改易，有谪乃戍边一岁耳。四年出口赋。汉仪注：民年七岁至十四出口赋钱，人二十二。二十钱以食天子，其二钱者，武帝加口钱以补车骑马。六年，诏曰："夫谷贱伤农，今三辅减贱，减，少。其令以菽粟当今年赋。"元平元年，诏曰："天下以农桑为本。日者省用，罢不急官，减外繇，耕桑者益众，而百姓未能家给，朕甚愍焉。其减口赋钱。"有司奏请减什三，上许之。

孝宣帝甘露二年，减民算三十。

孝成建始二年，减天下赋钱算四十。本算百二十，今减四十为八十。

孝平元始元年，诏天下女徒已论归家，顾出钱月三百。谓女徒论罪已定，并放归家，不亲役之，但令一月出钱三百以顾人也。

王莽篡位，下令曰：汉氏减轻田租，三十而税一，常有更赋，罢音皮癃咸出。虽老病者皆复出口算也。而豪民侵陵，分田劫假。分田，谓贫者无田

---

① 践更：汉代的更役，应役者不亲自服役，出钱雇人代役，叫践更。也有说是应役者亲自前往服役，叫践更。过更：《集解》引汉书音义曰，以当为更卒，出钱三百文，谓之过更。

而取富人田耕种，共分其所收也。假亦谓贫人赁富人之田也。劫者，富人劫夺其税，侵欺之也。厥名三十，实什税五也。富者骄而为邪，贫者穷而为奸，俱陷于辜，刑用不措。今更名天下之田曰王田。又以周官税人，凡田不耕为不殖，出三夫之税；城郭中宅不树艺者为不毛，出三夫之布。树艺谓种果木及蔬菜也。人浮游无事，出夫布一匹，其不能出者，冗作①，县官衣食之。冗，散。又分裂州郡，改职作官。边兵二十余万，仰县官衣食，用度不足，数横敛赋。又一切调上公以下诸有奴婢者，率一口出钱三千六百，天下愈愁。

后汉光武建武中，田租三十税一。有产子者复以三年之算也。明帝即位，人无横徭②，天下安宁。时谷贵，尚书张林上言："谷所以贵，由钱贱故也。可尽封钱，一取布帛为租，以通天下之用。"从之。

魏武初，平袁绍邺都，令收田租，亩粟四升，户绢二匹，绵二斤，余不得擅兴。

晋武帝平吴之后，制户调之式：丁男之户，岁输绢三匹，绵三斤，女及次丁男为户者半输。其诸边郡或三分之二，远者三分之一。夷人输賨在公反布③，户一匹，远者或一丈；不课田者输义米，三斛，远者五十④；极远者输算钱，人二十八文。

成帝咸和五年，始度百姓田，取十分之一，率亩税米三升。是后频年水旱，田税不至。咸康初，算田税米，空县五十余万斛⑤，尚书诸曹以下免官。

哀帝即位，乃减田租，亩收二升。

孝武帝大元二年，除度定田收租之制。⑥ 公王以下口税三斛⑦，唯蠲在役之身。八年，又增税米口五石。前燕慕容皝在柳城，以牧牛给贫家，田于苑中，公收其八，二分入私；有牛无地者，亦田苑中，公收其七，三分入私。记室参

---

① 冗：指闲散的，多余无用的。
② 横徭：不符制度横生的杂役。
③ 賨（cóng），秦汉时分布在湖南、四川等地的一种少数民族叫賨人，国家规定他们以其所织的布纳税，这种布叫賨布。
④ 五十疑为五斗。
⑤ 县：通悬。
⑥ "除度定田收租之制"句，按《晋书·食货志》云："孝武太元二年，除度田收租之制。"本文多一"定"字。
⑦ 公王，当是"王公"之误。

军封裕谏曰：且魏晋虽道消之代，犹削百姓不至于七八。将官牛田者，得六分，百姓得四分，私牛而得田者，与中分，百姓安之，人皆悦乐。臣犹曰非明王之道。蜀李雄赋丁岁谷三斛，女丁半之，调绢不过数丈，绵数两。事少役稀，百姓富实，门间不闭，无相侵盗矣。

宋文帝元嘉中，始兴太守徐豁上表曰："武吏年满十六，便课米十六斛[①]；五十以下至十三，皆课三十斛，一户内随丁多少，悉皆输米。且十三岁儿，未堪田作，或是单迥，便自逃匿，户口岁减，实此之由。宜更量课限，使得存立。今若减其米课，虽有交损，考之将来，理有深益。"诏善之也。

孝武帝大明五年，制天下人户岁输布四匹。

---

[①] 课米十六斛，从下文看，十六斛当是六十斛之误。

# 卷五　食货五

## 赋税中：齐、东晋①、后魏、北齐、后周、隋

齐高帝初②，竟陵王子良上表曰："宋文帝元嘉中③，皆责成郡县；孝武征求急速，以郡县迟缓，始遣台使，自此公役劳扰。凡此辈使人，既非详慎，贪险崎岖，以求此役。朝辞禁门，情态即异；暮宿村县，威福便行。驱迫邮传，侮折守宰。瞻郭睹境，飞下严符④，但称行台，未明所督。摄总曹署，震惊郡邑。深村远里，顷刻十催。或尺布之逋，曲以当匹；百钱余税，且增为千。诳云质作尚方⑤，寄系东冶，百姓骇迫，不堪其命。恣意赃贿，无人敢言。贫薄礼轻，即生谤讟⑥。愚谓凡诸检课，宜停遣使，明下符旨⑦，审定期限，如有违越，随事纠坐，则政有恒典，人无怨咨。"子良又启曰："今所在谷价虽和，室家饥嗛；苦覃反。缣纩虽贱，骈门裸质。而守宰务在裒刻，围桑品屋⑧，以准赀课。致令斩树发瓦，以充重赋，破人败产，要利一时。东郡使人，年无常限，郡县相承，准令上直。每至州台使命，切求县急，乃有畏失严期，自残躯命，亦有斩绝手足，以避徭役。守长不务先富人⑨，而唯言益国，岂有人贫于下而国富于上耶？又泉铸岁远，类多剪凿，江东大钱，十不一在。公家所受，必须轮郭。遂买本一千，加子七百，犹求请无地。且钱布相半，为制永久，

---

① 从朝代顺序和正文内容看，"东晋"皆应为"梁"。
② 齐高帝，即萧道成，公元479—482年在位。
③ 元嘉（公元424—453年），南朝宋文帝刘义隆年号。
④ 符：指朝廷颁布的文件，符命。
⑤ 尚方：古官署名，职掌宫内营造杂作、御刀剑及车辇、玩好器物。
⑥ 谤讟：诽谤。
⑦ 符旨：官府下行之文体。按字书云：符，信也。古无此体，晋以后才出现。
⑧ 围桑品屋：这里是指官府苛剥民户，竟至把民户家有的桑树和房屋都作为纳税的财物计价。
⑨ 守长：郡守县令等地方长官的统称。

或闻长宰须令输钱，进违旧科，退容奸利，欲人康泰，岂可得乎！①"又启曰："诸税赋所应纳钱，不限大小，但令所在兼折布帛杂物是军国所须者，听随价准直，不必尽令送钱。于公不亏其用，在私实荷其渥。昔晋氏初迁，江左草创，绢布所直，十倍于今。赋调多少，因时增减。永初中，官布一匹，直钱一千，而人所输，听为九百。渐及元嘉，物价转贱，私货则匹直六百，官受则匹准五百。所以每欲优人，必为降落。今人官好布，匹下百余，其四人所送者，犹依旧制。昔为刻上，今为刻下，吒庶空俭，岂不由之。救人拯弊，莫过减赋。略其目前小利，取其长久大益，无患人赀不殷，国用不阜也。"②

迨武帝时，豫章王嶷上表曰："宋氏以来，州郡秩俸及杂供给，多随土所出，无有定准。夫理在匀均，政由一典。伏寻郡县长尉俸禄之制，虽有定科，而其余资给，复由风俗，东北异源，西南各序，习以为常，因而弗变。顺之则固匪通规，澄之则靡不入罪。岂约法明章，先令后刑之谓也。臣谓宜使所在各条件公田秩俸迎送旧典之外，守宰相承，有何供课，尚书精加勘覆，务存优衷。事在可通，随宜颁下，四方永为恒制。"帝从之③。

自东晋寓居江左，百姓南奔者，并谓之侨人，往往散居，无有土著。而江南之俗，火耕水耨，土地卑湿，无有蓄积之资。诸蛮陬俚洞④，沾沐王化者，各随轻重收财物，以裨国用。又岭外酋帅，因生口、翡翠、明珠、犀象之饶，雄于乡曲者，朝廷多因而署之，以收其利。历宋齐梁陈，皆因而不改。其军国所需杂物，随土所出，临时折课市取，乃无恒法定令。列州郡县，制其任土所出，以为征赋。其无贯之人，不乐州县编者，谓之浮浪人，乐输亦无定数任量，惟所输终优于正课焉。都下人多为诸王公贵人左右、佃客、典计、衣食客之类⑤，皆无课役。官品第一第二，佃

---

① 按肖子良所说，自南宋元嘉以来，国家租税太重。而且要求用国家铸造的标准铜钱缴纳，可那时民间流通的钱，多经剪凿，完整的钱很少，江东大钱，十个中不留一个。因而民间用一千七百个钱还买不到一千个完整的钱。
② 参见《南齐书·武十七王·竟陵文宣王子良传》。
③ 参见《南齐书·豫章文献王嶷传》。
④ 蛮陬俚洞：泛指少数民族聚居的南方偏僻山区。
⑤ 佃客：指在豪强荫庇下的一种依附农民。晋武帝（司马炎，公元265—290年在位）时，曾下令禁止招募佃客，但因后来晋中央的统治日渐衰弱，对地方的控制也力不从心，致使佃客制度合法化。典计：职掌计会。衣食客：也是晋代世族、豪强地主庇护下的一种依附人口。

客无过四十户。每品减五户，至第九品五户。其佃谷皆与大家量分①。其典计，官品第一第二，置三人。第三第四，置二人。第五第六及公府参军、殿中监、监军、长史、司马、部曲督、关外侯、材官、议郎以上，一人，皆通在佃客数中。官品第六以上，并得衣食客三人。第七第八二人，第九品举辇、迹禽、前驱、强弩司马、羽林郎、殿中虎贲、持椎斧武骑虎贲、持钑色立反冗从虎贲、命中武骑②，一人。其客皆注家籍。其课，丁男调布绢各二丈，丝三两，绵八两，禄绢八尺，禄绵三两二分，租米五石。丁女并半之。男年十六亦半课，年十八正课，六十六免课。其男丁，每岁役不过二十日。其田，亩税米二升。盖大率如此。其度量，三升当今一升，秤则三两当今一两，尺则一尺二寸当今一尺。今谓即时。

自梁武帝末侯景之乱，国用常褊③，京官文武，月例唯得廪食，多遥带一郡县官而取其禄秩焉。扬、徐等大州，比令仆班。扬州督王畿，理在建康；徐州督重镇，理在京口，并外官刺史最重者，尚书令、仆射，官品第三也。宁、桂等小州，比参军班。宁州理建宁，今云南郡；桂州理始安，今郡；并外官刺史最轻者，府参军，官品第六也。丹阳、吴郡、会稽等郡，并同太子詹事尚书班。丹阳郡理建康，吴郡、会稽即今郡，并列郡最重者，詹事、尚书，官品第三也。高凉、晋康等小郡，三班而已。高凉、晋康即今郡，并列郡最轻者。梁武帝定九品后，其内官更为十八班，以班多者为贵。同班者则以居下为劣，则与品第高下不伦，当是其时更以清浊为差耳。本史既略，不可详也。大郡六班，小县两转方至一班，品第既殊，不可委载。其州郡县禄米绢布丝绵，当处输台传仓库。若给刺史守令等，先准其所部文武人物多少，由敕而裁。凡如此禄秩，既通所部兵士给之，其家得盖少。诸王诸主出阁就第，婚冠所需及衣裳服饰并酒米鱼鲊香油纸烛等，并官给之。王及主婿外禄者不给。解任还京，仍亦公给。

后魏道武帝天兴中，诏采诸漏户，令输纶绵④。自后诸逃户占为绸茧罗縠者甚众，于是杂营户帅遍于天下⑤，不隶守宰，赋役不同，户口错

---

① 大家：指所种土地的所有者。
② 举辇：指为皇帝等推挽车子的人；迹禽：指侍候皇帝等打猎的人。此后至"命中武贲武骑"等职名，都是皇家禁军及仪仗队的称号。
③ 褊：狭小。这里是指财用不足。
④ 纶绵：丝与绵。
⑤ 杂营户帅：从事纺织等不同行业民户的组织和监督者。

乱。景穆帝即位，一切罢之，以属郡县。

魏令：每调一夫一妇帛一匹，粟二石。人年十五以上未娶者，四人出一夫一妇之调；奴任耕、婢任绩者，八口当未娶者四；耕牛十头当奴婢八。其麻布之乡，一夫一妇布一匹，下至半，以此为降。大率十匹中五匹为公调，二匹为调外费，三匹为内外百官俸。人年八十以上，听一子不从役。孤独病老笃贫不能自存者，亦一人不从役。

旧制，人间所织绢布，皆幅广二尺二寸，长四十尺为一匹，六十尺为一端。后乃渐至滥恶，不依尺度。

孝文帝延兴三年秋，更立严制，令一准前式，违者罪各有差。四年，诏州郡人十丁取一以充行，户收租十五石，以备年粮①。

太和八年，始准古班百官之禄，以品第各有差。先是，天下户以九品混通②，户调帛二匹，絮二斤，丝一斤，粟二十石；又人帛一匹二丈，委之州库，以供调外之费。至是，户增帛三匹，粟二石九斗，以为官司之禄。复增调外帛满二匹。所调各随其土所出。其司、冀、雍、华、定、相、秦、洛、荆河、怀、兖、陕、徐、青、齐、济、南河、东徐等州③，贡绵绢及丝，其余郡县少桑蚕处，皆以麻布充。

孝明帝时，张普惠上疏曰："伏闻尚书奏复绵麻之调，遵先皇之令轨，复高祖之旧典。仰惟高祖废大斗，去长尺，改重秤，所以爱百姓，从薄赋。知军国须绵麻之用，故立幅度之规，亿兆荷轻赋之饶，不但于绵麻而已，故歌舞以供其赋，奔走以役其勤，天子信于上，亿兆乐于下。自兹以降，渐渐长阔，百姓怨嗟，闻于朝野。宰辅不寻其本，知天下之怨绵麻，不察其幅广、度长、秤重、斗大，革其所弊，存其可存，而特放绵麻之调，以悦天下之心，此所谓悦之不以道，愚臣所以未悦者也。尚书既知国少绵麻，不唯法度之翻易，人言之可畏，便欲去天下之大信，弃已行之成诏，遵前之非，遂后之失，奏求还复绵麻，以充国用。不思库中大有绵麻，而都官共窃利之。愚臣以为于理未尽。何者？今官人请调度，造衣

---

① 以备年粮，《魏书·高祖纪上》载："以备军粮。"
② 九品混通，北魏初在征租调时，先要召集三老，将本地户口按贫富分为九等（九品），然后根据全国平均定额计算的赋税总额按品级分摊，品级高的户多摊，低的户少摊。所述每户调帛二匹，絮二斤……即是平均定额，各户的实际负担还要按品再分配。这就是沿袭西晋"九品相通"而来的"九品混通"。
③ 荆河：《魏书·食货志》作豫；南河：《魏书·食货志》作南豫。

物，必度量。绢布，匹有尺丈之盈，犹不计其广；丝绵，斤两兼百铢之剩，未闻依律罪州郡者。若一匹之滥，一斤之恶，则鞭户主，连及三长，此所谓教人以贪也。今百官请俸，只乐其长阔，并欲厚重，无复准极。得长阔厚重者，便云其州能调，绢布精阔且长，横发美称，以乱视听。此百司所以仰负圣明者也。今若必复绵麻，谓宜先令四海知其所由，明立严禁，复本幅度，新绵麻之典，依太和之税。其在库绢布并及丝绵，不依典制者，请遣一尚书与太府卿、左右藏令，依今官度官秤，计其斤两广长，折给请俸之人。总常俸之数，年俸所出，以市绵麻，亦应周其一岁之用。使天下知二圣之心，爱人惜法如此，则高祖之执中兴于神龟①，明明慈信昭布于无穷，孰不幸甚。"②

正光后③，国用不足，乃先折天下六年租调而征之。百姓怨苦。有司奏断百官常给之酒，计一岁所省米五万三千五十四斛九斗④，蘖谷六千九百六十斛⑤，曲三十万五百九十九斤⑥。其四时郊庙、百神群祀，依式供营，远蕃客使不在断限。尔后寇贼转众，诸将出征，相继奔败，所亡器械资粮不可胜数，而关西丧失尤甚，帑藏空竭。有司又奏，内外百官及诸蕃客廪食及肉悉三分减一⑦，计岁终省肉百五十九万九千八百五十六斤，米五万三千九百三十二石。孝昌二年冬，税京师田租亩五升，借赁公田者亩一斗⑧。

庄帝即位，因人贫富，为租输三等九品之制，千里内纳粟，千里外纳米，上三品户入京师，中三品入他州要仓，下三品入本州。

靖帝天平初⑨，诸州调绢不依旧式。兴和三年，各班海内，悉以四十尺为度，天下利焉。元象、兴和之中⑩，频岁大穰，谷斛至九钱。法网宽弛，百姓多离旧居，阙于徭赋矣。齐神武⑪秉政，乃命孙腾、高崇之分责无籍之户，得六十余万，于是侨居者各勒还本。是后，租调之入有加焉。

---

① 执中：《魏书·张普惠传》，记为"轨中"。
② 参见《魏书·张普惠传》。
③ 正光（公元520—525年），北魏孝明帝元诩年号。
④ 斗：《魏书·食货志》作升。
⑤ 蘖（niè）谷：酿酒用谷。
⑥ 曲：《魏书·食货志》作"面"。
⑦ 三分减一：《魏书·食货志》作"二分减一"。
⑧ 参见《魏书·食货志》。
⑨ 天平（公元534—537年），北朝东魏孝静帝元善见年号。
⑩ 元象（公元538年）、兴和（公元539—542年），北朝东魏孝静帝元善见年号。
⑪ 神武：北齐高欢的谥号。

及侯景背叛，河南之地，困于兵革。寻而侯景乱梁，乃命行台①辛术略有淮南之地。其附州郡，羁縻轻税而已。

北齐文宣受禅，多所草创。六坊内从②者，更加简练，每一人必当百人，任其临阵必死，然后取之，谓之百保鲜卑。又简华人之勇力绝伦者③，谓之勇士，以备边要。始立九等之户，富者税其钱，贫者役其力。后南征，频岁陷没，士马死者以数十万计。武成以修创台殿，所役甚广。兼并户口，益多隐漏。旧制，未娶者输半床租调。有妻者输一床，无者半床④。阳翟一郡，户至数万，籍多无妻。有司劾之，帝以为生事，不许。由是奸欺尤甚，户口租调，十亡六七。是时用度转广，赐予无节，府藏之积，不足以供，乃减百官之禄，彻军人常廪⑤，并省州郡县镇戍之职。又制刺史守宰行兼者，并不给干⑥，南齐有僮干，若今驱使门仆之类。以节国用之费焉。

河清三年，定令：乃率以十八受田，输租调，二十充兵，六十免力役，六十六退田，免租调。率人一床⑦，调绢一匹，绵八两，凡十斤绵中，折一斤作丝，垦租二石，义租五斗。奴婢各准良人之半。牛调二丈，垦租一斗，义租五升。垦租送台，义租纳郡，以备水旱。垦租皆依贫富为三枭⑧。其赋税常调，则少者直出上户，中者及中户，多者及下户。户上枭输远处⑨，中枭输次远，下枭输当州仓。三年一校。租入台者，五百里内输粟，五百里外输米。入州镇者，输粟。人欲输钱者，准上绢收钱。是时频岁大水，州郡多遇沉溺，谷价腾踊，朝廷遣使开仓以粜之⑩，而百姓无益，饥馑尤甚矣。

后主天统中，劳役巨万，财用不给，乃减朝士禄料，诸曹粮膳及九州军人常赐以供之⑪。武平之后⑫，权幸并进，赐予无限，乃料境内六等富

---

① 行台：魏晋至金代尚书台（省）临时在外设置的分支机构。
② 从：《隋书·食货志》记为"徙"。
③ 简：选。绝伦：指无人可比。
④ 半床：北朝税制规定以床（夫妇二人）为计算单位，未婚者称半床。
⑤ 彻：《隋书·食货志》记为"撤"。
⑥ 干：指从民间征调来给官员做仆役的人。后来逐渐发展为可以向主人纳资代役。
⑦ 率：计。
⑧ 三枭：三个等级。上枭、中枭、下枭，指上户、中户和下户。
⑨ 此处《隋书·食货志》无"户"字。
⑩ 在"朝廷遣使开仓"后，《隋书·食货志》有"从贵价"三字。似应加此三字句意才顺。
⑪ 诸曹：指朝廷各官署。
⑫ 武平（公元570—575年），北齐后主高纬年号。

人，调令出钱。

后周文帝霸府初开①，制：司赋掌赋均之政令。凡人自十八至六十四，与轻疾者，皆赋之。其赋之法：有室者，岁不过绢一匹，绵八两，粟五斛；丁者半之。其非桑土，有室者，布一匹，麻十斤；丁者又半之。丰年则全赋，中年半之，下年一之，皆以时征焉。若艰凶札②，则不征其赋。司役掌力役之政令。凡人自十八至五十九，皆任于役。丰年不过三旬，中年则二旬，下年则一旬。起徒役，无过家一人。有年八十者，一子不从役；百年者，家不从役；废疾非人不养者③，一人不从役。若凶札，又无力征。

武帝保定元年，改八丁兵为十二丁兵，率岁一月役。建德二年，改军士为侍官，募百姓充之，除其县籍，是后夏人半为兵矣。

宣帝时，发山东诸州兵，增一月功为四十五日役④，以起洛阳宫。并移相州六府于洛阳，称东京六府。

隋文帝霸府初开，尉迟迥、王谦、司马消难相次阻兵，兴师诛讨，赏费巨万。及受禅，又迁都⑤，发山东丁，毁造宫室。仍依周制，役丁为十二番⑥，匠则六番。丁男一床，租粟三石。桑土调以绢絁，麻土调以布，绢、絁以匹，加绵三两；布以端⑦，加麻三斤。单丁及仆隶各半之。有品爵及孝子、顺孙、义夫、节妇，并免课役。

开皇三年，减十二番每岁为三十日役，减调绢一匹为二丈。初，苏威父绰在西魏，世以国用不足，为征税之法，颇称为重。既而叹曰："今所为者，正如张弓，非平代法也。后之君子，谁能弛乎！"威闻其言，每以为己任。至是，威为纳言⑧，奏减赋役，务从轻典，帝悉从之⑨。时百姓

---

① 后周文帝：即宗文泰。其子建周朝后追封其为文帝。霸府：指晋、南北朝和五代时力量强大，终成王业的藩王或藩臣的府署，也指藩国。

② 艰：这里是指父母死亡；凶札：指因疫疾而死亡。

③ 非人不养：指身体有病必须有人照顾。

④ 功、役，在这里都是指徭役。

⑤ 指隋王杨坚取代北周静帝，改国号为隋，改年号为开皇（公元581—600年），定都大兴（陕西西安）。

⑥ 番：批、次。

⑦ 端：布帛的长度。隋代规定，布以五丈为一端。

⑧ 纳言：相传为舜时官名，职司出纳帝命（传达王命）。后周初设御伯中大夫，掌出入侍从。保定四年，改御伯为纳言，司侍中之职。隋又改侍中为纳言。

⑨ 参见《隋书·苏威传》。"非平代法"记为"非平世法"。

·56· 《通典》

承平渐久，虽遭水旱，而户口岁增。诸州调物，每岁河南自潼关，河北自蒲坂，至于京师，相属于路，昼夜不绝者数月。帝又躬行节俭。九年，亲御朱雀门，劳凯旋师，因行庆赏颁给，所费三百余万段。帝以江表初定，给复十年①。自余诸州，并免当年租税。十年五月，又以宇内无事，益宽徭役赋，百姓年五十者，输庸停放②。十一年，江南反，越国公杨素讨平之，师还，赐物甚广。其余出师命赏，亦莫不优崇。十二年，有司上言，库藏皆满。帝曰："朕既薄赋于人，又大经赐用，何得尔也？"对曰："用处常出，纳处常入。略计每年赐用，至数百万段，曾无减损。"乃更开左藏之院，构屋以受之。诏曰："既富而教，方知廉耻，宁积于人，无藏府库。河北、河东今年田租，三分减一，兵减半，功调全免。"十四年，关中大旱，人饥。帝幸洛阳，因令百姓就食。从官并准见口赈给，不以官位为限。

十八年五月，高颎奏，诸州无课调处及课州管户数少者，官人禄力，承前以来，恒出随近之州。今请于所管内计户征税。帝从之。先是京官及诸州，并给公廨钱③，回易生利，以给公用。六月，工部尚书苏孝慈等以为，所在官司，因循往昔，皆以公廨钱物出举兴生，惟利是求，烦扰百姓，奏皆给地以营农，回易取利皆禁止。十一月，诏外内诸司公廨在市回易及诸处兴生并听之，唯禁出举收利④。

炀帝即位，户口益多，府库盈溢，乃除妇人及奴婢、部曲之课⑤。其后将事辽、碣⑥，增置军府，埽地为兵⑦，租赋之人益减矣。又频出朔方，西征吐谷浑，三度高丽，飞刍挽粟⑧，水陆艰弊。又东西巡幸，无时休息，六宫及禁卫行从常十万人，皆仰给州县，天下怨叛，以至于亡。

---

① 给复十年：免除徭役十年。
② 输庸停防：隋初规定，民年六十为老，免役。全国统一后，宇内无事，颁令百姓年五十者，可以缴纳定量的布帛，不必亲自服役。
③ 公廨钱：隋唐的官营商业资本，也是通过发放贷款而取得收入的财政补充措施。公廨：公衙门外之余屋。说明放贷取利不是政府的正式职能。
④ 指禁止放高利贷。
⑤ 部曲：原为军队编制。隋唐时系指家仆。参见《唐律疏议》。
⑥ 将事辽、碣。辽、碣，指辽东、碣石一带。这里是指高丽（朝鲜）。
⑦ 埽：《隋书·食货志》记为扫。
⑧ 飞刍挽粟，按师古所说：运载刍粟，令其疾至。刍：马料；粟，粮食。

# 卷六　食货六

## 赋税下：大唐

大唐武德元年，诏曰：宗绪之情，义越常品，宜加惠泽，以明等级。诸宗姓有官者，宜在同列之上；未有职任者，不在徭役之限①。

二年制②：每一丁租二石。若岭南诸州则税米：上户一石二斗，次户八斗，下户六斗；若夷獠之户，皆从半输。蕃人内附者，上户丁税钱十文，次户五文，下户免之；附经二年者，上户丁输羊二口，次户一口，下户三户共一口。凡水旱虫霜为灾，十分损四分以上免租，损六以上免租调，损七以上课役俱免③。六年三月令：天下户量其资产，定为三等。至九年三月，诏：天下户立三等，未尽升降，宜为九等④。

贞观二年四月⑤，户部尚书韩仲良奏："王公以下垦田，亩纳二升，其粟麦粳稻之属，各依土地，贮之州县，以备凶年。"

永徽五年二月敕：二年一定户。

龙朔三年秋七月制⑥：卫士八等以下，每年五十八放令出军，仍免庸调。

武太后长安元年十月诏：天下诸州，王公以下，宜准往例税户。至大历四年正月制下一例加税。其见任官一品至九品，同上上至下下户等级之数，并寄田、寄庄及前资勋荫寄住家，一切并税。盖近如晋宋土断之类也。上上户四千，每等

---

① 参见《旧唐书·高祖纪》。
② 《新唐书·高祖纪》武德二年二月，初定租庸调法。
③ 这是唐初发布的灾歉减免条例。凡因灾损失40%以上者免纳田租，损失60%以上者免田租户调，损失70%以上者赋役全免。
④ 九等：指九个等级，即分为上上、上中、上下、中上、中中、中下、下上、下中、下下。
⑤ 贞观（公元627—649年）唐太宗李世民年号。
⑥ 永徽（公元650—655年）、龙朔（公元661—663年），都是唐高宗李治的年号。

减五百，至下中七百，下下户至于五百。

开元八年二月，制曰："顷者以庸调无凭，好恶须准，故遣作样以颁诸州，令其好不得过精，恶不得至滥，任土作贡，防源斯在。而诸州送物，作巧生端，苟欲副于斤两，遂则加其丈尺，有至五丈为匹者，理甚不然。阔尺八寸，长四丈，同文共轨，其事久行，立样之时，已载此数。若求两而加尺，甚暮四而朝三。宜令所司简阅，有逾于比年常例，尺丈过多者，奏闻。①"

二十二年五月，敕："定户之时，百姓非商户郭外居宅及每丁一牛，不得将入赀财数。其杂匠及幕士并诸色同类，有番役合免征行者②，一户之内，四丁以上，任此色役不得过两人；三丁以上，不得过一人。"二十五年定令："诸课户一丁租调，准武德二年之制。其调，绢、絁、布并随乡土所出，绢、絁各二丈，布则二丈五尺。输绢、絁者绵三两，输布者麻三斤。其绢、絁为匹，布为端，绵为屯，麻为绫。若当户不成匹、端、屯、绫者，皆随近合成。其调麻，每年支料有余，折一斤输粟一斗，与租同受。其江南诸州租，并回造纳布。准令，布帛皆阔尺八寸、长四丈为匹，布五丈为端，绵六两为屯，丝五两为绚，麻三斤为绫。诸丁匠不役者收庸，无绢之乡，絁布三尺。絁、绢各三尺，布则三尺七寸五分。"三月敕："关内诸州庸调资课，并宜准时价变粟取米，送至京，逐要支用。其路远处不可运送者，宜所在收贮，便充随近军粮。其河南、河北有不通水利③，宜折租造绢④，以代关中调课。"

天宝元年正月敕文："如闻百姓之内，有户高丁多，苟为规避，父母见在，乃别籍异居，宜令州县勘会。一家之中，有十丁以上者，放两丁征行赋役⑤；五丁以上者，放一丁。即令同籍共居，以敦风教⑥。其侍丁、孝假者，免差科⑦。"

---

① 《旧唐书·食货上》此敕令系于开元八年正月，不是本书所说的二月。
② 番。轮流更代。唐代规定：凡工匠必须在官府手工作坊轮流服役，每次二十天，这叫番役。
③ 河北、河南，此为唐贞观十道、开元十五道之一。河北，包括今北京、河北、辽宁大部，河南、山东古黄河以北地区。河南，指今河南、山东古黄河以南地区。
④ 造：纳。
⑤ 放：去掉，放两丁，扣除两丁。
⑥ 敦：督促。风教：社会道德教化。
⑦ 侍丁：指留在年老父母身边侍奉父母的儿子。差科：即徭役。

建中元年制:"百姓及客等,约丁产,定等第,均率作①,年支两税。其应税斛斗,据大历十四年见佃青苗地额均税。夏税六月内纳毕,秋税十一月内纳毕。其旧租庸及诸色名目,一切并停。"

凡权衡度量之制:度,以北方秬黍中者一黍之广为分,十分为寸,十寸为尺,十尺为丈;量,以秬黍中者容千二百为籥,二籥为合,十合为升,十升为斗,十斗为斛;权衡,以秬黍中者百黍之重为铢,二十四铢为两,三两为大两,十六两为斤。调钟律,测晷景,合汤药及冠冕制,用小升、小两,自余公私用大升、大两。诸课役,每年计账至尚书省,度支配来年事,限十月三十日以前奏讫。若须折受余物,亦先支料,同时处分②。若是军国所须、库藏见无者,录状奏闻,不得便即科下诸庸调物。每年八月上旬起输,三十日内毕,九月上旬各发本州,庸调车舟未发间有身死者,其物却还。其运脚出庸调之家,任和雇送达。所须裹束调度,折庸调充随物输纳。诸租,准州土收获早晚,斟量路程险易远近,次第分配。本州收获讫发遣,十一月起输,正月三十日内纳毕。若江南诸州从水路运送,冬月水浅,上堽艰难者③,四月以后运送,五月三十日内纳讫。其输本州者,十二月三十日内纳毕。若无粟之乡,输稻麦,随熟即输,不拘此限。即纳当州。未入仓窖及外配未上道有身死者,并却还。应贮米处,折粟一斛,输米六斗。其杂折皆随土毛④,准当乡时价。诸边远州有夷獠杂类之所⑤,应输课役者,随事斟量,不必同之华夏。诸任官应免课役者,皆待蠲符至⑥,然后注免。符虽未至,验告身灼然实者⑦,亦免。其杂任被解应附者,皆依本司解时日月据征。诸春季附者课役并征,夏季附者免课从役,秋季附者俱免。其诈冒隐避以免课役,不限附之早晚,皆征发当年课役。逃亡者附亦同之。诸人居狭乡乐迁就宽乡者,去本居千里外复三年⑧,五百里外复二年,三百里外复一年。一迁之后,不得更移。诸没落外蕃得还者,一年以上复三年,二年以上复四年,三年以上复五年。外蕃

---

① 均衡赋税负担。
② 处分:处置。
③ 堽:堵断河沟流水的土堤。
④ 土毛:指土地所生的草、谷、蔬菜等物。《左转·昭公七年》:食土之毛,谁非君臣。
⑤ 夷獠:指西南少数民族。
⑥ 蠲符:指中央免除赋役的命令。
⑦ 告身:唐代授官的符命。相当于近代的委任状。
⑧ 复:免除徭役。

之人投化者复十年。诸部曲、奴婢放附户贯复三年。诸孝子、顺孙、义夫、节妇志行闻于乡闾者，申尚书省奏闻，表其门闾，同籍悉免课役。诸丁匠岁役工二十日，有闰之年加二日。须留役者，满十五日免调，三十日租调俱免，从日少者见役日折免。通正役并不过五十日。正役谓二十日庸也。

天宝三年制：每岁庸调征收，延至九月三十日。五年制：天下百姓单贫交不存济者租庸，每乡通放三十丁。其年五月，停郡县官白直课钱①，但计数多少，同料钱加税充用。即应差丁充白直并停。

按：天宝中，天下计账，户约有八百九十余万，其税钱约得二百余万贯。大约高等少，下等多，今一例为八等以下户计之，其八等户所税四百五十二，九等户则二百二十二，今通以二百五十为率，自七载至十四载六七年间，与此大数，或多少加减不同，所以言约，他皆类此。其地税约得千二百四十余万石。西汉每户所垦田不过七十亩，今亦准此约计数。课丁八百二十余万，其庸调租等约出丝绵郡县计三百七十余万丁，庸调输绢约七百四十余万匹，每丁计两匹。绵则百八十五万余屯，每丁三两，六两为屯，则两丁合成一屯。租粟则七百四十余万石。每丁两石。约出布郡县计四百五十余万丁，庸调输布约千三十五万余端。每丁两端一丈五尺，十丁则二十三端也。其租：约百九十余万丁。江南郡县，折纳布约五百七十余万端。大约八等以下户计之，八等折租，每丁三端一丈，九等则二端二丈，今通以三端为率。二百六十余万丁；江北郡县，纳粟约五百二十余万石。大凡都计租税庸调，每岁钱粟绢绵布约得五千二百三十余万端匹屯贯石，诸色资课及句剥所获不在其中②，据天宝中度支每岁所入端屯匹贯石都五千七百余万，计税钱地税庸调折租得五千三百四十余万端匹屯，其资课及句剥等当合得四百七十余万。其度支岁计粟则二千五百余万石：三百万折充绢布，添入两京库；三百万回充米豆，供尚食及诸司官厨等料，并入京仓；四百万江淮回造米转入京，充官禄及诸司粮料；五百万留当州官禄及递粮；一千万诸道节度军粮及贮备当州仓。布绢绵则二千七百余万端屯匹，千三百万入西京，一百万入东京，千三百万诸道兵赐及和籴，并远小州使充官料邮驿等费。钱则二百余万贯。百四十万诸道州官课料及市驿马，六十余万添充诸军州和籴军粮。

自开元中及于天宝，开拓边境，多立功勋，每岁军用，日增其费：籴米粟则三百六十万匹段，朔方、河西各八十万，陇右百万，伊西、北庭八万，安

---

① 白直：当差的平民。
② 句剥、搜刮，悉索隐匿资财之处。

西十二万,河东节度及群牧使各四十万。给衣则五百三十万①,朔方百二十万,陇右百五十万,河西百万,伊西、北庭四十万,安西五十万,河东节度四十万,群牧二十万。别支计则二百一十万,河东五十万,幽州、剑南各八十万。馈军食则百九十万石。河东五十万,幽州、剑南各七十万。大凡一千二百六十万,开元以前,每岁边夷戎所用不过二百万贯,自后经费日广,以至于此。而锡赉之费,此不与焉②。其时钱谷之司,唯务割剥③,回残剩利,名目万端,府藏虽丰,闾阎困矣④。尚书省度支,总天下经费。自安禄山反,至德、乾元之际,置度支使。永泰之后,度支罢使,置转运使以掌其外,度支以掌其内。建中初,又罢转运使,复归度支,分命黜陟使往诸道收户口及钱谷名数,每岁天下共敛三千余万贯,其二千五十余万贯以供外费,九百五十余万贯供京师;税米麦共千六百余万石,其二百余万石供京师,千四百万石给充外费。

天下诸郡每年常贡。按令文,诸郡贡献皆尽当土所出,准绢为价,不得过五十匹,并以官物充市,所贡至薄,其物易供,圣朝常制,于斯在矣。其有加于此,亦折租赋,别征科。

京兆府　贡葵草席　地骨白皮　酸枣仁

华阴郡　贡鷁子十联　乌鹊五联　茯苓三十八斤　细辛四斤　茯神三十八斤

今华州

冯翊郡　贡白里皴文皮三十一领　今同州

扶风郡　贡龙须席十领　今岐州

新平郡　贡蒻刀十具　蛇胆十斤　荜豆澡豆五石　白火筯二十具⑤　今邠州

安定郡　贡龙须席十领　今泾州

彭原郡　贡五色龙须席十领　莞菁　庵闾子　亭长　假苏　荆芥　今宁州

汧阳郡　贡龙须席六领　今陇州

中部郡　贡龙须席六领　今坊州

洛交郡　贡龙须席六领　今鄜州

朔方郡　贡白毡十领　今夏州

安化郡　贡麝香二十五颗　今庆州

灵武郡　贡鹿角胶　代赭　花苁蓉　白鹏翎　今灵州

---

① 五百三十万:按下文(附注)细数统计,应是五百二十万。
② 锡赉之费:赏赐、赠与之费。
③ 割剥:残酷苛剥于民。
④ 闾阎:指平民。
⑤ 筯(zhù):同"箸"。

榆林郡　贡青鹿角两具　徐长卿十斤　赤芍药十斤　今胜州
延安郡　贡麝香三十颗　今延州
咸宁郡　贡麝香一颗　今丹州
银川郡　贡女稽布五端　今银州
平凉郡　贡九尺白毡十领　今原州
九原郡　贡野马胯皮二十一片　白麦面　印盛盐　今丰州
会宁郡　贡驼毛褐两段　今会州
五原郡　贡盐山四十颗　今盐州
新秦郡　贡青地鹿角二具　鹿角三十具　今麟州
单于都护府　贡生野马胯皮总十二片
安北都护府　贡生野马胯皮二十一片
太原府　贡钢镜两面　甘草三十一斤　矾石三十斤　龙骨三十斤　蒲萄粉屑柏子仁
上党郡　贡人参二百小两　墨三挺　今潞州
河东郡　贡绫绢扇四面　龙骨二十斤　枣八千颗　凤栖梨三千五百颗　今蒲州
绛郡　贡梁谷二十石　墨千四百七十挺　白縠五百匹　梨三千颗　今绛州
平阳郡　贡蜡烛三十条　今晋州
西河郡　贡龙须席十领　石膏五十斤　消石五十斤　今汾州
弘农郡　贡麝香十颗　砚瓦十具　今虢州
高平郡　贡白石英五十小两　人参三十两　今泽州
太宁郡　贡胡女布五端　今隰州
昌化郡　贡胡女布五端　今石州
文城郡　贡蜡二百斤　今慈州
阳城郡　贡龙须席六领　今沁州
定襄郡　贡豹尾十枚　今忻州
乐平郡　贡人参三十两　今仪州
雁门郡　贡白雁翎五具　熟青二十两　熟绿二十两　今代州
楼烦郡　贡麝香十颗　今岚州
安边郡　贡松子一石　今蔚州
马邑郡　贡白鹏翎五具　今朔州
河南府　贡瓷器十五事
陕郡　贡柏子仁、瓜蒌根各三十斤　今陕州

卷六 食货六 ·63·

陈留郡　贡绢二十四　今汴州

荥阳郡　贡绢二十四　麻黄二十斤　今郑州

临汝郡　贡绝二十四　今汝州

睢阳郡　贡绢二十四　今宋州

灵昌郡　贡绫二十四并方文　今滑州

颍川郡　贡绢十四　蔗心席六领　今许州

谯郡　贡绢二十四　今亳州

濮阳郡　贡绢二十四　今濮州

济阴郡　贡蛇床子二十斤　绢二十四　今曹州

北海郡　贡枣两石　仙文绫十四　今青州

淮阳郡　贡绢十四　今陈州

汝南郡　贡鸂鶒绫十四　今豫州

东平郡　贡绢二十四　今郓州

淄川郡　贡防风五十斤　进理石五斤　今淄州

临淄郡　贡丝葛十五匹　今齐州

鲁郡　贡镜花绫十四　紫石英二十二两　今兖州

彭城郡　贡绢二十四　今徐州

临淮郡　贡绵二十屯　赀布十四　今泗州

汝阴郡　贡绢二十屯　今颍州

东海郡　贡楚布十四　今海州

济阳郡　贡阿胶二百小斤　鹿角胶三十小斤　今济州

琅琊郡　贡紫石英二十两　今沂州

高密郡　贡赀布十端　牛黄一斤　海蛤二十两　今密州

东牟郡　贡牛黄百二十八铢　水葱席六领　今登州

范阳郡　贡绫二十四　今幽州

河内郡　贡平纱十四　今怀州

魏郡　贡白绵䌷八匹　白平䌷八匹　今魏州

汲郡　贡绵三百两　今卫州

邺郡　贡纱十四　凤翻席六领　胡粉百圆　今相州

广平郡　贡平䌷十四　今洺州

清河郡　贡毡十领　今贝州

信都郡　贡绢二十四　绵二十屯　今冀州

平原郡　贡绢二十匹　今德州

饶阳郡　贡绢二十匹　今深州

河间郡　贡绢三十匹　今瀛州

东莱郡　贡牛黄百二十二两　今莱州

常山郡　贡梨六百颗　罗二十匹　今恒州

景城郡　贡细苇四领　细柳箱八十合　糖蟹二十三坩　鳢鲊三百五十挺①　今沧州

博陵郡　贡细绫千二百七十匹　两窠细绫十五匹　瑞绫二百五十五匹　大独窠绫二十五匹　独窠绫十匹　今定州

赵郡　贡锦五十匹　今赵州

钜鹿郡　贡丝布十匹　今邢州

博平郡　贡䌷十匹　今博州

文安郡　贡绵三百两　今莫州

上谷郡　贡墨二百挺　今易州

乐安郡　贡绢十匹　今棣州

北平郡　贡蔓荆子四斤　今平州

密云郡　贡人参五斤　今檀州

妫川郡　贡麝香十颗　今妫州

渔阳郡　贡鹿角胶十斤　今蓟州

柳城郡　贡麝香十颗　今营州

归德郡　贡豹尾三枚　今燕州

安东都护府　贡人参五斤

武威郡　贡野马皮五张　白小麦十石　今凉州

天水郡　贡龙须席六领　芎䓖四十斤　今秦州

安西都护府　贡硇砂五十斤　绯毡五领

北庭都护府　贡阴牙角五只　速藿角十只　阿魏截根二十斤

交河郡　贡氍布十端　今西州

晋昌郡　贡草鼓子　野马皮　黄矾　绛矾　胡桐泪　今瓜州

西平郡　贡牸羊角十只　今鄯州

---

① 鳢（lǐ）：[鳢鱼] 身体圆筒形，青褐色，头扁，性凶猛，捕食其他鱼类，为淡水养殖业的害鱼。鲊（kū）：小鱼或者鱼子。

陇西郡　　贡麝香十颗　秦胶　今渭州
敦煌郡　　贡碁子二十具　石膏　今沙州
酒泉郡　　贡肉苁蓉二十斤　相脉二十斤　野马皮两张　今肃州
金城郡　　贡麝香十颗　鼬鼹鼠六头　今兰州
安乡郡　　贡麝香二十颗　今河州
同谷郡　　贡蜡烛十条　今成州
和政郡　　贡龙须席六领并青黄色　今岷州
武都郡　　贡蜡烛十条　蜜蜡　羚羊角　今武州
临洮郡　　贡麝香十颗　今洮州
怀道郡　　贡麸金十两　散金十两　今宕州
宁塞郡　　贡麸金六两　大黄　戎盐　今廓州
合川郡　　贡麝香二十颗　今叠州
张掖郡　　贡野马皮十张　枸杞子六斗　叶二十斤　今甘州
伊吾郡　　贡阴牙角五只　胡桐泪二十五斤　今伊州
广陵郡　　贡蕃客锦袍五十领　锦被五十张　半臂锦百段　新加锦袍二百领　青铜镜十面　莞席十领　独窠细绫十匹　蛇床子一斗　蛇床仁一斗　铁精一斤　莞丝子一斤　白芒十五斤　空青三两　造水牛皮甲千领并袋　今扬州
安陆郡　　贡青纻十匹　今安州
弋阳郡　　贡葛十匹　生石斛六十斤　今光州
义阳郡　　贡葛十匹　今申州
庐江郡　　贡丝布十匹　石斛六十斤　今庐州
蕲春郡　　贡白苎布十五匹　乌蛇脯　今蕲州
同安郡　　贡蜡五十斤　石斛六十斤　今舒州
历阳郡　　贡麻布十匹　今和州
钟离郡　　贡丝布十匹　今濠州
寿春郡　　贡丝布十匹　生石斛五十斤　今寿州
齐安郡　　贡紫苎布十端　蛇虫二斤　今黄州
淮阴郡　　贡赀布十匹　今楚州
汉阳郡　　贡麻赀布十匹　今沔州
江陵郡　　贡白方文绫二十匹　橘皮九十斤　栀子五斤　贝母十斤　覆盆子三斤　石龙芮一斤　乌梅肉十斤　今荆州
永阳郡　　贡苎练布十五匹　今滁州

襄阳郡　贡五盛碎古文库路真二具　十　花库路真二具　今襄州
南阳郡　贡丝布十匹　今邓州
淮安郡　贡绢千匹　今唐州
上洛郡　贡麝香三十颗　今商州
安康郡　贡麸金五两　干漆六斤　杜仲二十斤　椒目十斤　黄蘗六斤　枳实六斤　枳壳十四斤　茶芽一斤　椒子一石　雷丸五两　今金州
武当郡　贡麝香二十颗　今均州
房陵郡　贡麝香二十颗　雷丸　石膏　苍矾石　今房州
汉东郡　贡绫十四　葛五匹　覆盆子　今隋州
南浦郡　贡金五两　今万州
澧阳郡　贡柑子四百颗　橘子七百颗　䉲子绫十四　恒山一斤五入箪四领　蜀漆一斤　今澧州
云安郡　贡蜡百斤　今夔州
竟陵郡　贡白苎布一端　今复州
武陵郡　贡绐练布十端　今朗州
夷陵郡　贡茶二百五十斤　柑子二千颗　五加皮二斤　杜若二斤　芒硝四十斤　鬼白二斤　蜡百斤　今峡州
南宾郡　贡苏熏席四领　绵紬五匹　今忠州
富水郡　贡白苎布十端　今郢州
巴东郡　贡蜡四十斤　今归州
汉中郡　贡红花百斤　胭脂一升　今梁州
通川郡　贡绵紬三匹　蜂香五斤　药子二百颗　今通州
顺政郡　贡蜡六十斤　今兴州
巴川郡　贡牡丹皮十斤　药子二百颗　今合州
清化郡　贡绵紬十匹　今巴州
洋川郡　贡白㮈十匹　今洋州
河池郡　贡蜡百斤　今凤州
益昌郡　贡丝布十匹　今利州
咸安郡　贡绵紬十匹　今蓬州
盛山郡　贡蜡四十斤　车前子一升　今开州
始宁郡　贡绵紬十匹　今壁州
南平郡　贡葛五匹　今渝州

符阳郡　贡蜡五十斤　药子二百颗　今集州

潾山郡　贡绵绁十四　买子木十斤　子一升　今渠州

丹阳郡　贡方文绫七匹　水文绫八匹　今润州

晋陵郡　贡细青苎布十匹　今常州

吴郡　贡丝葛十匹　白石脂三十斤　蛇床子仁三升　鲻鱼皮三十头　鳗鱼腊五十头　鸭胞七斤　肚鱼五十头　莕子五升　嫩藕三百段　今苏州

余杭郡　贡白编绫十匹　橘子二千颗　蜜姜二石　今杭州

会稽郡　贡朱砂一十两　白编绫十匹　交棕十匹　轻调十匹　今越州

余姚郡　贡附子百枚　今明州

东阳郡　贡纸六千张　绵六百两　葛粉二十石　今婺州

新定郡　贡交梭二十匹　竹箪一合　今睦州

信安郡　贡绵百屯　纸六千张　今衢州

吴兴郡　贡苎布三十端　今湖州

临海郡　贡鲛鱼皮百张　干姜百斤　乳柑六千颗　金漆五升三合　今台州

永嘉郡　贡鲛鱼皮三十张　今温州

新安郡　贡苎布十五端　竹箪一合　今歙州

长乐郡　贡蕉布二十匹　海蛤一升　今福州

清源郡　贡绵二百两　今泉州

建安郡　贡蕉布二十匹　练十匹　今建州

临汀郡　贡蜡烛二十条　今汀州

漳浦郡　贡鲛鱼皮二十张　甲香五斤　今漳州

潮阳郡　贡蕉布十匹　蚺蛇胆十枚　鲛鱼皮十张　甲香五斤　石井　银石　水马　今潮州

宣城郡　贡白苎布十匹　今宣州

豫章郡　贡葛五十匹　柑子六千颗　今洪州

鄱阳郡　贡麸金十两　箪一合　今饶州

长沙郡　贡葛十五匹　今潭州

南康郡　贡竹布二十匹　今虔州

零陵郡　贡葛十匹　石燕二百颗　今永州

临川郡　贡葛布十匹　箭簳百万茎　今抚州

桂阳郡　贡白苎布十匹　今郴州

庐陵郡　贡白苎布二十端　陟厘十斤　今吉州

| | | |
|---|---|---|
| 皋阳郡 | 贡葛十匹　生石斛十斤　今江州 | |
| 江华郡 | 贡零陵香百斤　白布十端　今道州 | |
| 衡阳郡 | 贡麸金十四两　今衡州 | |
| 江夏郡 | 贡银五十两　今鄂州 | |
| 宜春郡 | 贡白苎布十匹　今袁州 | |
| 巴陵郡 | 贡白苎布十匹　今岳州 | |
| 邵阳郡 | 贡银二十两　今邵州 | |
| 蜀郡 | 贡单丝罗二十匹　高苎衫段二十匹　今益州 | |
| 唐安郡 | 贡罗二十匹　今蜀州 | |
| 蒙阳郡 | 贡交梭二十匹　今彭州 | |
| 德阳郡 | 贡弥布十匹　纻布十匹　今汉州 | |
| 通义郡 | 贡麸金八两　柑子不限多少　今眉州 | |
| 梓潼郡 | 贡绫十六匹　今梓州 | |
| 巴西郡 | 贡䌷二十匹　今绵州 | |
| 普安郡 | 贡丝布十匹　苏熏席六领　今剑州 | |
| 阆中郡 | 贡重连绫二十匹　今阆州 | |
| 资阳郡 | 贡麸金七两　柑子不限多少　今资州 | |
| 临邛郡 | 贡丝布十匹　今邛州 | |
| 通化郡 | 贡麝香六十枚　齐香十枚　扇香十枚　颗香三十枚　今茂州 | |
| 交川郡 | 贡麝香三十枚　当归七斤　羌活五斤　野狐尾五枚　今松州 | |
| 越巂郡 | 贡丝布十匹　进刀子靶六十枚　今巂州 | |
| 南溪郡 | 贡葛十匹　六月进荔枝煎　今戎州 | |
| 遂宁郡 | 贡樗蒲绫十五匹　干天门冬百一十斤　今遂州 | |
| 南充郡 | 贡丝布十匹　今果州 | |
| 仁寿郡 | 贡细葛五匹　今陵州 | |
| 犍为郡 | 贡麸金五两　今嘉州 | |
| 卢山郡 | 贡金　落雁木　今雅州 | |
| 泸川郡 | 贡葛十匹　今泸州 | |
| 阳安郡 | 贡绵䌷十匹　柑子不限多少　今简州 | |
| 安岳郡 | 贡葛十匹　天门冬煎四斗　今普州 | |
| 洪源郡 | 贡蜀椒一石　今当州 | |
| 阴平郡 | 贡麝香二十颗　白蜜一石　今文州 | |

同昌郡　贡麝香十颗　今扶州

油江郡　贡麸金六两　羚羊角六具　今龙州

临翼郡　贡麝香三十四颗　牦牛尾五斤　当归十斤　今翼州

归诚郡　贡麝香六颗　牦牛尾五斤　当归二十斤　今悉州

静川郡　贡麝香六颗　当归十斤　羌活十斤　牦牛尾五斤　今静州

恭化郡　贡麝香十五颗　当归十斤　羌活十斤　今恭州

维川郡　贡麝香二十颗　牦牛尾十斤　今维州

和义郡　贡班布六匹　今荣州

云山郡　贡麝香十颗　墨牦牛尾二斤　今奉州

蓬山郡　贡麝香十颗　当归十斤　羌活十斤　今柘州

黔中郡　贡朱砂十斤　今黔州

卢溪郡　贡光明砂四斤　今辰州

灵溪郡　贡朱砂十斤　茶芽一百斤　今溪州

潭阳郡　贡麸金八两　今巫州

卢阳郡　贡光明砂一斤　今锦州

清江郡　贡黄连一斤　蜡十斤　黄子二百颗　今施州

涪陵郡　贡连头獠布十段　今涪州

宁夷郡　贡蜡五十斤　今思州

义泉郡　贡蜡烛十条　今夷州

龙溪郡　贡蜡二十斤　今业州

南川郡　贡布五端　今南州

南海郡　贡生沉香七十斤　甲香三十斤　石斛二十斤　鼍皮三十斤　蚺蛇胆五枚　詹沉香二十五斤　藤簟二合　竹簟五领　今广州

始安郡　贡银百两　今桂州

安南都护府　贡蕉布十端　槟榔二千颗　鱼皮二十斤　蚺蛇胆二十枚　翠毛二百合

普宁郡　贡朱砂二十斤　水银二十斤　今容州

始兴郡　贡钟乳二十四斤十二两二分　竹子布十五匹　石斛二十斤　今韶州

临贺郡　贡银三十两　今贺州

连山郡　贡细布十匹　钟乳十两　今连州

高要郡　贡银二十两　今端州

平乐郡　贡银二十两　今昭州

新兴郡　　贡银五十两　蕉布五匹　今新州

南潘郡　　贡银二十两　今潘州

陵水郡　　贡银二十两　今辨州

高凉郡　　贡银二十两　蚺蛇胆二枚　今高州

海康郡　　贡绿毫四匹　今雷州

临江郡　　贡银二十两　今龚州

浔江郡　　贡银二十两　今浔州

蒙山郡　　贡麸金十两　今蒙州

开江郡　　贡班布五端　今富州

循德郡　　贡银二十两　今严州

临封郡　　贡银二十两　石斛十小斤　今封州

南陵郡　　贡银二十两　石斛十小斤　今春州

招义郡　　贡银二十两　今罗州

日南郡　　贡象牙二根　犀角四根　沈香二十斤　金薄黄屑四石　今驩州

定川郡　　贡银二十两　今牢州

怀德郡　　贡银二十两　今窦州

宁浦郡　　贡银二十两　今横州

象郡　　贡银二十两　今象州

开阳郡　　贡石斛三斤　银二十两　今泷州

感义郡　　贡银一十两　今藤州

平琴郡　　贡银二十两　今平琴州

合浦郡　　贡银二十两　今廉州

连城郡　　贡银二十两　今义州

玉山郡　　贡玳瑁二具　鼍皮六十斤　翠毛三百合　甲香二斤　今陆州

宁仁郡　　贡银二十两　今党州

怀泽郡　　贡细白苎布十端　今贵州

龙城郡　　贡银二十两　今柳州

同陵郡　　贡石斛二十小斤　银二十两　今勤州

海丰郡　　贡五色藤镜匣一具　蚺蛇胆三枚煎二两　鱼廷鱼皮三　筌台一　今循州

晋康郡　　贡银二十两　今康州

恩平郡　　贡银二十两　今恩州

朱崖郡　贡银二十两　真珠二斤　玳瑁一具　今崖州
万安郡　贡银二十两　今万安州
延德郡　贡藤盘　今振州

# 卷七 食货七

**历代盛衰户口：周、汉、后汉、魏、晋、宋、齐、梁、陈、后魏、北齐、后周、隋、大唐**

三皇以前，尚矣，靡可得而详也。孔子称尧曰大哉，舜曰尽善，禹曰无间。以三圣之德，地方不过数千里，故君臣歌德含气之类，各得其宜。禹平水土，为九州，人口千三百五十五万三千九百二十三。涂山之会，诸侯承唐虞之盛，执玉帛者万国。男女耕织，不夺其时，故公家有三十年之积，私家有九年之储。及其衰也，弃稷不务①，续有二穷、孔甲之乱②，遭桀行暴，诸侯相兼。逮汤受命③，其能存者三千余国，方于涂山④，十损其七。其后纣作淫虐，厚赋以实鹿台，大敛以积钜桥⑤，人庶苦而无憀，天下去之。

周武王致商之罪，罔有敌于我师，一戎衣天下大定⑥，垂拱而天下治⑦，定五等之封⑧，凡千七百七十三国。又减汤时千三百国，人众之损亦如之。周公相成王，致理刑措⑨，人口千三百七十万四千九百二十三，

---

① 弃稷：指废除主掌农业的机构（稷），不复重视农业。
② 有穷之乱是指夏太康以后，东方的有穷氏日渐强大，但其首领羿恃其武力，不修民事，以田猎为乐，后被其亲信寒浞所杀。寒浞夺取政权后，又命其子杀了夏后相。孔甲之乱是指孔甲之时，夏王朝内部矛盾日益激化，史称"帝孔甲立，好方鬼神事，乱淫，夏后氏德衰，诸侯畔之"（《史记·夏本纪》）。《国语》又说："孔甲乱夏，四世而陨。"四世后是暴君夏桀，为汤所灭。
③ 汤，中国古代商王朝的建立者，又称武王、天乙、成汤等名。都于亳（今山东曹县南）。
④ 意即同涂山之会相比，原有万国，今仅剩三千余。
⑤ 鹿台、钜桥，《尚书·武成》：散鹿台之财，发钜桥之粟。《传》称，纣所积之府仓。鹿台地在今河南淇县境。钜桥，仓名，地在河北曲周东北。
⑥ 一戎：指一战；一戎衣：指一着戎衣而灭纣。
⑦ "垂拱"句，参见《尚书·武成》：垂拱而天下治。《疏》称所任得人，人皆称职，手无所营下垂其拱。
⑧ 五等之封，《礼记·王制》：王者之制爵禄，公、侯、伯、子、男，凡五等。
⑨ 刑措，指刑罚置而不用。

此周之极盛也。及昭王南征不还，穆王荒耄，加以幽厉之乱，平王东迁①，三十余年。庄王十三年，齐桓公二年，五千里外非天子之御。自太子公侯以下至于庶人，凡千一百八十四万一千九百二十三人。其后诸侯相并，尚有千二百国。春秋二百四十二年之中，弑君三十六，亡国五十二，诸侯更相征伐，奔走不保社稷者，不可胜数。齐桓救其难，孔子定其文。至于战国，存者十余。于是纵横短长之说相夺于残人诈力之兵动以万计②。伊阙之败③，斩首二十四万。长平之战④，血流漂卤。周之列国，唯秦、楚、燕而已。齐及三晋，皆以篡乱。卫虽得存，不绝如线。音线。然考苏、张之说，计及山东六国戎卒，尚逾五百余万，推人口数尚当十余万。

秦兼诸侯，所杀三分居一，犹以余力北筑长城四十余万，南戍五岭五十余万，阿房、骊山七十万。三十年间，百姓死没，相踵于路。陈、项又肆其酷烈，新安之坑，二十余万，彭城之战，睢水不流。

汉高帝定天下，人之死伤亦数百万，是以平城之卒不过三十万，方之六国，十分无三。孝文偃武修文，与人休息，尝欲作露台⑤，召匠计之，直百金，曰："百金，中人十家之产。吾奉先帝宫室，常恐羞之。"乃止。孝景承平，赋役减省，三十而税一，人人自爱。每有诏命颁下乡间，垂白戴老扶疾策杖以听之，思一见太平。至武帝元狩中，六十余年，人众大增，太仓之粟红腐而不食，都内之钱贯朽而不校。孝武帝乘其资畜⑥，乃厉兵马以攘戎狄，廓地遐广，征伐不休，十数年间，天下之众，亦减半矣。末年追悔，故下哀痛之诏，封丞相富人侯。昭宣之后，罢战务农，户口渐益。元帝时，贡禹上书曰："古者宫女不过九人，秣马不过八匹。高祖、孝文、

---

① 昭王，周昭王，南巡至汉水，船至中流而解体，昭王等溺水而亡。穆王，即位后西征，乐而忘返；征犬戎，致周边与国不再与周友好；幽王，废申后、立褒姒，废太子宜臼、立伯服，沉湎酒色，不恤国事，被犬戎所杀；厉王，好利，监谤，被国人流放；周平王为避犬戎，东迁洛邑。

② 纵横：指燕、齐、楚、韩、赵、魏六国联合抗秦，为合纵。残人诈力，此处当指张仪的行事。

③ 伊阙之败：指秦十四年，秦将白起攻韩魏于伊阙，斩首二十四万。

④ 长平之战，指公元前260年，秦和赵为争夺上党，而发生了有名的长平之战，秦将白起坑杀赵国兵卒四十余万人。

⑤ 露台：又称灵台，古代天子观象之所。《汉书·文帝纪赞》注：在新丰县南骊山之顶有露台乡。

⑥ 稸（xù）：聚也，积也。与"蓄"同。

孝景皇帝，循古节俭，宫女不过十余，厩马不过百余匹。故时齐三服官输物不过十笥①。方今齐三服官作工各数千人，岁费数巨万。蜀广汉主金银器，岁各用五百万，三工官费五千万，织室亦然。厩马食粟将万匹。百姓重困，请从省俭。"帝多采纳之。至孝平元始二年，人户千二百二十三万三千，口五千九百五十九万四千九百七十八，此汉之极盛也。及王莽篡位，续以更始、赤眉之乱，率土遗黎，十才二三②。

后汉光武建武中，兵革渐息。至中元二年，户四百二十七万六百三十四，口二千一百万七千八百二十。明、章之后，天下无事，务在养民。至于孝和，人户滋殖。桓帝永寿三年，户千六十七万七千九百六十，口五千六百四十八万六千八百五十六。灵帝遭黄巾为寇，献帝遇董卓称乱，大焚宫庙，劫御西迁③，是以兴平、建安之际，海内荒残，人户所存，十无一二。

魏武据中原，刘备割巴蜀，孙权尽有江东之地。三国鼎立，战争不息。刘备章武元年，有户二十万，男女口九十万，及平蜀，得户二十八万，口九十四万，带甲将士十万二千，吏四万，通计户九十四万三千四百二十三，口五百三十七万二千八百八十一。除平蜀所得，当时魏氏唯有户六十六万三千四百二十三，口有四百四十三万二千八百八十一。孙权赤乌五年，有户五十二万，男女口二百三十万。

晋武帝太康元年，平吴，收其图籍④，户五十三万，吏三万二千，兵二十三万，男女口二百三十万，后宫五千余人。九州攸同，大抵编户二百四十五万九千八百四，口千六百一十六万三千八百六十三，此晋之极盛也。蜀刘禅炎兴元年，则魏常道乡公景元四年，岁次癸未，是岁魏灭蜀。至晋武帝太康元年，岁次庚子，凡一十八年，户增九十八万六千三百八十一，口增八百四十九万九百八十二，则当三国鼎峙之时，天下通计户百四十七万三千四百三十三，口七百六十七万二千八百八十一，以奉三主，斯以勤矣。后赵石勒，据有河北，初文武官上疏，请依刘备在蜀、魏王在邺故事。魏王即曹公，以河内、魏、汲等十二郡，并前赵

---

① 齐三服官，据《汉书·元帝纪》注：李裴曰：齐国旧有三服之官，齐献冠帻，纵为首服，纨素为冬服，轻绡为夏服。这就是说，三服官是为天子制作衣服之官。汉代齐地仍存其制。笥，盛装食物或衣物的编织筐。
② 率土：指统治区域之内。率土遗黎：指西汉末年，经过战乱的洗劫，所残存的户口，仅及百分之二三。
③ 御：指汉献帝，被劫持西迁。
④ 图籍：指地图和户籍。

国合二十四，户二十九万为赵国。前秦符坚灭前燕慕容暐，入邺，阅其名籍，户二百四十五万八千九百六十九，口九千九百九十八万七千九百三十五。徙关东豪杰及诸杂夷十万口于关中。平燕定蜀之称伪代之盛也。时关陇清晏，百姓丰乐，自长安至于诸州，二十里一亭，四十里一旅，行者取给于途，工商资贩于道。

宋武帝北取南燕，平广固，南燕，慕容超。广固，即今北海郡。西灭后秦，平关洛，后秦，姚泓。长江以南，尽为宋有。帝素节俭，有司尝奏东西堂施局脚床，用银涂钉，帝以为费，使用直脚床，钉用铁。公主出适，遣送不过二十万，无锦绣金玉之费。文帝励精临人，江左数代帝王莫及，所以称元嘉之理①，比前汉之文、景焉。既而国富兵强，更务经略。元嘉二十七年，后魏主大武帝以数十万众南伐，河上屯戍，相次覆败。魏师至瓜步而还。宋之财力，自此衰耗。今按本史，孝武大明八年，户九十万六千八百七十，口四百六十八万五千五百一。

齐氏六王，年代短促，其户口未详。

梁武之初，亦称为理，及精华耗竭，贪地邀功，侯景逆乱，竟以幽毙。元帝惨虐，骨肉相残，才及三年，便至覆灭，坟籍亦同灰烬②。户口不能详究。

陈武帝，荆州之西，既非我有，淮肥之内，力不能加。宣帝勤恤人隐③，时称令主，阅其本史，户六十万。而末年穷兵黩武，远事经略，吴明彻全军只轮不返④，锐卒利器，从此歼焉。至后主灭亡之时，隋家所收户五十万，口二百万。

后魏起自阴山，尽有中夏。孝文迁都河洛，定礼崇儒。明帝正光以前，时唯全盛，户口之数，比夫晋太康倍而余矣。按晋武帝太康元年平吴后，大凡户二百四十五万九千八百，口六千一百十六万三千八百六十三。今云倍而余者，是其盛时则户有至五百余万矣。及尔朱之乱⑤，政移臣下，或废或立，甚于弈棋，遂分为东西二国，皆权臣擅命，战争不息，人户流离，官司文簿，又多散弃。今按旧史，户三百三十七万五千三百六十八。其时以征伐不息，唯

---

① 元嘉（公元424—453年），南朝宋文帝刘义隆年号。元嘉之理，是说宋文帝之仁治。据《宋书·文帝纪赞》：能内清外晏，四海谧如也。
② 坟籍：指古圣贤所作之书，如经史之类。
③ 勤恤：勤勉忧虑；人隐：人民的苦痛。《国语·周语上》：勤恤民隐，除其苦痛。
④ 只轮不返：即全军覆没。
⑤ 尔朱：复姓。这里应是指尔朱荣，当后魏明帝时，灵太后干政，尔朱荣率军入洛阳，立庄帝，杀灵太后及幼主等多人。

河北三数大郡，多千户以下，复通新附之郡，小者户才二十，口百而已。

北齐承魏末丧乱，与周人抗衡，虽开拓淮南，而郡县褊小。文宣受禅，性多暴虐，而能委政宰辅杨遵彦，十数年间，亦称为理。故其时以为主昏于上，政清于下。及武成、后主，俱是僻王。至崇国讳改之化三年，为周师所灭。有户三百三万二千五百二十八，口二千万六千八百八十。

后周闵、明二帝，主祭而已，俱以弑崩。武帝诛戮权臣，诛宇文护。方览庶政，恭俭节用，考核名实，五六年内，平荡燕齐。灭高齐。嗣子昏虐，亡不旋踵。按大象中，有户三百五十九万，口九百万九千六百四。

隋文帝始以外戚，遂受托孤，不逾数年，便享大位，克勤理道，克俭资费。至于六宫之内，常服浣濯之衣，供御故弊，随令补用，非享燕，所食不过一肉。有司尝进干姜，用布袋盛，帝以为费，大加谴责。后进香药，复以毡袋盛，因笞所司，以为后诫。其时宇内称理，仓库盈溢。至开皇九年平陈，帝亲于朱雀门劳师行赏，自门外列布帛之积，围于南郭，以次颁给，所费三百余万段，而不加赋于人。炀帝大业二年，户八百九十万七千五百三十六，口四千六百一万九千九百五十六，此隋之极盛也。后周静帝末授隋禅，有户三百五十九万九千六百四。至开皇九年平陈，得户五十万，及是才二十六七年，直增四百八十万七千九百三十二。承其全实①，遂恣荒淫。登极之初，即建洛邑，每月役丁二百万人；导洛至河及淮，又引沁水达河北，通涿郡，筑长城东西千余里，皆征百万余人，丁男不充，以妇人兼，役而死者大半；及亲征吐谷浑，驻军青海，遇雨雪，士卒死者十二三；又三驾东征辽泽，皆兴百余万众，馈运者倍之。又逆征数年之赋，穷侈极奢，举天下之人，十分九为盗贼。身丧国灭，实自取之，盖资我唐之速有天下也。

大唐贞观②，户不满三百万。三年，户部奏，中国人因塞外来归及突厥前后降附，开四夷为州县，获男女一百二十余万口。十四年，侯君集破高昌，得三郡、五县、二十二城，户八千四十六，口万七千三十一，马千三百匹。

永徽元年，户部尚书高履行奏："去年进户一十五万。"高宗以天下进户既多，谓无忌曰："比来国家无事，户口稍多，三二十年，足堪殷

---

① 承其全实：是说隋炀帝承继开皇以来户口增加、府库充实、社会安定的优越条件。
② 贞观（公元627—649年），唐太宗李世民的年号。此处是指贞观初年的情况。

实。"因问隋有几户，今有几户。履行奏："隋大业中户八百九十万，今户三百八十万。"永徽去大业末三十六年。

显庆二年十月，上幸许、汝州，问中书令杜正伦曰："此间田地极宽，百姓太少。"因又问隋有几户。正伦奏："大业所有八百余万户，末年离乱，至武德有二百余万户。"

总章元年十月，司空李勣破高丽国，虏其王，下城百七十，户六十九万七千二百。配江淮以南、山南、京西。

初，自贞观以后，太宗励精为理，至八年、九年，频至丰稔，米斗四五钱，马牛布野，外户动则数月不闭。至十五年，米每斗值两钱。麟德三年，米每斗折五文。永淳元年①，京师大雨，饥荒，米每斗四百钱，加以疾疫，死者甚众。

武太后孝和朝，太平公主、武三思悖逆庶人②，恣情奢纵；造罔极寺、太平观、香山寺、昭成寺，遂使农功虚费，府库空竭矣。

睿宗景云初，又造金仙、玉真二观，补阙辛替否上书极谏③，不从。二年，监察御史韩琬陈时政上疏曰："臣窃闻永淳之初，尹元贞任陕州雍县令，界内妇人修路，御史弹免之。顷年妇人役，修平道路，盖其常也。调露之际④，刘宪任怀州河内县尉，父思立在京身亡，选人有通索阙者，于时选司以名教所不容⑤，顷者以为见讥后人矣。顷年国家和市所由以刻剥为公，虽以和市为名，而实抑夺其价，殊不知民足官孰与不足矣。往年两京及天下州县，学生、佐史、里正、坊正每一员阙，先拟者辄十人；顷年差人以充，犹致亡逸。往年选司从容安闲，而以礼数见待；顷年选司无复曩时，接引但如仇敌估道尔。往年效官交替者，必储蓄什物以待之；顷年替人，必喧竞为隙，互执省符，纷然不已。往年召募之徒，人百其勇，争以自效；顷年差点勒遣，逃亡相继。若此者，臣粗言之，不可胜数。即知政令风化，渐已弊也。"

开元四年，山东诸州大蝗。紫微令姚崇奏言："臣闻毛诗云'秉彼蟊贼，以付炎火。'又汉光武诏曰：'勉顺时政，劝督农桑，去彼螟蜮，以

---

① 麟德（公元664—665年）、永淳（公元682—683年），都是唐高宗李治的年号。
② 悖逆：指犯上作乱。
③ 补阙：唐谏官名。分左右：职掌供奉挢、讽谏，有驳正诏书之权。
④ 调露（公元679—680年），唐高宗李治年号。
⑤ 名教：旧指有关名分之教、人伦之教。

·78·《通典》

及蟊贼。'此并除蝗之义也。又蝗既解飞,夜必投火,臣请切敕所在夜中设火,火边掘大坑,且焚且瘗,除之可尽。"乃遣使分道驱除瘗埋,朝臣多言不可。元宗以问崇,崇对曰:"常人执文,不识通变。凡事有违经合道而适权者。魏时山东有蝗伤稼,缘小忍不除,遂使苗稼总尽,人至相食。后秦时有蝗,禾稼及木草俱尽,牛马至相噉毛尾。今山东蝗虫,所在充满,傥不救其收获,百姓未免流离,事属安危,不可胶柱①,纵使除之不尽,犹胜养以成灾。若驱逐不得,臣在身官爵,并请削除。"元宗许之。黄门监卢怀慎谓崇曰:"蝗是天灾,岂可制以人事。外议籍籍,咸以为杀蝗太多,和气有伤,犹可停罢。"崇曰:"楚王吞蛭,厥疾用瘳,叔敖断蛇②,其福乃降。赵宣子至贤也,恨用其犬。孔宣父将圣也,不爱其羊。皆志在安人,思不失礼。今既救人杀虫,天道固应助顺。若因此致祸,崇请以身当之。"怀慎更不能答。崇令埋瘗之,累月方尽。其后渐丰熟。

八年,天下户口逃亡,色役伪滥③,朝廷深以为患。

九年正月,监察御史宇文融陈便宜④,奏检察伪滥兼逃户及籍外剩田。于是令融充使推句,获伪勋及诸色役甚众,特加朝散大夫,再迁兵部员外兼侍御史。融遂奏置劝农判官、长安尉裴宽等二十九人,并摄御史分往天下。慕容珣、王冰、张均、宋希玉、宋珣、韦治、薛侃、乔梦松、王诱、徐楚璧、徐锷、裴宽、岑希逸、边冲寂、班景倩、郭廷倩、元将茂、刘白正、王素、于孺卿、王忠翼、何千里、梁勋、卢怡、库狄履温、贾晋、李登、盛廙等,皆知名士。判官得人,于此为盛,其后多至显秩。所在检责田畴,招携户口。其新附客户,则免其六年赋调,但轻税入官。阳翟县尉皇甫憬、左拾遗杨相如并上疏,盛陈烦扰不便。宽等皆当时才彦⑤,使还,得户八十余万,田亦称是。憬遂贬为衢州盈川尉。融拜御史中丞。

融又上言:"天下所检责客户⑥,除两州计会归本贯以外,便令所在

---

① 胶柱:指拘泥不知通变。
② 楚王吞蛭,厥疾用瘳:指春秋时期楚惠王爱民如子,颇受人民拥戴,一次吃饭,见饭中有一水蛭,他不做声地吞了下去,结果却治好了他的积血之症。叔敖断蛇:指楚令尹孙叔敖少年时打死两头蛇的故事。
③ 色役:指各种徭役。
④ 便宜:指不拘以文化。这里是指便易、便益。
⑤ 宽:指裴宽。才彦:才德出众。
⑥ 检责:检举斥责。即清点。

编附，年限向满，须准居人，更令所在优矜①，即此辈徼幸，若征课税，目击未堪。窃料天下诸州，不可一例处置，且请从宽乡有剩田州作法。窃计有剩田者减三四十州，取其剩田，通融支给。其剩地者三分请取其一分以下。其浮户，请任其亲戚乡里相就，每十户以上，共作一坊。每户给五亩充宅，并为造一两口室宇，开巷陌，立间伍，种桑枣，筑园蔬，使缓急相助，亲邻不失。丁别量给五十亩以上为私田，任其自营种。率十丁于近坊更共给一顷，以为公田，共令营种。每丁一月役功三日，计十丁一年共得三百六十日。营公田一顷，不啻得之，计平收一年不减百石，便纳随近州县。除役功三十六日外，更无租税。既是营田户，且免征行，安堵有余②，必不流散。官司每丁纳收十石，其粟更不别支用，每至不熟年，斗别二十价然后支用。计一丁年还出两丁以上，亦与正课不殊。则官收其役，不为矜纵，人缓其税，又得安舒，仓廪日殷，久长为便。其狭乡无剩地客多者，虽此法未该准式，许移窄就宽，不必要须留住。若宽乡安置得所，人皆悦慕，则三两年后，皆可改图，弃地尽作公田，狭乡总移宽处，仓储既益，水旱无忧矣。"至十三年封泰山，米斗至十三文，青、齐谷斗至五文。自后天下无贵物，两京米斗不至二十文，面三十二文，绢一匹二百一十二文。东至宋、汴，西至岐州，夹路列店肆待客，酒馔丰溢。每店皆有驴赁客乘，倏忽数十里，谓之驿驴。南诣荆、襄，北至太原、范阳，西至蜀川、凉府，皆有店肆，以供商旅。远适数千里，不持寸刃。二十年，户七百八十六万一千二百三十六，口四千五百四十三万一千二百六十五。

天宝元年，户八百三十四万八千三百九十五，口四千五百三十一万一千二百七十二。自十三载以后，安禄山为范阳节度，多有进奉，驼马牲口，不旷旬月，郡县供熟食酒肉草料。杨国忠任用之后，即与蛮王阁罗凤结衅，征关辅、河南、京兆人讨之，去者万不一全，连枷赴役，郡县供食。于是当路店肆多藏闭，以惧挠乱，驴马车牛，悉被虏夺，不酬其直，数年间，因渐减耗。

十三载，京城秋霖，米价腾贵，官出太仓米，分为十场出粜。其所在川谷泛溢，京城坊市墙宇崩坏向尽。东京瀍洛又溢，堤坏，飘损十九坊居

---

① 优矜：优予抚恤。
② 安堵：安居，不受骚扰。

人邑屋。二十，遣京城诸坊人家，于门前作泥人，长三尺，左手指天，右手指地，十月方霁。

十四载，管户总八百九十一万四千七百九，应不课户三百五十六万五千五百一，应课户五百三十四万九千二百八十。管口总五千二百九十一万九千三百九，不课口四千四百七十万九百八十八，课口八百二十万八千三百二十一。此国家之极盛也。按后汉自建武初至桓帝永寿三年，凡百三十年①，有户千六十七万。按自周武帝建德六年平齐，至隋文帝开皇九年灭陈，凡十四年，然后车书混一②，甲兵方息。至大业二年，凡十八年，有户八百九十万。我国家自武德初至天宝末，凡百三十八年，可以比崇汉室，而人户才比于隋氏，盖有司不以经国驭远为意，法令不行，所在隐漏之甚也。肃宗乾元三年，见到账百六十九州，应管户总百九十三万三千一百七十四。不课户百一十七万四千五百九十二，课户七十五万八千五百八十二。管口总千六百九十九万三百八十六，不课口千四百六十一万九千五百八十七，课口二百三十七万七百九十九。自天宝十四年至乾元三年，损户总五百九十八万二千五百八十四，不课户损二百三十九万一千九百九，课户损三百五十九万六百七十五；损口总三千五百九十三万八千七百三十三，不课口损三千七十二万三百一，课口损五百二十一万八千四百三十二户。至大历中，唯有百二十万户。建中初，命黜陟使往诸道按比户口，约都得土户百八十余万，客户百三十余万。

## 丁中：汉、晋、宋、北齐、隋、大唐

汉孝景二年，令天下男子年二十而始傅。傅，音附。傅，著也。著名籍，给公家徭役③。

晋武帝平吴后，有司奏，男子年十六以上至六十为正丁；十五以下至十三、六十以上至六十五为次丁；十二以下六十六以上为老、小，不事。

宋孝武大明中，王敬弘上言："旧制，人年十二半役，十六全役，当以十三以上能自营私及公，故以充役。考之见事，犹或未尽，体有强弱，不皆称耳。循吏恤隐，可无甚患，庸愚守宰，必有勤剧④，况值苛政，岂可称言。至令逃窜求免，胎孕不育，乃避罪宪，实亦由此。今皇化惟新，四方无事，役名之宜，应存消息。十五至十六，且为半丁，十七为全丁。"帝从之。

---

① 指公元25—157年，共132年。
② 车书混一：指车同轨，书同文。这里是说全国终于又归统一。
③ 傅：将成丁者登记在丁口册上，标志着其开始有服徭役的义务。
④ 庸愚守宰：指平庸愚昧的地方官。

北齐武成清河三年①，乃令男子十八以上六十五以下为丁，十六以上十七以下为中，六十六以上为老，十五以下为小。

隋文帝颁新令，男女三岁以下为黄，十岁以下为小，十七以下为中。十八以上为丁，以从课役。六十为老，乃免。开皇三年，乃令人以二十一成丁。炀帝即位，户口益多，男子以二十二成丁。高颎奏以人间课税，虽有定分，年常征纳，除注恒多，长吏肆情②，文账出没，既无定簿③，难以推校。乃为输籍之样④，请遍下诸州，每年正月五日，县令巡人，各随近五党三党共为一团，依样定户上下。帝从之，自是奸无所容矣。

大唐武德七年定令，男女始生为黄，四岁为小，十六为中，二十一为丁，六十为老。

神龙元年⑤，韦皇后求媚于人，上表，请天下百姓年二十二成丁，五十八免役，制从之。韦庶人诛后，复旧。

元宗天宝三载十二月制⑥，自今以后，百姓宜以十八以上为中男，二十三以上成丁。按开元二十五年户令云："诸户主皆以家长为之。户内有课口者为课户，无课口者为不课户。诸视流内九品以上官及男年二十以上⑦、老男、废疾、妻妾、部曲、客女、奴婢，皆为不课户⑧。无夫者为寡妻妾。余准旧令。诸年八十及笃疾⑨，给侍一人，九十二人，百岁五人，皆先尽子孙，听取先亲，皆先轻色。无近亲外取白丁者，人取家内中男者，并听。诸以子孙继绝应折户者⑩，非年十八以上不得折，即所继处有母在，虽小亦听折出。诸户欲折出口为户及首附口为户者，非成丁皆不合折。应分者不用此令。诸户计年将入丁、老、疾应征免课役及给侍者，

---

① 北齐武成帝高湛无清河年号，应为河清三年（公元564年）。
② 长吏肆情：这里是指地方官吏营私舞弊，弄虚作假。
③ 无定簿：这里是说没有固定的记载收支数字的账簿。即管理混乱。
④ 输籍之样：这里是说，由中央制定标准格式，颁发给全国各官府，令其按照规定式样填报。
⑤ 神龙（公元705—707年），唐中宗李显年号。
⑥ 元宗：应是玄宗。
⑦ 男年二十以上是丁男，不应该列为不课户，可能是六十（六十为老）之误。
⑧ 老男：指年六十以上男子；废疾：指精神或身体有缺陷，失去劳动能力；妻妾：应是寡妻妾之误；部曲：魏晋时指私人军队，后指家仆；客女，按《唐律疏义·户婚》所记：客女，谓部曲之女。或有于他处转得，或放婢为之。其地位略高于婢女。
⑨ 笃疾：指病危之人。按古刑律所说凡失去听觉、视力、言语能力，或一肢以上残疾以及精神或身体有重大不治之疾者都被称为笃疾。
⑩ 折：当为析。析户：指父子或兄弟分立门户。

皆县令貌形状以为定簿。一定以后，不须更貌，若有奸欺者，听随事貌定，以附于实。"

九年制："天下虽三载定户，每载亦有团貌①，自今以后，计其转年合入中男、成丁、五十者，任追团貌。"广德元年制，"百姓二十五成丁，五十五老。"论曰："昔贤云：'仓廪实知礼节，衣食足知荣辱。'夫子适卫，冉子仆。曰：'美哉庶矣。既庶矣，又何加焉？'曰：'富之。''既富矣，又何加焉？'曰：'教之。'故知国足则政康，家足则教从，反是而理者，未之有也。夫家足不在于逃税，国足不在于重敛。若逃税则不土著而人贫，重敛则多养赢而国贫，不其然矣。管子曰："以正户籍，谓之养赢。"赢者，大贾蓄家也。正数之户既避其赋役，则至浮浪，为大贾蓄家之所役属，自收其利也。三王以前，井田定赋。秦革周制，汉因秦法。魏晋以降，名数虽繁，亦有良规，不救时弊。昔东晋之宅江南也，慕容、苻、姚，迭居中土，人无定本，伤理为深，遂有庚戌土断之令②。财丰俗阜，实由于兹。其后法制废弛，旧弊复起，义熙之际，重举而行，已然之效，着在前志。隋受周禅，得户三百六十万。开皇九年平陈，又收户五十万。洎于大业二年，干戈不用，惟十八载，有户八百九十万矣。自平陈后，又加四百八十余万。其时承西魏丧乱，周齐分据，暴君慢吏，赋重役勤，人不堪命，多依豪室，禁网隳紊③，奸伪尤滋。高颎睹流冗之病，建输籍之法。于是定其名，轻其数，使人知为浮客，被强家收大半之赋，为编甿奉公上，蒙轻减之征。浮客，谓避公税、依强豪作佃家也。昔汉文三年，除人田租，荀悦论曰："古者什一而税，天下之中正。汉家或百而税一，可谓至轻矣，而豪强占田逾多，浮客输大半之赋。公家之惠，优于三代，豪强之暴，酷于亡秦，是惠不下通④，威福分于豪人也。不正其本，适足以资富强矣。"高颎设轻税之法，浮客悉自归于编户，隋代之盛，实由于斯。先敷其信，后行其令，烝庶怀惠，奸无所容。隋氏资储遍于天下，人俗康阜，颎之力焉。功规萧、葛，道亚伊、吕，近代以来未之有

---

① 团貌：即后世所说的画像。
② 西晋末年，由于政治腐败和战乱，民不聊生，导致北方人民大量外迁，其中大部分人（约七十余万）迁到南方，这部分人被称为侨人。东晋官府为便于对他们的控制，在其集中的地区建立了许多与侨人旧居地同名的侨州、郡、县，令其著籍。由于侨人最初受到优待（不交租服役），而居住境界不固定，导致兼并剧烈，财政收入流失。咸康七年（公元341年），晋成帝命侨人户口一律编入所在州县户籍。哀帝兴宁二年（公元364年），三月庚戌日，实行土断法。南迁侨民逐渐归各当地官府管理。
③ "禁网"句：指国家法律制度遭到破坏而紊乱。
④ 惠不下通，即惠不及民。

也。隋氏西京太仓，东京含嘉仓、洛口仓，华州永丰仓，陕州太原仓，储米粟多者千万石，少者不减数百万石。天下义仓又皆充满。京都及并州库布帛各数千万，而锡赉勋庸①，并出丰厚，亦魏晋以降之未有。国家贞观中有户三百万，至天宝末百三十余年，才如隋氏之数。圣唐之盛，迈于西汉，约计天下编户合逾元始之间，而名籍所少三百余万。自贞观以后，加五百九十万，其时天下户都有八百九十余万也。汉武黩兵，人户减半，末年追悔，方息征伐。其后至平帝元始二年，七十余载，有户千二百二十余万。唐百三十余年中，虽时起兵戎，都不至减耗，而浮浪日众，版图不收，若此量汉时，实合有加数，约计天下人户少犹可有千三四百万矣。直以选贤授任，多在艺文，才与职乖，法因事弊。隳循名责实之义，阙考言询事之道。崇秩之所至，美价之所归，不无轻薄之曹，浮华之伍。习程典②，亲簿领③，谓之浅俗；务根本，去枝叶，目以迂阔。风流相尚，奔竞相驱，职事委于群胥，货贿行于公府，而至此也。自建中初，天下编甿百三十万，赖分命黜陟④，重为案比，收入公税，增倍而余。诸道加出百八十万，共得三百二十万。遂令赋有常规，人知定制，贪冒之吏，莫得生奸，狡猾之甿，皆被其籍，诚适时之令典，拯弊之良图。旧制，百姓供公上，计丁定庸调及租⑤，其税户虽兼出王公以下，比之二三十分唯一耳。自兵兴以后，经费不完，于是征敛多名，且无恒数，贪吏横恣，因缘为奸，法令莫得检制，烝庶不知告诉。其丁狡猾者，即多规避，或假名入仕，或托迹为僧，或占募军伍，或依倚豪族，兼诸色役，万端蠲除。钝劣者即被征输，困竭日甚。建中新令，并入两税，恒额既立，加益莫由，浮浪悉收⑥，规避无所。而使臣制置各殊，或有轻重未一，仍属多故，兵革荐兴，浮冗之辈，今则众矣。征输之数，亦以阙矣。旧额既在，见人渐艰，详今日之宜，酌晋隋故事，版图可增其倍，征缮自减其半。赋既均一，人知税轻，免流离之患，益农桑之业，安人济用，莫过于斯矣。计诸道簿账所收，可有二百五十余万户。按历代户口，多不过五，少不减三，约计天下，除有兵马多处食盐，是知见在之数者。采晋、隋旧典制置，可得五百万矣。以五百万户共出二百五十万户税，自然各减半数。古之为理也，在于周知人

---

① 锡赉勋庸：指赏赐给立有功勋的人。
② 程典：相传为文王所作，誉为至德常典。
③ 簿领：指文簿，文书。
④ 黜陟：指官员的升降进退。
⑤ 计丁定庸句：指田有租，户有调，身有庸。
⑥ 浮浪悉收：指对无固定地点的流动人口，也进行了有针对性的管理，即"户无主客，以现居为簿"。

数,乃均其事役,则庶功以兴,国富家足,教从化被,风齐俗和。夫然,故灾沴不生,悖乱不起。所以周官有比、闾、族、党、州、乡、县、遂之制,维持其政,纲纪其人①。孟冬司徒献民数于王,王拜而受之,其敬之守之如此之重也。及理道乖方,版图脱漏,人如鸟兽飞走莫制,家以之乏,国以之贫,奸宄渐兴,倾覆不悟。斯政之大者远者,将求理平之道,非其本欤?"

---

① 纲纪:法制。依法治政。

# 卷八　食货八

## 钱币上：周、秦、汉、后汉、晋

货币之兴，远矣。夏商以前，币为三品①。珠玉为上币，黄金为中币，白金为下币。白金为银。太公立九府圜法②。周景以母子相权③。秦用黄金、铜钱为上下二等。汉兴为八铢，或为荚钱④，或作白金，或作赤仄，八铢五分，迭废迭用。王莽又设错刀、金银龟贝凡数十品。公孙述始作铁钱。魏文帝谷帛相贸。刘备以一当百。孙权以一当千。理道陵夷，则有鹅眼、綖环之别；王纲解纽⑤，又有风飘、水浮之异⑥。名目繁杂，不能遍举，缅征损益，可略而言。原夫立钱之意，诚深诚远。凡万物不可以无其数，既有数，乃须设一物而主之。其金银则滞于为器为饰，谷帛又苦于荷担断裂，唯钱可贸易流注，不住如泉。若谷帛为市，非独提挈断裂之

---

　① 品：品种；三品：指珠玉、金和银三种。
　② 《汉书·食货志》：太公立九府圜法。九府，指周官太府、玉府、内府、外府、泉府、天府、职内、职金、职币。九府：掌财货币帛之官；圜法：指均而通也，意即灵活地运用货币的方法。
　③ 母子相权，中国古代的一种货币流通理论。公元前524年，周景王（公元前544—前520年在位）欲铸大钱，单穆公（卿士）反对说："不可。古者，天灾降戾，于是乎量资币权轻重……民患轻，则为作重币以行之，于是乎有母权子而行，民皆得焉。若不堪重，则多作轻而行之，亦不废重，于是乎有子权母而行，小大利之。"（《国语·周语下》）他主张铜币的轻重应根据市场需要而定。子、母（即轻、重）两种货币可以以一种为基础来确定对另一种的兑换率，同时流通，这就叫子母相权。
　④ 荚钱：即榆荚半两，汉初私铸钱。铜钱不大，而穿孔很大，好像四片榆荚架成的一个口字形的又薄又小的半两钱。
　⑤ 解纽：即废弛。这里是说国家纲纪遭到破坏。
　⑥ 鹅眼：恶钱之一，南朝宋景和元年民间私铸，一千钱长不过三寸。又有綖环钱，钱被剪凿取铜仅剩外围一圈，也是流通中的恶钱。《宋书·严竣传》称其"入水不沉（风飘、水浮），随手破碎，市井不复料数，十万钱不盈一掬"。

弊，且难乎铢两分寸之用①。历代钱货，五铢为中，一品独行，实臻其要。今钱虽微重于古之五铢②，大小斤两，便于时矣。

太公既立之于周，退行之于齐，曰："知开塞之术者，其取天下如化，是谓政之大端矣。"又管仲曰："三币③，握之非有补于温饱也，舍之非有切于饥寒也。先王以守财物、以御人事而平天下也，命之曰衡。衡者，使物一高一下，不得有常，故与夺贫富，皆在君上。是以人戴君如日月，亲君若父母，用此道也。夫生殖众则国富而人安，农桑寡则人贫而国危。使物之重轻，由令之缓急。权制之术，实在乎钱，键其多门，利出一孔，摧抑浮浪，归趣农桑，可致时雍，跻于仁寿，岂止于富国强兵者哉！"具轻重篇。

其后言事者，或惜铜爱工，改作小钱；或重号其价，以求赢利，是皆昧经通之远旨，令盗铸滋甚，弃南亩日多，虽禁以严刑，死罪日报，不能止也。昔贤有云："铜不布下，乃权归于上。"诚为笃论④，固有国之切务，救弊之良算也。况当今人疲赋重，康俗济用，莫先于斯矣。自昔言货币者，在于图史，形模皆不达其要。唯汉贾生、国朝刘秩录事秩，颇详其旨。

自神农列廛于国⑤，以聚货帛，日中为市，以交有无。虞夏商之币，金为三品，或黄、或白、或赤，或钱、或布、或刀、或龟贝。凡货，金钱布帛之用，夏殷以前其详靡记。

周制：以商通货，以贾易物。太公又立九府圜法。周官有太府、玉府、内府、外府、泉府、天府、职内、职币、职金，皆掌财币之官，故云九府。圜，谓内而通也。黄金方寸而重一斤。钱圜函方，外圜而内孔方。轻重以铢。黄金以斤为名，钱以铢为重也。布帛广二尺二寸为幅，长四丈为匹。故货宝于金，利于刀，流于泉，流行如泉。布于布，布于民间。束于帛。束，聚也。

周景王时患钱轻，将更铸大钱。钱者金币之名，先曰泉，后曰钱。大于旧钱，其价重也。班固以为文曰宝货。韦注《国语》云："径一寸二分，重十二铢，文曰大泉五十。"未详孰是，故两存焉。大夫单旗曰："不可。古者天降灾戾，戾，

---

① 铢两分寸：古代的衡量单位，有几种说法。《说文通训定声》：铢：十案之重为絫，十絫曰铢（是一铢为百絫之重），二十四铢曰两。《汉书·律历志上》：一龠容千二百黍，重十二铢，两之为铢。二十四铢为两。《说苑·辨物》：十六黍为一豆，六豆为一铢。
② 五铢：指五铢钱，汉武帝时始铸。重五铢，上有篆文五铢二字。自汉及隋，皆有铸造。
③ 三币，《管子·国蓄》："以珠玉为上币，以黄金为中币，以刀布为下币。"
④ 笃论：确当的评论。
⑤ 廛：古指都邑内之商店。

恶气也。一曰：庚，至也。于是乎量资币、权轻重以振救民。民患轻，则为之作重币以行之，于是有母权子而行①，民皆得焉。若不堪重，则多作轻而行之，亦不废重，于是乎有子权母而行，小大利之。民患币重，则多作轻钱而行之，亦不废去重者，言重者行其贵，轻者行其贱。今王废轻而作重，民失其资，能无匮乎。民若匮，王用将有所乏，乏将厚取于民，民不给，将有远志，谓去其本居而散。是离民也。且绝民用以实王府，犹塞川原为潢污也②，原，谓水泉之本。潢音黄，污音乌。竭亡日矣。王其图之。"弗听，卒铸大钱，文曰"宝货"，肉好皆有周郭，内郭为好，外郭为肉。韦昭曰："肉，钱形也。好，孔也。"以劝农、赡不足，百姓蒙利焉。单旗虽有此言，王终自铸钱，果有便，故百姓蒙利。

管子曰："人君铸钱立币，人庶之通施也。钱币无补于饥寒之用，人君所立，以均制财物，通交有无，使人所求，各得其欲。人有若千百十之数矣，然而人事不及、用不足者何？利有所藏也。人事谓常费也。言人之所有多少，各随其分而自足。君上不能均调其事，则豪富并藏财货，专擅其利，是故人之常费不给，以致匮之。然则人君非能分并财利而调人事也，则君虽自为铸币而无已，乃使人下相役耳，恶能以为理乎？"言人君若不能权其利门，制其轻重，虽铸币无限极而与人，徒使豪富侵夺贫弱，终不能致理也。恶音乌。又曰："汤七年旱，禹五年水，人之无饘，饘，糜也。饘，章延反。有卖子者。汤以庄山之金铸币，而赎人之无饘卖子者；禹以历山之金铸币，以救人之困。夫玉起于禺音虞氏，金起于汝汉，珠起于赤野。东西南北去周七八千里，水绝壤断，舟车不能通。为其途之远，其至之难，故托用于其重。以珠玉为上币，以黄金为中币，以刀布为下币。三币，握之则非有补于暖也，食之则非有补于饱也。先王以守财物、以御人事而平天下也，是以命之曰衡。衡者，使物一高一下，不得有调也。"若五谷与万物平，则人无其利。故设上、中、下之币而行轻重之术，使一高一下，乃可权制利门，悉归于上。

楚庄王以为币轻，更以小为大，百姓不便，皆去其业。孙叔敖为相，市令言于相曰："市乱，人莫安其处，行不定。"叔敖白于王，遂令复如故，而百姓乃安也。

荀卿曰："北海则有走马吠犬焉，然而中国得而畜使之；南海则有羽

---

① 母权子：这里是指子钱不足，就铸母钱来平衡，并令母钱子钱同时流通。
② 潢污：指没有进出水的死水池。大者叫潢，小者叫污。

翮齿革焉①，然而中国得而赋之；东海则有紫蛤鱼盐焉，然而中国得而衣食之；西海则有皮革文旄焉，然而中国得而用之。故天之所覆，地之所载，财货流通，无不尽致其用，四海之内，若一家也。凡理，亡者使有，利者使阜，害者使亡，靡者使微。王之所宝者六：圣人能制议百姓，以辅相国家，则宝之；玉足以庇荫嘉谷，使无水旱之灾，则宝之；龟足以献臧否，则宝之；珠足以御火灾，则宝之；金足以御兵乱，则宝之；山林薮泽足以备财用，则宝之。"

秦兼天下，币为二等，黄金以镒为名，上币，二十两为镒，改周一斤之制，更以镒为金之名数。铜钱质如周钱，文曰"半两"，重如其文，为下币。言钱之形质如周钱，唯文异耳。而珠玉龟贝银锡之属，为器饰宝藏，不为币，然各随时而轻重无常②。

汉兴，以为秦钱重难用，更令民铸荚钱，如榆荚也。钱重铢，半径五分，文曰"汉兴"。黄金一斤。复周之制，更以斤为名。

高后二年，行八铢。秦钱文曰"半两"，即八铢也。初，汉以其太重，更铸榆荚，人患太轻，至此复行八铢钱。六年，行五分钱。径五分，所谓荚钱。

孝文五年，为钱益多而轻，乃更铸四铢钱，其文为"半两"。除盗铸钱令，使民放铸③。贾谊谏曰："法使天下公得顾租铸铜锡为钱，敢杂以铅铁为他巧者，其罪黥④。顾租，谓顾庸之直，或租其本。然铸钱之情，非殽杂为巧则不可得赢，而殽之甚微，为利甚厚。微，谓精妙也。其术精妙，不可觉知，而得利甚厚，故令人轻犯之，奸不可止也。夫事有召祸而法有起奸，今令细民操造币之势，操，持也。各隐屏而铸作⑤，因欲禁其厚利微奸，虽黥罪日报⑥，其势不止。报，论也。夫悬法以诱民，使入陷阱，孰积于此！曩禁铸钱，死罪积下；下，报也。累积下报论之也。今公铸钱，黥罪积下。为法若此，上何赖焉？赖，利也，恃也。又民用钱，郡县不同，或用轻钱，百加若干，时钱重四铢，法钱百枚，当重一斤十六铢。轻则以钱足之若干枚，令满平

---

① 羽：羽毛，有文舞用的雉羽和箭用之羽；翮：羽根；齿：象齿；革：皮革；缯：丝织品；菁：菁茅，祭祀用以缩酒。
② 指珠玉龟贝银锡等已不是货币，但作为贵重器物的装饰品或财宝而被珍藏起来。这些物品没有固定的价格，随市场的变化而时有高低。
③ 指废除禁止私铸令，允许人民仿照官钱样铸钱。
④ 黥：汉代刑罚之一，指在脸上刺字。
⑤ 指在隐僻的地方铸钱。
⑥ 报：判决。

也。若干,且设数之言也。干犹个,谓当如此个数耳。或用重钱,平称不受①。用重钱,则平称有余,不能受也。法钱不立,依法之钱也。吏急而壹之乎②,则大为烦苛而力不能胜;纵而弗呵乎,则市肆异用,钱文大乱。呵,责怒也。苟非其术,何向而可哉!今农事弃捐而采铜者日蕃,释其耒耨,冶镕炊炭,镕,形容也,谓作钱模也。奸钱日多③,五谷不为多。言皆采铜铸钱,废其农业,故五谷不为多。国知患此,吏议必曰禁之,禁之不得其术,其伤必大。令禁铸钱则钱必重④,重则其利深,盗铸如云而起,弃市之罪又不足以禁矣。奸数不胜而法禁数溃⑤,铜使之然也。故铜布于天下,则人铸钱者大抵必杂以铅铁。黥人日繁,一祸也;伪钱无止,钱用不信,人愈相疑,二祸也;采铜者弃其田畴,铸者捐其农事,五谷不为多,则邻于饥,三祸也;故不禁铸钱则常乱,黥罪日积,是陷阱也。且农事不为,有类为灾,故人铸钱不可不禁,四祸也;上禁铸钱,必以死罪,铸钱者禁,则钱必还重,则盗铸者起,则死罪又复积矣,其祸五也。故铜布于天下,其为祸博矣。今博祸可除,而七福可致矣。何谓七福?上收铜勿令布,则民不铸钱,黥罪不积,一矣;伪钱不蕃⑥,民不相疑,二矣;采铜铸作者反于耕田,三矣;铜毕归于上,上挟铜积以御轻重,铜积谓多积铜。钱轻则以术敛之,重则以术散之,货物必平,四矣;以作兵器,古者以铜为兵也,秦销锋镝铸金人十二是也。以假贵臣,多少有制,用别贵贱,五矣;以临万货,以调盈虚,以收奇羡,奇,残余。羡,饶溢。则官富实而末民困⑦,六矣;末谓工商之业也。制吾弃财,以与匈奴逐争其民,则敌必坏,七矣;末业既困,农人敦本,仓廪实,布帛有余,则招胡人多来降附,故言制吾弃财也。弃财,谓可弃之财。逐,竞也。今久退七福而行博祸,臣诚伤之。"上不听。是时,吴以诸侯即山铸钱⑧,富埒天子,埒,等也。所铸文字与四铢同,微重耳。后卒叛逆。邓通,大夫也,以铸钱文字、秤两同四铢。财过王者。故吴、邓

---

① 平称:指一当一,没有添补。
② 这句的意思是,官府严厉要求一律使用法钱。
③ 奸钱:指私铸的粗制滥造的恶钱。
④ 此句是说,国家下令禁止私铸,则钱值必然提高。
⑤ 这里是说,由于私铸的利益很大,即使是处以极刑也难以禁止。奸恶难除,国家的法令也数遭破坏。
⑥ 指严控伪劣的私钱不再增加。
⑦ 末民:指工商业者。
⑧ 吴以诸侯铸钱,是指西汉诸侯王吴王濞,在丹阳采铜铸钱。

钱布天下。

孝武帝有事于四夷，又徙平民七十万口于新秦中，用度广，出御府钱以赡不足，而冶铸或累万金，不佐公家之急。于是天子与公卿议，更造钱币以赡用，而摧浮淫并兼之徒。是时禁苑有白鹿而少府多银锡。自孝文更造四铢钱，至是岁四十余年。从建元以来用少，县官往往即多铜山而铸钱，民间亦盗铸，不可胜数，钱益多而轻，铸钱者多，故钱轻，轻亦贱也。物益少而贵。民但铸钱，不作余物故少。有司言曰："古者皮币，诸侯以聘享。金有三等，黄金为上，白金为中，赤金为下①。今半两钱法重四铢，文为半两，实重四铢。而奸或盗磨钱质而取鋊，民盗磨钱质而取鋊。鋊，铜屑也。磨钱漫面以取其屑，更以铸钱。西京黄图叙曰"民磨钱取屑"是也。鋊音浴。钱益轻薄而物贵，则远方用币，烦费不省②。"乃以白鹿皮方尺，缘以藻缋，一作"紫缋"，绣绘五彩而为。为皮币，直四十万。王侯宗室朝觐聘享，必以皮币荐璧③，然后得行。管子曰："桓公朝周，请天子号令诸侯，以石璧贺献。"此亦鹿皮银锡为币之义也。诸具轻重篇。又造银锡为白金，杂铸银锡以为白金。以为天用莫如龙，地用莫如马，人用莫如龟，故白金三品：其一曰重八两，圜之，其文龙，名曰"白选"，或名"白撰"。直三千；二曰以重差小，方之，其文马，直五百；以半斤之重差为三品，此重六两，则下品重四两。三曰复小，椭之，其文龟，直三百。椭，圜而长④。令县官销半两钱，更铸三铢钱，文如其重。盗铸诸金钱罪皆死，而吏民之盗铸白金者不可胜数。有司言三铢钱轻，易奸诈，乃更请郡国铸五铢钱，周郭其下，令不可磨取鋊焉。周匝为郭，文漫皆有。造白金、五铢钱后五岁，赦吏民之坐盗铸金钱死者数十万人，其不发觉相杀者不可胜计。赦自出者百余万人。然不能半自出⑤，天下大抵无虑皆铸金钱矣。抵，归也。大归犹言大凡也。无虑亦谓大率无小计虑也。犯法者众，吏不能尽诛，于是遣博士褚大、徐偃等分行郡国，举并兼之徒、守相为利者劾之。时张汤用事。初，帝既与汤造白鹿皮币，以问大司农颜异。对曰："今王侯朝贺以苍璧，直数千，而皮荐反四十万，本末不相称。"上不悦。会有人告异以他事议，下汤理异。异与客语，客语初令下有不便者⑥，异不

---

① 白金：指银；赤金：指铜。
② 指铜钱质地低劣，容易破碎，烦扰耗费，使用不便。
③ 以皮币荐璧，即以皮币垫衬璧的下面。
④ 指圆形的龙纹币、方形的马纹币和椭圆形的龟形币。
⑤ 半自出：指遇赦者尚不到半数。
⑥ 此指皇帝之令初下，有不便处理之处。

应，微反唇。汤奏异见令不便，不入言而腹诽①，遂诛。于是公卿大夫多谄谀取容②。郡国多奸铸钱，钱多轻，而公卿请令京师铸官赤仄，以赤铜为其郭。今钱见有赤侧者，不知作法云何。一当五，赋官用非赤仄不得行。充赋及给官用，皆令以赤侧。白金稍贱，民不宝用，县官以令禁之，无益，岁余终废不行。其后二岁，赤仄钱贱，民巧法用之，不便，又废。于是悉禁郡国铸钱，专令上林三官铸，钱既多，而令天下非三官钱不得行。汉武帝元鼎二年，初置水衡都尉，掌上林苑，属官有上林均输，钟官，辨铜令，然则上林三官，其是此三令乎？诸郡国前所铸钱皆废销之，输入其铜三官。而民之铸钱益少，计其费不能相当，唯真工大奸乃盗为之。

宣帝时，贡禹言："铸钱采铜，一岁十万人不耕，民坐盗铸陷刑者多。富人藏钱满室，犹无厌足。民心动摇，弃本逐末，耕者不能半，奸邪不可禁，原起于钱。疾其末者绝其本，宜罢采珠玉金银铸钱之官，毋复以为币，除其贩卖租铢之律。租铢，谓计其卖物价，平其锱铢而收租也。租税禄赐皆以布帛及谷，使百姓壹意农桑。③"议者以为交易待钱，布帛不可尺寸分裂，禹议亦寝。

自孝武元狩五年三官初铸五铢钱④，至平帝元始中，成钱二百八十亿万余云。

王莽居摄⑤，变汉制，以周钱有子母相权，于是始造大钱，径一寸二分，重十二铢，文曰"大钱五十"⑥。又造契刀、错刀。契刀，环如大钱，身形如刀，长二寸，文曰"契刀五百"。错刀，以黄金错，其文曰"一刀直五千"。此钱今并尚在，形质及文与汉书相合，无差错也。与五铢钱凡四品，并行。

莽即真⑦，以为书"刘"字有金刀⑧，乃罢错刀、契刀及五铢钱，而更作金、银、龟、贝、钱、布之品，名曰"宝货"。小钱径六分，重一铢，文曰"小钱直一"。次七分，三铢，曰"么钱一十"。么，小也。次八

---

① 腹诽：指口里不说，心里却十分不满。
② 面对稍一不慎即被杀头的现实，公卿大夫对上多谄媚奉承，看脸色行事。
③ 此句是说使百姓专志于农业生产。
④ 三官：指水衡都尉属官钟官、技巧和辨铜三令。
⑤ 居摄：指皇帝年幼，无力问政时，由大臣代其摄行政事，叫居摄。
⑥ 大钱五十，从出土的钱币来看，其文为"大泉五十"。此处的钱字应是泉字。
⑦ 即真：指由居摄而即皇帝位。
⑧ "刘"字有金刀，这是指的是繁体"劉"字，左边下方是一个金字，右边是立刀。

分，五铢，曰"幼钱二十"。次九分，七铢，曰"中钱三十"。次一寸，九铢，曰"壮钱四十"。因前"大钱五十"，是为钱货六品，直各如其文。黄金重一斤，直钱万。朱提银重八两为一流，直一千五百八十。朱提，县名，属犍为，出善银。朱音殊，提音上支反。他银一流直千。是为银货二品。元龟岠冉长尺二寸①，冉，龟甲缘也。岠，至也。度甲两边缘尺二寸也。直二千一百六十，为大贝十朋②。两贝为朋。朋直二百一十六，元龟十朋，故二千一百六十。公龟九寸，直五百，为壮贝十朋。侯龟七寸以上，直三百，为么贝十朋。子龟五寸以上，直百，为小贝十朋。是为龟宝四品。大贝四寸八分以上，二枚为一朋，直二百一十六。壮贝三寸六分以上，二枚为一朋，直五十。么贝二寸四分以上，二枚为一朋，直三十。小贝寸二分以上，二枚为一朋，直十。不盈寸二分，漏度不得为朋③，率枚直钱三。是为贝货五品。

大布、次布、第布、壮布、中布、差布、厚布、幼布、么布、小布④。长寸五分，重十五铢，文曰"小布一百"。自小布以上，各相长一分，相重一铢，文各为其布名，直各加一百。上至大布，长二寸四分，重一两，而直千钱矣。是为布货十品。布亦钱。

凡宝货五物，六名，二十八品⑤。

铸作钱布皆用铜，殽以链锡，许慎云："链，铜属也。"然则以链及杂铜而为钱也。链音连。文质周郭放汉五铢钱云。放，依。其金银与他物杂，色不纯好，龟不盈五寸，贝不盈六分，皆不得为宝货。元龟为蔡，非四民所得居⑥，有者，入太卜受直。

其后百姓愦乱⑦，其货不行，民私以五铢钱市买。莽患之，下诏"敢挟五铢钱者为惑众，投诸四裔"。于是农商失业，食货俱废，民涕泣于市道。坐卖买田宅奴婢、铸钱抵罪者，自公卿大夫至庶人不可称数。莽知民

---

① 元龟：大龟。岠：与距通。指龟甲左边到龟甲右边，其距离有一尺二寸。
② 朋：五贝为一串，两串为一朋。
③ 漏度，贝的大小长短不符标准（一寸二分）的叫漏度。
④ 王莽十布，有出土实物。其文字为：大布黄千，次布九百，弟布八百，壮布七百，中布六百，差布五百，序布四百，幼布三百，幺布二百，小布一百。
⑤ 五物：指钱货、银货、龟货、贝货、布货。五物之中，银货又包括金、银二种，则钱、金、银、龟、贝、布六者即为六名。二十八品，是指钱货六品，银货三品（金、朱提银、它银），龟货四品，贝货五品，布货十品。共计二十八品。
⑥ 蔡：古蔡国出大龟，故曰大龟为蔡。一般民众不得占有。
⑦ 此句是说由于币值杂乱，平民百姓无所适从。

愁，乃但行小钱直一与大钱五十，二品并行，龟贝布属遂废。

莽天凤元年，复申下金银龟贝之货，颇增减其价直。而罢大小钱，改作货布，长二寸五分，广一寸，首长八分有奇，广八分，其圆好径二分半，足枝长八分，间广二分，其文右曰"货"，左曰"布"①，重二十五铢，直货泉二十五。货泉径一寸，重五铢，文右曰"货"，左曰"泉"，枚直一。与货布二品并行。又以大钱行久，罢之，恐民挟不止②，乃令民且独行大钱，与新货泉俱枚直一，并行，尽六年，毋得复挟大钱矣。每一易钱，民用破业而大陷刑。莽以私铸钱死及非沮宝货投四裔，犯法者多，不可胜行，乃更轻其法：私铸作泉布者，与妻子没为官奴婢；吏及比伍③，知而不举告，与同罪；比音频未反。非沮宝货，民罚作一岁④，吏免官。犯者愈众，及五人相坐皆没入，郡国槛车铁璞，传送长安钟官，钟官，主铸钱者。愁苦死者十六七。

汉钱旧用五铢，自王莽改革，百姓皆不便之。及公孙述废铜钱，置铁官铸铁钱⑤，百姓货币不行。皇甫谧《高士传》曰：郭泰过，史弼送迎，辄再屈腰，泰一传揖而去。弼门人怪而问之，弼曰："铁钱也，故以二当一耳。"时童谣曰："黄牛白腹，五铢当复。"好事者窃言："王莽称黄，述欲继之，故称白腹。五铢汉货，言汉当复并天下。"

后汉光武除王莽货泉。自莽乱后，货币杂用布帛金粟。建武十六年，马援上书曰："富国之本，在于食货，宜如旧铸五铢钱。"帝从之，于是复铸五铢钱，天下以为便。及章帝时，谷价贵，县官经用不足，朝廷忧之。尚书张林言："今非但谷贵，百物皆贵，此钱贱故尔。宜令天下悉以布帛为租，市买皆用之，封钱勿出，如此则百物皆贱矣。"帝用其言，少时复止。

和帝时，有上书言，人以货轻钱薄，故致贫困，宜改铸大钱。事下四府群僚及太学能言之士。孝廉刘陶上议曰："当今之忧，不在于货，在乎民饥。盖民可百年无货，不可一朝有饥，故食为至急也。议者不达农殖之

---

① 王莽货布出土很多，方首、平肩、足枝内侧呈圆形。
② 挟：指私藏。
③ 比五：指五家毗邻。
④ 罚作：古代刑律之一。即对轻罪者罚做苦工（劳役）。
⑤ 这是中国最早出现的铁钱。

本①，多言铸冶之便，或欲因缘行诈以贾国利②，将尽，取者争竞，造铸之端，于是乎生。盖万人铸之，一人夺之，犹不能给，况今一人铸之，则万人夺之乎！夫欲民殷财阜，要在止役禁夺，则百姓不劳而足。陛下欲铸钱齐货以救其弊③，此犹养鱼沸鼎之中，栖鸟烈火之上。"帝竟不铸钱。

及灵帝作五铢钱，而有四出道④，连于边缘，有识者尤之曰："岂非京师破坏，此四出散于四方乎？"

至董卓焚宫室，乃劫銮驾，西幸长安，悉坏五铢钱，更铸小钱，大五分。尽取洛阳及长安铜人飞廉之属充鼓铸。其钱无轮郭文章，不便时人，由是货轻而物贵，谷一斛至钱数百万。曹公为相，于是罢之，还用五铢。是时不铸钱既久，货本不多，又更无增益，故谷贱而已。

魏文帝黄初二年，罢五铢钱，使百姓以谷帛为市买。至明帝代，钱废谷用既久，人间巧伪渐多，竞湿谷以要利，作薄绢以为市。虽处以严刑，而不能禁也。司马芝等举朝大议，以为用钱非徒丰国，亦所以省刑，今若更铸五铢，于事为便。帝乃更立五铢钱，至晋用之，不闻有所改创。蜀先主刘备攻刘璋，与士众约："若事定，府库百姓，孤无取焉。"及拔成都，士众皆舍干戈，赴诸库藏取宝物，军用不足，备甚忧之。西曹掾刘巴曰："易耳，但当铸钱，一直百钱，平诸物价，令吏为官市。"备从之，数月之间，府库充实。文曰直百，亦有勒为五铢者，大小秤两如一焉。并径七分，重四铢。吴孙权嘉平五年，铸大钱，一当五百，文曰"大泉五百"，径一寸三分，重十二铢。而使吏人输铜，计铸毕，设盗铸之科。赤乌元年，铸一当千大钱，径一寸四分，重十六铢。故吕蒙定荆州，孙权赐钱一亿。钱既太贵，但有空名，人间恶之。后权令曰："往日铸大钱，云以广货，故听之。今闻人意不以为便，其省之，铸为器物，官勿复出也。私家有者，并以输藏，平畀其直，勿有所枉。"

晋元帝过江⑤，用孙氏赤乌旧钱，轻重杂行。大者谓之比轮，中者谓之四文。吴兴沈充又铸小钱，谓之沈郎钱。钱既不多，由是稍贵。

孝武帝太元三年，诏曰："钱，国之重宝，小人贪利，销坏无已，监

---

① 达：通晓。农殖之本，即农业为国家之根本。
② 因缘：凭借，借机。贾：求取。
③ 铸钱齐货：指通过铸钱来整顿货币（规范国家货币）。
④ 四出钱，灵帝中平三年（公元186年），行四出五铢钱。之所以叫四出，是因该钱的背面有四道斜纹，从中间方孔的四角直达外郭。当时民间传说，此钱之铸，必四道而出，说明当时人民对政府的失望。
⑤ 晋元帝司马睿过江事在公元317年（建武元年）。

可当以为意。广州夷人，宝贵铜鼓，而州境素不出铜，闻官私贾人皆贪比轮钱斤两差重，以入广州，货与夷人，铸败作鼓。其重为禁制，得者科罪。"

安帝元兴中，桓元辅政，立议欲废钱用谷帛。孔琳之议曰："洪范八政①，货为食次，岂不以交易之所资，为用之至要者乎？若使百姓用力于为钱，则是妨为生之业，禁之可也。今农自务谷，工自务器，各肄其业，何尝致勤于钱。故圣王制无用之货，以通有用之财，既无毁败之费，又省运致之苦，此钱所以嗣功龟贝，历代不废者也。谷帛本充于衣食，今分以为货，则致损甚多。又劳毁于商贩之手，耗弃于割截之用，此之为弊，着于目前。故钟繇曰：'巧伪之人，竞湿谷以要利，制薄绢以充货。'魏代制以严刑，弗能禁也。是以司马芝以为用钱非徒丰国，亦所以省刑。钱之不用，由于兵乱积久，自致于废，有由而然，汉末是也。今既用而废之，则百姓顿亡其利。今计度天下之谷，以周天下之食，或仓库充溢，或粮靡斗储②，以相资通，则贫者仰富。致之之道③，实假于钱。一朝断之，便为弃物。是有钱无粮之人，皆坐而饥困，此断之又立弊也。且据今用钱之处不为贫，用谷之处不为富。又人习来久，革之怨惑。语曰：'利不百，不易业。'况又钱便于谷也！魏明帝时，钱废用谷，四十年矣。以不便于人，乃举朝大议，精才达政之士，莫不以宜复用钱，下无异情，朝无异论。彼尚舍谷帛而用钱，足以明谷帛之弊，着于已试也。代或谓魏氏不用钱久，积藏巨万，故欲行之，利公富国。斯殆不然。晋文取舅犯之谋，而先成季之信④，以为虽有一时之勋，不如万代之益。于时名贤在列，君子盈朝，大谋天下之利害，将定经国之要术⑤。若谷实便钱，义不昧当时之近利，而废永用之通业，断可知矣。斯实由困而思革，改而更张耳。近孝武之末，天下无事，时和年丰，百姓乐业，谷帛殷阜，几乎家给人足，验之事实，钱又不妨人也。愚谓救弊之术，无取于废钱。"朝议多同琳之，

---

① 洪范八政，见《尚书·洪范》。史称它是集尧舜禹以来政治思想之大成者。分为九纲，其三曰八政，一曰食，二曰货，三曰祀，四曰司空，五曰司徒，六曰司寇，七曰宾，八曰师。钱货放在食之后。

② 意即国家和地主豪强的仓库中，集中了大量粮食，而平民百姓的家中没有斗鲱的积存。斗储，《晋书·食货志》作"并储"。并，可能是鲱的坏字。鲱，是一种腹大颈长的容器。

③ 致之之道，《晋书·食货志》记为"致富之道"。后者可能更准确一些。

④ 成季：即赵衰，晋文公时大夫。

⑤ 经国：治理国家，古称经邦治国。

故元议不行。沈约曰："人生所资，曰食与货，货以通币，食为人天。是以九棘播于农皇，十朋兴于上代①。昔醇人未离，情嗜疏寡，奉生赡己，事有异同。一夫躬耕，则余餐委室；匹妇务织，则兼衣被体。虽贸迁之道，通用济乏，龟贝之益，为功盖轻。而事有诡变，奸弊大起。昏作役苦，故稼人去而从商；商工事逸，末业流而浸广。泉币所通，非复始造之意也。于是竞收罕至之珍，远蓄未名之货。明珠翠羽，无足而驰；彩罽文犀，飞不待翼。天下荡荡，咸以弃本为事。丰衍则同多稔之资，饥凶又减田家之蓄。钱虽盈尺，且不疗饥于尧年；贝或如山，信无救渴于汤代。其为疵病，亦已深矣。固宜一罢钱货，专用谷帛，使人知役生之路，非此莫由。夫千匹为货，事难于怀璧；万斛为市，未易于越乡。斯可使末伎自禁，游食知反。而年代推移，人兴事替，或库盈朽贯而高廪未充，或家有藏镪而良畴罕辟。若事改一朝，废而莫用，交易所寄，朝夕无待。虽致乎要术，而非可卒行。先宜削华止伪，还醇返古，抵璧幽峰，捐珠清壑，然后驱一代之人，反耕桑之路，缣粟美溢，同于水火。既而荡涤圜法，销铸无遗，立制垂统，永传于后。比屋称仁，岂伊唐代。桓元知其始而不觉其终，琳之睹其末而不统其本，岂虑开塞，将一往之谈可然乎。"前凉张轨太府参军索辅言于轨曰："古以金贝皮币为货，息谷帛量度之耗。二汉制五铢钱，通易不滞。晋太始中，河西荒废，遂不用钱，裂匹以为段数。缣布既坏，市易又难，徒坏女工，不任衣用，弊之甚也。今中州虽乱，此方全安，宜复五铢，以济通变之会。"轨纳之，立制准布用钱，钱遂大行，人赖其利。

---

① 九棘：古代朝廷树棘以分别大臣的官品位置，左右各九，叫九棘。按《周礼·秋官》所记：左九棘，孤、卿、大夫位；右九棘，公、侯、伯、子、男位。十朋，犹十类。

# 卷九　食货九

## 钱币下：宋、齐、梁、陈、后魏、北齐、后周、隋、大唐

宋文帝元嘉七年，立钱置法，铸四铢，文曰"四铢"，重如其文。人间颇盗铸，多剪凿古钱取铜，帝甚患之。录尚书江夏王义恭建议，以一大钱当两，以防剪凿，议者多同之。何尚之议曰："夫泉贝之兴，以估货为本，事在交易，岂假多数。数少则币轻，数多则物重，多少虽异，济用不殊。况复以一当两，徒崇虚价者也。凡创制改法，宜顺人情，未有违众矫物而可久也。泉布废兴①，议自前代。赤仄白金②，俄而罢息，六货溃乱，人泣于市，良由事不画一，难用遵行。夫钱之形，大小多品，直云大钱，则未知其格③。若止于四铢五铢，则文皆古篆，既非庸下所识，加或漫灭，尤难分明，公私交乱，争讼必起，此最是深疑者也。命旨兼虑剪凿日多，以致销尽。鄙意复谓殆无此嫌，人巧虽密，要有踪迹，用钱货铜，事可寻检，直由纠察不精，致使立制以来，发觉者寡。今虽有悬金之名，竟无酬与之实。若申明旧科，擒获即报，畏法希赏，不日息矣。"

中领军沈演之以为："龟贝行于上古，泉刀兴自周代，皆所以阜财通利，实国富人者。但采铸久废，丧乱累仍，縻散湮灭，何可胜计。晋迁江南，疆境未廓，或土习其风，钱不普用。今封略开广④，声教遐暨，金镠布洽⑤，爰逮边荒，用弥广而货愈狭。加复竞窃剪凿，销毁滋繁，刑虽重禁，奸弊方密。肆力之甿徒勤⑥，不足以供赡。诚由货贵物贱，常调未

---

① 泉布：指钱币。《周礼·天官·外府》：掌邦布之入出。注：布，泉也。其藏曰泉，其行曰布。取名于水泉，其流行无不遍。布：流通的钱。
② 赤仄：汉代的一种铸币。以赤铜为其郭。
③ 格：法则，品等。
④ 封略：指疆界。《左传·昭公七年》：封略之内，伺非君土。
⑤ 金镠布洽：指声威教化远播，金银等各种货币流布和协及于边远地区。
⑥ 肆力：即尽力。肆力之甿，指致力农耕的农民。

革。愚谓若以大钱当两，则国传难朽之宝，家赢一倍之利，不俟加宪，巧源自绝。①"上从演之议，遂以一钱当两，行之经时，公私非便，乃罢。

时言事者，多以钱货减少，国用不足，欲禁私铜，以充官铸五铢。范泰又陈曰："夫货存贸易，不在多少，昔日之贵，今日之贱，彼此共之，其揆一也②。但令官人均通，则无患不足。若使必资广以收国用者，则龟贝之属，自古而行。铜之为器，在用也博矣。钟律所通者远，机衡所揆者大③。器有要用，则贵贱同资；物有适宜，则家国共急。今毁必资之器，而为无施之钱，于货则功不补劳，在用则君人俱困。校之以实，损多益少，良由阶根未固，意存远略。伏愿思可久之道，赎欲速之情，则嘉谟日陈，圣虑可广。④"

先是元嘉中，铸四铢钱，轮郭形制，与古五铢同价无利，百姓不资盗铸。孝武孝建初⑤，铸四铢，文曰"孝建"，一边为"四铢"，其后稍去"四铢"，专为"孝建"。三年，尚书右丞徐爰议曰："货薄人贫，公私俱罄，不有革造，将大空乏。应式遵古典，收铜缮铸，纳赎刊刑⑥，著在往策。今宜以铜赎刑，随罪为品。⑦"诏可之。所铸钱形式薄小，轮郭不成就。于是人间盗铸者云起，杂以铅锡，并不牢固。又剪凿古钱，以取其铜，钱既转小，稍违官式。虽重制严刑，人吏官长坐死免者相系，而盗铸弥甚。百物踊贵，人患苦之。乃立品格，薄小无轮郭者，悉加禁断。

时议者又以铜转难得，欲铸二铢钱。颜竣曰："议者将谓官藏空虚，宜速改变，天下铜少，宜减钱式，以救灾弊，振国吊人⑧。愚以为不然。今铸二铢，恣行新细，于官无解于乏，而人奸巧大兴，天下之货，将糜碎至尽。空立严禁，而利深难绝，不过一二年间，其弊不可复救。此其不可一也。今镕铸获利，不见有顿得一二倍之理，纵复得此，必待弥年。又不可二也。人惩大钱之改，兼畏近日新禁，市井之间，必生纷扰，富商得

---

① 参见《宋书·何尚之传》，文字与此略有出入。
② 揆：尺度。准则。
③ 钟律：钟之音律。机衡：原指北斗。《后汉书·郎凯传》：尚书职在机衡。比喻政府的枢要机构。
④ 参见《宋书·范泰传》。
⑤ 孝武：指南朝宋孝武帝，孝建（公元454—456年），为孝武帝年号。
⑥ 纳赎刊刑：即出钱赎罪。刊刑：指减刑。
⑦ 品：档次。这里是说，按照所犯罪行的大小，分成几个档次，规定应纳赎金的多少。
⑧ 以救灾弊，振国吊人，《宋书·颜竣传》作"以救交弊，赈国纾民"。

志，贫人困穷。又不可三也。况又未见其利，而众弊如此，失算当时，取诮百代。"上不听。

废帝景和二年，铸二铢钱，文曰"景和"，形式转细。官钱每出，人间即模效之，而大小厚薄皆不及也。无轮郭，不磨，剪凿者谓之耒子①，尤薄轻者谓之荇叶，市井通用之。永光元年，沈庆之启通私铸，由是钱货乱改，一千钱长不盈三寸，大小称此，谓之鹅眼钱②。劣于此者，谓之綖环钱③。入水不沉，随手破碎，市井不复断数。十万钱不盈一掬，斗米一万，商货不行。

明帝太始初，唯禁鹅眼、綖环，其余皆通用，复禁人铸，官署亦废工，寻又普断，唯用古钱④。

齐高帝建元四年，奉朝请孔觊上书曰："三吴，国之关阃⑤，比岁被水潦而米不贵，是天下钱少，非谷穰贱，此不可不察也。铸钱之弊，在轻重屡变。重钱患难用，而难用为无累；轻钱弊盗铸，而盗铸为祸深。人所盗铸，严法不禁者，由上铸钱惜铜爱工也。惜铜爱工也者，谓钱无用之器，以通交易，务欲令轻而数多，使省工而易成，不详虑其患也。自汉铸五铢钱，至宋文帝，四百余年，制度有废兴而不变五铢者，其轻重可法，得货之宜也。以为开置钱府，方督贡金，大兴镕铸。钱重五铢，一依汉法。府库以实，国用有储，乃量俸禄，薄赋税，则家给人足。顷盗铸新钱者，皆效作剪凿，不铸大钱也。磨泽淄染⑥，始皆类故；交易之后，渝变还新。良人不习淄染，不复行矣。所卖鬻者，皆徒失其物。盗铸者复贱买新钱，淄染更用，反复生诈，循环起奸，明主尤所宜禁而不可长也。若官钱已布于人，使严断剪凿，小轻破缺无周郭者，悉不得行。官钱细小者，称合铢两，销以为大。利贫良之人，塞奸巧之路。钱货既均，远近若一，百姓乐业，市道无争，衣食滋殖矣。"时议者以为钱货转少，宜更广铸，

---

① 耒子，《宋书·严竣传》作耒子。
② 鹅眼：一般认为，鹅眼钱是经过剪凿的钱，据彭信威《中国货币史》引《濮瓜农泉谱》说，"汉鹅眼直一钱。"则鹅眼钱始于三国时期。
③ 綖环：劣质钱之一种。即把一枚五铢钱凿成两枚，近外缘的一半称为綖环钱，近内郭的一半称为对文（又称剪边五铢），有时只剩一个四方框框，称为环凿。
④ 参见《宋书·严竣传》。
⑤ 关阃：关卡。
⑥ 淄染：染色。

重其铢两，以防人奸。上乃使诸州大市铜，会上崩乃止①。武帝时，竟陵王子良上表曰："顷钱贵物贱，殆欲兼倍，凡在触类，莫不如兹。稼穑艰劬，斛直数十，机杼勤苦，匹才三百。所以然者，实亦有由。年常岁调，既有定期，僮赁所上，咸是见直。东间钱多剪凿，鲜复完者，公家所受，必须圆大，以两代一，困于无所，鞭捶质系，益致无聊。"

梁初，唯京师及三吴、荆、郢、江、湘、梁、益用钱，其余州郡则杂以谷帛交易，交、广之域②，则全以金银为货。荆州，今巴东、夷陵、云安郡地。郢州，今江夏、齐安、竟陵、汉阳、富水郡地。江州今浔阳、鄱阳、章郡、庐陵、临川郡地。湘州，今湘川之地。梁州，今汉川之地。益州，今蜀川之地。交、广，今岭南道之地。武帝乃铸钱，肉好周郭③，文曰"五铢"，重四铢三参二黍，其百文则重一斤二两。又别铸，除其肉郭，谓之公式女钱④，径一寸，文曰"五铢"，重如新铸五铢，二品并行。百姓或私以古钱交易者，其五铢径一寸一分，重八铢，文曰"五铢"，三吴属县行之；女钱径一寸，重五铢，无轮郭，郡县皆通用；太平百钱二种，并径一寸，重四铢，源流本一，但文字古今之殊耳，文并曰"太平百钱"；定平一百，五铢，径六分，重一铢半，文曰"定平一百"；稚钱五铢，径一分半，重四铢，文曰"五朱"，源出于五铢，但狭小，东境谓之稚钱；五铢钱，径七分半，重三铢半，文曰"五朱"，源出稚钱，但稍迁异，以铢为朱耳，三吴行之，差少于余钱；又有对文钱，其源未闻；丰货钱，径一寸，重四铢，代人谓之富钱，藏之令人富也；布泉钱，一寸，重四铢半，代谓之男钱，云妇人佩之即生男也。此等轻重不一。天子频下诏书，非新铸二种之钱并不许用。而趋利之徒，私用转甚。至普通中，乃议尽罢铜钱，更铸铁钱。人以铁贱易得，并皆私铸。及大同以后，所在铁钱，遂如丘山，物价腾贵。交易者以车载钱，不复计数，而唯论贯。商旅奸诈，因之以求利。自

---

① 参见《南齐书·刘悛传》。

② 交：交州，治所在龙编（今越南河内东天德江北岸）；广：广州，治所在番禺（今广州市）。

③ 肉：指圆形钱币的本体；好：指钱币中心的方孔。"肉好周郭"，指钱的周边及中心方孔的边缘都有突起的轮廓。

④ 公式女钱，南朝梁武帝萧衍天监元年（公元502年）所铸。所谓女钱，表示弱小，即因剪边而变小了。所以，公式女钱就是官方铸造的缺边女钱。

陂岭以东①，八十为陌，名曰东钱②。江、郢以上③，七十为陌，名曰西钱。京师以九十为陌，名曰长钱。大同元年，天子乃诏通用足陌④，诏下而人不从，钱陌益少。至于末年，遂以三十五为陌。

陈初，承梁丧乱之后⑤，铁钱不行。始梁末有两柱钱及鹅眼钱⑥，于时人杂用，其价同，但两柱重而鹅眼轻。私家多镕铸，又间以锡钱，兼以粟帛为货。文帝天嘉五年，改铸五铢。初出，一当鹅眼之十。宣帝太建十一年，又铸大货六铢，以一当五铢之十，与五铢并行。后还当一，人皆不便，乃相与讹言曰："六铢钱有不利县官之象。⑦"未几而帝崩，遂废六铢而行五铢，竟至陈亡。其岭南诸州，多以盐米布交易，俱不用钱⑧。

后魏初至太和，钱货无所用也。孝文帝始诏天下用钱。十九年，公铸粗备，文曰"太和五铢"，诏京师及诸州镇皆通行之。内外百官禄，皆准绢给钱，匹为钱二百。在所遣钱工备炉冶，人有欲铸，听就铸之。铜必精炼，无所和杂。

宣武帝永平三年冬，又铸五铢钱。京师及诸州镇或不用，或有止用古钱，不行新铸，致商贾不通，贸迁颇隔⑨。延昌三年，有司奏，长安骊山今昭应县是。有银矿，二石得银七两。其秋，恒州时恒州，今代郡安边、马邑。又上言，白登山今马邑郡界。有银矿，八石得银七两、锡三百余斤，其色洁白，有逾上品。诏并置银官，常令采铸。又汉中今郡地。旧有金户千余家，常于汉水汰沙金，年终输之。后临淮王彧为梁州刺史奏罢之。

孝明帝熙平初，尚书令任城王澄上言："夏殷之政，九州贡金，以定五品，周仍其旧。太公立九府之法，于是圜货始行⑩，定铢两之楷。齐桓循用，以霸诸侯。降及秦始、汉文，遂有轻重之异。吴濞、邓通之钱，收利遍于天下，河南之地，犹甚多焉。逮于孝武，乃造五铢，其中毁铸，随时改易，故使钱有大小之品。窃寻太和之钱，孝文留心创制，后与五铢并

---

① 陂：《隋书·食货志》作破。破岭，又叫破岗。地在今江苏省丹阳县西南。
② 东钱：隋代私铸之钱，以八十为一百。
③ 江、郢，地在今江西、湖北一带。
④ 陌：古指钱的单位，以一百为一陌。足陌，就是每陌一百文。
⑤ 丧乱句：指侯景之乱及西魏、北齐攻梁。
⑥ 两柱钱：南朝梁时的钱币名。其钱孔上下各有一星，所以称两柱。
⑦ 县官：这里是指陈之君主。
⑧ 参见《隋书·食货志》。
⑨ 贸迁：指贸易。
⑩ 圜货：指圆形的铸币。

行，此乃不刊之式①。臣窃闻之，君子行礼，不求变俗，因其所宜，顺而致用。太和五铢，虽利于京邑之肆，而不入徐扬之市。徐今彭城、琅琊郡地，扬今寿春郡地。土货既殊，贸鬻亦异，便于荆郢之邦者，则碍于兖徐之域。荆，今南阳郡地，郢，今汝南郡地，兖，今鲁郡、东平郡地。致使贫人有重困之切②，王道贻隔化之讼。去永平三年，敕不行之钱，虽有常禁，其先用之处，权可听行，至来年末悉令断之。暨延昌二年，徐州人俭，刺史启奏求行土钱，旨听权依旧用。谨寻不行之钱，律有明式，指谓鹅眼、环凿，更无余禁。计河南诸州，今所行者，悉非制限。昔来绳禁，愚窃惑焉。又河北州镇，既无新造五铢，设有旧者，而复禁断，并不行使。以单丝之缣③，疏缕之布，狭幅促度，不中常式④，裂匹为尺，以济有无。至今徒成杼轴之劳⑤，不免饥寒之苦。良由分截布帛，壅塞钱货，实非救恤冻馁，子育黎元⑥。谨惟自古以来，钱品不一，前后历代，交易无常。且钱之为名，欲泉流不已。臣之愚意，谓今之太和与新铸五铢及诸古钱方俗所便用者，虽有大小之异，并得通行。贵贱之差，自依乡价。庶货环海内，公私无壅。其不行之钱及盗铸、毁大为小、伪不如法者，据律罪之。"诏曰："钱行已久，今东南有事，且可依旧。"

澄又奏："谨详周礼，外府掌邦布之出入。布犹泉也，藏曰泉，流曰布。然则钱之兴也始于一品，欲令代匠均同⑦，圜流无极。爰暨周景，降逮亡秦，易铸相寻，参差百品。遂令接境乖商，连邦隔贸。今谨重参量，以为太和五铢，乃大魏之通货，不朽之恒模，宁可专货于京邑，不行于天下！但今戎马在郊，江疆未一，东南之州，依旧为便。至于京西京北域内州镇未用钱处，行之则不足为难，塞之则有乖通典。何者？布帛不可尺寸而裂，五谷则有负担之难，钱之为用，贯镪相属⑧，不假斗斛之器，不劳秤尺之平，济代之宜，便利于此。请并下诸方州镇，其太和及新铸并古钱

---

① 不刊：指永久的，无可改变的。
② 切：抱怨，责备。
③ 缣：指细绢。
④ 指北魏宣武帝延昌时（公元512—515年），不用钱而用单丝的缣或稀疏的布作为交换媒介，不仅幅面狭窄，而且也不够长度。
⑤ 杼：织布的梭子。轴，织布机上卷经线的轴。这里指织布。
⑥ 黎元：指百姓。
⑦ 代匠：《魏书·食货志》作世匠。这里是说使钱币的铸造，世代相同。即全国统一，不令杂乱。
⑧ 贯镪：钱贯，即穿钱的绳子。

内外全好者，不限大小，悉听行之。鹅眼、环凿，依律而禁。河南州镇先用钱者，既听依旧，不在断限。唯太和、五铢二钱得用公造新者。其余杂种，一用古钱。生新之类，普同禁约。诸方之钱，通用京师。其听依旧之处，与太和钱新造五铢并行。若盗铸钱者，罪重常宪①。既欲均齐物品，廛井②斯和，若不绳以严法，无以肃兹违犯。"诏从之。而河北诸州，旧少钱货，犹以他物交易，钱略不入于市。

二年冬，尚书崔亮奏："弘农郡铜青谷有铜矿，计一斗得铜五两四铢；苇池谷矿，一斗得铜五两。鸾账山矿，一斗得铜四两。河内郡王屋山今玉山县。矿一斗得铜八两；南有青州苑烛山、齐州商山，并是往昔铜官，旧迹见在。谨按铸钱方兴，用铜处广，既有冶利，并许开铸。"诏从之。自后所行之钱，人多私铸，钱稍小薄，价用弥贱。于初，乃重制盗铸之禁，开纠赏之格。

孝庄帝初③，私铸者益更薄小，乃至风飘水浮，米斗几直一千。秘书郎杨侃奏曰："昔马援在陇西，尝上书求复五铢钱，事下三府，不许。及援入为武贲中郎，亲对光武，释其趋向，事始施行。臣顷在雍州，亦表陈其事，听人与官并铸五铢钱，使人乐为而俗弊得改。旨下尚书八座④。不许。以今况昔，为理不殊。求取臣前表，经御披析。"侃乃随宜剖说，帝从之，乃铸五铢钱。

御史中尉高恭之又奏曰："四民之业，钱货为本，救弊改铸，王政所先。自顷以来，私铸薄滥，官司纠绳，挂网非一。在今铜价，八十一文得铜一斤，私造薄钱，斤逾二百。既示之以深利，又随之以重刑，得罪者虽多，奸铸者弥众。今钱徒有五铢之文，而无二铢之实，薄甚榆荚，上贯便破，置之水上，殆欲不沉。此乃因循有渐，科防不切，朝廷失之，彼复何罪。昔汉文以五分钱小，改铸四铢，至孝武复改三铢为半两，此皆以大易小，以重代轻也。论今据古，宜改铸大钱，文载年号，以记其始。则一斤所成七十六文。铜价至贱，五十有余，其中人功、食料、锡炭、铅沙，纵复私营，不能自润。直置无利，应自息心，况复严刑广设。以臣测之，必

---

① 宪：指国家法令。
② 廛井：指城邑和农村居民。
③ 孝庄帝，即北魏孝庄帝元子攸，公元528—530年在位。
④ 尚书八座，按《通典·职官典·历代尚书》所载，魏以五曹尚书、二仆射、一令为八座。

当钱货永通，公私获允。"后遂用杨侃计。永安二年秋，诏更铸，文曰"永安五铢钱"。官自立炉，亦听人就铸，起自九月至三年正月而止。官欲知贵钱，乃出藏绢，分遣使人于三市卖之，绢匹止钱二百，而私市者犹三百。利之所在，盗铸弥众，巧伪既多，轻重非一，四方州镇，用各不同。

时铸钱都督长史高谦之，即高恭之兄，字道让。上表求铸三铢钱曰："盖钱货之立，本以通有无，便交易。故钱之轻重，时代不同。太公为周置九府圜法，至景王时更铸大钱。秦兼海内，钱重半两。汉兴，以秦钱重，改铸荚钱，至孝文五年，复为四铢。孝武时，悉复销坏，更铸三铢，至元狩中，变为五铢。又造赤仄，以一当五。王莽摄政，钱有六等：大钱重十二铢，次九铢，次七铢，次五铢，次三铢，次一铢。魏文帝罢五铢，至明帝复立。孙权江左铸大钱，一当五百。权赤乌五年，复铸大钱，一当千。轻重大小，莫不随时而变。窃以食货之要，八政为首，聚财之贵，贻训典文。是以昔之帝王，乘天地之饶，御海内之富，莫不腐红粟于太仓，藏朽贯于泉府，人无困弊，可以宁谧四极，如身使臂者矣。昔孝武外事四夷，遂虚国用。盐铁既兴，钱币屡改，少府遂丰，上林饶积，外辟百蛮，不增赋者，皆计利之由也。今群妖未息，四郊多垒，征税既烦，千金日费，资储渐耗，财用将竭，诚杨氏献说之秋，桑儿言利之日。夫西京之盛，钱犹屡改，并行小大，子母相权。况今寇难未除，州郡沦没，人物凋零，军国用少，别铸小钱，可以富益，何损于政，何妨于人也。且政兴不以钱大，政衰不以钱小，唯贵公私得所，政化无亏，既行之于古，亦宜效之于今矣。昔禹遭大水，以历山之金铸钱，救人之困。汤遭大旱，以庄山之金铸钱，赎人之卖子者。今百姓穷悴，甚于曩日，钦明之主岂得垂拱而观之哉！臣今此铸，以济交乏，五铢之钱，任使并用，行之无损，国得其益。"诏将从之，事未就，会卒。

北齐神武霸政之初，犹用永安五铢。迁邺已后，百姓私铸，体制渐别，遂各以为名。有雍州青赤，梁州生厚、紧钱、吉钱、河阳生涩、天柱、赤牵之称。冀州之北，钱皆不行，交贸者皆以绢布。神武乃收境内之铜及钱，仍依旧文更铸，流之四境。未几之间，渐复细薄，奸伪竞起。

武定六年，文襄王以钱文五铢，名须称实，宜秤钱一文重五铢者，听人市用。计一百文重一斤四两二十铢，自余皆准此为数。其京邑二市，天下州镇郡县之市，各置二秤，悬于市门。私人所用之秤，皆准市秤以定轻重。凡有私铸，悉不禁断，但重五铢，然后听用。若入市之钱，不重五铢，或虽重五铢而多杂铅镴，并不听用。若辄以小薄杂钱入市，有人纠获，其钱悉入告者。其薄小之钱，若便禁断，恐人交乏绝，畿内五十日，外州百日为限。群官参议，咸以为时谷颇贵，请待有年①，王从之而止。

文宣受东魏禅②，除永安之钱，改铸常平五铢，重如其文。其钱甚贵，而制造甚精。其钱未行，私铸已兴，一二年间，即有滥恶，虽杀戮不能止。乃令市增长铜价，由此利薄，私铸少止。至乾明、皇建之间③，往往私铸。邺中用钱，有赤郭、青熟、细眉、赤生之异。河南所用，有青薄铅锡之别。青、齐、徐、兖、梁、荆、河等州，辈类各殊。武平以后，私铸转甚，或以生铁和铜，至于齐亡，卒不能禁。

后周之初，尚用魏钱。及武帝保定元年，乃更铸布泉之钱，以一当五，与五铢并行。梁益之境，又杂用古钱交易。河西诸郡，或用西域金银之钱，汉书西域传，罽宾国④以银为钱，文为骑马，幕为人面。幕即漫也。乌弋山离国之钱，与罽宾国同，文为人头，幕为骑马，加金饰其厌。安息亦以银为钱，文为王面，幕为夫人面，王死即更铸。大月氏亦同。而官不禁。建德三年，更铸五行大布钱，以一当十，大收商贾之利，与布泉钱并行。四年，又以边境之钱人多盗铸，乃禁五行大布不得出入四关⑤。布泉之钱，听入而不听曰⑥。五年，以布泉渐贱而人不用，遂废之。初私铸者绞，从者远配为户。齐平以后，山东之人，犹杂用齐氏旧钱。至静帝大象元年，又铸永通万国钱，以一当十，与五行大布、五铢，凡三品并用。

隋文帝开皇元年，以天下钱货轻重不一，乃更铸新钱，背面肉好，皆有周郭，文曰"五铢"，而重如其文。每钱一千，重四斤二两。后魏食货志云"齐文襄令钱一文重五铢者，听入市用"。计一百钱重一斤四两二十铢，则一千钱重十一斤以上，而隋代五铢钱一千重四斤二两，当是大小秤之差耳。是时，钱既新出，百姓或私有镕铸。三年，诏四面诸关，各付百钱为样，从关外来。勘样相似，然后得过。样不同者，则坏以为铜，入官。诏行新钱以后，前代

---

① 有年，即丰年。
② 公元550年，高欢之子高洋废东魏孝静帝，建立北齐。
③ 乾明（公元560年），北齐废帝高殷年号。皇建（公元560—561年），北齐孝昭帝高演年号。
④ 罽宾国：古西域国家。汉代指今喀布尔河下游及克什米尔一带。
⑤ 四关：据《洛阳记》载，汉洛阳四关：东成皋，南伊阙，西函谷，北孟津。
⑥ "听入而不听曰"，《隋书·食货志》作"听入而不听出"。

旧钱，有五行大布、永通万国及常平，所在勿用。以其贸易不止，四年，诏依旧不禁者，县令夺半年禄。然百姓习用既久，犹不能绝。五年，诏又严其制。自是钱货始一，所在流布，百姓便之。是时见用之钱，皆须和以锡镴，锡镴既贱，求利者多，私铸之钱，不可禁约。其年，诏乃禁出锡镴之处，并不得私有采取。十年，诏晋王广听于扬州立五炉铸钱。其后奸猾稍多，渐磨鑢钱郭，取铜私铸，又杂以铅锡，递相仿效，钱遂轻薄，乃下恶钱之禁。京师及诸州邸肆之上，皆令立榜，置样为准，不中样者不入于市。十八年，诏汉王谅听于并州立五炉铸钱。又江南人闲钱少，晋王广又请于鄂州白纻山有铜矿处铸钱，于是诏听置十炉铸钱。又诏蜀王秀于益州立五炉铸钱。是时钱益滥恶，乃令有司检天下邸肆见钱，非官铸者皆毁之，其铜入官。而京师以恶钱贸易，为吏所执，有死者。数年之间，私铸颇息。

大业以后，王纲弛紊，巨奸大猾，遂多私铸，钱转薄恶，每千宜重二斤，后渐轻至一斤。或剪铁鍱、裁皮、糊纸以为钱，相杂用之。货贱物贵，以至于亡。

大唐武德四年，废五铢钱，铸"开元通宝"钱。每十钱重一两，计一千重六斤四两，欧阳询为文书，含八分及隶体。每两二十四铢，则一钱重二铢半以下，古秤比今秤三之一也，则今钱为古秤之七铢以上，古五铢则加重二铢以上。轻重大小，最为折中，远近便之。后盗铸渐起。

显庆五年，以天下恶钱转多，所在官为市取，五文恶钱，酬一好钱。其年，又改以好钱一文，易恶钱二文。

乾封元年，造"乾封泉宝"钱，直开元钱十。周年以后，废。二年诏，开元钱依旧施行，乾封钱贮。

仪凤四年四月，令东都出远年糙米及粟，就市粜，斗别纳恶钱百文。其恶钱令少府、司农相知，即令铸破。其厚重合斤两者，任将行用。时米粟渐贵，议为铸钱渐多，所以钱贱而物贵，于是权停少府监铸钱，寻而复旧。

永淳元年五月敕："私铸钱造意人及句合头首者，并处绞，仍先决杖一百。从及居停主人加役流，各决杖六十。若家人共犯，坐其家长；老疾不坐者，则罪归以次家长。其铸钱处，邻保配徒一年；里正、坊正、村正各决六十。若有纠告者，即以所铸钱毁破并铜物等赏纠人。同犯自首免罪，依例酬赏。"

武太后长安中，又令悬样于市，令百姓依样用钱。俄又简择艰难，交易留滞，又降敕，非铁锡铜荡穿穴者，并许令用。其熟铜①、排斗、沙涩厚大者，皆不许简择。自是盗铸蜂起，滥恶益众。江淮之南，盗铸尤甚，或就陂湖巨海深山之中鼓铸。

神龙、先天之际，两京用钱尤甚滥恶。其私铸小钱，才有轮郭，及铁锡之属，亦堪行用。乃有买锡，以钱模之，斯须盈千，便赍用之。

开元五年，宋璟知政事，奏请一切禁断恶钱。六年正月诏，又切禁断天下恶钱，不堪行用者，并销破覆铸。由是四民扰骇，谷帛踊贵。二月又敕："古者聚万方之货，设九府之法，以通天下，以便生人。若轻重得中，则利可和义；若真伪相杂，则官失其守。顷者用钱，不伦比后，深恐贫窭②日困，奸豪岁滋，所以申明旧章，悬设诸样，欲其人安俗阜，禁止令行。"

十一年制曰："古者作钱，以通有无之乡，以平小大之价，以全服用之物，以济单贫之资。钱之所利，人之所急，然丝布财谷，人民为本，若本贱末贵，则人弃贱而务贵。故有盗铸者，冒严刑而不悔，藏镪者非倍息而不出。今天下泉货益少，币帛颇轻，欲使天下流通，焉可得也。且铜者，馁不可食，寒不可衣，既不堪于器用，不同于宝物，唯以铸钱，使其流布。宜令所在加铸，委按察使申明格文，禁断私卖铜锡。仍禁造铜器，所有采铜铅，官为市取，勿抑其价，务利于人。"

二十年九月，制曰："绫罗绢布杂货等，交易皆合通用。如闻市肆，必须见钱，深非道理。自今以后，与钱货兼用，违法者准法罪之。"

二十二年三月敕："布帛不可以尺寸为交易，菽粟不可以抄勺贸有无。古之为钱，以通货币。顷虽官铸，所入无几，约工计本，劳费又多，公私之间，给用不赡，永言其弊，岂无变通。往者汉文之时，已有放铸之令，虽见非于贾谊，亦无废于贤君。古往今来，代革时异。亦欲不禁私铸，其理如何？"

中书侍郎张九龄奏请不断铸钱。上令百官详议。黄门侍郎、平章事裴耀卿、黄门侍郎李林甫、河南少尹萧炅等皆曰："钱者通宝，有国之权，

---

① 熟铜：排斗、沙涩等都是唐朝武则天时期私铸的恶钱。
② 贫窭：贫乏。《管子·五辅》：食饥渴，匡贫窭。

是以历代禁之，以绝奸滥。今若一启此门，但恐小人弃农逐利，而滥恶更甚，于事不便。"

左监门卫录事参军刘秩上议曰："古者以珠玉为上币，黄金为中币，刀布为下币。今之钱，即古之下币也。今若舍之，任人自铸，则上无以御下，下无以事上，其不可一也。夫物贱则伤农，钱轻则伤贾。故善为国者，观物之贵贱，钱之轻重。夫物重则钱轻，钱轻由乎物多，多则作法收之使少；少则重，重则作法布之使轻。轻重之本，必由乎是，奈何而假于人？其不可二也。夫铸钱不杂以铅铁则无利，杂以铅铁则恶，如不重禁，不足以惩息。方今塞其私铸之路，人犹冒死以犯之，况启其源而欲人之从令乎！是设陷阱而诱之入，其不可三也。夫许人铸钱，无利则人不铸，有利则人去南亩者众，去南亩者众则草不垦，草不垦则又邻于寒馁，其不可四也。夫人富溢则不可以赏劝，贫馁则不可以威禁。故法令不行，人之不理，皆由贫富之不齐也。若许其铸钱，则贫者必不能为，臣恐贫者弥贫，而复役于富室，富室乘之而益恣。昔汉文之时，吴濞，诸侯也，富埒天子；邓通，大夫也，财侔王者：此皆铸钱之所致。必欲许其私铸，是与人利权，其不可五也。今必以钱重而伤本，货费而利寡，则臣愿言其失，以效愚计。夫钱重者，由人铸日滋于前，而炉不加于旧。又公钱重，与铜之价颇等，故盗铸者破重钱以为轻钱，禁宽则行，禁严则止，止则弃矣。此钱之所以少也。夫铸钱用不赡者，由乎铜贵，铜贵之由，在于采用者众。夫铜之为兵则不如铁，以为器则不如漆，禁之无害，陛下何不禁于人？禁于人则铜无所用，铜无所用则益贱，贱则钱之用给矣。夫铜不布下，则盗铸者无因而铸，无因而铸则公钱不破，人不犯死刑，钱又日增，未复利矣。是一举而四美兼也。"时公卿群官皆建议以为不便，事既不行，但敕郡县严断恶钱而已。

至天宝初年，两京用钱稍好，米粟丰贱。数载之后，渐又滥恶。府县不许好钱加价回博，令好恶通用。富商奸人，渐收好钱，潜将往江淮南，每一钱货得私铸恶钱五文，假托公钱，将入京私用。京城钱日加碎恶，鹅眼、铁锡、古文、绽环之类，每贯重不过三四斤。

十一载二月敕："泉货之用，所以通有无；轻重之权，所以禁逾越。故周立九府之法，汉备三官之制。永言适便，必在随宜。如闻京城行用之钱，颇多滥恶，所资惩革，绝其讹谬。然安人在于存养，化俗期于变通，法若从宽，事堪持久。宜令所司即出钱三数十万贯，分于两市，百姓间应交易所用不堪久行用者，官为换取，仍限一月日内使尽。庶单贫无患，商旅必通。其过限辄敢违犯者，一事以上，并作条件处分。"是时京城百姓，久用恶钱，制下之后，颇相惊扰。时又令于龙兴观南街开场，出左藏库内排斗钱，许市人博换，贫弱者又争次不得。俄又宣敕，除铁锡、铜沙、穿穴、古文，余并依旧行用，久之乃定。

乾元元年，有司以甲兵未息，给用犹费，奏铸"乾元重宝"钱。每贯十斤，一文当开元通宝钱一十文。又铸重棱钱，每贯重二十斤，一文当开通五十文。皆铸钱使第五琦所奏也。奸猾之人，多用破钱，私铸新钱，虽获深利，随遭重刑，公私不便，寻总停废，还用开元通宝钱。人间无复有乾元、重棱二钱者，盖并铸为器物矣。按天宝中，诸州凡置九十九炉铸钱。绛州三十炉，扬、润、宣、鄂、蔚各十炉，益、邓、郴各五炉，洋州三炉，定州一炉。约每炉役丁匠三十人。每年除六月七月停作，余十月作十番。每铸约用铜二万一千二百二十斤，白镴三千七百九斤，黑锡五百四十斤。约每贯钱用铜镴锡价约七百五十文，丁匠在外。每炉计铸钱三千三百贯，约一岁计铸钱二十二万七千余贯文。

# 卷十　食货十

## 漕运：秦、汉、魏、晋、后魏、隋、大唐

管子曰："粟行三百里，则国无一年之积；粟行四百里，则国无二年之积；粟行五百里，则众有饥色。"孙武曰："千里馈粮，士有饥色。食敌一钟，当吾二十钟。"是言粟不可推移，则籴之者无利，粜之处受害。按：禹贡："百里赋纳总，二百里纳铚，三百里纳秸服，四百里纳粟，五百里米。"则物重而粗者为近赋，物轻而精者为远赋。若数千里漕运，其费百倍。

秦欲攻匈奴，运粮，使天下飞刍挽粟，运载刍藁，令疾至，故曰飞刍也。挽粟，谓引车两也。音晚。起于黄、腄，直瑞反，又音谁。琅琊负海之郡，转输北河，黄、腄二县，并在东莱。言自东莱及琅琊缘海诸郡，皆令转输至北河也。黄，即今黄县，腄，即今文登县，并今东牟郡县。琅琊，今高密琅琊郡地。北河，今朔方之北河也。率三十钟而致一石。六斛四斗为钟。计其道路所费，凡用百九十二斛乃得一石。

汉兴，高皇帝时，漕转山东之粟，以给中都官，岁不过数十万石。谓京师之官府。

孝文时，贾谊上疏曰："天子都长安，而以淮南东道为奉地，輓道[1]数千，不轻致输，郡或乃越诸侯而远调均发征至无状也。古者天子之地方千里，中之而为都，输将繇使[2]，其远者不在五百里而至。公侯地百里，中之而为都，输将繇使，远者不在五十里而至。输者不苦其繇，繇者不伤其费，故远方人安。及秦，不能分人寸地，欲自有之，输将起海上而来，一钱之赋，数十钱之费，不轻而致也。上之所得甚少，而人之苦甚多也。"帝不能用。

---

[1] 輓道：输送财赋的道路。
[2] 输将：指运输。转运。师古曰：繇，读与徭同。繇使，供徭役及为使者。

孝武建元中，通西南夷，作者数万人，千里负担馈粮①，至十余钟致一石。其后东灭朝鲜，置沧海郡，人徒之费，拟西南夷。又卫青击匈奴，取河南地②，今朔方之地。复兴十余万人筑卫朔方③，转漕甚远，自山东咸被其劳。

元光中，大司农郑当时言于帝曰："异时关东漕粟从渭中上，度六月罢，而渭水道九百余里，时有难处。引渭穿渠，起长安，傍南山下，至河三百余里，径，易漕，度可三月罢，此损漕省卒。"天子以为然，发卒穿漕渠以漕运，大便利。

其后番系④言："漕从山东西，岁百余万石，更底柱⑤之险，败亡甚多而烦费。穿渠引汾，溉皮氏、汾阴下，引河溉汾阴、蒲阪下，皮氏，今绛郡龙门县。汾阴、蒲阪，今河东郡宝鼎、河东二县。度可得五千顷。故尽河壖弃地，壖，而缘反，谓缘河边地。度可得谷二百万石以上。谷从渭上，与关中无异，而底柱之东，可无复漕。"天子又以为然，发卒作渠田数岁，河移徙，渠不利，田者不能偿种。久之，河东渠田废。语在田制上篇。

其后人有上书，欲通褒斜道。褒、斜，二水名。褒水东流入于沔，今汉中郡褒城县。斜水北流入渭，今武功县及扶风郡。及漕，事下御史大夫张汤。汤问其事，因言"抵蜀从故道，多坂回远，今穿褒斜道，少坂，近四百里。而褒水通沔，斜水通渭，皆可以行船漕。漕从南阳上沔入褒，褒之绝水至斜间百余里，以车转，从斜下渭，如此汉中之谷可致。山东从沔无限，便于底柱之漕。且褒、斜材木竹箭之饶，拟于巴蜀"。天子然之，拜汤子邛为汉中守，发数万人作褒斜道五百余里。道果便近，而水多湍石，不可漕。

孝宣即位，百姓安土，岁数丰穰，谷石五钱，农人少利。时耿寿昌以善为算，能商功利，得幸于上。商，度也。五凤中，奏言："故事，岁漕关东谷四百万斛以给京师，用卒六万人。宜籴三辅、弘农、河东、上党、太原等郡谷，三辅，今京兆、扶风、冯翊郡地。弘农，今陕州地。河东，今河东绛郡、平阳郡地。上党，今高平、上党、乐平、阳平、燕城。太原，今太原、西河郡地。足

---

① 馈粮：军粮。
② 河南地：地在今内蒙古自治区所属黄河以南地区。
③ 朔方：指朔方城，地在今内蒙古自治区杭锦旗北。
④ 番系：人名，汉武帝时为河东守。
⑤ 底柱，即砥柱山，又称底柱山。在今河南省三门峡市北黄河中。

供京师，可以省关东漕卒过半。"天子从其计。御史大夫萧望之奏言："寿昌欲近籴漕关内之谷，筑仓理船，费直二万万余，万万，亿也。有动众之功，恐生旱气，人被其灾。寿昌习于商功分铢之事，其深计远虑，诚未足任，宜且如故。"帝不听，漕事果便。

魏齐王正始二年①，司马宣王使邓艾行陈、项以东至寿春。自今淮阳郡以至于今寿春郡。艾以为"田良水少，不足以尽地利，宜开河渠，可以大积军粮，又通运漕之道"。宣王从之，乃开广漕渠。东南有事，兴众泛舟而下，达于江淮，资食有储而无水害，艾所建也。语在屯田篇。蜀相诸葛孔明出军至祁山，今扶风县，始以木牛运。其后又出斜谷，以流马运。按亮集，督军庞力、杜叡、满元、胡忠推意作一脚木牛，其法：方腹曲头，一脚四足，头入领中，舌着于腹，载多而行少，宜住，可大用，不可小使。特行者数十里，群行者二十里。曲者为牛头，双者为牛脚，横者为牛领，转者为牛足，覆者为牛背，方者为牛腹，垂者为牛舌，曲者为牛肋，刻者为牛齿，立者为牛角，细者为牛鞅，摄者为鞦勒。牛御双辕，人行六尺，牛行四步。载一岁粮，日行二十里，而人不大劳，牛不饮食。流马法曰："尺寸之数，肋长三尺五寸，广三寸，厚二寸二分，左右同。前轴孔分墨去头四寸，径中二寸。前脚孔分墨去头四寸，径中二寸。前脚孔分墨去前轴孔四寸五分，长一寸五分，广一寸。前杠孔去前脚孔分墨二寸七分，孔长二寸，广一寸。后轴孔去前杠孔分墨一尺五寸，大小与前同。后脚孔去脚孔分墨二寸二分。后杠孔分墨四寸五分。前杠长一尺八寸，广二寸，厚一寸五分。后杠与等板方囊二枚，板厚八分，长二尺七寸，高一尺六寸五分，广一尺六寸收板，受米二斛三斗。从上杠孔去肋下七寸，前后同。上杠孔去下杠孔分墨一尺三寸。孔长一寸五分，广七分，八孔同。前后四脚，广二寸，厚一寸五分。形制如象，轩长四寸，径面四寸三分。孔径中三脚杠，长二尺一寸，广一寸五分，厚一寸四分，杠同前。"

晋武帝泰始十年，凿陕南山，决河东注洛，以通运漕。虽有此议，竟未成功。怀帝永嘉元年，修千金堨②于许昌，以通运。堨，乌割反，拥也。成帝咸和六年，以海贼寇抄，运漕不继，发王公以下千余丁，各运米六斛。穆帝时，频有大军，粮运不继，制王公以下十三户共借一人，助度支运。

后魏自徐扬内附之后，徐州今彭城，扬州今寿州。仍代经略江淮，于是转运中州，以实边镇，百姓疲于道路。有司请于水运之次，随便置仓，乃于小平、石门、白马津、漳涯、黑水、济州、陈郡、大梁凡八所，各立邸

---

① 正始（公元240—249年），三国魏齐王曹芳年号。
② 堨：犹堰，拦河土堤。

阁。每军国有须，应机漕引，自此费役微省。

时三门都将薛钦上言："计京西水次汾华二州，恒农、河北、河东、平阳等郡，年常绵绢及贲麻，皆折公物，雇车牛送京，道险人弊，费公损私。略计华州一车，官酬绢八匹三丈九尺，别有私人雇价布八十匹；河东一车，官酬绢五匹二丈，别有私人雇价布五十匹。自余州郡，虽未练多少，推之远近，应不减此。今求车取雇绢三匹，市材造船，不劳采砍。计船一艘，举十三车，车取三匹，合有三十九匹。雇作手并匠及船上杂具食直，足以成船。计一船剩绢七十八匹，布七百八十匹。又租车一乘，官格二十斛成载，私人雇价，远者五斗、布一匹，近者一石、布一匹。准其私费，一车有布远者八十匹，近者四十匹。造船一艘，计举七百石，准其雇价，应有千四百匹。今取布三百匹造船一艘，并船上覆理杂事，计一船有剩布千一百匹。又其造船之处，皆须锯材人功，并削船茹①，依功多少，即给当州郡门兵，不假更召。汾州有租庸调之处，去汾不过百里，华州去河不满六十，并令计程，依旧酬价，车送船所。船之所运，唯达雷陂。其陆路从雷陂至仓门，调一车雇绢一匹，租一车布五匹，则于公私为便。"

尚书度支郎中朱元旭计称："今校薛钦之说，虽迹验未彰，而指况甚善。所云以船代车，是策之长者。若以门兵造船，便为阙彼防城。无容全依。宜令取雇车之物，市材就作，及仓库所须，悉以营办。七月之始，十月初旬，令州郡纲典各受租调于所在，然后付之。十车之牛，留车士四人佐其守护。粟帛上船之日，随运至京，将共监慎，如有耗损，同其陪征。河中缺失，专归运司。输京之时，听其即纳，不得杂合，违失常体。必使量上数下，谨其受入，自余一如其例。计底柱之难，号为天险，迅惊千里，未易其功。然既陈便利，无容辄抑。若效充其说，则附例酬庸；如其不验，征填所损。今始开创，不可县生减折，且依请营立。一年之后，须知赢费。岁遣御史，校其虚实，脱有乖越，别更量裁。"

尚书崔休："按钦所列，实允事宜；郎中之计，备尽公理。但舟楫所通，远近必至，苟利公私，不宜止在前件②。昔人乃远通褒斜，利关中之漕，南达交广，以增京洛之饶。况乃漳洹夷路，洹，音桓。河济平流，而不均彼省烦，同兹巨益？请诸通水之处，皆宜率同此式。纵复五百、三百

---

① 船茹：指船的腐朽之处。茹，臭败也。
② 前件：前述之事件。

里，车运水次，校计利饶，犹为不少。其钦所列州郡，如请兴造，东路诸州，皆先通水运，今年租调，悉用舟楫。若船数有缺，且赁假充事，比之僦车①，交代息耗。其先未通流，宜遣检行，闲月修葺，使理有可通，必无拥滞。如此则发召匪多，为益实广，一尔蹔劳②，久安永逸。"诏从之，而未能尽行也。

孝文太和七年，薄骨律镇将刁雍，上表曰："奉诏高平、安定、统万薄骨律镇，今灵武郡。高平，今平凉郡。安定即今郡。统万，今朔方郡也。及臣所守四镇，出车五千乘，运屯谷五十万斛付沃野镇，以供军粮。臣镇去沃野八百里，道多深沙，轻车往来，犹以为难。设令载谷二十石，每至深沙，必致滞陷。又谷在河西，转至沃野，越渡大河计车五千乘，运十万斛，百余日乃得一返，大废生人耕垦之业。车牛艰阻，难可全至，一岁不过三运，五十万斛乃经三年。臣闻郑、白之渠，远引淮海之粟，泝流数千，周年乃得一至，犹称国有储粮，人用安乐。求于牵屯山，在今平凉郡高平县，今算头山，语讹亦曰汧屯山，即牵屯山。③河水之次，造船二百艘。二船为一舫，一船胜二千斛，一舫十人，计须千人。臣镇内之兵，率皆习水。一运二十万斛，方舟顺流，五日而至，自沃野牵上，十日还到，合六十日得一返。从三月至九月三返，运送六十万斛。计用人工，轻于车运十倍有余，不费牛力，又不废田。"诏曰："知欲造船运谷，一冬即，大省人力，既不费牛，又不废田，甚善。非但一运，自可永以为式。"

隋文帝开皇三年，以京师仓廪尚虚，议为水旱之备，诏于蒲、陕、虢、熊、伊、洛、郑、怀、汾、卫、汴、许、汝等水次十三州，熊州，今福昌县。伊州，今陆浑县。汾州今绛郡垣县。余并今郡。置募运米丁；又于卫州④置黎阳仓，陕州⑤置常平仓，洛州⑥置河阳仓，华州⑦置广通仓，卫、陕、华并今郡。转相灌注。漕关东及汾、晋之粟，以给京师。又遣仓部侍郎韦瓒向蒲、陕以东募人能于洛阳运米四十石，经底柱之险，达于常平

---

① 僦车：租赁车辆。
② 蹔劳：一时之劳。蹔，同暂。
③ 牵屯：二字原文左边均有山字。按《汉书·地理志》安定郡，师古曰：开头山，此山在今灵州东南，土俗语讹谓之汧屯山。是否即指牵屯山。
④ 卫州：治所在今河南淇县。
⑤ 陕州：治所在今河南陕县。
⑥ 洛州：治所在今洛阳。
⑦ 华州：治所在今陕西华县。

者，免其征戍。其后以渭水多沙，流有深浅，漕者苦之。

四年，诏宇文恺率水工凿渠，引渭水，自大兴城即今西京城也。东至潼关，三百余里，名曰广通渠。转运通利，关内赖之。

炀帝大业元年，发河南诸郡男女百余万，开通济渠，自西苑引谷、洛水达于河，又引河通于淮海，自是天下利于转输。四年，又发河北诸郡百余万众，开永济渠，引沁水南达于河，北通涿郡①。今范阳郡。涿，竹角反。自是丁男不供，始以妇人从役。五年，于西域之地，置西海、鄯善、且末等郡②，逐吐谷浑得其地，并在今酒泉、张掖、晋昌郡之北，今悉为北狄之地。鄯，音善。且，子余反。谪天下罪人，配为戍卒，大开屯田，发四方诸郡运粮以给之。七年冬，大会涿郡。分江淮南兵配骁卫大将军来护儿，别以舟师济沧海，舳舻数百里，并载军粮，期与大兵会于平壤。高丽所都。

大唐咸亨三年，于岐州陈仓县东南开渠，引渭水入升原渠，通船栰至京故城。栰音伐。京故城，即长安城。汉惠帝所筑，在今大兴城之西北苑中。

开元十八年，元宗问朝集使利害之事，宣州刺史裴耀卿上便宜③曰："江南户口稍广，仓库所资，唯出租庸，更无征防。缘水陆遥远，转运艰辛，功力虽劳，仓储不益。窃见每州所送租及庸调等，本州正月二月上道，至扬州入斗门，即逢水浅，已有阻碍，须停留一月以上。三月四月后，始渡淮入汴，多属汴河干浅，又船运停留，至六月七月后，始至河口，即逢黄河水涨，不得入河。又须停一两月，待河水小，始得上河。入洛即漕路干浅，船艘隘闹，般载停滞，备极艰辛。计从江南至东都，停滞日多，得行日少，粮食既皆不足，折欠因此而生。又江南百姓不习河水，皆转雇河师水手，更为损费。伏见国家旧法，往代成规，择制便宜，以垂长久。河口元置武牢仓，江南船不入黄河，即于仓内便贮。巩县置洛口仓，船从黄河不入洛水，即于仓内安置。爰及河阳仓、柏崖仓、太原仓、永丰仓、渭南仓，节级取便，例皆如此。水通则随近运转，不通则且纳在仓，不滞远船，不忧欠耗，比于旷年长运，利便一倍有余。今若且置武牢、洛口等仓，江南船至河口，即却还本州，更得其船充运，并取所减脚钱，更运江淮变造义仓，每年剩得一二百万石。即数年之外，仓廪转加。其江淮义仓，多为下湿，不堪久贮，若无船运，三两年色变，即给贷费

---

① 涿郡：治所在今蓟县。
② 鄯善：地在今新疆鄯善县。且末：地在今新疆塔里木盆地东南部。
③ 便宜：便益。

散，公私无益。"疏奏不省①。

至二十一年，耀卿为京兆尹，京师雨水害稼，谷价踊贵。耀卿奏曰：

"伏以陛下仁圣至深，忧勤庶务，小有饥乏，降诏哀矜，躬亲支计，救其危急。今既大驾东巡，百司扈从，诸州及三辅先有所贮，且随见在发重臣分道振给，计可支一二年。从东都广漕运，以实关辅，待稍充实，车驾西还，即事无不济。

"臣以国家帝业本在京师，万国朝宗，百代不易之所。但为秦中地狭，收粟不多，傥遇水旱，便即匮乏。往者贞观、永徽之际，禄廪数少，每年转运，不过一二十万石，所用便足，以此车驾久得安居。今升平日久，国用渐广，每年陕洛漕运，数倍于前，支犹不给。陛下数幸东都，以就贮积，为国大计，不惮劬劳，皆为忧人而行，岂是故欲来往。若能更广陕运支入京，仓廪常有二三年粮，即无忧水旱。今日天下输丁约有四百万人，每丁支出钱百文，充陕洛运脚，五十文充营窖等用，贮纳司农及河南府、陕州，以充其费。租米则各随远近，任自出脚送纳②。

"东都至陕，河路艰险，既用陆脚，无由广致。若能开通河漕，变陆为水，则所支有余，动盈万计。且江南租船，所在候水，始敢进发。吴人不便河漕，由是所在停留，日月既淹，遂生隐盗。臣请于河口置一仓，纳江南租米，便令江南船回其。从河口即分入河洛，官自雇船载运。河运者至三门之东，置一仓。既属水险，即于河岸傍山车运十数里；至三门之西，又置一仓。每运至仓，即般下贮纳。水通即运，水细便止。渐至太原仓，泝河入渭，更无停留，所省巨万。臣常任济、定、冀等三州刺史，询访故事，前汉都关内，年月梢久，及隋亦在京师，缘河皆有旧仓，所以国用常赡。若依此行用，利便实深。"上大悦，寻以耀卿为黄门侍郎、同中书门下平章事，敕郑州刺史及河南少尹萧炅，自江淮至京以来，检古仓节级贮纳。仍以耀卿为转运都使。于是始置河阴县及河阴仓，河清县置柏崖仓，三门东置集津仓，三门西置三门仓。开三门北山十八里，陆行以避湍险。自江淮西北泝鸿沟，悉纳河阴仓。自河阴候水涨涸，漕送含嘉仓，又取晓习河水者，递送纳于太原仓，所谓北运也。自太原仓浮渭以实关中。凡三年，运七百万石，省脚三十万贯。耀卿罢相后，缘边运险涩，颇有欺

---

① 不省：不采纳。
② 任自出脚：任由自己选择，既可自己运送，也可以雇他人运送。

隐，议者又言其不便，事又停废。

二十七年，河南采访使、汴州刺史齐澣以江淮漕运经淮水波涛有沉损，遂开广济渠下流，自泗州虹县至楚州淮阴县北十八里，合于淮，不逾时毕功。既而以水流浚急，行旅艰险，旋即停废，却由旧河。

二十九年，陕州刺史李齐物避三门河路急峻，于其北凿石渠通运船，为漫流，河泥旋填淤塞，不可漕而止。

天宝三年，左常侍兼陕州刺史韦坚开漕河，自苑西引渭水，因古渠至华阴入渭，引永丰仓及三门仓米以给京师，名曰广运潭。以坚为天下转运使。灞、浐二水会于漕渠，每夏大雨，辄皆填淤。大历之后，渐不通舟。天宝中，每岁水陆运米二百五十万石入关。旧于河南路运至陕郡太原仓，又运至永丰仓及京太仓。开元初，河南尹李杰始为陆运使，从含嘉仓至太原仓，置八递场①，相去每长四十里。每岁冬初起，运八十万石，后至一百万石。每递用车八百乘，分为前后，交两月而毕。其后渐加，至天宝七年，运二百五十万石。每递用车千八百乘，自九月至正月毕。天宝九年九月，河南尹裴迥以递重恐伤牛，于是以递场为交场，两递简择近水处为宿场，分官押之，兼防其盗窃。大历后，水陆运每岁四十万石入关。

## 盐铁：周、汉、后汉、陈、后魏、后周、隋、大唐

管子曰："海王之国，海王者，言以负海之利而王其业。王音于况反。谨正盐筴②。正，税也。音征。十口之家，十人食盐，百口之家，百人食盐。终月大男食盐五升少半，少半，犹劣薄也。大女食盐三升少半，吾子食盐二升少半，吾子，谓小男小女也。此其大历也。历，数。盐百升而釜。盐十二两七铢一黍十分之一为升，当米六合四勺也。百升之盐，七十六斤十二两十九铢二累为釜，当米六斗四升。今盐之重，升加分强，釜五十也；分强，半强也。今使盐官税其盐之重，每一斗加半合为强而取之，则一釜之盐，得五十合而谓之强。升加一强，釜百也；升加二强，釜二百也。钟二千，十釜之盐，七百六十八斤为钟，当米六斛四斗也。十钟二万，百钟二十万，千钟二百万。万乘之国，人数开口千万也。举其大数而言之也。开口，谓大男大女之所食盐也。禺筴之，商日二百万，禺，读为偶。偶，对也。商，计也。对其大男大女食盐者之口数而立僮，以计所税之盐，一日计二百万，合为二百钟。十日二千万，一月六千万。万乘之，正九百万也。万乘之国，大男大女食盐者千万人，而税之，盐一日二百钟，十

---

① 递场，即转运站。
② 筴：策略，谋划。

日二千钟，一月六千钟也。今又施其税数，以千万人如九百万人之数，则所税之盐一日百八十钟，十日千八百钟，一月五千四百钟。月人三十钱之籍，为钱三千万。又变其五千四百钟之盐而籍其钱，计一月每人人籍钱三十，凡千万人，为钱三万万矣。以此籍之数而比其常籍，当一国而有三千万人矣。今吾非籍之诸君吾子，而有二国之籍者六千万。诸君，谓老男老女也。六十以上为老男，五十以上为老女也。既不籍于老男老女，又不籍于少男少女，乃能以千万人而当三千万人者，盖盐官之利耳。盐官之利既然，则铁官之利可知也。盐官之利当一国而三千万人，铁官之利当一国而三千万人焉，故能有二国之籍者六千万人耳。其常籍人之数，犹在此外。使君施令曰：吾将籍于诸君吾子，则必器号，令天给之盐筴，则百倍归于上，人无以避此者，数也。今铁官之数曰：一女必有一针一刀，若其事立。若，犹然后。耕者必有一耒一耜一铫，若其事立。大锄谓之铫，羊昭反。行服连轺輂名，所以载作器，人挽者。轺羊昭反輂居玉反者，大车驾马。必有一斤一锯一锥一凿，若其事立。不尔而成事者，天下无有。今针之重加一也，三十针一人之籍。针之重，每十分加一分，为强而取之，则一女之籍得三十针也矣。刀之重加六，五六三十，五刀一人之籍也。刀之重，每十分加六分，以为强而取之，五六为三十也，则一女之籍得五刀。耜铁之重加七，三耜铁一人之籍也。耜铁之重，每十分加七分，以为强而取之，则一农之籍得三耜铁也。其余轻重皆准此而行，其器弥重，其加弥多。然则举臂胜音升事，无不服籍者。"

桓公曰："然则国无山海不王乎？"

管子曰："因人之山海，假之名有海之国，虽无海而假名有海，则亦虽无山而假名有山。售盐于吾国。彼国有盐而籴于吾国为售耳。釜十五吾受而官出之以百，受，取也。假令彼盐平价釜当十钱者，吾又加五钱而取之，所以来之也。既得彼盐，则令吾国盐官又出而粜之，釜以百钱也。我未与其本事也，与，用也。本事，本盐也。受人之事，以重相推，以重相推，谓加五钱之类也。推犹度也。此人用之数也。"彼人所有而皆为我用也。

又曰："齐有渠展之盐，渠展，齐地，沛水所流入海之处，可煮盐之所也，故曰渠展之盐。请君伐菹薪，草枯曰菹。采居反。煮水为盐，煮海水。正音征而积之。十月始正，至于正月，成三万钟，下令曰：孟春既至，农事且起，大夫无得缮冢墓，理宫室，立台榭，筑墙垣。北海之众无得聚庸庸，功也。而煮盐。北海之众，谓北海煮盐之人。本意禁人煮盐，下令讬以农事，虑有妨夺，先自大夫起，欲人不知其机，斯为权术。此则坐长十倍，以令粜之。梁、赵、宋、卫、濮阳彼尽馈食①之国，本国自无盐，远馈而食。无盐则肿，守圉之国，圉与御同，古通用。用盐独甚。"桓公乃使粜之，得成金万斤。

汉孝武中年，大兴征伐，财用匮竭，于是大农上盐铁丞孔仅、东郭咸阳言："山海，天地之藏，皆宜属少府②，陛下弗私，以属大农佐赋。愿募民自给费，因官器作煮盐，官与牢盆。牢，价直也，今世人言雇手牢。牢盆，煮盐盆也。浮食奇民③欲擅管山海之货，若人执仓库之管钥。以致富羡，羡，饶也。役利细民④。其沮事之议，沮，才据反。不可胜听。敢私铸铁器煮盐者，钛左趾，钛音徒计反，足钳也。没其器物。郡不出铁者置小铁官，铸故铁。使属在所县。"使仅、咸阳乘传⑤，举行天下盐铁，举，皆也。普天之下皆行之。作官府⑥，主煮铸及出纳。除故盐铁家富者为吏，吏益多贾人矣。

卜式为御史大夫，元鼎六年。见郡国多不便县官作铁器苦恶，谓作铁器民患苦其不好。价贵，或强令民买之，而船有算⑦，商者少，物贵，乃因孔仅言船算事。上不说。

又董仲舒说上曰："今盐铁之利二十倍于古，人必病之。"

孝昭元始六年，令郡国举贤良文学之士，问以民所疾苦，教化之要。皆对曰："愿罢盐铁酒榷均输官，无与天下争利，示以俭节，然后教化可兴。"

御史大夫桑弘羊难诘难，议者之言。以为："此国家大业，所以制四夷、安边足用之本。往者豪强之家，得管山海之利，采石鼓铸煮盐⑧，一家聚或至千余人。大抵尽放流之人，远去乡里，弃坟墓，依倚大家，相聚深山穷泽之中，成奸伪之业。家人有宝器，尚犹枊而藏之，况天地之山海乎？夫权利之处，必在山泽，非豪人不能通其利。异时盐铁未笼⑨，布衣

---

① 馈食，本意为古祭礼之一。祭祀时，献奉熟食，以享先王（人）。此处意为由别处运来而食。
② 少府：直接为天子服务的机构。经管山海池泽收入和手工业制造。
③ 浮食奇民：指脱离农业生产从事工商末业者。《三国志·魏志·和洽传》：民稀耕少，浮食者多。
④ 役利细民：指奴役剥削平民。
⑤ 传：传车，驿站的车马。
⑥ 作官府：设置管理机构。
⑦ 算：算赋，汉初对丁口征收的税。后扩大到对车船等物征收。
⑧ 采石鼓铸煮盐，这里是指开矿冶铸和生产食盐。
⑨ 笼：控制。

有朐邴①，人君有吴王②，专山泽之饶，薄赋其人，赡穷乏以成私威，积而逆节之心作。今纵人于权利，罢盐铁以资强暴，遂其贪心，众邪群聚，私门成党，则强御日以不制，而并兼之徒奸形成矣。盐铁之利，佐百姓之急，奉军旅之费，不可废也。"文学曰："人庶藏于家，诸侯藏于国，天子藏于海内，是以王者不蓄，下藏于人，远浮利，务民之义。义礼立则人化上。若是，虽汤武生存于代，无所容其虑。工商之事，欧冶③之任，何奸之能成？三桓专鲁，六卿分晋④，不以盐冶。故权利深者不在山海，在朝廷；一家害百家，在萧墙，不在朐邴。"

大夫曰："山海有禁而人不倾，贵贱有平而人不疑，县官设衡立准而人得其所，虽使五尺童子适市，莫之能欺。今罢之，则豪人擅其用而专其利也。"

文学曰："山海者，财用之宝路；铁器者，农夫之死士⑤。死士用则仇雠灭，田野辟而五谷熟；宝路开则百姓赡而人用给，人用给则富国，而教之以礼，教之以礼，则行道有让，而人怀敦朴以相接而莫相利也。夫秦、楚、燕、齐，土力不同，刚柔异气，巨小之用，倨句之宜，党殊俗异，各有所便。县官笼而一之，则铁器失其宜而农人失其便，器用不便则农夫罢于野而草莱不辟，草莱不辟则人困乏也。"

大夫曰："昔商君理秦也，设百倍之利，收山泽之税，国富人强，蓄积有余，是以征伐敌国，攘地斥境，不赋百姓，军师以赡。故利用不竭而人不知，地尽西河而人不苦。今盐铁之利，所以佐百姓之急，奉军旅之费，务于积蓄，以备乏绝，所给甚众，有益于用，无害于人。"

文学曰："昔文帝之时，无盐铁之利而人富，当今有之而百姓困乏，未见利之所利而见其所害。且利非从天来，不由地出，一取于人间，而谓之百倍，此计之失者也。夫李、梅实多者，来年为之衰⑥，新谷熟，旧谷为之亏。自天地不能满盈，而况于人乎？故利于彼者，必耗于此，犹阴阳

---

① 朐邴：临朐邴氏。一说邴氏兴富于临朐，故名朐邴，以铁冶致富。
② 吴王：指刘濞，汉高祖之侄，封吴王，煮盐铸钱，富甲天下，因抗拒中央被杀。
③ 欧冶：古指锻工。金属冶炼。
④ 三桓：指鲁桓公之子仲孙氏（孟孙氏，庆父）、叔孙氏（叔牙）、季孙氏（季友），因同出于鲁桓公，故名三桓。六卿：指春秋晋国之六卿：智、范、中行、韩、魏、赵六晋。
⑤ 指铁质农具，为农民从事农业劳动、增加劳动效率的好帮手。
⑥ 李梅句，参见《盐铁论·非鞅》：李梅多实者，来年为之衰。

之不并，昼夜之代长短也。商鞅峭七阹反法长利①，秦人不聊生，相与哭孝公，其后秦日以危。利蓄而怨积，地广而祸构，恶在利用不竭乎？"于是丞相奏曰：贤良文学不明县官事，猥以盐铁为不便，宜罢郡国榷酤②，关内铁官。昭曰。可于是利复流下，庶人休息。

孝元时，尝罢盐铁官，三年而复之。

后汉明帝时，尚书张林上言："盐，铁，食之急者，虽贵，人不得不须，官可自鬻。"

献帝建安初，关中百姓流入荆州者十余万家。荆州，今襄阳南。及闻本土安宁，皆企愿思归，而无以自业。于是卫觊议以为："盐者，国之大宝，自丧乱以来，放散，今宜依旧置使者监卖，以其直益市犁牛③，百姓归者以供给之。劝耕积粟，以丰殖关中。远者闻之，必多远镜。"魏武于是遣谒者仆射监盐官，移司隶校尉居弘农，流人果还，关中丰实。

陈文帝天嘉二年，太子中庶子虞荔、御史中丞孔奂以国用不足，奏立煮海盐税，从之。

后魏宣武时，河东郡有盐池，旧立官司以收税利。先是罢之，而人有富强者专擅其用，贫弱者不得资益。延兴末，复立监司，量其贵贱，节其赋入，公私兼利。孝明即位，复罢其禁，与百姓共之。自后豪贵之家复乘势占夺，近池之人又辄障恡④。神龟初，太师高阳王雍、太傅清河王怿等奏，请依先朝，禁之为便，于是复置监官以监检焉。其后更罢更立，至于永熙。自迁邺后，于沧、瀛、幽、青四州之境，傍海煮盐。沧州置灶一千四百八十四，瀛州置灶四百五十二，幽州置灶百八十，青州置灶五百四十六，又于邯郸置灶四，计终岁合收盐二十万九千七百八斛四斗，军国所资，得以周赡矣。

后周文帝霸政之初，置掌盐之政令。一曰散盐⑤，煮海以成之。二曰盬盐⑥，引池以化之。三曰形盐，掘地以出之。四曰饴盐，于戎以取之。凡盬盐，每池为之禁，百姓取之皆税焉。

---

① 峭法：苛法，峻法。
② 榷酤：对酒实行专卖。
③ 意为以其收入购耕牛，以供返乡农民。
④ 障恡：阻碍。
⑤ 散盐：煮海水而得的盐，即海盐。
⑥ 盬盐：引池而成的颗盐。

隋开皇三年，通盐池盐井，并与百姓共之。

大唐开元元年十二月，左拾遗刘彤论上盐铁表曰："臣闻汉孝武之时，外讨戎夷，内兴宫室，殚费之甚，实倍当今。然而古费多而货有余，今用少而财不足者，何也？岂非古取山泽而今取贫人哉！取山泽，则公利厚而人归于农；取贫人，则公利薄而人去其业。故先王作法也，山海有官，虞衡有职，轻重有术，禁发有时，一则专农，二则饶国。夫煮海为盐，采山铸金①，伐木为室，农余之辈也。寒而无衣，饥而无食，佣赁自资者，穷苦之流也。若能收山海厚利，夺农余之人，调敛重徭，免穷苦之子，所谓损有余而益不足，帝王之道，可不谓然乎？臣愿陛下诏盐铁伐木等官，各收其利，贸迁于人，则不及数年，府有余储矣。然后下宽大之令，蠲穷独之徭，可以惠群生，可以柔荒服。虽戎狄未服，尧汤水旱，无足虞也。"元宗令宰臣议其可否，咸以盐铁之利，甚益国用，遂令将作大匠姜师度、户部侍郎强循俱摄御史中丞，与诸道按察使检责海内盐铁之课。

二十五年仓部格②："蒲州盐池，令州司监当租分与有力之家营种之，课收盐。每年上、中、下畦③通融收一万石，仍差官人检校。若陂渠穿穴，所须功力，先以营种之家人丁充。若破坏过多量力不济者，听役随近人夫。"

又屯田格："幽州盐屯，每屯配丁五十人，一年收率满二千八百石以上，准营田第二等，二千四百石以上准第三等，二千石以上准第四等。大同横野军盐屯配兵五十人，每屯一年收率千五百石以上准第二等，千二百石以上准第三等，九百石准第四等。又成州长道县盐井一所，并节级有赏罚。蜀道陵、绵等十州盐井总九十所，每年课盐都当钱八千五十八贯。陵州盐井一所，课都当二千六十一贯。绵州井四所，都当钱二百九十二贯。资州井二十八所，都当钱一千八十三贯。泸州井五所，都当钱一千八百五十贯。荣州井十三所，都当钱四百贯。梓州都当钱七百一十七贯。遂州四百一十五贯。阆州一千七百贯。普州二百七贯。果州二十六贯。若闰月，共计加一月课，随月征纳，任以钱银兼纳。其银两别常以二百价为估。其课依都数纳官，欠即均征灶户。"自兵兴，上元以后，天下出盐，各置盐司，节级权利，每岁所入九百余万贯文。

---

① 采山铸金，即开矿、冶炼、铸钱。
② 格：法则、条令。
③ 畦：将盐田分成若干小区或方块，分畦制盐。

# 卷十一　食货十一

**鬻爵：汉、后汉、晋、后魏、大唐**

汉孝文时，晁错说上曰："欲人务农，在于贵粟；贵粟之道，在于使人以粟为赏罚。今募天下入粟县官，得以拜爵，得以除罪。如此，富人有爵，农人有钱，粟有所渫，渫，散也，先列反。夫能入粟以受爵，皆有余者也；取于有余，以供上用，则贫人之赋可损，所谓以有余补不足，令出而人利者也。顺于人心，所补者三：一曰主用足，二曰人赋少，三曰劝农功。爵者，上之所擅，出于口而无穷；粟者，人之所种，生于地而不乏。夫得高爵与免罪，人之所甚欲也。使天下入粟于边，以受爵免罪，不过三岁，塞下之粟必多矣。"于是从错言，令人入粟边，六百石爵上造，第二等爵。稍增至四千石为五大夫，第九等爵。万二千石为大庶长，第十八等爵。各以多少级数为差。错复奏言："陛下幸使天下入粟塞下以拜爵，甚大惠也。窃恐塞卒之食不足用大渫天下粟。边食足支五岁，可令入粟郡县矣。入诸郡县，以备凶灾。足支一岁以上，可时赦，勿收农人租。如此，德泽加于万人矣。"从之。

孝景时，上郡以西旱，复修卖爵令，而裁其价以招人，裁谓减省。及徒复作，得输粟于县官以除罪[①]。

孝武元朔元年，外事四夷，内兴功利，国用空竭，乃募人能入奴婢得以终身复[②]，为郎增秩及入羊为郎，始于此。五年，有司议，令人得买爵及赎禁锢免臧罪。请置赏官，名曰武功爵[③]。茂陵书中有武功爵：一级曰造

---

[①] 意即向国家缴纳一定的粮食，就可以免除徭役或徒役。
[②] 终身复，终身不服徭役。此处指向国家交一定数量的，可以终身免徭役。献纳者原先是郎官的可以增加禄秩。而一般人向国家缴纳一定数量的羊可为郎官。
[③] 武功爵：汉武帝为酬赏军功而制定的爵制。

十①，二级曰闲舆卫，三级曰良士，四级曰元戎士，五级曰官首，六级曰秉铎，七级曰千夫，八级曰乐卿，九级曰执戎，十级曰政庚庶长，十一级曰军卫，此武帝所制以宠军功也。颜师古云："此下云级十七万，凡直三十余万金。所引茂陵书止十一级，则计数不足，与本文乖矣。或者茂陵书说之不尽乎。"级十七万，凡直三十余万金②。诸买武功爵官首者，试补吏，先除③；千夫如五大夫；五大夫，旧二十等爵之第九级也，至此以上，始免徭役，故每先选以为吏。千夫者，武功十一等爵之第七也，亦得免役，今则先除为吏，比于五大夫也。其有罪，又减二等。爵得至乐卿，乐卿者，武功爵第八，言买爵唯得至第八。以崇军功。军功多用超等，大者封侯、卿大夫，小者郎。吏道杂而多端，则官职耗废矣。元鼎初，豪富皆争匿财，不助县官，唯卜式数求入财。天子乃超④拜式为中郎，赐爵左庶长，田十顷，告天下，以风百姓⑤。始令吏得入粟补官，郎至六百石。后桑弘羊请令民得入粟补官及罪人赎。令民能入粟甘泉⑥各有差，以复终身。所忠又言："世家子弟富人或斗鸡走狗，弋猎博戏，乱齐人⑦。"乃征诸犯令，相引数千人，名曰"株送徒"⑧，入财者得补郎。后汉孝安永初三年，天下水旱，用度不足，三公奏请，令吏人入谷得关内侯。灵帝悬鸿都⑨之牓，开卖官之路⑩，公卿以降，悉有等差。廷尉崔烈入钱五百万，以买司徒。其子钧曰："大人不当为三公，论者嫌其铜臭。"凡刺史二千石迁除，皆责助理宫室钱，大都至二三千万。钱不毕，至自杀。羊续为太尉，时拜三公者，输东园礼钱千万，令中使督之，名为"左驺"。其所往，辄迎致礼，厚加赠赂。续乃坐使人于单席上，举缊袍⑪以示之。

---

① 十，"士"字之误。
② 每级十七万，则不止三十万。有人说，第一级十七万，然后每级加二万，至十一级，合为三十七万。
③ 官首：武功爵第五级。其位略高，得试为吏。先除：先拜官。
④ 超：破格提拔。这里是指将卜式越级提升为中郎。
⑤ 风百姓：给百姓树立榜样。风：教化。
⑥ 甘泉：宫名，故址在今陕西淳化西北甘泉山。
⑦ 弋猎：指狩猎；博戏：指赌博。齐人：平民。
⑧ 株送徒：从先捕获的犯人口供中招出的同案犯。即先至之人，令其相引，如叶连枝，枝连干，干连根。穷其根本。
⑨ 鸿都：汉代门名。于内置学。东汉灵帝光和元年（公元178年）始置鸿都门学士。灵帝于此张榜卖官。
⑩ 灵帝时，宦官干政，政治极其腐败。在西园造万金堂，公开卖官，各有定价：公卿上千万，二千石官二千万，县令、长官按该县经济情况定价。
⑪ 缊袍：指旧絮袍。以破絮或麻实于其中，旧指粗恶之衣。

晋武帝太康三年，问刘毅曰："卿以吾可方汉①何主也？"对曰："桓、灵之主。"帝曰："吾虽德不及古人，犹克己为理，南平吴会，一同天下。方之桓、灵，不亦甚乎？"对曰："桓、灵卖官，钱入官库。陛下卖官，钱入私门。以此言之，乃不如也。"

后魏明帝孝昌二年初，承丧乱之后，仓廪虚罄，遂班入粟之制。输粟八千硕②，赏散侯③；六千硕，散伯；四千硕，散子；三千硕，散男。职人④输七百硕，赏一大阶，授以实官。白人⑤输五百硕，听依第出身；千硕，加一大阶。诸沙门有输粟四千硕入京仓者，授本州统，各有差。

大唐至德二年七月，宣谕使侍御史郑叔清奏："承前诸使下召纳钱物，多给空名告身⑥，虽假以官，赏其惠义，犹未尽才能。今皆量文武才艺，兼情愿稳便，据条格⑦拟同申奏闻，便写告身。诸道士、女道士、僧、尼如纳钱，请准敕回授余人，并情愿还俗，授官勋邑号等，亦听。如无人回授及不愿还俗者，准法不合畜奴婢、田宅、资财，既助国纳钱，不可更拘常格。其所有资财能率十分纳三分助国，余七分并任终身自荫，身殁之后，亦任回与近亲。又准敕，纳钱百千文，与明经出身，如曾受业，粗通帖策，修身慎行，乡曲所知者，量减二十千文。如先经举送，到省落第，灼然有凭，帖策不甚寥落者，减五十千文。若粗识文字者，准元敕处分。未曾读学，不识文字者，加三十千。应授职事官并勋阶邑号及赠官等，有合荫子孙者，如户内兼荫丁中三人以上免课役者，加一百千文。每加一丁中，累加三十千文。其商贾，准令所在收税，如能据所有资财十分纳四助军者，便与终身优复。如于敕条外有悉以家产助国，嘉其竭诚，待以非次⑧。如先出身及官资，并量资历好恶，各据本条格例，节级优加拟授。如七十以情愿授致仕官者，每色内量十分减二分钱。"时属幽寇内侮，天下多虞，军用不充，权为此制，寻即停罢。

---

① 方汉：意即同汉朝相比。
② 硕：古与"石"字通。石，量名，十斗为一石。又衡名，百二十斤为一石。
③ 散侯：无职守的侯爵。
④ 职人：诸职之人。
⑤ 白人：平民。
⑥ 告身：唐代指授官之符，即官凭。
⑦ 条格：法规。
⑧ 非次：指不按顺序。

## 榷酤：汉、陈、隋、大唐

汉孝武天汉三年，初榷酒酤。韦昭曰："以木渡水曰榷。谓禁人酤酿，独官开置，如道路木为榷者，独取利。"颜师古曰："榷者，步渡桥，尔雅谓之石杠，今之略彴①是也。禁闭其事，总利入官，而下无由以得，若渡水之榷。彴音酌。"

孝昭始元末，丞相车千秋奏罢酒酤，卖酒斗四钱。

孝元时，贾捐之上书曰："昔孝文时，天下人赋四十，丁男三年而一事。今天下人赋数百，造盐铁榷酒之利，以佐用度，犹不能足，而人困矣。"

王莽时，羲和鲁匡言："名山大泽，盐铁钱布帛，五均赊贷②，斡在县官，斡，谓主领之，音管。唯酒酤独未斡。酒者，天之美禄，帝王所以颐养天下，享祀祈福，扶衰养疾。百礼之会，非酒不行。故《诗》曰'亡酒酤我'，酤，买也。言王于族人恩厚，要在燕饮，无酒则买而饮之也。《论语》云'酤酒市脯不食'，二者非相反也。夫《诗》据承平之代，酒酤在官，和旨便人，可以相御也。旨，美也。御，进也。《论语》孔子当周衰乱，酒酤在人，薄恶③不诚，是以疑而弗食。今绝天下之酒，则无以行礼相养；放而无限，则费财伤人。请法古，令官作酒，以二千五百石为一均，率开一垆以卖，垆，谓卖酒之区也，以其一边高，形如垆，故取其名也。月雠④五十酿为准。一酿用粗米二斛，曲一斛，得成酒六斛六斗。各以其市，月朔米曲三斛，并计其价而参分之，参，三。以其一为酒一斛之平。除米曲本价，计其利而什分之，以其七入官，其三及糟酨灰炭酨，酢浆也。酨，才代反。给工器薪樵之费。"而人愈怨。

陈文帝天嘉中，虞荔等以国用不足，奏请榷酤。从之。

隋文帝开皇三年，罢酒坊，与百姓共之。

大唐广德二年十二月敕，天下州各量定酤酒户，随月纳税。除此外，不问官私，一切禁断。大历六年二月，量定三等，逐月税钱，并充布绢进奉。建中三年制，禁人酤酒，官司置店，收利以助军费。

---

① 略彴：唐指小木桥。
② 五均赊贷：王莽新朝颁行的政策之一，属于六管的内容。五均，指在长安东西两市及洛阳、邯郸、临淄、宛（南阳）、成都等五城市设五均官，长官为五均司市师，下设两丞，交易丞管理市场，评定物价，按市平价收购或出售市场物资。钱府丞负责征收工商税和赊贷。
③ 薄恶：指酒清淡质劣。苏轼：《薄薄酒》云：薄薄酒，胜茶汤；粗粗布，胜无裳。
④ 雠：卖，售。

## 算缗：汉、晋以后

汉孝武元狩四年，自作皮币铸白金后，商贾以币之变，多积货逐利。于是公卿言："商贾滋众，贫者蓄积无有，皆仰县官。异时算轺车贾人缗钱皆有差①，请算如故。缗，丝也，以贯钱。一贯千钱，出二十为算也。诗云："维丝伊缗。"轺，小车。诸贾人末作贳贷卖买，居邑贮积诸物赏，赊也。贷，假与。及商以取利者，虽无市籍，各以其物自占，占，隐度也，各隐度其财物多少，而为名簿送之于官也。占，音之赡反。率缗钱二千而算一。率计有二千钱者，则出一算也。诸作有租及铸，以手力所作而卖也。率缗钱四千算一。非吏比者、三老、北边骑士，轺车一算。比，例也。身非为吏之例，非为三老，非为北边骑士，而有轺车，皆令出一算也。商贾人轺车二算。商贾人有轺车，又使多出二算，重其赋也。船五丈以上一算。匿不自占，占不悉，戍边一岁，没入缗钱。悉，尽也。有能告者，以其半畀之。"有不输税者，令人得告，以半与之也。天子既下缗钱令而尊卜式，百姓终莫分财佐县官，于是杨可告缗遍天下。杨可，人姓名。按义纵传云："时杨可方受告缗，纵以为此乱人，部吏捕其为可使者。"杨可据令而发动之，故天下皆被告也。商贾居积及工巧之家，非桑农所出，谓之缗。茂陵中书有缗田奴婢是也。中家以上大抵皆遇告。有司理之，狱少反者。理匿缗，狱，少有反者。反，音幡，谓从轻而出。乃分遣御史、廷尉正监分曹②分曹，言曹辈而出为使也。往往即理郡国缗钱。就其所在而理也。得民财物以亿计，奴婢以千万数，田大县数百顷，小县百余顷，宅亦如之。于是商贾中家以上大抵破。人偷③甘食好衣，不事蓄藏之产业，而县官以盐铁缗钱之故，用少饶矣。初，大农管盐铁官布多，置水衡，欲以主盐铁。及杨可告缗，上林财物众，乃令水衡主上林④。上林既充满，益广。乃分缗钱诸官，而水衡、少府、大农、太仆各置农官，往往即郡县比没入田田之⑤。即，就也。比，谓比者没入也。其没入奴婢，分诸苑养狗马禽兽，及与

---

① 异时：指往年。算：征税。轺车：汉时的一种小马车。
② 分曹，即分批。
③ 偷：《汉书·食货志下》作媮，苟且之意。
④ 大农：古掌农事之官，汉称大农令。水衡：古以虞掌山泽周有林衡、川衡，掌山泽林麓之禁。汉水衡掌上林苑兼主税入。上林：上林苑，秦置。汉武帝时扩充为宫苑。少府：为皇帝服务的机构，始于战国，秦汉相沿。掌山海池泽收入和供皇室之用的手工业制造。太仆：秦汉时九卿之一，掌皇帝的舆马和马政。
⑤ 即：就。比没入田：指昔日所没入之田。

诸官。官益杂置多①，谓新置官员分掌。徒奴婢众，而下河漕度四百万硕，及官自籴乃足。其后令吏得入粟补官及罪人赎，入粟甘泉，不复告缗。

晋自过江，至于梁陈，凡货卖奴婢、马牛、田宅，有文券②，率钱一万输估③四百入官，卖者三百，买者一百。无文券者，随物所堪，亦百文收四，名为散估。历宋齐梁陈，如此亦为常。以人竞商贩，不为田业，故使均输，欲为惩励。虽以此为辞，其实利在侵削。此亦算缗之类。

## 杂税：汉、后汉、宋、齐、东晋、后魏、北齐、后周、隋、大唐

汉高帝十一年，令诸侯常以十月朝献，及郡各以其口数率，人岁六十三钱，以给献费。

孝武元光六年冬，初算商车。始税商贾船车，令出算也。太初四年冬，行回中④，徙弘农都尉理武关，税出入者，以给官吏卒食。

孝昭元凤六年，令郡国无敛今年马口钱。往时有马口出敛钱，今省之。武帝时，租及六畜。

宣帝时，耿寿昌奏请增海租⑤三倍，天子从其计。御史大夫萧望之奏言："故御史属徐宫，御史大夫属也。家在东莱，言往年加海租，鱼不出。长老皆言，武帝时县官尝自渔，海鱼不出，后复与民，鱼乃出。夫阴阳之感，物类相应，万事尽然，宜且如故。"上不听。

王莽令诸取鸟兽鱼鳖百虫于山林水泽及畜牧者，嫔妇桑蚕织纴纺绩补缍，工匠医巫卜祝及他方技商贩贾人坐肆列里区谒舍⑥，区谒舍，若客馆。皆各自占所为于其在所之县官，除其本，计其利，十一分之，而以其一为贡⑦。末年，盗贼群起，匈奴侵寇，大募天下囚徒人，名曰猪突豨勇⑧。一切税吏人，赀三十而取一。

后汉灵帝时，南宫灾。中常侍张让、赵忠等说帝，令敛天下，口四十

---

① 指新增机构后，官员数量亦相应增加。
② 文券：指买卖奴婢、马牛、田宅之契据。
③ 估：估税。相当后世之契税，买方和卖方所纳之税率不同。
④ 回中：宫名，秦置。地在甘肃固原县境。汉武帝曾经驻此。
⑤ 海租：这里是指对海产品征税（鱼税）。
⑥ 坐肆：商店；列里：里巷；谒舍：旅店。
⑦ 参见《汉书·食货志下》。
⑧ 猪突豨勇：指王莽新募天下囚徒组成的军队。猪突：猛冲；豨勇：像野猪一样凶猛。

钱，以治宫室。蜀李雄薄赋，口出钱四十文，巴人谓赋为賨，賨之名旧焉。赋钱四十，则始于李雄也。

宋元嘉二十七年，后魏南侵，军旅大起，用度不充，王公妃主及朝士牧守各献金帛等物，以助国用。下及富室小人，亦有献私财数千万者。扬、南徐、兖、江四州富有之家赀满五十万，僧尼满二十万者，并四分借一。过此率计，事息即还。

齐武帝时，王敬则为东扬州刺史，在今会稽郡也。以会稽边带湖海，人无士庶，皆保塘陂。敬则以功力有余，悉课敛为钱，以送台库，帝纳之。竟陵王子良上表曰："臣忝会稽，粗闲物俗，塘丁所上，本不入官。良由陂湖宜壅，桥路须通，均夫订佗顷反直人自为用。若甲分毁坏，则年一修改；乙限坚完，则终岁无役。今乃通课此直，悉以还台，租赋之外，更生一调。致令塘路崩芜，湖源泄散，害人损政，实此为剧。建元初，军用殷广，浙东五郡，丁税一千，乃质卖妻子，以充此限，所逋尚多，寻蒙蠲原。而此年租课，三分逋一，明知徒足扰人，实自弊国。愚谓课塘丁一条，宜还复旧。"

自东晋至陈，都西有石头津，东有方山津，各置津主一人，贼曹①一人，直水五人，以检察禁物及亡叛者。荻炭鱼薪之类出津者，并十分税一以入官。淮水北有大市，自余小市十余所，备置官司，税敛既重，时甚苦之。

后魏明帝孝昌二年，税市入者，人一钱。其店舍又为五等，收税有差。

北齐黄门侍郎颜之推奏请立关市邸店之税，开府邓长颙赞成之，后主大悦。于是以其所入以供御府声色之费，军国之用不在此焉。税僧尼令曰："僧尼坐受供养，游食四方，损害不少，虽有薄敛，何足怪也。"

后周闵帝初，除市门税。及宣帝即位，复兴入市之税，每人一钱。

隋文帝登庸，又除入市之税。

大唐开元十八年，御史大夫李朝隐奏请薄百姓一年税钱充本，依旧令高户及典正等捉②，随月收利，将供官人料钱。自天宝末年，盗贼奔突，克复之后，府库一空。又所在屯师，用度不足，于是遣御史康云间出江淮，陶锐往蜀汉，

---

① 贼曹：官名，主管缉捕盗贼事。
② 捉：促成，主持。

豪商富户，皆籍其家资，所有财货畜产，或五分纳一，谓之"率贷"，所收巨万计，盖权时之宜。其后诸道节度使、观察使多率税商贾，以充军资杂用，或于津济要路及市肆间交易之处，计钱至一千以上，皆以分数税之。自是商旅无利，多失业矣。上元中，敕江淮堰埭商旅牵船过处，准斛纳钱，谓之埭程①。大历初，诸州府应税青苗钱，每亩十文，充百司功资课②。三年十月十六日，台司奏，缘兵马未散，百司支计不给，每亩更加五文。贞元九年制，天下出茶州，商人贩者，十分税一。

## 平准　均输附：周、汉、后汉

周制，司市掌市之理教政刑，量度禁令，郑元曰："量，豆区斗斛之属。度，丈尺也。"以次叙分地而经市，次，谓吏所治舍，思次、介次也，若今市亭然。叙，肆，行列也。经，界也。以陈肆辨物而平市，陈，犹列也。辨物，物异肆也。肆异则市平。以政令禁物靡而均市，物靡者，易售而无用，禁之则市均。郑众云："靡谓侈靡。"以商贾阜货而行布，通物曰商，居卖曰贾。阜犹盛也。以量度成贾而征价，征，召。使，买也。物有定价，则买者来。使，音䉬。以质剂③结信而止讼，质剂，谓两书一札而别之，若今下手书，保物要还矣。大市以质，小市以剂。音子随反。以贾人禁伪而除诈，贾人，胥师、贾师之属也。必以贾人为者，知物之情伪与实诈尔。以泉府同货而敛赊。同，共也。同者，谓人货不售，则为敛而买之。人无货，则赊贳而与之。大市日昃而市，百族为主；朝市朝时而市，商贾为主；夕市夕时而市，贩夫贩妇为主。昃，日昳④也。市者，杂聚之处。言主者，谓其多者。百族谓百姓也。必容来去。商贾家于城市。贩夫贩妇，朝资夕卖。因其便而分为三时之市，所以了物极众也。凡理市之货贿，六畜珍异，亡者使有，利者使阜，害者使亡，靡者使微。利，利于人，谓物实厚者也。害，害于人，谓物行苦者也。使有，使阜，起其贾以征之也。使亡，使微，抑其贾以却之也。侈靡细好，使富人好奢，微之而已。郑众云："亡者使有，无此物则开利其道，使之有。"凡通货贿，以玺节出入之。玺节印章，如今斗检封矣，使人执之，以通商。以出货贿者，王之司市也。以内货贿者，邦国之司市也。国凶荒札丧，则市无征，而作布。有灾害物贵，市不可以税，为人乏困也。金铜无凶年，因物贵大铸钱，以饶人。凡市，伪饰之禁，在人者十有二，在商者十有二，

---

① 埭程：商船通过拦河水堤时所缴纳的管理费和劳务费。埭，拦河土堤。江淮地区河流较多，为利于灌溉等原因，人们在江河上修筑拦河土坝，而过坝商船则需人力牵挽。
② 功资课：仆从每月的收入。功，官员仆从。
③ 质剂：指商业契券。
④ 昳：指日过午偏西。

在贾者十有二，在工者十有二。郑元曰："王制云：用器不中度、兵车不中度、布帛精粗不中数、幅之广狭不中量，奸色乱正色，五谷不时，果实未熟，木不中伐，禽兽鱼鳖不中杀，皆不鬻于市，亦其类也。于四十八则未闻焉。"贾师掌其次之货贿之理，辨其物而均平之。展其成而奠其贾，然后令市。凡夭患，禁贵使者，使有恒贾。恒，常也，谓若贮米谷棺木而睹久雨而有疫病者，也贵卖之。因灾害阨人，使之重困，故令有常贾也。四时之珍异亦如之。荐宗庙之物也。

汉武帝征伐四夷，国用空竭，兴利之臣自此始也。桑弘羊为大农中丞，管诸会计事，稍稍置均输以通货物矣。谓诸当所输于官者，皆令输其土地所饶，平其所在时价，官更于他处卖之。输者既便，而官有利。汉书百官表，大司农属有平准令。元封元年，弘羊为治粟都尉，领大农，尽管天下盐铁。以诸官各自市，相与争物，以故腾跃，而天下赋输或不偿其僦费①，乃请置大农部丞数十人，分部主郡国，各往往置均输盐铁官，令远方各以其物如异时商贾所转贩者为赋，而相灌输②。置平准于京师，都受天下委输③。召工官理车诸器，皆仰给大农。大农诸官尽笼天下之货物，贵则卖之，贱则买之。如此，富商大贾无所牟大利，牟，取也。则反本，而万物不得腾踊。故抑天下之物，名曰"平准"。天子以为然而许之。时南越初置郡，数反，发南方吏卒往诛之，间岁万余人。帝数行幸，所过赏赐，用帛百余万匹，钱金以钜万计，皆取足大农。诸均输一岁之中，帛得五百万匹，人不益赋而天下用饶。

孝昭即位，霍光辅政，令郡国举贤良文学之士，使丞相御史相与语，问以人所疾苦。文学曰："理人之道，防淫佚之原，广教道④之端，抑末利而开仁义，无示以利，然后教化可兴风俗可移也。今郡国有均输，与人争利，散敦厚之朴，成贪鄙之行，是以百姓就本寡而趋末众。夫末修则人侈，本修则人懿，懿则财用足，侈则饥寒生。愿罢均输以进本退末。"

大夫曰："匈奴背叛，数为寇暴，备之则劳中国，不备则侵盗不止。先帝哀边人之愁苦，为虏所俘，乃修鄣塞，饰烽燧屯戍以备之。边用不足，故置均输，蕃货长财，以助边费。今议者欲罢之，是内空府库之藏，外乏执备之用，罢之不便。夫国有沃野之饶，而人不足于食者，器械不备

---

① 僦费：运输费。
② 灌输：这里是指有无、丰歉互补。
③ 委输：转运各地积聚的财货。
④ 教道：即教导。

也。有山海之货，而人不足于财者，商工不备也。陇西之丹砂毛羽，荆扬之皮革骨象，江南之楠梓竹箭，燕齐之鱼盐毡裘，兖、荆河之漆丝绨纻①，养生奉终之具也。待商而通，待工而成。故圣人作为舟楫之用，以通川谷；服牛驾马，以达陵陆；致远穷深，所以交庶物而便百姓也。"

文学曰："有国有家者，不患贫而患不安，故天子不言多少，诸侯不言利害，大夫不言得失。蓄仁义以风之，励德行以化之，是以近者亲附，远者说德。王者行仁政，无敌于天下，恶用费哉！夫导人以德则人归厚，示人以利则人俗薄。俗薄则背义而趋利，趋利则百姓交于道而接于市。夫排困市井，防塞利门，而民犹为非，况上为之利乎！传曰：'诸侯好利则大夫鄙，大夫鄙则士贪，士贪则庶人盗。'是开利孔，为人罪梯也。夫古之赋税于人也，因其所工，不求其拙。农人纳其获，工女效其织。今释其所有，责其所无，百姓贱卖货物以便上求。间者郡国或令作布絮，吏恣留难，与之为市。吏之所入，非独济陶之缣、蜀汉之布也，亦人间之所为耳。行奸卖平，农人重苦，女工再税，未见输之均也。县官猥发，阖门擅市，则万物并收；并收则物腾踊，腾踊则商贾牟利。自市则吏容奸，豪吏富商，积货储物，以待其急。轻贾奸吏，收贱以取贵，未见准之平也。盖古之均输，所以齐劳逸而便贡输，非以为利而贾物也。"

大夫曰："往者郡国诸侯，各以其物贡输，往来烦难，物多苦恶，不偿其费。故郡置输官，以相给运，而便远方之贡，故曰均输。开委府于京师，以笼货物，贱则买，贵则卖，是以县官不失实，商贾无所牟利，故命曰平准。准平则民不失职，均输则人不劳，故平准均输所以平万物而便百姓也。古之立国家者，开本末之涂，通有无之用。故易曰'通其变'，使人不倦。故工不出则农用乏，商不出则宝货绝。农用乏则谷不殖，宝货绝则财用匮。故均输所以通委财而周缓急，是以先帝开均输以足人财。王者塞，并禁关市，执准守时，以轻重御②人。丰年则贮积以备乏绝，凶年岁俭则行币物，流有余而拯不足也。往时战士或不得禄。今山东被灾，赖均输之蓄，仓廪之积，战士以奉，饥人以振，故均输之蓄，非所以贾万人而专奉兵师之用，亦所以振困乏而备水旱也。古之圣贤理家非一室，富国非一道。理家养生必于农，则舜不甄陶，而伊尹不为庖③。

---

① 漆丝：漆与丝。绨：细葛；纻：麻质白布。
② 轻重：中国古代关于调剂商品、货币流通和控制物价的理论。
③ 指舜曾经制陶，伊尹做过厨师。

故善为国者，以末易本，以虚易实。今山泽之材，均输之藏，所以御轻重而役诸侯也。"

司马迁曰：夫山西①饶林、竹、榖、𬬭、旄、玉石，榖、𬬭，纻属，可以为布。旄，羼之属。𬬭，音卢。山东多鱼、盐、漆、丝、声色；江南多楠、梓、姜、桂、金、锡、连，连，音莲，铅之未炼者。丹砂、犀、象、玳瑁、珠玑、齿、革；龙门、碣石北多马、牛、羊、旃裘、筋、角②；铜铁则千里往往山出棋置③，此其大较也。皆中国人所喜好，谣俗被服饮食奉生送死之具也。故待农而食之，虞而出之，工而成之，商而通之。此宁有政教发征期会哉④？人各任其能，竭其力，以得所欲。故物贱之征贵，贵之征贱，各劝其业，乐其事，若水之趋下，日夜无休时，不召而自来，不求而人出之。岂非道之所符⑤，符，谓合于道也。而自然之验邪？

周书曰："农不出则乏其食，工不出则乏其事，商不出三宝绝⑥，虞不出则财匮少而山泽不辟矣。"此四者，人所衣食之原也。原大则饶，原小则鲜。上则富国，下则富家。贫富之道，莫之夺予，巧者有余，拙者不足也。

越王勾践用范蠡、计然。计然，蠡师文子。计然曰："知斗则修备⑦，时用则知物⑧，二者形则万货之情可得而观已。故岁在金，穰；水，毁；木，饥；火，旱。旱则资舟，水则资车，物之理也。六岁穰，六岁旱，十二岁一大饥⑨。夫粜，二十病农，九十病末。末病则财不出，农病则草不辟矣。上不过八十，下不减三十，则农末俱利。平粜齐物，关市不乏，理国之道也。论其有余不足，则知贵贱。贵上极则反贱，贱下极则反贵。贵

---

① 山西，战国秦汉时，称崤山或华山以西为山西。
② 龙门，即禹门口，地在今山西稷山县和陕西韩城县之间，黄河到此，两岸峭壁对峙，其形状像阙门，故称龙门。碣石，指今河北昌黎的碣石山。旃裘，古代西北少数民族用兽毛制成的衣服。
③ 山出棋置，这句是说出产铜铁矿石的山，有如围棋子一样分布在中原大地上。
④ 政教：政令、教化；发征：征伐，即强制执行；期会：即指定期限。
⑤ 这里是说合乎道理，符合客观事物发展的规律。
⑥ 三宝，孟子云：土地、人民、政事是诸侯的三宝。商人的三宝是食物、材料和工农产品。
⑦ 知斗：争斗；修备：整治和修备。
⑧ 这里是说只有知道商品的使用时限和用途，才能说是懂得该物品。
⑨ 六岁穰……十二岁一大饥，这是春秋时期的一种关于农业丰歉循环的学说。懂得这个道理，个人可以致富，国家财政能以充裕。

出如粪土，贱取如珠玉。财币欲其行如流水①。"

魏文侯时，李悝务尽地力，而白圭乐观时变，故人弃我取，人取我予。夫岁熟取谷，与之丝、漆；茧出取帛絮，与之食，率岁倍。欲长钱，取下谷；长石斗，取上种。能薄饮食，忍嗜欲，节衣服，与用事僮仆同苦乐，趋时若猛兽鸷鸟之发。故曰："吾理生产，犹伊尹、吕尚之谋国，孙吴之用兵，商鞅之行法也。"

自汧、雍以东至河、华，膏壤沃野千里，自虞夏之贡，以为上田。而公刘适邠，太王、王季在岐，文王作酆，武王都镐，故其人犹有先王之遗风。好稼穑，殖五谷。及秦文缪居雍隙②。音却，地居陇蜀之关要，故曰隙，隙为要路之间。陇蜀之货物而多贾。献孝徙栎邑，左冯翊。北邻戎翟，东通三晋③。武、昭理咸阳，因以汉都，长安诸陵，四方辐辏并至而会，地小人众，故其人益玩巧而事末。南则巴蜀。巴蜀亦沃野，地饶巵、姜、丹砂、石、铜、铁、邛都出铜，临邛出铁。竹木之器。南御滇僰，满北反僰僮④；西近邛笮，右各反笮马、旄牛。然四塞，栈道千里，无所不通，唯褒斜绾毂其口，在汉中。以所多易所鲜。天水、陇西、北地、上郡与关中同俗，然西有羌中之利，北有戎狄之畜，畜牧为天下饶。然地亦穷险，唯京师要其道。故关中地于天下三分之一，而人众不过什三；然量其富，什居其六。

昔唐人都河东，尧都晋阳也。殷人都河内，周人都河南。夫三河在天下之中，若鼎足，王者所更居也，建国各数百千岁。土地小民人众，都国诸侯所聚会，故其俗纤俭习事。杨、平阳、杨及平阳，在赵之西。陈西贾秦翟，北贾种、代，石北也，石邑县，在常山。地边胡，数被寇，人矜懻忮⑤，懻音冀，忮音之致反。今以土名强直为懻中。好气任侠为奸，不事农商。然迫近北夷，师旅亟往，中国委输，时有奇羡。其人羯羠不均⑥，羯，九竭反，羠音兕，皆健羊名。自全晋之时，已患其慓匹抄反悍而武灵王益厉之，其谣俗犹有赵之风也。

---

① 这一段文字是我国古代的商业经营原则。
② 隙（xī），①同却；②空隙。《史记·货殖列传》作隙。《索引》徐广云隙，闲孔也。隙者，陇雍之间闲隙之地，故云"雍隙"也。
③ 三晋：春秋末年，韩、赵、魏三家分晋，形成了战国时期的三个国家。
④ 僰僮：指被卖为奴婢的僰人。僰：我国古代西南的少数民族之一。
⑤ 人矜懻忮：指强直刚愎。
⑥ 羯羠不均：意即彪悍好斗。

谚曰："百里不贩樵，千里不贩籴。"居之一岁，种之以谷；十岁，树之以木；百岁，来之以德。德者，人物之谓也。今有无秩禄之奉、爵邑之入，而乐与之比者，命曰"素封"①。封者食租税，岁率户二百，千户之君则二十万，朝觐聘享出其中。庶民农工商贾率亦岁万息二千，百万之家即二十万，而更繇租赋出其中。衣食之欲，恣所好美矣。故曰陆地牧马二百蹄，五十四。牛千蹄角，百六十七头，马贵而牛贱，以此为率。千足羊，二百五十头。泽中千足彘，水居千石鱼陂，鱼以斤两为计。山居千章之萩，萩木所以为辕也，音秋。安邑千树枣，燕、秦千树栗，蜀、汉、江陵千树橘，淮北常山以南河济之闲千树萩，陈、夏千亩漆，齐、鲁千亩桑麻，渭川千亩竹，及名国万家之城，带郭千亩，亩钟之田，六斛四斗。若千亩卮茜，音倩，其花染缯赤黄色。千畦姜韭：千畦，二十五亩。畦，犹陇也。此其人皆与千户侯等。然是富给之资也，不窥市井，不行异邑，坐而待收，身有处士之义而取给焉。若至家贫亲老，妻子耎弱，岁时无以祭祀进醵，渠略反。徐广曰："会聚饮食。"饮食被服不足以自通，如此不惭耻，则无所比矣。是以无财作力，少有斗智，既饶争时，此其大经也。今理生不待危身取给，则贤人勉焉。是故本富为上，末富次之，奸富最下。无岩处奇士之行，而长贫贱，好语仁义，亦足羞也。

凡编户之人，富相什则卑下之，伯则畏惮之，千则役，万则仆，物之理也。夫用贫求富，农不如工，工不如商，刺绣文不如倚市门，此言末业，贫者之资也。通邑大都，酤②一岁千酿，醯酱千瓨③，长颈罂也。浆千甔，罂岳也。都甘反。屠牛羊彘千皮，谷粜千钟，薪稾千车，船长千丈，木千章，汉书音义曰："洪洞方言。章，材也。旧将作大匠掌材者曰章曹掾也。"竹竿万个，其轺车百乘，马车也。牛车千两，木器髹徐广曰："音休，漆也。"者千枚，铜器千钧，二十斤为一钧。素木、铁器若卮茜千石，石，百二十斤。素木，素器。马蹄噭千，噭音口吊反。牛千足，羊彘千双，僮手指千，僮，奴婢。古者无空手，皆有作务，务须手；故曰手指，以别马牛蹄角也。筋角丹砂千斤，其帛絮细布千钧，文采千匹，榻布皮革千石，榻音土合反，榻布，白叠

---

① 素封：指那些既无国家俸禄，又无封爵食邑的地主、富商，其收入就能同封君相等。
② 酤：酒。
③ 醯酱：醋。瓨：缸。

也①。漆千斗，蘖曲盐豉千瓵，或作合，器名，有瓵。孙叔敖云："瓵，瓦器，受斗六升。"合为瓵也。鲐鲞千斤，鲐音台。鲞音自泚反。鲰千石，鲍千钧，鲰音在垢反。枣栗千石者三之，狐貂裘千皮，羔羊裘千石，旃席千具，他果菜千种，子贷金钱千贯，节驵会②，驵音祖朗反。驵，侩也。节，节物贵贱也。谓除估侩，利比于千乘之家也。贪贾三之，廉贾五之。贪贾，未当卖而卖，未可买而买，故得利少，而十得三。廉贾，贵乃卖，贱乃买，故十得五。此亦比千乘之家，其大率也。

吴楚七国兵起时，长安中列侯封君从军旅，赍贷子钱，子钱家③以为侯邑国在关东，关东成败未决，莫肯与。唯无盐氏出捐千金贷，其息什之。三月，吴楚平。一岁之中，则无盐氏息什倍，用此富埒关中。关中宿商大贾，大底尽诸田，田啬、田兰。韦家栗氏，安陵、杜杜氏，安陵及杜二县，各有杜也。亦巨万。此其章章尤异者也，皆非有爵邑俸禄弄法犯奸而富也，尽推理去就，与时俯仰，获其赢利，以末致财，用本守之，以武一切，用文持之，变化有概，故足术也。若至力农畜，工虞商贾，为权利以成富，不可胜数。

夫纤啬筋力，理生之正道也，而富者必用其奇胜。田亩④，拙业也，而秦杨以盖一州；掘冢，奸事也，而田叔以起；博戏，恶业也，而稽发⑤用之富；行贾，丈夫贱行也，而雍乐成以饶；贩脂，辱处也，而雍伯千金；"雍"一作"翁"。卖酱，小业也，而张氏千万；洒削⑥，薄伎也，郅刀剑名。而郅氏鼎食；胃脯，简微也，而浊氏连骑；马医，浅方也，而张里击钟。此皆诚一之所致也。

由是观之，富无经业，则货无常主，能者辐凑，不肖者瓦解。千金之家比一都之君，巨万乃与王者同乐，岂所谓"素封"者耶？非也？

王莽篡位，国师公刘歆言，周有泉府之官，收不售，与欲得，言卖不售者，官为收取之。无而欲得者，官出与之。易所谓"理财正辞，禁人为非"

---

① 揭，《史记·货殖列传》作榻。《集解》引徐广曰："榻音土合反。"《汉书音义》曰：榻布，白叠也。

② 节驵会：指按物之贵贱，估定价格。驵会，指说合牲畜交易的牙商。

③ 子钱家：指放贷取利者。

④ 田亩，应是田农之误。

⑤ 稽发，《史记·货殖列传》作桓发。

⑥ 洒削：洒水磨刀。

者也。莽乃下诏曰："夫周礼有馀贷①，周礼泉府之职曰："凡赊者，祭祀无过旬日，丧纪无过三月。民之贷者，与其有司辨而授之，以国服为之息。"谓人以祭祀、丧纪之从官赊买物，不过旬日及三月而偿之。其从官贷物者，共其所属吏定价而后与之，各以其于国服事之税而输息也，谓若受园廛之田而贷万钱者，一周之月，出息五百也。贷音土得反。乐语五均，乐语，乐元语。河间献王所传，道五均事。按其文："天子取诸侯之二以立五均，则市无二价，四时常均，强者不得困弱，富者不得要贫，则公家有余息，恩及小人也。"传记各有斡焉。斡音管也。今开赊贷，张五均，设诸斡者，所以齐众庶、抑兼并也。"遂于长安及五都立五均官，更名长安东西市令及雒阳、邯郸、临淄、宛、成都邯郸，故赵郡，今广平郡县。临淄，故齐郡，今北海郡县。宛，今南阳县。兼雒阳、成都，所谓五都也。市长皆为五均司市。东市称京，西市称畿，雒阳称中，余四都各用东西南北为称，皆置交易丞五人，钱府丞二人。工商能采金银铜锡、登龟取贝者，登，进也。龟有灵，故言登也。皆自占司市钱府，顺时气而取之。各以其所采取之物，自隐实于司市钱府也。占音之赡反。

诸司市常以四仲月，实定所掌，为物上中下之价，各自用为其市平，无拘他所。众人买卖五谷布帛丝绵之物，周于人用而不售者，均官有以考检厥实，用其本价取之，无令折钱。万物卬贵，过平一钱，卬，物价起也，音五冈反。则以平价卖与人。其价低贱减平者，听人自相与市，以防贵庾者。庾，积也。以防人积物待贵也。人欲祭祀丧纪而无用者，钱府以所入工商之贡但赊之。但，空也。空赊与之，不取息利。祭祀无过旬，丧纪无过三月。人或乏绝，欲贷以理产业者，均授之，除其费，计所得受息，无过岁什一。均谓各依先后之次也。除其费，谓衣食之费已用者。

羲和置命士督五均六斡，郡有数人，皆用富贾。雒阳薛子仲、张长叔，临淄姓伟等，姓姓，名伟也。乘传求利，交错天下②。因与郡县通奸，多张空簿③，簿，计簿也。府藏不实，百姓愈病。莽知人苦之，复下诏曰："夫盐，食肴之将④；为食肴之将帅。酒，百药之长，嘉会之好；铁，田农之本；名山大泽，饶衍之藏；五均赊贷，百姓所取平，仰以给赡；仰，音牛向反。钱布铜冶⑤，通行有无，备人用也。此六者，非编户齐人所能家

---

① 馀贷：应是赊贷之误。
② 指乘传车（专车）巡视各地，借机牟利。
③ 空簿：不实的账簿。
④ 盐是饮食的主要调料。
⑤ 《汉书·食货志下》作铁布铜冶。

作，必仰于市，虽贵数倍，不得不买。豪人富贾，即要贫弱，先圣知其然也，故斡之。每一斡为设科条防禁，犯者罪至死。"奸吏猾人并侵，众庶各不安生。

后汉章帝时，尚书张林上言："宜自交趾、益州上计吏来市珍宝，收采其利，武帝所谓均输也。"谓租赋并雇运之直，官总取而官转输于京，故曰均输。诏议之。尚书仆射朱晖奏曰："按王制：'天子不言有无，诸侯不言多少，食禄之家不与百姓争利。'今均输之法，与贾贩无异，盐利归官，则下人穷怨；布帛为租，则利吏奸盗。诚非明主所宜行。"帝不从。其后用度益奢。

# 卷十二　食货十二

**轻重　平籴　常平仓　义仓：周、汉、后汉、晋、宋、齐、后魏、北齐、后周、隋、大唐**

太公为周立九府圜法，解在钱币篇。太公退又行之于齐。

至管仲相桓公，通轻重之权曰："岁有凶穰，故谷有贵贱；令有缓急，故物有轻重。上令急于求米，则民重米；缓于求米，则民轻米。所缓则贱，所急则贵。人君不理，则蓄贾游于市，谓贾人之多蓄积也。乘民之不给，百倍其本矣。给，足也，以十取百。故万乘之国必有万金之贾，千乘之国必有千金之贾者，利有所并也。国多失利，则臣不尽忠，士不尽死矣。计本量委则足矣，委，积也。然而民有饥饿者，谷有所藏也。谓富人多藏谷也。民有余则轻之，故人君敛之以轻；民不足则重之，故人君散之以重。民轻之时，官为敛籴；民重之时，官为散之。凡轻重敛散之以时，即准平。守准平，使万室之邑必有万钟之藏，藏镪千万；六斛四斗为钟。镪，钱贯。千室之邑必有千钟之藏，藏镪百万。春以奉耕，夏以奉耘，奉谓供奉。耒耜、器械、种饷、粮食必取赡焉。故大贾畜家不得豪夺吾民矣。"豪，谓轻侮之。

管子曰："夫物多则贱，寡则贵，散则轻，聚则重。人君知其然，故视国之羡，美，余也，羊见反。不足而御其财物。谷贱则以币与食，布帛贱则以币与衣，视物之轻重而御之以准，故贵贱可调，而君得其利，则古之理财赋，未有不通其术焉。"谷贱以币与食，布帛贱以币与衣者，"与"当为"易"，随其所贱而以币易取之，则轻重贵贱由君上也。周易损卦六五云："或益之十朋之龟，弗克违，元吉。"沙门一行注曰："十朋者，国之守龟，象社稷之臣，能执承顺之道，以奉其君。龟之为物，则主人之重宝，为国之本，损而奉上，则国以之存；损而益下，则人以之存。明于法，则调盈虚御轻重中和之要，若伊尹、太公、管仲之所执。"夫龟者，上达神祇之情，下乃不言而信于人也。斯故往者用之为币，则一行深知其道矣。

齐桓公问于管子曰："自燧人以来，其要会可得而闻乎？"对曰："燧人以来，未有不以轻重为天下也。共工之王，帝共工氏，继女娲有天下。水处什之七，陆处什之三，乘天势以临制天下。至于黄帝之王，谨逃其爪牙，不利其器。藏秘锋芒，不以示人，行机权之道，使人日用而不知。烧山林，破增薮，焚沛泽，沛，大泽也。一说水草兼处曰沛。逐禽兽，实以益人，然后天下可得而牧也。至于尧舜之王，所以化海内者，北用禺氏之玉，禺氏，西北戎名，玉之所出。南贵江汉之珠，禽兽之仇，以大夫随之。"禽兽之仇者，使其逐禽兽，如从仇雠也。以大夫随之者，使其大夫散邑粟财物，随山泽之人，求其禽兽之皮。公曰："何谓也？"对曰："令诸侯之子将委质者，诸国君之子，若卫公子开方、鲁公子季友之类，皆以双虎之皮，双虎之皮以为裘。卿大夫豹饰，卿大夫，上大夫也。袖谓之饰。列大夫豹襜，列大夫，中大夫也。襟谓之襜，音昌詹反。大夫散其邑粟与其财物，以市虎豹之皮，故山林之人刺其猛兽，刺音七亦反。若从亲戚之仇。此君冕服于朝，而猛兽胜于外，大夫以散其财物，万人得受其流，此尧舜之数也。"言尧舜尝用此数。

管子曰："夫富能夺，贫能与，乃可以为天下。富者能夺，抑其利；贫者能赡，恤其乏，乃可为君。国有十年之蓄用之蓄积，常余十年而不足于食，皆以其技能冀①君之禄也。故人君挟其食，据有余而制不足，故人无不系于上也。食者，人之司命，言人君唯以食能制其事，所以人无不系于号令。且君引锸锸②，筹也，丁劣反。量用，耕田发草，上得其数矣。人之所食，人有若干步亩之数，计本量委委，积。则足矣。然而人有饥饿不食音嗣者何也？谷有所藏也。言一国之内耕垦之数，君悉知。凡人计口受田，家族多少，足以自给。而人乏于食，谓豪富之家收藏其谷故。然则人君不能散积聚，均羡余也。不足，则君虽强本趋耕，本则务农。趋读为促。乃使人下相役耳，恶音乌能以为理？"人君不能散豪富之积，均有余以赡不足，虽务农事，督促播植，适所以益令豪富驱役细人，终不能治理，所谓须有制度于其间，兼轻重之术。

管子曰："利出于一孔者，凡言利者，不必货利，庆赏威刑皆是。其国无敌；出二孔者，其兵不诎，诎与屈同。屈，穷也，求物反。出三孔者，不可以举兵；出四孔者，其国必亡。先王知其然，故塞人之养，养，利也。羊向

---

① 冀：希望。
② 锸：古代计数用的筹码。

反。隘其利途。故予之在君，予音与。夺之在君，贫之在君，富之在君，故人之戴上如日月，亲君若父母。凡将为国，不通于轻重，不可以守人，不能调通人利，不可以语制为大理。分地若一，强者能守；分财若一，智者能收。智有什倍人之功，以一取十。愚有不赓赓，犹偿也。音庚。本之事，然而人君不能调也。夫人富则不可以禄使也，贫则不可以威罚也。法令之不行，万人之不理，贫富之不齐也。且天下者处兹行兹，谓塞利途。若此而天下可一也。夫天下者，使之不使，用之不用。故善为天下者，无曰使之，使不得不使；无曰用之，用不得不用。使其不知其所以然，若钜桥之粟贵籴，则设重泉戍之类是。故善为国者，天下下我高，天下轻我重，天下多我寡，然后可以朝天下。①"常以数倾之，若服鲁梁绨之类是也。

桓公问曰："不籍而赡国，为之有道乎？"管子曰："轨守其时，有官天财，何求于人。泰春、泰夏、泰秋、泰冬②，泰犹当也。令之所止，令之所发，令之所止，令之所发，谓山泽之所禁发也。此物之高下之时，此人之所以相并兼之时也。君素之为四备以守之，泰春人之且所用者，泰夏人之且所用者，泰秋人之且所用者，泰冬人之且所用者，皆已廪之矣。"廪，藏也。言四时人之所要，皆先备之，所谓耒耜、器械、种饷、粮食必取赡焉，则豪人大贾，不得擅其利。

桓公曰："行币乘马之数奈何。"即筴乘马③，所谓筴乘马者，筴犹实也④。筴者，以币为筴，而泄重射轻。管子对曰："士受资以币，大夫受邑以币，人马受食以币，则一国谷赀在上，币赀在下。国谷什倍，数也。皮革、筋角、羽毛、竹箭、器械、财物，苟合于国器，君用者皆有矩券于上，矩券，常券。君实乡州藏焉。周制，万二千五百家为乡，二千五百家为州。齐虽霸国，尚用周制。曰某月日苟从责者，责读为债。乡决州决，故曰就庸一日而决。国筴出于谷轨。国之筴，货币乘马者也。"赀，价也。言应合受公之所给，皆与之币，则谷之价君上权之。其币在下，故谷倍重。其有皮革之类堪于所用者，所在乡州有其数，若今官曹簿账。人有负公家之债，若耒耜种粮之类者；官司如要其用，若皮革之类者，则与其准纳。如要功庸者，令就役一日，除其簿书耳。此盖君上一切权之也。详轻重之本旨。摧抑富商兼并之家，隘塞利门，则与夺贫富，悉由号令

---

① 参见《管子·国蓄》。
② 泰春、泰夏、泰秋、泰冬，对四季的美称。
③ 筴乘马，《管子·山至数》作臣乘马。
④ 筴犹实，《管子·山至数》作臣犹实。

然，可易为理也。此篇经秦焚书，潜蓄人间。自汉兴，晁、贾、桑、耿诸子，犹有言其术者，其后绝少寻览，无人注解，或编断简囊，或传讹写谬，年代绵远，详正莫由。今且梗概粗知，固难得搜摘其文字。凡问古人之书，盖欲发明新意，随时制事，其道无穷，而况机权之术，千变万化，若一二模楷，则同刻舟胶柱耳，他皆类此。

桓公问于管子曰："吾欲守国而无税于天下，而外因天下，可乎？"对曰："昔武王有钜桥之粟，贵籴之数，武王即胜殷，得钜桥粟，欲使籴贵。钜桥仓在今广平郡曲周县也。立重泉之戍。戍，名也。假设戍名，欲人惮役而竞收粟也。重，丈恭反。令曰：'人自有百谷①之粟者不行。'谷②，十二斛也。人举所最粟，举，尽也。最，聚也，子外反。以避重泉之戍。而国谷二什倍，钜桥之粟亦二什倍。武王以钜桥之粟二什倍而市缯帛，军五岁无籍衣于人；以钜桥之粟二什倍而衡黄金，衡，平也。终身无籍于人。"

桓公曰："与天子提衡争秩于诸侯，提，持也。合众弱以事一强者，谓之衡。秩，次也。为之有道乎？"管子曰："唯籍于号令为可。请以令发师置屯籍农，屯，戍也。发师置戍，人有粟者则不行。十钟之家不行，六斛四斗为钟。百钟之家不行，千钟之家不行，行者不能百之一，千之十，而困窌③之数困，丘伦反。窌，力救反。皆见于上矣。君按困窌之数，令之曰：'国贫而用不足，请以平价取之，子皆按困窌而不得捃损焉。'捃，犹谓减其数。君直币之轻重以决其数。直犹当也。谓其积粟之数。使无券契之责，分之曰券，合之曰契。责读曰债。使百姓皆称贷于君，则无契券之债。则积藏困窌之粟皆归于君。"

桓公曰："齐西水潦人饥，齐东丰庸而籴贱，庸，用也。谓丰稔而足用。欲以东之贱被西之贵，为之有道乎？"管子曰："今齐西之粟釜五钟为釜。百泉，则钘二十也。斗二升八合曰钘。乌侯反。泉，钱也。齐东之粟釜十泉，则钘二钱也。请以令籍人三十泉，得以五谷菽粟决其籍。若此，则西出三斗而决其籍，东出三釜而决其籍，然则釜十之粟皆实于仓廪。西之人饥者得食，寒者得衣，若此则东西之相被，远近之准平矣。"君下令税人三十钱，准以五谷，令齐西之人纳三斗，东之人纳三釜，以振西之人，则东西俱平矣。管子智用无穷，以区区之齐匡天下，本仁祖义，成其霸业，所行权术，有因而发，非为常道。故别篇云"偏行而不尽"也。

---

① 谷，量名，十二石为谷。
② 谷，《管子·地数》作鼓。
③ 困窌，《周礼·考工记·匠人》注，圆曰困，方曰仓，穿地曰窌（地藏曰窌）。

桓公曰："籴贱，寡人恐五谷之归于诸侯，寡人欲为万民藏之，为此有道乎？"管子曰："今者夷吾过市，有新成囷京者二家，大囷曰京。君请式璧而聘之。"式，用也。璧，石璧也。聘，问也。使玉人刻石为璧，尺万泉，八寸者八千，七寸者七千是也。赐之以璧，仍存问之。行令半年，万民舍其业而为囷京以藏菽粟者过半。

管子谓桓公曰："北郊有掘阙得龟者，掘，穿也，求物及穿地至泉曰阙，求曰反。此检数百里之地也。检，犹比也。以此龟为用者，其数百比百里之地。令过之平盘之中。令，力呈反。过之，犹置之也。平盘者，大盘也。君请起十乘之使，百金之提，起，发也。提，装也。使，色吏反。'赐若服中大夫'。若，汝也。中大夫，齐爵也。曰：'东海之子类于龟，东海之子，其状类龟，假言此龟东海之子耳。东海之子者，海神之子也。托舍于若，托舍，犹寄居也。以终而身，而，若也。劳若以百金劳，赐也'"。之龟为无赀，之，是也。是龟至宝而无赀也。无赀，无价也。而藏诸泰台，泰台，高台也。立宝曰无赀。立龟为宝，号曰无赀。还四年，伐孤竹。还四年，后四年。丁氏之家粟丁氏，齐之富人，所谓丁惠也。可食三军之师行五月。食音嗣。下以意取。行五月，经五月。召丁氏而命之曰："吾有无赀之宝，吾今将有大事，请以宝为赘，音致。下皆同。以假子之邑粟。"即家粟也。丁氏北乡再拜，革筑室赋籍藏龟。革，更也。赋，敷也。籍，席也，才夜反。孤竹之役，丁氏之粟中食三军五月之食。中，当也，丁仲反。下皆同。

桓公曰："吾欲西朝天子而贺献不足，为此有数乎？"管子曰："请以令城阴里，城者，筑城也。阴里，齐地也。使其墙三重而门九袭①。袭，重也。亦欲其事密而人不知，又先记其城城。因使玉人刻石为璧，刻石，刻其美石。尺者万泉，八寸者八千，七寸者七千，珪中四千，丁仲反。瑗中五百。"好倍肉曰瑗。璧之数已具，管子西见天子曰："弊邑之君欲率诸侯而朝先王之庙，观于周室，请以令使天下诸侯，不以彤弓石璧者，彤弓，朱弓也，非齐之所出。盖不可独言石璧，兼以彤弓者，犹藏其机。不得入朝。"天子许之。天下诸侯载黄金珠玉、五谷、文采布帛输齐，输，音式树反。以收石璧。石璧流而之天下，财物流而之齐，故国八岁而无籍，阴里之谋也。

桓公曰："吾欲杀商贾之利，而益农夫之事，为此有道乎？"管子对曰："请重粟之价，若是则田野大辟，而农夫劝其事矣。请以令使卿藏千

---

① 墙三重：三道墙；门九袭：九重（道）门。

钟，大夫藏五百钟，列大夫藏百钟，列大夫，中大夫也。富商蓄贾藏五十钟。内可以为国委，于伪反。外可以益农夫矣。"

桓公曰："峥丘之战，峥丘，地名，未闻，一说即葵丘。人多称贷负息以给上之急，寡人欲复业产，业产者，本业也。此何以洽？"洽，通也。言百姓为戎事失其本业，今欲复之，何以通于此也。管子曰："唯胶数为可耳。"胶读曰缪，假此术以陈其事也。今表称贷之家，表，旌也。皆垩白其门而高其闾，亦所以贵重之。使人使者式璧而聘之，以给盐菜之用。令使者贵石璧而与，仍存问之，谦言盐菜之用。称贷之家皆齐首稽颡问曰："何以得此？"使者曰："君令曰：寡人闻之，诗曰：'恺悌君子，民之父母。'寡人有峥丘之战，吾闻假贷吾贫萌，萌与氓同。使有以给子之力。"称贷之家皆折其券而削其书，旧执之券皆折毁之，所书之债皆削除之，不用。发其积藏，出其财物以振贫。国中大给，峥丘之谋也。

桓公曰："鲁梁之于齐也，蠭螫。蠭，古蜂字。螫音尺亦反。言鲁梁二国常为齐患也。吾欲下鲁梁，何行而可？"管子对曰："鲁梁之民俗为绨，徒奚反，缯之厚者谓之绨。公服绨，令左右服之，人从而服之，因令齐勿敢为，必仰于鲁梁，则是鲁梁释其农事而作绨矣。"桓公即为服于泰山之阳，鲁梁二国在泰山之南，故为服于此，近其境也，欲鲁梁人速知之。十日而服之。管子告鲁梁之贾人曰："子为我致绨千匹，赐子金三百斤，子十至而金三千斤，则是鲁梁不赋于人，财用足也。"鲁梁之君闻之，则教其人为绨，十三月，鲁梁国中之人，道路扬尘，十步不相见，绁绤而踵相随，绁绤谓连续也。绁，息列反。绤，丘乔反。车毂齰骑连伍而行。齰，啮也，士角反。言其车毂往来相啮，而骑东西连而行，皆趋利耳。管子曰："鲁梁可下矣。公宜服帛，率民去绨，闭关无与鲁梁通使。"后十月，鲁梁人饿馁相及，相及，犹相继。应声之正，无以给上。应声之正，谓急速之赋。正音征。鲁梁之君即令其人去绨修农，谷不可以三月而得。鲁梁之人籴十百，谷斗千钱，齐粜十钱。谷斗十钱。周月，鲁梁之民归齐者十之六。

管子曰："夫人予音与则喜，夺则怒，先王知其然，故见予之形，见，贤遍反。而不见夺之理，可使由之，不可使知之。故民爱可洽于上也。洽，通也。租籍者，所以强求，在工商曰租籍。强音其两反。租税者，所虑而请也。在农曰租税。虑，犹计也。请，犹求也。五霸之君，去丘吕反。其所以强求，废其所虑而请，故天下乐雅教反从也。春赋以敛缯帛，夏贷以收秋实，盖方春蚕家阙乏而赋与之，约收其缯帛也。方夏，农人阙乏，亦赋与之，约取其谷实也。

是故人君无废事，而国无失利也。人之所乏，君即与之，则豪富商人不得擅其利。凡五谷者，万物之主也。谷贵则万物必贱，谷贱则万物必贵。两者为敌，则不俱平，故人君御谷物之秩相胜，而操事于其不平之间，秩，积也。食为人天，故五谷之要，可与万物为敌，其价常不俱平。所以人君视两事之委积，可彼此相胜，轻重于其间，则国利不散也。故万民无籍而国利归于君也。夫以室庑籍谓之毁成，小曰室，大曰庑，音武。是使人毁坏庐室。以六畜籍谓之止生，畜，许收反。是使人不竞牧养也。以田亩籍谓之禁耕，是止其耕稼也。以正人籍谓之离情，正数之人，若丁壮也。离情，谓离心也。以正户籍谓之养赢。赢，谓大贾蓄家也。正数之户已避其籍，则至浮浪为大贾蓄家之所役属，增其利耳。五者不可毕用，故王者当偏行而不尽。故天子籍于币，诸侯籍于食。中岁之谷，石十钱，大男食四石，月有四十之籍；大女食三石，月有三十之籍；吾子食二石，月有二十之籍。岁凶谷石二十，则大男有八十之籍，大女有六十之籍，吾子有四十之籍。六十为大男，五十为大女，吾子为小男小女也。按古之石，准今之三斗三升三合。平岁每石税十钱，凶岁税二十者，非必税其人，谓于操事轻重之间，约收其利也。是人君非发号令收穑而户籍也，使人君守其本委谨，而男女诸君吾子无不服籍者也。"穑，敛。委，所委积之物。谨，严也。言人君不用下令税敛于人，但严守利途，轻重在我，则无不遂其税也。

齐之北泽烧火，猎而行火曰烧，式照反。光照堂下。管子入贺曰："田野辟，农夫必有百倍之利矣。"是岁租税九月而具。桓公曰："此何故也？"管子曰："万乘、千乘之国，不能无薪而炊，今北泽烧，莫之续，则是农夫得居装而卖其薪荛，大曰薪，小曰荛。一束十倍，则春有以事耜，夏有以决芸，耘同。此租税所以九月而具也。"

桓公问管子曰："终身有天下而勿失，有道乎？"对曰："请勿施于天下，独施之于吾国。国之广狭，壤之肥墝，有数；终岁食余，有数。彼守国者，守谷而已矣。曰某县之壤广若干，某县之壤狭若干，国之广狭肥墝，人之所食多少，其数君素皆知之。则必积委币，委，蓄也。各于县州里积蓄钱帛，所谓万室之邑，必有万钟之藏，藏镪千万；千室之邑，必有千钟之藏，藏镪百万。于是县州里受公钱。公钱，即积委之币。秋，国谷去参之一。去，减也，丘吕反。君下令谓郡县属大夫里邑，皆籍粟入若干，谷重一也，以藏于上者，一其谷价，而收藏之。国谷三分则二分在上矣。言先贮币于县邑，当秋时，下令收籴也。则魏李悝行平籴之法，上熟籴三舍一，中熟籴二舍一，下熟中分之，盖出于此。今言去三之一者，约中熟为准耳。泰春，国谷倍重数也；泰夏，赋谷以理土田；泰秋，田谷之存子者若干，今上敛谷以币，人曰无币；以谷，则人之三有归于上矣。言当春谷贵之时，计其价以谷赋与人，秋则敛其币，虽设此令，本意收其谷，人既无币，请输谷，故归于上。重之相因，时之化举，无不为国筴。重之相因，若春时谷贵与谷也。时之化举，若秋时谷贱收谷也。因时之轻重，无不以术权之。则彼诸侯之谷十，吾国谷二十，则诸侯谷归吾国矣。诸侯谷二十，吾国谷十，则吾国谷归于诸侯矣。故善为天下者，谨守重流，重流，谓严守谷价，不使流散。而天下不吾泄矣。泄，散也。吾谷不散出。彼重之相归，如水之就下。吾国岁非凶也，以币藏之，故国谷倍重。诸侯之谷至也，是藏一分而致诸侯之一分也。利不夺于天下。大夫不得以富侈以重藏轻，国常有十国之筴也。此以轻重御天下之道也。"

魏文侯相李悝曰："籴甚贵伤人，此人谓士工商①。甚贱伤农，人伤则离散，农伤则国贫，故甚贵与甚贱，其伤一也。善为国者，使人无伤而农益劝。今一夫挟五口，治田百亩，岁收亩一石半，为粟百五十石。除十一之税十五石，余百三十五石。食，人月一石半，五人终岁为粟九十石，余有四十五石。石三十，为钱千三百五十。除社闾尝新春秋之祠用钱三百，余千五十。衣，人率用钱三百，五人终岁用千五百，不足四百五十。少四百五十，不足。不幸疾病死丧之费及上赋敛，又未与此。此农夫所以常困，有不劝耕之心，而令籴至于甚贵者也。是故善平籴者，必谨观岁有上中下熟。上熟其收自四，余四百石；平岁百亩收百五十石，今大熟四倍，收六百石。计人终岁长四百石，官籴三百石，此为籴三舍一也。中熟自三，余三百石；自三，四百五十石也。终岁长三百石，官籴二百石，此为籴二而舍一也。下熟自倍，余百石。自倍，收三百石，终岁长百石，官籴其五十石。云下熟籴一，谓之中分百石之一也。小饥则收百石，平岁百亩之收，收百五十石。今小饥收百石，收三分之二也。中饥七十石，收二分之一也。大饥三十石。收五之一也。以此推之大小中饥之率。故大熟则上籴三舍一，中熟则籴二，下熟则籴一，使人适足，价平则止。小饥则发小熟之所敛，官以敛藏出籴。中饥则发中熟之所敛，大饥则发大熟之所敛，而籴之。故虽遇饥馑水旱，籴不贵而人不散，取有余而补不足也。"行之魏国，国以富强。

汉宣帝时，岁数丰穰，谷至石五钱，农人少利。大司农中丞耿寿昌请令边郡皆筑仓，以谷贱时增其价而籴以利农，谷贵时减价而粜，名曰

---

① 此处的"人"字，是指士、工、商、世，疑为士。

"常平仓"，人便之。上乃下诏赐寿昌爵关内侯。元帝即位，罢之。

后汉明帝永平五年，作常平仓。

晋武帝欲平一江表，时谷贱而布帛贵，帝欲立平籴法，用布帛市谷，以为粮储。议者谓军资尚少，不宜以贵易贱。泰始二年，帝乃下诏曰："古人权量国用，取赢散滞，有轻重平籴之法。此事久废，希习其宜，而官蓄未广。言者异同，未能达通其制。更令国宝散于穰岁而上不收，贫人困于荒年而国无备，豪人富商挟轻资，蕴重积，以管其利，故农夫苦其业而末作不可禁也。今宜通籴，主者平议，具为条制。"然事未行，至四年，乃立常平仓，丰则籴，俭则粜，以利百姓。

宋文帝元嘉中，三吴水潦，谷贵人饥。彭城王义康立议，以"东土灾荒，人凋谷踊，富商蓄米，日成其价。宜班下所在，隐其虚实，令积蓄之家，听留一年储，余皆敕使粜货，为制平价，此所谓常道行于百代，权宜用于一时也。又缘淮岁丰，邑地沃壤，麦既已登，黍粟行就。可折其估赋，仍就交市，三吴饥人，即以贷给，使强壮转运，以赡老弱"。并未施行。

齐武帝永明中，天下米谷布帛贱，上欲立常平仓，市积为储。六年，诏出上库钱五千万，于京师市米，买丝绵纹绢布。扬州出钱千九百一十万，<small>扬州，理①建业，今江宁郡也。</small>南徐州二百万，<small>南徐州，理京口，今丹阳郡。</small>各于郡所市籴。南荆河州二百万，<small>南荆河州，理寿春，今郡。</small>市丝绵纹绢布米大麦。江州五百万，<small>江州，理浔阳，今郡。</small>市米胡麻。荆州五百万，<small>荆州，理南郡，今江陵。</small>郢州三百万，<small>郢州，理江夏，今郡。</small>皆市绢、绵、布、米、大小豆、大麦、胡麻。湘州二百万，<small>湘州，理长沙，今郡。</small>市米、布、蜡。司州二百五十万，<small>司州，理汝南，今义阳郡。</small>西荆河州二百五十万，<small>西荆河州，理历阳，今郡。</small>南兖州二百五十万，<small>南兖州，理广陵，今郡。</small>雍州五百万，<small>雍州，理襄阳，今郡。</small>市绢绵布米。使台传并于所在市易。

后魏孝庄②时，秘书丞李彪上表曰："昔之哲王，莫不克勤稼穑，故尧汤水旱，人无菜色，盖由备之也。汉家乃设常平，魏氏以兵粮制屯田，军国取济。光武一亩不实，罪及牧守。皆明君恤人若此。今山东饥，京师俭，臣以为宜析州郡常调九分之二，京师都度支岁用之余，各立官司，年

---

① 理：指治所。下同。
② 后魏孝庄，北魏孝庄帝，公元528—530年在位。从后面的文字和《魏书·李彪传》来看，此处应该是孝文帝（公元471—499年在位）时之事，所以孝庄之名有误。

丰籴积于仓，俭则减私之十二粜之。如此，人必力田以买官绢，又务贮钱以取官粟，年丰则常积，岁凶则直给。"明帝神龟、正光之际，自徐扬内附之后，徐，今彭城郡。扬，今寿春郡。收内兵资，与人和籴，积为边备也。

北齐河清①中，令诸州郡皆别置富人仓。初立之日，准所领中下户口数，得一年之粮，逐当州谷价贱时，斟量割当年义租充入。齐制，岁每人出垦租二石，义租五斗，垦租送台，义租纳郡，以备水旱。谷贵，下价粜之，贱则还用所粜之物，依价籴贮。

后周文帝创制六官，司仓掌辨九谷之物，以量国用。足，蓄其余，以待凶荒；不足，则止余用。用足，则以粟贷人，春颁秋敛。

隋文帝开皇三年，卫州置黎阳仓，陕州置常平仓，华州置广通仓，转相灌注，漕关东及汾、晋之粟，以给京师。京师置常平监。五年，工部尚书长孙平奏："古者三年耕而余一年之积，九年作而有三年之储，虽水旱为灾，人无菜色，皆由劝导有方，蓄积先备。请令诸州百姓及军人劝课当社，共立义仓，收获之日，随其所得，劝课出粟及麦，于当社造仓窖贮之。即委社司，执账检校，每年收积，勿使损败。若时或不熟，当社有饥馑者，即以此谷振给。"自是诸州储峙委积②。至十五年，以义仓贮在人间，多有费损，诏曰："本置义仓，止防水旱，百姓之徒，不思久计，轻尔费损，于后乏绝。又北境诸州，异于余处，灵、夏、甘、瓜等十一州，所有义仓杂种，并纳本州。若人有旱俭少粮，先给杂种及远年粟。"十六年，又诏，秦、渭、河、廓、豳、陇、泾、宁、原、敷、丹、延、绥、银等州社仓，并于当县安置。又诏，社仓准上中下三等税，上户不过一石，中户不过七斗，下户不过四斗。

大唐武德五年，废常平监。八年敕，诸州斗秤，京太府校。

贞观初，尚书左丞戴胄上言曰："水旱凶灾，前圣之所不免。国无九年储蓄，礼经之所明诫。今丧乱之后，户口凋残，每岁租米，不实仓廪，随即出给，才供当年。若遇凶灾，将何振恤？故隋开皇立制，天下之人，节级输粟，名为社仓。终于文皇，得无饥馑。及大业中，国用不足，并取社仓，以充官费，故至末涂，无以支给。今请自王公以下，爰及众庶，计所垦田稼穑顷亩，每至秋熟，准其见苗，以理劝课，尽令出粟。稻麦之

---

① 河清（公元562—566年），北朝北齐武成帝高湛的年号。
② 储峙：储备粮食。峙（zhì）：糗，炒熟的米麦。委积：古代以国用的余财储蓄备荒。

乡，亦同此税。各纳所在，为立义仓。年谷不登，百姓饥馑，当所州县，随便取给。"太宗曰："既为百姓先作储贮，官为举掌，以备凶年。非朕所须横生赋敛，利人之事，深是可嘉。宜下有司，议立条制。"户部尚书韩仲良奏："王公以下垦田，亩纳二升。其粟麦粳稻之属，各依地土。贮之州县，以备凶年。"制从之。自是天下州县始置义仓，每有饥馑，则开仓振给。

高宗永徽二年九月，颁新格："义仓据地取税，实是劳烦，宜令户出粟，上上户五石，余各有差。"六年，京东西市置常平仓。高宗、武太后数十年间，义仓不许杂用，其后公私窘迫，贷义仓支用。自中宗神龙之后，天下义仓，费用向尽。

开元二十五年定式："王公以下，每年户别据所种田，亩别税粟二升，以为义仓。其商贾户若无田及不足者，上上户税五石，上中以下递减各有差。诸出给杂种准粟者，稻谷一斗五升当粟一斗。其折纳糙米者，稻三石折纳糙米一石四斗。"

天宝八年，凡天下诸色米都九千六百六万二千二百二十石。

和籴　一百一十三万九千五百三十石：

　　关内　五十万九千三百四十七石，

　　河东　十一万二百二十九石，

　　河西　三十七万一千七百五十石，

　　陇右　十四万八千一百四石。

诸色仓粮　总千二百六十五万六千六百二十石：

　　北仓　六百六十一万六千八百四十石，

　　太仓　七万一千二百七十石，

　　含嘉仓　五百八十三万三千四百石，

　　太原仓　二万八千一百四十石，

　　永丰仓　八万三千七百二十石，

　　龙门仓　二万三千二百五十石。

正仓　总四千二百一十二万六千一百八十四石：

　　关内道　百八十二万一千五百一十六石，

　　河北道　百八十二万一千五百四十六石，

　　河东道　三百五十八万九千七百八十石，

　　河西道　七十万二千六十五石，

陇右道　三十七万二千七百八十石，

　　剑南道　二十二万三千九百四十石，

　　河南道　五百八十二万五千四百一十四石，

　　淮南道　六十八万八千二百五十二石，

　　江南道　九十七万八千八百二十五石，

　　山南道　十四万三千八百八十二石。

义仓　总六千三百一十七万七千六百六十石：

　　关内道　五百九十四万六千二百一十二石，

　　河北道　千七百五十四万四千六百石，

　　河东道　七百三十万九千六百一十石，

　　河西道　三十八万八千四百三石，

　　陇右道　三十万三十四石，

　　剑南道　百七十九万七千二百二十八石，

　　河南道　千五百四十二万九千七百六十三石，

　　淮南道　四百八十四万八百七十二石，

　　江南道　六百七十三万九千二百七十石，

　　山南道　二百八十七万千六百六十八石。

常平仓　总四百六十万二千二百二十石：

　　关内道　三十七万三千五百七十石，

　　河北道　百六十六万三千七百七十八石，

　　河东道　五十三万五千三百八十六石，

　　河西道　百六十六万三千七百七十八石，

　　陇右道　四万二千八百五十石，

　　剑南道　七万七百四十石，

　　河南道　一百二十一万二千四百六十四石，

　　淮南道　八万一千一百五十二石，

　　山南道　四万九千一百九十石，

　　江南道　阙。

　　论曰：昔我国家之全盛也，约计岁之恒赋，钱谷布帛五千余万，其数具食货赋税篇下。经费之外，常积羡余。遇百姓不足，而每月有蠲息。自天宝之始，边境多功，宠锡既崇，给用殊广，出纳之职，支计屡空。于是言利之臣继进而导行，割剥①为务。每岁所入，增数百万。既而陇右有青海之师，范阳有天门之役，朔方布思之背叛，剑南罗凤之凭陵，或全军不返，或连城而陷。先之以师旅，因之以荐饥②，凶逆承隙恃兵，两京无藩篱之固，盖是人事，岂唯天时。缅惟高祖、太宗，开国创业，作程垂训，薄赋轻徭，泽及万方，黎人怀惠。是以肃宗中兴之绩，周月而能成之，是虽神算睿谋，举无遗策；戎臣介夫，能竭其力，抑亦累圣积仁之所致也。夫德厚则感深，感深则难摇，人心所系，故速戡大难，少康、平王是也。若敛厚则情离，情离则易动，人心已去，故遂为独夫，殷辛、胡亥是也③。今甲兵未息，经费尚繁，重则人不堪，轻则用不足，酌古之要，通今之宜，既弊而思变，乃泽流无竭。夫欲人之安也，在于薄敛。敛之薄也，在于节用。若用之不节，而敛之欲薄，其可得乎？先在省不急之费，定经用之数，使天下之人，知上有忧恤之心，取非获已，自然乐其输矣。古之取于人也，唯食土之毛，谓什一而税；役人之力，谓一岁三日。未有直敛人之财，而得其无怨，况取之不薄，令之不均乎！自燧人氏逮于三王，皆通轻重之法，以制国用，以抑兼并，致财足而食丰，人安而政洽，诚为邦之所急，理道之所先，岂常才之士而能达也。民者，瞑也，可使由之，不可使知之。审其众寡，量其优劣，饶赡之道，自有其术。历观制作之旨，固非易遇其人。周之兴也得太公，齐之霸也得管仲，魏之富也得李悝，秦之强也得商鞅，后周有苏绰，隋氏有高颎。此六贤者，上以成王业，兴霸图，次以富国强兵，立事可法。其汉代桑弘羊、耿寿昌之辈，皆起自贾竖④，虽本于求利，犹事有成绩。自兹以降，虽无代无人，其余经邦正俗，兴利除害，怀济世之略，韫⑤致理之机者，盖不可多见矣。农者，有国之本也。先使各安其业，是以随其受田，税其所植。焉可征求货币，舍其所有而责其所无者哉！天下农人，皆当枲鬻；豪商富室，乘急贱收，旋致罄竭，更仍贵籴，往复受弊，无有已时，欲其安业，不可得也。故晁错曰："欲民务农，在于贵粟。贵粟之道，在于使民以粟为赏罚。如此农民有钱，粟有所泄。"谓官以治之也。诚如是，则天下之田尽辟，天

---

① 割剥：指残贤害善。
② 荐饥：指连年发生饥荒。
③ 殷辛：指殷纣王。胡亥：指秦二世。
④ 贾竖：指经商之人。
⑤ 韫：包含。

下之仓尽盈。然后行其轨数，度其轻重，化以王道，扇之和风，率循礼义之方，皆登仁寿之域，斯不为难矣。在昔尧汤之水旱作沴，而人无捐瘠，以国有储蓄。若赋敛之数重，黎庶之力竭，而公府之积，无经岁之用，不幸有一二千里水旱虫霜，或一方兴师动众，废于艺殖，宁免赋阙而用乏，人流而国危者哉！

《续通典》

# 卷一 食货

臣等谨按：杜佑作《食货典》以谷为人之所仰，地为谷之所生，人为君之所治。三者相资，于政尤切。故其述田制、水利、屯田所以经地，乡党、版籍、户口所以料人，而赋税、钱币、市榷诸条，则皆所以治谷也。第历朝制度互有详略，通典文字简质，不拘尺幅，其所叙述自隋以前，率举其大要，而于唐制加详。又其意欲推而行之，卓然近于可用，故其序次之间，凡诏令章疏有词旨开明、敷陈婉切者，聚见采录。而一时通达治体、晓畅时事学士大夫居恒论著之文，亦间掇其要，可谓勤矣。今悉准其例。以所引开元令，天下之田，五尺为步，二百有四十步为亩，百亩为顷。凡给田之制有差，按《旧唐书·食货志》武德七年已有此令。载在六典者为断。其自肃宗、代宗而后，至于明季，辄以次纂辑。又杜典[①]分注三代以上，文出经传者，往往诠释意旨，三代以下文有繁复，未可遽删，则大书旁注、意存互见，亦势然也。兹于注文诠释无多，而旁推详说分注于下，盖宋元以来，事繁于前而文显于昔，无取疏解云。

第一　田制上
第二　田制中
第三　田制下
第四　水利田
第五　屯田上
第六　屯田下
第七　乡党版籍　职役附
第八　赋税上
第九　赋税下
第十　户口丁中

---

① 杜典：《通典》为唐朝人杜佑所撰，故简称杜典。

第十一　钱币上
第十二　钱币中
第十三　钱币下
第十四　漕运　盐铁
第十五　榷酤　醋　税附　杂税　榷茶
第十六　平准均输　互市　平粜　常平　义仓　社仓附

## 田制上：唐、五代、宋

唐代宗广德二年，敕："如有浮客愿编附①，请射逃人物业者，便准式据丁口给授②。如二年以上种植家业成者，虽本主到，不在却还限，任别给授。"

大历元年，制逃户复业，给复二年。如百姓先卖田业尽者，委本州县取逃死户田宅，量丁口充给。

德宗贞元中，陆贽言曰："古者百亩地号一夫③，盖一夫授田不过百亩，欲使人不废业，田无旷耕。今富者万亩，贫者无容足之居，依托强家为其私属，终岁服劳，常患不充，有田之家坐食租税。京畿田亩税五升，而私家收租亩一石。官取一，私取十，穑者安得足食！宜为占条限裁租价，损有余，优不足，此安富恤穷之善经，不可舍也。"

穆宗长庆元年，敕节文④，应诸道管内百姓，或因水旱兵荒流离死绝，见在桑产，如无亲承佃，委本道观察使于官健中取无庄田、有人丁者，据多少给付，便与公验任充永业，不得令有力职掌人妄为请射。其官健仍借种粮，放三年租税。

懿宗咸通十一年，敕："诸道州府百姓承佃逃亡田地，如已经五年，须准承前敕文，便为佃主，不在论理之限。仍令所司准此处分。"先是宣宗大中中，以逃户桑田被人代纳毁折，遂成闲田。敕许校勘送县，任人佃纳，五年不复，佃人为主，至是复有是敕。

后唐明宗天成四年，诏曰："今年夏苗，委人户自供手状⑤，具顷亩

---

① 编附：编入当地户籍。
② 准式：作为标准。
③ 百亩土地叫作一夫，因为一夫（一个成年男子）授田百亩。
④ 敕节文，敕书的节录。因为有的敕书只讲一件事，而有的则讲若干件事，敕节文只取敕书的相关内容。
⑤ 手状，唐时原指被告人的自白状，此处指农户自行书写的土地拥有情况登记文书。

多少，仍以五家为保，委无隐漏攒连①。手状送于本州，本州具帐送省，州县不得差人检括②。如或人户隐欺，许令保内陈告。其田并令倍。"③

长兴二年，敕："凡置营田，比召浮客，若取编户，实系常规。如有系税之人，宜令却还本县。应三京诸道营田，祇耕佃无主荒田及召浮客。此后若敢违越，其官吏及投名税户，当行重断。"

愍帝应顺元年，诸处籍没田宅并属户部，除赐功臣外禁请射。

晋高祖天福二年，以杜筵策言，荒田一任百姓开种，三年检照所开种顷亩多少，量纳一半租税。敕曰："辟彼污莱，期于富庶，方当开创，正切施行。往日虽曾指挥，渐恐废堕，当在申于劝诱，期共乐于丰穰。宜令逐处长吏，遍下管内，应是荒田有主者，一任本主开耕，无主者一任百姓请射佃莳，三年内并不在收税之限。"三年六月，金部郎中张铸奏："臣闻国家以务农为本，劝课为先，用广田畴，以资仓廪。窃见所在乡村，浮居人户方思垦辟，正切耕耘，种木未满于十年，树谷未臻于三顷，似成产业，微有生涯，便被县司系名，定作乡村色役④。惧其重敛，畏以严刑，遂舍所居，却思他适。睹兹阻隔，何以舒苏。既乖抚恤之门，徒有招携之令。伏乞皇帝陛下明示州府，特降条流⑤，应所在无主空闲荒地，一任百姓开耕，候及五顷以上，三年外即许县司量户科徭，如未及五顷以上者，不在骚扰之限，则致荒榛渐少，赋税增多，非唯下益蒸黎，实亦上资邦国。"从之。

周太祖广顺二年，敕："应诸处户部营田人户租税课利，除京兆府庄宅务赡军国外，其余并割属州县，所征租税课利，官中祇管户部营田，旧征课额，其户部营田职员，一切停废。其客户元佃系省庄田、桑土、舍宇便令充为永业，自立户名，仍具元佃动用实数，陈状县司，给予凭由⑥。仍放下户，三年差遣。若不愿立户名，许召主卸佃，不得有失元额租课。其车牛动用屋舍树木，亦各宣赐。"是年九月，敕京兆府耀州庄宅、三白渠使所管庄宅⑦，宜并属州县。镇郭下店宅外，应有系官桑土屋宇园林车牛动用，并赐见佃

---

① 攒连：聚集、连接。
② 检括：清查、核对。
③ "其田并令倍"，查《全唐文》卷一百零七作"其田并令倍征"，可通。此处似脱一"征"字。
④ 色役：各种有名目的徭役和职役。
⑤ 条流：条例。
⑥ 凭由：官府发给的凭据。
⑦ 三白渠使：正式官名为提举三白渠公事，主管三白渠灌溉事务。三白渠，关中平原的古代渠道系统。唐朝在战国、秦汉时代的郑国渠和白渠的基础上整修而成郑白渠。郑白渠有太白、中白、南白三条支流，所以又名三白渠。

人充本业，如已有庄田，自来被本务或形势影占，令出课利者，并勒见佃人为主，依例纳租，条理未尽，委三司区分。仍差尚书刑部员外郎曹匪躬专往，点检割属州县。

世宗显德二年，敕："逃户庄田，许人请射承佃，供纳租税。如三周年内，本户来归业者，桑土不以荒熟，并庄园交还一半；其承佃户自出力盖造屋舍及栽种树木园圃，并不在交还之限。如五周年后归业者，庄田除本户坟茔不在交付；如有荒废桑土，承佃户自来无力佃莳，祇仰交割与归业户佃莳。其近北诸州，限番人户来归业者，五周年内，三分交还三分，十周年内还一半，十五周年内三分还一分，此外不在交还之限。"

五年七月，上将均定天下民租。均田之名，始见汉书王嘉传注，孟康曰：自公卿以下，至于吏民，名曰均田，皆有顷数。诏曰："朕以寰宇虽安，烝民①未泰，当乙夜观书之际，校前贤阜俗之方。近贤元稹《长庆集》，见在同州时所上《均田表》，较当时之利病，曲尽其情，俾一境之生灵，咸受其赐。传于方册，可得搜寻。因令制素成图，直书其事，庶公卿观览，触目惊心，利国便民，无乱条制；背经合道，尽系变通，但要适宜；所冀济务，系乃勋旧，共庇黎元。今赐元稹所奏均田及图一面，至可领也。"

十月，赐诸道均田。诏曰："朕以干戈既弭，言念地征，罕臻艺极，须议并行。均定所议，冀永适重轻。卿受任方隅，深穷治本，必能副寡昧平分之意，察乡间致弊之源，明示条章，用分寄任，竚令集事，允属推公。今差使臣往彼检括，余从别敕。"乃命左散骑常侍艾颖等三十四人于诸州检定民租。

宋太祖建隆二年，遣使度民田，课民种树。每县定民籍为五等，第一等种杂树百，每等减二十为差，桑枣半之。男女十岁以上种韭一畦，阔一步，长十步。乏井者邻伍共凿之。令佐春秋巡视，书其数。秩满，第其课为殿最②。诸州各随风土所宜，其不宜种艺者不需责课。遇丰岁则谕民谨盖藏，节费用，以备不虞。民伐桑枣为薪者罪之。剥桑三工以上，为首者死，从者流三千里；不满三工者，为首配役，从者徒三年。

太宗端拱二年，诏："兴置方田，命知定州张永德等各兼方田都总管。诏谕边将，令缘边作方田，量地里远近，列置寨栅，以为战守之备。"

---

① 烝民，即百姓。烝，众多。
② 按其租税收入数量确定政绩高下。殿，政绩差。最，政绩好。

至道元年，诏曰："近岁以来，天灾相继，民多转徙，田卒污莱，招诱虽勤，逋逃未复。宜申劝课之旨，更示蠲复之恩。应州县旷土，并许民佃为永业，仍蠲三岁租，三岁外输二分之一。州县官吏劝民垦田之数，悉书于印纸，以示旌赏。"

二年，陈靖言："逃民复业及浮客请佃者，委农官勘验，以给授田土，收附版籍，州县未得议其差役。其田制为三品：以膏沃而无水旱之患者为上品，虽沃壤而有水旱之患、埆瘠而无水旱之虑者为中品，既埆瘠复患于水旱者为下品。上田人授百亩，中田百五十亩，下田二百亩，并五年后收其租，亦只计百亩十收其三。一家有三丁者，请加授田如丁数。五丁者从三丁之制，七丁者给五丁，十丁给七丁，至二十三十丁者，以十丁为限。若宽乡田多，即委农官裁夺以赋之。其室庐、蔬韭及梨枣榆柳种艺之地，每户十丁者给百五十亩，七丁者百亩，五丁者七十亩，三丁者五十亩，不及三丁者三十亩，除桑功五年后计其租，余悉蠲其课。"诏以靖为京西劝农使，按行陈、许、蔡、颍、襄、邓、唐、汝等州①，劝农垦田，以皇甫选、何亮副之。选、亮言，功难成，愿罢之，事遂寝。窦俨曰：小亩步百，周之制也；中亩二百四十，汉之制也；大亩三百六十，齐之制也。今所用者汉之中亩。

真宗咸平中，令阁馆检校故事，申定职田之制②。以官庄及远年逃亡田充，悉免租税。佃户以浮客充，所得课租均分，如乡原例。州县长吏给十之五，自余差给。其两京大藩府四十顷，次藩镇三十五顷；防御团练州三十顷，中上刺史州二十顷，下州及军监十五顷，边远小州上县十顷，中县八顷，下县七顷，转运使副十顷，兵马都监押、砦主、厘务官、录事参军、判司等比通判幕职之数，而均给之。

二年，诏："请佃荒田，未定赋税，无田税者，方许请射系官荒土及远年落业荒田。候及五年，官中依前敕于十分内定税，二分为永额。如现在庄田土窄，愿于侧近请射，及旧有庄产后来逃移，已被别人请佃，碍敕无路归业者，亦许请射。"

六年，静戎军王能言："于军城东新河之北开方田，广袤相去皆五尺，深七尺，以限隔戎马。"仍以地图来上。帝以图示宰臣李沆等，对

---

① 按行：负有一定使命的巡行。
② 职田：西晋至明初，政府按品级分配给官员，以其收入作为俸禄之外的补贴的一种国有土地。官员离职要交还职田。

曰："缘边所开方田，专委边臣，可以为备，乞与施行。威虏、顺安军亦宜兴置。"从之。先是三年，知雄州何承矩言"兵有三阵：日月风云，天阵也；山陵泉水，地阵也；兵车士卒，人阵也。今用地阵设险，以水泉作固，相高下，建陂塘，纵有敌骑，何惧奔冲。"自后河北塘泊相循不废。仍领于沿边屯田司。

乾兴元年是时仁宗已即位①，制衙前将吏，各免户役者，除见庄业外不得更与买田土，如违，将所典买没官；其罢任前，资官元无田者，许置五顷为限。又敕："应以田产虚立契与买于形势户②下，隐庇差役者，命官使臣除名，公人百姓决配。"又唯臣僚奏，命官所置庄田，定以三十顷为限。衙前将吏合免户役者，定以十五顷为限。所典买田，只得于一州之内，如祖父迁葬，别有茔地者，数外许更置坟地五顷。时洺州肥乡田赋不平，郭谘摄令以千步方田法，四出量括，遂得其数。除无地之租四百家，正无租之地者百家，收逋赋八十万。会三司议均税法，知谏院欧阳修言，天下不知均括之术，惟谘方田法简而易行。诏谘与孙琳均蔡州与上蔡税。三司议均田租。谘陈均括之法十条。

仁宗天圣初，诏民流积十年者，其田听人耕，三年而后收赋，减旧额之半。后又诏流民能自复者，赋亦如之。既而又与流民期百日复业，蠲赋役五年，减旧赋十之八，期尽不至，听他人得耕。

明道二年，刘平奏自边吴淀望长城口，东西不及五十里，请引水植稻，以开方田，四面穿沟，屈曲为径路，才令通步兵引曹鲍徐河及鸡距泉分注沟中，数载之后，必有成绩。从之。始置弓箭手斥塞上弃地，人角力胜者给田二顷。一百人以上团为一指挥。即要害处为筑堡，使自塈，其地为方田以环之。塞上诸堑，率以丈五尺为深广之限，山险不堑者但治使峭绝而已，后皆以为法。时曹韦知镇戎军，请自陇山而东，循古长城凿堑为限，弓箭手给闲田，蠲其税，春秋耕敛，出兵护之。

庆历中，诏限职田，有司始申定其数：凡大藩长吏三十顷，通判八顷，判官五顷，幕职官四顷。凡节镇长吏十五顷，通判七顷，判官四顷，幕职官三顷五十亩。凡防团以下州军长吏十顷，通判六顷，判官三顷五十亩，幕职官三顷，其余军、监长吏七顷，判官、幕官并同防团以下州军，凡县令，万户以上六顷，五千户以上五顷，不满五千户并四顷；凡簿、尉

---

① 乾兴（1022年），宋真宗赵恒年号，该年二月真宗去世，仁宗登基。
② 形势户：此称唐五代已出现，泛指豪强之家。宋朝成为户籍中的一种，指在仕籍的文武官员和州县豪强人户。形势户享有减免租税、差役的特权。

万户以上三顷，五千户以上二顷五十亩，不满五千户二顷，录事参军比本判官。曹官比倚郭簿、尉。发运制置、转运使副、武臣总管比节镇长吏。发运制置判官比大藩府通判。安抚都监、路分都监比节镇通判。大藩府都监比本府判官。黄汴河、许汝石塘河都大催纲比节镇判官。节镇以下至军监，诸路走马承受并砦主，都同巡检，提举捉贼，提点马监，都大巡河不得过节镇判官。在州监当及催纲、拨发，巡捉私茶盐贼盗，驻泊捉贼，不得过簿、尉。

皇祐中，帝闻天下废田尚多，民罕土著，或弃田流徙为闲民，每下赦令，辄以招辑流亡，募人耕垦为言，民被灾而流者又优其蠲复，缓其期招之。诏诸州长吏令佐，能劝民修陂池沟洫之久废者，及垦辟荒田增税二十万以上，议赏。监司能督责部吏经画，赏亦如之。

神宗熙宁间，复诏详定职田。凡知大藩府二十顷，节领十五顷，余州及军并十顷，余小军监七顷。通判藩府八顷，节镇七顷，余州六顷。留守、节度、观察判官，藩府五顷，节镇四顷。掌书记以下幕职官三顷五十亩，防御、团练军事推官，军、监判官三顷。令、丞、簿、尉，万户以上县，令六顷，丞四顷；不满万户，令五顷，丞三顷；不满五千户，令四顷，丞二顷五十亩，簿、尉减令之半。藩府、节镇录参视本州判官，余视幕职官。藩府、节镇曹官视万户县簿、尉，余视不满万户者。发运转运使、副视节镇知州。开封府尉、提点视余州。发运、转运判官，常平仓提举官视藩府通判，同提举视万户县令。发运司干当公事视节镇通判，转运司管干文字、提刑司检法官、提举常平仓司干当公事视不满万户县令。蔡河、许汝石塘河都大催纲管干机宜文字、府界提点司干当公事视节镇判官，总管视节镇知州。路分钤辖视余州知州。安抚、路分都监，州钤辖视节镇通判。藩府都监视本州判官。诸路正将视分都监，副将视藩府都监。走马承受，诸州都监，都同巡，都大巡河并视节镇判官。巡检，堡砦都监，砦主在州监当及催纲、拨发，巡捉私茶盐贼盗，驻泊捉贼，并视幕职官。巡辖马递铺，监堰，并县镇砦监当，并视本县簿、尉，诸路州学教授，京朝视本州判官，选人视本州曹官。

又诏成都府路提点刑狱司，以本路职田令逐州军岁以子利稻麦等拘斛变钱，从本司以一路所收钱数，又纽而为斛斗价直，然后等第均给，自熙宁三年始。

五年，帝患田赋不均，重修定方田法①。诏司农以《均税条约并式》颁之天下。以东西南北各千步当四十一顷，六十六亩一百六十步为一方。岁以九月，县以令佐分地计量，随陂原平泽而定其地，因赤淤黑垆而辨其色，方量毕，以地及色参定肥瘠而分五等以定税。若瘠卤不毛及众所食利山林、陂塘、沟路、坟墓皆不立税。凡田方之角，立土为峰，植其野之所宜木以封表之。有方账，有庄账，有甲帖，有户帖。其分烟析产、典卖割移，官给契，县置簿，皆以今所方之田为正。令既具，乃以济州巨野尉王曼为指教官，先自京东路行之，诸路仿焉。

六年，诏土色分五等，疑未尽，下郡县物其土宜多为等，以期均当，勿拘以五。

七年，诏从邓润甫之请，京东十七州选官四员，各主其方，分行郡县，各以三年为任。又诏，每方差大甲头二人，小甲头三人，同集方户，令各认步亩方田官验地色，更勒甲头、方户同定。诸路及开封府界秋田灾伤三分以上县权罢外，余候农隙。河北西路提举司乞通一县灾伤不及一分勿罢。

元丰五年，开封府言："方田取税之最不均县先行，即一州而定五县，岁不过两县。今府界十九县，准此行之，十年乃定。请岁方五县。"从之。其后岁稔农隙乃行。而县多山林者，或行或否。八年，帝知官吏扰民，诏罢之。天下之田，已方而见于籍者，至是二百四十八万四千三百四十九顷。先是熙宁五年诏开方田，至是遂罢。

哲宗时，毕仲游言曰："有人则有田，有田则有分。田有瘠薄，人有众寡，以人耕田，相其瘠薄众寡而分之，谓之分。分定而以名自占之，谓之名田，无甚难行者。而至今不行，则其制未均，而恤之太甚故也。盖周井田之法，一夫一妇，受田百亩，余夫二十五亩，以至工商士人受田，亦各有等，而又分之不易、一易、再易之差。以一夫一妇而受百亩，无主客之别，比今二百亩矣；以不易一易再易之相掩，而又有余夫，则比今三百亩矣；什一而征，无他赋敛，而又岁用其力不过三日，则比今四百亩矣。而何武之制，自诸侯王及于吏民，皆无过三十顷。以一诸侯王而财七八农夫，此所谓制未均者也。名田之议，起于董仲舒，申于何武、师丹，至晋

---

① 方田法，指宋代实行的方田均税法，是王安石变法的内容之一。具体办法是官府丈量土地，落实所有者，在此基础上落实相关人户应承担的税额。

泰始限王公之田，以品为差。而均田之制，起于后魏，至唐开元亦尝立法，而卒皆不行。夫名田之不行，非下之人不行也，乃上之人不行也；非贱者而不行，乃贵者而不行也。在上而贵者，戴高位，食厚禄，官其子孙，而赏赐狎至，虽田制未均，犹当行也。而何师之议，则革于丁傅、董贤。晋魏有存，则名存而实去，此则所谓恤之太甚者也。今将议占田之数，酌复除之法，则周官之书，汉魏隋唐之制，有可行者，有不可行者。董仲舒以秦变井田，民得买卖，富者连阡陌，贫者无置锥之地，宜少近古，限民名田以赡不足，塞兼并之路。其说虽正，而不闻其制度。何武之制太狭，今日之制太无限，宜约周官授田之数，与唐世业、口分之法，参其多少而用之。士大夫则因其品秩之高下与其族类之众寡，无使贵者有余而贫者不足。要之仰足以事父母，俯足以畜妻子，旁可以及兄弟、朋友而不为兼并则善矣。昔周官小司徒辨征役之施舍，卿大夫、国中贵者、贤者、能者、服公事者、老者、疾者皆舍征。秦民耕织致粟帛多与汉之孝弟力田皆复其身，而丞相之子返与戍边为践更卒，则今日之复除亦可因而为法，九品者复其身，亡品者复其子孙①，五品以上乃复其家，而戍边之制可易以助。今齐民之役，虽丞相子必使出泉以助之，则下贫之室不困于重烦，而在上贵者亦不纯于侥幸。然田制之未均，可以均也，非今日之患也。迫于富家大室而恤之甚者，则自汉以来未有以处之，今日之患也。夫事稽之于古而不合验之于今，而未见其利害，测之于人情未得其中，若是者诚难行也。今占田之数，复除之法，稽之于古无不合，验之于今已见其利害，测之于人情得其中，加之无丁傅、董贤之用事，而今日之议过于何武、师丹，则无以富家大室为难而行之，天下幸甚。"

徽宗崇宁三年，宰臣蔡京等言："自开阡陌使民得以田私相贸易，富者恃其有余，厚立价以规利；贫者迫于不足，薄移税以速售②，而天下之赋调不平久矣。神宗讲究方田利害，作法而推行之。方为之帐，而步亩高下丈尺不可隐；户给之帖，而升合尺寸无所遗。以卖买则民不能容其巧，以推收则吏不能揞其奸③。今文籍具在，可举而行。"诏诸路提举常平官选官习熟其法，谕州县官吏各以丰稔日推行，自京西北两路始。

政和中，品官限田：一品百顷，以差降杀至九品为十顷。限外之数，

---

① 亡，疑当为七。
② 贫者为求快些把土地卖出以救急，不得不少转移所卖土地的赋税负担。
③ 推收，民户买卖典当田产时，由官府办理的产权、税负过户手续。

并同编户差科。

三年，河北西路提举常平司奏："所在地色极多，不下百数，及至均税，不过十等。虽出十分之税①，地土肥沃，尚以为轻；第十等只均一分，多是瘠卤，出税虽少，犹以为重。若不入等，则积多而至一顷，止以柴蒿之值为钱，自一百而至五百，比次十等，全不受税。既收入等，但可耕之地便有一分之税，其间下色之地与柴蒿之地不相远，乃一例每亩均税一分，上轻下重。欲乞土色十等如故外，即②十等之地再分上中下三等，折亩均数。谓如第十等地，每十亩合折第一等一亩，折③十等之上，受税十一，不改元则。十等之中，数及十五亩，一等之下，数及二十亩，方比上等受一亩之税，庶几上下轻重皆均。"诏诸路既行其法。

五年，福建、利路茶户山园如盐田例，兑方量均税④。

七年，诏内外宫观舍置田，在京不得过五十顷，在外不得过三十顷，不免科差徭役支移。虽奉御笔许执奏不行。

宣和元年，臣僚言："方量官惮于跋履，并不躬亲，行缠拍峰⑤，验定土色，一付之胥吏。至御史台受诉，有二百余亩方为二十亩者，有二顷九十六亩方为一十七亩者，虔之瑞金县是也。有租税十有三钱而增至二贯二百者，有租税二十七钱则增至一贯四百五十者，虔之会昌县是也，望诏常平使者检察。"

二年，遂诏罢之。民因方量流徙者，守令招诱归业。荒闲田土，召人请佃。自今诸司毋得起请方田。诸路已方量者，赋税不以有无诉论，悉如旧额输纳。民逃移归业，已前逋欠税租，并与除放。按：方田之制，自崇宁三年蔡京请开，五年诏罢；大观二年复诏行之，四年罢，其赋税依未方旧。则至是遂不复行。

北宋田制：自太祖开宝末，天下垦田二百九十五万三千三百二十顷。太宗至道二年，垦田三百一十二万五千二百五十一顷。

景德中，丁谓著《会计录》云：总得一百八十六万余顷，以是岁七百二十三万余户计之，是四户耕田一顷，繇是而知天下隐田多矣。又川陕

---

① 按《宋史·食货志》，此句当为"第一等虽出十分之税"。
② 《宋史·食货志》作"折"。
③ 《宋史·食货志》作"即"。
④ 《宋史·食货志》作"免"。
⑤ 缠，大缠。行缠，用大绳丈量。拍峰，堆砌田界。

广南之田，顷亩不备，第以五赋约之。

至天圣中，国史则云，开宝末，垦田二百九十五万三千三百二十顷。

至道二年，三百一十二万五千二百五十一顷。

天禧五年，五百二十四万七千五百八十四顷。

而开宝之数，乃倍于景德，则谓之所录固未得其实。

皇祐、治平三司皆有《会计录》①。而皇祐中垦田二百二十八万余顷，治平中四百四十万余顷，其间相去不及二十年，而垦田之数增倍。以治平数视天禧则犹不及。而叙治平录者以谓此特计其赋租以知顷亩之数，而赋租所不加者，十居其七，率而计之，则天下垦田无虑三十②余万顷。是时累朝相承，重于扰民，未尝穷按，故莫得其实。而废田见于籍者犹四十八万顷。

---

① 《会计录》，是宋代以后官方以年报资料（包括户籍、计账报告在内）为基础，按照国家规定的财计体制和财政收支目归类整理，并加以会计分析的经济文献。除文中所述景德、皇祐、治平《会计录》外，宋代还有《祥符会计录》、《绍兴会计录》等。明代则有万历《会计录》。《会计录》是研究相关时代财经史的重要文献。

② 此处疑有误，查《宋史·食货志》作"三千"，当是。

# 卷二　食货

## 田制中：南宋、辽、金

南宋高宗时，中书舍人洪遵上言："限田之制，本于抑兼并，恤编户，宽力役，可谓尽善。然州县猾吏，因缘为奸，至于坟地、蔬圃例皆纽计①，中下之家，惟恐顷亩溢格，至有货鬻坟山以避徭役者，甚非立法利民之本意。而奉行之官不能体国，漫弗加省，望圣慈命户部行下，令品官之家，止限见在田产，山林、园圃、坟茔地段并行豁除，仍以逐县为率，依新制各计顷亩，不通一州之数，庶几田制稍宽，不致重扰。"

建炎元年，命有司招诱农民，归业者振贷之，蠲欠租，免耕牛税②。

三年，广州州学教授林勋献《本政书》十三篇。大略谓："国朝兵农之政，大抵因唐末之故。今农贫而多失职，兵骄而不可用，是以饥民窜卒，类为盗贼。宜仿古井田之制，使民一夫占田五十亩，其羡田之家毋得市田；其无田与游惰末作者，皆使为农，以耕田之羡。杂纽钱谷以为什一之税。本朝二税之数，视唐增至七倍。今本政之制，每十六夫为一井，提封百里为三千四百井，率税米五万一千斛，钱万二千缗。每井赋二兵一马，率为兵六千八百人，马三千四百匹，岁取五之一以为五番之额，以给征役。无事则又分为四番，以直官府，以给守卫。是民凡三十五年而役始一遍也。悉上则岁食米万九千余斛，钱三千六百余缗，无事则减四分之三，皆以一同之租税供之。匹妇之贡绢三尺，绵一两，百里之县，岁收绢四千余匹，绵二千四百勋，非蚕乡则布六尺，麻二两，所收视绵绢倍之。行之十年，则民之口算、官之酒酤，与凡茶盐香矾之榷，皆可弛以予民。"其说甚备。又诏天下官田，令民依乡例自陈输租。

---

①　纽：联系在一起计算。
②　耕牛税：对买卖耕牛所征的税。

绍兴元年，以军兴，用度不足，诏尽鬻诸路官田。初，闽以福建八郡之田分三等：膏腴者给僧寺、道院，中下者给土著流寓。自刘夔为福州，始贸易取资。迨张守帅闽，上倚以拊循凋瘵，存上等四十余刹以待高僧，余悉令民请买，岁入七八万缗以助军衣，余宽百姓杂科，民皆便之。是时，帝惧职田不均，诏诸路提刑司依法摽拨①，官多田少，即于邻近州县通融，须管数足。又诏将空闲之田，为他司官属所古②者拨以足之，仍先自簿、尉始。其有无职田，选人并亲民小使民③每员月支茶汤钱一十贯文，内虽有职田，每月不及十贯者，皆与补足。所以厚其养廉之利，惧其病民。则委通判县令核实，除其不可力耕之田，损其已定过多之额。若其顷亩多寡，具有成式，知藩府二十顷，发运、转运使及知节镇一十五顷，知余州及广济、永康诸军并路分钤辖④十顷，发运、转运判官及通判藩府八顷，知余军及发运司干办公事七顷，通判余州及军、满万户县令六顷，藩府判官、录事参军及同巡检、都大巡河、提点马盐四顷，节度掌书记及军监、都监三顷五十亩，军监判官及监堰、满五千户县丞、满万户簿尉并三顷，余州及不满五千户县丞二顷五十亩，不满五千户县簿、尉及监堰二顷。

三年，户部言：“人户抛弃田产，已诏三年外许人请射，十年内虽已请射及拨充职田者，并听理认归业。官司占田不还，许越诉，如孤幼儿女及亲属依例合得财产之人，委守令面问来历，取索契照，句勒⑤者保邻佐照证得实，实时给付。或伪冒指占者论如律。”从之。

五年，诏诸官田比邻田租，召人请买，佃人愿买者听。佃及三十年以上者，减价十之二。

六年，诏诸路总领，谕民投买户绝入官，及江涨河田、海退泥田。七年，以贼徒田充官庄，其没官田依旧出买。

十二年，左司员外郎李椿年言，经界⑥不正十害：一、侵耕失税；

---

① 摽拨，标明调拨。摽拨土地，要标明土地面积四至。摽，通"标"。
② 古，当为"占"。参见《宋史·职官志》。
③ 小使民，查《宋史·职官志》为"小使臣"，较此为通。
④ 路分钤辖，官名，其职掌一路之军事。
⑤ 句勒：描述大概情况。
⑥ 经界：土地、疆域的边界。测定土地，也叫经界。《孟子·滕文公上》："夫仁政，必自经界始。"

二、推割不行①；三、衙门及坊场户虚供抵当；四、乡司走弄税名；五、诡名寄产②；六、兵火后税籍不失，争讼日起；七、倚阁不实；八、州县隐赋多，公私俱困；九、豪猾户自陈诡籍不实；十、逃田税偏重，人无肯售。经界正则害可转为利。且言平江岁入二十万，不及昔之一半，望考按核实，自平江始，然后施之天下，则经界正而仁政行矣。上谓宰执曰，椿年之论颇有条理。秦桧曰：其说简易可行。程克俊曰：比年百姓避役止，缘经界不正，行之乃公私之利。翌日甲午，以椿年为两浙运副，专委措置经界。椿年条画来上，请先往平江诸县，俟其就绪，即往诸州。要在均平，为民除害，更不增税额，如水乡秋收后妄称废田者，许人告；陂塘塍埂之坏于水者，官借钱以修之。县令丞之才短者，听易置。图写墟亩，选官按覆，令各户各乡造砧基簿③，仍示民以赏罚，开谕禁防，靡不周尽。吏取财者论如法。又诏："人户田产，多有契书。而今来不上砧基簿者，皆没官用。"椿年请也。

十四年，椿年权户部侍郎，仍旧措置经界。十二月，椿年以母忧，罢两浙运副，王铁权户部侍郎，措置经界。

十五年，诏户部及所遣官委曲措置，务使赋税均而无扰，又因兴国军守臣宋时言，诏诸州县违期归业者，其田佃及官卖者，即以官田之所耕者给还。

十七年，李椿年再权户部侍郎，专一措置经界。言："已打量及用砧基簿计四十县，乞结绝④。其余未打量及不曾用砧基簿，止令给甲县分⑤，欲展期一月，许人户首实。昨已起新税，依额理纳。俟打量宽剩亩角即行均减，更不增添税额。仍令都内人各书实状，遇有两争即对换产税。"诏可。

十九年冬十一月，经界之事始毕。初，朝廷以淮东西、京西、湖北四路被边，姑仍其旧。又漳、汀、泉三州未毕行。

二十年，诏："凡没官田域空田户绝房廊及田，并拨隶常平司转运提

---

① 推割：与推收意思相近。宋代规定民户典卖产业，需与赋税义务一并交割，叫推割。
② 诡名寄产，又名诡寄。民户作伪将资产报在他人名下以逃避赋役的行为。
③ 砧基簿，从南宋时出现，画有耕地形状和东南西北四面边界的户籍簿册。到明朝，这种簿册脱离户籍，成为专门的地籍——鱼鳞图册。
④ 结绝：结案，最终定案。
⑤ 给，《文献通考》作"结"。

刑茶盐司，没入田亦如之。"又诏："琼州、万安昌化吉阳军，海外土产瘠薄，已免经界。"又泸南帅臣冯檝抗疏论不便，于是泸叙州、长宁军并免，渠果州、广安军既行亦复罢，自余诸路州县皆次第有成。是年，诏敕令所删定官郑克行四川经界法。克颇峻，贵州县所谓有庄田者，虽蔬果桑柘莫不有征，而印蜀民田至什税其伍。二十年，诏两淮沃壤宜谷，置力田科募民就耕，以广官庄。知资州杨师锡言："有司奉行失当，田亩不分腴瘠，市居丈尺隙田亦充税产。"于是降诏曰："椿年乞行经界，去民十害，今闻寖失本意。凡便民者依已行，害民者与追正。"二十六年，王之望上书言蜀中经界利害甚悉，明年以之望提点刑狱毕经界事。三月，户部言，蜀地狭人夥，而京西淮南膏沃，官田尚多，许人承佃，官贷牛种。时通判安丰军王时升言，淮南土皆膏腴，然地未尽辟，民不加多者缘豪强虚占良田，而无遍耕之力；流民襁负而至，而无开耕之地。凡荒闲田许人划佃。户部议，期以二年未垦者，即如所请，京西路如之。汤鹏举言，离军添差之人，授以江淮、湖南方田，人一顷为世业。

二十一年，以大理寺主簿丁仲京言，凡学田为势家侵佃者，命提学官觉察。又命拨僧寺常住绝产以赡学。户部议，并拨无敕额庵院田①。诏可。

二十六年，以诸路卖官田钱七分上供，三分充常平司籴本。初尽鬻官田，议者恐佃人失业，未卖者失租。侍御史叶义问言："今尽鬻其田立为正税，田既归民，税又归官，不独绝欺隐之弊，又可均力役之法。"浙中刑狱使者邵大受，亦乞承买官田者免物力二年至十年。于是诏所在常平，役官②、户绝田，已佃未佃添租，未添租并拘卖。

二十八年，诏："户部员外郎莫蒙同浙西、江东、淮南漕臣视诸路河田芦场。"先是，言者谓江淮闲河田芦场为人冒占，岁失官课至多，故有是命。己而言者极言累民未便，诏止为势家诡名冒占，其三等以下户勿例根括。诏："浙西、江东河田芦场，官户十顷，民户二十顷以上并增租，隶提领官田所。"寻罢之。乾道间复梁俊彦等措置，括得河田芦场二百八十余万亩。

孝宗隆兴元年，诏："凡百姓逃弃田宅出二十年无人归认者，依户绝法。"

乾道四年，知鄂州李椿奏："江南荒田甚多，请佃者开垦。未几便征税，度田追呼不任其扰，旋即逃去。今欲召人请射，免税三年后为世业。"

---

① 敕额：皇帝赏赐的匾额。
② 役，《宋史·食货志》作"没"。

光宗时，知漳州朱熹条奏经界状，略曰："臣自早年即为县吏，实在泉漳两郡之间，中岁为农，又得备谙田亩之事，窃见经界一事，最为民间莫大之利，其绍兴年中已推行处，至今图籍尚存。独泉漳汀州不曾推行，细民业去产存，苦不胜言。而州县坐失常赋，势将何底。然而豪家大姓，猾吏奸民，皆所不便。向议辄为浮言所沮，甚至以汀州盗贼借口。不知往岁汀州累次盗贼，正以不曾经界，贫民失业，更被追扰，无所告诉，是以轻于从乱。今者议臣之请，且欲先行泉漳，次及临汀，既免一州盗贼过计之忧，又慰两郡贫民延颈之望，诚不易之良策也。一、推行经界，在于推择官吏。乞朝廷先令监司一员专主其事，使择一郡守察其属县，或不能，则择于其佐；又不能，则择于他官。一州不足，则取于一路，见任不足，则取于得替待缺之中。果得其人，则事克济，而民无扰矣。一、经界之法，打量一事最费功力，而纽折算计之法又人所难晓者。绍兴中，户部行下打量攒算格式印本，乞特诏户部根检誊录点对行事。一、图账之法，始于一保，大则山川道路，小则人户田宅，必要东西相连，南北相照，以致顷亩之阔狭，水土之高低，亦须当众共定，各得其实，其十保合为一都，则其图账但取山水之连接与逐保之大界总数而已，不必更开人户田宅也。其诸都合为一县，则其图账亦如保之于都而已，不必更为诸保之别也，如此，则其图账之费亦当少减。若朝廷矜三郡之民，不忍使更烦费，则莫若令役户只作草图草账，而官为买纸雇工，以造正图正账，费就两司上供钱内截拨应副也。如此，则大利可成，而民亦不至于甚病矣。龙岩县刘璧申经界之行，唯里之正长其役最为烦重，疆理畎亩，分别土色，均摊税赋。其在当时，动经岁役，出入阡陌，妨废家务，固已不胜其劳。一有广狭失度，肥硗失宜，轻重失当，则词诉并兴，而督责又随至矣。然有产则有役，道当重难，使出心力以应役使，亦无可奈何。彼皆乡民，安知经界书算，则必召募书人以代此役。而书人必尝为胥吏之桀黠者，莫不乘时要求高价。执役之人急于期限，不免随索则酬，而又簿书图账所用纸札，亦复不资。窃谓经界之在今日，不可不行，行之亦不患无成。若里正里长书人纸札之费，有以处之则可举行，若坐视其殚力耗财如曩日，恐非仁政之意也。窃详此意与臣所奏大抵略同。

一、绍兴经界，打量既毕，随亩均产，而其产钱不许过乡，此盖以算数太广，难以均数而防其或有走弄失陷之弊也。若使诸乡产钱租额素来均平，则此法善矣。若随乡已有轻重，人户徒然攒算，不免有害多利少之叹。乞特许产钱过乡通县均纽，庶几百里之内轻重齐同实为利便。

一、本州民间田有产田、有官田、有职田、有学田、有常平租课田，名色不一，而其所纳租税轻重亦各不同。年来产田之税既已不均，而诸色之田散漫参错，尤难检计。奸民猾吏并缘为奸，实佃者或申逃阁，无田者反遭俵寄。至于职田，俵寄不足，则或拨到诸色官钱以充之，其弊不可遍举。今莫若将见在田土，打量步亩，一概均产。每田一亩，随入等高下，定计产钱几文，而总合一州诸色租税钱米之数，以产钱为母定等则，一例均敷，每产一文，纳米若干钱，若干米，只一仓受纳，钱亦一库交收，却以到官之数，照元分数，分隶若干为省计，若干为职田，若干为学粮，若干为常平，逐旋拨入诸色仓库。除逐年二税造簿之外，每遇辰戌丑未之年，逐县更令诸乡各造一簿，开具本乡所管田数、四至、步亩等第，各注某人管业，有典卖则云某年典卖某人，又造合乡都簿一扇，类聚诸簿，通结逐户田若干亩，钱产若干文，其有田业散在诸乡者，并就烟爨地分开排总结，并随秋科税簿送州，印押下县，知佐通行收掌人户。遇有交易，将契书及两家砧基，照乡县簿对行批凿，则版图一定，而民业有经矣。或者尚疑如此，则本州产田纳税本轻，而今当反重；官田纳租本重，而今当反轻。施行之后，争竞必多，须俟打量了毕，灼见多寡实数方可定议。说似有理，乞圣照并与行下。

一、本州荒废寺院田产颇多，目今并无僧行住持，田土为人侵占，逐年失陷，税赋不少，乞特降指挥，许令本州出榜，召人实封请买。不惟一时田业有归，民益富实，亦免向后官司税赋因循失陷，而又合于韩愈所谓人其人、庐其居之遗意，诚厚下足民，攘斥异教，不可失之机会也。"先是漳、泉二州被命相度，而泉州操两可之说，朝廷疑焉。著作郎黄艾轮对又言之，且云今日以天下之大，公卿百官之众，商量一经界，累年不作，大于此者若之何？上乃谕辅臣，令先行于漳州。

明年春，诏漕臣陈公亮同熹协力奉行。南方地暖，农务既兴，非其时也。熹犹冀嗣岁可行，益加讲究，条画既备，遍榜郡县，细民知其不扰而利于己，莫不鼓舞；而贵家豪右占田隐税、侵渔贫弱者胥为异论以摇之[①]，至有进状言不便者，前诏遂格。阅两月，熹请去。寻命持湖南使者节，犹

---

① 胥：全，都。

以经界不行自劾①。议者惜之。

宁宗开禧元年，夔路转运判官范荪言②：本路施黔等州荒远，绵亘山谷，地旷人稀，其占田多者须人耕垦，富豪之家诱客户举室迁去，乞将皇祐官庄客户逃移之法校定，凡为客户者许役其身，毋及其家属；凡典卖田宅听其离业，毋就租以充客户；凡贷钱止凭文约交还，毋抑勒以为地客；凡客户身故，其妻改嫁者，听其自便，女听其自嫁，庶使深山寂谷之民得安生理。嘉定间，知婺州赵崇夫行经界于其州③，整有伦序，后守魏文豹行之益力。于是向之上户析④为贫下之户，实田隐为逃绝之田者，粲然可考。凡给甲册，户产簿⑤、丁口簿⑥、鱼鳞图⑦、类姓簿⑧二十三万九千有奇，刱⑨库迁以藏之，历三年而后上其事于朝。

八年，诏职田蠲放如民田，违者坐之。

理宗淳祐二年，敕："自今凡民有契券，界至分明，所在州县屯官随即归还。"

六年，殿中侍御史谢方叔言："豪强兼并之患，至今而极，非限民名田有所不可，是亦救世之微权也。今百姓膏腴皆归贵势之家，租米有及百万石者，小民百亩之田，频年差充保役，则献其产于巨室以规免役。小民田日减而保役不休，大官田日增而保役不及，可不严立经制以为之防乎。去年谏官尝以限田为说，朝廷付之悠悠，不知国用边饷皆仰和籴。然权势多田之家，和籴不容以加之，保役不容以及之，乞谕臣僚论奏，使经制以定，兼并以塞。"从之。

景定四年，贾似道以国计困于造楮⑩，富民困于和籴，思有以变法而未得其说。知临安府刘良贵、浙西转运使吴势献买公田之策。似道乃命殿

---

① 自劾：检讨揭发自己的过失。
② 路，宋元时的行政区划。夔路，即夔州路，治所在今重庆奉节。
③ 婺州，隋开皇年间始置，治所在今金华市婺城区。
④ 析：分家。
⑤ 户产簿：宋代登记民户主客分类、主户等级、住所、产业和应负赋役的簿册。
⑥ 丁口簿：宋朝登记20—59岁男丁的簿籍，供征发差役之用。
⑦ 鱼鳞图：将一定区域内不同所有者的土地形状、四至绘制在一起、作为征收赋税依据的图册，因所绘土地看似鱼鳞，故名。到明代，这种图册彻底与户籍簿分离，叫作鱼鳞图册。
⑧ 类姓簿：将一定区域内各块土地、各民户应纳税粮按姓氏排列登记的簿册。
⑨ 刱，通"创"。
⑩ 楮，一种落叶乔木。其树皮可以造纸，故纸也称为楮。钞系用纸制成，所以也称钞为楮。

中侍御史陈尧道曹孝庆上疏，请将官户田产逾限之数，抽三分之一以充公田。帝从之。诏买公田。置买官田所，以刘良贵提领，临安府通判陈訔为检阅，副之。良贵请下都省严立赏罚，究归并之弊。帝曰：求免和籴无如买逾限之田为良法然。东作方兴，权俟秋成续议。施行当始于浙西诸路，视之为则。似道乃上疏条陈其制。帝悉从之。由是浙西六郡买田三百五十余万亩，每乡置官庄一所。民为官耕者曰官佃，为官督者曰庄官。庄官以富饶者充。应两岁一更，每租一石，明减二斗，不许多收。既而言者历言其弊甚。至民本无田，而以归并抑买，自经分置，庄官催租骚扰。至度宗咸淳四年始罢庄官，而令诸郡公租，以三千石为一庄，听民于分司承佃，不许盗易。至德祐始尽除之，而宋祚讫矣。

度宗咸淳元年，监察御史赵顺孙言："经界将以便民，虽穷阎下户之所深愿，而未必豪家大姓之所甚乐。今之所谓推排①，非昔之所谓自实。推排者，委之乡都则径捷而易行；自实者，责之于人户则散漫而难集。嘉定以来之经界，时至近也，官有正籍，乡都有副籍，为乡都者不过按成牍而更业主之姓名，若夫绍兴之经界，其时既远，而籍之存者寡矣。因其鳞差栉比而求焉。由一而至百，至千，至万，稽其亩步，订其主佃，亦莫如乡都之便。朱熹所以主经界而辟自实者，正谓此也。州县能守朝廷乡都任责之令，又随诸州之便宜而为之区处，当必人情悉孚，不令而行矣。"从之。

三年，司农卿季镛言："经界之法必多，差官吏悉集都保，遍走阡陌，尽量步亩，审定等色，纽折计等，奸弊转生。若推排之法，不过以县统都，以都统保，选任才富公平者，定田亩税色，载之图册，凡民有定产，产有定税，税有定籍。吴门绍兴及湖南一路俱已告成，窃惟东南诸郡皆奉行。惟谨其或田亩未实则令乡局厘正之；图册未备，则令县局程督之。监司郡守递相稽察，如周官日成月要以综核之。"于是诏诸路施行。

史臣论曰：南渡后，水田之利富于中原，故水利大兴。而诸籍没田募民耕者，皆仍私租旧额，每失之重。输纳之际，公私事例迥殊，私租额重而纳轻，承佃犹可；公租额重而纳重，则佃不堪命。州县胥吏与仓库百执事之人，皆得为侵渔之道于耕者也。季世金人乍和乍战，战则军需浩繁，和则岁币重大，国用常苦不继。于是因民苦官租之重，命有司括买官田以给

---

① 推排，宋元时期，官府三年一度核实厘正人户赋役的制度。

用。其初弛其力役以诱之，其终不免于抑配。此官田之弊也。嘉定以后，又有所谓安边所田，凡籍没权幸，而围田湖田之在官者皆隶焉。收其租以助岁币。至其将亡又限民名田，买其限外所有谓之公田，初议欲省和籴以纾民力，而其弊极多，其租尤重。宋亡，遗患犹不息也。

辽太宗会同三年，诏："于谐里河胪朐河之近地，给赐南院鄂津图噜伊逊巴勒、北院乌纳哈喇锡林为农田。"

圣宗统和中，萧达林为西北路招讨使，以准布都落伺隙而动，欲增戍兵又恐馈饷不给，问于耶律昭。昭以书荅曰："窃闻治得其要，则仇敌为一家；失其术则部曲为行路。夫西北诸部，每当农时，一夫为侦候，一夫治公田，二夫给纠官之役①，大率四丁无一室处。刍牧之事，仰给妻孥，一遭寇掠，贫穷立至。春夏赈恤，吏多杂以糠粃，重以掊克，不过数月，又复告困。且商牧者富国之本，有司防其隐没，聚之一所，不得各就水草便地，兼以逋亡戍卒，随时补调，不习风土，故日瘠月损，驯至耗竭。为今之计，若赈穷薄赋，给以牛种，使遂耕获。置游兵以防盗掠，颁俘获以助伏腊，散商牧以就便地，期以数年，富强可望。然后练简精兵以备行伍，何守之不固，何动而不克哉！"

七年，诏括民田。又诏燕乐、密云二县荒地，许民耕种，免赋役。

十三年，诏昌平、怀柔等县诸人请业荒地。

十五年，诏诸道劝民种树。又诏品部旷地，令民耕种。又募民耕滦州荒地，免其租赋。

金之田制，量田以营造尺五尺为步。阔一步，长二百四十步为亩。百亩为顷。民田业各从其便，卖质与人无禁，但令随地输租而已。凡桑枣，民户以多植为勤，少者必植其地十之三。明安穆昆户，少者必课种其地十之一。除枯补新，使之不缺。凡讲射荒地者，以最下第五等减半定租，八年始征之。作己业者，以第七等减半为税。七年始征之。自首冒此邻地者，输官租三分之二。佃黄河退滩者，次年纳租。

海陵天德二年，定制，凡职田亩取粟三斗，草一称。仓场随月俸支：正三品三十顷，从三品二十一顷，正四品十七顷，从四品十四顷，正五品十三顷，从五品七顷，正六品、从六品六顷，正七品、从七品五顷，正八品四顷，从八品三顷，正九品、从九品二顷。诸防刺以上女

---

① 纠官，纠军的军官。纠军，辽金时期由部族组成的军队。

真、契丹司吏、译史、通事，不问千里内外，公田三顷，诸亲王受任朝官兼外官者，职田从职。金制：二品而下无职田，三品而下在京者亦无职田。

正隆元年，遣刑部尚书赫舍哩罗索等分行大兴府、山东、真定府，拘括荒闲牧地及官民占射逃绝户地，戍兵占佃官地，外路官本业外增置土田，及大兴府、平州路僧尼、道士、女冠等地，益以授所迁之明安穆昆户，且令民请射，而官得其租也。

世宗大定十一年正月，上谓宰臣曰："往岁清暑，山西近路禾稼甚广，殊无商牧之地，因命五百里外乃得耕种，今闻民皆去之他所，甚可矜悯，其令依旧耕种。"先是十年，禁侵耕围场地。

十七年，邢州男子赵迪简言："随路不附籍官田及河滩，皆为豪强所占，而贫民土瘠税重，乞遣官拘籍冒佃者，定立税课，复量减人户税数，庶得轻重均平。"诏付有司。将行而止，复以近都明安穆昆所给官地，率皆薄瘠，豪民租佃官田，岁久往往冒为己业，令拘籍之。又谓省臣曰："官地非民谁种？然女真人户自乡土三四千里移来，尽得薄地，若不拘刷良田给之①，久必贫乏。其遣官察之。"时省臣言，官地所以人多蔽区②，由盗耕罪轻，乃更条约，立限令人自陈，过限则告者有赏。

十九年，帝谓宰臣曰："亡辽时所拨与本朝地亩，民或指射为无主地，租地及新开荒为己业者，可以拘括③。其间播种岁久，若遽夺之恐民失业。"因诏括地官张九思戒之。复谓宰臣曰："朕闻括地事，所行极不当，如皇后庄太子务之类，止以名称便为官地，百姓所执凭验，一切不问，其相邻冒占官地，复有幸免者，能使军户稍给，民不失业，乃朕之心也。"

二十年，以行幸道隘，诏沿路顿舍侧近官地，勿租与民耕种。又诏山东路拨地一百四十顷。

大定初，又于中都路赐田百顷，命拘山东之地入官。又谕有司曰："白石门至野狐岭，其间淀泺多为民耕植者，而官民杂畜往来，无牧放之所，可差官括元荒地及冒佃之数。"

二十一年，帝谓宰臣曰："山东、大名等路明安穆昆之民，往往骄纵，不亲稼穑，尽令汉人苟种取租。已禁买奴婢，委阅实户数，计口给

---

① 拘刷：全部收缴。
② 人多蔽区，《金史·食货志》作"人多蔽匿盗耕"。
③ 拘括：搜求，没收。

地，必令自耕，力不足者，方许佃于人。时言者谓，豪强之家多占夺田者。"有一家一口至三十顷，以致小民无田可耕。因令占官地十顷以上者，皆括籍入官，均赐贫民。又以山东路所括民田，已分给女真屯田人户，余地还民。

又尚书省奏山东所刷地数。上曰："此虽民地，然无明据，括为官地亦无不可。黄河已移，故道梁山泺水退，民尝恣意种之。后遣使安置屯田，民惧征租，逃者甚众，因免征赦罪，别以官地给之。"

二十二年，省臣张仲愈等谓："民初无得地之由，抚定后未尝输税，妄通为己业者刷之。"上谓太刻，但令明安穆昆人户，随宜分处，计其丁壮、牛具，合得土田实数给之，不足则以前所刷地二万余顷补之。

二十三年，奏明安穆昆户垦田一百六十九万三百八十顷有奇，牛具三万四千七百七十一。在都宗室将军司垦田二千六百八十三顷七十六亩，牛具三百四。德呼勒、唐古二部垦田万六千二十四顷一十七亩，牛具五千六十六。

二十七年，随处官豪之家，多侵占官地，转与他人种佃，规取课利。命有司拘刷见数以与贫难无地者，每丁授五十亩，庶不致失所，余佃不尽者，方许豪家验丁租佃。

二十九年，拟再立限令，贫民请佃官地，缘今已过期，计已数足。其占而有余者，皆容告诉，恐滋奸弊，况续告漏遗地，敕旨已革，今限外告者，宜却之，止付元佃。兼平阳一路地狭人稠，官地当尽数拘籍，验丁以给贫民。上曰："限外指告，多佃官地者，却之当矣。如无主不愿承佃，方许诸人告请。其平阳路宜计丁限田，如一家三丁，已业止三十亩，则更许存所佃官地一顷二十亩，余者拘籍给付贫民可也。"又从言官请，招他路流民，量给闲田耕河南旷地，愿作官地者，免税八年；愿为己业者，免税三年。并不许贸易。

章宗明昌元年六月，以明安穆昆户不务栽植桑果，令每十亩中栽一亩。仍下各路栽之。

三年，议行区种法①。

四年，敕令农田百亩以上，如濒河易得水之地，须区种三十余亩，多种者听。无水之地，则从民便。

---

① 区种法，中国古代干旱地区实行的一种园地式耕种方法，属集约化经营方式。汉成帝议郎氾胜之加以总结、记载。

承安元年四月，初行区种法。男年十五以上，六十以下，有土田者，丁种一亩。丁多者五亩止。

二年二月，九路提刑马百禄奏：地肥瘠不同，乞不限亩数。制可。

泰和四年，令所在长官及按察司随宜劝谕，亦竟不能行。是年定制，军人所拨地止十里内自种，种数每丁四十亩，续进丁同此，余者许令便宜租赁，及两和分种，违者钱业还主。时六路括地，其间屯田，军户多冒名增口以请官地，及包取民田，而民有空输税赋，虚抱物力者，应命于税内每岁续核之①。

八年，户部尚书高汝砺以旧制人户请佃荒地者，纳租之时多巧避匿，由元限太远，请佃之初无人保识，请自今请佃者，可免三年，作己业者免一年，以邻首保识为长制。

宣宗贞祐三年，宰臣以既徙河北军户于河南，请以官田及牧地分界之②，已为民佃者处之。刘元规曰："括地之议，闻者无不骇愕。向者河北、山东已为此举，民之茔墓井灶悉为军有，若复行之，大失众心。荒田不可耕，徒有得地之名，而无享利之实。纵得熟土，不能亲耕，而复令民佃之，所得无几，而使纷纷交病哉！"遂罢之。时北方侵及河南，由是尽起诸路军户南来保守军粮，无出众议，益赋或与军田二者不知所择。汝砺言："河南官民地相半，又多全佃官地之家，一旦夺之，何以自活？如山东拨地时，腴地尽入势家，瘠者乃付贫户，无益于军，而民有损。惟当倍益官租以给军食。复以系官荒田牧地量数与之，令其自耕为便。"从之。其后军户日给不足，应授以荒官田及牧地可耕者，人三十亩。汝砺既总括荒田，旋又奏顷亩之数甚少，军月复不能自耕，必以与人，取租数百里外。请罢给，但半给种半实直焉。四年，省院又议军户愿佃者，计口给之，其余僻远不愿者，宜准近制系官荒地，许军民耕辟，亦未能遽减其种，迟以岁月，俟成伦次，渐可以省官廪耳。后乃定拟③，民有能开牧马地及官荒地作熟田者，以半给之为永业，半给军户。

兴定三年，尚书右丞侯挚言："河南军民田总一百九十七万顷，见耕种者九十六万余顷，合上中下十一取之，岁得九百六十万石，自可优给岁支，民不疲而军用足。"诏有司议行之。

四年，伊喇布言：军户自徙于河南，尚未给田，移徙不常，贫者甚

---

① 《金史·食货志》作"每岁续克之"。
② 《金史·食货志》作"分界之"。畀，给也。
③ 定拟：原意为定案拟罪，作出判决。此处借指制订方案、拟出法规。

众，请括诸屯处官田，人给三十亩，仍不移屯他所。宰臣议，先拨授之为永业，俟有获即罢其家种①。从之。

五年，京南行三司舒穆噜斡鲁言："京南东西三路屯军四十万口，岁费种一百四十余万石，皆坐食民租，宜括逋户旧耕田。南京一路旧垦田三十九万八千余顷，内官田民耕者九万九千顷。饥民流离猝难复业，不若分给军户人三十亩，使之自耕，或召人佃种。"令省臣议，更不能行。

---

① 《金史·食货志》作"俟有获即罢其家粮"。

# 卷三 食货

## 田制下：元、明

元世祖时，赵天麟上策曰："井田之法，六尺为步，步百为亩，亩百为夫，夫三为屋，屋三为井，井方一里，凡九百亩。其中为公田，八家皆私百亩，同养公田。井百为成，成方十里。成百为同，同方百里。同百为畿，畿方千里。臣尝计方千里之地，提封百万井，山川城市等除百分提封之三十六外，定六十四万井，为私田五万一千二百万亩，其井中区除宅居二十亩之余，为公田五千二十万亩，又乘除粟稻等子粒之多寡，每亩岁只率一石五斗而计之，则私田子粒可得七万六千八百万石，公田子粒七千六百八十万石。其鳏寡孤独无告者，须先振惠焉。上下相睦，贫富相均，此隆周所以旁作穆穆迓衡①，而孟子所以不惮区区告人也②。自嬴秦变法之后，富者田连阡陌，而贫者无置锥之地。越至于今，迫于豪富官贵而不能复圣朝，东西南北地境无穷，国家用费之资仅足，下民愁叹之声未绝。且古者方千里之地，得公田子粒七千六百八十万石，今能得之乎！臣知其断不能也。方今之务，莫如兴复井田，尚恐骤然骚动，宜限田以渐复之。望陛下一新田制，凡宗室王公之家，限田几百顷。凡无族官民之家，限田几十顷。凡限外退者，赐其家长以空名告身③，每田几顷，官阶一级，不使之居实职也。凡限田之外，蔽欺田亩者，坐以重罪。凡限外之田有佃户者，就令佃户为主。凡未尝垦辟者，令无田之民占而辟之。且全免第一年租税，次年减半，第三年依例科征。凡占田不可过限，凡无田之民不欲占

---

① 旁作穆穆迓衡，虽遭横逆，仍普遍推行善政。语出《尚书·洛诰》。

② 不惮，不怕。区，通驱。区区，尽力奔走。此句言井田善政是孟子不惧辛苦，奔走四方向人宣传的内容。

③ 告身，中国古代授以官职的凭信，钤有官印，类似现代的委任状。空白告身，即未填写委任职务的告身。

田者听。凡以后有卖田者，买田亦不可过限也。私田既定，乃定公田。公田之法凡九等：一品者二十顷，二品者十八顷，三品者十五顷，四品者十二顷，其以下俱以二顷为差，至九品但二顷而已，庶乎民获恒产，官足养廉。行之五十年之后，井田可以兴复矣。"

至元三年，定随路府州县官员职田：上路达噜噶齐一十六顷，总管同同知八顷，治中六顷，府判五顷；下路达噜噶齐一十四顷，总管同同知七顷，府判五顷；散府达噜噶齐一十顷，知府同同知六顷，府判四顷；上州达噜噶齐一十顷，州尹同同知五顷，州判四顷；中州达噜噶齐八顷，知州同同知四顷，州判三顷；下州达噜噶齐六顷，知州同州判三顷；警巡院达噜噶齐五顷，警使同警副四顷，警判三顷；录事司达噜噶齐三顷，录事同录判二顷；县达噜噶齐四顷，县尹同县丞三顷，主簿二顷，县尉主簿兼尉并同经历四顷。又定按察司职田：各道按察使一十六顷，副使八顷，佥事六顷。

七年，立司农司，颁农桑之制十四条。其最善者：县邑所属村疃凡五十家立一社，择高年晓农事者一人为之长，增至百家者别设长一员，不及五十家者与近村合为一社。地远人稀，不能相合，各自为社者听。其合为社者，仍择数村之中，立社长官司长，以教督农桑为事。凡种田者立牌橛于田侧，书某社某人于其上，社长以时点视，劝诫不率教者，籍其姓名以授提点官责之。其有不敬父兄及凶恶者，亦然。仍大书其所犯于门，俟其改过自新乃毁，如终岁不改，罚其代充本社夫役。社中有疾病凶丧之家不能耕种者，众为合力助之。一社之中灾病多者，两社助之。凡为长者复其身。郡县官不得以社长与科差事。农桑之术，以旱暵为先①。凡河渠之利，委本处正官一员，以时浚治，或民力不足者，提举河渠官相其轻重，官为导之。地高水不能上者，命造水车；贫不能造者，官具材木给之，俟秋成之后，验使水之家俾均输其直。田无水者凿井，井深不能得水者，听种区田。其有水田者不必区种。仍以区田之法，散诸农民。种植之制，每丁岁种桑枣二十株，土性不宜者听种榆柳等，其数亦如之。种杂果者，每丁十株，皆以生成为数。愿多种者听。其无地及有疾者不与。所在官司申报不实者罪之，仍令各社布种苜蓿以防饥年。凡荒闲之地悉以付民，先给贫者，次及余户。每年十月，令州县正官一员巡视境内，设法除蝗。

---

① 旱暵：无雨的干热。

十二年，江陵行省廉希宪，以宋引水扞敌，是以城阃外济水弥望之①，因引还江流，遂得陆地数百万亩，招谕富民随力耕种，约以三年后减半收租。贫民趋之，曾未期年，已成沃壤。

二十一年，定江南行省及诸司职田，比腹里减半②。上路达噜噶齐八顷，总管同同知四顷，治中三顷，府判二顷五十亩；下路达噜噶齐七顷，总管同同知三顷五十亩，府判二顷五十亩，经历二顷，知事一顷；提控案牍同散府达噜噶齐六顷，知府同同知三顷，府判二顷，提控案牍一顷；上州达噜噶齐五顷，知州同同知二顷，州判同提控案牍一顷；中州达噜噶齐四顷，知州同同知二顷，州判一顷五十亩，都目五十亩；下州达噜噶齐三顷，知州同同知二顷，州判一顷五十亩；上县达噜噶齐二顷，县尹同县丞一顷五十亩，主簿一顷，县尉同中县同上；无县丞下县达噜噶齐一顷五十亩，县尹同主簿兼尉一顷，录事司达噜噶齐一顷五十亩，录事同录判一顷，司狱一顷；巡检同按察使八顷，副使四顷，佥事三顷，经历二顷，知事一顷；运司官运使八顷，同知四顷，运副三顷，运判同经历二顷，知事二顷；提控案牍同盐司官盐使二顷，盐副二顷，盐判一顷，各场正同管勾各一顷。

成宗大德二年，凡在官之地，许民佃种输租。

七年，浙省平章政事彻尔以松江填淤，民不可稻，因导水入海，民得良田若干万顷。

武宗至大二年，苗好谦献种莳之法，其说分农民为三等：上户地一十亩，中户五亩，下户三亩或一亩，皆筑垣墙围之，以时收采桑椹，依法种植。武宗善而行之。

三年，申命大司农总挈天下农政，修明劝课之令，除牧养之地，其余听民秋耕。秋耕者掩阳气于地中，蝗蝻遗种皆为日所曝死。次年所种必盛于常禾也。

仁宗延祐元年，平章章闾言："经理③大事，世祖已尝行之，但其间欺隐尚多，未能尽实。以熟田为荒地者有之，惧差而析户者有之，富民买贫民田而仍其旧名输税者亦有之，由是岁入不增，小民告病。若行经理之

---

① 城阃，城的重门，也泛指城市。
② 腹里，中心区、内地。元时指中书省直辖地区。
③ 经理，本意为治理、经营管理。在元代，特指核实田亩和赋税的制度。经理与宋代方田的不同之处，在于方田是官方组织丈量土地，而经理是依靠民户自报。

法，俾有田之家及各位下、寺观、学校、财赋①等田，一切从实自首，庶几税入无隐，差徭亦均。"于是遣官经理，然期限猝迫，富民黠吏并缘为奸，以无为有、虚具于籍者往往有之。

明年，命河南自实田，自延祐五年为始，每亩止科其半。按：河南省总计官民荒熟田一百一十八万七百六十九顷。江西省官民荒熟田四十七万四千六百九十三顷。江浙省官民荒熟田九十九万五千八十一顷。

英宗至治三年，张珪上疏曰："天下官田，岁入所以赡卫士、给戍卒。自至元三十一年以后，累朝以是田分赐诸王、公主、驸马及百官、宦者、寺观之属，遂令中书酬直海漕，虚耗国储。其受田之家各任土著奸吏赃官，催甲斗级，巧名多取。又且驱迫驿传，征求饩廪，折辱州县，偿补逋负，至仓之日，变鬻以归。官司交忿，农民窭窨。臣等议，惟诸王、公主、驸马、寺观，如所与公主僧格勒及普安三寺之制，输之公廪，计月直折支以钞②，令有司兼领输之，省部给之大都。其所赐百官及宦者之田悉拘还官。"著为令。时不能从。

文宗天历中，诏诸路农民请佃荒田者与免租赋三年，作己业者一年。自首冒佃及诸佃黄河退滩地者不在免例。

顺帝至正二年六月，命江浙拨赐僧道田还官征粮，以备军储。

四年六月，立松江等处稻田提领所。时赐托克托松江田故也。

十三年正月，命乌兰哈达、乌克逊良桢兼大司农卿③，给司农分司印。西自西山南至保定，河间北至檀顺州，东至还民镇，凡系官地及元管各处屯田，悉从司农分司，立法佃种。合用工价牛具农器谷种、召募农夫诸费，给钞五百万锭以供其用。

三月，以各衙门在官田地并宗仁等卫屯田地土，并付司农分司播种。

四月，以礼部所辖掌薪司并地土给付司农分司。又诏取勘徐州、汝宁、南阳、邓州等处荒田并户绝籍没入官者，立司牧署掌司农分司耕牛，又立玉田屯署。

十四年二月，诏河南、淮南两省并立义兵万户府，建清河大寿元忠国

---

① 财赋，此处指元朝在地方设立的财赋总管府或财赋提举司。财赋田，即这类衙门掌管的土地。

② 此句意为，改诸王公主等庄所有者自收租赋为官府经征，租赋缴入官库，另由官府发钞给他们为俸。

③ 《元史·顺帝纪》作"命中书右丞悟良哈台、左丞乌古孙良桢兼大司农卿，给分司农司印"。本书卷四《食货四·水利田》作"左丞乌克逊良栋、右丞乌兰哈达"。

寺，以江浙废寺田归之。

十六年，三站台臣言：系官牧马草地俱为权豪所占，今后除规运总管府见种外，余尽取勘，令大司农召募耕垦，岁收租课以资国用。从之。

十九年三月，置大都督兵农司，仍置分司十道，专督屯粮，以博啰特穆尔领之。所在侵夺民田，不胜其扰。

明土田之制凡二等，曰官田，曰民田。初官田皆宋元时入官田地，厥后有还官田，没官田，断入官田，学田，皇庄，牧马草场，城壖苜蓿地，牲地，园陵坟地，公占隙地，诸王、公主、勋戚、大臣、内监、寺观赐乞庄田，百官职田，边臣养廉田，军、民、商屯田，通谓之官田。其余为民田。太祖即位，遣使核浙西田亩。又以中原田多荒芜，命省臣议计民授田。令各处田土兵燹之后，他人开垦成熟者，听为己业。业主已还，有司于附近庄田拨补。又令复业人民，丁少而旧田多者不得依前占获，丁多而旧田少者，于附近荒田验丁拨补。设司农司开置河南、临濠之田，验其丁力，计亩给之，不得兼并。北方近城地多不治，召民耕，人给十五亩，蔬地二亩，免租三年。每年中书省奏天下垦田数。官给牛及农具者，乃收其租。凡民田五亩至十亩者栽桑麻木棉各半亩，十亩以上倍之。民有犯法应籍没者，田土令拘入官。

洪武三年，徙苏州、松江、嘉兴、湖州、杭州民无业者田临濠，给资粮牛种，复三年。

五年，诏流民复业者各就丁力耕种，毋以旧田为限。

十年，赐百官公田。勋臣、公侯、丞相以下庄田多者百顷。亲王庄田千顷。又赐公侯暨武臣公田，又赐百官公田，以其租入充禄。指挥没于阵者皆赐公田。二十四年，给公侯岁禄，归赐田于官。

二十年，命国子生武淳等分行州县，随粮定区，区设粮长①四人，量度田亩方圆，次以字号，悉书主名及田之丈尺，编类为册，状如鱼鳞，号曰鱼鳞图册。先是诏天下编黄册，以户为主，详其旧管、新收、开除、实在之数为四柱式。而鱼鳞图以土田为主，诸原坂、坟衍、下隰、沃瘠、沙卤之别毕具。鱼鳞册为经，土田之讼质焉；黄册为纬，赋役之法定焉。凡质卖田土，备书税粮科则，官为籍记之，毋令产去税存，以为民害。

二十一年，徙泽、潞民无业者垦河南北田，赐钞备农具。

---

① 粮长，明朝职役的一种，负责征解田粮，创立于洪武年间。办法是每州县按征收粮额分为若干粮区，区设粮长。最初粮长在粮区内纳粮最多之大户中公推，后为政府指派。

二十四年，令公侯大官以及民人，不名何处，惟犁到熟田方许为主。但是荒田俱系在官之数，若有余力，听其再开。其山场水陆田地，亦照原拨赐则例为主，不许过分占为己有。又令山东概管农民，务见丁着役，限定田亩，着令耕种，敢有荒芜田地流移者，论如律。

二十六年，核天下土田总八百五十万七千六百二十三顷。凡田以近郭为上地，迤远为中地、下地。五尺为步，步二百四十为亩，亩百为顷，仍元里社之制。河北诸州县土著者，以社分里甲①，迁民分屯之地，以屯分里甲，社民先占亩广，屯民新占亩狭，故屯地谓之小亩，社地谓之广亩。时又令开垦荒芜官田，俱照民田起科。

二十八年，诏河南山东桑枣及二十七年后新垦田，毋征税。按：宣德间垦荒田永不起科，及洿下斥卤无粮者，皆核入赋额，数溢于旧。有司乃以大亩当小亩，以符旧额。有数亩当一亩者，步尺参差不一，人得以意赢缩，土地不均，未有如北方者。贵州田无顷亩尺籍，悉征之土官，而诸处土田，日久颇淆乱，与黄册不符。

成祖永乐元年，发流罪以下垦北京田。

英宗正统三年，诏各处凡有入额纳粮田地，不堪耕种，另自开垦补码者，有司勘实，不许重复起科。

五年，令北直隶府州县，将富豪军民人等包耕田地，除原纳粮田地外，其余均拨贫民及冲塌田地人户耕，照例起科。其贫民典当田宅，年久无钱取赎，及富豪军民占种逃民田地，待复业之日，照旧断还原主。

十三年，令各处寺观僧道，除洪武年间置买田土，其有续置者，悉令各州县有司查照，散还于民。若废弛寺观遗下田庄，令各该府州县踏勘，悉拨与招还无业及丁多田少之民，每户男子二十亩，三丁以下者三十亩。若系官田，照依减轻则例，每亩改科正粮一斗，俱为官田。如有户绝仍拨给贫民，不许私自典卖。

景泰帝二年，令各处寺观量存六十亩为业，其余拨与小民佃种纳粮。

英宗天顺二年敕：皇亲、公侯、伯、文武大臣不许强占官民田地，事发坐以重罪。

八年，时宪宗已即位。以顺义县安乐里板桥村太监曹吉祥抄没田一处，拨为宫中庄田。皇庄之田由此始。

---

① 里甲，此处指明代的社会基层组织。一百一十户为一里，其中十户为里长，余下百户分为十甲。里甲后又成为明代三大徭役之一的名称。

宪宗成化五年，彭韶疏言："奉命会勘真定府土地。按真定在尧舜时为冀州之域，其赋第一等，或杂出第二等。说者以为如周官，田一易再易之类，盖以其地有间一岁一收者，有间二岁一收者，所以赋有不同，则是未尝逐亩定赋，而一亩必兼数亩之地，明矣。我太祖皇帝于洪武二十八年户部官奉旨，百姓供给烦劳已有年矣，山东、河南民人除额入田地照旧征科，新开荒地，不问多少永不起科，有力者听其自种。"

宣德六年，本部官又奏，北京八府供给尤多，钦蒙宣宗皇帝准令照例，是祖宗之心，即尧舜之心也。以此真定所属武强等县，新开地土向不起科。至天顺二年，太监韩谅奏讨武强县，踏勘得无粮地五百一顷三十五亩，蒙英宗皇帝钦拨一百顷与韩谅外，有四百余顷仍旧与民耕种，不曾科粮，是英宗皇帝之心，即祖宗之心也。后因广宁侯家人刘聪等累年搅扰民间，方将前地并韩谅还官地，减轻起科，诚出无奈。今指挥同知周彧等又奏前地。有司不能明白敷奏，再量出无粮地七十余顷，盖其地间有多余故也。然地虽间有，势难尽量，臣等不敢欺蔽，请陈其实。顷者亲诣本县，见其地有高阜者，有低洼者，有平坦硗薄者，天时不同，地利亦异。且如亢旱，则低处得遇，而高处全无；水潦则高处或可，而低处不熟；沿河者流徙不常，咸薄者数年一收，截长补短，取彼益此，必须数亩之地，仅得一亩之入，是以尧舜行错法于前，我祖宗许开种于后，良为此也。即今彼处人民，追赔马匹，起运粮草，砍柴人夫，京班皂隶等项，一年约有数班差役，以致丁丁皆授役之人，岁岁无空闲之日。所深赖者顾恋地业，尽力耕种，以取给朝夕而已。今若一亩只量与一亩，余皆夺为闲地，则仰事俯育且无所资，其余粮差何暇复计，臣知其非死则徙耳。自古立国皆重根本，今真定近在畿内，理宜加厚，此臣等所谓不可尽量者也。而戚里功臣之家，锦衣美食，与国咸休，但能存心忠厚，自然富贵两全，奚待与民争艰食之利哉！况圣朝卜世无疆①，法当垂后，土地有限，而求者务多，亦恐终不能有所应付也。伏望特悯其祖宗开垦艰难，其子孙衣食所托，量加宽恤，庶几民间知有生生之乐。

六年，从原杰奏，凡军民有告讦不起科者不听。又题准②，各王府及功臣之家赐田土，佃户照原定则例，将该纳子粒每亩征银三分，送赴本管

---

① 圣朝卜世无疆，占卜可知本朝统治的时间无限。卜世，占卜可知的年代。
② 题准：经皇帝批准。

州县上纳，令各该人员关领，不得自行收受。

二十一年，令辽东地方军人有开垦抛荒土地，不系屯田。分上中下三等起科。

孝宗弘治二年，令顺天等六府入官田地俱拨与附近无田小民耕种起科，每名不过三十亩。

三年，禁宗室勋戚奏请田土及受人投献①。实在田土，总计四百二十三万八千五十八顷，内官田五十九万八千四百五十六顷，民田三百六十万九千六百一顷。

武宗正德十六年，差夏言、樊继祖、张希尹等往顺天等府查勘各项庄田地土，共二十万九百一十九顷。又外系先年侵占民者，共二万二百二十九顷，各给主，遂罢皇庄及官庄等。而宦戚辈复中挠之，帝命核先年顷亩数以闻。改称官地不复名皇庄。又定凡公主、国公庄田，世远存什三。嘉靖三十九年，遣御史夺隐冒庄田万六千余顷。穆宗复定世次递减之限，勋臣五世限田二百顷，戚畹②七百顷至七十顷有差。初，世宗时，承天六庄二湖地八千三百余顷，领以中官，又听校舍兼并增八百八十一顷，分为十二庄，至是始领之有司。兼并者还民。宗室买田不输役者没官。皇亲田俱令有司征之，赐额有定，征收有制，民害少衰。神宗赉予过侈，福王分封括河南、山东、湖广田为皇庄至四万顷，群臣力争乃减半。王府官丈地征税，旁午③于道。时复更定勋戚庄田世次递减法，视旧制稍宽。其后应议减者，辄奉诏姑留，不能革也。是年，核马房地土顷亩，设立碓，开挑濠堑，呈部照验。

世宗嘉靖初，因给事中底蕴奏："正德以来，无籍之徒捏称湖荡等项无人之地，投献势要，奏建皇庄。"命刑部尚书林俊查勘，俊疏言："窃查皇庄及皇亲、功臣各庄田所占各府州县地，自正德十一年以前已有三百八十余处，每处地土动计数千百顷，中间侵占混夺之弊，积袭已非一朝，为厉之阶，实起于奸人欲尽规地利以媚朝廷，究其流弊，则坏于势家尽夺民产以肥私室。其在宫闱者，则中官禁卒，旁午肆出，而郡县恣其骚扰；其在勋戚者，则豪奴悍仆肆行威断，而官府莫敢谁何。节经差官查勘，终于患害不除，盖由私人贵戚，凭借宠灵，猾少奸徒，盘据窟穴，是以积垢宿蠹，莫可爬梳，合势朋计，动行沮挠，此实累朝弊政，至于先朝而极。

---

① 投献：将田土挂名寄托在权势之家，以逃避赋税。
② 戚畹，皇帝外戚聚集的地方，也借指外戚。
③ 旁午：纷繁交错。

畿辅军民，剥肤摧髓之害，莫有甚于此者也。兹者伏荷皇上至仁体物，轸念民穷，故因言官建议，亟蒙俞允之音，继因该部执奏，特降谆切之旨，将管庄人员尽数取回，复禁皇亲功臣不许自行收受，厉阶祸本，一旦划除，中外人心不胜欢庆。但先经该部具题节行，抚按衙门去后，续因差科道等官，止令前去会同本处巡按御史，而于巡抚衙门顾未之及。臣等愚昧，以为锄击豪强，则于巡按之体为切。至于检核田土，则于巡抚之职为宜。必须彼此会同，方于事体稳便。且顺天等八府，虽云近在畿甸，然地方辽阔，周延千里，故抚按付以四人分理。今皇庄并各项庄田所占之地几遍八府，以正德十一年以前所有计之，无虑九万余顷。至于近年以来岁增，日益逾乡跨邑，无处无之。且先年祇因一二处奏辨告争，朝廷差官亦不过一二处踏勘，尚有经年阅月方得事竣。今举列郡皇庄之多，百年积习之弊，一旦付臣等清理是宜，举措之间，要必先有次第。访得各该抚按官员，见今巡历①各在一方，相去隔远，卒难期会。请查照该部原议，先行抚按衙门遵照先令，即奉钦依事理一面委官，分头亲诣各处皇庄，逐一查出四至段落②，并原额③顷亩数目，及审有无侵占等弊，开具略节，听候臣等领敕亲诣各该地方，备出告谕，严加督责。密行体访中间，或权豪势要沮坏行事，或侵夺隐占积久难明，或奸猾刁徒乘机诋诈，或贪官枉法欺弊，或冗官玩法稽行，俱听臣等会按施行。"疏上，敕顺天等八府畿内重地，朝廷累有优恤禁例，近奸猾无稽之徒，妄以军民田地指作空闲投献，奏改皇庄，以致失业，朕深恻然。兹特命尔与山西道监察御史樊继祖等会同抚按，亲诣核勘，给主召佃，凡有益国家，有利军民者，悉听会同议处施行。俊又疏曰："伏读诏书内一款，京通二仓、水次仓、皇城各门、京城九门、各房仓场、各皇庄，凡正德中额外增置者，内城司礼监照洪武初年例，查奏取回。"又礼科给事中底蕴奏："为应诏查处皇庄事，奉旨该部查覆，本部依议转行查勘。既而兵部又称，差管皇庄，内臣官校数多，移咨勘报，臣等益加骇愕。窃惟太祖以应天等处为兴王之地，特将夏税不时全免。太宗建都北平，恪守成宪，列圣相承，益隆无替。正德以来，无籍之徒辄取畿内逋田投献，近幸奏为皇庄。况管庄内臣，又凭城狐社鼠之势而收租，官校即系设谋投献之人，横征巧取，莫敢谁何。而皇亲、驸

---

① 巡历：巡行查阅。
② 四至段落：土田的东、南、西、北的边界和所在位置。
③ 原额：指并入皇庄前的土地数额。

马、功臣人等庄田散布其间，乘机侵夺，往往有之。幸赖陛下圣明，入继大统，即有前项裁革管庄内臣之诏，甚盛心矣。旬日之间，乃复许皇庄责令私人管理，不意惟新之初，有此厉民之渐，伏望陛下垂念畿辅根本，收回成命。又查勘事宜重大，必须差科道部属，假以事权，公同查勘，庶几克济。奉旨：奸猾之徒侵夺民田，朕在藩邸已知其弊，便写敕遣官查勘，给主管庄人员尽数撤回，务使积弊尽革。钦此。臣等遵敕，请以顺天等府州县会同前巡抚顺天等府地方、都察院右副都御史李昆，今接管右副都御史孟春，并巡抚保定等府地方、都察院右副都御史周季凤，前巡抚直隶监察御史王琳、宋钺，今接管监察御史郭楠，选官亲诣各处，召集地邻里老等严加查勘。旋据顺天等府经历司以委官治中王槐等所查勘各州县原额庄田，并投献侵占额外地土各顷亩数目，及取具业主召佃人户退认供给领状，造册呈缴，臣等覆勘讫。窃臣等奉命以来，按行八府，阅历三时，仰希明恩，俯询民瘼①。凡成化、弘治及正德年间皇庄及皇亲功臣庄田，凡属奸民投献，势要侵占者，尽数查出，给主召佃，还官归民，一切遵旨施行。所据查勘：顺天等府地方各项庄田地土计二十万九百一十九顷二十八亩，退断侵占过民地计二万二百二十九顷二十八亩，闾阎欢忻鼓舞歌颂②。但臣等区区，尚有进于是者，臣闻古者四民各有常职，而农者十居八九，故衣食足而民无困。洪惟我太祖立国之初，检核天下官民田土，收种俱有定额。乃令山东、河南额外荒田，任民开垦，永不起科。至我宣宗皇帝，又令北直隶地方，比圣祖山东、河南例，民间新开荒田，不问多寡，永不起科。至正统六年，则令北直隶开垦荒田，从轻起科，实于祖宗之法略有背戾。至景皇帝寻亦追复洪武旧例，不许额外丈量起科，至今所当遵行。盖缘北方地土平夷广衍，中间大半洿卤瘠薄之地，葭苇沮洳之场，且地形率多洼下，一遇骤雨即成潦没，不必淫潦之久，辄有害稼之虞。祖宗有见于此，曲为体恤，是以北人虽有水潦灾伤，犹得随处耕垦，不致坐窘衣食。夫何近年权幸亲昵之臣，妄听奸民投献，辄自违例奏讨，由是公私庄田逾乡跨邑，小民恒产岁剥月削，至于本等原额征粮、养马、产盐、入站之地，一例夺据。权势横行，何所控诉。产业既失，粮税究存，徭役苦于并充，粮草困于重出，饥寒流转靡所底止，以致强者起为盗

---

① 民瘼，民间疾苦。
② 闾阎，原指里巷的门，代指街巷，后泛指民间。

贼，弱者转死沟壑。其巧黠者，则或投充势家庄头家人名目，资其势力，转扰良民；或匿入海户、陵户、勇士、校尉等籍①，脱差徭以重困敦本之人②。凡所以蹙民命、竭民膏者，百孔千疮，不能枚举。臣等伏查各宫庄田，祖宗以来未之有也。惟天顺八年，以顺义县安乐里板桥村太监吉祥抄没地一处，拨为宫中庄田，其地原额一十顷一十三亩。初，吉祥占过军地二十四顷八十七亩，共三十五顷立庄，今次查勘又占过民田四十顷，见在共七十五顷。此则宫闱庄田之始。而数十年间，侵占之数过于原额已十倍也。举此一处，其他可知。至成化年间，惟增宝坻县王浦营庄田一处，原系会州卫草场，当时止增丰润、新城、雄县庄田三处，至弘治十八年十月，乃孝庙升遐之后，先帝践阼之初③，一月之间，建立皇庄七处：曰大兴县十里铺皇庄，曰大王庄皇庄，曰深沟儿皇庄，曰高密店皇庄，曰石婆营皇庄，曰六里屯皇庄，曰土城皇庄。自此之后，设立渐多，而皇庄之名始著。其在昌平州则有苏家口皇庄，在三河县则有白塔皇庄，在真定府宁晋县则有铺头村皇庄、大刘村皇庄，在平阴县则有大灰窑皇庄，在新河县则有仙汪庄皇庄，在南宫县则有南庄村皇庄，此皆正德元年之新设也。又东安县则有南葛里皇庄，宝坻县则有李子沽皇庄，通州则有神树皇庄，武清县则有灰蜗口皇庄、王庆陀皇庄，静海县则有四当口皇庄，此皆正德二年之所设也。至正德四年，则立大兴县三里河皇庄二处。正德五年，则立六里屯皇庄一处。正德七年，则立武清县尹儿湾大直沽皇庄二处。正德八年，则立昌平州楼子村皇庄、静海县卫河两岸皇庄、青县孙儿庄皇庄、保定府安州骟马庙皇庄、清苑县阎庄社皇庄。正德九年，则又立安肃县龙化社皇庄。数年之间，设立皇庄如此之伙，共计占地三万七千五百九十五顷四十六亩。皇庄既立，则有管理之太监，有奏带之旗校，有跟随之名下，每处动至三四十人。其初管庄人员出入及装运租税，并自备车辆夫马，不干有司。正德以来，权奸用事，于是有符验之请，关文之给，经过州县有廪饩之供，有车辆之取，有夫马之索，其分外生事，巧取财物。又有言不能尽者，及抵所辖庄田处所，擅作威福，肆行武断，其甚不靖者，则起盖房屋，驾控桥梁，擅立关隘，出给票帖，私刻关防，凡民间撑驾舟车，放

---

① 海户，明朝在皇家禁苑南海子中服役的民户，属于贱民，但可免除赋役。陵户，明朝在帝陵服洒扫看守之役的人户。勇士、校尉则属于军户。
② 敦本：诚心诚意于从事农业。本，指农业；敦，诚心诚意。
③ 践阼，应为践祚。

牧牛马，采捕鱼虾、螺蚌、莞蒲之利，靡不括取。而相邻地土，展转移筑封堆，包打界至，见亩征银。本土豪猾之民投为庄头，拨置生事，帮助为虐，多方括克，获利不赀，输宫闱者，会无十之一二，而私入囊橐者盖不啻什八九矣。是以小民脂膏吮削无余，丁壮逃窜，户口消耗，里分减并①，粮差愈难，卒致辇毂之下，生理寡遂；闾阎之间，贫苦刻骨。道路嗟怨，邑里萧条，此弊不革，将见数十年后，人民离散，土地日蹙，盗贼逢起，奸雄借口，不知朝廷何以为国，此可为太息流涕者也！幸遇皇上天纵仁智，入继大统，曩在潜邸已知其弊，即位之初，首下明诏，管庄人员尽数革回。乃者复采廷议，委臣等以查勘前项地土草莱之人，始得披云雾而睹青天，脱水火而就衽席矣。臣等勘报文册，将在京附郭大兴县地方各宫庄田，原不系占夺民田，不满数十顷者，请一切改为各宫亲蚕厂、公桑园等项名额，以备宫中蚕事。其余一应庄田，远在各府州县，动以千百顷计者，臣愿陛下一切弛以利民，或勒归户部造入版籍，令民照旧输纳，以为在官地土，不必更属宫闱。如宫中常年供用不能顿缺，敢乞令户部，每岁进纳上供银两若干，分进各宫，以充支用，则光明正大，何必虚受庄田之名，而贻小民之害哉。至于皇亲功臣，钦赏庄田，查得洪武初年，公侯、驸马、伯禄米皆给官田，令量原定官粮私租之数，依主佃分数收取。至洪武二十五年皆给禄米，赐田还官。窃惟洪武初年，天下甫定，干戈之后，土地有余，彼时受封者又皆佐命元臣，比今之戚畹恩泽封拜万万不同，然而给禄之后，原赐土田急令还官，诚以土地乃农业所资，国家之本，夫古之有田禄者各食其田，之所出以为世禄，今既官给之禄，奈何又与之田，是重出且过制矣。然功臣之中，勋劳大者至今仍有庄田不过数家，管业已定，侵占亦少；惟近年皇亲、侯伯凭借宠昵，奏讨无厌，害民夺业，甚失人心。今臣等仰遵敕旨退给，伏望陛下敕部，自功臣家外，将累朝皇亲、侯伯受赐庄田，据臣等勘报文册，通融数目多寡，定为中制，量给养赡，其过多者一切裁损，以还之官。臣等又查勘过各项田土数目，并是退给侵牟，开豁荒、咸核实之数，比与先年妄报投献奏讨原数不同，乞敕部一以新册为定，移出所给执照，以便征收。其山东、河南奉例开垦之地，亦有奸猾之徒投献王府，势与畿甸之弊大抵相类，请敕下凡皇庄及各皇亲庄田，处分既

---

① 里分，里甲组织，也就是居住区。

讫，一并出榜颁示天下，其有违例投献夺至百顷以上者，处以极刑，则法重而民不敢犯，恩溥而民得安生矣。"

六年，令各处板荒①、积荒②、抛荒田地，不拘本府别府，军民匠灶，尽力耕垦，给与由帖③，永远管业。

七年，题准今后应赏地土，随品级定制，凡远遗庄田，别其世之亲疏，量为裁革。至于戚畹开垦置买，不行报官纳粮者，照功臣律例一体追断。

八年，霍韬奉命修会典，言自洪武迄弘治百四十年，天下额田已减强半，而湖广、河南、广东失额尤多，非拨给于王府，则欺隐于猾民。广东无藩府，非欺隐即委弃于寇贼矣，司国计者可不究心！是时，桂萼、郭宏化、唐龙、简霄先后疏请核实田亩，而顾鼎臣请履亩丈量，丈量之议由此起，江西安福、河南裕州首之。而法未详具，人多疑惮。其后福建诸州县为经纬二册，其法颇详，然率以地为主，田多者犹得上下其手。又令各抚按官，查有荒废寺观无僧行住持，及遗下田产无人管业者，照彼中时价，召人承买，改名入册，办纳粮差。又令，陕西抛荒田土最多，州县分为三等，第一等召募垦种，量免税三年；第二等许诸人承种，三年之后方纳轻粮，每石照例减纳五斗；第三等召民自种，不征税粮。抛荒不及三分，有附近及本里本甲本户人丁堪以均派带种者，劝谕自相资借牛种，及贫无力者，官为借给。责令开垦，不必勘报。又令，西安等府田土，果系抛荒，无人承种者，即召人耕种，官给牛具种子，不征税粮。若有水崩沙压，不堪耕种者，即与除豁。

九年，查顺天六府所属通州、大兴等六十七州县，勋戚内臣寺观庄田共四百一十九处，计地四万四千一百二十五顷四亩。

十一年，令蓟州永平沿边关营抛荒山场地亩，系有粮原为民业者，附近军余承佃，任纳民粮，其册籍不载，并原系附近官山官地，拨给附近正军耕种，量收轻税，作为屯田余地，其建昌等营裁革，镇守守备内臣遗下田土房屋系占夺者，给还原主，当办粮差。系官山官地，分给贫军耕种，量收税价，以充各边赏劳修理公用。

十三年，题准，各处但有抛荒堪种之地，听招流移小民或附近军民耕种，照例免税三年，官给牛具种子，不许科扰。如地主见其开种成

---
① 板荒，因多年弃耕而板结的土地。
② 积荒，多年抛荒的土地。
③ 由帖，登记有应纳税额的文书。给与由帖，就是承认对相应土地的所有权。

熟，复业争种者，许赴官告明，量拨三分之一给主，二分仍听开荒之人承种，各照亩纳粮。十年之上，方行均分，敢有恃强夺占者，官司问罪。又裁汰陕西镇守太监，其养廉地一百五十四顷，令原佃军民承种，附入实征册。

十四年，以通州晒米厂地四顷召佃，为修理公廨之用。

十五年，以陕西中护卫外地九顷，抛荒田二十五顷，召佃以备军储。

二十一年，以总兵官东红花等庄田三顷，革任太监所遗荒田二顷，副总兵游击将军各一顷，皆军余开垦屯田，听军人佃种。至各边将官能于边外自开地者，任其开垦耕种，不在此例。

二十二年，令陕西查勘朝邑县地方　潼关以西，凤翔以东。黄河退滩堪以耕种地二百九十一顷八十三亩，令居民照旧耕种，收入实征册，自本年为始，每亩起科三升。

二十四年，诏，流民复业与牛种开垦闲田者，给复十年。

二十九年，令凡公主、国公下庄田世远者，以十分为率，内尽一处，拨给三分，其余七分尽数追出，还官征银解部，以补官庄备边之需。若爵级已革，除补足官庄额数外，余剩地亩，照例征银，解部济边；或量留五分，给与的亲①承继人员管业，以备护坟香火之用，其余五分还官。寺观太监下，自买营造邱陇，奏免粮差地不及三顷者，容令照旧。若至三顷之外，量免其养马均徭差役，每亩督办纳子粒解部。

穆宗隆庆元年，御史董尧封奏："查出苏松常镇四府投诡田②一百九十九万五千四百七十亩，花分田③三百三十一万五千五百六十亩，因条上便宜事。一议丈量，二定粮册，三均粮役，四明优免，五均平徭役，六裁供亿，七申法守，八严责成。"户部覆，丈量均赋私兑，恐烦扰难行，优免虽有定例，但吴中起科甚重，若止论粮石，均为不均，宜视田亩之数为差，其余悉如议。报可。

二年，题准，以后奏请庄田，乞钦定数目拨给。其年远勋戚，行屯田御史自封爵之日为始④，传派五世亲服已尽者，止留庄田百顷，或支派已绝，并爵级已革，尽数追夺还官。又题准，元勋后裔传派五世者，原议百

---

① 的亲：嫡亲，血缘最近的亲属。的，通"嫡"。
② 投诡田，投献、诡寄之田。
③ 花分田，明代，地主将田产分散地附于亲邻佃仆等名下以减轻赋役的，称为花分田。
④ 《大明会典》卷之十七作"屯田御史，查自封爵之日为始"。

顷之外，今再留一百顷。如系勋戚相半者，再留五十顷。

神宗万历二年，召人垦种甘州荒地，俟六年量征。

四年，诏凤阳、淮安力举营田。

六年，张居正以田赋失额，小户多存虚粮，致里甲赔累，从言官疏，诏令二直隶十三布政司府州县通行丈量，限三年之内竣事。

居正用开方法，以径围乘除，畸零截补，于是豪猾不得欺隐，里甲免赔累，而小民无虚粮，总计田七百一万三千九百七十六顷，视弘治时赢三百万顷。然居正尚综核，颇以溢额为功。有司争改小弓以求田多，或掊克见田①以充虚额。北直隶、湖广、大同、宣府遂先后按溢额田增赋，时诏江北诸府，民年十五以上无田者，官给牛一头、田五十亩，开垦三年后起科。又诏苏州诸府开垦荒田。

七年，核两畿、山东、陕西勋戚田。

十一年，议陕西延宁二镇丈出荒田不在屯田旧额内者，俱听军民随便领种，永不起科。各边但有屯余荒地可垦者，视此。

十九年，诏定戚臣庄田。

二十六年正月，大学士沈一贯奏："山东一省六府，地广民稀，宜令巡抚得自选廉干官员，将该省荒芜地土逐一查核顷亩的数②，多方招致能耕之民，如江西、福建、浙江、山西及徽宁等处，不问远近，凡愿入籍者悉许报名，择便官为之，正疆定界，置署安插；辨其衍沃原隰之宜，以生五谷六畜之利。其新籍之民，则为之编户，排年为里为甲，循阡履亩，劝耕劝织，禁绝奇暴，罢免追呼。止奢僭以养淳朴之性，兴礼让以厚亲睦之俗。以钱谷为市，使奸民无所觊觎，贪吏无所渔猎。或又听其寄学应举，量增解额，以作兴之。听其试武私③、充吏役，纳粟授官，以荣进之。毋籍为兵以骇其心；毋重其课以竭其财。有恩造于新附，而无侵损于土著，务令相安、相信、相生、相养，既有余力，又为之淘浚沟渠，内接漕流，以轻其车马负担之力，使四方辐辏，其间则商贾纷来，鱼盐四出，而其利益广，不数年可称天府。"诏可。

二十八年，诏，查僧道废绝山田，南直隶寺院俱优免。诏谓畿辅重地，焚修香火，概免清查。

---

① 掊克见田，指虚增现有田数。掊克，贪狠搜刮。
② 的数，确切数字。
③ 《农政全书》卷八作"听其试武科"，似较通。

# 卷四 食货

## 水利田：唐、宋、辽、金、元、明

唐代宗大历五年，朗州刺史韦夏卿治溠陂，溉田千余顷。

十二年，升州句容令王听，因绛岩湖周五百里为塘，立二斗门以节旱暵，开田万顷。

十三年，敕，毁白渠支流碾硙以溉田。

德宗贞元二年，明州刺史任侗修鄮县仲夏堰，溉田数千顷。又汉州刺史卢士玫于雒县立堤堰，溉田四百顷。

宪宗元和三年，福州长乐令李茸于旧海堤筑立十斗门以御潮，旱则潴水，雨则泄水，遂成良田。又江南西道观察使韦丹筑堤扞江，长十二里，窦以疏涨①，凡为陂塘五百九十八，所灌田万二千顷。

穆宗长庆初，朗州刺史温造开后乡渠百里，溉田二千顷，号右史渠。后迁节度河阳，复怀州古秦渠枋口堰，以溉田济源、温、河内、武陟四县田五千顷②。

宋太祖开宝八年，知琼州李易上言：州南五里有度灵塘开修渠堰，溉水田三百余顷，居民赖之。

太宗至道元年正月，度支判官梁鼎、陈尧叟上郑白渠利害。按旧史，郑渠本引泾水，自仲山西抵瓠口，并北山东注洛三百余里，溉田四万顷，亩收一钟；白渠亦引泾水，起谷口入栎阳，注渭水，长二百余里，溉田四千五百顷。两渠溉田凡四万四千五百顷。今所存者不及二千顷，皆近代改修渠堰，浸隳③旧防，由是灌溉之利绝少于古郑渠，难为兴工。今请遣使

---

① 窦，穿通。
② "溉"后衍"田"字。《新唐书·温造传》曰："奏复怀州古秦渠枋口堰，以溉济源、河内、温、武陟四县田五千顷。"
③ 浸隳：逐渐毁坏。浸，逐渐。隳，毁坏，崩毁。

先诣三白渠行视，复修旧迹。于是诏大理寺丞皇甫选、光禄寺丞何亮乘传经度。选等使还，言：周览郑渠之制，用功最大。并仲山而东，凿断冈阜，首尾三百余里，连亘山足，陻废已久。其始泾河平浅，直入渠口。暨年代浸远，泾河陡深，水势渐下，与渠口相悬，水不能至，实难致力。其三白渠溉泾阳、栎阳、高陵、云阳、三原、富平六县田三千八百五十余顷，此渠衣食之源也，望令增筑堤堰以固护之。旧设节水斗门一百七十有六皆坏，请悉缮完。渠口旧有六石门，谓之洪门，今亦隤圮，若复议兴置，则其功甚大。且欲就近度其岸势，别开渠口以通水道，岁令渠官行视岸之缺薄，水之淤填，实时浚治，严豪民盗水之禁。泾河中旧有石堰，废坏已久。其后止造木堰，梢桩①出于缘渠之民，水潦时漂流散失，秋复率民葺之，数敛重困，自今溉田既毕，命水工拆堰木置于岸，侧可充二三岁修堰之用。所役缘渠之民，计田出丁，凡调万三千人疏渠造堰，各获其利，固不惮其劳也。选能吏司其事，置署于泾阳县侧，以时行视，往复甚便。

真宗景德三年，盐铁副使林特、度支副使马景盛陈关中河渠之利，请遣官行视郑白渠兴修古制。乃诏太常博士尚宾乘传经度，率丁夫治之。宾言郑渠久废不可复，今自介公庙回白渠洪口直东南，合旧渠以畎泾河，灌富平、栎阳、高陵等县，经久可以不竭。工既毕，而水利饶足，民获数倍。

大中祥符七年，泾原都钤辖曹玮言：渭北有古池连带山麓，今浚为渠，令民导以溉田。诏嘉奖之。

天禧四年，淮南劝农使王贯之导海州石闼堰，水入涟水军，溉民田，亦赐诏嘉奖。

神宗即位，志在富国，故以劝农为先。

仁宗景祐初，遣尚书职方员外郎沈厚载出怀、卫、磁、相、邢、洺、镇、赵等州，教民种水田。

神宗熙宁元年，诏诸路监司，比岁所在，陂塘堙没，濒江圩埠浸坏，沃壤不得耕，宜访其可兴者，劝民兴之，具所增田亩税赋以闻。

二年，权三司使吴充言：前宜城令朱纮治平间修复木渠，不费公家束薪斗粟，而民乐趋之。渠成，溉田六千余顷。诏迁纮大理寺丞知比阳县。

---

① 梢桩，圆锥形木桩。此处泛指木料。

或云绐之木渠，绕山渡溪以行水，数勤民而终无功。是后，置三司条例司具《农田利害条约》①，诏颁诸路，凡有能知土地所宜，种植之法，及修复陂湖河港，或原无陂塘、圩埠、堤堰、沟洫而可以创修，或水利可及泉②而为人所擅有，或田去河港不远为地界所隔，可以均济疏通者，县有废田旷土可纠合兴修，大川沟渎浅塞荒秽，合行浚导，及陂塘堰埭可以取水灌溉，若废坏可兴治者，各述所见，编为图籍，上之有司。其土田迫大川数经水害，或地势污下，雨潦所钟，要在修筑圩埠、堤防之类，以障水涝，或疏导沟洫、畎浍以泄积水，县不能辨③，州为遣官，事关数州，具奏取旨。民修水利，许贷常平钱谷给用。初，条例司奏遣刘彝等八人行天下，相视农田水利。又下诸路转运司各条上利害。又诏诸路各置相度农田水利官。至是以条约颁焉。秘书丞侯叔献言：汴岸沃壤千里，而夹河公私废田，略计二万余顷，多用牧马。计马而牧，不过用地之半，则是万有余顷常为不耕之地。观其地势，利于行水，欲于汴河两岸置斗门，泄其余水，分为支渠，及京、索河，并三十六陂以灌溉田。诏叔献提举开封府界常平，使行之，以著作佐郎杨汲同提举。叔献又引汴水淤田，而祥符、中牟之民大被水患，都水监或以畸④非。

四年，前知襄州光禄卿史照言：开修古淳河一百六十里，灌田六千六百余顷。修治陂堰，民已获利，虑州县遽欲增税。诏：三司应兴修水利，垦开荒埂，毋增税。

五年，程昉奏引漳洺河淤地，凡二千四百余顷。帝曰："灌溉之利，农事大本，但陕西、河东民素不习此，苟享其利，后必乐趋。三白渠为利，尤大有旧迹，可用力修治。凡疏积水，须自下流开导，则畎浍易治，书所谓'浚畎浍距川'是也。"其时，人人争言水利。提举京西常平仓陈世修，乞于唐州引淮水入东西邵渠，灌注九子等十五陂，溉田二百里。提举陕西常平沈披，乞复京兆府武功县古迹六门堰，于石渠南二百步傍为土洞，以木为门，回改河流，溉田三百四十三。大抵迂阔少效。

六年，程昉言：得共城县旧河漕，若疏导入三渡河，可灌西垙稻田。从之。五月，诏："诸创置水硙碾碓妨灌溉民田者以违制论。"命赞善大

---

① 《宋史·河渠志》作"制置三司条例司"。
② 泉，《宋史·河渠志》作"众"，似较通。
③ 辨，《宋史·河渠志》作"办"。
④ 畸，《宋史·河渠志》作"为"。畸，可释为偏，亦通。

夫蔡朦修永兴军白渠。

七年，程昉言："沧州增修西流河堤，引黄河水淤田种稻，增灌塘泊，并深州开引滹沱水淤田，及开回胡卢河，并回滹沱河下尾。"又金州西城县民葛德，出私财修长乐堰，引水灌溉乡户土田，授本州司土参军。又诏司农寺具所兴农田水利次第。

八年，发京东常平米募饥民修水利。又管辖京东淤田李孝宽言："矾山涨水甚浊，乞开四斗门引以淤田，权罢漕运再旬。"从之。深州静安令任迪，乞俟来年刈麦毕，全放滹沱、胡卢两河。又引永静军双陆口河水，淤溉南北岸田二万七千余顷。河北安抚使沈披，请治保州东南沿边陆地为水田。皆从之。又右班殿直干当修内司杨琰言："开封、陈留、咸平三县种稻，乞于陈留界旧汴河下口，因新旧二堤之间筑水塘，用碎甓作虚堤五步，以取汴河清水入塘灌溉。"从之。又江宁府上元县主簿韩安厚引水溉田二千七百余顷，迁光禄寺丞。太原府草泽史守一修晋祠水利，溉田六百余顷。又知河中府陆经奏，管下淤官私田约二千余顷，下司农核实。

九年，程师孟言："河东多土山高下，旁有川谷，每春夏大雨，众水合流，浊如黄河矾山水，俗谓之天河水，可以淤田。绛州正平县南董村旁有马璧谷水，尝诱民置地，开渠淤瘠田五百余顷。其余州县有天河水及泉源处亦开渠筑堰，凡九州二十六县新旧之田，皆为沃壤。前毕功缋成水利图经二卷，今已十余年，闻南董村田亩旧直三两千，收谷五七斗，自灌淤后，其直三倍，所收至三两石。今臣权领都司淤田，窃见累岁淤京东西咸卤之地，尽成膏腴，为利极大。尚虑河东犹有荒废之田，可引大河淤溉者。"于是遣都水监丞耿琬淤河东路田。

十年，师孟、琬引河水淤京东西沿汴田九千余顷。又前权提点开封府界刘淑奏，淤田八千七百余顷。三人皆减磨勘年①以赏之。

元丰元年，都大提举淤田司言，京东西淤官司瘠地五千八百余顷，乞差使臣管干。许之。又诏辟废田，兴水利，建立堤防，修贴圩埠之类，民力不给者，许贷常平仓谷。

哲宗元祐中，知杭州苏轼奏：杭之为州，本江海故地，水泉咸苦，居民零落。自唐李泌始引湖水作六井，然后民足于水，井邑日富，百万生聚

---

① 减磨勘年，即减少考察年限，提前决定升迁与否。磨勘，古代政府通过勘察官员政绩，任命和使用官员的一种考核方式。文职考察，三年一次。

待此而食。今湖狭水浅，六井尽坏。若二十年后尽为葑田①。按：临安西湖，源出于武林泉，钱氏有国，始置撩湖，兵士专一开浚。至宋稍废不治，水涸草生成葑田。则举城之人复饮咸水，势必耗散。又放水溉田，濒湖千顷，可无凶岁。今虽不及千顷，而下湖数十里间，茭菱谷米所获不赀。请募民开治，禁自今不得侵占种植，及脔葑为界②。以新旧菱荡课利钱③送钱塘县收掌，谓之开湖司公使库，以备逐年雇人开葑撩浅④。后湖既开，因积葑草为堤，相去数里，横跨南北两山，夹道植柳林，榜曰苏公堤，行人便之。因为轼立祠堤上。高宗绍兴元年，诏宣州太平州守臣修圩。

三年，定州县圩田租额充军储。建康府永丰圩租米，岁以三万石为额。圩四至相去皆五六十里，有田九百五十余顷。

五年，明州守臣李光奏："明越陂湖，专溉农田，自庆历中始有盗湖为田者。三司使切责漕臣，严立法禁。宣和以后，废湖为田，自是有水旱之患，乞行废罢，尽复为湖。其江东西圩田，苏秀围田，令监司守令条上。"诏逐路转运使相度闻奏。

十六年，知袁州张成己言："江西良田多占山冈。望委守令讲陂塘灌溉之利。"其后，比部员外郎李咏言："淮西高原处旧有陂塘，请给钱米，以时修浚。"知江阴军蒋及祖亦言浚治本军五卸沟以泄水，修复横河支渠，以溉旱。乃并诏诸路常平司行之。

孝宗乾道七年　修兴元府山河堰。委御前诸军统制吴珙经理，发卒万人助役，尽修大堰，浚大小渠六十五，凡溉南郑、褒城田二十三万余亩。是时诏漕臣王炎开浙西势家新围田，草荡、荷荡、菱荡及陂湖溪港岸际旋筑塍畦、围裹耕种者，所至，守令同共措置。

淳熙八年，襄阳府守臣郭杲言：本府有水渠在中庐县界，拥㳌水东流四十五里，入宜城县，后汉南郡太守王宠尝凿之，以引蛮水，谓之木里沟，可溉田六千余顷。岁久堙没，乞行修治。

宁宗庆元二年，襄阳守臣程九万言，募工修作邓城永丰堰，为农田灌溉之利。是时户部尚书袁说友等言：浙西围田，相望皆千百亩，陂塘溇渎

---

① 葑田：湖中葑菱腐化而成泥土，水干涸后所成的田。
② 脔葑为界：非法分割占据葑田。脔，切割。
③ 菱荡课利钱：对菱荡使用者所征的税。
④ 撩浅：挖去淤积的泥沙。

悉为田畴，有水则无地可潴①，有旱则无水可庳②，不严禁之，后将益甚。

嘉泰元年，以大理司直留佑贤、宗正寺主簿李澄措置，凡官民围裹者尽开之。又令知县并以点检围田事入衔。

辽太宗会同初，诏以乌尔古之地，水草丰美，命谔尔昆锡林居之，益以海勒水之善地为农田。

金章宗明昌五年，言事者谓郡县有河者，可开渠引以溉田。诏下州郡。中都路言，安肃、定兴二县，可引河溉田四十余亩。诏命行之。其时，傅慎微权③陕西诸路转运使，复修三白、龙首等渠以溉田，募民屯种。卢庸为定平令治旧堰，引泾水溉田，民赖其利。

六年，定制，县官任内有能兴水利田及百顷以上者，升本等首注。除穆昆所管屯田，能创增三十顷以上，赏银绢二十两匹，其租税止从陆田。

承安二年，敕放白莲潭东闸水与百姓溉田。

三年，命勿毁高梁河闸，从民灌溉。

泰和三年，遣官行视中都田禾水泽分数。

八年，诏诸路按察司规画水田，部官谓水田之利甚大，沿河通作渠。如平阳掘井种田，俱可灌溉。比年邳沂近河布种豆麦，无水则凿井灌之，计六百余顷，比之陆田所收数倍。以此较之，他境无不可行者。遂令转运司因出计点，就令审察，若诸路按察使因劝农之便，按问开河或掘井，如何为便，规划具申，以俟兴作。

宣宗贞祐三年，谕尚书省，岁旱，议弛诸处碾硙，以其水溉民田。又禁随朝职官夺民碾硙以自营利。

四年，言事者程渊言："砀山诸县陂湖，水至则畦为稻田，水退种麦，则所收倍于陆地，宜募人佃之，官取三之一，岁可得十万石。"诏从之。

兴定五年，南阳令李国瑞创开水田三百余顷，诏升职二等，仍录其最状④，遍谕诸道。其冬议兴水田，省奏：汉召信臣于南阳灌溉三万顷。魏贾逵堰汝水为新陂，通运二百余里，人谓之贾侯渠。邓艾修淮阳、百尺二渠，通淮、颍、大治诸陂于颍之南，穿渠三百余里，溉田二万顷。今河南郡县多古所开水田之地，收获多于陆地数倍。敕令分治。户部按行州郡，

---

① 潴，水聚集。
② 庳，汲水灌田。
③ 权，代理、摄守官职。
④ 官升两级，还将考察政绩的记录列为最（上等）。

有可开者，诱民赴功。其租止依陆田，不复添征，仍以官赏给之。陕西除三白渠设官外，亦宜视例施行。

元光元年正月，遣户部郎中杨大有诣京东西南三路开水田。

元太宗十二年，梁泰奏请，修成渠堰比之旱地其收数倍，所得粮米可以供军。遂令泰充宣差规措三白渠使，郭时中副之。置河渠司于云阳县。

世宗中统元年①，怀孟路旱，总管谭澄令民凿塘造渠，引沁水以溉田，教之种植，地无遗利。

二年，王允中等奉诏开沁河渠，计六百七十七里，经济源、河内、河阳、温、武陟五县，渠成甚益于民，名曰广济，溉田四百六十余所。

三年，左丞张守谦荐郭守敬习水利，帝召见。守敬陈水利，言顺德沣河，东至古任城，失其故道，没民田千三百余顷。此水开修成河，其田即可耕种。又磁、相东北滏、漳二水合流处②，引水由滏阳、邯郸、洺州、永年、鸡泽合入沣河，可灌田三千余顷。又怀孟沁河，虽浇灌，犹有漏堰余水，东与丹河余水相合，引东流至武陟县北合入御河，可灌田二千余顷。又黄河自孟州西开引少分一渠，经由新旧孟州中间顺河古岸下至温县，南复入于河，其间亦有可灌田二千余顷。乃授守敬提举诸路河渠。时王允中亦请开邢、洺等处漳、滏、沣河达泉，以溉民田。遂皆从之。

至元二年，郭守敬以河渠副使从张文谦行省西夏。视古渠之在中兴者，一名唐来，长四百里；一名汉延，长二百五十里；他州正渠十，皆长二百里；支渠大小六十。自兵兴后皆废坏淤浅。守敬更立闸堰，皆复其旧，灌田九万余顷。

七年二月，立司农司专管农桑水利，仍分布劝农官及知水利者巡行郡邑。

九年，诏诸路开浚水利。又敕巴图军于哈哩纳之地开渠耕田。是时帝加意农田，十余年中，屡兴水利，于是导任河复民田三千余顷，导肥河入于鄔，淤陂尽为良田。又发肃州等处军民，凿渠溉田，浚奇味以溉衮诺尔黄土山民田。又开安山渠，凿通州至都河，改引浑水溉田。其时能兴水利之臣、西夏行省郎中董文用疏唐来、汉延、秦家等渠，垦中兴、西凉、甘、肃、瓜、沙等州之土为水田。平阳路总管郑鼎，导汾水溉民田千余

---

① 世宗，应为世祖
② 磁，磁州，隋开皇年间设，治所在今河北磁县。相，相州，北魏天兴年间设，治所在今河南安阳附近。

顷。荆南行省廉希宪，决江陵城外蓄水，得良田数万亩。长葛令赵志以地卑湿，使为水田，旱则决潢水灌之。清苑令耶律伯坚毁势家水硙以溉民田。事闻省部，着为定制。大理等处巡行劝农使张立道以昆明池环五百余里，夏潦暴至必冒城郭，役丁夫二千人治之，泄其水得良田万余顷。卫辉守王昌龄，因清水出辉县入卫河，创浚沟浍溉田数百余顷。

三十一年　即成宗元贞元年，平章特尔格奏，太湖、淀山湖，世祖时尝役民夫二十万疏掘。今诸河日受两潮，渐致沙涨，乞即以淀山湖田粮二万石，就募民夫四千，调军夫四千，依旧宋例屯守，立都水防田使司，修治河渠围田。从之。

成宗大德二年，立浙西都水庸田司，专主水利。置浙西平江湖渠闸堰凡七十八所。

武宗至大初，江浙行省言：去岁水旱为灾，百姓艰食，农作将兴，各处田围高下不等，陂塘围岸高渠宜依法修治，遇旱则车水灌救，遇潦则泄水通流。修浚之际，田主出粮，佃户出力。系官围田无力修治者，官为借贷，收成日如数还官。其抛荒积水田租额无人承佃者，劝谕富户自备工本，修筑塍围，听令佃种抛荒官田，止纳原租。初年，免征三年后，依民田输税。其围岸体式，以水为平，田与水为平者第一等；围岸高七尺五寸，底阔一丈，面阔五尺，田高一尺为第二等；围岸高六尺五寸，底阔九尺，面阔四尺，田高二尺为第三等；围岸高五尺五寸，底阔八尺，面阔四尺，田高三尺为第四等；围岸高四尺五寸，底阔七尺，面阔三尺五寸，田高四尺者为第五等，止添备水；围岸高三尺，底阔六尺，面阔三尺，若迫近诸湖之处，自愿增高者听。时哈喇哈斯行省和林，浚古渠溉田数千顷。

三年，陕西行台御史王承德言，泾阳洪口展修石渠为万世之利。由是会集奉元路三原、泾阳、临潼、高陵诸县，洎泾阳、渭南、栎阳诸屯官及耆老议，如准所言，展修石渠八十五步计四百二十五尺，深二丈，广一丈五尺，计用石十二万七千五百尺，官给粮食用具，丁夫就役使水之家，顾匠佣直，使水户均出。陕西省议，计所用钱粮，不及二年之费，可谓一劳永逸。委屯田府达噜噶齐珠拉齐督工，二百四十二日毕工。

英宗至治元年，陕西屯田府言，洪口渠自秦汉至唐宋，年例八月差使水户，自泾阳县西仲山下截河作洪堰，改泾水入白渠下至泾阳县北白公斗。分为三限：北限入三原、栎阳、云阳，中限入高陵，南限入泾阳，浇灌官民田约七万余亩。

三年，省臣奏，委官体究吴江、松江。还言宜开浚者，常熟七处，上海十四处。其通海大江旧有河港联络，官民田土藉以灌溉者，亦须疏通，以利耕种。

至泰定元年，乃浚涤之①，并立闸以节水势。

三年，立都水庸田使司于松江，掌江南河渠水利。

文宗天历二年，因屯田总管兼管河渠司事郭嘉议言，奉元洪口渠。应令泾阳近限水利户添差修筑。

三年，怀孟路同知阿哈玛特言：天久亢旱，夏麦枯槁，秋谷种不入土，民匮于食，近因访问耆老，咸称舟水浇溉近山田土，居民深得其利，有沁水亦可溉田。中统间尝开广济渠，设官提调，遇旱则官为斟酌，验工多寡，分水灌济源、河内、河阳、温、武陟五县民田三千余顷，后因豪家截河起堰立碾磨，壅遏水势，又经霖雨害渠，河渠司寻亦革罢。今五十余年，旧迹可考。若将旧渠开浚，禁安磨碾，设立闸堰，旱则于闸浇田，涝则闭闸退水，公私俱利。从之。

顺帝至正十二年，立都水庸田使司于汴梁，掌种植稻田事。

十三年，右丞相托克托言，京畿近水地，利召江南人耕种，岁可收粟麦百万余石，不须海运，而京师足食。于是立分司农司，以左丞乌克逊良栋、右丞乌兰哈达兼大司农卿，托克托领大司农事，西自西山，南至保定、河间，北至澶、顺州，东至迁民镇，凡系官地及各处屯田，悉从分司农司引水，立法佃种，给钞五百万锭，以供工价、牛具、农器、谷种之用。

又以武卫所管盐台屯田、荒闲之地，及各衙门系官田地、宗仁卫屯田、礼部所辖掌薪司地土，并付分司农司播种。又取勘徐州、汝宁、南阳、邓州等处荒田并户绝籍没入官者，立司牧署掌分司农司耕牛。

中书省又议，于江浙、淮东召募能种水田及修筑围堰之人各一千名为农师，教民播种。从之。是岁大稔。

十五年，诏凡有水田处，设大司农司，招集人夫，有警②乘机进讨，无事栽植耕种。凡置保定、河间、武清和景蓟四处。

二十年，陕西行省左丞相特哩特穆尔遣都事杨钦修治泾渠，凡溉农田

---

① 浚涤，疏浚、荡涤。
② 警：入侵或骚乱。

四万五千余顷。

明太祖立国之初，以元帅康茂才为都水营田使。谕之曰："比因丧乱，堤防颓圮，民废耕耨，故设营田司以修筑堤防，专管水利。春作方兴，虑旱涝不时，其分巡各处，务在蓄泄得宜，毋负付任之意。"遂诏所在有司，民以水利条上者，即陈奏。

洪武元年，修和州铜城堰闸，周回二百余里。

四年，兴修安灵渠，为陡渠者三十六。其渠水发海阳山，秦时凿，溉田万顷，马援葺之后圮，至是始复。

八年，命耿炳文浚泾阳洪渠堰，溉泾阳、三原、醴泉、高陵、临潼田二百余里。

九年，修彭州都江堰。

十七年，决荆州岳尚坝以溉民田。

二十四年，浚定海、鄞二县东钱湖，灌田数万顷。

二十七年，特谕工部，陂塘湖堰可蓄泄以备旱涝者，皆因其地势修治之。乃分遣国子生及人才遍诣天下，督修水利。至明年冬，郡邑交奏：凡开塘堰四万九百八十七处。

三十一年，洪渠堰圮，命耿炳文修治之。复浚渠十万三十余丈。

成祖永乐元年，命夏原吉治苏松嘉兴水患，浚华亭上海运盐河金山卫闸及漕泾分水港。

原吉言：浙西诸郡，苏松最居下流，嘉湖常颇高，环以大湖，绵亘五百里，纳杭湖宣歙溪涧之水，散注淀山诸湖，以入三泖。顷为浦港湮塞，涨溢害稼。拯治之法，在浚吴淞诸浦。按吴淞江袤二百余里，广一百五十余丈，西接太湖，东通海，前代常疏之。然当潮汐之冲，旋疏旋塞①，自吴江长桥抵下界浦，百二十余里，水流虽通，实多窄浅；从浦抵上海南仓浦口，百三十余里，潮汐淤塞，已成平陆，滟沙淤泥，难以施工。嘉定刘家港，即古娄江，径入海；常熟白茆港，径入海，皆广川急流。宜疏吴淞南北两岸安亭等浦，引太湖诸水入刘家、白茅二港，使其势分，松江大黄浦乃通吴淞要道，今下流壅塞难浚，旁有范家浜至南仓浦口，径达海，宜浚深阔，上接大黄浦达泖湖之水，庶几复禹页三江入海之旧②。水道既

---

① 旋疏旋塞：刚刚疏通，就又壅塞。旋，不久。
② 庶几，差不多；希望可以。禹页，应为"禹贡"。《明史·河渠志》即作禹贡。《尚书·禹贡》曰："三江既入，震泽底定。"

通，乃相地势，各置石闸，以时启闭，每岁水涸宜修圩岸，以防暴流，则水患可息。

帝命发民开浚。原吉昼夜徒步以身先之。明年九月毕功，农田大利。

二年，复兴安分水塘。兴安有江，源出海阳山。江中横筑石堁，上叠石如鳞，以防冲溢。自严震直撤石增堁①，水迫无所泄，冲塘岸，尽趋北渠，南渠浅涩，民失利。至是修复如旧。

又谕工部安徽、苏松、浙江、江西、湖广，凡湖泊卑下，圩岸倾颓，亟督有司治之。夏原吉复奉命治水，苏松尽通旧河港。又浚苏州千墩等处二万九千余丈，松江大黄浦等处万二千丈，以通太湖下流。

五年，又筑高要银冈、金山等溃堤，溉田五百余顷。

九年，浚潍县千丹河②、定襄故渠六十三里，引滹沱河水灌田六百余顷。

又丽水县民言，县有通济渠，截松阳、遂昌诸溪水入焉，上中下三源，流四十八派，溉田二千余顷。上源民泄水自利，下源流绝，沙壅渠塞，请修堤堰如旧。部议从之。

十三年，吴江县丞李升言："苏松水患，太湖为急，宜泄其下流。若常熟白茆诸港、昆山千墩等河、长洲十八都港汊、吴县无锡近湖河道，皆宜循其故迹，浚而深之，仍修蔡泾等闸，候潮来往，以时启闭，则泛溢可免，而民获耕种之利。"从之。

十七年，萧山民言：境内河渠四十五里，溉田万顷。比年淤塞，乞疏浚。仍置闸钱清小江坝东，庶旱涝无忧。山东新城民言：县东郑黄沟，源出淄川，下流壅阻，淫潦妨农，陈家庄南有干河，上与沟接，下通乌江，乞浚治。并从之。

二十一年，修嘉定抵松江潮坝圩岸五千余丈。又文水县民言：文谷山常稔渠分引文谷河流，袤三十余里，灌田。今河溃泄水，应请修葺。从之。

宣宗宣德二年，浙江归安知县华蒿言："泾阳洪渠堰，溉五县，田八千四百余顷。洪武时长兴侯耿炳文前后修浚，未久堰坏；永乐间，老人徐

---

① 严震直（公元1344—1402年），明臣，名子敏，以字传。撒石《明史·河渠志》作"撤石"，应是。

② 千丹河，《明史·河渠书》作"干丹河"。据《明太宗实录》卷一一三，应为"于丹等河"。

龄言于朝，遣官修筑，会营造不果，乞专命大臣，起军夫协修。"从之。

三年，临海民言：胡巉诸闸，潴水灌田，近年闸坏，而金鳌、大浦、湖涞、举屿等河遂皆壅阻，乞为开筑。帝曰："水利急务，使民自诉于朝，此守令不得人尔。"命工部即敕郡县，秋收起工。仍诏天下，凡水利宜兴者，有司即举行，毋缓视。时巡按江西御史许胜言：南昌瑞河两岸低洼多良田，洪武间修筑，水不为患。比年水溢岸圮二十余处。丰城安沙绳湾圩岸三千六百余丈，永乐间，水冲改修三十余丈。近者久雨江涨堤坏，乞敕有司，募夫修理。中书舍人陆伯伦言：常熟七浦塘东西百里，灌常熟昆山田，岁租二十余万石，乞听民自浚之。皆诏可。

四年，潜江民言：蚌湖阳湖皆临襄河，水涨岸决，害荆州三卫、荆门、江陵诸州县官民屯田无算，乞令军民筑治。从之。福清民言：先贤里官民田百余顷，堤障海水，堤坏已久，田尽荒芜。永乐中命修治，迄今未举，民不得耕。帝责有司亟治，而谕尚书吴中严饬郡邑，陂池堤堰及时修浚，慢者治以罪。

六年，巡抚侍郎周忱言：溧水永丰圩，周围八十余里，环以丹阳、石臼诸湖，旧筑埂坝，通陡石门塔①，农甚利之，今颓败，请葺治。教谕唐敏言：常熟耿泾塘，南接梅里，通昆承湖，北达大江，洪武中浚以溉田，今壅阻，请疏导。并从之。

七年，修眉州新津通济堰。堰水出彭山，分十六渠，溉田二万五千余亩。

英宗正统三年，疏泰兴顺德乡三渠，引湖溉田。宁夏巡抚都御史金濂言："镇有五渠，资以行溉，今明沙州七星、滩伯、石灰三渠久塞，请用夫四万疏浚，溉芜田千三百余顷。"从之。

五年，令天下有司秋成时修筑圩岸，疏浚陂塘，以便农作，仍具数缴报，俟考满以凭黜陟②。

九年，浚无锡谷里诸河，东南接苏州苑山湖塘，北通扬子江，西接新兴河，引水灌田。又开海阳县隆津等沟，引长溪水溉田。

十三年，以云南邓川州民田与大理屯田接壤，湖畔积水壅沙，禾苗掩没，命州卫军民疏治。

---

① 通陡石门塔，《明史·河渠志》作"通陡门石塔"。
② 俟考满以凭黜陟：等考察期满，凭成绩决定升降职务。黜，罢免或降职；陟，升职。

十四年，浚和州姥镇河张家沟，并建闸以溉降福等七十余圩，及南京诸卫屯田。时范衷知寿昌县，辟荒田二千六百余亩，兴水利三百四十六区。

景帝景泰四年，云南总兵官沐璘言：城东有水，南流源发邵甸，会九十九泉为一，抵松花坝分为二支：一绕金马山麓入滇池，一从黑窑村流至云泽桥亦入滇池，旧于下流筑堰，溉军民田数十万。顷霖潦①无所泄，请令受利之家，自造石闸启闭。以时报可。

五年，疏灵宝黎园庄渠通鸿泸涧，溉田万顷。

七年，尚书孙原贞言："杭州西湖为势豪侵占，湖水浅狭，闸石毁坏，今民田无灌溉资，乞敕有司兴浚筑，禁侵占，以便军民。"从之。

英宗天顺二年，修彭县万工堰，灌田千余顷。

五年，佥事李观言："泾水出泾阳，仲山谷，道高陵至栎阳入渭，袤二百余里，汉开渠溉田，宋元俱设官主之。今虽有瓠口、郑白二渠，而堤堰摧决，沟洫壅淤，民弗蒙利。"乃命有司浚之。

都御史项忠又言："瓠口、郑白二渠，宣德间遣官修凿，亩收三四石。无何复塞，渠旁之田，遇旱为赤地。昨请于泾水上源龙潭左侧疏浚讫旧渠口，寻以诏例停止，今宜毕其役。"

邳州知州孟琳言："榆行诸社并临沂河，久雨岸崩二十八处，低田尽淹，乞兴修筑。"并从之。

宪宗成化十年，廷臣会议，江浦北城圩古沟，北通滁洌浦子口城，东黑水泉古沟，南入大江，二沟相望，冈垄中截，宜凿通成河，旱引涝泄。从之。

十二年，巡按御史许进言："河西十五卫，东起庄浪，西抵肃州，绵亘几二千里，所资水利，多夺于势豪，宜设官专理。"诏屯田佥事兼之。

十八年，浚云南东西二沟，自松华坝黑龙潭抵西南柳坝南村，灌田数万顷。

二十年，修嘉兴等六府海田堤岸，特遣京堂官往督之。时张瑄为广东布政使，修陂塘圩岸四千六百。雍泰知吴县太湖涨没田千顷，作堤为民利，称雍公堤。

孝宗弘治七年，浚南京天潮二河，备军卫屯田水利。特命侍郎徐贯与

---

① 霖潦：淫雨，也指雨后积水。

都御史何鉴经理浙西水利。巡抚都御史王珣，请于灵州金积河口开渠灌田，给军民佃种。从之。

武宗正德十五年，御史成英言："应天等卫屯田，在江北滁和六合者，地势低，屡为水败。从金城港抵浊河达乌江三十余里，因旧迹浚之，则水势泄而屯田利。"诏可。

世宗嘉靖二十四年，吕光洵按吴，奏苏松水利五事：一曰广疏浚以备潴泄，开吴淞江等处泄淀山之水以达于海，浚白茆等处之水以注于江，导田间之水悉入小浦，使流者皆有所归，潴者皆有所泄，则下流之地治而涝无所忧矣。乃浚艾祁、通波以溉青浦，浚顾浦、吴塘以溉嘉定，浚大瓦等浦以溉昆山之东，浚计浦等塘以溉常熟之北，浚臧村等港以溉金坛，浚澡港等河以溉武进。凡陇冈支河湮塞不治者皆浚之。深广使复其旧，则上流之地亦治，而旱无所忧矣。一曰修圩岸以固横流。向来民间足食，有余力治圩岸，田益完美；近皆空乏，无暇修缮，故田圩渐坏，岁多水灾。合敕所在官司端治圩岸，岸高则田自固，虽有霖涝，不能为害。一曰复板闸以防淤塞。一曰量缓急以处工费。一曰重委任以责成功。诏悉如所议。

二十六年，给事中陈斐请仿江水田法，开江北沟洫以祛水患，益岁收。报可。

三十八年，总督尚书杨博请开宣大荒田水利。从之。

是时有司能以水利益民者：廉州府知府张岳督民垦弃地，教以桔槔①运水。绍兴知府汤绍恩，因山阴会稽萧山三邑之水汇三江口入海，潮汐日至，良田尽为巨浸，乃遂建闸三十有八，筑石堤四百余丈，刻水则石间②，以时启闭，自是数百里无水患。徐九思治张秋河道漕河与盐河，近而不相接，漕水溢则泛滥为田患。九思议筑减水桥于沙湾，俾二水相通，漕水溢则有所泄而不侵田，少则有所限而不至于涸，工成遂为永利。庞嵩为应天治中，江宁县葛仙永丰二乡，频遭水患，居民止存七户。嵩为治堤筑防，得田三千六百亩，立惠民庄四，召贫民佃之。瞿晟知广平府，凿长渠三百里，引水为四闸，得田数十万亩。

神宗万历十三年，以尚宝司少卿徐贞明兼御史，领垦田使，贞明为给

---

① 桔槔，古代汲水工具。
② 刻水则石间，将当地水文情况刻在石上，以方便后人启闭水闸。

事中，尝请兴西北水利如南人圩田之制，引水成田。工部复议，畿辅诸郡邑以上流十五河之水泄于猫儿一湾，海口又极束隘①，故所在横流必多，开支河，挑浚海口，而后水势可平，疏浚可施，然役大费繁，而今以民劳财匮，方务省事，请罢其议。

乃已后贞明谪官，著《潞水客谭》一书，论水利当兴者十四修②。时巡抚张国彦，副使顾养谦，方开水利于蓟、永有效。于是给事中王敬民荐贞明，特召还赐敕勘水利。贞明乃先治京东州邑，如密云燕乐庄、平峪水峪寺、龙家务庄，三河塘会庄，顺庆屯地。蓟州城北黄厓营，城西白马泉、镇国庄，城东马伸桥，夹林河而下别山铺，夹阴流河而下至于阴流。遵化平安城，夹运河而下沙河铺西，城南铁厂，涌珠湖以下韭菜沟、上素河、下素河百余里。丰润之南则大寨、刺榆坨，史家河、大王庄，东则榛子镇，西则鸦红桥，夹河五十余里，王田③青庄坞、后湖庄、三里屯及大泉、小泉，至于濒海之地，自水道沽关、黑岩子墩，至开平卫南、宋家营，东西百余里，南北百八十里，垦田三万九千余亩。至真定，将治滹沱近堰地④，御史王之栋言："滹沱非人力可治，徒耗财扰民。"帝是其言，将罪诸建议朝⑤。申时行言："垦田兴利，谓之害民，议甚舛。顾为此说者，其故有二：北方民游惰好闲，惮于力作水田，有耕耨之劳，胼胝之苦⑥，不便一也；贵势有力家侵占甚多，不待耕作，坐收芦苇薪刍之利。若开垦成田，归于业户，隶于有司，则己利尽失，不便二也。然以国家大计较之，不便者小而便者大，唯在斟酌地势，体察人情，沙碛不必尽开⑦，黍麦无烦改作，应用夫役必官募之，不拂人情，不失地利，乃谋国长策耳。"于是贞明得无罪而水田终罢。

三十年，保定都御史汪应蛟言："易水可溉金台，滹水可溉恒山，滱水可溉中山，滏水可溉襄国，漳水可溉邺下，而瀛海当众河下流，故号河中，视江南泽国不异。至于山下之泉，地中之水，所在皆有宜。各设坝建闸，通渠筑堤，高者自灌，下用车汲，用南方水田法。六郡之内，得水田

---

① 束隘，狭窄险要，亦指控制险要。
② 十四修，《明史·河渠志》作"十四条"。
③ 王田，应为玉田，见《明史·河渠志》。
④ 近堰地，城下、宗庙外或水边的闲地或耕地。
⑤ 将罪诸建议朝，疑脱一"臣"字。《明史·河渠志》作"欲罪诸建议者"。
⑥ 胼胝，手足皮肤因劳累变硬和增厚。胼胝之苦，异常劳累、辛苦。
⑦ 沙碛：沙化、盐碱化的土地。

数万顷，畿民从此饶，永无旱涝之患。不幸滨河有梗，亦可改折于南，取籴于北，此国家无穷利也。"报可。

应蛟乃于天津葛沽、何家圈、双沟、白塘，令防海军丁屯种，人授田四亩，共种五千余亩，水稻二千亩，收多。因上言，垦地七千顷，岁可得谷二百余万石。是时有司能兴水利者，陈邦瞻为河南布政使，开水田千顷。陈幼学为中牟令，县有大泽，积水占膏腴田二十余里，幼学疏为河者五十七，为渠者百三十九，俱引入小清河，民获大利。大庄诸里多水，为筑堤十三道障之。真定知府郭勉浚大鸣、小鸣泉四十余穴，溉田千顷。邢台达活、野狐二泉，流为牛尾河，百泉流为沣河，建二十一闸、二堤，灌田五百余顷。

熹宗天启元年，御史左光斗用应蛟策，复天津屯田。令通判卢观象管理屯田水利。

明年，巡按御史张慎言："自枝河而西，静海、兴济之间，万顷沃壤。河之东尚有盐水沽等处，为膏腴之田，惜皆芜废。今观象开窓家口以南田三千余亩，沟洫芦塘之法，种植疏浚之方皆具而有法，人何惮而不为？大抵开种之法有五：一、官种。谓牛种、器具、耕作、雇募皆出于官，而官亦尽收其田之入也。一、佃种。谓民愿垦而无力，其牛种、器具仰给于官，待纳稼之时，官十而取其四也。一、民种。佃之有力者，自认开垦若干，迨开荒既熟，较数岁之中以为常，十一而取是也。一、军种。即今海防营军种葛沽之田，人耕四亩，收二石，缘有行月粮故收租重也。一、屯种。祖宗卫军有屯田，或五十亩或百亩，军为屯种者，岁入十七于官，即以所入为官军岁支之用，国法兵农之善制也。四法已行，惟屯种，则今日兵与军分而屯，仅存其名。当选各卫之屯余，垦津门之沃土，如官种行之。"章下所司命，太仆卿董应举管天津至山海屯田，规划数年，开田十八万亩，积谷无算。

庄烈帝崇祯二年，兵部侍郎申用懋言：永平泺河诸水逶迤宽衍，可疏渠以防旱涝。山坡隙地便栽种，宜令有司相地察源，为民兴利。从之。

# 卷五　食货

## 屯田上：唐、五代、宋、辽、金

唐德宗建中初，宰相杨炎请置屯田于丰州，发关辅民凿陵阳渠以增溉。京兆尹严郢尝从事朔方，知其利害，以为不便。疏奏，不报①。郢又奏，五城旧屯其数至广，以开渠之粮贷诸城，约以冬输，又以开渠功直布帛先给田者，据估转谷。如此，则关辅免调发，五城田辟，比之浚渠利十倍也。时杨炎方用事，郢议不用。

宪宗元和中，振武军饥，宰相李绛请开营田，可省度支漕运，及绝和籴欺隐。宪宗称善，乃以韩重华为振武京西营田和籴水运使，起代北垦田三百顷，出赃罪吏九百余人，以耒耜、耕牛假重粮使偿所负粟②。二岁大熟，因募人为十五屯，每屯百三十人，耕百顷，就高为堡，东起振武，西逾云州，极于中受降城，凡六百余里，列栅二十，垦田三千八百余顷，岁收粟三十万石，省度支钱二千余万缗。重华入朝奏请益开田五千顷，法用人七千，可以尽给五城。会李绛已罢，后宰相持其议而止。

至宪宗末，天下营田皆雇民或借庸以耕，又以瘠地易上地，民间苦之。

穆宗即位，诏还所易地而耕，以官兵耕官田者，给三之一以终身。

灵武、邠宁土广肥，而民不知耕，文宗太和末，王起奏立营田。后党项大扰河西，邠宁节度使毕諴亦募士开营田，岁收三十万斛，省度支钱数百万缗。

贞观开元后，边土西举高昌、龟兹、焉耆、小勃律，北抵薛延陀故地，缘边数十州戍重兵营田，及地租不足以供军，于是始有和籴。

---

① 不报，不批复。
② 此句文意不顺，《新唐书·食货志》作"给以耒耜耕牛，假种粮，使偿所负粟"。

周太祖广顺三年敕：悉罢户部营田务，以其民隶州县，其田庐、牛、农器并赐见佃者为永业。自唐末中原宿兵，所在皆置营田，以耕旷土。其后又募高赀户，使输课佃之。户部别置官司总领，不隶州县，或丁多无役，或容庇奸盗，州县不能诘。梁太祖击淮南，掠得牛以千万计，给东南诸州农民，使岁输租。自是历数十年，牛死而租不除，民甚苦之。帝素知其弊，会合门使知青州张凝，请罢营田务，李谷亦以为言，遂敕罢之。

宋太宗端拱二年，六宅使何承矩请于顺安砦西引易河筑堤为屯田。及承矩知雄州，又言宜因积潦蓄为陂塘，大作稻田以足食。会沧州临津令闽人黄懋上书言：闽地唯种水田，缘山导泉，倍费功力。今河北州军多陂塘，引水溉田，省功易效，三五年间公私必大获其利。诏承矩按视，还奏如懋言。遂以承矩为制置河北沿边屯田使，懋为大理寺丞充判官，发诸州镇兵一万八千人给其役。凡雄、莫、霸州平戎、顺安等军，兴堰六百里，置斗门引淀水灌溉。初年种稻，值霜不成。懋以晚稻九月熟，北霜早而地气迟，江东早稻七月即熟，取其种，课令种之。是岁八月，稻熟。初，承矩建议，沮之者颇众，武臣习攻战，亦耻于营葺。既种稻不成，群议愈甚，事几为罢。至是承矩载稻穗数车，遣吏送阙，议者乃息。又度支判官陈尧叟等言，汉魏晋唐于陈、许、邓、颍、暨蔡、宿、亳至于寿春，用水利垦田，陈迹具在，请选官大开屯田以通水利，发江淮下军散卒及募民充役，给官钱市牛置耕具，导沟渎，筑防堰，每屯十人给一牛，治田五十亩。虽古制一夫百亩，今且垦其半，俟久而古制可复也。亩约收三斛，岁可收十五万斛。七州之间置二十屯，可得三百万斛。因而益之数年，可使仓廪充实，省江淮漕运。帝览奏嘉之。遣大理寺丞皇甫选、光禄丞何亮乘传按视经度。

真宗咸平中，大理丞王宗旦请募民耕颍州陂塘荒地凡千五百顷，部民应募者三百余户。诏令未出租税，免其徭役。然无助于公利，而汝州旧有路南务①，内园兵人种稻，至是命京朝官专掌募民二百余，自备耕牛，立团长垦地六百顷，导汝水灌溉，岁收二万三千石。又知襄州耿望请于旧地括荒田，置营田，上中下三务，调夫五百筑堤堰。仍集邻州兵每务一百人，荆湖市牛七百分给之。是岁种稻三百余顷。

---

① 路南务，《宋史·食货志》作"洛南务"。

四年，陕西转运使刘综亦言："宜于古原州建镇戎军置屯田。今本军一岁支给刍粮四十余万石束，约费茶盐五十余万，倘更令远民输送，其费益多。请于军城四面立屯田务，开田五百顷，置下军二千人，牛八百头耕种。又于军城前后及北至水峡口，各置堡砦①，分居其人。无寇则耕，寇来则战。就命知军为屯田制置使，自择使臣充四砦监押，每砦五百人充屯戍。"从之。既而原渭州亦开方田，戎人内属者皆依之，得安其居。是时兵费浸广，言屯营田者辄诏边臣经度行之。顺安军兵马都监马济请于靖戎军东壅鲍河开渠，入顺安、威虏二军，置水陆营田于其侧，命莫州部署石普护其役。知保州赵彬奏决鸡距泉，自州西至蒲城县，分徐河水南流注运渠，广置水陆屯田，诏驻泊都监王昭逊共成之，自是定州亦置屯田。

五年，罢襄州营田下务。

六年，耿望又请于唐州赭阳陂置务如襄州，岁种七十余顷，方城县令佐掌之，调夫耘耨。

景德二年，令缘边有屯营田州军长吏，并兼制置诸营田山田事，旧兼使者如故。

大中祥符九年，改定保州顺安军营田务为屯田务，凡九州军皆遣官监务置吏属，淮南、两浙旧皆有屯田，后多赋民而收其租，第存其名；在河北者虽有其实，而岁入无几，利在蓄水以限戎马而已。

天禧末，诸州屯田总四千二百余顷，河北岁收二万九千四百余石，而保州最多，逾其半焉。继右正言田况言："镇戎原渭地，方数百里，旧皆民田，今无复农事，可即其地，大兴营田，以其兵之不习战者分耕，五百人为一堡，三两堡置一营田官领之。播种以时，农隙则习武事。"疏奏，不用。后乃命三司户部副使夏安期等议，并置边屯田，迄不能成。

神宗熙宁三年，著作佐郎王韶言：渭原城而下至秦州成纪，旁河五六百里，良田不耕者无虑万顷，治千顷可得三十万斛。因知秦州李师中等奏韶妄指，实无其地，降韶官。其后韩缜知秦州，乃言实有古渭砦地，空地四千余顷，遂复韶故官，从其所请。行之明年，河北屯田司奏，丰岁屯田入不偿费，于是诏罢。缘边水陆屯田务募民租佃，收其兵为州厢军。时陕西多旷土未耕，屯戍不可撤②，远方有输送之勤，知延州赵卨请募民耕，

---

① 堡砦，建有栅墙的营寨，是一种军事据点。
② 不可撤，《宋史·食货志》作"不可撤"，较通。

以纾①朝廷忧。诏下其事。经略安抚使郭逵言，怀宁砦所得地百里以务弓箭手无闲田。禹又言之，遂括地得万五千余顷，募汉蕃兵几五千人为八指挥。诏迁禹官，赐金帛。而熙州王韶又请以河州蕃部近城川地招弓箭手，以山坡地招蕃兵。弓箭手每砦五指挥，以二百五十人为额，人给地一顷，蕃官二顷，大蕃官三顷。

七年，以熙河多良田，诏委提点秦凤路刑狱郑民宪兴营田。许奏辟官属以集事。枢密使吴充上疏曰：今之屯田诚未易行。古者一夫百亩，又受田十亩为公田，莫若因弓箭手仿古助田法行之。熙河四州，田无虑万五千顷，十分取一以为公田，大约中岁亩一石，则公田所得十五万石，官无屯营、牛具、廪给之费，借用众力，而民不劳，大荒不收，而官无所损，省转输平籴价，如是朝其便有六②。而提点刑狱郑民宪言："祖宗时屯营田皆置务，屯田以兵，营田以民，固有异制。然襄州营田，既调夫矣，又取邻州之兵，是营田不独以民也，边州营田不限兵民皆取给用，是屯田不独以兵也。至于招弓箭手不尽之地，复以募民，则兵民参错，固无异也。而前后施行，或侵占民田，或差错③耨夫，或诸郡括牛，或兵民杂耕，或诸州厢军不习耕种，不能习水土，颇致烦扰，至是岁之所入不偿其费，遂又报罢。惟因弓箭手为助田法，一夫受田百亩，别以十亩为公田，俾之自备种粮功力，岁亩收一石，水旱三分除一。官无廪给之费，民有耕凿之利，若可以为便。然弓箭手招至者未安其业，而种粮无所仰给。又责其借力于公田，虑人心易摇，乞候稍稔推行。"

九年，诏熙河弓箭手耕种不及之田，经略安抚司点厢军耕之，官置牛具、农器，人一顷，岁终参较弓箭手、厢军所种优劣为赏罚。弓箭手逃地并营田召佃租课，许就近于本城砦输纳，仍免折变、支移④。

元丰二年，改定州屯田司为水利司。及章惇筑元州⑤，亦为屯田务，其后遂罢之，募民租佃，役兵各还所隶。

五年，诏提举熙河等路弓箭手、营田、蕃部共为一司，隶泾原制置司

---

① 纾，缓和、解除。
② 此句《宋史·食货志》作"如是者其便有六"，较通。
③ 差错，《宋史·食货志》作"差借"。
④ 折变，宋代征税时将原定征收的实物折价改征他物的征收方式。支移，宋代赋税的征收方式。政府为转嫁运费，调剂赢余与不足，令纳税人将税物改送他处。
⑤ 元州，应为沅州，参见《宋史·食货志》。

提举。熙河营田康识言："新复土地，乞命官分画疆界，选知田厢军，人给一顷耕之，余悉给弓箭手，人加一顷。有马者又加五十亩。每五十亩为一营①，四保砦见缺农作厢军，许于秦凤、泾原、熙河三路选募。厢军及马递铺卒愿行者，人给装钱二千。"诏皆从之。

知太原府吕惠卿尝上营田疏，曰："今葭芦、米脂，里外良田，不啻一二万顷。夏人名为真珠山、七宝山，言其多出禾粟也。若耕其半，则两路新砦其费亦不尽资内地，况能尽辟之乎！前此所不敢进耕者，外无捍卫也。于今葭芦、米脂相去一百二十里间各建一砦，又其间置小堡铺相望，则延州之义合、白草与石州之吴堡、克明以南诸城砦，千里边面皆为内地；而河外之州，荒闲之地，皆可垦辟以赡军用。凡昔为夏人所侵、及苏安靖弃之以为两不耕者，皆可为法耕之。于是就籴河外，而使河内之民被支移者，量出脚乘之直，革百年远输贵籴，以免困公之弊。财力稍丰，又通葭芦之道于灵州之神木，其通堡砦亦如葭芦、米脂之法，而横山膏腴之地皆为吾有矣。"

七年，惠卿雇五县耕牛，发将兵外护，而耕新疆葭芦吴堡间膏腴地号木瓜原者，凡得地五百余顷，麟、府、丰州地七百三十顷，弓箭手与民之无力及异时两不耕者又九百六十顷。惠卿自谓所得极厚，可助边计，乞推之陕西。

八年，枢密院奏去年耕种木瓜原，凡用将兵人马之费，所收禾粟、荞麦不偿所费，因诏止惠卿。其河东进筑堡砦，自麟石、鄜延南北近三百里，及泾原、环庆、熙河兰会新复，城砦地土悉募厢军配卒耕种，免役。已而营田司使言，诸路募发厢军皆不娴耕作，遂各遣还其州。

高宗绍兴元年，知荆南府解潜奏，辟宗网②、樊宾措置屯田，诏除宗纲充荆南府、归峡州、荆门公安军镇抚使司，措置五州营田官，樊宾副之。渡江后营田盖始于此。其后荆州军食仰给，省县官之半焉。

三年，怀安府、复州、汉阳军镇抚使陈规仿古屯田，凡军士相险隘立堡砦，且守且耕，耕必给费，敛复给粮，依助田法，余并入官。凡民水田，亩赋税米一斗；陆田豆麦，夏秋各五升。满二年无欠给为永业，兵民各处一方。流民归业寖众，亦置堡砦屯聚之。凡屯田事，营田司兼之。营

---

① 每五十亩，应为"每五十顷"。五十亩尚不足一人之田，如何为营？可参见《宋史·食货志》。

② 宗网，应为宗纲。可见下文，或参见《宋史·食货志》。

田事，府县兼之。延臣①因规奏推广，谓一夫受田百亩，古制也。今荒田甚多，当听百姓请射。其有阙耕牛者，今用人耕之法，以二人曳一犁，凡受田五人为甲，别给蔬地五亩为庐舍场圃。兵屯以大使主之，民屯以县令主之，以岁课多少为殿最。下诸镇推行之。诏江东西宣抚使韩世忠措置建康营田，如陕西弓箭手法。世忠言："沿江荒地，大半有主，难如陕西例。乞募民承佃。"都督府奏，如世忠议，仍蠲三年租，满五年，田主无自陈者，给佃者为永业。诏湖北、浙西、江西皆如之，其徭役、科配②并免。

五年，诏淮南、川陕、荆襄屯田。

六年，都督张俊奏改江淮屯田为营田。凡官佃逃田并拘籍③。以五顷为一庄，募民承佃。其法，五家为保，共佃一庄，以一人为长，每庄给牛五具，耒耜及种副之，别给十亩为蔬圃，贷钱七十千，分五年偿。命樊宾、王弗行之。寻命五大将刘光世、韩世忠、张俊、岳飞、吴玠及江淮荆襄利路师，悉领营田使。迁宾司农少卿，提举江淮营田，置司建康，弗屯田员外郎副之。官给牛种，抚存流移，一岁中收谷三十万石有奇。殿中侍御史石公揆、监中岳李寀及王弗皆言营田之害，张俊亦觉其扰，请罢司以监司领之。于是诏帅臣兼领营田。九月，以川陕宣抚吴玠治废堰营田六十庄，计田八百五十四顷，岁收一十五万石，以助军储，赐诏奖谕。

二十二年，督视湖北、京西军马汪澈言："荆湖两年屯收④襄汉粮饷浩瀚。襄阳古有二渠，长渠溉田七千顷，水渠溉田三千顷，兵后堙废。今先筑堰开渠，募边民或兵之老弱耕之。其耕牛、耒耜、种粮令湖北、京西转运使措置，既省馈运，又可安集流亡。"从之。

孝宗隆兴元年，臣僚言：州县营田之费，其说有十：曰择官必审，募人必广，穿渠必深，乡亭必修，器用必备，田处必利，食用必充，耕具必足，定税必轻，赏罚必行。且欲立赏格以募人，及住广西马纲三年以市牛。会有诉襄阳屯田之扰者，上欲罢之。工部尚书张阐言："今日荆襄屯田之害，以其无耕田之民，而课之游民；游民不足，而强之百姓。于是百

---

① 延臣，应为延臣。参见《宋史·食货志》。
② 科配，正税以外的临时摊派。
③ 官佃，《文献通考·田赋考》《宋史·食货志》皆作"官田"。拘籍，统计、确认，登入户籍。
④ 屯收，《宋史·食货志》作"屯守"，较此为通。

姓舍已①熟田，而耕官生田。或远百里征呼以来，或名双丁而役其强壮，老稚无食，一方骚然，罢之诚是也。然自去岁以来，置耕牛农器，修长水二渠，费已十余万，一旦举而弃之，则荆襄之地终不可耕也。比见两淮归正之民，动以万计，官不能给食，则老弱饥死，强者转而之他。若使就耕荆襄之田，非唯可免流离，抑使中原之民闻之，知朝廷有以处我，率皆襁负而至矣。异时垦辟既广，取其余以输官，实为两便。"诏除见耕者依旧，余令虞仲文同王珏措置。

二年，江淮都督府参赞陈俊卿言："欲以不披带人，择官荒田标旗立砦，多买牛犁，纵种其中，官不收租，人自乐从。数年之后，垦田多则谷必贱，所在有屯，则村落无盗贼之忧；军食既足，则馈饷无转运之劳，此诚经久守淮之策。"诏从之。

乾道四年，四川宣抚使郑刚中拨军耕种，以岁收租米，对减城都路对籴米一十二万石赡军。然兵民杂处，村疃为扰百端。又数百里差民保甲教耕，有二三年不代者，民甚苦之。知兴元府晁公武欲以三年所收最高一年为额，等第均数召佃，放兵及保甲以护边。从之。八月，诏镇江都统司及武锋军三处屯田兵并拘收入队教阅。

六年，罢和扬州屯田。

八年，复罢庐州兵屯田。

淳熙十年，鄂州江陵府驻札副都统制郭杲言："枣易屯田，兴置二十余年，未能大有益于边计，非田有不良，盖人力有所未至。今边陲无事，正宜修举。为实边之计，本司有荒熟地七百五十顷，乞降钱三万缗收买耕牛农具，便可施功。如将来更有余力，可括荒田接续开垦。"从之。

光宗绍熙元年，知和州刘炜以剩田募民充万弩手分耕。

宁宗嘉定三年，国子监司业刘爚接伴金使于盱眙军还，言："两淮之利，藩蔽江南。干戈盗贼之后，宜加经理。必于招集流散之中，就为足食足兵之计。淮东地平博膏腴，有陂泽水泉之利，而荒芜实多。其民劲悍勇敢，习边鄙战斗之事。而安集者诚能经画郊野，招集散亡，约顷亩以授田，使无广占抛荒之患，列沟洫以储水，且备戎马驰突之虞，为之具田

---

① 已，应为"己"，参见《宋史·食货志》。

器，贷种粮，相其险易，聚为室庐，使相保护，联以什伍，教以击刺，使相纠率①，或乡为一团，里为一队，平居则耕，有警则守，有余力则战。"帝嘉纳之。

七年，以京西屯田，募人耕种。

十三年，四川宣抚使安西总领任处厚言："绍兴十五年，诸州共垦田二千六百五十余顷，夏秋输租米一十四万一千余石，饷所屯将兵，罢民和籴，为利可谓博矣。乾道四年，以从屯兵归军教阅，而营田付诸州募佃，遂致租利陷失，骄将豪民乘时占据，其弊不可概举。今豪强移徙，田土荒闲，正当拘种之秋，合自总领所与宣抚使措置，其逃绝之田，关内外亦多有之，为数不赀，其利不在营田之下，乞并括之。"

十五年，诏江淮、荆襄、四川制置司监条画营田来上。

十七年，复命淮东西、湖北路转运司提督营屯田。

理宗端平元年，命王旻守随州，王安国守枣阳，蒋成守光化，杨恢守均州，并益兵饬备经理唐、邓屯田。又以臣僚言，屯五万人于淮北，且田且守，置屯田判官一员经纪其事，暇则教以骑射。初，弛田租三年。又三年，则取其半。知大宁监邵潜言："昔郑刚中营于蜀之关隘，杂兵民屯田，岁收粟二十余万石。是后屯田之利既废，粮运之费益增，宜诏帅臣纵兵民耕之，所收之粟，计宜②以偿之，则总所无转输之苦，边关有储峙之丰，战有余勇，守有余备矣。"从之。

嘉熙四年，孟洪为宣抚四川兼屯田大使。军无宿储，遂大兴屯田。调夫筑堰，募农给种，首秭归尾汉口，为屯二十，为庄百七十，为顷十八万八千二百八十。上屯田始末与所减券食之数，降诏奖谕。又令流民于边江七十里内，分田以耕，遇警则用以守江。于边城三五十里内亦分田以耕，遇警则用以守城。在砦者则耕四野之田，而用以守砦。田在官者免其租，在民者则以所收十之三归其主，俟三年事定，则各还原业。

淳祐十二年，诏襄樊已复，措置屯田，修渠堰。

宝祐三年，诏拨封桩库十八界会十万③，银二千两，付李梦康措置襄

---

① 纠率，应为"纠率"，意为纠集统率。参见《宋史·刘煟传》。
② 计宜，《宋史·食货志》作"计直"，较此为通。
③ 封桩库，宋代中央政权的后备库。宋初收存剿灭各割据势力所得金帛，后用于收存年终结余，以备急需。十八界会，第十八界会子。南宋的纸币会子分界发行，到界收回，以防失控。

阳屯田。又诏沿边耕屯，课人登羡①，管屯田官推赏，荆襄两淮及山砦如之。

度宗咸淳元年，诏曰：淮蜀荆襄之民所种屯田，既困重额，又困苛取，流离之际，口体不充，及遇水旱，收租不及，而催输急于星火，民何以堪。其目前旧久②并除之，复催者以违制论。

辽太宗会同五年，诏以契丹分屯南边。

圣宗统和十二年，赐南京统军司贫户耕牛。耶律昭言："西北诸郡，每当农时，一夫侦候，一夫治公田，二夫给纠官之役，四丁无一室处刍牧之事，仰给妻孥，一遭寇掠，贫穷之室，春夏振恤，吏多杂以糠秕，重以掊克，不过数月，又复告困。且畜牧者富国之本，有司防其隐没，聚之一所，不得各就水草便地，兼以逋亡，戍卒随时补调，不习风土，故日瘠月损，驯至耗竭。为今之计，莫若振穷薄赋，给以牛种，使遂耕获。置游兵以防盗掠，颁俘获以助伏腊，散畜牧以就善地，期以数年，富强可望。"时皆以为切论。

太平七年，诏："诸屯田在官斛粟不可擅贷，在屯者力耕公田，不输赋税。"

兴宗重熙十三年，诏选南北府兵，富者授山西路，余屯田于天德军。

道宗大安初年，西蕃多叛，上欲为守御计，命耶律唐古督耕稼，以给西军。唐古率众田胪朐河侧，岁登上熟。移屯镇州，凡十四稔，积粟数十万斛，每斗不过数钱。

金太祖收国元年，败辽军于阿娄冈，获其耕具数千，给赐诸军。

天辅五年二月，分诸路明安穆昆之民万户屯泰州，赐耕牛五十。其时伐辽取泰州，徙辽降人居之。命千户穆昆宗雄按视泰州地户，宗雄包其土来奏，曰："其土如此，可种植也。"由是徙万家屯田泰州，以博勒和为都统。

太宗天会九年，诏："新徙戍边户乏耕牛者，给以官牛。别委官劝督田作。其续迁戍户，在中路者姑止之。即其地种艺，俟毕获而行，及来春农时至戍所。"

---

① 课人登羡，《宋史·理宗纪》作"课人登羡"，较此为通。
② 目前旧久，《宋史·食货志》作"日前旧欠"。

熙宗天眷初年，以既取江南，虑中原士民怀二，始创屯田军。凡女真、奚、契丹之人，皆自本部徙居中州，与百姓杂处，计其户口，授以官田，使自播种，春夏量给其衣，遇出师始给钱米。凡屯田之所，自燕南至淮陇之北俱有之，皆筑垒于村落间。

世宗大定三年，以正隆兵兴，农桑失业，明安穆昆屯田多不如法，遣户部侍郎魏子平等分道劝农。

二十一年，以山东路所括民田分给女真屯田人户。又时以黄河移故道，梁山泺水退地甚广，遣使安置屯田民。时帝意不欲明安穆昆人户与民户杂居，凡山东两路屯田与民田互相犬牙者，皆以官田对易。御史中丞张九思言："屯田明安人户为盗征偿，家贫辄卖屯地。凡家贫不能征偿者，止令事主以其地招佃，收其租入，估价与征偿相当，即以其地还之。"临洮尹完颜让亦论屯田贫人征偿卖田，乞用九思议。诏可。

二十二年，以山东屯田户邻于边鄙，命聚之一处，俾协力耕种。

章宗明昌元年，敕当军人所授田，止令自种，力不足者方计承佃，亦止随所产纳租。其有自愿折钱输纳者，从民所愿，不愿承佃者毋强。又敕随处系官闲地，百姓已请佃者，仍旧。未佃者付明安穆昆屯田。

承安二年，差户部郎中李敬义往临潢等路规划农事。旧令军人所授之地，不得租赁于人，违者苗付地主。

五年，中都、山东、河北屯驻军人地土不赡，官田多为民所冒佃。主兵者言，比岁征伐，军多败衄，盖由屯田地寡，不免饥寒，故无斗志。愿括民田之冒税者分给之，则士气自倍。朝议已定，平章政事张万公独上书，言其不可者五：大略以为，军旅之后，疮痍未复，百姓拊摩之不暇，何可重扰，一也；通检未久，田有定籍，括之必不能尽适，足增猾吏之弊，长告讦之风，二也；浮费佣用不可胜计，推之以养军，可敛不及民而无待于夺民之田①，三也；兵士失于选择，强弱不别，而使同田共食，振励者无以尽其力，疲劣者得以容其奸，四也；夺民而与军，得军心而失天下心，其祸有不可胜言者，五也。必不得已，乞以冒地之已括者召民莳之，以所入赡军，则军有坐获之利，而民无被夺之患矣。书奏，不报。命枢机使宗浩、礼部尚书贾铉，佩金符行省山东等路，括地给军，凡得地三十余万给军。顺天军节度使张行简上言："比者括官田给军，既一定矣，

---

① 此句，《金史·张万公传》作"可敛不及民而足，无待于夺民之田"。

有告欲别给者，辄从其告，至今未已。名曰官田，实取之民以与之。臣所管已拨深泽县地三百余顷，复告水占沙碱者，三之一，若悉从之，何地可定？臣谓当限以月日，不许再告为便。"下尚书省议，奏请如实有水占河塌，不可耕种，按视覆同，然后改拨。若沙碱瘠薄，当准已拨为定。制曰：可。

泰和四年，定制，所拨地止十里内者自种之，每丁四十亩。续进丁同此，余者许令便宜租赁及两和分种，违者钱业还主。

五年二月，帝又闻六路括地时，其间屯田军户多冒民[①]增口以请官地，及包取民田，而民有空输税赋，虚抱物力者，应诏陈言人多论之。遣官分清，追照案凭。尚书省奏，遣官徒滋讼言。乃令虚抱税石[②]已输送入官者，于税内续扣之。

宣宗贞祐三年，以时方南迁，徙河北军户于河南，议所以处之者。

宰臣言，当指官田及牧地分界之[③]，已为民田者[④]，则俟秋获后仍日给米一升，折以分钞。大常丞舒穆噜世绩曰："荒田牧地，耕辟费力，夺民素垦，则民失所。"帝欲从宰臣议，侍御史刘元规复上言，帝乃罢之。后因北方侵及河南，尽起诸路军户牛来共图保守，复议得军粮之术，或益赋，或与军田，二者孰便。参政高汝砺言："河南官民地相半，又多全佃官地之家，人旦夺之[⑤]，何以自活？小民易动难安，一时避赋，遂有舍田，言及与人，又复悔，悔则忿心生矣。如山东拨地时，腴地尽入富家，瘠者乃付贫户，无益于军，而民有损。惟当倍益官租以给军食。复以系官荒田牧地量数与之，令其自耕，则民不失业，官不厉民矣。"从之。又言："河北军户徙居河南者几万口，疑当作百万口。或系史之误。人日给粟一升，岁费三百六十万石，半以给直，独支三百疑当作二百万，河南租地计二十四万顷，岁租计一百五十六万，乞于经费之外倍征以给之。"帝命右司谏冯开等五人分行诸郡，就授以荒官田及牧地可耕者，人三十亩。至十一月，又以括荒田及牧马地给军事。命汝砺总之。汝砺还奏："今顷亩之数，较之旧籍甚少，复多瘠恶不可耕又僻远之处，必徙居以就之，彼皆不

---

① 冒民，《金史·食货志》作"冒名"。
② 虚抱税石：产业已失，却还承担纳税义务。
③ 界，《金史·食货志》作"畍"，较此为通。
④ 田，《金史·食货志》作"佃"。
⑤ 人旦夺之，《金史·食货志》作"一旦夺之"。

能自耕，必以与人，又当取租于数百里之外，况今农田且不能尽辟，岂有余力以耕丛薄交固、草根纠结之荒地哉！询诸军户，皆欲得半粮犹足自养，得田不能耕，复罢其廪，将何所赖。臣知初籍地之时，未尝按阅其实，所以不如其数，不得其处也。若复考计州县，必各望承风旨①，追呼究讦以应命，不足其数，则妄指民田以充之，所在又骚然矣。今民之赋役三倍平时，飞挽转输，日不暇给，而复为此举，将何堪之！且军户暂迁，行有还期，何为以此病民。病民而军获利犹不可为，况无所利乎！"遂诏罢给田，但半给粮半给实直焉。

四年，复遣官括河南牧马地，既籍其数，帝命省院议所以给军者。宰臣言："今军户当给粮者四十四万八千余口，计当口占六亩有奇，继来者不与焉。相去数百里者岂能以六亩之故远来，兼月支口粮不可遽罢。臣等窃谓军户愿佃者，即当计口给之，其余僻远不愿者宜准近制，系官荒地许军民耕辟例，令军民得占莳之。"院官言，牧马地少且久荒难耕，军户复乏农器，不给之，则彼自支粮外，更无从得食，非蓄锐得敌之计。给之，则未能遽减其粮，若得迟以岁月，俟颇成伦次，亦渐可以省官廪。今夺于有力者，即以授之，其无力者恐无以耕。乞令司县官劝率民者，借牛破荒，至来春然后给之。司县官能率民户以助耕而无骚动者，量加官赏，庶几有所激劝。宰臣又言，若如所言，则司县官贪募官赏，必将抑配以扰民，况民家之牛，量地而蓄之。比年以来，农功甫毕，并力转输犹恐不及，岂有暇耕他人之田。唯如前奏为便。诏再议之。乃议民有能开牧马地及官荒地作熟田者，以半给之为永业，半给军户。奏可。省臣又奏，自古用兵，且耕且战，是以兵食交足。今诸帅分兵不啻百万，一充军伍，咸仰于官，至于妇子居家，安坐待哺，盖不能屯田为经久之计也。愿下明诏，合诸帅府，各以其军耕耨，亦逸以待劳之策。诏从之。

兴定二年，帝谕枢密院曰："中京商、虢诸州军人愿耕屯田，比已括地授之。闻徐宿军独不愿受，意谓予田，必绝其廪给也。朕肯尔耶！其以朕意晓之。"因命诸军遍授屯田。邳州行省侯挚言"东平以东，屡经残毁，邳海之间，贫民失业者甚众，日食野菜，无所依倚。恐因而啸聚以益敌，乞募边为兵，自十月给粮，使充戍役，至二月罢之，人授地三十亩，贷之种粒，而验其收获，量数取之，逮秋复隶兵伍，且战且耕，公私交

---

① 望承风旨，《金史·食货志》作"妄承风旨"。

利，亦望被俘之民易于招集也。"

至三年，藉邳、海等州义军及胁从归国而充军者，人给地三十亩，有力五十亩，仍蠲差税，日支粮二升。

四年，移剌布言："军户自徙河南数岁，尚未给用，兼以移徙不常，莫得安居，故贫者甚众。请括诸屯处官田，人给三十亩。仍不移屯他所。如此则军户可以得所，官粮可以渐省。"宰臣奏："前此亦有言授地者。枢密院谓俟事缓而行之。今河南罹水灾，流亡者众，所种麦不及五万顷，殆减往年大半，岁入不能足，若拨授之为乘业①，俟有获即罢其家粮，亦省费之一端也。"从之。

五年，京南行三司舒穆噜斡鲁言："京南东西三路，屯军老幼四十万口，岁费粮百四十余万石，皆坐食民租，甚非善计。宜括逋户旧耕田，南京一路旧垦田三十九万八千五百余顷，内官田民耕者九万九千顷有奇，今饥民流离者大半，东西南路计亦如之。朝廷虽招使复业，民恐既复之后，生计未定，而赋敛随之，往往匿而不出。若分给军户，人三十亩，使之自耕，或召人佃种，可数岁之后，蓄积渐饶，官粮可罢。"令省臣议之，仍不果行。

---

① 乘业，承担军赋之业。乘，古代井田单位，一乘田出车一乘。

# 卷六　食货

## 屯田下：元、明

元太祖时，舒穆噜拜达勒为霸州等路元帅，镇守固安水寨，令军士屯田，且耕且战，披荆枣，立庐舍，数年之间，城市悉完，为燕京外蔽。

宪宗初，以有宋兵，世祖请立经略司于汴，以蒙古史天泽等为使，授之兵牛，敌至则御，敌去则耕，乃置屯田万户于邓，完城以备之。

三年，汪特格修治利州，且屯田。七月，屯田于凤翔。

中统三年，韶①凤翔府种田户隶平阳兵籍，毋令出征，务耕屯以给军饷。又诏诸道括逃军还屯田，严其禁。

三年，始立左卫屯田。调枢密院二千人于东安州南永清县东荒土及本卫元占牧地，立屯开耕，分置左右手屯田千户所，其官属，详载职官典武官下卷中。为军二千名，为田一千三百一十顷六十五亩。又置右卫屯田，调本卫军二千人于永清、益津等处立屯开耕，分置左右手屯田千户所，其屯军田亩之数与左卫同。

至元元年，以益都武卫军千人屯田燕京，官给牛种。

二年，诏孟州之东，黄河之北，南至八柳树、枯河、徐州等处，凡荒闲地土，可令阿珠、阿喽罕等所领士卒立屯耕种，并摘各万户所管汉军屯田。又诏西川、山东、南京等路戍边军屯田。

四年，置中卫屯田于武清、香河等县，继以各屯田界相去百余里，往来耕作不便，迁于河西务、荒庄、杨家口、青台、杨家白等处，其屯田之数与左卫同，为田一千三十七顷八十二亩。

六年，以攻襄樊军饷不足，发南京、河南、归德诸路编民二万余户，于康、邓、申、裕等处立屯。

---

① 韶，应为"诏"，参见《元史·世祖纪》。

七年，创立高丽屯田。是时东征日本，欲积粮饷，为进取之计。遂以王绰、洪茶邱等所管高丽户二千人，及发中卫军二千人，合婆娑府、咸平府军各一千人，于王京、东宁府、凤州等处一十处置立屯田，设经略司以领其事，每屯用军五百人。

八年，佥发①已未年随州、鄂州投降人民一千一百七十户往中兴居住，继即编为屯田户，凡二千四百丁，至二十三年，续佥渐丁得三百人。为田一千八百顷。

十一年，徙生券军屯田和林②，置陕西屯田总管府，以安西王府所管编民二千户，立栎阳、泾阳、终南、渭南屯田。又置宁夏路放良官屯田，从安抚司请，招良人民九百四户编聚屯田，为田四百四十六顷五十亩。又置叙州宣抚司民屯，命西蜀四川经略司起立屯田。又置潼州府民屯，佥本府编民及义士军二千二百二十四户立。又置夔路总管府民屯，佥本路编民至五千二十七户。又置重庆路民屯，于江津、巴县、泸州、忠州等处佥拨编民二千三百八十七户，并召募共三千五百六十五户。

十二年，置大理金齿等处宣慰司都元帅府军民屯，命于所辖州县拘刷漏籍人户③，得六千六百有六户，立屯田。继又佥本府编民四百户及永昌府编民一千二百七十五户增益之。后立大理军屯，于爨僰军内拨二百户④，续佥二百八十一户，又增一百一十九户，总计民屯三千七百四十一户，军屯六百户，为田军民已业二万二千一百五双⑤。又置曲靖等处宣慰司兼管军万户府军民屯田，拘刷所辖州郡诸色漏籍人户七百四十户；立曲请路民屯，续佥民一千五百户增入其所耕之田，官给一千四百八十双，自备己业田三千双。复立澄江民屯所，佥屯户与曲靖同，凡一千二百六十户。后立军屯于爨僰，军内佥一百六十九户，复佥一百二十六户增入。又立仁德府民屯，所佥屯户与澄江同，凡八十户，给田一百六十双。后立军屯，佥爨僰军四十四户，续佥五十六户增入，所耕田亩四百双，俱系军人已业。置顺庆路民屯，佥顺庆民三千四百六十八户置立屯田。又置成都路

---

① 佥，通"签"。签本是竹简，指官方文书。佥发，下令征发。
② 生券军，南宋降元部队的一种。南宋时发会子为军饷的部队称为券军，其中生券军系由外地征调而来，平时屯田，战时参加战斗。熟券军为当地部队，一般只屯田，不参与战斗。
③ 拘刷，全部征集。漏籍人户，脱离户籍或根本未入户籍的人户。
④ 爨僰军，蒙古征服大理后，在云南征发的一支以僰人（白族祖先）为主的军队。
⑤ 双，元代云南的耕地面积单位。《辍耕录》卷二十九《称地为双》曰：一双合中原四亩，也有记载说一双为五亩。

民屯，佥阴阳人四十户办纳屯种。又置鹤庆等路军民屯田，佥鹤庆路编民一百户立民屯。后又佥爨㸐军一百五十二户立军屯，军屯六百八双，民屯四百双，俱己业。又置中庆路军民屯田，于所属州县内拘刷漏籍人户，得四千一百九十七户，官给田一万七千二十二双，自备己业田二千六百二双。继立军屯用爨㸐军人七百有九户，官给田二百三十四双，自备己业田二千六百一双。又置临安宣慰司兼管军万户府军民屯田，于所属州县拘刷漏籍人户开耕，宣慰司所管民屯三百户，田六百双。本路所管民屯二千户，田三千四百双，继又续立爨㸐军屯，为户二百八十八，田一千一百五十二双。

十三年，置广元路民屯，从利路元帅言，广元实东西两川要冲，支给浩繁，经理系官田亩，得九顷六十亩。遂以褒州刷到无主人口偶配为十户，立屯开种。

十五年，置威楚提举司屯田于威楚，提举盐使司拘刷漏籍人户充民屯，本司就领其事，为户三十三，为田一百六十五双。又置威楚路军民屯田，拘刷本路漏籍人户得一千一百一户，内八百六十六户，官给无主荒田四千三百三十双，余户自备己业田一千一百七十五双。继立屯军，于本路爨㸐军内佥三百九十九户，内一十余户，官给荒田六十双，余户自备己业田一千五百三十六双。又置前卫屯田，以各省军人备侍卫者于霸州、保定、涿州荒闲地土屯种，分置左右手屯田千户所，屯军与左卫同，为田一千顷。又置后卫屯田，以永清等处田亩低下，迁昌平县之太平庄，屯军与左卫同，为田一千四百二十八顷。

十六年，给千户玛尼部下巴图军及土浑川军屯田牛具，置淮东淮西屯田打捕总管府，募民开耕，连海州荒地，官给禾种，自备牛具，所得子粒官得十之四，民得十之六，仍免屯户徭役。为户一万一千七百四十三，为四[①]一万五千一百五十三顷三十九亩。又置宝坻屯，佥大都属邑编民三百户，立屯于大都之宝坻县，为田四百五十顷。又置额齐纳屯田，调归附军人于甘州。

至十八年，置武卫屯田，发迤南军人三千名于涿州、保定、定兴等处置立屯田，分设广备、万益等六屯，为田一千八百四顷四十五亩，以充屯田军。后又迁甘州新附军二百人往屯额齐纳合即渠开种，为田九十一顷五

---

① 四，《元史·兵志》作"田"。

十亩。又置虎贲亲军都指挥使司屯田，因阿尔娄官人言："近于玛纳齐图、沁纳沁、高州、呼兰达巴等处改置驿传①，臣等议，可于旧置驿所，设立屯田。"从之。后发虎贲亲军二千人入屯。又增军一千，凡立三十四屯。于上都置司为军三千人，佃户七十九，为田四千二百二顷七十九亩。是时又置德安等处军民屯田总管府，以各翼取到汉军及各路拘收手号新附军分置十屯②，立屯田万户府，继又改立总管府，为民九千三百七十五名，军五千九百六十五名，为田八千八百七十九顷九十六亩。又置甘肃管军万户府屯田，发军于甘州黑山子、满峪、泉水渠、鸭子趐③等处立屯田，为户二千二百九十，为田一千一百六十六顷六十四亩。又置汀漳屯田，以福建调军粮储用，依腹里例置立屯田，命管军总管郑楚等发镇守士卒年老不堪备征战者，得百有十四人。又募南安等县居民一千八百二十五户立屯耕作。

十九年，置陕西等处万户府屯田，以螯屋南系官荒地发归附军，立孝子林、张马村军屯，继以南山把口子巡哨人八百军户于螯屋之杏园庄、宁州之大昌原屯田。又发文州镇戍新附军九百人立亚柏镇军屯。复以燕京戍守新附军四百六十三户于德顺州之威戎立屯开耕，为户：孝子林屯三百一户，张马村屯三百一十三户，杏园庄屯二百三十三户，大昌原屯四百七十四户，亚柏镇屯九百户，威戎屯四百六十三户；为田：孝子林二十三顷八十亩，张马村七十三顷八十亩，杏园庄一百一十八顷三十亩，大昌原一百五十八顷七十九亩，亚柏镇二百六十八顷五十九亩，威戎一百六十四顷八十亩。又置桂齐延安府屯，以拘收赎身为良、布哷齐及漏籍户，计于延安路特默齐草地屯田，为户二千二十七，为田四百八十六顷。又置宁夏等处新附军万户府屯田，发迤南新附军一千三百八十二户往宁夏等处屯田。又遣塔塔喇千户所管军人九百五十八户屯田，为田一千四百九十八顷三十三亩。又置绍庆路民屯，于本路未当差民户内佥二十三名置立屯田。继于彭水县管籍万州寄户内佥拨二十户。又佥彭水县未当差民户三十二户增入。后以屯户贫乏者多负逋，复佥彭水县编民一十六户补之。又置嘉定路民

---

① 此句《元史·兵志》作"月儿鲁官人言：'近于灭捏怯土、赤纳赤、高州、忽兰若班等处……'"人名地名译法不同，可参考。
② 新附军，元朝收编的南宋部队。手号新附军，又称手记军、涅手军。元新附军之一，源于宋制，军士手背上刺墨，便于识别，以防逃跑。
③ 鸭子趐，《元史·兵志》作"鸭子翅"。

屯，金亡宋编民四户置立屯田，继又拨成都义士军八户增入。

二十一年，置岭北行省屯田，并和林阿拉克岱元领军一千人入五条河，后又摘六卫汉军一千名赴青海屯田，以五条河汉军并入青海后，又屡增军户，共为户四千六百四十八，为田六千四百余顷。又置金复州万户府屯田，发新附军一千二百八十一户于根敦扎卜置立屯田。继又分京师应役新附军一千人屯田哈斯罕关东荒地，后又以伊噜音特穆尔、塔斯哈雅两万户、新附军一千三百六十户并入金复州①，立屯耕作，为户三千六百四十一，为田二千五百二十三顷。又置芍陂屯田万户府，因江淮行省言，安丰之芍陂可溉田万余顷，乞置三万人立屯。中书省议，发军士二千人行之，屯户共一万四千八百八名。又置夔府万户府军屯。从四川行省议，除沿边重地分军镇守，余军一万人，命官于诸处择膏腴地立屯开耕，为户三百五十一人，为田五十六顷七十亩。凡创立十四屯，其成都等路万户府军屯，于本路崇庆州义兴乡楠木园置立，为户二百八十九人，为田四十二顷七十亩。河东、陕西等路万户府军屯，置立于灌州之青城陶坝及崇庆州之大栅头等处，为户一千一百二十八名，为田二百八顷七亩。广安等处军屯，置立于成都路崇庆州之七宝坝，为户一百五十名，为田二十六顷二十五亩。保宁万户府军屯，置立于崇庆州之金马，为户一百六十四名，为田七十五顷九十五亩。叙州万户府军屯，置立于灌州之青城，为户二百二十一名，为田三十八顷六十七亩。五路万户府军屯，置立于成都之大栅镇孝感乡及灌州青城县之怀仁乡，为户一千一百六十一名，为田二百三顷一十七亩。兴元金州等处万户府军屯，置立于崇庆州晋源县之孝感乡，为户三百四十四名，为田五十六顷。随路八都万户府军民屯，置立于灌州青城县、温县，为户八百三十二名，为田一百六十二顷五十七亩。旧附等军万户府军屯，置立于灌州青城县、崇庆州等处，为户一千二名，为田一百二十九顷五十亩。炮手万户军屯，置立于灌州青城县龙池乡，为户九十六名，为田一十六顷八十亩。顺庆军屯，置立于晋源县义兴乡、江源县将军桥，为户五百六十五名，为田九十八顷十七亩。平阳军屯，置立于灌州青城、崇庆州大栅头，为户三百九十八名，为田六十九顷六十五亩。遂宁州军屯，为户二千名，为田三百五十顷。又置嘉定府万户军屯，摘蒙古汉军及嘉定新附军三百六十人于崇庆州青城等处

---

① 《元史·兵志》作"玉龙帖木儿、塔失海牙"。

屯田，为田二顷二十亩。

二十二年，置广济署屯田。以崔黄口空城屯田，岁涝不收，迁于青伦等处，以尚珍署旧领屯夫二百三十户归之。既又迁济南、河南①五百五十户，平滦、真定、保定三路屯夫四百五十户并入，共为户一千二百三，为田一万二千六百顷三十八亩。又置丰润署屯田于大都路蓟州之丰润县，为户八百三十七，为田三百四十九顷。

二十三年置尚珍署屯田于济宁路之兖州，为户四百五十六，为田九千七百一十九顷七十二亩。又置洪泽万户府屯田，初于洪泽南北三屯设万户府以统之，因江淮行省言，国家经费，钱粮为急，今屯田之利无过两淮，况芍陂、洪泽皆汉唐旧立屯之地，若令江淮新附汉军屯田，可岁得粮百五十余万石。从之。继罢三屯万户，止立洪泽屯田万户府以统之。其置立处所在淮安路之白水塘、黄家疃等处，为户一万五千九百九十四名，为田三万五千三百一十二顷二十一亩。

二十四年，置左右钦察卫屯田，发本卫军一千五百一十二名，分置左右手屯田千户所及钦察屯田千户所，于青州等处屯田。后又创立龙翊侍卫，复隶焉，为军左手千户所七百五名，右手千户所四百三十七名，钦察千户所八百名。为田，左手千户所一百三十七顷五十亩，右手千户所二百一十八顷五十亩，钦察千户所三百顷。又置永平屯田总管府，以北京采取材木百姓三千余户于滦州立屯，设官署以领其事，为户三千二百九十，为田一万一千六百一十四顷四十九亩。又置管田提举司，设立于大都漷州之武清县，为户军二百五十三，民一千二百三十五，析居于良四百八十，布咪齐二百三十二，和卓一百七十口，独居布呼齐一十二口，哈喇穆尔丹八十二名，为田三千五百二顷九十三亩。

二十五年，置湖南宣慰司衡州等处屯田，调德安万户府军士一千四百六十七名，分置衡州之清化、永州之乌符、武冈之白仓置立屯田。

二十六年，置左翼屯田万户府，罢蒙古军人之屯田者，别以鄂端、巴十伯里回还汉军，及大名、卫辉两翼新附军与前、后二卫迤东还戍士卒合并屯田，设左右翼屯田万户府以领之。遂于大都路霸州及河间等处立屯开耕，置汉军左右手二千户，新附军六千户所，为军二千五十一名，为田一千三百九十九顷五十二亩。其右翼屯田万户府继发真定军人三百

---

① 河南，《元史·兵志》作"河间"。

名于武清县崔黄口增置屯田，分置汉军千户所三，别置新附军千户所，为军一千五百四十人，为田六百九十九顷五十亩。又置保宁万户府军屯，因保宁府言，本管军人一户或二丁三丁，父兄子弟应役，实为重并。若又迁于成都屯种，去家隔远，逃匿必多，乞令本府在营士卒及夔路守镇军人，止于保宁沿江屯种。从之。佥军一千二百名，继发屯军一百二十九人，从万户伊苏岱尔西征；别佥渐丁军人入屯，为户一千三百二十九名，为田一百一十八顷二十七亩。又置顺庆等处万户府军屯，发军于沿江下流汉初等处屯种，为户六百五十六名，为田一百一十四顷八十亩。

二十七年，置武定路总管府军屯，以云南戍军粮饷不足，于和曲、禄劝二州爨僰军内佥一百八十七户立屯耕种，为田七百四十八双。又置乌撒宣慰司军民屯田，其乌撒路军屯以爨僰军一百一十四户屯田。又立东川路民屯，屯户亦系爨僰军人八十六户，皆自备己业。又置罗罗斯宣慰司兼管军万户府军户屯田，其会通民屯屯户，系爨僰土军建昌民屯，拨编民一百四户。又立会川民屯，发本路所辖州邑编民四十户；德昌路民屯，发编民二十一户。

二十九年，置忠翊侍卫屯田，命各万户府摘大同、隆兴、太原、平阳等处军人四千户，扬珠格尔齐勤地面及红城周回置立屯田，开耕荒田二千顷，仍命西京宣慰司领其事，后改立大同等处屯储万户府以领之。又改为侍卫亲军都指挥使司，仍领屯田。

三十年，置梁千户翼军屯，因梁王遣使诣云南，行省言以汉军一千人置立屯田。后发三百人备镇戍巡逻，止存七百人于乌蒙屯田，后迁于新兴州，为田三千七百八十九双。又置海北海南道宣慰司都元帅府民屯，召募民户并发新附士卒于海南海北等处置立屯田，继以其地多瘴疠，纵屯军二千人还各翼，留二千与召募之民屯种。后罢屯田万户府，屯军悉令还役，止令民户八千四百二十八户屯田，琼州五千五百一户，雷州路一千五百六十六户，高州路九百四十八户，化州路八百四十三户，廉州路六十户，为田琼州路二百九十二顷，雷州路一百六十五顷五十一亩，高州路四十五顷，化州路五十五顷二十四亩，廉州路四顷八十八亩。

成宗元贞元年，置肇州蒙古屯田万户府，以纳延布拉噶齐及打鱼硕达勒达女真等户于肇州旁近地开耕，为户布拉噶齐二百二十户，硕达勒达八十户，归附军三百户，续增渐丁五十二户。

二年，置叙州等处万户府军屯，迁遂宁屯军二百三十九于叙州宣化县喝口上下荒地，开垦为田四十顷八十三亩。

大德二年，置广西两江宣慰司都元帅府獞兵屯田。部民吕瑛言，募牧兰等处及融庆溪洞猺獞民丁于上浪等处开屯耕种。继又平大任洞，以所遗地产续置藤州屯田，为户上浪屯一千二百八十二户，忠州屯六百一十四户，那扶屯一千九户，雷留屯一百八十七户，水口屯一千五百五十九户。又置赣州路南安寨兵万户府屯田，以赣州路所辖信丰、会昌、龙南、安远等处贼人出没，发寨兵及宋旧役弓手与抄数漏籍人户立屯耕守，以镇遏之，为户三千二百六十五，为田五百二十四顷六十八亩。

四年，置大同等处屯储总管府屯田，以西京黄华岭等处田土，颇广发军民九千余人立屯开耕，为户军四千二十，民五千九百四十五，为田五千顷。

武宗至大元年，置左卫率府屯田，于大都路漷州武清县及保定路新城县置立屯田。

仁宗延祐二年，置乌蒙等处屯田总管府军屯，因云南行省言，乌蒙乃云南咽喉之地，别无屯戍军，其地皆古昔屯田之迹，乞发辉和尔及新附军屯田镇遏。从之。

七年，置重庆五路守镇万户府军屯，发军一千二百人于重庆路三堆、中曹、赵市等处屯耕，为田四百二十顷。

英宗至治二年，置宗仁卫屯田，发五卫汉军二千人于大宁等处创立屯田，分置两翼屯田千户所，为田二千顷。

文宗至顺元年，置宣忠卫屯田，命收聚讫一万俄罗斯，给地一百顷，立宣忠扈卫亲军万户府屯田。

明太祖初，立民兵万户府，寓兵于农，其法最善。又令诸将屯兵龙江等处，惟都水营田司康茂材绩最著，乃下令褒之。因以申饬将士曰：兴国之本，在于强民足食，自兵兴以来，民无宁居，连年饥馑，田地荒芜，若兵食尽资于民，则民力重困，故令将士屯田，且耕且战。今各将帅已有分定地镇，然随处地制未能尽垦，数年未见功绪，唯康茂材所屯，得谷一万五千余石，以给军饷，尚余七千石，以此较彼地，力均而入有多寡，盖人力有勤情①故耳。自今诸将宜督军士及时开垦，以收地利。继于两京各省直建设卫所，置屯田，以都司统摄之。

洪武三年，中书省请税太原朔州等卫屯田，官给牛种者十税五，自备者税其四，帝命弗征。明年，中书省言，河南、山东、北平、陕西、山西及直隶淮安诸府屯田，凡官给牛种者十税五，自备者十税三。诏且弗征，三年后亩收租一斗。是年，募盐商于各边开中，谓之商屯。因大同粮储自陵县运至太和岭，路远费重，从山西行省言，令商人于大同仓入米一石，太原仓入米一石三斗者，给淮盐一小引，以省途费而充边储，谓之开中。继各行省边境多召商中盐，输米诸仓以为军储，计道里远近，自五石至一石有差，先后增减则例不一，率视时缓急，米石高下，中纳者利否，道远地险则减而轻。后至弘治中，户部尚书叶淇变法，而开中始坏。诸淮商悉撤②业归，西北商亦多徙家于淮，边地为虚，米石值银五两，边储椁然③。至嘉靖时，陕西巡抚杨一清复请召商开中，庞尚书总理江北盐屯，寻于九边与总督王崇古区画屯政，然因循日久，卒鲜实效。

四年，从中书右丞相徐达请，徙山后民一万七千余户屯北平。又令于山北口外东胜蔚州安丰云应等处，极边沙漠之地，各设千百户收抚边民，无事则耕，有事则战，就以所储草给之。达又以沙漠遗民三万二千余户屯田北平，凡置屯二百五十四，开田一千三百四十三顷。

六年，太仆丞相额森特穆尔言："宁夏境内及四川西南至船城东北至塔滩，相去八百余里，土田膏沃，宜招集流民屯田。"从之。是时遣邓愈、汤和诸将屯陕西、彰德、汝宁、北平，徙山西真定民屯凤阳。又因海运饷辽有溺死者，遂益讲屯政。天下卫所州县军民皆事垦开。其移民就宽乡，或召募、或罪徙者为民屯，皆领之有司；军屯则领之卫所，边地三分守城，七分屯种，内地二分守城，八分屯种，每军受田五十逃亩一分④，给耕牛、农具，教树植，复租赋，遣官劝输，诛侵暴之吏。初税亩一斗，后定科则，军田一分正粮十二石，贮屯仓，听本军自支，余粮为本卫所官军俸粮。

十九年，以云南既平，诸蛮未附，命西平侯沐英镇之。英奏云南土地

---

① 勤情，应为"勤惰"。可参见《明太祖实录》卷十二。
② 撤，《明史·食货志》作"撒"，较此为通。
③ 椁然，空虚。
④ 《明史·食货志》作"每军受田五十亩为一分"。

甚广，而荒芜居多，宜置屯田，命军士开耕，以备储蓄。乃谕户部曰："屯田可以纾民力，立兵食，边方之计，莫善于此。然边地久荒，榛莽蔽翳①，用力实难。宜缓其岁输，使乐耕作，收年之后，征之可也。"英奉诏自永宁至大理，六十里设一堡，留军屯田。后景川侯曹震又屯田品甸，普定侯陈桓、靖宁侯叶升屯田定边、姚安、毕节诸卫。

二十一年，敕：五军都督府曰：养兵而不病于农者莫若屯田。今海宇宁谧，边境无虞，若使兵坐食于农，农必受敝，非长治久安之术。其令天下卫所督兵屯种，庶几兵农兼务，国用以纾。自是岁得粮五百余万石。

二十三年，延安侯唐胜宗督贵州屯田。

二十四年，又谕后军都督沐春曰："今塞外清宁，已置太宁都司及广宁诸卫，足以守边，而守关军士已令撤之。而山海关犹循故事，其七站军士，虽名守关，实废屯田养马。自今一片石等关，每处止存军士十余人，讥察逋逃，余悉令屯田。"

二十五年，诏天下卫所军以十之七屯田。宋国公冯胜、颖国公傅友德帅开国公常升等分行山西，籍民为军，屯田于大同东胜，立十六卫。

建文四年，令直隶屯田。差御史比较各都司屯田，巡按御史比较后改增按察使佥事盘查屯田，或令各省市按三司提督，或令巡按御史提督，或令总兵官镇守提督，或差户部郎中巡屯，御史随时更改，沿革不一。

成祖永乐元年，命靖安侯王忠往北京整理屯田。工部尚书黄福奏："陕西所属行都司所属屯田，多缺耕牛耕具，合准北京例，官市牛，给之耕具，于陕西布政司所属铸造。"从之。

二年，定屯田官军赏罚例，岁食米十二石，外余六石为率，多者赏钞，缺者罚俸。又以田肥瘠不同，法宜有别，命军官各种样田，以其岁收之数相考较，太原左卫千户陈淮所种样田，每军余粮二十三石。帝命重赏之。宁夏总兵官何福积谷尤多，赐敕褒美。户部尚书郁新言："湖广诸卫收粮不一种，请以米为准，凡粟谷、糜、黍、大麦、荞、穄二石，稻、葛秫二石五斗，穇稗三石，皆准米一石，小麦、麻②、豆与米等。"从之，著为令。又更定屯守之数，临边险要，守多于屯，地僻处及输粮艰难者，屯多于守。屯兵百名委百户，三百名委千户，五百名以上指挥提督之。屯

---

① 蔽翳，遮蔽、覆盖。
② 麻，应为"芝麻"，此处脱一"芝"字。可参见《明史·食货志》。

设红牌，列则例于上，年六十与残疾及幼者耕以自食，不限于例。屯军以公事妨农务者，免征子粒，并禁卫所差拨。

宣宗宣德中，屡核各屯以征戍罢耕及官豪势要占匿者，减余粮之半。迤北来归就屯之人，给车牛、农器，分辽东各卫屯军为三等，丁牛兼者为上，丁牛有一为中，俱无为下。兵科给事中戴弁言："自山海关至蓟州，守关军万人列营二十三所，操练之外无他差遣，若稍屯种，亦可实边。请取勘营所附近荒田，斟酌分给，且屯且守。"帝命户部、兵部各遣官与都督陈景先经理。兵部黄福言："永乐间，虽营建北京，南讨交阯，北征沙漠，资用未尝乏。比国无大费，而岁用仅给，即不幸有水旱，征调将何以济？请设操备营缮军士十万人，于济宁以北，卫辉、真定以东缘河屯种，初年自食，次年人收五石，三年数倍之。既省京食口粮六十万石，又省本卫月粮一百二十万石，岁可得二百八十万石。"帝善之。下户、兵二部议。部奏，缘河屯田实便，请先以五万顷为率，发附近居民五万垦之，但山东近年旱饥，流徙初复，卫卒多力役，宜先遣官行视田，以俟开垦，遂令吏部郎中赵新等经理，福总其事。既而有言，军民各有常业，若复分田，役益劳扰。事竟不行。继遣侍郎罗汝敬督陕西屯田，柴车经理山西屯田，分遣御史巡视宁夏甘州屯田水利。

至七年，帝从户部议，令他卫军戍宣府者，悉遣还屯种。左都督谭广上言："臣所守边，一千四百余里，敌人窥伺，窃发无时，脱有警，征兵数百里外，势岂能及。屯种之议，臣愚未见其可。"帝以边卒戍守有余，但命永乐中调戍者勿遣。

英宗正统元年，发禁军三万人屯田畿辅。

二年，免军田正粮归仓，止征余粮六石。后又免沿边开田官军子粒，减各边屯田子粒有差。

景帝景泰初，边方多事，令兵分为两番，六日操守，六日耕种。时学士商辂言，边外田地极广，先因在京功臣等将附近各城堡膏腴之产占作庄田，其余闲田又为镇守总兵参将等占为己业，以致军士无田可耕。夫且耕且守，如汉赵充国、诸葛亮，晋羊佑①皆有明效，今曰守边之要，莫要于此，下所司议行。

宪宗成化初，宣府巡抚叶盛买官牛千八百，并置农具，遣军屯粮，收

---

① 羊佑，似应为羊祜。可参见（明）徐三重《采芹录》卷三。

粮易银以补官马耗损，边人称便，自正统后，屯政稍弛，而屯粮总存三之二。其后屯田多为内监军官古夺①，法尽坏。

宪宗之世，颇议厘复②，而视旧所入不能十一矣。

孝宗弘治间，屯粮愈轻，有亩止三升者。而定制，各省屯粮又折以银，虽有征粮违限之罚，强占屯田之禁，终无大裨。

十四年，户部尚书秦纮总制三边，见固原迤北，延袤千里，闲田数十万顷，旷野近边无城堡可依。议于花马池迤西，至小盐池二百里，每二十里筑一堡，堡周四十八丈，役军五百人。固原迤北诸处，亦各筑屯堡，募人屯种，每顷岁赋米五石，可得五十万石。下诏行之。

武宗正德时，辽东屯田较永乐间，田赢③万八千余顷，而粮乃缩四万余石。

初，永乐时，屯田米常溢三之一，常操军十九万，以屯军四万供之。而受供者又得自耕，边外军无月粮，以是边饷恒足。及是屯军多逃死，常操军止八万，皆仰给于仓。而边外数扰，弃不耕。刘瑾擅政，遣官分出丈田责逋，希瑾意者伪增田数，披括惨毒，至辽卒胁众为乱，抚之乃定。

世宗嘉靖时，辽东巡抚李承勋招逋逃三千二百人，开屯田千五百顷。佥都御史刘天和督甘肃屯政，请以肃州丁壮及山陕流民于近边耕牧，且推行于诸边，奏当兴革者十事，田利大兴。总督宣大兼督河南、山东军务翟鹏浚濠筑垣，修边墙三百九十余里，得地一万四千九百余顷，募军千五百人，人给五十亩，省仓储无算。大同巡抚詹荣以近边弘赐诸堡三十一所，延亘五百余里，辟治之皆膏腴田，可数十万顷，乃奏请召军佃作，复租徭。移大同一岁市马费市牛赋之，秋冬则聚而遏寇。帝从之。时杨一清复请召商开中，又请仿古募民实塞下之意，招徕陇右、关西民以实边。其后周泽、王崇古、林富、陈世辅、王畿、王朝用、唐顺之、吴桂芳等争言屯政，庞尚鹏总理江北盐屯，寻移九边，与总督王崇古先后区画屯政甚详，然卒鲜实效。给事中管怀理言："屯田不兴，其弊有四：疆场戒严，一也；牛种不给，二也；丁壮亡徙，三也；田在敌外，四也。如是而管屯者犹欲按籍增赋，非扣月粮即按丁赔补耳。屯粮之轻，至弘正而极。嘉靖中渐增，穆宗隆庆中复亩收一斗。然屯丁逃亡者益多，管粮郎中不问屯田有

---

① 古夺，应为"占夺"。可参见《明史·食货志》。
② 厘复，整理、恢复。
③ 赢，《明史·食货志》作"赢"。

无，月粮止半给，沿边屯地，或变为斥卤沙碛①，粮额不得减，屯田御史又于额外增本折，屯军益不堪命。"时给事中郑大经言："蓟屯当量地利而定其则，辽屯当改营田而足其额，此兴复屯政之大较也。"御史李叔和言："辽东屯田半废。近行营田之法，拨军耕种，致行伍空虚，且岁收田租，止备修边工费，而各军支饷如故，有损无益，盖此法止可行于河西人少之处，若河东则当广召种之。今授田征税，悉抵岁饷，以省内输，简②回壮勇，以实行伍，仍特敕官董之，如内地屯田之制。"从之。

时又给宣大屯田官养廉田。宣大开垦田已成业，令每十顷内给将官五十亩为养廉之资，若副参开种不及百顷，守备以下或不及一十顷，参论戒饬。又诏各边，自垦田永不起科，如岁增粟十万五千石，自垦至百顷千顷者，重加升赏。

神宗万历时，山东巡抚郑汝璧请开登州海州③北长山诸岛田，福建巡抚许孚远垦闽海檀山田成，复请开南日山、澎湖。又言浙江海滨诸山，若陈钱、金塘、补陀、玉环、南麂皆可经理。天津巡抚汪应蛟则请于天津兴屯，或留中④不下，或不久辄废。时方征倭寇，济阳卫舍余⑤李大用等请以万人自备资种随行。给事中郝敬上疏曰："臣阅李大用等奏，畿辅附近济阳等卫，屯牧额兵共四十八万，愿以万人随行征倭，众军自贴粮饷。臣访其故，自永乐时靖难功成，剩精兵四十八万，内一十二万选入十二团营，余三十六万给赐屯田牧地、种纳子粒⑥、马价，分置七十八卫于顺天所属州县，俱属三千营统辖，听调征剿。今二百余年，生齿繁衍，与民混杂，有司派以马户撑船运米等役，众军脱卸无计。昨者宁夏之役，各余丁议自备粮随行征剿，求免前差。未几，宁夏平，议遂寝。兹缘倭奴告警，重复申奏，盖彼以三十六万之众，止出万人，是三十六人中抽一人耳。以三十六万众共饷万人，是三十六家共赡一军耳。又得概免民差，图此便利。今东征师可勿复用此，惟是辽左空虚，宜因群情，为转移之计，即于各卫原籍中十名抽一，据三十六万原数除六万作耗外，可得壮丁三万人，

---

① 斥卤沙碛，盐碱地和沙地。
② 简，选拔。
③ 海州，《明史·食货志》作"海北"。
④ 留中，皇帝对臣子的奏章，不批复、不交廷臣议，而留在宫中。
⑤ 舍余，世袭武官户的人丁。
⑥ 种纳子粒，《明神宗实录》卷三百二十二作"种粒"。

择干廉官数员统领，赴辽东开种屯田，于存留三十万中各十名帮贴屯田一名，牛种、庐舍之费，令概免前差，开垦田成，即给本兵为永业。大率每兵一名，垦田二十五亩，内除五亩为官田，每亩量收子粒五六升，则三万人可垦田七十五万亩，一岁收官田子粒可八千余石，以备缓急之需。因愿赴之人心，蠲不急之徭役，一呼而得胜兵三万，坐收兵食两利之效，备门庭之警，扶肘腋之危，何惮而久不为此。"

熹宗天启初，巡抚张慎言，复议天津屯田。而御史左光斗命管河通判卢观象大兴水田之利，太常少卿董应举踵而行之。光斗更于河间、天津设屯学，试骑射，为武生给田百亩。保定巡抚汪应蛟亦请兴天津屯田，疏言："天津葛沽一带地，从来斥卤不耕种。臣谓地无水则咸，得水则润，以闽浙治地之法行之，未必不可为稻田。今春买牛制器，开渠筑堤葛沽、白塘二处，耕种五千余亩，内水稻亩收四五石，种葛豆者得水灌溉，亦亩收二三石。惟旱稻以碱立槁。始信闽浙之法可行于北海，而斥卤可变为膏腴也。天津为神京牖户，开府设镇，其地益重，见在水陆两营兵四千人，岁费饷六万四千余两，俱加派民间。天津荒田奚啻六七千顷，若尽依今法为之，开渠以通蓄泄，筑堤以防水涝，每千顷各致谷三十万石，以七千顷计之，可得谷二百余万石，非独天津之饷取给，而省司农之转馈无不可者。且地在三岔河外，海潮上溢取以灌溉，于河无妨。白塘以下地无粮差，白塘以上为静海县，或五亩十亩而折一亩，粮差每亩不过一分八厘，民愿卖则给价，不愿则给种，于民情无拂。请以防海官军用之于海滨垦地，每岁开渠筑堤，可成田数百顷。一面召募居民承种，数年之后，荒田渐辟，各军兵且屯且守，民间可省养兵之费，重地永资保障之安矣。"得旨允行。李继贞巡抚天津亦力于屯务，然仍岁旱蝗，往往弗克底成效也。

五年，贵州巡按傅宗龙讨诸叛苗，大破平越，毁其砦百七十。宗龙乃条上屯守策：一曰清卫所原田，一曰割逆贼故壤，而以卫所之法行之。盖黔不患无田，患无人。客兵聚散不常，不能久驻，莫若仿祖制，尽举屯田以授有功，因功大小，为官高下，自指挥至总、小旗，卑以应得田为世业，禁其私买卖，不待招徕，户口是实。臣所谓以守为屯者如此。部议从之。

庄烈帝崇祯九年，总督宣大山西军务卢象升大兴屯政，积粟二十余万。谕九边皆式之。

十年，陕西巡抚孙传庭厘正西安三卫屯粮。疏言："洪武时，每军额地一顷，岁征正粮十二石，余粮十二石，尽行收贮屯仓，以正粮按月支给本军，以余粮支给官军粮俸饷，不烦转输而仓廪充实，兵不烦召募而士卒精强，法至善也。至永乐二十年，奉诏减免余粮六石。然正余一十八石犹然交仓，按支法尚未坏也。至正统二年，以正粮十二石兑给本军充饷，免纳免交，止征余米六石入仓，而屯法大坏矣。至后复将余粮六石改为正粮，一并兑军免纳。而屯粮既不入仓，屯地几为私产，莫可究诘矣。陕西省下旧四卫，因檄行西安府，推官王鼎镇清查，除右护卫名隶秦府外，先将左前后三卫各地查明，推情定法，按地起课，即责办于见今承种之人，每上地一顷，征粮十八石，中地量免三石，下地又免三石，每石折银七钱，总计三卫起课地三千二十七顷零，征银三万五千余两，宽平易从，无不翕然相安，不呼吁以窘大农，不加派以厉孑遗。"疏上，帝褒嘉之。

# 卷七　食货

## 乡党版籍职役附：五代、宋、辽、金、元、明

臣等谨按：杜典食货，立乡党版籍一门，而所载徐伟长《中论》、齐高帝建元之诏，皆及职役。今考宋以后各史，及历朝会要、会典诸书，凡乡党、里保虽代异其制，而必兼职役焉，故以职役附于乡党版籍，以补杜氏之未备云。

周世宗显德五年，诏诸道州府，今团并乡村，大率以百户为一团，每团选三大户为耆长。凡民家之有奸盗者，三大户察之；民田之有耗登者，三大户均之。仍每及三载即一如是。

宋因前代之制，有衙前、里正、户长、耆长。

太宗太平兴国七年，令两京诸州应部民有乏种及耕具人丁者，许众共推择一人，练土地之宜，明种植之法者，县补为农师，相视田亩及五种所宜，即令乡三老、里胥与农师，周劝各民于旷土种莳，俟岁熟共取其利。为里农师者，蠲税免其他役。

淳化五年，令诸县以第一等户为里正，第二等为户长，勿冒名以给役。然自承平既久，奸伪滋生，命官形势占田无限，皆得复役，衙前将吏得免。里正、户长应役之户困于繁数，伪为券售田于形势之家，假佃户之名以避徭役。

仁宗庆历中，委二府大臣裁减科役不均，以乡村坊郭户均差。王逵为荆南转运使，率民输钱免役，得缗钱三十万，由是他路竞为掊克①。知并州韩琦上疏曰："州县生民所苦，无甚于里正、衙前。每乡被差疏密，与赀力高下不均，假有一县甲乙二乡，甲乡第一等户十五户，计赀为钱三百

---

①　掊克，贪婪地聚敛、搜刮。

万；乙乡第一等五户，计赀为钱五十万。番休递役，富者休息有余，贫者败废相继，岂朝廷为民父母意乎！请罢里正、衙前，命转运司以州军见役人数为额，令佐视五等簿通一县计之，籍皆在第一等，选赀最高者一户为乡户衙前，后差人放此，即甲县户少而役繁，乙县户多而役简者，簿未尽实，听换取他户里正主督租赋，请以户长代之，二年一易。"下其议，京畿、河北、河东、陕西、京东西转运使度利害皆以为便，而知制诰韩绛、蔡襄极论江南福建里正、衙前之弊。绛请行乡户五则之法，襄请以产钱多少定役重轻。

至和中，命绛、襄与三司参定，继遣尚书都官员外郎吴几复趋江东，殿中丞蔡禀趋江西，与长吏转运使议，可否因请行五则法。凡差乡户衙前，视赀产多寡置籍，分为五则；又第其役轻重放此。于是立法，下三司颁焉。自罢里正衙前，民少休息。

至神宗熙宁时，王安石为相，又设保甲之法。籍乡村之民，十家为保，保丁皆授其弓弩，教之战阵。参知政事吕惠卿及其弟曲阳县尉和卿皆请行手实法。其法：官为定立田产中价，使民各以田亩多少高下随价自占，仍并屋宅分有无蕃息立等，将造簿预具式示民，令依式为状，县受而籍之。以其价列定高下，分为五等。既该见一县之民物产钱数，乃参会通县役钱本额而定所当输，明书其数，使众悉知之。诏从其请。于是司农寺乞废户长、坊正，令州县坊郭择相邻户三二十家排比成甲，迭为界头，督输税赋苗役，一税替①，其后诸路皆甲头催税未便，遂诏耆户长、壮丁仍旧募充，其保正、甲头、丞帖②法并罢。哲宗元祐中，殿中侍御史刘次庄言："近制，许雇耆户长须三等已上户，不知三等以上户不愿受雇，郡县仍用差法，不若立法明差之为便。"继又定制，乡差役人，有应募者可以更代，即罢遣之。许借坊场河渡及封桩钱以为雇直③。耆户长、壮丁召雇，不得以保正、保长、保丁充。

高宗绍兴初，参政李回言于帝曰：前诏官户役钱勿减半，民户役钱概增三分，官给庸钱以募户长及立保甲。未几，废保甲，起推割推排之制，民间纤微细琐，皆得籍之。唯江之东西以亩头计税，不待推排保正长之立

---

① 一税替，应为"一税一替"。可参见《宋史·食货志》。
② 丞帖，《宋史·食货志》、《文献通考·职役考》皆作"承帖"。
③ 坊场河渡，指坊场河渡钱。坊场，官设市场；河渡，渡口码头。坊场河渡所收的使用费，名为坊场河渡钱。封桩钱，指宋代预备库封桩库所存的钱。

也。五家相比，五伍为保，十大保为都保，有保长，有都副保正。余及三保亦置长，五大保亦置都保正，其不及三保、五大保者，或为之附历①，或为之均并，户则以物力之高下为役次之久近。凡差役，皆当因时制宜，其应免应募毋胶②前制云。

辽圣宗统和三年，枢密奏契丹诸役户多困乏，请以富户代之。上因阅诸部籍有二部，户少而役重者并量减之。

兴宗重熙八年，北院枢密使萧孝穆请籍天下户口，以均徭役。由是通括户口，政赋稍平云。

金制，以民户内有物力者为课役户，无者为不课役户。令民以五家为保。

太宗天会三年，禁内外官及宗室毋得私役百姓。权势家不得买贫民为奴。

世宗大定二年，诏免二税户为民。辽时以良民赐诸寺，分其税一半输官，一半输寺，故谓之二税户。金制，又仿《周礼·大司徒》，三年一大比，作通检推排之法。是时承正隆师旅之后，民之贫富变更，赋役不均，世宗下诏曰："粤自国初有司常行大比，正隆时兵役并兴，调发无度，富者今贫，不能自存，版籍所无者，今为富室而犹幸免。是用遣信臣泰宁节度使张宏信等十三人，分路通检天下物力，而差定之，以革前弊，俾元元无不均之叹，以称朕意。凡规措条理，命尚书省画一以行。"又命凡监户③事产，除官所拨赐之外，余凡置到百姓有税田宅，皆在通检之数。

五年，有司奏诸路通检不均，诏再以户口多寡、贫富轻重适中定之。既而又定通检地土等第税法。

十五年，上以天下物力，自通检以来，十余年贫富变易，赋调轻重不均，遣济南尹梁肃等二十六人分路推排。后又制明安穆昆户科差之法，均其贫富，及量其奴婢之多寡定之。诏宰臣明安穆昆多亲强旧弱，差役不均，其令推排，当自中都路始。

二十二年，诏，令集耆老，推贫富，验土地、牛具、奴婢之数，分为

---

① 附历，《宋史·食货志》作"附庸"。
② 胶，固守，拘泥。
③ 监户，金代原为平民，后被没入官府为奴，隶属宫籍的官奴婢户。

上中下三等，以同知大兴府事完颜乌林先推中都路，续遣户部主事谙达等十四人，与外官同分路推排。后或推排通检之法举行不一。

章宗泰和六年，以旧定保伍法有司灭裂不行，其令结保，有匿奸细、盗贼者连坐。宰臣谓，旧以五家为保，恐人易为计构而难觉察，令从唐制，五家为邻，五邻为保，以相检察。京府州县郭下则置坊正村社，则随户众寡，为乡置里正，以按比户口，催督赋役，劝课农桑。村社三百户以上则设主首四人，二百户以上三人，五十户以上二人，以下一人，以佐里正禁察非违。置壮丁，以佐主首巡警盗贼。明安穆昆部村寨，五十户以上设寨使一人，掌同主首，寺观则设纲首。凡坊正、里正，以其户十分内取三分，富民均出雇钱，募强干有抵保者充，人不得过百贯，役不得过一年。凡户口计帐，三年一籍，自正月初，州县以里正、主首，明安穆昆则以寨使，诣编户家责手实，具男女老幼姓名，以实转报，县申州再达上司，到部呈省。凡汉人、渤海人不得充明安穆昆户，明安穆昆之奴婢免为良者，止隶本部为正户。凡籍官良人隶宫籍，为监户，籍官奴婢隶太府监，为官户①。

七年，敕：中物力户，有役则多逃避，有司令以次户代之，事毕则复业。以致大损不逃之户，令省臣详议。宰臣奏：旧制太轻，遂命课役全户逃者徒二年，赏告者钱五万。如实销乏者，内从御史台，外从按察司，体究免之。

宣宗贞祐三年，河北民迁徙河南者甚众，侍御史刘元规上言：侨户宜与土民均应差役。上留中，而自以其意问宰臣丞相布萨端、平章穆延尽忠以为便。尚书左丞贾益谦曰："侨户应役，甚非计也。河北人户避兵而来，稍息即归，今旅寓仓皇之际，又与地著者并应供亿，必骚动不能安居。"上甚嘉赏。

兴定五年，省言随处土民，久困徭役，客户鬻贩坐获厚利，官无所敛，亦宜稍及客户，以宽土民。从之。

元太宗时，耶律楚材条便宜事，言中原之地，财用所出，宜存恤其民。州县非奉上命不得擅行科差。

世祖至元七年，令县令所属村疃，凡五十家立一社，择高年晓农事者为之长，增至百家别设长一员，不及五十家者与近村合为一社，地远人稀不能相合，各自为社者听。其合为社者，仍择数村之中立社长、官司长，

---

① 官户，金代，原为良民，后籍没入官为奴，户籍在太府监的奴婢户。

以教督农桑为事。凡种田者立牌橛于田侧，书某社某人于其上，社长以时点视劝诫，不率教者籍其姓名以授提点官责之，其有不敬父兄及凶恶者亦然。仍大书所犯于门，俟其改过自新乃毁，如终岁不改，罚其代充本社夫役。社中有事不能耕种者，众为合力助之。一社之中多事者，两社助之。凡为长者复其身。郡县官不得以社长与科差事。

十年，令特默齐随处列社与编民等。

十三年，诏民之荡析离居及僧道、漏籍诸色人不当差役者万余人充贵彻①后，又诏京师势家等皆与民均役焉。

英宗至治三年，诏行助役法，遣使考视税籍高下，出田若干亩，使应役之人更掌之，收其税租以充役用，官不得与。时浙右苦于徭役，民充坊里正者皆破家。朝廷令行省召人郡②集议便民之法。杭州总管赵珵献议，以属县坊正为雇役，里正用田赋以均之，民称其便。

泰定帝泰定二年，命江南民户有田一顷之上者，于所输税外，每顷量出助役之田，具书于册，里正以次掌之，岁收其租以充助役之用。凡寺观田，除宋旧额，其余亦验其多寡令出田助役，民赖以不困。吕思诚为蓨县令，差民力为三等，均其徭役。又刻孔子像令社学事之，印识文簿，畀社长记其善恶，季月报县。不孝弟、不事生业者，罚其输作。

明太祖洪武十四年，诏天下编赋役黄册。以一百十户为一里，推丁粮多者十户为长，余百户为十甲，甲凡十人，岁役里长一人、甲首一人，董一里一甲之事。先后以丁粮多寡为序，凡十年一周，曰排年。在城曰坊，近城曰厢，乡都曰里，里编为册，册首总为一图，其诸不能任役者，附十甲后，为畸零③。僧道给度牒，有田者编册如民科，无田者亦为畸零。有司定其册凡四：一上户部，其三则布政使、府、县各存一焉。上户部者谓之黄册，进呈送后湖东西二库皮藏④之，岁命户科给事中一人，御史一人，户部主事四人，厘校讹舛。其后黄册祇具文有司，征税编徭则自为一册。凡户三等：曰民，曰军，曰匠，以其业著籍，人户以籍为断。禁数姓合户附籍，漏口、脱户许自实。里设老人，选年高为众所服者，导民为善，平乡里争讼。其人户避徭役者曰逃户。饥年或避兵他徙者曰流民。有

---

① 贵彻，蒙古贵族姓氏。《续通志·氏族略》作"桂齐"。《元史·兵志》有桂齐卫亲军。
② 召人郡，《元史·忠义·赵珵传》作"召八郡守"，较此为通。
③ 畸零，整数之外的零余。
④ 皮藏，保存。

故而侨于外者曰附籍。朝廷所移民曰移徙。凡逃户，明初督令还本籍复业，赐复一年，其不能归与不愿归者，令在所著籍授田输赋。

英宗正统时，造逃户周知册，核其丁粮。凡流民，初令勘籍编甲互保，属所在甲长管辖之。

宪宗成化初，荆襄寇乱，流民百万，项忠、杨璇为湖广巡抚，下令逐之。祭酒周洪谟著《流民说》，引东晋时侨置郡县之法，使近者附籍，远者设州县以抚之。都御史李宾上其说，命原杰出抚招流民十二万户，给闲田，置郧阳府立上津等县统治之。

凡附籍者，正统时，令家属离籍千里者许收附，不及千里者发还。

景泰中，令民籍者收附，军、匠、灶役冒民籍者发还。其移徙者，明初户部郎中刘九皋言，狭乡之民迁于宽乡，可使地无遗利，太祖采其议，屡有迁徙。

永乐中，又迁太原诸郡之民以实北平焉。

至明代役法，洪武初造黄册，成以上、中、下户为三等，凡应役者编第均之，银力从所便，曰均徭，他杂役曰杂泛。

二十六年，定各处三等人户，仍开军、民、灶、匠等籍，除排年里甲依次充当外，其大小杂泛差役各里甲依次充当外，其大小杂泛差役各陷所分①上、中、下三等人户点差。

景泰元年，令里长户下空闲人丁与甲首户下人丁皆同差。成化十五年，令各处差徭户分九等，门分三甲。凡有差派，定民输纳。然上供京畿主纳为中官留难，不易中纳，往复改贸，其弊甚多。且役民自里中正办，外如粮长解户，名色甚繁，因事佥编②。

嘉靖后行一条鞭法，通计一省丁粮，均派一省徭役。于是均徭、里甲与两税为一，小民得无扰，而事亦易集。然粮长、里长名罢实存，条鞭规制渐紊，不能尽遵也。

明中叶以后，工役日烦，京营之兵悉为所役，军政皆废弛云。

---

① 各陷所分，《大明会典》卷二十作"各照所分"。
② 佥编，登记，编排。

# 卷八　食货

## 赋税上：唐、五代、宋

唐宪宗时，分天下之赋以为三：一曰上供，二曰送使，三曰留州。宰相裴垍又令诸道节度、观察调费取于所治州，不足则取于属州。而属州送使之余，与其上供者皆输度支。后讨淮西，判度支杨于陵坐馈运不继贬，以司农卿皇甫镈代之，由是益为刻剥。司农卿王遂、京兆尹李翛号能聚敛，乃以为宣歙浙西观察使，予之富饶之地以办财赋。盐铁使王播言："刘晏领使时，自按租庸，然后知州县钱谷利病虚实。"乃以副使程异巡江淮，核州府上供钱谷。至江淮，得钱百八十五万贯。

穆宗即位，姑息戎臣武卒，多非时赏赐。馈运不能给，帛粟未至而诸军或强夺于道。盖自建中定两税而物轻钱重，民以为患，至是四十年。当时为绢二匹半者，今为八匹，大率加三倍。豪家大商积钱以逐轻重，故农人日困，末业日增，帝亦以货轻钱重民困而用不充，诏有司议革其弊。而议者多请重挟铜之律。户部尚书杨于陵奏："王者制钱以权百货，贸迁有无，通变不倦，使物无甚贵甚贱，其术非他，在上而已。何则？上之所重，人必从之。古者权之于上，今索之于下；昔散之四方，今藏之公府；昔广铸以资用，今减炉以废功。开元中，天下铸钱七十余炉，岁盈百万。今才十数炉，岁仅十五万而已。大历以前，淄青、太原、魏博杂铅铁以通时用，岭南杂以金银、丹砂、象齿，今一用钱货，故钱不足。宜使天下两税、榷酒、盐利、上供，及留州、送使钱，悉输以布帛粟谷，则人宽于所求，然后出内府之所积，收市廛之滞，广山铸之数，限边裔之出。禁私家之积，则货日重而钱日轻矣。"

宰相善其议。由是两税留州皆易以布帛丝纩，租庸课调不计钱而纳布帛，唯盐酒本以榷率计钱，与两税异，不可去钱。

太和九年，以天下回残钱置常平义仓本钱，岁增市之，非遇水旱不增者，判官罚俸，书下考。

文宗尝召监仓御史崔虞问太仓粟数，对以二百五十万石。帝曰："今岁用广而蓄少，奈何！"乃诏出使郎官御史，督察州县壅遏钱谷者。

时豪民侵噬产业不移户，州县不敢徭役，而征税皆出下贫。至于依富为奴客，役罚峻于州县。长吏岁辄遣吏巡覆田税，民苦其扰。

宣宗以后，四方兵兴，役重赋繁，公私俱困竭矣。

初，乾元末，天下上计百六十九州，户百九十三万一百三十四，不课者百七十万四千五百九十二，口千六百九十九万三百八十六，不课者千四百六十一万九千五百八十七，减天宝户五百九十八万二千五百八十四，口三千五百九十二万八千七百二十三。

元和中，供岁赋者浙西、浙东、宣歙、淮南、江西、鄂岳、福建、湖南八道，户百四十四万，比天宝、开元四之一。兵食于官者八十三万，加天宝三之一。通以二户养一兵，京西北、河北以屯兵广无上供。

至长庆中，户三百三十五万，而兵九十万，率三户以奉一兵。

至武宗即位，户二百一十一万四千九百六十。

会昌末，户增至四百九十五万五千一百五十一。

宣宗既复河湟，天下两税、榷酒茶盐钱岁入九百二十二万缗。岁之常用率少三百余万，有司远取后年乃济。及群盗起，诸镇不复上计云。

后唐庄宗同光三年，敕城内店宅园圃，比来无税，顷因伪命，遂有配征。后来以所征物色，添助军装衣赐，将令通济，宜示矜蠲①。今据紧慢去处，于见输税丝每两作三等，酌量纳钱。其丝仍与除放。吏部尚书李琪上疏，谓救人瘼者以重敛为病源，料兵食者以惠能为军政。伏惟渁留宸鉴②，如以六军方阙，未可轻徭，两税之余，犹须重敛，则但不以折纳为事，一切以本色输官。又不以纽配为名，止以正税加纳，天下幸甚。敕本朝征科唯配有两税，至于折纳，本不施为，宜依李琪所论，应逐税合纳钱物斛斗盐钱等，宜令租庸司指挥，并准元征本色输纳。

明宗天成四年，户部奏，三京、邺都、诸道州府逐年所征夏秋税租，兼折征诸般钱谷等征，条流所有各处节候早晚以差等作期纳足。

长兴三年，三司奏请："诸道上供税物充兵士衣赐不足，其天下所纳

---

① 矜蠲，因怜悯而蠲免赋税。
② 宸鉴，皇帝审阅。

斛斗及钱，除支赡外，请依时折，纳绫罗绢帛。"从之。

晋高祖天福四年，敕："应诸道节度刺史不得擅加赋役，及于县邑，别立监征，所纳田租，委人户自量自槩①。"

周世宗显德三年，敕："应天下今后公私织造到绢帛、䌷布、绫罗、锦绮及诸色匹帛，其幅尺斤两，并须合向来制度，不得轻弱假伪妄冒取价。"又敕："旧制，织绝、绢布、绫罗、锦绮、纱縠②等幅，其幅阔俱有准制。来年所纳官绢斤两，不得差误。"

宋制，岁赋之类有五：公田之赋，凡田之在官，赋民耕而收其租者；民田之赋，百姓各得专之者；城郭之赋，宅税地税之类；丁口之赋，百姓岁输身丁钱米；杂变之赋，牛革蚕盐之类。

太祖建隆四年，令诸州受民租籍，不得称分、毫、合、龠、铢、厘、丝、忽③，钱必成文，绢帛成尺，粟成升，丝绵成两，薪荞成束，金银成钱。

开宝三年，诏诸州府两税所科物非上地所宜者，不得抑配。

八年，诏今后民输税䌷绢不满匹者，许计丈尺纳价钱，毋得以三户五户聚合成匹，送纳烦扰。

真宗大中祥符元年，以连岁丰稔，边储有备，河北诸路赋税，并听于本州军输纳。

二年，颁《幕职州县招徕户口旌赏条制》④。

九年，诏诸路支移税赋勿至两次，仍许以粟、麦、荞、菽互相折输。凡岁赋，谷以石计，钱以缗计，帛以匹计，金银丝绵以两计，藁秸、薪蒸以围计，他物各以数计。

至道末，总七千八十九万三千。

自唐以来，民计田输赋，外增取他物，复折为赋，谓之杂变，亦谓之沿纳，名品烦细，其类不一。官司岁附籍，并缘侵扰，民以为患。仁宗明

---

① 自量自槩，让纳税人自己称量税粮，自行用木板刮平斛斗，即不许税吏在征收过程中做手脚。

② 纱縠，有皱纹的纱。

③ 龠，古代容量单位，等于半合。铢，古代重量单位，二十四铢等于一两。

④ 本条制《宋史·食货志》作"《幕职州县官招徕户口旌赏条制》"。旌赏，表扬和奖励。条制，条例制度。

道中，诏三司以类并合。于是悉除诸名品，并为一物，夏秋税第分粗细二色，百姓便之。谏官王素奏：天下田赋，轻重不等，请均定。欧阳修亦言，秘书丞孙琳尝往洺州肥乡县，与大理寺丞郭谘以千步方田法括定民田，愿诏二人者任之，三司亦以为然。且请择诸州之尤不均者均之。于是遣郭谘往蔡州，括一县得田二万六千九百三十余顷，均其赋于民。后以州县多逃田，未可尽括，遂罢。

初，湖广闽浙因旧制岁敛丁身钱米。

大中祥符间，诏除丁钱，而米输如故。既而渐次蠲免。自郭谘均税之法罢，论者谓朝廷徒恤一时之劳，而失经远之虑。

至皇祐中，天下垦田视景德增四十一万七千余顷，而税谷乃减七十一万八千余石，田赋不均，故其弊滋甚。后田京知沧州，均无棣田；蔡挺知博州，均聊城、高唐田，岁增赋谷帛：无棣总一千一百五十二，聊城、高唐总万四千八百四十七。乃复诏均定，遣官分行诸路。秘书丞高本在遣中独以为不可，才均数郡田而止。

神宗元丰二年，诏诸路支移折税，并具所行月日，上之中书。权发三司户部判官李琮根究逃绝税役，江浙所得逃户凡四十万一千三百有奇，为书上之。

明年，除琮淮南转运副使。两路凡得逃绝、诡名挟佃、簿籍不载并阙丁凡四十七万五千九百有奇，正税并积负凡九十二万二千二百贯石匹两有奇。然每遇水旱，辄轻弛赋租，或蠲放、倚阁，赋输远方不均，皆遣使按之。陕西转运使吕大忠，令农户支移，斗输脚钱十八，御史劾之。乃定制，均轻重之等，以税赋户籍在第一等、第二等者支移三百里，三等四等二百里，五等一百里，不愿支移而愿输道里脚价者，亦酌度分为三等，以从其便。

徽宗崇宁二年，诸路岁稔，行增价折纳之法，民以谷菽、物帛输积负零税者听之。又诏："天下租赋科拨价折，当先富后贫，自近及远。乃者漕臣失职，有不均之弊。其定为令，支移本以便边饷，内郡罕用。折变之法，视岁丰稔以定物之低昂，俾官吏毋得私其轻重。又诏，比闻慢吏废期，凡输官之物，违期促限，蚕者未丝，农者未获，追胥旁午，民无所措。自今前期督输者加一等坐之，致民逃徙者论更加等。"

政和以后，天下户口类多不实，于是立法比较钩考，岁终会其数，按籍橤栝脱漏①。

又诏，诸路凡奏户口，令提刑司及提举常平同参考保奏，终莫能拯其弊，故租税亦不得而均。是时国用不给，凡府畿之外，南暨襄唐，西及渑池，北逾大河，民田有溢于初券者，辄使输公田钱。

宣和初，州县主吏催科失职，逋租数广，令转运司察守贰勤惰，听专达于内侍省。浙西荒田、天荒、草田、菱茭荡、湖泺退滩等，皆计籍召佃立租，以供应奉，置局命官，有措置水利农田之名，部使者且自督御前租课。

高宗绍兴元年五月，诏："民力久困，州县因缘为奸，今颁式诸路，凡因军期不得已而贷于民者，并许计所用之多寡，量物力之轻重，依式开具，使民通知，凡税额减去大观三分之一。"

十五年，户部议："准法，输官物，用四钞：户钞，付民执凭；县钞，关县司销簿；监钞，纳官掌之；住钞，仓库藏之。所以防冒伪、备毁失也。"继而两浙州县合输绵、绸、税绢、茶绢、杂钱、米六色，皆以市价折钱，却别科米麦，有亩输四五斗者。京西括田租加于旧，湖南有土户钱、折纻钱、醋息钱、面引钱，名色不一。荆南户口十万，寇乱以来，几无人迹。议者希朝廷意，谓流民已复，可使岁输十二。积逋至二十余万缗，民力重困。右承议郎鲁冲上书论郡邑之弊："以臣前任宜兴一县言之，漕计合收，其名甚繁，有丁盐，坊场课利钱，租地钱，租丝租纻钱，每岁不过一万五千余缗；其发纳之数，有大军钱，上供钱，籴本钱，造船钱，军器物料钱，天申节银绢钱之类，岁支不啻三万四千余缗。又有见任、寄居官请奉，过往官兵批券，州郡督索拖欠，略无虚日。今之为令者，苟以宽恤为意，而拙于催科，旋踵以不职罢，何暇承流宣化哉！"吏部侍郎许兴古言："今铨曹②有知县令二百余阙，无愿就者，正缘财赋督迫，所以畏避如此。若蠲民积欠，谨择守臣，则吏称民安矣。"诏如所奏行，而两浙江东西积逋悉蠲焉③。

孝宗淳熙五年，诏曰："比年以来，五谷丰登，蚕丝盈箱，嘉与海内共享皂康之乐，尚念耕夫蚕妇，终岁勤动，价钱不足以偿其劳，郡邑两税，除折帛折变自有常制，当输正色者，毋以重价强之折钱。临安府刻石

---

① 橤（yǐn）栝，矫正。揉曲叫橤，正方称栝。
② 铨曹，古代主管选拔官员的部门。
③ 积逋悉蠲，免除全部积欠的赋税。

遍赐诸路。"

光宗绍熙元年，臣僚言："古者赋租出于民之所有，不强其所无。今之为绢者一倍折而为钱，再倍折而为银，银愈贵钱愈艰得，谷愈不可售，使民贱粜而贵折，则大熟之岁反为民害。愿诏州郡，凡多取而多折者，重置于罚。民有粜不售者，令常平就籴。异时岁歉，平价以粜，度于民无伤，于国有补。"诏从之。

秘书监杨万里奏："输粟于民谓之苗①，旧以一斛输一斛，今以二斛输一斛矣。输帛于官谓之税，旧以正绢为税绢，今正绢外有和买矣。旧和买官给其直，或以钱，或以盐，今皆无之。又以绢估直而倍折其钱矣，旧税亩一钱输免役一钱，今岁增其额不知所止矣，既一倍其粟，数倍其帛，又数倍其钱。而又有月椿钱②，版帐钱，不知几倍于祖宗之旧，又几倍于汉唐之制乎！此犹东南之赋可知也。至于蜀赋之额外无名者，不可得而知也。陛下欲薄赋敛，当节用度。用节而后财可积，财积而后国可足，国足而后赋可减，赋减而后民可富，民富而后邦可宁也。"

二年，诏郡守县令毋得科敛先期、竞务办集。

理宗嘉熙二年，臣僚言："陛下自登大宝，蠲赋之诏无岁无之，而百姓未沾实惠，盖民输率先期归于吏胥揽户，乃遇诏下，则所放者，吏胥之物；所倚阁者，揽户之钱，是以宽恤之诏虽颁，然民未沾惠。尝观汉史恤民之诏，多减明年田租，今宜仿汉故事，如遇朝廷行大惠，则以今年下诏，明年减租，示民先知减数，则吏难为欺，民庆实赐矣。"从之。

淳祐八年，监察御史崇政殿说书陈求鲁奏："本朝仁政有余，而王制未备。今之两税，本大历之弊法也。常赋犹足困民，况预借乎？以百亩之家计之，罄其永业岂足支数年之借，操纵出于权宜，官吏得以簸弄，公私俱困。臣愚谓今日救弊之策，其大端有四焉：宜采夏侯太初并省州县之议，俾县令得以直达于朝廷；用宋元嘉六年为断之法，俾县令得以究心于抚字；法艺祖出朝绅为令之典，以重其权；遵光武擢卓茂为三公之意③，以激其气。然后为之正其经界，裁其横敛，则预借可革，民亦获利矣。"议者以为切于当时之弊然。

---

① （宋）杨万里《诚斋集》卷六十九、《宋史·食货志》皆为"民之输粟于官者谓之苗"。
② 椿，系"椿"字之误。"椿"简化为"桩"
③ 擢卓茂为三公，卓茂（？—公元28年），饱学鸿儒，世称有德，东汉云台二十八将之一。西汉末年曾任县令，东汉光武帝即位后擢其为太傅。

宋自南渡以后，川蜀之赋最重，科敛繁多，有诸路常平司坊场钱，激赏绢，奇零绢，估钱，布估钱，常平积年本息对籴米及他酒盐诸名色钱，大抵于常赋外岁增钱二千六十八万缗，而茶不预焉。军储稍充，蜀民始困。后虽屡经蠲减而其弊不去。天下诸郡每年常贡：京畿路开封府贡方纹绫，方纹纱，芦席，麻黄，酸枣仁；京东路青州贡仙纹绫，梨，枣；密州贡绢，牛黄；济南府贡绵，绢，阳起石，防风；沂州贡仙灵脾，紫石英，茯苓，钟乳石；登州贡金，牛黄，石器；莱州贡牛黄，海藻，牡蛎，石器；潍州贡综，丝，素绝；淄州贡绫，防风，长理石；淮阳军贡绢；应天府贡绢；袭庆府贡大花绫，墨，云母，紫石英，防风，茯苓；徐州贡双丝绫，绸，绢；兴仁府贡绢，葶苈子；东平府贡绢，阿胶；济州贡阿胶；单州贡蛇床，防风；濮州贡绢；京西路襄阳府贡麝香，白谷，漆器；邓州贡白菊花；随州贡绢，绫，葛，覆盆子；金州贡麸金，麝香，枳壳实，杜仲，白胶，香，黄檗；房州贡麝香，纻布，钟乳石，笋；均州贡麝香；唐州贡绢；河南府贡蜜蜡，磁器；颍昌府贡绢，蕙席；郑州贡绢；滑州贡绢；孟州贡梁米；蔡州贡绫，淮宁府贡绸，绢；顺昌府贡绸，绝，绵；汝州贡绝，绢；信阳军贡纻布；河北路大名府贡花绢，绵，绸，平绸，紫草；开德府贡莨菪席，南粉；沧州贡大绸，大柳箱；冀州贡绢；河间府贡绢；博州贡平绢；棣州贡绢；鄚州贡绵；雄州贡绸；霸州贡绢；德州贡绢；滨州贡绢；思州贡白毡；永靖军贡簟，绢；清州贡绢；信安军贡绢；保定军贡绝；真定府贡罗；相州贡暗花，牡丹，花纱，知母，胡粉，绢；建德府贡白纻簟；卫州贡绢，绵；洺州贡绸；深州贡绢；祁州贡花绝；庆源府贡绢，绵；保州贡绢；安肃军贡素绝；广信军贡绸；顺安军贡绢；河北路太原府贡大铜鉴，甘草，人参，礜石；隆德府贡人参，蜜，墨；平阳府贡蜜，蜡烛；绛州贡防风，蜡烛，墨；泽州贡白石英，禹余粮[①]，人参；代州贡麝香，青礞；忻州贡解玉砂，麝；汾州贡土绝，石膏；辽州贡人参；宪州贡麝香；岚州贡麝香；石州贡蜜蜡；隰州贡蜜蜡；麟州贡柴胡；府州贡甘草；丰州贡甘草，柴胡；威胜军贡土绝；平定军贡绢；岢岚军贡绢；宁化军贡绢；火山军贡柴胡；保德军贡绢；陕西路京兆府贡靴毡，蜡席，酸枣仁，地骨皮；解州贡盐花；陕州贡绸绝，括，蒌根，柏子仁；商州贡麝香，枳壳实；虢州贡麝香，地骨皮，砚；同州贡白蒺藜，生

---

① 禹余粮，一种中药材，有止血、涩肠的功能。

熟干地黄；华州贡茯苓，细辛，茯神；耀州贡瓷器；延安府贡黄蜡，麝香；鄜州贡麝香，后改贡蜡烛；坊州贡弓弦，麻席；保安军贡毛段，苁蓉；庆阳府贡紫茸，白花毡，麝香，黄蜡；环州贡甘草，邠州贡火筯，荜豆，剪刀；宁州贡庵闾，荆芥，砚，席；秦州贡席，芎藭；凤翔府贡蜡烛，榛实，席；成阶州贡羚羊角，蜡烛；渭州贡绸，苁蓉；泾州贡紫茸，毛毼段；原州贡甘草；德顺军贡甘草；镇戎军贡白毡；熙州贡毛毼段，麝香；巩州贡麝香；兰州贡甘草；两浙路临安府贡绫，藤纸；绍兴府贡越绫，轻纱纸；平江府贡葛，蛇床子，白石脂，花席；镇江府贡罗，绫；湖州贡白纻；婺州贡绵，藤纸；庆元府贡绫，千山蓣，乌贼鱼骨；常州贡白纻，纱席；瑞安府贡鲛鱼皮，蠲糨纸；台州贡甲香，鲛鱼皮；处州贡绵，黄连；衢州贡绵，藤纸；建德府贡白纻簟；嘉兴府贡绫；淮南路扬州贡白苎布，莞席，铜镜；亳州贡绉纱，绢；宿州贡绢；楚州贡苎布；海州贡绢，獐皮，鹿皮；泰州贡隔织；滁州贡绢；兴州贡麻纸；通州贡獐皮，鹿皮，鳔胶；安东州贡葛布，石斛；庐州贡纱，绢；蕲州贡苎布簟；安庆府贡白芧；濠州贡绢，糟鱼；光州贡石斛，葛布；黄州贡苎布，连翘；无为州贡绢；江宁府贡笔；宁国府贡纻布，黄连，笔；徽州贡白苎纸；池州贡纸，红白姜；饶州贡麸金，竹簟；信州贡蜜，葛粉，水晶器；太平州贡纱；南康州贡茶芽；广德军贡茶芽；隆兴府贡葛；江州贡云母，石斛；赣州贡白苎；吉州贡苎布；袁州贡纻布；抚州贡葛；瑞州贡纻；兴国军贡纻；南安军贡纻；临江军贡绢；建昌军贡绢；荆湖南北路江陵府贡绫，纻，碧涧，茶芽，柑橘；鄂州贡银；德安府贡青纻；常德府贡纻布，练布；澧州贡五加皮，芒硝，杜若；峡州贡绫，竹簟；岳州贡纻；归州贡纻；辰州贡朱砂，水银；沅州贡朱砂，水银；靖州贡白绢；潭州贡葛，茶；衡州贡麸金，犀；通州贡白苎，零陵香；永州贡葛，石燕；郴州贡纻；宝庆府贡犀角，银；全州贡葛，零陵香；桂阳军贡银；福建路福州贡荔枝，鹿角菜，紫菜；建宁府贡火箭，石乳，龙茶；元丰贡龙凤等茶；泉州贡松子；元丰贡绵，蕉，葛，橄榄；淳祐贡苎布；南剑州贡上茴香；元丰贡茶；漳州贡甲香，鲛鱼皮，柑橘；汀州贡蜡烛；邵武军贡纻；兴化军贡绵，葛布；成都府路成都府贡花罗，锦，高纻笺纸；眉州贡春罗，单丝罗；绵州贡绫，纻布；汉州贡纻布；嘉定府贡麸金；卬州贡丝，布；简州贡绵绸，麸金；黎州贡红椒；雅州贡麸金；茂州贡麝香；威州贡当归，羌活；仙井监贡苦药子，续随子；潼州府路潼州府贡绫，曾青，空青；遂宁府贡摶捕绫；顺庆府贡丝，布，天门冬；资州贡麸金；普州贡葛，天门冬；昌州贡麸金，绢；叙州贡葛；合州贡牡丹皮，白药子；荣州贡班布；渠州贡绵，绸，买子木；怀安军贡绸；宁西军贡绢；利州路兴元府贡胭脂；红花利州贡金，铜，铁；洋州贡隔织；阆州贡莲绫；隆庆府贡巴戟；巴州贡绵，绸；沔州贡蜜蜡；蓬州贡纻，丝，绫，绵，绸；镇州贡麸金，羚羊角；夔州路绍庆府贡朱砂，蜡；施州贡黄连，没药；咸淳州贡绵，绸；万州贡金，木药子；开州贡白纻；达州贡绸；涪州贡绢；重庆府贡葛布，牡丹皮；云安军贡绢；梁山军贡绵；大宁监贡蜡；广南东路广州贡胡椒，石发，糖霜，檀香肉，豆蔻，丁香母子，零陵香，补骨脂，舶上茴香，没药，没石子；元丰贡沉香，甲香，詹糖，香石斛，龟壳，水马，鼍皮，藤簟；韶州贡绢，钟乳；循州贡绢，藤；潮州贡蕉布，甲香，鲛鱼皮；连州贡苎布，官桂；元丰贡钟乳；梅州贡银，布；南雄州贡绢；英德府贡纻布；贺州贡银；封州贡银；肇庆府贡银，石砚；新州贡银；德庆府贡银；南恩州贡银；惠州贡甲香，藤箱；广南西路静江府贡银，桂心；容州贡银，朱砂；邕州贡银；融州贡金，桂心；象州贡金，藤器，榠子；昭州贡银；梧州贡银；藤州贡银；龚州贡银；浔州贡银；柳州贡银；贵州贡银；庆远府贡生豆蔻，草豆蔻，元丰贡银；宾州贡银，藤器；横州贡银；化州贡银，高良姜；高州贡银；雷州贡高良姜，元丰贡斑竹；钦州贡高良姜，翡翠，毛；白州贡银，缩砂；郁林州贡缩砂；廉州贡银；琼州贡银，槟榔；南宁军贡高良姜，元丰贡银；万安军贡银；吉阳军贡高良姜。

# 卷九　食货

## 赋税下：辽、金、元、明

辽赋税之制。自太祖任韩延徽始制国用。太宗籍五京户丁以定赋税。

圣宗太平七年，诏："诸在屯者力耕公田，不输税赋。"此公田制也。

十五年，募民耕滦河旷地，十年始纳租，此在官闲田制也。又诏山前后未纳税户并于密云、燕乐两县，占田置业入税，此私田制也。各部大臣从上征伐，俘掠人户，自置郛郭①，为头下军州，凡市井之赋即归之，此头下军州赋制也。其余若南京岁纳三司盐铁钱折绢，大同岁纳三司税钱折粟。又开远军民岁输税，向例斗粟折五钱。耶律穆济守郡时，表请折六钱，各随地异宜，当时称为利民之政焉。

金制，官地输租，私田输税。其输租之制不传，大率分田之等为九而差次之。夏税亩取三合，秋税亩取五升，又纳秸一束，每束计十有五觔②。夏税六月至八月止，秋税十月至十二月止。分为初中末三限，州三百里以外者纾其期一月。屯田户佃官地者，有司移明安穆昆督之。

章宗泰和五年，改秋税以十一月为初限。中都、西京、北京、上京、辽东、临潢、陕西地寒，稼穑迟熟，夏税以七月为初限。凡输送粟麦在三百里外者，石减五升；以上每三百里递减五升。粟折秸，百秤者百里内减三秤，二百里减五秤，不及三百里减八秤，三百里及输本色稿草各减十秤。计民田园、邸舍、车乘、牧畜、种植之资，藏镪之数③，征钱有差，谓之物力钱。遇差科必按版籍，先及富者，势均则以丁多寡定甲乙，其或不可分析者，率以次户济之。

---

① 郛郭，外城，也泛指城市。
② 觔，通"斤"。
③ 藏镪，拥有的金钱。镪，钱串，引申为成串的钱。

宣宗兴定四年，镇南军节度使温特赫思敬上书言："今民输税，其法大抵有三：上户输远仓，中户次之，下户最近。然近者不下百里，远者数百里，计道路之费，倍于所输，而雨雪有稍违之责，遇贼有死伤之患，不若止输本郡，令有司检算仓之所积，称屯兵之数，使就食之，若有不足，则增敛于民，民计所敛不及道里之费，将欣然从之矣。"此外又有牛头税，即牛具税，明安穆昆部女直户所输税也。其制，每耒牛三头为一具，限民口二十五受田百顷四亩有奇，岁输粟不过一石。官民占田无过四十具。

太宗天会三年，以岁稔官无储积，无以备饥馑，诏令一耒赋粟一石，每穆昆别为一廪贮之。

四年，诏内地诸路每牛一具，赋粟五斗，为定制。

世宗大定元年，诏，诸明安不经迁移者，征牛具税粟。即命穆昆监其仓，有亏损则坐之。

二十三年，以版籍岁久，贫富不同，明安穆昆又皆年少，不练时事，一旦军兴，按籍征之必有不均之患。乃令验实推排，阅其户口畜产之数，尚书省详定入奏。

元之取民，大率以唐为法。其取于内郡者，曰丁税，曰地税，此仿唐之租庸调也；取于江南者，曰秋税，曰夏税，此仿唐之两税也。丁税地税之法，自太宗始行之。初，每户科粟二石，后又以兵食不足，增为四石。至丙申年乃定科征之法。令诸路验民户成丁之数，每丁岁科粟一石，驱丁五升，新户半之，老幼不与。其间有耕种者，或验其牛具之数，或验其土地之等征焉。丁税少而地税多者纳地税，地税少而丁税多者纳丁税，工匠僧道验地，官吏商贾验丁，虚配不实者罪之。仍命岁书其数于册，由课税所申省以闻。

世祖申明旧制，于是输纳之期，收受之式，关防之禁，会计之法，莫不备焉。

中统二年，命远仓之粮止于沿河近仓输纳，每石带收脚价中统钞三钱。或民户赴河仓输纳者，每石折输轻赍中统钞七钱。

五年，诏僧道儒人等，凡种田者白地每亩输税三升，水地每亩五升。军站户除地四顷免税，余悉征之。

至元三年鸯户①种田他所者，其丁税于附籍之郡验丁，其地税于种田之所验地，漫散之户逃于河南等路者，依见居民户纳税。

八年，又定西夏中兴路、西宁州、乌梁海三处之税，其数与前僧道同。

十七年，遂命户部大定诸例，全科户丁税每丁粟三石；驱丁粟一石，每亩粟三升；减半科户丁税每丁粟一石；新收交参户第一年五斗，第三年一石二斗五升，第四年一石五斗，第五年一石七斗五升，第六年入丁税；协济户丁税每丁粟一石，地税每亩粟三升，随路近仓输粟。如在远仓，每粟一石折纳轻赍钞二两。富户输远仓，下户输近仓，每石带纳鼠耗三升，分例四升。凡粮到仓以时收受。其输纳之期分为三限，初限十月，中限十一月，末限十二月。

成宗大德六年，申明税粮条例。复定上都、河间输纳之期：上都初限以次年五月，中限六月，末限七月；河间初限九月，中限十月，末限十一月。至于秋税夏税之法，惟行于江南。

初，世祖平宋时，除江东、浙西，其余独征秋税而已。

至元十九年，用姚元之请，命江南税粮，依宋旧例，折输绵绢杂物，寻及令输米三之一，余并折钞，以七百万为率，岁得羡钞②十四万锭。其输米者，止用宋斗斛，盖以宋一石当七斗故也。

二十八年，又命江淮寺观田宋时旧有者免租，续置者输税。

至成宗元贞二年，始定征江南夏税之制，于是秋税止命输租，夏税则输木绵、布绢、丝绵等物，其所输视粮之数，每粮一石者，输钞自三贯以至一贯五百文有差。输三贯者，若江浙省婺州等路、江西省龙兴等路；输一贯者，若福建省泉州等五路；输一贯五百文者，若江浙省绍兴路、福建省漳州等五路，皆因其地利之宜，人民之众，酌其中数而取之。其折输之物，各随时估之高下以为值。

独湖广则异于是。初，阿尔哈雅克湖广时，罢宋夏税，依中原例改科门摊，每户一贯二钱，视夏税约增钞五万余锭。

大德三年，改门摊为夏税而并征之，每石计三贯四钱有赢，视江浙、江西为差重云。其在官之田，许民佃种，若江北两淮等处荒闲之地，令佃

---

① 鸯户，居住地和耕地不在一个行政区内、人地分离的人户。一般是行政区重新划定造成的。

② 羡钞，比旧额多收的钞。

种至第三年输租，后又以地广人稀，更宽令第四年始输。凡系官田，则夏税皆不科。

泰定之初，又有所谓助役粮者，其法，命江南民户有田一顷以上者，于所输税外每顷量出助役之费，具书于册，里正以次掌之，岁收其入。

凡寺观田，除宋旧额，其余亦验其多寡令出助役焉。

天下岁入粮数：腹里二百二十七万一千四百四十九石，江浙省四百四十九万四千七百八十三石，江西省一百十五万七千四百四十八石，潮广省①八十四万三千七百八十七石，辽阳省七万二千六十六石，河南省二百五十九万一千二百六十九石，四川省十一万六千五百七十四石，陕西省二十二万九千二十三石，甘肃省六万五百八十六石，云南省二十七万七千七百十九石。其江浙等三省，夏税以天历元年钞数计之，江浙省五万七千八百三十锭四十贯，江西省五万二千八百九十五锭十一贯，湖广省一万九千三百七十八锭二贯。

此外复有科差之法，其名有二：曰丝料，曰包银。各验其户之上下而科焉。丝料之法，太宗丙申年始行之，每二户出丝一觔，并随路丝线颜色输于官；包银之法，宪宗乙卯年始定，每包银四两，一半输银，其半折收丝绢等物。

至世祖中统元年，立十路宣抚司，定户籍科差条例。然户各不一，有元管户，交参户，漏籍户，协济户。于诸户之中，又有丝银全科户，减半科户，止纳丝户，止纳钞户，外又有摊丝户，有储伊苏岱尔所管纳丝户，复业户，并渐成丁户，户既不等，数亦不同。至丝料包银之外，又有俸钞之科，其法亦以户之高下为等。全科户输一两，减半户输五钱。于是以合科之数作门摊，分为三限输纳。如有被灾之地，听输他物折焉，其物各以时估为则。凡儒士及军站僧道等户皆不与。

二年，复定科差之期，丝料限八月，包银初限八月，中限十月，末限十二月。

三年，又命丝料限无过七月，包银限无过九月。

及平江南，其制益广。至元二十八年，以《至元新格》定科差法，诸差税皆司县正官监视人吏，置局均科。诸夫役，皆先富强后贫弱。其贫富等者，先丁多之户，后丁少之户。

---

① 潮广省，应为"湖广省"之误

成宗大德六年，又定丝料限八月，包银俸钞限九月，布限十月，大率因世祖之旧而增损之云。科差总数，以中统四年计之，丝七十一万二千一百七十一觔，钞五万六千一百五十八锭。其后逐年递增，逮及至元四年，丝一百九万六千四百八十九觔，钞七万八千一百二十六锭。天历元年，包银差发总数凡钞九百八十九锭，贝一百十三万三千一百十九索，丝一百九万八千八百四十三觔，绢三十五万五百三十匹，绵七万二千十五觔，布二十五万一千二百二十三匹。

明制赋役之法，一以黄册为准。册有丁有田，丁有役，田有租。曰夏税，曰秋粮，凡二等。夏税无过八月，秋粮无过明年二月。丁曰成丁，曰未成丁，凡二等。役曰里甲，曰均徭，曰杂泛，凡三等。以户计曰甲役，以丁计曰徭役，上命非时曰杂役。皆有力役、有雇役两税。

洪武时，夏税曰米麦，曰钱钞，曰绢。秋粮曰米，曰钱钞，曰绢。

弘治时，会计之数，夏税曰大小米、麦，曰麦荍①，曰丝绵并荒丝，曰税丝，曰丝绵折绢，曰税丝折绢，曰本色丝，曰农桑丝折绢，曰农桑零丝，曰人丁丝折绢，曰改科绢，曰绵花折布，曰苎布，曰土苎，曰红花，曰麻布，曰钞，曰租钞，曰税钞，曰原额小绢，曰币帛绢，曰本色绢，曰绢，曰折色丝。秋粮曰米，曰租钞，曰赁钞，曰山租钞，曰租丝，曰租绢，曰租粗麻布，曰课程棉布，曰租苎布，曰牛租米谷，曰地亩棉花绒，曰枣子易米，曰枣株课米，曰课程苎麻折米，曰棉布，曰鱼课米，曰改科丝折米。

万历时，小有所增损，大略以米麦为主，而丝绢与钞次之。夏税之米，唯江西、湖广、广东、广西，麦荍唯贵州。农桑丝遍天下，唯不及川、广、云、贵，余各视其地产。此明代赋役制之大綮也。

太祖初立国，即下令：凡民田五亩至十亩者，栽桑、麻、木棉各半亩，十亩以上倍之。麻亩征八两，木棉亩四两，栽桑以四年起科，不种桑出绢一匹；不种麻及木棉出麻布、棉布各一匹，此农桑丝绢所由起也。

洪武九年，天下税粮，令民以银钞钱绢代输，银一两，钱千文，钞十贯，皆折输米一石，小麦则减直十之二；棉苎一匹，折米六斗，麦七斗；麻布一匹，折米四斗，麦五斗，丝绢等各以轻重为损益。愿输米者听。

---

① 荍，通"荞"。

十七年，云南以金银、贝布、漆、丹砂、水银代秋租，于是谓米麦为本色，而诸折纳税粮者谓之折色。

越二年，又令户部侍郎杨靖会计天下仓储存粮。二年外并收折色，唯以北方诸布政司需粮饷边，仍使输粟。

三十年，谕户部，自二十八年以前，天下逋租，咸许任土所产，折收米、绢、棉花及金银等物，着为令①。于是户部定：钞一锭折米一石；金一两十石，银一两二石，绢一匹石有二斗，棉木②一匹一石，苎布一匹七斗，棉花一斤二斗。帝曰："折收逋赋，盖欲苏民困也。今赋重若此，将愈困民。金银每两折米加一倍，钞止二贯五百文折一石，余从所议。"

成祖永乐中，既得交趾，以绢，漆，苏木，翠羽，纸扇，沉、速、安息诸香代租赋。广东琼州黎人、肇庆瑶人内附输赋比内地。天下本色税粮三千余万石，丝钞等二千余万。计是时米粟自输京师数百万石外，府县仓廪蓄积丰满，岁贡银三十万两有奇，而民间交易用银仍有厉禁。

英宗正统元年，副都御史周铨言："行在各官俸支米，南京道远，用度甚多，辄以米易货，贵买贱售，十不及一。朝廷虚縻廪禄，各官不得实惠。请于南畿、浙江、江西、湖广不通舟楫地，折收布绢、白金解京充俸。"江西巡抚赵新亦以为言，户部尚书黄福复条以请。帝以问行在，户部尚书胡濙濙对以太祖尝折纳税粮于陕西、浙江，民以为便。遂仿其制：米麦一石折银二钱二分，南畿浙江、江西、湖广、福建、广东、广西麦共米四百余万石，折银百万余两，输内承运库，谓之金花银。其后槩行于天下，自起运兑军外，粮四石收银一两解京，以为永例。诸方赋税折银，而仓廪之积渐少矣。

明初，官民田赋，凡官田亩税五升三合，民田减二升，重租田八升五合五勺，没官田一斗二升。唯苏、松、嘉、湖籍诸豪族及富民田以为官田，按私租簿为税额。而司农卿杨宪又以浙西地膏腴，增其赋，亩加二倍，故浙西官民田视他方倍蓰，亩税有二三石者。

洪武十三年，命户部裁其额，亩科七斗五升至四斗四升者，减十之二，四斗三升至三斗六升者，俱止征三斗五升，其以下者仍旧。

惠帝建文二年，诏曰："江浙赋独重，而苏、松准私租起科，特以惩

---

① 着为令、公文用语，专用为上谕结尾，因虽一时诏令，也应存之久远，以为范例。
② 棉木，《明史·食货志》、《续文献通考·田赋考》皆作"棉布"。

一时顽民，岂可为定则以重困一方，宜悉与减免，亩不得过一斗。"

成祖革建文政，浙西之赋复重。

宣宗即位，广西布政使周干巡视苏、松、嘉、湖诸府，民多逃亡，询之耆老皆云重赋所致。如吴江、昆山民田租旧亩五升，小民佃种富民田，亩输私租一石，复因事故输官，辄如私租例尽取之。十分取八，民犹不堪，况尽取乎！请将没官田及公侯还官田租俱视彼处官田起科，亩税六斗。

宣德四年，令江南府县官督察各属粮屯。按：明洪武四年，令天下有司度民田，以万石为准，设粮长一名，专督其乡赋税。凡有倚恃富豪，交结有司，承揽军需买办，移用米粮，假以风涛漂流为词，重复追征者，重加究治。又令推升郎中员外①，及御史、长史等六员为各部侍郎，分往浙江、江南、湖广、河南、山东、山西等布政司，并南北直隶府州县，督收税粮。

五年二月，诏："旧额官田租亩一斗至四斗者，各减十之二，四斗一升至一石以上者，减十之三，着为令。"于是江南巡抚周忱等，曲计减苏粮七十余万，他府以为差。

正统元年，令苏松浙江等处官田，准民田起科，粮四斗一升至一石以上者，减作三斗；二斗一升以上至四斗者，减作二斗；一斗一升至二斗者，减作一斗。

景帝景泰十三年，奏准两京农桑夏税，绢匹不及五十匹以上者，俱送该府掌印官看验。又令各司府州县夏税，农桑绢匹，务织造紧密厚重，双经双纬，净织纱尺长三丈二尺，阔二尺，每五十匹作一束，印封，粮长、大户人等赴部交纳。

天顺时，令镇守浙江尚书孙原贞等定杭、嘉、湖则例，以起科重者征米宜少；起科轻者征米宜多，乃定官田亩科一石以下、民田七斗以下者，每石岁征平米一石三斗；民田四斗以下者，每石岁征平米一石五斗；官田二斗以下、民田二斗七升以下者，每石岁征平米一石七斗；官田八升以下、民田七升以下者，每石岁征平米二石二斗。凡重者轻之，轻者重之，欲使科则适均。而亩科一石之税未尝减云。

世宗嘉靖二年，御史黎贯言："国初夏秋二税，麦四百七十余万石，今少九万；米二千四百七十余万石，今少二百五十余万。而宗室之蕃、官

---

① 郎中员外，《大明会典》卷二十二作"郎中员外郎"。

吏之冗、内官之众、军士之增，悉取给其中，赋税则日损，支用则日加，请核祖宗赋额及经费多寡之数，一一区划。"于是户部议："令天下官吏考满迁秩，必严核任内租税征解足数，方许给由交代。仍乞朝廷躬行节俭。"帝纳之。

既而谕德顾鼎臣条上钱粮积弊四事："一曰察理田粮旧额。请责州县官于农隙时令里甲等仿洪武、正统间鱼鳞、风旗之式①，编造图册，细列原额田粮、字圩、则号、条段、坍荒、成熟步口之数②。官为覆勘，分别界址，履亩检踢丈量，具开垦改正豁除之数，刊刻成书，收贮官库，给散里中，永为稽考。一曰催征岁办钱粮。成、弘以前，里甲催征，粮户上纳，粮长收解，州县监收。粮长不敢多收斛面，粮户不敢杂以水谷糠秕，兑粮官军不敢阻难多索。近者，有司不复比较经催里甲负粮人户，但立限追比粮长，令下乡追征，豪强者则大斛倍收，多方取索；孱弱者为势豪所凌，不免变产补纳。至或旧役侵欠，责偿新签，且往时每区粮长不过正副二名，近多至十人以上，其实收掌管粮之数少，而科敛打点使用年例之数多。州县一年之间，辄破中人百家之产，害莫大焉。宜令户部议定事例，转行所司，审编粮长务遵旧规。"又其二则遣官综理③，及复预备仓法也。时议虽不行，切中时弊。

至十八年，鼎臣为大学士，复言："苏、松、常、镇、嘉、湖、杭七府，供输甲天下，而里胥豪右蠹弊特甚，宜将欺隐及坍荒田土一一检核改正。"于是应天巡抚欧阳铎检荒田二千余顷，计租十一万石有奇，以所欺隐田粮六万余石补之，余请豁免。时嘉兴知府赵瀛建议："田不分官民，税不分等则，一切以三斗起征。"铎乃与苏州知府王仪尽括官民田衷益之，履亩清丈，定为等则，所造经赋册，以八事定税粮：曰元额稽始，曰事故除虚，曰分项别异，曰归总正实，曰坐派起运，曰运余拨存，曰存余考积，曰征一定额。又以八事考里甲：曰丁田，曰庆贺，曰祭祀，曰乡饮，曰科贺，曰恤政，曰公费，曰备用。以三事定均徭：曰银差，曰力差，曰马差。著为例。征一者，总征银米之凡，而计亩均输之。其科则最

---

① 风旗，鱼鳞图册之图放平看，似鱼鳞；立起来看，又似风展旗帜。是否另有解，待考。
② 字圩，《明史·食货志》作"字圩"，当是。圩，指圩田登记时按《千字文》文句顺序编号。步口，指土地面积。
③ 又其二则遣官综理，《明史·食货志》作"其二则议遣官综理"，较此为通。

重与最轻者，稍以耗损益推移，重者不能尽损，唯递减耗米，派轻赍折除之①，阴予以轻。轻者不能加益，为征本色，递增耗米加乘之，阴予以重。时豪右多梗其议。鼎臣独以为善。

顾其时，上不能损赋额，长民者私以己意变通，由是官田不至偏重，而民田之赋愈加矣。时又有纲银、一串铃诸法。纲银者，举民间应役岁用，丁四粮六总征之。易知而不繁，犹纲之有纲也②。一串铃则伙收分解法也。自是民间输纳止收本色及折色银矣。

穆宗隆庆元年十月，巡按御史董尧封奏，查出苏、松、常、镇四府投诡田一百九十九万五千四百七十亩，花分田三百三十一万五千五百六十亩，因条上便宜事："一议丈量，二定粮册，三均粮役，四明优免，五平均徭，六裁供亿，七申法守，八严责成。"户部覆："丈量均赋私兑，恐烦扰难行。优免虽有定例，但吴中起科甚重，若止论粮石，以为不均，宜视田亩之数为差，其余悉如议。"报可。户部又覆："应天抚臣林润奏复粮额、议改折二事，谓各省粮额，俱以夏税、秋粮、马草为正赋，差徭、编增为杂派，唯是苏松诸郡不分正杂而混征之，名曰平米。其中如马役、料价、义役③，原非户部之加增；如轻赍、脚米、户口盐钞亦非额粮之正数，杂派渐多，常赋遂累，诚有如润所言者，宜令逐项清查旧额，所征之数，通行造册送部，以凭裁减。至于两京各衙门俸银改折之议，则当斟酌轻重，事难尽从。盖南京水陆四道，米谷饶裕，便于改折，若一槩施之，北地亦或未便。请将南京各衙门官吏人等月粮及嘉靖四十年以前积欠京储，尽行改折，每石七钱；在北者量折十分之二，每石一两。米贵，仍复本色。"从之。

四年，巡抚保定朱大器条陈田赋五弊，言："祖宗时，粮有定额，当全征也。近年务为姑息，遂谓完及八分者，官得转迁，是即无灾祲④辄自蠲二分矣，即二分之数而类计之，一郡千计，十郡万计，积而上之，可知也，弊一；粮有定数，当完解也，近年创为截解之法，官吏藉已完者以邀虚声，奸民视后纳者以为得计，所解者少，所负者多，兼以粮长之侵欺，

---

① 轻赍，随身携带的少量粮食或资财。
② 犹纲之有纲也，《明史·食货志》作"犹网之有纲也"，较此为通。
③ 义役，宋代开始，乡村民户为了减轻轮差重役税户的负担，自行结合，割田出粮，帮助当役户，称为义役。
④ 灾祲，灾异。

吏胥之渔猎，其弊不可胜穷，弊二；国家存留粮，系宗藩所在，则抵补禄米，无宗藩则数多余羡，今之官府，率以不急视之，勾管无专官，岁会无定法，秖①以为奸民之利而已，弊三；官必任事而后食禄，军必在伍而后支饷，此定制也。今官有迁代，军有逃亡，而俸廪未闻扣减，则必有侵冒者矣，弊四；屯田在边鄙则多抛荒，在腹里则多欺隐，地与粮俱失旧额久矣。议者不察，乃为兑支之说，夫官为收支，其权犹在上也，若听其私兑，则地之埋没，数之虚报者，曷从稽考，弊五。以上五弊，皆今日所当厘正者。"部覆，诏如议。

六年，南京河南道御史陈堂奏言："国制，十年大造黄册。凡户口、田赋、事役新旧登耗之数，无不备载，所以重国本而存故实也。今沿袭弊套，取应虚文，奸吏得以那移，豪强因之影射，其弊不可胜穷。盖有司征钱粮、编徭役者为一册，名曰白册。而所解后湖之黄册，又一册也。有司但以白册为重，其于黄册唯付之里胥，任其增减。凡钱粮之完欠，差役之重轻，户口之消长，名实相悬，曾不得其仿佛，即解至后湖，而清查者以为不谬于旧册，斯已矣！窃谓欲理图籍，必专责成，必经综核。夫书算豪猾，类非守令之法所能制也。顷苏、松、常、镇添设督粮通政一员，请赐之敕，责令兼理黄册事务，凡人丁事产，悉照白册攒造，其欺隐脱漏者如例问遣，驳回者依限完报，田至十万亩以上者仿古限田之法，量为裁抑。如势要阻挠，有司阿纵，听抚按官参奏，庶册籍清而赋役可均。"部覆，诏如议。

然自嘉靖以后，国用不足，屡行加派，后乃行一条鞭法。

一条鞭法者，总括一州县之赋役，量地计丁，丁粮毕输于官。一岁之役，官为佥募，力差则计其工食之用，量为增减；银差则计其交纳之用，加以增耗。凡额办、派办、京库岁需与存留供亿诸用度，以及土贡方物，悉并为一条，皆计亩征银，折办于官。故谓之一条鞭。立法颇为简便。其天下每年常贡：按：明初有土贡方物，中叶以后，悉计亩征银，折办于官，所贡者唯茶药野味及南京起运杂物而已。南直隶宜兴县，贡茶一百觔；庐州府六安州，贡茶三百觔；广德州，贡茶七十五觔；建平县，贡茶二十五觔；浙江湖州府长兴县，贡茶三十五觔；绍兴府嵊县，贡茶八觔；会稽县，贡茶三十二觔；温州府永嘉县，贡茶一十觔；乐清县，贡茶一十觔；杭州府临安

---

① 秖，通"祇"，仅仅。

县，贡茶二十觔；富阳县，贡茶二十觔；宁波府慈溪县，贡茶二百六十觔；处州府丽水县，贡茶二十觔；金华县，贡茶二十二觔；衢州府龙游等县，贡茶共二十觔；台州府临海等县，贡茶一十五觔；严州府建德县，贡茶五觔；淳安县，贡茶五觔；遂安县，贡茶三觔；寿昌县，贡茶三觔；桐庐县，贡茶二觔；分水县，贡茶一觔；江西南昌府，贡茶七十五觔；南康府，贡茶二十五觔；赣州府，贡茶一十一觔；袁州府，贡茶一十八觔；临江府，贡茶四十七觔；九江府，贡茶一百二十觔；瑞州府，贡茶三十觔；建昌府，贡茶二十三觔；抚州府，贡茶二十四觔；吉安府，贡茶一十八觔；广信府贡茶，二十二觔；饶州府，贡茶二十七觔；南安府南康县，贡茶一十觔；湖广武昌府，贡茶六十觔；岳州府湘阴县，贡茶六十觔；宝庆府邵阳县，贡茶二十觔；武冈州，贡茶二十四觔；新化县，贡茶十八觔；长沙府安化县，贡茶二十二觔；宁乡县，贡茶二十觔；益阳县，贡茶二十觔；福建建宁府建安县，贡茶一千三百五十四觔，内探春二十一觔，先春六百四十三觔，次春二百六十二觔，紫笋二百二十七觔，荐新二百一觔；崇安县，贡茶九百九十一觔，内探春三十三觔，先春三百八十觔，次春一百五十觔，荐新四百二十八觔；又宁国府宣城县，贡木瓜三千三百枚；广西思明府，贡消毒药五百三十四味；四川成都府，贡药材七味；又南京每年起运各物：司礼监制帛 起，笔料一起，鲜梅四十杠或三十五杠，枇杷四十杠或三十五杠，杨梅四十杠或三十五杠；尚膳监笋四十五扛[①]，鲥鱼二起各四十四扛；守备处鲜橄榄等五十五扛，鲜茶十二扛，木樨十二扛，石榴柿子四十五扛，甘橘甘蔗五十扛；尚膳监天鹅等二十六扛，腌菜薹等一百三十二坛，笋一百一十坛，干鲥鱼等物一百二十坛，紫苏糕等物二百四十八坛，木樨花煎等物一百五坛，鹈鸠等物十五扛，司苑局荸荠七十扛，苗姜一百担，姜种、芋头等物八十扛，十样果一百四十扛，鱼藕六十五扛；内府供用库香稻五十扛，苗姜等物一百五十五扛，十样果一百一十五扛；御马监苜蓿种四十扛。又各直省办贡野味一万四千五百一十四只，活鹿二百六十七只，活天鹅三百二十只，杂皮二十四万七百六十一张，翎毛二千二百七十六万六千五百五十根。

---

① 此处文内"扛""杠"互见，而《大明会典》《枣林杂俎》皆用"扛"，当是。扛，当是一个搬运工一次抬运的量，确否，待考。

# 卷十　食货

## 户口丁中：五代、宋、辽、金、元、明

臣等谨按，杜典户口、丁中，各自为目。而丁中仍杂以户口，未能条分缕析，今依通考之例，合户口丁中为一，凡正史所载以及他书之可以援据者，备为捃摭①，详列于左。又按，丁中之制，自唐后惟宋、金、明可考，五代及辽、元则未详云。

五代乱亡相继，疆土分裂，中原户口之数，梁、唐、晋、汉纪载莫详。梁开平二年，尚书令户部奏请，诏天下州府准旧章申送户口帐籍。从之。唐天成三年，殿中监李延范奏请指挥诸道州府，每逃户归业后，委州司各与公凭，二年内放免两税差科，如有违者，许州论诉勘责，若州县官招得五百户以上，乞等第奖酬。从之。

周广顺三年，敕："天下州府及县，除赤县、畿县、次赤、次畿外，其余三千户以上为望县，二千户以上为紧县，一千户以上为上县，五百户以上为中县，不满五百户为中下县。"户部奏，据今年诸州府所管县户数目，合定为望县六十四，紧县七十，上县一百二十四，中县六十五，下县九十七。显德六年，总简户二百三十万九千八百一十二，此周之户数，略可考见者也。

宋太祖建隆元年，户九十六万七千三百五十三。

乾德元年，令诸州岁奏男夫二十为丁，六十为老。是年平荆南得户十四万二千三百，平湖南得户九万七千三百八十八。

三年，平蜀得户五十三万四千三十九。

开宝四年，平广南得户十七万二百六十三。

八年，平江南得户六十五万五千六十五。

---

① 捃摭，采择，搜集。

九年，天下主客户三百九万五百四。

太宗太平兴国三年，陈洪进、钱俶献闽、浙诸州之地。

四年，平太原，又得户七十三万七千八百七十八。

是时，天下既一，疆理几复汉唐之旧，而户数不及其半，历百余年，招徕降附休养生息，至神宗元丰元年，天下总四京一十八路。按：元丰间又析为二十三，后复置京畿路，合二十四路。户主客一千四百八十五万二千六百八十四，口主客三千三百三十万三千八百八十九，丁主客一千七百八十四万六千八百七十三。

徽宗崇宁元年，计天下增至户二十一万九千五十，口四千三百八十二万七百六十九，视汉唐盛时盖有加焉。

政和三年，详定《九域图志》①。蔡攸等言，天下户口数，类多不实，且以河北二州言之，德州主客户五万二千五百九十九，而口才六万九千三百八十五；霸州主客户二万二千四百七十七，而口才三万四千七百一十六，通二州之数，率三户四口，则户版刻隐可知。乞诏有司，申严法令，务在核实。又淮南转运副使徐闳中言："九域志，在元丰间主客户共一千六百余万。大观初，已二千九十一万。乞诏诸路应奏户口，岁终再令提刑提举司参考同保。"从之。按：马氏通考云，古今户口之盛，无如崇宁、大观之间。然观当时诸人所言，则版籍殊欠核实，所载似难凭据。谨附识。

高宗南渡，中原、陕右尽入于金，所存止十五路。

绍兴八年，尚书刘大中奏："自中原陷没，东南之民死于兵火、疫疠、水旱，以至为兵，为缁黄②，及去为盗贼，余民之存者十无二三，奸臣虐用其民，诛求过数，丁盐绸绢，最为疾苦。愚民宁杀子而不愿输，生女者又多不举，乞守令满日以生齿增减为殿最。"又诏："诸州县乡村五等、坊郭七等以下户，及无等第贫乏之家，生男女不应养赡者，于常平钱内，人支四贯，仍委守令劝谕父老，晓譬③祸福，若奉行如法，所活数多，监司保明推赏。"

至宁宗嘉定十六年，诸路主客户一千二百六十七万八百一，口二千八百三十二万八十五，较之崇宁盖已减半。理宗以后，国势日蹙。

景定五年，户部献今年民数，仅户五百六十九万六千九百八十九，口

---

① 《九域图志》，宋朝官设机构编修的全国地方志，得以保存的是《元丰九域志》。
② 缁黄，指僧道。僧人缁服，道士黄冠，故合称缁黄。
③ 晓譬，宣讲、晓谕。

一千三百二万六千五百三十二，而宋旋以亡。此宋代户口盛衰之数，大略如此也。

辽时户口之数不甚可考，据《地理志》所载，五京道民户仅得五十余万，诸州县不可计者尚多。按：《辽史》营卫、兵卫志载，有宫卫之户，曰正户，曰蕃汉转户，共二十万三千丁四十万八千，又有五京乡丁，其可考见者，约一百一十万七千三百为乡兵，并附录于此。

太祖初年，以兵四十万攻下河东、河北九郡，获其生口九万五千；伐女直获其户三百。先是德祖①俘奚七千户徙饶乐之清河，至是创实喇部分十三县。

五年，讨东西奚，尽有锡忻之众，东际海，南暨②白檀，西逾松漠，北抵潢水，凡五部咸入版籍。

神册元年，亲征突厥、吐浑③、党项、小番、沙陀诸部，俘户一万五千六百。四年，修辽阳故城，以汉民、渤海户实之。十月，破乌尔古部，俘获生口一万四千二百。

五年，擒天德节度使宋瑶，徙其民于阴州。

六年，分兵掠檀、顺、安远、三河、良乡、望都、潞、满城、遂城，俘其民徙内地。十二月，晋新州防御使王郁率其众来降。徙其众于潢水之南。又徙檀、顺民于东平、沖州。

天赞三年五月，徙蓟州民实辽州地。天显三年，诏遣耶律羽之徙东丹民实东平，其民或亡入新罗、女直，因诏困乏不能迁者，许上国富民给赡而隶属之。

四年二月，阅约尼氏户籍。

太宗会同九年，吐谷浑献生口千户。

大同元年四月，俘晋主重贵，归顺七十六处，得户一百九万百一十八。时籍上京户丁以定赋税。

圣宗统和元年，南京统军使耶律善补招宋边七十余村来附，又招亡入宋者，得千余户归国。诏令慰抚。

---

① 德祖，指辽德祖耶律撒剌的，辽太祖耶律阿保机之父，契丹部落领袖，阿保机称帝后，追封为德祖。

② 暨，及，到。

③ 吐浑，吐谷浑别称。吐谷浑，我国古代西北少数民族及所建国家名。

八年七月，诏东京路并省州县，以其民分隶他郡。

九年七月，通括户口。

十三年四月，诏诸道民户，应历以来胁从为部曲者，仍籍州县。

十四年三月，诏安集朔州流民。

十五年正月，徙梁门、遂城、泰州、北平民于内地。三月通括宫分人户。

开泰二年四月，诏从上京请，以韩斌所括赡国、达鲁河、奉、豪等州户二万五千四百有奇，置长霸、兴仁、保和等十县。

四年四月，以耶律世良所获于厥众并达勒达所获实默里部民，城胪朐河上居之。

八年五月，迁宁州渤海户于辽土二河之间。

道宗咸雍时，遣使括三京隐户不得，以耶律引吉代之，得三千余户。马人望为三司度支判官，会检括户口，未两旬而毕。同知留守萧保先怪而问之。人望曰："民户若括之无遗，他日必长厚敛之弊，大率十得六七足矣。"保先谢曰："君虑远，吾不及也。"

太康九年六月，诏："诸检括脱户，罪至死者原之。"

大安三年，以民多流亡，除安泊逃户征偿法。

天祚帝天庆三年，籍诸道户，徙大牢古山围场地居民于别土。

八年六月，通、祺、双、辽四州之民八百余户降于金。是时萧博和哩等十五人各率户降于金，刘宏亦以懿州户三千降金，而辽不能国矣。

金制，户有数等，有课役户，不课役户，本户，杂户，正户，监户，官户，按：有物力者为课役户，无者为不课役户；女直为本户，汉人及契丹为杂户，明安之奴婢免为良者止隶本部为正户，没入官良人隶宫籍监者为监户，没入官奴婢隶太府监者为官户。奴婢户，二税户。金承辽制，多以良民赐诸寺，分其税一半输官，一半输寺，故名二税户　男女二岁以下为黄，十五以下为小，十六为中，十七为丁，六下[①]为老；无夫为寡妻妾，诸废笃疾不为丁。凡户口计帐，三年一籍，自正月初，州县以里正、主首，明安穆昆则以寨使诣编户家责手实，具男女老幼年与姓名，生者增之，死者除之。正月二十日，以实数报县；二月二十日申州，以十日内达上司，无远近皆以四月二十日到部呈省。汉人、渤海人不得充明安穆昆户。

---

① 六下，应为"六十"，见参见《金史·食货志》。

太祖收国元年六月，辽通、祺、双、辽等州八百余户来归，命分置诸部，择膏腴地处之。

太宗天会元年十一月，徙迁、润、来、隰四州之民于沸州。后海陵南侵，遣使籍诸路明安部族及契丹、奚人，不限丁数悉籖之，凡二十四万。又金中都南都中原、渤海丁壮，年二十以上五十以下者皆籍之，凡二十七万，虽亲老丁多求一子留侍亦不听。

世宗大定三年，诏："流民未复业者，增限招诱。"

十七年五月，省奏："咸平府路一千六百余户，自陈皆长白山锡忻、察逊河女直人①，辽时移居于此，号移典部，今乞厘正。"诏从之。

二十一年六月，徙银山侧民于临潢。又命避役之户举家逃于他所者，元贯及所寓司县官同罪。为定制。

二十三年，奏明安穆昆户口之数，明安二百二，穆昆一千八百七十八，户六十一万五千六百二十四，口六百一十五万八千六百三十六。内正口四百八十一万二千六百六十九，奴婢口一百三十四万五千九百六十七。在都宗室将军司户一百七十口二万八千七百九十。内正口九百八十一，奴婢口二万七千八百八。德呼勒、唐古二部五纥户五千五百八十五，口十三万七千五百四十四。内正口十万九千四百六十三，奴婢口一万八千八十一。

先是，大定初，举国户才三百余万。

至二十七年，户六百七十八万九千四百四十九，口四千四百七十万五千八十六。

章宗明昌元年，奏："举国户六百九十三万九千，口四千五百四十四万七千九百。"

六年，奏："举国内女直契丹汉户七百二十二万三千四百，口四千八百四十九万四百。"

泰和七年，奏："举国内户七百六十八万四千四百三十八，口四千五百八十一万六千七十九。"

此金版籍之极盛也。卫绍王时，军旅不息。宣宗南迁，所在凋敝，户口日耗，军费日急，赋敛皆仰给于河南，民不堪命，率弃田庐，相继亡去，虽屡谕招抚，卒无还者，自是户口之数，不复可纪。

---

① 锡忻、察逊河，《金史·食货志》作"星显、禅春河"。

元代幅员既广，户口殷繁，计其盛时，虽汉唐之世有不逮焉。

初，太宗并金，得中原州郡。

七年，下诏籍民，自燕京、顺天等三十六路，户八十七万三千七百八十一，口四百七十五万四千九百七十五。

宪宗二年，籍汉地民户增二十余万。

世祖中统二年，计天下户一百四十一万八千四百九十九。

三年，天下户一百四十七万六千一百一十六。

四年，天下户一百五十七万九千一百十。

至元元年，天下户一百五十八万八千一百九十五。

二年，天下户一百五十九万七千六百一。

三年，天下户一百六十万九千九百三。

四年，天下户一百六十四万四千三十。

五年，天下户一百六十五万三百八十六。

六年，天下户一百六十八万四千一百五十七。

七年，天下户一百九十二万九千四百四十九。

八年，天下户一百九十四万六千二百七十。

九年，天下户一百九十五万五千八百八十。

十年，天下户一百九十六万二千七百九十五。

十一年，天下户一百七十六万七千八百九十八。

十二年，天下户四百七十六万四千零。

十三年，平宋，全有版图。

二十七年，籍天下户一千六百八十四万八百有奇。于是，南北之户总书于策①者一千三百一十九万六千二百有六，口五千八百八十三万四千七百一十有一，而山泽溪洞之民不与焉。

文宗至顺元年，户部钱粮户数一千三百四十万六百九十九，视前世又增二十万有奇矣。

明制，户凡三等，曰民，曰军，曰匠。民有儒，有医，有阴阳。军有校尉，有力士，弓铺兵。匠有厨役，裁缝，马船之类。濒海有盐灶。寺有僧，观有道士，毕以其业着于籍。丁有二等：曰成丁，曰未成丁。民始

---

① 策，简册，此处指户籍。

生，籍其名，曰不成丁，年十六曰成丁。成丁而役，六十而免。其人户避徭役者曰逃户，年饥或避兵他徙者曰流民，有故而出侨于外者曰附籍，朝廷所徙者曰移徙。

凡逃户，督令还本籍复业，赐复一年。老弱不愿归者，令在所著籍，授田输赋。

凡流民，令勘籍编甲互保，属在所甲长管辖之，设抚民佐贰官，归本者劳徕安辑，给牛种、口粮。

宪宗成化初，荆襄寇乱，流民百万，湖广巡抚项忠、杨璇下令逐之，死者无算。祭酒周洪谟著《流民说》，引东晋侨置郡县之法，使近者附籍，远者设州县以抚之。都御史李宾上其说。于是帝命招抚流民十二万户，给闲田，置郧阳府，立上津等县统治之。河南巡抚张瑄亦请辑西北流民，凡附籍者，并从其请。

英宗正统时，令老疾致仕事故官家属，离本籍千里者，许收附；不及千里者，发还。

景帝景泰中，令民籍者收附，军匠灶役冒民籍者发还。其移徙者，民初①尝徙苏、松、嘉、湖、杭民之无田者四千余户，往耕临濠，给牛种车粮以资遣之，三年不征其税。徐达平沙漠，徙北平山后民三万五千八百余户散处诸府卫，籍为军者给衣粮，民给田。又以沙漠遗民三万二千八百余户屯田北平，置屯二百五十四，开地一千三百四十三顷。复徙江南民十四万于凤阳。户部郎中刘九皋言：古狭乡之民，听迁之宽乡，欲地无遗租，人无失业也。太祖采其议，迁山西泽、潞民于河北，后屡徙浙西及山西民于滁、和、北平、山东、河南。又徙登莱青民于东昌、兖州。徙直隶浙江民二万户于京师充仓脚夫。成祖时，核太原、平阳、泽、潞、辽、沁、汾丁多田少及无田之家，分其丁口以实北平，自是以后，移徙者鲜矣。

又太祖初，惩元季余弊，豪强侮贫弱，立法多右贫抑富，尝命户部籍浙江等九布政司，应天十八府州富民一万四千三百余户徙其家，以实京师，谓之富户。成祖时，复选应天、浙江富民三千户充北京宛、大二县厢长。按：明制，在城曰坊，近城曰厢，乡都曰里。附籍京师，仍应本籍徭役。供给日久，贫乏逃窜，辄选其本籍殷实户金补。

宣宗宣德间定制，逃者发边充军，官司乡里隐匿者，俱坐罪。

---

① 民初，应为"明初"，可参见《明史·食货志》。

孝宗弘治五年，始免解在逃富户，每户征银三两，与厢民助役。世宗嘉靖中，减为二千①，以充边饷。太祖立法之意，本仿汉徙富民实关中之制，其后事久弊生，遂为厉阶②。

　　今按历朝户口之数，增减不一，其可考者，洪武二十六年，天下户一千六百五万二千八百六十，口六千五十四万五千八百十二。弘治四年，户九百十一万三千四百四十六，口五千三百二十八万一千一百五十八。万历六年，户一千六十二万一千四百三十六，口六千六十九万二千八百五十六。此明代户口之大略也。

---

① 二千，《明史·食货志》作"二两"。
② 厉阶，祸端，祸害的起源。

# 卷十一　食货

## 钱币上：唐、五代、宋

唐肃宗上元元年，诏曰："因时立制，顷议新钱，且是从权，知非经久。如闻官炉之外，私铸颇多，吞并小钱，逾滥成弊，抵罪虽众，禁奸未绝，况物价益起，人心不安，事藉变通，期于折衷。其重棱五十价钱宜减作三十文行用，其开元旧时钱宜一当十文行用，其乾元十当钱宜依前行用①，仍令中京及畿县内依此处分，诸州待进止。"寻敕："重棱五十价钱，先令畿内减至三十价行，其天下诸州并宜准此。"又诏："应典贴庄宅、店铺、田地、躔硙等，先为实钱典贴者，令还以实钱赎，先以虚钱典贴者，令虚钱赎。其余交关，依前用给赏价钱。由是钱有虚实之称。"

宝应元年　时代宗已即位，改行乾元钱一以当三。乾元重棱小钱亦以一当二。重棱大钱一以当三。寻又改行乾元大小钱，并以一当一。其私铸重棱大钱不在行用之限，人甚便之。其后破钱铸器，不复出矣。时诸道盐铁转运使刘晏以江岭粗贱之货，积之江淮，易铜、铅、薪炭广铸钱，岁得十余万缗，输京师及荆、扬二州。

代宗大历四年，关内道铸钱等使户部侍郎第五琦，请于绛州汾阳、铜原两监，增置五炉铸钱。许之。

七年，禁天下新铸造铜器，唯镜得铸，其器旧者不得货鬻。

德宗建中元年，户部侍郎韩洄上言："江淮钱监岁共铸钱四万五千贯，输于京师，度工用转送之费，每贯计钱二千，是本倍利也。今商州有红崖冶，出铜益多；又有洛源监，久废不理。请增工凿山以取铜，兴洛源钱监，置十炉铸之，岁计出钱七万二千贯，度工用转送之费贯计钱九百，

---

① 唐肃宗乾元年间，铸乾元重宝钱两种：元年铸"乾元重宝"钱，一枚当开元通宝十枚；二年，又铸乾元重宝重轮钱，钱背面外廓双层，故叫"重棱"或"重轮"，一枚当开元通宝钱五十枚。

则利浮本也①。其江淮七监，请皆停罢。又天下铜铁之冶，是曰山泽之利，当归于王者，非诸侯方岳所宜有。今诸道节度都团练使皆占之，非宜也。请总隶盐铁使。"皆从之。

二年，诸道盐铁使包佶奏："江淮百姓近日市肆交易，钱多粗恶，拣择纳官者三分才有二分，余并铅锡、铜荡不敷斤两，致使绢价腾贵，恶钱渐多。访闻诸州山野地窖皆有私钱，转相贸易，奸滥渐深，今后委本道观察使，明立赏罚，切加禁断。"

贞元初，禁钱出骆谷、散关。

九年，张滂奏："诸州府公私诸色铸造铜器杂物等，伏以国家钱少，损失多门，兴贩之徒潜将销铸钱一千为铜六斤，造写器物，则斤直六百余，其利既厚，销铸遂多，江淮之间钱实减耗，伏请准从前敕文，除铸钱外，一切禁断。"又禁陌内欠钱。时商贾至京，委钱诸道进奏院及诸道诸使，以轻装趋四方合券乃取之，号飞钱。元和四年禁之。后民有滞藏，物价浸轻。判度支卢坦请许于户部、度支、盐铁三司飞钱，每千钱增给百钱。然商人无至者。又禁卖剑、铜器。天下有铜山，任人采取，其铜官买，除铸镜外，不得铸造。

十年，敕："铸造铜器，不须禁止，其每斤买卖价直不得过一百六十文，如有销钱为铜者，以盗铸钱罪论。"

十四年，盐铁使李若初奏："诸道州府多以近日泉货数少，缯帛价轻，禁止见钱，不令出，致使课利有阙，商贾不通，请指挥见钱，任其往来，勿使禁止。"从之。

宪宗元和元年，以钱少禁用铜器。

二年，禁铅锡钱。

三年，盐铁使李巽以郴州平阳铜坑二百八十余井，以两炉日铸钱二十贯，一年铸成七千贯，有益于人。从之。时天下岁铸钱十三万五千缗。又诏曰："泉货之法，义在通流，若钱有所壅，货当益贱，故藏钱者得乘人之急，居货者必损己之资，今欲著钱令以出滞藏，加鼓铸以资流布，使商旅知禁，农桑获安。义切救时，情非欲利，若革之无渐，恐人或相惊，应天下商贾先蓄见钱者，委所在长吏，令收市货物，官中不得辄有程限，逼迫商人，任其货易以求便利。计周岁之后，此法遍行，朕当别立新规，设

---

① 利浮本，所得超过所费。

蓄钱之禁，所以先有告示，许其方圆，意其它时行法不贷。又天下有银之山必有铜矿。铜者，可资于鼓铸；银者，无益于生人。权一重轻，使务专一。其天下自五岭以北，见采银坑，并宜禁断。采银一两者流他州，官吏论罪。"按：韩愈钱重物轻状云，五岭买卖，一以银，元微之钱货议状，自岭以南，以金银为货币。其时天下惟用钱，白金①尚未通行也。

四年，京师用钱，缗少二十文，陌内欠钱及有铅锡钱者，捕之。敕五岭以北所有银坑，依前任百姓开采，禁见钱出岭。

六年，诏："贸易钱十缗以上，参用布帛。"河东节度使王锷奏，请于当管蔚州界加置炉铸铜钱，废管内锡钱。许之。仍令加至五炉。

七年，诏令度支量支钱三万贯，充蔚州铸钱本。复诏曰："钱重物轻，为弊颇甚，详求适变，将以便人，所贵缗货通行，里闾宽息，宜令百寮各随所见，作利害状以闻。"

八年，以内库钱五十万贯，令两市收市布帛，每端匹估加十之一。时兵兴七道，经费屈竭，皇甫镈建议内外用钱，每缗垫②二十外，复抽五十送度支以赡军。

十三年，复给京兆府钱五十万缗市布帛，而富家钱过五千贯者死，王公重贬，没入于官以五之一赏告者。京师区肆所积皆方镇钱，少亦五十万缗，乃争市第宅，然富贾倚左右神策军官钱为名，府县不敢劾问。民间垫陌③有至七十者，铅锡钱益多。

十四年，敕：时用钱每贯除二十文，足陌内欠钱有铅锡者，宜令京兆府枷项收禁。

穆宗即位，京师鬻金银十两亦垫一两，籴米盐百钱垫七八。

长庆元年，以所在用钱，垫陌不一，诏从俗所宜，内外给用，每贯一例除垫八十，以九百二十文成贯，不得更有加除及陌内欠少。户部尚书杨于陵曰："王者制钱，以权百货，贸迁有无，变通不倦，使物无甚贵甚贱，其术非他，在上而已。何则？上之所重，人必从之。古者权之于上，今索之于下；昔散之四方，今藏之公府；昔广铸以资用，今减炉以废功；

---

① 白金，此处指银。
② 垫，抽取。
③ 垫陌，唐代中晚期，官府从公私交易的钱中，每缗（千钱）抽取若干，而余钱仍作一缗使用，叫作"垫陌"或"除陌"。

昔行之于中原，今泄之于边裔。又有闾井送终之啥①，商贾贷举之积，江湖压覆之耗，则钱焉得不重，货焉得不轻！开元中，天下铸钱七十余炉，岁盈百万，今才十数炉，岁八十五万而已。大历以前，淄、青、太原、魏博杂铅铁以通时用，岭南杂以金银、丹砂、象齿，今一用泉货，故宜不足。今宜天下两税、榷酒、盐利上供及留州、送使钱悉输以布帛谷粟，则人宽于所求，然后出内府之积，收市廛之滞，广山铸之数，限边裔之出，禁私家之积，则货日重而钱日轻矣。"

敬宗宝历元年，河南尹王起请销钱为佛像者，以盗铸钱论。制可。

文宗太和三年，中书门下奏："元和四年敕，应有铅锡钱并令纳官，如有人纠得一钱赏百钱，当时敕条贵在峻切，今详事实必不可行，宜立节文，令可遵守。臣等商量，自今已后，有用铅锡钱交易者，一贯已下，州府常行杖决脊杖二十；十贯已下决六十，徒三年；过十贯已上，集众决杀。其受铅锡钱交易者，亦准此处分，其所用铅锡钱并纳官，其能纠告②者每一贯赏钱五十，不满一贯者准此。"诏可之。

四年，诏："积钱以七千缗为率③，除合贮数外，一万缗至十万缗者，期以一年出之。十万至二十万者，以二年。凡交易百缗以上者，匹帛米粟居半。河南府、扬州、江陵府以都会之剧，约束如京师。"未几皆罢。

五年，盐铁使奏："湖南管内诸州连接岭南，山洞深邃，百姓依模监司钱样，竞铸造到诡恶奸钱，转将贱价博易，与好钱相和行用；其江西、鄂岳、桂管铸滥钱，并请委本道观察条疏禁绝。"诏从之。

八年，河东锡钱复起，盐铁使王涯置飞狐铸钱院于蔚州，天下岁铸钱不及十万缗。时文宗病币轻钱重，诏方镇纵谷交易，时虽禁铜为器，而江淮、岭南列肆鬻之，铸千钱为器售利数倍。宰相李珏请加炉铸，于是禁铜器，官一切为市之。天下铜坑五十，岁采铜二十六万六千斤。

武宗会昌六年二月，敕："缘诸道鼓铸佛像、钟、磬等新钱，已有次第④，须令旧钱流布，绢帛价稍增，文武百寮俸料，宜起三月一日，并给见钱。其一半先给虚估匹段，对估价支给。"敕："比缘钱重币轻，生人坐困，今加鼓铸，必在流行，通变救时，莫切于此。京城及诸道，起今年

---

① 送终之啥，中国古代殡葬时放在死者口中的珠、玉等随葬物。
② 纠告，纠，同纠。纠告，检举告发。
③ 率，标准。
④ 次第，这里当规模讲。

十月以后，公私行用并取新钱，其旧钱权停三数年，如有违犯，同用铅锡恶钱科断。其旧钱并纳官。"事竟不行。复废浮屠法，永平监官李郁彦请以铜像、钟、磬、炉、铎皆归巡院，州县铜益多矣。复许诸道皆得置钱坊。淮南节度使李绅请天下以州名铸钱，京师为京钱，大小径寸如开元通宝。交易禁用旧钱。

会宣宗即位，尽革会昌之政，新钱复铸为像。

昭宗末，京师用钱八百五十为贯，每陌才八十五。河南府以八十为陌。

哀帝天祐二年，敕："每贯抽除外以八百五十文为贯，每陌八十五文。闻坊市多以八十为陌，更有除折，今后委河南指挥市肆交易，并须以八十五文为陌。"

后唐庄宗同光二年诏曰："钱者，古之泉布，盖取其流行天下，布散人间，无积滞则交易通，多贮藏则士农困。故西汉兴改币之制，立告缗之条，所以权蓄贾而防大奸也。宜令所司，不得令富室分外收贮见钱。又工人销铸为铜器，兼沿边州镇设法钤辖，勿令商人搬载出境。"知唐州骈晏平奏："市肆间点检钱帛，内有锡蜡小钱，拣得不少，皆是江南纲商①挟带而来。"诏曰："泉布之弊，杂以铅锡，惟是江湖之外盗铸尤多，市肆之间公行无畏，因是纲商挟带，舟楫往来，换易好钱，藏贮富室，实为蠹弊，须有条流②。宜令京城诸道，于坊市行使钱内，点检杂恶铅锡，并宜禁断。沿江州县，每有舟船到岸，严加觉察，若私载往来，并宜收纳。"

明宗天成元年，敕："诸道州府及诸城门所出见钱，如五百以上不得放出。至行使铜钱不得挟带蜡钱。如违，其所使钱，不限多少，并纳入官，仍科深罪。"

二年，度支奏："三京诸道买卖见钱，旧有条流，每陌八十文。近市肆人户，皆将短陌转换长钱，若不条约，转启幸门，请指挥买卖，并须使八十陌钱。"从之。时铜器贵，市人多销钱为器，及以铁蜡铅锡钱夹用，废帝时屡禁之，终不能行。

晋高祖天福三年，诏曰："国家所资泉货为重，令三京、邺都、诸道

---

① 纲商，成批运销大量货物的商人。
② 条流，条例。

州府晓示，无问公私，应有铜者，并许铸钱，仍以天福元宝为文，左环读之。委盐铁使铸样颁下诸道，令每一钱重二铢四参，十钱重一两，仍禁以铅铁铸造，杂乱铜钱。凡久废铜冶处，许百姓取便开炼，官中不取课利。除铸钱外，不得接便别铸铜器。"寻以逐处铜阙，难依先定铢两，令天下有铜欲铸钱者取便，酌量轻重铸造，不得入锡并铁及缺漏不堪，久远用使。

四年，敕："今后祇官铸钱，私下禁。复建泉炉于栾州，为石豹冶。"

汉隐帝时，三司使王章征利剥下，缗钱出入，原以八十为陌。章每出钱，陌必减其三，始使七十七陌钱。时膳部郎中罗周允上言曰："钱刀之货，古今通行，从古自来，铸造不息，长无积聚，盖被销镕，非峻设堤防，何以绝其奸宄。臣请敕三京、邺都、诸道州府，凡器物服玩，民间百物，旧有铜者，今后禁断，不得用铜。诸郡邑州府鄽市①已成铜器及腰带、幞头线及门户饰，许敕出后一月，并令纳官，官中约定铜价支给，候诸处纳毕，请在京置炉铸钱，俾铜尽为钱以济军用。除钱外只令铸镜，其余并不得用铜。"疏奏不报。

周太祖广顺元年，敕："铜法，今后更不禁断，一任兴贩。所有一色即不得泻破为铜器货卖，如有犯者，有人纠告，所犯人不计多少斤两并处死，其地方所由节级徒三年②，邻保人杖七十，其告事人给予赏钱一百贯。"

世宗显德二年，敕："国家之利，泉货为先，近朝以来，久绝铸造，至于私下不禁销镕，岁月渐深，奸弊尤甚。今采铜兴冶，立监铸钱，冀便公私，宜行条制。起今后除朝廷法物及火珠、铃、铎，其余一切禁断，应两京诸道所有铜器，限敕到五十日内，并须毁折送官，所纳到铜，据斤两给价。如出限及有隐藏五斤以上处死，一两至五斤罪各有差。"初以高丽地产铜银，遣尚书水部员外郎韩彦卿以帛数千匹市铜于高丽以铸钱。

六年，其王高昭遣使者贡黄铜五万斤。南唐元宗既失江北，困于用兵，钟谟请铸大钱，以一当十，曰永通泉货，未几，废。时韩熙载又铸铁钱，以一当十。

宋之钱法，有铜铁二等，而折二、折三、当五、折十，则随时立制，

---

① 鄽市，集市，有时也泛指城市。
② 所由，主管其事的。节级，地方狱吏。

因地定规。西川、湖广、福建皆用铁钱，与铜钱兼行；江南旧用铁钱十当铜钱一。太祖初铸钱文曰宋通元宝，凡诸州轻小恶钱及铁蜡钱悉禁之。自平广南，朝廷听权用旧钱，勿过本路之境。私铸者皆弃市。江南钱不得至江北，蜀平，听仍用铁钱。

乾德四年，令所在悉用七十七百为①，贯重四斤半以上。初，输官钱用八十或八十五为百。然诸州私用随俗，至有以四十八为百，至是始定。

开宝四年，诏雅州百丈县置监，冶铸铁钱，岁铸九千余贯，增十炉，禁铜钱入两川。太平兴国初，复令兼行铜钱，一当铁钱十。

九年，升州言，岁铸三十万缗。命通判杜见素经度采铜。时复取唐飞钱故事，许民入钱京师于诸州便换。其法，商人入钱左藏库，先经三司投牒，乃输于库。开宝时，置便钱务，令商人入钱诣务陈牒，即辇至左藏库，给以券，仍敕诸州。凡商人赍券至，当日给付，违者科罚。至道末，商人入便钱一百七十余万贯。增一百一十三万贯。至是，乃复增定加饶之数，每百缗，河东、京西加饶三千，在京余路四千。

太宗即位，改元太平兴国，更铸太平通宝钱。

二年，樊若水言："江南旧用铁钱，于民非便。宜于升、鄂、饶等州产铜之地，大铸铜钱。铜钱既不渡江，益以新钱，则民间钱愈多，铁钱自当不用，悉镕铸为农器什物，以给江北流民之归附者，除铜钱渡江之禁。"从之。

四年，听铜钱入蜀，而铁钱不出境，令民输租及榷利②，铁钱十纳铜钱一。时铜钱已竭，民甚苦之。商贾争以铜钱入川界，与民互市，铜钱一得铁钱十四。

五年，转运副使张谔言："川峡铁钱十直铜钱一，输租即十取二；旧用铁钱千易铜钱四百。自平蜀，沈伦等悉取铜钱上供，及增铸铁钱易民铜钱，益买金银装发，颇失裁制，物价滋长，铁钱弥贱。请市番人铜，斤铁钱千，可大获铜铸钱。民租当输钱者，许且输银绢，候铜钱多，即渐令输。"诏令市铜，斤给钱五百，余皆从之。然铜卒难得，而转运副使聂咏、转运判官范祥皆言民乐输铜钱，请岁遍增一分，后十岁则全取铜钱。诏如所请。祥等以俸所得铜钱市与民，厚取其直，于是增及三分，民益为苦，坐罪者甚众。知益州辛仲甫具言其弊。帝使吴承勋驰传审度。因集诸

---

① 百为，应为"为百"。可参见《文献通考》卷九。
② 榷利，专卖品价格。

县令佐，皆言不便。寻令川峡输租榷利，勿复征铜钱。咏、祥等皆坐罪免。西北戎人多赍货帛于秦、阶州，易铜钱出塞销铸为器。诏吏民阑出①铜钱，百以上论罪，至五贯以上送阙下。饶州永平监用唐开元钱料铸钱最善，转运使张齐贤即诣阙面陈。

八年，诏增市铅、锡、炭价。于是得铜八十一万斤，铅二十六万斤，锡十六万斤，岁铸钱三十万贯。天圣间，岁铸百余万贯。庆历间至三百万，熙宁六年后，岁铸铜铁钱六百余万贯。时奚屿请于建州铸大铁钱，文曰太平通宝。寻罢之。

雍熙初，令江南诸州贮库杂钱，每贯及四斤半者送阙下，不及者销毁。时复禁用恶钱，京城居民蓄铜器者限两月送官。

端拱元年，诏："察民私铸及销镕好钱作薄恶者，并弃市。辄以新恶钱与蛮人博易者抵罪。江北诸州用钱非甚薄恶者，新旧大小兼用。江南仍用旧大钱。"

淳化间，铸淳化元宝钱，自后改元更铸，皆曰元宝。又令川峡路改铸一当十大钱，御书钱式。诸州旧贮小铁钱悉辇送官。从赵安易请也。未几，罢。仍以铜钱一当铁钱十。

四年，诏每贯及前诏斤数、有官监字号者，皆许用，不分新旧。

五年，令荆南、岭南民输税须大钱，民以小钱二或三易大钱一，官属以俸钱易于民以规利②。诏禁之。令民输纳，但常所通行钱。

至道二年，池州新置钱监，赐名永丰。

真宗咸平初，又申新小钱之禁，令官置场，尽市之。

二年，宰相张齐贤请置监广铸，命虞部郎冯亮等按视至建州置丰国监，江州寓广宁监。凡铸钱，用铜三斤十两，铅一斤八两，锡八两，得钱千，重五斤。唯建州增铜五两，减铅如其数。

三年，凡铸一百二十五万。

四年，诏，犯铜满五十斤以上取裁，余从第减。旧禁犯铜七斤以上者处死，多蒙减断，因诏。

景德中，岁铸一百八十三万贯。

大中祥符间，铜坑多不发，时铁钱有三监：邛州曰惠民，嘉州曰丰

---

① 阑出，违规擅自出边关。
② 规利，谋求利益。此处指官员以薪俸所得铜钱换取民间铁钱以谋利。

远，兴州曰济众。大钱贯十二斤十两，嘉、邛二州所铸钱贯二十五斤八两，铜钱一当小铁钱十，兼用盗多镕铁为器，每二十五斤，其直二千。

七年，从凌策请，诏减景德之制，岁铸总二十一万贯，四方由此钱重而货轻。时张咏镇蜀，患蜀人铁钱重不便贸易，设质剂①之法，一交一缗，以三年为一界而换之。六十五年为二十二界，谓之交子 交会之法，盖取于唐之飞钱。富民十六户主之。后富民资稍衰，不能偿所负，争讼不息。

仁宗时，运使薛田、张若谷请置益州交子务，以榷其出入，私造者禁止。帝从其议。界以百二十五万六千三百四十缗为额。

景祐初，度支判官许申建议，以药化铁，与铜杂铸，轻重如铜钱法，铜三分，铁六分，费省而利厚。诏命申铸万缗。工人苦铁之流涩而多不就，逾月才得万钱。申知言无效，乃求为江东转运使欲行其法于江州。朝廷从之。诏申即江州铸百万缗，卒无成功。

宝元间，命钱以皇宋通宝为文。庆历以后，复冠以年号。

是时军兴，陕西移用不足用，知商州皮仲容议采洛南县江崖山、虢州青水冶青铜，置阜民、朱阳二监以铸钱。既而陕西都转运使张奎知永兴军，范雍请铸大铜钱，与小钱兼行，大钱一当小钱十。奎等又请因晋州积铁铸小钱，及奎徙河东又铸大铁钱，以一当十，以助关中军费。未几，三司奏罢。河东铸大钱、铁钱。而陕西复采仪州竹尖岭黄铜，置博济监铸大钱。因敕江南铸大铜钱，而江、池、饶、仪、虢州又铸小铁钱，悉辇至关中数州钱杂行，大约小铜钱三可铸当十大铜钱一，以致民间盗铸者众，钱文大乱，公私患之。于是奎复奏："晋、泽、石三州及威胜军日铸小铁钱独留用河东。"河东铁钱既行，盗铸获利十六，钱轻货重，其患如陕西，言者皆以为不便。知并州郑戬请以河东铁钱二当铜钱一，行之一年，又以三当一或以五当一。罢官炉日铸，且行旧钱。知泽州李昭遘亦言，河东民烧石灰，家有橐冶之具，盗铸者莫可诘。而契丹亦铸铁钱，以易并边铜钱。朝廷遣鱼周询、欧阳修分察两路钱利害。

至庆历末，遂命学士张方平、宋祁，御史中丞杨察与三司杂议。时叶清臣复为三司使，与方平先上陕西钱议曰："关中用大钱，本以县官取利太多，致奸人盗铸，其用日轻。比年以来，皆虚高物估，始增直于下，终

---

① 质剂：古代的买卖契约称为"质剂"，这种契约写在简牍上，一分为二，双方各执一份。质剂之法，指关于发行纸币——交子的办法。

取偿于上。县官虽有折当之虚名，乃罹亏损之实害。救弊不先自损，则法未易行。请以江南、仪商等州大铜钱一当小铜钱三。"又言："奸人所以不铸小铜钱者，以铸大铜钱得厚利，而官不能必禁。若铸大铜钱无利又将铸小铁钱以乱法。请以小铁钱三当铜钱一。既而河东小铁钱如陕西，亦以三当一，且罢官所置炉。"朝廷皆用其言。自是奸人稍无利，犹未能绝滥钱。

皇祐中，诏商州罢铸青黄铜钱。又令陕西大铜钱、大铁钱皆以一当二，盗铸乃止。然令数变，兵民耗于用，类多咨怨，久之始定。时兴元府西县置济远监，寻废。而韶州天兴铜大发，岁采二十五万斤。诏即州置永通监，饶、池、江、建、韶五州铸钱百四十六万缗，嘉、邛、兴三州铸大铁钱二十七万缗。

至和二年，韶州岑水场铜发，诏漕司益铸钱。

嘉祐四年，诏停铸十年以休民力。至是独兴州铸钱三万。

英宗治平四年，置惠州阜民监。

神宗熙宁初，立伪造交子罪赏如官印文书法。

二年，以河东运铁钱劳费，乃诏置交子务于潞州，寻致盐矾不售，有害入中粮草，遂罢之。

三年，陕西兴置铸钱监，市岑水场铜铅增铸百万缗。

四年，令行交子于陕西，而罢永兴军盐钞场。陕西转运副使皮公弼奏："自行当二钱，铜费相当，盗铸衰息。请以旧铜铅尽铸。"诏听之。自是折二钱遂行于天下。

五年，交子二十二界将易，而后界给用已多，诏更造二十五界百二十五万以偿二十三界之数。交子之有两界自此始。

时交子给多而钱不足，致价大贱。既而竟无实钱，法不可行。于是罢陕西交子法。

六年，又诏京西、淮南、两浙、江西、荆湖各置铸钱监。又于兴国军、睦、衡、舒、鄂、惠州置十监，通旧六监为十六监。时诸路大率务于增额，惠州永通、阜民旧额八十万，至七年增三十万，及折二几五十万。卫州黎阳监岁增折二五万缗。西京阜财监岁增十万缗。兴州济众监岁增七万二千余缗。陕西铜钱监三岁各增五万缗。又于陆、徐、梧、万皆置监，秦凤等路即凤翔府斜谷置监。至是法弊，私钱杂用不能禁。诏："在官恶钱不堪用者别为模以铸。"

八年，于商、虢、洛南增置三监，耀、鄜又权置二监，合通永兴、华、河中，共为监九①，以给改铸。令候改铸罢，并其工作归永兴等四监，专铸大钱。知太原韩绛请仿陕西令本重模精②，以息私铸之弊。

元丰元年，兴州济众监增铸并旧为七万二千余缗。

二年，通远军监改铸铜钱，自是而后，西师大举，边用匮阙，同、渭、秦、陇等州监并废置，而又自弛钱禁，民之销毁与夫阑出境外者为多。张方平尝极谏曰："禁铜造币，盗铸者抵罪至死，示不与天下共其利也，故诸监所铸钱悉入于王府，岁出其奇羡给之三司，方流布于天下。然自太祖平江南，江、池、饶、建置炉，岁鼓铸至百万缗。积百年所入，宜乎贯朽于中藏，充足于民间矣。比年公私上下并苦乏钱，百货不通，人情窘迫，谓之钱荒。不知岁所铸钱，今将安在？夫铸钱禁铜之法旧矣，令敕具载，而自熙宁七年颁行新敕，删去旧条，削除钱禁，以此边关重车而出，海舶饱载而回。闻沿边州军钱出外界，但每贯收税钱而已。钱本中国宝货，今乃与四海共享，又自废罢铜禁，民间销毁无复可办，销镕十钱得精铜一两，造作器用，获利五倍，如此则逐州置炉，每炉增数，是犹畎浍③之益，而供尾闾④之泄也。"

三年，计诸路铸钱总二十七监，铸铜铁钱五百九十四万九千二百三十四贯。铜钱十七监，铸五百六万。铁钱九监，铸八十八万九千二百三十四贯。铁钱惟成都、梓州、利州、夔州四路行使，其余开封府管十三路俱行使铜钱。

八年，复申钱币阑出之禁。时哲宗已即位。敕罢徐州宝丰鼓铸，及凡增置铸钱监，罢者十四。陕西行铁钱，至陕府以东即铜钱地，民以铁钱换易，有轻重不等之患。

哲宗元祐二年，置河中府、龙门、韩城钱监。

八年，命公私给纳、贸易并专用铁钱，而官帑铜钱以时计置，运致内郡，商旅愿于陕西内郡入铜钱，给据请于别路者听。罢二广铸折二钱。时铁钱寖⑤轻，以铜钱千易铁钱二千五百。熙丰间铜铁钱尝并行，铜钱千易铁钱

---

① 合通永兴、华、河中，共为监九，《宋史·食货志》作"通永兴、华、河中、陕旧监为九。"
② 本重模精，增加钱的重量，并使其模具更加精致。
③ 畎浍，田间水沟，也泛指溪流、沟渠。
④ 尾闾，古代传说中海水所归之处，后泛指江河下游。
⑤ 寖：渐渐。

千五百，未有轻重之弊。因定钩致①折二铜钱之法，欲复旧，止行于本路。议者谓，关东诸路既已通行，夺彼予此，理亦非便。且陕右所用折二铁钱，止当一小铜钱，即折二铜钱，尽归陕西，猝难钩致，且与铁钱一等，虑铁钱转更加轻，乃令折二铜钱宽所行地，听行于陕西及河东晋、绛等州，余路则禁。仍限二年无更用，寻诏更铸小铜钱。

绍圣二年，施州置广积监。时交子界率增造以给陕西沿边之用，少者数十万缗，多则百万。而成都之用，又请印造，故每岁无定数。

元符二年，诏"陕西悉禁铜钱，在民间者尽送官，取就京西置监"。

徽宗嗣位，议者谓铁钱重滞难以赍远，而铜钱积贮州县反无所用。乃诏铜铁钱听民间通行，而铜钱止用籴买。时铁钱多而铜钱少，有请铸铜钱者，陕西转运副使孙杰。有请罢铸铁钱者，转运判官都贶。会蔡京当政，令陕西铸当十钱及夹锡钱，许天启推行其法。当十钱除陕西、四川、河东系铁钱地方不得行使外，诸路并行之。如有私铸，即以一文计小钱十定罪。夹锡钱以一折铜钱二，既而河东转运使洪中孚言，二虏以中国钱铁为兵器，请铸夹锡当三当十钱通行于天下。会蔡京罢相乃止。又令陕西及江、池、饶、建州以岁所铸小平钱，增料改铸当五大铜钱，以圣宋通宝为文。既而并令舒、睦、衡、鄂钱监用陕西式铸折十钱。是时，诸州所积折二钱甚多，法不许转运京师。发运司请以官帑所有折二钱改铸折十钱。

崇宁三年，罢铸小平钱及折五钱。置监于京城，复徐州宝丰、卫州黎阳监，并改铸折二钱为折十，折二期一岁勿用。大严私铸之令，民间所用鍮石②器物，并官造鬻之。又令二广于产铁处铸小铁钱，止行于两路，于浔州置铁钱监，依陕西料铸当二钱。时令京西北路通行交子。

四年，令诸路用钱引，唯闽、浙、湖、广不行，罢在京并永兴军交子务。又立钱纲验样法，崇宁监以所铸当十钱来上，缗重铜九斤七两有奇，铅半之，锡居三之一。诏颁式于诸路，令赤仄③及乌背④，书画分明。时尚书省言，东南诸路盗铸当十钱者多，令福建、广南毋行用，第铸以上供及给他路行使，其本路别铸小平钱。又命荆湖南北、江南东西、两浙并以折十钱为折五，旧折二钱仍旧。乃以江为界，淮南重宝钱亦作当五用。

---

① 钩致，钩取深处的，招致远方的。
② 鍮石，天然黄铜或铜与炉甘石（菱锌矿）共炼而成的黄铜。
③ 赤仄，用赤铜为铜钱外沿，或说钱的外沿加工精细、明亮。
④ 乌背，背面呈黑色的铜钱。

五年，盗铸尤甚，小平钱益少，命以折五折十为上供，小平钱留本路，钱监岁课以八分铸小平钱，二分铸当十钱。又诏福建、淮南等处，以折二钱改铸折十，复罢铸当十、二分之令，尽铸小平钱。荆湖、江南、两浙、淮南重宝钱当用三，在京畿及熙河等处作当五，旋复诏当十钱仍旧，两浙作当三，江南、淮南、荆湖作当五。寻诏当十钱止行于京师、陕西、河东、河北，俄①畿内并用之，余路悉禁。期以一季送官，偿以小钱。私钱亦限一季自致，计铜直增二分，偿以小钱。寻令外路每一私钱计小平钱三，以小钱易于官，在京以四小平钱易之。隐匿者论如法。又诏郑州、西京亦听用折十钱。尚书省言："钱引本以代盐钞，而诸路行之不通，欲权罢印制。在官者如旧法，更印改解盐钞；民间者许贸易，渐赴买钞所，如钞法分数计给。"从之。

　　大观元年，复主用折十钱，京畿置钱监专铸之。衡、鄂、舒暨广南皆铸夹锡钱。时蔡京复相。转运使宋乔年铸乌背漉②铜钱进，诏以漉铜式颁诸路，并颁大观新修钱法于天下。又置真州铸钱监，以本路不依式钱及当二钱，用旧式改铸当十钱。改四川交子务为钱引务，更界年新交子一当旧者四，故更张之，以四十三界引准书放数。时用兵湟廓西宁，籍其法以助边费，较天圣一界逾二十倍，而价欲损③。

　　二年，诏永兴军更置务，纳换陕西、河东引。令江、池、饶、建州钱监，自来岁以铸当十五分铸小平钱。复申私铸之法。

　　三年，申当十钱行使之。令益以京东、京西行使，而河北并边州县宝砦、四榷场及登、莱、密州缘海县镇等皆禁，复以两浙铸夹锡钱扰民，诏东南皆罢铸。时蔡京复罢相。诏钱引四十一界至四十二界毋收易。

　　四年，假四川提举司封桩钱，以五十万缗为成都务本。又诏鼓铸当十，多虑法随以弊，其止铸旧额小平钱。时利州路钱轻货重，刑司言，欲将折二大铁钱以一折一，虽稍减钱数，钱必稍重。诏许陕西铁钱仍旧入蜀，其河裪、河东、京东皆罢铸夹锡钱，产铜郡县改铸小平钱。

　　政和元年，诏："官私当十钱可并作当三，以为定制。"时御府之用日广，东南钱额不敷，宣和以后尤甚。乃令饶、赣钱监铸小平钱，寻又令江、池、饶钱监尽以小平钱改铸当二钱，以纾用度。

---

① 俄，短时间内。
② 漉，过滤。
③ 价欲损，应为"价愈损"。可参见《宋史·食货志》或《文献通考·钱币考》。

二年，复铸夹锡钱如故。广西、湖北、淮东如之。且令诸路以铜钱监复改铸夹锡，遂以政和钱颁式焉。未几，以夹锡钱不论何路身[①]铸，并许通行。陕西用政和通宝，旧大铁钱与夹锡钱杂虑流转诸路。

四年，诏无更行用，致令诸监改铸夹锡钱。郑居中、刘正夫为相，奏禁淮南诸路夹锡钱，并罢各监，各监铸造止用旧法鼓铸。

重和元年，权罢京西铸夹锡钱，继以关中籴买用，复命鼓铸，专给关中行。

钦宗靖康元年，令川引并如旧即成都府务纳换。以置务成都，便利岁久，至诸州则有料次相杂之弊。

---

① 身，《宋史·食货志》作"所"。

# 卷十二 食货

### 钱币中：南宋、辽、金

南宋经兵革之后，州县困敝，鼓铸皆废。

高宗建炎元年，工部郎李士观言："江、池、饶、建州四监岁铸钱百三十三万余缗，多未输者，请令发运司委官催督。"时东南小平钱甚重。张寿言："改当十为当三，无私铸之利，请行于东南。"于是当三大钱始通于淮、浙、荆湖诸路。又铸建炎通宝钱。

二年，罢益、利、夔三州铸。

三年，命江、池、饶钱监以二万五千缗为一纲①。

绍兴初，并广宁监于虔州，并永丰监于饶州，岁铸才及八万缗。铜、铁、铅、锡之入，不及于旧，而官吏稍廪②工作之费，仍各如故，每铸钱一千，率用本钱二千四百文。工部进真篆当二小平铜铁钱样，诏下铸钱司。时张浚因婺州屯兵，请桩办③合用钱，而路不通舟，钱重难致，乃造关子付婺州，召商人入中，执关于榷货务请钱，愿得茶、盐、香引者听。于是州县以关子充籴本，未免抑配④，而榷货务又止以日输三分之一偿之，人皆嗟怨。

六年，诏置行在交子务，造百五十万缗充籴本。先是张澄请依四川法造交子三十万，行于江淮，至是遂置务。臣僚言："朝廷措置见钱关子，有司寖失本意，改为交子，官无本钱，民何以信。"于是，罢交子务，令榷货务储见钱，印造关子。时复敛民间铜器，诏民私铸铜器者徒二年。提点官赵伯瑜以赣、饶二监为得不偿费，请罢鼓铸。

---

① 纲，唐宋时代，大批运送物资的批次。运输时，每纲都有编号。
② 稍廪，原意是官库供给的粮食，引申为薪俸。
③ 桩办，备办。
④ 抑配，强制摊派。

九年，诏陕西诸路复行铁钱。

十三年，韩球为使，复铸新钱，兴废坑冶，至于发冢墓，坏庐舍，籍冶户姓名，以胆水盛时浸铜为岁额，无铜可输者，至镕钱为铜，然所铸亦才及十万缗。

十五年，置利州绍兴铸钱监，铸钱十万缗以救钱引①。

二十二年，复嘉之丰远、邛之惠民铸小平钱。

二十三年，诏，利州并铸折二钱。后又铸折三钱。

二十四年，罢铸钱司归之漕司。

二十七年，出版漕②钱八万缗，为铸本，岁权以十五万缗为额，复饶、赣、韶铸钱监。

二十八年，出御府铜器千五百事付泉司，大索民间铜器，得铜二百余万斤。寺观钟、磬、铙、钹既籍定投税外，不得添铸。

二十九年，印公据关子付三路总领所，淮西、湖广关子各八十万缗，淮东公据四十万缗，皆自十千至百千凡五等。内关子作三年，行使公据二年，许银钱中半入纳。又令命官之家留见钱二万贯，民庶半之，余限二年，听转易越数寄隐，许人告。以李植提点铸钱公事。植言："岁额内藏库二十三万缗，右藏库七十余万缗，皆至道以后数也。绍兴以来，岁收铜二十四万斤，铅二十万斤，锡五百斤，仅可铸钱一十万缗。诸道拘到铜器二百万斤，附以铅锡，可铸六十万缗。然拘者不可以常，唯当据坑冶所产，工部权以五十万缗为额。又明年才铸及十万缗。今泉司岁额增至十五万缗，小平钱一万八千缗，折二钱六万六千缗，岁费铸本及起纲糜费约二十六万缗，司属之费又约二万缗。东南十一路，一百一十八州之所供，有坑冶课利钱，木炭钱，锡本钱约二十一万缗，比岁所收不过十五六万缗耳。岁额金一百二十八两，银无额，以七分入内库，三分归本司；铜三十九万五千八百斤，铅三十七万七千九百斤，锡一万九千八百七十五斤，铁二百三十二万八千斤。比岁所榷十无二三，每当二钱千，重四斤五两；小平钱千，重四斤十三两。视旧制铜少铅多，钱愈锲薄矣。"

三十年，钱端礼为户部侍郎，被旨造会子。端礼委徽州创样撩造纸五十万，续造于成都，又造于临安，边幅皆不剪裁。初以分数给朝士俸，而

---

① 钱引，中国古代的可兑换纸币。

② 版漕，应为"版曹"，可参见《宋史·食货志》。版曹，宋代户部左曹的别称。因职掌版籍，故称。亦借指户部。

于市肆要闹处置五场，辇见钱收换，每一千别输钱十以为吏卒用。商贾入纳，外郡纲运，悉同见钱，无欠数陪偿及脚乘之费，公私便之。

三十一年，始立会子务，分一千、二千、三千凡三等。诏隶都茶场。

明年，定伪造会子法，初止行于两浙，后通行于淮、浙、湖北、京西，除亭户盐本用钱，其路不通舟处，上供等钱许尽输会子，其沿流州县，许钱、会中半，民间典卖田宅马牛舟车等如之。全用会子者听。

孝宗隆兴元年，诏铸当二小平钱。又令会子以"隆兴尚书户部官印会子之印"为文，更造五百及三百、二百文会。置江州会子务，又于大军库储见钱，印造五百并一贯直便会子，发赴湖广、襄、郢等处大军，当见钱流转，止行于本路。三年，收其印板，自后屡以关子钞引及新会换易。至光宗绍熙初，诏湖广会子仿行在立界收换。宁宗嘉定中，以旧楮二而易其一，又令以一楮半而易其一，军民便之。嘉熙、宝祐以后①，因仍行之。

二年，会子印造益多，实钱浸少，至于十而损一，帝念其弗便，出内库银二百万两售于市，以钱易楮焚弃之，仅解一时之急。洪迈《容斋随笔》作三年。饷臣赵沂请添印钱引二百万。北宋时，蜀交出放两界，每界一百二十余万。后三界通行为三千七百八十余万。至绍兴末，积至四千一百四十七万余贯。时所贮铁钱仅及七十万贯，以盐、酒等阴为称提②，是以饷臣王之望亦谓添印钱引以救目前。诏添印三百万，之望止添印一百万，至是又增印。

乾道初，诏两淮京、西悉用铁钱。荆门地接襄、峴，亦用铁钱。

二年，诏："别印二百、三百、五百、一贯交子三百万，止行使于两淮，其旧会听对易，凡入输、买卖并以交子及钱中半。如往来不便，以交子、会③各二十万付镇江、建康府榷货务，使淮人之过江、江南人之渡淮者皆得对易，循环以用。寻以交子不便，复照，铜钱并会子依旧过江行用，民间交子许作见钱输官。

三年，诏："造新交子一百三十万付淮南漕司，分给州军行使，不限以年。"寻以民间会子破损，别造五百万换给。又诏，损会贯百钱数可验者，并作上供钱入输，巨室以低偿收者坐之。

四年，以取到旧会毁抹付会子局重造，三年立为一界，界以一千万贯为额，随界造新换旧。凡旧会破损，贯百字存，印文可验者，即与兑换。

---

① 宝佑，应为"宝祐"。
② 称提，南宋时，官府用金属货币或实物收兑纸币，以维持其购买力的措施。
③ 会，《宋史·食货志》作"会子"。

五年，令行在榷货务都茶场将请算茶、盐、香、矾钞引，权许收换第一界会子。后每界收换如之。其州县诸色纲钱，以七分收钱，三分收会。

六年，舒、蕲、黄各置监铸折二钱，令两淮通行。

九年，大江之西及湖广间，多毁钱，夹以泥沙重铸，号尾钱①。诏严禁之。

淳熙二年，又并赣司归饶州。

三年，诏："第三界、第四界会子各展限三年，令都茶场会子库以第四界续印会子二百万贮南库。"时户部岁入一千二百万。其半为会子。南库以金银换收者四百万，流行于界外者二百万耳。

五年，以蜀引增至四千五余万，立额不令再增。

九年，诏："广、泉、明、秀漏泄铜钱，坐其守臣。"舶商往夹钱宝多泄因诏。

十年，并舒州宿城监入同安监。

十二年，诏："舒、蕲铸钱以淳熙通宝为文。"

十五年，四川饷臣言："大安军及嘉川县产铁七十余万斤，乞从鼓铸。"

光宗绍熙元年，诏："第七、第八界会子各展三年。"臣僚言："会子界以三年为限，今展至再，则为九年，何以示信。"于是诏造第十界，立定年限。

二年，诏川引展界行使。

三年，诏："造交子二百万付淮东，造一百万付淮西，每贯准铁钱七百七十文足，以三年为界。"

宁宗庆元元年，诏会子界以三千万为额。

三年，禁铜器，期两月鬻于官。复神泉监以所括铜器铸当三大钱。

四年，诏："两淮第二界会子限满，明年六月更展一界。"

嘉泰三年，罢舒、蕲鼓铸；开禧三年复之。时川引两界出放凡五千三百余万缗，通三界出放益多。

嘉定初，川引每缗止直铁钱四百以下，饷臣陈咸出金、银、度牒一千三百万收回半界，期以岁终不用。诸州去总所，远者千数百里，期限已逼，受给之际，吏复为奸，于是商贾不行，民皆嗟怨，一引之直，仅售百

① 尾钱，《宋史·食货志》作"沙尾钱"。

钱。制司乃谕人除易一千三百万引,三界依旧通行。又檄总所,取金银就成都置场收兑,民心稍定。自后引直铁钱五百。又即利州铸当五大钱。

二年,以三界会子数多称提无策,会十一界除已收换,尚存一千三百六十万余贯,十二界、十三界除烧毁尚存一万二百余万贯。诏封桩库拨金一百五万两,度牒七千道,官告绫纸、乳香凑成三千余,添贴临安府官局收易旧会,品搭入输,以旧会之二,易新会之一。

五年,江北以铜钱一易铁钱四。诏禁之。时铜钱之在江北者,悉以铁钱易之,或以会子一贯易铜钱一贯。乾道以后皆然。其铜钱输送行在,易京西铜钱,亦如两淮例。

九年,四川安抚制置大使司言:"川引每界旧例,三年一易,自开禧军兴以后,用度不给,展年收兑,遂至两界三界通使,然卒以三年界满方出令展界,以致民听惶惑。今欲以十年为一界著为定令,则民旅不复怀疑。"从之。

青田县主簿陈耆卿奏言:"钱犹母也,楮犹子也,母子所以相权,不可重子而轻母也。夫有钱而后有楮,楮益多则壅滞益甚,甚则称提之说兴焉。厥今在朝在野,日夜讲画,而奉行未尝有言及钱者。楮日多钱日少,禁楮之折,阅者日严,而禁钱之漏泄者日宽,非果宽也,宽于大而独严于小,则虽谓之宽可也。闽堵之间有腰百金以出者,吏卒已目送之。积而至于数百,则捃摭之鞭笞之矣。高樯巨舶,出没江海,有豪家窟穴,其中则人不敢仰视,间能捐豪末以饵逻卒,则如履康庄矣,若是者知几数百耶。夫豪家之弊,犹可言也,富商之弊,不可言也。豪家泄之于近,而富商泄之于远。泄于近犹在中国也,泄于远则转及外夷而不可复返矣。夫一金之铸,其为费不啻数金,一金之博易,其为利亦不啻数金。朝廷常以数金之费而为富商谋数金之利。钱既日耗则其命遂归于楮,其弊遂积于楮,而上下之间,遂一切并力于楮,不知楮之所以难行者,不独以楮之多,而亦正以钱之少也。存者既少,藏者愈牢,故虽以重法,欲散出之,彼将曰:吾之钱,吾所自有,吾所藏也。彼以中国之所有而散之外夷,上不之禁,而何以咎我。是故家可空,身可辱,而心不可服,盍亦反其本乎!故臣以为今日之务,不专在于称提楮弊①,又在于称提铜钱也。盖今铜钱之法,大率犯者罚轻,而捕者赏轻。犯者罚轻,则人易为奸,捕者赏轻,则吏不尽

---

① 楮弊,应为"楮币",可参见《续文献通考》《历代名臣奏议》。

力。臣愚欲望圣慈申饬攸司，严漏泄之宪，优掩获之典，其捕至若干者，特与附类，获盗改秩，以风厉之，庶几各务罄竭以从上之令。诚使钱不甚荒，则楮不偏胜，此称提本务也。"

江西提举袁燮疏曰："我孝宗皇帝颁楮币于天下，常通而不壅，常重而不轻，无他道焉，有以收之而已。自开禧用兵，造币甚广，知散而不知收，故其价甚贱。今日更定其法，固将流通而不穷，其可不法孝宗所以收之者乎！盖楮之为物也，多则贱，少则贵；收之则少矣。贱则壅，贵则通，收之则通矣。虽然朝廷收之可也，州郡若何收之，曰是在长吏而已。长吏而贤，何事不集。今公清者少，贪浊者众，肆为蟊贼，无所忌惮，尚何望其财用之积，而楮币之收乎。我朝家法最为忠厚，而独于赃吏之罚甚峻，深知其蠹不得不然。当今之务，谓宜痛惩贪浊，崇奖公清。盖公清之士必能正身律下，而黠吏莫措其奸，必能爱惜财物，而冗费无所不节，必能选择官僚讲理财之策，必能宽裕民力，养丰财之源。薄关市之征，则商旅四集；谨钚销①之防，则铜钱不耗；严交易税契之法，则泉货顿增；守钱会相半之制，则藏镪②可出。财既裕矣，视时楮价其贱耶，亟从而收之，何忧其不贵。至日月浸久，价将复贱，则又收之，非常收也，贱而后收也，此孝宗之规模也。今为郡守者，或拘民间米盐，并从官卖；或科有余之家，强以买会；或令民间输纳，非买楮于官者不与收接；甚者课吏收籴听其自卖，而输缗钱于官。朝夕纷纷，与民争利，甚非治民之事也。惟圣主速救之。"

又上《便民疏》曰："臣闻楮币之用，至今而穷，立法而称提之，所以济其穷也。然今日之所谓称提者，果能有济乎？始以法令从事，兑不以省陌者必罚无赦。未几，从民之便；又未几，而有三分、七分之说。展转屡变，而卒归于铜钱楮币之相半，是复其旧也。是犹未始称提也。经久可行之策，顾不在兹乎？今议者急于丰财，欲用铁钱与铜钱并行。当不足之时，焌焉③有余，宁不可喜？而其实有不然者，往时楮币多，故铜钱少，而又益以铁钱，不愈少乎！往时楮币多，故物价贵，今又益以铁钱，不愈贵乎！铜铁之价，固不相若，铸以为钱，孰贵孰贱，兼用之于市，而实得铜钱之直，得无徒费铁钱乎！两淮虚耗甚矣，运铁钱于江南，贸易而归，

---

① 钚销，销熔。
② 藏镪，收藏的钱。镪，钱串，引申为成串的钱。
③ 焌焉，光焰闪动的样子。

固将裕之也。然江南之楮币易淮甸之铁钱，厥价三倍，奸巧之民，争先取之，此盈而彼虚矣。铁钱日以朘削，铜钱禁不得往淮，人将安所用哉！名曰裕之，其实蹙之，臣不知其可也。且夫铁钱之易就，非若铜钱之难成，盗铸如云而起，楮之轻也滋甚。譬之人方病寒，又以凉剂投之，祇益其病而已，内不足以权楮，外不足以裕淮，将何便于此哉！且今日楮币之轻，得非以铜钱之寡欤？海舶之泄未始无法也，而检空之委得于情，垦纳其私，贿纵其私，载则连樯而去，奸民相结贮钱小舟，潜往海洋，纳诸巨舶，捆载而归，此钱之所由少也。独不可申严其禁乎？销钱为器，未始无法，而获利十倍，人竞趋之，所在公行若当然者。句容、天台、四明、池阳、临川之所铸者，以精巧名，人皆贵之，此钱之所以销也，独不可痛惩其奸乎！鼓铸之司令至严也，每岁增之，何可胜用。自黠吏既渔其利，而场户复济其奸，惮取铜之难，销钱以输之，幸其精炼，无复致诘，钱安得而不耗？独不可坚明其约束乎！邦有常典，讲若画一，人不畏法，以法绳之，谁敢不服！若夫守法之地，人皆观瞻，而先自废法，罪莫大焉。铜楮相半之制，其来旧矣，乃创为新例，输楮于官者，必令贴纳，是利其赢也，是弛相半之法而置钱于无用之地也。奸民乘之，逞其私欲，毁之、匿之者不胜其众，是孰为之倡哉。臣窃观当今州郡，大抵兼行楮币，所在填委，而钱常不足，间有纯用铜钱不杂他币者，而钱每有余，以是知楮唯能害铜，非能济铜之所不及也。加之贴纳，岂货泉之利也哉！朝廷深惩往事，革三分、七分之币，而复二者均平之法，此乾道、淳熙之美意也。人情翕然①，金曰至当守法之便，昭晰如此，夫法有常守，则观听不惑；而民有定志，法不一定，则前后相戾；而人无信心守铜楮相半之法，悠久不变，而异时谋利，挠法之蠹，荡涤无余，尚何忧铜钱之寡而楮币之轻乎！此当今之急务也，惟明主留意焉。"

理宗宝庆元年，新钱以大宋元宝为文。

绍定五年，两界会子已及三亿二千九百余万。

端平元年，复申严铜钱入海之禁。

二年，臣僚请以两界旧会付封桩库收贮，以备缓急。从之。

嘉熙元年，诏"新钱当二并小平钱，并以嘉熙通宝为文，当三钱，以嘉熙重宝为文"。

---

① 翕然，安宁、和顺的样子。

淳祐二年，宗正丞韩祥奏："坏楮币者只缘变更；救楮币者无如收减。自去年至今，楮价粗定，不至折阅者，不变更之力也。今已罢诸造楮局，及诸州科置楮皮，更多方收减，则楮价有可增之理。"帝善之。

三年，臣僚言："今官印之数虽损，而伪造之券愈增。且以十五、十六界会子言之，其所入之数，宜减于所出之数。今收换之际，元额既溢，举者未已。若非伪造，其何能致多如是。大抵前之二界，尽用川纸物料，既精工制，不苟民欲，为伪尚或难之。迨十七界之更印，以杂用川杜之纸，至十八界则全用杜纸矣。纸既可以自造，价且五倍于前，故昔之为伪者难，今之为伪者易。人心徇利，甚于畏法，况利可立致，而刑未即加者乎！臣愚以为，抄撩之际，增添纸料，宽假工程，务极精致，使人不能为伪者上也。禁捕之法厚，为之劝厉，为之防使人不敢为伪者次也。"

四年，复申严铜钱漏泄之禁。

七年，以十八界、十七界会子更不立限，永远行使。

八年，监察御史陈求鲁言："议者谓楮便于运转，故钱废于蛰藏，自称提之屡更，圆法为无用。急于扶楮者，至嗾盗贼以窥人之闺奥，峻刑法以发人之窖藏，然不思患在于钱之荒，而不在于钱之积。夫钱贵则物宜贱，今物与钱俱重，此一世之所共忧也。番舶巨艘若山岳，乘风驾浪，深入遐陬，贩于中国者，皆浮靡无用之异物；而泄于外地者，乃国家富贵之操柄。所得几何，所失者不可胜计矣。京城之销金，衢、信之输器，醴、泉之乐具，皆出于钱，临川、隆兴、桂林之铜工尤多于诸郡。姑以长沙一郡言之，乌山铜炉之所六十有四，麻潭鹅羊山铜户数百余家，钱之不坏于器物者无几。今京邑输铜器用之类鬻卖公行于都市。畿甸之近，一绳以法，由内及外，观听聿新，则钚销之奸知畏矣。香药、象犀之类异物之珍奇可悦者，本无适用之实，服御之间昭示俭德，自上化下，风俗丕变，则漏泄之弊少息矣。此端本澄源之道也。"诏从之。

十年，以会价低复申严下海之禁。

十一年，以会价增减课其官吏。

十二年，申严钚销之禁及伪造漏泄之法。

宝祐元年，诏："新钱以皇宋元宝为文。"时贾似道当国，请称提楮币，改造金银见钱关子，以一准十。关子之制，上一黑印如西字，中三红印相连如目字，两傍各一小长黑印宛然一贯字。银关既行，物价顿踊矣。

四年，台臣奏："川引银会之弊，皆因自印自用，有出无收，当拘印造之权归之朝廷，仿十八界会子造四川会子，视淳祐之令，作七百七十陌于四川州县公私行使，两料川引并毁。见在银会姑存。旧引既清，新会有限，则楮价不损，物价自平，公私俱便矣。"从之。

景定四年，以收买逾限之田，复增印会子一十五万贯。

度宗咸淳元年，复申严钚销漏禁。

四年，以近颁见钱关子贯作七百七十文足。十八界每道作二百五十七文足，三道准关子一贯，同见钱转使，公私擅减者，官以赃论，吏则配籍。

五年，复申严关子减落之禁。复以会板发下成都运司掌之。

七年，以行在纸局所造关子纸不精，命四川制使钞造输送，每岁以二千万作四纲川引。

辽太祖以土产多铜，广造钱币，遂致富强，以开帝业。

太宗置五冶，太师以总四方钱铁。石敬塘又献沿边所积钱以备军实。

景宗乾亨中，以旧钱不足于用，始铸乾亨新钱，钱用流布。

圣宗统和十四年，凿大安山取刘守光所藏钱，散诸五计司①，又出内藏钱赐南京诸军司。

太平中，兼铸太平钱，新旧互用。

兴宗重熙二十二年，长春州置钱帛司。

道宗清宁二年，诏，行东京所铸钱。

九年，令诸路不得货铜铁，以防私铸。又定铜铁入回鹘法，禁益严矣。

大康九年，禁外官部内货钱取息。

十年，禁毁铜钱为器。

大安四年，禁钱出境。是时钱有四等：曰咸雍、大康、大安、寿隆，皆以改元易名。肉好铢数不可考。后经费浩繁，鼓铸仍旧，国用不给，至天祚之世，更铸乾统、天庆　天祚帝年号。二等新钱，而上下穷困，府库无余积矣。

金初用辽宋旧钱，太宗天会末亦用齐　刘豫国号。阜昌元宝、阜昌重

---

① 五计司，辽有五京，五京分设财计机构，故称五计司。

宝钱。

海陵贞元二年，置印造钞引库及交钞库，用宋张咏交子法制钞，一贯、二贯、三贯、五贯、十贯为大钞，一百、二百、三百、五百、七百为小钞。以七年为限，与钱并行，寻罢。七年之限，令民得常用，岁久字文磨灭，许于所在官库纳旧换新，每贯取工墨钱十五文。

正隆二年，始议鼓铸。又禁铜越境外，悬罪赏格。括民间铜输器。

三年，中都置监二，东曰宝源，西曰宝丰。京兆置监一，曰利用。铸钱文曰正隆通宝，轻重如宋小平钱，而肉好字文峻整过之，与旧钱通用。

世宗大定元年，命陕西参用旧铁钱。

四年，以铁钱不行，诏罢之。

八年，禁销钱铸镜者。

十年，以官钱多积，恐民间不得流通，令诸处贸易金银、丝帛以图流转。时吏多抑配，反害百姓，帝切责之。

十一年，禁私铸铜，旧有铜器悉送官，给其直之半。惟神佛像、钟磬、鱼袋之属则存之①。

十二年，以铜少，遣使诸路规措铜货，能指坑冶得实者赏。

十三年，命非屯兵之州府，以钱市易金帛，运致京师，使钱币流通，以济民用。

十六年，遣使分路诏察铜矿苗脉。

十八年，代州立监　二十年命名阜通。铸钱，命工部郎中张大节、吏部员外郎麻珪监之，初，命震武军节度使李天吉知保德军事，高季孙往监，所铸斑驳黑涩不可用。诏削二人官两阶，杖季孙八十。文曰大定通宝，字文肉好又胜正隆之制。

二十年，诏与旧钱并用。初，新钱之未用也，以宋大观钱当五用之。又令官民间用钱，皆以八十为陌。

二十三年，令交钞易新，不拘贯例，每张取工墨钱八文。

二十六年，命诸路官钱非屯兵处，可尽运至京师，从丞相克宁请，止运其半。

二十七年，曲阳县铸钱别为一监。名利通。

---

① 鱼袋是唐、宋时官员佩戴的证明身份之物。鱼袋有金银等金属装饰，内装鱼符，出入宫廷时须经检查，以防止作伪。

二十九年，以代州、曲阳二监，岁铸钱十四万余贯，而岁所费至八十余万，遂罢之。时章宗已即位。

章宗明昌二年，防销钱铸镜。减卖镜价。大定间定制，民间以铜镜申卖入官，每斤三百四十文。

三年，敕民间流转交钞当限其数，毋令多于见钱。

四年，令籍钱贮于库以备缓急。时陕西交钞多于见钱，民艰流转。令本路榷税及诸名色钱折交钞。

五年，令官民之家，以品从物力限见钱，多不过三万贯。明安穆昆以牛具为差，不得过万贯。凡有余，令易诸物收贮之。

承安二年，交钞工墨钱令收十二文，以钞买盐引，每贯权作一贯一百文。时交钞所出，数多民间成贯例。艰于流转，诏西北二京辽东路从宜给小钞，且许于官库换钱，与他路通行。又铸银名承安宝货，一两至十两分五等，每两折钱二贯。公私同见钱用，仍定销铸，及接受稽留，罪赏格。旧例，银每铤五十两，其直百贯，民有截凿者，价亦随低昂。凡官兵俸及边戍军须，皆以银钞相兼行使。

三年，令以钱与外方人使，及与交易者，徒三年，三斤以上死，驵侩①同罪。捕告人官先代给赏五百贯，其接引馆伴等以次坐罪，仍令均偿。时交钞稍滞，命西京、北京、临潢、辽东等路，一贯以上俱用银钞宝货，一贯以下听民便。复以一贯以下交钞许易钱用之，时官民多不遵限钱法，遂复减元限之数，更定官民存留钱法，三分为率，亲王、公主、品官，许留一分，余皆半之。其赢余之数，期五十日内，尽易诸物，违者以违制论。以钱赏告者。又于两行部各置回易务，以绵绢物服易银钞，亦许本务纳盐钞，赴榷场出盐引。纳钞于山东、河北、河东等路，从便易钱，各降补官及德号空敕三百、度牒一千，从两行部指定处，限四月进纳补换。又置四库更造一百例小钞，以代钞本，并许官库易钱，一贯、二贯例并支小钞，三贯例则支银一两，小钞一贯；若五贯、十贯例，则四分支小钞，六分支银，欲得宝货者听。有限滞及辄减价者，罪之。

四年，以银钞阻滞，令院务诸科名钱，除京师、河南、陕西银钞从便，余路并许收银钞各半，仍于钞四分之一，许纳其本路，随路所收交钞，除本路者不复支发，余通行者并循环用之。榷货所鬻盐引收纳宝货，

---

① 驵侩，原指马匹交易的经纪人，后泛指生意的居间经纪人。

与钞相半。银每两止折钞两贯，许人依旧诣库纳钞，随路漕河所收，除额外羡余者亦如之。所支官钱，亦以银钞相兼，银已零截者，令交钞库不复支。若宝货数少，可复增铸，银钞既通，则物价自平，虽有禁法亦安所施，因除阻滞银钞罪制。又命在部官钱、榷货务盐引并听收宝货。附近盐司贴钱数，亦许带纳，民间宝货有所归，自然通行，不至销毁。时复令不须印造小钞，俟其换钱既尽，可罢四库，但以大钞验钱数支易见钱。时私铸承安宝货者多杂以铜锡，寖不能行，京师闭肆。

五年，罢承安宝货。

太和元年，通州刺史卢构言："银出多入少，市价不平，若令诸税以钱、银、钞三分均纳，庶革其弊。"下省议，宰臣谓："军兴用交钞以出多遂滞，如欲均纳，必至偏胜，至欲银价之平，宜令诸名各铺马、军须等钱①，许纳银半，无者听便。"

二年，令诸税各带纳三合同交钞一分②。先是尝行，之后止行于民间，而官不收敛，朝廷虑其病民。虽止系本路者，亦许不限路分通纳户部，见征累年铺马钱，亦听收其半，寻废不用。至是国虚民贫，其弊弥甚。

四年，罢限钱法。

五年，欲增铸钱，命百官议足铜之术，中丞孟铸谓，销钱作铜及盗用出境者不止，宜罪其官。及邻太府监梁璙等言，铸钱甚费，率费十钱得一钱。识者谓费虽多，犹增一钱也，乞采铜拘工以铸。宰臣谓鼓铸未可速行，其铜冶听民煎炼，官为买之。凡寺观不及十人，不许音法器。民间输铜器，期以两月送官给价，匿者以私法坐，限外人告者，以知而不纠坐其官。寺观许童行③告者赏。又定便易钱法，听人输纳于京师，而于山东、河北、大明、河东等路依数支取。后铸大钱一直十，篆文曰泰和重宝，与钞参行。时又令交钞工墨钱贯止收六文。

六年，陕西交钞不行，以见钱十万贯为钞本，与钞相易。复以小钞十万贯相参用之。时复许诸路各行小钞，于各路府州官库易钱。又令户部印小钞五等，附各路同见钱用。

七年，敕在官毋得支出大钞，在民者令赴库易小钞及见钱，院务商税

---

① 各，《金史·食货志》作"若"，似较通。铺马，即铺马钱，金政权设设译递铺传送文书。驿递铺所需养马之费，向民间征收，称铺马钱。
② 三合同交钞，三个地区联合发行的交钞。
③ 童行，已入寺观，但尚未取得度牒的少年。

及诸名钱，三分须纳大钞一分，惟辽东从便。时货币屡更，民多嗟怨。户部尚书高汝砺等议，立钞法条约，凡民间交易典质，一贯以上并用交钞，须立契者三分之一用诸物，六盘山西、辽河东以五分之一用钞，东鄙屯田户以六分之一用钞；不须立契者，惟辽东钱钞从便。工墨钱每张止收二钱，商旅赍见钱不得过十贯，所司籍辨钞人，以防伪冒。品官及民家存留见钱，比旧减其数。若旧有钱多者，许送官易钞，十贯以上，不得出京。民间有宋会子，亦令同见钱用，十贯以上不许特行榷盐许用银绢，余市易及俸并用交钞，其奇数以小钞足之，银绢不足应支，亦给钞。随处州府各有办钞库，去都远之地设置合同换钱，客旅经之，皆可相易纳，昏钞者受而不支，积半岁赴都易新钞。又令州县委官于市肆要处，置库支换，以出首之钞为钞本，易钱者人不得过二贯。帝从之。敕捕获伪造交钞者，皆以交钞为赏。寻复议更钞法。帝从高汝砺言，命在官大钞更不许出，听民以五贯、十贯例者赴库易小钞，欲得钱者五贯内与一缗，十贯内与两缗，惟辽东从便。河南、陕西、山东及他行钞诸路，院务诸税及诸科名钱，并以三分为率，一分纳十贯例，二分五贯例，余并收见钱。

八年，京师钞滞收，毁大钞行小钞。时孙铎言，院务税诸名钱可尽收钞。秋夏税纳本色外，亦令收钞，不拘贯例。农民知渐重钞，可以流通。并请罢诸州县钞局，以免市肆抑配买钞。令赴省库易小钞，各限路分亦甚未便，可令通行。帝命亟行之。又令官兵俸以十分为率，军兵给钱三分，官员承应人给二分，多不过十贯，余皆给钞。民间旧钞故暗者，许所在库易新，若旧限已满，当更展五十日，许令变易钞引诸物。

宣宗贞祐二年，乃更作二十贯至百贯例交钞。又造二百贯至千贯例者。时交钞有出无入，轻而不行，钞每贯仅直一钱。

三年，河东宣抚使胥鼎请权禁见钱，令计司以军须为名，量民力征敛，则泉货通而物价平矣。自是泉货不用，富家皆至窘败，时谓之坐化。商人往往舟运贸易于江淮，钱多人于宋矣。又诏改交钞名为贞祐宝券。时京师谷价翔踊，帝令尚书省集议。开封府议谓：宝券初行，民甚重之，但以河北陕西诸路所支既多，人遂轻之，商贾争收入京以市金银，银价昂贵谷亦随之，若令宝券路各殊制，则不可复入河南，则河南金银贱而谷自轻。帝从其议。而河北宝券遂不复行于河南，由是愈滞。诏集百官议，从陕西行省令史惠吉言，更造券以贞祐通宝为名。惠吉言，自百至三千等之为十，听各路转运司印造，仍不得过五千贯，与旧券参用。

兴定元年，始诏行之，凡一贯当贞祐宝券十贯，重伪造阻格罪及捕获之赏。时制钞纸用桑皮，故纸皆取于民。至是钞法屡更，得纸甚艰，令计价但征宝券通宝，名曰桑皮故纸钱。

五年，宰臣奏："向者宝券既弊，乃造'贞祐通宝'以救之，迄今五年，其弊又复如宝券之末。初，通宝四贯为银一两，今八百余贯矣。宜复更造'兴定宝泉'，子母相权，与通宝兼行，每贯当通宝四百贯，以二贯为银一两，随处置库，许人以通宝易之。县官能使民流通者，进官一阶，升职一等。其或姑息以致壅滞，则亦追降的决①为差，州府官以所属司县定罪赏。命监察御史及诸路行部官察之，定挠法失纠举法，失举则御史降决，行部官降罚，集众妄议难行者，徒二年，告捕者赏钱三百贯。"

元光元年，诏行之。

二年，更造每贯当通宝五十，又以绫印制"元光珍货"同银钞及余钞行之。

三年，宝泉几于不用，乃定法银一两，不得过宝泉三百贯，凡物可直银三两以下者，不许用银；以上者三分为率，一分用银，二分用宝泉及珍货重宝。京师及州郡置平准务，以宝银相易。

哀宗正大间，民间但以银市易。

天兴二年，印"天兴宝会"于蔡州，自一钱至四钱四等，同见银流转。

---

① 的决，旧律，受杖刑，按判定数施行，谓之的决。亦泛指定罪。

# 卷十三　食货

## 钱币下：元、明

元初，仿唐、宋、金之法，有行用钞，其制无文籍可考。

太宗时，有于元者奏行交钞，耶律楚材曰："金章宗时，初行交钞，与钱通行，有司以出钞为利，收钞为讳，谓之老钞，至以万贯惟易一饼，民力困竭，国用匮乏，当为鉴戒。今印造交钞，宜不过万锭。"从之。

宪宗时，立交钞提举司，印钞以佐国用。

世祖中统元年，造交钞以丝为本，每银五十两易丝钞一千两，诸物之直，并从丝例。又造中统元宝钞，其文以十计者四：曰一十文，二十文，三十文，五十文；以百计者三：曰一百文，二百文，五百文；以贯计者二：曰一贯文，二贯文。每一贯同交钞一两。两贯同白银一两。又以文绫织为中统银货，其等有五：曰一两，二两，三两，五两，十两。每一两同白银一两。而银货盖未及行云。是时，新钞行，银钞不用。真定以太后命用银钞[①]，交通燕、赵以及唐、邓之间，数计八千余。中统新钞将行，银钞之价顿亏，公私嚣然，不知措手。宣抚司刘肃言："救之之法有三：旧钞不行，下损民财，上废天子仁孝之名，依旧行用一也；新旧兼用二也；必欲令行新钞，直须如数收换，庶几小民不至虚损。"三省议嘉之，从其第三策，遂降钞五十万贯。

三年，敕私市金银，应支钱物，止以钞为准。

四年，诏立燕京平准库，均平物价，通利钞法。

五年，给平准库钞一万二千锭以为钞本。

至元三年，以杨湜为诸路交钞都提举，上钞法便宜事，谓："平准行用库，白金出入有偷盗之弊，请以五十两铸为锭，文以元宝，用之便。"

---

[①] 真定路当时为太后领地。

时有贾胡，恃制国用使阿合马，欲贸交钞本，私平准之利，以增岁课为辞。帝以问马亨，亨对曰："交钞可以权万货者，法使然也。法者主上之柄，今使一贾擅之，将何以令天下。"事遂寝。

十二年，议以中统钞易宋交会，禁私造铜器。又添造厘钞。其例有三：曰二文，三文，五文。

初钞印用木为板，十三年铸铜易之。是年，平宋回至扬州，丞相伯颜令搜检将士行李，所得撒花银子销铸作锭，每重五十两，银铤上字号扬州元宝。后朝廷亦自铸。十四年铸重四十九两，十五年铸重四十八两。又置宣慰司于济宁路，掌印造交钞，供给江南军储。置行户部于大名府，掌印造交钞，通江南贸易。云南行省言："云南贸易与中州不同，钞法实所未谙，莫若以交、会、贝子公私通行，庶为民便。"从之。

十四年，禁江南行用铜钱。罢济宁、大名印钞局。

十五年，以厘钞不便于民，复命罢印。

十七年，江淮等处颁行钞法，废宋铜钱，并括江淮铜及铜钱、铜器。中书省臣议，流通钱法，凡赏宜多给币帛，课程宜多收钞。制曰：可。

二十一年，敕中书省整治钞法，定金银价，及①私自回易，官吏奉行不虔者罪之。

二十二年，右丞卢世荣整治钞法，言："天下岁课钞九十三万二千六百锭之外，臣更经画，不取于民，裁抑权势所侵，可增三百万锭。初未行下，而中外已非议，臣请与台院面议，上前行之。"帝以为不必如此，卿但言之。世荣奏："古有榷酤之法，今宜立四品提举司以领天下之课，岁可得钞千四百四十锭。自王文统诛后，钞法虚弊，为今之计，莫若依汉、唐故事，括铜铸至元钱及制绫券，与钞参行。"因以所织银券上之。上曰："便益之事，当速行之。"又增坏钞倒换工墨费每贯二分为三分。至元二年例，用三十文，三年减为二十文，至是复增。大德二年，定昏钞为二十五样。

二十三年，中书传旨，议更钞用钱，同知江西宣慰司事刘宣献议曰："原交钞所起，汉、唐以来皆未尝有。宋绍兴初，军饷不继，造此以诱商旅，为沿边籴买之计，比铜钱易于擎赍，民甚便之，稍有滞碍，即用见钱，尚存古人子母相权之意。日增月益，其法浸弊，欲求目前速效，未见良策。新钞必欲创造，用权旧钞，只是改换名目，无金银作本称提，军国

---

① 及，《元史·世祖纪》作"禁"，似较通。

支用不复抑损，三数年后亦如元宝矣。宋金之弊，足为殷鉴。铸造铜钱，又当详究。秦、汉、隋、唐、宋利病著在史册，不待缕陈。国朝废钱已久，一旦用之，功费不赀，非为远计。大抵利民权物，其要自不妄用始。若欲济邱壑之用，非唯铸造不敷，抑亦不久自弊矣。"

二十四年，以征辽东所得银铸"辽阳元宝"。是年，以"元宝交钞"行之。既久，物重钞轻，遂改造"至元宝钞"，自二贯至五文，凡十有一等，与中统钞通行，每一贯文当中统钞五贯文。依中统之初，随路设立官库，贸易金银，平准钞法，每花银一两，入库其价至元钞二贯，出库二贯五分；赤金一两，入库二十贯，出库二十贯五百文。伪造钞者，论如例。告者赏钞五锭，仍以犯人家产给之。时众欲计至元钞二百贯，赃满者死。赵孟頫曰："始造中统时，以银为本，虚实相权，今二十余年间，轻重相去至数十倍，故中统为至元，又二十年后至元钞必复加中统矣。若计钞抵法，疑于太重。"或诘之曰："今朝廷用钞，故犯法者，以钞计赃，汝以为非，欲阻格至元钞耶。"孟頫曰："頫奉诏与议，不敢不言，今中统钞虚，故改至元钞，谓至元钞终无虚时，宁有是理。"

二十五年，桑哥言："中统钞行垂三十年，省官皆不知其数，今已更用至元钞，宜差官分道置局，钩考中统钞本，诏毁中统钞板。"

二十六年，桑哥又言："初改至元钞，欲尽收中统钞，故令天下盐课以中统至元钞相半输官。今中统钞尚未可急敛，宜令税赋并输至元钞，商贩有中统钞料听易至元钞以行，然后中统钞可尽。"从之。至元间，许楫为徽州路总管，时新旧楮币并行，以新易银，或患数伙，楫极言部内民贫不堪。宰臣嘉其诚恳，视他郡银减十八。

成宗大德九年，以钞万锭给云南行省，命与贝参用，其贝非出木土，同伪钞论。按云南贝以一为庄，四庄为钱，四钱为苗，四苗为橐。

十一年，库尔巴雅尔请更用银钞铜钱。中书集议以为不便而止。

武宗至大二年，乐实言钞法大坏，请更之。图新钞式以进。塔思不花言，此大事，请与老臣更议。不从。乃更造银钞颁行之。诏曰："昔世祖始造中统交钞，以便民用，岁久法翫，更造至元宝钞。今二十三年，物重钞轻不能无弊，乃循旧典，造'至大银钞'，自二两至二厘定为一十三等，每一两准至元钞五贯，白银一两，赤金一钱。随路立平准行用库，买卖金银，倒换纸钞，或民间丝棉布帛赴库回易，依估给价。设常平仓，丰年收籴，遇歉减价出粜，以遏沸踊。金银私相买卖及海舶兴贩金、银、铜钱、丝、棉、布帛下海者，并禁之。中统钞到日百日尽数赴库，倒换茶、盐、酒、醋商税诸色课程，'至大银钞'与至元钞一体收受。如收至大银钞，以一当五。"

三年，尚书省言："以银钞为母，至元钞为子，宜与铜钱通行。大都立资国院，山东、河东、辽阳、江淮、湖广、四川立泉货监六，产铜之地设提举司十九。铸钱曰'至大通宝'，每一文准'至大银钞'一厘。又铸'大元通宝'，每一文准'至大通宝'钱十文。历代铜钱悉依古例，与至大通用，其当五、当三、折二，并以旧数用之。"寻以银钞与铜钱兼行，品目烦碎，恐民未悟，或有相妨，令省臣议之。尚书省言："昔至元钞初行，即以中统钞本供亿，及毁其板，今既行至大银钞，乞以至元钞输万亿库，销毁其板，止以至大钞与铜钱相权通行为便。"从之。

四年时仁宗已即位，罢至大钱钞。诏曰："我世祖皇帝参酌古今，立中统、至元钞法，天下流行，公私蒙利，五十年于兹矣。比者尚书省不究利病，率意变更，既创至大银钞，又铸大元至大铜钱钞，以倍数太多，轻重失宜，钱以鼓铸弗给，新旧资用，曾未再期，其弊滋甚。爰咨廷议，允协舆言，皆愿变通以复旧制。其罢资国院及各处泉货监提举司，买卖铜器，听民自便。应尚书省已发各处钞本及至大铜钱，截日封贮，民间行使者赴行用库倒换。"仁宗时，复下诏鼓铸，寻罢。后遂专用至元中统钞。

文宗天历元年，监察御史言："户部钞法，岁会其数，易故以新，期于流通，不出其数，迩者倒剌河①以上都经费不足，命有司刻板印钞，二事既定，宜急收毁。"从之。

二年，更铸钞法②，仍毁其刻者。

顺帝至正十年，丞相脱脱欲更钞法，乃集省台两院共议之。先是左司郎中武祺以钞法不行，请如旧，凡合支名目于总库转支。从之。至是，与吏部尚书偰哲笃请以钞一贯文省，权铜钱一千文。钞为母，而钱为子。国子祭酒吕思诚言："中统、至元自有母子，岂有以故纸为母，而立铜为子者乎？又钱钞用法，以虚换实也，今历年钱与至正钱、中统至元钞、交钞，分为五项，虑下民藏其实而弃其虚，恐不为国家利。且至元伪钞，人犹识之，交钞人未之识，伪将滋多，若钱钞兼行，轻重不论，何者为母，何者为子？"脱脱不从，遂定更钞之议，以中统交钞一贯文省，权铜钱一

---

① 倒剌河，《元史·文宗纪》作"倒剌沙"。
② 更铸钞法，《元史·文宗纪》作"更铸钞版"。

千文，准至元钞二贯。仍铸至元通宝钞①，与历代铜钱并用，以实钞法。至元钞通行如故，令民间通用。行之未久，物价腾踊至逾十倍。

十六年，禁销毁贩卖铜钱。

十七年，京师立便民六库，倒易昏钞。

十八年，以陕西军旅事剧，供费艰难，遂分户部宝钞等官就陕西置局印造宝钞。

明太祖初置宝源局于应天，铸"大中通宝"钱，与历代钱兼行，以四百文为一贯。及平陈友谅，命江西行省置货泉局，颁"大中通宝"钱大小五等钱式。即位，颁"洪武通宝"钱，其制凡五等：曰当十，当五，当三，当二，当一。当十钱重一两余，递降至重一钱止。各行省皆设宝泉局与宝源局并铸，而严私铸之禁。

洪武四年，改铸大中、洪武通宝大钱为小钱。初，宝源局钱铸京字于背，后多不铸。民间无京字者不行，故改铸小钱以便之。寻令私铸钱作废铜送官，偿以钱。

七年，帝以有司责民出铜，民毁器皿输官，颇以为苦，而商贾沿元之旧，习用钞，多不便用钱，乃设宝钞提举司。

八年，令造大明宝钞，令民间通行，以桑穰②为料。其制方，高一尺，广六寸，质青色，外为横文花栏，横题其额曰："大明通行宝钞"，其内上两旁复为篆文八字，曰："大明宝钞，天下通行"；中图钱贯，十串为一贯；其下云："中书省奏准印造，大明宝钞与铜钱通行使用，伪造者斩，告捕者赏银二十五两。仍给犯人财产。"若五百文则画钱文为五串，余如其制而递减之。其等凡六：曰一贯，曰五百文，四百文，三百文，二百文，一百文。每钞一贯，准钱千文；银一两四贯，准黄金一两。禁民间不得以金、银、货物交易，违者罪之。以金银易钞者听。遂罢宝源宝泉局。

十年，复设宝泉局铸小钱，与钞兼行。百文以下，止用钱。商税兼收钱钞，钱三钞七。

十三年，令所在置行用库，许军民商贾以昏钞纳库易新钞，量收工墨直。

---

① 至元通宝钞，《元史·食货志》作"至正通宝钱"，应较通，因钞非铸造而成，且下文说与其他铜钱并行。

② 桑穰，桑树的第二层皮，白色，为造皮纸的上等原料。

十五年，置户部宝钞广源库、广惠库，入则广源掌之，出则广惠掌之。

二十二年，诏更定钱式，生铜一斤铸小钱百六十，折二钱半之，当三至当十准是为差。更造小钞，自十文至五十文。

二十四年，谕榷税官吏，凡钞有字贯可辨者，不问烂损，即收受解京，抑勒①与伪充者罪之。

二十五年，设宝钞行用库于东市，凡三库，各给钞三万锭为钞本，倒收旧钞送内府。令大明宝钞与历代钱兼行，钞一贯准钱千文。提举司于三月内印造，十月内止，所造钞送内府充赏赉。

二十六年，罢行用库。又罢宝泉局。时两浙、江西、闽、广民重钱轻钞，有以钱六十文折钞一贯者，由是物价翔贵，而钱法益坏不行。

二十七年，令军民商贾所有铜钱，有司收归，官依数换钞，不许行使。

三十年，乃更申交易用金银之禁。

成祖初，犯者以奸恶论。二年，诏犯者免死。惟置造首饰器皿不在禁例。户部尚书夏原吉请更钞板篆文为永乐，帝命仍其旧。

永乐二年，都御史陈瑛言："比岁钞法不通，皆缘朝廷出钞太多，收敛无法，以致物重钞轻。莫若暂行户口食盐法，天下人民不下千万户，官军不下二百万家，诚令计口纳钞，食盐可收五千余万锭。"帝令户部会群臣议，大口月食盐一斤，纳钞一贯；小口半之。从其议。设北京宝钞提举司，税粮课程赃罚俱折收钞，其直视洪武初减十之九。后又令盐官纳旧钞支盐，发南京抽分场积薪、龙江提举司竹木鬻之军民，收其钞；应天岁办芦柴，征钞十之八。

九年，令差官于浙江、江西、广东、福建四布政司铸永乐通宝钱。

仁宗洪熙元年，以钞不行，询夏原吉。原吉言："钞多则轻，少则重，民间钞不行，缘散多敛少，宜为法敛之。请肆市门摊诸税②，度量轻重，加其课程，钞入官，官取昏软者悉毁之。自今官钞宜少出，民间得钞难则自然重矣。"乃下令曰："所增门摊课程，钞法通即复旧。金、银、布帛交易者亦暂禁止。"是时民卒轻钞。

---

① 抑勒，强制、勒索。
② 肆市门摊，即市肆门摊税，明代对塌房、库房、店舍、雇骡驴车装载者和果园所征的税。

宣宗宣德初，米一石用钞五十贯。乃弛布帛、米麦交易之禁，凡以金银交易及匿货增直者罚钞。府县卫所仓粮积至十五年以上者，盐粮悉收钞，秋粮亦折钞三分，门摊课钞增五倍，塌房店舍月纳钞五百贯，果园骡车并令纳钞，俟钞法通止。又禁交易用银，一钱者罚钞千贯，赃吏受银一两者追钞万贯，更追免罪钞如之。

九年，令南京工部并浙江等布政司铸"宣德通宝"钱。

英宗正统初，收赋有米麦折银之令，遂减诸纳钞者，而以米银钱当钞。弛用银之禁，朝野率皆用银，其小者乃用钱，惟折官俸用钞，钞壅不行。代宗景泰四年，令民间将铜钱折钞，阻坏钞法者论如律。

天顺四年，令民间除假钱锡钱外，凡历代并洪武、永乐、宣德铜钱及折二、当三，依数准使。

宪宗成化三年，令内外课程俱钱钞中半兼收，如应纳一贯者，止纳钞一贯，不在兼收之例。

十七年，令京师内外止许行历代及洪武、永乐、宣德旧钱，每钱八文折银一分，八十文折银一钱，不得以私造新钱搀入，阻坏钱法。

孝宗弘治元年，诏税课司，顺天、山东、河南户口食盐俱收钞，各钞关钱钞兼收。其后改折用银。洪武、永乐、宣德钱积不用，诏发之，令与历代钱兼用。户部请鼓铸，乃复开局铸钱。凡纳赎收税，历代钱、制钱各收其半。无制钱即收旧钱二以当一。时制钱七百当银一两。其后私钱盛行，楮钞壅滞。大学士邱浚言："臣按金银之属，细分之则耗。布帛之属，片析之则废。惟铸铜为钱，物多则予之以多，物少则予之以少，惟所用而得焉。且金银出于天，币帛成于人，钱也者合天人以成其器。铜天生者也，而成钱则人为之矣。自古论钱法者，惟南齐孔颢所谓不惜铜、不爱工二语者，万世不易之良法也。体质厚而肉好适均，制作工而轮廓周正，本多而工费，虽驱之使铸彼亦不为矣，况冒禁而盗为之哉。然自太府图法①以来，以铜为泉，或为半两，或为榆荚，或为八铢，或为四铢，唯汉之五铢为得其中。五铢之后，或为赤仄，或为当千，或为鹅眼、綖环②，或为荷

---

① 太府图法，应为"太府圜法"，可参见《皇明经世文编》卷七十二，邱浚《铜楮之弊一》。

② 鹅眼，即鹅眼钱。盛行于六朝时的私铸劣质小钱之一，因其轻小，故称。綖环：即綖环钱，六朝时的劣质小钱之一，用五铢钱裁剪而成。

叶①，惟唐之开元为得其中。二者之外，或以一当三，以一当十，以一当百，然皆行之，不久而遽变。唯其质制如开元者，则至今通行焉。惜古铸之存世者无几，凡市肆流行而通使者，皆盗铸之伪物耳。销古为今，废真售伪滔滔者，然莫如之何。为今之计，莫若拘盗铸之徒以为工，收新造之钱以为铜。本孔颛此说，别为一种新钱以新天下之耳目，革天下之宿弊，利天下之人民。每钱以十分为重，中间钱文必以古篆或用年号，别制佳名，其面上加识以楷书二字，上皇下明，轮廓之旁周回凿以花纹，每文计用铜十五分。又令天下输旧钱于官，以易新钱，所得旧钱，周以细纹如新钱制式，然后散之天下，仍诏非此二样钱勿用，则钱法流通，而公私俱便矣。"又曰："本朝制铜钱、宝钞，相兼行使，然钱之弊在于伪，钞之弊在于多。请稽古三币之法，以银为上币，钱为中币，钞为下币，以中下二币为公私通用之具，而以准上币以②权之焉。盖自国初以来有银禁，恐其或阁钱钞也。而钱之用，不出于闽广，宣德、正统以后，钱始用于西北。自天顺、成化以来，钞之用益微矣，必欲如宝钞属镪之刑，每一贯准钱一千，银一两，以复初制之旧，必不可也。今莫若银与钱钞相权而行，每银一分，易钱十文。新制之钞，每贯易钱十文四角，完全未中折者，每贯易钱五文，中折者三文，昏烂而有一贯字者一文，通诏天下以为定制，而严立擅自加减之罪，则银与钱钞交易之数一定而永不易矣。"

十六年，铸弘治通宝。每文重钱二分。

武宗正德初，司钥库太监庞瑸言："自弘治间权关折银入承运库，钱钞缺乏，支放不给，请遵成化旧制，钱钞兼收。"从之。

三年，有太仓积钱给官俸，十分为率，钱一银九。又从太监张永言，发天财库及户部布政司库钱，关给征收，每七十文征银一钱，且申私铸之禁。

七年，令税课俱收旧钱，与国朝铜钱相兼行用。

世宗嘉靖四年，令宣课分司收税，钞一贯折银三厘，钱七文折银一分。是时钞久不行，钱亦大壅。

六年，大铸嘉靖钱，每文重一钱三分，且补铸累朝未铸者。南京吏部司务朱希皋奏称："户工二部请开纳银入监，开矿煎银，不若采铜铸钱。"

---

① 荷叶，劣质钱轻，入水不沉，故称。
② 以，《皇明经世文编》卷七十二，邱浚《铜楮之弊二》为"一"，较此为通。

下户部议，尚书梁材奏曰："两京见有宝源局，设官铸钱，良法美意，固未尝废。至于严禁伪钱，使历代好钱与制钱相兼行使，具在律令，及出榜禁约，至再至三，并天下户口食盐，每月进纳本色钱钞，俱用制钱。及历代好钱送广惠库交收，听候光禄、太常二寺开领，贸易疏通，钱法俱在。但法久弊生，盗铸辄起，缉捕一懈，伪钱四行，若不痛加严治，何以屏息奸顽。及查嘉靖制钱，尚有一万四千五百七十九万九千三百六十文未曾补铸，通合议处，欲候命下户部移咨两京工部，将未铸嘉靖制钱一万四千五百七十九万九千三百六十文，工部监造九千七百一十九万九千五百七十三文，南京工部监造四千八百五十九万九千七百八十七文，俱送太仓银库交收，以备给商等项支用。及咨都察院并天下巡按御史，申明禁约，不拘洪武、永乐、宣德、弘治、嘉靖通宝，及历代制钱，相兼行使。每好钱七十文准银一钱，皮混低钱以二折一，若有藏蓄私铸小钱，许赴所在官司首出，照依铅锡时价动支官银给领，仍免其罪，违者论如律。"从之。

十九年，以铸钱所得不偿所费，暂行停止。

三十二年，令照新式铸洪武至正德纪元九号钱，每号一百万锭，每锭五千文；嘉靖钱一千万锭，内工部六分，南京工部四分，若分铸①。税课抽分诸厂专收嘉靖钱，民患钱少，乃发内库新旧钱八千一百万文折给俸粮。又令通行历代钱，有销新旧钱及以铜造像、制器者，罪比盗铸。先是民间行滥恶钱，率以三四十钱当银一分，后益杂铅锡，薄劣无形制，至以六七十文当银一分，剪楮夹其中②不可辨用。给事中李用敬言："以制钱与前代杂钱相兼行，上品者俱七文当银一分，视钱高下为三等，下者二十一文当银一分。私造滥恶钱悉禁不行。"时小钱行久，民颇不便。

四十三年，以私铸盛行，钱法阻滞。大学士徐阶奏："连日钱法虽称已通，然其实仅通十分之五。臣等访求弊源，非民之梗法，宝局铸造制钱之不如法有以致之也。盖制钱之解自南京者，其背或以金涂之，谓之金背；或以火熏其背使黑，谓之火漆。其云南所解及宝源局先年所铸纯用铜锡，不掺以铅；每钱一文重一钱二分，钱边皆旋，其色黄美，其质坚重，其边圆整，谓之旋边。近年局中所铸，革去车旋，止用铸锉二匠，工匠又侵盗铜料，色杂货轻，其边锉磨麄糙③，谓之一条棍。旋边工料重大，不

---

① 若分铸，《大明会典》卷一九四，作"各分铸"。
② 剪楮夹其中，用树皮、纸张剪成钱形，夹杂在钱贯中。
③ 麄糙，粗糙。麄，同"粗"。

利私铸，一条棍者工费轻省，私铸盛行。且一条棍与私铸之钱相似而难辨，民间不肯行使，并将金背等项亦皆不行。前日依法禁治，而无藉之徒乘机以假钱胁制接受，于是民间闭门罢市，官司只得令使金背等钱而于一条棍等从其便。夫钱曰金背、火漆、旋边、一条棍，盖四名矣，然其实宝源局所铸。一条棍之数多，而南京所解金背之数少，故今所通仅得十分之五也。臣窃谓一条棍，既已不能强民行使，若宝源局仍铸不已，有五害焉：户工二部每年以二万八千有用之银投诸无用之地，一也；中奸猾之计，开私铸之门，二也；朝廷以此赏中外之人，彼赏者得钱而无用，三也；官府给予民商，有亏抑之怨，四也；钱法因之阻滞，禁治之令不行，亏损国体，五也。不若令工部停止宝源之铸造，而令户部以南京、云南所解及税课司所收金背等钱，每年辏一千万文送司钥库备赏赐之用，部中合给钱者，则以铸钱之银代给，则银不虚费，钱不乏用，奸弊革而私铸止矣。"从之。

四十四年，宝源局铸嘉靖钱，行于市后，因旋边劳费，以炉荡代之，而铸工竟用铅锡以便刓，奸徒盗铸，并金背亦不售。后部议止，勿铸公费，惟用白银。先是御史何廷钰请许民用小钱，以六十文当银一分。又嘉靖钱七文，洪武诸钱十文。前代钱三十文，当银一分，然滥恶小钱虽奉旨间行，竟不复用。而民间竟铸嘉靖通宝钱，与官钱并行焉。后给事中殷正茂请采云南铜铸钱，工本银三十九万，可得钱六万五千万文，直银九十三万余两，足以稍助国家之急数年。巡按王诤言："宣课司收税以七文当一分，奸民乘机阻挠，钱多则恶滥相欺，钱少则增值望利，自今准折听民便，不必定文数，而课税及官俸俱用银。"乃罢云南铸钱。于是，阶①陈五害，帝乃鞫治工匠侵料减工罪，而停鼓铸。自后岁课征银而不征钱，民间止有制钱，不用古钱，而私铸者多。

穆宗隆庆初，钱法不行，兵部侍郎谭纶言："欲富民，必重粟帛而贱银。欲贱银，必置钱法以济银之不足。今钱惟布于下，而不以输上，故其权在市井。请令民得以钱输官，则钱法自通。"于是课税银三两以下复收钱。时钱八文折银一分。高拱再相，言钱法朝议夕更，迄无成说，小民恐今日得钱，而明日不用，是以越更越乱，请勿多为制乱人耳目。帝深然之。钱法复通。时宝钞不用垂百余年，惟俸银支钞如故。四年始讲新铸隆庆钱给京官俸。

是时，巡抚山西都御史靳学颜上书议铸钱曰："臣闻，人之所由生，

---

① 阶，指上文所述大学士徐阶。

衣食为大，王者利用厚生，必先乎此。此出于天时、地利、人力相待，而共成三才之用者也。有此三才，即有此布帛、五谷增亏相乘，有无相贸，而非有水旱之灾，兵革之夺，疠疫之妨，以一岁之功，而供一年之用也。今民愁居慑处，司计者曰，夜忧烦遑遑以匮乏为虑者，岂布帛五谷之不足哉！谓银不足耳。夫银者寒不可衣，饥不可食，不过贸迁以通衣食之用尔，而铜钱亦贸迁以通用，与银典质而通神者，犹云南不用钱而用海巴，三者不同而致用一焉。今独奈何用银而废钱，惟时天下用钱者，曾不什一而钱法久矣。其不举矣，钱益废，则银益独行；银独行，则豪右之藏益深，而银益贵；银贵则货益贱，而折色之辨益难，而豪右者又乘其贱而收之，时则贵而粜之。银之积在豪右者越厚，而银之行于天下者越少，再逾数年，臣不知其又何如也。则钱法不行之故，尔计者又欲开矿。夫矿不可开，开无益也。一禁而不可弛，弛则乱矣。臣试根极钱说而司计者择焉。臣闻钱者泉也，如水之行地中，不得一日废者。从成周、汉、唐、宋以来，史籍可睹，未有用银废钱，如今日之甚者也。而用钱之多，铸钱之盛者，尤莫如宋。故宋太祖欲集钱至五百万而赎山后诸郡于辽。靖康中，赵良嗣奉使，岁加税银一百万余金，其平时赂契丹、宁夏也。岁币率有常额，其外国亦用钱可知。又宋之饶州、处州、江宁等处，皆其鼓铸之地。今江南人家，尝有发地得窖钱者，则无南北皆用钱可知。其余书史所尝言几百万、无虑巨万、累巨万之说，率多以钱计。今去宋不远，故所用钱多宋之物。夫用钱则民生日裕，铸钱则国用益饶，惟人主得为之，故曰圣人之大宝曰位。因位而制权，因权而制用，故又曰钱者权也。一代之兴则制之，一主之立则制之。改元则制之，军国不足则制之，此经国足用之一大政也，奈何废而不举。臣窃闻江南富室有积银至数十万两者。今皇上天府之积，亦不过百万两以上。若使银独行，而钱遂废焉，是不过数十里富室之积足相拟矣。皇上试一举其权而振之，则彼富室之知勇豪俊者，将奔走于吾权之不暇，彼敢冒万死而盗铸一文者哉！故曰权也。权者立之无形，而达之无穷，用之则天下求我而有余，不用则日扰扰焉。求天下而不足为验甚明也。且夫富贵，其权一也。皇上今出数寸之符，移片纸之檄，以匹夫而拜将相焉，又能使同姓王、异姓侯焉，于公帑未有损也，此驭贵之权若是乎？其易也。若乃今日与人以千金焉，明日与人以万金焉，曾不逾年，而太仓告匮矣。夫何驭富之权若是乎！其不侔与诚，以有权而不用与无权等尔。昔汉文帝宠邓通也，曰吾能富之，赐以蜀山之铜，而邓氏之钱满天下。吴王濞擅铸山之利而辄称兵与汉廷抗。夫以窃一日之权尚足以得民而抗汉，况以万乘而自振其权可胜用哉！今之为计者，谓钱法之难有二：一曰利不酬本，所费多而所得鲜矣。臣愚以为此取效于旦夕，计本利于出入，盖民间之算，非天府之算也。夫天府之算以山海之产为材，以亿兆之力为工，以修洁英达之士为役，果何本而何利哉。此所谓本犹不免用银之说尔。臣所谓本，盖无形之权是已。何则？铸钱之须，一曰铜料，一曰炭，一曰转致，一曰人工。夫此四者，在民间计之，银一分而得钱四分，诚不酬矣。自臣愚计之，皆可不用银而取办者。诚将天下出产铜料之处，赎军徒以下之罪而定其则以收铜。于西山产煤之窑，以法司有罪之人，而准其罪以纳炭，其运炭则请出府库见有之钱，或于京城，或于近县，或于营军，如系官身则量给以工食，如系民户则平给以脚价，如是而患无材与夫转致之难，臣不信也。至于人工取之，见役而皆足，则又不烦银两而可办也，臣不知工部及宝源局额匠役若干，见今坐食否耶！即以营库九万人论之，抽用其一二千人足矣，而谓妨训练耶？今京城之内，锻金刺绣声技力作之徒，与夫靠衙门而衣食者，孰非营军，奚啻二千也，而未尝闻其妨。凡此皆不用银而可以成务，固无本利之足较矣。其二曰民不愿行，强之恐物情①之沸腾也。臣愚以为，历代无不用之至，称为钱神，我朝又用之。祗见其利，不闻其病。正德、嘉靖以前犹盛行之，盖五六百而值一两。今七八十岁人固多，尚可一召而讯也，独至于今屡行而屡废，甫行而辄辍焉。何哉？臣窃详之，钱比钞异，于小民无不利也，独所不便者奸豪耳。一曰盗不便，一曰官为奸弊不便，一曰商贾持挟不便，一曰豪家盖藏不便，此数不便者与小民无与也。臣窃闻往时但一行钱法，则辄张告示戒厂卫，不先于卖菜之佣，则责之以荷担之役，愚氓相煽既闭匿观望之不免，而奸豪右族依托城社者，又从旁簧鼓之，以济其不便之私，一日而下令，二日而闭匿，不三四日而中阻矣。务大计者宜若是之易动哉？臣闻施恩泽者自无告，始行法令者自贵近始，岂惟贵近自朝廷始可也。请自今以后，追抵赎者，除折谷外，而责之以纳钱；上事例者，除二分纳银外，而一分以纳钱；存留户口，则兼收钱谷；商税课程，则纯用收钱，此谓自朝廷始。又因而赐予之费，宗室之禄，百官之俸，则银钱兼支；又因而驿递应付雇夫雇马，则惟钱是用；又因而军旅之饷，则分其主客，量其远

---

① 物情，众情，民心。

近，或以代花布，或以充折色，此谓自贵近始矣。此数者有出有入，而民间无底滞之患。诚以上下交会，血脉流通故也。轻敛轻散，官府有余积之藏。诚以正赋之银，既以无减于常额，而一切之费，又取办于一权故也。此权不可通之于天下，以启盗权之衅，请于宝源局或西仓专设侍郎，或即用左右侍郎一员督于上，以十三司员外或主事分理，十三省事于下，以科道各一员监之，铜料、工材各有攸①掌，各省敛散悉照分司先以区画条议，计定而行，而又轻重适均，无骇于俗。仍唐宋以来旧钱兼之，或上施下，或下纳上，著之以必行之令，迟之以岁月之效，久之而本末兼利，公私循环，可以辍鼓铸之劳，而罢工作之使也。昔我祖宗先制钞时，下令甚严。有以金银货物交易者辄没给告者，然不徒责之下也。后又令各处税粮、课程、赃罚俱折收钞，此固血脉流通之意，所谓泉也；而法以佐之，所谓权也。"

神宗万历四年，命户、工二部准嘉靖钱式铸万历通宝钱金背及火漆，钱一文重一钱二分五厘。又铸旋边钱，一文重一钱三分，颁行天下。俸粮兼给银钱。后神宗宫费稍侈，令工部铸钱给用。大学士张居正疏曰："按工部议制钱二万锭，该钱一万万文用工本银十四万九千两，大半太仓银库。此奉旨铸钱之大略也。臣等伏见先朝铸造制钱，原以通币便民，铸成之后，谅进少许呈样，非所以进供上用者也。万历二年铸造之初，亦止进样钱一千万文，其后以一半进用，已非通币便民之本意。今若以赏用阙钱，径行铸造通用，则是以外府之储，取充内库，大失旧制矣。且京师民间嘉靖钱最多，自铸万历钱后，愚民讹为止行新钱，不行旧钱，甚以为苦。今若广铸新钱，则嘉靖旧钱必至阻滞不行，于民甚为不便，又与原奉圣旨与嘉靖、隆庆等钱兼行之意相背，伏望暂停铸造。"从之。

六年，定嘉靖、隆庆、万历制钱每金背八大②准银一分，火漆、旋边各十文准银一分，洪武等钱与古钱十二文准银一分。

十年，诏："暂停各处钱局，俟钱法疏通，听鼓铸。"

十三年，铸万历通宝钱十五万锭，南京工部分铸六万锭。

十四年，湖广抚臣奏：武、荆、衡三局所铸，各限一式，民间俱不通用，武局者不能行之荆州，衡局者不能行之武昌。请今后不得妄分新旧，

---

① 攸，所。
② 大，应为"文"，可参见《大明会典》卷三十一。

拣择彼此。按万历中，云南巡抚郭庭梧言："国初京师有宝源局，各省有宝泉局，至嘉靖间省局停废，滇中产铜不行鼓铸，而反以重价购海贝，非利也。遂开局铸钱。寻命十三布政司皆开局，以五铢钱为准，用四火黄铜铸金背，二火黄铜铸火漆，盖以费多利少，私铸自息也。"久之，户部言："钱之轻重不常，轻则敛，重则散，故无壅阏匮乏之患。初铸时，金背十文折银一分，今万历金背五文、嘉靖金背四文折银一分，火漆、旋边亦如之，仅逾十年，而轻重不啻相半，宜发库贮以平其直。"从之。

熹宗天启元年，铸泰昌钱。兵部尚书王象乾请铸当十、当百、当千三等大钱，略仿白金三品之制。后有言大钱之弊者，诏停铸。

庄烈帝崇祯三年，御史饶京言："铸钱开局，本通行天下，今苦于无息，旋开旋罢，各局所铸之息不尽归朝廷，复苦无铸本，盖以买铜而非采铜也。乞遵洪武初及永乐九年、嘉靖六年例，遣官各省铸钱采铜，于产铜之地仿银矿法十取其三。铜山之利朝廷擅之，小民所采仍予以直。"从之。

已而荆州主事朱大受专督铸钱，定钱式，每文重一钱，每千直银一两。南都钱轻薄，乃定每文重八分。初，嘉靖钱最重。隆、万钱加重半铢。自启、祯新铸出，旧钱悉弃置。然日以恶薄，末年敕铸当五钱，竟未及行。

史臣曰：明制，历代钱与制钱通行，自神宗初，从佥都御史庞尚鹏议，古钱止许行民间，输税、赎罪俱用制钱。启、祯时广铸钱，始括古钱以充废铜，民间市易亦摈不用矣。庄烈帝初即位，御平台召对，给事中黄承昊疏有销古钱之语。大学士刘鸿训言：北方皆用古钱，若骤废之，于民不便。帝以为然。既而以御史王燮言，收销旧钱，但行新钱。于是古钱销毁顿尽。盖自隋时尽销古钱，至是凡再见之。钞法自弘、正间废，天启时给事中惠世扬复请造行，崇祯末有蒋臣者申其说，擢为户部司务。倪元璐方掌部事，力主之。然终不可行而止。

# 卷十四　食货

## 漕运：唐、五代、宋、辽、金、元、明

唐至德以后，因史朝义分兵出宋州，淮运于是阻绝，租庸盐铁泝汉江而上。河南尹刘晏为户部侍郎兼句当度支转运盐铁铸钱使，以江淮粟帛由襄汉越商於以输京师。代宗出陕州，关中空窘，于是盛转输以给用。

广德二年，废句当度支使，以刘晏专领东都、河南、淮西、江南东西转运租庸，转输至上都，凡漕事皆决于晏。晏即盐利，雇佣分吏督之，随江、汴、河、渭所宜。故其时转运船由润州陆运至扬子，费钱十九①。晏命囊米而载以舟，减钱十五。由扬州距河阴，斗米费钱百二十，晏为歇艎支江船②二千艘，每船受千斛，十船为纲，每纲三百人，篙工五十人，自扬州遣将部送至河阴，上三门，号"上门填阙船"，斗米减钱九十。调巴、蜀、襄汉麻枲竹筱为绹③挽舟。未十年，人人习河险。江船不入汴，汴船不入河，河船不入渭。江南之运积扬州，汴河之运积河阴，河船之运积渭口，渭船之运入太仓。岁转粟至百一十万石，无升斗溺者。又分官吏主丹阳湖，禁引溉，自是河漕不涸。

大历时，李芃为陈州刺史，复开陈颍路以通漕挽。

八年，以关内丰穰，减漕十万石。自杨炎为相，修晏宿隙，罢其职，以户部郎中崔河图代之，而漕事渐坏。

德宗贞元初，关辅④宿兵，斗米千钱。诏浙江东西至今年入运送上都米七十五万石，更于本道两税折纳米一百万石，并江西、湖南、鄂岳、福建等道先支米；并委浙江东西节度使韩滉处置，船运数内送一百万石至东

---

① 费钱十九，《新唐书·食货志》为"斗米费钱十九"，较明确。
② 歇艎支江船，唐代所造在汴河中航行的漕运船，船大而浅。
③ 绹，绳索。
④ 关辅，关中和三辅（右扶风、左冯翊、京兆尹）地区。

渭桥输纳，余赈给河北等诸军及行营粮料。其淮南及寿濠等道先支米，洪潭屯米，并委淮南节度使杜亚句当，其船运数内送二十万石至东渭桥，余支充行营粮料。天下两税钱物，并委本道观察使，本州刺史遣官部送上都。后陕虢观察使李泌益凿集津仓山西径为运道，属于三门仓，治上路以回车①。又为入渭船，方五板，输东渭仓米至凡百三十万石，遂罢南路陆运。

十五年，诏令江淮转运米宜二百万石。迩来虽有此命，而运米不过四十万石。旧例，江淮米岁运抵河阴者数五十万斛，久不盈其数，惟李巽为度支转运使，乃登足数焉。

至太和初，岁旱河涸，掊②沙而进，米多耗。咸阳令韩辽请修秦汉时兴城堰，自咸阳抵潼关三百里，可以罢车挽之劳。文宗从其议。堰成，罢挽车之牛以供农，关中实赖其利云。

梁罗绍威镇魏博曰：以临淄、海岱③罢兵，岁久储庾山积，唯京师军民多而食寡。愿于太行伐木，下安阳、淇门，斫船三百艘，置水运，自大河入洛口，岁以给宿卫。太祖深然之。

后唐庄宗同光二年，敕郓州差兵三千，自黎阳开河以通漕运。

明宗天成元年四月，制曰：先缘漕运，京师租庸司多借水船。今既分兵就食，漕运并停，其诸河渡水船，即付本主。时洋州修魏门仓一百间，充贮转运下峡漕米斛斗。三司使张延朗奏于洺中预备一二年军粮，除水运外，深冬百姓稍闲，请差运一转。又请诸道运粮百石以实京师。诏然之。时车驾在汴，论者以运粮百万劳民，托近臣奏之帝，乃命东地数州运粮十万石至汴州。司勋员外郎夏侯晤上言曰："诸道转运为实辇下军储，今闻多是轻赍郯至京中籴纳④，请下令禁止。"

长兴元年，凤州奏，开修唐仓湖田路，通凤翔馈运。又幽州进新开东南河路图，自王马口至淤口，长一百六十五里，可胜漕船千石。又三司使奏："河水运自洺口至京，往年牵船下卸，皆用水运衙官，今洺岸至仓门稍远，衙官转运艰难，欲于洺河北岸别凿一湾，引船直至仓门下卸，其功

---

① 据《新唐书·食货志》载，李泌所修运路为上下两条，上路为空车的归路。
② 掊，用手挖。
③ 海岱，今山东渤海到泰山之间的地带。海，渤海。岱，泰山。
④ 轻赍，携带少量资财。郯至，空载而至。

役欲于诸军内差借。"从之。

周世宗显德二年，诏曰："今州戍兵。旧制，沿江发运务差均、邓两州人户，自备舟船，水运粮盐供馈军食。近闻彼民颇甚劳弊，及今有司按本州税积所纳常赋，可以岁给军储，其水运舟船，并宜停废。"

四年，诏疏汴水，一派北入于五丈河，又东北达于济，由是齐鲁舟楫皆至京师。

六年，命侍卫马军都指挥使韩令坤自京东疏汴水入于蔡河。侍卫步军都指挥使袁彦浚五丈河以通漕运。

宋都大梁有四河以通漕运。汴河、黄河、惠民河、广济河。

太祖建隆二年，给事中范阳刘载往定陶督曹、军丁夫三万浚五丈渠①，自都城北历曹、济及郓以通东方之漕。

开宝五年，计汴、蔡两河，公私船运江淮米数十万石以给兵食。是时京师岁费有限，漕事尚简。

太宗太平兴国初，两浙既献地，岁运米四百万石，雇民挽舟，吏因缘为奸，所在附载钱帛杂物。乃择干强之臣，在京分掌水陆路发运事，以革其弊。

端拱元年，罢京城水陆发运，以其事隶排岸司及下卸司。

先是四河所运未有定制，太平兴国六年，汴河岁运江淮米三百万石，菽一百万石；按：李焘《续通鉴长编》、章俊卿《山堂考索》皆作二百万石。黄河粟五十万石，菽三十万石；惠民河粟四十万石，菽二十万石；广济河粟十二万石，凡五百五十万石。非水旱蠲于民租，未尝不及其数。

至道初，汴河运米计五百八十万石，真宗大中祥符初至七百万石。江南、淮南、两浙、荆湖路租、籴，于真、阳、楚、泗州，置仓受纳，分调舟船沂流入汴，以达京师。诸州岁造运船，至道末三千二百七十余艘。按：三千二百七十余艘非止运粮，兼缗钱、布帛在内。天禧末减四百二十一。先是诸河漕数，岁久益增。

景德四年，定汴河岁额六百万石。

仁宗天圣四年，荆湖、江淮州县和籴上供，小民阙食，自五年后权减五十万石，庆历中又减广济河岁漕二十万石。后黄河岁漕益减，才运菽三十万石，岁刱漕船，市材木，劳费甚广。

---

① 军，《宋史全文》卷一作"单"。

嘉祐四年，罢所运菽，减漕船三百艘，自是岁漕三河而已。江河上供米，旧转运使以本路纲输真、楚、泗州转船仓①。按：《宋史》作转般仓，似误。今按《通鉴长编》、《川堂考索》皆作转船仓②。载盐以归，舟还其郡，卒还其家。汴州诣转船仓运米输京师，岁折运者，四河冬涸，舟卒亦还营，至春复集，名曰放冻。卒得番休，逃匿者少。汴船不涉江路，无风波沉溺之患。后发运使权益重，六路上供米纲发船，不复委本路独专其任。文移坌并③，事目繁夥④，不能检察，操舟者赇诸吏，得诣富饶郡市贱贸贵，以趋京师。自是江汴之舟混转无辨，籍多空名，漕事大敝。

嘉祐三年，以诸路纲不集，下诏切责。

英宗治平初，诏复依旧日成例，大加振刷，漕粟至京师汴河五百七十五万五千石，惠民河二十六万七千石，广济河七十四万石。诸路刬漕船二千五百四十艘，京师税米支五岁余，而漕运吏卒上下共为侵盗贸易，甚则托风水沉溺以灭迹，官物陷折，岁不减二十万斛。

神宗熙宁二年，薛向为江淮等路发运使，始募客舟与官舟分运，互相稽察，旧弊乃去。岁漕常数既足，募商舟运至京师者，又二十六万余石，乃请充明年岁计之数。三司吴充言："宜自明年减江淮漕米二百万石，令发运司易轻货二百万缗，计五年所得，无虑缗钱千万，转储备边。"王安石谓："骤变米二百万石，米必陡贱；骤致轻货二百万贯，货必陡贵。当令发运使度米贵州郡折钱变为轻货，储之河东、陕西要便州军，用常平法粜籴为便。"诏如安石议。

七年，京东路察访邓润甫等言："山东沿海州郡地广，丰岁则谷贱，募人为海运山东之粟，可转之河朔，以助军食。"诏京东、河北路转运司相度后，江淮上供谷至京师者，三分不及一。宣徽南院使张方平言："今京师，古所谓陈留，天下四冲八达之地，利漕运而赡师旅，国初浚河渠三道，以通漕运，计各河之数，立上供年额。近罢广济河，而惠民河粟又不入太仓，众所赖者汴河，议者屡作改更，并致汴河日失其旧。"十二月，诏浚广济河，增置漕舟，其后河成，岁漕京东谷六十万石，东南诸路上供杂物，旧陆运者，增舟水运。押汴河江南、荆湖纲运，七分差三班使臣，

---

① 转船仓，《续通志》作"转般仓"，都可参考，其实所指同。
② 《川堂考索》疑应为南宋章如愚所编《山堂考索》，且下文亦述及《山堂考索》。
③ 文移，公文；坌并，聚集，增加。
④ 繁夥，繁多。

三分军大将、殿侍，又令真、楚、泗州各造浅底舟百艘，分为十纲入汴。

元丰五年，罢广济河辇运司及京北排岸司，移上供物于淮阳，计置入汴，立清河辇运司。言者谓广济安流而上，与清河泝流入汴，远近险易不同。诏转运提点刑狱比较利害。蒋之奇、陈佑甫等开龟山运河，乃免风涛之患。诏各迁两官，余官减年循资有差。

八年，罢岁运百万石赴西京。先是常运东南粟入洺下，至是户部奏罢之。

徽宗崇宁三年，户部尚书曾孝广言：往年南省真州江岸北至楚州淮堤以堰潴水，不通重船，船剥劳费，遂于堰旁置转船仓，受逐州所输。更用运河船载之入汴以达京师，虽免推舟过堰之劳，然侵盗之弊由此而起。请将六路上供斛斗，依东南轻货杂运直至京师。诏可其奏。自是六路郡县各认岁额，虽湖南北至远处，亦直抵京师，号直达纲。继因盐法已坏，回舟无所得，舟人逃散，法亦大坏。

政和中，谭正上言：祖宗建立真、楚、泗州转船仓，一以备中都缓急，二以防漕渠阻节，三则纲船装发，资次运行，更无虚日。自其法废，河道日益浅涩，遂致中都粮储不继。淮南三转船仓不可不复，乞自泗州为始，次及真、楚。既有籴本，按：籴本，《宋史》作瓦本，乃传刻之误，今从《文献通考》及《名臣奏议》改正。顺流而下，不甚劳费，俟岁丰计置储蓄，仍立转船仓，依前法计置。

至钦宗靖康元年，又诏："东南六路上供额斛，除淮南、两浙依旧直达，其江湖四路并措置转船。"

高宗建炎元年，诏："诸路纲米以三分之一输送行在，余输京师。"

二年，诏："二广、湖南北、江东西纲运赴江宁府，福建、两浙路输送平江府。按：《宋史》输送平江府句上脱"赴江宁府福建两浙路"九字，文义不明，今据《玉海》及《山堂考索》增入。京畿、淮南、京东西、河北、陕西及川纲输送行在，其二广、湖南北纲运如过两浙许便输送平江府。福建纲运过江东西亦许乘便输送江宁府。"

三年，又诏粮运输送建康府至绍兴，初因地之宜，以两浙之粟供行在，以江东之粟饷淮东，以江西之粟饷淮西，荆湖之粟饷鄂岳，荆南量所用之粟责漕臣将输，而归其余于行在。

三十年，定制，科拨上供米、鄂兵岁用米四十五万余石，于全、永、郴、邵、道、衡、潭、鄂、鼎科拨；荆南兵岁用米九万六千石，于德安、荆南、沣、纯、潭、复、荆门、汉阳科拨；池州兵岁用米十四万四千石，于吉、信、南安科拨；建康兵岁用米五十五万石，羽①洪、江、池、宣、太平、临江、兴国、南康、广德科拨；行在合用米一百一十二万石，就用两浙米外，于建康、太平、宣科拨；其宣州见屯殿前司牧马岁用米，并折输马料三带②石，于本州科拨；其诸路转运司桩发，时计内外诸军岁费米三百万斛，而四川不与焉。

辽圣宗太平九年，燕地饥。户部副使王嘉请造船募习海漕者，移辽东粟饷燕，后因道险不便而止。

金世宗大定初，刘玑同知漕运司事，奏言："漕户顾直太高，虚费官物，宜酌量裁损。若减三之一，岁可省官钱一十五万余贯。"

宣宗元光元年六月，造舟运陕西粮，由大庆关渡，以抵湖城。

哀宗天兴元年八月，发丁壮五千人运粮以饷喀齐喀。喀齐喀时为枢密使，将兵应完颜锡林等自汝州急入援，故饷之。

元世祖中统四年，诏："北京运米五千石赴开平，其车牛之费并从官给。"

至元十三年，遣泸州屯田军四千转漕重庆。丞相巴颜献海运策，江南之粮分为春夏二运。当巴颜平江南时，尝命朱清、张瑄等以宋库藏图籍，自崇明州从海道载入京师，而运粮则自浙江涉江入淮，由黄河逆水至平滦旱站，陆运至淇门入御河，以达于京。后又开济州泗河，自淮至新开河，由大清河至利津河入海。因海口沙壅，又从东河旱站运至临清入御河。又开胶莱河道通海，劳费不赀，卒无成功。

十九年，巴颜追忆海道载宋图籍之事，以为海运可行，于是请于朝廷，命上海总管罗璧、朱清、张瑄等造平底海船六十艘，运粮四万六千余石，从海道至京师。然创行海洋，沿山求澳③，风信失时，明年始至直沽。时朝廷尚未知其利。是年十二月，立京畿江淮都漕运司二，仍各置分司以督纲运。每岁令江淮漕运司运粮至平滦，京畿漕运司自平滦运至

---

① 羽，应为"于"，可参见《宋史·食货志》。
② 带，应为"万"，可参见《宋史·食货志》。
③ 澳，海岸弯曲可以停船处。

大都。

二十年，又用王积翁议，令阿巴齐等广开新河。然新河候潮以入，船多损坏，民亦苦之。而蒙古岱所督海运之舟悉皆至焉，于是罢开新河，颇事海运。立万户府二，以朱清为中万户，张瑄为千户，蒙古岱为万户府达噜噶齐。未几，又分新河军士水手及船，于扬州、平滦两处运粮。命三省造船二千艘，于济州河运粮，犹未专于海道也。济州役夫万二千人。初，江淮岁漕米百万石，于京师海运十万，胶莱六十万石，而济之所运三十万石，水浅舟不能达。更以百石之舟运用四人，故夫数增多。

二十四年，始立行泉府司，专掌海运。增置万户府二，遂罢东平河运粮。

二十五年，内外分置漕运司二，其在外者，于河西务置司领接运海道粮事。

二十八年，又用朱清、张瑄之请，并各府为都漕运万户府，止令清、瑄二人掌之。其属有千户、百户等官，分为各翼，以督岁运。

先是，中统二十九年，从郭守敬言，开通惠河。守敬尝陈水利十一事：其一，欲道昌平县白浮村神仙泉过双塔、榆河，引一亩、玉泉诸水入城，汇于积水潭，从东折而南入旧河，每十里置一闸，以时蓄泄。帝称善。复置都水监，命守敬领之。丞相以下，皆亲操畚锸为之倡，置闸之处，往往于地中得旧时砖木，人服其识。逾年毕工，自是免都民旱运之劳，上悦，赐名通惠。

武宗至大四年，遣官至江浙议海运事。时江东宁国、池、饶、建康等处运粮，率令海船从扬子江逆流而上，江水湍急，又多石矶，走砂涨浅，粮船俱坏，岁岁有之。又湖广、江西之粮运至真州入海船，船大底小，亦非江中所宜。于是以嘉兴、松江秋粮，并江淮、江浙财赋，府岁办粮，悉充海运，海漕之利，至是益博。

初，海运之道，自平江刘家港入海，经扬州路通州海门县黄连沙头、万里长滩开洋，沿山屿而行，抵淮安路盐城县，历西海州、海宁府东海县、密州、胶州界放灵山洋，投东北路，多浅沙，行月余始抵成山，计其水程，自上海至杨村马头，凡一万三千三百五十里。

至元二十九年，朱清等言其路险恶，复开生道，自刘家港开洋，至撑脚沙，转沙嘴至三沙扬子江，过匾担沙、大洪，又过万里长滩放大洋至青水洋。又经黑水洋至成山，过刘岛之罢、沙门二岛①，放莱州大洋抵界河口，其道差为径直，后千户殷明略又开新道，从刘家港入海，至崇明州三沙放洋向东，行入黑水大洋，取成山转西至刘家岛，又至登州沙门岛，放莱州大洋入界河，当舟行风信有时，自浙西至京师，不过旬日而已，视前二道较便。然风不测，船易漂没亦有船坏而弃其米云。

明太祖洪武元年，命浙江、江西及苏州等九府，运粮三百万石于汴梁。已而大将军徐达令忻、崞、代、坚、台五州运粮大同。中书省符下山东行，省募水工发莱州洋海仓饷永平卫。其后海运饷北平、辽东，令户部于苏州太仓储粮二千万石，以备海运，供给辽东。其西北边则浚开封漕河饷陕西，自陕西转饷宁夏、河州。其西南令川、贵纳米中盐，以省远运。于时各路皆就近输，得利便矣。

成祖永乐元年，纳户部尚书郁新言，始用淮船受三百石以上者，道淮及沙河抵陈州颍岐口跌坡，用浅船可载一百石以上者，运至跌坡，别以巨舟入黄河，抵八柳树等处，车运赴卫河输北平，与海运相参。其时，海运粮六十五万一千二百二十石于北京。时车驾数临幸，百费仰给，不止饷边也。淮海运道凡二十二年海运粮四十八万四千八百一十石于通州，又卫河攒运粮四十五万二千七百七十六石于北京，所谓海陆兼运也。自浚会通河，按：会通河浚于九年春二月己未。命工部尚书宋礼、都督周长开会通河。自济宁至临清，旧通舟楫。先是，洪武中，河岸冲缺，河道淤塞，故于河道置八递运所，每所用民丁三千，车二百辆，岁久民困其役。永乐初，屡有言开河便者，上重民力未许。至是，济宁同知潘叔正言："会通河道四百五十余里，其淤塞者三之一，浚而通之，非惟山东之民免转输之劳，实国家无穷之利也。"乃命礼等往视。礼等极言疏浚之便，且言天气和霁，宜及时用工。于是，遣侍郎金纯发山东、直隶、徐州民丁，及应天、镇江等府民丁，并力开浚。民丁皆给粮犒赏，蠲他役及今年田租。命宋礼总督之。功成，以汶、泗为源，汶水出宁阳县，泗水出兖州，至济宁而合，置闸以分其流。南流通于淮，而新开河则居其西，北流由新开河道东昌入临清，计三百八十五里。自济宁至临清置十五闸，以时启闭。又于宁阳筑堽城坝遏汶水，尽入漕河。礼还京上言："会通河源于汶、泗，夏秋霖辽泛溢，则马常泊之流亦入焉。汶、泗合流至济宁分为二，河一入徐州，一入临清，河流深浅，舟楫通塞，系乎泊水之消长。泊水夏秋有余，冬春不足，非经理河源及引别水以益之，必有浅涩之患。今汶河上流，上

---

① 过刘岛之罢、沙门二岛，《元史·食货志》作"过刘岛至之罢、沙门二岛"。

自宁阳县已筑坝堰，使其水尽入新河；东平州之东境有沙河一道，本汶河支流，至十里口，通马常泊，比年流沙淤塞河口，宜及时开浚，况沙河至十里口，故道具存，不必施工。河口当浚者仅三里，河身宜筑堰者计百入十①丈。"从之。功既迄，成乃复命。都督贾义、尚书宋礼以舟师运。礼以海船大者千石，工窳②辄败，乃造浅船五百艘，运淮、扬、徐、兖粮百万，以当海运之数。按：会通河既成后，令浙江嘉、湖、杭与直隶苏、松、常、镇等秋粮，除存留、并起运南京、供内府等项外，其余原坐太仓海运之数，尽改拨运淮安仓交收。扬州、凤阳、淮安三府秋粮内，每岁安拨六十万石，运至徐州仓交收。徐州并山东兖州府秋粮内，每岁定拨三十万石俱令民运，赴济宁仓交收。河南、山东税粮令民运至临清仓交收。仍令浅河船于会通河以三千只支淮安粮，运至济宁仓；以二千只支济宁粮，运赴通州仓。每岁通运四次，其天津并通州等卫各拨官军于通州接运至京，于是海运不复行矣。平江伯陈瑄继之，于各路置仓运以就近官军。而支运之法举行，海陆二运俱废。惟存遮洋船，每岁于河南、山东小摊等水次，兑粮三十万石，十二输天津，十八由直沽入海输蓟州而已。不数年，官军多所调遣，道远数愆期。

宣宗宣德四年，瑄及尚书黄福建议，复支运法，乃令江西、湖广、浙江民运百五十万石于淮安仓，苏、松、宁、池、庐、安、广德民运粮二百七十四万石于徐州仓，应天、常、镇、淮、扬、凤、太、滁、和、徐民运粮二百二十万石于临清仓，令官军接运入京、通二仓。民粮既就近入仓，力大减省，乃量地近远粮多寡，抽民船十一或十三五之一以给官军。惟山东、河南、北直隶则径赴京仓，不用支运。寻令南阳、怀庆、汝宁粮运临清仓，开封、新德、卫辉粮运德州仓。其后山东、河南皆运德州仓。

六年，瑄言江南民运粮诸仓，往返几一年，误农业。令民运至淮安瓜洲，兑与卫所官军，运载至北，给予路费耗米，则军民两便，是为兑运。命群臣会议。吏部蹇义等言：官军兑运民粮加耗则例，以地远近为差，如有兑运不尽，仍令民自运赴诸仓，不愿兑者亦听其自运。军既加耗，又给轻赍银，为洪闸盘拨之费，且得附载他物，皆乐从事。而民亦多以远运为艰，于是兑运者多，而支运益少，计运粮之数四百万石，京仓贮十四，通仓贮十六。

英宗正统初，计四百五十万石，而兑运者二百八十万余石。淮、徐、

---

① 入十，应为"八十"。可参见《明史纪事本末·河槽转运》。
② 工窳，施工粗劣。

临、德四仓支运者十之三四耳。土木之变，复尽留山东、直隶军操备，苏松等府运粮仍属民。

景帝景泰六年，乃复军运。宪宗成化初，以运粮未有定额，乃定制四百万石。

七年，乃有改兑之议。时应天巡抚滕昭令运军赴江南水次交兑，加耗外，复石增米一斗为渡江费。后数年，帝乃命淮、徐、临、德四仓支运七十万石之米，悉改水次交兑，由是悉变改兑。而官军长运，遂为定制。

孝宗弘治五年，户部尚书叶淇言："苏、松诸府连岁荒歉，民买漕米每石银二两，而北直隶、山东、河南岁供宣大二边粮料，每石亦银一两。去岁苏州兑运已折五十万石，每石银一两，今请推行于诸府而稍差其直，灾重者石七钱，稍轻者石仍一两，俱解部转发各边，抵北直隶三处岁供之数，而供三处本色，以输京仓，费省而事易集。"从之。自后，岁灾辄权且折银，而折价以六七钱为率，无复至一两者。

穆宗隆庆中，运道艰阻，议者欲开胶莱河复海运，由淮安清浦口历新坝、马家壕至海仓口，径抵直沽，止循海套，不泛大洋。疏上，遣官勘报，以水多沙迹而止。

神宗万历时，折银渐多。

三十年，漕运抵京仅百三十八万余石，而抚臣议截留漕米以济河工。仓场侍郎赵世卿争之，言太仓入不当出，计二年后，六军万姓将待新漕举炊，倘输纳愆期，势事不可问矣。原其初，灾伤折银，本折漕粮，以抵京军月俸，其后更以给边饷，世卿故力争之。自后仓储渐匮，漕政益弛矣。

臣等谨按：漕运之制，必视水道所宜，以裕民而益国。唐都关中，置转输之仓，由江、淮、汴河以达于渭。宋都大梁，以四河通漕运，皆行水之正道也。至元人始重海运，其讲求海道，沿山求澳，与夫相风避碛之法，可谓备矣。今考之元史，至元二十八年，漂米至二十四万五千有奇。至大三年，漂米至二十万九千有奇。而每岁漂溺以什百千万计者不与焉。原其立法之初，本欲省经费而罢牵挽，究乃举仓庾之正供及转漕之官吏士卒，悉弃诸不测之渊，利害昭然，无俟较量。然终元之世，不能废海运者，以运渠未浚，舍此更无以便漕也。自明臣宋礼、陈瑄等浚会通河以通漕舟后，复改为兑运，省民间输挽之劳，仓储正额岁有常经，不同海运之轻为尝试。至天启以后，徐鸿儒、李青山相继为乱，有司剿治无方，运道为梗。沈廷扬复议海运，终于难行。明末纲纪不振，即此可见矣。

## 盐铁：唐、五代、宋、辽、金、元、明

唐肃宗乾元二年，盐铁铸钱使第五琦立盐法，就山海、井灶近利之地置监院，游民业盐者为亭户，免杂徭，盗鬻者论以法。及琦为诸州榷盐铁使，尽榷天下盐，斗加时价百钱而出之。及刘晏为盐铁使，复上盐法轻重之宜，出盐之乡，因旧监置吏，户①粜商人，纵其所之。江岭去盐远者有常平盐，每商人不至，则减价以粜民，官收厚利而人不知贵。晏又以盐生霖潦则卤薄，暵旱则土溜坟②，乃随时为令，遣吏晓导，倍于劝农。吴、越、扬、楚盐廪至数千，积盐二万余石。有涟水、湖州、越州、杭州四场，嘉兴、海陵、盐城、新亭、临平、兰亭、永嘉、太昌、侯官、富都十监，岁得钱百余万缗，以当百余州之赋。晏之始至也，盐利岁四十万缗，至代宗大历末六百余万缗，天下之赋，盐利居半，宫闱服御、军饷、百官俸禄皆仰给焉。至包佶为汴东水陆运两税盐铁使，屡更其法，盐估益贵，商人乘时射利，远乡贫民困高估，至有淡食者。其后军费日增，盐价浸贵，有以谷一斗易盐一升。

宪宗元和时，盐铁使李锜奏减江淮盐价。然锜多专利于己，旋以罪诛，仍增所减盐价。至李巽为盐铁使，始复刘晏之制。

后唐庄宗同光三年，敕："应税盐钱，宜令租庸司指挥，并准元征本色输纳，不得更改折纳之法。"

明宗为监国，下教百姓合散蚕盐，每岁祇二月内一度俵散，依夏税限纳钱。

长兴元年，制曰："应天下府州所征各税，土地节气，各有早晚，访闻天下州县官吏，于省限前预先征促，致百姓生持送纳，博买供输，既不利其生民。今特议其改革，宜令所司更展期限。"于是户部奏："三京、邺都、诸道州府，逐年所征盐曲起征条流内，河南府、华、耀、陕、绛、郑、孟、怀、陈、齐、棣、延、兖、沂、徐、宿、汝、申、安、滑、濮、澶、商、襄、均、房、雍、许、邢、邓、雒、磁、唐、随、郢、蔡、同、郓、魏、汴、颍、复、曹、鄜、宋、亳、蒲等州，节候常早，其蚕盐六月

---

① 户，《新唐书·食货志》作"亭户"。
② 此句意为雨水过多，会带走盐碱土中的盐分，使土中盐的含量降低。应乘天气晴热，将盐碱土堆成排的土堆，慢慢浇水，淋出卤汁煮盐。

五日起征，至八月二十日纳足。幽、定、镇、沧、晋、隰、燕、密、青、登、淄、莱、邠、宁、庆、衍等州，节候较晚，蚕盐六月十日起征，八月二十五日纳足。"

晋高祖天福中，以百姓犯盐禁，乃以食盐钱于诸道计户配之，作五等，令人逐便兴贩。其后盐货顿贱，乃重置税。

周世宗显德三年，敕："齐州管内，元于秋苗上俵配蚕盐，谓之察头盐，每一石征钱三千文。苗亩虽减于旧时，盐数不少于往日。且闻黎庶颇亦艰辛，其沧、棣、滨、淄、青五州管内，祈请蚕盐每一石征绢一匹，地里相接，苦乐顿殊，输轻者量与增添，赋重者时宜蠲减，庶无偏党，用示均平。其齐州所纳盐价钱，特与减放一半，只征钱一千五百文；其沧、棣、滨、淄、青等州，每盐一石，旧征绢一匹起，来年后加一匹。"

宋自削平诸国，天下盐利皆归县官，官鬻通商，随州郡所宜。然亦变革不常，而尤重私贩之禁。凡禁榷之地，官立标识候望以晓民。其颗盐通商之地，京西则蔡、襄、邓、随、唐、金、房、均、郢州，光化、信阳军。陕西则京兆、凤翔府，同、华、耀、乾、商、泾、原、邠、宁、仪、渭、鄜、坊、丹、延、环、庆、秦、陇、凤、阶、成州，保安、镇戎军，及澶州诸县之在河北者。其末盐通商之地，京东则登、莱州，河北则大名、真定府，贝、冀、相、卫、邢、洺、深、赵、沧、磁、德、博、棣、祁、定、保、瀛、莫、雄、霸州，德清、通利、永静、乾宁、定远、保定、广信、安肃永定军。唯益州煮井盐，禁不得出川峡。

真宗咸平中，度支使梁鼎言："陕西沿边解盐，请勿通商，官自鬻之。"诏以鼎为陕西制置使。又以内殿崇班杜承睿同制置陕西青白盐事。承睿言："鄜、延、环、庆、仪、渭等州，自禁青盐之后，今商人入刍粟，运解盐于边货鬻，其直青盐不至相悬①，是以民食贱盐颇知畏法，而蕃部青盐难售。今闻运解盐于边欲与内地同价，边民必冒法图利，却入蕃界私贩青盐，是助寇资而结民怨矣。"既又有上疏言其不便者，鼎请候至边部斡运。及乘传至解池，即禁止商贩，旋运盐赴边，公私大有烦费，而边民顿无入市，物论纷扰。于是命判盐铁句院林特、知永兴军张咏详议，以为公私非便，请复旧商贩。诏切责鼎，罢度支使。后定制，禁榷之地，

---

① 其直青盐不至相悬，《宋史·食货志》作"其直与青盐不至相悬"，较易理解。

皆官役相互①衙前及民夫，谓之帖头，水陆漕运。而通商州军，并边秦、延、环、庆、渭、原、保安、镇戎、德顺，又募人入中刍粟，以盐偿之。继又以禁榷之法，赋税反致不给军官辇运，百姓困于转输。

仁宗天圣八年，上书者言，县官禁盐，得利微而为害博。两池积盐为阜，其上生木合抱，数莫可较，宜听通商，平估以售，可以宽民力。诏翰林学士盛度、御史中丞王随议，更其制度。因条奏通商五利，上之曰："方禁商时，伐木造船辇运，兵民不胜疲劳，今去其弊，一利也；陆运既差帖头，又役军户，贫人惧役，连岁逋逃，今悉罢之，二利也；船运有沈溺之患，纲吏侵盗，杂以泥沙硝石，其味苦恶，今皆得食真盐，三利也；钱币国之货泉，欲使流通，富家多藏镪不出，民用益蹙，今岁得商人出缗钱六十余万助经费，四利也；岁减盐官、兵卒、畦夫佣作之给，五利也。"十月，诏罢三京二十八州军榷法，听商人入钱若金银。其法既定，岁课顿增。

庆历中，复行禁榷之法，兵民辇运不胜其苦，州郡骚然，法又大坏。太常博士范祥极言其弊。以祥为陕西提点刑狱兼制置解盐事，使推行之。其法：旧禁盐地一切通商，听盐入蜀。罢九州军入中刍粟，令入实钱，偿以盐，视入钱州军远近及所指东西南盐，第优其直②。东南盐又听入钱，授以要卷，即池验券，按数而出，尽弛兵民辇运之役。又以延、庆、环、渭、原、保安、镇戎、德顺地进乌白池③，奸人私以青白盐入塞，侵利乱法。乃募人入中池盐，予券优其估，还以池盐偿之，以所入盐官自出鬻，禁人私售，峻青、白盐之禁。又令三京及河中、河阳、陕、虢、解、晋、绛、濮、庆成、广济，官仍鬻盐，须商贾流通乃止。行之数年，黠商贪贾无所侥幸，关中之民得安其业，公私便之。其后祥缘事罢职，以转运使李恭代之。并边复听入刍粟以当实钱，而虚估之弊滋长，券直亦从而贱，岁损官课无虑百万。三司使张方平及包拯请复用祥，乃复以祥总盐事，法又复旧。

神宗时，王安石当国，复为官卖，民间骚怨，安石去位乃罢。之后，沈希颜复行安石之法，侍御史黄降劾之，又复旧制通商。

徽宗宣和三年，大改盐法，旧税盐并易为钞盐。凡未卖税盐钞引，及

---

① 相互，《宋史·食货志》作"乡户"。
② 第优其直，依次给予价格优惠。
③ 地进乌白池，《宋史·食货志》作"地近乌白池"。

已清算或到仓已投暨未投者,并赴榷货务,改给新法钞引,方许通贩。南渡以后,虽屡改钞法,而日久弊生。

理宗端平二年,都省言:"淮浙岁额盐九十七万四千余袋,近二三年积亏一百余袋①,民食贵盐,公私俱病。"有旨,三路提举茶盐司各置主管文字一员,专以兴复盐额、收买散盐为务。

辽太祖时,以所得汉民数多,即八部中,分古汉城别为一部,治城在炭山南,有盐池之利,即后魏滑盐县也,八部皆取食之。及征幽蓟还,次于和拉泺,命取盐给军,自后泺中盐益多,上下足用。

太宗会同初,晋献十六州地,而瀛、莫在焉,始得河间煮海之利,置榷盐院于香河县,于是燕云迤北暂得沧盐,一时产盐之地,如渤海、镇城、海阳、丰州、阳洛城、广济湖等处,五京计司各以其地领之。

金地滨海多产盐。上京、东北二路食肇州盐,率宾路②食海盐,临潢之北有大盐泺,乌库哩实垒部有盐池,皆足以食境内之民,尝征其税。及得中土,盐场倍之,故设官立法加详。

世宗大定以后,定制,置山东、沧、宝坻、莒、解、北京、西京七盐司,定军私煮盐及盗官盐之法,命明安穆昆巡捕,凡部族值饥岁,罢其盐池税。

章宗时,谕有司曰:"比因猎,知百姓多有盐禁获罪者,民何以堪?宜从平、滦均办例,令民自煎。"诏百官议之。户部尚书邓俨等谓:"若令民计口定课,民既输干办钱,又必别市而食,是重费民财,而徒增煎贩之利。且今之盐价,盖昔日钱币易得时之所定,今昔不同。况太平日久,户口蕃息,食盐税课,宜有羡增,而反无之,何哉?缘官估高,贫民利私盐之贱,致亏官课尔。近已减宝坻、山东、沧盐价,所售必多,自有羡余。乞令平、滦干办盐课,亦宜减价,各路巡盐弓手,不得自专巡补③,庶革诬罔之弊。"礼部尚书李晏亦请减价,使公私价同。而刑部尚书郭邦杰、左谏议大夫图克坦镒皆请干办,宰臣复集议,以减价为是。其盐官出巡,约所属同往,不同获者不坐。上命宝坻、山东、沧盐每斤减价,余从

---

① 一百余袋,《宋史·食货志》作"一百余万袋",当是。
② 率宾路,《金史·食货志》作"速频路"。
③ 巡补,《金史·食货志》作"巡捕"。

所请。又以大理司直伊喇久胜努、广宁推官宋宸议北京、辽东盐司利病，复置北京、辽东盐使司。

承安三年，尚书省奏："盐利至大，今天下户口蕃息，食者倍于前，军储支引者不甚多，况日用不可阙之物，岂以价之低昂而有多寡，若不随时取利则失矣。"于是，各盐司俱酌增其价。

泰和四年，以七盐司课额七年一定为制，每斤增其价。后以涿州刺史瓜尔佳博诺言，以莱州民所纳盐钱，听输丝绵银钞。

宣宗贞祐二年，户部言，阳武、延津、原武、荥泽、河阴诸县饶咸卤，民私煎不能禁。遂诏置场，设判官、管句各一员，隶户部。河东南权宣抚副使乌库哩庆寿言："河中乏粮，既不能济，而又邀籴①以夺之。夫盐乃官物，有司陆运至河，复以舟达京兆、凤翔，以与商人贸易，艰得而甚劳。而陕西行部，每石复邀籴二斗，是官物而自籴也。夫转盐易物，本济河中，而陕西复强取之，非夺而何？乞彼此悉听民便，则公私皆济。"上从之。

兴定中，以延安行六部员外郎卢进建言："绥德之嗣武城、义合、克戎寨近河地多产盐，请设盐场管句一员，输钱以佐军。诏用其言，设官鬻盐给边用。"又以李复亨言："以河中西岸解盐旧所易粟麦充关东之运。"寻命解盐不得通陕西，以北方有警，河禁方急也。

元光二年，内族鄂和言，民运解盐，有助军食，诏修石墙以固之。

元制，盐法各路异其制，大抵皆因时制宜，随时捄②弊。

其大都之盐。顺帝元统二年，御史台奏："窃睹京畿民居繁盛，日用盐不可阙。大德中，因商贩把握行市，民食贵盐，乃置局设官卖之。泰定间，因所在局官不得其人，在上者失于钤束，致有短少之弊。于是巨商趋利者营属当道，以局官侵盗为由，辄奏罢之。复从民贩卖，无籍之徒私相犯界煎卖，独受其利，官课为所侵碍，而民食贵盐益甚，贫者多不得食，甚不副朝廷恤民之意，宜仍旧设局，官为发卖。"省部议如所奏，于南北二城置十有五处，每局日卖十引，设卖盐官二员，以岁一周为满，责其奉公发卖。

---

① 邀籴，拦截强买。
② 捄，同"救"。

至正三年，监察御史王思诚、侯思礼等建言："京师自大德七年设官卖盐，法久弊生。其起运在船，则有侵盗渗溺之患，到局则有和杂灰土之弊。官盐起运，凡运司所遣之人，擅作威福，南抵临清，北自通州，所至索截，河道舟楫往来，无不被扰。又其舟小而不固，渗漏侵盗，弊病多端。当时设局置官，但为民食贵盐，殊不料官卖之弊，反不如商贩之贱。宜将元设监局，合准革罢，听从客旅兴贩。"奏上，如所议行。

其余各路行盐之处，如河间、山东、陕西、河东、辽阳、两淮、两浙、福建、广东、广海、四川诸路，俱商贩而办其课，至岁额多寡，往往随时酌定，或以运司领其事，或兼辖于行御史台，及行中书省，皆无定制，祇以合时宜也。

明太祖初起即立盐法，置局设官，令商人贩鬻，二十取一以资军饷，既而倍征之。寻用胡深言，复初制。后于产盐之地，次第设官，其盐一引，岁额多随时酌办，因所产之地，制法不同，故课亦各有多少。解州之盐，风水所结。宁夏之盐，刮地得之。淮浙之盐，熬波。川滇之盐，汲井。闽粤之盐，积卤。淮南之盐，煎。淮北之盐，晒。山东之盐，有煎有晒。按：畿辅通志，明洪武初年，长芦岁办盐引，即有正课。正统中议准，长芦盐课，量场分远近为四等，召商中卖云。然明代盐法，莫善于开中。

洪武三年，山西行省言："请令商人于大同仓入米一石，太原仓入米一石三斗，给淮盐一小引，商人鬻毕，即以原引赴所在官司缴之，如此则转运费省，而边储充。"帝从之。召商输粮而与之盐，谓之开中。其后各行省边境，多召商中盐以为军储，盬法、边计相辅而行①。

四年，定中盐例，输米临濠、开封、陈桥、襄阳、安陆、荆州、归州、大同、太原、孟津、北平、河南府、陈州、北通州诸仓，计道里近远，自五石至一石有差，先后增减，则例不一，率视时缓急，米直高下，纳者利否，道远地险则减而轻之。编置勘合及底簿，发各布政司及都司卫所，商纳粮毕，书所纳粮，及应支盐数，赍赴各转运提举司照数支盐，其法颇善。

成祖即位，以北京诸卫粮乏，悉停天下中盐，专于京卫开中，唯云南金齿卫、楚雄府，四川盐井卫，陕西甘州卫开中如故。不数年，京卫粮米

---

① 盬法，关于食盐生产交换的管理方法。盬，本意为未经熬制的盐。

充羡。而大军征安南多费，甘肃军粮不敷，百姓疲于转运，迨安南新附，饷益难继，于是诸所复召商中盐，他边地复以次及矣。

仁宗立，以钞法不通，议所以敛之之道。户部尚书夏原吉请令有钞之家中盐。

宣宗宣德元年，停中钞例。

三年，夏原吉以北京官吏、军匠粮饷不支，条上预备策，言中盐旧例太重，商贾少至，请更定之。乃定每引自二斗五升至一斗五升有差，召商纳米北京。

英宗正统三年，宁夏总兵官史昭以边军缺马，而延庆、平凉官吏军民多养马，乃奏请纳马中盐，上马一匹与盐百引，次马八十引，卫而①定边诸卫递增二十引。其后河州中纳者，上马二十五引，中减五引；松潘中纳者上马三十五引，中减十引。久之，复如初制。中马之始，验马乃挈②盐，既而纳银于官以市马，银入布政司，宗禄、屯粮、修边、振济，展转支销，银尽而马不至，而边储亦自此告匮矣。于是召商中淮、浙、常芦盐以纳之。令甘肃中盐者，淮盐十七，浙盐十三。淮盐唯纳米麦，浙盐兼收豌豆、青稞。淮盐直贵，商多趋之，故令淮、浙兼中。然旧例中盐，户部出榜召商，无径奏者。富人吕铭等托势要奏中两淮存积盐，中旨允之。户部尚书马昂不能执正，盐法之坏自此始。由是势豪多挽中，商人失利，江南北私贩愈多，课亦渐减。

宪宗末，宦侍窃势，奏讨淮、浙盐无算③，两淮积久至五百余万引，商引壅滞。户部及巡盐御史屡有建白，终无补益。后清理两淮盐法，侍郎请令商人买余盐补官引，按：余盐乃灶户正课外所余之盐，或系不取正课者。且停各边开中。盖以余盐补充正课，而盐法一小变。然是后余盐盛行，正盐守支日久，愿中者少，余盐第领④勘合，实时支卖，愿中者多。自弘治时以余盐补正课，初以偿逋课，后令商人纳价输部济边。

至世宗嘉靖时，延绥用兵，辽左缺饷，尽发两淮余盐之引于二边开中，自是余盐行。又设处置科罚名色，于是正盐未派，先估余盐，商灶俱困。给事中管怀理言："盐法之坏，其弊有六：开中不时，米价腾贵，召

---

① 卫而，《明史·食货志》作"既而"，似是。
② 挈，抽取。
③ 无算，数量很大，无准确统计。
④ 第领，依次领取。

籴之难也；势豪大家，专擅利权，报中之难也；官司科罚，吏胥侵索，输纳之难也；下场挨掣，动以数年，守支之难也；定价太昂，息不偿本，取赢之难也；私盐四出，官盐不行，市易之难也。有此六难，正课壅矣。而司计者因设余盐以佐之，余盐利厚商固乐从，然不以开边，而以解部，虽岁入巨万，无益军需。尝考祖宗时，商人中盐纳价甚轻，而灶户煎盐工本甚厚。今盐价十倍于前，而工本不能十一，何以禁私盐使不行也。故欲通盐法，必先处余盐；欲处余盐，必多减正价。大抵正盐贱，则私贩自息。定价之后，不必解赴大仓，俱令开中，阙支余盐以尽收为度。正盐价轻既利于商，余盐收尽又利于灶。未有商灶既利，而国课不充者也。"事下所司，户部复以为余盐银仍解部如故，而边饷益虚矣。

神宗万历二十六年，以鸿胪寺主簿田应璧奏，命中官鲁保鬻没官余盐，给事中包见捷极陈利害，不听。保既视事，遂议开存积盐。户部尚书杨俊民言："明旨核没官盐而存积，非没官也。额外加增，必亏正课。保奏不可从。"御史马从聘亦争之，俱不听。保乃开存积盐，越次超掣①，压正盐不行，商民大扰，而奸人争起。董珷、吴应麒等争言盐利，山西、福建诸税盐皆领盐课，而盐法更坏。

至庄烈帝崇祯中，给事中黄承昊条上盐政，颇欲有所厘革，时兵饷大绌，迄不能行。


铁课自宋时稍弛，无一定税法。孝宗乾道四年，谢师稷为福建提刑，奏免输铁叶钱。

辽太祖父色勒迪始置铁冶，教鼓铸。太祖并室韦，其地产铜铁，其人善作铜铁器。又有哈准部多铁，部置三冶。及征幽蓟，师还，次山麓得银铁，命置冶。后得东平县，本汉襄平县故地，产铁，置采炼者三百户，随赋供纳。及征渤河，迁其民于辽城，建常乐县，民四千户，令一千户纳铁。又广州本渤海铁利府，太祖改曰铁利州，亦多铁，置冶。

兴宗重熙二年，禁夏国使沿路私市金铁。

道宗清宁八年，禁南京不得私货铁。

咸雍六年，禁鬻生熟铁于回纥卓木布等界。

---

① 越次超掣，不按次序发放盐引。

金太祖开国之初，税牛具、耕器。

海陵正隆三年，遣使检视诸路铁冶。

章宗泰和时，李复亨奏："民间销毁农具以给军器，臣窃以为未便。汝州鲁山、保丰，邓州南①皆产铁，募工置冶，可以获利，且不厉民。"从之。

元世祖中统三年，诸王塔齐尔请置铁冶。从之。六月，敕："武宁军岁输所产铁。"又立小峪、芦子、武宁军、赤泥泉铁冶四所。

至元四年，阿哈玛特请兴河南等处铁冶，以漏籍户一万八千八百、附籍四千三百各处起冶，岁课铁四百八十万七十斤。又礼部尚书摩和纳领已括户三千兴煽铁冶，岁输铁一百三万七十斤，就铸农器二十万事，易粟四万石输官。河南随处城邑市铁之家，令仍旧鼓铸。

十二年，阿哈玛特等以军兴，国用不足，议复立都转运司，量增课程元额，鼓铸铁器，官为局卖。又立铁冶总管府。从綦公直言，设冶场于伯什巴里，鼓铸农器。

成宗元贞元年，又置河东、山西铁冶提举司。

武宗至大元年，罢顺德、广平铁冶提举司，听民自便，有司税之如旧。后各路所设铁冶官或归中政院，或仍以其事隶有司，或以年饥而免其课，皆因时制宜，无定制也。然设法较各代差详②，其铁之等亦不一，有生黄铁，生青铁，青瓜铁，简铁，其制铁法亦有引，如盐例。禁私贩之条，较盐法稍轻云。

明太祖洪武六年，置江西进贤、新喻、分宜，湖广兴国、黄梅，山东莱芜，广东阳山，陕西巩昌，山西吉州二，太原、泽、潞各一，凡十三所，岁输铁七百四十六万余斤。河南、四川亦有铁冶，继又益以茶陵。

十五年，广平吏王允道言："磁州产铁，元时置官，岁收百余万斤，请如旧。"帝以民生甫定，复设必重扰，杖而流之海外。

十八年，罢各布政司铁冶。既而工部言，山西交城产云子铁，旧贡十万斤，缮治③兵器，他处无有。乃复设。已而武昌、吉州以次复焉。后以

---

① 邓州南，《金史·李复亨传》作"邓州南阳"，应是。
② 差详，大致还算详尽。
③ 缮治，修理，整治。

工部言，复尽开，令民得自采炼，每三十分取其二。

永乐时，设四川龙州、辽东都司三万卫铁冶。

孝宗弘治十七年，广东归善县请开铁冶，有司课外索赂，因以致乱，旋复讨平。

武宗正德十四年，广州置铁厂，以盐课提举司领之，禁私贩如盐例。

世宗嘉靖三十四年，开建宁延平诸府铁冶。

隆万以后，率因旧制，未尝特开，恐致扰也。

# 卷十五　食货

**榷酤醋税附：唐、五代、宋**

唐德宗贞元二年，复禁京城畿县酒。天下置肆以酤者，每斗榷百五十钱。

宪宗元和六年，京兆府奏："榷酒钱除出正酒户外，一切随两税青苗钱，据贯均率。"从之。

十二年，户部奏："准敕文，如配户出榷酒钱处，即不得更置官店榷户①，其中或恐诸州府先有不配户出钱者，即须榷酤，请委州府长官据当处钱额，约米曲时价收利，应额足即止。"

武宗会昌六年，敕扬州等八道州府置榷曲，并置官店酤酒，代百姓纳榷酒钱，并充资助军用。

昭宗世，以用度不足，易京畿边镇曲法，并榷酒以赡军。凤翔节度使李茂贞方专其利，按兵请入奏利害，天子遽罢之。

梁太祖开平三年，敕听诸道州府百姓自造曲，官中不禁。

后唐明宗天成三年，敕："三京、邺都诸道州府乡村人户，今后于夏秋田苗上，每亩纳曲钱一，任百姓造曲酝酒供家，其钱随夏秋征纳。其京都及诸道州、府、县、镇、坊界及关城草市内，应逐年买官钱酒户②，便许自造曲酝酒货卖。"

长兴二年，放曲钱官中，自造曲，逐州减旧价一半，在城货卖，除在城居人不得私造外，乡村人户或祇供家用，一任私造。令下，人甚便之。

周世宗显德四年，敕停罢先置卖曲都务，乡村人户今后并许自造米醋，及买槽③造醋供食。仍许于本州县界酤卖。按：吴曾《能改斋漫录》所榷

---

① 榷户，《文献通考·征榷考》作"榷酤"，较此为通。
② 买官钱酒户，《旧五代史·食货志》作"买官曲酒户"。
③ 槽，《文献通考·征榷考》《册府元龟·邦计部》皆作"糟"，应是。

苦酒，即醋，则五代以前不榷酒，即醋亦榷也。

宋榷酤之制。诸州城内皆置务酿酒。县镇乡间或许民酿而定其课。若有遗利，所在多请官酤。三京官造曲，听民纳直以取。陈、滑、蔡、颍、随、郢、邓、金、房州，信阳军，旧皆不榷。

太宗太平兴国初，京西转运使程能请榷之，所在置官吏局署，取民租米麦给酿，以官钱市新榷①及吏工奉料，所获无几，而主吏规其盈羡，及酝齐不良，酒多漓薄，至量户大小令酤，民被其害。

太宗知其弊，淳化五年，诏："募民自酿输官钱，减常课三之二，使其易办。"

真宗咸平以后，其榷酤岁课如曲钱之制。附两税均率。

先是募民掌榷②，太宗雍熙二年，诏曰："有司请罢杭州榷酤，使豪举之家坐专其利，贫弱之户岁责所输，本欲惠民，乃成侵扰，宜仍旧榷酒，罢纳所均钱。"

真宗天禧四年，转运副使方仲荀言："本道酒课旧额十四万贯，遗利尚多。"乃岁增课九万八千贯。初，著作郎张师德使淮南上言，乡村酒户，年额少者望并停废。从之。

乾兴初，言者谓诸路酒课所增，无有艺极，非古者禁群饮教节用之义。遂诏乡村毋得增置酒场。

仁宗庆历间，三司言，陕西用兵，尤资榷酤之利，请较监临官，岁课增者第赏之。继令萧定基、王琪等商度利害。初，酒场有课不登州县，多责衙前，或伍保输钱，以充其数，嘉祐后数戒止之。

英宗治平四年，手诏蠲京师酒户所负榷钱十六万缗。又江南所增酒场，强率人酤酒者禁止。

神宗熙宁三年，诏："诸郡遇节序毋得以酒相馈。"初，知渭州蔡挺言："陕西有酝公使酒交遗，至逾二十驿，道路烦苦。"诏禁之。至是都官郎中沈行复言，知莫州柴贻范馈他州酒至九百余瓶，用兵夫逾一百人，故并诸路禁焉。

四年，令式所删定官周直孺言："在京曲院酒户鬻酒亏额，原于曲数

---

① 榷，木柴。
② 先是募民掌榷，《宋史·食货志》作"两浙旧募民掌榷"，较此明确。

多则酒亦多，多则价贱，贱则损利。为今之法，宜减数增价，使酒有限而必售。请以百八十万斤为定额，遇闰则增十五万斤。"后乃令外居宗室，酒止许于旧官院寄酝。

哲宗绍圣二年，左司谏翟思言，诸郡酿酒，非沿边郡者请并复熙宁之数。诏："熙宁五年以前，诸郡不酿酒，及有公使钱而无酒者，所酿并依《熙宁编敕》数。仍令诸所减勿逾百石，旧不及数者如旧，毋得于例外供馈。"后又以陕西沿边官监酒务所课不足，乃令边郡非帅府并酌条制定酿酒数，诸将并城砦止许于官务寄酿。

徽宗大观四年，以两浙转运之请，官监鬻糟钱别立额比较。又诏诸郡榷酒之地，酒米并别遣仓官督之。渡江后，屈于养兵，随时增课。

高宗建炎三年，总领四川财赋赵开，遂大变酒法，自成都始先罢公帑，实供给酒，即旧坊场设官主之，民以米付之于官自酿，计斛输钱①。

明年，遍下其法于四路。其课增至六百九十余万缗。凡官糟四百所，私店不与焉。于是，东南酒额，亦日加增。先是酒有定价，每增须上请。是后郡县始自增，而价不一。

绍兴七年，以户部尚书章谊等言，行在置赡军酒库后，又改为赡军激赏酒库。自军兴以来，诸帅擅榷酤之利，绍兴末始归县官。

孝宗乾道元年，以浙东西犒赏库六十四，隶三衙，输库于左藏南库，余钱充随年赡军及造军器之需。按：《宋会要》：大郡课多者，除钱之外，又有丝绢布之类。史志不载，或以偶行之法也。

榷醋之制。徽宗崇宁二年，知涟水军钱景允言："建立学舍，请以承买醋坊钱给用。"诏常平司，计无害公费，如所请。仍令他路准行之。初，元祐臣僚请罢榷醋，户部为②本无禁文。后翟思请以诸郡醋坊日息用，余悉归常平，至是景允有请，故令常平计之。

徽宗大观四年，诏诸郡榷酒之地，入出酒米，并别遣仓官。卖醋毋得越郡城五里外。凡县、镇、村并禁，其息悉归转运司，旧属常平者如故。

辽制，酒税皆赴纳上京。辽东新附之地，不榷酤。又禁职官不得擅造酒糜谷，有事用酒，则有司给文始听。

---

① 即由民户到酒坊用自己的米酿酒，交纳禁榷管理共用。
② 户部为，《宋史·食货志》作"户部谓"，较此为通。

金榷酤之法，多因宋、辽之旧。

太宗天会三年，始命榷官以周岁为满。

十三年，熙宗即位，诏公私禁酒。

世宗大定三年，诏："宗室私酿者，从转运使鞫治。"省奏，中都酒户多逃，以故课额愈亏。上曰："此官不严禁私酿所致也。"命设军百人，隶兵马司，同酒使副合千人巡察，虽权要家，亦许搜索。奴婢犯禁，杖其主百。并令大兴少尹招复酒户。

二十七年，议以天下院务依中都例，改收曲课，而听民酤。户部遣官询问，辽东来远军，南京路新息、虞城，西京路西京酒使司、白登县、达喇部族、天城县七处，除税课外，愿自承课卖酒。上曰："自昔监官多私官钱，若令百姓承办，庶革此弊，其试行之。"

章宗承安五年，省奏："随处酒税务所设杓栏人，以射粮军历过随朝差役者充，大定中罢去。其随朝应役军人，各给添支钱粟酬之。今拟将元收杓栏钱，以代添支，令各院务验所收之数，百分取三，随课代输，以佐国用。"

泰和中，令随处酒务元额，上取三分作糟酵钱，又判院务卖酒数各有差，严禁其数外卖焉。

其醋税之法，自大定初以国用不足，设官榷之，以助经用。后府库充牣，罢之。

明昌五年，又设官榷之。寻又罢。

承安三年，以国用浩大，复榷之。五百贯以上设都监，千贯以上设同监。

元太宗时，立酒醋务坊场官榷酤办课，仍以各州府司县长官充提点官，隶征收课税所。后又颁酒曲醋货条禁。

世祖至元十六年，以大都、河间、山东酒醋商税等课并盐运司。

二十二年，诏免农民醋课。又用右丞卢世荣等言，罢上都醋课，其酒课亦改榷酤之制，令酒户自具工本，官司拘买，每石输钞。

二十八年，诏江西酒醋之课不隶茶运司；福建酒醋之课不隶盐运司，皆令有司办之。

二十九年，丞相旺扎勒言："杭州、湖广所办酒课，轻重不均。"于是减杭州省十分之二，令湖广、龙兴、南京三省分办。

成宗大德八年，大都酒课提举司设槽房一百所。

九年，并为三十所。

武宗至大三年，又增为五十四所。其累朝之课程，拨赐诸王公主及各寺者，凡九所云。

臣等谨按：《明史·食货志》及《明会典》诸书独无酒税，盖榷酤之制起于汉，至明代始废云。

## 杂税：唐、五代、宋、辽、金、元、明

唐德宗时，以国用不给，陈京请借富商钱，得五百万缗，以户部侍郎赵赞判度支，总京师豪人田宅、奴婢之估，得八十万缗。又取僦匮纳质钱及粟麦粜于市者①，四取其一，长安为罢市。后又以军用不给，乃税间架，算除陌。其间架法，屋二架为间，或有宅屋多而无他资者，出钱动数百缗。除陌法，公私给予及买卖，每缗留数十钱。给他物及相贸易者，约钱为率，算之。市牙各给印纸，人有买卖，即为署记，日合算之。

文宗开成二年，武宁军节度使薛元赏奏："泗口税场，应是经过衣冠商客金银、羊马、斛㪷、见钱、茶盐、绫绢等，一物已上并税。今量其杂税物，请停绝。"敕行之。

后唐庄宗同光二年，敕："历代以后，除桑田正税外，只有茶盐铜铁出山泽之利，有商税之名，其余诸司并无税额。伪朝已来，通言杂税，有形之类，无税不加，为弊颇深。今则军需尚重，国力未充，犹且权宜，未能全去，仰所司速简勘天下州府户口正额、垦田实数，待凭条理，以息烦苛。"

三年，敕："魏府小菉豆税，每亩与减放三升。"

明宗长兴二年，敕："今后诸州府所纳秆草，每二十束别纳加耗一束，充场司耗折。"

三年，三司使奏："诸道上供税物，充兵士衣赐不足。其天下两税所纳斛斗及钱，除支赡外，请依时估折纳绫罗绵绢。"从之。

周太祖广顺二年，制牛皮法，敕约每岁民间所输牛皮，三分减二，计

---

① 唐代有柜房，为人有偿保管金钱物品。其保管柜称"僦柜"，或作"僦匮"，亦泛指这类寄存业务，后又指当铺。僦匮纳质钱，就是对僦柜收入所征收的税。

田十顷，税取一皮，余听卖买。惟禁卖于敌国。按：自兵兴以来，禁民私卖买牛皮，悉令输官受直①。唐明宗之世，有司止偿以盐。晋天福中，并盐不给。汉法，犯私牛皮一寸抵死。然民间日用实不可无，至是李谷建议均于田亩，公私便之。

宋初，诏除五代之制。

太祖建隆元年，诏："除沧、德、棣、淄、齐、郓干渡三十九处所监税钱②，或水涨听民置渡，勿收其算。"

太宗淳化三年，诏："诸处鱼池，旧皆省司管，系与民争利，非朕素怀。自今池塘、河湖、鱼鸭之类，任民采取，如经市货卖，乃收税。"按：先是，淮南、江浙、荆湖、广南、福建当僭伪③之时，江湖及池潭陂塘聚鱼之处皆纳官钱，或令人户占卖输课，或官遣吏主持，至是乃诏除之。

神宗元丰二年，导洛通汴司言："纲船为商人附载，有留阻之弊。今洛水至汴无湍驶，请置堆垛场于泗州，贾物至者，先付官场，官以船运至京，稍输船算。"从之。又因新法既行，悉鹭坊场河渡，利析秋毫，其最甚者若沿汴州县，创增锁栅以牟税利，如水磨钱，侵街廊房钱，庙图钱，掏河金钱，诸名杂出，不可尽纪。

至南渡后，孝宗淳熙八年，诏："应税临安府及诸路官私房僦，不限贯陌，十分减三。"

光宗绍熙元年夏，议者请令监司州郡宽属县无名之取，以纾民力。以东南多月桩④等钱故也。又有版账钱⑤，军兴后诸邑皆有之，浙中尤甚，知岳州刘俣等议减之。

辽圣宗统和三年，耶律隆运为大丞相，以南京岁不登，请免百姓农器钱。

十五年，弛东京鱼泺之禁。末帝乾统三年，弛武清县陂泽之禁。

金制，租税之外，算其田园、屋舍、车马、牛羊、树艺之数，及其藏

---

① 输官受直，物品送官，接受官给的酬劳。
② 干渡，宋朝时，通过干涸的黄河故道称干渡。官府对此要收费，称干渡钱。
③ 僭伪，在拥护某一王朝为正统的前提下，对其他分立政权的称呼，意为僭越的、非正统的政权。
④ 月桩，即月桩钱，南宋时为发军饷而按月征收的一种税。
⑤ 版账钱，南宋时为满足军需而征收的一种税。

锱多寡征钱，曰物力。其外又有铺马、车需、输庸、司吏、河夫、桑皮故纸等钱及牛具税。

太宗天会时，诏明安穆昆户每牛一具，赋粟一石，内地诸路五斗。

海陵贞元元年，以都城隙地赐随朝大小职官及护驾军，各征钱有差。

世宗大定二十九年，户部言："天下河泊已许与民同利，其各处设官可罢之。"

章宗明昌元年正月，罢坊场①，免赁房税。

元制，有额外课，其名三十有二，如河泊、山场、房地租、门摊课之类，各路皆有定额，间亦有诏弛减。唯竹木课则河南之怀孟，陕西之京兆、凤翔皆有，在官竹园，立司竹监掌之。

明初，因宋、元颇烦琐，务简约。其后增置渐多，行赍居鬻所过所止各有税。官司有都税，有宣课②，有司有局，有分司，有抽分③场局，有河泊所。所收税务，有本色④，有折色，又有门摊课钞，领于有司。

仁宗洪熙元年，增市肆门摊课钞。凡诸钞关，量舟大小修广而差其额，谓之船料。

神宗万历十一年，革天下私设无名税课。凡诸课程始收钞，间折收米。已而收钱钞半后，乃折收银。而折色、本色轮收，本色归内库，折色归太仓。

## 榷茶：唐、宋、金、元、明

臣等谨案：杜典以榷茶叙于杂税之中，盖唐时茶未盛行故也。考新旧唐书《食货志》及《唐会要》诸书所载，榷率之法，增税之令，不过因事立文，杂诸课税之内而已。是茶税虽始于唐末，而实则用茶者尚少，故课榷无几焉。至宋以后，榷茶之制日繁，而岁入之课亦渐增。谨别为标目，附于杂税之后。

唐德宗建中元年，纳户部侍郎赵赞议，税天下茶漆竹木，十取一，以

---

① 坊场，官办的生产和销售酒的场所。宋有坊场钱，是让商人竞买坊场经营权的收入。
② 宣课，指明初在京城所设的宣课司，掌征收商贾、侩屠、杂市捐税及买卖田宅税契，后改称税课司。
③ 抽分，宋元明对进口货物和国内交易物品征收的实物税。
④ 本有色，按语意应为"有本色"。

为常平本钱。时军用广，常赋不足，所税亦随尽，亦莫能充本储①。诏罢之。

贞元九年，复税茶。先是诸道盐铁使张滂奏："去岁水灾，诏令减税。今之国用须有供储，伏请于出茶州县及茶山外商人要路，委所司定三等时估，每十税一，充所放两税。其明年所得税前②外贮，若以后诸州遭水旱赋税不办，以此代之。"诏可。仍委张滂具处置条目，每岁得钱四十万贯，茶之定税自此始。

穆宗时，盐铁使王播增天下茶税。江淮、浙东西、岭南、福建、荆襄播自领之，两川以户部领之。

文宗时，王涯为相，徙民茶树于官场，焚其旧积者。后令狐楚代为盐铁使，复令纳榷加价。

武宗即位，盐铁转运使崔珙又增江淮茶税，诸道置邸以收税，谓之搨地钱。

宣宗大中初，盐钱转运使斐休，请委强干官吏于出茶山口及各界内，布置把捉晓谕招收，量加半税。从之。

宋榷茶之制，择要会之地，如江陵府、真州、海州、汉阳军、无为军、蕲州之蕲口为榷货务六，官自为场，置吏总之，谓之山场；采茶之民谓之园户。作茶输租，悉官市之，其龙凤、石乳、白乳之类十二等以充贡。及邦国之用，民之饮茶者，售于官，给其日用，谓之食茶，出境则给券。商贾贸易付钱或金帛于京师榷货务，以射六务十三场茶，给券，随所射与之。愿就东南付钱及金帛者听，计直于茶，如京师之例。天下茶皆禁，唯川陕、广南听民自买卖，禁其出境。凡民茶折税外，匿不送官，及私贩鬻者，禁之。茶园荒薄，采造不充其数者，蠲之。当以茶代税而无茶者，许输他物。其雍熙后用兵，切于馈饷，多令商人赋刍粟塞下。酌地之远近面为其直③，取市价而厚增之，授以要券，谓之交引，至京师给以缗钱，又移文江淮、荆湖给以茶。

太宗端拱二年，置折中仓，听商人输粟京师，优其直，给茶于江淮。

淳化三年，监察御史薛映、秘书丞刘式等请罢诸榷务，令商人就出茶

---

① 本储，储备的本钱，如常平本钱，即用于调节物价的本钱。
② 税前，《文献通考·征榷考》作"税钱"。
③ 面为其直，《宋史·食货志》作"而为其直"。

州军官场算买。诏以三司盐铁副使雷有终为诸路茶盐制置使，废沿江八务，大减茶价。诏下，商人颇以江路回远非便。有司又以损直亏课为言，乃复置八务。后又以作坊使杨允恭言，禁淮南十二州军盐，官鬻之商人，先赋金帛于京师者及扬州折博务者①，悉偿以茶，自是茶无滞积。其后输边粟者，持交引诣京师，有坐贾置铺，隶名榷货务，怀交引者凑之。若行商则铺贾②为保，任诣京师榷务给钱，南州给茶。若非行商，则铺贾自售之，转鬻与茶贾。行之既久，至交引愈贱，官私俱无利。

真宗景德二年，别为定制，增减其价。

天禧时，左谏议大夫孙奭言："茶法屡改，商人不便，非示信之道。"三司言，陕西所中刍粮，请量增其直，乃从其请。后以茶法日坏，枢密副使张士逊等请行贴射法。其法，以十三场茶买卖本息，并计其数，罢官给本钱，使商人与园户自相交易，一切定为中估，而官收其息。然必辇茶至官，随商人所指予之，给券为验，以防利害。故有贴射之名，若无人贴射，则官市之。

仁宗天圣三年，翰林侍讲学士孙奭等言："十三场茶，积而未售者甚多。盖因许商人贴射，则善者悉为商人所得，其余积于官者皆租恶③不时，故人莫肯售。侵夺官利，其弊不可不革。"乃罢贴射法，复令官给本钱。后复行见钱法。初，北商持券至京师，旧发交引，铺为之保任，并得三司符验，然后给钱。以是京师坐贾率多邀求，三司吏稽留为奸，乃悉罢之。令商持券径□榷货务验实，立偿其钱。其时茶禁甚严。盖官既榷茶，民私蓄、盗贩皆有禁。乃下诏曰："古者山泽之利，与民共之，故民足于下，而君裕于上。自唐建中时，始有茶禁。如闻比来为患益甚，朕心恻然，念此久矣。间遣使者往就问，而皆骧然愿弛其禁，俾通商利。历世之弊一旦以除，著为经常，勿复更制，损上益下，以休吾民。"自是唯腊茶禁如旧，余茶肆行天下矣。

南渡，高宗建炎初，于真州印钞给卖东南盐茶。

三年，置行在都茶场，捕私茶法视捕私盐。

孝宗乾道二年，户部言："商贩至淮北榷场折博，除输贩引钱④外，

---

① 京师二字后之"者"字为衍文，可参见《宋史·食货志》。
② 铺贾指坐商，即有固定店铺的商人。
③ 租恶，《宋史·食货志》作"粗恶"，似是。
④ 贩引钱，《宋史·食货志》作"翻引钱"。

更输通货佮息钱。"

至蜀茶变制之法最多。宋初,经理蜀茶者,置互市于原、渭、德顺三郡,以市夏人之马。熙宁间,又置场于熙河。南渡以来,文、黎、珍、叙、南平、长宁、阶凡八场,率皆良马,以互市为利。宋代曲示怀远之意,亦以此羁縻之也。

金制,茶皆贸易于宋界榷场。

世宗大定十六年,以私贩茶者多,乃更定香茶格。

章宗承安三年,以茶靡国用而资敌,命设官制之。以尚书省令史刘成往河南造茶,不亲尝其味,民言谓温桑,实非茶也。还白上,上以为不职,罢之。左谏议大夫贾铉上书,论山东采茶事。大概为:"茶树随山皆有,一切逻护已夺民利,因拣茶树执诬小民,取其贿赂,宜严禁止。仍令按察司约束。"上从之。

四年,淄、密、宁海、蔡州各置一坊造新茶,依南方例,每斤为袋。以商旅未能贩运,命山东、河北四路转运司付各司现①鬻之,买引者纳前②及折物,各从其便。

泰和四年,上谓宰臣曰:"比令近侍察新茶,知山东、河北四路悉桩配③于人,未免强民。按察司当阅实以闻,并令每袋减价。"

六年,尚书省奏:"茶,饮食之余,非必用之物。近来上下俱啜,农民尤甚。市井茶肆相属,商旅多以丝绢易茶,所用不下百万,是以有用之物易无用之物也。若不禁止,恐消财弥甚。"遂令七品以上官,其家方许食茶,仍不得卖及馈献。

八年,言事者以茶乃宋土草芽,而易中国丝绵锦绢有益之物,不可。国家之盐货出于卤水,取之不竭,可令易茶。省臣议,所易不广,遂奏令兼以杂物博易④。

宣宗元光二年,省臣以国蹙财少,乃奏言:"金、币、钱谷,世不可一日缺者也。茶本出于宋地,非饮食之急,而自昔商贾以金帛易之。泰和间尝禁止,之后以宋人求和乃罢。兵兴以来,复举行之。然边民又规利,

---

① 各司现,《金史·食货志》作"各司县"。
② 纳前,《金史·食货志》作"纳钱"。
③ 桩配,附加摊派、额外摊派。
④ 博易,交易,贸易。

越境私易。令河南、陕西凡五十余郡，郡日食茶率二十袋，所用甚大，奈何以有用之或①而资敌乎！"乃制，亲王公主及现任五品以上官，素蓄者存之，禁不得卖馈，余者并禁之。

元之茶课，大率因宋之旧而为之制。

世祖至元五年，用运使白赓言，榷成都茶于京兆，巩昌置局发卖，私自采卖者，其罪与私盐法同。

六年，始立西蜀四川监榷茶场，便②司掌之。

十二年，既平宋，复用左丞吕文焕言，榷江西茶。继又定长引短引之法，以三分取一。长引每引计茶一百二十斤，短引九十斤，皆收其钞。

十七年，置榷茶都转运使于江州，总江淮、荆湖、福、广之税，遂除长引，专用短引，税额遂增。

十九年，以江南茶课官为置局，令客买引，通引货卖。

至二十一年，转运使言，各处食茶课程，抑配于民非便。于是革之。

三十年，又改江南茶法。凡管茶提举司一十六所，罢其课，每茶商货茶，必令赍引，无引者与私茶同。引之外又有茶由，以给卖零茶者。其由以斤数多寡分为十等。

成宗元贞元年，有献利者言："旧法，江南茶商至江北者又税之。其在江南买者，亦宜更税如江北之制。"于是朝议，复增江南课，是后制虽屡更，唯以增课为能。

文宗天历二年，始罢榷司而归诸州县焉。

至顺帝元统二年，复立榷茶运司，江浙、河南、江西、湖广皆置。

至正二年，李宏陈言："榷茶之制，古所未有，自唐以来，其法始备。国朝既于江州设立榷茶都转运使，仍于各路出茶之地设立提举司七处，专任散据卖引③，规办国课。分司所发据引，不能随期，又吏贴需求，各满所欲方能给付据引；正课之外，又多要取，以为分司官吏馈赆④之资。提举虽以榷茶为名，不过为运司官吏营办赍财，上行下效，势所必至。提举司既见分司官吏所为，如是亦复仿效，茶户之苦，已不可言。至

---

① 或，《金史·食货志》作"货"，即使同音假借，仍以《食货志》易读。
② 便，《元史·食货志》作"使"，当是。
③ 散据卖引，收到客商所纳钱财后，发放茶引。
④ 馈赆，赠送行资；赠送财物。

如得据在手，碾磨方兴，吏胥踵门，催并初限，不知茶未发卖，何从得课？间有充裕之家，别行措办。其力薄者，无非典鬻家私，以应官限。皆由运司给引之迟，分司苛取之过，茶户情实堪悯。宜申明旧制，运司宜将据引给付，提举司随时派散，无得停留。违者从肃政廉访司纠治。"命如所言行之。

明制，有官茶，有商茶，皆贮边易马。官茶间征课钞，商茶输课，略如盐制。

初，太祖令商人于产茶地买茶，纳钱请引，不及引曰畸零，别置由贴给之。无由引及茶引相离者，人得告捕。置茶局批验所称较，茶引不相当即为私茶。凡私茶之制，与私盐同。

洪武初定令，凡卖茶之地，令宣课司三十取一。

四年，户部言："陕西汉中、金州、石泉、汉阴、平利、西乡诸县，茶园四十五顷，茶八十六万余株。四川巴茶三百十五顷，茶二百三十八万余株。宜定令，每十株官取其一。无主茶园，令军士薅采①，十取其一，以易番马。"从之。于是，诸产茶地设茶课司，定税额，陕西二万六千斤有奇，四川一百万斤。设茶马司于秦、洮、河、雅诸州，自碉门、黎雅抵朵甘、乌斯藏。行茶之地凡五千余里，山后归德诸州，西方诸部落，无不以马售者。后永宁、成都、筠、连皆设茶局，川人故以茶易毛布、毛缨诸物，以偿茶课。自定课额，立仓收贮，专用以市马。民不敢私采，课额不足，民多赔纳。四川布政司以为言，乃听民采摘，与番易货。又诏天全六番司民免其徭役，专令蒸乌茶易马。

三十年，改设秦州茶马司于西宁。敕右军都督曰："近者私茶出境。互市者少，马日贵，而茶日贱。檄秦蜀二府，发都司官军于松潘、碉门、黎、雅、河州、临洮及西番关口外，巡禁私茶之出境者。"

成祖永乐以后，其制屡更。先是洪武末置成都、重庆、保宁、播州茶仓四所，令商人纳米中茶。

宣宗宣德中，中茶者赴甘州、西宁，而支盐于淮浙，商人持文凭恣私贩，官课数年不完②。

---

① 薅采，采摘。
② 完，完纳税收。

英宗正统初，都御史罗亨信言其弊，乃罢运茶支盐例，令官运如故，以京官总理之。初以行人巡茶。

宪宗成化中，改用御史，至民饥待赈时，仍令商人纳粟中茶。后因开中茶，私茶莫遏，易马不利，遂停中茶之制。至都御史杨一清兼理马政，复议开中，言召商买茶，官贸其三之一，茶五六十万斤，可得马万匹。帝从其请。

武宗正德元年，一清又建议，商人不愿领价者，以半与商令自卖。遂著为例永行焉。后户部又以全陕灾震，边饷告急，国用大绌。上言："先时正额茶易马之外，多开中以佐公家，有至五百万斤者。近者御史刘良卿亦开百万，后止开正额八十万斤，并课茶、私茶通计仅九十余万。宜下巡茶御史议，召商多中。"御史杨美益言："饥馑民贫，即正额尚多不足，安有赢羡。今宜守九十万斤招番易马之规，凡通内地以息私贩，增开中以备赈荒，悉宜停罢，毋使与马分利。"户部以帑藏不足[①]，请如弘治六年例，易马外仍开百万斤召纳边镇，以备军饷。诏从之。后陕西巡按御史毕三才言："课茶征输，本有定额。先因茶多，余积园户，解纳艰难，以此改折。今商人绝迹，五司茶空，请令汉中五州县仍输本色，招商中五百引可得马万一千九百余匹。"部议，西宁、河、洮、岷、甘、庄浪六茶司，共易马九千六百匹。著为令。

熹宗天启时，增中马二千四百匹。明初严禁私贩，久而奸弊日生，洎乎末造，商人多给赏由票，使得私行。番人上驷尽并于奸商，茶司所市者乃其中下也。至产茶之地，南直隶常、庐、池、徽，浙江湖、严、衢、绍，江西南昌、饶州、南康、九江、吉安，湖广武昌、荆州、长沙、宝庆，四川成都、重庆、嘉定、夔、泸。商人中引则于应天、宜兴、杭州三批验所征茶课，则于应天之江东、瓜埠、苏、常、镇、徽、广德及浙江、河南、广西、贵州皆征钞，云南则征银。其上供茶天下贡额四千有奇。凡供茶，第按额以供焉。

---

[①] 帑藏，国库。

# 卷十六　食　货

## 平准均输：唐、五代、宋、辽、金、元、明

唐德宗时，赵赞请置常平官，兼储布帛于两都，江陵、成都、扬、汴、苏、洪置常平轻重本钱，积米粟布帛丝麻，贵则下价而出之，贱则加估而收之，并榷商贾钱，以赡常平本钱。帝从之。

后唐明宗天成元年，诏："省司及诸府置税茶场院，自湖南至京六七处纳税，以至商旅不通。及州使置杂税务交下烦碎，宜定合税物色名目，商旅即许收税，不得邀难①。"

二年，敕："应三京诸道州府商税等多不系属州府，皆是省司差置场官。特议改更，贵除繁屑。自今已后，诸商税并委逐处州府扑断，依省司常年定额句当办集，冀除生事之端，不爽丰财之理。"

汉高祖乾祐元年，诏："军国之费，务在丰财。关市之征，资于行旅，所宜优假，俾遂流通。应天下商旅往来所在，并须饶借②，不得妄有邀勒。"

周太祖广顺元年，李筠乞除放黄泽关商税课利。从之。

宋制，调绢、绸、布、丝绵以供军需。又就所产折科、和市，东京置榷货务，所收平罗、小绫以供服用。

真宗大中祥符三年，河北转运使李士衡言："本路所给军士之帛，请令官司预给帛钱，俾民及时输送，则民亦获利，而官亦足用。"从之。仍令优予其直，自是诸路亦如之。或蚕事不登，则许以大小麦折纳。按：吴

---

① 邀难，阻挠留难。
② 饶借，宽容，容让。

曾《能改斋漫录》，宋代预买紬绢，谓之和买。又按：僧文莹《玉壶清话》及王辟《渑水燕谈》皆载①，祥符初，王旭知颍州时，大仪出府钱十万缗②，与民约曰，来年蚕熟，每贯输一缣，谓之和买。自尔为例。后李士衡行之陕西，民以为便。遂行于天下。即前代平准之遗制也。又制，官所须物多，有司下诸州从风土所宜，及民产厚薄而率买，谓之科率。

神宗熙宁二年，立均输市易之制。其时制置三司条例言："今天下财用无余，典领之官拘于弊法，内外不相知，盈虚不相补。诸路上供本有常数，丰年便道可以多致而不能赢，俭年物贵难以供亿而不敢不足，远方有倍蓰之输，中都有半价之鬻，徒使富商大贾乘公私之急，以擅轻重敛散之权。今发运使实总六路之赋，而其职以制置茶、盐、矾、酒税为事，军储国用多所仰给。宜假以钱货，资其用度，周知六路财赋之有无而移用之。凡籴买税敛上供之物，皆徙贵就贱，用近易远，令预知中都帑藏。年支见在之定数所当供办者，得以从便变易蓄买，以待上令。稍收轻重敛散之权归之公上，而制其有无以便转输，庶几国用可足，民财不匮。"诏令本司具条例以闻。以发运使薛向领均输平准事。时议虑其为扰，多以为非。向既董其事，乃请置官属。帝依其奏。乃辟置刘忱、卫琪、孙珪、张穆之、陈倩为属。又请有司具六路所当上供之数，中都所用及所储度支之数，凡当计置几何，皆预降付司。从之。

权开封府推官苏轼言："均输立法之初，其说尚浅，徒言徙贵就贱，用近易远。然而广置官属，多出缗钱，豪商大贾皆疑而不敢动，以为虽不明言贩买，然既已许之变易。变易既行，而不与商贾争利未之闻也。夫商贾之事，曲折难行，其买也先期而与钱，其卖也后期而取直，多方相济，委曲相通，倍称之息，由此而得。今官买是物，必先设官置吏，簿书廪禄，所用必多，非良不售，非贿不行，是以官买之价比民必贵；及其卖也，弊复如前，商贾之利何缘而得！纵使其间薄有所获，而征商之额所损必多。"谏官李常亦极论之。

后有魏继宗者，自称草泽上言："京师百货所居，市无常价，贵贱相倾，富能夺，贫能与，始可以通天下之利。"乃下诏曰："天下商旅物货至京，多为兼并之家所困，宜出内藏库钱帛，选官于京师，置市易务。"

---

① 王辟，应为"王辟之"，宋人，《渑水燕谈》为其所著笔记。
② 大仪，唐代礼部尚书的别称。此句之前，《文献通考·市籴考》有"时大饥"三字。《渑水燕谈》作"因大饥"。

中书奏，市易务监官二，提举官一，句当公事官一，许召在京诸行铺牙人充。然至后均输之制，究不能行。市易虽行之，而究无利也。其时置市易司者，秦凤市易司则置于古渭城，两浙市易司则置于杭州，夔路市易司则置于黔州，其他则成都、广州、郓州皆置司设官焉。

辽太祖神册三年，置羊城于炭山之北，以通市易。
太宗置南京，城北有市；东平郡城中置看楼，分南北市。
圣宗统和三年，诏："禁行在市易布帛不中尺度者。"
七年，诏："以南北府市场人少，通易州市。"耶律隆运又请平诸郡商贾价。从之。

金宣宗兴定三年，议行均输。又敕："和市边城军输，毋至抑配贫民。"

元世祖中统四年，诏："立燕京平准库，以均平物价。"
至元二年，立诸路平准库。
十三年，立市易库于诸路，凡十有一，掌市易币帛诸物。又敕："上都和顾①和买，并依大都。"

明太祖洪武二年，令："凡内外军民官司并不得指以和顾和买，扰害于民，如果官司缺用之物，照依时值，对物两平收买。"
英宗正统二年，令："买办物料，该部委官一员，会同府县委官，拘集该行铺户，估计时价，关出官钱，仍委御史一员，会同给予铺户，收买送纳。"
穆宗隆庆四年，户部条议恤商事宜，言物价与时低昂，而钱粮因时办纳，若先期估计，则贵贱无凭，或仓场远近，所用多寡，遥度悬断，岂尽合宜？此后九门盐法委官与十三司掌印官及巡青科道估价，务在随时定其价值。其内库盐局召买物料亦仿此。

---

① 和顾，即和雇。和，强调非强制性。顾，通"雇"。中国古代政府出资雇用人力，是力役向实物或货币赋税转变的反映。

## 互市：宋、辽、金、元、明

臣等谨按：互市之制，其来尚矣。自汉初与南越通关市后，汉通交易于乌桓、北单于、鲜卑，北魏立互市于南陲，隋唐通贸易于西北。然第用以通有无，广懋迁而已。立制未备，史志不详，故杜典未之载也。宋、辽、金疆宇分错，敌国所产，各居其有，物滞而不流，人艰于所匮。于是，特重互市之法，和则许之，战则绝之。既以通货，兼用善邻，所立榷场，皆设场官严厉禁，广屋宇以易二国之所无，而权其税入，亦有资于国用焉。今别立一门，叙于平准、均输之后，而明代互市之制，亦略见于篇。

宋初与南唐通市。太祖乾德二年，不许商旅涉江，于建安、汉阳、蕲口置三榷署。

开宝三年，徙建安榷署于扬州，及江南平，榷署仍旧置，专掌茶货。

四年，置市舶司于广州，以知州兼使，通判兼判官。

太宗太平兴国二年，令镇、雄、霸、沧、易州各置榷务，命常参官与内侍同掌，辇香药、犀象及茶，与辽交市。后有范阳之师，乃罢。

端拱元年，复诏许互市。

淳化二年，令雄、霸州，静戎军，代州雁门砦置榷署如旧制，寻复罢。

真宗咸平五年，契丹求复置署。朝议以其翻覆不许。知雄州何承矩继请，乃听置于雄州。

六年，罢。

景德初，复通好，请商贾即新城贸易。诏："北商赍物货至境上则许之。"

二年，合雄、霸州，安肃军置三榷场，北商趋他路者勿与为市。遣都官员外郎孔揆等乘传诣三榷场，与转运使刘综并所在长吏平互市物价，稍优其直予之。又于广信军置场，皆廷臣专掌，通判兼领焉。

三年，诏："民以书籍赴沿边榷场博易者，非九经书疏悉禁之。凡官鬻物如旧。"

高宗绍兴十二年，盱眙军①置榷场，官监与北商博易。淮西、京西、陕西榷场亦如之。

辽圣宗统和二十三年，置榷场于振武军。
兴宗重熙八年，禁朔州易羊于宋。
道宗咸雍五年，禁朔州路羊马入宋。

金太祖时，于西北招讨司之燕子城、北羊城置榷场，以易畜牧。
熙宗皇统元年，夏国请置榷场，许之。后许宋人之请，各置榷场于两界，以通互市。兴兵则罢，通好则复置焉。

元世祖中统元年，置互市于涟水军。
至元十三年，定江南，凡邻海诸郡舶货，其货佳者以十分取一，粗者以十五分取一。

明成祖永乐间，设马市三，一在开原南关，以待海西；一在开原城东五里，一在广宁，皆以待朵颜三卫，定直四等。既而城东、广宁市皆废，惟开原南关马市独存。
大同马市始英宗正统三年，巡抚卢睿请令军民平价市驼马，遣官指挥，李原等通译语，禁市兵器、铜铁。帝从之。
宪宗成化十四年，陈钺抚辽东，复开三卫马市，继令八市开原、广宁等处。
世宗嘉靖三十年，以总兵仇鸾言，诏于宣府、大同开马市，命侍郎史道总理之，后召道还。然诸部嗜马市利，未敢公言大举，而边臣亦多畏惧，以互市啖之。
穆宗隆庆四年，宣大互市复开。
神宗万历二十二年，又开辽东义州木市。
二十六年，从巡抚张思忠奏，罢之，遂并罢马市。其后，总兵李成梁力请复。而蓟辽总督万世德亦疏于朝。

---

① 军，宋代一种地方行政区域。建炎三年（公元1129年）六月，盱眙县升为军，隶淮南东路。次年九月废军为县，属濠州。

三十九年，复开马、木二市。后以为常。

## 平粜　常平　义仓：唐、五代、宋、辽、金、元、明　社仓附

臣等谨按：杜典食货门，终之以轻重。盖取管子轻重敛散之义，而具列平粜、常平、义仓诸细目。因叙述自管子始，故以轻重为名。今续纂所载，即以平粜、常平、义仓为目，而不复以轻重标名，循其实也。至宋始有社仓之名，亦附见焉。

唐德宗贞元四年，诏："京兆府于时价外加估和籴，差清强官，先给价直，然后贮纳。"

宪宗即位之初，有司以丰年请畿内和籴。当时府县督限甚紧，白居易实为畿尉，上疏曰："和籴之事，以臣所观，有害无利，何者？凡曰和籴，则官出钱，民出谷，两和商量，然后交易。今则督限蹙迫，甚于赋税，何名和籴？今若令有司出钱开场自籴。比时价稍有优饶。利之诱人，人必情愿，必不得已，则不如折籴。折籴者折青苗税钱，使纳斗斛，免令贱粜，别纳见钱，在于农人，亦真为利矣。"

宪宗元和元年正月，制："岁时有丰歉，谷价有重轻，将备水旱之虞，在权聚敛之术，应天下州府每年所税地丁数内，宜十分取二分，均充常平仓。仍各逐稳便收贮，以时粜籴。"

至元和六年，制："京畿旧谷已尽，粟麦未登，宜以常平、义仓粟贷借百姓。"

十三年，户部侍郎孟简奏："天下州府常平、义仓等斗斛，请准旧例，减估出粜，但以石数奏申有司，更不收管，州县得专以利百姓。"从之。

敬宗宝历元年，以两京、河西大稔，委度支和籴，以备灾沴。

文宗开成元年，户部奏："诸州府所置常平、义仓，伏请今后通公私田亩，别纳粟一升，添贮义仓。敛之至轻，事必通济①。行之既久，自致盈充。"从之。

---

① 通济，融通调济。

后唐庄宗同光三年，敕："自春以来，水涝为患，物价腾踊。宜令京西诸道州府，凡闭粜斛斗，不得辄有税率，及经过水陆关坊镇县，妄有邀难。"

明宗天成二年，中书舍人张文宝上言："今岁时雨不愆，秋苗倍熟，应大熟处望下敕收籴，以备歉岁。"

长兴元年，右司郎中卢导奏请置常平、义仓以备凶岁。

周太祖广顺元年，敕："天灾流行，分野代有。苟或闭籴，岂是爱人！宜令江淮渡口镇铺不得止淮南人籴易。"

宋太祖乾德元年，诏曰："多事之后，义仓废寝①。偶或小歉，失于预备。宜令诸州于所属县各置义仓，自今官所收二税，石别税一斗贮之。遇歉则给予民。"

太宗端拱二年，置折中仓，许商人输粟，令执券抵江淮给其茶、盐。此其通轻重之时宜也。详载盐铁门。

淳化五年，令诸州置惠民仓，如谷稍贵即减价粜与贫民。按：此即常平仓之制，特异其名耳。

真宗景德三年，诏："于京东、京西、河北、河东、陕西、淮南、江南、两浙各置常平仓，逐州量留上供钱，付司农司系帐，三司不问出入，令转运使并本州委幕职一人专其事。每夏秋加钱收籴，遇贵减价出粜。凡收籴比市价量增，出粜稍为减价。"

神宗熙宁二年，制置三司条例司请："以常平仓斗斛，可通融转运司，依陕西青苗钱例，愿预给者听之。令随税纳，半为夏料，半为秋料。内有愿请本色或依时价纳钱者，皆许从便。如遇灾歉，许展至次料丰熟日纳。非惟足以待荒歉之患，民既受贷，则兼并之家不得乘新陈不接以邀倍息。又常平、广惠之物，收藏积滞，必待荒歉物贵，然后出粜，所及不过城市游手之人。今通一路有无，贵发贱敛，以广蓄积，使农人得以趋时赴事，而兼并不得乘其急。凡以利民，而公家无所利，亦先王散惠兴利以为耕敛补助之意也。欲量诸路钱谷多少，分遣官提举，仍先自河北、京东、淮南三路施行，有绪乃推之诸路。"从之。诸路各置提举一人，以朝官为之；管句一人，以京官为之。

---

① 废寝，荒废、停止。

右谏议大夫司马光言:"常平仓者,乃三代圣王之遗法,谷贱不伤农,谷贵不伤民。民赖其食而官收其利,法之善者无过于此。比来所以隳废①者,由官吏不得其人,非法之失也。今闻条例司尽以常平仓钱为青苗钱,又以其谷换转运司钱,是欲尽坏常平,专行青苗也。国家每遇凶歉,供军仓自不能足用,固无羡余以济饥民,所赖者只有常平仓钱谷耳。今一旦尽散之,若有丰年,将以何钱平籴;若有荒歉,将以何谷赒赡乎!"

后帝以诸路旱灾,常平司未能振济,谕辅臣曰:"天下常平仓,若以一半散钱取息,一半减价粜卖,使二者如权衡之相依,不得偏重,民必受赐。"自是诏诸路州县,据已支钱谷通数,常留一半外,方得给散。

高宗建炎二年,臣僚言:"常平、和籴,州县视为具文。以新易旧,法也,间有损失而未尝问;不许借贷,法也,间有悉充他用而实无所储。"乃诏委官遍行按视。

绍兴二十八年,赵令詪言:"州县义仓米积久陈腐,乞出粜,及水旱灾荒,不拘检放,及七分便许赈济。"沈该奏:"在法,义仓止许赈济,若出粜恐失初意。"乃令量粜三之一,桩收价钱,次年收籴拨还。

孝宗淳熙八年,浙东提举朱熹言:"乾道四年间,建②民艰食,熹请于府,得常平米六百石。请本乡土居朝奉郎刘如愚共任赈贷,夏受粟于仓,冬则加息以偿,自后逐年敛散,或遇少歉,即蠲其息之半。大饥则尽蠲之。行之既久,得息米造成仓廒,以为社仓,不复收息。虽遇荒歉,人不阙食。"其后真德秀帅长沙仿其制行之。于是各州县亦间有行之者,皆以熹之已行者为式。

然南渡以后,行和籴、科籴之法。宁宗嘉定时为尤甚。陈耆卿奏曰:"臣闻丰歉在天,而制其丰歉者在人。制丰歉之法,莫如和籴。和籴将以利民也。而民或为害,其故何哉?夫有粟者之欲钱,犹有钱者之欲粟也。彼既欲之,则唯恐和籴之不行耳。而乃以为害者,非其不识事情,盖由民与民为市,此其所乐也。民与官为市,此其所畏也。畏官而复虐于官,故宁闭户以失利,毋倾囷以贾害。何则?市之价增官之价减,一害也;市无斛面,而官有斛面③,二害也;市以一人操槩量,无他用焉,而官之监临者,多诛求无厌,三害也;市先得钱,而官先槩粟,有趋候之苦,有钱陌

---

① 隳废,毁坏;破坏。
② 建,指朱熹任职的浙东路建德府。
③ 斛面,征收税粮时的额外聚敛,多是借口量器不满而多取,故称斛面。

不足之弊，四害也。四害不去，则荒歉未得其利，而丰年已受其扰，故朝廷降度牒以收籴，此意甚溥①。第②恐所在州县未能戢其吏奸，万一如前之害，则其关系邦本不轻。"

度宗咸淳元年，诏："丰储仓拨公田米付平籴仓，遇米贵平价出粜。"监察御史赵俯孙上言："今日急务莫过于平籴，方粒食翔踊，未知所留。市井之间，见楮而无米。推原其由，实富家大姓所至闭廪，所以籴价愈高，而楮价阴减，陛下念小民艰食，为之发常平义仓，然为数有限，安得人人而济。陛下宜严课官吏，使楮价不因之而轻，物价不因之而重。"后臣僚又言："州县交量科籴之弊，乞行令下，江西、湖南运司各仰遵守已降指挥，遴选诸郡清强正佐幕职等官往邻郡和籴，勿令右选及权豪贪谬人充。仍牒本路州军守倅毋使淹滞过者，从御史台觉察闻奏。"粜籴散敛之法，宋制特详。和籴昉于唐，而宋元丰初于河东路十三州行之。结籴行于熙宁八年，所籴多散官。寄籴行于元丰二年，于内郡权轻重。俵籴行于熙宁八年，其法省岁漕费，权河北入中之价。均籴行于政和元年，其法以人户田土分上下等均数数多数少。博籴行于熙宁七年。其法以常平及省仓余粮听民秋成。博籴、兑籴行于熙宁九年，其法于麦熟州郡及时兑籴。括籴行于元符元年，其法谕民毋得与公争籴，括索蓄家量存所用，尽籴入官，盖宋代籴法为军饷边储一大事。熙、丰而后③，立法既繁，其名目亦不一云。

辽圣宗统和十三年，令郡县置义仓，秋熟社民随所获出粟储仓，社司及其数。遇荒歉发以振民。后东京咸、信、苏、复、辰、海、同、银、乌、遂、春、泰等五十余城内沿边诸州各有和籴仓。依旧法，出旧易新，许民自愿假贷收息，所储甚多，虽累兵兴④，未尝乏用。

道宗太康时，耶律孟简以中京饥，减价粜粟以振民。

金世宗大定十四年，定常平仓之制。诏中外行之。其法寻废。

至章宗明昌元年，御史请复设，敕省臣详议大定旧制，丰年则增市价十之二以籴，荒歉则减市价十之一以出。令诸处官兵三年食外，可充三月

---

① 溥，广大；普遍。
② 第，但。
③ 熙、丰指宋神宗赵顼年号熙宁（1068—1077年）和元丰（1078—1085年）。
④ 兵兴，发生战争。

免籴其不及者，俟丰年籴之。并令提刑司各路计司兼领之，郡县吏沮格者纠之，能推行者加擢用。

三年，敕："常平仓，往往有名无实，况远县人民岂肯跋涉以就州府粜籴，可各县置仓，命州府县官兼提控管句。"遂定制，县距州六十里内就州仓，六十里外特置，郡县吏受代，所籴粟无坏，一月内同管句交割给由。丰稔而收籴不及一分者，本等内降，提刑司体察直申尚书省，至日斟酌黜陟。又敕，置常平仓之地，令州府官提举之，县官兼督其事。以所籴多寡约量升降，为制。又敕，华州下邽县置武定殖仓①，京兆栎阳县置粟邑镇仓，许州武阳县置北舞渡仓，各设仓场，都监一人领之。

其和籴和粜之法则。皇统二年，燕西、东京、河东、河北、山东、汴京等秋熟，诏有司增价和籴。其后屡诏行之。

宣宗贞祐三年，帝闻近京郡县多籴于京师，谷价翔踊，令尚书省集户部讲议所、开封府转运使议所以制之者。户部及讲议所言："以五斗出城者，可阑籴②其半。"转运使谓宜悉禁其出。上从开封府议。谓："宝券初行，民甚重之。但以河北、陕西诸路所支既多，人遂轻之，商贾争收，至京以市金银。金银昂，谷亦随之。若令宝券路各殊制，则不可复至河南，河南金银贱而谷自轻。若闭京城粟不出，则外亦自守，不复至京，谷当益贵。宣谕郡县小民，无妄增价，官为定制，务从其便。"后上封事者有言："近来艰食，虽由调度征敛之烦，亦兼并之家有以夺之也。熟收则乘贱多籴，困急则贷人，私立质卷，名为无利，而实数倍，饥民唯恐不得，莫敢较者。故农工甫毕，官赋未偿，而积已空矣。此富者益富，而贫者益贫也。国朝立法，举财物者月利不过三分，积久至倍则止。今或不期月而息三倍，愿明敕有司举行旧法，丰熟之日，增价和籴，则在公有益，而私无损矣。"乃诏宰臣行之。

哀宗天兴二年，蔡州加设四隅和籴官。

元初设义仓于乡社，又置常平于路府。

世祖至元六年，乃立增籴减粜之制，以和籴粮及诸河仓所拨粮贮焉。

二十三年，又以铁课籴粮充焉。义仓亦于至元六年更立其法。其制，

---

① 武定殖仓，《金史·章宗纪》作"武定镇仓"。
② 阑籴，在水陆交通路线上设卡，强行收购途经者所携粮食。阑，通"拦"。籴，买粮。

社置一仓，以社长主之，丰稔则纳粟，荒歉则就给，遇水灾饥歉皆发义仓振之。

其和籴和粜之法，则中统二年置和籴于开平，以户部郎中宋绍祖为提举和籴官，以后屡行其法于各路府。按：和籴之名有二，曰市籴粮、盐折草，率皆增其直而市于民，于是兵不乏食，马不乏刍，而民亦不困，其为法盖亦善矣。第行之既久，官吏之需求百出，价值之高下悬殊，名虽和而实强也。市籴粮之法，每年酌量行之，其盐折草之法，成宗大德八年定其则列①，每年以河间盐令有司于五月预给京师郡县之民，至秋成，各验盐数，输草以给京师秣马之用，每盐二斤折草一束，重一十斤。岁用草八百万束，折盐四万引云。

明太祖时，州县东、西、南、北设预备仓四以振荒歉，即前代常平之制。

成祖永乐中，置天津及通州左卫仓，且设北京三十七卫仓，益令天下府县多设仓储。预备仓之在四乡者移置城内，迨会通河成，始设仓于徐州、淮安、德州、临清并天津，凡五仓，以资转运。

英宗正统四年，大学士杨士奇上言："尧汤之世不免水旱，尧汤之民，不闻困瘠者，有备故也。太祖笃意养民，备荒有制。天下郡县悉出官钞籴谷贮仓，以时散敛。历久弊滋，豪猾侵渔，谷尽仓毁。风宪官不行举正，守令漫不究心，事虽若缓，所系甚切。请择遣京官廉干者往督有司。凡丰稔州县，各出库银平籴，储以备荒，具实奏闻，郡县官以此举废为殿最。风宪巡历各务稽考，有欺蔽怠废者，具奏罚之。庶几官有备荒之积，民无旱涝之虞，仁政所施，无切于此②。"诏户部急行之。乃制侵盗之罚，纳谷一千五百石者敕奖为义民，免其徭役。

孝宗弘治三年，限州县十里以下，积万五千石，二十里积二万石，卫千户所万五千石，百户所三百石。考满之日，稽其多寡以为殿最，不及三分者夺俸，六分以上降调。初，预备仓皆设仓官，至是革之，令州县官及管粮仓官领其事。

嘉靖初，谕德顾鼎臣言："成、弘时每年以存留余米入预备仓，缓急有备。今秋粮仅足兑运，预备无粒米，一遇灾伤，辄奏留他粮及劝富民借谷以应故事，乞急复预备仓粮以裕民。"帝乃令有司设法多积米谷，仍仿

---

① "成宗……"句，《元史·食货志》为"成宋大德八年定其则例"。
② 要实施仁政，没有比这更切合的了。

古常平法，春振贫民，秋成还官，不取其息，府积万石，州四五千石，县二三千石为率。既又定十里以下万五千石，累而上之，八百里以下至十九万石。其后积粟尽，平粜以济贫民，储积渐减。

穆宗隆庆时，剧郡①无过六千石，小邑止千石，久之数益减，科罚亦益轻。

神宗万历中，上州郡至三千石止，而小邑或仅百石，有司沿为具文。屡下诏申饬，率以虚数欺罔而已。

弘治中，江西巡抚林俊尝请建常平及社仓。

世宗嘉靖八年，乃令各抚按设社仓。令民二三十家为一社，择家殷实而有行义者一人为社首，处事公平者为社正，能书算者一人为社副，每朔望会集，别户上中下，出米四斗至一斗有差，斗加耗五合，上户主其事。年饥，上户不足者，量贷②，稔岁还仓；中下户酌量振给，不还仓。有司造册送抚按，岁一察核，仓虚罚社首出一岁之米。其法颇善。

其和籴和粜之制，唯成化十八年，南京荒歉米贵，南京户部议减粜仓米以济民，候秋成平籴还仓。

---

① 剧郡，事物繁多、规模较大的州郡。
② 量贷，酌量借给粮食。

《清朝通典》

# 卷一 食货一

## 田制：民田

臣等谨按：田赋之制九等，列于《夏书》①。九赋详于《周礼》②。诚以国本在农，民天惟食，我国家首重农桑，教民稼穑。定鼎之初，分遣御史循视土田，定正赋役全书③。除前明之苛赋，禁墨吏之浮征，履亩清量，彻田定赋，其有无主荒田则募民垦种，视则升科；遗之钱镈之资④，授为恒产之业，所以为闾阎衣食计者至详且尽矣。至八旗王公勋戚大臣⑤，以至官员兵丁，均设立庄屯，俾群策群力之士，皆得世有田土；而奔走御侮之材，亦得保其家室，所以厚亲亲而酬勋庸者，又优且渥矣。若夫官田之名，见于载师⑥。自汉唐至宋，而其说始详明。则又有皇庄、牧马厂地、草场、牲地、园陵坟地、诸王公主勋戚大臣内监寺观乞赐庄田、百官职田、边臣养廉田、军民商屯田，通为官田；其时民田输赋，官田输租，官租浮于民赋，甚至买民田以为官田，田不改旧，而租加至数倍，此官田之为民累也。我朝削除故明宗室禄田，令与民田一例起科；其废藩田

---

① 夏书，一般指《尚书》中的《禹贡》《甘誓》《五子之歌》和《胤征》。此处特指《尚书·禹贡》。夏书，近人多以为伪。
② 关于九赋的记载，见《周礼·天官·冢宰》：邦中之赋、四郊之赋、邦甸之赋、家削之赋、邦县之赋、邦都之赋、关市之赋、山泽之赋、币余之赋。属于国家财政收入的九个渠道。
③ 赋役全书，明清时期官府记载全国各地赋役数额的册籍，包括官府征收赋税的税则。清顺治三年（1646年），将明万历时期赋额略加订正，编制成清朝的赋役全书。顺治十一年修订，十四年刊行；康熙二十四年重修。
④ 钱镈，古田器，即农耕工具。这里是说，为恢复农业生产，官府向农户提供购置农具的资金补助。
⑤ 八旗，清代以满族为主导的一种社会军事组织形式。为努尔哈赤创立。包括正黄、正白、正红、正蓝和镶黄、镶白、镶红、镶蓝八旗。清入关后，利用其行政特权，为八旗王公贵族、勋戚、大臣谋取各种权利。
⑥ 载师，即《周礼·载师》。

产号为更名地者,皆给于民,而薄其征敛;至于驻防官庄,悉新辟污莱之地;游牧刍厂,皆选择闲旷之场;此外如耤田①,圣贤后裔田②,学田③,文庙祠墓田,部寺公田④,俱除其租息,一遇灾荒,得与民田一例邀免。若屯田之政,原所以给兵饷而息转输也。今函夏宁谧⑤,边陲宴安,无事挽运之劳,故内地卫所屯田,止留为漕运之用;其无运卫所悉行裁革,并归州县以益民田。至驻防官兵,虽授以屯地,然既列为官庄,则不得专目为屯政矣。惟是底定新疆版图,式廓二万余里,由巴里坤以至伊犁,前后垦辟,无虑十余万顷。村堡台站城池仓廪以及沟渠水道,布种先后之宜,无不讲求尽制,迄今驻扎官兵,招徕民众暨佃种,回民之歌乐土而享盈宁者十余万户,此屯政之善,诚从古所未闻者也。兹纂通典于田制列为四等,首民田,次官庄,次驻防官庄及官田,次屯田,新疆屯田附纪,其始末厘为四卷,以彰昭代隆规,定典则而垂万世焉。

国家民田之目,直隶有更名田,农桑地,蒿草籽粒地,苇课地,归并卫地河淤地;盛京有退圈地;山东有归并卫所地,更名田,灶地;江南江苏有山荡漊滩地;安徽有草地;江西有山塘等地;浙江有山荡、塘湖、桑茶、灶地等地;陕西有更名地;广东有泥沟车池地;广西有猺田、獞田、狼田⑥;贵州有苗田;甘肃有熟田、碱地,皆为民田。均相其肥瘠为科则。

崇德二年,令各屯该管官劝饬农事,任土宜以树艺,诫王贝勒大臣勿许人践民禾。

顺治元年,御史卫周祚请行正定地方清丈编审之法。山东总河杨方兴疏请清丈田亩,以见在熟地为数,其抛荒者,无论有主无主,尽数豁除。

---

① 耤田,天子亲耕之田。目的在于劝农桑。
② 圣贤后裔,圣人和贤人的后代。如孔子的后代子孙、孟子的后代子孙等。
③ 学田,公田之一,新中国成立前属于学校所有的田地,以其地租收入作为祭祀、教师薪俸和补助学生(贫士)的费用。
④ 部寺公田,中央部门的公田。
⑤ 函夏,《汉书·扬雄传》颜师古注引服虔曰:"函夏,函诸夏也。"后以"函夏"指全国。
⑥ 猺,即瑶田,可能是指瑶民耕种之田;獞田,可能是指壮族耕种之田;狼,据称,广西有一种蛮族,被称为狼人,《粤西偶记》云,是盘古之苗裔。狼田,即狼人所耕之田。此三族左边挂犬旁,是对少数民族的蔑称。

俱从之。始定开垦荒地之例。凡州县卫所荒地，分给流民及官兵屯种；有主者，令原主开垦，官给牛种，三年起科。

二年，准新垦荒地免租一年。又定原荒之田，三年后起科；原熟而抛荒之田，一年后供赋。

六年，定州县以上官考成，以劝垦多寡、催督勤惰为殿最。

八年，命御史分巡各省，察民间利病。苏松巡按秦世桢疏言，田地令业主自相丈量，明注印册。从之。

九年，令八旗退出晌地①，并首告清出地及各省驻防遗地照垦荒例招垦。

十一年，定丈量规制，凡丈量州县地用步弓，旗庄屯地用绳。

十二年，颁部定步弓，尺广一步、纵二百四十步为亩。命有司于农隙时履亩丈勘。其濒江濒海之地，十年一丈。视有无涨坍，分别升免。

十五年，命御史诣河南山东二省，率州县履亩清丈，分别荒熟实数。凡直省田土，悉登十一年新编赋役全书。<sub>赋役全书详见田赋。</sub>其与前明万历年间赋役全书数符者不丈。又以山东明藩田产相沿②，以五百四十步为一亩者，照民田例，概以二百四十步为一亩。

十八年，巡按河南御史刘源浚请以开垦荒地之初，免其杂项差役，并令地方官先给帖文，详载姓名、地址、年月以杜争讼；云贵总督赵廷臣请以招民耕种之无主荒田，官给印票，永为己业。均从之。是年，总计天下田土共五百四十九万三千五百七十六顷有奇。

康熙元年，谕直省有隐匿地亩不纳钱粮，或反图冒功报为新垦者，州县卫所及所辖上司官，俱分别议处。

二年，申定开垦年限之例。凡荒芜之地，以五年为期。

四年，申禁丈量摊派诈扰之弊，并遣官分行各省踏勘。时云南巡抚袁懋功疏言，云南地少平衍，难以勘丈，请停止遣官踏勘之差。从之。又停止限年垦额之例。

六年，定劝垦各官，俟三年起科后钱粮如额完纳者方准议叙例。

七年，云南御史徐旭龄疏奏垦荒三事：一、缓科差。请令新荒者三年起科，积荒者五年起科，极荒者永不起科；一、集招徕。请令流移者给以

---

① 晌，通"垧"，中国北方曾经使用的一种地积单位，如东北大多数地方的一垧为15亩。
② 明藩田，指原明朝藩王的田地。

官庄，匮乏者贷以官牛，陂壤、沟洫修以官帑；一、严考成。请令地方官限以几年招复户口，几年修举水利，几年垦完地土，有田功者升，无田功者黜。从之。

八年，户部请准遣员赴直隶，将前明废藩田产分荒熟酌量变价。上以地既易价，复征额赋，重为民累，谕令撤回，将未变价地亩，给予原种之人，改为民户，号为更名地，承为世业。

九年，以既易价银两有征收在库者，许抵次年正赋；又以更名地内有废藩自置之田，给民佃种者，输粮之外，又纳租银，重为民累，令与民田一例输粮，免纳租银。

十三年，定招民开垦，酌量叙用之例。凡贡监生员、民人，垦地三十顷以上，至百顷以上者，奏送吏、兵二部，试其文艺通否，与以知县县丞守备百总等官，其招民不足额数，垦地钱粮未经起解，地方官遽行具题者，州县以上等官俱各议处有差。川湖总督蔡毓荣请令现任文武官招徕流民三百名以上，安插得所、垦荒成熟者，不论俸满即升，其各省候选州同州判县丞及举贡监生，有力招民者，授以署县职衔，俟开垦起科，实授本处知县。从之。是年，又定官民隐田罪例，凡该管官能查出隐田者，按地多寡，分别议叙；有能举首他人隐地在十顷以上者①，即以其地予之；妄告者罪；从前隐匿之地，立限八月，令其自首。

二十年，上虑清查隐地之例，既行有司，或利其升叙，虚报田粮摊派民间，谕部檄行直省督抚，严行察核。

二十四年，户部总计天下田土共六百七万八千四百三十顷有奇。<sub>卫所田土归入州县征粮者，并载于内。</sub>

二十八年谕，嗣后民人有出首开垦田亩②，不拘年限，以自行首报之年起科，该管官免其议处。二十一年，又令隐匿地亩，限一年内自首。三十四年，复令再宽限一年。四十三年，又申地方官隐匿捏报之禁。

二十九年，以四川民少地多，凡流寓愿垦荒居住者，永给为业；又定云南垦荒地纳粮之例，凡老荒田地，招见纳军粮之人承垦者，照民田分上中下三则减征，至三年或五年，再按例升科；其非见纳军粮之人，悉照民田下则，五年后量加十分之五起科。

---

① 举首，举报，揭发。
② 出首，亲自出面到官府登记。

三十二年，定云南所有明代勋庄，照老荒地之例，招民开垦，免其纳价。

三十三年，定云南清浪卫业经清丈田地，每十亩科粮一石。是年，招徕西安等处流民复业，户给牛种耕具佣值。又贵州兵燹荒废，招徕开垦其隐匿田亩，限一年自首。

三十四年，清丈福建沿海州县田地。

三十八年，湖广督臣郭琇奏请湖南居民自行清丈田亩出首，官抽查丈，隐漏治罪；清丈之后，钱粮较前减十分之二。上曰：果于民有益，所减虽倍于此亦所不惜，若不清丈，以荒田着落他人，征收钱粮，有累穷黎，断不可也。

四十一年，令山东所有明藩基地，愿承垦者，每亩纳价五两，给以印照，守为恒业。申明地方官隐匿垦荒田地入已侵蚀之禁。

四十四年，令湖北民人愿垦荒者，官给牛种；又令湖广省滨江田亩，凡堤身所压之田，及筑堤取土之地，丈明亩数，给予价值，开除粮额。

四十六年，令福建省未垦荒田二千余顷，限一年照数垦足征粮。

四十八年，以湖南隐匿田地日久未清，再限一年，尽数首报，违者许里民举首，田产入官，追征积逋，仍治欺隐之罪，扶同不举者坐。

五十一年，谕湖广四川巡抚，凡民人有自湖广往四川种地者，各于往回时造册移送，时湖广民人往四川开垦者，每将原籍田宅变卖，至五年起征之时，复回湖南，争讼原产，故有此制；山东民人往口外种地者，亦如之。

五十三年，准甘肃各村堡中有荒地未种者，拨给无地贫民耕种，官给牛种。

五十五年，巡抚绰奇勘阅肃州迤北地方，及嘉峪关、锡济木、金塔寺、达哩图、方城子等处，地可开垦，请招民树艺。

雍正元年，世宗宪皇帝以国家承平日久，生齿殷繁，开垦旷土，于民最有裨益，敕督抚以下等官，加意劝督；谕凡有可垦之处，听民相度地宜，自垦自报，地方官不得勒索，胥吏亦不得阻挠，升科之例，水田仍以六年，旱田宽至十年，着为定例；准山西河南山东旷地开垦，无力者官给牛具，起科后，给予执照，永为世业。又以濒江近海之区，定例十年一丈者，恐未及年数，即有坍涨，令不时清查，无拘十年之例。六年，复定五年一丈。

二年，上以国家休养生息，户口日繁，务使尽力田亩，家给人足。敕直省督抚，各董率有司，实心劝督，咨访疾苦，有丝毫妨于农业者必为除去。每乡中择一二老农之勤劳作苦者，优其奖赏，以示鼓舞；其不可耕种之地，课令种树，禁非时斧斤，牛羊践踏，及盗窃之害，牧养亦令乳字以时；又谕，四民士为首，农次之，工商为下。士子学成用世，国家荣之以爵禄；而农民勤劳作苦以供租赋，养父母，育妻子，其敦庞淳朴之行，岂惟工贾不逮，亦非不肖士人所能及，令州县有司，择老农之勤劳俭朴，身无过举者，岁举一人，给以八品顶戴；又令各督抚率所属举行劝农之典，有轻视民隐不实力奉行者，以溺职论；又以西宁、布隆吉尔地方遥远，招垦人少，令直隶、山西、河南、山东、陕西发遣军流之人，有能种地者，前往开垦，官拨给地亩、牛种、耕具，三年起科。是年，总计天下田土共六百八十三万七千九百一十四顷有奇。

四年，清丈张家口外地亩，设同知一员，分亩为十分，限年招垦；又令直隶州县劝民，树植桑麻枣栗及种菱藕、畜鱼凫之属。

五年，上以隐匿开垦定例甚严，或吏民恐一经首报，追究从前欺隐之罪，谕各省官民，限一年首报，其从前侵隐之罪，悉从宽免，未纳之钱粮，亦不复究，以雍正七年为始，入额征解；山东省首报地一千七百四十余顷。

六年，令再展限六月；又令云南、贵州二省，广行开垦，官主捐垦者，按户多寡议叙；所垦之田，归于佃户；民间自垦者，仍给为世业；又江南省安河淀水家墩新淤地数千顷，山阳盐城二县，海口疏通，新涸地六千顷，均给民耕种，分别年分输税；又各省荒地，如积碱未消，浮沙涨漫，山石硗瘠，低洼积水之区，难于开复者，仍令设法开垦，不入年限之内。

五年，遣科道等官，清丈四川田亩。

六年①，以甘肃宁夏之察罕托辉地平衍可垦，遣大臣会同督抚浚治河渠，得地二万余顷，招民垦种，官给房舍牛具籽种，凡本籍绅士，俱令开垦授业。其陕西各属无业民户愿往者，给予路费，每户受田百亩，以为世业。又浙江温州府之玉环山，孤悬海外，设同知一员，招民开垦，得田九

---

① 这里在系年方面可能有错。先述雍正五年事，再言六年事，六年事讲毕，再讲五年事，然后又述六年事，与一般叙述顺序不同。

百四十四顷有奇。

八年，清厘四川田亩，四川开垦田土，未经丈量，隐占争讼。五年，遣科道往丈，至是事竣，较原册赢田千四百八十顷有奇。敕四川巡抚宪德、布政使高维新于额粮稍重州县清丈之后，仿适中之科则核减；又准四川报垦田地，分别年限起科。谨按：四川省自雍正元年令该督抚劝谕开垦，其民苗愚钝，不知开垦之法者，择湖广、江西在蜀之老农，给以衣食，使之教垦，俟有成效，题给老农顶带。六年，议准各省入川民人，每户酌给水田三十亩，或旱田五十亩。若有子弟成丁者，每丁增给水田十五亩，或旱田二十五亩。丁多不敷养赡者，临时酌增。至是松茂、川东、永宁、建昌四道，报垦荒田六千八百五十五顷，荒地二万九百五顷各有奇。荒田垦种六年起科，荒地垦种十年起科。

十一年，令四川苗疆山林坡冈之间，招民垦种。

十二年，令山东、河南选善种旱田者，赴广东高、雷、廉、琼等州教之耕种。

十三年，申定地方官报垦不实处分；又申清丈江南、江西、湖广沿江沙滩坍涨升除不实之禁；又定江苏潦田、芦洲升科不实之禁。腹内地亩曰潦田，近水泥滩沙地曰芦洲。或有新涨已成潦田，仍报芦课；芦洲久成熟地，不转则升科者，故有是禁。

十三年八月，皇上登极，谕曰：朕见各省督抚题报开垦者，纷纷不一，至于河南一省，所报亩段尤多，而闽省继之，访察其中多有未实，或由督抚欲以广垦见长，或由地方有司欲以升科之多迎合上司之意，而其实并未开垦，不过将升科钱粮飞洒于见在地亩之中，名为开荒，实则加赋，非徒无益于地方，并贻害于百姓也！嗣后各督抚遇造报开垦亩段，务必详加查核，实系垦荒，然后具奏，不得丝毫假饰以滋闾阎之累。

乾隆二年，谕，方今天下土地，不为不广，民人不为不众，以今之民，耕今之地，使皆尽力焉，则蓄诸有备，水旱无虞；乃民之逐末者多，而地之弃置者亦或有之。纵云从事耕耘，而黍高稻下之宜，水耨火耕之异，南人尚多不谙，北人率置不讲，此非牧民之责，谁之责与？朕欲天下之民使皆尽力南亩①，而其责则在督抚，牧令必身先化导，毋欲速以不达，毋繁扰而滋事，将使逐末者渐少，奢靡者知戒，蓄积者知劝，朕即以此别督抚之优劣。至北五省之民，于耕耘之术更为疏略，其应如何劝戒百

---

① 南亩，南面之田亩。据称，古之治田者，大抵因地势、水势而为之，即田多在南面朝阳处。后人泛指田亩。

姓，或延访南人之习农者以教导之，牧令有能劝民垦种，一岁得谷若何，三岁所储若何，视其多寡为激劝，毋轻率劾去，使久于其任，则与民相亲，而劝课有成，令部臣详悉定议。寻议，仿《周礼》遂师之制，于乡民之中，择熟谙农务，素行勤俭，为闾阎信服者，每一州县量设数人董劝；其地方官考绩之法，均宽以岁月，如劝戒有方，境内地辟，民勤谷丰物阜，督抚于三年之内，据实题报，官则交部议叙，老农量加奖赏。从之。命南书房翰林同武英殿翰林编纂《授时通考》，凡播种之方，耕耨之节，备旱捕蝗之术，散见经籍，及后世农家者流之说，皆取择焉①。又谕令各州县，于春耕秋敛之时，亲为履亩，察其勤惰，稽其丰歉，凡事有利农者，申请举行；定承垦荒地例，凡土着流寓呈报开垦者，以呈报在先之人承垦；又清丈江南靖江县坍涨田地。谨按：靖江滨河之田，涨则均减，坍则均增。五年清丈之例，时未举行，致有一户报升而通邑减，一户报减而通邑升者。至是升免核实。

五年，谕民间多辟尺寸之土，即多收升斗之储，乃往往任其闲旷，不肯致力者，或因报垦则必升科，或因承粮易致争讼，以致愚民退缩不前，嗣后凡边省内地零星地土可以开垦者，悉听本处民夷垦种，并严禁豪强首告争夺，其在何等以上仍照例升科、何等以下永免升科之处，各省督抚悉心定议。续议准：直隶零星地土在二亩以下者；山东山头土角以及河滨溪畔在中则以上、不足一亩，及下则以下不足二亩者；山西瘠薄下地不成邱段，在十亩以下者；河南上地不足一亩，中地不足五亩，高冈砂碛、下隰低洼之地；江苏山头土角、沟畔、田塍奇零隙地；安徽水田不及一亩，旱田不成二亩者；江西山头土角不及二亩，砂石间杂坍涨不一者；福建奇零田地不及一亩，或虽及一亩而地角山头不相毗连者；浙江临溪傍崖零星不成邱段者；湖北旱地不足二亩，水田不足一亩者；湖南奇零土地、高滩阪隰，种植稻禾不及一亩，杂粮不及二亩，并峯头湖泽之隙不成邱段者；陕西、甘肃其山头地角、砂碛之地，听民试种，至平原空地在开垦未及起科之年、地或碱卤者；四川上田、中田不足五分，下田上地、中地不足一亩，山头土角间石杂砂者；广东山梁冈随砂砾夹杂者；广西平原成片段之地，上则、中则水田不足一亩，旱田不足三亩，下则水田不及五亩，旱田

---

① 《授时通考》，此书由清朝鄂尔泰等多人辑录而成，包括天时、土宜、谷种、功作、劝课、蓄聚、蚕桑和农余八个方面的内容。全书90余万字，是篇幅最大的古农书。

不足十亩者；云南砂石硗确，水耕火耨，更易无定，及不能引溉或低洼不能定其收成者；贵州依山傍岭，工多获少，土浅力薄者，均免升科，其余减则，分别年限起科。

河南巡抚雅尔图上言：豫省旱田可改水田者甚多，旱田赋轻，水田赋重，一经改种，必须题请加赋，小民未免观望。上谕：河南民人愿将旱田改为水田者，钱粮仍照原定科则，免加其赋；又准湖北旱田改水田者，亦照河南例；又定湖北承垦官民田地例，凡承垦官地者，以具呈之先后为定；承垦民地者，先责成业主，业主无力，许他人承垦为业。

六年，议准陕西无主荒地，官为招垦，给照为业。若本地人力无余，准邻近无业之人承垦，编入土着。其平衍易收之地，每丁授地五十亩；山冈沙石之地，每丁授地百亩。如父子兄弟均系壮丁，酌量加增。

七年，议准原垦佃户之子孙，业主不得擅更，业主子孙欲种者，将肥瘠地亩各分一半；若业主他徙，承佃之户久经应差纳课，业主子孙回籍，计其抛荒年分，酌量分给，如过三十年以外者，概不分给；在一二年之内者，将当年所获给承种之户，次再归业主。

十一年，上以广东高、雷、廉三府荒地硗瘠居多，令该地民人垦种者概免升科，并为世业。

十五年，申弓尺盈缩之禁。凡新涨新垦升科之田，务遵部式丈量，不得仍用本处大小不齐之弓。

十八年，谕广东琼州为海外瘠区，贫民生计维艰，查有可垦荒地二百五十余顷，照高雷廉之例，招民开垦，免其升科。是年总计天下土田七百八万一千一百四十二顷八十八亩。

二十六年，回疆底定，其从前安插吐鲁番回人移归故土，所遗肃州威鲁堡熟地一万五千三百六十余亩，陕甘总督杨应琚疏请募民承种。从之。是年，山西大青山土默特十五沟垦地四百四十余顷，安西府属之玉门、渊泉二县垦地千二百一十余顷，四川屏山县大竹堡二处，垦地一千一百八十余顷，俱分别年限起科。

三十一年，谕滇省山多田少、水陆可耕之地，俱经垦辟无余，惟山麓河滨尚有旷土，向令边民垦种而定例：山头土角在三亩以上者照旱田十年之例，水滨河尾在二亩以上者照水田六年之例，俱以下则升科，第念此等零星土地，本与平原不同，倘地方官一切丈量查勘，不免滋扰，令滇省此等地土，俱听民垦种，概免升科；又议准，凡内地及边省零星地土，听民人开垦种植：直隶、江西不及二亩；福建及江苏之苏州等属不及一亩；浙江及江苏之江宁等属不及三亩，陕西不及五亩；安徽、湖南、湖北、贵州水田不及一亩，旱田不及二亩，下地不论顷亩；山东中地以上不及一亩，下地不论顷亩；山西下地不及十亩；广东中则以上水田不及一亩，旱田不及三亩，下则水田不及五亩，旱田不及十亩；四川上田、中田不及五分，下田上地、中地不及一亩，下地不论顷亩；云南及广东之高雷廉三属不计顷亩；奉天之山冈土阜河滨潢下之处不成邱段者，不计顷亩，俱免升科。是年，总计天下土田七百四十一万四千四百九十五顷有奇。

三十二年，准太仆寺牧厂空地招民开垦。

三十四年，丰镇、宁远二厅报垦一千五百五十五顷七十余亩。又募垦吴县金山、无锡丹阳、宝山等县荒田。

三十七年，募垦黄州府黄州卫荒地。

三十八年，户部疏请招民佃垦，定限起租。谕曰：前以荒芜地亩及低洼之处，每易滋生蝻孽，曾令裘曰修亲往履勘，并令英廉等酌量可垦者，令业主佃户垦种成熟，其实系沮洳之区，即为开掘水泡，以杜虫孽，而资潴蓄，数年以来，尚未办及此事。于畿辅农田最有关系者，着周元理专派明干妥员，逐加踏勘，将实可施工，民间乐于认垦者，听从其便；其荒芜低洼之区，即酌开水泡，以期日久利赖。

三十九年，定广东三水、新安等县报垦荒地，照旱田例起科。

四十五年，开垦广西镇安府属水田。

四十九年，开垦山西浑源州荒地。

五十年，直隶查勘可垦荒地八百余顷，请按八年升科之例，部请以盐碱沙压难垦之地，再限二年，其实难施工之地，仍令各州县随时踏勘，俟其地脉转移，即行招垦。从之。上谕所有各州县历年报荒官旗各项地亩，经此次派员履勘，即查出可垦之地八百余顷，分年招垦，于旗民均有裨益，足见从前荒弃，皆因地方官不实力所致，但恐此后地方官因循日久，又复视为具文，日渐废弛，着督抚董率所属，认真办理。至地利转移无定，并着随时察看，续有可垦及续行报荒之处，年终汇奏，以专责成。

# 卷二 食货二

## 田制：官庄

国初，以近京各州县无主荒田及前明皇亲、驸马、贵戚、大臣、内监殁于寇乱无主荒田，并百姓带地投充之田，设立庄屯。自王以下及官员兵丁，皆授以土田，俾世为恒产。嗣后生齿日繁，凡盛京古北口外新辟之壤咸隶焉。其官庄有三：一、宗室庄田；一、八旗官兵庄田；一、驻防官兵庄田。凡牧场地专隶内务府。会计司掌其牧纳之数。

顺治元年，上谕户部清厘近京各州县无主荒田及前明贵戚、内监庄田，如本主及有子弟尚存者，量口给予，其余尽分给东来诸王、勋臣、兵丁，并令各府州县乡村满汉分居，各理疆界，以杜异日争端。顺天巡按柳寅东上言：安置庄头，其无主地与有主地犬牙相错，易起争端，请先将州县大小、定用地数多寡，使满洲自住一方，然后以察出无主地与有主地互易，庶疆理明晰。从之。设指圈之令时，近畿百姓带地来投者甚多，乃设为纳银庄头，愿领入官地亩者，亦为纳银庄头，各给绳地。每四十二亩为一绳，其纳蜜、苇、棉、靛等物附焉，分隶内务府镶黄、正黄、正白三旗。奉天、山海关、古北口、喜峰口亦令设立。又令诸王、贝勒、贝子、公等于锦州各设庄一所，盖州各设庄一所，其额外各庄，均令退出。

二年，定给诸王、贝勒、贝子、公等大庄，每所地四百二十亩至七百二十亩不等，半庄每所地二百四十亩至三百六十亩不等，园每所地六十亩至百二十亩不等；给内务府总管园地四十八亩，亲王府管领园地三十六亩，郡王府以下管领园地三十亩；各官执事人员，皆给地有差。又题准王以下各官所属壮丁，计口给地三十六亩，停支口粮。

谕户部，民间田房，有为旗人指圈，改换他处者，视其田产夫恶[①]，

---

① 夫，此字似应为"美"。可参见《顺治实录》卷十三。

速行补给，务令均平，其有瞻顾徇庇者罪。命给事中御史等官履勘畿内地亩，从公指圈；其有去京较远，不便指圈者，如满城庆都等二十四州县无主荒地，则以易州等处有主田地酌量给旗，而以满城等处无主地补给就近居民；凡民间坟墓在满洲地内者，许其子孙随时祭扫。

三年，谕，京城内外无主园地，酌量拨给诸王府。寻定副都统以上官，各给园地百八十亩，地六十亩；凡直隶民人田地被圈者，以连界州县地亩拨补；其不愿他适者，以未圈之民房地均分住种；愿他适者，按亩蠲赋一年；其地土房舍虽未经拨给满洲，而与近村被拨之民同居分种者，亦按亩量减；前明公侯额外屯地，既经拨出，其钱粮永行蠲免。

四年，令参领以下官员，各给地六十亩。定拨给官兵地亩，以见在为准例，凡拨给之后，兵则增丁不加，减丁不退；官则升迁不加，已故、降革不退。兵丁有告称不能耕种者，不准至所圈地内，如有集场，仍留给民，以资贸易。

五年，定亲王给园十所，郡王七所，每所地百八十亩；又准南苑海户，每户给地十八亩；每佐领下增给十名壮丁地。

六年，定凡加封王、贝勒、贝子、公等，各照本爵拨给园地，其袭封王、贝勒、贝子、公等，祖父所遗园地，除拨给应得之数外，余地仍留本家，不必撤出。又定公、侯、伯各给园地三百亩，子二百四十亩，男百八十亩，都统尚书轻车都尉百二十亩，副都统侍郎骑都尉各六十亩，一等侍卫护卫参领各四十二亩，二等侍卫护卫各三十亩，三等侍卫护卫云骑尉各二十四亩。凡旗员致仕者，督抚藩臬总兵各给园地三十六亩，道员副将参将各二十四亩，府州县游守等官各十八亩。又新来壮丁，每名给地三十亩。嗣于次年，令八旗旧壮丁每名撤出地六亩，拨给新壮丁。

七年，定给公主园地三百六十亩，郡主百八十亩，县主、郡君、县君各百五十亩；拨给亲王园八所，郡王五所，贝勒四所，贝子三所，公二所，每所地百八十亩。嗣后凡初封贝勒、贝子、公等，皆照此例拨给。镇国将军二百四十亩，辅国将军百八十亩，奉国将军百二十亩，奉恩将军六十亩。谨按：官兵庄田，镶黄旗满洲、蒙古、汉军共壮丁地二万三千六百三十三项四十亩，正黄旗满洲、蒙古、汉军共壮丁地二万三千五百四十三项八十五亩，正白旗满洲、蒙古、汉军共壮丁地二万七千九十六项四十八亩，正红旗满洲、蒙古、汉军共壮丁地万二千四百七项十亩，镶白旗满洲、蒙古、汉军共壮丁地五千四百四十四项三十亩，镶红旗满洲、蒙古、汉军共壮丁地万三千五十五项七十亩，正蓝旗满洲、蒙古、汉军共壮丁地万七千一百三十六顷六十亩，镶蓝旗满洲、蒙古、汉军共壮丁地万四千一百十有一顷二十八亩，均坐落通、涿、昌平、霸、蓟、遵化、滦、安、易、沧、延庆等州，大兴、宛平、良乡、固安、永清、东安、香河、三河、武清、宝坻、顺义、密云、怀柔、房山、文安、大城、保定、玉田、平谷、丰润、卢龙、迁安、抚宁、昌黎、乐亭、清苑、满城、安肃、定兴、新城、唐、容城、完、蠡、雄、高阳、新安、涞水、河间、肃宁、任邱、交河、青、静海、天津、南皮、获鹿、开平、望都、赤城、宣化各县，永宁卫、河西务良牧署、采育里、开平、沙河驿、德州、古北口、冷口、张家口、喜峰口、独石口、罗文峪、石闸等处。

十年，令民间房地有被圈一半者，不必拨补；全圈者，以未被圈之房地均摊补给，本州县不足，以邻近州县存留房地补给。停圈拨民间房地之例。

十一年，议准壮丁自四名以上地土尽数退出，量加钱粮月米。申禁满洲置买民产例，凡所买之业，俱令入官，户部给还原价。

十五年，又议准未禁以前者，免其入官，既禁以后者，如旧议。

康熙二年，定新来佐领给地三十亩，领催十八亩。

四年，给守陵官员园地，内大臣九十亩，总管七十二亩，副总管六十亩，防御及郎中员外三十六亩，茶膳、读祝、赞礼内监、笔帖式、骁骑校佐领下给事人及骁骑礼工二部执事人给地各有差。

八年，敕禁复行圈占民间房地。谕将本年见圈之地悉还民间，旗人无地者，择边外空地拨给。寻议，以张家口、杀虎口、喜峰口、古北口、独石口、山海关外旷土，宗室官员兵丁有愿将壮丁地亩退出，取口外闲地耕种者，本都统咨送，按丁拨给。

九年，定官员兵丁地亩不许越旗交易。兵丁本身种地不许全卖例。

二十年，定新满洲来京归旗者，停给园地。又定民地拨给旗下者，以别州县卫所额外开垦之官屯地补还。

二十四年，议，各处壮丁及新满洲应给地者，将上三旗皇庄并内务府、八旗、礼部、光禄寺丈量余地拨给。谨按：此外又有部寺官庄，分隶于礼部、光禄寺各衙门自行征收支放，以给公用，皆不属于户部。内务府官庄，国初定制：每庄壮丁十名，选一人为庄头，给田一百三十垧，六亩为一垧。场园马馆另给田四垧，壮丁蕃衍则留于本庄，缺则补足，量给牛种、房舍、口粮。庄有整庄，有半庄，有稻庄，有豆秸庄，有园；又有蜜户、苇户、靛户、瓜园、果园、菜园、牧地、网户地、猎户地。谨按：宗室庄田，镶黄旗宗室整庄四所，半庄一所，园一所，共地三十六顷六十亩，在大兴、通、武清、平谷、河间各州县；正黄旗宗室整庄五所，半庄十二所，庄四所，园三所，共地百有六顷五十六亩，在涿、易二州，大兴、宛平、三河、宝坻、顺义、房山、保定、雄、任邱各县；正白旗宗室整庄四所，庄一所，园二所，共地三十六顷，在顺天府及通州、香河、宝坻、房山各县，沙河所等处；正红旗宗室整庄百四十五所，半庄三所，整园五十所，半园十所，园四所，共地千二百四十四顷十有六亩零，在昌平、涿、辽阳等州及宛平、文安、保定、定兴、涞水、海城、盖平各县；镶白旗宗室整庄百七十六所，半庄五所，庄八所，整园八所，园二十所，果地靛地网户猎户等地七十六处，共地千七百十有七顷十有四亩零，在通、昌平、霸、蓟、遵化、涞、易、沧、辽阳等州，大兴、宛平、良乡、固安、永清、东安、香河、三河、武清、宝坻、密云、怀柔、房山、玉田、平谷、丰润、迁安、临榆、乐亭、保定、河间、任邱、保安、海城、盖平、铁岭各县；镶红旗宗室整庄二百九十八所，半庄二十三所，庄五所，整园百十有一所，半园二所，共地二千六百三十顷一亩，在通、涿、昌平、霸、涞、沧、延庆等州，大兴、宛平、永清、香河、宝坻、房山、新城、河间、肃宁各县，及张家口外等处；正蓝旗宗室整庄五百四十四所，半庄百五十一所，庄二十二所，整园百有三所，半园十有九所，园七十三所，果园菜园牧地五处，共地五千三百十有三顷二十四亩零，在通、涿、昌平、霸、蓟、遵化、涞、易、辽阳、锦、宁远等州，大兴、宛平、良乡、永清、东安、香河、武清、顺义、怀柔、房山、保定、玉田、平谷、丰润、卢龙、昌黎、乐亭、新城、青、无极、保安、承德、开原、广宁、开平各县及冷口外等处；镶蓝旗宗室整庄二百三十一所，半庄六十三所，庄九所，整园百有二所，半园二所，园三所，共地二千二百五十四顷七十四亩零，在昌平、涞、安、辽阳、锦等州，大兴、宛平、固安、永清、东安、怀柔、蠡、高阳、海城、盖平、开平各县。凡整庄、半庄、园地、蜜户等户，各设庄丁，内选一人为庄头，给以垧地。康熙初年编各庄头等第以其田土编为四等，每十年编定一次，至是年，设立粮庄，每庄各给地三百垧，其山海关内古北、喜峰诸口外粮庄，每一所纳粮百石，合仓石三百六十石；山海关外粮庄，每一所纳粮百二十石，合仓石四百三十二石；凡各庄头收粮毕时，于定额外多纳一石以上者赏，缺额一石以上者责。

二十六年，题准，交纳银二百两之庄头改为粮庄，增庄丁为十五名，停止庄头报粮溢额赏给。

三十年，新满洲退出地亩，令给民间耕种输租。

四十五年，更定拨给之例，凡旗人退出之地，官收存，拨给者俱俟秋成后始行拨地。已拨之后，不准更换其初次应行给地之新满洲，于八旗余地内丈给。

四十八年，令庄头地亩不足额者准其补给，薄碱沙压者准其换给。

五十一年，定给屯长地亩。

五十三年，定拨补庄头地亩在各旗退出输租地内匀拨，不得指圈民地。

五十五年，定给庄头顶带之例。凡庄头当差四五十年不欠钱粮者，给八品顶带；二三十年无欠者，给九品顶带。

雍正元年，设总理大臣，专司口外报粮编审。谕免山海关内庄头所欠陈粮。其所欠新粮，一二年内全完者赏给品级，三年不完者治罪。

二年，行井田之法，将内务府退出余地及户部所收官地内，拨新城县百十六顷，固安县百二十五顷八十九亩，制为井田；挑选无产之旗丁，满洲五十户，蒙古十户，汉军四十户耕种。自十六以上六十以下，各授田百亩，周围八分为私田，中百亩为公田；公田之谷，俟三年后起征。于耕种余地立村庄庐舍。每名给银五十两，为口粮、牛种、农具之用。设管理劝教二人。

三年，令口内庄头交仓所余之粮折银，口外庄粮运交热河仓；其杂粮秋秸等项折银均交广储司。

四年，更定山海关外粮庄地数：一等庄给地五十四顷，二等庄五十一顷，三等庄四十五顷，四等庄三十九顷。

六年，令内务府、宗人府、八旗都统将直隶所属旗庄、圈赏、投充各项地亩，核明基址，载册，交户部并直隶总督与各州县存贮，如有旗民互相争讼者，即据册勘审。

七年，于顺天府属之霸州、永清县，设立井田，谕免八旗地亩私行典卖与民者罪，令各旗稽查，清出动支内库帑银，取赎限一年。令原业主赎回，逾限者听他旗人承买。

十三年，遣官清丈察哈尔西四旗、东四旗地亩。谕旗人欺隐余地俱令自首，违首罪。又遣官清查园头牲丁、壮丁地亩，凡官庄内园头牲丁壮丁当差养家房地私相典卖者，若系内务府红册内所载，本属官物，概行撤回，私业则不应强撤；清厘之后，将地亩数目、村庄，载册分存本州县、户部、内务府及该总督处，以备稽考。定承催官奖劝例，完六年者加一级，三年者纪录。

乾隆元年，改井田户为屯户，于附近州县按亩纳粮；定古北口外热河东西两河旗地，分别上中下则纳银，以省挽运；停承催官，令屯领催办。嗣于四年复设。

二年，定庄园人等应给官地，于直属驻防兵丁交出在京所受之地及各庄头退出之地，旗人丈出余地，户绝无人承种之地内动拨。旗人来京当差，应得地亩亦如之。八旗都统疏言：旗人入官地亩原定租额过轻，吏胥易于作奸，请派员查勘更定，按额征收解部。上谕，现在入官地亩之租较民人佃种旗地之租为数本少，而此项入官之地原属旗地，与民人纳粮之地不同，虽经官定租额，而百姓不知仍纳重租，以致吏胥中饱，今因地定租固为允协，但愚民不知，妄意增添租额亦未可定。夫旗人民人，均我赤子，并无歧视，着直省督抚出示晓谕，若无从前弊端，即令停止增添；至照数征收解部，恐年岁荒歉不齐，如遇歉岁，仍照定例，闾阎不免受累①。其旱潦之年作何减收，丰稔之年作何补纳，着州县官随岁酌量办理，报明该旗及户部存案，以备稽察。

三年，谕：朕前以旗人生计贫乏者多，令王大臣议，将八旗入官地亩立为公产，收租解部，按旗分给，以资养赡。此等地亩内，有定鼎之初圈给八旗官兵，将田赋悉行开除者；亦有旗人与百姓自相交易，出银置买，仍在该州县纳粮者。若以入官之后均定为公产，不准民买，殊非朕轸念畿辅黎赤之本怀。嗣后除原圈官地不准民间置买外，其旗人自买有粮之民地，现在入官者，不论旗民，准照原估值价变卖，将银解部，交各旗料理生息，分给旗人，俾沾实惠。

四年，谕：从前降旨，令将入官地亩，仍赏与八旗，以为产业。随经八旗大臣议称，借支库银于京城空地盖屋，赏无房人居住；将公产地租陆续补库，其续收地租作何赏给，永远接济，别议具奏等语。朕思此项地亩，均系旗人旧业，有因拖欠钱粮入官者，有贪婪官吏抵应赔款项入官者，今既赏还八旗人等，仍留公官办，不但所得地租，分散之时势难均齐，而地亩租银，官收之数亦必少于私收，分赏众人则人多数少，无济于事，势必随手花费。此项地亩，仍令八旗官兵，或指俸饷，或交见银，承买为业，则八旗人等各立恒产，于生计自有裨益；承买价银即交部以补盖房之项，其余银作何办理，及现有地亩作何，视其肥瘠，酌量等第，别定价值，令其认买。着户部会同八旗大臣详议。寻议准，等则价值，令官兵承买，限五年交完价银。其指俸饷抵买者，亦于五年内坐扣，其余银悉交地方官，将民典旗地赎回。上谕，我朝定鼎之初，将近京地亩圈给旗人，

---

① 闾阎，里巷的门，也指里巷，后代指里巷居者，即平民。

在当日为八旗生计，有不得不然之势。其时旗人所得地亩，原足以资养赡，嗣因生齿日繁，恒产渐少；又或因事急需，将地亩渐次典与民家为业，阅年久远，辗转相授，已成民产，今欲将从前典出旗地陆续赎回，必须于民全无扰累，始为妥协。再，此项地亩，官员内尚须扣俸认买，贫乏兵丁食饷有限，无从措价，势必尽归富户，究于贫乏旗人未必有益。再下直隶总督妥议。复议，以取赎旗地，百姓不苦于得价还地，实惧其夺田别佃。请于赎地之时，将见在佃户及见出之租数造册，无论何旗承买，仍令原佃承种；房屋坟墓在于旗地内者，丈明所占地亩，照数输租，免其迁移；至赎回之地，贫乏兵丁未能措价认买，请以八旗公产及入官地并此次赎回之地，勘明八旗闲散人内，有正户出身，居家勤俭，情愿下乡种地者，上地给予百亩，中地给百五十亩，下地给二百亩，令其携妻子居乡耕种；初种之年，官给牛种、房舍之资。如此，则贫乏旗人实为利赖。从之。

九年，定民典旗地减价取赎之令。凡地，不论契载年限，以十年为率，在十年之内者照原价，十年以外者减价十分之一；每十年以次递减，至五十年外者半价取赎。又令旗人承买公产者，亦照官赎减价。

十一年，令八旗公产编设庄头，凡公产内有未经承买，及存退余绝地亩，酌留千顷，为拨补之用，其余五千四百亩，令履亩详勘，如地沃租多，整分庄头仍照例给十八顷，半分庄头九顷；如地瘠租少，酌量加增。其新设庄头，免差一年。

十八年，定旗下奴仆及开户人等典买旗地，限一年内自首，照民典旗地例，分年减价取赎，若原主不能取赎，作为公产，官收租息，岁终请旨赏给贫乏旗人，以资养赡。

十九年，清查遗漏旗地。军机大臣疏言，民典旗地内，多有原业，子孙年幼，其地亩数目、坐落村庄、典地人名姓不能记忆者，易致隐匿。查直隶各属，除民地外，俱系旗人原圈地亩，请将见纳钱粮民地开除，挨村清查。从之。

二十年，准各庄头薄碱沙洼地亩，在附近州县入官地内拨换。

二十一年，谕，八旗另记档案，及养子开户人等，俱准其出旗为民，所有本身田产并许带往。

二十二年，复议准，本身自置田产，许其带往，如系老圈并典买八旗地亩，动官帑赎回。从之。又定旗人旧典房地不准回赎之例。停止新满洲丈拨地亩，照地给予租银，每亩给租银一钱五分，核计一名壮丁地，每年给租银四两五钱，即在直属征解旗租银内动给，其远年得地之新满洲人等退地领租者，俱如此例。又户部疏言，入官地亩三千四百九十一顷，请交与该旗查明原租，令地方官照数征收，按年解部。上谕，此等地亩，以加惠小民而论，即租额再为轻减亦无不可，但向来官地租额虽轻，而民佃多不沾实惠，盖地租一项，既不在官，又不在民，官吏转得视为利薮；该部请照原纳租数征收，自为杜绝弊端。所议是。但旗人原收租数，或系市平市斛，而官为收纳，势必用库平官斛，则租数虽符，而贫民所加已属不少。嗣后入官地亩，地方官照原数征收，并照原收平斛，令其输纳。

二十三年，谕，出旗为民之汉军内，所有向日承种井田屯田者，俱久赖地亩为生，一旦撤出，未免失其生业，着加恩赏给，听其随带耕种。直隶总督方观承疏请勘明村庄段落，填给印照，注明赏种官地字样，交本人收执，免混民产。其井、屯定额钱粮，仍照旧额归州县征收解部，从之。

二十七年，部请积存地亩仍分设庄头。上谕，分设庄头编地不过三四千顷，所余尚有万顷之多。此等地亩，皆系老圈旗地，且发帑赎回者十有七八，令将三千顷安设庄头，其余交内务府派员征收，俟原帑归清之后，即赏给八旗作为恒业。

二十八年，停止安放庄头之例。命军机大臣会同总督方观承妥议交租则例。寻议，请将原租之额，分别上中下三则，使租地两得其平，无庸拘泥原租，并请将佃户姓名注册给照内，详载地名、亩数、每亩征租若干。统计地一万四千五百三十四顷六十余亩，原征租银二十万二千二百六十七两，酌复租银十有一万三千二百二十五两，照例解部。从之。

三十二年，议准，内务府所属鹰户、炭军、炸军、灰军，并银两庄头，如私典旗地及旗民亲族借名顶冒者，均照民买民典之例治罪。

三十四年，直隶总督杨廷璋请永停本旗委员查丈入官地亩定租之例。凡报出入官地亩，地方官即行履勘。其从前有照原租短少者，令其自首。上是其请。

三十六年，大学士刘统勋疏请八旗低洼田亩，应行开挖泡子之处，交户部于官赎旗地及入官地亩内减半抵给。从之。

三十八年，议定，八旗左翼、右翼，按季将有地旗人名字、地亩、段落，原价报部，转行直隶及顺天府存案，以备稽核。

三十九年，题准，旗人报抵入官地亩，将原价原佃原租各数报部，行文直隶委员履勘，计租定价，统以三分三厘之息为式。

四十四年，谕，八旗赎回入官老圈地，节经更定，仍准官员兵丁分买。今计亩浩繁，其认买地亩，若离京在数百里外，必致纷纷告假取租，不惟徒费资斧，又启民人勒掯之端。其地租未定，能否全得，反将所得钱粮先行坐扣地价，于旗人生计全无裨益，不如仍令官为取租，解部分给八旗，赏赉兵丁。交户部八旗均匀分给。

四十七年，定庄园人等承种官地报灾之例。凡遇灾歉，俱照民地之例，一分至四分者不准报灾。

# 卷三　食货三

### 田制：驻防庄田、官田

### 驻防官兵庄田

国初，以盛京为驻防重地，按旗分处，各有定界。继因边内地瘠，粮不足支，展边开垦，移两黄旗于铁岭，两白旗于安平，两红旗于石城，两蓝旗所分张义站、靖远堡，地瘠，以大城地与之；又以外藩蒙古隶入版图，分为五等拨给田土，一等给庄屯三所，园地九十亩；二等给庄屯二所，园地六十亩；三等以下止给庄屯。直隶、江苏、浙江、陕西、山西、河南所设驻防官兵，均量给庄地。

顺治四年，定缘边分拨地亩，均次第挨给，其越界选择者罪。又定锦州盖州各官庄，原非钦赐者，概令退出；给江宁、西安驻防旗员园地：江宁六十亩至百八十亩不等，西安二百十有五亩至二百四十亩不等，惟浙江官兵不给田地，照经制①支领俸饷。

五年，更定盛京庄、屯地界：两黄旗设于承德县沙河所，两白旗设于宁远，两红旗设于承德县塔山，两蓝旗设于锦州。又准沙河所以外、锦州以内八旗官员家丁，每名给地三十六亩；令分给外藩边外庄地，各守界限，不许越境。定各省驻防官兵家口半携去者，在京园地半撤，全携去者全撤。

六年，准外省驻防官员初任，未经拨给园地者拨给，其加级升任者不增。凡应给地六十亩以下者，户部拨给；六十亩以上者，奏请拨给。

七年，驻防官员量给园地：兵及庄丁者，每名给地三十亩；驻山西者，以临汾太原无主地并官地拨给；驻直隶者，以保定河间沧州入旗退出

---

① 经制，经国之制度。这里是指按照国家制定的俸给制度领取俸饷。

地拨给。

十二年，题准，辽阳铁岭至山海关八旗庄地有在边外者，令照旧种住，惟酌量边界开门勿误耕获。

十八年，令蒙古察哈尔大臣侍卫等，各照品级拨给庄屯。

康熙十二年，定在京旗人愿往奉天领地设庄守护坟墓者，如退出在京所受之地，准拨给奉天熟地；不退者，仍准拨给荒地。

十八年，定分给伊彻满洲地亩例。奉天所属，东自抚顺起，西至宁远州老天屯，南自盖平县拦石起，北至开原县，除马厂羊草地外，丈清地三十二万九千四十九顷三十亩，定旗地二十七万六千三百二十余顷。伊彻满洲迁来者，若拨种豆地，每六亩给地种一斗，拨种谷米、黏米、高粱地每六亩给各种六升。

二十年，停给蒙古新编归旗者园地。

二十五年，给锦州凤凰城等八处旗民开垦牛种口粮农器。

二十六年，令索伦达呼尔官兵耕种墨尔根地方，奉天官兵耕种黑龙江地方，由部差官监视。

二十八年，令奉天等处旗民各在本界内垦种，不许互相侵越。

三十一年，以山西阳曲太原二县屯地给予满洲驻防官兵耕种。

三十二年，令八旗驻防官兵均于所驻之处给予地亩。

五十七年，以山西右卫荒地，自苎麻口外西至十家铺，东至弥陀山，共二千余顷，安设庄头十五名。

五十八年，以河南南阳府扬河地方垦荒田亩，给予满洲驻防官兵耕种。

雍正十一年，令喜峰口驻防官兵百名，以铁门关外大屯地分给，每名给地一顷十五亩有奇，菜园四分有奇，照民田例分别科则，租银留充兵饷。

乾隆元年，定口外官兵私垦地亩分别纳粮例。热河驿站营汛官兵于驿地外自行开垦者，令按亩纳粮；古北口沿边瘠地悉行赏给，免其征输；蒙古等地亦免其征输；又内务府鹰手捕牲人鞍匠等开荒地亩，均将丈出余地，注册免征，嗣后如续有开垦，仍按亩征收。

二年，设立黑龙江呼兰地方官庄，每丁拨地六十亩，每十丁编为一庄，共庄四十所，每十庄设领催一名，皆于盛京将军所辖八旗挑选发往。

六年，增设呼兰庄屯五所，择闲丁五十名领种。

七年，又议准呼兰左近温得亨山及都尔图地方，土性肥饶，水草佳美，选壮丁五十名，增设庄五所，合六年增设之五所，共十庄，亦设领催一名。

三十一年，盛京刑部侍郎朝铨疏言，丈量奉天地亩余地在二三十垧以上，于十分中分出二三分为各城兵丁随缺地亩，余仍令原业承种纳粮，注载红册；新丈出旗人自首余地三十三万六千四百余垧，民人自首余地七万四千七百余垧；民人余地在停止开荒以后违例私开者，全行撤出；在未停开荒以前者，照旗人例酌量地数分拨，其官员兵丁应得随缺地亩，各城营田水手公产及旗民水冲沙压不足红册地亩，即于丈出余地内拨补。从之。户部侍郎英廉疏言，旗民丈出余地，系违例私开，均请撤出，令无地兵丁闲散认买。上谕，英廉所请，固为旗人生计起见，但此等无地人户，贫富不一，富者置产必多，贫者不能承买，旗人生计仍无实济，以应拨补各项外，余地一并入官，令原种之旗民照数纳租，以为赏给冬围兵丁鞍马之需。

四十年，议准偷垦地亩入官纳租之例。时有山东民人偷垦岫岩城五块石等处兵丁牧马官厂地者，均令纳租，不欲耕种者，别募。

四十六年，定惩匿报之令。凡盛京、吉林民人私垦查出者，每亩岁征银八分，仍在旗仓纳米二升六合五勺五抄，以惩匿报。

盛京土田拨给八旗官兵地亩：内务府三旗包衣佐领下壮丁地，镶黄旗共地百六十四顷八十四亩四分，正黄旗共地九十九顷一亩四分，正白旗共地二百五顷六十二亩一分，均在盛京、兴京、开原、辽阳界内。

内务府三旗包衣佐领下园丁地共千三百三十四顷八十亩，在盛京、开原、辽阳界内。

盛京礼部六品官所属各项壮丁地共五百顷九十九亩三分，在盛京、兴京、辽阳、铁岭、秀岩界内。

盛京工部五品官所属壮丁地五百六十一顷九十六亩，六品官所属壮丁地百八十九顷四亩九分，均在盛京、兴京、辽阳、开原、牛庄、秀岩界内。

制造库匠役人等地共二十二顷三十二亩，在盛京界内。

盛京户部仓官庄头楼军仓地共四百十一顷九亩四分，领催庄头地共二千八百十三顷一亩六分；盛京礼部庄头壮丁地共四十七顷五亩六分；盛京兵部站丁地共六十二顷七十四亩八分；盛京工部庄头壮丁地共七十六顷五十六亩三分。

兴京界内八旗所属诸王、贝勒、贝子、公、大臣等地千二百二顷三十六亩，官员兵丁闲散人等地共五百八十顷八十六亩五分。

抚顺界内右翼四旗所属王、贝勒、贝子、公、大臣等地千二百九十八顷九十九亩七分，官员、兵丁、闲散人等地七十五顷二十亩六分，碱场、汪清二门官兵台丁地三百二十八顷三十亩。

开原界内八旗庄屯地二千八百顷七十九亩。

辽阳城界内八旗官员兵丁地八百八十八顷五十五亩。

铁岭界内左翼四旗庄屯地八千六百五十七顷四十四亩二分。

法库边门庄屯地六百七十八顷五十八亩。

威远堡边门庄屯地二百二十八顷八十七亩。

英额边门庄屯地百二十六顷七十二亩二分。

凤凰城八旗巴尔呼地千九百四十八顷六十四亩，又正黄旗屯地六十顷九亩。

叆河边门分种地二十四顷七十四亩，四台四屯地六十一顷五十九亩。

复州界内八旗分拨地千七百二十九顷四十亩。

熊岳城界内八旗满洲、蒙古、巴尔呼、汉军庄屯地二千八百八十三顷三十九亩。

金州界内八旗满洲、蒙古、汉军官员兵丁地三千三百四十一顷四亩，水师营地二十六顷十八亩，山海关官员兵丁寡妇闲散人等地百三顷五十七亩七分，在山海卫宁远州界内；又正白、正红、镶红旗下闲散人等地三顷六十七亩。

秀岩界内八旗官员兵丁地二千百二十一顷二亩七分。

盖州界内各旗官员兵丁地四十六顷三十八亩。

牛庄界内八旗官员兵丁地二千九百二十三顷。

广宁城所属巨流河、白旗堡、小黑山、闾阳驿、彰武、台边门等界内，八旗官员、兵丁、闲散人等地万五千百九十四顷九十六亩二分。

锦州界内王、贝勒、贝子、公、宗室、额驸、官员、庄头、闲散人等地二千七百一十七顷七亩八分，八旗兵丁、闲散人等地千五十四顷五十亩四分。

义州界内八旗庄屯地五千四百七十一顷二十五亩。清河边门庄屯地五百三十四顷二十三亩。九关台边门庄屯地二百三十二顷十八亩。

吉林乌拉界内官员兵丁开垦地：镶黄旗三百七十四顷五十二亩，正黄旗二百九十五顷二十六亩，正白旗二百六十六顷十亩，正红旗二百五十二顷七十八亩，镶白旗二百八十八顷四十八亩，镶红旗二百二十一顷七十六亩，正蓝旗二百六十一顷二十四亩，镶蓝旗二百六十七顷二十四亩，水师营二百六十五顷五十六亩；又各庄头开垦地二百五十二顷六亩。

宁古塔界内官员兵丁开垦地：镶红旗三百四十七顷四亩，正黄旗二百三顷七十亩，正白旗三百三十五顷十亩，正红旗四百二十顷，镶白旗四百七十顷五十四亩，镶红旗三百二十六顷七十亩，正蓝旗二百八十顷十四亩，镶蓝旗二百十九顷六十六亩；又各庄头开垦地三百三十三顷四十二亩。

珲春界内官员兵丁开垦地：镶黄旗百十七顷十八亩，正黄旗九十九顷五十四亩，正白旗三百十六顷九十二亩；三姓地方官员兵丁开垦地：镶黄旗百八十一顷五十亩，正白旗五十九顷四十六亩，正红旗四百四十九顷六十四亩。

伯都讷界内官员兵丁开垦地：镶黄旗百十六顷五十八亩，正黄旗七十三顷六十八亩，正白旗二百三十五顷四十四亩，正红旗百二十五顷五十二亩，镶白旗八十顷二十二亩，镶红旗七十一顷二十二亩，正蓝旗二百十五顷四亩，镶蓝旗百九十四顷十亩；又各庄头开垦地二十二顷三十亩。

阿勒楚喀界内官员兵丁开垦地：镶黄旗百十五顷八亩，正黄旗百二十顷三十亩，正白旗五十九顷十亩。

### 官田：祭田、学田、马厂牧厂附

官田之制，凡藉田及在京坛壝、直省社稷山川厉坛祠墓寺观文庙学校等田并部寺公用田、太仆寺牧厂及在官地①，均为公田，除其租赋。

顺治十一年，耕耤田于南郊。设耤田于正阳门外之西，中为先农坛，坛内地百七十顷，其二十顷种五谷蔬菜，以供祭祀；余千五百亩岁征租三百两，供修坛墙。

康熙二十四年，诏曰：礼，天子为耤千亩，诸侯百亩，此则耤田之礼，通于天下。今朕欲各地方守土官通行耕耤之礼，下九卿详议。寻议，

---

① 厉坛：中国古代祭无祀鬼神之坛。《春秋传》曰"鬼有所归，乃不为厉"，此其义也。文庙：指孔子庙。明代改先师庙为文庙，清因之。

颁耕耤之制，令各省择东郊官地洁净丰腴者立为耤田，径直田亩九分，后立先农坛，令守坛农夫灌溉耤田。无官地者置买民田，每岁仲春行九推之礼①。

## 祭田　学田附

顺治元年，赐圣贤后裔祭田：衍圣公二千百五十七顷五十亩②，孔林地、庙基地二十一顷五十四亩零，四氏学学田五十顷③，复圣裔祭田墓田庙基地五十四顷十有五亩零，宗圣裔祭田墓田庙基地六十二顷十有四亩零，亚圣裔祭田墓田庙基地五十九顷七十六亩零，先贤仲氏裔祭田墓田庙基地七十五顷五十六亩零④；又置各省学田，凡贫生均于学内酌给银米，每年清厘各省学田。

康熙二十四年，复增孔林地十有一顷十有四亩九分；免曲阜颜氏额粮有差；又赐元圣周公祭田五十顷。

雍正元年，总校天下学田共三千八百八十六顷七十八亩有奇。

乾隆十二年，除福建闽县先贤二十三祠祭田粮租。谨按：祭田：直隶十有九顷二十四亩，盛京一顷四十一亩，山东九十八顷九十六亩，山西三十八顷六十七亩，河南百有一顷七十四亩，江南、江苏百有八顷八十四亩，安徽十有三顷十有三亩，江西十有四顷三十一亩，福建五百二十顷五十五亩，浙江七十六顷五十四亩，陕西十有六顷二十三亩，四川十有五顷十有九亩，各有奇。

## 马厂　牧厂附

畿辅牧场：镶黄旗牧马场地在武清、宝坻二县，东自唐畦、西至陈林庄七十里，南自张家庄、北至上马台九十里；正黄旗牧马场地在天津府，西北自俞家庄、东北至小稍子口十五里，西南自孙家庄、东南至秋家庄四十七里；正白旗牧马场地在天津府，东自好家沽、西至白家庄四十二里，

---

① 九推，按《礼记·月令》所说：耤田之制，天子三推（指农夫在前面牵着牛走，皇帝扶着犁摇三摇），三公五推，卿诸侯九推。庶人终亩。

② 衍圣公，孔子嫡系后裔之世袭封号。汉曰褒成侯，宋仁宗时改封衍圣公。1935年，中华民国政府将衍圣公改为大成至圣先师奉祀官。

③ 四氏学，元世祖立孔、颜、孟三氏学，明神宗增以曾氏为四氏学，设学额如府学制，清因之。

④ 复圣，元文宗时加封颜子为兖国复圣公，明嘉靖时罢其封爵，但称复圣；宗圣，指曾子；亚圣，指孟子；先贤仲氏，指仲子由。

南自城儿上、北至清沟六十五里；正红旗牧马场地在瓮山者十有五顷，芦沟桥西高陵者二十七顷六十亩；镶白旗牧马场地在通州二十四顷八十四亩；镶红旗牧马场地在顺义县天竺马房村三十五顷二十八亩，芦沟桥四顷八十亩；正蓝旗牧马场地在丰台王兰等庄东西三十里，南北五十里；镶蓝旗牧马场地在草桥十里廊房八里。

顺治二年议准，御马场王、贝勒、贝子马场，均按本旗地方牧养。

六年议准，顺义、清河、漷县及沙河、芦沟桥五处荒地千四百六十八顷四十亩，潞河、沙河、清河、桑乾河两岸隙地，均定为马场。定荒地非沙石不堪耕种者，不准作为牧场例。

五年，盛京牧场地，以奉天中前所、后屯卫、中后所三处地亩，分给八旗为牧场。自东迤西先给两黄旗，次两白旗，次两红旗，次两蓝旗。

十二年，定牧场制。凡亲王牧场，方二里；郡王牧场，方一里。

康熙二年，令锦州大凌河牧场东至右屯卫，西至鸭子厂，南至海，北至黄山堡，留为牧马地，不许民间开垦。

雍正二年，清查八旗存留牧场地，凡可耕者，均募民开垦。

乾隆十三年，裁减马群。复议：大凌河马场，袤延于西界，截出十里给官兵耕种；后又以西界地势不齐，量地截给，东至杏山、北濠沟，西至鸭子厂，南至七里河，北至金厂堡。

二十一年，清丈直隶马厂地给民为业，名恩赏官地。

三十七年，定民人开垦马厂例。杀虎口外民人开垦马厂，在于察哈尔游牧地界外，已经成熟者，听其耕耘征赋，毋许再行私开。

三十九年，又蒙古招民开垦辅国公马厂，地百余顷。议准，在饬禁以前早已成熟者，即照三十七年民人开垦牧地例。又准太仆寺厂地招民开垦。是年，山西丰镇宁远二厅垦地二万千五百五十五顷七十余亩。

# 卷四　食货四

## 田制：屯田、新疆屯田附

臣等谨按，屯田之政，前明仿唐府兵遗意，创卫所之制，以军隶卫，以屯养军，而设都司以统辖之。嗣后经制屡更，别募民以镇守，于是营军与屯军分而为二，屯军惟职漕运，其无漕运者，又有营造之役，是军政屯户两无裨益矣。国初，创制屯堡，凡卫弁各所给军分佃，剔除差徭后，以直省各设经制官兵，而屯卫之军，次第裁汰，惟散漕运之地，仍隶卫所。其驻所之军，亦给屯田，余皆归并州县，盖稽其籍，虽有军民之殊，而承佃输赋，则屯户与民无异，隶之州县，体制详明，诚昭代之鸿规，万世之良法也。此外，垦荒及圈地给粮地，凡所以实军储而裕民力者，悉随时裁定。俾军屯安耕凿之常，兵民享盈宁之利，典制精详，谨按年编纂；至新疆屯政版图式廓二万余里，由巴里坤以至伊犁前后垦辟，无虑十余万顷，边疆瘠土，皆成沃壤，其经画尤非内地之军屯可比。谨按年汇次附于各省屯田之后，以昭典则，而垂示万世焉。

顺治元年，定荒地屯种例。先是，国初定每佐领给壮丁十，牛四，于旷土屯田。至是准州县卫所无主荒田，分给民、兵屯种。

二年，遣御史巡视屯田。寻裁巡屯御史，归巡按兼管。

三年，更定屯田官制，每卫设守备一员，兼管屯田；量设千总、百总，分理卫事；裁原设指挥、副指挥，改卫军为屯丁。其卫所钱粮职掌及漕运造船并都司、行都司之制，皆仍旧。

四年，给江宁西安驻防园地：江宁六十亩至百八十亩不等；西安二百四十亩或二百十五亩不等，惟浙江驻防官兵仍照京制，支领俸饷，不给田地。

五年，准云镇屯田，令军民垦种，官给牛种，量收租银。十五年，归并山西驿粮道管理。定各省驻防官兵家口半携去者，在京园地半撤、全携去者全撤例。

六年，定直隶屯地输租例。天津葛沽等处屯地，旧例：上地每亩六升，中地四升五合，下地三升，今定果树菜畦水田苇地每亩科一斗，麦地六升，杂粮地四升五合。定外省驻防，初任官员未给园地者准拨给，其加级升任者不准添给例。给地六十亩以下者户部拨给，六十亩以上者奏请拨给。

七年，裁汰卫军。凡卫所屯田，从前分给军丁承种者归并州县，其有运粮卫所屯粮，仍旧派征，其无运粮，卫所屯田俱照民田起科。

九年，令广东屯粮，本折各半征收，免其全征本色。谨按，十年，又定江南秣陵广武英武三卫屯粮，准其折银。康熙六年，又以江南石城等卫屯粮改折太重，令仍收本色。十年，复以广东屯粮，十倍民赋，令减额，照民田重则，每亩八升八合起征。又减广东卫所及河南等省屯粮，均照民田征收。

十三年，定屯田贴运之例。向例漕船一艘，派屯田百五十一亩，今议定，有屯带运卫所，照数分派，杭、宁、温、台各卫，嘉、湖、严、衢各所，有屯带运。余田征租银，拨贴无屯卫所，金华等所、绍处等卫无屯有运。至有屯无运卫所，金乡等卫有屯无运。有愿运者，给田佥运，余田亦征租，拨贴无屯卫所运丁。康熙十年，以屯田缺额，每船给田百十三亩。招垦广西卫所荒屯。

十四年，清查民田赋役册籍。凡民册当差者，卫所不得告攀；军册有役者，州县不得重派；民佃军田者，照地纳租，不派军役；军佃民田者，只完正赋，不派民役。先是，湖广有运军、班军、操军三项，各设屯田，后裁汰。班军、操军归农，只留运军，以致军民册籍混淆，至是厘正，永着为例。

十六年，除四川卫所屯粮归并州县，照民田起科。

十七年，更定云南卫弁职田收租准俸例，其田各归卫所，编入户口，以本七折三征收。按，云南向有卫弁职田收租准俸，不纳税粮。

康熙二年，复以江南屯粮归都司管辖。

四年，归还德州圈地。其驻防兵，均如陕西例，给粮五年，以陕西卫所屯粮与民粮一体输纳，无佥运领运之事，不必改归都司，仍令布政司总理。

六年，议，令投诚兵屯田。湖广道御史萧震上投诚兵丁屯田四便疏：一、以投诚之众，所携家口数倍正兵，予以荒地牛种，可为招徕之劝；一、以绿旗兵有防御之任，屯田难；投诚兵无汛地之责，屯田易；一、以投诚兵随标月给饷粮，岁费八十余万，使开垦荒芜，三年起科，既有兵饷，又增屯赋；一、以各省荒地四百余万顷分给耕种，军储日实，户口渐繁，故有是令。又令广东、云南屯田道，稽察卫所各官及征收屯粮。十八年，定江南屯田道考成，视都司例。二十六年，复裁云南都司。

十五年，严荒田影射之禁。时卫所荒田，坐落州县境内，县勘则指为军地，卫勘则诡为民田，故令督抚檄州县卫所互核，影射者罪。

二十三年，令湖南偏桥、镇远二卫地亩钱粮，归并贵州征收。嗣后，湖南屯粮则例屡更。二十五年，以铜鼓卫屯粮归并新宁县征收；三十六年，辰州卫屯田归并泸溪县照民田征收。又步城县有经征靖州卫屯粮改归靖州绥宁县征收；四十年，以沅州、龙阳、黔阳、靖州四州县屯粮偏重，将赋役全书讹刊之数改正减免；四十五年，以清浪、平溪二卫屯粮征米输运维艰，准其征银。

三十一年，以山西太原、阳曲二县屯地给驻防官兵耕种。

三十四年，上以云南屯田钱粮较民田额重数倍，改屯赋令照河阳县民田上则征收。

三十五年，复议，云南屯地钱粮，亦照屯田则例。

五十七年，减湖北沔阳卫屯田额粮。谨按，沔阳卫屯田五百七十二顷八十亩有奇，向系水淹洼地，故令照湖南清浪卫减则之例，每亩征五升四合五勺。又丈量山西右卫荒地。

五十八年，以河南扬河垦荒地给驻防官兵耕种。

雍正二年，定内地无运卫所悉并州县例，凡钱粮皆归布政司管辖。裁山西、江南、浙江、江西、湖广、山东、广东屯田都司，浙江杭州征屯千总。是年，总计直省屯田三十九万四千五百二十七顷九十九亩，屯赋银四十三万六千四百四十六两四钱，屯粮百六万四千五百九十二石，草四百八十七万一千三百四十五束各有奇。

三年，定安西屯垦事宜，凡驻防兵之不愿久住者，召募民人更换，择宜稼之处分屯，其应募兵丁未习农业者，就沿边州县雇农人为帮夫，每兵三名，给一使教农事，俟资粮充裕，再令携家永远驻防。

五年，定军田照民田给契上税例。每亩照贵州军田例，纳税五钱，给契。改江南建德、东流二县屯粮归池州府经营。向例，解归南昌抚州饶州三卫所。

九年，定屯卫田仍典与军户例。凡私典与民者田归卫，价入官，仍治以罪。

乾隆元年，除广东屯粮羡余，减各省屯赋重额。至十一年，合计岁减银一万二千两有奇。诏减浙江严州卫遗漏减免银两。浙江屯粮，向例每石征银一两，康熙年间特减，改征银五钱五厘，惟严州一所遗漏，至是改照杭州前右二卫科则征收。减广西武缘县屯赋；减浙江温州卫田赋。均照杭州前右二卫科则。停止贵州新设苗疆屯军。时贵州总督张广泗请将逆苗绝产，安设屯军。上谕，数年以来经理苗疆，原期宁辑地方，化导顽梗，并非利其一丝一粟，是以彼处应输之正供，朕皆仰体皇考圣心，永远革除，岂肯收其田亩以给内地之民乎！从前屯田之意，原因该督等奏，系无主之绝产，今看来此等苗田，未必尽系无主之产，或经理之人以为逆苗，罪本当诛，今既宥其身命，即收其田产，亦法所宜然，殊不知苗众自有之业，一旦归官，目前虽慑于兵威，勉强遵奉，而非出于中心之愿，安能保其久远宁帖耶！至于拨换之举，在田地有肥瘠之不同，而亩数又有多寡之各异，岂能铢两悉合，餍服其心，使苗众无丝毫较量之念乎？总之，顽苗叛逆之罪，本属重大，国家既施宽大之恩，贷以不死，予以安全，而此区区之产业，反欲收之于官，则轻重失宜，非皇考与朕经理苗疆之意矣。奉敕令，张广泗即行停止，其实在绝产，令查明疏请。寻议，以惟逆苗绝户田产赏给屯兵垦种，择形胜之地，建筑堡墙，以资捍御。又谕各省屯粮，有原额粮则较重者，悉行酌减。三年，又减安徽怀远卫军银，减武平卫军田加征银。裁汰凉州府镇番县柳林湖屯户，设立屯长，总甲分理。谨按：镇番招民屯垦，在雍正十三年。至是以地方辽阔，屯户众多，酌留熟谙农事者，余皆裁汰。

四年，招民承种安西镇口外屯田。

五年，严屯田私租之禁。凡运军额设屯田，止许得本年之租，不得加租及立券预支，其已经加租之田，令其回赎，违者例以私典军田罪。六年，令限一年清出，归军赡运。

八年，清厘湖广军屯田。凡典卖者，如民买愿应差，或军买随田应差者，均免赎。若民买不愿应差，及军买而田去差存者，均令原丁取赎；力不赡者，令典买之人每岁助费以济漕运。至故绝逃亡之户，民人顶种，现在纳粮贴运者，田有出售，仍令军户承买。湖北卫所屯田亦如之。

十二年，陕西提督拉布敦疏请，口外八沟塔子沟等处设兵屯田。从之。

十八年，总计各省屯田二十五万九千四百十有六顷四十八亩，屯赋银五十万三千五百五十七两，屯粮三百七十三石各有奇。其归并各州县者不入。

二十一年，陕西总督黄廷桂疏请招民屯重移归鲁克沁回民所遗瓜洲熟地二万四千五百亩。从之。吐鲁番回人归附在雍正三年。

二十二年，清查陕西屯地银粮。

二十三年，清查江西屯地田亩。

二十四年，准瓜洲屯户加垦地亩，改屯升科。

二十七年，甘肃柳林湖屯田亦如瓜洲例，改屯升科。初，垦者照民田中则例续垦者，照民田下则例纳赋。二十八年，安西府渊泉县之柳沟、布隆吉尔，玉门县之靖远、赤金等处，均准屯户加垦，余地改屯升科，以为世业。

三十一年，总计各省屯田三十九万二千七百九十五顷六十七亩，屯赋银七十八万四千九百二两，粮百九万七千六十四石，草五百五万六百二十束，各有奇。

三十六年，豁除江西袁州、赣州、饶州、建昌四卫所坍没屯田粮赋。

三十八年，谕，裴宗锡覆奏，查办军屯，请将上江下江无为等州十七州县向不归运之裁卫屯田加征津费，所办非是，而加征之名更属不能深体朕意。朕惠爱百姓，普蠲恩免不下数千百万，惟期家给人足，乐利永征，何独因清厘屯粮，欲举百余年相沿之民产，一旦忽议加赋，朕岂肯为之！且定以官为加征之名，则断乎不可。

寻敕高晋查办续结，其江苏省并谕照此办理。浙江巡抚陈辉祖疏请，民屯新垦丁银，随年摊征。上谕，国家承平休养百有余年，闾阎生齿日繁，向来编审人丁，按丁科则，自康熙五十二年，我皇祖圣祖仁皇帝特颁恩诏，盛世之民，永不加赋，即以是年丁粮之数作为定额，仰见皇祖惠爱黎元，法良意美，实我万世子孙臣庶所当遵守不易者。朕临御以来，仰承天佑祖德，因治重熙，无时不以爱养斯民为念，岂肯于丁粮区区毫末之赋，稍存计较乎！况人数既多，自地无遗利，若求可垦之地，则惟新疆乌噜木齐等处，尚可招徕屯垦。至于内地，即间有东坍西涨，其数甚微，祇须地方官照例妥办，若以新垦民屯地亩，复将丁银随年摊纳，是与小民较及锱铢，尤非惠下恤民之道。所有各省办理丁粮，俱着悉仍其旧。

三十九年，除江苏省坍没屯田额赋。

四十年，停民户典卖屯田编入军籍之例。但令从重津贴，免其撤田。定军户自置民田，令纳粮赋，毋许口入军田，例除湖北监利县筑，堤挖压，军屯额征。

四十一年，准甘肃九家窑屯田八千八百三十三亩，改归民田升科。

新疆屯田附

康熙五十四年，上以额德尔齐老图地近推河，应屯田驻兵，令将军费扬古等与喀尔喀汗会议。寻以费扬古疏称，苏勒图、喀喇乌苏、乌兰固木、科布多等处，土田肥美，均可耕种，请拨土默特善种地兵丁千人，每旗令台吉塔布囊一人督率屯种，遣大臣一员监管。又请于哈密地方屯种。均从之。后又准都统穆赛等疏言，科布多等处收获逾常，请拨土默特千人，出兵归化城之土默特兵千人，令往耕种。

五十五年，开巴里坤、哈密等处屯田，凡发往军前效力人等，有愿种地者，许其耕种。又议准尚书富宁请哈密所属博罗尔、图古哩克接壤之处，并巴里坤、都尔博勒津、哈喇乌苏及锡济木、达哩图、布隆吉尔附近之上浦、下浦等处兵丁，有愿往者，亦令耕种。是年冬，苏尔德奏称，都尔博勒津、国古哩克①、哈喇乌苏所种地亩有秋。寻议，令备明岁籽种。

五十六年，增垦阿尔衮固楚、实伯哩乌苏、鼐玛尔塔呼埒克、察罕郭勒等处荒地，命户部侍郎梁世勋等督理巴里坤屯田。

五十七年，令新旧开垦都尔博勒津、图古哩克及回子扎萨克敏所种塔哩雅沁地所余青稞贮仓，充裕军粮。郎中苏赫等议叙有差。

六十年，增垦乌兰固木地。

六十一年，核丈科布多、乌兰固木等处地亩谷数。

雍正三年，谕振武将军穆克登开鄂尔坤、图拉等处屯田。穆克登疏言：鄂尔坤尚有昔人耕种处所及故渠灌田踪迹；图拉现有大麦、小麦非不可种之土，第霜降早晚不一，树谷宜否不同，请于屯长中择十余人，于明春三月遣往耕种，俟秋收后具奏。从之。

七年，振武将军顺承郡王锡保疏言，鄂尔坤、济尔玛台、图拉三处屯田，收大小麦、糜子共七千五百五十石有奇。

九年，奏报万六千三十石有奇。

十年，西安巡抚玛尔泰请撤额塞勒津城驻防兵，并西安马步兵二千人，开垦哈拉该图地。从之。

乾隆元年，增垦鄂尔屯田兵额。雍正十三年，拨绿营兵五百，至是增拨三千。

二年，复拨绿营兵六百并负罪人千余。

二十年，准噶尔部落势日穷蹙，议遣大兵征剿。二月，上谕军机大臣曰：从前因未深知达瓦齐情形，原议四月进兵，故令于额尔齐斯派喀尔喀兵、绿旗兵，并策凌所属人等留驻屯田。今进兵甚早，而达瓦齐之力已

---

① 国古哩克，此处国字有误，因康熙五十五年、五十七年都称图古哩克。

穷，兵到即可成功。其额尔齐斯仍需屯田与否，应另行酌办；如需屯田，即于策凌等游牧所留人内派往，或凯旋后并将策凌等人众派往。着班第等详议具奏。班第等寻奏：平定准噶尔后，额尔齐斯地方仍需屯田。上谕照所请行。其耕种所得谷石，令备往来兵丁口粮。谨按，屯田地定于伊苏图坚格尔等处。又移布勒罕兵千人，于鄂伦滇尔地方驻扎照管。

二十一年，开垦巴里坤至济尔玛台、济木萨、乌噜木齐、罗克伦、玛纳斯、安济海、雅尔晶、崆吉斯珠勒都斯等处荒地。设回人百名，绿旗兵百名，试种一年。又酌派内地兵民前往耕种，照安西地方之例。

二十二年，复设塔哩雅沁屯田。乾隆七年停种，至是修复。又派兵吐鲁番屯田。时以吐鲁番地方直通伊犁，并与各处回城声息相通，故遣兵屯田。是年五月，分种小米二千二百四十余亩，接种大米 其新附回人，即令留种。又谕，选绿旗兵丁善于耕种之人，往乌噜木齐试种。总督黄廷桂疏请派兵千名，于巴里坤尖山子起，至奎苏地百余里内，先期疏浚水泉，设木槽接引渠道，俟春间翻犁试种。从之。巴里坤尖山子等处，于雍正年间曾经开垦。嗣以正渠九道，水多渗入砂碛，难周灌溉，停止。至是始建木槽之制。上谕军机大臣曰：黄廷桂奏派兵千名，于来春往巴里坤等处屯田等语，自应及时筹办。但此尚在近地，其乌噜木齐等处，亦须渐次屯种，其如何相度水利，测验土脉，及派兵前往预为料理之处，着传谕黄廷桂详奏。

二十三年，遣兵二千名，赴哈喇沙尔等处屯田，取海都河水灌溉。增派乌噜木齐屯兵。原派兵五百，复增五百。增派辟展鲁克沁、吐鲁番、托克三屯兵。托克三在吐鲁番西百余里，通哈喇沙尔设屯兵五百名。五月，又议增哈喇沙尔、托克三屯兵。前屯兵三千六百名，至是增二千四百名合计六千名。上谕黄廷桂等曰：现在办理回部未竣屯田，伊犁可以暂缓。唯于乌噜木齐一带，及噶尔藏多尔济游牧之罗克伦等处，急宜相度地亩，广为屯种，俟将来酌量情形，由近及远，即一二年后，亦无不可。六月，侍郎永贵等奏报乌噜木齐附近等处屯田开垦亩数：哈喇和卓垦地八千七百亩，托克三垦地五千三百亩，哈喇沙尔垦地四千余亩，合辟展所种万亩，计新旧共五万二千七百九十一亩。又议垦穆垒至乌噜木齐、噶尔藏多尔济游牧之昌吉、罗克伦等处屯田。昌吉距乌噜木齐六十余里。罗克伦距昌吉四十余里。昌吉可垦田八万余亩，罗克伦可垦田七万余亩，与穆垒等处均系噶尔藏多尔济游牧之地，驻兵三千名，合穆垒等处屯兵共万人。上谕，据黄廷桂疏称，塔哩雅沁试种豌豆已有成效，辟展吐鲁番、托克三、乌噜木齐等处，想皆可试种，着于明春布种。又谕从前因办理回部，将伊犁屯田暂时停止，今回部迎降相继，大功计日可成，则屯田自不可缓。军营绿旗兵丁驻防，各城所用无几，应行派往伊犁并酌派回人。令纳穆扎尔等办理屯务，或将鲁克沁、哈喇沙尔、乌噜木齐等处屯田兵，移至伊犁，再于内地派兵补缺，令兆惠等将应办之事，先时预备。

二十四年，增特讷格尔、昌吉、罗克伦等处屯田兵四千名。前拨千名，共五千名。又谕，定长等疏称，除乌噜木齐外，其他处地亩较之初种时渐觉歉薄，此等地亩，虽不能如内地人工粪治可以常年耕种，但地颇宽展，彼此递年互调耕作，自有余力。令杨应琚、舒赫德悉心讲求具奏。

二十五年，命调巴里坤绿旗兵九百名赴乌噜木齐屯田。谕，阿桂等奏称，伊犁河以南，海努克地与固勒扎相隔一日程途，水土沃衍，请先行屯种，相其形势，分立村庄，所办甚是。又奏准于伊犁自乌噜木齐至罗克伦，择水土饶裕之处，设村庄四，每庄屯兵八百余名，兴举伊犁海努克屯田。副都统伊柱疏言，官兵驻札与屯田，回人距二三里。伊犁河南安台五处，其屯田回人三百余名，约每距半里立一村，共村十五，均立墙垣基址，俟农隙俾立室宇。又驻札处有庙宇百余间，加以修葺，可驻兵六七百名；续经参赞大臣舒赫德请添派回人五百户，携眷耕种。筑伊犁海努克及察罕乌苏城。又筑固勒扎大城。凡大臣驻札公署，仓库咸在，以为总汇之地。调喀什噶尔绿旗兵九百十名赴伊犁屯田。

二十六年，募回人承种辟展喀喇和卓、托克三余地，设玛纳斯、库尔喀喇乌苏、晶河等处屯田。立村堡三，每村兵三百名，各垦地十五亩。议准，乌噜木齐驻防兵丁挈家立业。向例，议驻防兵，三年更替。至是以乌噜木齐收获盈宁，堪立室家，故有是议。又招徕游民于乌噜木齐立业，户给地亩牛具，照水田六年升科例。肃州、安西二处招贫民二百户，高台县招民五十六户。又肃州招民四十四户，山西临晋县民卢文忠一户，愿自备资斧前往，赏给监生顶带。参赞大臣阿桂奏报，二麦有秋。兵一名，种大小麦十亩。回人一户，给麦种一石，丰收在二十分以上。谕成衮扎布筹办科布多屯田。先派绿营兵百名，给牛种，俟收获后，再将喀尔喀、杜尔伯特、扎哈沁兵丁派往。

二十八年，成公衮扎布疏言，科布多地土腴沃，蒙古等未谙垦种，请派绿旗兵二百名开屯①。旋议，拨乌里雅苏台兵百名，喀尔喀兵百名。募民开垦

---

① 泒，此字疑为刊刻之误，当为"派"。

巴里坤余地。十二月，招徕民人王玉美等六十七名。二十七年，招民人三十九户。二十八年，招吴臣等三十名。二十九年，招商民三十名。又敦煌等县愿往种地民人百八十余户，共垦地三千六百九十余亩，俱照水田六年升科例。定伊犁屯田纳粮则例。阿桂等疏称，伊犁屯田八千亩，收获大小麦、糜、青稞等谷二万七千百石有奇，约计在二十分以上；回人八百户，收获大小麦约二十分以上，糜粟、青稞约四十分以上，合计每人收谷四十石，请交粮二十石，定为成额，嗣后改定人给籽种一石五升①，交粮十六石。又议叙屯田各官兵丁，赍赏银有差。

二十九年，明瑞疏称，伊犁种地，绿旗兵千名，新旧回人三千二十，户所收麦谷青稞等视去岁多至二千石以上，得粮四万四千六百余石，请议叙赏赍官兵各有差。从之。

二十七年，定乌鲁木齐遣犯屯田地亩。每名给屯田二十亩。孥眷者加给五亩，与民兵一例纳粮。定安插添驻伊犁屯田回人地：叶尔羌回人续请移居伊犁二百十四户。霍济格尔巴克编设一屯，安插八十户；海努克编设一屯，安插七十户，共老弱七十四户，给该伯克养赡。霍济格尔巴克等处，地均在伊犁河南。其河北之固勒札等处，先于二十五年分五村庄，至是两岸俱有庄屯。定各城回民纳赋之制，凡回民自种地亩，视岁收粮数交纳十之一，承种官地者，平分入官。总计各城回民自种地亩岁纳粮石：辟展四千五百六十五石，哈喇沙尔千四百石，库车九百六十石，又纳地租粮二十五石，沙雅尔五百六十石，阿克苏六千八百三十五石，赛哩木九百七十五石，拜城五百二十石，又纳地租粮三十石，叶尔羌二千八百帕特玛，每帕特玛一得官斛五石三斗。纳普尔钱四万八千腾格，每普尔五十为一腾格，二腾格合银一两。所属巴尔楚克纳钱千二百腾格，扣尔巴九帕特玛，和阗二千帕特玛，纳钱二万四千腾格；又纳官借籽种，另册粮六百九十二帕特玛，所属伯德尔格纳钱四百腾格，英阿杂尔五百帕特玛；承种官地库车，岁收额粮千二百五十石，沙雅尔三百七十五石，阿克苏五十石，叶尔羌千二百二十一帕特玛，和阗六百四十帕特玛，喀什噶尔三十二帕特玛。侍郎旌额理疏言，乌鲁木齐安插民户，每户给地十五亩外，尚有余力复垦地十余亩，悉行播种，可必有秋。

二十八年，定续派伊犁屯田回人额数。永贵疏言，于各城选派约以千五百名为率，阿克苏等处十二城，分派足额。设呼图拜屯田，将罗克伦换

---

① 籽，以土壅农作物根。这里应是种子的籽。

班兵丁六百名移往。呼图拜地在罗克伦西东至宁边城七十里。西至玛纳斯百三十里。田亩广阔，河水充裕。将军明瑞疏言，伊犁驻札凉州庄浪满洲兵，建造城署营房，粮饷预须筹备，请以明年为始，先增屯兵五百名，俟城工竣事，再增内地调赴绿旗兵千人，归屯播种，以足军食。从之。

二十九年，上谕，官兵钱粮毋拘内地成例，并量给地亩，学习耕种。又议筑巴尔托辉城，安插伊犁屯田回人。以巴尔托辉泉甘土肥，将军明瑞疏请，将回人所种之地稍迁迤西，空出摩垓图、阿里玛二处水泉，为满洲兵丁屯田灌溉。将伊犁河南霍济格尔之三百户，河北固勒扎之千一百户，并巴尔托辉之七百二十户俱驻札巴尔托辉城，从之。令安插多伦回人三十户于伊犁屯田。多伦回人勒哈子伯克阿瑞等因慕塔哩雅沁回人迁居伊犁乐业，自请迁往，故有是令。

三十年，招肃州张掖、敦煌、高台等县贫民千九百户于呼图拜、宁边城、昌吉、罗克伦等处，安插屯种。筑伊犁雅尔城屯田。二十六年，阿桂疏言，塔尔巴哈台地居厄鲁特西北，与俄罗斯、哈萨克相近，应驻兵屯田，至是举行筑城二，一在玉勒，一即雅尔，拨兵千五百名驻札。总督杨应琚疏言，巴里坤向止种青稞，近岁小麦豌豆俱获有秋，夏日炎热，渐与内地相似，交秋仍暖，霜霣较迟，官民田地，尚可开垦。请拨马厂余兵百名加垦。从之。募安西肃州民屯田于穆垒。穆垒距巴里坤六百余里，接壤乌噜木齐新屯之特腾格尔地，土肥泉畅，可垦地二十余万亩。

三十年，总计绿旗兵屯田，伊犁四屯，地三万六千亩；塔尔巴哈台万八千亩，乌噜木齐三营五万千三百二十亩，景化城万一千三百四十亩，库尔喀喇乌苏四千亩，晶河四千亩，玛纳斯四千亩，乌什万二千亩，哈喇沙尔七千三十五亩，巴里坤万六千五百亩，穆垒四千亩，哈密所属之材巴什呼四千六十五亩，塔哩雅沁七千三十亩；招民承种地：巴里坤四万四千七百二十亩，乌噜木齐十万三千八十八亩。伊犁种地回民六千户，岁纳九万六千石。

三十七年，陕甘总督文授上屯田五事：一、招新疆商贾佣工之人就近承垦，以省资送；向例，凡他省应垦之人，俱官给车辆路费。一、指明新疆地名道里情形，晓谕户民，以期乐从；一、嘉峪关请每日辰开酉闭，以便商民往来；一、乌噜木齐孔道数处，请修治宽阔，以利行旅；一、安西沟渠疏浚深广以畅灌溉。从之。

三十九年，乌噜木齐续垦地成熟，奏请升科。三十二年至三十七年，兵民所垦地已行升科。至是遣犯一百三十户垦地并巴里坤所属之奇台、东济尔玛台等处地，俱已六年，并请入额。定塔尔巴哈台等处屯田，照伊犁、乌噜木齐收粮分数劝惩例。凡伊犁、乌噜木齐等处屯粮，每兵丁一名，收细粮至十余分以上者，官与议叙，兵给赏赉有差。巴里坤宜禾县续绍民人垦地三千亩成熟，奏请升科。

四十一年，定金川移屯垦种兵丁给予口粮例。

四十二年，定各营绿旗兵给予口粮例。凡屯兵一名，于应得钱粮外，计家属名口，每日大口给米八合三勺，小口半并盐菜有差，垦种成熟停止。

四十三年，四川总督文授疏言，四川省携眷赴屯兵丁，所种新疆地亩瘠薄，若照乌噜木齐兵丁之例每名给地二十亩，不足养赡，请照民户例，每户给三十亩，各给牛一、农具一，从之。向例，以阡陌毗连，同力合作，每三名给农具一，马二。

四十四年，准给兵丁养赡地亩。每丁所受之三十亩，以二十亩供赋，十亩养赡。又定两金川新收屯粮，照打箭炉至西藏台站贮粮成例，每石准盘折耗米一升。

四十六年，裁减两金川、新疆牛具。谨按：金川新疆屯田，原议驻兵六千名，以二千名种地，每名给农具一，牛一。是年裁兵二千名，四十五年又裁兵一千名，除四百名空粮为各官养廉公费，实存兵二千六百名，二兵合种一分，故裁。

四十八年，四川总督福康安疏言，美诺等屯安插降番戎噶阿甲等千四十三户，降番戎噶阿甲投诚在四十一年，次年耕垦。屯垦成熟，请照汉牛降番之例征收，儹拉汉牛降番二百九十二户[①]，于三十八年投诚，给地安插。每户征杂粮二斗一升八勺五抄。从之。

五十年，准令湖广弁田照民产例，税契承粮执业。谨按：弁田，顺治十七年议，归各卫所编入户口，不准收租、准俸。湖广弁田，经归折并变后，仍余二万八千九百七十亩，私相买卖，易起争端，卖主无力缴价，买主不安耕种，至是改照民田，准其卖买，税契过户，承粮执业，永革除弁田名目。

① 儹：积聚。

# 卷五 食货五

## 水利上：河工

臣等谨按，三代以后，言水利者纷纷不一，然考其成绩，率皆补救一时，求所谓永远奠安之计者，不少概见。洪惟我朝列圣相承，念切民依，广兴水利，凡江淮河汉以及浍渎沟渠，莫不仰赖神谟，经画尽善。而我皇上御极以来，每参验盈虚消长之道，豫事绸缪，不爱帑，不惜工，总期濒水居民登于衽席，是以至今河流顺轨，海水宴安，巨浸之区，安澜永庆，洵乎千古未开之盛业也。兹辑水利，特分河工、海塘为上、下卷，详悉条载，以垂后世。

顺治九年，工科给事中胡之俊疏言：江浙之苏松嘉湖地势汙下[①]，所有刘家河吴淞江等处，海口壅淤，河道成田，水患屡告，请浚吴淞江以泄陈淀之水，浚刘家河以泄巴阳之水。从之。

十一年，上谕：东南财赋重地，素称沃壤。连年水旱为灾，民生重困，皆因失修水利，致误农功。该督抚责成地方官悉心讲求，疏通水利，以时蓄泄，庶水旱无虞，民安乐利。

康熙二年，以直隶河间一带，地方夏潦，堤岸溃决，庄屯淹没，遣官经理修堤挑浅事宜。

十一年，浚吴江长桥一带，以泄太湖。

十二年，修河南安阳县之万金渠，引坦水以溉民田。

二十年，清常熟之白茆，港武进之孟渎河。

二十三年，上南巡，阅黄河，视北岸诸险工，谕将萧家渡、九里冈、崔家镇、徐家坝、七里沟、黄家嘴、新庄一带吃紧迎溜之处，所筑长堤与逼水坝，时加防护。

---

[①] 汙下：指地势低洼。汙，同"污"。

二十五年，遣官往淮扬下河，督率挑浚车路串场白驹丁溪草堰场等处河口。

二十八年，上南巡，阅视中河至支河口，下马坐堤上，出河图，指示诸臣，谕曰：朕观此河逼近黄河之岸，且自徐州北镇口闸所出黄水及微山湖荆山口之水俱归内运河，必流入中河，骆马湖之水亦入此河，万一黄堤溃决，中河、黄河必将混而为一。又谕若重载与回空之船并行，则中河窄狭，且逼近黄河，朕意犹以为可虑。镇口闸、微山湖等处水大，可仍开支河口，其黄河运道，原自不废，仍并存之。

三十六年，谕漕河督臣，会勘下河积水，作何尽令归海涸出民田之处，一一议奏。寻据漕运总督桑格疏言：下河为泄水入海之区，自淮安以至邵伯镇，计运河东岸，共有涵洞三十，闸十，滚水灞八①，运河及高邮邵伯等湖之水田诸涵洞闸坝之口，归入射阳广洋等湖，以至白驹冈门等口入海，缘下河受水之处甚多，而泄水入海之口犹少，是以易于停蓄，下河州县均受其害，宜疏浚各口以分水势。从之。

三十七年，桑格又疏言开浚分水之法：一、请修芒稻河，分高邮邵伯两湖之水入江；一、请挑曹家湾汤家绊七节桥，使通高邵两湖淤塞达芒稻河以入江；一、请挑车儿埠之滔子河，使泰州所受积水由苦水洋以入海；一、请挑涧河分运河之水入涧，由射阳湖以入海；一、请挑海陵溪，使高邮所受之水通冈门以入海；一、请挑车路白涂海沟三河，使兴化所受之水由丁溪草堰白驹以入海；一、请挑虾须二沟夏梁河并朦胧河西淤塞之射阳湖，使高宝、兴泰、盐山等处之水由庙湾以入海。经部臣议定，如所请行。直隶霸州新安等处，水行泛滥，旗民庄尽没；上以保定府南之水与浑河会流，而浑河为源甚微，每遇大水横流，淤沙壅塞，以致田土冲没；又以漳河支流经大城县入子牙河，其势湍悍，遂命直隶巡抚于成龙、河督王新命察勘，随遣旗下壮丁，备器械，给以银米，挑浚分疏；于是，修清河子牙河官堤、民堤共千五百二十余丈。

三十八年，上南巡，阅视高家堰等堤，谕：治河上策，诚能深浚河底，则洪泽湖水直达黄河；至于黄、淮二河交会之口，过于径直，所以黄水常逆流而入。今宜将黄河南岸近淮之堤，更迤东长二三里，筑令坚固；淮水近河之堤亦迤东湾曲拓筑，使之斜行会流，则黄河之水不至倒灌入淮

---

① 灞：水名。这里应是坝（壩），拦水或防水堤坝。

矣。又谕：朕自淮南一路，详阅河道，测算高邮以上河水，北湖水高四尺八寸，自高邮至邵伯，河水湖水始见平等。应将高邮上下堤岸俱修筑坚固，有月堤处照旧存留；至邵伯地方，河湖合而为一，不必修筑堤岸，将湖水河水俱由芒稻河人字河引出归江，下河自可不必挑浚矣。

四十年，淮河道总督张鹏翮请挑虾须二沟淤塞之处四十余里，挑鲍家庄至白驹地高水壅之处八十余里，挑捞鱼港淤塞之处八十余里，挑老河口淤浅之处三里有余，挑滔子河三十余里。

四十二年，上南巡，阅视河工。谕归仁堤引河用以分泄洪泽湖之水势，若黄水加长，则恐清口水弱，着将祥符闸下板楮闭草坝，将五堡闸酌量开放，以助清水之势。

四十四年，上南巡，阅视河工。谕从前骆马湖口，设竹络坝，湖水大则从坝流入黄河，河水大则溢流入坝内。今止有湖水畅流，黄水并无浸灌，则黄河之水深通可知矣。谕：河工已经告成，善后之策更为紧要。修建天妃闸甚当，若遇倒灌，即暂时下板，蓄清水，全力以敌黄流；其惠济祠一带，可相度形势，修建挑水坝三四处；其王公堤亦应相度修建；运河东堤，应行加帮；高邮淮安堤岸卑薄之处，修建石工；黄河南岸堤工，应加谨修防；至直隶山东之河，与河道总督相距甚远，应交与该省巡抚就近料理。又谕：九里冈堤工不似从前直埽，不能挑溜；今修鱼鳞埽，逐段挺出，逼溜开行，此法甚善，其埽工钉桩处，可再建挑水坝二座。

四十六年，上南巡，阅视河工。谕：古今治河形势不同，旧时常患清水不敌黄水，每有黄水倒灌之虞，今清水敌黄有余，运河清水甚大，反流入高邮湖；设高邮湖水长溢入运河，则运河东堤受险，今应将大墩分水处西岸草坝再加挑宽大，使清水多出黄河一分，少入运河一分，则运河东堤不致受险；又于蒋家坝开河建闸，引水由人字河芒稻河入江，新修五里滚水坝，由下河及庙湾等处入海，不惟洪泽湖之水可以宣泄，而盱眙泗州积水田地亦可渐次涸出，水小则下板蓄水以敌黄水，大则启板泄水，且便于商民舟楫往来；其祥符闸口门甚窄狭，趁此黄水不甚高之时，将归仁、安仁、利仁三闸委干员改宽泄水，则徐州一带民田可无淹没之虞矣。上又以江南之苏、松、常、镇，浙江之杭州、嘉、湖各处，或近太湖，或通潮汐，民田可资以灌溉，谕工部行文，督抚于该处所有河渠水口，度田建闸，随时启闭；其有支港淤浅者，并加疏浚，仍行建闸。

四十八年，浚宁夏之宋澄堡、李洋堡二渠，引黄水助塘渠，建闸坝十三座以灌田亩。

雍正二年，诏修浚杭州西湖。寻据总督满保疏言：钱塘、仁和、海宁三县，田亩数万顷，赖城外上下两塘河水灌溉，两塘河之水源自西湖。西湖三十余里内，民人占为田荡，阻遏水道，每年银米纳于官者甚微，而损于民者甚巨，应清出归湖，将浅涸淤塞及葑草之处，开浚芟除，以复故址，则湖水不致涸竭，而三县民田旱潦有备；至于城内之河，昔人设笕凿沟，引西湖之水入城，然后由桃花港响水闸会流于上下两塘，以溉田亩，今当相其浅深，量请开浚，庶几水利可复。从之。

三年，特命怡亲王大学士朱轼察勘直隶水利，绘图进呈。

四年，命设营田水利府，以怡亲王董其事。于是于滦州玉田诸州县浚流筑圩，建闸开渠，招民人愿耕者，官给帑银以为工本，募江南浙江老农导之耕种，其浚疏圩岸以及潴水节水引水戽水之法，俱因地乘势，次第兴修。又分立营田四局：一曰京东局，一曰京西局，一曰京南局，一曰天津局。局各有长，有副，有效力委员。凡开渠建闸，皆委员与地方官偕；而查报地数花名，给发工本，则专属之地方官。水田既成，令地方官遵前规而以时达之。嗣又议，设营田观察使二员，副使二员，出资经理所有旧田园渠闸，并时加修理。

五年，河道总督齐苏勒、副总河嵇曾筠、漕运总督张大有、河南巡抚田文镜、山东巡抚塞楞额、陕西巡抚法敏等先后奏报，黄河自陕西府谷县历山西、河南、山东至江南之桃源县，河水澄清，上下三千一百余里，绵历三旬有余。陕西、山西始自四年十二月初八日至五年正月十三日，凡三十有六日；河南、山东自四年十二月初九日至五年正月初十日，凡三十有一；山东单县亦始于十二月初九日至二十二日凡十四日；江南始自十二月十六日至二十三日凡七日，俱以渐复旧。其清自上而下，复旧自下而上。诸王大臣合词奏称为从来未有之瑞，恳请升殿受贺。上不允所请。专遣祭告景陵，并遣大臣致祭河神；内外大小官员各加一级。群臣恭请宣付史馆御制碑文，勒石。得旨允行。是年，上以江浙水利，凡附近太湖及通江潮之处，曾经圣祖亲临，指示动帑兴修，特遣副都统李淑德、原任山东巡抚陈世倌等悉心踏勘，大兴筑浚。又谕：太湖之水归海，刘、白二河为要，必径直深广，顺下畅流，方能一劳永逸；但潮汐埋塞，太仓常熟士民占耕日久，今当尽去新涨地亩，以复故道。寻据李淑德陈世倌等疏言：苏松常镇水道，并藉太湖为吐纳，西北承宜兴荆溪百渎之水，西南承杭湖苕雪诸山溪之水，而皆由三江以入海：一自吴县之鲇鱼口，经苏郡之娄门，至太仓之刘河，出天妃闸以入海，是为娄江；一自吴江之长桥，出瓜泾港、由庞山湖经长洲、青浦以至上海，合黄浦以入海，是为吴淞江；一自白蚬港过淀泖湖，会杭嘉诸水入海，是为黄浦江，实太湖之尾闾，关七郡之休戚，诚疏其下流，自不致泛滥贻害民田，请先挑吴淞江白茆河孟渎德胜九曲河，其余诸河，俟完工之日以次开浚。从之。又议修扬州五塘以溉民田；又以陕西郑渠白渠龙洞三处民田，向引泾水灌溉，年久渐致淤塞，命督臣岳钟琪疏浚建闸。

七年，以高家堰当湖河之冲，非坚固高厚不能障护清水敌黄以助畅流之势，乃发帑金百万，坚筑石工以垂久远。是年，上以甘肃宁夏地瘠，渠工为万姓资生之策，特遣侍郎通智等董率该地方官属，开浚渠道。嗣议定，察罕托辉地方开凿大渠二百七十余里，建进水石闸一座，退水石闸三座，尾闸一座，大支渠百余道，小陡口百余道，闸旁设水手以司启闭；又建大石闸一座，以通汉唐二渠之出水渠；东筑长堤三百余里，堤岸种柳，盘固以障黄河之溢；渠西疏浚西河三百五十余里，以泄汉唐二渠并大渠余水，灌溉新渠宝丰宁夏平罗各县民田。又开浚六羊渠一百二十余里，建进水石闸一座，退水石闸二座，开大支渠二十余道，小陡口一百余道，闸旁亦设水手以司启闭。上赐名大渠曰惠农渠，改六羊渠名润昌渠。

八年，又以大清汉唐三渠，旧设专员，每年修理，今历久废弛，堤闸损坏，命通智等查勘，及时补修。又命于瓜洲疏勒河上流筑坝开渠，浚安家窝对岸导渠引水。

十一年，修扬州之范公堤。又于陕西之柔远堡、镇夷堡及口外双树墩开渠溉田。

十二年，于甘肃口外柳林湖地建堤开渠。又于陕西之中卫县白马寺滩开渠建槽，以资灌溉。

乾隆元年，谕直省，凡古堤旧渠不为田害便当仍旧，毋妄改作。凡督抚各官建言为民兴利，或因小而害大，或利在目前而害伏于后，或有利无害而其事难求，皆宜熟筹，慎之于始。又谕，管理水利河臣及濒河州县，各于所属境内，相视河流浅阻，每岁农隙，募夫修浚，定为章程。

三年，特遣大理寺卿汪漋总办江南河道工程。寻据汪漋疏言：山阳阜宁之渔滨河，兴化县之白驹闸下引河，高邮州之通湖桥马饮塘河，江都之湾头河，通州分司所属十场盐河，通州之黄河洋范公堤及盐城之新兴场河，阜宁之庙湾场河，俱宜及时修疏。从之。

五年，命廷臣会议淮扬九属水利事宜。汪漋言：淮阳下河九属水利有二：最甚者开放高邮三坝，次则东边易进咸水，请将高邮三坝及昭关坝、子婴坝平撤，另添石闸三座，以杀水势。其咸水易进处，惟天妃与白驹三闸为甚，应将天妃口闸及白驹三闸并行拆修。其沿范公堤之丁溪小海诸闸，内有上冈北草堰二闸移建于串场河口外。又请挑浚淮扬各属东塘河道，加筑范公堤以及栟茶斜角二场堤工。又扬子桥闸口过高，请令改修。其九属田亩之毗近河渠者，请两岸修筑田圩以作堤防。俱从之。时江宁布政使晏斯盛请兴修凤颍滁泗四属水利，疏上，发汪漋会同督抚详勘定议。寻议定：肥城内之金斗河及泄水越河，虹县之枯河头，亳州之乾溪沟、和州之太洋河、姥下河、牛屯河，含山之铜城闸河，来安之龙尾坝河，俱淤浅不足灌溉，均当开堰疏浚；其余各州县陂塘沟渠圩埂上坝共六十二所①，饬地方官量民力能否次第举行。又河南巡抚尹会一请兴豫省水利，并浚贾鲁河下游，入涡会淮；安庆巡抚陈大受亦言上游之水，奔游下注，涡河浅窄，恐不能容复。令汪漋会督抚定议。漋言：贾鲁河入淮之水，既分泄以入江南之涡河，则涡河亦当分泄入淮，庶上游下游两得其平。于是，浚贾鲁河并浚涡河南岸入淮之漳河。

七年，江水漫溢，命直隶总督高斌前往经理赈恤。旋命大学士陈世倌会同高斌办理水利。寻疏言：淮、扬、徐、海、凤、颍、泗七属，为百川聚汇。高宝诸湖，承洪泽湖之下游，自邵伯以上入海，自邵伯以下入江，而入海不如入江之便。请于金湾坝下添滚坝三座，分引湖水入于盐河，即于盐河对岸挑引河一道，并挑凤凰桥下引河及壁虎桥下寥家沟，归石羊河以达于江；至董家沟原归芒稻河，当令挑深自为一河，直注于江；其泰州河内之秦塘港、白塔河、百汊港改建闸门，以时启闭，此导湖水入江之路也。黄河北岸微山湖为上流之潴，骆马湖为下流之潴，而中河为咽喉；六塘河又承骆马湖之下流，归场河以入海。今应将板浦以下场河及六里车轴等河一律疏浚；武漳义泽六里河头各建石闸，以时减泄；凤泗诸州，浍沱滩为大，而沱河久淤，应将宿州之水导入浍，凤灵之水导入滩，不使仍入沱河为患；海州诸水，沂沭为大，应将河身淤塞者浚深，民堰残缺者坚筑以通积水。其余七府州属支河沟渠应修理者百四十余处，并请次第兴修。

---

① 上坝，疑为"土坝"之误。

俱从之。

八年，准高斌请，于直隶桑干河南北两岸开大渠一道，引水以溉民田。

九年，尚书讷亲请修理江南清水下游河道。于是浚泰州盐河及高宝二湖相连之华家滩大新河，高邵二湖相连之王家港、茅塘港，邵伯通运之引河，循次灌注，为湖河递减之法；浚盐城以南南北二串场河、白驹闸下引河及泄水之蚌沿梓新车路、白涂海沟、兴盐界河、东西官河以资利导，其范堤各闸，多添金门，会各引河以广出水之路；又疏浚通州境内任家港等处以备宣泄；又准御史柴潮生请经理畿辅水利，特遣尚书刘于义往保定，会同高斌疏浚河间天津二府河渠淀泊。

十年，谕：江南海州沭阳一带，连年被水，朕询问巡抚陈大受。据称：海州之水，下苦于盐河之南北横截，使六塘南北之水不得东流；上苦于沭河之水，尽由沭阳海州入海，宣泄不及，以致为害。欲去海州之水，下当去盐河横截之弊，上当分泄沭河之源，等语。着尹继善、白钟山委员查勘，应作何开通疏浚之处，妥协办理，务使水患悉除。寻据尹继善等议定，修浚滩河南北两岸黄瞳桥等处河道，建设涵洞，颍州府肥河、宋汤河，蒙城芡河、北淝河，挖浅筑埝，建设桥梁，以清上江之水；下江六塘河承骆马湖之水，至沭阳分南北两股入盐河归海。令接筑南北塘河子堰，建设涵洞，疏浚诸处港河，筑堰建闸。至山阳之吉家桥河、盐城之九曲河、阜宁之横沟河、放生河、清河之民便河、史家荡古河、安东之龙家荡河、桃源之刘老涧积水河、海州之蔷薇河，逐一挑浚，筑堰立闸。又于盐河下之武障义泽六里三河口各设滚水石坝；赣榆之三公河，围子河，疏去淤滞，以泄异涨；大沙河旁筑子堰，以资捍御，工竣后，定凡各处长堤、巨川、大桥、大闸，归官修理；其支河小港、民堰路沟，分隶厅汛州县，各官经管，督劝居民以时修整。从之。

十二年，又令加筑沭河堰工，疏浚宿迁桃源境内兜湾河，接建骆马湖尾闾永济石桥四十丈；开浚上下引河，以助分泄；又建甘泉县东西湾二处滚水石坝，筑范公堤一千一百余丈。

十三年，谕：江南淮海一带州县，近年屡被灾伤，推原其故，皆由山东沂郯等处雨水盛涨，建瓴而下，遂直注骆马湖，冲决六塘河两岸子堰，淹浸民田，着大学士高斌、左都御史刘统勋，会同抚臣阿里滚，将本省近年致患之由，并将来作何查办，悉心定议。寻据高斌等疏言，运河受漳卫汶泗沂之水，两旁承以诸湖，其间山泉支港、闸坝、涵洞、桥梁、斗门，皆有关于蓄泄，应将德州哨马营滚水坝落低，以消漳卫之盛涨；海丰之马颊河、聊城之徒骇河，疏导以分运河之涨；东平之戴村二坝，落以减运河涨溢之水；济宁之董家口引入白马河，归河济运，以卫民田；沂州之江枫口，坚筑堤坝，使入湖归运，以免旁溢山东之运道；泉湖安流顺轨，即下游淮海之地无忧滥漫矣。疏入，如议速行。

十六年，上南巡，周览河工。谕：洪泽湖上承清淮汝颍诸水，汇为巨浸，所以保障者，唯高堰一堤，天然坝乃其尾闾，伏秋盛涨，辄开此坝泄之，而下流诸县胥被其害；冬月清水势弱，不能刷黄，往往浊流倒灌，在下游居民，深以开坝为惧。朕亲临高堰，循堤而南，越三滚坝至蒋家闸，周览形势，乃知天然坝断不可开；近者河臣又请于三滚坝外增建石滚坝，以资宣泄，不知增三为五，即以过水一二尺言之，向过三尺者即五尺，向过六尺者增而至丈，是与天然坝名异实同，亦当为之限制。上年滚坝过水三尺五寸，天然坝仍未开放，应即以是为准。于是于天然坝立石，永禁开放。其五坝以仁义礼智信为次。仁义礼三坝，一如其旧；智信二坝，则于石面之上加封浮土，如仁义礼三坝。已过水三尺五寸不足减盛涨，则启智坝之土，仍不减；乃次及于信坝，永着为例。至高堰石堤，南滚坝以南，旧用土工石堤，有首无尾，亦令自新建信坝，北雁翅以北一律改建石工。又谕，朕经过淮安，见城北一带，内外皆水，虽有土堤为之防，而人烟凑集之区，设经异涨，其何以堪，亟应改建石工，以资保障。着该河臣督抚，确勘详估，及时建筑。又准大学士傅恒请，于京师高梁桥迤西近河地亩，营治水田。

十八年七月，淮水盛涨，泄洪泽湖，五坝泛车罗溃，二闸下河高，宝兴胥受其患。至九月，会黄河复决，铜山堤南注灵虹诸邑，归洪泽湖，夺淮而下。特命舒赫德、刘统勋等往来督率堵筑，均于岁冬合龙，河流顺轨。又于高堰武家墩迤北筑砖工堤堰千余丈，以资捍御。

二十一年，黄河漫溢孙家集，杨锡绂请疏荆山桥河身，以泄滕峄等县积水。

二十二年，上南巡。亲莅河干，指示一切疏泄捍御机宜。时微山昭阳诸湖俱已疏通，而骆马湖堤堰残缺，不足御运河盛涨，于是并筑骆马湖堤。又以六塘河以下余潦停积，桃源宿迁诸洼地多成巨浸，山东之金乡鱼台等属未涸地亩，尚有十余庄；江南之宿迁灵壁及河南之永城夏邑等处漫衍地界不下数百里。经山东巡抚鹤年奏报，即命鹤年速赴荆山桥，偕白钟山及侍郎梦麟，筹济宁、金乡、鱼台、滕、峄五州县水势。复遣侍郎裘曰修驰视山东河南上江各属积水。在山东者与鹤年会商，在河南者与图尔炳阿会商，在上江者，与高晋会商，其地方官有熟习水道之员，听其酌量差委，并饬裘曰修、梦麟、尹继善、白钟山、嵇璜、张师载及各督抚，先后勘明各工，权其轻重缓急，就最要者同时并举，余亦次第兴修，均于岁内告成。于是，自濉河以上，坚闭毛城铺诸闸，使不得泄黄水以壅濉河；而于颍亳一带，及虞夏商永各属干河支河，一律疏导，以泄中州诸河去路；并挑兖州之府河、洸河，改金口闸涵洞为减水闸，改杨家坝为石闸，浚伊家河，泄微山湖水入运；又筑堵沂水不使入运，以免沛县旁溢；添设昭关滚坝；又建高邮运河东堤石闸，酌定水则，以时启闭；浚芒稻闸越河以辟湖河归江之路；又于微山湖口泄入荆山桥一带支河，专派道员驻札，随涸随挑，以畅下游之势。是年，又于高堰南岸添甃石堤。明年，又筑北岸土堤。

二十四年，浚山东曹单二县，与江南丰沛二县之顺堤河，开常熟昭文二县之白茆河、徐六经海口及塘外淤河，其上游旧有石闸，移建于开坝之处，以资蓄泄；又浚河东之卫河泉源。

二十五年，准尚书嵇璜请开运河东堤、金湾坝下引河，改低董家沟等三坝；准陈宏谋请，改常熟昭文二县海口石闸为滚坝；准尹继善请，将南关车逻等坝封土三尺。

二十六年，黄沁盛涨，怀庆府城被淹，命裘曰修驰驿赴豫，相导河渠。未几，开封水消，而河夺溜杨桥下趋贾鲁，复命大学士刘统勋兆惠驰往，董筑贾鲁河夺溜急工，岁冬合龙，并添筑怀庆城外月堤。是年，准方观承请，于易州原泉村建坝开渠，于良乡之雅河广阳牤牛琉璃诸河，一律开疏，以资灌溉。又开泰州之丁溪小梅二闸，引河汇全家港归海，开阜宁盐城二县境内之上冈草堰陈家冲三闸，各引河汇入射阳湖归海。又以陈宏谋言，浚常熟之福山塘河。

二十七年，上南巡，驻跸苏城。先命刘统勋兆惠会同河臣，详勘湖河归江之路。刘统勋等勘定标志，上回銮取道按阅，如所议，拓新挑引河下游，使有建瓴之势；折金湾中二闸，添建石坝三十丈，落低西湾坝四丈，其河头加挑深宽，以资利导；又特示宣泄机宜，令展拓清口，视高堰五坝增水一尺，即开清口十丈，为釜底抽薪之策；又命于徐州河堤自砖工止处，一律接筑礓石十七层，以资巩固。是年，以杨廷璋言，浚乌程长兴二县溇港；又以汤聘言，于南昌县之富食墟，复建石坝，护民田千余顷。是年，又以直属盛涨，各处堤堰多被冲刷，准总督方观承请挑浚停淤水道，修筑滨河堤堰；以工代赈。

二十八年，方观承请浚凤河上游，自南宫以上至闸子口一百二十余里，以工代赈。从之。又特命兆惠会同长芦盐政达色、天津府知府周元理察勘海河其坝口，有应行增开之处，照展拓清口之制，及时筹办。又浚松江太仓等属水道，挑荆山桥旧河。

二十九年，修筑安徽无为州墟田堤坝。

三十年，上南巡，谕：前因微山湖蓄水过多，濒湖洼地每致淹浸，经崔应阶等奏，请宣泄微湖，以水志一丈为度，于韩庄添建新闸，以杀其势，并挑荆山桥，以畅其流。朕今岁南巡回銮时，舟行所经，询知洼地近多涸出，农田耕作有资，但湖水畅消，亦恐艰于济运。今据杨锡绂奏称，湖内之水，须存一丈二尺，用至五月，八闸底水尚可得四尺余寸，若止存一丈，则五月间八闸底水止存二尺六七寸，重运难行，请交东省河抚，可否量改水志，或将胡口以下数十里河底一律挑浚五尺等语，所奏于漕渠转输，自有裨益，但水志改加二尺，于低洼地亩有无妨碍，及挑深河底，是否可行，着崔应阶会同李宏详悉确勘具奏，期于漕运民田均得利赖。寻议定，将滚坝内机心，每空安砌石槽，设立板片，水小之年，加板拦束；其八闸河亦将新淤沙泥尽力挑占至旧时河底而止。是年，浚武进丹阳之孟渎等河。

三十二年，上亲省天津淀河堤闸。命自长堤之三里滩庄儿头止筑新堤一道，上下衔接约十余里，卫村民三千户，成膏腴地亩数千顷。是年，湖北黄梅堤溃，命自董家口递江西德化境内，通行坚筑。

三十四年，从范宜宾请，挑东省运河，命刘统勋德成履勘筹计。寻议，挑深五尺，计工五年而后竣。

三十六年，永定河暨北运河漫溢，命大学士高晋、尚书裘曰修往会总督周元理勘定修理。后遂于永定河自山西口外入直隶、出芦沟桥迤下六工，悉就泓湾曲尽疏直，宽槽十余丈，深七八尺；其南岸之金门闸、北村坝，北岸之求贤桥，并改灰工，齐归牤牛河；六工以下顺导东行，并筑土埝，以遏北徙；其北运河则自东岸南仓上新筑横堤，以卫北仓村庄，再建桥座，以泄西来之水；又疏浚两减河及东岸引河，培筑隔淀堤及千里长城，计动帑五十余万。又谕：裘曰修疏言近水居民与水争地之弊，淀泊利在宽深，其旁闲淤地，不过水小时偶然涸出，乃濒水愚民，贪其肥润，即行占垦，不知所占之地日增，则蓄水之区日减，每遇潦涨水无所容，甚至漫溢为患；在闾阎获利有限，而于河务关系非轻，着传谕各督抚，凡有此等濒水地面，除已垦者姑免追禁外，嗣后务须明切晓谕，毋许复行占耕。

三十八年，命将淀河内鹰嘴坝及鹿瞳两处添建引河；又筑张家口上堡圈城东北两面石坝，计百六十余丈。

三十九年，黄河老坝口堤工漫溢，淹及板闸，命大学士舒赫德驰往江南，会同高晋克期堵筑，旬月集事，黄河大溜仍由故道归海。

四十一年，谕：朕从前屡次南巡，阅视清黄交会处，悉其倒灌之虞，因思若能引向陶庄以北而流，则清口通畅，庶免黄流倒灌，因未躬临陶庄一带阅视，是以踌躇。昨岁萨载赴山东行在，召见时谕令赴黄河海口上下察看，伊即奏请，若于陶庄开挖引河一道，使黄水绕北下注，清水益得畅行，与朕意相合，伊果能遵照指示，剔挑完竣，可免黄水倒灌之虞，并收清水刷沙之益，即就近险工亦俱化为平稳矣。是为全河一大关键。又命河臣于新河头下添石坝一道，为重门保障。

四十三年，豫省仪封、考城漫口溃决，两江督臣高晋请将贾鲁河至涡河一带停淤，饬州县按田照业食佃之例，归岁修案内疏浚。上以灾民不可派累，乃截留新旧漕粮三十万石，先后拨运两淮盐课及库银五百六十万，特命大学士公阿桂、刑部尚书袁守侗往董其役。

四十五年，上南巡，阅视高家堰堤闸。总督萨载请将三堡六堡等砖工加高数尺，上以砖工不若石工之固，命一律改建鳖石，分年建造；又命嵇璜、萨载勘视徐州周家庄至韩家山一带石工。寻以徐州旧有石堤九百七十余丈，较新筑石堤短少三层，命一律加高十七层；其韩家山至奎山一带堤堰四百五十余丈，亦命一律改筑石堤，直至山脚，以垂巩固。

四十六年，邳睢南岸魏家庄大堤溃，上饬河道何裕城即行裹护漫口，毋使塌宽，并一面防护北河堤工。节经下河督臣奏报，河湖骤消数尺，黄不为害，谕即令阿桂萨载等筹计经久良策。时阿桂奉命，阅视海塘工，即令经理河务。又仪封北岸曲家楼堤亦溃，东由曹县归赵家河至张秋，西由金乡鱼台，至南阳湖下注，逼近运河，河臣韩镠即于外滩筑坝，以冀漫口断流；济东道沈启震即于戴村坝暨分水龙王庙口添筑石坝，以防倒灌。上以黄水经过河湖，断无不淤垫之理，谕河臣速赴运河，筹办分泄事宜，确勘微山湖水深尺丈，迅速堵筑；寻以河臣奏报，于东西两坝赶下门埽，追压坚实，坝台增长高厚，金门断流，大溜全归引河，引河中泓宽深流行迅驶，直注六塘河归海。

四十七年，南北两岸漫口，先后合龙，又陡蛰三十余丈，随谕阿桂等于上游南岸改筑坝工，俾得吸溜归槽；令萨载于下游潘家屯六塘等处展阔去路，并挑微山湖下顾家庄等处，分泄通畅；又阿桂等议定，自兰阳十二堡至商邱七堡南堤外一百七十余里，另筑新堤一道，并疏挑引渠，导河水下注，商邱归正河故道入海；又奉谕：今年春间，豫省青龙冈漫口合龙未就，遣大学士阿桂之子乾清门侍卫阿弥达前往青海，务穷河源，告祭河神，事竣复命，并据按定南针绘图具说呈览。据奏，星宿海西南有一河，名阿勒坦郭勒，蒙古语阿勒坦即黄金，郭勒即河也，此河实系黄河上源，其水色黄，回旋三百余里，穿入星宿海，自此合流至贵德堡，水色全黄，始名黄河；又阿勒坦郭勒之西有巨石，高数丈，名阿勒坦噶达素齐老，蒙古语噶达素，北极星也；齐老，石也。其崖壁黄赤色，壁上为天池，池中流泉喷涌，酾为百道，皆作金色；入阿勒坦郭勒，则真黄河之源也，其所奏河源颇为明晰，从前康熙四十三年，皇祖命侍卫拉锡等往穷河源，其时伊等但穷至星宿海，即指为河源，自彼回程复奏，而未穷至阿勒坦郭勒之黄水，尤未穷至阿勒坦噶达素齐老之真源，是以皇祖所降谕旨，并几暇格物编星宿海一条，亦但就拉锡等所奏，以鄂敦他腊为河源也。今既考询明确，较前更加详晰，因赋河源诗一篇，叙述原委；又因汉书河出昆仑之语，考之于今，昆仑当在回部中。回部诸水，皆东注蒲昌海，即盐泽也。盐泽之水，入地伏流，至青海始出，而大河之水独黄，非昆仑之水伏地至此出，而挟星宿海诸水为河溇，而何济水三伏三见，此亦一证。因于河源诗后，复加按语，为之决疑。传正嗣检阅《宋史·河渠志》有云：河绕昆仑之南，折而东，复绕昆仑之北诸语。夫昆仑，大山也。河安能绕其南，又绕其北，此不待辨而知其诬。且昆仑在回部，离此万里，谁能移此为青海之河源。既又细阅康熙年间，拉锡所具图，于贵德之西，有三支河：名昆都伦，乃悟昆都伦者，蒙古语谓横也，横即支河之谓，此元时旧名。谓有三横河入于河，盖蒙古以横为昆都伦，即回部所谓昆仑山者，亦系横岭，而修名者不解其故，遂牵青海之昆都伦河为回部之昆仑山耳。既解其疑，不可不详志。因复着读《宋史·河渠志》一篇，兹更检《元史·地理志》有河源附录一卷，内称汉史张骞道西域，见二水交流，发葱岭，汇盐泽，伏流千里，至积石而再出。其所言与朕蒲昌海即盐泽之水入地伏流意颇合，可见古人考证已有先得我心者。按《史记·大宛传》云：于阗之西水皆西流，注西海；其东水东流，注盐泽，潜行地下；其南则河源出焉。河注中国《汉书·西域传》于阗国条下所引亦同，而说未详尽。张骞既至蒲昌海，则或越过星宿海，直至回部地方，或回至星宿海而未寻至阿勒坦郭勒等处。当日还奏，必有奏牍，或绘图陈献。而司马迁、班固纪载弗为备详始末，仅以数语了事，致后人无从考证，此作史者之略也。然则《武帝纪》所云，昆仑为河源本不误，特未详伏流而出青海之阿勒坦噶达素而经星宿海为河源耳。至元世祖时，遣使穷河源，亦但言至青海之星宿海，见有泉百余泓，便指为河源，而不言其上有阿勒坦噶达素之黄水，又上有蒲昌海之伏流，则仍属得半而止。朕从前为热河考即言河源自葱岭以东之和阗、叶尔羌诸水潴为蒲昌海，即盐泽，蒙古语谓之罗布淖尔，伏流地中复出为星宿海云云。今覆阅《史记》《汉书》所记河源，为之究极原委，则张骞所穷，正与今所考订相合，又岂可没其探本讨源之实乎！所有两汉迄今自正史以及各家河源辨证诸书，允宜通行校阅，订是正讹，编辑《河源纪略》一书①。

四十九年，两江总督萨载、河道总督李奉翰奏，江南河工，预筹修防蓄泄机宜，绘图请示。旋谕：萨载李奉翰奏，江南河工预筹修防蓄泄机宜，办理工程三处，绘图贴说具奏，已于图内详晰，批示并面谕该督等遵办矣。天然闸下，既旧有引河，年久淤垫，理应一并疏浚深通以备盛涨之年，开放分泄自当首先办理，方为有备无患。其所奏外河顺黄坝堤工后深塘用土填平，并于迤下估筑新堤一道，自应次第办理，以资保障。至该督等所称，高堰石工子堰尾土尚矮，须一律加高培厚一节，高堰石工既经加高层数，其土堰间有卑矮之处，自应一律加高培厚，接成一势，并栽种柳树，俾根株盘结，更可永远应巩固。此事与前在海宁，令将柴塘石工中间积水沟漕垫平，以资重障之旨事同一例，应定为再次办理。将此分晰指示该督等，其仰体朕意，遵照妥办，所需钱粮，着照所请，于两淮运库内拨用。又江西巡抚伊星阿奏，南昌新建等六县下游，地接鄱湖，又当章贡诸水之冲，而圩堤冲塌，田禾被淹，请动项修筑。从之。

---

① 《河源纪略》，清代纪昀等奉命所撰，记乾隆时遣使探溯黄河源头之事。并绘图列表，考证古今之异。该书结论在今天看来虽仍有诸多不足，但其深入实地考察的工作作风还是值得肯定的。

五十年，大学士阿桂等奏，接奉上谕，前因桐柏山为淮水发源，特谕毕沅详晰查勘支流，或有淤塞，即应设法筹办。兹据毕沅覆奏，该处发源之地，河身不甚宽广，易于疏浚，倘有需开挖之处，即勘明兴工；又贾鲁惠济两河，即系淮水支河，现在一律疏瀹；江南洪泽湖向藉淮水挹注，今淮水发源之处，经毕沅勘明疏瀹，将支港小河一律浚导。该处贾鲁、惠济二河，其下流归并涡河入淮，现在亦加疏浚，俾就通畅，并于淮渎庙虔申祭告，自当仰邀灵佑，泉源涌发，众水会归下游，湖水日就充足，以助清敌黄。伏查淮河清水御黄济运，为全河最要关键。今岁淮水未经大长，仰蒙圣明远照，以桐柏山为淮水发源，谕令毕沅广为浚导，从此会流下注洪湖，自必日就充足，畅出清口，永资利赖。河南巡抚毕沅奏，贾鲁河，即在古汴水发源荥阳之大周山、会京字等水，经郑州中牟祥符至朱仙镇，下达尉氏扶沟西华淮宁之周家口商水、项城沈邱至安徽之颍州正阳关入淮。又贾鲁河自中牟县西十五里分支为惠济河，经祥符、陈留、杞县、睢州、柘城、淮宁、鹿邑至安徽亳州金阳河入淮，各计四百余里。此河淤塞，为开封等府属商贩民食攸关。今久经浅淤，自应及时开浚，且于水旱年时，兼可以资蓄泄。从之。又云南巡抚刘秉恬疏言，滇池在省城之南，周围三百余里，受昆明六河之水会为巨浸。附近昆明、呈贡、晋宁、昆阳四州县，环海田畴，资以灌溉者不下数百万顷，所恃以宣泄者，惟在昆阳之海口大河为滇池出水咽喉，疏通均受其利，壅遏即受其害，应自龙王庙至石龙坝共长二千七十五丈，挖深一二尺至四五尺不等。从之。

# 卷六 食货六

## 水利下：海塘

顺治元年，礼科给事中张惟赤疏言，海塘自明末至今未修，请仍限岁修，以防潮患，于是修海盐县塘二十一丈。二年，增修六十丈。谨按：海塘自前明崇祯二年，同知刘元瀚建修海宁捍海塘，后不复修。

康熙三年，海决，筑海宁县塘。次年九月，石堤成，并筑尖山石堤五千余丈。

九年，设浙江海防同知二人，专司塘务。

三十八年，修钱塘江塘。

四十年，修钱塘江岸，筑石塘。温州府同知甘国奎请每塘一丈，用石一纵一横，固以油灰，镕铁锭镶嵌石缝，深根坚杵；加筑子塘以为重障。布政使赵申乔请专委国奎修筑。经始于本年秋，四十五年春，事竣。建石塘六百六十七丈，子塘八百九十五丈。

四十一年，江塘圮，布政使郎廷极筑之。建潮神祠于上。

五十四年，修海塘三千三百九十七丈五尺。

五十五年，重筑江塘，布政使段志熙董筑。其法：用石一纵一横，每层凿孔，贯以巨木，每五六石联为一石，以镇压水势；又于横直合缝之处，各用铁锭嵌扣。成塘二十丈。

五十七年，修筑海宁石塘，浚备塘河。巡抚朱轼建筑。其法：每塘丈用水柜二，每柜贮石块五十斤。其竹篓法亦如之。为塘基外筑坦水；复开备塘河，建闸一座。

五十九年，巡抚朱轼请于老盐仓筑鱼鳞石塘，开浚中小亹淤沙。令海防同知司岁修事。从之。是年，分修海宁塘。

六十一年，改筑草塘。

雍正元年，浚赭山口。

三年，命吏部尚书朱轼，建修海宁县陈文港乱石塘三千八百丈，并修补子塘。时浙江巡抚石文焯初请用石修筑，旋疏不必用石，中无定见。故遣尚书朱轼往勘建筑。

五年，巡抚李卫请增筑浦儿兜草坝，并改建姚家堰草塘。从之。姚家堰旧建土堤。是年，复修海宁县钱家坂马牧港等处塘工。又修江塘。

六年，修海宁县老盐仓西塘，南门外海塘、钱塘江塘。

七年，命建海神庙。在海宁县东门内。又改建海宁县荆煦庙等处石塘。向系草塘，后改土塘，今建石塘。筑陈文港等处草坝。

八年，筑海宁西塘大坝，设海防兵弁、铸镇海铁牛五座；又修仁和县塘。

九年，续修海宁钱塘塘工。

十年，筑仁和沈家埠海宁华家衕草塘。

十一年，命内大臣海望查勘浙江海塘。嗣据海望疏言：海宁之东南，尖山耸峙，海口与西塌山水底石脚相连，两山相去仅百余丈。旧有石坝堵截，后因筑塘，误取其石，致江水大溜直趋两山之间，引入海潮冲激塘身，应仍筑石坝一道，以堵江溜。从之。又谕：于中小亹开引河一道，分江流入海，以减水势。增设道员一、同知一、守备二、千总三、把总七、兵八百，专司随时修补。又修仁和、钱塘、平湖诸邑塘岸。

十二年，浚南港河，筑尖山西浮坝。

十三年，总督程元章疏定海塘事宜四：一、钱粮宜分案具领；一、分别保固年限；一、令承修官会同估造；一、于紧要工所预贮物料。从之。增筑鱼鳞石塘，葺浦儿兜旧塘，添建海宁南门外鱼鳞石塘。又定攻沙法。大学士嵇曾筠疏言：宁邑塘工之患虽在北岸，而致患之由实由南岸沙滩、沙觜挑溜，遂至水势全向北趋。请用借水攻沙之法，于南岸沙洲用铁具梳控陡岸，俾沙岸根脚空虚，海潮来往，自为冲刷坍卸，以泄水势。从之。

乾隆元年，建筑仁和海宁鱼鳞石塘六千余丈，并海宁南门石塘，设运石海船五十只。

二年，编石塘草塘字号。向例，各塘坍、挖，率以某家东西起止开报，易于朦混。雍正年间，监督汪漋、张坦麟等议，将各塘编立字号，至是大学士嵇曾筠咨部，将各塘照千文编号，以二十丈为一号，建竖界碑。仁和计编七十二号，海宁编六百四十号，其余海盐等塘均照此例。改建海宁绕城坦水。

四年，停草塘岁修。时抚臣卢焯以水势日南涨，沙绵亘数十里，刮卤煎盐已成原野，疏请罢之，改建浦儿兜等处石工，续筑尖山未竣坝工。前大学士嵇曾筠因水势险急，难以堵塞，疏请暂停。兹抚臣卢焯以水势已平，合龙甚易，疏请补筑。复浚备塘河，兴筑仁和钱塘江海塘埭。

五年，续建东塘石工。是年，尖山水口成。乾隆二年经始。铸镇海铁牛四座。

六年，总督德沛复请老盐仓迤西至仁和县之章家庵柴塘，改建石工。从之。命左都御史刘统勋查勘浙江海塘。先是五年十一月，德沛曾有是请，部议准行。以刘统勋言，改建不必过急，乃缓兴筑。至是复请，故仍道会勘。

七年，总督那苏图疏言：章家庵至海宁县之华家衖，旧筑柴塘，外沙绵涨数里，不必改建石塘。惟老盐仓汛至，东石塘界地俱顶冲，请择其最险之观音堂汛坐字号、老盐仓汛伏字号及益字等号，建筑竹篓石坝。是年，左都御史刘统勋疏言：亲履南北两岸柴塘，改建石塘，诚经久之图，请俟水缓沙停，乘机兴筑，每年以三百丈为率。督臣那苏图复疏言：老盐仓汛至，东石塘界最险，请先间段排筑石篓，俟石篓根脚坚实，再照原议改建石塘。均从之。

九年，命吏部尚书公讷亲赴浙江，勘修塘工。寻疏言：仁和、海宁柴塘，外护沙宽广，不必改建。如虑护沙坍塌，请将中小亹故道开浚，俾潮水安循出入，上下塘俱可安堵。部臣议准，遂罢改建石塘议。是年，海宁鱼鳞大石塘工成。乾隆二年经始。

十二年，浚中小亹工成。

十三年，增筑护塘土堰。又议增滚坝及塘汛弁兵。

十五年，海潮平。谨按：海水自乙丑岁以来，大溜直趋中亹，至是年秋，海波不扬，臣民庆幸。冬十二月，抚臣永贵以秋汛安澜，塘工稳固疏闻。

十六年，上巡幸江浙，莅钱塘江，幸六和塔，敬念世宗宪皇帝奠安之德，勒石纪事，永示无极。

十八年，海潮平。

十九年，督臣喀尔吉善请裁改海塘营官弁。江海塘工，向设兵备道一员，统率守备二员，千总四员，把总八员，外委六员，马步兵千，分守防护。至是以尖山石坝告成，中小亹引河畅流，塘工稳固，裁汰道员，归杭嘉湖道专管。其守备以下官兵，均令裁改。留堡夫四百名，三百名守北岸，一百名守南岸，余兵改归杭乍二营。

二十二年，上巡阅海塘，幸观潮楼。命建海神庙于城南。明年，庙成，御制碑文，勒石。

二十四年，酌复海塘营弁兵。复千总一，把总二，外委三，马兵二十，步战兵六十，守兵百三名。海宁分设二汛。旧设堡夫，悉行裁汰，统归兵额。加筑护塘土堰。时抚臣庄有恭言，海宁石塘，近城一带护河冲塌。故有是筑。增筑层石坦水。修海宁条石坦水。时江流海潮，复改由北大亹出入。

二十五年，修东西塘坦水及韩家池、柴塘，复修筑海宁南门外诸坦水。时海宁南门外及石门绕城塘外二层坦水，为五月望汛潮损，故复修。

二十六年，修胡家兜坦水。时潮水逼塘，护沙全刷，地当顶冲，故建之。修鱼鳞石塘坦水。自雍正八年建后，已历年久，今外无护沙，故改建。修马牧港塘工坦水，筑秧田庙坦水，修韩家池柴塘。均以潮汛冲塌护沙，故修。

二十七年，上巡幸浙江，躬阅海塘，咨度经久之计。建筑石塘，因试下木桩，始苦沙涩，旋筑以巨砒，所入不及寸许，迨桩下既深又苦，沙散不能啮木，其柴塘向内数十丈，土地似宜下桩，可以即工。然所在皆田庐沟塍，鳞次栉比。乃命筑柴塘，定岁修坦水。又改筑四里桥鱼鳞石塘，并华岳庙等处石塘盘头坦水。

二十八年，改建念里亭诸处鱼鳞石塘。

二十九年，置老盐仓护竹篓，增筑念里亭坦水。

三十年，上以海宁全城环绕石塘，止建坦石两层，潮势侵逼外沙，恐有汕刷之势①，命普筑三层坦石，并随时修整，以资防护。

四十三年，修筑浙江仁和、海宁等处柴塘。

四十五年，上五次南巡，亲勘塘工。以柴塘虽尚完整，究不如石塘巩固，因命该督抚董率所属，自海宁城东至陈文港条石塘百六十余丈迤上，老盐仓柴塘四千余丈，通建鱼鳞石工。旋遣大学士阿桂往浙江阅勘工程。

四十七年，总督陈辉祖奏：西塘头围为江海交接之处，涨沙十余里，横江截海，隔阻水道，致范公塘以东渐致搜刷。章家庵迤西，冲击滩墈②，遂于头围沙滩开引河一道，待山水暴注时开放，借山水奔腾之势，顺流攻沙。会春雨涨，大溜直趋引河西岸，冲塌宽深，范公塘正溜开向南行，渐有南坍北涨之势。

四十八年，老盐仓石塘工竣。又奉上谕：浙江范公塘一带，看来竟须一律改建石塘，以资捍卫。昨已谕知富勒浑等矣。明春南巡时，朕亲临阅

---

① 汕刷：流水冲刷。此处指堤防的基础（地基）被水侵蚀。
② 滩墈：沙滩边的高墈，这里应该是指险陡的堤岸。

视，指示机宜，降旨后即可兴工办理。至富勒浑有老土塘，根脚同系淤沙，土性浮松之语，从前老盐仓一带，亦称沙性浮松，难以开槽打桩，乃自建石工，一律稳固坚实，可见事在人为！该处改建石工所费，不过较前三分之一，方今府藏充盈，即多费数十万帑金，捍卫民生，使闾阎永臻乐利，亦所不靳也。

四十九年，上南巡，亲阅工程。谕：普筑鱼鳞石塘，所以保障民生，关系甚重。今所办工程，多未协之处，石塘既建，自应砌筑坦水，保护塘根。乃考之督抚，惟云柴塘必不可废，此受工员怂恿，为日后岁修冒销地步。况此番添建石塘，原欲留柴塘以为重门保障，并未令拆去柴塘，若如该抚所言，复加岁修，又安用费此数百万帑金为耶！又石塘之前，柴塘之后，见有沟槽一道，槽内积水，并无去路。将来日积日甚，石塘根脚势必淹浸渗漏，该督抚亦并未虑及！其石塘上堆积土牛，甚属无谓，设果遇异涨，又岂几尺浮土所能抵御！所有塘上土牛，即着填入积木沟槽之内；仍将柴塘后之土，顺坡斜筑，只露石塘三四层为度，并于其上栽种柳树，俾根株蟠结，如此柴石连为一势，即以柴塘为石塘之坦水。至范公塘一带，亦必需一律接建石工，方于省城足资永远巩护。着自新筑石工止处及挑水段落起，至朱笔圈记处止，再接至乌龙庙止，一体添筑石塘。再拨部库银五百万两，仍予限五年，分段修筑，以期海疆永庆安澜。

臣等谨按：浙省海塘，自章家庵至老盐仓一带，乾隆四十五年，皇上亲临阅视，命建石塘四千九百丈。四十九年，又蒙圣明指示，将柴塘所空沟槽填土种树，俾柴石两塘合为一势，即以旧有柴塘为坦水，表里完固。其章家庵以西至范公堤一带，续奉谕旨，一律添建石塘。内章家庵以西石塘工尾起至范公塘迤东朱笔圈记处二千一百一十丈，形本兜湾，又有上游桐庐各处山水自南而来，适当其冲，是以原定添建时，立为急工，并命于石工告竣。亦即以新建柴工为坦水，将来自范公塘东至老盐仓，绵亘数十里，俱有重门保障，益仰圣明计出万全，亿万年巩固之鸿规，无非千百万帑金之实效。至范公塘以西，朱笔圈记处，乌龙庙一带二千九百三十丈，原定添建时即列为缓工，五十一年，复命大学士公阿桂覆加察勘。寻疏言：该处老土塘，从前建筑时即向东北以渐收进，而老土塘迤西之江塘，又自北斜向东南建筑挑溜，南趋居民，复于老土塘之外，添筑土塘一道，即名范公塘。庐舍桑麻，郁然在望。范公塘外沙涂，亦有宽至千余丈者。询之在塘年久之弁兵等佥云，数十年来，从未见有刷动等语。臣亲加履勘，既非朱笔圈记以东水势直抵塘根者可比，此一带大溜亦无渐次逼近之势，所有原定石塘缓工二千九百余丈，应暂行停止，将原定急工二千一百一十丈内已经开工之一千五百丈，及未经开工之六百余丈均已接续兴建，再将外卫之柴工，透过石塘工尾往西，接续二三百丈，并遵旨于朱笔圈记处塘外添筑挑水大石坝一座，实已足资保护。至于塘外沙涂坍涨无常，若向后常得南坍北涨塘工离水益远，自是极好机会。北岸现有沙涂，虽从未见刷动，倘大溜渐有趋近之势，应交与抚臣随时留心察看，万一将来有须改建石工之处，再一律改建。奉旨如所议行。从此海疆永庆安澜，洵亿万年金堤巩固之长策也。

# 卷七　食货七

## 赋税上：田赋、丁银、芦课附

臣等谨按：九等之赋，载在《夏书》①，九职之供，详于《周礼》②，皆所以明取民之制也③。沿及后世，代有重轻。及明末造，厉政不一，而其甚者，莫如辽饷、剿饷、练饷三事④，民不堪命。我朝扫除底定，首除三饷及召买粮料诸弊，颁行赋役全书⑤，厘正征收定额，严禁加征火耗。凡有输纳，令民亲行投柜。设立联票以杜胥吏滋扰。凡所以厚下恤民者，计至周矣。而且以康熙五十年，钱粮册内有名丁数垂为定额，其滋生人丁，另册编造，永不加赋，谓之盛世滋生册，此诚自古帝王所未闻之盛典，而我国家亿万世休养生息之政源也。含哺鼓腹，耕凿何知。兹纂通典，谨编辑田赋，以彰昭代惠养元元之政焉。

### 田赋

田赋有二：曰民田，曰屯田，皆分上中下三则。有本征者，有折征者，有本折各半者。本征曰漕，漕有正粮、有杂粮。正粮：米；杂粮：豆、麦、荞、麻等类。折征者，始定以银，继则银钱兼纳。

直隶田赋：每亩科银八厘一毫至一钱三分零不等，米一升至一斗不

---

① 九等之赋：将田赋划分为九个等级，也就是按土质、出产、运输等条件，将赋税划分为上、中、下三等，而后又把每一等划分为上、中、下三级，如上上、上中、上下、中上、中中……下下。此法见《尚书·禹贡》，故曰《夏书》。

② 九职，《周礼·天官·大宰》所述的九种职业，即三农、园圃、虞衡、薮牧、百工、商贾、嫔妇、臣妾和闲人九种。

③ 九职之民，是国家赋役的负担者，如三农生九谷（粮食），其他如园圃的果蔬、山林池泽的出产、百工制品、商人运销、女工蚕织等，其产品均是课税对象。

④ 辽饷、剿饷、练饷，注见《清朝通志·食货略一》。

⑤ 《赋役全书》，注见《清朝通志·食货略·赋税》。

等，豆九合八抄至四升不等①；更名田每亩科银五厘三毫至一钱一分七厘三毫不等；农桑地，每亩科银一厘六毫八丝零；蒿草籽粒地，每亩科银五分至七钱二分五厘一毫不等；苇课地，每亩科银一分至六分不等；归并卫地，每亩科银七毫二丝至七分九厘三毫不等，米八合九勺七抄至九升七勺二抄不等；豆四合三勺八抄至三升六合不等；草一分每十分为一束九厘二毫至四分一厘不等；河淤地，每亩科银二分九厘至二钱五分六厘五毫不等；学田，每亩科银一分至二钱六分七厘八毫不等，小麦、粟，各六升。

盛京田赋：每亩科银一分至三分不等，米二升八勺至七升五合不等；退圈地，每亩科银一分至三分不等；豆四升三合至一斗不等。

山东田赋：每亩科银三厘二毫至一钱九厘一毫不等，麦一勺至四合三勺不等，米二勺至三升六勺零不等；归并卫所地，每亩科银一分至六分五厘零不等；更名田，每亩科银一分至三钱七毫零不等，麦，三合二勺零，米一升八合零；学田，每亩科银九厘至三钱不等；灶地，每亩科银二分六厘五毫至四分四厘一毫不等，麦一勺至四合一勺零不等，米一升八合至二升八合四勺零不等；卫所军屯粮田，每亩科银，一分至五分三厘八毫零不等，条银一分二厘至二分四厘不等；卫所更名籽粒等地，每亩科银六厘至一钱二分不等。

山西田赋：每赋科银一厘七丝至一钱零不等，粮一合五勺至二斗七升不等；屯地，每亩科银二厘三毫至一分四厘零不等，粮一升八勺至一斗九合零不等；更名地，每亩科银五厘至一钱四分不等，粮七勺至二斗不等；卫所屯地，每亩科银一分四厘。

河南田赋：每亩科银一厘四毫至二钱二分七厘不等，米七勺至二升二合不等；更名地，每亩科银一分一厘至一钱二分九厘不等；归并卫所地，每亩科银一厘六毫至一钱八厘零不等。

江苏田赋：每亩科银九厘至一钱四分一厘零不等，米、豆一升四合七勺至一斗九升二合六勺零，麦二抄至三勺零不等；地，每亩科银九厘至三钱三分三毫零不等，米、豆，七合三勺至四斗一升六合九勺零，麦，一抄至八勺零不等；山荡漊滩，每亩科银九厘至一钱四分五毫零不等，米、豆三合四勺至一斗六升五合二勺零，麦一勺至三勺零不等；城基、仓基、屋

---

① 抄，古量名。《孙子算经》："六粟为一圭，十圭为一撮，十撮为一抄，十抄为一勺，十勺为一合。"

基,每间科银五分七厘至一钱二厘四毫不等,米、豆五升五勺至一斗二升六合三勺零,麦一勺至二勺零不等;归并卫所地,每亩科银九厘至一钱四分一厘一毫零,米、豆一升四合七勺至一斗九升二合六勺零,麦二抄至二勺零不等。

安徽田赋:每亩科银一分五厘至一钱六厘零不等,米二合一勺至七升一合零不等,麦五勺至八勺零不等,豆八勺至九合一勺零不等;地,每亩科银八厘九毫至六钱三分零不等,米七合九勺至五升九合零不等,麦八勺至二合二勺零不等;塘,每亩科银一钱九厘至四分四厘零不等,米,四合七勺至七合八勺零不等,麦一勺至二勺零不等;草山,每里科银八分三厘;桑丝每两折银三分二厘;归并卫所屯田,每亩科银一分至六分不等,粮一升八合至八升六合不等;卫所管辖屯田地,每亩科银一分七厘九毫至二两七钱二分二厘九毫零不等,粮三合至二斗五升四合一勺零不等。

江西田赋:每亩科银一厘三毫三丝六忽至一钱一分七厘一丝三忽零不等,米一合四勺至一斗七合二勺五抄零不等;地每亩科银五丝四忽至二钱一分一厘一毫二丝八忽零不等,米五勺二抄至五升一合二勺八抄零不等;山,每亩科银五忽至六分二厘七毫二丝零不等,米一勺七抄至一升四合七勺八抄零不等;塘,每亩科银五丝四忽至二钱七分六毫七丝七忽零不等,米一合一勺三抄至六升八合三勺七抄零不等;归并卫所屯田,每亩科粮三升九合五勺九抄至二斗七升三合零不等,每石折银五钱,每石又摊征余徭等银二厘九毫七丝五忽至四分八厘三毫八丝四忽零不等;归并卫所屯地,每亩科粮七升九合七勺三抄至二斗二升八合三抄零不等,每石折银二钱;归并卫所余田,每亩征余粮银四分一厘六毫六丝零,自福建省改归屯田,每亩科银九分四丝七忽至一钱一分四厘二毫四丝五忽不等。

福建田赋:每亩科银一分六厘九毫至一钱六分二厘五毫零不等,米一勺九抄至二升四合七勺零不等;官折田园地,自明代相沿。凡职田、沿官田、官租田、废寺田,不征粮米,止征折色,曰官折田园地。每亩科银八厘七毫至四钱一分七厘五毫零不等;学田,每亩科银六分四厘三毫至六钱九分九厘五毫不等。

浙江田赋:每亩科银一分五厘三丝至二钱五分五厘不等,米三勺至一斗九升零不等;地,每亩科银二厘四毫至二钱一分三厘二毫不等,米八抄至一斗九升三合五勺零;山,每亩科银五丝至一钱九分六厘三毫不等,米六抄至五升三合七勺不等;荡,每亩科银四毫至七分三厘不等,米五勺至七升五合不等；塘，每亩科银二毫至一钱二分四厘五毫不等，米七撮至一升六合八勺不等；湖地，每亩科银三分七毫，米九勺五抄；桑，每株科银一厘九毫至五厘六毫不等，米一抄；茶，每株科银一厘五毫，米七勺；灶地，每亩科银一分六厘一毫至一钱四分一厘四毫不等，米三合七勺至三升七合不等；归并卫所田地，每亩科银五厘七毫二丝至一钱四分九厘零不等，米一斗五升七合五勺至二斗四升零不等。

湖北田赋：每亩科粮六抄至二斗九升一合四勺八抄零不等，每石征银二钱五分四厘五毫至二两九钱七分四厘一毫零不等；更名田地，每亩科粮四合九勺九抄至六升三合一勺不等，每石征银四钱六分六厘；归并卫所屯地，每亩科粮一升五合至九升九合六勺零不等；卫所管辖屯地，每亩科粮一升二合至一斗八升不等，每石征银三钱至一两三钱一分六厘六毫零不等。

湖南田赋：每亩科粮二勺九抄四撮至一斗四升六合九勺零不等，每石征银二钱二厘三毫八丝至一两八钱四分四毫不等；更名田地，每亩科粮五合至一斗二升不等，每石征银三钱七分三厘五毫至九钱二分四厘四毫不等；归并卫所屯地，每亩科银一厘九毫至一钱四厘三毫不等，粮三合八勺至二斗不等，每石征银一钱七分七厘四毫至一两六钱五分三厘一毫零不等；岳州卫管辖屯田塘，每亩科粮一升至一斗二升五合不等，每石征银五钱六分；苗彊地①，每亩科银一厘五毫至三分六厘七毫九丝零不等。

陕西田赋：每亩科银二两三钱八分一厘七毫，粮五升八合五勺至五升二合五勺不等；屯地，每亩科银二厘至九分八厘不等，粮一升五合至三斗不等；更名地，每亩科银六厘九毫至七分五厘一毫零不等，粮四升三合五勺至一斗四升八合零不等。

甘肃田赋：每亩科银二毫至一钱五分四毫零不等，粮三勺至八升一合一勺零不等，草三分至四分六厘零不等；归并卫所屯地，每亩科银一厘二毫至六厘不等，粮五升至六升不等；更名地，每亩科银四厘八毫至一分七厘一毫零不等，粮二合二勺至一升四合，二勺零不等，草一分至九分二厘不等；土司地，每亩科银七分五厘零，粮二升四合二勺五抄；卫所管辖屯地，每亩科粮四升一合八勺七抄零，草五分八毫零；番地，每亩科粮四合至三升不等，草二分一厘五毫至三分不等，每户轮银三钱，粮一斗至二

---

① 苗彊地，此处可能是"苗疆地"的误写。

斗五升不等；监牧地，每亩科银六厘。

四川田赋：每亩科银一厘五毫七丝至八分四厘九毫一丝零不等，粮每斗折银四分，估种，每石征钱七分一厘二丝至七钱一分二厘零不等；归并卫所屯地，每亩科银一分二厘五毫至三钱不等，粮二斗七升二合七勺零，每粮一石，征米，五斗并八斗不等；土司地，每亩科银三厘四毫至二分三厘一毫零不等；卫所管辖屯地，每亩科银一分二厘五毫至二分不等，米、豆一升九合二勺九抄至八斗不等。

广东田赋：每亩科银八厘一毫至二钱二分三厘二毫零不等，米六合五勺至二升二合九勺零不等；归并卫所屯地科银照民地科则，米每亩八升八合八勺；泥沟，每条科银四钱五分三毫零；车池，每方科银三钱九分四厘零。

广西田赋：每亩科银二分四毫至二钱一分二厘二毫零不等，米三升七合至五升三合五勺不等；官田，每亩科米六升四合二勺至二斗七合七勺不等；瑶田，每亩科米三升至五升三合五勺；壮田，每亩科银九厘至二分二厘三毫不等，米三升七合四勺至五升三合五勺不等；狼田，每亩科银九厘，米四升二合八勺；学田，每亩科银九厘，米二斗四升八合四勺。

云南田赋：每亩科银五厘五毫至四分六厘五毫零不等，粮一升九合四勺至一斗五升零不等；归并卫所屯地，每亩科粮五升九合二勺至八升一合八勺零不等；马场地，每亩科银三分；夷地，每亩科粮一升。

贵州田赋：民苗田俱每亩科银一分至六钱五分不等，米五合一抄至四斗五升不等，豆一斗；土司田，每亩科银八厘至一钱不等，米七合二勺二抄至一斗五升不等；官田，每亩科米二斗五升至五斗不等；归并卫所屯田，每亩科银一分四厘一毫至二钱三分四厘不等，米五升三合五勺至三斗七升三合三勺零不等，豆三斗，荞二斗三升三合三勺至三斗一升一合四勺零不等；学田、祭田，每亩科银一钱至四钱不等，米二斗至四斗不等，谷二斗至一石一斗七合八勺零不等；租地，每亩科银三分至一钱不等；山土，每亩科银一分三厘六毫至五分不等，米五升，荞一斗；旱祭田，每亩科银，一钱，豆一斗；官庄赈恤田，每亩科米一斗四升九合至五斗不等，谷，四升一合三勺至一石二斗五升一合二勺零不等。

臣等谨案：直省州县科则，多寡不一。详载赋役全书。兹谨照会典所载，举其大凡。至新疆田赋，已杂见于新疆屯政篇，不备载。

顺治元年，谕曰：前明厉政，莫如加派辽饷以致民穷盗起，而复加剿饷，再为各边抽练又加练饷，惟此三饷，数倍正供；更有召买粮科，始犹官给以银，继则按粮摊派，官吏短价克扣，书役勒索追比，名为当官平市，实则计亩加征。民无控告，殊可悯恤。自兹以后，凡正额之外，一切加派，尽行蠲除。如有官吏朦混倍征者，杀无赦。定各款钱粮汇解例。时解京钱粮，头绪纷杂，有正项止三千余两，而条分四十余项者。故设此例。严加征火耗之禁。

八年，苏松巡抚秦世桢疏言八事：一、田地令业主自丈；见田制篇。一、额定钱粮俱填易知单，设有增减，分给小单，以防侵蚀；一、由单详开总散数目、花户名姓，以便磨对；一、催科不许滥差衙役，设立滚单，以次追比；一、收粮听里户自纳簿柜，俱加司府印封，以防抽换；一、解放先急后缓、勒限掣销，毋许存留胥役之手；一、民差按田均派，与排门册对验，无使不均；一、备用银两不得预支。从之。令广东屯粮本折各半征收。

十年，令江南秣陵、广武、英武三卫屯粮，准其折色。

十一年，钦定赋役全书。谨按：赋役全书，顺治三年纂。凡在京各衙门钱粮项欸原额及见在收支销算数目、在外直省钱粮见在熟田应征起存数目，均载入颁行。每年令布政司将开垦荒田及增减户丁实数订入。至是复行订正。

十三年，命户部侍郎王宏祚将直省额征起存总散实数，编撰成帙。凡有参差遗漏者，悉行驳正。其明季加派陋规，蠲免未尽者，概行蠲除。至漕白杂项，或改折，或本色，俱细加清核，编勒成书，颁示天下。于是，赋役全书外又有会计册，赤历、丈量册，黄册诸书。会计册，备载州县正项本折钱粮，及起解交部日期，解户姓名，以杜侵欺，并清积欠；赤历载户口钱粮数目，每年颁发二扇，一备誊真，一备百姓自登纳数，令布政司岁终磨对；丈量册载天下田土，凡原隰坟壤下湿沃瘠沙卤咸具焉；黄册则准于户口，详其旧管新收开除实数，条为四柱，与赋役全书相为表里。行一条鞭法，颁易知由单。一条鞭法，以府州县一岁中夏税、秋粮、存留、起运之额，通为一条，总征而均支之。至运输等事，皆官为支拨，而民不与。由单之式，以每州县土中、下地正杂本折钱粮①，开列总数，刊成定式，于开征之前给花户，使民通晓。此外，又有截票、印簿、循环簿、粮册、奏销册。截票之法，开列实征地丁钱粮数目，分为十限，每月限完一分截票；其票、用印铃盖就，印字中分为两，半给纳户执凭，半留库柜存验，即所谓串票也。印簿由布政司颁发，令纳户亲填入簿，季冬缴司报部。粮册载各区纳户花名细数，务与一甲总额相符，易于摘比。循环簿，照赋役全书款项，急者居先，缓者居后，按月

---

① 土，应是"上"字之误。地分上、中、下三等，按等征收。

循环征收。奏销册，以各省钱粮支解完欠按年分款汇造清册，岁终送府，由府送部，据以考核。严征收加派之禁。

十五年，御史许之潮疏言：财赋之害，莫大于蠹役。官以参罚去，而蠹役历久尚存，前无所惩，后无所戒，故所侵蚀每至盈千累万而不知止。请将从前侵蠹姓名、数目清查，籍其家业，多者坐以大辟，少者流配，以清蠹源。从之。

十六年，令州县设征收柜。凡征收时各置木柜，排列署门，令纳户眼同投柜，以免扣克。工科给事中阴应节疏言钱粮四弊：一、州县挪移；一、绅士包揽；一、土豪冒名绅士；一、隔县寄庄抗粮。请严查惩禁。从之。

康熙二年，工科给事中吴龙疏言：直省解京各项钱粮，国初原总归户部，自顺治七年令各部寺分管催收，以致款项繁多，易滋奸弊。请以一应杂项，俱称地丁钱粮，作十分考成，除扣拨兵饷外，其余通解户部，各造简明赋役册；其易知由单颁给民间者，尽除别项名色；各部寺应用钱粮，即向户部支给。从之。

四年，革隔年预征之例。凡钱粮均以夏秋分征；申加添火耗之禁。

六年，上以由单款项繁多，小民难以通晓，令嗣后只开上中下等应征银米实数；其湖广陕西二省粮石派征本折数目，向未开载，令照例填注。

七年，谕户部收纳，直省起运钱粮，督抚不得纵容司道书吏勒索，苦累解官。谨按：州县经征钱粮，运解布政使司，候部拨日起运。

直隶起运银百九十一万三千四百九十一两四钱八分九厘有奇。

盛京起运银二万六千三十一两六钱一分七厘七毫有奇。

山东起运银二百七十八万一千六百四十七两六钱二分八毫有奇。

山西起运银二百五十九万三千五百十有七两六钱五分八厘有奇。

河南起运银二百七十三万八千二百五十两三钱六分有奇。

江苏起运银百八十九万八千九百九十一两有奇。

安徽起运银百三十七万九千五百十有二两有奇。

江西起运银百五十七万一千三百二十两一钱九分有奇。

福建起运银百有三万七千六百十有八两五钱二分有奇。

浙江起运银二百十有四万五千八十三两二钱八分有奇。

湖北起运银八十二万三千百有二两七钱有奇。

湖南起运银九十万二千五百十有七两六钱六分有奇。

陕西起运银百三十五万六千三百五两一钱五分有奇。

甘肃起运银十有九万一千五百九十三两四钱二分有奇。

四川起运银四十九万三百六十四两一钱八分有奇。

广东起运银八十四万一千三百七十二两有奇。

广西起运银二十九万六千三十五两七钱三分有奇。

云南起运银十有六万六千二百一两六钱五分有奇。

贵州起运银七万五千四百八十九两五钱九分有奇。以上起运银数，均谨按会典则例载入。

二十八年，申定截票之法。截票始于顺治十三年。一票而中分之，一给纳户，一存库柜，每逢比较察验，有票者免催，未截者追比。行之既久，奸胥或藉磨对为名，将纳户所缴之票强留不给，遂有已完作未完，多征作少征者。今定三联印票，一存州县，一付差役应比，一付花户执照；征收数目，每票填写。如州县勒令不许填写及无票付执者，许小民告发，以监守自盗律科罪。停岁造赤历册。黄册、会计册，俱于十年停止。令各州县日收钱粮流水簿，于岁底同奏销文册，赍司磨对。

三十年，令直省各州县卫所署门，均勒赋役全书科则于石，使民悉知。

三十九年，设立滚单。滚单之法，或五户，或十户用一单，于纳户名下注明田亩若干，该银米若干，春应还若干，秋应还若干分，作十限，每限应完若干，给甲内首名，挨次滚催，令民自行投柜，不许里长银匠柜役称收，一限若完，二限挨次滚催，如有一户沈单不完不缴，察出究处。

四十二年，令截票分别注明漕项地丁数目，毋许朦混征比。

五十二年，谕：嗣后止将见在钱粮册内，有名丁数垂为定额，其滋生人丁，另造清册，永不加赋。寻定新增者，谓之盛世滋生册。

雍正元年，定凡州县开征之始，令该府委员同封银柜，或十日，二十日，别委员拆封，即解其存贮谷石，按季盘察，出结转报，隐徇同坐。

二年，谕民间输纳钱粮用自封投柜法，亦属便民之道，但偶有短少之处，令其增补，每致多索其数，浮于所少之外，理应将原银发还，仍于原封内照数补足交纳，庶可免多索之弊。此虽细事，督抚大吏亦不可不留心体察。严饬有司以除民累。

三年，更刊四联截票：一送府，一存串根，截票一名串票。一给花户，一于完粮柜旁别设一柜，令花户完银时自投柜中。每夜州县官取出对流水簿，勾销欠册。又定零星钱粮纳钱之例，凡一钱以下，小户每银一分，准交制钱十文，其大户尾欠一钱以下者亦如之。又定附纳之例，凡小户钱粮数在一两以下者，附大户投柜，于截票载明。山西巡抚诺敏、布政司高成龄疏请提解火耗。上以州县火耗，原非应有之项，因通省公费及各官养廉有不得不取给于民者，今非不愿天下州县丝毫不取于民，而其势有所不能。若各属火耗，酌定分数，则将来竟为成额，必至有增无减。又以奏称提解火耗，将州县应得之项，听其如数扣存，不必解而复拨等语，势必额外加征，私行巧取，浮于应得之数，累及小民。况解交督抚，则显然有据扣存，州县则难保贪廉。未准议行。

十二年，皇上御极之初，谕：向来征收钱粮，因银色有倾销之耗折，解送有路途之盘费，故于正项外征收耗羡，原无定额，廉洁者尚知自爱，不肖者任意征求。经诺敏等倡为提解归公之法，各该督抚就本省情形酌定分数外，丝毫不许滥征。盖以耗羡原属额外之项，与其听地方官私行征取，不如明定分数，使有节制，不敢违越也。然在未提解以前，尚有私项，既提解以后，或恐不肖官员视同正课，又得以耗羡之外，巧取殃民。从前，皇考洞见流弊，屡降谕旨，欲俟将来亏空全清，府库充裕之日，渐减渐革，圣心廑念，未或忘之。朕绍承大统，切念民依，孜孜轸恤，日与王大臣等悉心筹划，期使我民于正项之外，丝毫无扰，而一时势有未能，尚须从容计议。惟是提解耗羡之法，行之已十有余年，恐日久弊生，奸吏夤缘朘削，耗外加耗，重困闾阎，不可不为深虑。各该督抚其咸体朕意，知耗羡一项，可减而决不可增，可于格外从宽，而断不可于额外多索。再各省耗羡分数，率在加一上下，然江南赋重之区，如苏松常镇四府额赋，较之他省几及数倍。雍正六年以前，每两加耗仅止五分，雍正六年以后增至加一，且有司又复巧取，民何以堪！令量减分数征收，不得仍前重耗。

乾隆元年，谕：朕闻永平府属州县，凡征收钱粮，皆以钱作银，每银一两，连加耗羡银一钱五分，共折制钱千一百五十文。今该处钱价昂贵，民间纳钱比之纳银为费较重，朕思民间完纳钱粮银数，在一钱以下者，向例银钱听其并用，原以便民，若数在一钱以上，又值钱价昂贵之时，亦令交钱，转致多费，是便民而适以累民，殊未妥协。嗣后在一钱以上者，不必勒令交钱。

二年，谕：外省荒辟，赋银向例在于知府等官以下俸工内扣除抵补。朕念佐杂微员，力量单薄，不应在扣除之内，已于乾隆元年降旨，谕令在督抚司道大员及府县正印官俸工内均摊抵阙。今思官有崇卑，役无大小，征员俸工既经免其摊扣，其各衙门人役工食，藉以养赡其家，若因荒辟扣除，则餬口无资，情有可悯。此项共计十二万余，着准地丁项下全支，免其扣荒。定浙江杭、嘉、湖三府属南米随同漕米，十月起征例。谨按：南米向系春征四分。于秋季办漕之后，复令催输。今以漕南二米，分款交仓，多形跋涉，故改归十月，随漕米分别免运。减湖南湘乡、浏阳二县赋。准长沙县适中定额。又减湘阴县折色银。又谕：湖北所属忠峒等土司田地应征粮银，奉照原额秋粮银数按田均输，作为定额，毋庸别立科则。

十二年，禁民人置买湖广永顺等处土苗赋轻田地。永顺土苗田地，较之内地粮额轻减。嗣因改土归流，已入版图。民人利其粮轻产贱，故有是禁。

丁银附

顺天府十五万四千百七十三两有奇。

直隶二百三十三万四千四百七十五两有奇。

盛京三万八千七百八两有奇。

江苏三百十一万六千八百二十六两有奇。

安徽百七十一万八千八百二十四两有奇。

江西百八十七万八千六百八十二两有奇。

浙江二百九十一万四千九百四十六两有奇。

福建百七万四千四百八十九两有奇。

湖北百十七万四千一百十两有奇。

湖南八十八万二千七百四十五两有奇。

河南三百十六万四千七百五十八两有奇。

山东三百三十七万六千六百六十五两有奇。

山西二百九十九万六百七十五两有奇。

陕西百六十五万八千七百两有奇。

甘肃二十八万六百五十二两有奇。

四川六十三万一千九十四两有奇。

广东百二十六万四千三百四两有奇。

广西四十一万六千三百九十九两有奇。

云南二十万九千五百八十二两有奇。

贵州十万千六百二十八两有奇。右谨：据乾隆二十九年奏销册开载。

康熙三十二年，令浙江、湖北、山东丁绝户存丁银，匀派地亩内带征。

雍正二年，定直隶地丁银赋摊征例。每地赋银一两，摊入丁银二钱七厘。

臣等谨按：丁随地转之例，广东、四川已先行之，惟奉天府民人入籍增减无数，仍旧分征。至是年通行各省，令行摊征，凡各州县按丁多寡、地亩广狭分为差等，每地赋银一两，摊丁不过二钱，使无业贫民永免催科，有业民户亦有定额，不至多寡悬殊。

芦课附

按：芦地，惟江苏安徽江西湖北湖南五省有之。其地有草麦籽粒、荡滩、熟田、低田、泥滩、水光滩、水影荒白涂、水洼基草、荻草市地、芦墩埂、划塘水套湖挡、白沙草塌地等名，又有密芦、稀芦、上地、中地、下地、上草地、中草地、下草地、中芦田、下芦田、葫荻之别，均按亩分别征收。

江苏：计芦地，三万四千三十顷七十三亩零，课银十有二万六千九百五十三两五钱一分有奇。

安徽：计芦地，三万一千四百八十五顷三十一亩零，课银五万一千三百四十七两二钱四分有奇。

江西：计芦地，四千三百四顷八十七亩六分零，课银六千二百六十八两三钱六分有奇。

湖北：计芦地，八千四百八十九顷三十五亩二分零，课银九千八百八十四两二钱三分有奇。

湖南：计芦地，千六百三十六顷十有九亩二分零，课银千三百二十九两三钱五分有奇。以上芦课，谨按会典则例载入。

顺治二年，定滨海涨沙芦地五年一丈例，分别坍涨增除。

十八年，御史何可化疏言芦课六弊：一、坍塌赔累宜豁；一、征收解费宜革；一、豪强隐占宜清；一、书吏飞洒宜禁；一、佃蠹侵欠宜究；一、蠲免条例宜溥。工科给事中王曰高疏言芦政四条：一、严催征以惩积欠；一、清踏勘以核实数；一、按地形以清课额；一、酌久任以专责成。均从之。

康熙二年，除崇明县大粮田芦课银。崇明县大粮田九千六十顷五十亩，除正赋外，复征芦课，一田两赋，故除之。

十年，停遣湖广江南江西收芦课官，归并地方官管理。

乾隆二十年，定芦洲地亩坍户拨补例，凡新涨地亩，遇有课之洲报坍者，次第拨补。其无课坍户，即将拨补余地，按照报坍先后，亦酌量拨给，俟再有余，始行开垦。

# 卷八　食货八

**赋税下：关榷、杂税附**

臣等谨按：山林薮泽之司所以崇本抑末，使民尽力于南亩也。后世征赋繁兴，视为利薮，至明末季，搜索靡遗，凡民间耰锄箕帚以及薪炭鱼蔬之细，莫不有征，甚至一物而关市迭输、一市而东西重税，取民之制，荡然无存。我朝廓清海宇，首革烦苛，除无艺之征求，蠲困民之重赋。即关市津梁，亦皆随宜酌取，务从节简，以厚民生。而且定牙行之额，严契尾之规。封山而货宝不言，定额而赢余有制，诚百代之经常，万年之乐利也。兹纂通典，谨列关榷一编，而以杂税附焉。

关榷

直隶天津关税，七万四千五百六十两有奇；山海关税三万二千二百两；税有正税、商税、船料税。正税各按出产地道、商税按物价、船税按梁头大小。张家口税二万两；杀虎口税一万六千九百十有九两；潘桃口税七千六百四十五两；古北口税二千六百九十九两；呼纳呼河税二千三十两；辉发穆宸税二百八十两；伯都讷税二百八十两；凡牲畜计价值、货物分地道。龙泉、紫荆、独石等关口税四千三百六两有奇。系落地税。地方官随时酌收，无定例。

奉天牛马税四千八十八两；凤凰城中江税三千二百九十四两。凡朝鲜国贡使往还与内地客商互相贸易，不拘何项货物，内地商人每两征三分，朝鲜人免税。

山东临清关税四万三千三百五两有奇。商货税、船税、米麦杂粮税。

工关税四千五百七十二两有奇。

山西武元城税千二百三十一两有奇。

江苏海关税七万七千五百有九两有奇。凡商贩内地货出洋与贩外洋货进口者纳税。又船税，贸易捕鱼船每年征收二次；安南商船进口出口均七折征收；东洋商船进口六折；出口不论货物概征银百二十两；闽广商船三月至八月进出均七折征收，九月至二月进出均五折征收；山东关东商船并各口税货均八折征收。优免分数：安南、关东、山东商船均优免十分之一，东洋、闽广商船均例免五分，优免五分；浒墅关税四十九万五千二百二十六两有奇，凡船料及米、豆等均照例征收。税法：计箱、计盆、计斤、计担；北钞口税，长山白洋新河后湖四分口为北钞，凡船载杂货杂粮，按梁头输税。庙湾税，淮关口分。淮仓清江厂，均淮关兼管　凡商货按斤匹条件、船按梁头征收；宿迁工关税四万八千八百八十四两；扬州关税二十万千九百八两有奇。凡商船货物，按包、捆、篮、篓、箱、筒、担、驮分别精粗合梁头科税。瓜洲闸　扬州兼管。西新关　旧系西新、龙江二关。西新隶户部、龙江隶工部，相隔二十里。康熙二十八年合为一关，以免商民守候。税银十二万九千九百十有五两有奇，凡水陆舟车所载货物，经由江宁府各城门口岸者，都税司收出城税，龙江、江东、朝阳、聚宝四司收进城税。均分别贵贱，按斤科税，有按个、件、条、把、连、副、箱、篓、船、担者，各因其物；又龙江、江东二司收进城夏布税，按匹。聚宝通济等六门酒税，按驮。抽分厂、太平、神策等五门、下关、赵沟、浦口、江浦、乌江、石碛等口岸驴羊豕税，按数。茶引所收进城茶税。按细茶、中茶。又龙江司船契税，造船按契价，一两收三分；折船按估价，一两收二分。船钞，每年额征二十四两四钱。龙江工关税五万七千六百七两有奇。凡属工税银解工部，余俱隶户部。

安徽凤阳关税二十八万七千九百二十两有奇。凡商货，分水旱征收。临淮正阳分口水税按船之桅封丈尺征收，长淮正阳分口水税，自亳州装载不足船料五钱三分，及自正阳怀远装载各货换车转贩者按物征收；又旱税陆路货止经本口、不往别口报税，水路货载往亳州及正阳小贩，均照临淮旱税例。盱眙正阳分口水税、亳州正阳分口无水税，凡水旱货物别口止报船料者，至此按物征收；已报细税者无征。本口发卖者，征落地税。怀远正阳分口水税，照关下装船梁头。征收旱税，未经别口报税者，照正阳旱税例；若过往民船，止于讥察，无征。蚌埠正阳分口与怀远例同，芜湖关税三十一万六千八百二十五两有奇。凡客商货船满载者，分加料、平料、下料三等，按梁头丈尺征收；若零货税不及一钱，并麦、谷、米、盐、柴、炭、煤、草、粪田草、鸡毛、农具等船及瓜果、丁香、土碱之类皆免税；茶船有引者，归茶税，别征别解。金柱口、裕溪、泥汊皆芜湖分口，金柱裕溪照例征收。泥汊（口）则江广上流，商货就便入此口输税。或河南及本省庐、凤土货南行入江河避大关，皆转就此口输税。工关税七万一百四十六两有奇。

江西九江关税三十五万四千二百三十四两有奇。凡官商盐茶有征。客货除竹木外，皆无征。惟科船料。船分各类，均量宽、深、长以别号数，以定税之轻重。将银数填注印单，贴各船后仓，用火印钤烙板上，以备下次稽察。赣关税九万六百八十二两有奇。凡商货，分上、下水，视其贵贱征收；又有临关例，较正税减则征收。又，税银一两五钱以上为正税，皆足色库平，一两五钱以下者亦为临关零税，皆九三色市平。

福建海关税三十一万四千四百四十八两有奇。凡商船出洋进口，各因其物分别贵贱征收；船按梁头大小征收。闽安关税二万三千三百六十五两有奇。除落地税，地方官随时酌收，无定例。

浙海关税八万七千六百五十四两有奇。凡商船出洋及进口，各按其物分别贵贱征收。大关出口入口货税例，每百斤作八十斤；安南、东洋货税例，每百斤作六十斤科税，其作八十斤者，与闽广货同，均九折征收。湖头渡、象山古窑、小港、沥海等口，与大关例同。头围口税例，每布百匹作六十匹，土丝百斤作六十斤；又各色杂货，每百斤往宁、绍、台、温者，照本关例；由长江往闽广者，照北新关例。乍浦税进口货物有百斤作八十斤者，有连包、篓八折至对折者，木、杉木按船不按根。余俱如他关。东洋货惟红铜照本条，余货七折，安南、闽广货八折及双九折、单九折征收；出口货物有计实征收者，有按斤八折、按匹七折、八折征收者。江埠白桥家子等口税，出口货物每百斤往本省作九十斤，往闽省作八十斤；进口货物每百斤均作八十斤，散仓货丈量乘算，每百斤亦作八十斤征收。温州、瑞安、平阳等口进口货物百斤作六十斤；出口货物往本省百斤作八十斤，往闽省百斤作六十斤征收；船税按梁头大小征收。免税例，凡鱼鲜类十九条，四百斤以下者、柴炭千斤以下者、蛎蝗等十五条均免税。北新关税二十一万六千五百六十二两有奇。货勿视其贵贱，分别科税；皆按数、按斤、间有按担、篓、把、束者。船分别大小征收。南新工关税三万二百四十七两有奇。

湖北武昌厂税五万三千九百六十七两。凡商货均按载船梁头大小科税。荆关税万七千十有九两有奇，辰关税万一千五百两，闰月加九百两，与荆关税均解工部。四川夔关税十六万三千百十四两有奇，打箭炉税万九千六百七十五两有奇，商税照地方征税之例，每两三分。余分地道。凡地道货物，均照部颁见行条例征收。

广东海关税五十一万五千百八十八两有奇。凡出洋进口各货按斤。间有按丈、匹、个、件者。船税，东洋分四等、西洋分三等，本省出洋发各外国等大船亦分四等；出海盐船、沿海贸易桨艇船均一年两次征收，民间日用餬口贸易小船免征，其装载砖瓦、石灰、蚬壳、坛、缸、稻米、柴炭等项补半料。太平关兼太平、遇仙二桥，含光一厂。税十有三万七千二百九十七两有奇，凡商船分上水、下水，视其贵贱科税。内赣税每正税一两征银二钱，部饷每货百斤征银二厘，料银每货百斤，上水征四厘、下水二厘；均归正税支解。又膳夫银每货百斤征一厘。船料亦分上水、下水征收。遇仙桥上水税例，不征赣税、部饷、料银。又太平、遇仙二桥减免实收例，亦分上、下水。又含光厂较太平、遇仙例及减免实收例互有增减。又按，太平、遇仙二桥向无定则，乾隆十三年，比照各例，权其轻重，量增者四十一条、改减者二十九条、照旧例者二十五条，均刊入条例。

广西梧厂税六万三千八两有奇，浔厂税四万五千八百二十两有奇。系落地税。地方官随时酌收，无定地。梧厂同。

以上税则，均按会典则例载入。

顺治元年，定直省关差。专遣户部汉司官一人，撰给专敕精微批文。

四年，以荆关、通惠河、中河清江厂、杭州、芜湖、西新各关归并户部，兼差满洲汉军汉官。

五年，定差满洲司官征赣关税例。

七年，定独石口杀虎口差满洲笔帖式收税。

八年，定各关专差汉官每关一人例。

九年，并西新关、江宁仓为一差，停独石口差。严关差留用保家委官之禁。凡额设巡拦，各制号衣、腰牌。

十年，令各关差刊示定例，设柜征收，不得勒扣火耗及陋规，并禁关役包揽报单。

十一年，定各关兼差户部满、汉官笔帖式例。

十三年，定各关专差汉官两翼差笔帖式，张家口、杀虎口各差满官一人，笔帖式一人，均照例一年更代。

十四年，令各关将部颁条列刊榜竖立关口，便商输纳。又令各关当堂设柜，设梁头、货物条例，商民亲行填簿，输银投柜。

康熙元年，停蒙古汉军关差。定六部各咨送满汉官笔帖式各一人轮掣例；又定张家口、杀虎口专差满洲蒙古官例。

二年，定外国人携带货物入崇文门免税例。申定满汉关差例。满官差郎中、员外郎，汉官专差郎中。又更定两翼张家口、杀虎口准六部司官轮差例。向例止差满洲、蒙古。

三年，复题准，各关差令六部满洲蒙古汉军汉人各司官及笔帖式同掣，其两翼张家口、杀虎口仍差户部官定送差。按回部久暂例，凡出差一次者，以回部月日久之员送户部轮掣。凡六月撤回者，即作一差。不及六月者，仍补差。

二十一年，定凤阳关差六部满官一人收税例。向例，凤阳仓征收。移九江关驻湖口。

二十三年，设福建广东海税监督。满、汉各一人，笔帖式一人。又准福建、广东载五百石以下船出海贸易登载人数，钤烙火，给发印票，验放。其进海口内桥津地方贸易，舟车等物免税。江浙二省亦同此例。定各衙门轮差例。向例止六部送差，是年并张家口、杀虎口二处，亦停止专差户部例。令各部院官掣差。又议准福建沿海无篷桅捕鱼船税，仍听地方官征收；其有篷桅船归监督征收梁头税课；沿海要口均拨哨船兵役巡察。设江南浙江海税监督。满、汉各一人，笔帖式一人。设西新、龙江课税专官。

二十五年，定州县官隐匿海口船处分。五船至十船者罚俸，十五船至三十船者分别降调，三十船以上者革职，仍治以隐匿之罪。

二十八年，谕采捕鱼、虾船及民间日用之物并馂口贸易悉免其收税。嗣后海关着各差一人。又以朦胧归海关，轧东归淮关管理，沙沟免税。沙沟为朦胧、轧东总汇。海关有税，故沙沟不设，而以二处分隶之。

三十三年，设立山海关差官管税。

三十四年，设浙海关署于宁波府，拨沿海巡哨船二十于各口巡察；又设海关署于定海县，并设红毛馆，令监督往来巡视，严差官自京私带年满旧役谋占总科库头名色之禁。

四十六年，议准山海关外金州、牛庄等处交与监督巡察，越关漏税所得赢余作为定额。

五十四年，议准九官台、清河、松岭子等处交山海关监督巡察收税，增课银三千两。

五十五年，北新、凤阳、天津三关监督题报阙额，谕该监督任满交巡抚监收。临清关亦如此例。停瓜洲税课，裁税课大使。

五十八年，议准淮关税务于两河同知内差一人管理。又议准福建糖船至厦门者赴本关纳税，其往浙江江南贸易者免税。

五十九年，以江海关归江宁巡抚、浙江关归浙江巡抚管理。又令横城口税归山海关兼管，增税千两，作为定额。

雍正元年，议准九江关仍自湖口移归九江，其不由九江经过之江南、江西商船于大孤塘别设口岸征收。令江西巡抚委官二，一驻九江、一驻大孤塘。湖广往江西船，若在九江纳税，至大孤塘即验票放行；江西至湖广船在大孤塘纳税者亦如之。裁淮安、北新、凤阳、天津、临清、江海、浙海、荆州各关，加增赢余银。

二年，谕：嗣后税务交与地方官监收，于钱粮地方均有裨益。至是各关差官俱停止。唯崇文门无地方官可交，仍差内务府官。山海关左右两翼、古北口、潘桃口、杀虎口、呼纳呼河差，仍照例差遣部员。又谕，凡商贾贸易之人，往来关津，宜加恩恤，故将关差归之巡抚，以巡抚为封疆大吏，必能仰承德意，加惠商旅也。但各关皆有远处口岸，所委看管家人，难免额外苛求及索取饭钱等弊，嗣后着将应上税课之货物，遵照条例，刊刻详单，均给各货店；其关上条例木榜，务竖立街市，使人共见。申禁关役报单不实之弊。严放关迟滞之禁。又覆准淮安关仍差部员，浒墅关交苏州织造管理；又更定凤凰城、中江税务在盛京五部司官内遴选派往例。向系城守尉等官管理。

乾隆元年，谕：闻外洋红毛夹板船到广时，泊于黄埔地方，起其所带炮位，然后交易，俟事竣给还。至输税之法，每船按梁头征银二千两左右，再照例征其货物之税，此向来之例也。乃近来夷人所带之炮，听其安放船中，而于额税外，将所携置货，见银别征加一之税，名曰缴送，亦与旧例不符。因思从前洋船到广，既有起炮之例，此时仍当遵行，何得改易。至于加增缴送税银，尤非加惠远人之意，着察照旧例，按数裁减。又定江西九江、赣州关钞课三联单例。凡商人纳银入柜后，发给一联，一存税署，一交巡抚衙门。又准张家口、居庸关照崇文门例，车驮货物过税，收取饭钱，以资养赡。二关向无火耗。

二年，定米谷税例。倘地方偶遇旱涝，米谷船到，准其放行，俟成熟再如旧例征收。嗣又议准，验明实系贩往歉收地方者，免税放行，仍给印照，至歉收处关口验明填注，到口日月钤印发票，回关再验。如回船载有他货，止征货税，仍免船料。

四年，谕：上年江安两省岁旱歉收，朕蠲赈兼施，多方筹划，并令豁免米粮赋税，俾商贩流通，源源接济，于地方甚有裨益。续经该督奏请，将淮安、扬州、浒墅、凤阳等关免征米税，俟乾隆四年麦熟时停止，朕允其请。今届麦熟之期，闻各属雨泽尚有未曾沾足之处，且上岁歉收之后，米价一时未能平减，若商贩稀至，仍恐民食艰难。着将上、下江各关口米税，照旧免征，俟本年九月米谷盛行之时，再行征收。

六年，议准，各关赢余银如与上年悬殊者，令将地方情形察核，据实申明。又定黄豆非麦秋可比，虽遇歉年，不准免税例。又定出海樵采船，每船准带食锅一，每名止许携斧一，人数不得过十例。

五年，立讨关之禁。凡奸牙假捏京官名帖，或京官子弟执持父兄名帖讨关，希图免税者，皆罪之。

六年，定凡领帑及采办铜、锡、铅经过关口察验，文批数目相符者，立即放行例。应纳船料，关口仍征船料。

七年，复设德州、魏家湾、尖家、樊厂等口岸。临清关所属。

九年，定福建如遇歉收之年，委官购买海运接济，不得招商运贩例。

十年，定台湾商鱼船搬运米石例。每船止许带食米六十石，于出鹿耳门之先查验多者，分别责惩。

十一年，定各关任满具题其银册到部日期例。如题本已到，而银册至二十日以外未到者，将该管官参处。又定各关征收赢余较上年短少有俟督抚察核覆奏者，以奉旨之日为始，扣限四月覆奏。又崇文门左右两翼张家口、山海关等处，限任满三月后，将册籍送部移科磨对。

十二年，移福建诏安县溪雅税馆改设悬钟地方。谕：昨工部具奏，芜湖关较去年短少，行令察核。今日户部议称，芜湖户关赢余较去年有余，毋庸置议等语。此案工关赢余虽较上届不足，其户关较上年赢余之数足敷抵补，工部再行察核之处不必行。嗣后如一人而兼两关，其比较上年赢余之处，均有不足，再令该督抚据实察核。

十四年，定赢余短少处分例。凡一分以上至三分者罚俸，有差四分五分者分别降级调用。

二十二年，增定闽海关税则。向以外洋番船俱由广东收税，其至宁波者不过十之一二，故闽海税则较轻于粤海市舶，易于规避，至是更定。

二十五年，两广总督李侍尧疏：请革除粤海关规礼银，悉归公造报。从之。

二十七年，江苏巡抚陈宏谋疏：言芜湖关四弊，奏请革除。一、禁铺户代客完税，包揽居奇，仍令商人按簿亲填；一、货船抵关签验，纳税给票后，始准过关，以杜偷透；一、关员遴选佐杂，照例半年更替，不得再留；一、督抚与监督本相助为理，每月所征数目，监督按月先行知会督抚，再于年满奏报时，统行知会。从之。

杂税附：茶矿、鱼课、税契、行帖、落地税

**茶课**。凡商贩入山制茶，不论精粗，每担给一引，每引额征纸价银三厘三毫。其征收茶课例，于经过各关时，按照则例验引征收，汇入关税项中解部。间亦有汇归地丁款项内奏报者。

江苏行万五千引，以八千引发江宁茶引所大使，以七千引发产茶之吴县、荆溪县。

安徽行六万九千九百八十引。旧行四万五千，复增二万四千九百八十。发产茶之潜山、太湖、歙县、休宁、黟县、宣城、宁国、太平、贵池、青阳、铜陵、建德、芜湖、六安、霍山、广德、建平十七州县。雍正十年，增设休宁、黟、宁国、建德、霍山各县万八千三百八十引。又加增六安、霍山、黟、建德、宁国五州县万五千五百引。开除怀宁、桐城、宿松、望江、南陵、泾（县）、旌德、石埭、东流、当涂等地不产茶之十县八千九百引。十三年，又以六安、歙、休宁、霍山四州县原引不敷行运，复于额引外预发万引。

江西行二千四百三十八引，额征银三百六十五两七钱。雍正九年，增宁州武宁二县百五十引，增课三十二两五钱，开除南昌等地不产茶之三十二县，七百十二引，豁除课百有六两八钱。

浙江行十四万引。北新关每引征税二分九厘三毫八丝。

湖北行二百三十引，额征银二百三十两。谨按：湖北茶引，系咸宁、嘉鱼、蒲圻、崇阳、通城、兴国、通山七州县，请领各州县产茶无几，不足本地日用，所有茶引，无商可给，向种茶园户，经纪中按每引纸价银三厘三毫征税银一两。又均州、荆门州、钟祥县本地铺户，肩贩小篓粗茶，每引报税一厘八毫，尽收尽解。乾隆八年，四川建始县改隶湖北施南府，旧行茶十八引，随带湖北每引征银一钱五分，课银一钱二分五厘。

湖南行二百四十引，额征银二百四十两。向例，茶商皆自陕西带引赴湖南采买，本省所颁之引并无客领给发。产茶之善化、湘阴、浏阳等十七州县行户，以为一年护帖，每引征纸价三厘三毫，纳税银一两。

甘肃行二万八千七百六十六引，额征银六千二百六十六两三钱二分六厘，本色茶十三万六千四百八十篦。榆林府千引，神木同知二百引，宁夏府二百七十引。三路共千四百七十引，每引征银三两九钱，共征银五千七百三十三两。又西商大引二万七千九十六引。于西宁、庄浪、洮、岷、河州、甘州各处地方行销，内小引百三十二，在西安凤翔汉中同州四府州县售卖，每引行茶百斤，内交五十斤，余五十斤即为商茶，令其售卖作本。每茶百斤，作为十篦，每篦二封，每封五斤，共征茶十三万六千四百八十篦。又汉中府属西乡、兴安、汉阴、紫阳、石泉等州县所产之茶，向不设引，止许本地行销，每年征税银五百三十三两三钱二分有奇，归入地丁奏销案内。顺治初年，定易马例。每茶一篦，重十斤，上马给十二篦，中马九篦，下马七篦。十年，定延宁二处商税，每引茶百斤，入官茶三十斤，每斤折银一钱三分。十三年，准新茶中马即足，陈茶变价充饷。如新茶不足，陈茶两篦折一中马。康熙三十三年，准西宁五司收贮茶篦，每斤变价六钱。三十六年，停发陕西黄甫堡茶引百三十四引。又准甘州司积贮茶篦在五镇奉饷之内搭放，三钱值茶一封。四十四年，停止西宁等处易马，将茶篦变价充饷。六十年，增陕西、西宁、庄浪、岷州、河州引四千。雍正三年，定甘肃四司茶篦。自康熙六十一年为始，五年内总收本色，五年后即将五年前之茶变价例。乾隆元年，定甘肃应征新茶，准每篦折银五钱。又以新茶虽经改折，陈茶销售犹难。再减陈茶价，每封二钱。二年，令商茶入陕后，榆林茶令绥德州察验，神木茶令府谷县察验。七年，仍征本色。十三年，定二成征收本色，八成征收折色。

四川行旧额、新增共十万六千百二十七引。边引八万四百二十七，每引征四钱七分二厘；腹引九千二百有六，每引征二钱五分，土引万六千四百九十四，每引征三钱六分一厘，按年造报奏销。额征银万三千一百二十八两三钱七分五厘，税银四万五千九百四十二两三钱七分八厘。康熙二十六年，增边、腹引万有一百五引。二十九年，复增二千四百二十三引。四十一年，定四川天全土司，增五千六百引。雅州增二千七十九引。卭州三百引。荣经县三千五百有四引。四十四年，名山县增边引三千三百有十。四十五年，增新繁大邑灌县千九百引。四十八年，又增天全土司一千三十。四十九年，雅州边引增一千九百八十引。五十八年，议准四川茶课，合边引、土引共六万四千九十八引，于松潘打箭炉行销。令均行饬禁将引缴部，应征税银暂行停止。寻以二处土司相继归诚，仍发边、土二司行销。雍正三年，增卭州边引千三百。四年，增雅州成都大邑荣经灌县边引八千六百三十有五。又增天全土司土引七百七十。增安县边引二百。五年，增卭州边引千有一百。六年，遵义府改属贵州，怀仁县茶引税银、正安州茶引税银均令归贵州交纳。七年，增洪雅嘉定二州县腹引共三百，又天全土民愿增土引六千三百四十五；又以雅州、荣经二县引拨新繁、峨眉等县招商认销，又增定征银数，每斤征一厘二毫五丝为额。九年，增成都等六州县三百六十九引，通江县六百七十八引，灌县等九县边、腹共六百五十二引，罗江等四州县腹引五十一，新都等四县二百二十，卭州边引千一百。

云南行三千引，额征银九百六十两，每引纸价三厘，税银三钱三分，入地丁册内造报。康熙四年，永平府开茶马市，每两改税三分。雍正十三年，颁茶引三千。

盛京、山西、河南、广西均无茶课，向不颁行。山东惟济南府额征茶税银八两。系牙行赴司领帖，每茶一驮，收税银三分。历城县额征银一两四钱，寿张县茶行经纪一名，每年征税银三两六钱；又济宁州有商运茶到州，每百斤收税一钱，粗者五分。福建向不颁行。康熙十九年，因军需，议加茶课银三百五十九两二钱。至康熙二十六年豁免。惟崇安之武夷山产茶，听商贩运，于经过关口照例征收，汇入商税项下奏销。广东地不产茶，向不颁行，所征茶税，惟乐昌县十两五钱，长宁县六两，每年附入杂税。又潮州广济桥，每粗茶百斤税银五分，细茶百斤三钱四分，汇入桥税内报解。贵州旧无茶引，雍正六年，四川仁怀县改隶，随带二百五十引，共征税六十二两五钱，课一两六钱九分三厘八毫。

**金银矿课**。云南永北府属金沙江金矿，每年额课金七两二钱六分；遇闰加金一两二钱一分。永昌府属上潞江金厂，额课金二十五两五钱六分；遇闰不加。开化府属锡版金厂，额课金三十四两。遇闰加二两四钱。贵州思南府属天庆寺金矿，每两收课金三钱三分。广东惠州府永安县粗石坑、潮州府丰顺县双山崻、嘉应州大禾砰各银铅矿，均每银一两，收课四钱五分；每铅百斤，收课二十斤。云南开化府属马腊底银矿，额课银七百六两八钱六分；遇闰不加。中甸属古学银厂，额课银五百六十八两五钱有奇；遇闰不加。建水州属黄泥坡银厂，额课银六百六十一两有奇。遇闰不加。云南属兴隆银厂，额课银三千百三十二两有奇；遇闰不加。永昌府属募乃银厂，额课银三百两；遇闰不加。南安府属石羊银厂，额课银二万二千三百九十两有奇；遇闰加银二十九两。又马龙银厂，额课银六百九十八两有奇。又土革喇银厂，额课银六十两有奇。均遇闰不加。楚雄县属永盛银厂，额课银三千三百七十五两有奇。遇闰不加。鹤庆府属蒲草塘银厂，额课银四百二十一两有奇。遇闰加银二十四两三钱。邓川州属沙涧银厂，额课银千三百二两有奇。遇闰加百六两三钱三分零。临安府属个旧银厂，额课银三万三千六百十三两有奇。遇闰加银三十八两。新平县属方丈银厂，额课银六十八两有奇。遇闰加银四两七分四厘。永昌府属茂隆银厂，收课多少无定额。

顺治元年，开采山东临朐招远等处银矿。后于八年停止。

康熙十五年，遣官监视山西应州边耀山煎炼矿银。

十九年，定各省开采所得金银，四分解部，六分抵还工本例。又试采陕西临潼、山东莱阳等银矿。

二十一年，定云南银矿官收四分，给民六分例。

二十二年，停止山东、山西、陕西开采。

四十三年，谕：闻开采之事甚无益于地方，嗣后有请开采者，悉不准行。

五十一年，奏准开采云南大姚县惠隆银厂。

五十二年，定湖南郴州黑铅矿所出银母，官收半税例。

五十三年，令云南惠隆厂照郴州例收税。

五十七年，定云南楚雄府石羊等厂、临安府等个旧厂征收不足，照地丁杂项银例议处。开采云南金龙银厂。又定贵州威宁州属猴子厂银矿二八收课例。

五十八年，令云南建水州属华祝箐厂、云南县属水木支山金龙厂，照惠隆厂例收税。

五十九年，定贵州威宁州观音山银铅矿厂二八收课例。

六十年，停采云南华祝箐厂。

雍正元年，开采云南马腊底银厂。停采贵州观音山等厂。

三年，开采云南古学银厂。

五年，开采云南黄泥坡并贵州威宁州属白蜡挓子三厂。

六年，定湖南靖州属之墓坪山金砂课例，每净金一两，收课四钱，以五分作解供耗费及官役养廉，以三钱五分作商民工本。定广西苍梧县属芋荚山金砂课例。每两收课二钱。后于九年停采。定广西临桂县属之水槽、野鸡二矿所出银、铅、铜砂二八收课例。

十年，开采云南阿发银厂。

十一年，定广西贺县蚂蚓山银矿①，每两收课三钱例。

十三年，停采湖南郴州九架夹黑白银铅各矿。

乾隆二年，停采广西怀集县汶塘山临桂县之水槽野鸡等厂。

三年，广西贺县之蚂蚓银矿，硐深砂薄，准其封闭。

五年，贵州威宁州白蜡银矿，开采年久、洞老山空，广西苍梧县金盘岭金矿砂薄，荔枝山银铅矿硐浅沙竭，均行封闭。

---

① 蚂，蛙属。潮州人称水潮蚂（《南越笔记》）。湖南人也有称青蛙叫麻拐（音）。

八年，覆准贵州天桂县相公塘东海洞等处金矿，均属旷野，无干民田、庐舍，照例开采，每金一两，收课三钱。

九年，定广东开采铜、铅、银砂等矿，并招商民承采事宜例。凡有矿之处，令地方官覆实，无碍民田庐墓，确有成效，再行招商开采。仍照定例二八征收。各厂该管道员发给地方官循环流水簿连五串票，将每日所出之数，填注流水簿，分截串票一缴本道，一存地方官处稽察，一付商人存照。其串根并流水簿一月一缴，本道察覆。仍十日一次申报，督抚司道等官稽考，按月造具支销公费各册申报本道，按季分报督抚及该有司衙门。凡日所采矿砂，挨次堆贮，如某日煎炼，某硐某日矿砂若干斤，炉头报明，官商督同煎炼，分别铜铅金银分记块数斤两，注册登填串票。至所有矿山，惟于连界处许一商兼承，其隔远不相连者，每山只许一商承充，使在山工丁便于管束。倘资本无几者，仍听合伙同充。至承充之人，先令其将本银呈该管道覆实。或二千或三千，不拘定数，以足敷支用为度。移贮该州县库，发领承充之时，由布政使给予印照，赴山开采。如矿少砂微之处，不能容商者，听附近民人报采，照例收课。又议准，金银二矿，于鼓铸无涉，悉行停采其铜铅矿，有夹带金砂银屑者，仍照原定章程开采。封闭云南大姚县惠隆金龙等银厂、贵州天柱县相公塘东海洞金矿、广东海阳县水尾白坟河、丰顺县李村湾风吹磜、阳春县莫村那软瓦盆等矿。

十二年，开采贵州威宁州大化里新塞等处银铅矿砂，每煎银一两，收课四钱。

十四年，封闭贵州新塞银铅矿、云南阿发银厂。

**铜铁锡铅矿课。**山西交城县马鞍山铅矿、交城县新开子洞金沟铅矿、湖南郴州、桂阳二铅厂、陕西同州府华阳川铅厂、湖北宜都县横碛、汉洋二铁矿、四川乐山县老铜沟海子凹铜矿、广东惠潮韶肇等府铜锡矿厂、广西宣化县渌生岭铅矿、恭城县上陡冈莲花石铜铅矿厂、贵州威宁州铜川河铜厂、水城法都铅厂、威宁州莲花塘朱砂铅厂、都匀府济川铅厂，均二八收课。四川迤北、建昌镇、会川属沙沟岭黄矿、青矿黄矿烧炼点化红铜；青矿烧炼点化黑铅，兴隆厂、建昌镇、宁番营属紫古唎铜厂，均三分收课。福建延平府属州县炉户，每年输银二百六十二两有奇；四川黄铁山高炉六座，每年收税变银，尽收尽解；广东铁炉二十四座，岁输银千二百十六两；云南铁炉十六座，岁输银百三十四两有奇；广西临桂等州府铁炉五十四座，每座岁输银十两；恭城县山斗冈铜矿、大有朋山铅厂，均每百斤收课十五斤；广东罗平州卑浙铅厂、平彝县块泽铅厂，贵州大定府格得正铜厂、八地子铜厂，均每百斤收课十斤；云南各府州县属铜厂三十处，岁输银万八百二十五两有奇。其定远县妈泰、茂密二厂白铜岁无定额。

康熙二年，令四川黎汉、红卜萱二洞白铜旧厂，听民开采，输税。

十九年，令浙江富阳等县，听民采取铜铅，输税。二十年停止。

二十四年，招民开采四川卬州蒲江县黄铁山铁矿六座，官收十之二。

谨按：四川自是年起至二十五年止，共收税铁万一千六百余斤，每斤照时价二分变卖。

四十九年，开采云南昆阳州子母厂、易门县塞子山厂铜矿。

五十年，令封闭湖南产铅诸山。时以湖南山深谷邃，境通黔粤，苗瑶杂处，不便开采。五十七年，并停止四川各厂。

雍正元年，定云南厂课造册题报，限期将元年正月起至十二月止缴收课项，于二年五月内册报，后着为例。

七年，开采贵州毕节县大鸡倭铅厂、威宁州猓木果铜矿。

八年，令四川建昌所属之迤北、兴隆，宁番之紫古咧、沙基、九龙五厂，招别省商人开采，本省商人不善开矿。所出铜斤，三分收课。更云南罗平州之卑浙块泽二厂二八收课例，每百斤收课十斤。

十年，以贵州大定府格得为正厂，八地为子厂。

十三年，谕广东近年以来，年谷顺成，地方宁谧，与从前风景迥异，今若举行开采之事，不免聚集多人，其中良顽不一，恐为闾阎之扰累，况现在动民开垦，彼谋生务，本之良民，正可用力，于南亩何必为此侥幸贪得之计，以长喧嚣争讼之风，着行停止。

乾隆三年，申定矿厂事宜例。凡系产铜山矿，令地方官辨明砂色，实有裨于鼓铸，始准结报开采，其金银矿悉行封闭；至黑铅即系银母，亦严禁朦混开采，募招各商，设总副名目，使本地殷实良民承充，禁外省游民冒报，所收铜铅，照二八收课外，所余者每百斤别收银三厘，加收铜铅三斤，以备折耗及官役养廉之用。

五年，开广东锡山，即令铜商分任采办，每锡百斤，亦照例二八征收。

十年，增贵州各厂官买余铅价。向例，余铅百斤，给炉民一两三钱，今增二钱。又定广西平乐府恭城县铅矿内所出密陀僧课例。每百斤收正课二十斤，撒散三斤。

十一年，增广西收买余铜价，向例，每余铜百斤，给价两三钱，今增十三两。俟充裕之日，将余铜收买一半，余给商自行销售。

十五年，定征收浙江炉坑课例。坑课三则，上则征银一两六钱、中一两二钱、下八钱。炉饷二则，上则六钱、下则三钱。又每坑岁纳银四钱，以为疏浚洗铁诸溪河淤塞之费。十七年，又以永嘉平阳泰顺产铁无多，改归下则征收，豁除浚河银。

**水银朱砂、雄黄矿课。**贵州开州用砂厂，额征水银千二百六十九斤。遇闰加百三十三斤。婺川县厂征水银百六十九斤。

康熙元年，定贵州开州斗甫厂征水银额每岁九十五斤，遇闰加十斤。变价拨充本省兵饷。

九年，定贵州黔西州属新开黄土坎厂，征水银百斤。

三十八年，开州用砂斗甫二厂，山颓砂尽，改于修文县红白岩开采。

雍正八年，定贵州大定府开采朱砂、雄黄二八征收例。广西恩城土州朱砂厂亦如之。开采广西南宁府果化土州雄黄。

乾隆二年，停采恩城土州朱砂。

五年，停采果化土州雄黄。

十二年，移广西镇安府天宝县孟村渌矿于那坡山开采。

**鱼课。**江苏、安徽征课银七千五两有奇，江西五千二十二两有奇，福建八千四百六两有奇，浙江二千三百九十九两有奇，湖北二千八百八十五两有奇，湖南二千五十七两有奇。遇闰加百有五两。广东三千六百四十两有奇。

乾隆元年，豁除广东归善、海丰、惠来、潮阳四县加增鱼课银六千两有奇。

六年豁除直隶大陆泽水泊鱼课。

### 田房税契

顺治四年，定凡买田地房屋增用契尾，每两输银三分。

康熙十六年，增定江南浙江湖广各府契税。每岁，苏松常镇四府大县六百两，小县二百两；安徽等十府州分别大小，自五百两至百两不等；扬州府照赋役全书额征；淮安府州县无定额，尽收尽解；杭嘉湖宁绍金严七府，大县三百两、中县二百两、小县百两；湖北大县百五十两、中县百两、小县五十两、僻小州县十两。

十七年，增定山东等省房契税。大县百八十两至二百四十两、中县百二十两、小县六十五两至三十五两。

二十年，增定浙江台、衢、温、处四府契税。大县百两、中县六十两、小县三十两。

二十一年，增定江西等县契税，照浙江台衢等县例。

雍正七年，准契税每两三分之外，加征一分为科场经费。

乾隆十二年，申定税契例。凡民间置买田房，令布政使司颁发契尾，编刻字号，于骑缝处钤印，发各州县填注业户姓名价值，一存州县，一同季册报司。如有不投税、无契尾者，事发照漏税例治罪。

**牙帖商行当铺税。**直隶征银三万二千一百五十八两、盛京三千八百六十一两、山东万三千二百四十七两、山西三万五千六百四十七两、河南七千三百五十三两、江苏二万八百六两、安徽万一千七百四十五两、江西五千七百十八两、福建七千百二十两、浙江九千五百五十八两、湖北五千三百六十两、湖南千二百八十五两、陕西八千五百二十五两、甘肃八千四百七十七两、四川千一百七十两、广东万八千四百二十一两、广西百六十五两、云南千六十两、贵州五百十四两各有奇。

康熙三年，定当铺每年征银五两，大兴、宛平大行店铺同。

十五年，定京城行铺税例，上等每年五两，余二两五钱。

雍正六年，设典当行帖。

十一年，谕：各省商牙杂税，固有关国课，亦所以便民，是以各省额设牙帖，皆由藩司颁发，不许州县滥给，所以杜增添之弊。近闻各省岁有加增，即如各集场中有杂货小贩，无藉牙行者，今概给牙帖，抽分利息，是多一牙户，即商民多一苦累，况牙帖纳税，每岁无多，徒滋繁扰，甚非平价通商之本意。着各省藩司因地制宜，酌为定额，报部存案，不许有司任意加增。嗣后止将额内各牙退帖顶补，换给新帖；再有新开集场，应设牙行者，酌定名数给发，亦报部存案。如此则贸易小民，可永免牙户苛索之弊。

**落地牛马猪羊等杂课。**直隶税银二万六千九百十九两，牛、驴、花布、烧缸、海税、河利、荣麻、榛栗、丁字沽等税。盛京三百六十二两，山东三万三千一百六十两各有奇，牛、驴等税、船筏税、落地税。山西三万八千七百六十六两，内溢额商税三万八千二百七十七两，余俱木筏并谷虎堡马税。河南二万四千六十五两，老税、活税、新增税。江苏二万四千二百五十二两，杂项税、牛驴税、商税。安徽五千五百六十三两，杂项税，牛、驴、猪、羊等税。江西九万一千六十九两，杂项、商贾课钞等税，牛税。福建商杂货税八千四百四十四两，浙江三千九百七十四两，牛马杂税。湖北三万八千六十五两，武昌船料、汉阳船税、商税、牛驴马税。湖南万五千五百二两，布税、商税、牛驴马税。陕西二万六千九百五十两，课程银、药材折价、商筏税、畜税、驻防征收畜税、磨课、矾税。甘肃万四千二百五十七两，课程银、年例、盘费脚价银、匹价银、商税银、牛驴猪羊等税、磨课、店租银、褐毯税、烟税。四川十有九万一千二百九十五两，黄蜡折价银、草料粮银、秋草银、水碾磨课、杂货税、油井银。广东十有二万四百十七两，落地杂税、炉饷银。广西二万九百七十九两，杂税、小税。云南十五万千一百六十七两，花斑竹、田钱、池沟户口商税、酒税、民办站银、纸筋银、子花银、厂课。贵州二万一千四百八两，杂税、水银变价、婺川县盐税。

顺治元年，定牲畜每两三分收税例。

康熙三十二年，豁除江南邳州杂课额税、阙额银。嗣后不限定额，尽收尽解。

四十八年，定四川水碾、水磨课银例。

雍正十三年，谕：闻各省地方于关税、杂税外，更有落地税之名。凡樏锄、箕箒、薪炭、鱼虾、蔬果之属，其直无几，必察明上税，方许交易，且贩自东市即已纳课，货于西市又复重征；至于乡村僻远之地，或差胥役征收，或令牙行总缴，交官甚微，不过饱奸胥之私橐，而细民已重受其扰矣。着各省凡乡村镇落落地税全行禁止。

乾隆元年，令甘肃商、畜二税，刊示条款，画一征收，申定原额，牙行歇业即行开除例。凡不愿承充者，不必俟顶补有人方行退帖。除浙江角里等处各口界址商税。

二年，裁云南镇雄州盐税。镇雄系辰州，盐业已征税，故裁。革山东鱼筏税。

四年，申新开集场滥给牙帖之禁。

五年，严衙役捏充牙行之禁。

十七年，严私开硝矿硫黄之禁。

# 卷九　食货九

## 户口丁中

臣等谨按：户口之制，所以验生民之聚散，以征治理之得失。而夫布口算之则，亦国家维正之供，与田赋并重者也。国家定鼎之初，即行编审之法，嗣后五年一举，丁增而赋亦随之。圣祖特颁恩诏：自康熙五十年以后，滋生人丁，永不加赋。民生熙宇，世享宽闲，此自古郅隆之世贻休乐利所不能如今日之盛者也。至直省丁徭多寡，明代旧制有分三等九则者，有一条鞭征者，有丁随地派者，有丁随丁派者。我朝列圣相承，次第改随地派，俾无业贫民，永免催科之累，休养生息百有五十余年，化行俗美，家室盈宁，而且西陲底定，二万余里编审安插数十百万户，版章式廓，荒陬僻壤，乐利恬熙，尤书契以来所未见之盛事也。若夫八旗壮丁，生齿日盛，既庶且繁，审编之规，载于会典，尤宜特书。兹恭辑通典，谨以类从，合为一卷，以昭大同之治。

顺治元年，王师入关，百户危列宿上言，天津到海避乱之民，万有一千余户，宜令有司抚绥安插。兵部侍郎金之俊亦请谕各镇道臣，招徕土寇归顺者，悉令州县编置牌甲。于是制编置户口保甲之法。其法：州县城乡十户立一牌头，十牌立一甲头，十甲立一保长。户给印牌，书其姓名、丁口；出则注其所往，入则稽其所来；寺观亦给印牌，以稽僧道之出入；其客店令各立一簿，书寓客姓名、行李、牲畜及往来何处，以备稽察。

三年，诏：天下编审人丁。凡军、民、驿、灶、医、卜、工、乐诸色人户，并以原报册籍为定，惟年老、残疾、逃亡、故绝者，悉行豁免；若一户全不附籍，及将他人隐蔽，或隐漏自己成丁人口，并增减年状，妄作老幼废疾者，分别罪之。

五年，定三年编审一次。令州县官照旧例造册，以百有十户为里，推丁多者十人为长；余百户为十甲，城中曰坊，近城曰厢，在乡曰里，各有长。凡造册，人户各登其丁口之数，授之甲长，甲长授之坊厢里长，坊厢里长上之州县，州县合而上之府，府别造总册上之布政司。民年六十以上开除，十六以上增注。凡籍有四：曰军、曰民、曰匠、曰灶，各分上、中、下三等。丁有民丁、站丁、土军丁、卫丁、屯丁，总其丁之数而登黄册，督抚据布政司所上各属之册，达之户部。户部受直省之册，汇疏以闻，以周知天下生民之数。

十年，定外省流民，附籍年久者，与土着之民一例当差，新来者，五年当差。

十一年，申隐匿捏报之律。

十三年，更定五年编审一次。

十四年，定州县官编审户口增丁二千名以上者，各予纪录。

十五年，定编审丁册于次年八月内咨部。州县官借名科派者罪之。

十七年，定以户口消长定州县官殿最例。

十八年，总计直省人丁二千一百六万八千六百口。

康熙五年，以广西西隆州西林县改归内地，停其编丁。

十年，定各省贫民携带妻子入蜀开垦者，准其入籍。

十七年，定安徽、浙江、江西、湖广、福建、广东卫所屯丁，照州县人丁例，一体编征。

二十四年，总计直省人丁二千三百四十一万一千四百四十八口。

二十五年，以原定编审限期太宽，胥役得以任意作弊，乃更定一年，岁底造报。

二十五年①，各省编审缺额人丁，令该抚陆续招徕，于下次查编补足。

二十七年，定奉天入籍例。凡身入奉天府版籍，应顺天文武乡试中式及出仕之员解任者，即令于奉天居住，毋许居住原籍及他省，违者分别议处。

二十八年，以四川松建等卫所，地处极边，屯丁无几，建叙二厅所辖，山多土瘠，旧例银米并征，人丁载在银米之内，与云南等省卫所不同，俱免其编审。

二十九年，定入籍四川例。是时，川省民少而多荒地，凡他省民人在

---

① 前已有二十五年，此记事可能是二十六年。

川省垦荒居住者，即准其子弟入籍考试，如中式后回原籍及别省居住者，永行禁止。

三十三年，停陕西、西凤二府编审。

三十五年，清查云南省兵丁之兄弟、亲属，余丁编入丁数。

三十六年，以四川新设会理州，原系番夷所辖，无籍可稽，免其编审。又定浙江匠班银派入地丁征收例。时浙省匠班户籍虽存，人丁已绝，其实征七千四百九十余两，令派入通省地丁征收。

三十九年，令湖北、山东各省匠班银两，均照浙江之例。

四十年，以四川东川府僻处极边，免其编审。

五十年，总计直省人丁二千四百六十二万一千三百二十四口。

五十一年，谕：朕览各省督抚奏编审人丁数目，并未将加增之数尽行开报。今海宇承平已久，户口日繁，若按现在人丁加征钱粮：实有不可。人丁虽增，地亩并未加广，应令直省督抚将见今钱粮册内有名丁数，勿增勿减，永为定额，自后所生人丁，不必征收钱粮。编审时，止将增出实数察明，另造册题报。朕凡巡幸地方，所至询问，一户或有五六丁，止一人交纳钱粮；或有九丁十丁，亦止一二人交纳钱粮。诘以余丁何事，咸云蒙皇上宏恩，并无差徭，其享安乐，优游闲居而已。此朕之访问甚晰者。前云南、贵州、广西、四川等省，遭叛逆之变，地方残坏，田亩抛荒，自平定以来，人民渐增开垦无遗，山谷崎岖之地，已无弃土。由此观之，民之生齿日繁，朕固欲知人丁之实数，不在加征钱粮也。今国帑充裕，屡岁蠲免辄至千万，而国用所需并无不足，故将见征钱粮册内有名人丁永为定数，嗣后所生人丁免其加征，但将实数造册具报，岂特有益于民，亦一盛事也。直省督抚及有司官编审人丁时，不将所生实数开明具报者，特恐加增钱粮，是以隐匿不报，岂知朕并不为加赋，止欲知其实数耳。寻议，定嗣后编审人丁，据康熙五十年丁册定为常额，其新增者，谓之盛世滋生人丁，永不加赋。至五十五年，恩诏复申明之。

五十三年，编审甘肃无业贫民，俱入丁册，准其免纳丁银。

五十五年，严地卖丁留之禁。

五十六年，停州县增丁议叙，并严私行科派之律。

六十年，总计直省人丁二千七百三十五万五千四百六十二口，内滋生人丁不加赋者四十六万七千八百五十口。

雍正元年，定直隶所属丁银摊入地粮内征收例。嗣是各省丁银，俱照例次第更改。时山西等省民人，有因先世在明建文末不附燕兵被害者，其子孙编为乐籍；浙江绍兴府有与乐籍无异者，曰惰民，向例均不得为良。是年，俱削除，令改业，与齐民同。

二年，总计直省人丁二千四百八十五万四千八百一十八口。

四年，定江南、浙江、福建三省搭棚居山之棚民、广东省搭寮居山之寮民，俱令州县照保甲之例，按户编查入册。

五年，谕：江南徽州府之伴当、宁国府之世仆、及丁户仆役无据者，均照乐籍惰民例开除为良。

六年，川陕总督奏：湖广、广东、江西、广西等省民人，挈家入川逃荒者，多请设法安插。谕：去岁湖广、广东并非甚歉之岁，江西、广西并未题成灾，何远赴四川者如此之众，此皆本省大小官吏，平日全无抚绥，以致百姓失所，尚何以靦颜任职乎！但此等远来多人，良奸莫辨，若不行稽查，必转为良民之扰。其令四川州县，将入川人户逐一稽查籍贯，果系无力穷民，即留川令其开垦，所有牛种口粮，目前将公项给发，即着落本籍州县官赔补。下九卿议。寻议，定赴川民人有愿回籍者，量予盘费口粮；其愿在川开垦者，量人多寡，分给荒地五六十亩，或三四十亩，给以牛种口粮；各府州县稽其姓名籍贯，造册申报。该督抚咨查原籍，令将本户居址，造册报覆。

七年，谕：粤东蜑户，以船为家，捕鱼为业，粤民视为卑贱，不容登岸居住，局蹐舟中，甚为可悯。蜑户本属良民，且输鱼课，与民相同，安得强为区别！着有司通行晓谕，准其于近水村庄居住，与齐民一同编列甲户，不得欺凌驱逐。是年，以广西宁明、东兰二州改土为流，免其编审。

八年，以江南苏州常熟、昭文二县，丐户族居沿海，久陷沉沦，准其削除丐籍，同列编氓。

九年，停止广西归顺州编审。

十一年，滇省缅宁地方改土为流，其编审亦令停止。

十二年，总计直省人丁二千七百三十五万五千四百六十二口。

十三年，议准，广西宜山县龙门司接界之索潭等大村归流土民，汇入宜山县版籍，至福建台湾彰化县向化生番，亦令汇入彰化县册籍。

乾隆元年，诏减福建台湾等处丁银，从乾隆元年为始，永着为例。复谕、甘省、平庆、临巩四府及秦、阶二州所属新编人丁应完丁银，均摊入地粮，渐次补额，俟补足之后，即行停止，永不加赋。并将康熙五十七年伏羌、通渭、秦安、会宁、岷州卫地震伤亡额缺之丁银，俱着查明豁免。定湖北、江夏等十九州县摊纳之重丁及福建龙岩州之宁洋县、福宁府之寿宁县、延平府之南平县，着照通省中则，每丁征银二钱，俱以乾隆二年为始；又以漳州府之平和县、汀州府之清流县、延平府之永安县丁银加倍，令督抚定议减免；至滇省军丁一项，历年惟按册载老丁名字征收，是年概予豁免。

三年，除云南土官庄奴、院奴等丁银。先是云南丽江府原属土府，于雍正二年加设流官。其时清查田亩户口，有土官庄奴、院奴等类二千余名，俱无田粮，愿自纳丁银，以比齐民，每名编为一丁。迨滇省民丁改为随粮派纳，而夷丁不得与有粮之户一例摊派，输纳维艰，至是豁免；并免云南鹤庆州及所辖之观音山驿站丁银。又准福建台湾府合番社向化生番附入台属版图。

五年，户部奏：言每岁造报民数，若俱照编审之法，未免烦扰。直省各州县设立保甲门牌，土着流寓原有册籍可稽，嗣后只将土着造册申报可得户口实数。从之。令寄寓奉天人民愿入籍者听，不愿者限十年内回籍。

十年，定山西太原、交城、宁乡、浑源、河曲等州县丁银，分别摊入地亩，其阳曲等二十州县，仍地丁分办，内有屯丁徭银之处，即摊入屯地征收。又定粤省在台湾民人，情愿挈眷居住者，编入丁册。

十一年，停止江西妇女编审。江西向有盐钞一项，分给小户，计口纳钞，行编审妇女之法。后盐钞亦摊入地粮，故停止。

十四年，总计直省人丁共三千六百二十六万一千六百二十有三户，丁万有七千七百四十九万五千三十有九口。

十五年，定奉天沿海地方官稽察内地流民，毋许偷越出口例。

二十三年，更定保甲之法，凡绅衿之家，与民一体编列，听甲长稽查。其余往来商贾，盐场、煤窑，以及旗民杂处村庄，苗疆寄籍内地者，俱令同土着一体编入保甲，稽查约束。是年，总计直省人丁共一万九千三十四万八千三百二十八口。

二十六年，定番界苗疆禁例。凡台湾流寓民人，自去年停止搬眷之后，不准内地民人偷渡，亦不得与番人结亲。即已娶（妻）生子者，禁止往来。番社其民人，无故擅入苗地，及苗人无故擅入民地，均照偷越例治罪。

二十七年，定内地流民潜入宁古塔之禁。其现在查出宁古塔种地流民，于吉林乌拉伯都纳等处安插，编入里甲。是年，总计直省人丁二万四十七万二千四百六十一口。

二十八年，定江西、安徽、浙江等省棚民稽查之例。凡棚民有室家者，准其隶籍编入；其单身赁垦之人，令于原籍州县领给印票，及认识亲族保领，方许编入保甲安插，准其租种。至现在单身棚民已经种地者，责取具有家棚民保状编入，无者令回本籍。

二十九年，总计直省人丁二万五百五十九万一十七口。

三十一年，定京师五城所属村庄，照直省州县例编联保甲。

三十二年，定新疆遣犯，积年无过，准入民籍例。原犯死罪减等者，定为五年；军流改发者三年，均安插昌吉河东旧堡，给地耕种输粮。是年，总计直省人丁共二万有九百八十三万九千五百四十六口。

三十三年，添设湖北郧阳新开地界保甲。

三十四年，定阿勒楚喀、拉林流民入籍例。于伯都讷地方，每户拨给空甸垦种，二年输粮。谨按：吉林宁古塔、伯都讷、阿勒楚喀、拉林等处，自乾隆二十七年清查现在流民，安插耕种；后申禁，毋许无籍流民再行潜往私垦。是年，吉林将军傅良疏奏：查出流民二百四十户，自雍正四年至乾隆二十二年，陆续存住在乾隆二十七年定议之前，故令一例〔律〕安插。

三十六年，定削籍乐户、惰民、蜑户、九姓渔户、丐户等报捐应试例。自改业之人始，下逮四世，本族亲支皆系清白自守者，准报捐应试。是年，总计直省人丁二万一千四百六十万三百五十六口。

三十七年，定四川户口人丁额数归入地亩奏销例。停止编审之法。谕：据李翰奏请停止编审造册一折，所见甚是。令丁银皆摊入地粮，而滋生人户又钦遵康熙五十一年皇祖恩旨，永不加赋，则五年编审，原属具文，无裨实政。况各省民谷细数，俱经该督抚于年底专折奏报，户部核实具题，付之史馆纪载，是户口之岁增繁盛，俱可按籍而稽，更无藉五年一次之另行查办，徒滋纷扰，着永行停止。

三十八年，禁各省增摊新垦民屯地亩丁粮。时浙江巡抚陈辉祖疏请，将新垦丁银随年摊征。部臣议准，并请令各省督抚就本省情形酌筹疏奏。上以户口繁滋，自地无遗利，安得复有未辟之旷土广为垦种升科？即或濒河沿海之区，间有东坍西涨，其数甚微，若以新垦民屯地亩，复将丁银随年摊纳，是与小民较及锱铢，尤非惠下恤民之道。谕令直省办理丁粮，悉仍其旧，毋庸另议更张。

四十年，定重犯缘坐子孙发遣者，不准援轻罪有职人员于戍所免其为奴、另户当差之例。又申编查保甲之令。

四十一年，总计直省人丁共二万六千八百二十三万八千一百八十一口。

四十二年，定云南近边照内地保甲之例。

四十五年，总计直省人丁共二万七千七百五十五万四千四百三十一口。

四十八年，总计直省人丁共二万八千四百三万三千七百八十五口。

## 八旗户口

国初定编审八旗人丁，每三年一次。凡各旗壮丁及已成丁者，令各佐领稽查入册，隐匿者罪之。其置买人丁及新成幼丁误编入别佐领者退回。初定壮丁三百名为一佐领，后改为二百名。至八旗新添壮丁，每旗编佐领三十，逃亡缺少者，于诸王、贝勒、贝子等府壮丁内拨补。又定家丁、壮丁首先登城者，准其开户。至旗员子弟，俟十八岁登载部册后方准分居。

顺治元年，定凡旗下汉人，有父母兄弟妻子，情愿入旗同居者，地方官给文赴部入册。不许带田地投献。

三年，行汉人投充旗下之禁。

九年，定内府及诸王府官员有劳绩素着者，准其开出府佐领，各归所属佐领。

十七年，准官员子弟有职任者，不拘岁数，概许分户。

康熙四年，定满洲、蒙古佐领内余丁多至百名以上，听其分两佐领。

十三年，定八旗每佐领编壮丁一百三十四名。余丁汇集别编佐领，或余丁仅百名以上者，令该旗王、贝勒、贝子、公等酌验无误披甲当差者，出结送部，亦准编入佐领。

二十三年谕，八旗满洲、蒙古每旗均设佐领百员。

雍正二年，严开档之人越佐领认户之禁。

四年，谕：上三旗定设汉军四十佐领，下五旗定设汉军三十佐领。又令八旗都统及直省驻防都统将军等将新旧壮丁逐户开明，并编审各官姓名保结送部。除人丁验实，准其开除。

五年，申造编审丁册之令。每户书另户某人某官，无官者，则曰闲散；某上书父兄官职名氏，傍书子弟兄弟之子及户下若干人，或在籍，或他往，皆备书之。至各省驻防旗员兵丁及外任文武各官子弟家属，着该将军督抚查明造册，附入该旗佐领册内。嗣后三年编审一次，俱如此例。

七年，定八旗壮丁，年至十五以上，该管官查无假冒，方准入册。

十二年，令旗员子弟随任在外者，十八岁以上皆归旗当差肄业。

乾隆三年，定满洲、蒙古八旗投充奴仆于直省，本无籍贯及带地投充入本籍，年远难考者，均准其开户，不得放出为民例。

六年，复定八旗造丁册之例。凡编审各佐领下已成丁及未成丁食饷之人，皆造入丁册，分别正身开户。户下各书三代履历，其户下人之祖父，或契买，或盛京带来，或带地投充，及乾隆元年以前白契所买，分别注明。至外省驻防及外任文武各官子弟家口，先期行文该管官大员，照式造册二本，一留部、一付该旗复核，附入各佐领册内。又定八旗开户养子有因：出兵阵亡，及军功列一等、二等，改为另户者，别行记档例。又定投充俘获入旗之人，后经开户，及旗人抱养民人子为嗣，或因亲入旗，或良民之子随母改嫁入旗、或旗下家奴开户及旗下家奴过继与另户为嗣，已入另户档内，后经首明者，亦别记档案。令该旗造册三本，一存旗、一咨户部、一咨呈宗人府存案。不得与宗人联姻。

七年，谕：八旗汉军，其初本系汉人，有从龙入关者；有定鼎后投诚者；有缘罪入旗与三藩户下归入者；内务府王公包衣拨出者以及召募之炮手过继异姓，并随母因亲等类先后归旗，情节不一。其中惟从龙人员子孙，皆系旧有功勋，无容另议更张。其余各项人等，或有庐墓产业在本籍者、或有族党姻属在他省者，朕欲稍为变通以广其谋生之路。如有愿改归原籍者，准其与该处民人一例编入保甲；有愿外省居住者，准其前往。此内如有世职，仍许其承袭。不愿出旗者，听之。所有愿改归民籍及愿移居外省者，限一年内具呈本管官查奏。如此屏当，原为汉军人等，生齿日多，筹久远安全计，出自特恩，后不为例。此朕格外施仁，原情体恤之意，非逐伊等出旗，亦非为国家粮饷有所不给。可令八旗汉军都统等详悉晓谕。

八年，又谕：前降谕旨，八旗汉军人等，有愿改归民籍及移居外省者，准其具呈本管官查奏，原指未经出仕及微末之员而言。至于服官既久，世受国恩之人，其本身及子弟自不应呈请改籍。朕亦不忍令其出旗。嗣后文职自同知等官以上，武职自守备等官以上，不必改归民籍。

十二年，令八旗汉军人等愿在外省居住者，在京报明该旗，在外呈明督抚，不拘远近，任其随便散处。该督抚咨明该旗，每年汇奏一次。

二十一年，定八旗别载册籍及养子开户之人，皆准出旗为民例。

二十五年，申定清厘旗档之例。凡另户旗人，不许抱养民人子及家人子为嗣。民人之子，自幼随母改嫁旗人者，该旗详记档案，俟成丁后令其为民。旗下家人之子随母改嫁另户者，民人之子随母改嫁旗下家人者，及家人抱养民人之子者，均以户下造报八旗投充户口旗档内，有名者造丁册一分，送部一分，发地方官存案。如有事故顶充于丁册内，声明报部，行该地方官注册。至何等亲族不在旗档者，责令地方官逐一清查编入里甲；又定跟役军功出户之例。凡官兵跟役，有能临敌奋勇前进者，本人及父母妻子俱准出佐领为另户。

二十六年，申定八旗汉军京官自主事以上，旗员自五品以上，俱不准改归民籍。其父在旗子愿为民，或子在旗而父愿为民，亦不准改籍。其余愿出旗者，在京报明该旗，咨送编入民籍，并准一体考试。

二十八年，更定满洲、蒙古人等逃走在一月以内，自行投回及拿获者，连家属派发伊犁，赏给步军当差。汉军在一月内投回者免罪，拿获者分别次数治罪。如逃走至三次及一月之外，满洲、蒙古将旗档圈销，照例发遣。汉军照民人犯流罪例，安插为民，同妻削除旗档。

二十九年，定军功另户之例。凡八旗另记档案，养子开户内未经出旗之人，或因军营着绩，或因技艺出众蒙恩作另户者，其父母子弟及亲弟兄俱准作另户。

三十一年，申定迷失幼丁之例。凡八旗迷失幼丁在十五岁以下者，该管官咨部知照，该旗及步军统领衙门、都察院、顺天府一体查缉，获日咨旗认领，不更治罪。如在十五岁以上者，照逃人例办理。其十五岁以前失迷，十五岁以后始行投回者，如系素好游荡，不肖性成者，仍照逃人例；如实系愚蒙幼稚，本无恶习者，奏明请旨。又奉谕：向来八旗遇有流徒罪名，均以枷责发落；嗣因旗人渐染恶习，竟有不顾颜面，甘为败类者，曾降旨，令将旗人流徒案件，满洲则按其情罪公私轻重分别问遣折抵；汉军则均斥为民，照所犯定例发遣，原以示之儆惩，用挽颓风，此专指情罪重大者而言，非谓寻常事件，亦不加区别也。至包衣汉军①，则皆系内务府世仆，向无出旗为民之例，与八旗汉军又自有别，尤不应混行援引。乃刑部问拟，往往未能画一。嗣后务详核犯案情节，如实系寡廉鲜耻，有玷旗籍者，不但汉军当斥为民，依律发遣，即满洲亦当削其名籍，投畀远方。其寻常罪犯及因公获遣，无论满洲、汉军，仍照向例，折枷鞭责。

三十九年，定盛京续查遗漏人丁，准乾隆二十七年例，作为另户。

四十三年，改定编审乌拉打牲壮丁停派京员例。令该将军就近编审，造册交部。　向例，户部派旗员笔帖式编审。

四十四年，定黑龙江遣犯滋生人丁挑取壮丁例。其有情愿回籍者听；其不知原籍及另住旗人家奴，均选取壮丁，在于齐齐哈尔、黑龙江城、墨尔根各官庄耕种纳粮，其余入于各城旧官庄册内，备挑补缺。

四十六年，定满洲驻防人员回京就养之例。凡驻防官员有年老退休，无依倚之人，京中尚有子嗣，欲就养者，令呈明该将军，自备资斧回旗。

---

① 包衣，满语"包衣阿哈"的简称。包衣，即指"家的"；阿哈，即"奴隶"。合起就是家奴的意思。

# 卷十　食货十

## 钱币

臣等谨按：国朝钱币，自太祖太宗应运龙兴，即已颁铸钱文，所以足国裕民之规模，至为宏远矣。逮定鼎燕京，府事孔修①，内则设宝泉、宝源二局，外则设各省局。凡开停鼓铸，增减炉座，无时不以便民为计。迩自回疆底定，月竁天西②，并遵制度，于回城开铸天朝乾隆通宝钱，俾荒服之人咸资利用，斯固肇兴刀布以来所未有之盛烈矣。至若白金之用，本与钱相为重轻。然此盈彼绌，贵在适中。我朝银、钱兼权，凡钱之多寡，俱准银之重轻，上下流通，允为良法。兹纂通典，于银色之高下与银直之重轻，与钱法相比附者，备着于篇。

天命元年③，铸天命通宝钱。依古九府圜法④，制铸钱二品，轮郭外周作字，阳起一为国书，一汉字；其满文一品钱质较大。

天聪元年⑤，铸天聪通宝，钱式如旧制。

顺治元年，京师设户部宝泉局，工部宝源局，铸顺治通宝钱，用汉字。每文重一钱。宝泉局以户部汉右侍郎一人督理钱法，满、汉司官各一人监督局务；寻复设局大使一人。宝源局亦掌于汉右侍郎，置满、汉监督官二人，专司出纳。嗣是将钱式颁发河南、陕西两省，直隶宣府蓟州、山

---

① 府事孔修，指六府三事都得到全面整治。府事，当指六府三事。六府，指水、火、金、木、土、谷；三事，指正德、利用、厚生。《尚书·大禹谟》：六府三事允治，万世永赖。

② 月竁天西，指清王朝的统治区域扩大，达到极西之国。所谓"月竁来宾，日际奉土。"（《文选·颜延之·宋郊祀歌》）

③ 天命（公元1616—1626年），清太祖爱新觉罗·努尔哈赤年号。

④ 九府圜法，据《汉书·食货志》所记，太公立九府圜法。该志注曰：周官太府、玉府、内府、外府、泉府、天府、职内、职金、职币，谓之九府，皆掌财币之官也。圜法，灵活运用货币之法。

⑤ 天聪（公元1627—1635年），清太宗爱新觉罗·皇太极年号。

东临清、陕西延绥等镇开局鼓铸。

二年，定钱制，每文重一钱二分。凡七文，准银一分。旧钱以十四文准银一分。

三年，禁用前代旧钱。惟明崇祯钱暂许行使；以银乃币之一端，令民间互相行使；严假银及行使低银之禁。

四年，更定钱直，每十文准银一分，永着为例。令山西省及密云、蓟、宣、大同、延绥、临清等依式开局。旋又开盛京、江西、河南、湖广省会及湖广之荆州、常德二府铸局。其有囤积官钱搀和小钱者，申令禁止。

五年，开江南之江宁府鼓铸局。停盛京、延绥镇局。

六年，移大同镇局于阳和城。又开浙江、福建、山东各省铸局。

七年，开湖广襄阳、郧阳二府铸局。

八年，增定钱制，每文重一钱二分五厘，行钞贯之制，造钞一十二万八千一百七十二贯。自后岁以为额，至十八年停止；又令各布政使司止各设一局，余悉罢除。

十年，以钱用日广，钱价渐昂，复开密云、蓟、宣、阳和、临清等镇鼓铸，局铸一厘字钱，每钱均铸汉文一厘二字，于钱背之左其右户部铸户字，工部铸工字。各直省者均铸地方一字，务极精工，不如式者罪。每千文准银一两，其见行旧制钱，仍听民便。又禁官炉夹带私铸，犯者以枉法赃论。

十二年，定京局制钱，配合俸饷之制，每年二月、八月，以局钱半成搭放其直省开铸，地方除搭给兵饷外，兼给官役俸工驿站杂支等项，视局钱多寡，随时酌配。是时，开山东莱州府铸局。

十三年，停浙江铸局。复移阳和局于大同，改铸钱幕阳字为同字。是年，裁宣大总督，故阳和局仍移大同焉。

十四年，户部疏言：直省征纳钱粮，多系收银。现今钱多壅滞，应上、下流通，请嗣后征纳钱粮，银钱兼收，以银七钱三为准，永为定例。从之。时各省鼓铸甚多，奸民或行盗铸。上谕：钱法无弊，莫若鼓铸归一，令各省铸炉一概停止，独留京局。比旧钱体质更加阔厚，每文重一钱四分，磨炉精工兼用满汉字，一面铸顺治通宝四汉字，一面铸宝泉二满字。俾私钱难于伪作，其现行旧钱姑准暂用。俟新钱充足，尽行销毁。又定私铸禁例。定各官失察处分。定搀和行使旧钱私钱禁例。

十七年，复开各省鼓铸局，增设云南省局。钱幕兼铸地名，满汉文：江南江宁府铸宁字，江西南昌府铸江字，浙江杭州府铸浙字，福建福州府铸福字，湖广武昌府铸昌字，河南开封府铸河字，山东济南府铸东字、山西太原府铸原字，陕西西安府铸陕字、云南云南府铸云字、密云镇铸密字、蓟镇铸蓟字、宣府镇铸宣字、大同镇铸同字，临清镇铸临字，皆满汉文各一。每文俱重一钱四分。惟京局之宝源、宝泉俱用满文。谨按：顺治十年所铸一厘钱，幕汉字地名。惟江南江宁作江字、江西南昌作昌字、湖广武昌作武字，余具与是年所铸字同。更定工部宝源局监督，差满汉司官各一人，一年更代

十八年，议收毁无一厘字旧钱。谨按：顺治十年，复开密云、蓟、宣、阳和、临清等镇鼓铸局，每钱均铸汉文一厘二字。其旧行无一厘字钱暂从民便。故有是议。先是十四年定钱文兼用满字，其旧钱俟三年后尽行销毁，至是期满。户部言新铸满汉文钱尚少，其一厘字钱暂行展限二年，请先收买无一厘字旧钱，每斤给直七分，交局改铸；减大同炉局十座，增入山西省城，以给太原、平阳、潞安、汾州府配给兵饷之用。准御史余司仁言，于京师直隶各省地方收买私钱及明季旧钱、废钱以杜搀和行使之弊。

康熙元年，铸康熙通宝钱。又以钱价过贱，停止各省镇鼓铸局，惟江宁为驻防重地，仍留鼓铸。

二年，收买一厘字钱，每斤给直六分，发钱局改铸新钱。

三年，申定失察私铸处分。自知县吏目典史及卫所官，均有失察之责。

四年，定失察搀和旧钱废钱处分。自州县卫所，上至督抚，均有失察之责。

六年，复开各省局镇局鼓铸，并增湖南、江苏、甘肃省局。其钱幕满汉文，湖南长沙府局铸南字，江苏苏州府局铸苏字，甘肃巩昌府局铸巩字。谨按：湖广左右布政使旧驻武昌府，康熙三年移右布政使于长沙府，改为湖南布政使司；江南左右布政使驻江宁府，顺治十八年，移右布政使于苏州府，康熙六年，改为苏州布政使司；陕西左右布政使旧驻西安府，康熙二年，移右布政使于巩昌府，五年改为甘肃布政使司。是年以三处分省伊始，故特增铸局。

七年，定征纳国课所收钱文，均照银七钱三例配给官役俸工驿站杂支。开四川、广东、广西、贵州四省铸局，其钱幕满汉文：四川成都府局铸川字，广东广州府局铸广字，广西桂林府局铸桂字，贵州贵阳府局铸

贵字。

九年，四川巡抚张德地疏言：西蜀僻处边地，州县本无存留钱粮。而陆路有栈道之艰，水路有川江之险，若令银钱兼征，则起解脚费恐致累民，见在无需钱文之用，请停鼓铸。经户部议如所请。并以江宁、苏州、江西、福建、湖北、湖南、河南、山东、山西、陕西、甘肃、广东、广西、云南、贵州十五布政使司钱局开铸以来，官钱既多，或致壅滞，亦暂停。明年，并停密云、蓟、宣府、大同铸局。

十年，行收买旧钱废钱之令，令民间尽数交官，每斤照铜价给直六分五厘，解局改铸。

十二年，定私销制钱禁例。是时钱制精工，民间铜价高昂，毁千钱可得铜八斤有余。奸民多销毁制钱，造作铜器。御史罗人杰疏请严立科条，凡私销之罪同于私铸。谨按：是时，私铸之罪为首斩决，为从绞决。行铸造铜器之禁，民间市肆交易，除红铜锅及已成铜器不禁外，嗣后一应黄铜器在五斤以下者，仍许造卖，其余不得滥行铸造，违禁者将铜器入官并论罪。

十三年，停浙江铸局。

十四年，停临清镇铸局。

十八年，复开广西铸局。定宝泉、宝源二局俱增设满右侍郎一人，督理钱法；又谕令户部、工部都察院堂官同诣钱局，清厘弊端；至部院衙门及直省所有黄铜器皿，尽行解部鼓铸。

十九年，议派满、汉科道各一人，稽查钱局，一年更代。开福建漳州府鼓铸局，钱幕铸满汉文漳字。

二十年，停广西鼓铸局。

二十一年，停福建漳州铸局。开云南省铸局，增置大理府禄丰县、蒙自县局。钱幕俱令铸云字。

二十二年，复开湖南铸局。

二十三年，上以京局二部钱法，向以本部侍郎管理，不无隐徇，复行选差详察积弊，亲督铸造。寻以吏部侍郎陈廷敬、兵部侍郎阿兰泰、刑部侍郎佛伦、左副都御史马世济管理。于是，佛伦请增办宝源局铜斤，令每年按月铸足二十四卯，不令匠役闲暇出局，以杜私铸之弊；更令钱制，每文重一钱，时银价昂贵，钱制厚重，民间多私销牟利。向定制，钱千直银一两；今银一两，仅得易钱八九百文。钱法侍郎陈廷敬上言，更定钱制，每文止重一钱，既令私销者无厚利，且可多铸钱十六万千九百二十串，每年铸足四十卯，按卯增铸。从之。其各省钱局俱令照新定钱式铸造。定以铜六铅四配铸制钱之法。谨按：国初铸钱，或听各关于铜额内兼办铅斤，或收用废钱旧器，分别生熟铜配铸，至是始酌定成数，并令各省如式配铸；惟云南以铅矿未开，铜贱铅贵，准以铜八铅二配铸。申定炉役夹铸私钱之禁。令钱法侍郎与稽察钱局科、道监督等严行查究，其有瞻徇纵容者，各官均以失察论。并定步军统领衙门、巡捕三营官员协同查缉。京城内外私销私铸不力者，亦并照例议处。

二十四年，复开福建铸局，罢前代旧钱之禁。时福建巡抚金鋐疏：请禁遏，经户部议准，上复以问内阁诸臣。学士徐乾学言：古今钱相兼行使，历代皆然。考梁大同、宋泰始、魏熙平、金大定、明太祖及明嘉靖百六十年来①，古今二钱并用，钱亦不壅。况闽处岭外，负山邻海，非同内地，听民兼用古钱，似为至便。于是，凡民间搀和行使及各官失察禁例，一切罢除。

二十五年，复开广东省铸局，增置肇庆府局，钱幕亦铸广字。

二十六年，开湖北铸局。定户工二部钱法，仍令本部右侍郎督理，停止选差专员。

二十七年，复定工部宝源监督，仍差满、汉司官各一人。开福建台湾府铸局，钱幕铸满汉文台字。停云南省各局。云南旧设炉四十八座，前已裁减二十四座，至是以钱法壅滞，从总督范承勋请，将云南省城、禄丰县、临安府城、蒙自县、大理府城五局概行停止。

二十九年，申定钱直不平禁例，仍照顺治年定制，每十文准银一分，市肆交易，每银一两，毋得不足千文之数，违者罪之。申收买私钱之令，民间私钱准限六月呈缴，照铜价每斤给银一钱，收买改铸，免其治罪。官不严查者，每起罚俸一年。

三十一年，停广东及福建台湾府铸局。

三十三年，令宝泉局每年开铸三十六卯，每卯用铜铅五万斤。

三十四年，停福建铸局。复开广东铸局。

三十五年，复开浙江铸局。又以湖北昌字钱、湖南南字钱，式样轻

---

① 大同（公元535—546年），南朝梁武帝萧衍年号，泰始（公元465—471年），南朝宋明帝刘彧年号，熙平（公元516—518年），北朝北魏孝明帝元诩年号，大定（公元1161—1189年），金世宗完颜雍年号。明太祖朱元璋立国到明嘉靖帝朱厚熜即位（公元1368—1522年），正好是160年。

小，申禁行使。谨按：二十六年已奉旨严加申饬。至是户部议照小钱例，依限交收。嗣后务铸造精工。如仍搀和多铅，督抚及司道官照例处分。

三十七年，上诣盛京谒陵，见民间所用率多小钱、旧钱，两局钱使用者绝少，令廷臣议，私铸之禁，凡内外文武各官失察者，均从重处分。是年，停广东铸局。

三十八年，议令民间自行销毁私钱，交官收买，每斤给银六分五厘。其所收之钱，仍于户部处存贮，以便两局搀和鼓铸。是年，停浙江铸局。

三十九年，停湖北、湖南铸局。

四十四年，户工二部疏言：两局监督，向系一年更代，新旧接任，情弊不能即知，应以三年更代。从之。

四十五年，以旧钱价直甚贱，大钱壅滞，复定官为收买例。并令山西、陕西两省该管地方官查察关口，如有奸民贩运大制钱者，拿获治罪。是时，山东长山县奸民铸小钱者多，上特差侍郎恩丕等往捕缉获。又以即禁私钱，若不收买流用民间者，无日可尽，遂令来年征收山东钱粮，每银一两折钱二千，运至京城，增炉鼓铸，俟私钱尽而止。

四十七年，议令湖广旧铸南字、昌字钱展限行使，以五年为准，五年后再行者禁；申定失察私钱处分，凡有私铸及兴贩不法之徒，该管地方文武官与押运官不行严缉察究者，分别知情与不知情依律拟罪。

四十八年，大学士等会议，钱法轻小，易于搀和，以致私铸日多，官钱壅滞，若不稍更旧制钱法，颇难疏通。寻议定，仍照顺治十四年钱式改铸，每文重一钱四分，务令分量准足，每千文准银一两，旧铸小制钱每千文准银七钱，俟三年后，新钱足用时，自行销毁。

五十一年，巡抚潘宗洛以湖南新制大钱尚未敷用，请拨京局大制钱四万串运往搭放，以三年为限，俟大钱敷用，将小制钱尽数销毁。从之。

五十三年，令宝源局每年开铸三十六卯。

五十五年，令宝泉、宝源二局暂行收买废铜，以充鼓铸。于是奸民私销小制钱作废铜变卖牟利。

五十六年，上谕九卿科道会同户部确议。寻议定，嗣后钱局止许买旧铜器皿，不准买新铸板块铜斤，如有毁钱变卖者，通行严缉禁止。

至五十八年，并罢收买旧铜之令，停各衙门公费及官俸给钱之例。因宝泉局每年所铸制钱不敷官工之用，止令配给八旗兵饷，其各衙门应支公费与汉官官俸，每钱一串，给银一两，着为例。

雍正元年，铸雍正通宝钱。令宝泉局开铸四十卯，并令大兴、宛平两县设立钱行，官牙议平钱直，毋使低昂，以便交易。其所铸新钱与顺治钱及康熙年间大小制钱相兼行使，颁行天下；增开云南鼓铸局四所。时云南产铜日多，足供鼓铸，其省城之云南府及临安府、大理府、沾益州四处，相近铜厂，转运为便，故各令开局鼓铸。省城局炉二十一座、临安府局炉六座、大理府局炉五座、沾益州局炉十五座。每年开铸三十六卯，遇闰加三卯，钱幕铸满文宝云字。嗣后他省铸钱，俱用宝字为首，次铸本省一字。更定兵饷搭放制钱之制，先是户部给发兵饷，惟二月、八月银钱各半搭放，每逢放饷时，钱价渐平，过此仍贵。至是从京畿道御史戴芝请：更定每两月一次，银八钱二兼放，军民便之。停止稽察宝泉、宝源二局科道官，专委钱法侍郎并满、汉监督，加谨鼓铸，以清钱法。其监督更代，仍以一年差满为例。

二年，令宝源局每年开铸四十卯。所铸之钱，除给匠役工价外，俱令交送户部以备增搭兵饷之用。

三年，令云南各局鼓铸制钱，听其流通各省，以便民用，不必禁止出境。复申私钱之禁，行使者发黑龙江。

四年，分宝泉局为四厂，以旧厂为公署，收贮铜铅；西厂置炉十四座，东、南、北三厂各置炉十二座，共为正炉五十座。复于东、南、西三厂各置勤炉三座，北厂置勤炉一座，共为十座，以备铜铅多余，加卯鼓铸。增设大使各一人，及笔帖式二人，并令宝泉、宝源二局每年各开铸四十一卯。申造用黄铜器皿之禁，定限三年；呈缴给价收买，违者照私藏禁物例治罪。严定各官收禁私钱不力处分；裁云南各局炉七座。

五年，定宝泉、宝源二局以所收铜器于定额外加卯鼓铸，仍为四十一卯；定铜铅各半配铸制钱例。谨按：云南各局及后开之贵州、四川两局，以铜质高低、沙水异宜，仍铜六铅四相配。至乾隆五年，改铸青钱，始照京局之例。是年更定宝源局移交户部，放饷钱额，每年本局存留十万串，以备各工取用，其余皆移交户部放饷，倘遇大工需钱至十万串不能足用者，另行奏请。行各省旧欠钱粮折收铜器之令，熟铜定价每斤一钱一分九厘有奇，生铜每斤九分五厘有奇，各按成色斤两抵算。

六年，定宝源局增设新厂鼓铸，如宝泉局例，共正炉二十五座，勤炉六座，增设大使二员，于本部笔帖氏内拣补。

七年，申定钱值，每银一两，止许换制钱千文。时奉天、直隶等处钱值过贱，故有是令，并令各省一例遵行。令江西、浙江、湖北、湖南、河南、山东、山西各收买铜器，开鼓铸局，钱幕俱用满文：江西南昌府局铸"宝昌"二字，浙江杭州府局铸"宝浙"二字，湖北武昌府局铸"宝武"二字，湖南长沙府局铸"宝南"二字，河南开封府局铸"宝河"二字，山东济南府局铸"宝济"二字，山西太源府局铸"宝晋"二字。是时，惟粤西距京遥远，制钱到粤者少，民间所用多系私钱，每年虽有云南拨钱二万串，不敷流转，寻令于云南省城临安二局，岁拨钱六万串发运广西，沿途截留，以为搭放兵饷俸工之用。其易银还滇，悉如旧例。开贵州毕节县铸局。时贵州威宁州采铜有效，大定府境内又产有铅矿，巡抚张广泗奏请，乃于毕节县城开局，设炉十座，每年开铸三十六卯，钱幕铸满文"宝黔"二字。

九年，复定制钱放饷成数，单月以一成搭放，双月以二成搭放。嗣后以钱数多寡酌定一成、二成，或增至三成，按季具奏配给。严贩运及囤积制钱之禁。开江苏、安徽铸局。江苏设于苏州府炉十二座，安徽设于江宁府炉四座，每月各开铸二卯。其钱幕俱用满文，各铸"宝苏"、"宝安"二字。停河南宝河局、山西宝晋局鼓铸。

十年，更定宝源局监督一年为满之令，改为二年期满，并定满、汉二员新旧互相更代之例。是年门四川成都府鼓铸局设炉八座[①]，每年开铸二十四卯，钱幕满汉文，铸"宝川"二字。时陕西钱价昂贵，户部议请云南岁铸钱十万串，发往易银还滇。寻从云南巡抚张允随奏请，开设于东川府设炉二十八座，钱幕亦铸"宝云"二字，所铸钱发运陕西。停江苏宝苏局及浙江宝浙、湖北宝武、湖南宝南等局鼓铸。

十二年，复定钱制，每文重一钱二分。先是顺治元年，每文铸重一钱，二年改重一钱二分，十四年加至一钱四分。康熙二十三年因销毁弊多，仍改一钱。嗣因私铸竞起，于四十一年仍复一钱四分之制。至是以铜价加增，钱重铜多，易兹销毁。奉谕，宝泉、宝源二局，仍照顺治二年例，每文重一钱二分，并将钱样颁行各省，照式鼓铸。其见行一钱四分之钱，亦令一体行。时开云南广南府局铸钱运京，停湖北、湖南、广东办解滇铜。时三省递年采办滇铜解部，每百斤费价十四两五钱。部议，若即于滇省照厂价买铜铸钱，较运京鼓铸实多节省，应令云南铸出钱文，运赴汉

---

① 门，这个"门"字可能是衍文。

口，照运陕钱之例，每百斤给水脚银二两三钱五分。其附搭漕船，运至通州，毋庸议给水脚，至通州运京，应照运铜例，每百斤给脚价银一钱二分八厘。统较从前铜铅解京运费每百斤三两之数，亦有节省。云南巡抚张允随寻请开局于广南府，设炉四十九座，照旧例于正额外加带铸钱及外耗钱，钱幕亦铸"宝云"二字。其运道令自广南府城运粤西，另委员运至汉口，听楚省转运到部，运停湖北、湖南、广东解办滇铜。更定宝泉局监督，以二月更代。停安徽宝安局鼓铸。

十三年，陕省钱价渐平，停云南东川府局拨运陕西钱。是时，民间多行使蒴边钱，定蒴边钱禁例，及各官失察处分。

乾隆元年，颁行乾隆通宝钱；除用黄铜器皿之禁。户部尚书海望疏言：铜器散用民间，相习已久，一旦禁使勿用，则其情有所不便，缓之则互相观望，急之则百弊丛生。胥吏借此需索，刁民借此讹诈，得贿则卖官，法不得则入人罪，其弊一；民隐既难上达有司，未必皆贤，民间交纳铜器，或有侵蚀扣克仅得半价者，或有除去使费空手而归者，名为收铜，实为勒取，其弊二；此等铜质，本极粗杂，一经镕化，折耗甚多，而工价不减，在收买之时，原费帑金，所得不偿所失，其弊三；况黄铜乃系白铜配成，令禁用黄铜而不禁红铜，则奸匠皆将销毁制钱，搀药煮白以成器皿，较之未禁之先，不特铜又多费，适以昂其价值，而速其销毁，其弊四。凡此四弊，必究其根源以求变通之计。夫自古钱文轻重，必随铜价之低昂增减。上年世宗宪皇帝因私销之弊，饬九卿议减钱数，每文重一钱二分，所以调剂夫铜贵钱重者，业有成效，固已不必屑屑于禁铜末务矣。嗣后袛于云南、江浙办铜之处，设官分职，统计部用铜斤采办，如有余铜，任民贩卖，则鼓铸自得充裕，而于国计民生均属有益。上是其议。增定云南饷钱作银之数，每钱一千二百文，作银一两配给。

二年，发工部余钱，设官局出易，以平钱值。是时，京城钱价渐昂，每纹银一两易大制钱八百文。部臣议以兑换之柄操于钱铺之手，而官不司其事，故奸商得以居奇。请将工部节慎库见存余钱八万串，于京城内外开设官钱局十处出易。从之。钱直遂平。

三年，停广南府铸运京钱局，令即以原铜按年解京。停山东宝济局鼓铸。是年，复增四川宝川局炉七座，共炉十五座，添铜鼓铸，以给配支兵饷及各官养廉之数。

四年，令宝泉、宝源二局钱尽行归库，每月加增成数支放兵饷，其炉头应领工料，每钱千给银一两，于四季由户部发两局监督，按数分给。增贵州宝黔局炉十座，共为二十座。其添设官兵每月关支饷银，俱以钱文搭放。

五年，改铸青钱①，每红铜五十斤，配合白铅四十一斤八两，黑铅六斤八两，再加点锡二斤，配合鼓铸；并令开局各省，一体如式改铸，与现在黄钱相兼行，使其钱销毁锤击即碎，不能改造器皿，私毁以熄。开福建福州府铸设炉八座，钱幕满文，铸"宝福"二字。复开江苏宝苏局设炉十六座，浙江宝浙局设炉十座，并增云南炉局十座及临安局炉五座，其钱照青钱式。又以云南改铸青钱需用点锡，赴粤采买不易，准其以个旧厂版锡搭配鼓铸。

六年，复开云南东川府铸局，设炉二十座；湖南宝南局设炉五座，定京局淘洗余铜及工料分给银钱之例。

七年，户工二部议定，二局各开铸六十一卯，以备增搭兵饷，遇闰加铸四卯。开广西省城桂林府局，设炉十座，钱幕满文，铸宝桂二字。八月，复开江西宝昌局，设炉六座。

八年，定私铸铅钱禁例，凡首从工匠及知情买使与知情不举首者，分别拟罪有差。开湖北宝武局鼓铸及云南大理府铸局，各设炉十五座，增定江南饷钱作银之数，仍照定例，每银一两，给钱一千文，自甲子年为始。时京城钱价昂贵。

九年，令宝泉宝源二局于定额六年一卯之外，各加铸钱十卯，交官局易换。

十年，又命两局各带铸五卯，加铸二十二卯，并申严贩运及囤积制钱之禁。寻以钱价渐减，停止官局其两局开铸，仍照原额六十一卯。是年，以贵州苗疆渐知用钱交易，总督张广泗奏请添请炉座，遂令加铸十卯为四十六卯，并令江西宝昌局增炉四座，共为十座。开广东广州府铸局，设炉六座，铸满文宝广二字，定用银用钱事宜。京师钱文自各门严查后，价直渐平，而近京州县仍贵，令地方文武官将天津一带商船漕船兴贩钱文回南者，严查禁止。又谕令九卿议定，凡各省修理城垣仓库领出帑银，除雇觅匠夫给发工钱外，一应买办物料，毋许以银易钱，其民间各店铺零星买卖，准其用钱。至总置货物，仍令用银交易，使商民皆知以银为重，不得

---

① 青钱，为红铜（占50%）、铅（白铅、黑铅）、锡等混合熔化制成，其色青，故曰青钱。

专使钱文。开保定府铸局。保定府向未鼓铸。直隶总督高斌奏：请配买汉口铅锡，设炉六座，钱幕铸满文"宝直"二字，每年开铸四十八卯。从之。后以铜斤不敷，减炉二座。

十一年，复增四川宝川局炉十五座，共为三十座，以每岁所铸钱一半拨运陕西，搭放兵丁月饷，易银归款，铸工部宝源局督理钱法堂关防，仍照宝泉例，一体补给，以昭画一。

十二年，增湖北宝武局炉座，仍令鼓铸大钱。先是湖北铸局以滇铜不敷鼓铸，奏准收买汉口镇商铜改铸，每文重八分，小钱与大制钱同价配饷。至是湖广总督塞楞额疏言：官局改铸小钱，计其工料，毁大制钱二千即可铸小钱三千，盗销私铸，弊且相因而起。近日汉口商铜颇多，应广为收买，仍铸每文重一钱二分之大钱，并请增炉五座为十二座，于配饷之外，发江夏、汉阳二县，设立官局，按市价酌减出易。从之。

十三年，山西巡抚准泰以钱价昂贵，奏请复开宝晋局，设炉十座，每年开铸十二卯，除去工价及配给兵饷外，并随时减价平卖，以资民用。从之。开陕西鼓铸局于省城西安府，设炉十座，钱幕满文，铸"宝陕"二字。每年开铸二十四卯。所铸之钱，设局听民易换，以平市价。

十四年，停云南拨运广西钱，酌减省城炉局十座，存留二十五座，临安府局炉八座，存留八座，铸钱以敷滇用。是年，增广西本省宝桂炉局八座，为二十座，并令广东宝广局每年按原定之卯加倍鼓铸。其从前各镇协营兵饷未经搭钱者，一例给配。

十五年，令江浙二省钱局加炉鼓铸。时以明年圣驾巡幸江浙，商民云集，乃先期特命截留滇铜于江苏、浙江二局，加卯开铸，届期设立官局，减价出易，以平市价。嗣后恭遇南巡盛典，皆照例加卯鼓铸。复开广南府铸局，设炉十五座，每年开铸三十六卯，除去工价等项，照银七钱三之例，配给曲靖开化二镇标及广罗协广南营兵饷。

十六年，户工二部议定，宝泉、宝源二局额铸之外，所余铜铅锡应各加铸十卯，为七十一卯。每年添铸之钱，如遇钱价昂贵，即发八旗米局，照市价酌减出易。改拨四川铜斤运陕，于宝陕局另增设炉局十座，加配铅锡鼓铸。裁川省炉局七座。停铸运陕钱。

十七年，暂停山西宝晋局七座。复于云南东川府设炉二十座鼓铸，专搭兵饷。时东川产铜日盛，令就近增开新局，设炉五十座，亦开铸三十六卯，以备存贮。其搭放铜铅工本脚价，每银一两，仍照兵饷例以一千二百文发给。增湖南宝南局炉五座，共为十座，加铸一倍钱文，增搭兵饷，以每百两给钱十串，作为一成之数，余钱仍交官局，以时易换。是年，以湖北议修城工，令宝武局照原定之卯加倍开铸，除工料外，添铸钱文，仍令该局出易还归铸本，以所得余息银备充公用。复开山西宝晋局，以购买铜斤不敷，较从前酌减炉四座，止存六座，随时鼓铸，以需公用。其各营官兵俸饷，令照银七钱三之例配给。

十九年，工部奏言：宝源局按卯铸钱，解交节慎库者，除给发各工及移交户部放饷外，递年存积贮库者三十七万余串。查搭放兵饷，每月约计需钱七万余串，内工部协放仅二万串，为数较少，请嗣后工部饷钱，每月以三万串为例。从之。

二十年，总督黄廷桂以四川议修城工，请更增宝川局炉三十座，加倍鼓铸，以充公用。从之。

二十一年，令宝源局以每年存积余铜，于正额七十一卯之外，加铸十卯，以广流通，俟余铜用尽即行停止。时川省余铜足敷采买。是年，增山西宝晋局炉五座为十一座。旋令云南东川府新局内加铸十八卯，并增湖南宝南局炉十座为二十座。其时宝泉局岁铸额用外，余钱八万余串，逐年递积，存库钱约六十万串。户部奏准，以各衙门应支公费每月需银九千四百余两不等，请照工部各官给发宝源局钱之例，一体改给制钱。

二十二年，谕：前代废钱流传无几，如唐宋元明旧钱，不妨听民行使；至伪号钱文例，应严行禁革。准民间检出，官为收买。

二十四年，移贵州毕节县局于省城贵阳府，加铸二十六卯。寻定每年六十九卯，除去工价及搭放兵饷等项外，余钱令官钱铺发卖，以平市价。开西域叶尔羌城鼓铸局。先是回部叶尔羌、喀什噶尔、和阗城旧有红铜钱，文名曰普尔，每文重二钱，制小而厚，外有轮郭，中无方孔，每五十文直银一两，谓之腾格。至是平定回部，皇上从将军兆惠请，开局于叶尔羌城，改铸钱文，特命户部颁发钱式，仍用红铜，每文重二钱，形如内地制钱，较厚，文为乾隆通宝，用汉字，其幕铸叶尔羌城名，左国书，右回字。先以预备军营之铜，铸钱五十万，易回部旧钱销毁，更铸以资回众之用；仍于各城产铜之地陆续采铜加铸。又因回疆荡平，大兵凯旋，经理甘肃一应屯田事宜，需钱甚多，酌拨四川省每岁协济钱十二万串，湖广省协济钱八万串，按数分运甘省。复增宝南局炉座。时湖南余钱不敷，解运巡抚冯钤奏准，于旧炉二十座外，增炉二十座，加卯鼓铸，以资协济。寻以甘省钱文，市价大平，将四川湖广拨运钱停止。增宝泉局五卯为七十六卯。

二十六年，开西域阿克苏城鼓铸局，亦如叶尔羌之例，惟钱幕铸阿克苏城地名，仍置七品伯克二员管理。采铜回户，令其岁解红铜于阿克苏城及乌什城、库车城、沙雅尔城、赛哩木城、拜城、哈喇沙尔城等处，以资鼓铸。令湖南收禁小钱，地方官给价收买，惟前代古钱及康熙年间之小制钱，仍听民便行使。增设户部宝泉局钱法堂司官，满、汉各一人，仍照监督之例，二年更代。酌裁笔帖式二人。

二十九年，开云南顺宁府鼓铸局，设炉八座，每年开铸三十六卯，并照东川新局之例，加铸十八卯，钱幕仍铸"宝云"二字。

三十年，四川总督阿尔泰疏言：川省各营需用赏恤，曾请于盐茶项下支银万余两交宝川局，每年加铸二卯，惟重庆、夔州二处，仍系营中领本四万余两开典生息，较之钱局加卯鼓铸，相去悬殊，应请将二营官典停止，以所获息银及房间什物变价归本解司，以一万九千余两仍照例交局，随卯带铸，除归还价本，所余银两足敷添补赏项之用。从之。

三十一年，裁减云南顺宁局加卯鼓铸。增省城临安鼓铸卯期。

三十二年，令宝直局余铜铸钱供饷。

三十五年，减云南炉座。时云南钱值过贱，将东川新设炉二十五座，大理、广西各十五座，临安顺宁各八座，均行裁减。

三十六年，酌减贵州搭放兵饷钱例。宝黔局鼓铸钱文向例均以一六搭放俸饷，至是总督彰宝巡抚李湖先后奏准安笼、威远等镇钱价平贱，又离省窎远，运回每至亏损，停止搭放，文武廉俸及书役工食减半搭放。其提标古州镇标二十一处，仍如旧例。减山西宝晋局炉五座，减江西宝昌局炉四座。时两省钱值平贱，官钱陈积稍多。

三十七年，令贵州省局存贮余钱搭放兵饷。

三十八年，复宝泉局工钱改给银两之制。向例，局役原定每卯给制钱一千二百四十串，嗣于乾隆四年议准改给银两后，因钱价昂贵，复经定议给钱。至二十八九年以来，钱价日就平减，匠役按例给银，旧款不符，至是仍改给钱。

三十九年，湖南巡抚觉罗敦福疏言：宝南局钱积至十七万四千四百余串难以流通，请于修巴陵县城工内减价易银。从之。

四十年，开伊犁鼓铸局，钱幕用宝伊字，照内地常行制钱，每文重一钱二分，用红铜八分四厘、黑铅三分四厘八毫、点锡一厘二毫鼓铸。

四十一年，复开云南省炉，并增炉座。时云南产铜甚多，足资鼓铸。于东川局增十五座，曲靖府十八座，广西州复炉十五座，保山局增四座，大理局三座，省局一座，共五十六座，统旧存炉共百四十一座。每年每炉加铸三十六卯，搭放兵饷外，加搭放各厂盐井工本薪食。又复宝黔局炉。时滇铜丰旺，又增给厂价，采挖日富，而黔省自减炉以后，官钱既少，市价增昂，至是拨滇铜之余，赴黔鼓铸。复原减五炉，移于省城。

四十二年，令云南兵饷以银钱各半搭放。

四十四年，裁云南省炉二十七座，以节省铜斤，拨供他省采办。减广西炉四座，以滇省近年出铜较少，止存炉十二座，其炉役工食概给以银。

四十五年，以云南各厂采铜竭蹶，且距省稍远，稽察难周，谕令将大理府所设八炉移归省局，其东川府只留十座，余六座并裁。

# 卷十一　食货十一

## 漕运

　　臣等谨按：漕运自明开会通河，始罢海运、陆运而为攒运①，自支运而变为兑运②，又为改兑，始罢民运，法似善矣。然明臣邱浚历言其害，甚谓唐宋之不若。今考其弊，军固无室家之乐，有转输之劳；而民受其害者亦多。当时有司漕之，责者皆左军右民，交兑之际，军日益横，需索无餍，民虽不任运，而其苦十倍于漕。我朝于运丁则有赡运之屯田，有官给之行月③，有民输之赠贴，而且贸易土宜，利倍十一，家室完聚，往返有期；军固无运输之苦，而改军民交兑为官收官兑，小民免于挽运而乐于输将，其所以惠爱军民者，计至周矣。兹纂通典于漕运，别为一编，按年纂列，至列圣相承，偶遇偏灾，或蠲免，或缓征，或截留，或折色，诸惠政已列蠲赈册中，兹不具载。

　　顺治二年，定漕运官司。提衡巡察则设总漕，巡漕、督押则设漕道，粮道统领则设总运，挽运则设旗甲。又监兑官以同知通判为之，押运官专以通判为之，领运官以卫所守备千总为之。

　　四年，定各省漕船缺额，令运军自备船装运。自备船不支三修料价，仅给重运银，令其雇募民船。

　　七年，裁巡漕御史。

　　九年，定给漕船水脚银，江南、苏州、松江、安庆、庐州，并江西、浙江等处，每石自三钱至三钱五分；扬州府每石二钱五分，均于随漕项内

---

① 攒，聚集，集中。
② 支运，兑运，明清漕运方式。支运，粮户亲自运粮交官府，但往返时间长，有时长达一年，耗时耗力。明宣德六年改为兑运。规定粮户将粮送到邻近府州县的水次，兑给卫所官军，由官军运往京师。粮户只需缴纳一定的耗米、轻赍银，称兑运。不愿兑运者可自运。清因之。
③ 行月，行粮、月粮。

动给。定官收官兑，征赠贴银半给运军。

十年，以白粮无漕船，令攒厂成造制铁斛，定式颁发仓场。

十二年，定五年一编审，军丁毋令窜入民籍。是年，定各省漕运过淮限期：江北各府州县限十二月内，江南、江宁、苏松等处限正月内，江西、浙江限二月内，其不过淮之山东、河南二省，限正月尽数开行。

十三年，定各仓收米限期：京仓限十日，通州仓限七日，印给仓收以坐派红单到日起限，逾限者劾之。先是贴造漕船例，于民地征十之七，军地征十之三，给备料价，其有不敷，于江宁各卫屯米每石协济银一钱，黄快船每丁协济银五分。官舍余丁编为三则，上则纳银五钱、中三钱、下二钱，审定造册，征收解厂，以供贴造。至是饬将各卫，所舍余闲丁，按年编审纳银，为帮贴之费。

十六年，漕船回空过淮者，责之漕运总督，不过淮者，责之粮道，核其船原数，阙者罪之。

十七年，定押运府倅过淮抵通违误者，如粮道例议罪。令折征灰石米解部拨支。

十六年，禁折征漕，毋得以兑漕为名，价外苛索。

康熙元年，谕领运官军，依限抵通回空，均宜恪守成法，如有私贩货物，隐藏犯法人口，及盗卖漕粮，中途故致船坏者，着督漕官并该地方官参奏，严提治罪。若知而徇隐，亦从重处治。

二年，刊发各省漕运全单，开列兑粮船数、修船钱粮及到次开兑、开行、过淮、到通回空违限日期及验米色、察夹贩，款目毕具，令依式填注，违者着该管官察参，并严沿途文武官催攒之责，有不力者论罪。定漕粮完欠分数，除带运米外，将余米并入正项，总作十分考核，未完六厘及一分以上、不及二分者，经管粮厅罚俸有差。

三年，增造浙江白粮船六十四号并入漕帮佥运。

四年，定漕船抵通州，限十日回空。

十一年，更定漕船抵通限期：山东河南限三月初一日，江北限四月初一日，江南限五月初一日，江西浙江湖广限六月初一日到通，均限三个月完粮，如违限不完，押运等官计违限月日，各降罚有差。又定白粮过淮抵通违限者，督运官议处，如督运漕粮例。

十四年，定江苏白粮照浙江例，抽漕船装运，五年更换。

十七年，增定沿途程期，重运有违限一时以上至违限与原限之期相等，及逾于原限，专催督催官各议罚降调革职有差。回空如逆流、顺流有闸坝之处，均照重运定期；无闸坝之处，原限十二日者改为九日，四日改为三日，三日改为二日，一日半改为一日；顺流无闸之处，原半日改为三时，一日改为半日，四日改为二日，五日改为二日半，如致违限，沿途文武官并随帮官皆照催攒重运例议处。天津至通州重运：系逆流二十里，限一日回空；系顺流五十里，限一日；浙江至山阳重运：顺流四十里限一日，逆流二十里限一日；回空顺流五十里限一日，逆流三十里限一日，违限照例议处。至镇江渡江，如因风守候，令地方官报明免议。再江西湖广漕船行长江至仪征者，因风挽运难以立限，应令地方官作速严催出境，其自仪征至天津，皆如新定例行。是年，准淮北向例，止收红米之州县红白兼收，着为令。

二十二年，定漕船载运额数：每船载正耗米五百石，土宜六十石，并令漕督亲督重运至通岁以为例。

二十六年，申严代运之令及该管处分。至各卫所漕船，照每年见运之数，成造十分之一。又定各省岁修漕船，每出运一船，给修费银七两五钱。

二十八年，定漕船受兑离次，各省巡抚题报，限期不得过二月，逾限议处。

三十三年，禁折征耗米，违者以改折漕粮治罪。

三十五年，定出运每船金军一名，其余水手九名，择有身家并谙习撑驾者雇充。

三十七年，定江南建平县漕粮改折耗米例。

四十五年，定金军例。

四十九年，定挂欠漕粮之例。除本军名下追赔一半外，其半令漕运各官照数分赔。

五十一年，定金副军一人随运，并定给漕船来往限单，饬令沿河州县，挨次填注入境出境时日。

五十四年，定交兑样米，每船用米一石，着粮道及漕运总督加封抵通，起卸时其样米仍作正收。

雍正元年，免江西脚耗扒夫、修仓铺垫等银五十一万两，米六十一万石有奇。是年，令漕运总督于开兑开帮时，将粮船各数运军姓名册送户部查核。

二年，严漕船剥浅扰害商船及包揽货物，夹带私盐，私藏火器；禁裁船政同知，其修造漕船事宜，令归粮道管理。先是经纪运米到桥，车户运米到仓，每米五十袋抽掣一袋，一袋短少，余袋例算，于各役脚价内扣赔。是年，更定掣欠之制，每石粳米作价银七钱，稜米六钱，仍于脚价内扣抵。若欠数多，照盗卖漕粮例治罪。其每粳稜米一石，作价银一两四钱，着地方官将家产变赔。

三年，定漕白粮抵通日期，及起卸回空船粮各数，并石坝外河水深浅，令仓场侍郎五日一次具奏。

四年，谕：押运同知通判抵通之日，着总督仓场侍郎送部引见。

五年，谕：在京各仓委都统副都统御史等，每仓各一人，专任稽察之责，其支放奏销等事，不必经管，惟仓房渗漏、墙垣损坏与仓内铺垫及匪类盗窃各弊，察出即行文仓场侍郎知之，倘不能察出弊端，以致亏损仓粮，着落都统及仓场监督等官分赔。通州三仓交与通永道通州副将稽察，其失察分赔之例，与京仓同。并定催漕船成造岁修银两，每船给银三十七两六钱三分三厘，动支税课银；每岁给二修银二两，动支茶果银，十年期满，照例别造。

六年，定文学生员准免佥运。令浙江征收漕米，无论红白籼粳，概行收纳，着为令。

七年，谕：朕闻粮船过淮，所费陋规甚多。嗣后着御史二人前往淮安稽查，不许官吏需索扰累。其粮艘中携带物件，除照例许带外，如有夹带私盐及违禁等物者，亦着该御史稽察，但不得过于吹求，以致粮运迟滞；至漕船抵通时，其该管衙门官吏及经纪车户人等，恐有向运军额外需索者，亦着差御史二人稽察。淮安于二月初差往通州，于四月内差往都察院，按期开列请旨。时山东、河南增设总河。是年定漕船经过济宁临清二处，令河东河道总督题报。

八年，定漕船底料银。向例，成造新船，将旧船解厂，充作底料，如无，交银五十一两。

九年，免江淮兴武二卫底料银十万八千一百余两。

十一年，令河南山东于额征粟米内，改征黑豆十二万石。

十三年，复申漕船水手扰害居民之禁。

乾隆元年，定截留漕粮各事宜。江苏安徽浙江三省应支本折月粮三修银，准其照数全给，其行粮盘耗赠银负重赠米等项，各随多寡，按程期远近计算；江西漕船大米较多，遇有截留，将原领折耗行月赠银、赠米、斛面米均免扣追；湖北湖南漕船泊临洞庭湖，风波不测，遇截留时，例给一半月粮之外，每船酌留头舵水手四名防护，每名日给口粮一升，减去人等每站给盘费银三分，米一升，照时值折给。

二年，将河南山东粟米改征黑豆：河南二万石，山东四万石；裁减江南浙江白粮十二万石，改征漕粮，以纾民力；并定山东自备船回空之例。是年，令御史四人，分驻淮安、通州、济宁、天津等处巡察诸弊。

三年，恩赏运弁银人各四两，军半之。是年，以湖北通山、当阳二县，僻处山陬，兑运较难，每石改征银一两二钱五分，制铁尺用积方之法，核算仓粮。旋定各仓贮米，每廒以万石为率，其奇零之数，别贮一廒。

四年，定漕船遇浅剥运例。凡重运所经遇浅，令河道总督即饬所在有司官员民船剥运。其剥船雇值，凭有司官酌给。

五年，复定漕粮裁留事宜。未兑者，照停运例给予减半月粮，已兑未开者，并将三修一项全给。

七年，又定山东、河南截留已兑开行者加给银五十两，江南、浙江六十两，湖广七十两，江西九十两；免江西南昌、江南兴武、浙江绍兴各帮贷通银四千六百四十两。复定山东漕船不由漕运，总督给发限单，受兑之后，即呈报河道总督及巡漕御史稽察催行。时江淮兴武二卫运军，有黄快船避金者。

八年，俱令归入民赋，以严勾考。是年，河南粟米复改征黑豆二万九千三百五十六石六升有奇。

十一年，增设河北堡船六十号，汉夫百八十名，浅夫三百名，随时疏浚。其置造堡船器具夫工等费，于红驳银内动支。

十六年，又改河南粟米征黑豆二万石。

十七年，定稽察各仓官，除都统值班御史在城理讼之期，均更番到仓稽查，违者令巡漕御史纠参。是年，增定稽查仓庾事例，京通各仓每仓差御史一人稽查奏明，年终更代，不实者议处。申禁收漕州县收兑留难之弊。

十八年，谕：向来旗员承修廒座，往往虑及工部料估之数，不敷辗转，议增议减，以至迟延时日。嗣后各仓如有应修工程，着工部仓场该旗各派司官一员，会同料估修理。是年，定仓廒匙钥封闭之令。向例，各廒匙钥交仓场侍郎收执，其残廒用都统御史封条，恐阴雨查验不便，兹改交满汉监督，以专责成。又收漕甫完，即行封闭，易致蒸郁糜烂，俟深秋时始行上板加封。

二十七年，定监督期满即行更代，不准留仓例。如遇满汉同时任满者，准仓场侍郎于各仓监督内拣调。

二十九年，令司漕各员不得滥收潮润米色，并行军籍绅官富户，规避佥丁，诡捏脱漏之禁。

三十三年，停各仓五年盘验之例，以省糜费。

三十七年，定粮道亲行督运抵淮，不得转委丞倅代押例。

四十一年，定直省州县仓庾建于城内者，其收兑稽查令知州知县自行监督，至其地不通水道者，改建邻邑水次，以便起运。是年，谕令沿河州县，酌量安设纤夫，并选派夫头照管，以供受雇。其各帮雇觅纤夫，并令押运千总督率旗丁查点稽核，按站交替，不许携带过站，亦不许中途私雇。以专责成，不致滋事。

# 卷十二　食货十二

## 盐法

臣等谨按：盐铁之制，自汉武帝设立官司，除故盐铁之富者为吏，吏多贾人，而山海之利专于上矣。唐宋明以来，代沿其旧。故郑志所载盐铁使管盐及铁与茶类为一编，盖以三者之赋，当时专设一官总司征榷，故不得不类纪也。我国家荡涤烦苛，俾民乐利，于盐法则维求裕商益民，故加斤加引，蠲逋提纲，以纾商力；设仓备贮，减价平值，以利民用。至于灶户场丁，则减额课给息银；老幼孤独，则弛例禁准负贩。凡设官分职，皆所以惠下恤民也。若夫铁冶之产，久无征榷。而茶惟甘肃陕西尚有茶课，他省并无专司其税，或归关榷，或入杂税，与郑志所载沿革互异，自不得仍因其旧①。兹纂辑通典，谨于盐法列为一编，而于茶铁则附见征榷、杂税编，兹无赘焉。

顺治元年，谕整理长芦盐法。詹事府通事舍人王国佐条奏十四事：一、复额引以疏壅滞；一、改引部以速引利；一、便引价以壮京圉；一、革防销以省商贾；一、除滥赎以伸商冤；一、除变价以止奸欺；一、清焚溺以杜虚冒；一、止改告以一引盐；一、疏关禁以通引楫；一、杜扰害以清私贩；一、核场灶以清窝囤；一、复两坨以备稽察；一、免徭助以济孤商；一、设赏例以鼓富商。部覆允行。

二年，诏免陕西本年盐引额课三分之二。河东巡盐御史刘今尹疏言：河东盐课，向例解贮京库，而给发盐引，率皆先纳银而后领引。商力不敷，请循按引纳课旧例，定期征解。从之。又准刘今尹奏请，山西太原府辽、沁二州，亦照河东例，革票行引②；又定原食淮盐之汝宁归两淮巡盐

---

① 这段引论，为颂扬清王朝，不惜贬低前朝诸事，又不考虑清政诸弊，而且还不懂财经，所以矛盾、错漏不少。此类事，清通典、通志食货部分多有所见。

② 革票行引，改票盐制为引盐制。

御史管理，原食西和漳县盐之临洮巩昌归甘肃巡按兼管；又定河南、江北、江南各运司盐课，照前朝会计录，原额征解。是年，诏免各省本年盐课三分之一，核定本年行盐百七十一万六千六百二十五引，征课银五十六万三千三百十两六钱有奇。

四年，严示私贩之禁，蠲免浙闽广东加派盐课。谨按：故明天启崇祯年间，浙闽等省盐课加派名色甚多，今尽行蠲免，止照万历年间旧额，按引征课。又免江南崇明盐课。又议准山西盐法道归盐运司兼管。

六年，以四川未定，免征商民盐课。

七年，定广西驿盐事务并归布政司兼理。

八年，定征解盐课毋许于正额外勒索余银。

十二年，申禁河东长芦等处派民纳课积弊。

十五年，礼部议准长芦运司所解青白盐砖存贮光禄寺库者[1]，历年存剩六十余万斤，现在足用，令该地方官将应解盐斤照时价改折。寻定上元江宁等八县食盐九万六千七百引，将原派纲盐十三万八千八百四十七引仍归纲地行销[2]。

十七年，严回空粮船夹带私盐之禁。准四川巡按张所志疏请，新凿盐井，仍照开荒事例三年起课，其贫民易食盐斤，在四十户以上者，始令按数纳课。是年，两淮巡盐御史李赞元疏定盐法八款：一、每年额引宜带积引附销；一、清理府州县私贩之源；一、清理三十盐场之弊；一、严饬各道巡缉越贩；一、稽核官引以杜夹带；一、淮北宜并引行盐；一、盐引日增，宜照长芦河东两浙例，加课不加引；一、溢斤割没日重，宜照所发印簿实填。从之。

十八年，准长芦巡盐御史张冲翼疏，定盐引仍照旧例归部，先是长芦旧例，引存户部，先课后引。自顺治十五年，户部发引到司，皆争先求售，减价而卖，盐贱引壅，逋课甚多。是年，仍令盐引归部。以杜盐贱引壅之弊，并定临安府属枯木八寨牛羊新县四处食盐银两，编入蒙自县经制全书，以是年为始。

---

[1] 青盐，指产于山东之盐。山东海滨广斥，虞夏之时已有青盐之贡。白盐，《北史·西域传》载：高昌有白盐，其形如玉。

[2] 纲盐，明万历四十五年为袁世振所创行。其法，将商人所领盐引，编设纲册，分为十纲，每年以一纲行积引，九纲行现引，依照册载窝数，按引派行。运销纲盐的商人叫纲商，行销纲盐的地方叫纲岸或纲地。

康熙元年，以淮北引壅，议准疏通淮安府等州县一万引，改拨宁国州六千五百引、和州含山三千五百引。

三年，免广东逋欠盐课银七万一千一百一十五两。是年，定江西吉安府改食淮盐。

四年，诏：蠲免各省积欠盐课。长芦巡盐御史李粹然请并将山东本年灶课银一万四千八百余两照例豁免。从之。准广西巡抚金光祖请，暂减广西盐引。

六年，定湖南衡永宝三府改食淮盐，从巡盐御史宁尔讲请也；又定郴州十一州县食盐，免其销引办课。

七年，令广西布政使兼理盐务，改广东巡海道为广肇道，管理盐法；严陕西盐引州县官按亩摊派之弊；又定各省盐斤听商人自行销运。

九年，两淮巡盐御史席特纳疏言：淮省积弊，有苦累商人者六，一曰输纳商人纳课例。将引数填注限单，谓之皮票；而运库扣勒皮票，胥役又有使费，谓之照看；纲总又有科敛，谓之公匦。一引之盐，岁费约至数万两。二曰过桥商盐出场例。将舱口报验谓之桥掣。而关桥扣勒引票，每引车费数分不等，岁费约至数万两。三曰过所商盐呈纲例。必造册摆马谓之所掣，而未经称掣先有江掣之费，又有茶果之费，又有缓掣之费，又有加窝之费。岁费约至数万两。四曰开江引盐既掣例。必请给水程，每引数分不等；又请给桅封，每张数两不等。岁费约至数万两。五曰关津盐船既行，所过盐道有挂号之费，营伍有巡缉之费，关钞有验科之费，岁费亦数万两。六曰口岸船既抵岸，江广进引，每引道费钱余不等，样盐每包数厘不等，岁费亦数万两。又言淮盐分掣有三大弊。一为加铊之弊。掣官每籍余斤亏头为名，不论盐包轻重，暗挂斤两，每一引增至二三十斤不等。二为坐扞之弊。掣官又籍合算抵马为名，不论斤重有无豫定余盐，非多带斤两不能抵偿，每一引带至四五十斤不等。三为做斤改斤之弊。斤多赔入可以填少斤，少赔不入可以填多，掣官于未掣之先议定使费，暗做斤两，已掣之后又暗做斤两。疏上，谕部臣酌议。寻议定，将私派等款严禁，勒石，立于桥所及经过关津口岸，永行禁止，如有违禁者，照律治罪。是年，又准席特纳请，停止五十七日豫征盐课之例。

十二年，定长芦等处盐务，仍令御史巡视。谨按：顺治二年，定巡视两淮长芦两浙河东盐政御史各一员，岁一更代。十年，裁各省巡按御史，将巡盐御史一并议停。盐务交与运司管理。

十三年，添设江南安徽驿盐道，其管理通省驿道，改为江苏等驿盐道；又添设四川督粮道及湖北驿盐道，俱兼管理盐务。

十四年，又改陕西固原道为平庆道，管理驿盐事务。

十七年，定场灶地丁钱粮照民户地丁刊刻由单。

十八年，蠲免福建海澄等十三县历年旧欠盐课。

二十年，停止奉天销引，凡民人有煎盐发卖者，听其自行贸易，不必官为经理。是年，严广东私充盐商及福建横征盐课之禁。

二十一年，蠲免广东渡口盐埠额外加增银六万五千余两，从巡抚李士桢请也。是年，令广西食盐仍复旧例。谨按：广西南宁太平思恩三府旧例，俱食廉州府盐，郁林等处俱食高州府盐。后因塘田尽迁，改销梧州府引。是年以二府盐田既复，故仍照旧例。

二十二年，豁免里甲包赔盐丁修筑银一万五百余两。

二十五年，定江西南、赣两府仍食粤盐。谨按：江西南、赣、吉安三府原食淮盐后改食粤盐。康熙五年，将吉安一府改食淮盐。十七年，南赣二府又改行淮盐。是年始令仍食粤盐。

二十六年，准河南陈州项城舞阳等属改食长芦盐。

二十七年，广东巡抚朱宏祚疏言粤盐利弊：一、严禁大小衙门凡签商掣盐纳饷，藉公费额外私派；一、埠商不拘三年一换，善良者永远承充，奸猾者即行去除；一、盐引宜通融行销，以免废滞；一、禁私废埠商课饷派征田亩，致累居民；一、请于虎门港口惠州浮桥等处，专差佐贰驻守盘查，以杜透漏；一、生熟二引，粤省原有生熟二引，生盐出淡水等场，熟盐出归德等场。宜随商掣运，随民买食，不拘定额，以利商民；一、掣盐之地，如佛山距省城止三十里，省城掣定行至佛山，应免复掣；一、盐价请酌水陆运费多寡以定价值，如遇阴雨，量加毫厘；一、严禁奸商搀和沙土。俱从之。

二十八年，免河东本年分额征盐池地租；又免长芦新征引课及云南黑井盐课。是年，以陕西花马小盐池并临、巩二府，去河东甚远，其岁征盐课，令甘肃抚臣就近管辖。

二十九年，直隶巡抚于成龙以直省宣化各属地方最苦，请将长芦额引除去，听民自煎食盐，仍照旧额纳课。从之。

三十二年，暂减西凤二府额销引盐之半，以岁歉故也。

三十八年，诏减两淮盐课二十万两。又减浙江加征银三万一千三百两。

四十三年，江南总督阿山疏言：两淮盐务浮费甚多，如赏给差役，及馈送赆仪①，此盐政差满所用也；又带行盐斤随费饭银及重收桅封，此盐政书差规例也；又如巡盐到任规费，及过所称掣盐斤，到任预借息银，种种浮费，苦累商民，请悉行勒石严禁。从之。

四十四年，谕：朕顷者南巡，见直隶、山东两省贩私盐、铸私钱者甚多，传谕该部严行禁止。

四十八年，广东巡抚范时崇疏言：广东连乐两处总盐额引原派行销本处及湖南郴桂等处，今请将此项引饷分作十分，量地均匀，连乐二处行销十分之三，桂阳、郴州所属八州县行销十分之七，其余各州县及江西、福建、广西所属向有广盐之州县，有额引多少不匀者，俱令改拨匀销。至赣属十二县内信丰、龙南、定南三县原食潮盐，接壤惠州，应就近改食惠盐。从之。

四十九年，定湖广盐引无分南北，一例通销。谨按：湖广长岳等十二府一州，向行淮引，原系酌量地方，食盐多寡，通融销售。自康熙六年将向食粤盐之衡州、永州、宝庆三府，改行淮引，遂致各守口岸不能通销，而衡、永、宝三府又有粤省私贩盐引壅积，是以两淮巡盐御史李煦请仍照旧例，不计疆界，一例通销。

五十三年，准四川巡抚年羹尧请，成都所属犍为等七州县灶户增水陆盐引一千一百四十五张，征税银七百三十两有奇。

五十七年，准两淮巡盐御史李煦疏请，于京口将军标下派兵一百五十名，千总一员，添驻三江营缉防私贩。

五十八年，议准山东胶莱盐运分司事务，裁并滨乐分司兼管；又裁湖北驿盐道，其盐务归督粮道管理。

五十九年，议定两广盐务交与两广总督专理。

六十年，谕：闻浙江私盐盛行，流为盗贼，着江南浙江京口将军等派兵丁严行查拿。

雍正元年，上以盐法弊窦丛生，其正项亏欠，非由官差需索致穷商力竭，即由商人用度奢华之故，谕各省盐政，将陋例积习尽情禁革，以思裕课苏商之道。又谕各省盐政官员，崇尚节俭，以振颓俗。是年议准湖广盐价，价贱时每包以一钱一分九厘为率，价贵时每包不得过一钱二分四厘；其安盐每包较梁盐再减二厘。谨按：楚省有安盐梁盐二种。安盐黑梁盐白，盐价不同，故价有低昂。

---

① 赆仪，指赠给他人的路费、礼物。

二年，议准广西盐法，改为官运官销①；又议准福建盐法，将盐院衙门各官及商人尽行裁革，所有盐课均摊各场，交与州县官照数收纳；又议准广东盐法，将场商停设，委官监收，其埠商仍留使完课，运盐内有无人充商之地，着地方官领盐运销，解价完课；若引多壅积地方，有可以代销者，听其呈明代销。寻以各省督抚兼理盐政，申谕各省督抚曰：盐差之弊，飞渡重照，贵卖夹带，弊之在商。若犹少加派陋规，弊之在官者更多，若不彻底澄清，势必至商人失业，国帑常亏。夫以一引之课，渐添至数倍有余，官无论大小，职无论文武，皆视为利薮，照引分肥，商家安得而不重困？赔累日深，则配引日少；配引日少，则官盐不得不贵，而私盐得以横行。故逐年之课难以奏销，连岁之引尽皆壅滞，非加派之所致，与惟督抚系封疆大吏，巡盐御史地方官或不奉约束，今归并督抚，则孰敢抗违。况钦差犹每年更换，而督抚兼理则无限期，必实心奉行，严除加派，庶风清弊绝，不负归并之本意也。议准湖广、江西及江南上江等处，每引加盐五十斤，惟山阳等州县逼近场灶，盐不易售，仍照旧例，不再加敕。查漕船私盐。旋谕漕船回空夹带私盐，固宜严禁，但仍照例在运河口内派官搜查，若至大江，不可拦阻搜查，有误漕运。议准粤省灶丁盐价，照旧定之数，十分内加增一分；又准广东旧裁运同一员，仍于潮州复设；又准福建汀州府盐务，即令该知府领运办理；又定淡水等场，拣选干员分委督收，皆从两广总督孔毓珣请也。

三年，谕：盐价之贵贱，亦如米价之消长。岁歉则成本自重，价亦随之；岁丰则成本自轻，不待禁而自减。朕意若仍随时销售以便商民，均属有益。寻定淮南湖广等处行盐，以本年成本之轻重，合远近脚费，酌量时价，随时销售，不得禁定盐价以亏商，亦不得高抬时价以病民。仍令以自取卖盐值报部。湖北巡抚纳齐喀疏言：荆州府巴东县地涌盐泉，居民煎熬，请照淮盐行引，于楚北各州县分销。从之。裁波罗冲可克地方盐务通判并驻防官兵。

五年，云南总督鄂尔泰疏言：黑盐一井薪本不敷，请每百斤加银四分二厘；又额煎拨给盐斤，每百斤加银二钱；又黑盐发价，于每斤额定三分，再减二厘。得旨，地方出产，有旧无而可以新增者，亦有旧有而应当

---

① 官运官销，指食盐的运销全由官盐机构负责。同《清朝通志·食货略·盐法》清雍正二年所载。

裁减者，倘但令增添而不许裁减，殊非公平之道，且隐瞒挪移之弊，由此而生。着鄂尔泰查明盐斤内所增银两抵补减价增薪之数，定议奏闻。嗣奏，滇省各盐井新增正课共银五万七千七百有奇。减价增薪之数，共银一万九千余两，抵补有余，请如前奏。从之。河东池盐献瑞，产盐七百余万斤。

六年，河南总督田文镜疏请：汝宁一府引盐，停止知府汇销，令各州县召募殷实水商，行盐办课，该州县按季督催，各销各引。从之。盐政硕色疏请修理盐池，岁拨余银羡银六千两，以三千两充岁修，以三千两积至五年充大修。从之。五年议准，闽省盐暂令水商行销，试行三年无误课食，再照两淮等处例设商引。嗣于乾隆元年，复行招商行引。定私枭连坐之法，惟大伙窝囤聚众拒捕者，始将首犯之同甲一并连坐；若寻常兴贩，止治两邻甲长以不首之罪。准两淮盐场设立灶长、保甲稽查私弊；又禁盐场灶户私置盘鐅，谨按：深者为盘，浅者为鐅，皆烧盐之具。并定淮北晒扫余盐，令商人收买配运，酌加引课。谨按：淮北五场，用潮水晒扫成盐，难与火伏一例。

七年，复设山东胶莱分司运判。谨按：山东旧设分司二员，康熙五十八年，裁胶莱分司，今复设。

八年，谕：川省盐课考成，惟责之产盐州县，倘僻远地方，不行官引，必致私贩充塞，甚为盐政之弊。应将官引通行各州县，计户口之多寡，均匀分发引张，令其各自招商转运。倘有壅滞，责成州县。如此则有司稽查必严，私贩息而官引销，弊端亦永剔矣。长芦盐政郑禅宝疏言：山东青、登、莱三府所属之十六州县票盐[①]，旧系招商办课，民情未便，请除商名，听民自行领票销卖。其应纳课银，摊入地粮征收。从之。定地方官经征盐课，全定议叙之例。

九年，谕：两淮盐政，着总督尹继善兼行管理。

十年，定广东子盐配引之例。广东正盐之外余盐，谓之子盐。今定遇正盐迟缺之时，即以子盐约配商引行销。从广东鄂弥达请，加给灶丁盐价，每包加银一钱二分。嗣于乾隆元年，以盐价有贵贱不一。又定随时增长之例。

十一年，严盐斤亏短之禁。定广东高广二府，设运判一员，专管盐务。旧系知府兼管。改设淮南巡道督缉盐务，并于仪征等处添设营员。仪征

---

① 票盐，给票行盐。此制始于明嘉靖十六年。

之青山头，守备一，把总一，外委一，兵一百名。江都县之马家桥、甘泉县之邵伯镇、僧道桥，各添设把总一员，兵三十名。禁埠商设立坐标，私收渔户帮饷；又定湖南巡抚钟保疏，常宁县例销淮引，桂阳州例食粤盐，今桂阳屯丁散处，常宁食粤食淮不无混淆，请将五十四户屯丁田赋户口归并常宁县管辖，其原食粤盐，亦改销淮引，以杜私贩之源。从之。定粤省收卖场灶余盐，以清私贩。江南总督赵宏恩疏言：通泰等州县渔户贫民，请按户口多寡，于附近场灶余盐酌留若干，俟渔汛之期，填定盐数，照票赴场买盐，汇册报查。从之。又准赵宏恩请于淮南仪所添设监掣同知一员。

十三年，两淮盐政高斌疏定盐法四条：一、浙闽川粤及长芦商人与淮盐接界广开盐店，宜查究治；一、湖广界连川粤，宜各选勤干府佐一员督率巡查；一、审盐案无许避重就轻；一、江广水程与引目无异，请归抚臣就近查核完欠分数，檄行驿盐道勒限严催。俱经部臣议准。是年八月，皇上御极，谕：淮南盐政盐课甲于天下，两江三楚皆仰给于淮，盐课源用以饶裕。近闻湖北旱禾稍歉，盐未畅销。楚地夙为鱼米之乡，湖鱼旺产，商得资其腌切，藉以完课，今年汉水涨发，鱼市稀少。又湖南因经理贵州苗疆军务，未及转运，以致汉口盐壅未销，积至七八百万包。是今年乙卯纲未能报销，而明年丙辰纲又应起运，两年并纳，商力维艰。朕心深为轸念，筹度变通，将乙卯未完正额为分年带征，自乾隆元年丙辰纲起，按年接运，则商力既纾，完纳自无迟误，从此年清年额，可永无递压之虞矣。又谕：朕即位之初，加意海内民人，即降旨将雍正十二年以前民欠钱粮，尽行蠲免。因查两淮盐场灶户应征折价钱粮亦有未完之项，当与民人一体加恩，着该部即速传谕，总督与盐政将雍正十二年以前旧欠查明，奏闻蠲免，俾灶户均沾实惠，毋许胥吏作弊中饱。

乾隆元年，改浙江巡抚为总督，兼管两浙盐政；旧系布政使兼管；又裁汰滇省盐课赢余，以平盐价。旧例盐课，除正项外，有增添赢余以备地方公用。又定增斤改引之法，杭、嘉、湖三所引盐，照两淮旧额，每引增五十斤；松江所照淮海温台例，每引增给盐四百斤；又暂停浙江盐政颁发余引；谨按：两浙正引共七十万一千六百九十八道，自雍正七年准督臣李卫请，预发余引十万道，递年来增至二三十万不等，兹因冬夏两掣盐少仅可数正引之数，其余引暂行停止。又议准云南黑井等井盐运昆阳等处行销，盐价每百斤减至三两以下，其应减盐价等项银六万一千余两，即将各井应减赢余通融抵补；又定广西盐价，仍照雍正年间部定之数，每斤减价二厘销售。

二年，免两淮盐课余平银两，从总督鄂弥达请也。谨按：两广盐课，商人完饷，每一千两于平头三十三两之外，征收饭食银十五两，余平二十五两。是年悉令豁免。

四年，定贵州省古州等处埠销引征课额；谨按：古州系新辟苗疆，向无外课。兹定以古州为总埠，丙妹永从三角地等处为子埠，由古州总埠分拨销售，其商人归古州同知管辖。又停止浙江省储备盐斤；先是盐政嵇曾筠请卖余盐存贮，以备平价之需。至是巡抚卢焯以出易之时分派各商，脚价甚重，且盐斤销耗力不能赔。请罢之。又免云南白琅二井节礼及黑井锅盐银两。

六年，定淮商运楚盐价。价贱时每引以五两四钱一分三厘为率，价贵时不得过五两八钱二分八厘。又准每引量加余息二三钱。谨按：前定贵贱两价，只核给成本，故再加余息以示鼓励。

七年，谕：闽省为滨海之区，百姓多藉鱼盐之利以为生计。朕闻该省盐课内颇有苦累商民之处，如每盐百斤加增钱二十文至七八十文不等，名之曰长价；又各场肩鱼客贩买盐请领道印结票执照，或每单征钱三文，或每石征钱三文，名之曰单钱；又正额每盐百斤收银一钱五分，各场实收钱百五十文，该合银一钱六分六厘，每百斤申银一分六厘，亦令入官，名之曰银水。以上各项，皆巧取陋规，不便于商民者，着该督抚确察禁革，如有必不可少之杂费，即于项内存留若干，减去若干，不得仍前多索，永着为例。又定福建招商行引，谨按：雍正五年，即招水商行销，是年始行请引。每年额颁正引五十四万五千六十有二，余引四十万三千百六十有二，如有销不及额者，照例报参；又额外余引十二万三千不注定州县，令各路通融办销，尽销尽报，不入年限考成之内。八月，两广总督庆复疏言：粤省各埠额引有难销者，有易销者，请将难销埠分拨于易销埠引中配运行销，并言粤省近年产盐甚多，其沿海地方盐墱请改为稻田耕种稻麦①，以重本计。俱从之。十一月，四川巡抚硕色以蓬溪等县盐引积滞，请酌量改拨于德阳等处，就近行销。从之。

八年，议准两淮乙卯纲未完引额提入癸亥纲闰月内带销。

九年以滇省东川等处盐斤不敷，改四川犍为各厂余盐增引行滇，接济民食，其应征课银，仍照川省旧例计算收纳。谨按：川省水引一张征税银三两四分五厘，陆引一张税银七分二厘。

---

① 墱，同"卤"。

十年，准两淮盐政吉庆请两淮盐场添铸煎盐盘角二十七副；谨按：盘角煎盐较盘鐅费省而产多，甚为便利。定淮扬预运盐斤，每引加耗盐二十斤。

十一年，豁免海赣二州县之板浦徐渎中正莞渎临洪兴庄等六盐场带征银两。

十二年，定运盐赴楚装载船斤例。大船均改作小船，每船只许装载四五百引至千二百引，限四十日抵汉口。无故逾限十日以外者，准起解官物违限律，加等科断。又建常平仓于湖北汉口，以存贮递年未销积引。

十三年，准淮北盐亦照淮南加耗之例。六月，每引加耗十五斤；七月，加耗十斤。惟五月内中河水浅，尚未掣运，不给卤耗。又谕：近年淮商急公输课，颇为踊跃，着加恩于引额之外，每引增给十斤，俾商本不致亏折，民食永资利益。又定预提额引例，如遇本年额引不敷，即于次年额引提销，至次年正纲仍照岁额请领，引内注明豫提字样，以免正纲重复；又定运销江西盐价；价贱时，每引以五两五钱七分九厘为率；价贵时，不得过五两九钱八分五厘。

十四年，定江西盐价照楚省例，每引加余息银二三钱。

十五年，定行运湖南江西盐价，令盐政每岁会同两省督抚，按行销地方年岁丰歉，酌定贵贱价值饬商行销例。

十六年，谕：朕省方所至，广沛恩膏。前因两淮商众踊跃急公，业已加恩优奖，更念其运纲输课，接济民食，恤商斯足以惠民，特再沛殊恩，将两淮纲盐食盐，于定额外每引赏加十斤在原定成本之内，俾得永远沾受实惠。商人当体朕博爱敦本至意，风俗虽不必骤更，近一分返朴之心，即远一分极奢之心，殖息无取其三，倍减一分售盐之价，即利一分食盐之人；其有昂直网利，致累闾阎，则深负加恩德意矣！又谕两淮各场煎丁，本属穷民，每因不能接济，向各灶户重利借贷以资食用，生计甚为拮据，着该盐政酌量于公项内动银数万两，准其赴官借领。每年春借冬还，不必加息，俾穷民咸沾实惠。是年，上以两淮丁卯、戊辰、己巳三纲引盐，专用原定贵价行销，经部议驳，请将贵价赢余追缴。谕曰：恤商裕民，本属一事，若任其屡抬时价，则于民食有害；勒令贱价，则商人又以成本有亏，纷纷吁请。今计各商行销价直于成本自可无亏，即将来年岁不齐，不过如今所称歉岁而止，嗣后淮商销售盐引，即遇应贵之年，不得于现在所销价值外复议加增。至于丰稔盐价，可以酌量平减，该督抚会同盐政，随时筹划，部臣亦不必执定例驳诘。至部议已卖贵价，复令追缴，若给还食盐之户，势固有所不能，若以所余归之官帑，于政体又有所不可，着免其追缴。又准河东盐政，西宁请酌减河东余引四万道，谨按：河东余引，自雍正十三年至乾隆五六两年，陆续增添至二十四万道，兹酌减四万道，其余二十万道作为定数。并更正陕西咸宁等处升斗，照依部式。咸宁等处旧用升斗，较报部数加重，故请改正。

十七年，谕：芦商积困之余，旧欠甫清，若按斤加课，商力未免拮据，着将所加盐斤减半纳课，永为定额。其乾隆二年至六年应追未完加斤课银一十四万余两，着一并加恩豁免。

十八年，准长芦添领余引七万道，从长芦盐政吉庆请也；又免天津余引输纳课银，从直隶总督方观承请也。

十九年，准两淮盐政吉庆请，定私贩荡草出境，该管官不行查出者，照管理矿厂官员失察私运铜铁罚俸一年。又准云南巡抚爱必达疏请，镇雄州盐斤仍听商贩行销，即于镇雄总汇扼要处酌设税口抽收，每驮一百六十斤，抽税银一钱八分，俟试抽一年再为定额。从之。

二十年，议准，江苏巡抚庄有恭疏请，两淮新淤草场八千六十一顷八十一亩零，有自置埠鏊办盐者，即令其报升。

二十一年，准两广总督杨应琚疏言，粤东雷属海康、遂溪、徐闻三县，向未设有场员，场埠事务俱交商人承办，兹请一体改归各县管理。

二十二年，谕：两淮商众销引办课，岁额通完，而于地方公事，更乐输恐后，着加恩自丁丑纲为始，纲盐食盐，每引加赏十斤，不在原定成本之内，以二年为限。山西巡抚塔永宁等以本年河东池盐歉收，不敷配运，疏请买食蒙古之盐。从之。

二十三年，定蒙古买运盐斤事宜。以邻近之萨拉齐厅并托克托城及陕西皇甫川神木县四处为蒙古商人交易之所。至蒙古盐斗每斗四十斤有奇，酌定每斗价银二钱四分。是年，修筑河东盐池以资浇晒。从山西巡抚塔永宁、河东盐政那俊请也。

二十四年，河东盐政萨哈岱以河东盐池歉收，请配销甘省花马大小池等处盐斤接济。从之。是年，准粤西南宁等府土民盐斤仍归官办。前因粤省官埠欠课，侍郎吉庆等请将官运各埠，招商定引。其各土司盐斤，亦一体改引。兹督臣李侍尧以土司不便，请仍交官运。又准两淮盐政高恒请，高宝泰等十四州县食引积壅，改拨纲地融销。又准滇省添买粤盐，拨给弥勒县行销。

二十六年，议准，河东盐池被淹，盐少不敷配运，二十五年额引宽至来年六月清缴。又续增余引十四万道之内，暂行停领七万道，现今盐价之外，每斤酌增一厘，从巡抚鄂弼盐政萨哈岱请也。是年，谕：两淮盐务，经费浩繁，商力不无拮据，应作何定立章程，着军机大臣会同尹继善吉庆高恒等详悉妥议具奏。寻议定盐务事宜七条：一、拟派余引宜均摊众商以普利泽；一、外支银两，除公务应用，不得滥行开销；一、办理常贡，宜酌定用数以备查核；一、盐政养廉，宜裁减五千，归之公项；一、匣商费用宜严加查察，以免通纲派累；一、纲食盐引，宜照例行销，不得滥为通融；一、私盐透漏，宜严加查缉，以疏引目。从之。又谕长芦本年未完盐课四十二万两，令缓至明年奏销后分作五年带征。

二十七年，停止粤东茂晖等场垦辟盐塥，先是两广总督杨应琚疏言，茂晖等场垦辟盐塥，嗣因沙土浮松，基围易于塌坏，旋作旋辍，户部奏行，令该督将现在开成场塥一百八十三口，造具应升课银清册报部，其余俱应停止。从之。

二十九年，准长芦盐政高诚请增芦盐价值，于原定价外，每斤加钱一文；又准云南巡抚刘藻请加给滇省黑、白二井薪本银两，黑井盐每百斤加银一钱，白井盐每百斤加银一钱五分。是年，两淮盐政高恒疏言：本年甲申一纲不敷民食，请豫提乙酉纲淮南盐引三十万道、淮北盐引十万道分给领运，以裕民食。从之。

三十年，复准高恒请，两淮豫提丙戌纲引给商接济。是年，准河东额外存盐，照两淮之例配用余引，以济民食；又准长芦盐政高诚请，酌增山东行盐余票。谨按：原设额票一十七万一千七百四十道，雍正八年增余票五万道，乾隆元年复增一千五百道，五年、六年复增一千五百道，至是又增一万五千道。

三十一年，又准两淮盐政高恒请，豫提丁亥纲淮南盐引二十万道，淮北引五万道，给商接济。

三十二年，上恭奉皇太后安舆巡幸天津，以长芦通纲引课每年十月内奏销，正值售销菜盐之时，盐价未及收齐，而奏销已届，商力未能舒徐，将长芦通纲盐课改于十一月底奏销；又以两浙商人吁恳携众赴津，抒诚祝嘏，忱悃可嘉，加恩将每引额定盐斤外，加盐五斤，免其输纳课项，以一年为满。是年，淮南北各场春夏多雨，场盐歉产，各口岸亦多被水，行销不畅，谕将己丑纲奏销展至八月题报。

三十六年，上临幸天津，以长芦盐池被淹，商力拮据，谕加恩每斤暂增钱一文，以降旨之日为始，定限一年，仍照旧值行销，其本年引课，分作三年带征，以纾商力；又山东各商历年引课无欠，而积盐仍有未销，商力亦艰，驾至山东，谕将乾隆三十五年正课分作八年带征，并准照长芦之例，每斤暂加钱一文，定限半年，以资充裕。

三十八年，谕：长芦商众赀业素微，两次巡幸莅天津阅视盐务，深悉其情，是以节次加恩，增价带征。今翠华临幸各商，无不踊跃欢呼，但念伊等第一次银两业已完缴，而第二次带征之银，与本年正课同时并纳，仍不免少形竭蹶，着再加恩，将三十七年正余课项，自三十八年奏销后起，分限六年带征。

三十九年，准长芦盐政西宁疏请，将乾隆三十六年第三限银两并三十七年六限银两，统俟本年奏销后，分限十年带征。是年，山西巡抚巴延三盐政常龄疏言：河东太池产盐歉薄，不敷配运，请于河东开浚六小池，并发运芦盐接济。从之。又准四川总督文绶请，令开淘犍为县盐井，照例征收课银；又盐政李质颖以黄河水漫，淮安盐堆被浸，请将淮北甲午纲未运引盐应完正课银二十七万五千余两，准其自乙未纲起分限五年带征。从之。

四十年，又准两淮将乙未纲限至来年八月造报，并准淮北上年被水各商，仍将丙申以后四纲带征银二十二万余两，展限四年，分作八年完纳；又谕河东盐价未平，其小盐池六处甫经开采接济，所得赢余，未能补足前两年歉收之数，商力不无拮据，着加恩照该抚巴延三等所请，将从前暂增二厘盐价，再行加限三年，俾转运益资充裕。

四十一年，上巡幸山左，见商众迎銮欢欣鼓舞，于是特沛渥恩，将山东商人本年应征乾隆四十年、四十一年引票正项银三十六万七千七百余两及未完借项银二十四万两，自本年奏销后起，限分作八年带征。

四十三年，定山西巡抚兼管河东盐务。

四十五年，上巡幸江浙，途经直隶山东，商众踊跃，抒忱加恩，将长芦商人应征乾隆四十四年盐课五十余万两内十分之一，分作五年带征。其山东商人并将乾隆四十五年应征票引盐课银十八万余两，自本年奏销后起限，分作六年带征。

四十五年，停止河东盐池五年轮派商人承办之例。

四十七年，豁免淮南商人应缴提引余利银二百万两①。先是淮商应缴提引余利银，分作二十一限完缴。时该商已完缴十三限银，其余八限尚应缴银三百八十

---

① 提引余利银，官府贷款给盐商而收取的息银。《清史稿·食货四》称"提引余息银"。

六万六千余两，兹豁免二百万两，其下欠一百八十六万六千余两，仍照原限完缴。

四十九年，又将淮商未缴余利银一百八十六万六千余两全行豁免；又免淮南灶户所有乾隆四十五六等年带征未完银七千九百余两；又山东应征引课银三十六万余两，长芦应征引课银四十九万余两，准作八年带征。两广总督舒常疏言，粤东旧设总商，派捐津贴银两，散商辘轳转运，积欠甚多，请照乾隆二十三年清查积欠例，分别带征。并将总商裁革，以杜勒派之渐。从之。

# 卷十三　食货十三

**轻重上：平粜、常平仓、义仓、社仓、盐义仓**

臣等谨按：轻重之说，始于管子。管子曰：民有余则轻之，故人君敛之以轻，民不足则重之，故人君散之以重。其后李悝得其术以相魏，每岁视上中下三熟以为籴，即视大、中、小三饥以为粜，而平粜之说详焉①。常平义仓和籴者，又本于平粜之法也。自唐以后，积贮非不丰盈。至宋又有结籴、寄籴、俵籴、均籴、博籴、兑籴、括籴诸名目，原其始意未尝不欲抑富贵囤积居奇之谋。而其既也或取以充他用，或取以给边军，甚至挪移补空，官自效商贾之为，而利其积粟之入，于救荒全无实济，大失常平之意矣。我国家太和洋溢，年谷顺成，而列圣勤求民瘼，多为未雨绸缪之计，其在直省则设有常平仓，乡村则有社仓，市镇则有义仓，近边则有营仓，濒海则有盐义仓。又复以时布截漕之惠，定劝输之法，广协采之方，申遏粜之禁。其粜籴也有时，其出纳也有制，出陈易新，不累害于闾阎；散滞取盈，严漏弃于胥吏。鸿规善政，无一夫不沾实泽，此所谓万世不易之良法也。兹仍旧典编目，而以平粜、常平、义、社诸仓附焉。

崇德元年②，令八家各出粮百石，诣市发卖，以充民食。

六年，都察院参叔祖可法等上言二事：一、杜塞囤积之弊。有粮之家，或卖或借，卖则从市平粜，借则从时起息；一、请开纳粟之例。论罪大小，限以米粟捐赎③。其平人有急公输粟者，量加奖录，俟秋成丰稔，即行停止。从之。

顺治四年，江西巡抚章于天上言，请发仓米三千余石，减价平粜。从之。

---

① 平粜，清减灾、防灾的措施之一，丰收年以高于市价买入粮食，叫平籴；歉收年则以低于市场价卖出，叫平粜。
② 崇德，清太宗皇太极（公元1626—1643年在位）年号。崇德元年，1636年。
③ 捐赎，以米粟作赎金。

十一年谕，赈济直隶大臣巴哈纳等曰：饥民得银易米维艰，殷实之家有能捐谷麦减价出粜者，酌给好义匾额及羊酒币帛以示旌表。其丰收处有遏籴者拿问重处。寻议定：各府州县常平、义、社各仓①，责成各道员专管。其应行事宜，听呈该督抚具奏。每年二次造册报部，按积谷多寡以定该道功罪。

十二年，定各州县自理赎锾，春夏积银，秋冬积谷，贮常平仓备赈。

十三年，令各省修葺仓廒并印烙仓斛。

十七年，定常平仓谷，春夏出粜，秋冬籴还之制。

康熙六年，令甘肃省将积贮米石变价另籴新谷以备赈济。

七年，谕：停止陕西西安等府积谷变价生息。

十八年，巡抚慕天颜以江宁各属报灾，请借拨库银往湖广籴米平粜。从之。是年，令各省地方官于每岁秋成，劝谕官绅士民捐输常平仓米谷。乡村立社仓，市镇立义仓，公举本地善良之人出陈易新，春贷秋还，以备赈济。

十九年，谕户部，积谷原备境内凶荒，若拨解外郡，则未获赈济之利，反受转运之累，人将惮于从事，必致捐助寥寥。嗣后常平积谷留本州备赈，义仓社仓积谷留本村镇备赈，永免协济外郡以为乐输者劝。是年，令奉天城守征收杂税，购米贮内府，修造仓廒，名曰备米，以备紧急拨用。

二十一年，命州县卫所官员，劝输常平各仓谷。定议叙之例，一年内劝输至二千石以上者，纪录一次；四千石以上纪录二次；遇加至万石以上者，加一级。

二十四年，议准，山海关、古北口、张家口等处积贮谷石，以备蒙古岁歉。并令黑龙江墨尔根建仓贮谷。

二十九年，令奉天锦州等处将地丁钱粮每年存五千余两，酌量米价采买；其所收牛马税银三千余两，亦酌量买米收贮。是秋，山东丰熟。正赋先经蠲免，绅衿士民咸及时乐输，巡抚以闻。议准不论高梁谷石②，每亩捐三合，共捐二十五万余石。

三十年，令直省各州县所捐谷石，大县存五千石，中县存四千石，小县存三千石，遇荒即以此项散给；其留仓余剩者，俱于每年三四月照价平

---

① 常平仓创自汉代，其目的是"调剂粮价，备荒赈济"。清从顺治时开始，在各州县设常平仓，市镇设义仓，乡村设社仓，东北设旗仓，近边设营仓，以备荒歉不时之需。

② 高梁，应为高粱。

粜。嗣又令直属捐谷，各州县再加贮一倍。是年，令江宁、京口等处官兵驻防之地，各截留漕米十万石，建仓存贮。

三十一年，直隶巡抚郭世隆奏言：奉天屡登大有，请令山海关监督许肩挑畜驮者进关转粜。从之。又谕通州至山海关所有皇庄及王等庄屯米谷，俱照时价转粜；又以山西平阳府等处麦贱，命兵部右侍郎王维珍往籴备贮。是年，令转运湖广襄阳府米二十万石至西安，仍照湖广价值止加算所运脚费平粜；令江西将常平仓米春间出陈，秋成后每一石收买新谷二石还仓；又定各省常平仓谷石、州县离任时照正项钱粮交代例，短少者以亏空论；复令西安凤翔二府及福建、浙江等处俱照山东捐输之例，择地备贮。

三十二年，以西安米价尚贵，谕户部招募富商，给以正项钱粮，听其于各省购米运至西安发粜，米价平后但收所给银，其利息听商人自取。是年，令通仓每月发米万石，减价平粜。

三十三年，令将山东运济盛京之米，酌量截留，于金州等处减价平粜；又令霸州文安等处贮仓米谷十万余石，赈给三万石，余着减价平粜；其沿河一带景州等州县卫所各截留山东漕米二千石平粜。

三十四年，上以盛京亢旱，令支去岁海运米二万石，以万石散给，万石平粜；又于密云顺义拨转运积贮之米，每月发千石平粜，并运通仓米至密云顺义各万石，贮仓备用。

三十五年，发盛京仓储米谷五千石，运至墨尔根阿敦备黑龙江吉林之赈。

三十六年，议准，陕西榆林所属驻兵卫堡，照州县积贮。是年，从山西巡抚倭伦请，拨运湖广仓谷分贮保德州备赈。

三十七年，直隶、保定、霸州、固安、文安、大城、永清、开州、新安水，截运山东河南漕粮，每县万石，积贮平粜。是年，定四川松潘等处贮谷，以二分存贮，以一分出借，着为例。又定州县及府道等官霉烂仓谷处分之例。

三十八年，截留漕粮十万石于江南高邮等处平粜。

四十年，又截留二十万九千余石于江宁淮安等处存贮备赈；截留二万石贮河间沙河桥地方备赈，三万石运至济宁州兖州府等处州县充赈。是年，又于江苏截运漕粮十万石，安徽五万石，浙江杭嘉湖三府八万石，减价平粜。

四十二年，令陕甘积贮仓谷：大州县贮米三千石，次二千石，又次一千石，每年于秋成时采买存贮。又令各省于村庄设立社仓，令本村诚实之人经管，上岁加谨收贮，中岁稔借易新，下岁量口发赈。

四十三年，发通州仓米三万石至京城平粜。又议准各省常平仓积贮米谷定例：大州县存万石，中八千石，小六千石；又议准山东常平仓额：大州县存二万石，中州县万六千石，小州县万二千石；山西常平仓额：大州县存二万石，中万六千石，小万二千石；江苏常平仓额：大州县存五千石，中四千石，小三千石。

四十四年，议准河南居数省之中，宜积谷以备赈济山陕，令将四十三年漕米易谷四十六万五千六百八十二石，于河南府贮二十三万五千六百八十二石，建仓二百九十三间，其余二十三万石于近汴近洛之祥符贮三万石、中牟二万五千石、汜水二万石、巩县二万五千石、渑池二万石、偃师二万八千石、陕州二万七千石、灵宝二万八千石、阌乡二万七千石，共建仓三百六十四间。

四十六年，江苏巡抚于准请发藩库银至湖广买米平粜。从之。寻令江苏各州县将截留分贮米石平粜，并令各省督抚听商人贩米出境。

四十八年，以江浙米价腾贵，令有司劝谕绅民捐输平粜，并申禁富豪收买囤积之弊。

四十九年，议定，陕甘存贮米石，于粮贵之年存五粜五，粮贱之年存七粜三。又令湖广镇筸地方，酌借帑银三千两，买谷贮仓。开浙江纳粟例。向例，惟江南开例捐监①，定额贮仓。浙江捐纳之人多，将米运赴江南，浙省米贵，至是亦照江南例纳粟，俟贮仓额足，即行停止。

五十一年，议准，山东省分贮捐谷：大县一万石，小县八千石，仍于沿河等处酌留数十万石，以备邻省拨运。

五十二年，发京仓米一万石，于京城平粜。时以广东米贵，发常平仓谷三十万石，令都察院左都御史赵申乔赴广平粜。又谕，拨江浙两省米二十万石，由海运往，若广东丰收，将米一半存贮粤省，一半分运闽省备赈。是年，浙江歉收，惟拨江南五万石运至福建，五万石运至广东。

五十四年，以密云古北口关隘要地，各运米万石存贮。是年，定直省社仓劝输例，凡富民捐谷五石者，免本身一年差徭；至一二倍者，照数按

---

① 捐监，指明清时期出资报捐而取得监生资格。始初规定，报捐者必须是生员，后来无出身者也可捐纳而成为监生，称为例监。

年递免；绅衿捐谷自四十石至二百石以上者，令督抚道府州县分别给匾，以示奖劝。

五十五年，开山海关米谷入口之禁，时直隶永平府属艰食，而关外积米颇多，故令暂开两月，以济关内；复发仓米三万石贮京仓平粜。

五十六年，发通州仓积米，分运直隶各府州县存贮，并发内务府庄头谷石减价平粜。

六十年，直隶、山东、河南、山西、陕西岁歉，陕西较甚，拨河南、湖广米各十万石存贮备赈，五十九年，截运漕米十万石。复发内库银五十万两；又令左都御史朱轼、光禄寺卿卢询往陕省劝谕富户，照时价粜卖；发直隶、山东、河南、山西常平仓谷分赈并平粜。又令浙江运米三万石至福建厦门收贮。是年，山西建立社仓。

雍正元年，饬直省督抚查核存仓米石，发浙江库帑买米三万石运至福建分贮：厦门万石、泉漳二府各六千石，其余八千石运赴福州，遇米价稍贵，奏请平粜。谕河南巡抚石文焯，豫省地广民庶，素封之家常喜储藏米谷以收居奇之利，比年荒歉，民食维艰，其早为筹划，俾富室之粟，皆得流通，出粜于官，以为赈恤之用。又谕，截留漕米六万二千五百九十石于卫辉府存贮，拨运陕州；收捐米二万石于怀庆府存贮。

二年，以江浙海潮泛溢，发湖广、江西帑金买米十六万石，运至江浙平粜：河南买米四万石，山东买米六万石，安徽买米五万石，运至苏州平粜①。是年，议定社仓事例。谕：社仓之设，原以备荒歉不时之需。奉行之道，宜缓不宜急；劝谕百姓，听其自为，不当以官法绳之也。是在有司善为倡导于前，留心稽核于后，使地方有社仓之益，而无社仓之害，督抚当加意体察。寻议定，地方官劝输米石，暂于公所寺院收存，俟息米既多，建廒收贮，所捐之数，立册登明；若有捐至十石、三十石、五十石以上者，给以花红匾额，递加奖励；如年久不倦，捐至三四百石者，给以八品顶带；每社设正副社长二人，以司出纳。其收息之法：凡借本谷一石，收息二斗，小歉减半，大歉全免。至十年后，息倍于本，祗以加一行息。乾隆三年议定，每息谷十升，以七升归仓，以三升给社长作修仓折耗。其出入斗斛，遵照部颁公平较量，夏则计口给发，冬则依限完纳。其册籍登记，每社设用印官簿二本，登载数目：一社长收执，一缴州县存查。其存查之

---

① 此处合计买米十五万石，不足十六万石之数。

本，夏缴秋领，冬缴春领。凡州县官止听稽查，不许干预出纳。

三年，定各省存仓米麦改易稻谷例。又令黔省兵米合计共存三年之蓄，减价平粜，着为例。又以归化城土默特地方，年谷丰成，令购买建仓收贮，其归化城大青山黄河岸口，亦令建仓贮谷。又谕仓场总督，将旧贮米石减价平粜，并令近水州县可通舟楫者，俱赴通仓领运平粜。定云南社仓题报谷数之例。是年，以湖广、江南、浙江秋成丰稔，命湖广动支库银十万两采买于省仓及各州县收贮。

四年，从巡盐御史噶尔泰请，以两淮商捐银二十四万两、并缴公务银八万两建盐义仓，交商人经理。从之。是年，令京仓减价平粜；又定州县侵蚀挪移浥烂仓谷之罪。是年，发通仓米二万五千石运至保定平粜；又令山西发帑金四万两买谷，分贮太平潞大四府，各州以五年为例；陕西发帑金十二万两买谷存贮凉州、临洮、巩昌、甘州、宁夏各府属以备拨用；又令福建动支正项钱粮，运米十万石存边海地方；又令广东贮数多者开仓平粜，将价银交数少州县买贮，其广西捐谷粜三价值，亦令采买谷石，运交广东分贮；又谕发仓米五万于京城平粜；又准浙闽总督奏请，于江南淮安采买二麦运闽平粜，并截留浙江漕粮十万石易谷运闽备赈。令广东各营建仓贮谷，每兵一名，存谷一石，以备借贷。广东边海之南澳镇右营、登海二门达濠等营贮谷五千二百石，潮州镇标三营、惠来平海大鹏等营贮谷六千二百石，提标五营贮谷五千石，督标并水师六营肇庆城守营共贮谷七千石。时上以江南被水未消，荞麦未能耕种，恐交春米价渐昂，存贮留运之粟未必敷用，下九卿议。寻议令该督抚动帑赴产米地方采买，再照河工议叙贡监之例将银两改为本色，分别府州县大小、酌量米谷多寡，俟收足停止。令杭州建仓，以浙商输银买米存贮，照两淮盐义仓之例，随时平粜。

五年，定盘查常平之制。又增贮浙江常平仓谷百四十万石。原贮谷七十万石。开湖南、湖北捐谷事例。定山东社仓事例。又建米谷仓六所于江南泰州、通州、如皋、盐城、海州、板浦附近商灶地方，以备贫苦灶户缓急之用。

六年，设立京城八旗兵丁米局二十四，通州二，京师每局给银五千两，通州每局给银八千两。凡兵丁卖米者，赴局以时值买贮，买者平价卖给。

七年，以两翼八旗通州米局生息银四百余两仍留米局内买米生息，着三年查奏一次。又拨江苏贮谷十万石，截运浙江漕米十万石，运闽接赈。

八年，定福建台湾府拨发泉漳等府额粟，将官庄现存粟银内抽拨采买运往例。又定广东潮州城守三营贮谷三千石之制。是年，颁发社仓谕旨，令陕西督抚勒石宣布。又申明各社谷借给之例。凡遇荒歉，贫民借领仓谷者，每石止收息谷十升，遇小歉免息还仓。

八年，准淮商领运湖南仓谷，于本年湖南岳常二府雨泽稀少之处照时价粜卖，令奉天近海州、县运米二十万石至山东平粜。时东省十场二县存贮灶谷八千三百石零，旧无仓廒收贮，至是议令移贮府仓，以备赈济。是年，京城平粜于五城暨通州各增一厂。

九年，山东水，发米二十万石平粜，十五万石充赈；又遣科道官赍帑往天津等处买粟五万石，运赴德州、常丰、临清等仓收贮备赈；又于奉天拨粟二十万石，由海运赴天津转输德州接济，其东昌以上近水州县，截江西、湖广漕运三十万石存贮备赈；又接浙江省永济盐义二仓及水次州县谷石，赴淮北山东平粜。是年，直隶亦发粟平粜。增贮江苏四川两省积贮，江苏大县增米万五千石，中县万石，小县八千石；谷则倍之。其常镇二府，令于水路冲要处另各贮五万石，以备转运。四川存贮米谷通计止四十二万石，亦令于三年内买足六十万石。又议准广东琼州镇琼协龙门、协香山、协虎门、协广海塞分贮谷万六百石。

十年，定甘、肃、凉三州向捐折色者，改捐米石。设江苏崇明县积贮仓贮米万石。

十一年，拨永平府属仓谷八千石至喜峰口建仓存贮；是年，黔省新辟苗疆，安设重镇，令于广西浔州沿河等仓拨谷五万石，分运古州都江建仓存贮；又议令新设苗疆河西七儿堡建仓贮米二千石。

十二年，建福建厦门积贮仓。

十三年，内阁学士方苞疏，定平粜仓谷三事。一、仓谷每年存七粜三，设遇谷价昂贵，必待申详定价示期，穷民一时不得邀惠，请令各州县酌定官价，先期开粜；一、江淮以南，地气卑湿，若通行存七粜三，恐霉烂实多，请饬南省各督抚验察存仓色，因地分年酌定存粜分数，其河北五省，倘遇岁歉，亦不拘三七之例，随时定数发粜；一、谷存仓则有鼠耗，盘量则有折减，移动则有脚价，粜籴守局则有人工食用，春粜之价则有赢余，亦仅足充诸费，请饬监司郡守，岁终稽查，但谷数不亏，不得借端要挟；倘逢秋籴价平贱，除诸费外，果有赢余，详明上司，别贮一仓，以备歉岁赈济之用。又议定奉天锦县、宁远州各贮米十万石，长宁县贮米五千石；又议准云南社仓存贮未及千石者，于常平官庄等谷内动拨五百石或八百石作为社本，令社长经管，俟足千石之额，将常平等谷归还原款。

# 卷十四　食货十四

**轻重下**

乾隆元年，谕：积贮平粜之法，原以便民，乃闻各省州县于仓谷出入竟有派累百姓者，当出粜之时，则派单令其纳银领谷若干，及买补之时，则派单令其纳谷领银若干。纳银则收书，重取其赢余；纳谷则仓胥大肆其抑勒，甚至以霉烂之谷充为干洁，小民畏势不敢不领，惟有隐忍赔累而已；更有山多田少之地，产谷无多，而该地方官不能向他处采买，但按田亩册籍核算发价，派令百姓将田亩岁收之谷交仓，绝不为民间计及盖藏，至有十余亩之田而亦责其承买米谷者；在附郭居民去仓不远，尚可就近转输，至于远乡僻壤离城百里或七八十里之遥，亦一概令其领银纳谷，小民负戴越岭登山，穷日之力始至交纳之所，而奸胥蠹吏又复任意留难；及平粜之日，鸾远乡村更不能均沾实惠，是不蒙积贮之益，徒有转运之苦，良法美意，行之不善，以致流弊种种。其作何变通，使闾阎受其实惠而无扰累，各大吏当悉心筹画，令有司实力奉行，以副朕爱养斯民之至意。寻严禁粜买派累之弊。是年，定湖南省存粜例。长沙等四十五府州县地势干燥者，仍存七粜三；永州等三十一府厅县卫地势稍湿者，存半粜半；龙阳等四县地势尤卑者，粜七存三。又议准四川龙安宁远茂州所属及雷波卫黄螂所等处地居边荒，风土较异，兼积贮杂粮，性不耐久，令每年粜半存半；广东广州等七府、南海等之三十九州县、新安等二县丞所管属沿海卑湿之区，亦如四川例。

二年，又准安徽临近江湖，地形卑下之安庆等府州、怀宁等三十八州县，减价粜半存半。增设广东左翼镇标营仓，令动支公项一千一百余两买谷三千石存贮。

二年，行烧锅踂曲之禁①。北省以麦烧酒者，谓之烧锅。两江总督庆复巡盐御史三保先后疏请拨两淮盐运仓谷三十六万石于扬州平粜。从之。

三年，严申踂曲之禁。又定地方官交代仓谷，凡采买续交者，限运到之后五日内盘查，如采买地远者，酌量定限，俟运到交仓，再行报部，不许虚立文案；又题准四川粜卖常平谷价银，买补正项外，余银均买作社粮以为民倡。

四年，截留江苏漕米二十万石以补平粜之用。时江南浙江四川年谷丰稔，各采买有差；又采买口外八沟等处杂粮，令直隶提督永常分贮附近各仓；又议准陕西巡抚奏定社仓事例，社长限定三年更换，以杜欺弊，并将借户谷数、姓名粘贴晓示，以除捏冒。是年，设立浙江福建四川各属营仓，发帑买谷分贮。

五年，从河道总督白钟山请，设立河标营仓，买谷分贮；又谕，地方积谷备用，乃惠民第一要务，而州县有司，惟恐贮谷太多，平时难以照料，离任难于交盘，瞻顾迁延，实为通病。今年直隶山东河南江西等省皆获丰收，而各省奏报年谷顺成者颇多。况江西湖广原属产米之地，皆当乘时料理积贮之政，并切谕小民撙节爱惜，毋糜费于无益之地，如造酒造曲之事，尤宜禁约。又谕：地方积谷，恒难充盈，而州县有司，往往虑及霉变赔补，以多积谷石为忧。其如何酌量定例，俾其从容不致赔补之处，该部议奏。寻议，各州县如地本潮湿，难以久贮者，令该督抚查核京仓气头廒底数目，酌减开报，估成粜买。

七年，谕：从前苏抚奏请减价粜谷，于成熟之年，每石照市价核减五分；米贵之年，每石照市价核减一钱。此盖欲杜奸民贱籴贵粜之弊也。但思荒歉之岁，谷价甚昂，止照例减价一钱，则穷民得米仍属艰难，不沾实惠。嗣后着该督抚临时酌量情形，应减若干，预行奏闻请旨。又谕各省，凡遇岁歉米贵之年，着该督抚即饬地方官多出仓谷，减价平粜，务期有济民食，毋得拘泥成例。又申明平粜减价之令；又定江西湖广于有收之岁，将米值每月咨报他省，以便采买。

八年，发京仓米豆平粜。又谕户部，将仓贮米石酌量给发各旗米局及五城米厂，减价平粜与奇零贩负之人，俾得粜买。

九年，于通州北路沙河西路芦沟桥设厂发米二千石，南路黄村设厂发

---

① 踂（xǐ），《说文》：舞履也。集韵：步。又指徐行。这里指踩曲。

米六千石平粜。复通州米局。时通州两局归并一局，止留本银六千两收买俸米，至是从都统永兴请，仍于旧城内添设一局，每局给发本银万两，于收米时令地方官稽查。先尽两局收买足数，方准民间收买。关仓之后，官局将所收之米，仍减价平粜。又拨湖北米十万石运赴浙省，以备赈粜；议定陕西所属常平谷二百七十三万三千有十石，按州县大小分贮：咸宁长乐二县各贮谷七万五千石，葭州神木等七州县各贮五万石，绥德肤施等十二州县各贮四万石，富平临潼等七州县各贮五万石，干州三原等八州县各贮四万五千石，华州蓝田等十一州县各贮四万石，邠、耀等七州县各贮三万石，商郿等十七州县各贮万七千二百余石，同官麟游等七州县各贮八千石。兴安洵阳等七州县地气潮湿，易致红朽，仍以现存旧谷四万四千五百四十石作为定额。是年，设河南驻防营常平仓二座，籴米存贮。

十年，发密云古北口并喀喇和屯仓粮于热河平粜，发宣化府粮二十余万石接济。

十一年，定福建台湾常平四十万之额。是年，上以徐淮海三属系常被水患之处，积贮尤关紧要，饬令于所属丰收地方，或麦或谷买补，并令各省贮价未买者，照江南例，分路采买。定山西士民所捐义仓谷，俱照直省社仓之例，设山东营仓以标息银买谷四千石存贮。

十三年，发京仓米给各旗并五城米局平粜。又拨江西米十万石于江苏平粜。定直省常平仓额：直隶二百一十五万四千五百二十四石，奉天百万二十二石，山东二百九十五万九千三百八十六石，山西百三十一万五千八百三十七石，河南二百三十一万九百九十九石，江苏百五十二万八千石，安徽百八十八万四千石，江西百三十七万七百三十石，浙江二百八十万石，湖北五十二万九百三十五石，湖南七十万二千一百三十三石，四川百有二万九千八百石，广东二百九十五万三千六百六十石，广西百二十七万四千三百七十八石，云南七十万千五百石，贵州五十万七千余石，福建二百五十六万六千四百九十石，陕西二百七十三万三千余石，甘肃三百二十八万石。又定各省常平仓额外积贮：河南省仓贮七十七万五千一百四十三石有奇，江宁省仓贮万二千石，崇明县仓贮二万石，浙江永济仓贮八万四千四百三石有奇，玉环同知仓贮六千石，广东广粮通判仓贮九万八千七百八十五石有奇，福建新设台湾仓贮四十万石。

十五年，截江浙漕三十万石平粜。是年京师发仓粟千石平粜。

十六年，复发米、豆十八万四千石于京师平粜。是年，发浙江常平谷于温、台二州平粜。更定八旗米局为左右二翼米局。

十七年，裁八旗米局收买银二万两。向给本银二万，今裁米局，故并除之。

十八年，直隶义仓告成，总督方观承绘图以闻。直隶义仓贮谷二十八万余石，其有士民捐输者，每年一次，专折具奏。凡上年报捐及出借动用之数，于次年二月内奏明存案，以备稽查。又谕：四川总督黄廷桂酌拨仓谷二三十万石运往江南，以备赈粜。又以湖南巡抚陈宏谋请，复运湖南仓谷二十万石于江南接济。增湖北常平额四十万石。

二十年，以京仓所贮豆粮年久色减，令该仓场等酌定数目，分给五城，减价平粜。其未久之豆，令王公大臣官员等各按品级承买。

二十一年，上以巡幸江浙，谕拨江西、湖南米各十万石运交江苏，湖北米十万石运交浙江，并将该二省漕各截运十万石以备平粜。

二十二年，以豫省赈借不敷，拨江西、湖北仓粮运交河南，以备平粜。又发直隶魏县元城大名等处仓谷，照市价每石减银三钱平粜。

二十三年，奉谕旨，据刘慥奏，州县出借仓谷，每年秋收后不能催完，至春辄捏报还仓，旋即详请出借，不过令旧借之户换一新领等语。各省仓储，向例春借秋还，贫民既得资其接济谷石，亦可以出陈易新，而次年贫户又可再行借给，若不如期催令完纳，而以旧欠作新领，则出借之项，年复一年，不惟胥役从中影射侵蚀，而欠户逃亡事故势必终致无着。仓储既虚，谅不能另为筹给，是名虽设仓备借，仍属有名无实。嗣后各督抚务当严饬所属，实力奉行，除缓征州县外，所有民欠仓谷，各令依限还仓，其有捏欠作还以欠作领者，即查明参处。是年，定旗丁余米准在通州出粜例。谨按：向例，运丁所余食米，俱由坐粮厅衙门给与照票，俟回空时于天津沿途售卖。而通州水次则例，应严禁私粜。至是令所余食米，听其在通出粜。

二十四年，甘肃皋兰等属及关外安西五卫粮价昂贵，酌减粟米每石银二两四钱、小麦每石银二两二钱平粜；又令河南巡抚胡宝瑔购麦运京平粜，并截运漕粮四十万石存贮天津北仓备赈；至景州以北被水州县二次截留漕粮共四十万石，俱令酌量分贮。云南巡抚刘藻疏请社仓谷照常平额数七分为率，按年敛散，每石收税米三升，永不收息。从之。

二十五年，拨山东漕米五万石，江南十万石运京平粜。

二十六年，准甘肃省收捐纳监粮。又以安徽省社仓还官谷本十五万三千三百六十石归补常平仓。是冬，以明春巡幸江浙，令照丁丑年例，将两省漕粮各截留十万石，在水陆驻跸处分厂平粜。

二十七年，发京仓米五万石及黑豆分给五城平粜。是年，增奉天所属仓贮米石，并于沿海各仓加贮黑豆，省会旗仓加贮粟米六万石；沿海之锦州加贮粟米三万石，黑豆二万石；牛庄盖州各加贮粟米二万石，黑豆万五千石；宁远、广宁、辽阳、义州四城各加贮粟米一万石；熊岳、复州、宁海、秀岩、凤凰、开原六城各加贮粟米五千石。又于大同府属之丰镇厅、朔平府属之宁远厅，各设常平仓贮谷三万石。

二十八年，拨存仓黑豆四万石，分给五城平粜。又拨米万余石于热河平粜。

三十年，定各府仓谷责成首邑经管例。向例均系知府经理。

三十二年，谕：节年以来，屡经降旨，准令旗丁在通州变卖余米，以资日用，现在各该省漕艘陆续抵通，于兑足正供后，旗丁余多米石，如有情愿出售者，仍着加恩准其在通州粜卖旗丁，既属便宜，而地方粮石益加充裕，于民食更有裨益，该部遵谕速行。嗣于三十二年至五十年并准粜如例。

三十五年，谕：今岁适届夏闰，秋成节候少远，而距官员领俸之期亦迟一月，市肆米粮未免不敷接济，所有王公大臣官员秋冬二季俸米即于七月十五日起开仓支放，俾官员早有常糈，市值自可藉以平减，于民食亦属有益；又谕：前因直隶被水，各属赈务需米颇多，业经降旨，将截留漕粮，并拨通仓米共四十万石交杨廷璋饬属妥办。兹面询该督，据奏，各属常平米石尚未买足，今年临幸天津，复经蠲免旧欠米石，现在各州县仓廒所存尚恐不敷应用，着再加恩拨通仓米二十万石，俾得宽裕赈给，贫民口食亦资接济。

三十六年，谕：京城及近畿地方，自春入夏，雨泽较稀，麦收不免歉薄，幸有官麦平粜，市值未致加昂。但现届青黄不接之时，米价或恐因而增长，着照二十七年之例，于京仓内量拨米石给五城平粜。

三十七年，谕：嗣后各督抚按月奏报粮价，务饬属周咨市值，核实详明，列单具奏，不得蹈袭积年陋习。奏报粮价，自乾隆三年，山东巡抚黄叔琳奏准，将贵贱昂平分为等，则嗣后皆循例奏报，至是革除，务准时值。

三十九年，拨通州仓米十万石于天津府属平粜。是年，截江苏漕二十万石于淮安备粜。

四十四年，谕：朕明春巡幸江浙，所有供宿顿次皆出自帑项，丝毫不以累民，第扈从官兵以及外省接驾人等辐辏云集，经过地方，米粮价值恐一时或致腾涌，着照从前之例，于江浙二省冬兑漕粮内各截留十万石，分厂平粜。是年，截留安徽省颖州①、凤阳、泗州三府，六安、霍山二州县漕三万五千石，于亳州、蒙城平粜。

四十六年，截留江苏漕十万石，于崇明平粜。是年，又截留江南淮徐漕五万石，于沛县、睢宁、丰县、铜山、邳州、宿迁等州县平粜。

四十七年，谕：本年直隶承德府各属，雨泽未溥，粮价稍昂，现在平粜存仓余米二千石，以资接济。数日以来，甘霖虽已垒沛，而青黄不接之时，恐民食未免拮据，着再加恩将存仓余米平粜三千石，以副朕轸念民艰有加无已之至意。是秋复平粜一千石。又截留江西起运漕米三十万石，于山东兖曹等处平粜。

四十八年，四川总督特成额请以未经变价之义仓谷存贮民间，以资接济。从之。又谕明春南巡，着照从前之例，于江浙二省冬兑漕粮内，各截留十万石，在水陆驻跸之地，分厂平粜。

四十九年，准甘肃应行平粜地方，照例价大加酌减。时以甘肃逆回滋扰，故有是令。

五十年，准河南截留漕粮三十万石，山东裁留漕粮二十万石以资平粜。又谕：江苏徐、淮、海三属州县仓储，频年赈贷，所存粮石无多。其淮安一属，着该督抚就近酌拨调济。所有徐海二属，邻近豫东二省，地方粮价不无昂贵，着即于邳宿一带水次截留漕米十万石，以八万石分拨徐州各属，二万石分拨海州各属，以备赈粜。又谕：安省亳凤等属上年被水歉收，本年又复雨泽愆期，农民望泽孔殷，未免情形拮据，自应宽为储备，俾资赈恤，着于三进帮船内截留漕粮五万石存贮备用。

---

① 颖州，应为颍州。

# 卷十五　食货十五

## 市籴

臣等谨按：周礼司市之法①，以泉府同货而敛赊②，原以为酌盈剂虚之制，后之言事者，遂置平准，立均输，藉口于泉府之法，则失周制之遗矣。我国家以时乂厥庶民，凡陈肆辨物，皆因商民所便，时地所宜，未尝设立专官；而通工易事，经邦柔远之规，无不裁成尽善。自世祖章皇帝奄有九宇③，尽革明季召买诸弊；禁王府商人、满洲王公大臣家丁、庄头不得出外贸易，其供亿内府之需，靡不当官平市，厚给价值，并严饬内外臣工毋得摊买克扣。收量有式，糜费有禁，市价有经。至于牙行侵蚀居奇，既饬之以明条，尤晓之以德意，以故泉货溢于寰中，刀布流于域外。至于市舶之制，我国家受命之初，高丽、琉球率先表贡，他如红毛、日本、暹罗、吕宋、噶喇吧诸国④，远隔重洋，莫不献琛纳赆⑤，愿效悃忱，列圣抚绥怀柔，德威并著，缘其职贡，以通其货贿；宽减税额，以丰其生息；厚加赍赏，以奖其忠诚；又为之核验官符，讥察内匪，是以外藩莫不怀畏，百余年来，遐迩皆梯航恐后。若乃西北茶马之市，行之既久，边氓番族胥享其利迩者。新疆底定，版章式廓二万余里，因而度地开廛，因中置市，先之以官办，次之以招商，斗斛权衡，一禀部颁法制。皇哉大一统之

---

① 司市，官府机构（官名）。《周礼・地官・司市》："掌市之治教政刑，量度禁令。……以陈肆辨物而平市……以泉府同货而敛赊。"郑玄注：同者，谓民货不售则为敛而买之，民无货则赊贳而与之。

② 泉府，官府机构。按《周礼》所记，其职"掌以市之征布，敛市之不售；货之滞于民用者，以其价买之，物楬而书之，以待不时而买者，买者各从其抵"。应该说，均输平准适应了当时的需要。清市易更单一。

③ 九宇，即九州、全国。

④ 红毛，旧指荷兰，后亦泛指西洋或西洋人。暹罗，指泰国；吕宋，指菲律宾群岛的吕宋岛；噶喇吧，指爪哇。

⑤ 琛，指宝物；赆，临别时赠送的礼物。

阃规，蔑以加兹。臣等恭纂皇朝通典例，仍杜典旧目编列。伏念我朝，并无所谓平准均输名目，既无其事，则不得徒仍其目。谨据昭代通商惠民之政，首编市易，次编市舶互市，通曰市籴，仰见我国家阜成兆民，有互市交通之便，而无商贾榷并之术焉。

顺治元年，设立贸易人参科条，止许于江宁、扬州、济宁、临清四处开肆，其有亏值勒买者，罪之。

二年，令各庄头采买刍粮，毋得勒价强买。又申江宁苏杭各处机房组织恶薄之禁。

四年，罢粤东雷廉二郡采珠役。

五年，禁止诸王府商人及旗下官员家人外省贸易。

六年，申定贸易人参科条。嗣后止许在京均平市易，永为定例。

八年，停止陕西买办皮张。又颁定山西潞绸式样，每匹长五丈，阔二尺五寸，酌定价银十三两，岁织千四百七十九匹。

十七年，以内大臣伯索尼言，令商人解部木料照额抽税，余听发卖。

康熙五年，谕户部，近闻内外奸民，违禁妄称显要名色，于各处贸易马匹、缎匹及各项货物河路，霸占船只关津，恃强妄为，此皆设管官瞻徇怠玩所致。以后如有此等，地方官必严察拏获，送部治罪。

六年，议减山西大潞绸一百匹，改织小潞绸四百匹，长三丈，阔一尺四寸。严禁四川、湖广、江西、浙江、江南五省采买楠木官役、借端累民之弊。是年，并严察福建、广东、江南三省采买香料，毋许借端累民。

七年，定河南布花价值，准照每年时价折解。

九年，准户科给事中姚文然议，定民间办买药材、铜铁、绢布、丝绵、白麻、鱼胶、颜料等项，交官者其部驳核减银两，概行给还；至豆米、草料，原系当官发价办买，仍令追银入库。

十四年，复减山西潞绸大小各百匹，每匹并减银五钱。

十七年，湖广道御史郝浴疏请，官吏招买军需，严禁里摊之弊。从之。

十八年，严备办军前草束、米豆等项营私射利，浮冒开销之禁，违者照贪婪例治罪。又定凡包衣下人，王、贝勒、贝子、公、大臣家人领资私占关津生理及王、大臣以下各官将银借贷与民，指名贸易者，分别治罪有差。

十九年，遣侍郎伊昌阿会同广东巡抚清厘从前藩下侵占市廛，归民贸易，其藩下私市私税银两，令充国赋，以济军需。

二十二年，令户部给发执照，听浑河运木至天津贸易。

二十四年，以光禄寺估计价值，头绪甚多，谕悉照时价估计，毋得减刻。

二十五年，停四川采运楠木及直隶采办皮张例，增直省关差采买铜斤价，于定则外每斤增六分五厘，永为定额。

二十七年，江西巡抚宋荦疏请，江省采买竹木，动支正帑，并严禁科派勒掯经收等弊。从之。

三十二年，停减各省解送印书纸张及青粉等例。

三十八年，定皮张沉香等物，量用采买，其余一概停止。

四十三年，上以各省民间所用斗斛大小各别，而升斗又复面宽底窄，尖量即至浮多，平量即至亏少，弊端易生，下廷臣议。寻议，斛式，令工部照顺治十二年存部铁斛铸造七具，分发盛京顺天府五城外；其升、斗俱改底面，一律平准，各造三十具，分发直隶各省永远遵行。至盛京金石金斗、关东斗，俱令停其使用。从之。复谕廷臣曰：户部呈样之斛与升斗，朕俱注水详加测量，其样升，上、下、四角宽窄不均，算积数见方得三万一千三百八十二分有零；其样斗，上、下四角宽窄亦不均，算积数见方得三十一万六千七百六十四分有零；其样铁斛，算积数见方得一百六十万分，其数不相符，查性理大全嘉量第十二内每斛积一百六十二万分①，与今之铁斛数较多二万分。因铁斛用之已久，不可轻改，是以依今之铁斛五斗为准，造新样斗一具，方径八寸，深五寸，算积数见方得三万二千分，若依此样十升一斗、五斗一斛，毫厘不差。因出新样铜斗升付户部，令照式以铁为之。及申私役牙行之禁。

五十九年，定河工采买草束，不得短价多收之禁又禁诸王、阿哥及家资丰裕大臣，毋许听家人出城邀买草炭。

雍正二年，令各省采办木植，仍照民间价值给发，扣克丝毫者罪之。

六年，申承办军需派累之禁。

九年，定疏通钱价应行应禁事例。一、五城十厂粜米钱文，发五城钱铺照定价九百五十文兑换。兑完即令官钱铺将所换银两照时价收钱。至八旗米局之钱，亦

---

① 《性理大全》，书名，共七十卷，明胡广等奉敕撰。清圣祖撷其菁华，为《性理精义》十二卷。

交本旗钱铺，照五城例循环收换。一、兵丁月饷，现在一九搭放，户部卯钱及五城买米等钱，共得二十四万余串，官钱铺既有银两兑换，不必于库内再发，则八、九、十月饷钱，皆可以二成搭放，俟十一月以后仍照旧例行。一、八旗五城现有钱文并所卖成色米钱定价，每市平纹银一两，换大制钱九百五十文。俟市价渐增，官价亦渐增，以银一两，换大制钱千文为率，不得因市价而递减。一、京城内有奸民，勾通经纪，预发本银于大小铺户，收买制钱，多藏堆积，俟钱贵始行发卖，名为长短钱。饬令严行禁止，其有贩运出京及囤积居奇者罪。

十一年，谕：直省督抚饬令各藩司将各省牙帖，因地制宜，着为定额，报部存案，不许有司任意增添，致奸牙恃为护符，把持争夺抽分利息，令商民交受其累。嗣后衹将各牙退帖顶补处查明，换给新帖，再有新开集场，应设牙行者，酌定名数给发，亦报部存案。时河南地方出产焰硝之处，小贩经纪往往以杂物零星易换，赴邻省售卖。是年，令该督抚饬令各属实力查禁。又以淮关上下，凡河路豆米货船有重载至关口，须用小船起剥者，土棍辄恃强代雇勒索，而河工官员亦每于装运工料，差役封船，胥役借端骚扰，及三汛抢工则称装运紧急物料，甚至将重载客船勒令中途起货者，饬令严行禁止。至各省督抚采买贡物，多委属员代办，其属员恃上司体势，因而发价减少，累及贸易百姓。上甚悯之，于是严禁短价之弊，着将从前贡物之数再减一半，以是年为始。

乾隆元年，谕：顺天府五城通行晓谕商人，毋许增长物价，巧取兵丁营运银两。

二年，申明商人居奇勒价之禁。

三年，定直隶宣化府属采办，每岁需用杨木长柴，令出产之怀来县承办，以专责成；其办解之资，仍按数动用正项，造入地丁册内报销。先是安庆按察使张坦麟言：牙行侵吞客商银两，虽值农忙，亦准告理追给，奉旨发与各省督抚阅看回奏。寻议，应如所奏。但牙行领帖时，应令地方官查明取具保邻甘结，不得滥行给发。从之。寻以牙帖岁增，令各省严加核实。

五年，申定清厘牙行之例。先是每行认充经纪，取具同行互保一人，出具殷实良民甘结，该管官加结送布政司给帖充应互结，虽有殷实字样，而互保之责成未经议及，今定铺家拖累商人者，将本牙行帖追缴，勒限清还；若系牙行诓骗商人者，将互保行帖一并追缴清还。后本牙更换互保行帖，仍行给予。倘逾限不完，将互保之人一并更换；牙行惟图用钱，听铺户侵蚀客商者，牙行革退，仍将铺户责限追比其不足之项，令牙行赔补；牙行侵蚀客账者，将本牙互保一体斥革，仍将本牙责限追比其不足之项，令互保摊赔；其追比之限期，按欠数多寡酌定。至于以后客之货挪补前客之欠，移弱客之货代偿强客之欠，互保先行举首免其治罪，容隐者责令分赔；牙行伙计侵蚀客账，俱照牙行侵蚀例追帖赔补。至胥役更名捏姓，兼充牙行，及地方官失察徇纵者，一并照例治罪。更定开报物料价值例。凡修建工程，不必拘泥定价，所需物料，令承办各员悉照时价确估造报。

七年，准步军统领舒赫德议，设钱牙十二名，领帖充当，以平钱价。其囤积钱文，除当铺外各项铺户所买大制钱积至五十千以上者，即令赴市售卖；居奇勒价者，罪之。

八年，令民买卖牛只者，听其自相论价，不许牙行从中需索。

十六年，令顺天府四路米局所粜钱文，仍交八旗局内，照市价酌减兑换。

十九年，议准，滇省各厂采办铅斤余铅，悉行抽课，准厂民自行通商，由布政司编发印票存厂，临时填给。

二十七年，准江苏解办布匹工价，以五钱核销。时因五城设厂以米、豆平粜，所收钱文俱交户部，至是依御史平治议定，各厂每日所得钱文，俱令按数与步军统领衙门陆续兑易；其负贩小民，以货易钱，数在十千以内者，准其携出各门外；数在十千以外者，即令易银携回。至大制钱一千文，仍以向例扣底四文为准。

二十八年，酌定顺天府属牙行事例，按各牙行帖统计，额缺八百九十一名。向例，由顺天府通判管理，遇有悬缺，报明府尹衙门募补，后各廛贸易多寡不齐，其绸缎、桐油、棉花、药材等行，帖多货少，悬缺六十四名；白炭、江米、猪肉、酒户、石炭、铜铅锡等行，帖少货多，至是经户部议定，令将现在所悬之帖发司查销，所遗悬缺，即于帖少货多之行准其认补。

三十四年，定直隶通州开设米局之禁。

三十九年，严积米麦居奇之禁。凡囤积者令减价出粜，违者罪之。

四十六年，召商开采西山煤窑。谨按：西山产煤，民用甚溥，历年久远，刨挖日深，工本运脚既重，窑户无力开采，呈请封闭者甚多，至是道官踏看产煤处所，招商开采。

四十九年，定广东洋夷珍珠宝石等不准征收税课例。

# 卷十六　食货十六

### 蠲赈上：赐复、免科、免役、灾蠲、赈恤

臣等谨按：蠲之法有三：一、免租；一、免科；一、免役。蠲之故有二：一、遇灾；一、遇事。遇事者若巡幸、兵兴，则下赦除之令，即古所谓赐复也。马端临《考》于蠲贷杂叙，盖以历代蠲贷之事不岁降，又非遍及天下者不录，故虽杂陈，犹为明简。我朝定鼎以来，惠养黎庶，有加无已，豁免逋欠，岁不胜书。若夫省方问俗，以及军行凯旋，凡所经历之区，莫不蠲免，其所为藏富于民者，计至周矣！至于普免天下漕粮，尤属亘古所未闻之旷典。我朝列圣相承，几为代有之常规，使不事以类从，或至繁而失次。兹纂通典，于蠲贷分为四：一、赐复，一、免科，一、免役，一、灾蠲，谨按年分隶焉。至赈恤为救荒之首政，而古所称无善策者也。我国家太和翔洽，俗用阜康，而如伤在抱，虽偏隅偶有旱涝，无不绸缪备至。严奏报之期，先抚恤之令，责大吏以亲勘，榜赈数以号众；发仓廪、截漕运，不惜数十百万帑金，务使匹夫匹妇，无一失所，爱民之政，立法之周，莫逾昭代。谨于蠲免之后，继以赈恤，分为上、下卷，以见纪纲，明备实有，超万古而独隆者焉。

**赐复**

顺治元年，免京城赋役。凡遭明末寇贼蹂躏，本家迁徙者，免三年，房屋被毁者，免一年，大兵经由田禾被践者，免本年租税之半，河北府州县卫免三之一。

二年，免河南被寇额赋有差。除山西租税之半。

三年，免江南漕。于恩诏外，再蠲三之一。豁免潜山、太湖、英山、霍山等县赋。

五年，免湖广大兵经宿岳辰二府租赋有差。

十一年，诏：免顺治六、七两年直省地丁逋赋。

十三年，诏：免顺治八、九两年直省地丁钱粮逋赋。又定蠲荒抵流，恐民间不得实惠，令百姓亲填布政使司原簿以禁滥征。

康熙元年，除江西南昌、新建、丰城、进贤、奉新、靖安、宁州等处浮米及银。

三年，诏：顺治十五年以前民欠各色赋税悉除之。

四年，诏：免顺治十六、十七、十八三年逋赋。

四年，诏：巡幸经历通州以东至山海关，蠲免今年租赋。

十九年，免江南康熙十二年以前逋赋。

二十三年，诏：江南、江西、浙江、湖广等省自用兵以来，供应繁多，宜加恩恤，明年所运漕粮者免三之一。

二十四年，诏：免江南湖北今年租及明岁田租之半；直隶江南被灾地方二十四年秋、冬，二十五年春、夏租悉除之。

二十五年，免直隶顺天永平保定河间四府四川贵州湖广福建四省二十六年秋、冬，二十七年春、夏额赋；又免直隶正定顺德广平大名四府明年租。

二十六年：恩诏：自用兵以来，动用钱粮累年未清者，概行豁免。又谕，免江苏、陕西今岁未入租赋并明年地丁杂赋。

二十七年，上南巡，诏：免江南安徽府属去年地丁漕赋；又谕：免康熙十七年以前直省民欠漕粮米麦；又谕曰：朕南巡至江南境上，所经宿迁诸处民生风景较前次南巡稍加富庶，朕念江南积年带征钱粮，恐为民累，出京时曾询户部，知全省积欠约有二百二十万，除江南正项钱粮已与直隶各省节次蠲免外，再将江南全省积年民欠地丁一应钱粮、屯粮、芦课、米麦豆杂税概予豁除；又谕：云南百姓供亿王师，运送劳瘁，着将二十一年至二十七年所欠屯赋银及米麦等项蠲免。

二十九年，蠲免山东本年地丁钱粮。

三十年，谕：朕抚御区宇，三十年以来，夙夜图维，惟以爱育苍生，俾咸增康阜为念，比岁各省额征钱粮，业已次第蠲除，其岁运漕米，向来未经议免。朕时切轸怀，所有京通各仓米谷，撙节支给，数载于兹。今观近年储积之粟，恰足供用，应将起运漕粮逐省蠲免，以纾民力。除河南省明岁漕粮，已颁谕免征外，湖广、江西、浙江、江苏、安徽、山东应输漕米，自康熙三十一年为始，以次各蠲一年；至江宁、京口、杭州、荆州大兵驻防地方，亦应预行积贮，将康熙三十一年起运三十年漕米，各截留十万石存贮仓厫，以备需用。又免江西南昌等五府自二十二年起至二十七年带征逋赋；又免吉水县二十七年以前逋赋。

三十一年，谕：免广东化州、琼山等四州县自十八年至二十九年逋赋。

三十二年，谕：朕念广西、四川、贵州、云南四省该属边地，土壤硗瘠，民生艰苦，与腹内舟车辐辏得以广资生计者不同，朕时切轸怀，数岁以来，屡施恩泽，积欠钱粮，皆经节次豁免，兹念育民之道，无如宽赋，矧边省地方，非再沛优恤之恩，则闾阎无由充裕，所有康熙三十三年四省应征地丁银米，着通行蠲免。

三十三年，免江南邳州二十四年至二十七年积逋，又免直隶安州等十一州县明年地丁钱粮。

三十四年，诏：免河南三十二、三、四年积逋。

三十五年，普免天下漕项银米。又以大兵征厄鲁特葛尔丹，其经过之直隶宣化、山西大同及陕西省，供亿繁多，谕免明年田租。

三十六年，谕：免山西、甘肃明年田赋及陕西榆林等沿边州卫今年租；又免苏松等府十八年至二十六年逋赋。

三十八年，上南巡，蠲免浙江三十四、五、六等年逋赋。又谕：朕巡省民生风俗，南至江浙，兹已返跸。行经山东，沿途见父老咨询农事，幸今年雨旸，时若二麦继登，小民可以无忧粒食，但前年被灾泰安等二十七州县生计尚未丰盈，宜更加恩休养，所有三十六年未完地丁银米，均着免征。又免湖广三十年、甘肃四十一年田赋，直隶蓟州三十、三十一、三十二年退地；逋免江南淮扬灶户三十七八年盐课。

四十一年，免安徽并陕西河西地方明年租。

四十二年，上巡幸山西，免去年逋赋；又免山东、河南、云南、贵州、广西、四川明年田租，浙江四十四年田租。

四十四年，免湖南明年租，停带征旧赋；又谕：嗣后蠲免新粮之年，均停征旧欠，俟次年再征。

四十五年，谕：免天下逋赋，有已征在官者，即抵本年正赋。直隶银八万二千七百两，粮五千九百石各有奇；山东银百六十九万千七百两，粮五千九百石各有奇；山西、陕西、甘肃、江苏、安徽、江西、浙江、湖北、湖南、广东各省银二百十二万二千七百两，粮十万五千七百石各有奇。

四十七年，免江南明年租。

四十九年，谕：朕比来省方时迈已阅七省，南北人民风俗及日用生计，靡不周知，而民所以未尽殷阜者，良由承平既久，户口日繁，地不加增，产不加益，食用不给，理有必然。朕洞烛此隐，时深轸念。爰不靳敷仁用苏民力，明年为康熙五十年，原欲将天下钱粮一概蠲免，因廷臣集议，恐各处兵饷拨解之际，兵民驿递益致烦苦，细加筹划，悉以奏闻，故自明年始，于三年以内，通免一周，俾远近均沾惠泽。直隶、奉天、福建、浙江、广东、广西、云南、贵州各巡抚及府尹所属，除漕项钱粮外，五十年应征地亩银共七百二十二万六千一百两有奇，均予豁免，并累年旧欠百十有八万六千一百两有奇，亦着免征，其五十一年五十二年应蠲省分，至期候旨行。又谕：免江南淮徐扬三府、淮徐泰三卫地丁银，湖南省三十一年地丁银、四十八九年逋赋，盛京、奉天、锦州、承德等府州明年租。

五十年，福建巡抚黄秉中疏言：蠲免之例，谷不入蠲，台湾有谷无银，本年岁租已入，毋庸蠲免。谕复除台湾明年应征谷。

五十一年，谕：朕宵旰孜孜，勤求民瘼，永维惠下，实政无如除赋蠲租，除每岁直省报闻偶有水旱灾伤，照轻重分数蠲免正供仍有赈恤外，将天下地丁钱粮自康熙五十年为始，三年之内全免一周，使率土黎庶，普被恩膏，除将直隶、奉天、浙江、福建、广东、广西、四川、云南、贵州、山西、河南、陕西、甘肃、湖北、湖南各省五十年、五十一年地丁钱粮一概蠲免，累年旧欠钱粮一并免征外，所有江苏、安徽、江西、山东各省除漕项外，康熙五十二年应征地亩银八百八十二万九千六百四十四两有奇，人丁银百有三万五千三百二十五两有奇，悉行豁免。其累年旧欠银二百四十八万三千八百二十八两有奇，着一并免征。计三年之内，总免过天下地亩人丁新征旧欠银三千八百有六万四千六百九十七两有奇，各该督抚务须实心奉行，体朕轸念民生至意。又谕：陕西潼关卫、山西大同府所属康熙五十一年应征米豆刍草，既已征完，着将明年应征者蠲免；又免陕西西安地丁并积欠银。

五十二年，谕：免天下明年房地租税及积年逋欠，山西、河南、陕西西安、会宁等处今年田租。

五十四年，谕：免顺天、永平、保定、河间、宣化五府明年田租。

五十五年，谕：策妄阿拉布坦近忽侵扰哈密，故特征兵备边，一应飞刍挽粟，悉支正供，毫无累及闾阎。今岁山西、陕西二省，虽屡丰收，犹念兵民效力转输无误，特将沿边一带运粮地方，自山西大同府属前卫、右卫、大同、怀仁、马邑、朔保等七州县卫，直至陕西延安府属府谷、神木等共四十二州县卫所堡康熙五十六年额征银八万六千一百两有奇，粮米、豆谷三十一万七千七百石有奇，草二千七十六万五千九百束有奇，通行蠲免，并将从前积欠逋欠银两草豆悉予蠲免。又免直隶地丁银米刍草。

五十六年，谕：朕抚驭寰宇五十余年，各省正赋屡经全免，累年积欠亦已蠲征。近者民力虽已稍舒，然念分年带征之银，若不格外优宽，则小民一岁所获，分纳二年之赋，以其赢余养赡家室，断难充足。朕每怀及此，轸恻良深，宜更加殊恩，通行豁免。今将直隶、江苏、安徽、江西、浙江、湖广、西安、甘肃等八省带征屯卫银二百三十九万八千三百八十两有奇，概免征收；其漕项虽例不准免，亦破格施恩，将江苏、安徽所属带征漕项银四十七万五千一百余两，米麦豆十有四万六千六百十有余石内，免征一半。又谕：顷者朕巡幸口外，经过三河等州县及永平府交界地方，见今岁秋成丰稔，米价称平，惟是去年雨水过溢，田亩间被淹没，朕深加轸恤，蠲赋、平粜、转漕分赈贫民，使不至失所。今者虽复有年，然仅足支一岁之用，恐来年之输，将尚多难，继是必再沛恩膏，始可大培民力。着将顺天、永平所属大兴、宛平、通州、三河、密云、蓟州、遵化、顺义、怀柔、昌平、宝坻、平谷、丰润、玉田、良乡、涿州、武清、香河、霸州、大成、文安、房山、保定、延庆、卢龙、迁安、乐亭、滦州、抚宁、昌黎等州县，山海、梁城等卫所康熙五十六年地丁银二十六万四千三百余两，米、豆、高粱二万千六百余石，草九万四千九百余束，通行蠲免；所有屡年积欠银九万三百九十余两，米豆高粱万六千三百余石，草八万四千四百余束，亦并与蠲除。

五十七年，大屯兵驻西陲，谕：免陕西、甘肃明岁地丁银百八十八万三千五百两并积欠银四万七百两各有奇。

五十八年，以师旅屯驻沿边数郡，民供转输，谕免陕西延安府属府谷、神木等六十六州县卫所堡明年赋税九万八千百十两有奇。

五十九年，免陕西、甘肃康熙六十年正赋，延庆等五州杂粮，福建台湾府番民银粟。

六十一年，世宗宪皇帝登极，谕：古北一路，为我皇考每年行幸之地，百姓效力有年，今将宛平、顺义、怀柔、密云、平谷五县，昌平一州雍正元年应征正项钱粮一万四千三百八十两，尽行豁免。又谕：陵寝一路，此时正当修道之际，亦宜轸恤，令将大兴、三河二县，通、蓟、遵化三州雍正元年应征正项钱粮万三千三百两有奇，尽行豁免。

雍正元年，免宛平等十一州县田租、杂税。又谕：免江苏等属康熙三十三年以前逋赋百四十万八百两有奇；又续免江苏康熙三十四年以后逋赋七百二十九万六千余两，芦课十九万二千七百余两，苏太等卫屯银二万一千六百余两，四十七年以后逋赋三百有六万五千八百余两。又以陕西自军兴以来，大兵驻扎，民供转输非他省可比，谕免康熙六十年以前民屯卫所逋赋。

二年，谕：恩诏议免各省钱粮自康熙十八年至四十五年止，着再加恩，将五十年以前旧欠银米悉与豁免；又免广东海康、遂溪今年租，直隶霸州等七州县逋赋二万七千七百余两。

六年，免直隶明年起运银四十一万七千八百余两。又免福建康熙五十五年至雍正四年逋赋三十三万八千三百余两。

七年，西藏苗疆底定，免甘肃、四川、云南、贵州、广西明年租并西安田租十之三。谕：浙江为财赋重地，民力输将，朕所轸念。今浙省自雍正二年以前未完旧欠以及六年未完钱粮，士庶踊跃输将，实为浙省风俗称庆，着将雍正七年额征蠲免十分之二。又谕：朕前见四川崇庆州士民好义急公，是以格外加恩，蠲除正赋。今见抚臣奏知泸州里民有背运年饷之劬劳，又有乐助仓储之忱悃，着照崇庆州例，将雍正七年额征全行豁免。又免山东、广东、直隶、陕西、山西、安徽明年额赋各四十万两，浙江民屯田租十之二。

八年，谕：国家经费既敷，宜藏富于民，朕特降旨蠲免已多，今次第举行，应及于江西湖北湖南三省，着将雍正九年钱粮各蠲免四十万两。直隶乃畿辅首善之地，应沛殊恩；山东今岁被水之州县稍多，朕心深为轸念。着将九年直隶、山东钱粮各蠲免四十万两。又免甘肃租赋及西安地丁银十之三，并加免二省额赋四十万。又免甘肃之河州厅洮州卫归德所、西宁凉州府番民刍粟。

十一年，谕：云南元江、普洱两府，猓夷蠢动，夫役频烦之后，恐小民输将，力有不逮，着将两府本年额征银蠲免；又免甘肃今年额赋二十七万九千三百两有奇，河南额赋四十万两。

十三年，免云南贵州及湖南之沅州今年田租。是年八月，皇上登极，诏免天下田租，又谕免雍正十二年以前逋赋。其江南积逋内有官侵吏蚀二款，亦予豁除。又谕：皇考山陵正在兴工之时，由京城至易州经过地方，如大兴、宛平、良乡、涿州、房山、涞水、易州等处，凡修道应差诸事不免资于民力，朕心轸念，着将该州县乾隆元年正赋加恩蠲免。又谕：输纳钱粮，多由业户，则蠲免大典大概业户邀恩者居多，彼业贫民，终岁勤动，按产输粮，未被国家之恩泽，尚非公溥之义。业户受朕惠者，苟十捐其五，以分惠佃户，亦未为不可。其令所在有司，善为劝谕，各业户酌量宽减。又免直隶州县雍正十二年以前旗退地亩及入官地亩，由地方官征收逋赋；甘肃雍正十二年以前旧欠刍粟，四川口外番部各土司所属本年杂粮银及贡马银，松潘所属各土番本年正额杂赋银，甘肃乾隆元年田租，西安乾隆元年田租之半。又普安、安阜、酉阳建造城垣，豁免本年应纳贡赋。

乾隆元年，谕：浙江严州所屯粮，照杭州前右二卫科则征收，以舒军力，永着为例。又免甘肃明年租，西安明年租之半。

二年，谕：来年经理山陵大事，自京师至易州七州县民人，应差趋役，勤慎可嘉，着将乾隆二年正赋再行豁免。又谕，凡遇蠲免，皆以奉旨之日为始，其奉旨之后，部文未到之前，有已输在官者，准作次年正赋，永着为例。又免陕西之宝丰、新渠二县招垦新户雍正十三年以前租赋，直隶宣化、永平等府未完地粮，旗退地亩、入官地亩银米。

四年，谕：免直隶本年赋九十万两，江苏百万两，安徽六十万两并正赋之耗羡银，陕西榆林等十一州县雍正十二年至乾隆二年民贷常平谷石。

六年，谕：朕初次行围经过地方，本年应征额赋，酌量蠲免十之三。又谕：准噶尔来使进藏熬茶，曾令纳克舒三十九部落豫备马匹，毫无违误，黾勉奉公，甚属可悯，着加特恩，将本年应纳钱粮宽免。

七年，谕：朕御极以来，爱养黎元，于蠲免正赋外，复将雍正十三年以前积欠陆续蠲除。今查雍正十三年江苏、安徽、福建三省未完民欠正项钱粮十七万七千六百七十四两，甘肃、福建、江苏等省米豆粮九万五千二百六十九石，甘肃草百七十万四千二十一束；又直隶、江苏、安徽、甘肃、广东、福建杂项钱粮银二千九百二十四两，福建杂项租谷四百四十八石。此等拖欠各项历年已久，多系贫乏之户无力输将，着将各项悉行蠲免。再查江浙二省，尚有雍正十二年未完漕项银七万一千二百七十两，米二万九百四十九石，麦四千三十七石，豆百八十五石。向来漕项不在蠲免之例，今既蠲除各项，着将漕项一体免征。又免甘肃凉州府之柳林湖、肃州之三清湾、柔远堡、毛目城等处屯户所贷牛种，武威、平番、永昌、古浪、西宁、碾伯等六县三年带征银。

八年，谕：盛京户部庄头每年交纳仓粮，今朕恭谒祖陵，亲诣盛京，轸念各庄头终岁勤苦，输将无误，着将八年分应交仓粮加恩宽免；再各庄头尚有七年分未完米豆，着一并豁免；又免纳克舒三十九部落明年额赋。

十年，谕：我朝列圣相承，深仁厚泽，无时不加意培养元元，以期家给人足。百年以来，薄海内外物阜民康①，共享升平之福。朕临御天下十年，于兹抚育蒸黎，民依念切，躬行俭约，薄赋轻徭。今寰宇敉宁，既鲜糜费之端，亦无兵役之耗，是以左藏尚有余积。数年来直省偶有水旱，朕加恩赈济，多在常格之外，如前年江南被水，抚绥安插，计费帑金千余万两。凡此皆因灾伤补救而沛恩泽者，朕思海宇乂安，民气和乐，持盈保泰，莫先于足民。仰惟皇祖在位六十一年，蠲租赐复之诏史不绝书，又特颁谕旨，将天下钱粮普免一次。我皇考旰食宵衣，勤求民瘼，无日不下减赋宽征之令，如甘肃一省，正赋全行豁免者十有余年，朕以继志述事之心，际重熙累洽之候，欲使海澨山陬，一民一物，无不均沾大泽，为是特降恩旨，将乾隆十一年直省应征钱粮通行蠲免。又以各边郡刍粮，福建台湾府应征粟谷，四川纳贝母青稞折征银，各厅土司及番民夷赋银折贡马银，陕西西宁之玉树等属，及纳克舒番众马贡均不在蠲例，谕一体豁免。又谕各省蠲免正赋之年，其未完旧欠，着一并停征，至开征之年，令其输纳。至于有田之家，既邀蠲赋之恩，其承佃田户，亦应酌减租粮，着照雍正十三年十二月蠲免之例行。

十一年，驾幸山西，免五台县明年额赋十之三。又谕此番征剿瞻对，四川各土司承办军粮，踊跃可嘉，其本年贡赋已经普免；今军务告竣，着再加恩，将打箭炉口内口外效力之各部番众应纳贡赋，再蠲免二年。又免浙江玉环山海宁之大亹、中小亹垦地银谷，直隶固安、霸州二防尉守屯粮，奉天、奉锦二府米豆，山西太原、平阳、潞安、宁武、泽州、蒲州六府，辽、沁、平、忻、代、保、解、绛八州及归化城供饷米豆谷麦，河南开封等府、广东广韶等府滩池、官庄、官地、义田租课及屯田、旷军余羡银米、学租。向例，非地丁钱粮，例不蠲免。今并豁除。

十三年，驾幸山东，免所经州县明年田租。

十五年，恭谒易州陵寝，免所经州县田租，被灾者十之五，未被灾者

---

① 薄，至之意。

十之三。驾幸五台，免所经州县田租十之三。驾幸嵩洛，谕此次巡幸河南省方问俗，所至推恩，尤念祥符为首会之区①，登封实望秩之所②，銮舆驻跸，宜沛优施，着将二县乾隆十六年应征地丁钱粮，全行蠲免。

十六年，谕：朕巡幸江浙，问俗省方，广沛恩膏，聿昭庆典，更念东南贡赋甲于他省，其累年积欠钱粮，虽屡准地方大吏所请，分别缓带，以舒民力，而每年新旧并征，小民未免拮据。朕宵旰勤劳，如伤在抱，兹当翠华临莅，倍深轸恤，用普均沾之泽，以慰望幸之忱，着将乾隆十三年江苏积欠地丁银二百二十八万余两，安徽三十万五千余两，悉行蠲免。其浙江一省，虽额赋略少于江苏，而节年以来，并无积欠，具见浙省官民敬公急事，朕甚嘉焉，着将本年应征地丁钱粮蠲免三十万两，以示鼓励。又谕：朕上年巡幸嵩洛，问俗省方，清跸所经，叠沛恩膏，彰行庆施惠之典，而该省绅民踊跃急公，就瞻恐后，其欢忻鼓舞之忱，不惟无怨而益肫，至今犹为系念，所宜再沛恩施者也。其河南省乾隆十四年以前积欠带征、缓征钱粮三十五万余两，着再加恩概行蠲免。又谕，免南巡经过各州县今年田租十之三，又免两淮灶户积欠银四万二千余两，甘肃乾隆元年至十年逋赋。

十七年，免长芦盐课积欠银十四万余两。

十九年，恭谒盛京陵寝，免奉天今年田租。

二十一年，幸阙里，免曲阜县明年田租；又以用兵西陲，民供输挽，悉免甘州、肃州、凉州、安西各卫、皋兰一县今年银赋刍粟，免宁夏、平凉、巩昌、兰州四府田租十之三，免甘肃省乾隆十一年至十五年逋赋，十年至十五年所贷牛种；又免齐齐哈尔、黑龙江、墨尔根、呼兰本年以前所贷种食。

二十二年，上南巡，免江苏、安徽、浙江本年以前逋赋，并免江宁、苏州、杭州三府今年租，江南乾隆十年以前漕项，两淮乾隆十七、八、九三年灶赋，浙江漕项、屯饷、沙地公租及贷种各积逋；又免甘肃十六年至二十年逋赋，甘州、凉州、肃州、安西、皋兰今年田租，直隶沧州、静海、南皮，山东海丰等县各逋赋。

二十三年，免甘肃十六年至二十二年逋赋。

---

① 祥符，战国时为魏之大梁，汉置浚仪县，宋大中祥符改曰祥符，明为开封府治。
② 登封，旧县名，位于中岳嵩山之南。唐武后登封嵩岳，改元万岁登封，并改县名曰登封。望秩，望祭，遥望而祭。

二十四年，免甘肃明年田租、西安州县本年田租各有差，安西瓜洲二十二年所贷牛具。

二十五年，征西官兵凯旋，免甘肃明年田租。

二十六年，巡幸五台，免山西经历州县今年租十之三，五台县乾隆二十四五年贷谷，石楼、阳曲二县缓征带征银米；免宣化府八年至十八年逋赋。

二十七年，巡幸江浙，免江宁、苏州、杭州附郭州县今年田租，江苏、安徽、浙江二十二年至二十六年缓征及地丁之未入者；又免两淮灶课带征银九千两，浙江民屯田租漕赋灶课诸逋银二十六万四千两各有奇。又谕：朕巡省江南、浙江所过地方，应征额赋已特颁恩旨，分别蠲免，但念各属尚有节年民欠之项，分年缓征带征钱粮尚应按数征收，兹回銮沿途体察民依，宜敷恩泽，着再加恩，将乾隆十三年至二十五年大兴、静海、龙门、宣化、怀安、万全、西宁、怀来、蔚州、四旗等十州县厅未完地丁银七千一百余两，改折银六千六百余两，屯粮万六千余石概予豁免。

三十一年，谕：朕统御万方，孜孜求治，惟以爱育黎元为念，自御极以来，蠲赐所逮，不下千亿万。乾隆十年，曾恭依皇祖，普免直省钱粮，恩例蠲免天下额征正赋二千八百万有奇。惟岁运漕米，向以供给俸饷廪糈之用，非水旱特蠲例不普免。恭阅皇祖实录康熙三十年特颁恩旨，将各省起运漕粮，通行蠲免一周，大泽均沾，庆逾常格。仰惟皇祖，冲龄践祚，临御之三十年，春秋未及四十。朕年二十有五，始登大宝，应禨受祉，迄今亦阅三十年，际重熙累洽之会，必世昌期，均符泰运，其为庆幸倍深。兹荷蒙上天眷佑，列祖鸿庥，函夏謐宁疆宇，式辟北庭西域二万余里，咸隶版图。外有耕屯之获，内无馈饷之劳，且连岁年谷顺成，庶物丰殖，京通仓储，尽有余粟，天既诞贻乐岁，惠洽升平。朕自当仰体天心，推恩黎庶，是用敬承嘉贶，懋继前谟，使薄海亿兆益裕仓箱之庆，所有湖广、江西、浙江、江苏、安徽、河南、山东应输漕米，着照康熙年间之例，以乾隆三十一年为始，按年分省通行蠲免一次。谨按：乾隆三十一年，免山东、河南二省；三十二年，免江苏省；三十三年，免江西省；三十四年，免浙江省；三十五年，免安徽省；三十六年，免湖南省；三十七年，免湖北省。凡蠲免之省，劝业户亦令佃户免交所入之半。巡幸木兰，免所经州县今年额赋十之三；按：嗣后岁以为常。又以云南近日缅匪滋扰，各土司踊跃急公，免附近普洱之普藤、猛旺、整董等十三土司本年额征正耗及米折银三千余两，正耗粮六百余石；

豁免猛笼宿逋。又谕，前经降旨，将各省漕粮分年普免一次，期使黎庶均沾闿泽。但闻漕粮款内有例征折色及民户输银官为办漕者，着再申谕，一体概令蠲免。

三十二年，巡幸天津，免经过地方及天津府今年田租十之三；又豁免天津府属节年积欠及上年缓征银七万三千余两，屯谷三千四百余石；又免节年因灾出借并旧欠及上年被水所贷谷十三万千一百余石；又免直隶省节年积欠地粮银四万九千五百余两，屯粮六万六千四百余石；又以云南缅匪滋扰，谕：免本年田租，其官兵经过之地，及永昌、腾越、普洱三府州全行豁免，余免十之五。

三十四年，免云南近边土司本年赋；又免云南办理军需及永昌、腾越、普洱三府州明年田租十之五，并宽直隶、河南、湖北、湖南、贵州等省官兵经过各州县明年田租十之三。

三十五年，谕：朕寅承丕绪，抚有万方，旰食宵衣，无日不以勤恤民依为念。是以劝农省岁，减赋逭征，不靳多费帑金，蕲间阎共臻康阜。溯在乾隆十一年丙寅，朕御宇周旬，肇敷闿泽，曾恭依皇祖普免天下钱粮恩例，蠲除直省额赋二千八百万两有奇。越在二十一年丙戌，际当必世兴仁，益惟比户饶裕，是计复下诏，将应征漕米省分，照康熙年例概蠲一次，俾各仓箱盈衍，倍积耕余。迩年以来，寰宇乂宁，民气和乐，惟上天孚佑我邦，家洊锡康，年颂符绥屡。朕只膺昊苍鸿眷，其可不究泽推仁，以与我海内元元，答兹嘉贶。我国家席全盛之模，内外经费，度支有盈无绌，府库所贮月羡岁增。因思天地止此生财之数，不在上即在下，与其多聚左藏，无宁使茅檐蔀屋，自为流通。乃者仰绍列祖，贻庥化成熙洽，为民藏富，欣际斯辰，且今年为朕六十诞辰，明岁恭逢圣母八旬万寿，普天忭祝，庆洽频年，尤从来史册所未有。是宜更沛非常之恩，以协天心而彰国庆。兹用乘春颁令，诞布阳和，着自乾隆三十五年为始，将各省应征钱粮通行蠲免一次。又谕：乃者恭奉皇太后安舆，展谒两陵前，已降旨蠲免所过地方十分之三，兹跸途所至，小民扶老携幼欢迎爱戴之忱，特切朕心，深为嘉悦，着加恩将经过州县及天津府属乾隆三十一年至三十三年未完地粮银共五万千八百余两，地粮项下本色豆谷共五千九百余石，又节年因灾借谷共十二万六千一百余石，普行蠲免。又免直隶省未完尾欠地粮银千二百余两及谷豆二千八百余石，改折银二千六百余两，并因灾缓征银十二万四千九百余两，谷豆八千二日余石，改折银千二百余两；免甘肃临边各属明年番粮刍粟。又免河东西屯粮草束三之一，乌噜木齐新疆户民刍粟。

三十六年，免福建台湾府粟十六万余石，广东韶州等府官租、屯田、旷军余羡、学租银十之一；豁免四川杂粮并厅营土司夷赋及折贡马银。是年，上恭奉皇太后安舆巡幸山东，免经过地方今年租十之三；免天津去岁被灾转重之沧州等五州县贷谷三万八千余石及天津县常贷谷三千六百余石，东安等四州县贷谷三万八千余石，宝坻等五州县贷谷万八千余石，武清县田赋十之五；又免曲阜县田赋十之五。是时，上谒阙里，复谕泰安、曲阜为驻跸之地，均免本年田租，并免济南府属贷谷四万九千余石，东平未完灾缓地丁银四千八百余两，济南、武定二府灾贷麦本银五千八百余两，兖州、曹州等六府属银九万八千余两。又谕：朕巡幸木兰，今岁雨水较大，着加恩蠲十之五。

三十七年，免奉天、锦州米豆杂赋；又免山西太原等六府、辽沁等八州及归化城各协米豆十之三，豁除大同、朔平两府今年田租；又免口外清水河厅折色银两之三，豁除和林格尔等处今年应输折色银，尽免太仆寺牧厂地折色银并租十之三；又免浙江温台所属玉环厅谷二万一千余石，海宁沙涨地租银千二百余两。又谕江南苏州等属积欠，现在仅余尾欠五万余两，急公可嘉，着行蠲免；又免陕西西安等九州田租并存留谷及延安等三府刍粟，甘肃各厅州县民欠仓粮三百七十六万五千余石。

三十八年，谕：朕此次巡幸津淀，业将经过州县民欠概予蠲免，但念三十六年被灾最重者二十四州县，其宛平等十五州县积欠已在经过普免之列，唯通州、宝坻、三河等九州县非銮辂经行所及，仅免三十五年以前，而其地多有经过各州县界址毗连者，此征彼免，小民未免向隅，着将此各州县三十六年未完缓带地粮银万五千六百六十余两，豆四百八十余石，一并蠲免；又免直隶、霸州等七十五州县厅节年灾借仓谷二十三万八百余石，屯粮项下米谷七千九百余石。

三十九年，上以川省自征剿金川以来，群黎踊跃奉公，着将大兵经过之地方，及出运夫粮州县，按差务繁简，酌免本年以前缓征钱粮，并各土司夷民贡马、夷赋。

四十一年，金川底定，祗谒两陵，恭奉皇太后巡幸山东，免经过地方正赋十之三，蠲通州、三河等十三州县，大兴宛平等十五州县，并沧州交河节年缓带灾借银粮麦豆；又免畿南霸州、保定、文安、大成等二十州县缓带灾借银米。又谕：朕因两金川荡平，祗奉安舆，恭诣泰岱，辇路所经，加恩优渥，而泰安、曲阜为驻跸之地，尤宜广敷恩泽，着将二县乾隆丙申年应征地丁钱粮全行蠲免①；又免水陆经行之德州、禹城等州县逋赋，并免跸路未经之邹平、新城、齐东、陵县二十一州县卫灾借银谷。谕免德州、寿张等十一州县并临清等州县缓征漕米银赋。

四十二年，恭奉孝圣宪皇后梓宫，诣泰东陵奉安，免沿途经过州县本年田租十之五，易州十之七。是年，福建值轮蠲之年，准台湾府属官庄租息照上次例免十之三。又免陕西、甘肃刍粟。向例，皆不入蠲，故特免。

四十三年，上恭谒泰陵、泰东陵，免经行地方本年田赋十之三。又谕：辽沈为我朝鸿业肇基之地，风俗敦庞，人心淳厚，兹由山海关至陪京，恭谒祖陵，跸路所经，村村殷阜，老幼欢迎，扶携恐后，嘉悦之余，恩施宜渥，启銮日业经降旨，免所过地方钱粮十之三，着再加恩将奉天所属府州县乾隆四十四年地丁正项钱粮通行蠲免；又免各庄头本年仓粮万余石，盛京、兴京、辽阳、牛庄等十五处旗地刍粟之半。又谕：各省漕粮于乾隆三十一年普免一次。兹蒙昊苍眷佑，累洽重熙，敬体天心，爱养亿兆，用是再沛恩膏，着于庚子年为始②，复行普免天下漕粮一次。

四十四年，谕：朕此次敬谒泰陵，恭祭泰东陵及四月释服，恭诣祭谒所有沿途经过地方，着加恩蠲免本年地丁钱粮十之三。免湖南乾州、凤凰、永绥三厅、城步、绥宁二县苗疆，均照三十五年例。谕户部议覆。富勒浑等奏销川省军需项下，分别民欠、商欠、专赔、分赔各款一折，其中如民欠一款，念办理金川军务，买粮运饷，悉发官帑，丝毫不以累民，而川省百姓，挽输运送，各出其力，今于大功告藏之后，复令偿还前借帑项，朕心实所不忍，所有该省民欠银百九十六万八千四百余两，均着加恩豁免；再商欠一项，米价脚价银九十八万六千九百余两，虽有亏缺，实情并非侵蚀，其实在家产尽绝，无可着追者，并加恩一体豁免；又报销与例案不符各款，请分别专赔分赔，于通省文职内按年在养廉内扣半赔补等语，因思平定金川之事，费帑六千余万两，期使番民永除后患，何必以此难于报销之案，累及各官所有，专赔分赔银二百八十三万二千余两，粮米十五万三千六百余石及代赔无着，一半商欠应扣通省一半养廉，并富勒浑

---

① 丙申年，即乾隆四十一年（1776年）。
② 庚子年，指乾隆四十五年（1780年）。

与升调别省各员应扣一半养廉，俱着加恩豁免。又免陕西延榆绥三府民欠常平仓粮十二万三千石，社仓谷万三千石各有奇。

四十五年，圣驾南巡，免经过直隶、山东本年正赋十之三，又免直隶顺德、广平、大名、天津四府节年灾借谷八万四千石，银九万八千两；山东历城等二十一州县缓征银十三万四千两，临清等七州县缓征谷二万六千石，社仓谷二千四百石，麦种三千二百石各有奇；免江南、浙江水陆经行地方本年正赋十之三；又谕：江省为财赋重地，兹入疆伊始，渥泽宜覃，将江宁属乾隆四十四年以前积欠银四十五万三千余两，米麦谷九万七千余石俱全行蠲免；又两淮灶户僻处海滨，生计艰苦，其各场历年未完银三万五千余两并予豁免。又谕：朕巡幸江浙，所过维扬两淮，商众踊跃抒忱，并应一体加恩，所有应还川饷项内未缴银百二十万两，全行豁免；又江宁、苏州、杭州为省会驻跸之地，并免附郭诸县本年正赋。是年，福建台湾府属额征供粟，山西太原等十六府州并清水河厅太仆寺牧厂和林格尔等处本折银两，广东广韶等府州属应征各项银两、粮刍，向不入蠲例者，今值轮遇普蠲之岁，悉照上次例，分别蠲免有差。

四十六年，巡幸五台，免经过直隶山西各州县本年正赋十之三，并五台县未完借谷三千六百石；顺天保定等府未完借谷四万七千石，米三万四千石，麦三千四百石，银五万一千八百两各有奇。又免江苏河滩地租宿逋。又免甘肃承办军需之靖远、安定等七州县本年田租。

四十七年，巡幸盘山，免经过地方本年正赋十之三。谕：淮南商人应征提引余利银两，前经降旨加恩，将未完银展缓分作二十一限缴完，今该商等已完至第十三限，其余八限，尚应交银三百八十六万六千余两，此项提引余利，该商等按银完交已经过半，朕思恤商，所以恤民，着加恩于未完银内豁免二百万两，其余仍按原限完缴。

四十八年，上恭谒泰陵，免经过地方本年正赋十之三。谕：豫省自办理河工以来，历次部拨及动用司库银千余万两，无非为百姓保护田庐，所有采办料物，雇募人夫，俱于例价之外，宽裕给值，俾小民踊跃趋事；其例价外，酌增银两，自应分年均摊，带征还款，但此次为数甚多，而上次漫工案内又尚有摊征未完银九十余万两，若按年带征，民力未免拮据。朕自御极以来，普免天下地丁钱粮者三次，普免各省漕粮者二次，不惜万万帑金，又何靳此千余万库项而令小民每年于正赋之外，多此征输耶！所有此次所请，分年摊征九百四十五万三千九百二十余两，以及上次摊征未完银九十四万五千余两，俱着加恩，普行豁免，并免南岸开挑新河考城商邱曹县等处酌增银二十二万余两；又免甘肃积逋银二十四万六千两，粮百三十八万九千石各有奇。是年，上临幸盛京，恭谒祖陵，免奉天所属州县本年正赋各庄头各旗地应纳钱粮。均照四十三年例。

四十九年，上幸江浙，免直隶、山东经行地方本年正赋十之三，又免顺天、保定等十二府州属积逋谷十五万五千余石，并山东利津、沾化等二十一州县卫灾借籽种、牛具银十一万八千余两，谷十万一千余石。又谕免江宁所属积欠地丁漕项银三十六万七千两，民借银十五万七千九百两，米麦豆十八万九千石各有奇；苏州所属地丁等银四万八百两，民借银千二百两，漕项等款米豆三万八千石各有奇；安徽所属地丁等银三十七万三千两，民借六万一千两，漕项银八万三千两，漕粮六万五千石各有奇；两淮商人提引余利银百六十三万余两。又免驻跸江浙省会附郭诸县本年正赋、杭州嘉兴湖州三府本年地丁钱粮十之三。又谕甘省逆回滋事，挽运粮草有需民力，除今年田租，其业经征收者，作明年正赋；又免乾隆三十八年至四十六年积欠银一百六十余万并民欠存留银五万一千余两，粮二万五千余石，民番草束银二十万四千余两，民欠耗羡银十万二千余两，粮四十五万二千余石。

五十年，上幸盘山，免经过地方今年正赋十之三。

免科

顺治元年，除明季加派三饷及召买津粮。

三年，除直隶任邱县水淹地租。

四年，除江南淮徐无主荒地租。有主者量免正赋三年，漕米一年。

七年，免湖广蕲州、麻城、罗田、蕲水、黄梅、黄冈六州县五年六年荒田赋。

八年，除山西荒田赋二万八千四百九十顷，西安新荒民屯废藩地赋并浮开丁银三万七千三百九十两，粮千二百八十石各有奇；除直隶安州芝麻、绵花折征赋。

九年，除陕西庄浪、西宁、肃州坟绝抛荒水淹沙压各地赋。

十一年，减江西瑞州、袁州二府浮粮。

康熙元年，除江南海州近海居民迁移内地所遗田赋。

二年，除广东、福建海滨无主田赋。

九年，除邳州、海州、宿迁、沭阳、通州、泰州坍没田赋。

十年，除河南陕州，江南灵璧、临淮各荒地田赋。定各官虚报垦荒、令民赔累者，准开明蠲免例。又定凡蠲除漕粮并随漕银米亦准蠲例。

十三年，除江南丹徒金坛江滨坍没田赋。

二十一年，定凡筑堤占用民田蠲除漕粮例。

二十九年，谕：朕近见广东高州、琼州所属地丁各项钱粮，累年每致逋欠，如果丁阙地荒，不能输纳，着该督抚将实在户口稀少、田地荒芜、徭赋无从办纳、州县积年所欠钱粮数目，详晰察明具奏。寻议，除广东高州府吴川县，琼州府临高、澄迈二县十八年至二十八年未完地丁银十二万八千六百两，米四千六百石各有奇。

三十年，除江南睢宁县废阙地丁赋，通州海门乡丹田银米。

三十一年，除云南邓州水石冲压荒田赋。

三十四年，除山西津、荥二县河壖坍没田赋。

三十八年，除浙江鄞县海潮冲没田赋。

三十九年，除鄞县坍没田赋。谨按：鄞县十一都三图近海田地，旧有塘闸御潮蓄水，顺治十七年冲没。

四十九年，除江南荒地银。

五十二年，除江苏荒地银。

五十三年，除浙江奉化县水没田赋。

六十一年，世宗宪皇帝登极，谕：朕闻陕西、甘肃二省各州县卫所地丁银，每钱额外征银三厘，米每斗额外征三合，以为备荒之用，此项徒有加赋之名，而无赈济之实，着自雍正元年为始，将额外征收银米永行停止，如有旧欠，悉予蠲免。又谕：京师琉璃、亮瓦两厂官地，每月按间计檩征租，相沿已久，朕念两厂多系流寓赁租揭本经营之民，情可悯恻，嗣后止征地租，免其按间计檩，逐月输纳。

雍正二年，除浙江仁和等十一州县水冲沙压地租。除江西南昌、新建、丰城、进贤、奉新、宁州、靖安七州县浮粮。

三年，谕：苏松浮粮，向日常厪皇考圣怀，本欲施恩裁减。朕仰体皇考爱民宽赋之盛心，将苏州府额征银蠲免三十万两，松江府额征银蠲免十五万两，着为定例。又除江南丹徒县滨海坍没田赋百八十一顷有奇。又台湾凤山县上淡水、下淡水等八社，康熙十九年平定。番妇千八百四十四口，折纳谷三千六百八十石，自明年为始，照诸罗番妇例，免其纳赋。

五年，谕：各省之中，赋税最多者莫如江南之苏、松二府，浙江之嘉湖二府，考四府赋税加重之由，盖始自明初籍富民之田以为官田，按私租以为重赋，此洪武之刻政也。明二百余年，减复不一。我朝定鼎以来，仍照明例征收，盖因陆续办理军需，经费所在，未便遽然裁减。皇考圣祖仁皇帝常论及此。雍正三年，朕仰体皇考圣心，已将苏、松二府额征浮粮豁免，今特沛恩膏，将嘉兴府额征银四十七万二千九百余两，着减十分之一，计免银四万七千二百九十余两；湖州府额征银三十九万九千九百余两，着减十分之一，计免银三万九千九百九十余两，共二府免银八万七千二百八十余两，永着为例。

六年，除陕西西乡县康熙六十一年无着浮粮银千二百余两。

七年，谕：除湖南武陵县宿郎堰湖滨涂没田赋。

十年，谕：朕闻淮安府阜宁县属射阳湖地方，于雍正五年题升淤地八千一百余顷，升租银四千余两。康熙五十九年，丈量射阳湖北崖滩地案内升地四百余顷，应升银百七十两，皆系有银无地，小民赔累难堪，向来积欠累累，从未清完，甚属累民。着将前项升地并租银悉行豁免。又除江苏淮扬徐等属开河占用民地田赋，陕西武功县水冲田赋。

十三年，皇上登极，恩诏苏松浮粮，前已蒙世宗宪皇帝谕旨裁免四十五万两，以纾民力。但江省粮额尚有浮多之处，着再加恩，免额征银二十万两。

乾隆元年，谕：江苏淮安府之桃源县、徐州府之宿迁县、睢宁县沿河地亩淹涸靡常，雍正五年涸出，睢宁县报升地五千三十九顷，宿迁县报升地四千七十二顷，桃源县报升地三千八百四十二顷，嗣蒙世宗宪皇帝以淤地勘报不实，令河臣会同督臣察勘，共豁地七千二百余顷，万民感颂，存地五千七百余顷，照各县成例折算，实地三千五百余顷，科则亦经减轻。其潼安一卫裁汰改归州县征收，乃比年以来，仍催征不前，盖此淤出之地亩，即旧有粮田，是以民力维艰，输将不继也。朕既洞悉其中情事，自当加恩开除，以纾民力，着将宿迁、睢宁、桃源三县见存新淤涸复改科地粮额征银六千五百两全行豁免，其雍正十三年淤地未完钱粮亦免征收。至水沉地亩，仍照例每年冬勘；又免泗州安河两岸淹涸靡常淤地额征银千二百余两，山东郯城等二十八州县淹没地田赋。又谕山东章邱县捏报垦荒地亩，相沿已久，着将已摊入地亩者，于乾隆元年核明开除，免其征收；未摊入地亩者，自雍正十三年起，悉行豁免。又免河南祥符等四十二州县，郑州临河之姚店等堡碱卤、飞砂、河圯、水占地亩田赋。又免直隶吕家湾等处、甘肃狄道州、河南荥泽县荒地及无着田赋。

二年，谕：江苏阜宁、盐城二县有滨河地亩淹涸靡常，有司误报升科，小民纳赋维艰。着确核地亩银数，悉行豁免；又免江南高邮等五州县河堤民房租银，山东商河县碱卤官庄田赋，甘肃河西各属州县卫所随征马粮。

三年，除四川射洪等六县坍没田赋。

四年，谕：除云南勋庄变价田被水冲沙压地亩应征银两。

五年，除河南中牟、封邱等十四州县水冲沙压各荒地田赋及郑州地户积逋。

六年，除湖南湘乡、临武二县坍没田赋。

七年，除浙江钱塘县及河南洧川等十一州县河坍沙压荒田赋。

八年，谕：朕闻浙江温台二洋为渔船采捕之所，从前玉环未经展复之前，凡渔船被汛，兵需索陋规，无异私税，后因展复玉环，地方官恐经费无出，遂将陋规改收涂税，此一时权宜之计也。朕思滨海编民，以海为田，每岁出没于波涛之中，捕鱼糊口，生计淡薄，应加轸恤，着将此项永远革除。又除湖北兴国、黄冈二州县荒地田赋。

九年，除四川被水冲决田亩百九十余顷额赋，并碾榨磨十九座租税。

十年，除江西乐平德兴玉山宜黄、陕西邰阳各坍荒田赋。

十一年，除江苏沿城基地废房租银。江苏沿城基地，向系居民赁地建屋输租，因屋坍他徙，地势低洼不堪栖止，租遂逋悬，州县率以罚锾抵解，至是奏除，并禁滥罚。又谕：减直隶庆云县正赋十之三，着为令。又免广东琼州府杂赋，福建积逋渔课。

十二年，免直隶天津芦课、渔课。

十六年，谕：朕闻常州府属之武进、阳湖二县开抵役田租银一项，原系前明时虚田，领价后因本户逃亡，株连亲族，各将己产开抵，实非前明原置之田，亦非当日领价之户，小民条粮役租力难并输，以致积年拖欠。朕省方所至，民隐勤求，清问既周，倍深轸念，着将武进阳湖二县开抵役田，除应办条漕仍照民田一例完纳外，其新旧租银概予豁免。又除浙江淳安、临海、瑞安三县坍荒田赋。

十七年，除甘肃狄道州十五州县坍荒田赋。

十八年，除浙江、山东灶地，安徽太平县，福建台湾府，及直隶四旗通判、热河八沟同知所辖地方坍荒田赋。

二十年，谕免诸罗县民陈天松等垦荒追罚银米。

二十二年，改山东海丰县东北乡低洼庄地照下则征收。

二十九年，免湖北汉阳县积年坍没田赋。

三十三年，谕：滇省山多田少，水陆可耕之地俱经垦辟无余，惟山麓河滨尚有旷土，向令边民垦种，以供口食。而定例山头地角在三亩以上者照旱田十年之例，水滨河尾在二亩以上者照水田六年之例升科。第念此等零星地土，本与平原沃壤不同。倘地方官经理不善，一切丈量查勘，胥吏不免从中滋扰。嗣后滇省地头河尾，俱听民耕种，概免升科。又改湖广汉川县汉垸低洼民田，上则者照渔粮上则征收，军田照渔粮下则征收。

三十六年，除临清及陵县沙碱田赋、江宁震泽清河坍荒田、泰州淹没田、江西水冲屯田各粮赋。又免直隶喀喇河屯所属被水粮地并巴里坤垦不成熟地田赋。

三十七年，免湖北江陵县、直隶永定河下口、江苏宿迁县修筑月堤，占废民地及江苏靖江县、甘肃中卫县、陕西兴平县、邠阳县水冲沙压田赋。

三十八年，定直隶文安县大洼田地，每年视积水多寡除减田赋例。大洼连络四淀，涨涸靡常。时定水大全行蠲除，水小量行减赋。免山西丰镇厅属旗地、直隶涿州民地、浙江仁和县场荡水冲荒坍各田赋，又湖北监利县创筑月堤占用民地田赋。

三十九年，免直隶怀柔县、浙江钱塘、桐庐、余杭、临安、乌程等县，江苏上元、江宁、清河、六合、上海、江浦、震泽、铜山、常熟等县，江西新昌、宁都等县冲坍及筑堤占用民地各田赋。

四十年，免甘肃朔宁县沙压地刍粟、山丹县草湖等渠坍没地赋。

四十一年，除福建建阳、台湾二县，江西新淦、新城二县，江苏桃源县，浙江仁和县冲坍田赋。又免江苏丹徒县坍废田地漕米。

四十二年，免直隶喀喇河屯水冲地亩田赋。

四十三年，除江苏常熟、娄县、嘉定、长洲坍没田赋，浙江仁和、三江、两场潮没灶课。

四十四年，除江苏常熟、嘉定等县、甘肃高台县水冲沙压田赋。

四十五年，免河南孟津县，甘肃平番、碾伯二县坍没田赋刍粟。

四十七年，除浙江仁和、场仁、和仓、三围等处坍没存减则地九百二十亩。

四十八年，免直隶怀柔县水冲田赋并浙江仁和场扶基等处续被冲坍田赋。

四十九年，谕：苏州藩司所属地丁漕项公田余租等款积欠银粮，业经概予蠲除，因思吴县公田已与民田一律交纳条银漕米，并加征义租。嗣因该县有积年无着田粮，复于公田征收余租米二千二百余石，抵补无着虚粮七百余石外，尚余米千四百余石，留为该县地方公用，历年均有拖欠。民力拮据，所有该县无着田粮，除照旧于此项余租征收抵补外，其留备地方公用应征米千四百余石，着永免征收。

五十年，免河南郑州水冲堤压地田租。

免役

顺治元年，除各旗壮丁差徭并输纳粮草布匹。

二年，除江南丹徒、丹阳二县明末加派马折银。

三年，免浙江钱塘、仁和二县间架房税。

七年，除江南桐城、潜山、太湖、宿松、休宁、句容六县逃丁荒地额赋。

十一年，除江西逃丁额赋。

十八年，准江南江都、如皋、海州民修理烽墩、马路各免差徭一年。

康熙十二年，除河南全派河夫。如遇岁修，官为雇募。每夫月给银二两。

十六年，严有司罚民修筑城楼垛口禁。

二十三年，上东巡，免山东、江南各州县卫所地丁银，曲阜县地丁银。

二十八年，除江宁市廛岁输房号廊钞银。

五十二年，恩诏：嗣后编审，增益人丁，止将滋生实数奏闻，其征收办粮，但据五十年丁册定为常额，永不加赋。

五十四年，定社仓捐谷免徭例。

雍正二年，严官司到任苛派供设及修理衙署之禁。又定官用什物照价给值，不得科敛之禁。

六年，罢口率之赋。凡地丁均匀入地粮征收。

八年，谕：新设永顺一府所属永顺、龙山、保靖、桑植四县火坑、锄头、烟户等名色钱一概删除，令该户自行开报开垦，官给印照，永为世业。

十三年，皇上登极，谕：山西大同、偏关、老营、水泉三汛兵丁交纳徭银，向在饷银内扣交，每年征银六百八十余两，着自乾隆元年始悉行蠲除，永着为例。又除江南太平县杂派、江夫河篷钱粮。

乾隆元年，谕除湖北江夏等十九州县未经摊减丁银，甘肃伏羌、通渭、秦安、会宁等县，岷州卫阙额丁银，江南长江网户鲫鱼折价银。

三年，除福建延平府南平县浮多丁银。

五年，谕：闻江省岁额钱粮地丁漕项芦课杂税之外，又有名为杂办者不在地丁项下编征，仍入地丁项下汇入分数奏销，款项甚多。沿自前明迄今赋役全书止编应解之数，未闻载出办原委，即有开载出办之处，亦未编定如何征收则例。于是有阙额累官者，有征收累民者，有累在官而因以及民者，有累在民而因以及官者，朕心轸念，特颁谕旨，其实在阙额有累官民者，确查奏免。

十一年，议免江苏杂办钱粮。城租、吏农班余米、军饷、碾饷折谷等项。又谕：朕从前巡幸直隶地方，见城垣多有残阙，皆因不能随时堵筑，以致出入践踏逾成路。因令大学士等寄，谕：各督抚，令其督率有司留心整饬。嗣据巡抚硕色奏请，分别工程，千两以上者候以工代赈之年动项兴修；千两以内者，令该州县分年修补。除土方小工酌用民力外，其余即于上费项下支修。朕将伊折令各督抚阅看，俾共仿照办理，但须善为经纪，勿致累民。而各督抚中遂有因此奏请开捐土方，并将各官养廉合力捐修者，或经批示，或经议驳，俱未准行。今鄂尔达覆奏折内，又称按田起夫，诚恐占田之户必派之佃田之家，不若暂借税银生息，以备修补等语，此奏甚属错误，全不知朕本意矣！盖城垣为国家保障，其责全在地方官，其所以酌用民力者，盖因各处城垣偶有坍损，地方官并不查禁，听民践踏，甚且附近居民，竟将城砖窃取，以供私用。是以令于农隙之际，酌用本地民夫补葺，使民知城垣之设，原以卫民，己身曾用力于其间，则遇有损坍自然护惜，不肯任意践踏，且随时修补，亦易为力。此上下相维之义，并非令其按田起夫，竟成赋额之外增一力役之征也。如鄂尔达所称者，恐各省督抚亦错会朕旨，或致累民，用是特颁此旨，晓谕各督抚知之。

二十七年，立生监不得滥充社长、圩长、牙行、埠头各杂役之禁。

三十七年，谕：李翰奏请停编审造册，所见甚是。编审人丁，旧例原因生齿烦滋，恐有漏户避差之弊，是以每届五年，查编造册，以备考核。今丁银既皆摊入地粮，而滋生人户又钦遵康熙五十二年皇祖恩旨，永不加赋，则五年编审，不过沿袭虚文，无稗实政。况各省民谷细数，俱经督抚于年底专折奏报，更无藉五年一次之另行查办。嗣后编审之例，着永行停止。

三十八年，谕：据陈辉祖奏，请将该省民屯新垦丁银，随年摊征，批交该部议奏。旋经户部覆准，并请行查各督抚，就本省情形酌筹妥议具奏。嗣据直隶等省先后入奏，大概请仍旧制者居多，则陈辉祖所奏及该部所议，皆未得当。国家承平休养百有余年，闾阎生齿日繁，岁有增益。向来编审人丁，按丁科则，自康熙五十二年我皇祖特颁恩诏，永不加赋，即以是年丁粮之数，作为定额。朕临御以来，无时不以爱养斯民为念，讵肯于丁粮区区毫末之赋，稍存计较乎！若以新垦民屯田亩，复将丁银随年摊纳，是与小民较及锱铢，尤非惠下恤民之道。所有各省办理丁粮一事，无论已未覆奏，俱着悉仍其旧，毋庸另议更张。

# 卷十七　食货十七

## 蠲赈下

### 灾蠲

顺治三年，直隶成安等七县水、湖广兴国等十州县旱，免本年租。江西频年旱涝，罢本年漕。

四年，陕西西安延安等府雹。

五年，山东夏津蝗。

六年，直隶真定、顺德、广平、大名四府水、山西太原、平阳、汾、辽、泽等府州水，均免本年租。又定遇灾蠲免之例，于起解存留项下匀减。如存留无余，即减起运之款。

八年，定题请灾蠲颁发免单例。凡州县遇有灾免，将实数刊刻免单，颁发各户，其已入者，明年以实除之，不给免单者，以赃论。

十年，定灾免分数例：八分至十分者，免十之三；五分至七分者，免十之二；四分者，免十之一。有漕粮州县卫所准改折。谨按：康熙十七年，增定定地除五分以下不成灾外，六分者免十之一，七、八分者免十之二，九分、十分者，免十之三。雍正六年：又定十分者免十之七，九分者免十之六，八分者免十之四，七分者免十之二，六分者免十之一。乾隆元年，复定五分者亦免十之一，永着为例。免直隶房山，湖北襄阳、黄州、荆州、德安，湖南常德、岳州、永州，江苏扬州、淮安，安徽凤阳、庐州，山东济南、东昌各府灾田本年租。

十一年，直隶八府、山东二十一州县、江南五州县、浙江二十二县卫旱，湖广天门蝗，陕西汉中雹，均免本年租。

十二年，免直隶三十六州县卫，江南、浙江、江西、山东、河南、湖广、山西旱涝诸县本年租，陕西五府地震，免兵民丁徭田赋。

十三年，直隶新乐、河南彰德蝗，湖南常德，湖北武昌水，山西大同，陕西清水、洛川二县靖远、洮、岷、凤翔四卫雹。

十四年，直隶霸、蓟等七州、宝坻等二十一县、保安等三卫、梁城一所雹，武清、漷二县水。

十五年，直隶蠡雄等八县、山西五台、陕西潼关、辛庄各屯卫雹，均免本年租。又免河南杞县雹灾秋粮十之三，浙江绍兴、宁波二府飓灾各赋。

十六年，江西旱，免被灾之四十五县田赋银粮；又免贵州贵阳等六府、河南睢宁等十四州县卫、江苏淮徐扬三府、安徽凤阳府、湖北天门等六县水灾田本年租。

十七年，河南河决，睢、杞、虞城、永城、夏邑六县灾，彰德府旱，江南邳、萧、宿迁、沭阳四州县，湖北蕲州、广济县，直隶曲阳县水，均免本年租，并酌免直隶新安、丰润等县十之二，江南睢宁、宿州、盐城等州县各有差。

十八年，浙江宁波等二十九县旱，江西鄱阳等四县、湖北沔阳州水，免本年租，并酌免湖北黄梅广济等县十之三。

康熙元年，直隶、江南、山西、河南、四川水，江西、浙江旱，湖北水，均免被灾各县本年租。

三年，江西四十一州县旱，免赋有差。定遇灾之地，停征额赋十分之三例。

四年，山东、山西旱，免本年租，并山西逋赋；又免山东宁海、栖霞被兵疫之各州县卫荒亡诸赋。左都御史郝惟纳疏言：灾地丁赋，请准田赋分数并行蠲免。从之。

五年，江南桃源、赣榆蝗，湖北沔阳、黄冈十二州县卫旱，陕西镇原雹，并免今年租；江西南昌等三十五州县旱，浙江象山等六县水，甘肃霜，均各免赋有差。

六年，定蠲免各事宜。凡遇蠲免，有司官将应免者取具，每图里长结状，分送部科察核，如有已征在官，不流抵次年及不扣蠲数，一概征收侵蚀；或题定蠲数不即出示晓谕，或称止蠲起运不蠲存留，或由单内扣除不及蠲数者，均以欺罔论，其管辖官各降级有差。又蠲免流抵，如蠲本年者填明次年由单之首，流抵次年者填明第三年；由单之首不开载实数者，罪之。

八年，又定灾伤之处，不得以阖邑地亩通算，仍按区图、村庄、地亩被灾分数报蠲。时以直隶五十州县卫水十分、九分者，谕除其租；七分、八分者，免十之四，余如旧例；江南淮扬被水之处，各按分加免一分；河南安阳、临漳给复三年；浙江临海天台二县卫、甘肃被旱之庄浪等五县，并除本年租；安徽湖广偏灾之县，各免赋有差；山东地震诸县，准照水旱例，按分蠲免。九年，复免灾地赋银二十二万七千三百余两。

九年，淮扬水，罢本年漕，并免康熙六年以后漕逋银米。又直隶博野等二十九州县水，开州等十四州县旱，山东济阳等二十九州县旱，潍县雹，济宁州水，江苏、安徽、浙江、河南、湖北五十七州县旱，各免赋有差，并免江南种蓝田本年靛。吏科给事中莽佳疏言，遇灾蠲赋，并请免佃户纳租。从之。

十年，江南淮安、扬州水，除康熙元年至六年逋赋。江宁、徐、海等府州蝗，凤阳等府旱，直隶文安、安肃等州县夏旱秋蝗，山东、河南、浙江、湖广、陕西水，各免本年田租有差。浙江巡抚范承谟疏言：临海、太平、平阳、石门、乌程、温州频年荒歉，请将康熙元年、二年、三年随漕逋赋援八年恩诏蠲免地丁逋赋例赦免。从之。

十一年，又奏：免石门县康熙三年轻赍银，平阳县康熙元年、二年、三年月粮及随漕逋赋。

十二年，直隶霸州、宝坻等十三州县卫、江南六安、赣榆等七州县、河南辉县水，湖南浏阳等三县、浙江仙居县旱，均免本年租。又谕：免江南苏、松、常、镇四府，淮扬六府灾田明年租。

十三年，山东水，免泰安等五十二州县赋有差；又直隶、江南二十五州县水，免十之二；江西、河南十八州县旱，免十之二。

十五年，江南河决，免淮扬二府租十之三，余各有差。又免福建、陕西被兵各田赋；定增减报灾蠲免册籍处分，州县降二级调用，余罚俸有差①。

十六年，免江西庐陵、赣州等四十一州县被兵田赋。

十七年，免浙江省近福建省之各州县被兵去年田赋。

十八年，免江西、福建、湖北被兵历年逋赋。严侵蚀蠲赋之罪。

十九年，直隶山东、山西旱、雹，免赋各有差。

二十一年，除山西太原大同灾民逋赋二万四千四百余两；又免福建省

---

① "定增减报灾蠲免册籍处分"等三句内容不太协调，可能中间文字有脱落。

被兵之侯官等二十六州县康熙十八年以后逋赋。

二十四年，谕：直隶献县、河间卫、江南宿迁县、兴化县、邳州、高邮州、盐城县、山东郯城县、鱼台县地方今年重罹水灾，小民艰苦，所有康熙二十四年秋冬、二十五年春夏地丁各项钱粮俱与豁免。

二十八年，上南巡，免邳州水淹田漕银及递年逋赋。

二十九年，直隶灾，谕：免顺天、保定、河间、真定、顺德、广平、大名、宣化各属去年未征并今年春夏额赋银五十七万五千两，粮八万六千百有余石。

三十年，陕西旱蝗，命大臣往勘，免西安、凤翔等府明年民屯各赋银米。

三十一年，复谕：免陕西西安明年额赋。

三十二年，又免西安、凤翔灾民明年租。

三十三年，上以山西平阳、泽州、沁州前被蝗旱，民气未苏，免康熙三十一、三十二年逋赋，限五十八万千六百两，米、豆二万八千五百八十石各有奇。

三十七年，谕：淮安、扬州、凤阳等处比年水患频仍，屡赈屡蠲，被灾地方赖以安堵，但念久歉之余，恐致资生匮乏，着将海州、山阳、安东、盐城、高邮、泰州、兴化、宝应、娄县、泗州、亳州、凤阳、临淮、怀远、五河、虹县、蒙城、盱眙、灵璧等州县并被灾各卫所康熙三十八年一切地丁银米漕粮尽行蠲免。

三十八年，复免淮安扬州凤阳三府属去年地丁漕银十有九万两，米、麦十万石各有奇。

四十年，陕西旱，免明年田租。巡抚喀拜坐匿灾罪夺职。

四十一年，免山东莱芜等六州县、河南永城等三县明年租。

四十二年，山东水，免九十四县田赋各有差。江苏巡抚宋荦疏言：徐州睢宁县频遭水患，请将康熙三十七、八、九年未入额赋，每年止带征一年。谕令豁免，并免四十年岁租。

四十三年，谕：山东比年歉收，朕焦劳宵旰，未尝暑刻稍释于怀。今岁幸二麦毕登，秋禾稔获，但念被灾之后，若非大敷恩泽，终不能递底盈宁。着将康熙四十四年地丁银米通行蠲免。

四十四年，谕：嗣后蠲免钱粮，如并免积欠，则带征俱免；如止蠲本年钱粮，则所有旧欠俱于次年征收，蠲免之年，概不得开征，永着为例。

四十六年，江南、浙江旱，谕：免两省明年丁银六十九万七千七百两；江苏、安徽田赋二百九十七万五千二百两，粮三十九万二千石；浙江田赋银九十六万千五百两，粮九万六千石各有奇。又谕：免康熙四十年以前江苏漕项银六十八万七千两，米麦三十一万千八百石各有奇。

四十七年，谕：去年江南、浙江俱被旱荒，多方轸恤，民力稍苏。今年复被潦灾，旋经照例蠲赈。但岁再不登，生计益匮，欲令办赋，力必难供，所有康熙四十八年江南通省地丁银四百七十五万四百两，浙江通省地丁银二百五十七万七千两各有奇，着全行蠲免。

四十八年，江南、河南水，山东旱，各如例免租。又谕：免灾田明年赋。淮、徐、扬三府十九州县银五十九万三千八百两，归德府六县银二十万二千四百两，兖州府四州县银十四万六千六百两各有奇。又浙江灾后民力未裕，缓征今岁漕赋。

四十九年，定遇灾免之处业户七分、佃户三分例。

五十三年，免河南江南浙江湖北灾田赋各有差；又免甘肃靖边等二十八州县卫所旱灾明年刍粟，并免五十五年银粮刍粟。

五十四年，免直隶顺天保定河间永平宣化五府灾田明年赋银八十五万八百两，米、豆十一万五千五百石，草九万四千五百束各有奇。

五十六年，免江南沛县福建台湾水灾田赋各有差。

五十九年，直隶庆云等五州县地震，免本年田租。

六十年，陕西旱，命大臣往勘，除本年租。福建台湾飓灾，蠲本年额赋。

雍正二年，江浙潮溢，场地灾，免雍正元年、二年盐课。

三年，直隶蓟州清苑七十四州县水，免租有差。

五年，直隶玉田县河决，免灾田赋一年。

九年，免直隶霸州、文安、大城等六州县水灾田康熙三十四至四十二年逋赋。又免黑龙江、墨尔根各官庄霜灾田赋。

十年，免台湾凶番滋扰之彰化县雍正八、九两年未入银谷。

十三年，谕：甘肃省入夏以来，雨泽愆期，着将雍正十三年应征地丁钱粮全行豁免；又免四川九姓等土司被水田赋。

乾隆二年，定凡被灾地方，令总督巡抚勘明，或分年带征，或按分数蠲免，临时具题请旨。又定地丁银统核蠲免例。丁银自雍正六年始摊入地粮，故未一例蠲免，至是特与豁除，以昭画一。又定八旗余绝及革退网户地被灾，均照入官地减免例。

三年，江南旱，免江苏、安徽逋赋，并免江苏田租一年。

六年，谕：朕御极以来，爱养黎元，蠲免正赋之外，复将雍正十三年以前各属积欠陆续豁免，以息民间追呼之扰。今各省未完正项银米、豆、草并杂项租谷，积欠已久，多系贫乏之户，无力输将，况江苏所欠独多，目今现被水灾，待恩抚恤，着将各项悉行豁免。再江浙二省，尚有未完漕项银米豆麦，向不在豁免之例，今既蠲除各项，着将漕项一并免征。

七年，谕：江南上下两江今年水涨逾常，该督抚陆续奏报者不下数十州县。朕每一览奏，宵旰靡宁，已屡降谕旨，令该督抚加意抚绥，毋使失所。又特命大臣前往会同该督抚等拯救目前之灾荒，永除将来之水患。但念此等被灾之地，夏已无收，秋更失望，小民困苦，其何以堪。况此数十州县，有今年被灾特甚者，有今年稍轻而连年被灾，现有水涨未消，亟待赈恤，其流离颠连之状，时在朕心目中，所有本年应纳钱粮，着该督抚勘明被灾州县，先行缓征，将确数分别具奏，请旨蠲免。寻议，准免江苏江浦等二十九州县卫地丁、岁夫、芦课、学租银二十四万九千三十三两，米八千百九十四石；山阳等二十六州县卫漕银三万三千五十余两，米、麦、豆十二万八千八百余石；安徽寿州等二十州县卫地丁漕银十七万八百余两，米、麦、豆千八百三十余石各有奇。

八年，又续免江苏、安徽各灾地蠲除带征赋，以苏民困。

十年，除江南海州、萧、沛、砀山四州县雍正十三年至乾隆元年漕逋。

十一年，江南水，免山阳等二十四州县各赋。

十二年，山东水，免被灾之九十二州县赋银二十五万三千八百九十余两。江南崇明县潮溢，免灾田本年租。

十三年，又除蠲余各赋，除江南山阳等二十六州县乾隆七年蠲余米及地丁杂赋、泗州学田银米。

十四年，安徽寿州、凤阳、临淮、泗州、凤台、怀远、五河、霍邱八州县，凤阳泗州等县水，并除赋有差。

十五年，谕：朕巡洛祀嵩，甫经丰乐镇，即已降旨，蠲免经过州县十分之三，其地年岁顺成，是以照例蠲除数目；所过州县，体察农功，夏麦告丰，晚禾觉歉，秋牟播种，亦复待时。朕深为轸念，其歉收之处，着再加恩，统前蠲免十之五。又免江宁、淮安、扬州、徐州、海州五府被水田赋漕赋。

十六年，上南巡，谕：朕车驾南巡，乘时布泽，蠲除积欠，叠沛恩施，更念江苏之宿迁等州县上年被水稍重，虽经格外加赈，可以接至麦秋，着再加恩，将经过之宿迁、清河、桃源三县被灾贫民上年借出籽种银，悉行免征；又谕：免江南扬州府兴化县积淹荒废田亩自乾隆元年至八年租银米麦逋赋，徐州府沛县滨湖地亩自乾隆十年以前租银。

十七年，甘肃耀州等三十九州县旱。

十八年，江南安徽二十五州县、江苏三十二州县水，均免本年租；又免浙江仁和县被淹盐场课有差。

十九年，安徽泗州盱眙等州县水，免本年租。

二十二年，上南巡，谕：江南淮徐海等属，受水患有年矣。朕翠华南苮，周览土风，所过桃源、宿迁、邳州、睢宁诸县，鹑衣鹄面，相望于道，而徐属较甚，朕心为之恝然增戚。国家所恃以拯患恤灾者，惟赈济一事，现在徐属七州县已降旨，加展赈期可至五月，并截留未处漕粮以资借粜，所以为斯民计者，不遗余力。而目击情形，于心实有所不忍，所见如此，未见者亦复可知，着再加恩将淮徐海三属各州县所有积年借欠籽种口粮，不分新旧，概予豁免，以纾恫瘝一体之念。又免河南夏邑、商邱、虞城、永城水潦田亩积负并田赋二年；又免山东济宁、鱼台、金乡、滕、峄去年水潦未涸田赋仓谷贷种，并济宁、鱼台之屯户及两淮灶户各逋。

二十七年，免江苏清河、昆山等十一州县灾田租，浙江仁和等十七州县漕赋。

二十八年，免山东济宁等八州县卫水灾田赋。

二十九年，免甘肃巩昌等属旱灾，云南江川等五州县地震，江苏江浦、海州旱，山东济宁等州县水各灾田赋有差。

三十年，免直隶霸州、固安、永清屯户二十六年以前被灾积逋谷八百石有奇，湖北汉阳七州县卫、湖南益阳县、江西南昌等三县、安徽安池等五府水，均免赋有差。

三十一年，免甘肃被旱及雹灾、霜灾之靖远等十四厅州县积逋银三十七万四千余两，粮百二十四万五千余石；陕西延安等三府逋粮四万六千余石、银万一千余两。又山东章邱等十八州县、直隶献县等十八州县水，各免赋有差。

三十三年，免伊犁屯田回人未交纳被雪潮湿霉变之乾隆三十年仓谷，并三十一年被灾未纳粮共七万余石，又已行豁免万余石外，尚应带交五万石，上以回人生业未裕，并免之。

三十六年，免山西萨拉齐通判所属之善岱里、安民等七村被水田赋，并甘肃比年被灾各厅州县积欠粮四百四万余石，皋兰等县各有差。

三十八年，江南水，免安东、山阳、阜宁、清河、沭阳、海州各田赋。

三十九年，黄水骤溢，免山阳、清河、盐城、阜宁明年租，淮安、大河二卫漕；又直隶、霸州二十五州县卫、安徽寿州等十州县水，甘肃皋兰等州县旱，均免田赋有差。是年，逆匪王伦滋扰，酌免山东临清新旧城居民正赋。

四十年，酌免江苏、河南、湖北、安徽、浙江、云南各水旱被灾田赋。

四十一年，免江苏上元等四十六州县卫、安徽合肥等州县、甘肃皋兰等三十一州县被灾田赋有差。

四十三年，河南旱，免被灾较重之汲、淇、临漳三县，缓征丁银十之四。山东旱，并将二省四十五年轮免钱粮即于本年普行蠲免。其已征者，准作明年正赋。

四十五年，免湖南长沙十五州县灾田额赋有差。

四十六年，免直隶、湖北、江苏各被灾州县田赋有差。

四十六年，江南崇明县风潮成灾，免本年租；又免浙江绍兴、金华府属旱灾田赋有差。是年，逆回滋扰甘肃兰州、河州等处，谕：免本年租。

四十七年，免直隶霸州等州县灾田宿逋。

四十八年，免江苏铜山等州县，山东邹县、利津等县灾田租，并免山东永阜场、江南沛县灶课、杂税。

四十九年，直隶旱，河南旱，并免被灾州县四十八年逋赋；又免陕西延、榆、绥三府灾所四十七八两年逋赋。

五十年，免河南卫辉府属五县并附近灾区之延津等九县逋赋，并本年赋有差；受旱较重之开封、彰德府属之祥符、内黄等十一州县正赋十之五，次重之杞县等十州县十之三，其递年积逋，各按灾分数蠲免有差。又安徽旱，谕：将五十一年轮免钱粮先于本年豁免，其已入者作明年正赋。

赈恤

顺治二年，定赈恤八旗例，凡八旗涝地，每六亩给米二石，王、贝勒、贝子、公府属人役，给米如之。投充带来地弗与。八旗蒙古按口折银，许其沿边籴米，不令进口。八旗游牧地，每口月给米一斗。张家口给米，古北口给银。

五年，定直省驻防官涝地米，随家口所在支给例。

六年，停八旗踏勘灾地例，如遇水旱之年，王以下及食俸官，每岁照俸米倍给之。

八年，定给大兴、宛平二县收养孤贫银米，每名月给米三斗，银三钱。每年准给六月，至十年增给至十月。定直省灾荒督抚详察顷亩分数具奏例；发山东、浙江仓谷、学租赈穷民贫士。是年山东、浙江水。

九年，设饭厂，以赈贫民。京师五城城设一厂，日费米二石，岁十月起至明年三月停赈。

十年，赈八旗贫人，满洲、蒙古每佐领下布六十匹，棉六百斤，米百石，汉军半。定勘灾责大员奏报例，京城由户部、直省由督抚请赈。 十六年，申定直省勘灾用道府府倅，康熙四年复定勘八旗灾地，用等骁骑校、领催勘明结报，户部具题。又定旗人七岁以上为一口，六岁以下四岁以上为半口，其报充及庸雇人弗与。

十一年，发库贮银十六万，内帑银八万，分赈直隶各府饥民。申定赈恤旗人例，满洲、蒙古每佐领下给米二百石，汉军百石，管旗都统旱地每六亩给米二斛。米折各半，折银视时值高下。守南苑海户灾地，不论旱涝，每六亩给米一斛。

十二年，发内帑银二万两，赈八旗穷民。

十三年，赈给八旗满洲、蒙古每佐领下米三百石，汉军百石；赈八旗灾地每六亩米一斛，又发内帑银三万两，赈直隶饥民。

十四年，发内帑银十万两，分赈八旗兵丁及直隶饥民。

十六年，云南、贵州新入版图，发银十五万两赈济穷民。

十七年，定奏报灾伤限期，凡遇灾伤，先以情形入奏，夏灾限六月，秋灾限七月；州县迟报逾三月夺职，一月以下降罚有差；抚司道官逾限亦如之。康熙七年，定八旗报灾不得逾八日、十日。雍正六年，增定勘报之官，宽限十日；奏报之官，宽限五日，统以四十五日为限。乾隆二年，定督抚以情形入奏后，即亲诣灾所，发仓廪先赈，仍于四十五日限内题明加赈。赈毕，册具户口米粮题销，其被灾顷亩分数，于勘奏之日附疏声明，其应蠲免数目，于勘奏日始，限两月册报。七年，定甘肃地气节候较异他省，巩昌、兰州、宁夏、西宁、甘州、凉州六府、肃州安西、靖边二厅如夏秋二禾于六月、九月灾者，仍旧限申报，或有限后灾者，准于七月、十月望前申报①。

康熙元年，定八旗水旱灾地每六亩给米二斛，蝗雹灾给半。建育婴堂于京师广渠门内，定育婴事宜，凡收育弃孩其有姓名年月日时可稽查者，注于册，雇乳妇乳之，有愿收为子孙者，听之。本家有访求认领者，讯与原注册符，令其归宗。

三年，发八旗庄田灾赈米粟二百十三万六千斛有奇。

七年，赈山东地震灾民。

九年，命重臣往勘淮扬水灾。明年，谕：江南督抚截留漕米，并发徐凤各仓粟，人给米五斗，六岁以上至十岁者半。又分设米厂以食饿者，每府遣部臣一人，同地方官验给。赈湖广竹山县被灾灾民。

十年，八旗屯地旱，赈粟百六十四万七百余石。

十二年，山西饥，发银二十万，遣部臣往赈。

十八年，赈山东沂州等十三州县饥民。又发帑十万两赈恤旗民。 是年，京师地震。

二十四年，蒙古饥，浩齐特郡王请赈，发粟千石。

二十五年，命大臣赈凤阳、徐州灾民。是年二府水。

二十七年，云南剑川州地震，死者每名给银一两，伤者半之；屋圮者每间给银二两，无栖止者人给谷一石。

二十八年，发银三十万两，赈直隶饥民。

二十九年，增京师饭厂，每城各一。向五城每城设一厂。以满、汉部院官各一人，日董其事。

三十年，陕西西安二十七州县饥，发山西贮帑二十万两移赈。命大臣一人往验，每大口日给米三合，小口半，明年四月停赈。又赈直隶十四州县饥民粟。

三十一年，贷山东贫民谷二十八万九千石；又贷陕西西安、凤翔二府灾民种值。

三十四年，山西平阳府地震，命大臣往赈各有差。

三十五年，贷直隶宝坻等州县灾民仓粟。

三十七年，赈山东济南、兖州、东昌三府粟。

三十八年，贷直隶赞皇县复业流民牛种。前有土贼之扰，今始安集。

---

① 望，指农历十五日。

三十九年，发坡赖村仓粮，赈巴林二旗穷丁。

四十年，赈甘肃河州属土司，均准内地例给粟。

四十一年，西安饥，贷贫民粟。

四十二年，山东饥，命户部官驰驿往截漕运米五十万石助赈；又遣八旗官各赍帑银三千两会赈。复赈安徽凤阳等州县饥民，大口日五合，小口三合。又发盛京所贮米，贷给捕牲乌拉虞人。

四十三年，赈湖广监利县饥民，自十一月至明年二月止。又定河南省见贮仓谷，每岁半存仓备赈，半贷给贫民例。

四十五年，颁赐京城广宁门外士庶所建普济堂膏泽回春匾额，并御制碑文，每岁恩赏崇文门税银千两，口粮银二百两，堂内地租银千两为养赡孤贫之用。减粜畿辅常平仓粟，每石减十之三，其穷民无力者，酌贷三之一。

四十六年，江南饥，谕：仓谷数少未足遍给，惟各州县截留漕米，可以实惠及民。目下时已届冬，总漕无事，着会同总督巡抚亲往各州县被灾地方，备加查勘，将本年所征漕粮，每州县或留八九万石，或留十万石，酌量足支赈给之数，分别多寡存留支散，及今漕米尚未开兑，截见收之粮以济待哺之众，实于民生大有裨益。此朕殷殷怀保赤子，矜念如伤之至意。户部即移文该督抚，实心奉行。仍开具赈济实数奏闻。时淮、徐、扬三府无存粟，发司库银十万两充赈。

四十七年，定河南各州县常平仓粟，每年以三之一出陈易新，并将新贮各仓粟照常平例，听民便贷，不限以额。

四十九年，申定五城饭厂米数、赈期，每厂日米二石，银一两。十月朔起至次年三月二十日停赈。六十一年加赈一月，银米倍给。福建漳州、泉州旱，截留江南镇江、松江，浙江湖州三府漕三十万石，转运至郡赈济。

五十二年，赈四川茂州及平番等营堡地震灾民。

五十三年，赈甘肃饥民。自二月至六月，每大口给米三合，小口二合。

五十四年，蒙古雪，损伤牲畜，输谷赈乌喇特十四旗、察哈尔八旗饥人。

五十五年，顺天、永平府属米价翔贵，发通州仓粟二十万石济之。

五十七年，索伦水，发银万两，遣副都统等往协黑龙江将军酌赈。又发盛京仓粟，赈扎赉特固山贝子特古斯属下穷丁。

五十九年，陕西饥，发部帑银五十万两，命大臣及部院官分西安、延安、兰州三路赈济；又发陕西、甘肃常平仓粟百三十六万四千石充赈，并准旗人有愿助赈者，自备银米赴部呈送散赈官处，事竣准银米之多寡议叙有差。

　　六十年，谕：今春雨泽甚少，备荒要紧，着发帑金五十万两，差大臣往陕西地方买米赈济；又拨户部帑银二十万两，贷给甘肃、陕西灾民牛种资。是年，黄水涨溢，直隶大名府长垣等四州县灾，发仓粟贷贫民之乏食者，并酌截漕粟赈之。又贷黑龙江兵丁水手口粮。

　　六十一年，命大臣赈直隶赞皇等四十二州县饥民，并发米各州县，设粥分赈。

　　雍正元年，直隶、河南、山东灾，各遣大臣一人往赈；又郭尔罗斯、喀喇沁、扎噜特各旗饥，发帑七万两，命大臣往赈。

　　二年，谕：京师广宁门外，向有普济堂，凡老疾无依之人，每栖息于此。司其事者，殊为可嘉。圣祖仁皇帝曾赐额立碑，以旌好义。有地方之责者，宜时奖劝鼓舞之。但年力尚壮及游手好闲之人，不得借名溷入其中，长浮惰而生事端。赐育婴堂帑银千两。赈苏尼特四旗穷民银二万两。

　　三年，直隶饥，截留漕米二十万石，发通州仓粟十万石，赈霸州七十二州县民；三月，赈大兴等四县民。一月，又谕：今岁直隶地方被水，小民乏食，恐停赈之后，正值东作之时，农民谋食无策，着再加赈一月。又赈江南睢宁、宿迁二县饥民粥。五月，山东黄水溢，发常平粟贷曹县、鱼台县灾民。又谕：今冬天气甚冷，京城广宁门外、安定门外养济院二处，将变色米赏给百石煮粥赈济，以安穷民。

　　四年，赈安徽无为、望江等州县饥民粥。五月，赈泗州银二万两。

　　五年，直隶河决，遣大臣御史赍银二万两，分赈被灾玉田等二十三州县。

　　六年，定赈济例。凡勘灾给粮，有司官必亲临，每近城之地设粥厂；去城二十里内，各乡设一米厂，照粥厂米按口月给一次。

　　七年，定赈济毕，将银米数目户口姓名月日刊示通衢，以杜吏胥侵蚀。又定广东城守、饶平、平镇三营，准于青黄不接时贷给穷兵仓谷例。

　　八年，北河溢，直隶顺德、广平、大名、河间灾，遣侍郎、副都统、科道、翰林等官分赈。每府发银二万两，准留漕及捐谷助赈，凡三月，复遣大臣抚绥，毋令失所。山东、江南河溢，赈滨河州县饥民粟，并给银茸水毁庐舍。京师地震，发帑二万两，分五路勘赈，每旗赏银三万两，按名分给。又贷陕西西宁县蔚州蔚县饥民谷。又谕：朕闻广渠门内有育婴堂一区，凡孩稚不能养育者收留于此，数十年来，成立者颇众。夫养少存孤，载于月令，与扶衰恤老同一善举，为世俗之所难，朕心嘉悦，特赐御书功深保赤匾额，并白金千两；顺天府尹等其宣示朕意，并倡率资助，使之益加鼓励；再行文各省督抚，转饬有司，劝募好善之人，于通都大邑，人烟稠集之处，若可以照京师例推而行之，其于字弱恤孤之道似有裨益，而凡人怵惕恻隐之心，亦可感发而兴起矣。是年，又将养济院每年余剩孤贫口粮拨给育婴堂二百两，及积年捐助之银，每岁支销款项，均归顺天府察核。

九年，定五城御史亲至饭厂监赈例。恩赏饭厂京仓老米二百石。是岁，直隶属歉，就赈者多。

十一年，江南海溢，赈常熟等二十九州县灾民。

十三年，议准五城饭厂如米色不佳者，仍赴仓改领。又行令，五城展赈一月。

乾隆元年，谕：地方偶有水旱之事，凡察勘户口造具册籍，势不得不经由胥役里保之手，其所需饭食舟车纸张等货，朕闻竟有派累民间，并且有取给于被灾之户口者，益滋闾阎之扰。嗣后凡饭食纸张舟车各费，皆酌量动用存公银，毋许丝毫派累。是年，巴林四旗旱，发帑万两，遣官往赈。又谕各省府州县皆有养济院，以收养贫民，此即古帝王哀矜茕独之意。朕闻归化城地方，接壤边关，人烟稠集，其中多有疲癃残疾之人，无栖身之所，日则乞食街衢，夜则露宿荒野，甚可悯恻，彼地旧有把总官房三十余间，可以改为收养贫民之所，每年于牛羊税内拨银二三百两，粟百余石，为馈粥寒衣之费，着简选诚实乡耆经理其事。

二年，增定收养孤贫例。令保甲将本地实在孤苦无依者，开明里甲年貌，取邻佑保结，呈报验补。其有浮于额数者，亦准收养，动公项散给口粮，仍入册报销；外来流丐送本籍收养。七年，复定凡流寓，隔省遥远及本省相去至千里外，亦准收养。又议准漕船纤夫，中途患病者，弃置河干，即无生理，令河臣转饬各官，就近入普济堂，或附近庵观，量给口粮，务令得所。又议令五城御史饬司坊官，每日巡视，如有贫民冻卧道旁者，即就近引赴普济堂栖流所等处宿歇，令其赴厂，俟来岁春融，听其去留。

二年，谕：各省出借仓谷，于秋后还仓时，有每石加息谷一斗之例。如遇方本非歉岁，循例出陈易新，则应照例加息，若值歉收之年，国家方赈恤之不遑，非平时贷谷者可比，至还仓时，止应完纳正谷，不应令其加息。将此永着为例。

三年，增定贷粟加息例。凡年岁收成八分至十分者，仍照例收息，五分至七分者免；又定本年收成五分者，缓至明年秋后责入；六分者，本年责入其半，次年全入；七分者，本年责入，免息；八分至十分者，本年责入，仍加息。又谕：各省学田银粮，原为散给廪生之用。但为数无多，地方偶遇歉收，贫生不能自给，往往不免饥馁，深可悯念。朕思士子，身列胶庠，自不便令有司与贫民一例散赈。嗣后凡遇地方赈贷，着该督抚学政饬令教官将贫生等姓名开送地方官，视人数多寡，即于存公项内量发银米，移交本学教官，均匀散给，资其饘粥。是年，宁夏地震，命大臣驰驿前往，发司库银二十万两赈恤；其官弁遇灾身故者，照巡洋被风漂溺例议恤。又定火灾酌赈例。

四年，赈江南贫民，极贫者四月，次贫者三月，又次者一月。又定赈济米数例。向例，每名日支三四合至七八合不等。兹定大口日五合，小口三合五勺。申定赈恤款目预期宣示例。向例，于赈后将姓名赈数榜示。兹复于赈前将被灾分数款目榜示，以杜朘减。又申令各直省养济院，加意收养茕独。

六年，赈安徽凤阳、颍州饥民，增定养济院收养孤贫例。令该管官核明实数，分额内、额外为二册，载具里居姓氏，申达上司，遇有开除，随时呈补。该管上司遇便赴院按册点验。

七年，黄淮交涨，淹民田庐舍，江淮饥，上命大臣往会督抚勘赈，用帑千余万。江苏江浦等二十九州县，赈米百五十六万二千六百三十五石，银五百五万二千五百二十余两；沛县赈米二千八百三十四石，银四万三千六百九十余两，小麦七百四十三石；安徽凤阳等二十四州县赈米八十三万千九百八十石，银二百三十三万四千余两；宿州收养无依贫民，赈米百十九石，银百有余两各有奇，并贷给口粮、麦种、刍草。又增定抚恤例：凡遇水旱，即行抚恤。先赈一月，再察明户口，被灾六分者，极贫加赈一月；七分者，极贫加赈二月，次贫加赈一月；九分者，极贫加赈三月，次贫二月；十分者，极贫加赈四月，次贫三月。又定如遇积歉，或灾出非常者，许将极贫加赈自五六月至七八月，次贫加赈自三四月至五六月。又删除又次贫减赈例，止分极、次二等论赈。又定凡遇夏灾，其灾地岁不两熟，及虽两熟而秋禾不可复种者，照秋灾例请赈；如遇风灾，照雹灾例贷给粮种，伤大田者亦以秋灾论。

八年，谕：上年江南淮、徐、凤、颍等府遭值水灾，朕宵旰焦劳，无一时释于怀抱，特遣大臣会同督抚百计经理，不惜千万帑金，期登斯民于衽席。顷据陆续奏报，被水之地渐次涸出，冬间可以种麦，石林决口，亦已堵御，水势减落，朕心稍慰。但念两江受水之地甚广，其见在已经涸出者，民间努力耕种，自不待言，其沮洳将涸者，开春布种，亦可冀望有秋。惟最洼之地，积水较深，有非人力所能宣泄者，倘春月不能赶种春麦杂粮，而停赈之期已届，穷民何以为生？朕思虑及此，深为悯恻，着钦差大臣及该督抚将实在不能涸出补种之地，察看所有饥民口数若干，按其情形，酌定月分，接续赈恤，毋使失所。又谕：今年天气炎热甚于往年，闻山东、山西、河南、陕西民人有病暍或至伤损者，此等最苦之人，无所依倚，全在地方官善为抚恤，可令各该督抚转饬有司，悉心查办，有应动存公银两者即行动用。嗣后如有类此之事，无得漠视。

九年，四川西昌水，泸宁县、南江县雹，贷谷有差，秋成责入时，仍免息；冕宁县水不成灾，亦令于来岁青黄不接时，量贷仓谷。又赈安徽徽州、宁国二属、浙江绍兴、严州、衢州三属间被水之区。

十一年，山东、河南、江苏、安徽水，江南稍甚，截留漕二十万石，并给银葺被水民庐，余均于常赈外，加赈有差；又赈广东肇庆韶州南雄等州水灾，直隶宣化府雹灾饥民。又谕：直隶盐山、庆云、宁津三县原属上年灾重之地，先经借给籽种口粮，此时想已告匮，着照大小户口再给借一月；按亩给借籽种粟米四升。

十二年，山东水，截山东、河南漕，并运天津北仓米充赈，共赈谷四十四万七千六百八十余石，米五十九万八千六百十余石，银百七十九万三千六百四十余两各有奇。赈老弱残病民银七万八百七十余两。是年，江苏飓风海溢，崇明、宝山、上海、镇洋、常熟、昭文、南汇、江阴沿江海各县灾，谕：兵民并赈。又直隶天津、浙江杭州、江南徐州偏灾，咸赈如例。

十三年，驾幸山东，轸念灾黎，令于加赈外，再行展赈，江南亦如之，并运仓谷助赈。本年被水之邹平等二十州县，又官买耕牛，以资力作。陕西西安旱，发河南粟赈之；福建旱，截留江南、浙江漕，由海运输赈。

十五年，赈上下、江二十七州县被水饥民。

十六年，浙东旱，五十四州县灾，截留漕米五十万石，并谕：湖广碾仓谷米十万石协赈。又山东河溢，河南、福建水，福安、寿宁风雨坏民庐，工苏之铜山、邳州、沛、萧、宿迁、睢宁①，安徽之歙县、绩溪、广德、建平、铜陵、宿州，山西之凤台、高平，陕西之朝邑，直隶之长垣，皆以灾告于常赈外，均展赈有差。又借给浙省兵丁每名米二石。复谕：朕因浙省宁绍等属歉收米贵，曾降旨将被灾各标营兵令借给米粮，以资接济。念该省今年旱灾稍重，各属米粮一例昂贵，着再加恩，将浙江通省兵丁每名借给一季饷银，于明年夏季后分四季扣偿。

十七年，陕西三十七州县、山西十一州县旱，赈如例。定灾民贷粟例，夏灾贷者秋后责入，秋灾贷者来岁麦成后责入，均免息。

十八年，黄淮涨，淮扬徐灾，河决铜山堤，宿、灵、虹、泗等州县水，命大臣往视，发帑截漕以赈饥。又输，江西、浙江、湖北、湖南、河南、山东、四川粟赈之。山东掖、潍、昌邑三县风灾，人给一月口粮。

十九年，淮扬两河涨，被潦农民灶丁赈如例，并设粥厂以食饥者。贷山东兖州、沂州、东昌府、济宁州、东昌卫等处积水未涸农田粟，贷台湾、澎湖风灾民户粟，又赈云南易门、石屏地震灾民。

二十年，江南淮、扬、徐，浙江杭、湖、绍水，赈如例。山东沂州秋禾灾，加赈有差。

二十一年，江南十六州县卫、山东四州县卫水，赈如例。又谕：上年江省被灾，米价昂贵，所有江宁驻防兵着借给一月饷米。又谕：晋省岢岚州等处上年收成歉薄，先后贷常平粟三十三万二千余石。今岁有秋，例应征入。但念承上年歉收之后，与各项钱粮一时并征不无拮据，着分作两年征入，以纾民力。

二十二年，驾幸江浙，念山东灾黎，命加赈外，各展一月。又谕：豫省之夏邑商邱永城虞城四县与萧砀曹单灾地，犬牙相入，岂独无灾？此中州之民风淳朴不敢言灾，是以赈恤未及，益用嘉悯，着勘明积水地亩，与赈一月。又谕：河南归德府属之夏邑、商邱、虞城、考城、永城并陈许各属县五六月间大雨连绵，以致洼地复有积水，秋禾被潦，已命侍郎裘曰修前往相度疏浚，冀速为消涸。但该省滨河州县，与山东之金乡、鱼台，江南之宿、虹、丰、沛等处，壤地相错，屡岁被灾，在山东、江南者均邀赈

---

① 工苏，当为江苏。

恤，而该省地方官从前并为留心查办，独抱向隅，今涸出补种之秋禾复被淹漫，平地亦多潦浸，朕心深为悯恻。虽定例夏灾不赈，而该处积歉之后，民食艰难，应加优恤，着查明被灾户口，无论极贫次贫，概予一月口粮。寻查，赈汲、淇、封邱、中牟、阳武、新郑、武陟、原武、辉、滑、新乡、延津、获嘉、许州、长葛、祥符等州县，并运江西湖北粟协赈，复以工赈，自十月至明年二月。上复以受赈之民譬如赤子出慈母之怀，未能强饭遽断其乳，其何以堪！再加赈一月。是年漳河涨注卫河，山东、直隶均被水，发粟赈济，给银葺居民庐舍如豫省，其山东济宁、金乡、鱼台、邹、峄、滕六州县水淹未涸者，再予折赈，倍给其值；复赈两江水及甘肃雹，偏灾所及州县。

二十三年，甘肃河东、河西旱，银粟兼赈，增折值河东十之三，河西十之四，展赈至明年七月。河州、狄道、环县又展赈三月。谕山西交城等四十州县上年秋收稍歉，其借出社仓义仓谷石，虽系民捐，例亦官为催纳，若依限责令还仓，小民未免拮据，着将乾隆二十一年贷谷缓至今岁麦熟后征收，二十二年贷谷缓至今岁秋成后征收，此外八州县亦照此例分别缓征；又借给山东济宁、鱼台各州县灾民牛具籽种、福建泉州、漳州各附属社仓麦石，令明岁秋成后免息还仓。

二十四年，甘肃皋兰等二十五厅州县秋禾灾，其折赈视去年增值外，再各增十之三，仍展赈有差。并谕：甘肃省连年歉收，明岁春耕一切籽种口粮皆须酌借，向来原有折银借给之例，但该处粮价稍昂，若照常例折给，不敷购买，着河西每石折银一两四钱，河东每石折银一两三钱。嗣于本年十一月，又各加给三钱。是年，山西、山东偏灾，予赈贷粟有差。

二十五年，江南之淮、扬、徐、海四州府，山东、湖南、甘肃各州县偏灾，均予赈有差。又增设五城内外饭厂五，增给米日一石。

二十六年，河南河溢，祥符等县灾，免漕，命大臣会赈。直隶、山东均被水，截漕充赈：直隶四十万，山东十万石。云南新兴州江州县地震，照例赈给。又谕：贷直隶各属秋雨淹涸，堪以布种田亩每亩谷五升；文安、大城、霸州、保定等属河决被淹，各村庄亦如之；又被潦不及十之三之宁河、宝坻、蓟州等属，并酌贷有差。山东齐河等四十五州县涸出地亩，并贷如例。

二十七年，赈直隶四十五州县，山东、甘肃各三十州县卫饥民。贷宿迁等被水州县谷。又于京城东霸、芦沟桥、黄村、清河、树村五处各增设饭厂一，于额支米数外，日加给一石，派科道满汉官各一，会同五城御史率司坊官经理。时近京州县岁歉，贫民就食者多，故有是令。

二十八年，谕：朕恭谒东陵途次，周谘民隐，直属州县上年秋霖，被灾较重，深堪轸念。前已叠降谕旨，概行加赈至本年三月。但现在农民东作方兴，麦秋尚远，口食犹恐拮据，着加恩将被灾六分以上各州县，无论极次贫民再予展赈一个月；其被灾五分者，例不应赈，并格外加恩，亦无论极次贫民，特予加赈一个月，以资接济。至地亩虽经涸出，间阎或无力播种者，并着查明有可赶种春麦或候种大田者，均分别借给籽种，一面办理，一面奏闻，俾得无误春畬①，副朕体恤爱养至意。又谕：前因直属去秋被水，洼地虽屡经加恩抚恤，但当此青黄不接之际，民力犹恐拮据，已降旨将被灾六分以上各州县，暨被灾五分者，概予加赈展赈一月，以资接济。兹恭谒东陵、西陵，所过通州、三河、良乡三州县，其成灾分数皆不及应赈之例，念其地近辇道，上年岁事歉薄，间阎生计维艰，着格外加恩，将通州等三州县不应给赈村庄，地方官确查实在贫民，均予加赈一个月。该督其率属悉心体察，毋任胥吏侵蚀中饱，俾泽必下究，副朕加惠黎元至意。又设直属州县留养局，收恤老弱贫民，其流寓贫民，例无给赈者，均准入局留养。贷直隶各属上年水，本年交河蝗，蔚州雹、旱，山东济宁八州县卫、湖北沔阳天门二州县卫水，甘肃狄道、河州十二厅州县灾民籽种口粮。

二十九年，广东、湖北、湖南、江西水，甘肃兰州、巩昌等府旱，赈被灾饥民。

三十年，山东水，加赈济南等十五州县；浙江天台、新昌、宁海旱，人给口粮一月。仁和、钱塘等六县贷给籽种，亩三升。又赈甘肃皋兰等州县地震灾民。

三十一年，赈江南、浙江、山东、陕西、湖南、江西、甘肃等偏灾州县饥民。

三十二年，江南三十四县、江西十三县、湖北十三州县水，于常赈外，各加赈有差。

三十三年，直隶霸州等五十州县厅水，江苏、安徽、河南各属旱，盛京、永德、辽阳、海成、广宁及云南各属水，均予加赈，并贷口粮籽种

———
① 春畬，春耕。

有差。

三十四年，运通州仓粟六十万石，赈直隶饥民；又赈江南、安徽、浙江、江西、湖北偏灾各州县，并加赈有差。

三十五年，买运山东麦石解京平粜。又直隶十六州县灾，谕令加赈，发帑银百五十万两，通州仓谷百三十万石，加赈浙江十四州县饥民。又定赈恤帑项，均照库元宝给发，不必照俸饷扣发平余例。是年，古北口山水骤发，命大臣赍帑二万两加倍赈给。又以闾阎艰食，谕：即发仓赈粜，毋拘成例。复拨内帑银二万两协赈。

三十六年，直隶、江苏、山东、甘肃各属灾，常赈、加赈共发帑银五十万两，截漕粟并通州仓粟八十万石，听直属应拨州县领运。又发陕西藩库银二百万两赴甘肃，于经运米三十万石外，复谕：大吏，就近酌济。

三十七年，又发库帑二十五万两，通仓谷十八万石，济直隶展赈、借粜。

三十八年，赈河南、江苏、安徽、陕西、甘肃各属灾民，均予展赈。又给山西归化城之黑河萨拉齐之善岱灾民口粮，人一月。

三十九年，直隶、天津、河间十六州县灾，发通州仓粟十万石备灾，属冬春加赈、借粜。又江苏水，截漕粟二十万石济赈。又赈安徽、河南、湖北、山东、甘肃偏灾处所饥民。

四十年，直隶十四州县水，安徽七州县卫、江苏二十八州县卫、甘肃三十一厅州县旱，于例赈外，各加赈一月。

四十一年，赈江苏、安徽、甘肃偏灾州县饥民。

四十二年，赈甘肃三十二厅州县旱灾。

四十三年，河溢，河南灾，截漕粟三十万石并发盐课银百六十万，命大臣发赈。又加赈河南下游之安徽省。又出贷亳州、蒙城粟万二千石，免其补偿。湖北汉江涨，江夏等十八州县灾，发库银六十万两，备明春加赈。江苏水，江浦等二十六州县卫及各场灶户灾，均加赈有差。

四十四年，谕：京城广宁门外普济堂，冬间贫民较多，将京仓气头厫底内小米拨给三百石。自是岁以为常。又以河南去岁灾，谕临河三十六州县存仓积谷，各按县大小，尽数出借，其开封、彰德、卫辉、怀庆、河南五府属贫民，酌借一月口粮，并每亩借给籽种六分。又贷归德府属九州县、陈州府属三县、汝许二州银粟，均如开封五府例。又谕：给亳州、蒙城灾重贫民，照夏灾例增一月口粮。复于各属丰收州县应征漕米内，截三万五千石以备减价平粜。

四十五年，直隶水，武清、房山等四十一州县灾，截漕粟三十万石赈济；上念被灾较重之区，明春尚须加赈，再发通州仓粟三十万石，库银三十万两。又山东曹县、定陶、武城灾，免所贷麦本银六千七百两有奇；复加赈河南商邱、考城五县贫民两月，加赈直隶二十州县、江苏睢宁六州县、安徽泗州四州县卫、甘肃皋兰九州县贫民一月。

四十六年，谕：本年山东章邱等十县卫，又邹县等七州县卫被黄水淹浸，查明应行补种麦田，照例酌借籽种，归入来春借案造报。是年，江苏水，拨藩库银五十万两、盐课银五十万两、漕粟五万石资赈。又因灾地较广，赈费甚多，再发银六十万两分别加赈；又加赈安徽、河南、山东、直隶、湖北、陕西、甘肃等属灾民各一月。又谕：甘省收捐监粮之事，原因边陲地瘠民贫，应令仓储充裕，以备赈恤之用，是以复经允行，只捐本色，不准折色，乃开例之始即公然私收折色，甚至通省大小官员连为一气，冒赈分肥，扶同捏结，积成弊薮，既经败露，自不得不彻底根究。现据阿桂等陆续查奏，历年情弊俱已水落石出，是竟以朕惠养黎元之政，作为官吏肥橐之资，实属愍不畏法，为天理所不容！况办赈之事，朕屡有旨，宁滥无遗，亦欲穷民受实惠耳。若公然上下通同冒赈作弊，则有滥必致有遗，官吏多一分侵渔，即灾民少受一分实惠。朕之所以严行穷究者，正欲剔除官吏积弊，使百姓实受赈恤之益，并非因办赈有弊，致将赈恤之事靳而不举也。前恐各督抚误会此意，或致有灾不办，曾经明降谕旨，宣示中外。但恐督抚等仍未能仰体朕怀，且不肖之员或于己无可分肥，即于民视为膜外，其所关于民生者甚大。朕如伤在抱，每遇各省偏灾，不惜多发帑金优恤，以期一夫不使失所，此天下臣民所共知、共见者。各该督抚务皆以爱民恤灾，使得均沾实惠为念，遇有地方水旱，即详悉查勘，据实奏报，加意赈恤。断不可因有甘肃监粮之案，遂尔因噎废食，以致稍有讳饰。倘如此，申诫再三，而督抚等仍有蹈此者，经朕察出，必当重治其罪。将此再行通谕中外知之。

四十七年，黄河溢，河南、山东、江南灾，命被水各区，于加赈外，复展赈三月。发浙商佐工银八十万两、漕粟八万石济江南，发淮商公输银二百万两、漕粟三十万石济山东；又因江南丰沛等县、山东兖、曹、济各属灾甚，谕：常予赈恤，不必论月，俟灾退后，始行停赈。是年，安徽二十州县、江苏二十四州县秋禾灾，赈如例，并加赈有差。又加赈河南灾民两月；复展山东、江苏河流下游地亩赈至明年六月。又谕：京城德胜门外功德林冬间贫民就食较普济堂人数虽减，但常例赏银千两，经费尚恐不敷，着加恩将京仓内小米赏给百五十石，以资接济。

四十八年，赈湖北、江苏、安徽灾民。江南之铜山、丰县、沛县、邳州照山东例加赈。五月，上元、句容、丹徒三县加赈两月。

四十九年，甘肃逆回滋事，照乾隆四十六年撒拉尔之例，伤毙者大口给银二两，小口七钱五分；焚毁庐舍者，每间给银二两；生存者，每口先给粮一斗。初赈不论大小口，均给三斗；加赈大口给八合三勺，小口半之。又靖远、伏羌、静宁等处，经贼人攻围者，人给一月口粮。是年，黄河溢，谕大吏分途抚赈。又赈江西、福建、安徽亳州偏灾州县。

五十年，河南旱，赈卫辉属五县两月，复命展赈三月；其附近灾区之延津九县，人给一月口粮，仍再赈两月；其开封、河南、彰德府属二十三州县受旱灾较重，及频年被淹积歉之区，并无地极贫下户，均加赈有差，共发帑银三百五十万两，漕粟三十万石。是年，山东、安徽旱，于常赈外，截漕粟三十五万石济赈。又江苏淮安五府旱，截漕粟十五万石平粜。

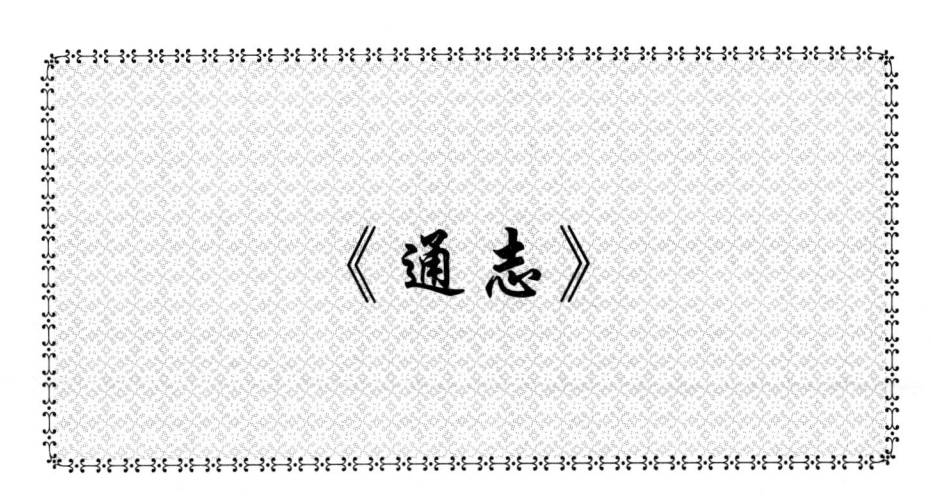

《通志》

# 卷六十一　食货略第一

## 田制、陂渠、屯田、赋税、历代户口、丁中

田制

禹别九州，制田九等，雍州第一等，徐州第二等，青州第三等，豫州第四等，冀州第五等，兖州第六等，梁州第七等，荆州第八等，扬州第九等。九州之地，垦田九百一十万八千二十顷。周文王在岐，用平土之法，以为治民之道，地着为本。故建《司马法》："六尺为步，步百为亩，亩百为夫，夫三为屋，屋三为井，井十为通，通十为成，成十为终，终十为同，同方百里。同十为封，封十为畿，畿方千里。故邱有戎马一匹，牛三头；甸有戎马四匹，兵车一乘，牛十二头，甲士三人，步卒七十二人；一同百里，提封万井①，戎马四百匹，车百乘，此卿大夫采地之大者，是谓百乘之家；一封三百六十六里，提封十万井，定出赋六万四千井，戎马四千匹，车千乘，此诸侯之大者，谓之千乘之国。天子之畿内方千里，提封百万井，定出赋六十四万井，戎马四万匹，兵车万乘，戎卒七十三万人，故曰万乘之主。"②

小司徒之职，乃经土地而井牧其田野，九夫为井，四井为邑，四邑为邱，四邱为甸，四甸为县，四县为都，以任地事，而令贡赋。

民受田，上田夫百亩，中田夫二百亩，下田夫三百亩。岁耕种者为不易上田，休一岁者为一易中田，休二岁者为再易下田，三岁更耕之。农民户人已受田，其家众男为余夫，亦以口受田。士工商家受田，五口乃当农夫一人，凡一口受田二十亩。此谓平土，可以为法者也。若山林薮泽原陵淳卤之地，各以肥硗多少为差。民年二十受田，六十归田。七十以上，上所

---

① 提封，也称提举，指卿大夫、诸侯封地。
② 万乘之主，古指天子。

养也；十岁以下，上所长也；十一以上，上所强也。

商鞅相秦，孝公以三晋地狭民贫，秦地广民寡，于是诱三晋之民，而废井田，开阡陌，任其所耕，不限多少，数年之间，国富兵强，无敌于天下。

及汉孝武外事四夷，内兴功利，役费并兴，而民去本。董仲舒说上曰：奏用商鞅之法①，改帝王之制，除井田，民得卖买，富者田连阡陌，贫者亡立锥之地。汉兴，循而未改。古井田法虽难卒行，宜少近古，限民名田，以赡不足，塞兼并之路，然后可善治也。终不能用。及末年，悔征伐之事，乃封丞相田千秋为富民侯，以赵过为搜粟都尉。过能为代田②，一亩三甽，岁代处，故曰代田。代田者，耕田之法耳，而非受田之制也。

哀帝时，师丹辅政，建限田之制，以裁抑兼并。天子下其议，丞相孔光、大司空何武奏，请诸侯列侯皆得名田国中，列侯在长安，公王名田县道③，及关内侯吏民名田，皆无过三十顷。诸侯王奴婢二百人，列侯公主百人，关内侯吏民三十人。期尽三年，犯者没入官。时田宅奴婢贾为减贱。丁、傅用事，董贤隆贵，皆不便也。诏书且须后，遂寝不行。

晋武帝平吴之后，有司奏王公以国为家，京城不宜复有田宅，未暇作邸，当使城中有往来之处，近郊有刍藁之田，今可限之。国王公侯京城得有宅一处，近郊田，大国十五顷，次国十顷，小国七顷。城内无宅，城外有者，皆听留之。男子一人占田七十亩，女子三十亩。其丁男课田五十亩，丁女二十亩，次丁男半之，女则不课。其官第一品五十顷，每品减五顷以为差。第九品十顷，而又各以品之高卑荫其亲属，多者及九族，少者三代，宗室国宾先贤之后，士人子孙亦如之。而又得荫人为衣食客及佃客，量其官品以为差降。

后魏文帝时，李安世上疏曰：臣闻量民画野，经国大式，邑地相参，致理之本。井税之兴，其来日久，田莱之数，制之以限。盖欲使土不旷功，人罔游力，雄擅之家，不独膏腴之美，单陋之夫，亦有顷亩之分。窃

---

① 奏，应为"秦"，可参见《汉书·食货志》。
② 代田，赵过推行的一种适应北方旱作地区的耕作方法。由于在同一地块上作物种植的田垅隔年代换，所以称作代田法。它在用地养地、合理施肥、抗旱、保墒、防倒伏、光能利用、改善田间小气候诸方面多有建树，是后世进行耕作制度改革的先驱。用代田法耕作，收获物超出一般耕地产量的25%以上。
③ 公王，应为"公主"，可参见《汉书·食货志》。

见州郡之民，或因年俭流移，弃卖田宅，漂居异乡，事涉数代，三长既立，始返旧墟，庐井荒凉，桑榆改植，事已历远，易生假冒，强宗豪族，肆其侵凌，远认魏晋之家，近引亲旧之验，年载稍久，乡老所惑，群证虽多，莫可取据，争讼迁延，连纪不判。良畴委而不开，柔桑枯而不采，欲令家丰人给，其可得乎！愚谓今虽桑井难复，宜更均量，审其径术，令分艺有准，力业相称，细民获资生之利，豪右靡余地之盈。又所争之田，宜限年断，事久难明，悉属今主。帝深纳之。均田之制起于此矣。

太和九年下诏，均给天下民田：诸男夫十五以上，受露田四十亩，<small>不栽树者谓之露田。</small>妇人二十亩，奴婢依良。丁牛一头，受田三十亩，限四牛。所授之田率倍之，三易之田再倍之，以供耕休及还受之盈缩。人年及课则受田，老免及身没则还田。奴婢、牛随有无以还受。诸桑田不在还受之限，但通人倍田分①。于分虽盈，不得以充露田之数，不足者以露田充倍。诸初受田者，男夫一人给二十亩，课莳余果②，种桑五十树，枣五株，榆三根。非桑之土，夫给一亩，依法课莳余果，及多种桑榆者不禁。诸应还之田，不得种桑榆枣果，种者以违令论，地入还分。诸桑田皆为世业，身终不还，恒从见口。有盈者无受无还，不足者受种如法，盈者得卖其盈，不足者得买所不足，不得卖其分，亦不得买过所足。诸麻布之之土，男夫及课，别给麻田十亩，妇人五亩，奴婢依良，皆从还受之法。诸有举户老小残疾无受田者，年十一已上及疾者，各授以半夫田。年逾七十者，不还所受。寡妇守志者，虽免课亦授妇田。诸还受人田，恒以正月，若始受田而身亡，及卖买奴婢牛者，皆至明年正月乃得还受。诸土广人稀之处，随力所及，官借人种莳，后有来居者，依法封授。诸地狭之处，有进丁受田而不乐迁者，则以其家桑为正田分③，又不足不给倍田，又不足家内人别减分，无桑之乡准此为法。乐迁者听逐空荒，不限异州他郡，唯不听避劳就逸。其地足之处，不得无故而移。诸人有新居者，三口给地一亩，以为居室，奴婢五口给一亩。男女十五以上，因其地分，口课种菜五分亩之一。诸一人之分，正从正，倍从倍，不得隔越他畔。进丁受田者，恒从所近。若同时俱受，先贫后富，再倍之田，放此为法。诸远配流谪、无子孙及户绝者，墟宅桑榆尽为公田，以供授受。授受之次，给其所亲，未给之间，

---

① 通人，应为"通人"，可参见《魏书·食货志》。
② 莳，更别种，移栽。
③ 桑，《魏书·食货志》为"桑田"。

亦借其所亲。诸宰人之官，各随近给公田，刺史十五顷，太守十顷，治中别驾各八顷，县令郡丞六顷，更代相付。卖者坐如律。<sub>职分田起于此。</sub>

北齐给授田令，仍依魏朝，每年十月，普令转授，成丁而授，丁老而退，不听卖易。

文宣帝天保八年，议徙冀、瀛、定无田之人，谓之乐迁，于幽州宽乡以处之。

武成帝河清三年，令男子率以十八受田，输租调。二十充兵，六十免力役，六十六退田，免租调。京城四面，诸方之外三十里内为公田。受公田者，三县代迁户执事官，一品以下逮于羽林虎贲各有差。其外畿郡，华人官第一品以下，羽林虎贲以上，各有差。职事及百姓请垦田者，名为永业田。奴婢受田者，亲王止三百人，嗣王二百人；第二品嗣王以下及庶姓王，百五十人；正三品以上及皇宗百人；七品以上八十人；八品以上至庶人六十人。奴婢限外不给田者皆不输。其方百里外及州人，一夫受露田八十亩，妇人四十亩，奴婢依良人，限数与者在京百官同。丁牛一头，受田六十亩，限止四牛。每丁给永业二十亩，为桑田。其田中种桑五十根，榆三根，枣五根，不在还受之限。非此田者，悉入还受之分。土不宜桑者，给麻田，如桑田之法。

《关东风俗传》曰：其时强弱相凌，恃势侵夺，富有连畛亘陌，贫无立锥之地。昔汉氏募民徙田，恐遗垦课，令就良美。而齐氏全无斟酌，虽有当年权格，时暂施行，争地文案，有三十年不了者，此由授受无法者也。

后周文帝霸政之初，创置六官，司均掌田里之政令。凡人口十以上宅五亩，口七（隋志作九）以上宅四亩，口五以下宅三亩。有室者田百四十亩，丁者田百亩。

隋文帝令自诸王以下，至于都督，皆给永业田，各有差。多者至百顷，少者至三十顷。其丁男、中男、永业、露田，皆遵后齐之制，并课树以桑榆及枣。其田宅率三口给一亩。京官又给职分田[①]，一品者给田五顷，至五品则为田三顷，其下每品以五十亩为差，至九品为一顷。外官亦各有职分田。又给公廨田以供用[②]。

开皇九年，任垦田千九百四十万四千二百六十七顷。<sub>开皇中总八百九十</sub>

---

[①] 职分田，又称职田，起于晋朝。隋唐规定，京官与外官，除给永业田外，又依职分高低给职分田，以作官员俸禄。

[②] 公廨田，隋唐时期国家的公田。分拨给各级政府，以田租收入充办公经费。

万七千五百三十六户，按定垦之数，每户合垦田二顷余。

开皇十二年，文帝以天下户口岁增，京辅及三河地少而人众，衣食不给，议者咸欲徙就宽乡。帝乃发使四出均天下之田，其狭乡每丁才至二十亩，老小又少焉。至大业中，天下垦田五千五百八十五万四千四十顷。按其时有户八百九十万七千五百三十六，则每户合得垦田五顷，余恐本史之非实。

唐开元二十五年，令田广一步，长二百四十步为亩，百亩为顷。此秦汉以来顷亩之制也。丁男给永业田二十亩，口分田八十亩。其中男年十八以上亦依丁男给，老男、笃疾、废疾各给口分田四十亩，寡妻妾各给口分田三十亩。先永业者，通充口分之数，黄、小、中、丁男女及老男、笃疾、废疾、寡妻妾当户者，各给永业田二十亩，口分田二十亩。应给宽乡，并依所定数，若狭乡新受者，减宽乡口分之半。其给口分田者，易田则倍给。其永业田，亲王百顷，职事官正一品六十顷，郡王及职事官从一品各五十顷，国公若职事官正二品各四十顷，郡公若职事官从二品各三十五顷，县公若职事官正三品各二十五顷，职事官从三品二十顷，侯若职事官正四品各十四顷，伯若职事官从四品各十顷，子若职事官正五品各八顷，男若职事官从五品各五顷；上柱国三十顷，柱国二十五顷，上护军二十顷，护军十五顷，上轻车都尉十顷，轻车都尉七顷，上骑都尉六顷，骑都尉四顷，骁骑尉、飞骑尉各八十亩，云骑尉、武骑尉各六十亩，其散官五品以上同职事给诸永业田，皆传子孙，不在收授之限。袭爵之人，惟得承父祖永业，不合别请。其县界内所有部受田悉足者为宽乡，不足者为狭乡，诸狭乡田不足者，听于宽乡遥受。

应给园宅地者，良口三口以下给一亩，每三口加一亩，贱口五口给一亩，每五口加一亩，并不入永业口分之限。其京城及州郡县郭下园宅不在此例。

诸京官文武职事职分曰一品十二顷[①]，二品十顷，三品九顷，四品七顷，五品六顷，六品四顷，七品三顷五十亩，八品二顷五十亩，九品二顷。并去京城百里内给。其京兆河南府及京县官人职分田亦准此，即百里外给者，亦听。诸州及都护府亲王府官人职分田，二品十二顷，三品十顷，四品八顷，五品七顷，六品五顷，七品四顷，八品三顷，九品三顷五

---

① 职分曰，《通典》《新唐书·食货志》皆作"职分田"。

十亩①。镇戍、关津、岳渎及在外监官，五品五顷，六品三顷五十亩，七品三顷，八品二顷，九品一顷五十亩。三卫中郎将上府折冲都尉各六顷，中府五顷五十亩，下府及郎将各五顷，上府果毅都尉四顷，中府三顷五十亩，下府三顷，上府长史别将各三顷，中府、下府各二顷五十亩，亲王府典军五顷三十亩，副典军四顷，千牛备身左右、太子千牛备身各三顷。亲王府文武官随府出藩者，于所在处给。诸军上折冲府兵曹二顷，中府、下府各一顷五十亩，其外军校尉一顷二十亩，旅师一顷，队正副各八十亩，皆于领侧州县界内给。其校尉以下在本县及去家百里内领者不给。诸驿封田皆随近给，每马一匹给地四十亩，若驿侧有牧田之处，匹各减五亩。其传送马，每匹给田二十亩。诸庶人有身死家贫无以供葬者，听卖永业田。诸以工商为业者，永业口分田各减半给之，在狭乡者并不给。又田令，在京诸司及天下州府县监、折冲府、镇戍、关津、岳渎等公廨田、职分田各有差。职分陆田限三月三十日，稻田限四月三十日，以前上者并入后人，以后上者入前人。其麦田以九月三十日为限。若前人自耕未种，后人酬其功直。已自种者，准租分法。其价六斗以下者，依旧定，以土者②，不得过六斗。并取情愿，不得抑配。亲王出藩者给地一顷作园，若城内无可开拓者，于近城便给。如无官田，取百姓地充其地，给好地替。天宝中，应受田一千四百三十万三千八百六十二顷十三亩。按十四年有户八百九十万余计，定垦之数，每户合一顷六十余亩。至建中初，分道黜陟使按比垦田田数，都得百十余万顷。

陂渠

魏襄王以史起为邺令，起进曰：魏氏之行田也以百亩，邺独二百亩，是田恶也。漳水在其旁，西门豹为邺令，不知用。于是以史起为邺令，遂引漳水溉邺以富魏之河内。民歌曰：邺有贤令兮为史公，决漳水兮灌邺旁，终古舄卤兮生稻粱③。

其后，韩闻秦之好兴事，欲疲之，无令东伐，乃使水工郑国间说秦，令凿泾水。自仲山西抵瓠口为渠，并北山东注洛，三百余里，欲以溉田。中作而觉，秦欲杀国。国曰：始臣为间，然渠成亦秦之利也。秦以为然。卒使就渠注填阏之水，溉泽卤之地四万余顷，收皆亩一钟。于是，关中为

---

① 九品三顷五十亩，《新唐书·食货志》《通典》《资治通鉴》皆作"九品二顷五十亩"。
② 以土者，应为"以上者"，可参见《通典·食货二》。
③ 舄卤，含有过多盐碱成分不适于耕种的土地。

沃野，无凶年，命曰郑国渠。

秦平天下，以李冰为蜀守。冰壅江水作堋，穿二江成都中，双过郡下，以通舟船。因以溉灌诸郡，于是蜀沃野千里，号为陆海。

汉文帝以文翁为蜀郡太守，穿湔洓口溉灌繁田千七百顷，人获其饶。

武帝元光中，大司农郑当时言，引渭穿渠，起长安，并南山下，至河三百余里。渠下民田万余顷，又可得以溉田，益肥关中之地，得谷。天子以为然。令齐水工徐伯表，悉发卒数万人穿漕渠，三岁而通，渠下民颇得以溉田矣。

其后，河东守番系请穿渠，引汾溉皮氏、汾阴下，引河溉汾阴、蒲坂下，皮氏今龙门县，地属绛郡；汾阴，今宝鼎县地；蒲坂，今河东县地，并属河东郡。度可得五千顷。五千顷故尽河壖弃地，民茭牧其中耳。今溉田之，度可得谷二百万石以上。天子以为然，发卒数万人作渠田。数岁，河移徙，渠不利，则田者不能偿种。久之，河东渠田废，与越人，令少府以为稍入。时越人有徙者，以田与之，其租税入少府也。

其后严熊言：临晋民愿穿洛以溉重泉以东万余顷。重泉在今冯翊郡界，今有乾坑，即庄熊之所穿渠。故恶地，诚得水，可令亩十石。于是，为发卒万余人穿渠，自征引洛水至商颜下。征在冯翊，即今郡之澄城县。商颜今冯翊县界。岸善崩，乃凿井深者四十余丈，往往为井，井下相通行水，水颓以绝商颜，东至山岭十余里间，井渠之开自此始。穿渠得龙骨，故名曰龙首渠。作之十余岁，渠颇通，犹未得其饶。

是时，用事者争言水利，朔方西河、河西酒泉皆引河及川谷以溉田，而关中灵轵成国湋渠引诸川，汝南九江引淮，东海引巨定，泰山下引汶水，皆穿渠为溉田，各万余顷。他小渠陂山通道，不可胜言。

自郑国渠起至元鼎六年，百三十六岁。而倪宽为左内史，奏请穿凿六辅渠，在郑国渠之里，今尚谓之辅渠，亦曰六渠。以益溉郑国傍高仰之田。

后十六岁，赵中大夫白公，复奏穿渠引泾水，首起谷口，尾入栎阳注渭中，袤二百里，溉田四千五百余顷，因名曰白渠。民得其饶，歌之曰：田于何所，池阳谷口。郑国在前，白渠起后。举锸为云，决渠为雨。泾水一石，其泥数斗，且溉且粪，长我禾黍。衣食京师，亿万之口。言此两渠饶也。

元帝建昭中，邵信臣为南阳太守，于穰县之南六十里，造钳卢陂。垒石为堤，傍开六石门以节水势。泽中有钳卢王池，因以为名。用广溉灌，岁岁增多，至三万顷。人得其利。及后汉杜诗为太守，复修其业。时歌之曰：前有邵父，后有杜母。

后汉章帝建初中，王景为庐江太守，郡部安丰县有楚孙叔敖所起芍陂。先是荒废，景重修之。境内丰给。其陂径百里，灌田万顷。芍，音鹊。今寿春郡安丰县界。

顺帝永和五年，马臻为会稽太守，始立鉴湖，筑塘周回三百十里，灌田九千余顷。

东晋张闿为晋陵内史，时所部四县，并以旱失田，闿乃立曲阿新丰塘，丹阳郡丹阳界。溉田八百余顷，每岁丰稔，葛洪为其颂。

宋文帝元嘉七年，刘义欣为荆河刺史，镇寿阳。于时土荒民散，义欣乃经理芍陂，为之堤堰，引淠匹诣反水入陂，开榛伐木，水得通泾，岁获丰稔。

后魏刁雍为薄骨律镇将，至镇，上表曰：富平西三十里，薄骨律镇，今灵武郡富平，今回乐县。有艾山，南北二十六里，东西四十五里，凿以通河，似禹旧迹。其两岸作溉田大渠，广十余步，山南引水入此渠中，水则充足，溉官私田四万余顷，旬日之间，则水一遍。水凡四，溉谷得成实。从之。公私获其利。

裴延儁为幽州刺史，范阳郡有旧沉渠，径五十里；渔阳燕郡有故戾诸堰，广袤三十里，皆废毁多时，莫能修复，水旱不调，人多饥馁。延儁自度水形，营造未几而就溉田万余顷，为十倍利。

屯田

汉昭帝始元二年，诏：发习战射士诣朔方，调故吏将屯田张掖郡。

孝宣帝神爵元年，遣后将军赵充国，将兵击先零羌。充国以击虏殄灭为期，乃欲罢骑兵，屯田以待其敝，上从之。于是留步士万人屯田，大获其利。明年遂破先零。屯田之详，见充国传。

魏武帝破黄巾，欲经略四方，而苦军食不足，羽林监颍川枣祇建置屯田，于是以任峻为典农中郎将，募百姓屯田于许下，得谷百万斛。郡国例置田官，数年之中，所在积粟，仓廪皆满。

废帝齐王芳正始四年，司马懿督诸军伐吴时，欲广田蓄谷，为灭贼资。乃使邓艾行陈项以东至寿春，艾以为田良，水少不足以尽地利，宜开河渠，可以大积军粮。又通运漕之道，乃着《济河论》，以喻其指。又以为昔破黄巾，因为屯田积谷于许都，以制四方，今三隅已定，事在淮南，每大军征举，运兵过半，功费巨亿，以为大役。陈蔡之间，土下田良，可省许昌左右诸稻田并水东，下令淮北屯二万人，淮南三万人，十二分休，常有四万人且田且守。水丰常收三倍于西，计除众费，岁得五百万斛，以为军资，六七年间，可积三千万斛于淮上，此则十万之众五年食也。以此乘吴，无往而不克。懿善之，如艾计，遂北临淮水，自钟离西南横石以西，尽沘水四百余里，五里置一营，营六十人，且佃且守，兼修广淮阳百尺二渠，上引河流，下通淮颍，大治诸陂于颍南，北穿渠三百余里，溉田二万顷。淮南、淮北皆相连接，自寿春到京师，农官兵田，鸡犬之声阡陌相属，每东南有事，大军兴众泛舟而下，达于江淮，资食有储，而无水害，艾所建也。

晋羊祜为征南大将军，镇襄阳。吴石城守，去襄阳七百余里，每为边害，祜患之，以诡计令吴罢守。于是戍逻减半，分以垦田八百余顷，大获其利。祜之始至也，军无百日之粮，及至季年，有十年之积。

大康元年平吴之后①，杜预在荆州修邵信臣遗迹，激用滍清诸水以浸原田万余顷，分疆刊石，使有定分，公私同利，众庶赖之，号曰：杜父。旧水道唯沔汉达江陵。千数百里，北无通路。又巴邱湖沅湘之会，表里山川，实为险固，荆蛮之所恃，预乃开杨口，起夏水达巴陵，千余里内，泻长江之险，外通零、桂之漕，南土歌之曰：后世无叛由杜翁，孰识智名与勇功。

东晋元帝督课农功，二千石长吏以入谷多少为殿最。其宿卫要任皆令赴农②，使军各自佃，即以为廪。

穆帝升平初，荀羡为北部都尉，镇下邳，屯田于东阳之石鳖<sub>临淮郡界</sub>，公私利之。

后魏文帝大统十一年大旱。十二年，秘书丞李彪上表，请别立农官，取州郡户千分之一为屯田人，陆之宜料顷亩之数③，以赃赎杂物，市牛科给，令其肆力，一夫之田，岁责六十斛，蠲其正课，并征戍杂役。行此二事，数年之中，则谷积人足矣。帝览而善之。寻施行焉。自此公私丰赡，虽有水旱，不为之害也。

北齐废帝乾明中，尚书左丞苏珍芝又议修石鳖等屯，岁收数十万石，

---

① 大康，应为"太康"。
② 其宿卫，《晋书·食货志》《通典·食货二》皆作"其非宿卫"，当是。
③ 陆字前脱"相水"二字，可参见《通典·食货二》。

自是淮南军防粮足。

孝昭帝皇建中，平州刺史嵇晔建议开幽州督亢旧陂，长城左右营屯，岁收稻粟数十万石，北境得以周赡。又于河内置怀义等屯，以给河南之费，自是稍止转输之劳。

武成帝河清三年，诏：沿边城守堪垦食者营屯田，置都子使以统之，一子使当田五十顷，岁终课其所入，以论褒贬。

隋文帝开皇三年，突厥犯塞，吐谷浑寇边，转输劳敝，乃令朔方总管赵仲卿于长城以北大兴屯田。

唐开元二十五年令：诸屯隶司农寺者，每三十顷以下，二十顷以上为一屯；隶州镇诸军者，每五十顷为一屯，应置者皆从尚书省处分。其旧屯重置者，一依承前封疆为定。新置者，并取荒闲无籍广占之地。

天宝八年，天下屯收百九十一万三千九百六十石。关内五十六万三千八百一十石，河北四十万三千二百八十石，河东二十四万五千八百八十石，河西二十六万八十八石，陇右四十四万九百二石。后上元中，于楚州置洪泽屯，寿州置芍陂屯，厥田沃壤，大获其利。

赋税

古之有天下者，必有赋税之用。计口而入谓之赋，公田什一及工商衡虞之入谓之税。税以供郊庙社稷、天子奉养、百官禄食，赋以给车马兵甲士徒之役、充实府库赐予之用。禹定九州，量其贡赋。三代因之，而什一之法未尝废。

秦孝公十二年，初为赋。盖纳商鞅之说，而易其制也。自时厥后，内兴功作，外攘夷狄，收大半之赋而犹为不足。

汉高帝惩其弊，于是约法省禁，轻田租什五而税一。量吏禄，度官用，以赋于民，而山川园池市肆租税之入，自天子以至封君汤沐邑，皆各为私奉养，不领于天子之经费。又令贾人不得衣丝乘车，重租税以困辱之。

四年八月，初为算赋。汉仪注，人年十五以上至五十六出赋钱，人百二十为一算，为给库兵车马。

孝惠六年，令女子年十五以上至二十不嫁，五算。汉律，人出一算，算百二十钱。唯贾人与奴婢倍算。今使五算，罪谪之也。

孝文人赋四十，丁男三年而一事。常赋岁百二十，岁一事。时天下之人多，故出赋四十，三岁而一事。晁错说上，令民入粟得以拜爵，边食足支五岁，可令入粟郡县，足支一岁以上，可时赦勿收农人租，如此德泽加于万民。帝从其言。后天下充实，乃下诏赐民十一年租税之半。

十三年诏曰：农，天下之本，务莫大焉。今勤身从事而有租税之赋，是谓本末者，无以异也。其于劝农之道未备，其除田之租税。

孝景帝二年，令民半出田租，三十而税一。时上溢而下有余。又礼高年，九十者一子不事，八十者二算不事。令天下男子，年二十始傅。

孝武即位，董仲舒说上曰：古者税民不过什一，其求易供；使民不过三日，其力易足。至秦则不然，用商鞅之法，又加月为更卒，已复为正。一岁屯戍，一岁力役，三十倍于古。田租口赋盐铁之利，二十倍于古。或耕豪民之田，见税什五。故贫民常衣牛马之衣，而食犬彘之食矣。建元元年制，八十复二算，九十复甲卒。

孝昭始元六年七月，罢榷酤官，令民得以律占租。武帝时赋敛繁多，律外而取，今始复旧。元凤二年，三辅太常郡得以菽粟当赋。三年以前逋更赋未入者①，皆勿收。四年，出口赋。汉仪注：民年七岁至十四出口赋钱，人二十三。二十钱以食天子，其三钱者武帝加口钱以补车骑马。六年诏曰：夫谷贱伤农，今三辅减贱，其令以菽粟当今年赋。元平元年诏，减口赋钱。有司奏请减什三，上许之。

孝宣帝甘露二年，减民算三十。

孝成建始二年，减天下赋钱□四十②。本算百二十，今减四十为八十。孝平元始元年诏，天下女徒已论归家，顾出钱月三百。

后汉光武建武六年诏，田租三十税一如旧制。有产子者复以三年之算也。

明帝即位，人无横徭，天下安宁。时谷贵，尚书张林上言，谷所以贵，由钱贱故也。可尽封钱，一取布帛为租，以通天下之用。从之。

魏武初，平袁绍邺都，令收田租，亩粟四升，户绢二匹，绵二斤，余不得擅兴。

晋武帝平吴之后，制户调之式：丁男之户岁输绢三匹，绵三斤；女及次丁男为户者，半输。其诸边郡或三分之二，远者三分之一。夷人输賨布，户一匹；远者或一丈。不课田者输义米，户三斛，远者五斗，极远者

---

① 逋，拖欠。
② 本句中脱一字，应为"算"，可见《汉书·成帝纪》。

输算钱，人二十八文。

成帝咸和五年，始度百姓田，取十分之一，率亩税米三升。是后频年水旱，田税不至。咸康初，算田税米，空悬五十余万斛。尚书诸曹以下免官。

哀帝即位，乃减田租，亩收二升。

孝武帝大元二年①，除度定田收租之制。公王以下，口税三斛，唯蠲在役之身。八年，又增税米，口五石。

宋孝武大明五年制，天下人户，岁输布四尺。

齐高帝初，竟陵王子良上表曰：宋文帝元嘉中，皆责成郡县。孝武征求急速，以郡县迟缓，始遣台使，百姓骇迫，不以其命恣意赃贿，人无敢言，守宰务在哀刻，围桑品屋，以准赀课，致令斩树发瓦，以充重赋。又台符既切，畏失严期，乃有自残躯命、斩绝手足以避徭役。守长不务富民，惟言益国，岂有民贫于下，而国富于上邪！子良之言虽切，而终不见用。

自东晋寓居江左，百姓南奔者并谓之侨人；其无贯之人不乐州县编者，谓之浮浪人。惟其所输，终优于正课。

至齐武帝时，都下人多为诸王公、贵人左右、佃客、典计、衣食客之类，皆无课役。官品第一、第二，佃客无过四十户。每品减五户，至第九品五户。其佃谷皆与大家量分。其典计，官品第一、第二置三人，第三、第四置二人，第五、第六及公府参军、殿中监、监军长史、司马、部曲督、关外侯、材官、议郎以上一人，皆通在佃客数中。官品第六以上并得衣食客三人，第七、第八二人，第九品举辇、迹禽、前驱、强弩、司马、羽林郎、殿中虎贲、持椎斧、武骑虎贲、持钑冗从虎贲、命中武骑一人，其客皆注家籍。其课丁男调布绢各二丈，丝三两，绵八两，绿绢八尺②，绿绵三两二分，粗米五石；丁女并半之。男年十六亦半课，年十八正课，六十六免课。其男丁每岁役不过二十日，田亩税米二升。盖大率如此也。其量，三升当今一升；秤则三两当今一两，尺则一尺二寸当今一尺。

自梁武帝末，侯景之乱，国用常褊，京官文武，月例唯得廪食，多遥带一郡县官而取其禄秩焉。扬徐等大州比令、仆班，宁桂等小州比参军

---

① 大元，应作"太元"。
② 绿绢及下文之绿绵，应为"禄绢"、"禄绵"。可参见《隋书·食货志》。

班，丹阳郡、吴郡、会稽等郡同太子詹事尚书班，高梁、晋康等小郡三班而已。大郡六班。小县两转，方至一班。品第既殊，不可委载。

后魏令：每调一夫一妇，帛一匹，粟二石。人年十五以上未娶者，四人出一夫一妇之调。奴任耕，婢任绩者，八口当未娶者四。耕牛十头当奴婢八。其麻布之乡，一夫一妇布一匹，下至半。以此为降，大率十匹中五匹为公调，二匹为调外费，三匹为内外百官俸。人年八十以上者听一子不从役，孤独病老笃贫不能自存者，亦一人不从役。

旧制，民间所织绢布皆幅广二尺二寸，长四十尺为一匹；六十尺为一端。后乃渐至滥恶，不依尺度。

孝文帝延兴三年秋，更立严制，令一准前式，违者罪各有差。

四年，诏：州郡人十丁取一，以充行户，收租五十石，以备年粮。

太和八年，始准古班百官之禄，以品第各有差。先是天下户以九品混通①，户调帛三匹，絮二斤，丝一斤，粟二十石。又入帛一匹二丈，委之州库，以供调外之费。至是户增帛三匹，粟二石九斗以为官司之禄。复增调外帛满二匹。所调各随土所出。其司、冀、雍、华、定、相、秦、洛、荆河、怀、兖、陕、除②、青、齐、济、南河、东③、东徐等州贡绵绢及丝，其余郡县少桑蚕处，皆以麻布充。

正光后，国用不足，乃先折天下六年租调而征之，百姓怨苦。有司奏断百官常给之酒，计一岁所省米五万三千五十四斛九斗，叶蘖谷六千九百六十斛，面三千万五百九十九斤。有司又奏，内外百官及诸蕃客廪食及肉，悉三分减一，计岁终省肉百五十九万九千八百五十六斤，米五万三千九百三十三石。

北齐文宣受禅，多所草创。六坊内从者更加简练，每一人必当百人，任其临阵，必死然后取之，谓之百保鲜卑。又简华人之勇力绝伦者，谓之勇士，以备边要。始立九等之户，富者税其钱，贫者役其力。后南征频岁，陷没士马死者以数十万计。武成以修创台殿，所役甚广，兼并户口，益多隐漏。旧制，未娶者输半床租调，阳翟一郡，户至数万，籍多无妻，

---

① 九品混通，北魏初征收租税时，先召集三老，将本地民户按贫富分为九等（九品），然后根据国家规定的赋税总额（根据全国平均定额确定）按品级分摊，品级高者多摊，品级低则少摊。这是根据西晋"九品相通"而制定的九品混通制度。
② 除，应为徐。可参见《通典·食货五》。
③ 东字后脱一"兖"字。可参见《通典·食货五》。

有司劾之。帝以为生事，不许。由是奸欺尤甚。户口租调，十亡六七。是时，用度转广，赐予无节。府藏之积不足以供，乃减百官之禄，彻军人之常廪，并省州郡县镇戍之职。又制刺史守宰行兼者，并不给干以节国用之费焉。

河清三年定令，乃率以十八受田，输租调。二十充兵，六十免力役，六十六退田免租调。率人一床，调绢一匹，绵八两。凡十斤绵中，折一斤作丝。垦租二石，义租五斗。奴婢各准良人之半。牛调二丈，垦租一斗，义租五升。垦租送台，义租纳郡，以备水旱。

后周文帝霸府初开，制：司赋掌均赋之政令，凡人自十八至六十四与轻癃者皆赋之。其赋之法：有室者岁不过绢一匹、绵八两、粟五斗，丁者半之。其非桑土，有室者布一匹，麻十斤，丁者又半之。丰年则全赋，中年半之，下年一之，皆以时征焉。若艰凶札，则不征其赋。司役掌力役之政令，凡人自十八至五十九皆任于役，丰年不过三旬、中年则二旬、下年则一旬。起徒役，无过家一人。有年八十者一子不从役，百年者家不从役，废疾非人不养者一人不从役。若凶札，又无力征。

武帝保定元年，改八丁兵为十二丁兵，率岁一月役。

建德二年，改军士为侍官，募百姓充之，除其县籍，是后夏人半为兵矣。

隋文帝霸府初开，尉迟迥、王谦、司马消难相次阻兵，兴师诛讨，赏费巨万。及受禅，又迁都，发山东丁毁造宫室，仍依周制：役丁为十二番，匠则六番。丁男一床，租粟三石。桑土调以绢絁，麻土调以布。绢絁以匹，加绵三两；布以端，加麻三斤，单丁及仆隶各半之。有品爵及孝子顺孙义夫节妇并免课役。

开皇三年，减十二番，每岁为三十日役①。减调绢一匹为二丈。时苏威为纳言②，遵父绰之遗训，减宽赋徭，务从轻典。帝又躬行节俭，海内繁富。以江表初定，给复十年，余州并免当年租赋。

十二年，有司上言，库藏皆满。帝曰：朕既薄赋于民，又大经赐用，何得尔也？对曰：用处常出，纳处常入。略计每年赐用至数百万段，曾无减损。乃更开左藏之院，构屋以受之。诏曰：既富而教，方知廉耻。宁积

---

① 三十日役，应为"二十日役"，因十二番役即为年役三十日。可参见《隋书·食货志》。
② 纳言，古指掌宣达帝命之官，隋改为侍中。

于人，无藏府库。河北、河东今年田租，三分减一，兵减半功，调全免。先是京官及诸州并给公廨钱回易生利，以给公用。六月，工部尚书苏孝慈等以为，所在官司，因循往昔，皆以公廨钱物，出举兴生，唯利是求，烦扰百姓，奏皆给地以营农，回易取利皆禁止。十一月诏，内外诸司公廨在市回易，及诸处利，皆并听之，唯禁出举收利。

炀帝即位，户口益多，府库盈溢。乃除妇人及奴婢部曲之课。其后将事辽碣，增置军府，扫地为兵，租赋之入益减矣。

唐武德七年，始定律令。以度田制，五尺为步，步二百四十为亩，亩百为顷。丁男中男，给一顷，笃疾、废疾给四十亩，寡妻妾给三十亩。若为户者加二十亩。所授之田，十分之二为世业，八为口分。世业之田，身死则承户者便授之；口分则收入官，更以给人。赋役之法：每丁岁入租粟二石，调则随乡土所产，绫绢絁各二丈，布加五分之一。输绫绢絁者，兼调绵三两；输布者麻三斤。其绢絁为匹，布为端，绵为屯，麻为綟，阔尺八，长四丈者谓之匹。若当户不成匹端屯綟者，皆随近合成。凡丁，岁役二旬。若不役，则收其资，每日绢三尺。有事而加役者，旬有五日免其调，三旬则税调俱免，通正役并不过五十日。若岭南诸州则税米：上户一石二斗、次户八斗、下户六斗。若夷獠之户，皆从半输。蕃胡内附者，上户丁税钱十文，次户五文，下户免之。附经二年者，上户丁输羊二口、次户一口、下户三户共一口。凡水旱虫霜为灾，十分损四以上免租，损六以上免租调，损七以上课役俱免。凡天下之户，量其资产定为九等，每三年县司注定，州司覆之。百户为里，五里为乡，四家为邻，五家为保，在邑居者为坊，在田野者为村。村坊邻里递相督察。士农工商四民各业，食禄之家不得与下人争利，工商杂类不得预于士伍。

租庸调之法，以人丁为本，自开元以后，天下户籍久不更造，丁口转死，田亩卖易，贫富升降不实。其后国家侈费无节，而大盗起。兵兴，财用益困，而租庸调法弊坏。

自代宗时始以亩定税，而敛以夏秋。

至德宗时，相杨炎遂作两税法，夏输无过六月，秋输无过十一月。置两税使以总之。量出制入，户无主客，以居者为簿，人无丁中，以贫富为差。商贾税三十之一，度与所居者均。役其田税，视大历十四年垦田之数为定。遣黜陟使按比诸道丁产等级，免鳏寡茕独不济者，敢有加敛，以枉法论。议者以租庸调高祖、太宗之法也，不可轻改。而德宗方信用杨炎，不疑也。

　　按天宝中，天下计账户约有八百九十余万，其税钱约得二百余万贯。大约高等少，下等多。今一例为八等以下户计之，其八等户所税四百五十二，九等户则二百二十二，今通以二百五十为率，自七载至十四载，六七年间，与此大数，或多少加减不同，所以言约，他皆类此。其地税约得千二百四十余万石。两汉每户所垦田不过七十亩，今亦准此计约。课丁八百二十余万。其庸调租等约出丝绵郡县计三百七十余万，丁庸调输绢约七百四十余万匹。每丁计两匹。绵则百八十五万余屯。两丁三两六两为屯，则两丁合一屯。租粟则七百四十余万石。每丁两石。约出布郡县计四百五十余万，丁庸调输布约千三十五余万端。每丁两端一丈五尺，十丁则二十三端也。其租约百九十余万丁，江南郡县折纳布约五百七十余万端。大约八等以下户计之，八等折租每丁三端一丈，九等则二端二丈，今通以三端为率。二百六十余万丁，江北郡县纳粟约五百二十余万石，大凡都计租税庸调每岁钱粟绢绵布约得五千二百二十余万端匹屯贯石，诸色资课及勾剥所获不在其中。据天宝中，度支每岁所入端屯匹贯石都五千七百余万计，税钱地税庸调折租得五千三百四十余万端匹屯，其资课及勾剥等当合得四百七十余万。其度支岁计粟则二千五百余万石。三百万折充绢布，添入两京库；三百万回充米、豆，供尚食及诸司官厨等料，并入京仓；四百万江淮回造米转入京充官禄及诸司粮料；五百万留当州官禄及递粮；一千万诸道节度军粮及贮备当州仓。布绢绵则二千七百余万端屯匹。千三百万入西京，一百万入东京，千三百万诸道兵赐及和籴，并远小州便充官料邮驿等费。钱则二百余万贯。百四十万诸道州官课料及市驿马，六十余万添充诸州军和籴军粮。自开元中及于天宝，开拓边境，多立功勋，每岁军用，日增其费。籴米粟则三百六十万匹段①。朔方、河西各八十万，陇右百万，伊西北庭八万，安西十二万，河东节度及群牧使各四十万。给衣则五百二十万②。朔方百二十万，陇右百五十万，河西百万，伊西北庭四十万，安西五十万，河东节度四十万，群牧二十万。别支计则二百一十万。河东五十万，幽州剑南各八十万。馈军食则百九十万石。河东五十万，幽州、剑南各七十万。凡一千二百八十万。开元以前，每岁边夷戎所用，不过二百万贯，自后经费日广，以至于此。而锡赉之费此不与焉。其时，钱谷之司，唯务割剥，回残媵利名目万端，府藏虽丰，闾阎困矣。尚书省度支总天下经费，自安禄山反，至德、乾元之际，置度支使。永泰之后，度支置副使以掌其外，度支以掌

---

① 匹段，古布帛单位。四丈为匹，二丈曰段。
② 群牧使，指地方诸侯，或指地方高级官员。

其内。建中初，又置转运使，复归度支，分命出职，使往诸道，收户口钱谷名数，每岁天下共敛三千余万贯，其二千五十余万贯以供外费，九百五十余万贯供京师。外税米麦共千六百余万石，其二百余万石供京师，千四百万石给充外费。

臣谨按：井田之法所以为良者，以田与赋不相离，虽暴君不能违田而取赋，污吏不能什一而加多。至秦孝公开阡陌之法，田赋始相离，故所取者不多乎什一则少乎什一也，其弊至于收太半焉。汉高帝欲革秦之弊，什五而税一。孝景二年，始令民半出田租，三十而税一。至后汉以三十而税一为通用之法。荀悦曰：今汉人田或百一而税，则知汉法之优民，可谓至矣。然豪强占田逾多，浮客输太半之赋。官家之惠优于三代，富室之暴酷于亡秦，皆缘无授田之法，所以惠不及齐民。伟哉！后魏孝文帝之为人君也，真英断之主乎！井田废七百年，一旦纳李安世之言，而行均田之法，国则有民，民则有田，周齐不能易其法，隋唐不能改其贯，故天下无无田之夫，无不耕之民；口分世业，虽非井田之法，而得三代之遗意。始者则田租户调以为赋税，至唐祖开基乃为定令，曰租、曰调、曰庸。有田则有租，有家则有调，有身则有庸。租者，什一之税也；调者，调发兵车井田之赋也；庸者，岁役二旬，不役则收其资，役多则免调，过役则租调俱免，无伤于民矣。舍租调之外而求则无名，虽无道之世亦不为。自太和至开元，三百年之民抑何幸也。天宝之季，师旅既兴，诛求无艺，生齿流移，版图焚荡。然是时，赋役虽坏，而法制可寻。不幸建中天子用杨炎为相，遂作两税之法。自两税之法行，则赋与田不相系也。况又取大历中一年科率多者为两税定法，此总无名之暴赋立为常规也。且言利之臣，无代无之。有恨少无恨多，有言加无言减。自两税以来，赋不系于田，故名色之求，罔民百出，或以方圆取，或以羡余取，或言献奉，或言假贷。初虽暂时，久为成法。建中以来将五百年，世不乏杨炎，不知所以加于大历中一年之多数目，复几倍乎？呜呼！后世之为民也，其难为民矣。且开元之前，户口至众，而民皆有田。至于女、癃、老、童稚、寡妻、子亦皆有田①，一丁授田百亩，百亩之田，岁输粟二石，绢二丈；无绢则布二丈五尺。岭南诸州则以户计，上户一斛二斗，下户六斗。夷獠半之。内附之家，上户十文，下户无出。当是时也，民之所以为民也如此，官之所以取

---

① 癃，弯腰驼背，或足不能走；童稚，幼童。这里是说，对那些有重大疾病、失去劳动能力和年老体弱、儿童、寡妻等都能受田。

诸民也如此。后魏去三代为远，今去开元不远，是非难行之道也。后之言治道者，当使一民有百亩之田，然后可以议魏齐周隋唐之事。若有无田之民，不耕之夫，则于魏齐周隋唐之事未可轻议也。言利之臣，则亦当量开元之前所以为重赋者，百亩之田，不过二石粟，二丈绢耳。所以为轻赋者，上户之家不过十文耳。今百亩之田，赋敛如此，上户之家出钱如此，吾于如此之中，复何容心哉！

历代户口

禹平水土，为九州。有民千三百五十五万三千九百二十三口，涂山之会，执玉帛者万国。

夏之衰也，逮成汤受命，其能存者，三千余国。商德之衰也，逮周武王受命，定五等之封，有千七百七十三国。及周公相成王，致治刑措，有民千三百七十万四千九百二十三口，此周之极盛也。东迁之后，庄王之十三年，自太子公侯下至庶人，凡千一百八十四万一千九百二十三人。

其后战国相并，摧残民命，伊阙之败，斩首二十四万；长平之战，血流漂卤。然考苏、张之说，计秦及山东六国，戎卒尚逾五百余万，推人口数尚当千余万。

秦兼诸侯，所杀三分居一，犹以余力北筑长城，四十余万；南戍五岭，五十余万；阿房骊山，七十万；三十年间，百姓死没，相踵于路。陈项又肆其酷烈，新安之坑，二十余万；彭城之战，睢水不流。

汉高帝定天下，人之死伤亦数百万。是以平城之卒，不过三十万，方之六国，十分无三。至孝平元始二年，人户千二百二十三万三千，口五千九百五十九万四千九百七十八，此汉之极盛也。

及王莽篡位，续以更始。赤眉之乱，率土遗黎，十才有二三。

后汉光武建武中，兵革渐息，至中元二年，户四百二十七万六百三十四，口二千一百万七千八百二十。明章之后，天下无事，务在养民。至孝和，人户滋殖。桓帝永寿三年，户千六十七万七千九百六十，口五千六百四十八万六千八百五十六。建安之际，海内荒残，人户所存，十无一二。

魏武据中原，刘备割巴蜀，孙权尽有江东之地，三国鼎立，战争不息。及平蜀得户二十八万，口九十四万，带甲将士十万二千，吏四万，通计户九十四万三千四百二十三，口五百三十七万二千八百八十一。除平蜀所得，当时魏氏唯有户六十六万三千四百二十三，口有四百四十三万二千八百八十一。

晋武帝太康元年平吴，收其图籍，户五十三万，吏三万二千，兵二十三万，男女口二百三十万，后宫五千余人。九州攸同。大抵编户二百四十五万九千八百四，口千六百一十六万三千八百六十三，此晋之极盛也。蜀刘禅炎兴元年，则魏常道乡公景元四年，岁次癸未，是岁，魏灭蜀。至晋武太康元年，岁次庚子，凡一十八年，户增九十八万六千三百八十一，口增八百四十九万九百八十二，则当三国鼎峙之时，天下通计户百四十七万三千四百三十三，口七百六十七万二千八百八十一，以奉三主，斯以勤矣。后赵石勒据有河北，初文武官上疏，请依刘备在蜀、魏王在邺故事。魏王即曹公，以河内魏汲等十一郡，并前国合二十四，户二十九万为赵国。前秦苻坚灭前燕慕容暐，入邺，阅其名籍，户二百四十五万八千九百六十九，口九千九百九十八万七千九百三十五。徙关东豪杰及诸杂夷十万口于关中。平燕定蜀，盖为伪代之盛也。时关陇清晏，百姓丰乐，自长安至于诸州二十里一亭，四十里一驿，旅行者取给于途，工商资贩于道。

宋武帝北取南燕，平广固；西灭后秦，平关洛；长河以南，尽为宋有。孝武大明八年，户九十万六千八百七十，口四百六十八万五千五百一。齐既短祚，梁则丧乱宏多，逮陈之末年，隋家所收五十万户，二百万口而已。

后魏起自阴山，尽有中夏。孝文迁都河洛，定礼崇儒。明帝正光以前，时为全盛，户口之数，比夫晋太康倍而余矣，可谓盛哉！及经尔朱之乱，东西流移犹不下三百三十七万五千三百六十八户焉。

北齐承魏末丧乱，与周人抗衡，虽开拓淮南，而郡县褊小。文宣受禅，性多残虐。武成后主，俱为僻王。至隆化二年，为周所灭，有户三百三万二千五百二十八，口二千万六千八百八十。

后周大象中，有户三百五十九万，口九百万九千六百四。

隋以外戚代周，无干戈之患。文帝克己无诛敛之求，至大业二年，户八百九十万七千五百三十六，口四千六百一十万九千九百五十六，此隋之极盛也。后周静帝末授隋禅，有户三百九十九万九千六百四。至开皇九年，平陈得户五十万，及是才二十六七年，直增四百八十万七千九百三十二。

炀帝承富庶之资，恣荒淫之行。登极之初，即建洛邑，每月役丁二百万人，导洛至淮及河，又引沁水达河北通涿郡，筑长城，东西千余里，皆征百万余人，丁男不充，以妇人兼役，而死者大半。及亲征吐谷浑，驻军青海，遇雨雪，士卒死者十二三。又三驾东征辽泽，皆兴百余万众，馈军者倍之。又逆征数年之赋，穷侈极奢，举天下之人，十九为盗贼。

至唐贞观间，而户犹不满三百万。三年，户部奏中国人因塞外来归，及突厥前后降附，开四夷为州县，获男女一百二十余万口。十四年，侯君集破高昌，得三郡五县二十二城，户八千四十六，口万七千三十一，马千三百匹。

永徽元年，户部尚书高履行奏：去年进户一十五万。高宗以天下进户既多，谓长孙无忌曰：比来国家无事，户口稍多，三二十年，足为充实，因问隋有几户，今有几户。履行奏：隋大业中，户八百七十万，今户三百八十万。

显庆二年十月，上幸许汝州，问中书令杜正伦曰：此间田地极宽，百姓太少。因又问隋有几户。正伦奏：大业初有八百余万户，末年离乱，至武德有二百余万户。

总章元年十月，司空李勣破高丽国，虏其王，下城百七十，户六十九万七千二百，配江淮以南、山南、京西。

天宝十四载，管户总八百九十一万四千七百九。应不课户三百五十六万五千五百一，应课户五百三十四万九千二百八。管口总五千二百九十一万九千三百九。不课口四千四百七十万九百八十八，课口八百二十万八千三百二十一。此唐家之极盛也。自天宝十四年至乾元三年，损户总五百九十八万二千五百八十四，不课户损二百三十九万一千九百九，课户损三百五十九万六百七十五；损口总三千五百九十一万八千七百二十三，不课口损三千七十一万三百一，课口损五百二十一万八千四百三十二。户至大历中唯有百三十万户。建中初，命黜陟使往诸道按比户口，约都得主户百八十余万，客户百有三十余万。

丁中

汉孝景二年，令天下男子年二十而始傅音附。

晋武帝平吴后，有司奏男子年十六以上至六十为正丁，十五以下至十三、六十以上至六十五为次丁，十二以下、六十六以上为老小不事。

宋孝武帝大明中，从王敬弘之言，以十五至十六为半丁，十七为全丁。

北齐武成河清三年，乃令男子十八以上六十五以下为丁，十六以上十七以下为中，六十六以上为老，十五以下为小。

隋文帝颁新令，男女三岁以下为黄，十岁以下为小，十七以下为中，十八以上为丁，丁从课役。六十为老，乃免。开皇三年，令军人以二十一成丁。

炀帝即位，户口益多，男子以二十二成丁。高颎奏，以民间课税虽有定分，年常征纳，除注恒多，长吏肆情，文账出没，既无定簿，难以推校，乃为输籍之样，请遍下诸州，每年正月五日，县令巡人各随便近，五党三党各为一团，依样定户上下，帝从之。自是奸无所容矣。

唐武德七年定令，男女始生为黄，四岁为小，十六为中，二十一为丁，六十为老。

神龙元年，韦皇后求媚于人，上表请天下百姓年二十二成丁，五十八免役，制从之。

天宝三年十二月制，自今以后，百姓宜以十八以上为中，男二十三以上成丁。按开元二十五年，户令云：诸户主皆以家长为之，户内有课口者为课户，无课口者为不课户，诸视流内九品以上官、及男年二十以上。老男、废疾、妻妾、部曲、客女、奴婢皆为不课户。

善乎！杜佑之论也。家足不在于逃税，国足不在于重敛。若逃税则不土着而人贫，重敛则多养赢而国贫。三王以前，井田定赋，秦革周制，汉因秦法。魏晋已降，名数虽繁，亦有良规，不救时弊。昔东晋之宅江南也，慕容、苻、姚迭居中土，人无定本，伤理为深，遂有庚戌土断之令，财丰俗阜，寔由于兹。其后法制废弛，旧弊复起。义熙之际，重举而行，已然之效，着在前志。隋受周禅，得户三百六十万。开皇九年平陈，又收户五十万。洎于大业二年，干戈不用，唯十八载有户八百九十万矣。自平陈后，又加四百八十余万，其时承西魏丧乱，周齐分据，暴君慢吏，赋重役勤，人不堪命，多依豪室，禁网䟱紊，奸伪尤滋。高颎睹流冗之病，建输籍之法，于是定其名，轻其数，使人知为浮客，被强家收大半之赋，为编甿①，奉公上，蒙轻减之征，先敷其信，后行其令，烝庶怀惠，奸无所容。隋氏资储遍于天下，民俗康阜，颎之力焉。功规萧葛，道亚伊吕。近代以来，未之有也。唐家贞观中，有户三百万。至天宝末，百三十余年，才如隋氏之数。唐氏之盛，迈于西汉，约计天下编户，合逾元始之间，而名籍所少，三百余万。直以迁贤授任，多在艺文，才与职乖，法因事弊，䟱循名责实之义，阙考言询事之道，崇秩之所至，美价之所归，不无轻薄之曹，浮华之伍。习程典，亲簿领，谓之浅俗。务根本，去枝叶，目以迂阔。风流相尚，奔竞相驱，职事委于郡胥，货贿行于公府而至此也。

---

① 编甿，指编入户籍的平民。

# 卷六十二　食货略第二

**钱币、漕运、盐铁茶、鬻爵、榷酤、算缗、杂税、平准**均输**、平籴**常平**、义仓**

### 钱币

自太昊以来则有钱矣。太昊氏、高阳氏谓之金，有熊氏、高辛氏谓之货，陶唐氏谓之泉①，商人、周人谓之布，齐人、莒人谓之刀。谓之泉者，言其形；谓之金者，言其质；谓之刀者，言其器；谓之货、谓之布者，言其用。古文钱字作泉者，其形如泉文，一变而为刀器，再变而为圆法。

太公作九府圆法。黄金方寸而重一斤，钱圆函方，轻重以铢；布帛广二尺二寸为幅，长四丈为匹，以为贸易之制。自圆法流通于世，民实便之。故泉与刀并废后，人不晓其谓也。观古钱其形，即篆泉文也。后世代以钱字，故泉之文，借为泉水之泉，其实泉之篆文，下体不从水也，先儒不知本末，谓流于泉，布于布，宝于金，利于刀，此皆沿凿之义也。

钱所以权天下之利而便于民，古人与金银龟贝相参为币，惟管仲之论详焉。以先王所以守财物、御人事而平天下者在乎此。禹有五年之水，汤有七年之旱，民之无馕有卖子者，禹以历山之金铸币以赈之。汤以庄山之金铸币以赎之。

周景王时，患钱轻，更铸大钱，径一寸二分，重十二，铸文曰大泉五十，肉好皆有周郭，以劝农赡不足，百姓蒙其利。

楚庄王以为币轻，更以小为大，百姓不便，皆去其业。孙叔敖为相，市令言于相曰：市乱人莫安其处，行不定。叔敖白于王，遂令复如故，而百姓乃安也。

---

① 太昊氏，指伏羲；高阳氏，指颛顼；有熊氏，黄帝；高辛氏，帝喾；陶唐氏，帝尧。

秦一中国之币为二等：黄金以溢为名，上币。二十两为溢，改周一斤之制。铜钱质如周钱，文曰半两，重如其文，为下币；而珠玉龟贝银锡之属为器饰，宝藏不为币。然各随时而轻重无常。

汉兴，以为秦钱重难用，更令民铸荚钱。如榆荚也，钱重铢半，径五分，文曰汉兴。黄金一斤。复周之制，更以斤名金。

高后二年，行八铢钱。秦钱文曰半两，即八铢钱，汉以其太重，更铸榆荚，人患太轻。至此复行八铢钱。六年，行五分钱。径以五分，用荚钱也。

孝文五年，为钱益多而轻，乃更铸四铢钱，其文为半两。除盗铸钱令，便民放铸。是时，吴以诸侯即山铸钱，富埒天子。文字与四铢同，微重耳。后卒叛逆。邓通，大夫也，以铸钱。文字称两，同四铢。财过王者。故吴邓钱布天下。

孝武帝有事于四夷，又徙贫民七十万口于新秦中。用度既广，出御府钱以赡不足，而冶铸或累万金，不佐公家之急，于是天子与公卿议，更钱造币以赡用，而摧浮淫并兼之徒。是时，禁苑有白鹿，而少府多银锡，乃以白鹿皮方尺，缘以藻缋，为皮币，直四十万。王侯宗室朝觐聘享，必以皮币荐璧，然后得行。又造银锡为白金，以为天用莫如龙，地用莫如马，人用莫如龟，故白金三品：其一曰重八两，圆之，其文龙，名曰白选汉志曰白撰，直三千。二曰以重差小，方之，其文马，直五百。以半斤之重差为三品，此重六两，则下品，重四两。三曰复小，橢之①，其文龟，直三百。令县官销半两钱，更铸三铢钱，文如其重。盗铸诸金钱罪皆死。而吏民之盗铸白金者不可胜数。有司言，三铢钱轻，易奸诈，乃更请郡国铸五铢钱，是为白金五铢钱。四五年间，郡国奸铸益多。公卿请令京师官铸赤仄以赤同为其郭，一当五，赋官用，非赤仄不得行。白金稍贱，民不宝用。县官以令禁之无益，岁余终废不行。其后二岁，赤仄钱贱，民巧法用之，不便，又废。于是悉禁郡国无铸钱，专令上林三官铸。钱既多，而令天下非三官钱不得行，诸郡国前所铸钱皆废，销之，输入其铜三官。而民之铸钱益少，计其费不能相当，唯真工大奸乃盗为之。宣帝时，贡禹言，铸钱采铜，一岁十万人不耕，民坐盗铸陷刑者多。富人藏钱满室，犹无厌足，民心摇动，弃本逐末，耕者不能半，奸邪不可禁，原起于钱。疾其末者绝其本，宜罢采珠玉金银铸钱之官，毋复以为币，除其贩卖租铢之律，租税禄

---

① 橢，古同椭（tuǒ）。

赐皆以布帛及谷，使百姓壹意农桑。议者以为，交易待钱布帛，不可尺寸分裂，禹议亦寝。

自孝武元狩五年，三官初铸五铢钱，至平帝元始中，成钱二百八十亿万余云。

王莽居摄，变汉制，以周钱有子母相权，于是始造大钱，径一寸二分，重十二铢，文曰大钱五十。又造契刀、错刀。契刀，环如大钱，身形如刀，长二寸，文曰契刀五百。错刀，以黄金错其文，曰一刀直五千。与五铢钱凡四品，并行。

莽即真，以为书刘字有金刀，乃罢错刀、契刀及五铢钱，而更作金、银、龟、贝、钱、布之品，名曰宝货。于是为钱货六品，银货二品，龟宝四品，贝货五品，布货十品。凡宝货，五物六名二十八品。铸作钱布，皆用铜，殽以链锡，文质周郭放汉五铢钱云。其金银与他物杂，色不纯好，龟不盈五寸，贝不盈六分，皆不得为宝货。元龟为蔡，非四民所得居，有者，入太卜受直。

其后，百姓愦乱，其货不行。民私以五铢钱市买。莽患之。下诏：敢挟五铢钱者为惑众，投诸四裔。于是农商失业，食货俱废。其后改易不常，品名颇众，不足记也。

及公孙述僭号于蜀，废铜钱，置铁官铸铁钱，百姓货币不行。

后汉光武除王莽货泉。自莽乱后，货币杂用布帛金粟。建武十六年，马援上书曰：富国之本，在于食货，宜如旧铸五铢钱。帝从之。于是复铸五铢钱，天下以为便。

及章帝时，谷价贵，县官经用不足，朝廷忧之。尚书张林言：今非但谷贵，百物皆贵，此钱贱，故尔宜令天下悉以布帛为租，市买皆用之，封钱勿出，如此则百物皆贱矣。帝用其言。少时复止。

和帝时，有上书言：民以货轻钱薄，故致贫困，宜改铸大钱。事下四府群察及太学能言之士。孝廉刘陶上议曰：当今之忧，不在于货，在乎民饥。盖民可百年无货，不可一朝有饥。故食为至急也。议者不逹农殖之本，多言铸冶之便，或欲因缘行诈，以贾国利。国利将尽，取者争竞，造铸之端于是乎生。盖万人铸之，一人夺之，犹不能给，况今一人铸之，则万人夺之乎！夫欲民繁财阜，要在止役禁夺，则百姓不劳而足。帝乃不铸钱。

灵帝作五铢钱，而为四出，道连于边缘，有识者尤之。董卓焚烧宫室，乃刼銮驾，西幸长安，悉坏五铢钱，更铸小钱，大五分，尽取长安飞廉之属充鼓铸①。其钱无轮郭文章，不便时人，由是货轻而物贵，谷一斛至钱数百万。

曹公为相，于是罢之，还用五铢。

魏文帝黄初二年，罢五铢钱，使百姓以谷帛为市买。至明帝时，钱废谷用既久，人间巧伪渐多，竞湿谷以要利，作薄绢以为市，虽处以严刑而不能禁也。司马芝等举朝大议，以为用钱非徒丰国，亦所以省刑。今若更铸五铢，于事为便。帝乃更立五铢钱，至晋用之，不闻有所改创。蜀先主刘备攻刘璋，与士众约，若事定，府库百姓，孤无取焉。及拔成都，士众皆舍干戈赴诸库藏取宝物，军用不足，备甚忧之。西曹掾刘巴曰：此易耳，但当铸钱一直百，平诸物价，令吏为官市。备从之。数月之间，府库充实。文曰直百，亦有勒为五铢者，大小秤两如一焉。径一寸七分，重四铢。吴孙权嘉平五年，铸大钱，一当五百文，曰大泉五百，径一寸三分，重十二铢。而使吏民输铜计铸，毕设盗铸之科。赤乌元年，铸一当千大钱，径一寸四分，重十六铢，故吕蒙定荆州，孙权赐钱一亿。钱既太贵，但有空名，民间患之。后孙权下令曰：往日铸大钱，云以广货，故听之。今闻人意不以为便，其省之。

晋元帝过江，用孙氏赤乌旧钱，轻重杂行。大者谓之比轮，中者谓之四文，吴兴沈充又铸小钱，谓之沈郎钱。钱既不多，由是稍贵。

孝武帝太元三年，诏曰：钱，国之重宝，小人贪利销坏无已，监司当以为意。广州夷人宝贵铜鼓，而州境素不出铜，闻官私贾人，皆贪比轮钱斤两差重，以入广州，货与夷人铸，败作鼓，其重为禁制。

安帝元兴中，桓元辅政，立议欲废钱用谷帛。孔琳之议曰：圣王制无用之货，以通有用之财。既无毁败之费，又省运致之苦。此钱所以嗣功龟贝，历代不废者也。谷帛本充衣食，今分以为货，致损必多。魏明帝废钱用谷，四十年矣终，以不便故舍谷帛，而复用钱。此已然之验也。元议遂不行。

宋文帝元嘉七年，立钱置法，铸四铢，文曰四铢，重如其文。人间颇盗铸，多剪凿古钱取铜。帝甚患之。录尚书江夏王义恭建议，以一大钱当两，以防穿凿。议者多同之。遂以一钱当两，行之经时，公私非便，乃罢。

自元嘉中铸四铢钱，轮郭形制与古五铢同，价无利，百姓不资盗铸。

---

① 飞廉，宫观名。汉武帝元封二年，在长安作飞廉馆。

孝武孝建初，铸四铢，文曰孝建，一边为四铢。其后稍去四铢，专为孝建。

三年，尚书右丞徐爰议曰，货薄民贫，公私俱罄，不有革造，将大乏。宜应式，遵古典，收铜缮铸，纳赎刊刑，着在往策。今宜以铜赎刑，随罪为品。诏可之。所铸钱形式薄小，轮郭不成就，于是民间盗铸者云起，杂以铅锡，并不牢固。又剪凿古钱以取其铜，钱既转小，稍违官式。虽重制严刑，人吏官长坐死免者相系，而盗铸弥甚。百物踊贵，人患苦之。乃立品格薄小、无轮郭者，悉加禁断。时议者又以铜转难得，欲铸二铢钱，颜竣陈三不可。

逮废帝景和二年，遂铸二铢钱。文曰景和，形式转细。官钱每出，民间即模效之，而大小厚薄皆不及也。无轮郭不磨剪凿者，谓之耒子；尤薄轻者，谓之荇叶。市井通用之。

永光元年，沈庆之启通私铸，由是钱货乱改，一千钱长不盈三寸大小，称此谓之鹅眼钱，劣于此者谓之綖环钱，入水不沉，随手破碎，市井不复断，数十万钱不盈一掬，斗米一万，商货不行。

明帝太始初，唯禁鹅眼、綖环，其余皆通用。复禁民铸，官署亦废工。寻又普断唯用古钱。

齐高帝建元四年，奉朝请孔觊上书曰：三吴，国之关阃。比岁被水潦，而籴不贵，是天下钱少，非谷穰贱，此不可不察也。铸钱之弊在轻重屡变，重钱患难用，而难用为无累；轻钱患盗铸，而盗铸为祸深。民所盗铸，严法不禁者，由上铸钱惜铜爱工也。惜铜爱工也者，谓钱无用之器，以通交易，务欲质轻而数多，不虑其患也。自汉铸五铢钱至宋文帝四百余年，制度有废兴，而不变五铢者，其轻重可法，得货之宜也。上乃使诸州大市铜，欲更铸，会上崩乃止。

梁初，唯京师及三吴荆郢江湘梁益用钱，其余州郡则杂以谷帛交易，交广之域，则全以金银为货。武帝乃铸钱，肉好周郭，文曰五铢，重如其文。而又别铸，除其肉郭，谓之女钱。二品并行，百姓或私以古钱交易。有直百五铢，五铢女钱，太平百钱，定平一百，五铢稚钱，五铢对文等号，轻重不一。天子频下诏书，非新铸二种之钱，并不许用。而趋利之徒，私用转甚。

至普通中，乃议尽罢铜钱，更铸铁钱。人以铁贱易得，并皆私铸。

及大同以后，所在铁钱，遂如邱山。物价腾贵，交易者以车载钱，不复计数，而唯论贯。商旅奸诈，因之以求利。自破岭以东，八十为百，名曰东钱；江郢以上，七十为百，名曰西钱；京师以九十为百，名曰长钱。

中大同元年，天子乃诏通用足陌。诏下而人不从，钱陌益少。至于末年，遂以三十五为百云。

陈初承梁丧乱之后，铁钱不行。始梁末又有两柱钱及鹅眼钱，于时人杂用，其价同，但两柱重而鹅眼轻，私家多镕铸，又间以锡铁，兼以粟帛为货。

至文帝天嘉五年，改铸五铢。初出，一当鹅眼之十。宣帝大建十一年，又铸大货六铢，以一当五铢之十，与五铢并行。后还当一，人皆不便。乃相与讹言曰：六铢钱，有不利县官之象。未几而帝崩，遂废六铢，而行五铢，以至陈亡。而岭南诸军州，多以盐米布帛交易，俱不用钱云。

北齐神武霸政之初，承魏犹用永安五铢。迁邺已后，百姓私铸，体制渐别，遂各以为名，有雍州青赤、梁州生厚、紧钱、吉钱①、河阳生涩天柱赤牵之称。冀州之北钱皆不行交易者，皆以绢布。神武帝乃收境内之铜及钱，仍旧文，更铸流之四境，未几之间，渐复细薄，奸伪竞起。文宣受禅，除永安之钱，改铸常平五铢，重如其文。其钱甚贵，且制造甚精，至乾明、皇建之间，往往私铸。邺中用钱，有赤郭、青熟、细眉、赤生之异。河南所用，有青薄铅锡之别，青、齐、徐、兖、梁、豫、荆河等州，辈类各殊。武平以后，私铸转甚，或以生铁和铜，至于齐亡，卒不能禁。

后周之初，尚用魏钱。及武帝保定元年七月，乃更铸布泉，钱以一当五，与五铢并行。是时，梁益之境，又杂用古钱交易。而河西诸郡，或用西域金银钱，而官不禁。

建德三年六月，更铸五行大布钱，以一当十，大守商贾之利②，与布泉钱并行。四年七月，又以边境之上，人多盗铸，乃禁五行大布钱，不得出入四关。其布泉钱听入而不听出。五年正月，以布泉渐贱，而人不用，遂废之。初令私铸者绞，从者远配为户。

齐平已后，山东之人犹杂用齐氏旧钱。至宣帝大象元年十一月，又铸永通万国钱，以一当千，与五行大布及五铢凡三品并用。

隋高祖既受周禅，以天下钱货轻重不等，乃更铸新钱，背面肉好皆有

---

① 青赤、生厚、紧钱、吉钱等皆为私铸钱。
② 大守，《隋书·食货志》作"大收"。

周郭，文曰五铢，而重如其文。每钱一千，重四斤二两。是时，钱既新出，百姓或有私镕铸。

三年四月诏，四面诸关，各付百钱为样，从关外来，勘样相似，然后得过；样不同者，即坏以为铜入官。诏行新钱已后，前代旧钱，有五行大布、永通万国及齐常平所在勿用，以其贸易不止。

四年，诏：仍依旧不禁者，县令夺半年禄。然百姓习用既久，犹不能绝。

五年正月，诏：又严其制。自是钱货始一，所在流布，百姓便之。是时，见用之钱，皆须和易锡镴，锡镴既贱，求利者多私铸之钱，不可禁约。其年诏，乃禁出锡镴之处，并不得私有采取。

十年，诏：晋王广听于扬州立五炉铸钱。其后奸猾稍多，渐磨炉钱郭取铜私铸，又杂以铅锡，递相放效，钱遂轻薄。乃下恶钱之禁，京师及诸州邸肆之上，皆令立榜置样为准，不中样者不入于市。

十八年，诏：汉王谅听于并州立五炉铸钱。是时，江南民间钱少，晋王又请于鄂州白纻山有铜矿处锢铜铸钱。于是诏：听置十炉铸钱。又诏：蜀王秀听于益州立五炉铸钱。是时钱益滥恶，乃令有司括天下邸肆见钱非官铸者，皆毁之，其铜入官，而京师以恶钱贸易、为吏所执有死者。数年之间，私铸颇息。

大业已后，王纲弛紊，巨奸大猾，遂多私铸，钱转薄恶。初，每千犹重二斤，后渐轻至一斤。或剪铁鍱裁皮糊纸以为钱，相杂用之，货贱物贵，以至于亡。

唐高祖即位，仍用隋之五铢钱。武德四年，废五铢钱，铸开元通宝钱。径八分，重二铢四参，积十文，重一两；千文重六斤四两。仍置铸钱监于洛，并幽、益、桂等州。秦王、齐王各赐三炉铸钱。右仆射裴寂一炉。议者以新钱轻重大小最为折中，远近甚便之。后盗铸渐起，而所在用钱滥恶。

显庆五年九月，以天下恶钱转多，乃令所在官为市取之，五恶钱酬一好钱，百姓以恶钱价贱，私自藏之，候官禁之弛。高宗又令以好钱一文，买恶钱两文，弊仍不息。至乾封元年封岳之后，又改造新钱，文曰乾封泉宝，径一寸，重二铢六分，仍与旧钱并行。新钱一文，当旧钱十。周年之后，旧钱并废。

初，开元钱文，给事中欧阳询制词及书，时称其工。其字含八分及篆隶体，其词先上后下，次左后右，流俗谓之开通元宝钱。及铸新钱，乃同流俗，乾字直上，封字在左。寻寤钱文之误，又缘改铸，商贾不通，米帛增价，乃议却用旧钱。

二年正月，下诏曰：开元通宝，高祖创之，太宗承之，万代之法也。乾封新钱，更不须铸，仍令天下置铸之处，并铸开元通宝钱。既而私铸更多，有将船枻宿于江中鼓铸①，所部不能觉察，钱复恶滥。

仪凤四年四月，令东都出远年糙米及粟，就市给籴，斗别纳恶钱百文，其恶钱令少府司农毁之。是时，铸多钱贱、粟贵，于是权罢。少府铸钱，寻复旧。则天长安中，揭样于市，令民间依样用钱。俄而简择难于交易，又降敕，非穿穴及铁锡铜液者，并许用之。自是盗铸蜂起，有镕锡以钱模夹之，斯须则盈千百。

开元五年，知政事宋璟请禁天下恶钱，行二铢四参钱。时江淮钱尤滥恶，有官炉、偏炉、棱钱、时钱等数色，璟乃遣监察御史萧隐之充江淮使。隐之乃令率户出钱，务加督责，百姓乃以上青钱充恶钱纳之，其小恶者或沉之于江湖，以免罪戾。于是市井不通，物价腾起，流闻京师，隐之贬官，璟因罢相。张嘉贞知政事，请不禁铸钱，弛其禁，民乃安之。

二十二年，张九龄初知政事，明皇下其议，左监门卫录事参军刘秩上议曰：古者以珠玉为上币，黄金为中币，刀布为下币。今之钱即古之下币也。今若舍之，任人自铸，则上无以御下，下无以事上，遂陈五不可。时黄门侍郎裴耀卿等，皆以为恐小人弃农逐利，而滥恶更甚，事遂不行。但下诏禁恶钱而已。

天宝中，内作判官韦伦请厚价募工。由是役用减而鼓铸多，天下置九十九炉铸钱。绛州三十炉，杨、润、宣、鄂、蔚各十炉，益、邓、郴各五炉，洋州三炉，定州一炉，约每炉役丁匠三十人，每年除六月七月停作，余十月作十番，每炉约用铜二万一千二百二十斤，白镴三千七百九斤，黑锡五百四十斤，每千钱除工匠外，用铜镴锡约价七百五十文，每炉岁铸钱三千三百缗，约一岁计，铸钱三十二万七千余缗。

肃宗乾元元年，经费不给，有司请铸钱，使第五琦铸乾元重宝钱，径一寸，每缗十斤，与开元钱参用，以一当十。二月，琦入为相，又请更铸重轮乾元钱，一当五十，二十斤成贯。诏可之。于是新钱与开元、乾元钱

---

① 枻，疑是"栰"字之误。栰，同筏。

三品并行，寻而谷价腾贵，米斗至七千，饿死者相枕于道，乃抬旧开元钱，以一当十；减重棱乾元钱，以一当三十。缘人厌钱价不定，民间抬加价钱为虚钱，长安城中竞为盗铸。京兆尹郑叔清擒捕之，数月间榜死者八百余人。

上元元年，以重棱当五十钱减作三十，以开元旧钱一当十。

宝应元年，改乾元重棱小钱一当二，重棱大钱一当三，寻又改行乾元大小钱，并以一当一。自第五琦更铸，犯法者日数百，至是人甚便之。盐铁转运使刘晏以江淮诸州任土所出，皆贱弱难致之货，以输京师，不足偿道路之直，于是，积之江淮，易铜铅薪炭广铸钱，岁得十余万缗，输京师及荆扬二州，自是钱始增加。

大历七年，禁天下铸铜器。

建中元年，户部侍郎韩洄上言，江淮钱监，岁供铸钱四万五千贯，输于京师，度工用转送之费，每贯计钱二千，是本倍利也。今商州有红崖冶，出铜益多，又有洛源监不理久废，请增工凿山以取铜，兴洛源钱监，置十炉铸之，每岁计出钱七万二千贯，度工用转送之费，贯计钱九百，则利浮本也。其江淮七监，请皆停罢。从之。

元和三年，盐铁使李巽上言，郴州平阳、高亭两县之境，有平阳冶及马迹、曲木等古铜坑二百八十余井，今请于郴州旧桂阳监置炉两所，日铸二十万，以年计之，铸成七千万贯，有利于人，从之。其年六月，下蓄钱之禁。又以有银之山，必有铜矿。铜可资鼓铸，银无益于生民。自五岭以北，银宜禁采，惟课采铜，资官铸作。

四年，京师用钱，每缗除二十陌，于是禁之。又禁钱出岭。除采银禁。

六年制，公私交易十缗以上即兼用段匹。其年三月，河东节度使王锷奏请于蔚州加置至五炉。

八年四月敕，以钱重货轻，出内库钱五十万贯，令两市收市布帛，每端匹估加十之一。

十二年，禁藏钱不得过五十缗。十五年八月，中书门下奏，令诸道公纳铜器，各纳所在节度团练防御经略使，给予价直，仍令铸钱。

长庆元年九月，敕，泉货之义，所贵通流。如闻比来用钱，所在除陌不一，与其禁人之必犯，未若从俗之所宜，交易往来，务令可守其内外公私给用钱货。从今以后，每千垫八十，以用九百二十为贯。

漕运

秦欲攻匈奴运粮，使天下飞刍挽粟，起于黄、腄，腄音谁，东莱二县、琅琊负海之郡，转输北河。北河，今朔方之北河。率三十钟而致一石。

至汉兴，高皇帝时，漕转山东之粟以给中都官，岁不过数十万石。

孝武建元中，通西南夷，作者数万人。千里负担馈粮，率十余钟致一石。其后东灭朝鲜，置沧海郡，人徒之费拟西南夷。又卫青击匈奴，取河南地。今朔方之地。复兴十万余人筑卫朔方，转漕甚远，自山东咸被其劳。

元光中，大司农郑当时言于帝曰：异时关东运粟，漕水从渭中上道，九百余里，度六月而罢。若引渭穿渠，起长安，傍南山下至河，三百余里，度可三月而罢，此损漕省半。天子乃令齐水工徐伯表发卒穿漕渠以运，大便利。其后，河东守番系言，漕从山东西，岁百余万石，更底柱之险，败亡甚多，而亦颇费，请穿渠引汾溉皮氏、汾阴下，引河溉汾阴、蒲坂下，度可得五千顷。故尽河壖弃地，度可得谷二百万石以上。谷从渭上与关中无异，而底柱之东可无复漕。天子又以为然。渠田数岁，河徙，渠田遂废。其后人有上书，欲通褒斜道。褒、斜，二水名，褒水东流，南入沔，今汉中郡。褒城县斜水北流入渭，今武功县及扶风郡。及漕事下御史大夫张汤，汤闻其事，言：抵蜀故道，多坂回远，今穿褒斜道少坂近四百里。而褒水通沔，斜水通渭，皆可以行船漕。漕从南阳上沔入褒，褒之绝水至斜间百余里，以车转，从斜入渭，如此汉中之谷可致。山东从沔无限，便于底柱之漕。且褒、斜林木山箭之饶，拟于巴蜀。天子然之。拜汤子卬为汉中守，发数万人作褒斜道五百余里，道果便近。而水多湍石，不可漕。

孝宣即位，百姓安土，岁数丰稔，谷石五钱，农人少利。时耿寿昌以善为算，能商功利，得幸于上。五凤中奏言故事，岁漕关东谷四百万斛，以给京师，用卒六万人，宜籴三辅、弘农、河东、上党、太原等郡谷，足可以供京师，可以省关东漕卒过半。天子从其计。御史大夫萧望之奏言：寿昌欲近籴漕关内之谷，筑仓理船，费直二万万余，有动众之功，恐生旱气，人被其灾。寿昌习于商功分铢之事，其深计远虑，诚未足任，宜且如故。帝不听。漕事果便。

魏齐王正始四年，司马懿使邓艾行陈、项以东至寿春。艾以为田良水少，不足以尽地利，宜开河渠，可以大积军粮。又通漕粮之道。懿从之，乃广开漕渠。东南有事，与众泛舟而下，达于江淮，资食有储，而无水害，艾所建也。

晋武帝太始十年①，凿陕南山，决河东注洛，以通漕运。虽有此诏，而未成功。

怀帝永嘉元年，修千金塌于许昌，以通运。

成帝咸和六年，以海贼寇抄，运漕不继，发王公已下千余丁，各运米六斛。

穆帝时，频有大军，粮运不继，制王公已下，十三户共借一人，助度支运。

后魏自徐扬内附之后，仍世经略江淮。于是转运中州以实边镇，百姓疲于道路。有司请于水运之次，随便置仓。乃于小平、石门、白马津、漳涯、黑水、济州、陈郡、大梁凡八所，各立邸阁。每军国有须，应机漕引，此费役微省。

时三门都将薛钦上言：计京西水次，汾、华二州，弘农、河北、河东、平阳等郡，年常绵绢及赀麻皆折公物，雇车牛送京，道险人弊，费公损私，略计华州一车，官酬绢八匹三丈九尺，别有私人雇价，布八十匹。河东一车，官酬绢五匹二丈，别有私人雇价布五十匹，自余州郡虽未练多少，推之远近，应不减此。今求车取雇绢三匹，市材造船，不劳采斫，计船一艘，举十三车，车取三匹，合有三十九匹。雇作首并匠及船上杂具食直，足以成船，计一船剩绢七十八匹，布七百八十匹。又租车一乘，官格二十斛成载。私人雇价，远者五斗、布一匹，近者一石、布一匹。准其私费，一车有布远者八十匹，近者四十匹。造船一艘，计举七百石，准其雇价，应有千四百匹。今取布三百匹，造船一艘，并船上覆理杂事，计一船有剩布千一百匹。又汾州有租庸调之处，去汾不过百里。华州去河不满六十里。并令计程，依旧酬价，车送船所。船之所运，唯达雷陂，其陆路从潏陂至仓门，调一车雇绢一匹；租一车布五匹，则于公私为便。诏从之。而未能尽行也。

孝文太和七年，薄骨律镇将刁雍上表曰：奉诏，高平安定统万，薄骨律镇，今灵武郡。统万，今朔方郡是也。及臣所守四镇，出车五千乘，运屯谷五十万斛，付沃野镇以供军粮。臣镇去沃野八百里，道多深沙，轻车往来犹以为难。设令载谷二千石，每至深沙，必致滞陷。又谷在河西，转至沃野，越渡大河，计奉五千乘，运十万斛，百余日乃得一返，大废生民耕垦

---

① 太始，应为泰始（公元265—274年），晋武帝年年号。

之业。车牛艰阻，难可全至，一岁不过三运，五十万斛乃经三年。臣闻，郑白之渠，远引淮海之粟，沂流数十，周年乃得一至，犹称国有储粮，民用安乐。求于崞屯山在今平原郡高平县，今笄头山。河水之次，造船二百艘，二船为一舫，一船胜二千斛，一舫十人计，须千人。臣镇内之兵，率皆习水，一运二十万斛，方舟顺流五日而至。自沃野牵上，十日还到，合六十日得一返。从三月至九月，三返，运送六十万斛，计用人工，轻于车运十倍有余，不费牛力，又不废田。诏曰：知欲造船运谷，一冬即大省人力，既不费牛，又不废田，甚善。非但一运，自可永以为式。

随文帝开皇三年①，以京师仓廪尚虚，议为水旱之备，诏于蒲、陕、虢、熊、伊、洛、郑、怀、邠、卫、汴、许、汝等水次十三州，置募运米丁。又于卫州置黎阳仓，陕州置常平仓，华州置广通仓，转相灌注，漕关东及汾、晋之粟，以给京师。又遣仓部侍郎韦瓒向蒲、陕以东募民，能于洛阳运米肆拾石，经底柱之险，达于常平者，免其征戍。其后，以渭水多沙，流有深浅，漕者苦之。

四年，诏宇文恺率水工凿渠，引渭水自大兴城东至潼关三百余里，名曰广通渠。转运通利，关内赖之。

炀帝大业元年，发河南诸郡男女百余万，开通济渠，自西苑引谷洛水，达于河。又引河通于淮海，自是天下利于转输。

四年，又发河北诸郡百余万众开永济渠，引沁水，南达于河，北通涿郡，自是丁男不供，始以妇人从役。

五年，于西域之地置西海、鄯、且末等郡。逐吐谷浑，得其地，并在今酒泉、张掖、晋昌郡之北，今悉为北狄之地。谪天下罪人配为戍卒，大开屯田。发西方诸郡运粮以给之。

七年冬，大会涿郡，分江淮南兵配骁卫大将军来护儿，别以舟师济沧海，舳舻数百里，并载军粮，期与大兵会于平壤。

唐咸亨三年，于岐州陈仓县东南开渠，引渭水入升原渠，通船栰至长安故渠。

开元十八年，明皇问朝集使利害之事②。宣州刺史裴耀卿上便宜曰：江南户口稍广，仓库所资唯出租庸，更无征防，缘水陆遥远，转运艰辛，

---

① 随字误，应为隋。
② 朝集使，即上计使。在汉代，各郡每年都要派遣上计使赴京，报告本郡一年来的治政绩效和报送一年的计会文书。

功力虽劳，仓储不益。窃见每州所送租庸调等，本州正月二月上道，至扬州入斗门，即逢水浅，已有阻碍，须停留一月以上。三月四月以后始渡淮入汴，多属汴河干浅。又船运停留至六月七月始至河口，即逢黄河水涨，不得入河。又须停一两月，待河水小，始得上河入洛。即漕洛干浅，船舸隘闹，船载停滞，备极艰辛。计从江南至东都，停滞日多，得行日少，粮食既皆不足，折欠因此而生。又江南百姓，不习河水，皆转雇河师、水手，更为损费。伏见国家旧法，往代成规，择制便宜，以垂长久。河口元置武牢仓，江南船不入黄河，即于仓内便贮。巩县置洛口仓，从黄河不入漕洛，即于仓内安置。爰及河阳仓、柏崖仓、太原仓、永丰仓、渭南仓，节级取便，例皆如此。水通则随近转运，不通则且纳在仓，不滞远船，不忧欠耗，比于旷年长运，利便一倍有余。今若且置武牢、洛口等仓，江南船至河口即却还本州岛，更得其船充运，并取所减脚钱，更运江淮变造义仓，每年剩得一二百万石，即数年之外，仓廪转加，其江淮义仓，多为下湿，不堪久贮，若无般运，三两年色变，即给贷费散，公私无益。疏奏不省。

至二十一年，耀卿为京兆尹，京师雨水害稼，谷价踊贵。耀卿奏曰：国家帝业，本在京师，万国朝宗，百代不易之所。但为秦中地狭，收粟不多，傥遇水旱，便则匮乏。往者贞观、永徽之际，禄廪数少，每年转运不过一二十万石，所用便足。以此车驾，久得安居？今升平日久，国用渐广，每年陕洛漕运，数倍于前，支犹不给。陛下数幸东都，以就贮积。为国大计，不惮劬劳，皆为忧民而行，岂是故欲来往。若能更广陕运支，入京仓廪常有二三年粮，即无忧水旱。今日天下输丁约有四百万人，每丁支出钱百文充陕洛运脚，五十文充营窖等用，贮纳司农及河南府陕州，以充其费租米，则各随远近，任自出脚送纳。东都至陕，河路艰险，既用陆脚，无由广致。若能开通河道，变陆为水，则所支有余，动盈万计。且江南租船所在，候水始敢进发，吴人不便河漕，由是所在停留，日月既淹，遂生隐盗。臣请于河口置一仓，纳江东租米，便于船回。从河口分入河洛，官自雇船载运。河运者至三门之东置一仓，既属水险，即于河岸傍山，车运十数里，至三门之西，又置一仓。每运置仓，即般下贮纳。水通即运，水细便止。渐至太原仓，沂河入渭，更无停留，所省巨万。臣常任济、定、冀等三州刺史，询访故事，前汉都关内，年月稍久，及隋亦在京师，缘河皆有旧仓，所以国用常赡。若依此行用，利便实深。上大悦。寻以耀卿为黄门侍郎，同中书门下平章事。敕郑州刺史河南少尹萧炅，自江淮至京以来检古仓节级贮纳，仍以耀卿为转运都使。于是，始置河阴县及河阴仓，河清县置栢崖仓，三门东置集津仓，三门西置三门仓，开三门北山十八里陆行，以避湍险。自江淮西北泝鸿沟悉纳河阴仓，自河阴候水调浮漕送含嘉仓，又取晓习河水者，递送纳于太原仓，所谓北运也。自太原仓浮渭以实关中，凡三年，运七百万石，省脚三十万。耀卿罢相后，缘边运险涩、颇有欺隐，议者又言其不便，事又停废。

二十七年，河南采访使汴州刺史齐澣，以江淮漕运经淮水，波涛有沉损，遂开广济渠下流，自泗州虹县至楚州淮阴县北十八里合于淮，而逾时毕功①。既而以水流浚急，行旅艰险，旋即停废，却由旧河。

二十九年，陕州刺史李齐物，避三门河路急峻，于其北凿石渠通运船，为漫流，河泥旋填淤塞，不可漕而止。

天宝三年，左常侍兼陕州刺史韦坚开漕河，自苑西引渭水，因古渠至华阴入渭，引永丰仓及三门仓米以给京师，名曰广运潭。以坚为天下转运使。灞、浐二水会于漕渠，每夏大雨，辄皆填阏。大历之后，渐不通舟。天宝中，每岁水陆运米二百五十万石入关。旧于河南路运至陕郡太原仓，又运至永丰仓及京师大仓。开元初，河南尹李杰始为陆运使，从含嘉仓至太原仓置八递场，相去每场四十里，每岁冬初起运八十万石，后至一百万石，每递用车八百乘，分为前后交，两月而毕。其后渐加。至天宝七载，满二百五十万石，每递用车千八百乘，自九月至正月毕。天宝九载九月，河南尹裴迥以递重恐伤牛，于是又以递场为交场，两递简押近水处为宿场。天宝十载九月，相州刺史李南金又上表曰：臣以旧籍天下水陆估价车乘有纲运，各令官兵提巡共五十万，大率大历之后，以水陆运使兼防押，四十万石各押入关。

盐铁茶

盐筴之利，管子言之尽矣。其所以相桓公霸齐，盐筴之利也。

汉孝武中年，大兴征伐，财用匮竭，于是大农工盐铁丞孔仅、东郭咸阳言：山海，天地之藏，宜属少府，陛下弗私，以属大农佐赋。愿募民自给费，因官器作煮盐，官与牢盆。牢盆者，煮盐之器也。浮食奇民欲擅管山海之货，以致富羡，役利细民，其沮事之议，不可胜听。敢私铸铁器煮盐者，钛左趾，钛音徒计反，足钳也。没其器物。郡不私铁者，置小铁官，使属在所县。使仅、咸阳乘传，举行天下盐铁，作官府。主煮铸及出纳。除

---

① 而逾时毕功，《通典·食货九》作"不逾时毕功"，可参考。

故盐铁家富者为吏，吏益多贾人矣。

卜式为御史大夫，见郡国多不便，县官作盐铁，器苦恶，价贵，或强令民买之，而船有算，商者少，物贵，乃因孔仅言船算事。上不说。

孝昭元始六年①，令郡国举贤良文学之士，问以民所疾苦、教化之要，皆对曰：愿罢盐铁酒酤，均输官无与天下争利，示以俭节，然后教化可兴。御史大夫桑弘羊难，以为此国家大业，所以制四夷，安边足用之本。往者豪强之家得管山海之利，成奸伪之业，家人有宝器，尚犹柙而藏之，况天地之山海乎！夫权利之处，必在山泽，非豪民不能通其利。异时盐铁未笼，布衣有朐邴，人君有吴王，亦可见矣。盐铁之利，佐百姓之急，奉军旅之费，不可废也。于是丞相奏曰：贤良之士，不明县官，猥以盐铁为不便。宜罢郡国榷酤酒、关内铁。奏可。于是利复流下，庶民休息。

孝元帝时，尝罢盐铁官。三年而复之。

后汉明帝时，尚书张林上言：盐铁食之急者，官自可鬻。

和帝即位，诏曰：孝武权收盐铁之利，以奉师旅之费。中兴以来犹未能革，先帝恨之，故遗戒，罢盐铁之禁，纵民煮铸，入税县官如故事，布告天下。

献帝建安初，关中百姓流入荆州者十余万家，及闻本土安宁，皆企愿思归而无以自业。于是卫觊议以为：盐者，国之大宝。自丧乱以来放散，今宜旧，置使者监卖，以其直益市犁牛，百姓归者以供给之，劝耕积粟，以丰殖关中。远者闻之，必多竞还。魏武于是遣谒者仆射监盐官，移司隶校尉居弘农。流民果还，关中丰实。

后魏宣武时，河东郡有盐池，旧立官司以收税利。先是罢之，而人有富强者，专擅其用，贫弱者不得资益。延兴末，复立监司，量其贵贱，节其赋入，公私兼利。其后更罢，更立，至于永熙。自迁邺后，于沧、瀛、幽、青四州之境，傍海煮盐。沧州置灶一千四百八十四，瀛州置灶四百五十二，幽州置灶百八十，青州置灶五百四十六。又于邯郸置灶四，计终岁合收盐二十万九千七百八斛四斗。军国所资，得以周赡矣。

后周文帝霸政之初，置掌盐之政令：一曰散盐，煮海以成之；二曰监

---

① 元始，应为始元（公元前86—前80年），汉昭帝年号。

盐①，引池以化之；三曰形盐，掘地以出之；四曰饴盐，于戎以取之。凡监盐，每池为之禁，百姓取之皆为税。

隋开皇三年，通盐池盐井与百姓共之。

唐开元元年十一月，左拾遗刘彤上表曰：臣闻汉孝武之时，厩马三十万，后宫数万人，外讨夷狄，内兴宫室，殚费之甚，实倍当今。然而古费多而货有余，今用少而财不足者，何也？岂非古取山泽而今取贫民哉！取山泽则公利厚，而人归于农；取贫民则公利薄，而人去其业。故先王作法也，山海有官，虞衡有职，轻重有术，禁发有时。一则专农，二则饶国。明皇令宰臣议其可否，咸以盐铁之利，甚益国用。遂令将作大匠姜师度、户部侍郎强循俱摄御史中丞与诸道按察使，捡责海内盐铁之课。

二十五年，仓部格：蒲州盐池，令州司监当租分与有力之家营种之，课收盐。每年上、中、下畦通融收一万石。又屯田格：幽州盐屯，每屯配丁五十人，一年收率满二千八百石。又成州长道县盐井一所，并节级有赏罚。蜀道陵绵等十州盐井总九十所，每年课盐都当钱八千七百五十一贯。陵州盐井一所，课都当钱二千六十一贯；绵州井四所，都当钱二百九十二贯；资州井六十八所，都当钱一千八十三贯；泸州井五所，都当钱一千八百五十贯；荣州井十二所，都当钱四百贯；梓州都当钱七百一十七贯；遂州四百一十五贯；阆州一千七百贯；普州二百七十八贯；遂宁府都当钱二千七百九十三贯；果州都当钱九千九百八十七贯；卬州都当钱三百七贯。

初，德宗纳户部侍郎赵赞议，税天下茶漆竹木，十取一，以为常平本钱。

至贞元八年，盐铁使张滂奏，出茶州县，若山及商人要路，以三等定估，什税其一。自是岁得钱四十万缗。然水旱亦未尝拯之也。

穆宗即位，两镇用兵，帑藏空虚。盐铁使王播增天下茶税，率百钱增五十。及王涯判二使置榷茶使，徙民茶树于官场，焚其旧积，天下大怨。

武宗即位，盐铁转运崔珙增江淮茶税。是时，茶商所过州县有重税，或掠夺舟车，露积雨中。诸道置邸以收税，谓之搨地钱。故私贩益起。

### 鬻爵

汉孝文时，晁错说上曰：欲人务农，在于贵粟。贵粟之道，在于使人以粟为赏罚。今募天下入粟县官，得以拜爵，得以除罪。如此，富人有

---

① 监盐，《通典·食货十》作"鹽盐"。

爵，农人有钱，粟有所泄。夫能入粟以受爵，皆有余者也。取有余以供上用，则贫人之赋可损，所谓以有余补不足，令出而人利者也。顺于人心，所补者三：一曰主用足，二曰民赋少，三曰劝农功。爵者上之所擅，出于口而无穷。粟者人之所种，生于地而不乏。夫得高爵与免罪，人之所甚欲也。使天下人入粟于边，以受爵免罪，不过三岁，塞下之粟必多矣。于是从厝之言，令人入粟边，六百石爵上造第二等爵，稍增至四千石为五大夫第九等爵，万二千石为大庶长第十八等爵，各以多少级数为差。

厝复奏言：陛下幸使天下入粟塞下以拜爵，甚大惠也。窃恐塞卒之食不足用大泄天下粟①。边食足以支五岁，可令入粟郡县矣。入诸郡县以备凶灾。足支一岁以上，可时赦，勿收农人租。如此德泽加于万民矣。上从之。

孝景帝时，上郡以西旱，复修卖爵令，而裁其价以招人，裁谓减省。及从复作②，得输粟于县官以除罪。

孝武帝元朔元年，外事四夷，内兴功利，国用空竭，乃募人能入奴婢以终身复，为郎增秩。及入羊马为郎，始于此。

五年，有司议，令民得买爵及赎禁锢免减罪，请置赏官，名曰武功爵。茂陵中书有武功爵：一级曰造士，二级曰闲舆卫，三级曰良士，四级曰元戎士，五级曰官首，六级曰秉铎，七级曰千夫，八级曰乐卿，九级曰执戎，十级曰政戾庶长，十一级曰军卫。此武帝所置，以宠军功也。颜师古云，此下云级十七万，凡直三十余万金。茂陵书止十一级，皆前汉之制。至后汉和帝，依级散其赏曰：乃故制军功也。则计数不足与本文乖矣，或者茂陵之书不说尽也。级十七万，凡直三十余万金，请买武功爵官首者试补吏，先除；千夫如五大夫。五大夫者，旧二十等爵之第九级也。至此以上始免徭役，故每先选以为吏。千夫者，乃武功十一等爵之第七也，亦得免役。今则先除为吏，比于五大夫也。其有罪又减二等，爵得至乐卿。乐卿者，乃武功爵第八。言买爵唯得至第八。以崇军功。军功多用超等，大者封侯卿大夫，小者郎吏。吏道杂而多端，然官职耗废矣。

元鼎初，豪富皆争匿财，不助县官，唯卜式数求入财，天子乃超拜式为中郎，赐爵左庶长，田十顷，布告天下，以风百姓。始令吏得入粟补官，郎至六百石。后桑弘羊请令民得入粟补官，及罪人赎。令民能入粟甘泉各有差，以复终身。所忠又言，世家子弟、富人或斗鸡走狗，弋猎博

---

① 泄，疏通。
② 及从复作，《汉书·食货志》为"及徒复作"。徒，服劳役；复作，在官府服役的女徒。

戏，乱齐民。乃征诸犯令，相自变量千人，名曰株送徒。入财者得补郎。

后汉孝安永初三年，天下水旱，用度不足。三公奏请令吏民入谷得关内侯。

灵帝悬洪都之榜，开卖官之路，公卿以降，悉有等差。廷尉崔烈入钱五百万以买司徒。刺史二千石迁除，皆责助理宫室钱，大都至二三千万，钱不毕，至自杀。羊续为太尉，时拜三公者，皆输东园礼钱千万，令中使督之，名为左骖。其所往，辄迎致礼，厚加赠赂。续乃坐使人于单席上，举缊袍以示之。

晋武帝太康三年，问刘毅曰：卿以吾可方汉何主也①？对曰：桓灵之主。帝曰：吾虽德不及古人，犹克已为理，南平吴会，一同天下，方之桓灵，不亦甚乎？对曰：桓、灵卖官，钱入官库，陛下卖官，钱入私门。以此言之，乃不如也。

后魏明帝孝昌二年，初承丧乱之后，仓廪空虚，遂班入粟之制：输粟八千石赏散侯，六千石散伯，四千石散子，三千石散男；职人输七百石赏一大阶，授以实官；白人输五百石，听依第出身，千石加一大阶。诸沙门有输粟四千石入京仓者，授本州统，各有差。

唐至德二年七月，宣谕使侍御史郑叔清奏，承前诸使下召纳钱物，多给空名告身，虽假以官，赏其忠义，犹未尽才能，今皆量文武才艺奏闻，便写告身。诸道士女道士及僧尼如纳钱，请准敕回授余人，并情愿还俗，授官勋邑号等，亦听。又准敕，纳钱百千文与明经出身，如曾受业粗通帖策，修身慎行，乡曲所知者，量减二十千文；如先经举送，到省落第者，减五十千文；若粗识文字者，准元敕处分；未曾读学，不识文字者，加三十千。其商贾，准令所在收税。如能据所有资财，十分纳四助军者，便与终身优复。如于敕条外，有悉以家产助国，嘉其竭诚，待以非次，如先出身及官资，并量资历好恶，各据本条格例，节级优加拟授。如七十以上，情愿授致仕官者，每色内量十分减二分钱。时属幽冠内侮，天下多虞，军用不充，权为此制。寻即停罢。

**榷酤**

汉孝武天汉三年，初榷酒酤。

孝昭始元末，丞相车千秋奏罢酒酤，卖酒斗四钱。

---

① 方，齐等。

孝元时，贾捐之上书曰：昔孝文时，天下人赋四十，丁男三年而一事。今天下人赋数百，造盐铁榷酒之利以佐用度，犹不能足，而人困矣。

王莽时，羲和鲁匡言：名山大泽，盐铁钱布帛五均赊贷，斡在县官，唯酒酤独未斡，请法古，令官作酒，以二千五百石为一率开一垆以卖。垆谓卖酒之区也。以其一边高形如垆，故取其名也。月雠五十酿为准一酿，用粗米二斛、曲一斛，得成酒六斛六斗。除米曲本价，计其利，而什分之，以其七入官，其三及糟酨灰炭酨作浆也①。酨，才伐反。给工器薪樵之费。于是置命士，督五均六斡，而人愈病。

陈文帝天嘉中，虞荔等以国用不足，奏请榷酤。从之。

隋文帝开皇三年，罢酒坊，与百姓共之。

唐广德二年十二月，敕天下州各量定酤酒户，随月纳税，除此外不问官私，一切禁断。

大历六年二月，量定三等，逐月税钱，并充市绢进奉。

建中三年制，禁人酤酒。官司置店自酤收利，以助军费。

算缗

汉孝武元狩四年，自作皮币、铸白金后，商贾以币之变，多积货逐利。于是公卿言，商贾之众，贫者蓄积无有，皆仰县官。异时笇䩄车、贾人缗钱皆有差，请笇如故②。缗，丝也。以贯钱。一贯千文，出二十为笇也。诗云：维丝伊缗。䩄，小车也。诸贾人末作贳贷买卖居邑贮积诸物，及商人取利者，虽无市籍，各以其物自占。占，隐度也。各隐度其财物多少而为名簿，送之于官也。占，音之赡反。率缗钱二千而算一；率计有二千钱者，则出一笇也。诸作有租及铸，以手力所作而卖也。率缗钱四千而算一；非吏比者、三老、北边骑士，䩄车一笇。比，例也；身非为吏之例。非为三老、非为北边骑士而亦有䩄车，皆令之出一笇。商贾人䩄车二笇。船五丈以上一算。匿不自占，占不悉，戍边入缗钱。有能告者，以其半畀之。天子既下缗钱令而尊卜式，百姓终莫分财佐县官。于是，杨可告缗遍天下，中家以上大抵皆遇告，宪司理之，狱少反者。得民财物以亿计，奴婢十万数③，田大县数百顷，小县百余顷，宅亦如之。初，大农管盐铁官布多，置水衡，欲以主盐铁。及杨可告缗，上林财物众，乃令水衡主上林。上林既充满，益广。乃分缗钱

---

① 酨（zài），酢浆，即醋。酨（zǐ），大块的肉。
② 笇，同"算"。
③ 十万，《史记·平准书》《汉书·食货志》《通典·食货十一》皆作"千万"。

诸官，而水衡、少府、大农、太仆各置农官，往往即郡县比没入田田之。其没入奴婢，分诸苑养狗马禽兽，及与诸官。其后令吏得入粟补官，及罪人赎，入粟甘泉，不复告缗。

晋自过江至于梁陈，凡货卖奴婢马牛田宅，有文券率钱一万，输估四百入官，卖者三百，买者一百；无文券者，随物所堪，亦百分收四，名为散估。历宋、齐、梁、陈，如此为常。以人竞商贩不为田业，故使均输欲为惩励。虽以此为辞，其实利在侵削。此亦竿缗之类。

杂税

汉高帝十一年，令诸侯王、通侯，常以十月朝献，及郡各其以口数，率人岁六十三钱以给献费。

孝武元光六年冬，初算商车。

太初四年冬，行回中徙弘农都尉①，治武关，税出入者以给关吏卒食。

孝昭元凤六年，令郡国无敛今年马口钱。往时有马口出敛，今省之。所谓租六书②。

宣帝时，耿寿昌奏请增海租三倍，天子从其计。御史大夫萧望之奏言：故御史属徐宫家在东莱，言往年加海租，鱼不出。长老皆言武帝时，县官尝自渔，海鱼不出，后予人，鱼乃出。夫阴阳之感，物类相应，万事尽然，宜且如故。上不听。

王莽令诸取鸟兽鱼鳖百虫于山林水泽及畜牧者，嫔妇桑蚕织纴纺绩补缝，工匠医巫卜祝及他方伎商贩贾人坐肆列里区谒舍，谒舍，若今客馆。皆各自占所为于其在所之县官，除其本，计其利，十一分之，而以其一为贡。末年，盗贼群起，匈奴侵寇，大募天下囚徒人，奴名曰猪突豨勇。一切税吏民赀，三十而取一。

后汉灵帝时，南宫灾，中常侍张让、赵忠等说帝，令敛天下田，税十钱，以治宫室。

宋元嘉二十七年，后魏南侵，军旅大起，用度不充，王公妃主及朝士牧守各献金帛等物，以助国用，下及富室小人，亦有献私财数千万者。扬、南徐、兖、江四州富有之家资满五十万、僧尼满二十万者，并四分换

---

① 回中，古道路名，因途经秦回中宫遗址而得名。
② 六书，应为"六畜"，可见《汉书》如淳注、《通典食货十一》。

一，过此率计，事息即还。

齐武帝时，王敬则为东扬州刺史，以会稽边带湖海，人无士庶，皆保塘陂。敬则以功力有余，悉评敛为钱，以送台库，帝纳之。竟陵王子良上表曰：臣忝会稽，粗闲物俗。塘丁所上，本不入官，良由陂湖宜壅，桥路须通，均夫订直，人自为用。若甲分毁坏，则年一修改；一限坚完①，则终岁无役。今乃通课此直，悉以还台，租赋之外，更生一调，致令塘路崩芜，湖源泄散，害人损政，实此为剧。自东晋至陈，西有石头津，东有方山津，各置津主一人，赋曹一人②，直水五人，以检察禁物及亡叛者。荻炭鱼薪之类小津者③，并十分税一以入官。淮水北有大市，自余小市十余所，备置官司。税敛既重，时甚患之。

后魏明帝孝昌二年，税市入者人一钱。其店舍又为五等收税有差。

北齐黄门侍郎颜之推，奏请立关市邸店之税。开府邓长颙赞成之，后主大悦。于是以其所入，以供御府声色之费，军国之用不在此焉。税僧尼令曰：僧尼坐受供养，游食四方，损害不少。虽有薄敛，何足为也。

后周闵帝初，除市门税。及宣帝即位，复兴入市之税，每人一钱。

隋文帝登庸，又除入市之税。

唐开元十八年，御史大夫李朝隐奏请薄百姓一年税钱充本，依旧令高户及典正等捉，随月收利，将供官人料钱。自天宝末年，盗贼奔突，克复之后，府库一空，及所在屯师用度不足，于是遣御史康云间出江淮，陶锐往蜀汉，豪商富户皆籍其家资，所有财货畜产，或五分纳一，谓之率贷，所收巨万计。盖权时之宜。其后诸道节度观察使多率税商贾，以充军资杂用。或于其津济要路及市肆间交易之处，计钱至一千以上者，皆以分数税之。自是商旅无利，多失业矣。上元中，敕江淮堰坏，商旅牵船过处，准斛斗纳钱，谓之埭程。大历初，诸州府应税青苗钱，每亩十文，充百司手力资课。三年十月十六日，台司奏兵马事，缘上元十一年冬，人民失业，之后又其昨北寇未平之日，百司支计不给，每亩更加五文充大计钱④。

平准均输

汉武帝征伐四夷，国用空竭，兴利之官自此始也。桑弘羊为大农中丞，管诸会计事，稍稍置均输以通货物矣。谓诸当所输于官者，皆令输其土地

---

① 一，《南齐书·王敬则传》《通典·食货十一》皆作"乙"。
② 赋，应为"贼"，可参见《隋书·食货志》。
③ 小，应为"过"，可参见《隋书·食货志》。
④ 此句中自"三年十月十六日"起，疑有脱衍或刊刻之误。

所饶，平其所在时价官，更于他处卖之。输者既便，而官有利。汉书百官表，大司徒属有平準令。

元封元年，桑弘羊为治粟都尉领大农，尽管天下盐铁。以诸官各自市，相与争，物故腾跃，而天下赋输或不偿其僦费，乃请置大农部丞数十人，分部主郡国，各往往县置均输盐铁官，令远方各以其物如异时商贾所转贩者，为置平准于京师，尽笼天下之货物，贵则卖之，贱则买之。如此，富商大贾无所牟大利，即反本，而万物不得腾踊。故抑天下物，名曰平准。天子以为然而许之。时南越初置郡，数反，发南方吏卒往诛之，间岁万余人。帝数行幸，所过赏赐，用帛百余万匹，钱金巨万计，皆取足大农。诸均输一岁之中，帛得五百万匹，人不益赋，而天下用饶。

后汉章帝时，尚书张林上言，宜自交趾益州上计吏来市珍珠，收采其利。武帝所谓均输也。谓租赋并雇运之直，官总取，而官转输于京，故曰均输也。诏议之。尚书仆射朱晖奏曰：按王制，天子不言有无，诸侯不言多少。食禄之家，不与百姓争利。今均输之法，与贾贩无异。盐利归官，则下穷怨，布帛为租，则吏奸盗，诚非明主所当宜行。帝不从。其后用度益奢。

平籴<small>常平、义仓</small>

汉宣帝时，数岁丰穰，谷石至五钱，农人少利。大司农中丞耿寿昌请令边郡皆筑仓，以谷贱时增其价而籴，以利农；谷贵时减价而粜，名曰常平仓，人便之。上乃下诏，赐寿昌爵关内侯。

元帝即位，罢之。

后汉明帝永平五年，作常平仓。

晋武帝欲平一江表，时谷贱而布帛贵，帝欲立平籴法，用布帛市谷，以为粮储。

四年，乃立常平仓，丰则籴，俭则粜，以利百姓。

宋文帝元嘉中，三吴水潦谷贵，人饥。彭城王义康立议，以东土灾荒，人凋谷踊，富商蓄米，日成其价。宜班下所在，隐其虚实。令积蓄之家，听留一年储，余皆勒使粜货，为制平价，此所谓常道行于百代，权宜用于一时也。又缘淮岁丰，邑地沃壤，麦既已登，黍粟行就，可折其估，赋仍就交市。三吴饥，人即以贷给，使强壮转运，以赡老弱，未尽施行，人赖之矣。

齐武帝永明元年，天下米谷布帛贱，上欲立常平仓，市积为蓄。

六年，诏：出上库钱五千万于京师，市米买丝绵纹绢布；扬州出钱千九百一十万，<small>扬州治建业，今江宁县也。</small>南徐州二百万，<small>南徐州治京口。</small>各于郡所市籴。南荆河州二百万，<small>南荆河州治寿春。</small>市丝绵纹绢布米大麦；江州五百万，市米胡麻；荆州五百万，郢州三百万，皆市绢、绵布、米、大小豆、大麦、胡麻；湘州二百万，市米布蜡；司州二百五十万，<small>司州治汝南，今义阳郡是也。</small>西荆河州二百五十万，<small>西荆河州治历阳。</small>南兖州二百五十万，<small>南兖州治广陵。</small>雍州五百万，市绢绵布米，使台传并于所在市易。

后魏孝庄时，秘书丞李彪上奏曰：今山东饥，京师俭，臣以为宜折州郡常调九分之二，京师都度支岁用之余，各立官司，年丰籴积于仓，时俭则减私之十二粜之，如此，人必力田，以买官绢。又务贮钱以取官粟，年丰则常积，岁凶则直给。

明帝神龟、正光之际，自徐扬内附之后，收内兵资，与人和籴，积为边备也。

北齐河清中，令诸州郡皆别置富民仓，初立之日，准所领中下户口数，得一年之粮，适当州谷价贱时，斟量割当年义租充入。<small>齐制，每岁人出租二石，义租五斗，垦租送台，义租纳郡，以备水旱。</small>谷贵下价粜之，贱则还。用所籴之物，依价籴贮。

后周文帝创置六官，司仓掌辨九谷之物，以量国用，足即蓄其余，以待凶荒；不足则止，余用足则以粟贷人，春颁秋敛。

隋文帝开皇三年，卫州置黎阳仓，陕州置常平仓，华州置广通仓，转相灌注。漕关东及汾晋之粟以给京师，京师置常平监。

五年，工部尚书长孙平奏：古者三年耕而余一年之积，九年作而有三年之储。虽水旱为灾，人无菜色，皆由劝导有方，蓄积先备。请令诸州百姓及军人劝课当社，共立义仓，收获之日，随其所得，劝课出粟及麦，于当社造仓窖贮之，即委社司执帐检校，每年收积，勿使损败。若时或不熟，当社有饥馑者，即以此谷赈给。自是诸州储峙委积。

至十五年，以义仓贮在人间，多有费损，诏曰：本置义仓，止防水旱。百姓之徒，不思久计，轻尔费损，于后乏绝。又北境诸州，异于余处，灵、夏、甘、瓜等十一州所有义仓，杂种并纳本州，若人有旱歉少粮，先给杂种及远年粟。

十六年又诏：秦、渭、河、廓、豳、陇、泾、宁、原、敷、丹、延、绥、银等州社仓，并于当县安置。又诏：社仓准上中下三等，税上户不过一石，中户不过七斗，下户不过四斗。

唐贞观初，尚书左丞戴胄上言曰：水旱凶灾，前圣之所不免。国无九年之储蓄，礼经之所明诫。今丧乱之后，户口凋残，每岁租米，未实仓廪，随即出给，才供当年，若遇凶灾，将何赈恤？故隋开皇立制，天下之人，节级输粟，名为社仓，终于文皇，得无饥馑。及大业中，国用不足，并取社仓，以充官费，故至末涂，无以支给。今请自王公以下，爰及众庶，计所垦田，稼穑顷亩，每至秋熟，准其见苗，以理劝课，尽令出粟稻麦之乡，亦同此税，各纳所在，为立义仓。年谷不登，百姓饥馑，当所州县，随便取给。太宗从之。自是天下州县始置义仓，每有饥馑，则开仓赈给。

高宗永徽二年九月，颁新各义仓，据地取税，实是劳烦，宜令户出粟，上上户五石，余各有差。

六年，京东西市置常平仓。

高宗、武太后数十年间，义仓不许杂用。其后公私窘迫，贷义仓支用。

自中宗神龙之后，天下义仓费用向尽。

开元二十五年定式，王公以下，每年户别据所种田亩，别税粟二升，以为义仓。其商贾户若无田及不足者，上上户税五石，上中以下递减各有差。诸出给杂种准粟者，稻谷一斗伍升，当粟一斗。其折纳糙米者，稻三石，折纳糙米一石四斗。

天宝八载，凡天下诸色米都九千六百六万二千二百二十石。

和籴一百一十三万九千五百三十石。关内五十万九千三百四十七石，河东十一万二百二十九石，河西三十七万一千七百五十石，陇右一十四万八千一百四石。

诸色仓粮总千二百六十五万六千六百二十石。北仓六百六十一万六千八百四十石，太仓七万一千二百七十石，含嘉仓五百八十三万三千四百石，太原仓二万八千一百四十石，永丰仓八万三千七百二十石，龙门仓二万三千二百五十石。

正仓总四千二百一十二万六千一百八六十四石。关内道百八十二万一千五百一十六石，河北道百八十二万一千五百一十六石，河东道三千五十八万九千一百八十石，河西道七十万二千六十五石，陇右道三十七万二千七百八十石，剑南道二十二万三千九百四十石，河南道五百八十二万五千四百一十四石，淮南道六十八万八千二百五十二石，江南道九十七万八千八百二十五石，山南道十四万三千八百八十二石。

义仓总六千三百一十七万七千六百六十石。关内道五百九十四万六千二百一十石，河北道一千七百五十四万四千六百石，河东道七百三十万九千六百一十石，河西道三十八万八千四百三石，陇右道三十万三十四石，剑南道百七十九万七千二百二十八石，河南道千五百四十二万九千七百六十三石，淮南道四百八十四万八百七十二石，江南道六百七十三万九千二百七十石，山南道二百八十七万一千六百六十八石。

　　常平仓总四百六十万二千二百二十石。关内道三十七万三千五百七十石，河北道百六十六万三千七百七十八石，河东道五十三万五千三百八十六石，河西道百六十六万三千七百七十八石，陇右道四万二千八百五十石，剑南道七万七百四十石，河南道百二十一万二千四百六十四石，淮南道八万一千一百五十二石，山南道四万九千一百九十石，江南道阙。

# 《续通志》

# 卷一百五十二　食货略一

臣等谨按①：洪范八政，首重食货。自班固为食货志，详汉以前分田定税及布币泉刀之用，晋隋诸书多仍班志之旧。通典汇核诸史之文，篇析条分体归简要，郑志又本杜典而加为食货略二卷②。若汉之平准、后魏之均田、唐之租庸调、两税，皆详其法制，余则唯举其大纲焉。《易》曰：水地比，君子以容民畜众③，《书》曰：懋迁有无化居④。《周礼》泉府之官，《管子》轻重之法，因时制宜以裕民益国。后世时政之得失、国用之盈绌、民生之昌悴，胥视食货为权衡⑤。唐以后制度变移、屡更条例。故宋、辽、金、元、明五朝之史事繁于前，文增于旧，诚以食货者经国之大猷，不可不详其利弊也。夫敬授民时、敷土制田，为安集之本。五代仍唐两税法，屡下垦田均赋之诏，而疆域未定，罕见施行。宋时讲求方田，寻至废格⑥，继乃措置经界，仅及一隅。其岁赋则分公田、民田、城郭、丁口、杂税为五类。辽初分部以课树艺。金制官地输租、私田输税，厘为九等。元定里社之分合，其内郡之赋则用租庸调，江南之赋则用两税。明初，定赋税以黄册为准，后复用开方法以丈量民田。此田赋之因时而立制也。其钱币之用，漕运之宜，盐铁之权，累朝相仍。宋设交子会子，元重海运，明立开中之商。或创或因，利病互见。唯屯田为前代良法。盖自汉赵充国奏上屯田便宜十二事，魏晋皆修复其法，所谓省输挽而增守望，筹边广储之要无过于此。唐末之韩重华、宋之何承矩皆着成绩。元则分隶于

---

① 《续通志》一书，为嵇璜、刘墉等奉敕所撰，成书后奉乾隆皇帝御览，卷首等处有着者所加按语。
② 《通志》一书为宋人郑樵（公元1104—1162年）所着，故简称《郑志》。
③ 水地比，指《周易》比卦，此卦下为地，上为水。君子以容民蓄众，语出《周易》师卦，意为君子应像大地一样包容养育民众。
④ 懋迁有无化居，语出《尚书·益稷》，意为"交易其所居积"，即通过交换、调剂有无。
⑤ 胥，全，都。
⑥ 废格，也作废阁，搁置而不实行。

中书省、枢密院，内而各卫，外而行省，皆开屯政。经务之广，最称详善。明制军屯领于卫所，民屯领自有司。然仅行沿边及大河南北，规模视元代为狭。其后屯政日弛，军制亦隳，则夫整防卫以安边计，岂不赖乎纪纲之立欤？平籴之法，广惠钧施。前史称为善政。宋、金、元皆行和籴与常平义仓相辅。明初置预备仓后又设义仓，春粜秋籴之政，偶见举行，未有定制。欲俾敛散得其节，轻重便于时，平货以遂利，洵为论积贮者所当预计也。记曰：先王量地以制邑，度地以居民，节务成业最农桑之本，通山海之利，正三日之徭，平九均之赋，不诚在食足货通、国实民富，以成其教化哉？今续修食货略，谨考唐中叶以后，累朝食货之制，综其始末，厘为四卷。其篇目次第仍从郑志之旧，叙次如左。

## 田制

唐制分给永业口分田，及按比垦田之数①，详见郑志。

代宗大历元年，诏：流民还者给复二年②，田园尽则授以逃田。

德宗贞元四年，两税之法久而生弊。帝以问。宰相陆贽上疏言其甚害者大略有六③，因及授田之制。疏曰：古者百亩地号一夫，盖一夫授田不得过百亩。欲使人不废业，田无旷耕。今富者万亩，贫者无容足之居，依托强家为其私属，终岁服劳常患不充。有田之家坐食租税，京畿田亩税五升，而私家取租亩一石。官取一，私取十，穑者安得足食？宜为占田条限，裁租价，损有余，优不足。此安富恤穷之善经，不可舍也。论者以为切于唐末田制之弊。

后唐明宗长兴二年，敕：凡置营田，比召浮客，若取编户，实紊常规。其三京诸道营田及无主荒田皆召浮客。此后若有违越，其官吏及投名税户当行重断。

闵帝应顺元年，诸处没官田宅并属户部，除赐功臣外，禁请射④。

晋高祖天福二年，以杜筵策言，荒田一任百姓开种，三年检照所开种

---

① 按比，意为检查核实。
② 给复，免除赋税徭役。
③ 陆贽（公元754—805年），字敬舆，唐代政治家、文学家，对两税法持批评和反对态度。
④ 请射，请求给予或自行追逐。请，请求。射，逐取、追求。因目标明确，故称射。

顷亩多少，量纳一半租税。敕曰："辟彼污莱①，期于富庶。方当开创，正切施行。宜令逐处长吏，遍下管内。应是荒田有主者，一任本主开垦，无主者一任百姓请射佃莳。其三年内并不在收税之限。"

周世宗显德二年，敕："逃户庄田，许人请射承佃，供纳租税。"

五年七月，帝将均定天下民租。按，均田之名，始见汉书王嘉传注。孟康曰自公以下至于吏民，名曰均田皆有顷数。诏以唐元微之均田表及图颁赐诸道②，并命左散骑常侍艾颖等三十四人于诸州检定民租。

宋太祖建隆二年，遣使度民田。

太宗端拱二年，诏兴置方田③，命知定州张永德等各兼方田都总管。诏谕边将令缘边作方田，量地里远近，列置寨栅，以为战守之具。

至道元年，诏州县旷土许民佃为永业，蠲三岁租，三岁外输二分之一。州县官吏劝民垦田之数，悉书于印纸以俟旌赏。

咸平中，令阁馆检校故事，申定职田之制。以官庄及逃田充，佃户以浮客充④。其两京大藩府四十顷，次藩镇三十五顷，防御团练州三十顷，中上刺史州二十顷，下州及军监十五顷，边远小州上县十顷，中县八顷，下县七顷，转运使副十顷，兵马都监押⑤、砦主、厘务官、录事参军、判司等比通判幕职之数而均给之。继静戎军王能言，军城东新河之北开方田，广袤相去皆五尺、深七尺，仍以地图来上。于是，令威虏顺安军亦兴置。

真宗乾兴元年，准臣僚奏，命官所置庄田定以三十顷为限，衙前将吏合免户役者定以十五顷为限。

庆历中，诏限职田。有司复申定其数：大藩长吏三十顷，通判八顷，判官五顷，幕职官四顷；节镇长吏十五顷，通判七顷，判官四顷，幕职官三顷五十亩；凡防团以下州军长吏十顷，通判六顷，判官三顷五亩，幕职官三顷，其余军监长吏七顷，判官幕官并同；其防团以下州军及县令自万户以上至不满五千户者，六顷至二顷有差，其录事参军比判官，曹官比倚郭簿尉；发运制置转运使副武臣总管比节镇长吏，发运制判官比大藩府通判安抚都监，路

---

① 污莱，荒废的田地，语出《诗经·十月之交》。
② 元微之，即元稹（公元779—831年），唐朝名臣、著名诗人，字微之，著有《均田表》。
③ 方田，丈量土地面积；也指宋代的一种土地经营制度，其法是在边境地区开辟方块耕地，组织田客且耕且守。
④ 浮客，指无土地的漂泊者或庄园里的外地佃客。
⑤ 兵马都监押，应是兵马都监、兵马监押的省称。

分都监比节镇通判，大藩府都监比本府判官，节镇以下至军监，诸路走马承受并砦主，都同巡检，提举捉贼，提点马监，都大巡河不得过节镇判官，在州监当及催纲拨发巡捉私茶盐贼盗驻泊捉贼不得过簿尉。

神宗熙宁时复详定其制，稍加损益而已。

五年，因田赋不均，重修定方田法。诏司农以均税条约并式颁之天下，以东西南北各千步当四十一顷六十六亩，一百六十步为一方。岁以九月，每县以令佐分地计量。随陂原平泽而定其地，因赤淤黑垆而辨其色方。量毕以地及色参定肥瘠，而分五等以定税。以济州巨野尉王曼为指教官，先自京东路行之，诸路仿焉。其后必岁稔农隙乃行，而县多山林者或行或否。

八年，诏罢方田。

徽宗崇宁三年，宰臣言：自开阡陌使民得以田私相贸易，富者恃其有余，厚立价以规利，贫者迫于不足，薄移税以速售，而天下之赋调不平久矣。神宗讲究方田，作法而推行之。方为之帐，而步亩高下丈尺不可隐，户给之帖，而升合尺寸无所遗。以卖买则民不能容其巧，以推收则吏不能措其奸。今文籍具在，可举而行。诏诸路提举常平官，选官习熟其法。谕：州县官吏，各以丰稔日推行。自京西北两路始，品官限田。一品百顷，以差降杀，至九品为十顷。

至宣和元年，臣僚言：方量官惮于跋履，并不躬亲，一付之胥吏。御史受诉，有二百余亩方为二十亩者，其租税亦有增损之弊。望诏常平使者检察。遂诏罢之。

高宗南渡后，复定职田，无大损益，申明旧制而已。

绍兴十二年，左司员外郎李椿年言经界不正十害[①]：一、侵耕失税；二、推割不行；三、衙门及坊场户虚供抵当；四、乡司走弄税名；五、诡名寄产；六、兵火后税籍不失，争讼日起；七、倚阁不实[②]；八、州县隐赋多，公私俱困；九、豪猾户自陈诡籍不实；十、逃田税偏重，人无肯售。经界正则害可转为利。且言平江岁入二十万，不及昔之半。考按核实，请自平江始。

乃以椿年为两浙运副，专委措置经界。椿年请平江以及诸州宜均平，

---

① 经界，土地、疆域的界限。《孟子·滕文公上》："夫仁政，必自经界始。"
② 倚阁，搁置、暂缓。在宋元公文中，一般指暂缓缴纳赋税。

为民除害不增税额，图写墟亩，选官按覆。

十九年，经界事毕。唯淮东西、京西、湖北四路，以边境姑仍其旧。漳汀泉三州权行倚阁。琼州、万安、昌化、吉阳军海外土产瘠薄，与泸叙州长宁军并免经界，其余诸路州县次第有成①。

光宗时，知漳州朱熹奏经界状略，疏奏千余言，切指时弊。而贵家豪右占田隐税侵渔贫弱者，胥为异论，乃格不行。按：绍兴时因李椿年之请，各州县已次第有成，至是时法弛弊生故，朱子力请整顿，复格不行。

宁宗嘉定间，知婺州赵恺夫行经界于其州，整有伦序。后守魏文豹行之益力。向上户析为贫下户，逃绝田俱为实田。三年而后上其事于朝。

八年，诏职田蠲放如民田。

度宗咸淳元年，监察御史赵顺孙又言经界之便，民宜随诸州之便宜而为之区处。从之。司农卿季镛言：经界之法必多差官吏，遍走阡陌以量地亩。不如行推排之法②，以县统都，以都统保，选才干公平者定田亩税色，载之图册。凡民有定产，产有定税，税有定籍。吴门绍兴及湖南一路俱已告成，宜令监司郡守递相稽察。于是诏诸路施行。

辽皇祖允丹达锡为大德呼勒府额尔奇木③，喜稼穑相地利以教民耕。

太祖分北达宁额为二部，程以树艺，诸部效之。

太宗会同初，以乌尔固之地水草丰美，命谔尔昆锡林居之，益以哈里水之善地为农田。

三年，诏以嘉哩河胪朐河近地，赐南院鄂津图噜伊苏巴尔、北院乌兰哈喇三锡林人以事耕种。

圣宗乾亨六年，按，《辽史本纪》，景宗改元乾亨。四年，圣宗建元统和。二十九年，开泰九年，太平十一年，纪无乾亨年号。今食货志称圣宗乾亨六年，以言景宗则年既不符，以言圣宗则并无此年号，疑统和六年之误也。徙哲伯寨居民三百户于檀、顺、蓟三州择沃壤给牛种谷。

金代量田以营造尺④五尺为步，阔一步长二百四十步为亩，百亩为顷。民田业各从其所便，卖质于人无禁，但令随地输租而已。凡官地，明

---

① 次第，依次，又作规模或气派解，视语境而定。
② 推排，宋、金、元时期，定期核实民户财产、厘定赋税的制度，一般三年一行。
③ 额尔奇木，官名，又称夷离堇。契丹国家成立前，为部落联盟主政者。契丹国家成立后，为南北两院军民政事的主持者。
④ 营造尺，又称部尺，唐以后营造工程中所用的尺，约合0.32米。

安穆昆及贫民请射者，宽乡一丁百亩，狭乡十亩，中男半之。请射荒地者，以最下第五等减半定租，八年始征之。作已业者，以第七等减半为税，七年始征之。自首冒比邻地者，输官租三分之二。佃黄河退滩者，次年纳租。

海陵正隆元年，遣刑部尚书赫舍哩罗索等十一人，分行于大兴府及山东真定拘括系官或荒闲牧地及官民占射逃绝户地①，授所迁之明安穆昆户②。

世祖大定十七年③，以明安穆昆所给官地瘠薄，遣重臣拘籍各地以给之。后陈言者奏豪强之家多占夺田。上曰：前参政纳哈塔椿年占地八百顷，山西田亦为权要所占，小民无田可耕。其令占官地十顷以上者，皆括籍入官，均赐贫民。余豪强所占田皆拘入官。山东路所括民田分给女真屯田人户。

章宗泰和四年，定制所拨地止十里内，自种之数每丁四十亩，续进丁同此，余许便宜租赁。

贞祐中，以河北军户徙居河南，刍粮浩大，命右司谏冯开等五人分诸郡就授以荒官田及牧地可耕者，人三十亩。继因括荒田及牧马地之议碍法难行，乃拟民有能开牧马地及官荒田者，以半给之为永业，半给军户。奏可。

元世祖至元三年，定随路府州县职田。上路达噜噶齐十六顷④，总管同同知八顷，治中六顷，府判五顷。下路达噜噶齐一十四顷，总管同同知七顷，府判五顷。散府达噜噶齐十顷，知府同同知六顷，府判四顷。上州达噜噶齐十顷，州尹同同知五顷，州判四顷。中州达噜噶齐八顷，知州同同知四顷，州判三顷。下州达噜噶齐六顷，知州同州判三顷。警巡院达噜噶齐五顷，警使同警副四顷，警判三顷。录事司达噜噶齐三顷，录事同录判二顷。县达噜噶齐四顷，县尹同县丞三顷，主簿二顷，县尉主簿兼尉同经历四顷。又定各道按察使十六顷，副使八顷，佥事六顷。

---

① 逃绝户，原有户籍，而全家逃亡或者死亡的人户。
② 明安穆昆，又译猛安谋克，金代女真人的基层社会、经济、军事组织。十穆昆为一明安。明安穆昆实行兵农合一制度。这种组织下的民户，和组织首领也称明安穆昆。明安即汉语千夫长，穆昆即百夫长。
③ 世祖大定十七年，应为世宗大定十七年。
④ 达噜噶齐，又译为达鲁花赤，蒙古语，意为掌印者。元代地方各级政府均设，为当地最高长官。

八年，立司农司。

二十八年，颁农桑之制。县邑所属村疃凡五十家立一社，择高年晓农事者一人为之长，增至百家者别设长一人，不及五十家者与别村合社，以教督农桑为事。凡种田者，立牌橛于田侧，书某社某人于其上。社长以时点视劝诫，不率教者籍其姓名，以授提点官责之。田无水者凿井，井深不能得水者听种区田[①]。

二十一年，又定江南行省诸司职田，较至元三年所定悉减其半。

武宗至大二年，淮西廉访佥事苗好谦献种莳之法。其说分农民为三等：上户地十亩，中户五亩，下户三亩或一亩。皆筑垣墙围之，以时收采桑椹，依法种植，大约本之齐民要术等书。武宗善而行之。

仁宗延祐元年，平章章闾言："经理大事，世祖已尝行之，但其间欺隐多而未尽实。或以实田为荒田，或惧差而析户，或富民买贫民田而仍其旧名。若行经理之法，俾有田之家一切从实自首。庶税入无隐，差徭亦均。"于是遣官经理，以章闾等往江浙，尚书薜智密鼎等往江西，左丞陈士英等往河南，仍命御史台分台镇遏、枢密院以军防护焉，然限期猝迫，贪刻用事。仁宗知之，明年遂下诏罢免。

顺帝至正十三年，命乌兰哈达、乌克逊良桢兼大司农卿，给分司农印，西自西山、南自保定河间、北至檀顺州、东至迁民镇，凡系官地及元管各处屯田，悉从分司农司立法佃种。

十六年，台臣言系官牧马草地俱为权豪所占，今后除规运总管府见种外，余尽取勘令大司农召募耕垦，岁收租课以资国用。从之。

明土田之制有二等，曰官田，曰民田。官田皆宋元时入官田地。厥后有还官田、没官田、断入官田、学田、皇庄、诸王公主勋戚大臣内监寺观赐乞庄田、百官职田、边臣养廉田、军民商屯田[②]，通谓官田。其余为民田。元季版籍多亡，田赋无准。

洪武初，遣周铸等百六十四人核浙西田亩，定其赋税，复命户部核实

---

[①] 区田，一种起于西汉晚期的集约经营耕种方法，将耕地划用沟渠划分为小块，深耕细作，节水灌溉。

[②] 还官田，明初曾赐予公侯土地为俸禄，以后给禄收田。还有些土地赐予官员或给百姓承佃，以后因故收回。这些土地称为还官田。没官田，官民犯法，被籍没的土地。断入官田，民间当事双方争讼，无法判断所有，而断归官府所有的土地。学田，一般指府县学所有，用其所得办学或资助贫困学生的土地。书院所有的土地，也称学田。皇庄，明朝皇室直接经营的庄田。边臣养廉田，特给边疆地区统军或监军官员，作为俸禄外补贴的土地。

天下土田。而两浙富民畏避徭役，以田产寄他户。

明太祖洪武二十年，命国子生武淳等分行州县随粮定区，区设粮长四人。量度地亩方圆，书主名及田之丈尺，编类为册。又以中原田多芜，命省臣议计民授田，设司农司开治河南掌其事。临濠之田，验其丁力，计亩给之，毋许兼并。北方近城地多不治，召民耕，人给十五亩，蔬地二亩，免租三年。每岁中书省奏天下垦田数，少者亩以千计，多者至二十余万。官给牛及农具者，乃收其税。额外垦荒者，永不起科。田以近郭为上地，迤远为中地下地，仍元里社制。河北诸州县，土着者以社分里甲，迁民分屯之地，以屯分里甲。社民先占亩广，屯民新占亩狭，屯地谓之小亩，社地谓之广亩。

宣德间，垦荒田永不起科及洿下斥卤无粮者皆核入赋额①。数溢于旧，有司乃以大亩当小亩，以符旧额，土地不均，人得以意赢缩。

世宗嘉靖中，桂萼、郭宏化、唐龙霄先后疏请核田亩，顾鼎臣请履亩丈量。江西安福、河南裕州先行之，法未详具，人多疑惮。

神宗初，建昌知府许孚远为归户册，以田从人，法而密。

万历六年，帝用大学士张居正议，天下田亩通行丈量，限三载竣事，用开方法，以径围乘除，畸零截补。于是豪猾不得欺隐，里甲免赔累，而小民无虚粮。然居正尚综核②，颇以溢额为功。有司争改小弓以求田多，或掊克见田以充虚额。北隶湖广大同宣府遂先后按溢额田增赋云。

## 陂渠

唐代宗大历五年，郎州刺史韦夏卿于所治开槎陂，溉田千余顷。

德宗贞元九年，明州刺史任侗修鄮县仲夏堰，溉田数千顷。

宪宗元和三年，江南西道观察使韦丹开南昌南塘斗门以节江水，开陂塘以溉田。淮南道节度使李吉甫筑扬州高邮堤塘，溉田数千顷。

宋太宗至道元年，度支判官梁鼎、陈尧叟上郑白渠利害③：按旧史郑渠元引泾水，自仲山西抵瓠口，并北山东注洛，三百余里溉田四万顷，亩收一钟。白渠亦引泾水，起谷口入栎阳注渭水，长二百余里，溉田四千五

---

① 斥卤，盐碱地。
② 综核，聚总而考核。
③ 郑白渠，即秦王政采纳水工郑国的建议所开的灌溉渠道郑国渠，和汉代白公规划开凿的灌溉渠道白渠。

百顷。两渠溉田四万四千五百顷。今所存者不及二千顷，灌溉之利绝少于古。郑渠难为兴工。今请遣使先诣三白渠行视，复修旧迹。于是，诏大理寺丞皇甫选、光禄寺丞何亮乘传经度①。选等还言：郑渠用功最大，并仲山而东凿断冈阜，首尾三百余里，连亘山足，岸壁颓坏，陻废已久。度其制置之始，泾河平浅，直入渠口。年代久远，泾河陡深水势渐下，与渠口相悬，水不能至。峻崖之处，渠岸摧毁，荒废难于致力。其三白渠，溉泾阳、栎阳、高陵、云阳、三原、富平六县田三千八百五十余顷。望令增筑堤堰以固护之，旧设节水斗门皆请缮完，就近度其岸势，别开渠口以通水道。泾河中旧有石堰，废坏已久。造用木堰，梢椿出于缘渠之民。夏潦木堰流失，至秋敛民复葺。自今溉田既毕，命拆堰木置于岸侧。所役缘渠之民，计田出丁，调万三千人。疏渠造堰各获其利，选能吏以时行视。又言：邓、许、陈、颍、蔡、宿、亳七州之地，有公私闲田二十二万余顷，民力不能尽耕。皆汉魏以来召信臣、杜诗、杜预、任峻、司马宣王、邓艾等垦辟之地。内南阳界凿山开道，疏通河水，散入唐邓襄三州以溉田。

后盐铁副使林特、度支副使马景盛陈关中河渠之利，请遣官诣郑白渠兴修古制。乃诏太常博士尚宾乘传经度，率丁夫治之。宾言：郑渠久废不可复。今自介公庙回白渠洪口直东南，合旧渠以畎泾河②，灌富平等县。工既毕，水利饶足，民获数倍。

神宗熙宁元年，诏：诸路监司，比岁所在陂塘堙没，濒江圩埠浸坏，沃壤不得耕。宜访其可兴者，劝民兴之，具所增田亩、税赋以闻。

二年，权三司使吴充言：前宜城令朱纮修复木渠，民乐趋之。渠成，溉田六千余顷。诏迁纮大理寺丞。制置三司条例司具农田利害条约。诏：颁诸路有能修复陂湖河港，或元无陂塘圩埠堤堰沟洫而可以创修，或水可及众而为人所擅有，或田去河港不远为地界所隔，可以均济流通者，县有废田旷土，可纠合兴修大川沟浍，浅塞荒秽合行浚导，及陂塘堰埭可以取水灌溉，若废坏可兴治者，各述所见，编为图籍，上之有司。其土田迫大川，数经水害，或地势污下，雨潦所钟，要在修筑圩埠堤防之类，以障水涝，其县不能办，州为遣官。事关数州，具奏取旨。民修水利许贷常平钱谷给用。

---

① 乘传，乘坐驿站的车。经度，经营规划。乘传经度，即乘公家的车，到事发地点去就地解决问题。
② 畎，本意为田中的沟渠，此处意为以沟渠贯通。

四年，前知襄州光禄卿史照言："开修古淳河一百六里，灌田六千六百余顷，修治陂堰，民已获利，虑州县遽欲增税。"诏：三司应兴修水利，垦开荒梗，毋增税。

六年，程昉言："得共城县旧河漕，若疏导入三渡河，可灌西垅稻田。"从之。诏：诸创置水碓碾硙，妨灌溉民田者以违制论。命赞善大夫蔡朦修永兴军白渠。

七年，金州西地县民葛德，出私财修长乐堰引水灌溉乡户土田。授本州司士参军。

八年，深州静安令任迪，乞俟来年刈麦毕，全放滹沱、胡卢两河，又引永静军双陵口河水，溉南北岸田二万七千余顷。河北安抚副使沈披，请治保州东南沿边陆地为水田。皆从之。右班殿直、干当修内司杨琰言，开封、陈留、咸平三县种稻，乞于陈留界旧汴河下口，因新、旧二堤之间修筑水塘，用碎甓筑虚堤，取汴河清水入塘灌溉。从之。江宁府上元县主簿韩安厚，引水溉田二千七百余顷，迁光禄寺丞。太原府草泽史守一，修晋祠水利，溉田六百余顷。

九年，程师孟言：淤田甚利①，尚虑河东犹有荒田可引大河淤溉者。于是，遣都水监丞耿琬淤河东路田。按，熙宁中，程昉悉陈淤田之利。然损多益少，或事半而废，或成而复骤，故不具载云。

哲宗元祐四年，诏：濒河州县积水占田。在任官能为民沟畎疏导，退出良田百顷至千顷以上者，递赏之，功利大者取特旨。

乾道七年，委御前诸军统制吴珙经理兴元府山河堰，发卒万人修浚大小渠六十五，溉南郑襃城田二十三万余亩。四川宣抚王炎表称，珙宣力最多。诏书褒美。

淳祐中，参政程伯大命知长溪县黄恪修营田陂，灌溉长溪一县。制帅颜颐仲浚定海西市抵鄞桃花渡六十里，以复故河灌溉田畴。民蒙其利名曰颜公渠。宁德县令李泽民躬率僚佐鸠工作堤，遏东山之水。田无旱涝之虞，邑人德之，号李公堤。

辽道宗清宁十年，禁南京决水。

大安四年，禁民挟私引水犯田。

---

① 淤田，将携有大量淤泥的河水引入原来贫瘠的土地，排水或蒸发后，用留下来的淤泥肥田，达到改良土壤的目的。

金章宗时，诏郡县有河者皆开渠引以溉田。中都路言安肃、定兴二县可引河溉田。诏行之。先是，傅慎微权陕西诸路转运使，修三白、龙首等渠以溉田，募民屯种。卢庸为定平令治旧堰引泾水溉田，民赖其利。

明昌六年，定制，县官任内有能兴水利田百顷以上，升本等首注除①。穆昆所管屯田创增三十顷以上，赏银绢二十两匹。

承安二年，敕：放白莲潭东闸水与百姓溉田。

三年，命勿毁高梁河闸，从民灌溉。

泰和八年，诏诸路按察使规画水田。因劝农按问开河或掘井如何为便，规画具申，以俟兴作。

宣宗贞祐三年，谕尚书省，岁旱，议弛诸处碾硙以其水溉民田，禁随朝职官夺民碾硙以自营利。

四年，言事者程渊言：砀山诸县陂湖水至，则畦为稻田；水退种麦，所收倍于陆地。宜募人佃之。官取三之一，岁可得十万石。从之。

兴定五年，南阳令李国瑞创开水田四百余顷，诏升职二等，仍录其最状②，遍谕诸道。于是，议兴水田。省臣奏，河南郡县多古所开水田之地，宜敕令分治。户部按行州郡，有可开者诱民赴功。其租止依陆田，不复添征。仍以官赏激之。陕西除三白渠设官外，亦宜视例施行。

元光元年正月，遣户部郎中杨大有等诣京东西南三路开水田。

元制，内立都水监，外设各处河渠司，兴举水利、修理堤埠。

太宗十二年，令梁泰充宣差规措三白渠，使郭时中副之，修三白渠。

世祖中统元年，怀孟路岁旱，总管谭澄令民凿塘造渠，引沁水以溉田。

二年，诏：提举王允中开沁河渠，经济源、河内、河阳、温、武陵五县③，名广济渠。允中又请开邢洺等处滏滏漳河达泉，以溉民田。

至元初，张文谦行省中兴路，修复唐来汉延各渠，灌田十数万顷。后诏诸路开复水利。敕巴图军于齐噜纳之地开渠耕田，导肥河入于鄢，淤陂尽为良田。浚奇拉尔河以溉衮诺尔黄土山民田。西夏行省郎中董文用，开秦家等渠，垦中兴、西凉、甘、肃、瓜、沙等州之土为水田。平阳总管郑鼎导汾水溉民田千余顷。荆南行省廉希宪决江陵城外蓄水，得良田数

---

① 注除，授予官职。
② 最状，"最"等的记录。古代考核官员政绩，上等为最，下等为殿。
③ 武陵，《元史·河渠志》作"武陟"。

万亩。

武宗至大初，右丞相哈喇哈斯出镇和琳，浚古渠溉田数千顷。

至正时，右丞相托克托言，京畿近水地利召江南人耕种，岁可收粟麦百万余石，不烦海运而京师足食。于是立分司农司于河间、保定等处，引水立法佃种。中书省议于江浙、淮东召募能种水田及修筑围堰之人各一千名为农师，教民播种。降空名添设职事故牒一十二道，遣使赍往其地，有能募农民一百名者，授正九品，二百名者正八品，三百名者从七品，即书填流官职名给之。领管所募农夫，期年散归。是岁大稔。

明太祖立国之初，设营田司专掌水利。

洪武中，命长兴侯耿炳文浚泾阳洪渠堰，溉泾阳以下田二百余里。决荆州岳山坝以灌民田。浚鄞县东钱湖灌田数万顷。又特遣国子监生分行天下督吏民修水利。

成祖永乐元年，户部尚书夏原吉奏：浙西诸郡皆环太湖，浦港堙塞，宜于疏浚。按禹贡三江入海之迹①，相度地势各置石闸以时启闭，遇水潦之时，修筑圩岸以御暴流。诏从其言。治之，逾年而成，农田大利。于是，诏：工部，安徽、苏松、浙江、江西、湖广，凡湖泊卑下圩岸倾颓，令有司修治，濒江濒湖之郡建圩修塘者，以时兴举。

英宗正统五年，令天下有司，秋成时疏浚陂塘，以便农作。于时，兴水利者，宁夏巡抚金濂疏鸣沙州七星、汉伯、石灰三渠，溉田千三百余顷。芜湖、弋阳、海阳诸县皆浚旁郡陂湖。

世宗嘉靖二十六年，给事中陈斐请仿江南水田法，开江北沟以祛水溢、益岁收。报可。

三十八年，尚书杨博请开宣大荒田水利。从之。

神宗万历中，给事中徐贞明上《水利议》②，谓陕西、河南故渠废堰在在有之，山东诸泉引之，率可成田。畿辅诸郡或支河所经或涧泉自出，皆足以资灌溉。今顺天、真定、河间诸郡桑麻之区半为沮洳，永平、滦州、沧州、庆云地皆苴苇，土实膏腴。若招徕南人，俾之耕艺，北起辽海南滨青齐皆良田也。俟有成绩，次及河南山东陕西，庶东南转漕可减，西

---

① 禹贡三江入海之迹，《尚书·禹贡》。"三江既入，震泽底定。"指北江、中江、南江在扬州界内入海。

② 徐贞明（约公元1530—1590年），字孺东，又字伯继，江西贵溪人。隆庆进士，万历中曾任工部给事中，水利专家。

北储蓄常充。事下所司，朝议以水田劳民，请俟异日。贞明以事谪官，着《潞水客谈》一书论水利当兴之事。于是顺天巡抚张国彦、副使顾养谦行之蓟州、永平、丰润、玉田，皆有效。给事中王敬民荐贞明乃进尚宝少卿兼御史，赐敕勘水利。贞明先治京东州邑，不及一年，垦田三万九千余亩。又遍历诸河穷源竟委，将大兴疏浚。而奄人勋戚之占闲田为业者，恐水利兴而己失其利，为蜚语闻于帝。御史王之栋遂言水利不可行，而水田遂罢。

三十年，保定巡抚汪应蛟在天津见葛沽、白塘诸田尽为污莱，营作水田当必有利，募民垦田五十亩为水田者十之四，亩收至四五石。移保定，疏请广兴水利，言：臣境内诸川俱可灌溉，请通渠筑防，量发军夫，一准南方水田之法行之，所部六府可得田数万顷。工部尚书杨一魁亟称其议。报可。

愍帝崇祯二年，兵部侍郎申用懋言：永平滦河诸水逶迤宽衍，可疏渠以防旱潦，宜令有司相度其地，为民兴利。从之。

# 卷一百五十三　食货略二

## 屯田

唐宪宗元和中，振武军饥，宰相李绛请开营田，可省度支漕运及绝和籴欺隐①。宪宗称善，乃以韩重华为振武京西营田和籴水运使，起代北垦田三百顷，出赃罪吏九百余人，给以耒耜耕牛假种粮使偿所负粟。二岁大熟，因募人为十五屯，每屯百三十人，人耕百顷，就高为堡。东起振武，西逾云州，极于中受降城②，垦田三千八百余顷，岁收粟二十万石。

文宗太和末，王起奏，灵武邠宁土广肥而民不知耕，宜立营田③。后邠宁节度使毕诚亦募士开营田，岁收三十万斛。

宋太宗端拱中，知雄州何承矩言，宜因积潦蓄为陂塘，大作稻田，以足食。诏：以承矩为制置，河北沿边屯田使发诸州镇兵一万八千人给其役。凡雄、鄚、霸州，平戎、顺安等军兴堰六百里，置斗门引淀水灌溉。知襄州耿望请于旧地括荒田，置营田上中下三务，调夫五百筑堤堰，集邻州兵每务二百人，种稻三百余顷。陕西转运使刘综亦言：宜于古原州建镇戎军置屯田，今本军刍粮茶盐转输之用浩繁，请于军城四面立屯田务。又于军城前后各置堡砦分居其人，无寇则耕，寇来则战。命知军为屯田制置使，择使臣充四砦监押，每砦五百人充屯戍。从之。是时兵费浸广，言屯营田者辄诏边臣经度行之。顺安军兵马都监马济请于靖戎军东壅鲍河开

---

① 和籴，本意为政府出资、在两相情愿的情况下向生产或经营者购买粮食。如正常执行，可以调节丰歉，满足政府和军队的粮食需要。但唐中叶以后，和籴变成了强制性的低价收购或无偿勒索，造成经济破坏，民受其害。

② 唐王朝为对抗突厥，在阴山以南、黄河以北，修有三座受降城。中受降城在今包头市敖陶窑子。

③ 营田，中国古代一种国有土地的经营方式，起于北魏，盛于唐宋。最初是在边地实行，以军法部勒军士或招募的民众耕种，以满足军需。后逐步向内地发展，与一般的民屯渐渐界限模糊。

渠，入顺安威虏二军，置水陆营田。知保州赵彬复言决鸡距泉分徐河水注运渠，广置水陆屯田，然河北诸处屯田岁入无几，利在蓄水以限戎马而已。

真宗天禧末，诸州屯田总四千二百余顷。

熙宁五年，知延州赵卨请募民耕陕西旷土，以纾朝廷输送，括地得万五千余顷，募汉募兵几五千人，为八指挥。诏：迁卨官，赐金帛。知熙州王韶，请以河州蕃部近城川地招弓箭手①，以山坡地招蕃兵弓箭手，每砦五指挥，以二百五十人为额。人给地一顷，蕃官二顷或三顷不等，于是熙河多良田。诏委提点秦凤路刑狱郑民宪兴营田，许辟奏官属以集事。

神宗元丰二年，提举熙河营田康识言：新复土地，乞命官分画疆界，选知田厢军②，人给一顷耕之，余悉给弓箭手，人加一顷，有马者又加五十亩，四砦堡见缺农作厢军，许于秦凤、泾原、熙河三路选募厢军及马递铺卒愿行者③，人给装钱二千。诏皆从之。

知太原府吕惠卿疏请葭芦、米脂及河外三州荒闲之地，皆垦辟以赡军用，可以免远输贵籴困公之弊。俟财力稍丰又通葭芦之道于麟州之神木，其横山膏腴之地皆为我有。于是，雇五县耕牛耕新疆葭芦、吴堡间得地五百余顷，麟府丰州地七百三十顷，弓箭手与民之无力及异时两不耕者，又九百六十顷。

高宗绍兴元年，知荆南府解潜奏，辟宗纲、樊宾措置屯田。诏：除宗纲充荆南府归峡州荆门公安军镇抚使司措置五州营田官，樊宾副之。南渡后，营田盖始于此。其后荆州军食仰给省县官之半焉。继后汉阳军镇抚使陈规亦仿古作屯田，相险隘立堡砦，且守且耕。诏江东西宣抚使韩世忠措置建康营田，如陕西弓箭手法。其淮南川陕荆襄皆创置屯田。

光宗绍熙元年，知和州刘炜以剩田募民充万弩手分耕。

宁宗嘉定七年，以京西屯田募人耕种。

十三年，四川宣抚安丙总领任处厚言：初绍兴十五年，诸州共垦田二

---

① 弓箭手，宋代西北边境地区民兵性质的武装人员，平时政府不发衣饷，作战或接受点阅时略给补贴。

② 厢军，宋朝军队中的一种，大多从事工程劳役，多数受地方政府节制，一般不参加作战。

③ 马递铺卒，在官设驿站、馆舍中，以马供公出官员骑乘，或向传递公文者提供乘马的，称马递铺。其驿卒称为马递铺卒。

千六百五十余顷，饷所屯将兵，罢民和籴，为利可谓博矣。孝宗乾道四年以后，屯兵归军教阅，而营田付诸州募佃，遂失其利。骄将豪民乘时占据，其弊不可胜举。今豪强移徙，田土荒闲，正当播种之秋，合自总领所与宣抚司措置。其逃绝之田关内外亦多有之，为数不赀，其利不在营田之下，乞并括之①。

理宗端平八年，以臣僚言，屯五万人于淮之北，且田且守，置屯田判官一员，经纪其事，暇则散以骑射。

理宗嘉熙四年，孟珙为四川宣抚司，令流民于边江七十里内分田以耕，遇警则用以守江；于边城三五十里内亦分田以耕，遇警则用以守城；在砦者则耕四野之田而用以守砦。

辽太宗会同五年正月，诏：以契丹分屯南边。

兴宗重熙中，西番多叛，欲为守御计，命耶律唐古督耕稼以给西军。唐古率众田胪朐河侧，岁登上熟，移屯镇州。又诏：选南北府兵富者援山西路，余令屯田于天德军。

金制，屯田户佃官地者，有司移明安穆昆督之。

太祖收国二年二月，遣完颜昱及宗雄分诸路明安穆昆之民万户屯泰州，以博勒郭统之，赐耕牛五十。

太宗天会九年，宗叙请募贫民戍边，屯田给以廪粟。诏：新徙戍边户乏耕牛者，给以官牛。

章宗明昌二年，敕：当军人所受田止令自种，力不足者许人承佃。

泰和以后，频年有征伐事。迁河北军于河南，或括官田或括牧马地以给军，议者纷纷。法亦屡更而愈紊焉。

元太祖十六年，舒穆噜拜达勒为霸州等路元帅，镇守固安水寨。令军士屯田且耕且战，披荆棘立庐舍。数年之间，城市悉完，为燕京外蔽。

宪宗二年，以时有宋兵立经略司于汴。置屯田万户屯田唐邓等州。

世祖中统三年，调枢密院二千人，于东安州南永清县东荒地及本卫元占牧地立屯开耕，为左卫屯田。又调本卫军二千人，于永清、孟津等处开耕，为右卫屯田。继后涿州、霸州等处为武卫屯田，武清、香河等处为中卫屯田，保定、涿州等处为前卫屯田，昌平等处为后卫屯田，清州等处为左右钦察卫屯田。又以蒙古侍卫军人，及鄂端伯什巴里回还汉军，及大

---

① 括，搜求。

名、卫辉两翼新附军，与前后二卫迤东还戍土卒屯田于大都路，为左翼屯田，发真定军人于武清崔黄口屯种，为右翼屯田。又以各万户府摘大同、隆兴、太原、平阳等军，于音扎噶齐勒地及红城周围开耕，为忠翊卫屯田，皆隶于枢密院。

世祖至元二年，诏西川山东南京等路戍边军屯田，又以河南北荒田给蒙古军耕种。

七年，因东征日本，积粮饷为进取计，遂以高丽户及发中卫等军立屯田于王京、东宁府、凤州等十一处。后于四川各路置屯田，在潼川府、夔路总管府、顺庆路、成都路、广元路、绍庆路、嘉定路者皆为民屯，崇庆州、成都路、顺庆万户府、保宁万户府、广安万户府者皆为军屯。陕西则栎阳等处为民屯，凤翔、盩厔等处为军屯①，甘肃则宁夏等处为军屯，塞外则和琳清噶玛尼齐巴达克山皆置屯田焉。云南则大理、金齿、鹤庆路、中庆、曲靖、澄江、澄德、临安、威楚、建昌、会川、德昌、乌撒等路皆有军民屯田。广西则上浪、忠州、藤州诸处皆有军民屯田。其军民屯皆属行中书省所辖。按，元初用兵征讨，遇坚城大敌必屯田以守之。海内既一，于是内而各卫，外而行省，皆立屯田以资军饷。或因古之制，或以地之宜，或为一时权宜之制，极于云南八番海南海北，虽非屯田之所，而以为蛮夷腹心之地，则又因制兵屯旅以控扼之。由是天下无不可屯之兵，无不可耕之地，屯政之详，屯田之多，前代莫比焉。

明制亦分军民屯。太祖洪武六年，太仆丞梁额森特穆尔梁系明初赐姓言：宁夏境内及四川西南至船城、东北至塔滩相去八百里，地土膏沃，宜招集流亡屯田。从之。是时遣邓愈、汤和诸将屯陕西新德、汝宁、北平、永平，徙山西真定民屯凤阳。于是，天下皆事垦辟。其制，移民就宽乡，或召募或罪徙者为民屯，皆领之有司。军屯则领之卫所②，边地三分守城，七分屯种；内地二分守城，八分屯种。每军受田五十亩为一分，给耕牛农具。

成祖永乐中，定例：屯军以公事妨农务者免征子粒，且禁卫所差拨。

---

① 盩厔，汉武帝太初年间所置县，今改作周至，属陕西省。
② 明代军队实行卫所制。一府设一所，几府设一卫，卫的长官为指挥使，统兵五千六百人，卫下设千户所，长官为千户，统兵一千一百二十人，千户所下设百户所，长官为百户，统兵一百一十二人。卫所归各指挥使司管辖，又总归中央五军都督府管辖。军士入军籍，世代为兵。军队的调动权则在直接听命于皇帝的兵部。

于时，东自辽左，北抵宣大，西至甘肃，南尽滇蜀，极于交阯，中原则大河南北在在兴屯。

宣宗宣德中，迤北来归就屯之人给车牛农器。

景帝时，边方多事，令兵分为两番，六日操守，六日耕种。

英宗正统以后，屯政稍弛，屯田多为内监军官占夺，法尽坏。然明代屯政唯商屯为善，其法募盐商于各边开种，谓之商屯。至孝宗弘治中，叶淇变法①，诸淮商悉撤业归，西北商亦多徙家于淮。边地为墟，而商屯之政亦遂废云。商屯之法详见盐法。

## 赋税

唐自肃宗至德以后国用不足，率多重敛。

德宗时，赵赞请税间架、算除陌。其法屋二架为间，上间钱二千，中间一千，下间五百。除陌法，公私贸易千钱旧算二十，加为五十。物两相易者，约直为率②。民益愁怨，后乃罢之。

宪宗时，分天下之赋以为三：一曰上供，二曰送使，三曰留州。宰相裴垍令诸道节度观察调费取于所治州，不足则取于属州。属州送使之余与其上供者皆输度支。

后五代梁受唐禅，两税之法咸因唐制。

后唐庄宗同光二年，敕：历代除桑田正赋外，只有盐茶铜铁出山泽之利，有商税之名，其余诸司无税额。伪朝已来③，通言杂税。有形之类，无税不加，为弊颇深。今军需尚重，国力未充，犹且权宜，未能全去。见简天下桑田正税④，除三司上供既能无漏，则四方杂税必可尽除，仰所司速简勘天下州府户口、正额垦田实数，待凭条理以息烦苛。

是时，吏部尚书李琪上疏，请两税不以折纳为事⑤，不以纽配为名⑥，

---

① 叶淇（公元1426—1501年），明朝大臣，淮安人，明孝宗弘治年间任户部尚书，曾变革当时的盐法。

② 直，通值，价值或按价所付的钱。

③ 伪朝，非法政权。在这里，是李氏后唐政权对长期与其争霸、最终被其灭掉的朱氏后梁政权的称呼。

④ 简，简勘，即检查、审核。

⑤ 折纳，以钱定税额，折价征收粟绢等实物，名为折纳。折纳盛行于唐代两税法实行以后。宋代以产业偿还官欠也称折纳。

⑥ 纽配，捆绑分派。将不同的税费项目捆绑在一起征收，或在正税上搭配附加。纽，系，捆绑；配，分派。

止以正税加纳。敕：本朝征科唯有两税，至于折纽，比不施为。宜依李琪所论，应逐税合纳钱物斛斗及盐钱等，宜令租庸司指挥，并准元准本色输纳①，不得更改。

晋高祖天福元年，敕：应诸道州府所征百姓正税斛斗、钱帛等，除关系省司文帐外，所在州府并不得以私增添纽配租物。

七年，礼部郎中李为光上封事，为诸州府仓场逐年所纳百姓秋夏租加耗颇多，乞行条理。敕：所司明行条理，俾绝侵渔，使税额无亏，户口获济。斯为急务，要在颁行。便可散下诸州，严诫主者，尽令遵守，毋使因循。

周广顺三年，敕：青州在城及诸县镇乡村人户等，朕临御已来，安民是切，务除疾苦，俾遂苏舒。据知州合门使张凝近奏陈八事，于人不便，积久相承，宜降指挥，并从改正。其一，属州营田后槽两务所管课利斛斗、钱物、人户、牛具、屯官等宜并割属州县官，旧额税课，其务及职员并废，其课额内有红花紫草菜淀麻，据时估纳钱，其系官桑土、牛具、什物，并赐见佃人为永业。其二，省司元纳夏秋税，匹段每匹纳十钱，每贯七钱，丝绵绅线每十两纳耗半两，粮食每石纳耗一斗，此外别无配率。其三，刘铢在任时，于苗亩上征车脚钱，每顷配柴炭，今后并止绝。其四，州司每年配和买秆草及苫营草，今后并止绝。其五，所征食盐钱每贯别纳脚钱，今后并止绝。其六，别征进奏院粮课钱及递铺钱，今后并止绝，要即于州司公用钱内支遣。其七，州司配唤马药及泛配药又县镇科配石炭红花紫草，今后并止绝，不得配率②，又州司于夏苗上配纳麦面，今后据州合用多少，量于近县配纳，不得遍据州县。其八，旧例州县供纳夏秋租税皆毕，顷追人吏到州勘会，此后止绝，税无欠少，不得追集县吏。其属郡淄登莱等州亦宜照青州例施行。

世宗显德三年，宣三司指挥诸道州府，今后夏税以六月一日起征，秋税以十月一日起征，为定制。

宋制，岁赋其类有五。曰公田之赋，凡田之在官赋民耕而收其租。曰民田之赋，百姓各得专之。曰城郭之赋，宅税地税之类。曰丁口之赋，百姓岁输身丁钱米。曰杂变之赋，牛革蚕盐之类随其所出变而输之。岁赋之

---

① 本色，唐末至明清，称原定的赋税征收物品为本色，改征的其他物品为折色。
② 配率，按正税的一定比例摊派附加税费。

物其类有四：谷帛金铁物产。谷则粟稻麦黍稷菽杂子，帛则罗绫绢纱绝䌷杂折丝线绵布葛，金铁则金银铁镴铜铁钱，物产则六畜齿革翎毛茶盐竹木麻草刍菜果药油纸薪炭漆蜡杂物。太宗自克平诸国每以恤民为先务。累朝相承，凡无名苛细之敛悉革。一遇水旱，徭役则蠲除，其兼并冒伪未尝考按，故赋视前代为薄。

仁宗天圣时，以州县言税之苛细无名者蠲损甚众。

自唐以来，计田输赋外，增取他物复折为赋，谓之杂变，亦谓之沿纳①。名品烦细，其类不一。官司岁附帐籍，并缘侵扰。

明道中，帝诏三司以类并合，于是悉除诸名品，百姓便之。

庆历中，以州县赋役之烦，诏诸路上其数，俾二府大臣合议蠲减。诏曰：税籍有伪，书逃徙或因推割走移，或请占公田而不输税。县令佐能究见其弊，以增赋税量数议赏。谏官王素言天下田赋轻重不等，请均定。欧阳修言：秘书丞孙琳尝往洺州肥乡县与大理寺丞郭谘以千步方田法括定民田，愿诏二人任之。于是遣谘往蔡州。谘括一县得田二万六千九百三十余顷，均其赋于民。既因谘言州县多逃田，未可尽括，罢之。

皇祐中，诏广西赋布匹为钱二百。又损开封诸县田赋，视旧额十之三。

初，湖广闽浙因旧制岁敛丁身钱米。真宗大中祥符间，诏：除丁钱而米输如故。

天圣中，并除婺秀二州丁钱。后庞籍请罢漳泉兴化军丁米，有司持不可。

皇祐三年，帝命三司减郴永州桂阳监丁米，以最下数一岁为准，岁减十万余石。既而漳泉兴化亦第损之。

嘉祐四年，复命转运司裁定郴永桂阳衡道州所输丁米及钱绢杂物，无业者弛之，有业者减半。

南渡以后，赋税烦多。右承议郎前知宜兴县鲁冲上书论郡邑之弊。以宜兴一县言之，漕计合收有丁盐、坊场课利钱、租地钱、租丝租纻钱，岁入不过一万五千余缗，其发纳之数有大军钱、上供钱、籴本钱、造船钱、军器物料钱、天申节银绢钱，岁支不啻三万四千余缗，又有见任寄居官请奉，过往官兵批券，督索拖欠略无虚日。于是屡诏蠲除。

---

① 沿纳，唐宋时期，在正税之外增收的附加叫作杂变，也叫作沿纳。

孝宗隆兴二年，知赣州赵公称以宽剩钱为民代输夏税①，是后守臣时有代输者。

淳熙三年，臣僚言：湖北百姓广占官田，量输常赋，似为过优。比议者欲从实起税，而开陈首之门。殊不思朝廷往年经界，独两淮、京西、湖北依旧。盖以四路被边，土广人稀，诱之使耕，犹惧不至。若履亩而税，孰肯远徙力耕，以供公上之赋哉。今湖北唯鼎澧地接湖南，垦田稍多，自荆南安复岳鄂汉沔污莱弥望、户口稀少。且江南狭乡，百姓远来请佃，以田亩宽而税赋轻也。若从议者之言，恐于公家无一毫之益，而良民有无穷之扰矣。宜诱其开耕，不必增税，使田畴尽辟，岁收滋广。一遇丰稔，平籴以实边，则所省漕运亦博。望依绍兴十六年诏旨，以十分为率，年增输一分，不愿开垦者即许退田别佃，期限稍宽，取之有渐，远民安业，一路幸甚。诏户部议之。

光宗绍熙元年，臣僚言：古者赋租出于民之所有，不强其所无。今之为绢者，一倍折而为钱，再倍折而为银，银越贵，钱越艰，得谷愈不可售。使民贱粜而贵折，则大熟之岁反为民害。愿诏州郡凡多取而多折者，重置于罚。民有粜不售者，令常平就籴。异时岁歉，平价以粜，庶于民无伤，于国有补。诏从之。至杂税之兴，南渡后，唯四川最多。

高宗建炎四年，尽起元丰以来诸路常平司坊场钱，又次科激赏绢，又次奇零绢估钱，又次布估钱，又次常平司积年本色，又次对籴米，皆于常赋外岁增之。军储稍充，而民始困。

六年，都官员外郎冯康国言：四川地狭民贫，祖宗时，正税重者折科稍轻，正税轻者折科稍重，二者平准，民甚安之。近年漕总二司辄更旧法，反复纽折取数务多，致民弃业逃移。望并罢之，一遵旧制。诏如所请。

辽太祖任韩延徽始制国用。太宗籍五京户丁以定赋税。其市井之赋各归头下军州②。

金制，官地输租、私田输税。其田分为九等而差次之。夏税亩取三合，秋税亩取五升，又纳秸一束，束十有五斤。屯田户佃官地，有司移明

---

① 宽剩钱，宋代行免役法时，在免役钱、助役钱以外多收的钱，本意在防止雇役资金不足。

② 头下军州，辽代地方行政组织中的一种，由勋戚、重臣用自己掠得的汉族或渤海人组建而成，级别高的建有城墙，低的只有寨栅。以后逐步融入正常的地方行政组织。元代称投下。

安穆昆督之。凡输送粟麦，三百里外石减五升以上，每三百里递减五升。粟折秸百称者，百里内减三称，二百里减五称，不及三百里减八称，三百里及输本色槁草各减十称。计民田园邸舍车乘牧畜种植之资、藏镪之数，征钱有差，谓之物力钱。遇差科必按版籍，有横科均科。桑被灾不能成蚕，则免丝绵绢税。诸路雨雪及禾稼收获之数，月以捷步申户部。叙使品官之家并免杂役，验物所当输者，止出雇钱输纳。凡有出身不与齐民等者，皆免一身之后。

世宗大定三年，诏曰：朕比以元帅府便宜行事，今闻陕西、河南、山东、北京以东，及北边州郡调发甚多，省部又与他州一例征取赋役，是重扰也。可凭元帅府已取者例，蠲除之后。尚书省奏：两路田多峻陂硗瘠者，往往再岁一易，若不以地等级蠲除，则有不均。遂敕特免一分外，中田复减一分，下田减二分。旧制，夏秋税纳麦粟草三色，以各处所输之物不一。户部复令以诸所用物折纳。乃命太府监应折纳之物为祇承宫禁者①，治黄河薪刍增直二钱折纳。黄河岸所用木石非土产，令所属计置，罢他应折纳者。

元制，取于内郡者仿唐租庸调之法，曰丁税，曰地税。取于江南者仿唐两税法，曰秋税，曰夏税。自太宗始行之。

太宗初，制每户科粟二石，后以兵食不足，增为四石。至丙申年乃定科征之法。令诸路验民成丁之数，每丁岁科粟一石，驱丁五升。间有耕种者或验其牛具之数，或验其土地之等征之。丁税少而地税多者，纳地税。地税少而丁税多者，纳丁税。岁书其数于册，由课税所申省以闻。

世祖至元十七年，命户部大定诸例。全科户丁税每丁粟三石，驱丁粟一石②。地税每亩粟三升，减半科户丁税每丁粟一石，新收交参户第一年五斗，因年递加之，地税亦每亩税三升。其输仓粟，每粟一石折纳轻赍钞二两。后因姚元之请，命江南税粮依宋旧例折输绵绢杂物。继又用耿左丞言，令输米三之一，余并以钞折焉。

成宗元贞二年，始定征江南夏税之制。于是秋税止命输租，夏税则输以木绵布绢丝绵等物，唯湖广则罢宋夏税改科门摊③。

---

① 祇，应作"祇"祇承，恭敬地供奉。语出《书·大禹谟》。
② 金元时期，奴隶、仆役称驱丁。但驱丁与典型奴隶社会的奴隶有区别，他们对政府负有财政义务。对于驱丁，主人可以买卖，但不可任意杀死。
③ 门摊，元代按户征收的一种税，在南方和北方征收方式略有不同。

泰定初，有设助役粮。其法命江南民户有田一顷之上者，于所输税外每顷量出助役之田，具书于册，里正以次掌之，岁收其入以助充役之费焉。其科差之法有二：曰丝料，曰包银。各验户之上下而定其数。丝料之法，太宗丙申年始行之。每二户出丝一斤，并随路丝线颜色输于官。五户出丝一斤，并随路丝线颜色输于本位。包银之法，

宪宗乙卯年始定之。初，汉民科纳包银六两，后止征四两，二两输银，二两折收丝绢颜色等物。

世祖中统以后，复定户籍科差条例。有元管户、交参户、漏籍户、协济户。诸户之中，又有丝银全科户、减半科户、止纳丝户、止纳钞户，外又有摊丝户。其丝料包银之外，又有俸钞之科。其法亦以户之高下为等，全科户输一两，减半户输五钱。

大德六年，又命止输丝户每户科俸钞中统钞一两，包银户每户科二钱五分，摊丝户每户科摊丝五斤八两。

明太祖即位之初，定赋役法，一以黄册为准①。有丁有田，丁有役，田有租。租曰夏税，曰秋粮。役有里甲②，有均徭③，有杂泛④。以户计，曰甲役；以丁计，曰徭役；上命非时，曰杂役。皆有力役，有雇役。其两税，洪武时，夏税有米麦，有钱钞，有绢；秋粮有米，有钱钞，有绢。

孝宗弘治时，会计之数，夏税有大小米麦，有麦荍，有丝绵并荒丝，有税丝，有丝绢折绢，有税丝折绢，有本色丝，有农桑丝折绢，有农桑零丝，有人丁丝折绢，有改科绢，有绵花折布，有苎布，有土苎，有红花，有麻布，有钞，有租钞，有税钞，有原额小绢，有币帛绢，有本色绢，有绢，有折色丝；秋粮有米，有租钞，有赁钞，有山租钞，有租丝，有租绢，有租粗麻布，有课程绵布，有租苎布，有牛租半谷，有地亩绵花绒，有枣子易米，有枣株课米，有课程苎麻折米，有绵布，有鱼课米，有改科丝折米。

神宗万历时，小有所增损。大略以米麦为主，而丝绢与钞次之。

---

① 黄册，全称赋役黄册。明初建立的赋役簿籍，因其封面用黄色纸张，故名。黄册登记有民户的姓名、年龄、人口、田产、乡贯等内容，官府据以收税征役。
② 里甲，明朝徭役的一种，以户为单位应役。每里百户，分为十甲，各甲每十年服役一年。
③ 均徭，明朝徭役的一种，按财产签派。有田一顷者，出丁夫一人服役，每十年两次。土地不足一顷者，与他人合并计算。
④ 杂泛，明代徭役的一种。是官府临时签派的杂役。

初制赋法，天下官民田赋，凡官田亩税五升三合，民田减二升。万历时，始有事于加派①。役法初制，按田出丁。后皆佥有力之家，名曰大户，而初法亦渐弛云。

---

① 加派，正税之外的加征。此处指明朝末年着名的三饷加派，即万历年间开始，逐步加征的辽饷、剿饷和练饷。

# 卷一百五十四　食货略三

## 历代户口丁中

臣等谨案，郑氏通志沿通典之例，户口丁中列为两门，而丁中仍杂以户口，未能条分缕析。今谨依马氏通考之例，合户口丁中为一门。凡正史所载，以及他书之可以援据者，备为捃摭，详列于左。又按丁中之义，唐制十六为中，二十一为丁。后各朝有可考者，宋时以二十为丁，已与唐少异。金则以十六为中，十七为丁。明代民始生籍其名曰不成丁，年十六曰成丁，较前代之法又不同云。

唐宪宗元和时，户二百四十七万三千九百六十三。

六年，制：自定两税以来，刺史以户口增损为其殿最，故有析户以张虚数，或分产以系户，兼招引浮客用为增益。至于税额，一无所加。徒使人心易摇，土着者寡，观察使严加访察必令诣实。

穆宗长庆时，户三百九十四万四千五百九十五。

敬宗宝历时，户三百九十七万八千九百八十二。

文宗开成四年，户四百九十九万六千七百五十二。

武宗会昌时，户四百九十五万五千一百五十一。

元年正月，制：安土重迁，黎民之性。苟非艰窘，岂至流亡？将欲招绥，必在资产。诸道频遭灾沴，州县不为申奏。百姓输纳不办，多有逃移。长吏惧在官之时破失人户，或恐务免正税减克料钱①，祇于现在户中分外摊配，亦有破除逃户桑地，以充税钱。逃户产业已无，归还不得。见户每年加配，流亡转多。自今以后，应州县开成五年以前，观察使刺史差强明官就村乡诣实检会，桑田屋宇等仍敕令长加检校，租佃与人，勿令荒废。据所得与纳户内正税有余，即官为收贮待归还给付。如欠少，即与收

---

① 料钱，指唐宋时期在官员正俸以外，另给的食料钱，属职务补贴。

破,至归还日不须征理。自今已后,二年不归复者,即仰县司召人给付承佃,仍给公凭,任为永业。其逃户钱草斛斗等,计留使钱物,合十分中三分以上者,并仰于当州当使杂给用钱内方圆权落下,不得克正员官吏料钱及馆驿使料。递乘作人课等钱,仍任大户归还日,渐复元额。

周太祖广顺三年,敕:天下县邑素有等差,年代既深,增损不一。其中有户口虽众,地望则卑;地望虽高,户口至少。每至调集不便铨衡,宜立成规,庶协公共。应天下州府及县,除赤县、畿县、次赤、次畿外①,其余三千户以上为望县、二千户以上为紧县、一千户以上为上县、五百户以上为中县、不满五百户为中下县。宜令所司据今年天下县户口数,定望紧上中下次等奏闻。户部据今年诸州府所管县户数目,定为望县六十,曰紧县七十,上县一百二十四、中县六十五、下县九十七。

宋太祖建隆元年,户九十六万七千三百五十三。

乾德元年,令诸州岁奏男夫二十为丁,六十为老,女口不预。

开宝四年,诏曰:朕临御以来,忧恤百姓。所通抄人数目,寻常别无差徭,只以春初修河,盖是与民防患。而闻豪要之家,多有欺罔,并差贫阙,岂得均平?特开首举之门,明示赏罚之典。应河南大名府、宋、亳、宿、颍、青、徐、兖、郓、曹、沂、濮、蔡、陈、许、汝、邓、济、卫、淄、潍、滨、棣、沧、德、贝、冀、澶、滑、怀、孟、磁、相、邢、洺、镇、博、瀛、莫、深、扬、泰、楚、泗州、高邮、郓所抄丁口,宜令逐州判官县令佐子细通检,不计主户中客小客,尽底通抄。差遣之时,所冀共分力役。敢有隐漏,令佐除名,典吏决配,募告者以犯人家财赏,仍免三年差役。

太宗雍熙元年,令江浙、荆湖、广南民输丁钱,以二十成丁,六十入老,并身有疾废者免之。

真宗大中祥符四年,诏:除两浙、福建、荆湖、广南旧输身丁钱凡四十五万四百贯。

天禧五年,天下主客户八百六十七万七千六百七十七②,口一千九百九十二万三百二十。诏:诸州县自今招徕户口,及创居入中开垦荒田者,许依格式申入户口籍,无得以客户增数。

---

① 赤县,都城直接管辖的县。畿县,毗邻京城的县。
② 宋代根据有无常产,将税户划分为有常产的主户和无常产的客户。

仁宗天圣七年，天下主客户一千一十六万二千六百八十九，口二千六百五万四千二百三十八。

英宗治平三年，天下主客户一千二百九十一万七千二百二十一，口二千九百九万二千一百八十五。

神宗熙宁八年，天下主客户一千五百六十八万四千五百二十九，口二千三百八十万七千一百六十五。

元丰六年，天下主客户一千七百二十一万一千七百一十三，口二千四百九十六万九千三百。

高宗绍兴三十年，天下主客户一千一百三十七万五千七百三十三，口一千九百二十二万九千八。按：仁宗为宋全盛之时，主客户仅一千一十六万余。高宗南渡后，河北州府俱入于金。户至一千一百三十七万，较天圣时转多，而口则少七百余万，殊不可解。然史志与文献通考所载悉同，或系记载之误，今仍原文纂辑附识于此。

孝宗乾道二年，诸路主客户一千二百三十三万五千四百五十二，口二千五百三十七万八千六百八十四。

光宗绍熙四年，诸路主客户一千二百三十万二千八百七十三，口二千七百八十四万五千八十五。

宁宗嘉定十六年，诸路主客户一千二百六十七万八百一，口二千八百三十二万八十五。

开禧三年正月，令两淮帅守招集流民。

嘉定二年，诏两淮荆襄守令以户口多寡为殿最。

理宗景定五年，两浙江东西湖南北广东西福建成都京西潼川夔利路户五百六十九万六千九百八十九，口一千三百二万六千五百三十二。

辽建五京，幅员万里。其户丁之可见者，有五京乡丁，诸宫卫户丁之目。五京乡丁者，临潢为上京，丁一十六万七千二百；辽阳为东京，丁四万一千四百；辽西为中京，丁籍莫考，可见者高州三韩一县丁一万，蕃汉转户为多；析津为南京，丁五十六万六千；大同为西京，丁三十二万二千七百。诸宫卫户丁者，太祖曰弘义宫，正户八千，转户七千，正丁一万六千，转丁一万四千。太宗曰永兴宫，正户三千，转户七千，正丁六千，转丁一万四千。世宗曰积庆宫，正户五千，转户八千，正丁一万，转丁一万六千。应天皇太后曰长宁宫，正户七千，转户六千，正丁一万四千，转丁一万二千。穆宗曰延昌宫，正户一千，转户三千，正丁二千，转丁六千。

景宗曰彰愍宫，正户八千，转户一万，正丁一万六千，转丁二万。承天太后曰崇德宫，正户六千，转户一万，正丁一万二千，转丁二万。圣宗曰兴圣宫，正户一万，转户二万，正丁二万，转丁四万。兴宗曰延庆宫，正户七千，转户一万，正丁一万四千，转丁二万。道宗曰太和宫，正户一万，转户二万，正丁二万，转丁四万。天祚帝曰永昌宫，正户七千，转户一万，正丁一万四千，转丁二万。孝文皇太弟曰敦睦宫，正户三千，转户五千，正丁六千，转丁一万。文忠王府正户五千，转户八千，正丁一万，转丁一万六千。五京府十二宫，户丁固得若干数焉。

太祖即位，亲征西部奚①，下之。复分兵平东部奚。于是尽有奚、霫之地②。东际海，南暨白檀，西逾松漠，北抵潢水。凡五部咸入版籍。

神册元年，平突厥、吐浑、党项、小蕃、沙陀诸部，至八月拔朔州，十一月攻蔚新武妫儒五州，俘获不可胜计。自代北至河曲逾阴山尽有其地。

天赞元年十月，以户口滋繁、纪辖疏远，分北达努哈为二部，立两节度以统之。

三年六月，大征吐浑党项等部，击索欢纳山东部族，破之。遣骑攻卓木布，略地西南。又破呼穆苏山诸蕃部，又遣兵逾流沙拔浮图城，西鄙诸部悉为辽有。

天显元年，平渤海地方五千里，五京十五府六十二州尽有，其众国境益大。

太宗大同元年四月，俘晋主重贵，凡归顺七十六处，得户一百九万一百一十八。

景宗保宁三年十一月，胪朐河裕悦阿延聂咾等率户四百来附，乞隶宫籍，诏留其户，分隶敦睦、积庆、永兴三宫。

圣宗统和七年，宋鸡壁砦守将郭荣率众来降，砦民二百户徙居檀顺蓟三州，复分八户隶飞狐。

十五年三月，通括宫分人户。

二十一年十一月，通括南院部民。

开泰二年四月，诏以韩斌所括瞻国塔鲁河奉豪等州户二万五千有奇，

---

① 奚，东胡鲜卑族的一支，以善造车出名。
② 霫，匈奴的一支。

置长霸兴仁保和等十县。

道宗大安三年二月，以岁饥，民多流散，除安泊逃户征偿法。

金制，户有数等。有课役户，不课役户，本户，杂户，正户，监户，官户，奴婢户，二税户。有物力户为课役户，无者为不课役户。女真为本户，汉人及契丹为杂户。明安穆昆之奴婢免为良者，止隶本部，为正户。没入官良人隶宫籍监者，为监户。没入官奴婢隶太府监者，为官户。户以五家为保焉。

太祖天辅二年，通、祺、双、辽等州八百余户来归，命分置诸部择膏腴之地处之。七月，辽户二百来归，处之泰州。又诏达啰克部贝勒锡林，凡降附新民善为存抚。来者各令从便安居，给以官粮，毋辄动扰。

五年，以境土既括，旧部多瘠卤，移其民于泰州。先遣皇弟昱及族子宗雄按视其地。昱等苴其土以进言可种植，遂摘诸明安穆昆中民户万余，使宗人博勒和统之。

七年二月，取燕京路，尽徙六州氏族富强工技之民于内地。

太宗天会元年，徙迁润来隰四州之民于渖州。以新迁之户艰苦，不能自存，诏：民乏食鬻子者听以丁力等者赎之。

二十年，令明安穆昆人户与汉人错居至其户口之数。

世宗大定二十三年，明安二百二，穆昆千八百七十八，户六十一万五千六百二十四，口六百一十五万八千六百三十六。在都宗室将军司户一百七十口二万八千七百九十。塔喇唐古二部五札户五千五百八十五，口十二万七千五百四十四。

二十七年，户六百七十八万九千四百四十九，口四千四百七十万五千八十六。

章宗明昌元年，户六百九十三万九千，口四千五百四十四万七千九百。

六年，天下女真、契丹、汉户七百二十二万三千四百，口四千八百四十九万四百。

七年，户七百六十八万四千四百三十八，口四千五百八十一万六千七十九。户增于大定二十七年一百六十二万三千七百一十五，口增八百八十二万七千六十五。此金版籍之极盛也。

元初，算赋之制，中原以户，西域以丁，蒙古以马牛羊。至世祖定户籍之制，则有元管户、交参户、漏籍户、协济户。于诸户之中又有丝银全科户、减半科户、止纳丝户、止纳钞户。

太宗五年八月，括中州户，得户七十三万余。

八年，初定中原户赋。

宪宗二年，立儒人免丁之令。中原凡业儒者，试通一经即不同编户。

世祖中统元年，立十路宣抚司，定户籍。凡元管交参等户籍，皆于此时定。

二年六月，括漏籍老幼等户，协济编户赋税。八月，核实新增户口，措置诸路转输法。

至元六年二月，免单丁贫乏军士一千九百余户为民。六月，免益都新金军单丁者千六百二十一人为民。

至于诸蕃户之内附，又见于至元十二年三月侧布蕃官税昔、礶州蕃官庄寮男车甲等，率四十三族户五千一百六十，诣四川行枢密院来附。

十四年四月，宋特磨道将军农士贵等，以所属州县溪洞百四十七户二十五万六千来附。五月，西蕃长阿立丁宁占等三十一族来附，得户四万七百。

十五年十一月，攻漳州，得山寨百五十户百万一。

十六年六月，招忙木巨木秃等寨三百，籍户十一万二百。七月，西南八蕃罗氏等国来附，洞寨凡一千六百二十有六，户凡十万一千一百六十有八。

二十六年三月，金齿人塞完以其民二十万一千户有奇来归。六月，西南夷中下烂土等处洞长忽带等，以洞三百寨百一十来归，得户三千余。七月，四川山齐蛮民四寨五百五十户内附。

二十九年二月，斡罗思招附桑州生猫、罗甸国左州等峒酋长三十一①、所部民十二万九千三百二十六户，诣阙贡献。

其内地户口，自至元十三年平宋，通得江淮、浙东西、湖南北等路户九百三十七万四百七十二，口一千九百七十二万一千一十五。十二月，诏谕浙东西、江东西、淮南北、湖南北府州军县官吏军民，昔以万户千户渔夺其民，致令逃散。今悉以人民归之元籍，州县凡管军将校及宋官吏有以势力夺民产业者，俾各归其主。无主，则以给付近人民之无产者。

---

① 左州，《元史·世祖纪》作"古州"。

十九年二月，籍福建户数。九月，籍云南新附民。

二十二年二月，定京城民居。时修完大都城，诏旧城居民之迁京城者，以赀高及居职者为先。仍定制以地八亩为一分，其或地过八亩，及力不能作室者，皆不得冒据，听民作室。

二十九年八月，敕礼乐户仍与军、站、民户均输赋①。

总之，世祖时之户口，其在中统二年天下户一百四十一万八千四百九十九。至元十二年，天下户四百七十六万四千七百七七②。二十八年，户部上天下户数，内郡百九十九万九千四百四十四，江淮、四川一千一百四十三万八百七十八，口五千九百八十四万八千九百六十四，游食者四十二万九千一百一十八，僧尼二十一万三千一百四十八人。

成宗大德三年七月，放江南僧寺佃户五十万为编民。

十一年十一月，禁军站鹰坊控鹤等户冒占编民。

泰定帝泰定元年七月，罢广州、福建等处采珠蜑户为民③。

文宗至顺元年，户部钱粮户数一千三百四十万六百九十九，视前世又增二十万有奇矣。

明制，户凡三等：曰民、曰军、曰匠。民有儒，有医，有阴阳。军有校尉，有力士弓铺兵。匠有厨役、裁缝、马船之类。滨海有盐灶。寺有僧观，有道士。毕以其业着籍。

太祖洪武三年十一月，诏户部籍天下户口，置户帖。

十四年正月，命天下郡县编赋役黄册。其法以一百一十户为里，一里之中，推丁粮多者十人为之长，余百户为十甲，甲凡十人。岁役里长一人甲首十人董其事，先后各以丁粮多寡为次。每里编为一册。是年，天下户一千六十五万四千三百六十二，口五千九百八十七万三千三百五。

二十一年九月，编军户图籍。

二十六年，天下户一千六十五万二千八百七十，口六千五十四万五千八百一十二。

---

① 礼乐户，宋、金、元时期逐步形成清末消失的专门承应坛庙吉礼礼乐的人户，属于平民，而非像乐户一样的贱民。元代将民众的户籍分为军户、民户、站户等类别，彼此不得混淆。军户世代为兵，站户世代在驿站服役，民户则是一般农民和医生、儒家知识分子等。明清继承了这种按行业划分户籍的做法。

② 七百七七，当为"七百七十七"。

③ 蜑户，元明清时代，一种散居于广东、福建沿海，从事采珠、捕鱼等生产，按丁纳税，另编户籍的居民。蜑户被视为贱民，不得陆居，不得与平民通婚。雍正年间令与平民统一编户。

惠帝建文三年八月，诏抚绥直隶、淮安及北平、永平、河间诸郡避兵流移复业者，凡七万一千三百余户。

成祖永乐元年，天下户一千一百四十一万五千八百二十九，口六千六百五十九万八千三百三十七。

五年五月，平安南，得府州四十八，县一百八十，户三百十二万，设交址布政司。

宣宗宣德三年四月，招逃民复业。时谕户部，限各处逃徙人民三月内复业。凡所负税粮悉与蠲免，其有久居于彼，产业已成者，许令占籍，仍命有司善加抚绥。

英宗正统元年，令山西、河南、山东、湖广、陕西、南北直隶、保定等府州县造逃户周知文册。

天顺元年，天下户九百四十六万六千二百八十八，口五千四百三十三万八千四百七十六。

宪宗成化二年，天下户九百二十万二千七百一十八，口六千六十五万三千七百二十四。

十六年八月，申存恤孤老之令。

先是，成祖永乐三年二月，巡按福建御史洪湛言：存恤孤老，王政所先。今各府州县养济院多颓坏，有司非奉勘合，不敢修葺。又或一县之内素无建置者。乞敕有司，常加修葺，未建置者，即建置之如例收养。庶无告之民不致失所。帝纳之。至是复申命焉。

孝宗弘治四年，天下户九百一十一万三千四百四十六，口五千三百二十八万一千一百五十八。

武宗正德九年，天下户九百一十五万一千七百七十三，口四千六百八十万二千五。

世宗嘉靖元年，天下户九百七十二万一千六百五十二，口六千八十六万一千二百七十三。

穆宗隆庆六年，天下户一千六十二万一千四百三十六，口六千六十九万二千八百五十六。

熹宗天启元年，天下户九百八十二万五千四百二十六，口五千一百六十五万五千四百五十九。此有明一代户籍之大略也。

## 钱币

唐穆宗长庆元年，敕：泉货之义，所贵流通。如闻比来所在陌除不一①，今后不得更有加除。

武宗会昌六年，敕：缘诸道铁铸物像、钟磬等所镕新钱已有次第，须令旧钱流布，绢价稍增，文武百寮俸料并给见钱，京城及诸道已后公私行用并取新钱。按：新旧唐书食货志皆不载唐时用铁钱，考唐会要会昌六年之敕，则铁钱不独行于宋代也。

后唐庄宗同光二年，敕令京师及诸道于市行使钱内检点杂恶铅锡，并宜禁断。

明宗天成元年，中书门下奏，访闻诸道州府所买铜器为价甚贵，多是销镕见钱以邀厚利，宜遍告晓，如原旧破损铜器许铸造器物，其生熟铜俱令每州定价。

晋高祖天福三年，诏曰：国家所资，泉货为重。销蠹则甚，添铸无闻。宜令三京诸道州府，无问公私，应有铜者并许铸钱，仍以天福元宝为文，左环读之。仍禁将铅铁杂铸。诸道应有久废铜冶，许百姓取便开炼，除铸钱外，不得接便别铸铜器。又敕：近来趋利之人销镕不已，毁蠹日滋，宜令盐铁使禁止私下打造铜器。

周太祖显德二年，帝以县官久不铸钱，而民间多销钱为器皿，乃立监采铜铸钱。其铜镜官中铸造，于东京置坊货买，许民收卖货贩。朝廷及诸州见管法物、军器旧用铜制及装饰者，候经使用破坏，即令改造，不更用铜。其有合使铜者，奏取进止。按：五代时钱币互用，南唐主既失江北，因于用兵。钟谟请铸大钱，文曰永通钱货，后废。韩熙载又铸铁钱，故南唐钱有铜铁二等。且五代又相承，多用唐钱。诸国割据者，江南曰唐国通宝，两浙、河东自铸铜钱，亦如唐制。西川、湖南、福建皆用铁钱与铜钱兼行，湖南文曰乾封泉宝。

宋太祖初，铸钱曰宋通元宝。凡诸州轻恶小钱及铁镴钱悉禁之。

太宗时，铸淳化元宝钱。作真、行、草三体书。

真宗天禧后，凡铸铜钱有四监，饶州曰永平，池州曰永丰，江州曰广宁，建州曰丰国。京师升鄂州南安军旧并有钱监，杭州有宝兴监。凡钱文

---

① 陌除，又称除陌，即在交易中每陌（百钱）或每贯（千钱）少付一定数量钱币的交易规则。这是南朝以后，特别是唐中期以后，货币供应不足，以致出现钱荒的局面造成的。至于除陌的数额，各地有差别。

皆用元宝而冠以年号。及改号宝元元宝，诏学士议，因请改曰丰济元宝。至后，复以皇宋通宝为文。仁宗庆历后，复冠以年号。迨军兴，陕西移用不足，始用知商州皮仲容议，采洛南县红崖山虢州青水冶青铜，置阜民、朱阳二监以铸钱。既而陕西都转运使张奎、知永兴军范雍请铸大铜钱，与小钱兼行。奎等又请，因晋州积铁铸小钱。及奎徙河东，又铸大铁钱于晋泽二州，以助关中军用。未几，三司奏罢河东铸大铁钱，而陕西复采仪州竹尖岭黄铜，置博济监，铸大钱。朝廷因敕江南铸大铜钱，而江、池、饶、仪、虢州又铸小铁钱，悉辇致关中。数州钱杂行，民间盗铸者众，钱文大乱，物价翔踊。于是，奎复奏：晋、泽、石三州及威胜军日铸小铁钱，独留用河东，而河东铁钱既行，盗铸者获利，诸弊悉至。言者皆以为不便。朝廷遣鱼周询欧阳修分察两路钱利害。

至庆历末，命学士张方平、宋祁，御史中丞杨察与三司杂议。时叶清臣复为三司使，与方平先上陕西钱。议曰：关中用大钱本以县官取利甚多，致奸人盗铸，其用日轻。比年以来，皆虚高物估，始增直于下，终取偿于上。县官虽有折当之名，遂致亏欠之咎。请以江南诸州大小钱，皆权其轻重行之，且罢官所置炉。朝廷皆用其言，盗铸始止。

徽宗宣和以后，因东南钱额不敷，乃令饶赣钱监铸小平钱。

高宗绍兴十五年，置利州绍兴监。

二十八年，命御府铜器千五百事付泉司，大索民间铜器，告者有赏。

孝宗乾道九年，大江之西及湖广多毁钱，杂以沙泥。诏严禁之。

宁宗庆元三年，禁铜器，期两月鬻于官。

辽初，色勒迪为额尔钦，以土产多铜始造钱币。太祖袭而用之，遂致富强，以开帝业。

太宗置五冶太师，以总四方铁钱。

晋高祖又献沿边所积钱，以备军实。

景宗以旧钱不足于用，始铸乾亨新钱，钱用流布。

圣宗凿大安山取刘守光所藏钱，按：《唐书》及《五代史》皆载刘仁恭为卢龙节度使，敛钱穴大安山藏之，《辽史·食货志》作刘守光。考《唐书》藩镇列传及《五代史》刘守光传，守光嗣节度使后，专恣无忌，不应有藏钱之事。或系《辽史》之误，谨识于此。散诸五计司，兼铸太平钱，新旧互用。

统和中，又出内藏钱赐南京诸军司，又以官钱宴享军士，钱不胜多，故东京所铸至清宁中方用。是时，诏：诸路不得货铜铁，以防私铸，又禁铜铁卖于回鹘。法益严矣。

道宗之世，钱有四等。咸雍、太康、大安、寿隆皆因改元易名①，至其后国用不给，禁民钱不得出境。

清宁九年，禁民鬻铜。

太康十年，禁毁铜钱为器。

天祚之世，更铸乾统、天庆等新钱，而上、下穷困，府库无余积矣。至西辽耶律达什时②，复铸新钱，仿辽初之制而异其篆。

金初，用辽、宋旧钱。

太宗天会末，虽刘豫阜昌元宝亦用之③。

至海陵正隆二年，以议鼓铸。禁铜越外界，括民间铜器。陕西南京者输京兆，他路悉输中都。

三年，中都置钱监二。东曰宝源，西曰宝丰。京兆置监一，曰利用。文曰正隆通宝，与旧钱通用。

世宗大定元年，用吏部尚书张中彦言，命陕西路参用宋旧钱，后寝不行。诏陕西行户部并西路通检官详究其事，皆言民间用钱，名与铁钱并用，其实不为准数，公私不便。遂罢之。

十一年，禁私铸铜镜，旧有铜悉送于官。

十八年，代州立监铸钱。命镇威军节度使李天吉、知保德军事高季孙往监之。而所铸斑驳黑色，不可用。诏削天吉季孙等官两阶，解职。更命工部郎中张大节、吏部员外麻珪监铸，文曰大定通宝，胜正隆之制。

二十年，名代州监曰阜通，设监正等官。

二十九年，曲阳县铸钱别为一监，以利通为名。设副监监丞等官，给驿更出经营铜事。后京府及节度州增置流泉务凡二十一所。

章宗明昌初，诸府镇流泉务悉罢之。

泰和四年，铸大钱，一直十，名泰和大钱。

五年，欲增铸钱，命百官议足铜之术。中丞孟铸谓销钱作铜及盗用出境者不止，宜罪其官。太府监梁镗等乞采铜拘工以铸。宰臣谓鼓铸未可速

---

① 辽道宗年号寿隆，史学家曾认为应为"寿昌"之误。不过，《辽史·道宗纪》用寿隆，且近年有寿隆钱出现。

② 西辽（1131—1211年），金灭辽以后，耶律大石（耶律达什）率契丹残部西迁，建立了西辽政权。西辽曾统治中亚，后被蒙古所灭。

③ 刘豫（1073—1146年），景州人，宋叛臣，金建立的伪齐政权皇帝。

行，其铜冶听民煎炼，官为买之，民间输铜器期以两月。

宣宗贞祐后，用交钞号曰宝券①，后更造号曰通货，又改曰通宝。

元初悉用钞。至武宗至大三年，以尚书省言以铜钱与钞通行。按：宋时交子、会子之制，皆一时权宜。金则宣宗时一沿用之，改名曰钞。惟元代则盛行，遂与钱通用焉。

大都立资国院，山东、河东、辽阳、江淮、湖广、四川立泉货监六，产铜之地设提举司十九，铸钱曰至大通宝。按：钱录元武宗时钱二品，一至大通宝，楷书。一至元通宝，西番篆书。后即不行，仍行钞法。

明初仍元之制，亦兼用钞法。按：明史食货志及明会典，明初钞甚通行。永乐以后钞遂壅滞，虽设门摊诸课专欲通行钞法，而钞终不行。故遂重钱法，而钞法仅存其名焉。

太祖洪武初，置宝源局于应天府，铸大中通宝钱与历代钱兼行。江西等行省各置宝泉局，颁大中通宝大小五等钱，设官铸造。又令户部及各行省铸洪武通宝钱，制凡五等，有当十、当五、当三、当二、当一，当十钱重一两，余递降至一钱。

成祖永乐九年，令差官于浙江、江西、广东、福建四布政司铸永乐通宝钱。

英宗天顺四年，令民间除假钱锡钱外，凡历代并洪武、永乐、宣德铜钱依数准使。

宪宗成化中，令内外课程，俱钱钞中半兼收。

孝宗弘治元年，令京城九门都课宣课司、顺天等八府并山东河南二布政司，民间食盐全收钞贯。淮安、临清、扬州、苏州、杭州九江等板闸船料钞关，俱令钞钱兼收，送库支用。

世宗嘉靖二十八年，议准，军民交易将洪武、永乐、宣德、弘治、嘉靖制钱，并历代铜钱相兼行使，禁私铸铅锡假钱。

三十二年，令照新式铸洪武至正德纪元九号钱。按，宋后铸钱，皆铸改元年号，其兼铸前朝年号，惟嘉靖时有是令。后又令钱法行使，悉依历代年号，随钱高下，咸得通行，但严禁销镕旧钱及新铸钱。

穆宗隆庆初，钱法不行。兵部侍郎谭纶言：欲富民，必重布帛菽粟而贱银。欲贱银，必制钱法以济银之不足。今钱唯布于天下，而不以输于

---

① 交钞，金朝发行的纸币。

上，故其权在市井。请令民得以钱输官，则钱法自通。于是，课税银三两以下复收钱，民间交易一钱以下，止许用钱。时钱八文，折银一分，禁民无得任意低昂。直隶巡按杨家相，请铸大明通宝钱，不识年号。部议，格不行①。

神宗万历四年，命户工二部，准嘉靖钱式铸万历通宝钱及旋边钱，颁行天下，俸粮银钱兼给。云南巡按郭庭梧言，国初京师有宝源局，各省有宝泉局。按：明制各省有宝泉局，即宋代各路置钱监之制。

自嘉靖间省局停废，民间告匮。滇中产铜不行鼓铸，而以重贿购海贶，非利也。遂开局铸钱。寻命十三布政司开局采铸，而王府皆铸造私钱，吏不敢诘。古钱阻滞不行，国用不足。乃命南北宝源局拓地增炉鼓铸。而北钱视南钱其直较昂，南铸大抵轻薄，然各循其旧，并行不废。

熹宗天启元年，铸泰昌钱。兵部尚书王象乾请铸当十、当百、当千三等大钱，用龙文，略仿白金三等之制②。于是两京皆铸大钱。后有言大钱之弊者，诏南京停铸大钱，发局改铸，而开局遍天下矣。

庄烈帝崇祯三年，御史饶京言：铸钱开局本通行天下，今乃苦于无息，旋开旋罢。南北两局外，仅有湖广、陕西、四川、云南及宣密二镇，而所铸之息不尽归朝廷，复苦无铸本，盖以买铜而非采铜也。按：明初唯江西德兴铅山有铜场，后云南路南州诸处有铜坑。嘉靖以后，鼓铸屡开，云南诸处铜场所获渐少。崇祯时，至括古钱以供炉冶，则买铜繁而铸本益少，不及采铜之易且省云。乞遵洪武初及永乐九年、嘉靖六年例，遣官各省铸钱采铜，于产铜之地置官吏驻兵，铜山之利朝廷擅之，小民所采仍予直以市。帝从之。是时铸厂并开，用铜益多，铜至益少，钱多轻薄。故明代惟嘉靖钱最工，天启、崇祯时新铸出，旧钱悉弃，日以薄恶，大半杂以铅沙，辄易破坏。给事中黄承昊疏销古钱，御史王燮复言之，于是古钱销毁殆尽云。

---

① 格，搁置不用。
② 白金三等，指汉武帝时铸造的三种银锡合金币，参见《汉书·食货志》。

# 卷一百五十五　食货略四

## 漕运

唐懿宗咸通元年，南蛮陷交趾，征诸道兵赴岭南。诏湖南水运自湘江至潭渠①，并江西水运以馈行营。诸军泝运艰难，军屯广州乏食。润州人陈磻石诣阙，言海船至福建往来，大船一只可致千石。自福建不一月至广州，得船数十艘，便可得三五万石，胜于江西、湖南溯流运粮，又引刘裕海路进军破卢循故事。乃以磻石为盐铁巡官，往扬子县专督海运。于是军不阙供。

宪宗元和十一年，始置淮颍水运扬子等诸院，其功比汴运较省。

宝历二年，盐铁使王播奏开扬州古七里港，通旧官河以济运。

后唐庄宗同光三年，吏部尚书李琪奏，请敕下诸道，合差百姓转般之数，有能出力运官物到京者，五百石以上，白身授一资，初任州县官。有官者依资次迁授。欠选者便与放选。千石以上至万石者，不拘文武，显加酬赏。此亦转仓赡军之一术也。敕租庸司下诸州，有应募者闻奏施行。

明宗长兴四年，三司使奏，洛河水运自洛口至京，往来牵船下卸，皆是水运。牙官每人管定四十石，今洛岸至仓门稍远，牙官转运维艰，欲于洛河北岸别凿一湾，引船直至仓门下卸。从之。

周世宗显德二年，上谓侍臣曰：转输之物向来皆给斗耗，自汉以来不与支破。仓廪所纳新物，尚有破耗，况水路所般，岂无损失？今后每石宜与耗一斗。

四年，诏疏下汴水一派，北至于五丈河，又东北达于济。自是齐鲁之舟楫皆至京师。

---

① 潭渠，今称灵渠。在广西兴安县境内，修凿于秦代，是最古老的运河之一。潭渠沟通了湘江和漓江，因而打通了长江和珠江两大水系，在古代是中原与岭南的交通要道。

六年，命侍卫马军都指挥使韩令坤自京东疏汴，导汴水至蔡水以通陈颍之漕。侍卫步军都指挥使袁彦浚五丈河 按：通鉴作五丈渠，今依宋史及通考作五丈河 以通青郓之漕。

宋初，东京之制，受四方之运者，谓之转般仓①。曰永丰、通济、万盈、广衍、延丰、顺成、济远、富国，皆受江淮所运，谓之东河，亦谓之里河。曰永济、永富，受怀孟等州所运，谓之西河。曰广济第一，受颍寿等州所运，谓之南河，亦谓之外河。曰广积、广储，受曹濮等州所运，谓之北河。受京畿之租者，谓之税仓。曰广济，受京东诸县。广积第一、左右骐骥、天驷监凡三仓，受京北诸县。左天廐坊仓，受京西诸县。大盈、右天廐二仓，受京南诸县。其漕运所会，则有转般仓。

太宗端拱元年，徐休复上言：京师内外凡大小二十五仓，官吏四百二人，计每岁所给不下四百万石。望自今米麦菽各以一百万石为一界，每界命常参官、供奉官、殿直各一人，专知副知各二人，凡七人共掌之。诏可。然四河所运之粟，未有定制。

太平兴国六年，汴河岁运江淮米三百万石、菽一百万石，黄河粟五十万石、菽三十万石，惠民河粟四十万石、菽二十万石，广济河粟十二万石。非水旱大蠲，民租未尝不及其数。

至道初，汴河运米至五百八十万石，自是京城积粟盈溢。

真宗大中祥符初，至七百万石。凡水运，自淮南江南荆湖南北路所运粟，于扬真楚泗州四处置仓以受其输。既而分调舟船泝流而至京师，发运使领之。陕西诸州菽粟，自黄河三门沿流由汴河而至，亦置发运使领之。陈颍许蔡光寿等六州之粟帛，由石塘惠民河而至。京东十七州之粟帛，由广济河而至。皆有京朝官廷臣督之。凡三水皆通漕运，河北卫州东北由御河达乾宁军。

仁宗嘉祐中，诏减漕船三百艘。按：苏轼文集，轼知扬州时上言，嘉祐以后漕运米数渐减，纲运之船多揽载货物，漕运之弊愈多，故米数远不及宋初云。

熙宁七年，诏委官疏浚广济河，增置漕舟，依旧运京东米上供。

十年，提举汴河堤岸司言：京东地富，谷粟可以漕运，但以河水浅涩不能通舟。近修京东河岸，开斗门通广济河，为利甚大。今请通津门里汴

---

① 此句中之转般仓，《宋会要辑稿》、《文献通考》皆作"船般仓"，当是。《续通典》卷十四对此亦有注解。

河岸东,城里三十步内,开河一道及置斗门,上安水磨,下通广济河,应接行运。从之。

徽宗政和元年,张根为江西转运副使,岁漕米百二十万,以给中都。江南州郡僻远,官吏艰于督趣,根常存三十万石于本司,为转输之本,以宽诸郡。时甚称之。

高宗建炎初,诏诸路纲米以三分之一输行在①,所余赴京师。

二年,诏:二广、湖南北、江东西路纲运赴江宁府,福建、两浙赴平江府,京畿、淮南、京东西、河北、陕西及川纲并赴行在。又诏:二广、湖南北纲运如经由两浙,亦许赴平江送纳。福建纲运经由江东西,亦许赴江宁府送纳。

绍兴初,因地之宜,以两浙粟专供行在,以江东之粟饷淮东,以江西之粟饷淮西,荆湖之粟饷鄂、岳、荆南,量所运之数,责漕臣将输,归其余于行在。按:吴曾《能改斋漫录》曰②:本朝岁漕米六百万石,而江西居三分之一,盖天下漕米多取于东南,而东南之米多取于江西也。

辽圣宗太平时,燕大饥。户部副使王嘉献计造船,使民谙海事者漕粟以振燕民③。

金都于燕东,去潞水五十里。故为闸以节高良河、白莲潭诸水,以通山东河北之粟。凡诸路濒河之城,则置仓以贮。

世宗之世,言者请开卢沟金口,以通漕运。役众数年,竟无成功。其后但以车挽。其制,春运以冰消行,暑雨毕。秋运以八月行,冰凝毕。时刘玑为同知漕运使事,奏漕户顾直太高,虚糜官物,宜裁损以省官钱。上是其言。

章宗明昌三年,尚书省奏:辽东北京路米粟素饶,宜航海以达山东。昨以按视,东京近海之地,自大务清口并咸平铜善馆,皆可置仓贮粟以通漕运,若山东河北荒歉,即可运以相济。制曰可。

六年,以北边粮运,括群牧驼④,因以金银杂彩备赏劳。

宣宗元光元年,造船运粮,由大庆关以抵湖城。

---

① 行在,皇帝行銮驻跸之所在,即皇帝临时停留的地方。南宋时京都开封虽已被金所占,但仍是宋政权的名义首都,南宋政府所在地临安,被称为"行在"。

② 《能改斋漫录》,笔记集,南宋人吴曾着,不但记载史事,而且保有许多已佚失文献。

③ 振,通"赈"。

④ 驼,驼的异体字。

元世祖中统四年，诏：北京运米五千石赴开平，其车牛之用，并从官给。

至元十三年，遣泸州屯军转漕重庆。然自丞相巴延献海运之言，江南之粮，分为春夏二运至于京师。盖巴延平江南时，尝命张瑄、朱清等以宋库藏图籍，自崇明州从海道载至京师。而运粮则自浙西涉江至淮，由黄河逆水至平滦旱站，陆运至淇门入御河以达于京。后又开济州泗河自淮至新开河，由大清河利津河至海，因海口沙壅，又从东阿旱站运至临清入御河。

至元十九年，巴延请于朝廷，命上海总管罗璧、朱清、张瑄等遣平底海船六十艘，运粮四万六千余石，从海道至京师。然创行海洋沿山求岙，风信失时，明年始至直沽。又立京畿江淮漕运司二，仍各置分司以督纲运。又立万户府二，分新河军士水手及船于扬州、平滦两处运粮。命三省造船二千艘于济州河运粮，犹未专于海道也。

二十四年，始立行泉府司专掌海运，增置万户府二，总为四府。

至二十五年，内外分置漕运司二，其在外者于河西务置司接运海道粮事。

二十八年，又用朱清、张瑄之请，并四府为都漕运万户府二，止令清瑄二人掌之。

二十九年，用朱清等言，复开海道。自浙西至京师不过旬日云。

明漕运之法凡三变：初支运，次兑运支运相参，至支运悉变为长运而制定。

太祖洪武元年北伐，命浙江、江西及苏州九府运粮三百万石于汴梁。已而大将军徐达令忻崞代坚台五州粮运大同，其后海运饷北平、辽东。其西北边则浚开封漕河饷陕西，自陕西转饷宁夏、河州，其西南令川贵纳米中盐，以省远运。于时各路皆得就近转输。

成祖永乐元年，纳户部尚书郁新言用淮船，导淮至黄河赴卫河，输北平与海运相参。

宣宗宣德四年，平江伯陈瑄及尚书黄福建议用支运法，令江西、湖广、浙江民运粮于淮安仓，苏、松、宁、池、庐、安、广德民运粮于徐州仓，应天、常、镇、淮、扬、徐、凤、太、滁、和、徐民运粮于临清仓①,令官军接运至京通二仓。

六年,瑄言:江南民运粮诸仓,往返多误农业,令民运至淮安瓜洲,兑与卫所官军运载至北,军民两便,是兑运之始也。

宪宗成化七年,乃有改兑之议。应天巡抚滕昭令运军赴江南水次交兑,重其加耗。

后数年,帝乃命淮徐临德四仓悉改水次交兑。由是悉变为改兑,而官军长运遂为定制。

明初,命武臣督海运,尝建漕运使,寻罢。

成祖以后,用御史又用侍郎、都御史催督,郎中员外郎分理,主事督兑,其制不一。

景帝景泰二年,始设漕运总督于淮安,与总兵参将同理漕事。漕司领十二总十二万军,与京操十二营相准。其制,总漕巡扬州,经理瓜淮过闸。总兵驻徐邳,督过洪入闸同理漕参政管押赴京。趱运则有御史、郎中,押运则有参政,监兑、理刑、管洪、管厂、管闸、管泉,监仓则有主事,清江卫河有提举,兑毕过淮过洪,巡抚漕司河道各以职掌奏报,又有把总留守皆专督运,故理漕之官明代最多云。

## 盐铁茶

唐自宣宗即位,盐法益密。粜盐少,私盗多者,谪观察判官。户部侍郎判度支卢宏正以两池盐法敝,遣巡院官司空舆更立新法。其课加倍,后户部侍郎裴休为盐铁使,上盐法八事。其法皆施行,两池榷课大增。至后兵遍天下,诸镇擅利,两池为河中节度使王重荣所有,岁贡盐三千车。中官田令孜募新军五十四都,饷转不足②,倡议两池复归盐铁使,而重荣究不奉诏。

后唐庄宗同光三年,敕魏府每年所征随丝盐钱每两量与减放。

明宗天成元年,敕诸州府百姓合散蚕盐依夏税限纳钱。

晋高祖天福元年,敕洛京管内食盐每斗量为减价。

周太祖广顺二年,敕青白二盐池依前旧例置官抽税。

世宗显德三年,敕漳河以北州府管界,先是官场粜盐,今后除城郭草

---

① 与《续通典》对照,可知本句多一"徐"字。
② 饷,运粮。

市内仍旧禁法。其乡村并不许盐货通商，逐处有咸卤之地，一任人民煎炼、兴贩，不得逾漳河，亦不得通商界。

五代时，盐法太峻。

宋太祖建隆二年，始定官盐阑入禁法。凡禁榷之地，官立标识，候望以晓民。其颗盐末盐通商之地，各随其利便。

雍熙后，以用兵乏馈饷，令商人输刍粟塞下，增其直，令江淮荆湖给以颗末盐。

太宗端拱二年，置折中仓听商人输粟京师，优其直，给江淮茶盐。

仁宗康定元年，诏：商人入刍粟陕西并边，愿受东南盐者加数予之。而河北复出三税法，亦以盐代京师所给缗钱。然东西盐利特厚，商旅不愿受金帛，皆愿得盐。江湖漕盐既杂恶，又官估高，故百姓利食私盐。而并海民以鱼盐为业，用工省而得利厚。无赖之徒盗贩者众，捕之急则起为盗贼。江淮间虽衣冠士人，狃于厚利或以私盐为事①。江西则虔州地连广南，而建之汀州与虔接。虔盐既不善，汀故不产盐，多盗贩广南盐以射利。盐法于是大坏。

神宗熙宁时，转运使沈希颜更为榷法，请假常平钱自买解盐卖之本路，然其制亦不能尽行。

南渡后，官给本钱诸州置仓，令商人置钞算。

孝宗乾道六年，户部侍郎叶衡奏：今日财赋之源，煮海之利居其半，然年来课入不增、商旅不行者，皆私贩之害也。乞委官分路措置。诏酌行之。

宁宗庆元初，以提举陈损之言，改盐课剩钞为正支，而课愈重，盐法弊益多矣。

辽太祖时，以所得汉民数多，即八部中分古汉城别为一部治之。城有盐池之利，八部皆取食之。及征幽蓟还，次于和拉泺，命取盐给军。自后泺中盐益多，上下足用。

太宗会同初，晋献十六州地而瀛、莫在焉，始得河间煮盐之利，置榷院于香河县。于是燕云迤北暂食沧盐，一时产盐之地如渤海、镇城、海阳、丰州、阳洛城、广济湖等处，五京计司各以其地领之。

金世宗大定三年，定军煮私盐及盗官盐之法，命明安穆昆巡捕。

———————

① 狃，贪。

二十五年，置山东等七盐司。

章宗明昌二年，省臣以山东盐课不足，由盐司官出巡不敢擅捕。遂诏，自今如有盗贩，听盐司官辄捕。民私煮及藏匿，则约所属收捕。

太和六年，右丞相内族宗浩、参知政事贾铉言：国用最重盐课，今山东亏课甚多，盖以私煮盗贩者成党，盐司既不能捕，统军司按察司亦不为禁。宜立制，以各官在职时增亏之实，令盐司达省部，以为升降。遂诏请统军招讨司所部，有犯者罚，并令按察使有司察之。

元自太宗时始行盐法。

世祖中统二年，复申定之。

至元十九年，议设盐使司卖盐引法，择利民者行之，仍令按察司磨刷运司文卷。

元初，朝廷之用盐利居十之八，两淮盐当天下之半，法日以坏。按：官卖盐之制，宋熙宁中转运使沈希颜行之本路，至元代遂为定制。以郝彬行户部尚书省经理之。彬请度舟楫所通、道里所均，建六仓，煮盐于场运积之。听群商于转运司探仓筹定，乃买券。

文宗天历二年，行省复请令商贾入粟中盐①。按：元中盐之法令商以粟易盐引，即明制中盐之始也。元则各行省施其法。明则令商人输粟于边，给照，再赴盐场领引鬻盐耳。

至顺帝元统二年，京师置局鬻盐，于南北城官自粜卖。

明太祖洪武初，诸产盐地次第设官。两淮等都转运使六，广东等盐课提举司七、盐课司一。然明代盐法开中最善，于山西诸仓或入米一石或一石三斗，给淮盐一小引，商人即以原引赴所在官司缴之，故转运省而边储充。其后各行省边境多召商中盐，以为军储，盐法边计相辅而行。后定中盐例，输米临濠、开封、陈桥、襄阳、安陆、荆州、归州、大同、太原、孟津、北平、河南府、陈州、北通州诸仓，计道里远近，自五石至一石，先后增减，则例不一，率视时缓急、米直高下、中纳者利否，道远地险则减而轻之。

成祖即位，以北京诸卫粮储缺乏，悉停天下中盐，专于京卫开中。后以安南新附，饷益难继，于是诸所复召商中盐，他边复以次及。

---

① 纳粟中盐，商人将粮食运送到政府指定地点，换取盐引（运销盐的凭证），然后到指定产盐地领盐运销。

英宗正统三年，宁夏总兵官史昭以边军缺马，乃奏请纳马中盐。然中马之始，验马掣盐。既而纳银于官以市马，银入布政司，宗禄、屯粮、修边、振济悉由于此①。银尽而马不至，边储亦将告匮。于是，召商中淮浙长芦盐以纳之。旧例，中盐户部出榜召商无径奏者。富人吕铭等托势要奏中两淮存积盐，中旨允之。户部尚书马昂不能执正，由是势豪多为挠中，商人既以失利，盐法于是遂坏。后给事中管怀理虽极言其弊，亦不能行。虽督理盐法者必遣重臣，然终不如明初之法充边储而清积弊矣。

铁冶之课。后唐明宗长兴元年，敕：今后不计农器烧器动使诸物，并许百姓逐便自铸，上纳农器钱②，随夏秋二税送纳。

晋高祖天福六年，敕诸道铁冶三司，今后许百姓所便铸造。

宋徽宗政和间，臣僚言，诸路产铁多民资以为用，请仿茶盐法榷而鬻之。于是，户部言：详度官置炉冶，收铁给引，召人通市。

辽太祖时，哈准部多铁置冶，及得东平县，地产铁，乃置采炼者，随赋供纳。又铁利州亦多铁置冶。

金海陵正隆三年，遣使检视，随路铁冶。

章宗泰和时，李复亨奏，民间销毁农具以给军器，臣窃以为未便。汝州鲁山保丰邓州南皆产铁，募工置冶可以获利，且不厉民。从之。

元铁冶置于世祖中统三年，后遣重臣督之。鼓铸农器为局卖之后，又立铁冶总管府及提举司专司其事。

明太祖洪武六年，置江西等铁冶一十三所。

后成祖永乐时设于四川诸处。

至英宗正统十四年，广州置铁厂以盐课提举司领之，禁私贩如盐法云。

榷茶之法，唐宣宗大中初，盐铁转运使裴休请正茶商之税，委强干官吏于出茶山口布置把捉，量加半税。

昭宗天祐末，卢龙节度使刘仁恭禁南方茶，自撷山为茶，号其山曰大恩，以邀利。

宋太祖乾德五年，诏民茶折税外悉官买收藏。按：宋时茶已盛行，有产茶之场十三，蕲州曰王祺、洗马，黄州曰麻城，庐州曰王同，舒州曰太湖、罗源，寿

---

① 宗禄，宗室的俸禄。
② 农器钱，是对农民自铸农具所收的税，封建政府以之作为铁专卖的替代办法。

州曰霍山、麻步、开顺口，光州曰商城于安，其各场之外，建茶亦别置务，所制龙凤各式以佳者充贡。南渡以后，各场特置官者则有洪州、江州、兴国军、潭州、建州诸处焉。

太宗太平兴国八年，乃诏禁伪茶。

端拱二年，置折中仓听商人输粟京师，给江淮茶，与盐法相同。其收茶之法，凡百姓所输税愿折茶者，亦折为茶，谓之折税①。其鬻茶之法，凡民鬻茶者，皆售于官。其以给日用者，谓之食茶。出境则给券。商贾之愿贸易者，入钱若金帛京师榷货务，以射六务十三场茶，按：射茶之法即以货物易茶引，取茶鬻焉。给券随所射予之，谓之文引。然其后或官置场，或置捕私茶赏罚，榷法愈密矣。南宋绍兴后遂置榷场，货茶于金。建炎二年，诏成都诸州更茶法，令茶商即在茶园市茶，不复官买，唯严禁私商而已。

金初，茶多贸易于宋界之榷场。至章宗承安四年，淄、密、宁海、蔡州各置坊造新茶，付各司县鬻之，买引者纳钱及折物各从其便。

元世祖至元六年，始立榷茶场使司。

十七年，又置榷茶都转运司于江州，总江淮、荆湖、福建之税。

十九年，于江南官为置局，令客买引，然其法屡变。

成宗元贞元年，罢其税。

元统元年，江浙湖南江西湖广皆复立榷茶转运使焉。

明制，有官茶，有商茶，皆贮边易马。官茶间征课钞，商茶输课，略如盐制。

初，太祖令商人于产茶地置茶纳钱请引，按：明代产茶之地，南直隶常、庐、池、徽，浙江湖、严、衢、绍，江西南昌、饶州、南康、九江、吉安，湖广武昌、荆州、长沙、宝庆，四川成都、重庆、嘉定、夔、泸。置茶局批验所称较，茶引不相当，即为私茶。后诸产茶地设茶课司定税额。其禁私茶之法，自三月至九月，月遣行人四员，巡视河州、临洮、碉门、黎雅，往来旁午。至宣宗宣德十年，乃定三月一遣。又设茶马司于秦洮河雅诸州，主以茶易马之政。又于成都诸处置茶仓，令商人纳米中茶后，至专遣御史巡察，竟与盐法同云。

世宗嘉靖三年，御史陈讲以商茶低伪，悉征黑茶。地产有限，乃第茶为上中二品。

---

① 折税，此处指茶叶产地的民户可以用茶交税。

神宗万历以后，湖南产茶其值甚贱，商人多越境私贩。御史李楠请禁湖茶。言湖茶行，茶法、马政两弊①。按：明制以茶与诸番人易马，特设官专其政，其职颇重云。宜令巡茶御史召商给引，愿报汉兴保甯者准中，越境下湖南者禁止。

## 榷酤

唐文宗太和八年，罢京师榷酤。

至武宗会昌六年，敕扬州等八道州府置榷曲②，并置官店酤酒，代百姓纳榷酒钱，并充资助军用。其扬州、陈许、汴州、襄州、河东五处榷曲，浙西、浙东、鄂岳三处置官店酤酒。

梁太祖开平三年，敕听诸道州府百姓自造曲，官中不禁。

后唐明宗天成三年，敕三京邺诸道州府乡村人户，于夏秋田苗上每亩纳曲钱，任百姓造曲酝酒。

周世宗显德四年，敕停罢先置卖曲都务，乡村人户并许自造米醋，及买糟造醋，其酒曲条法，依旧施行。按：晋汉以来诸道州府皆榷置曲额，置都务以酤酒，民间酒醋遂多漓薄，上知其弊，故命改法。

宋制，三京官造曲听民纳直，诸州城内皆置务酿之。县镇乡间或有许民酿而定其岁课，若有遗利，则所在皆请官酤。

真宗景德时，承平日久，掌财赋者法禁愈密。诏曰：榷酤之法，素有定规。宜令计司立为永式，中外不得复议增课。

至道中，各路皆置务立课，唯夔、黔、达、开、施、涪、云安、梁山、福、汀、泉、漳、兴化、广南东西两路诸州军，不置榷焉。

仁宗时，河北酒税务有监临官，而转运司复遣官比视岁课。至高宗建炎三年，张浚用赵开总领四川财赋。开言蜀民已困，唯榷酤尚有赢余。遂大变酒法，自成都始。即旧扑卖坊场，设官主之。民以米赴官自酿，计斛输钱。明年遍下其法于四路，于是东南酒额日增。

辽自神册以来未有榷酤之法。自冯延休、韩绍勋建议，乃兴酒税。东辽之地与南京诸路一例。然诸税皆纳于头下军州，唯酒税课纳上京盐

---

① 茶法，茶的生产交易发展、饮茶盛行后，中国历代封建政权为增加财政收入，扩大军马来源而制定的关于茶的禁榷、征税的法令。马政，中国古代中原地区政府关于马匹蓄养、管理的制度。

② 榷曲，即对酒曲实行专卖。

铁司。

金世宗大定三年，省臣奏中都酒户多逃①，以故课额愈亏。上曰：此官不严禁私酿所致也。命设军百人，隶兵马司，同酒使副合千人巡察。虽权要家，亦许搜索。奴婢犯禁，杖其主百。且令大兴少尹招复酒户。

十八年，命成边女真人遇祭祀婚嫁节辰，许自造酒。

二十七年，议以天下院务依中都例，改收曲课而听民酤。

元太宗始置酒课。其法立酒务坊场官榷酤办课。仍以各州府司县长官充提点官，隶征收课税所。

世祖至元十六年，以大都、河间、山东酒税课并归盐运司。

二十二年，右丞卢世荣等言酒课改榷酤之制，令酒户自具工本，官司拘买。

英宗至治元年，以营田提举司征酒税扰民，命有司兼榷之。

文宗天历二年，中书省臣言：在京酒坊五十四所，每岁输课。比者，间以赐诸王公主及诸宫寺。诸王公主自有封邑岁赐，宫寺亦各有常产，其酒课悉令仍旧输官为宜。从之。

明不置榷酤法。

臣等谨案，《通志》原书榷酤之后，别立算缗一门，所载自汉至陈而止，不及隋唐，以隋以后无是制也。今考唐宋、辽、金、元、明诸史，及各代会典会要，并各朝诏疏奏议，俱无所载，知唐以后各朝无算缗之制云。

### 杂税

唐德宗时，军用不给，乃税间架、算除陌。其间架法，屋二架为间。上间钱二千、中间一千、下间五百。吏执笔握算入人家，计其数。除陌法者，公私给予及买卖每缗官留五十钱，给他物及相贸易者，约钱为率算之。

五代时有津渡之算。

至宋太祖建隆元年，诏除沧德棣淄等三十九处所算钱，或水涨听民置渡而收其算。

二年，诏：自今宰相枢密使带平章事兼侍中中书令节度使依故事纳礼

---

① 酒户，中国古代，在酒专卖制度下，经政府批准的生产、销售酒的专业户。

钱，宰相枢密使三百千，蕃镇五百千①，充中书门下公用。按：五代时，天成元年门下中书省奏纳礼钱，以充公用。至宋建隆时复举行之。

太宗淳化元年，诏：诸处鱼池旧皆省司所管，系与民争利。自今池塘河湖鱼鸭之类，任民所取。如经市货卖，乃收税。

神宗元丰二年，有司言纲船有商人附载，有留阻之弊。请置堆垛场于泗州②，贾物至者先入官场，官以船运至京，稍输船算。从之。

新法行鬻坊场河渡，至哲宗元祐五年，以户部郎中高镈言，稍为止损。至牙契之税，则始于太祖开宝二年。始收民印契钱，令民典卖田宅输钱印契，税契限两月。按：《文献通考》税封始于东晋，历代相承，史文简略，不能尽考。

神宗元丰时，又令民有交易，官为之据，因收其息。

辽太祖神册三年，置羊城于炭山之北，以通市易。

圣宗统和元年，南京留守奏请秋霖害稼，请权停关征，以通山西粜易。

七年，诏以南北府市场人少，宜率当部车百乘赴集，开奇峰路通易州市。后耶律隆运为大丞相，以南京岁不登，请免百姓农器钱，又请平诸郡商贾价。从之。

十五年，弛东京鱼泺之禁③。

十九年，减关市税。

圣宗开泰二年，诏贵德龙化仪坤双辽同祖七州一例征商。

金制，租税之外，算其田园屋舍车马牛羊树艺之数，及其藏镪多寡征钱，曰物力。又有铺马军需输庸司吏河夫桑皮故纸等钱，又有牛具税，诏内地诸路每牛一具，赋粟三斗，后又限民口二十五，算牛一具。

世宗大定三年，以尚书工部令史刘行义言，定城郭出赁诸税。至醋课则始于大定初，以国用不足，权时榷醋，以助经用，后旋罢之。

章宗明昌元年，敕尚书省定院务课商税额。

元成宗元贞二年，诏：江南道士贸易田者，输商田税。又诏：民间马牛羊百取其一。

九年，以冀宁岁不登，弛山泽之禁，听民采捕。然元时额外之课甚

---

① 蕃镇，即藩镇。蕃，通"藩"。
② 垛场，堆积、暂存货物的场所。这里所言垛场，是官方所设。
③ 鱼泺，养鱼的湖泊。

多，如历日课、契本课、河泊课、山场课、窑冶课、房地租课、门摊课、池塘课、蒲苇课、食羊课、荻苇课、煤炭课、撞岸课，各省各路之数多寡不一。

明初，关市之征，犹为简约，后增置渐多。有都税，有宣课，有司，有局，有分司，有抽分场局，有河泊所。所收税课有本色，有折色，又令军卫自设场分。

太祖洪武十年，遣中官国子生及部委官各一人，核实税课，立为定额。

仁宗洪熙元年，增市肆门摊课钞。

宣宗宣德四年，始设钞关。凡舟船受雇装载者，计所载料多寡及路之远近纳钞。按：其时有漷县、济宁、泰州、徐州、淮安、扬州、上新河、浒墅、九江、金沙洲、临清、北新诸钞关，量舟大小修广，而差其额，谓之船料。

宪宗成化以后，凡抽分竹木①，止取钞者皆易以银。

世宗嘉靖八年，诏直省关税向收钱钞者，以后俱易以银。

四十二年，令各关税额定数之外，余饶悉归公帑。

穆宗隆庆二年，始给钞关主事关防敕书。寻令钞关，去府近者知府收解，去府远者令佐贰官收贮，府库季解部。

万历以后，量为差减。

至熹宗天启五年，户部尚书李起元请复诸路冲要之地，依万历时例。诏允行之。

庄烈帝崇祯时，又于各关屡加增益。然明代诸课程始收钞，间折收米已而。收钱钞半后，乃折收银。而折色本色递年轮收，本色归内库，折色归太仓。

**平准均输**

唐德宗时，赵赞请置常平官，兼储布帛，于两都江陵成都扬汴苏洪置常平轻重本钱，上至百万缗，下至十万。积米粟布帛丝麻贵则下价而出之，贱则加估而收之。并榷商贾钱以赡常平本钱。帝从之。

宋制，均输市易之法，自神宗熙宁二年制置三司条例司言：今天下财

---

① 抽分，宋、元、明时期，对生产者和客商所携带的货物征收的实物税，按一定比例抽取，因此名为抽分。

用无余，典领之官拘于弊法，内外不相知，盈虚不相补。诸路上供每岁有常数，年丰则便道可以多致，而或不能赢。年歉则物贵难以供亿，而不敢不足。远方有倍蓰之输，中都有半价之鬻，徒使富商大贾乘公私之急，以擅轻重敛散之权。今发运实总六路之赋，而其职以制置茶盐矾酒税为事，军储国用多所仰给，宜假以钱货资其用度，周知六路财赋之有无，而移用之。凡籴买税敛上供之物，皆得以徙贵就贱，用近易远，令预知中都帑藏年支见在之定数，所当供办者，得以从便。变易蓄买以待上令，稍收轻重敛散之权归之公上，而制其有无以便转输，则国用可足，民财不匮。诏令本司具条例以闻。以发运使薛向领均输平准事，赐内帑钱五百万缗、上供米三百万石。时议虑其为扰，多以为非。向既董其事，乃请置官设属。帝曰：兹事鼎新，脱有纷纭①，须朝廷坚主之。使得自择其属。向于是辟置卫琪、孙珪、张穆之、陈倩为属。权开封府推官苏轼言：均输立法之初，其说尚浅。徒言徙贵就贱、用近易远。然而广置官属，多出缗钱，豪商大贾皆疑而不敢动，以为虽不明言贩买，然既已许之变易。变易既行而不与商贾争利，未之闻也。夫商贾之事，曲折难行。其买也，先期而予钱；其卖也，后期而取直，多方相济委曲相通。今官买是物，必先设官置吏，簿书廪禄为用已多，非良不售，非贿不行，是以官买之价比民必贵。及其卖也，弊复如前。商贾之利何缘而得？纵使其间薄有所获，而征商之额所损必多。谏官李常亦论均输不便。时帝用王安石之说，不用其言。

元丰二年，诏：市易旧法听人赊钱，以田宅或金银为抵当，无抵当者三人相保则给之。

高宗建炎三年，车驾初至杭州，朱胜非为相。两浙运副王琮言，本路上供和买䌷绢，每匹俱折纳钱，以助国用。许之。制曰：朕累下宽恤之诏，而迫于经用，未能悉如所怀。今闻江南预和买绢，其弊尤甚，可下江浙减四分之一，以宽民力。

辽太祖神册三年，置羊城于炭山之北，以通市易。

圣宗统和中，耶律隆运为大丞相，以南京岁不登，请免百姓农器钱，又请平诸郡商贾价。从之。

金宣宗兴定三年，议行均输。又敕和市边城、均输，毋得折配贫民。

元世祖中统四年，诏立燕京平准库，以均平物价。

---

① 脱，或许。

至元二年，立诸路平准库。

十三年，立四易库于诸路凡十有一，掌市易币帛诸物。

成宗元贞元年，诏：大都路和顾和买及徭役以诸色户与民均当①。

明太祖洪武二年，令内外军民官司并不得指以和顾和买扰害于民。如果官司缺用之物，照依时值对物两平收买，或客商中买物货并即给价，如或减驳价直，及不即给价，从监察御史、按察使体察究治之。以后亦不置平准、均输之制云。

## 平籴常平、义仓

唐宪宗元和六年，制："京畿旧谷已尽，粟麦未登，宜以常平、义仓粟二十四万石贷借百姓。诸道州府有乏粮处，依例借贷。"

十三年，户部侍郎孟简奏：天下州府常平、义仓等斗斛，请准旧例减估出粜，但以石数申奏。有司更不收管，州县得专以利百姓。从之。

敬宗宝历元年，以两京河西大稔，委度支和籴二百万斛，以备灾沴。

文宗开成元年，户部奏：诸州府所置常平、义仓，伏请今后通公私田亩，别纳粟一升，逐年添贮，义仓敛之，至轻事必通济，岁月稍久，自致盈充。从之。

周太祖广顺元年，敕：天灾流行，分野代有。苟或闭籴②，岂是爱人？宜令沿淮渡口镇浦，不得闭籴。

宋太祖乾德元年，诏曰：多事之后，义仓废寝。岁或小歉，失于豫备。宜令诸州于所属县各置义仓。自今官所收二税，石别税一斗贮之。

三年，诏：民有欲借义仓粟充种食者，令州县即计口给，计以闻，勿俟报。义仓不足，当发公廪者奏待报。

太宗淳化三年，京畿大穰，物价甚贱。分遣使臣于京城四门置场，增价以籴，令有司虚近仓以贮之。俟岁饥即减价粜与贫民，不过一斛。

真宗景德三年，诏于京东、京西、河北、河东、陕西、淮南、江南、两浙各置常平仓。量留上供钱，付司农司系帐，委转运使并本州委幕职一员专其事。每岁夏秋加钱收籴，遇贵减价出粜。或三年以上不经粜，即回

---

① 顾，通"雇"。

② 闭籴，禁止贩运粮食出境。

充粮廪，别以新粟充数。

至天禧四年，诏荆湖、川陕、广南并置常平仓。

高宗建炎二年，臣僚言：常平和籴，州县视为具文。以新易旧，法也，间有损失而未尝问。不许借贷，法也，间有悉充他用，而实无所储。乃诏委官遍行按视。

辽圣宗统和十三年，令郡县置义仓，岁秋熟，社民随所获户出粟储仓。遇岁歉，发以振民。后东京、苏、复、辰、海、同、银、乌、遂、春、泰等五十余城内沿边诸州，各有和籴仓，依圣宗法出旧易新，所在无虑二三十万石。虽累兵兴，未尝乏用。后至道宗太康时，耶律孟简以中京饥，减价粜粟以振民。

金太宗皇统二年十月①，燕西东京河东河北山东汴京等秋熟，命有司增价和籴。

世宗大定十二年，诏：在都和籴以实仓廪，且使钱币通流。又诏：凡秋熟之郡，广籴以备水旱。

十四年，诏定常平仓制，中外行之，其法寻废。

章宗明昌元年，御史请复设常平仓。敕省臣详议以闻。省臣言：大定旧制，丰年则增市价十之二以籴，俭岁则减市价十之一以粜。夫所以丰则增价以收者，恐物贱伤农。俭则减价以出者，恐物贵伤民。增之，减之，以平粟价，故谓常平。非谓使天下之民专仰给于此也。立法之始，贵在必行。其令提刑司各路计司兼领之，郡县沮格者纠②，能推行者加擢用。若中都路年谷不熟之所，则依常平仓法减其价三之一以粜。诏从之。

三年，敕州府粜籴，可各县置仓，俞州府县官兼提控管勾。又敕：置常平仓之地，令州府官提举之，县官兼董其事。以所籴多寡约量升降。为永制。又谕：上京路州县未有常平仓，如亦可置，定其当备粟数以闻。

五年，尚书省奏：明昌三年始设常平仓，定其永制。天下常平仓总五百一十九，积粟数可备官兵五年之食，米可备四年之用。而见在钱数仅支二年，且比年稍丰而米价犹贵，若复预籴，恐米价腾涌，于民未便。遂诏权罢中外常平仓、和籴，俟官钱羡余日举行。

元初，立义仓于乡社，又置常平于路府。使歉不损民，丰不伤农。粟

---

① 金太宗，应为金熙宗。
② 沮格，阻止、阻碍。

直不低昂而民无菜色。其常平仓，世祖至元六年始立，八年以和籴粮及诸路仓所拨粮贮焉。

二十三年，定铁法，又以铁课籴粮，充贮义仓。其和籴之法，各路府悉申行之。

至仁宗延祐四年，敕郡县各社复置义仓。

明英宗正统四年，因大学士杨士奇言，命户部平籴储荒。

至五年，令六部都察院推选属官，领敕分诣两畿各省府州县，立预备仓，发所在库银籴粜贮之。军民中有能出粟以佐官者，授以散官，旌其门①。

宪宗成化十八年，命南京粜常平仓粮。时岁饥米贵，南京户部议减价粜以济民，候秋成平籴还仓。

---

① 旌其门，在相关人家门前书写、竖立褒扬的标志，如立牌坊、赐匾额等。

《清朝通志》

# 卷八十一　食货略一

臣等谨按：洪范八政，首举食货，诚以足国裕民之本，计王者所必有事也。洪惟我朝圣神继起，乐利无疆，百物阜成，府藏充裕。臣等伏读太宗文皇帝实录曰①：朕承天垂佑，财用饶裕。当此之际，我国家新旧人等，若不急加恩养，更于何时养之。大哉皇言！卜世卜年之所由长也②。夫任土定地，农事为先。百数十年以来，百姓安于耕凿之常③，而土田日辟，生齿日繁，皆国家培养所致也。世祖章皇帝定鼎燕京④，尽除明季加派辽饷、剿饷、练饷之弊。圣祖仁皇帝诏天下滋生人丁，永不加赋。世宗宪皇帝，念江浙赋重，清厘减免。并详见赋税门。皇上受养黎元，普免正赋者三，普免漕粮者再，其他蠲除赈恤以万万计。详见蠲赈门。至于河工海塘，关系尤巨，圣祖亲视河干，大兴筑浚；世宗特令修筑高堰海塘，皇上翠华临莅指示机宜，于河工海塘，不惜数千万帑金，为一劳永逸之计。详见河渠门。又如畿辅，则特设庄田；边镇，则广开屯政；钱币之用，则设局增铸，以酌钱直；漕运之宜，则官兑官收以速转运；盐茶之榷，则加斤改引，以裕商力；平粜之法，则采粟截漕，以平市直，鸿模善政，实开亿万斯年之美利。夫人众则财易生，地广则用益饶。我国家受命之初，琉球诸国，率先表贡；东洋之铜，佐京局之鼓铸；暹罗之米，资边海之仓廒。迨至回疆式廓，度地开田，因中置市，向所谓重译不能至者，今悉为内地山河，其他小弱附景待泽，又不足论。盖溯禹贡经画九区、作赋锡贡以来，从未有如此实大洪远也。今恭纂皇朝通志，谨于郑志篇目分并增省之为十有二门，叙次如左⑤。

---

① 太宗文皇帝，指清太宗爱新觉罗·皇太极（公元1592—1643年）。
② 卜世，卜君位传续之世代。卜年，占卜传国之年代。卜世卜年，也泛指国运。
③ 耕凿，指耕田而食，凿井而饮，即农耕农民的生活。
④ 世祖章皇帝，爱新觉罗·福临（公元1638—1661年），年号顺治。
⑤ 如左，因原书竖排，自右至左，故称下文为左。

## 田制上

崇德二年①，春，太宗文皇帝令各屯统领官督率兵民，别土地高卑，择所宜以树艺②。又谕镇守噶海阿巴泰曰：尔当令镇守各官，劝饬农事，不可以天寒稍缓种植。世祖章皇帝御宇，因明季变革，版籍多亡，田赋无准首，着御史卫问祚巡行畿甸，见正定府荒地，十居六七，请行清丈编审之法，使地丁钱粮悉符实数；而山东，向遭流寇焚掠，荒芜尤甚，河臣杨方兴请以见在熟地为数，而荒弃者无论有主无主，尽数除之，上可其奏。旋即定开垦荒地之例，凡州县卫所荒地，分给流民及官兵屯种，有主者令原主开垦；又准河南抛荒地亩，令镇协官兵开垦其荒田，三年起科，其原熟而抛荒者，一年供赋。

六年，令地方官招徕逃民，不论原籍别籍，编入保甲，开垦荒田，给以印信执照，永准为业。三年后，察成熟亩数，以劝垦之多寡论有司殿最。

时山海关外荒地特多。八年，令民愿出关垦地者，山海道造册报部，分地居住。又以八旗退出圈地并首告清出地及各省驻防所遗地，悉照垦荒例开垦。

十年，以四川荒地，听兵民开垦，官给牛种；又令酌调步兵开陕西荒地；又以直省州县鱼鳞老册原载地亩、区段、坐落、田形、四至，名目间有不清者，印官亲自丈量。乃定丈量规制，颁部铸步弓尺于天下。凡州县用步弓，依秦汉以来旧制，广一步纵二百四十步为一亩；各旗庄、屯田用绳，每四十二亩为一绳，是谓绳地。令有司乘农隙率里甲履亩丈勘，以定疆界。然开垦既多，数溢于旧，有司中有以大亩当小亩，又或田不加辟而贪冒议叙，则又有以小亩当大亩者。其后十五年，命御史二员，诣河南山东率州县履亩清丈，分别荒熟实数，其地亩绳尺，悉遵旧制。又以山东故明藩田，有相沿以五百四十步为一亩者，令照民闲地例，概以二百四十步为一亩，凡各省亩数不均者，悉令地方官踏丈改正。

十八年，巡按河南御史刘源浚言：南阳汝宁荒地甚多，恐耕熟后有人认业，遂起讼端，虽三年起科，着有定例。而开种之初，杂项差役仍不能

---

① 崇德，清太宗皇太极年号。
② 树艺，旧指种植。《孟子·滕文公上》："树艺五谷。"赵岐注：树，种；艺，植也。

免，嗣后请令该地方官先给帖文，开列姓名年月，并荒田四至、坐落，每岁申详上司，以息争讼宽徭役以恤穷黎。借常平仓谷，以资籽种。各州县仍以劝垦多寡定殿最。部议如所请。从之。

康熙元年，以山东民地错杂，灶地有在本省者，有在直隶南皮盐山县者，令巡盐御史及地方官清丈，各正疆界。特谕直省，有隐匿地亩不纳钱粮，及反图冒功，报为新垦者，州县卫所官及该管上司分别处分。是时海内初平，人民未尽复业，虽顺治十五年开垦之例通行，直省地广人稀，污莱多有未辟者，乃申地方官开垦劝惩之例，其议叙例略如前，而又戒凡州县卫所荒地，一年内全无开垦者，督抚题参，其已垦而复荒者，削去开垦所加纪录。如前任官垦过熟地，后任官复荒者，照例议处。以康熙二年为始，宽限五年，如六年之后察出荒地尚多，将督抚以下分别议处。其同知、通判不与知府同城自劝民开垦者，照前州县例议叙。其后，又准贡监生员民人垦地，自二十顷至百顷以上者，试其文艺通否，酌量以知县、县丞、百总武职等官用。复采川湖督臣蔡毓荣言，蜀省可垦之地，敕现任文武官员，招徕流民三百名以上，安插得所，垦荒成熟者，不论俸满，即升其各省候选。佐杂及举贡监生有力招民者，授以署县职衔，俟起科时，实授本县知县。其开垦之限，始定五年，旋即有停止限年之令。又有取具里老无包赔甘结始准议叙之令，所以杜捏报摊派之弊也。其起科之例，国初定制，准以三年，圣祖轸念黎元，尤为备至。

十年，准于三年后，再宽一年。

十一年，令宽至六年。之后，十二年复宽至十年。及至十八年，始复六年起科之例。

二十七年，以徐州、淮安、凤阳三处濒河之地，屯田累民，永行停止。

二十九年，以川省荒地甚多，凡流寓愿垦荒居住者，将地亩永给为业。

三十二年，以西安等处流民复业，命布政使每户给牛一头，并犁具谷种、雇觅人工之资。

三十三年，以福建沿海界外田地，历来界址混淆，至是令将福州府之闽、长乐、连江、罗源，兴化府之莆田、仙游，泉州府之晋江、南安、惠安同安、漳州府之龙溪、海澄、诏安、福安、福德等县及福宁州沿海地，概行清丈。

三十八年，以湖广幅员遥阔，履丈难徧，先令民自丈出首①，然后官查抽丈。

四十一年，以山东明藩地募民垦种，给印帖为恒业。

四十四年，准湖北民人愿垦荒者，本省文武官捐给牛种。又以湖广省属大半滨江，凡有修筑堤塍，地方官将堤身所压及就取土之地，丈明亩数，估价摊银，补偿本主。

四十五年，丈出滨江芦洲地亩三千七十余顷，皆系新淤泥摊草地，定为下则起科。

四十六年，以闽省抛荒田二千六百余顷，至今尚未足额，令勒限一年，照数垦足。

五十一年，谕：湖广四川巡抚，嗣后湖广人民往四川种地者，该抚查明年貌姓名籍贯，造册移送四川察核；有自四川回湖广者，四川巡抚亦照此移送湖广查对。又谕：山东民人到口外耕种者，来往亦如之。按：是时湖广民人多典卖产业，群往四川，至五年，川省起征，复回湖广，将原卖产业争告，故有是谕。

五十二年，又因原任偏沅抚臣潘宗洛所奏，湖广荒地五百余顷，恐未称实，遣官就疏内所有州县查勘具奏。

五十三年，准甘肃村堡之中有荒地未种者，拨与无地之人耕种，并动库银资给牛、种。

五十五年，以陕西赤斤达里等处荒地甚多，招民捐垦。

雍正元年，特谕：开垦水田，以六年起科，旱田十年起科；又谕：向来开垦之弊，自知县至督抚，需索陋规，致垦荒之费浮于买价，百姓畏缩不前，往往荒弃膏腴之地。嗣后各省凡有可垦之处，听民自垦自报，官吏不得勒索阻挠。户部因议：山西、河南、山东等处闲旷之地，令督抚转饬各州县卫所，确查有无从前种地之人，劝谕开垦，无力者官仍给牛种，起科之后，给印照永为世业。又以濒江近海之地，向例十年清丈，恐未及期，有坍涨者，令各州县卫所官不时清丈，坍者即行豁免；涨者，即行升科。乃稽古田畯之义②，敕令有司于每乡中择一二老农，身无过举者，给八品顶带，以示奖励，督抚率府州县并行劝课之典。时西宁布隆吉尔地方

---

① 出首，自行申报。这里是指农民将自己丈量好的土地面积向官府申报。
② 田畯，古代掌管田地和农业生产的基层官员。

遥远，赴垦者少，议将直隶、山西、河南、山东、陕西五省军流人犯，连家口坐遣之人，有能种地者，到日，地方官拨给地亩，给予牛种，照例三年起科。

四年，设张家口外同知一员，管理口外地亩，分为十分，限年招垦。

五年，令直省州县劝民于村坊树枣栗，于河堤种杨、柳，陂塘淀泽种菱藕、畜鱼凫，每岁地方官将村坊种树之数申报上司。先是开垦地亩隐匿之罪甚严，在奸吏猾民恐一经首出，势必追究，是以多方欺护。至是山东抚臣奏，首出向来官民隐匿未报之地千七百顷，于是宽免向来侵隐之罪，令再展限一年，听其首报，计先后开垦丈量之地，较康熙年更扩焉。是年，以各州县荒地有难于垦复者，令该督抚核实声明，仍饬属设法开垦，不入年限之内。又准云贵两省广行开垦，凡地方招募开垦及官生捐垦者，按户数多寡议叙；其民间自垦者，俱给为世业。又以江南新淤膏地数千顷，自安河淀至水家墩一带，差员履亩丈勘，其山阳盐城二县，丈出海口新涸之地六千余顷，分别年分，均给士民。

六年，以宁夏东北察汗托辉地延袤百有余里，其地平衍，可垦为田。遣大臣会同督抚浚治河渠，召民垦种，凡陕西无业民户愿往者，计程途远近，给予路费，每户按百亩以为世业；又以浙江温州府之玉环山，孤悬海外，设同知一员驻其地，招民开垦。先是四川苗民不知开垦之法，令择湖广、江西在蜀之老农，给以衣食，使教之耕。其已垦地亩，向未清厘，至是特遣科道等官，亲往丈量，事竣计算入川民人，酌给水田三十亩，或旱田五十亩。若有子弟及兄弟之子成丁者，每丁水田增十五亩，旱田增二十五亩。实在老少丁多不能赡者，临时酌增，除拨给成数外，或有多余三五亩之地亦准一并给垦，其零奇不成坵段之处，就近酌量安置，执印照为业。

十二年，以广东高、雷、廉、琼等处平陂山麓及沿海一带，缘粤人不习种旱田，以致地有余利，乃选山东河南善种旱田者往教之。又以江南、江西、湖广等处芦洲坍涨靡定，定例五年一丈。而官吏往往借此纳贿行私，致已坍者不得豁除正赋，新涨者反可脱漏升科，令该抚于届期丈量，选通省道员中贤能夙著者，率同州县履亩清厘，凡有盈缩，均按见在实数升除。时直省有寄庄寄粮之弊①，而里籍户口亦未尽画一，至顺庄编里之法行，而地土钱粮里籍俱有统纪矣。

乾隆元年，诏：直省报开荒亩段，必实系新垦，然后准其具奏，诚恐有司以升科之多，迎合上司之意，而督抚以广垦见长，名为开荒，实则加赋也。

二年，谕：部会同九卿悉议劝耕之法。户部因言，仿周礼遂师之制，令州县择乡民之熟谙农务，素行勤俭，为闾阎信服者，量设数人以为董率。地方官考绩之法，必宽以岁月，庶无欲速不达之弊。如劝戒有方，该督抚于三年之后，据实题报，官则交部议叙，老农量加奖赏。

三年，以江南常州府属坍涨田地五年清丈之例，从未举行，至是令遴员履亩确察升免实数，造册题报，上于滨海田土坍涨靡定者，无不加恩豁免。即凡各省报出隐匿地亩应起科者，亦必再饬督抚据实清覆，惟恐有勒令洒派之弊。至于新垦地亩，尤必勘明上中下三则，而于边省内地，无论山头土角及河滨溪畔，但可以开垦者，悉听民人垦种，并严禁豪强争夺，故二年定承垦荒地之令。

五年，复定直隶承垦官民地之例。其制，荒地则必先行呈报，如土着呈报在先，即准土着承垦；流寓承垦在先，即准流寓承垦。凡官地承垦者，亦以具呈之先后为定民地，先令业主垦种，如业主无力始许他人承垦，成熟之后，业主亦不得追夺。时河南巡抚雅尔图言：豫省旱田可改水田者尚多，只以旱田赋轻，水田赋重，一经改种，必须题请加赋，小民既费工本，又增粮额，未免因循观望。上谕：以河南民愿，将旱田改为水田者，仍照原地科则；又准湖北旱田愿改水田者，亦照豫省例行。

六年，户部议定，陕西无主荒土，官为插标招垦，给照为业，竢升科之年，核明等则，酌定粮额通报。若本地人力无余，准令邻近无业之民承垦，给照之后，即编入土着保甲之内，令该管保长等稽察。其平衍易收之地，每一壮丁授地五十亩，山冈沙石难收之地，每一壮丁授地百亩，如父子兄弟均系壮丁，酌量加增。其现在割漆砍竹採取木耳等项，听民自便，地方官不得目为荒地，强令垦种，亦不得以见获微利，勒报升科。

至七年，又议陕甘各属开垦之始，小民畏惧差徭，藉绅衿报垦，自居

---

① 寄庄寄粮，明清时，地主躲避赋役负担的一种方法。如在本县、乡之外买田立庄，或假借境外官绅名义在本地购置田庄以逃避赋役。

佃户，迨相传数世，忘其所自。业主子孙，辄欲夺田换佃，而原佃之家忿争越控，靡有底止，因着定例。凡佃户系原垦之子孙，业主不得擅夺。如业主之子孙欲自种者，准将肥瘠地亩各分一半，立券报官；如耕主他徙，承种之户久已应差纳课，即业主子孙回籍亦不全令给还，其过三十年以外者，概不分给。

十一年，以广东高、雷、廉等府属硗瘠居多，开垦非易，百姓未沾收获之益，先虑正赋之加，是以未垦者听其荒芜，即已承垦者亦生畏缩，遂令三府荒地，听该地民人垦种，概免升科，永为世业。而琼州为海外瘠区，其中可垦荒地二百余顷，召民开垦，亦照高、廉之例。

二十六年，复募民间承种肃州威鲁堡地亩；又准开垦山西大青土默特千五沟地亩。

二十九年，准安西府属招垦地亩；又准四川屏山县大竹堡等处招民开垦。

三十一年，上以滇省山多田少水陆，可耕之地俱经开垦无余，惟山麓河滨尚有旷土而定例，山头地角在三亩以上者，照旱田十年之例；水滨河尾在二亩以上者，照水田六年之例，均以下则起科；倘遇地方官经理不善，一切丈量查勘，不免胥吏滋扰，乃令滇省山头土角及水滨河尾之地，俱听民耕种，概免升科。嗣经户部议奏，凡内地及边省零星地土，以此为推。如直隶、江西为数不及二亩；福建及江苏之苏州等属不及一亩；浙江及江苏之江宁等属不及三亩；陕西不及五亩；安徽、湖南、湖北、贵州水田不及一亩，旱田不及二亩；河南上地不及一亩，中地不及五亩；下地不论顷亩；山东中则以上地不及一亩，中则以下不论顷亩；山西下地不及十亩；广东中则以上水田不及一亩，旱田不及三亩，下则水田不及五亩，旱田不及十亩；四川上田、中田不及五分，下田上地、中地不及一亩，下地不论顷亩；云南不计亩数；广东之奇零沙砾地亩及高、雷、廉三府山场荒地，俱永远免其升科。奉天十亩以下尚宜禾稼者，减半征租，山冈土阜傍河滨海洼下之处不成坵段者，永免升科。是年，总计天下土田七百四十一万四千四百九十五顷五十亩有奇。自后续报开垦地亩区数。

三十七年，江苏盐城县报垦田一百四十八顷四十七亩，江西宜春、泰和、玉山、铅山、鄱阳、德化六县报垦田五顷六十三亩，广西临桂、归顺、兴业三州县报垦田一顷八十四亩。

三十八年，户部议佃垦事宜。上复命总督周元理于直隶所属派道府大员董率守令如前奉行。明年，元理奏顺天、永平、保定、遵化四府垦熟地六十三顷三十亩，易州广平县垦荒地一顷七亩。

四十年，广西太平、思恩府属报垦水田一十五顷八十八亩。

四十四年，周元理又报顺天府属十州县其垦地一百五十六顷三十一亩；天津府静海县垦地十三顷八十五亩。

五十年，上谕：直隶所报河滩荒地过多，令户部派贤能司员会同直隶道府勘可开垦者，劝佃召垦。

# 卷八十二　食货略二

## 田制下

顺治元年，近畿百姓带地来投者甚多，上特命设为纳银庄头，各给绳地，每四十二亩为一绳。其纳蜜、苇、棉靛等物附焉，计立庄百三十有二，不立庄者仍其户，计二百八十有五，分隶内务府镶黄、正黄、正白三旗，坐落顺天、保定、河间、永平、天津、正定、宣化等府州县。其奉天山海关、古北口、喜峰口亦命次第设立。旋谕户部，清厘近京各州县无主民田及故明勋戚、驸马、公、侯、伯、内监无主庄田，分给诸王勋臣兵丁人等，先行经理疆界，令满汉分居。于是，顺天巡按柳寅东上言，无主地与有主地犬牙相错，势必满汉杂处，不惟今日履亩之难，亦恐日后争端互起，莫若先按州县大小，定用地多寡，使满洲自住一方，然后稽察无主与有主地亩，互相更换，庶经界分明，疆理各正。乃定圈拨之法，以尚书英俄尔岱董其事。越明年，上以民间田房听旗人指圈其间，美恶不一，恐官吏瞻情，致居民偏累，乃谕户部，务从公速拨，其有不齐者，均平补给之；又命给事中四员，御史四员，户部司官八员分往各州县，公同拨给。凡民间坟墓在所圈地内者，许其子孙随时祭扫，所有应给满洲与应给民间地亩，令地方官晓示，无妨东作①。

明年，又定民田被圈者，以各州县连界地亩拨补；不愿他适者，以未圈之民房地均分居住耕种。至其授地分数，初定：王、贝勒、贝子、公等于锦州各设庄一所，盖州各设庄一所，额外各庄，均令退出。嗣又定，给王、贝勒、贝子、公等大庄每所地四百二十亩至七百二十亩不等，半庄每所地二百四十至三百六十亩不等，园，每所地六十至二十亩不等。其内务府总管给园地四十八亩，亲王府管领给园地三十六亩，郡王以下府管领给

---

① 东作，指春耕。《尚书·尧典》称"岁起于东，而始就耕，谓之东作"。

园地三十亩，王以下各官所属壮丁亦给地三十六亩，停支口粮。各府给事人员给地各有差。又定副都统以上官各给园地百八十亩，地六十亩。

四年，定参领以下官各给二名壮丁地。一名三十亩。凡官兵地以兹为额，兵则增丁不加，减丁不退；官则升迁不加，已故革除不退。

五年，酌定亲王给园十所，郡王给园七所，每所地一百八十亩。

六年，定袭封王、贝勒、贝子、公等，其祖父所遗园地，除拨给应得之数外，余地仍留本家公、侯、伯各给园三百亩，子二百四十亩，男一百八十亩，都统、尚书、轻车都尉各一百二十亩，副都统、侍郎、骑都尉各六十亩，一等侍卫、护卫、参领各四十二亩，二等侍卫、护卫各三十亩，三等侍卫、护卫、云骑尉各二十四亩。凡官员致仕者，督、抚、布、按、总兵各给园地三十六亩，道员、副将、参将各二十四亩，府州县游守等官各八十亩，新来壮丁每名给地三十亩。凡加封王、贝勒、贝子、公等园地，悉照本爵拨给。

七年，定给公主园地各三百六十亩，郡王各百八十亩，县主郡君县君各百五十亩。又酌定给亲王园八所，郡王五所，贝勒四所，贝子三所，公二所。每所亦百八十亩。镇国将军二百四十亩，辅国将军百八十亩，奉国将军百二十亩，奉恩将军六十亩，嗣后凡初封王、贝勒、贝子、公等，俱照此为额。其镇国将军以下已给园地者，停给家口粮米。又定八旗旧壮丁每名撒地六亩，拨给新来壮丁。

十一年，都察院言，满洲兵丁出征，必需随带之人虽有分土，往往失耕，一遇旱涝，仍需部给口粮，请查壮丁四名以下所得地土，尽数撒出，量加钱粮月米。从之。

康熙二年，定新来佐领给地三十亩，领催地十八亩。寻又设守卫陵寝官员内，大臣给园地九十亩，总管副管以下各有差。

八年，谕：户部将本年所圈房地悉还民间。按圈拨之令，顺治年间已经停止，嗣后有因旗下退出荒地，复行圈补者，有游牧等处投来人丁复行圈拨者，有因圈补时复圈接坏民地者，至是悉以给民。其无地旗人，令于古北口边外空地，拨给耕种。寻以贝勒大臣议奏，张家口、杀虎口、喜峰口、古北口、独石口、山海关外旷土实多，如宗室官员以下愿将壮丁地亩退出，取口外闲地耕种者，令都统给印文咨送，按丁分给。

二十年，定新满洲来京归旗者，停给园地。

二十四年，议定各处壮丁及新满洲应给地亩，令于上三旗内务府及八旗礼部光禄寺丈量余地拨给，此外又有部寺官庄，分隶礼部光禄寺各衙门，以给公用。毋指圈百姓垦荒地。至于内务府庄地，先是量地编为四等，每庄壮丁十名，立一人为庄头，给田一百二十垧。每六亩为一垧。场园马馆另给田四垧，房舍牛具皆给焉。至是设为粮庄，每庄给地三百垧，后又增壮丁为十五名，其拨给庄头地土，只令于各属退输租地内匀拨，禁指圈民地。按内务府官庄、粮庄外有曰豆秸庄，曰半分庄，曰稻庄，曰菜园，曰瓜园，曰果园，又曰蜜户，苇户，棉靛户，俱设壮丁庄头。另给庄头地亩。

雍正二年，以内务府交出余地及户部所收官地内拨新城县一百一十六顷，固安县一百二十五顷八十亩，制为井田。选无业旗人满洲五十户、蒙古十户、汉军四十户，每户授田百亩，八百亩为私田，百亩为公田①，余地设立村庄，造庐舍四百间；每户给银五十两为口粮牛种之用；于八旗废官内各简选一人为领催。

五年，以八旗满洲、蒙古内欠粮及革退官兵无恒业者，发往耕种井田，令管理井田官严行约束。其开户人犯法者，给予井田中效力善良之旗人为佃丁。后又于顺天府之霸州及永清县设立井田。

六年，清查直隶旗地。时以旗民杂处，往往互相争占，议令内务府宗人府八旗都统将旗庄圈赏投充各项地，核明坐落四至，造具清册，一送户部，一送直隶总督，照式造册钤印，发各州县存贮，以便查察。

七年，谕：旗人产业，向例不准典卖与民，相沿已久，竟有私卖者，从宽免究，饬各旗一一清出，请支内库银照原价赎出，留在该旗，限一年，令原业主取赎，如逾限不赎，不论本旗别旗，准其照价承买。

十二年，以旗地坐落直隶各属片段，错落无由知其确数，议令八旗都统，各委参领一人，于农隙时会同直隶州县履亩清丈。

十三年，遣官清丈察哈尔东西四旗地亩。又谕：旗人欺隐余地，俱令自首，免罪；又清厘园头牲丁壮丁人等私卖当差地亩，照内务府红册，彻底清查本系官物，均应撤回，如属私业，不应强撤。

乾隆元年，改井田为屯庄，以试行十年未见成效，令地方官确查实力耕种者，改为屯户，每户给田百二十五亩，禁其私典，各屯户身故有子者，准予子补，其无子及缘事归旗者，原领田房撤出，若守节之妇仍给养赡田四十亩。

---

① 即按古井田之制，一井900亩，八家各耕100亩，即800亩，另外100亩为公田。

二年，上以旗人生计贫乏者，多令王大臣将入官地亩立为公产，收租息，按旗分给以赡贫乏。向例，官用旗地，在入官地内动拨，今既立为公产，未便再行动用，议令直属有驻防旗人，交出在京所受之地及各庄退出之地，与八旗丈出余地，绝户无人承业地，凡一切当差官项应得地亩，统于此项动拨；又定凡工程所用旗地，地方官于兴工日清厘亩数，咨明补给。

三年，谕：八旗入官地，有原圈官地，有旗人自置之地，若以入官之后概定为公产，不准民赎，殊非轸念畿辅黎赤之本怀，嗣后除原圈地外，如系旗人置买民间者，准照价变卖，将价银交各旗生息，分给旗人。

四年，八旗大臣议借库银于京城空地，盖造房屋，赏无房人居住，将公产租息，陆续补库；其续收地租作何赏给，别议具奏。上以此项地亩，既赏还旗人，仍留公官办，不但所得地租分散之时势难均齐，亦恐官收少于私收，分赏众人，无济于事，仍令八旗官兵量力承买为业，其承买价银即交部，以补盖房之项，着该部会同八旗大臣酌量等第，别定价直，详明议奏。于是，户部八旗都统，分定等第，估计价直，令官兵承买，其价银限五年交完。有指俸抵买者，亦限五年内坐扣其地价余银税，地方官将民典旗地赎回报部。上谕户部曰：民典旗地，辗转相授，阅年久远，已成故业，今遽赎回，必于民间全无扰累始为妥协；再、贫乏兵丁食饷有限，无从措价，势必尽归富户，则赎地一事，恐未必于贫乏旗人有益，着户部行文直隶总督，详悉妥议。越明年，直隶总督议奏，取赎旗地百姓，不苦于得价还地，实惧其夺田别佃，应令赎地之时，将见在佃户及见出租额造册备案，嗣后无论何人承买，仍令原佃承种；至民间有在旗地造房立坟者，只令丈明亩数，照例输租，不许勒令迁移。又赎回民田与八旗公产及入官地不下数千万亩，应详察八旗闲散人内，有正户正身居家勤俭者，令挈妻子下乡耕种，按等分给，初种之年，官给牛种房舍之资；又复议耕种旗丁，仍令简选当差初下乡屯种时，每户给房四间，每间折银十两，每名给牛具籽种银百两，如承买公产人等有愿令子弟耕种者，亦照此办理。厥后复屡定典卖公产之禁。

十一年，议定，取赎旗地，以十年为率，十年内给原价，十年外减原价十之一，以次按年递减，至五十年以外，均以半价令原业主取赎，如原业主不愿回赎，准各旗官兵照减价认买。是时，八旗公产有未经承买及存退余绝地计六千四百余顷，原议酌留千顷为各案拨补之用，每年官收租息，为数既轻，吏胥遂有包揽浸渔之弊，议令履亩详勘，量地肥瘠，编设庄头，地美者，整庄照例给十八顷，半庄给地九顷，瘠薄者量增。

十八年，定旗下奴仆及开户人典买旗地，限一年内自首，照民典旗地例，分年限减价，官为归赎。如原主不能赎，即交内务府作为公产赏给贫旗。嗣后凡民典旗地，俱交该旗作为公产归入此案，赏给贫旗，停止召买。

二十一年，谕：八旗另记档案及养子开户人等出旗为民，所有本身田产并许带往。寻议，旗人契买民田，并开垦地亩，系本身私业，准其带往。至于老圈并典买八旗地亩，仍请动官帑归赎；又以新满洲当差人员停止拨地，照地给予租银。按：嗣后于二十九年户部奏，各旗远年得地之新满洲人等，亦令退地领租。

二十二年，直隶督臣清出候赎旗地一万四千余顷。户部因请先行发帑赎回，交八旗都统，照旗地旗租例收租归帑。又以八旗存退余绝地，照例仍留一千顷，拨补官用，余俱安放庄头。

二十三年，谕：出旗为民之汉军，所有旧承种井田屯田，俱令带入民籍。

二十七年，户部议，八旗积存地亩，仍请分设庄头，上以设庄不过三四千顷，所余尚多，此等皆系老圈旗地，且发帑赎回者十居七八，着交内务府派员经理，俟原帑归清后，即赏给八旗作为恒业。其将来如何妥协办理之处，着户部会同内务府八旗大臣悉心议奏。寻定以三千顷安设庄头，余俱赏给八旗。越明年，上以此项田产虽系旗人世业，而佣佃农民耕种日久，改归庄头，未免失业，遂停分设庄头之令。

三十六年，定留京当差之新满洲官兵，以旧拨地亩，有照地管业者，仍令自行收租；其退地领租者，仍照原定等次减半折给。其折租地数，如留京一年内升转者以升衔计，一年外升转者仍以原衔计，此后再有升降，不另增减其租，届期户部于直省征解旗租内动款，交该旗散给。

四十四年，谕：八旗赎回入官老圈地，节经更定，仍准官员兵丁分买。今计亩浩繁，其认买地亩若离京在数百里外，必致纷纷告假取租，不惟徒费资斧，又启民人勒掯之端。其地租未定，能否全得，反将所得钱粮先行坐扣，地价于旗人生计全无裨益，不如仍令官为取租解部，分给八旗，赏赉兵丁，交户部八旗均匀分给。

# 卷八十三　食货略三

## 赋税上

顺治初年，世祖章皇帝轸念民生，力除明季加派积弊，诏言前朝厉政莫如加派辽饷，以致民穷盗起，而复加剿饷，再为各边抽练而加练饷，惟此三饷，数倍正供；更有召买粮料，名为当官平市，实则计亩加征，乃令自顺治元年始，凡正额之外，一切加派，尽行蠲免。如有官吏朦胧混征暗派者，杀无赦。时巡按御史柳寅东建言，解京钱粮，头绪纷杂，有一县正额止三千余两，而条分四十余项；有一项钱粮只一两六七钱，而加费至二三十两，宜总计各款汇解，以杜赔累。山东巡抚方大猷亦请清厘钱粮款目，并刻由单，使民易晓。御史宁承勋又请饬所部于赋役全书外，给易知由单，一应无艺之征，通行裁革；而御史卫周祚见正定府荒亡，请亟行编审之法，使丁地税粮得符实数。又缘明季内官纵恣绅衿，优免逾额，部臣议将各厂地租，照御用监近例，归并有司征解；巡抚王文奎请革优免旧习、苏小民取盈摊派之困，其言并见采用。于是首令直省文臣赍钱粮册籍以朝，禁天下征收钱粮毋得于额外加火耗，以故明内监地亩钱粮，总归户部管辖。

二年，谕：凡前朝宗室禄田散在直省者，与民间一例起科。

三年，特遣大学士冯铨与公英俄尔岱往户部察核钱粮原额，在京责成各管衙门，在直省责成抚按，汇造赋役全书，颁行天下。是时天下财赋最重之区，莫如江南、江西、浙江三省，而苏、松、嘉、湖诸府尤最，抚臣黄征征请以漕白二粮与岁贡绢布俱官兑官解，以纾民累；江西南昌、瑞州、袁州三府荒地浮粮，悬欠日久，巡按黄赞元请丈出荒地，永行豁免；其近山易旱，近水易潦者，上则改为轻则。俱从之。是年，革太平府始溪桥米税、金柱山商税、安庆府盐税，以明季所增也。

六年，颁易知由单，将各州县卫所额征起运存留本折分数，漕、白二粮，及京库本色，俱条悉开载，通行直省，按户分给；又特谕户部设关，以寓讥察，非专与商贾较量锱铢，尔部亟行文各关，差员悉照原定则例起税，如有徇情权贵，放免船只，乃于商船增收，或希充私囊例外多征者罪。

七年，定卫所屯田科征。先是卫所屯田，分给军丁，因有操练城守捕盗领运之责，科征较民田轻减，至是裁汰卫军，凡有运粮卫所，仍旧征收；其无运卫所，照民田起科。

八年，命御史分巡各省，察民间利病。苏松巡按秦世祯因条上兴除八事：一、田地令业主自丈量明注印册以清花诡；一、额定钱粮俱填易知由单，设有增减，另给小单，使奸胥不能借口；一、由单详开总散数目、花户姓名，以便磨对；一、催科不许滥差衙役，设立潦单以次追比；一、收粮听里户自纳簿柜，俱加司府印封，以防奸弊；一、解放以缓急分先后，勒限掣销不得分毫存留衙役之手；一、民差查田均派与排门册对验，无使苦乐不均；一、备用银两概从节省，不得透支。令各布政司每季提征解原册，年底报部，扶同容隐者罪。从之。先是户工二部十九处关津，每关专差户部汉军官一员督管税务。嗣后增设满洲官一员，汉军官一员，关差员数递增，害吏多行不法，甚至沿河盘货，商贾畏蹜不前，上深知其弊，着仍旧每关设官一员，其添设者悉行裁去。

九年，定直省典铺税例，在外当铺每年征税银五两，其在京当铺并各铺，该顺天府酌量铺面征收。又以广东屯粮全征本色，未免苦累屯丁，令本折各半征收。

十年，以江南秣陵、广武、英武三卫屯粮，路隔长江，输粮不便，准其折色；又令各关口刊刻定例，设柜收税，不得勒扣火耗需索陋规，并禁关役包揽报单。

十一年，户部请订正赋役全书，又请如明制令各布政使，或三年或五年，将人丁地土缮造黄册，以便稽查隙地漏粮之弊。时户科给事中杜笃佑条奏关弊四事：一、裁吏役；一、查税累；一、关差回避；一、批文对核限章并下所司遵行。是年，减江西袁州、瑞州二府浮粮。又以各关有纳银数多、给票数少者，许商民首告。

十三年，上以前明加派陋规，屡经裁减，犹恐有司胥吏有浸渔中饱之弊，乃命户部右侍郎王宏祚，将直省额定征收起存实数，详稽往牍，酌量时宜，有参差遗漏，悉行驳正，凡自明季以渐，加增豁免未尽者，概行豁免。至漕白杂项，或改折，或本色，俱细加清核，勒成一编，颁示天下。于是于赋役全书外，又辅以会计、赤历、丈量黄册①，其征收则行一条鞭法，给以易知由单。又佐以截票、串票、印簿、循环簿，及粮册、奏销册。此外，又有所谓序册者，其条件悉如奏销册。康熙四年，以其糜费无益停止。及康熙七年，又以各省地丁款目有奏销册，已完未完实数有考成册，皆每岁奏报。其丁口增减册籍，又五年一编审，法已详密。其黄册，十年一造，会计册每年一造，俱停止。至十八年，并赤历册亦除之。其各关税务，令各关差当堂设柜，设梁头货物条例，商民亲自填簿，输银投柜，验明放行。如有滥委差役，苛索民间小船及往来行人衣服食物者，该抚按据实参处。

十四年，定关税，照部颁条例刊榜，竖立关口，便商输纳。

十五年，江西御史许之渐深言财赋之大害莫如蠹役，官以参罚去，而蠹役历久尚存，前无所惩，后无所诫，遂至累万盈千而不知足，请敕抚按，将从前侵蠹姓名数目，逐一清查，籍其家业，侵多者立枭市曹，侵少者实时流配，捐此所侵之数，以清积蠹之源。工科给事中史彪古又言，国家财用，原取足于正供，乃今之州县，有一项正供，即有一项加派，应勒各抚按将现行申饬私派之令，刊入易知由单，使间阎共晓德意。上以所奏皆切时弊，令所司议行。

十六年，将四川屯粮归并州县起科，以裁卫所故也。

十八年，令州县征收钱粮，各置木柜，排列公衙门首，纳户眼同投柜，以免克扣。凡布政司及州县，均遵部颁法马称兑，勿令书吏高下其手。时工科给事中阴应节言钱粮之弊：一、州县挪移；一、绅士包揽；一、土豪冒名绅户；一、隔县寄庄抗粮。请饬该抚严查惩治。从之。是年，定张家口杀虎口及两翼税额。又以云南卫弁职田，向例收租准俸，不纳税粮，嗣后各归卫所，编入户口，俱以本七折三征收，其旧系每亩一斗九升至三斗者，照军粮例起科，三斗至五斗者，概以三斗为额。

康熙二年，工科给事中吴国龙言：直省解京各项钱粮，国初原总归户部。自顺治七年，复令各部寺分管催收，致款项繁多，易滋奸弊。请嗣后一应杂项俱称地丁钱粮，作十分考成，除扣拨兵饷外，通解户部；其易知

---

① 会计，管理、计算财物出纳等事。《周礼·司会》以岁会考岁成。清代学者焦循说：零星算之为计，总合算之为会。此处当指会计录一类的资料。赤历，赤历簿，明清稽核地方官府赋税（钱粮）的册籍。即官府以空白册籍令纳粮户如实登记所纳钱粮数，上交布政司汇编成册，以便检查。黄册为征调赋役而编制的户口册。丈量黄册当指土地册和黄册。

由单颁给民间者，尽除别项名色。是年，以江西巡抚张朝璘言，免南昌府属浮粮，其漕米一项浮多，亦并核实减免。

三年，以直省各州县钱粮，上司动用差提不无勒索，令严行禁止，如州县官挪移亏空，捏称民欠，或加派私征者，即行革职；该管官不即参报，亦罪之。

四年，谕户部，设官原以养民，近闻守令征收钱粮，加添火耗，或指公费科派，或向行户强取，借端肥己，献媚上官，致民无控告，科道各官务将此等情弊不时纠参；至夏秋分征，原有定期，隔年预征，民何以给，嗣后永停预征之例；又各关定例，抽分溢额者，加与纪录，因而各差冀邀恩典，困苦商民，乃令悉照定额抽分，永免溢额议叙之例，其轮流差遣部员亦停止。寻以王大臣九卿科道议定：左右两翼、张家口、杀虎口四处，仍差户部满官轮管；其崇文门归顺天府治中，天津关归天津道，通州归通州道，居庸关归昌密道，龙泉各关归井陉道，紫荆各关归直隶守道，临清关归东昌道，西新关归江镇道，芜湖关归池太道，关州关归驿传道，浒墅关归苏常道，淮安关归淮海道，北新关归浙江布政使，荆州关归荆州府同知，九江关归九江道，握运厅归通蓟道，赣关归吉南赣道，太平桥归南雄府知府，遇仙桥浛光厂归韶州府知府兼理。嗣是屡饬各关违例收税，迟延、掯勒及地方官滥征私派之弊，并责令在内科道、在外督抚不时纠参，失察者坐罪。

五年，直隶巡抚王登联请征收关税处刊刻木板，竖立关口，并商贾往来孔道，遍行晓谕，以杜吏役滥征。部议准行。是年，定居庸关税额，罢崇文门出京货物税课。

六年，以由单款项繁多，小民难以通晓，令嗣后止将上中下等则、应征银米实数开明；其湖广、陕西二省粮石派征本折数目，向未开载行，令照例填注。免浙江丽水等九县积荒田赋，令有司招垦成熟后，另行起科。又以江南石城等卫屯粮改折太重，仍征本色。时御史徐浩武言，江南淮海道专管海防，势难兼及税务，其淮安关税，应另委员管理。户部因议，各处关税，俱应如所请。于是，以浙江北新、南新两关改归杭州府同知。

七年，又以北新关改归浙江盐运使。

八年，户科给事中苏拜言，关税一差，改隶外府，佐贰各官俱有专掌，且身为地方官，畏惧上司，希图足额，必致增派商民，请仍差满汉司官专理，乃命以关税多者简差各部院贤能司员，税少者交地方官征收。于是，定张家口、杀虎口照旧遣差户部司员，浒墅关、芜湖关、北新关、九江关、淮安关、太平桥、扬州关、天津关、西新关、临清关简差各部院满汉贤能司员，其握运厅、居庸、龙泉、紫荆、荆州、赣州各关，仍交地方官管。明年，裁江南西新关，户部差并归龙江关；工部江南芜湖关，工部差归并本关。户部初直隶各省废藩田产改入民户，号为更名地，内有废藩自置之田，给民佃种输粮外，又纳租银，上以既输赋，又征银，重为民累，令与民田一例输粮，免其纳租。

十年，以广东屯粮十倍民赋田，而荒弃者多，令照民田重则起科。<sub>嗣于三十年，再令减则轻收，照民田例。</sub>

十二年，禁官吏无得私税市货。

十三年，以正阳关税归凤阳府通判，临淮关税发大使征收，停差部员。时江南有隐占诡寄包揽诸弊，积习相沿，百姓苦累，至是申明截票之法，诸弊悉除。

十八年，令州县日收钱粮流水簿同奏销册于岁终赍司磨对，停止岁造赤历册。

二十一年，移九江关榷于湖口县。先是潼关税额归有司征收，岁止七千余两，康熙十九年，差郎中敦多礼监督，每岁得课银四万有余。至是上以秦省兵民苦于挽运，着照旧额，不必差遣部曹。

二十三年，以湖南偏桥镇远，二卫屯地屯粮并归贵州征收。<sub>嗣后湖南屯粮屡经更定。二十五年，以同鼓卫并归新宁县；三十六年，以辰州卫归卢溪县；又城步县有经征靖州卫屯粮，仍归靖州绥宁，俱照民田一例起科。</sub>又以侍郎金世鉴言，令浙江沿海照山东例，听民人往海上载五百石以上船只贸易捕采，至收税处，量货贵贱定税。是时，大开洋海市舶，户科给事中孙蕙请设立专官收税，上以不先酌定则例，必为商累，乃差郎中伊尔格图前往酌议。伊尔格图因请给各关定例款项，于桥头渡口一并征收。上谕：开海原以利民，非为税计，若概征桥头渡口，何异无税之地增一关乎！寻以廷臣定议，止收海上船载税，其海口内桥津船车等物，永停抽分。是年，定通惠河税差，照各关例掣签。

二十四年，以天下户口土田，视昔有加，其间条目，易于混淆，命重修赋役全书，止载切要款目，删去丝杪尾数，以除飞洒之弊。又减洋船丈抽分数。粤东向有东西二洋，夷商往来，皆量物抽税，自明隆庆年间，以夷人报货奸欺，改定丈抽之法，按船大小为额，国朝开海禁以后，皆因之。至是伊尔格图言，日前多载珍奇，近系日用杂物，请于原额外再减二分。明季，于西洋商船定为九等，东洋定为五等。其后于西洋货船酌减三分。其江浙闽广东省印烙船只往外国者，亦照例。先是康熙四年，已禁关差溢额议叙之例，后因各关差采办铜觔价直不敷，按：在京宝泉、宝源二局鼓铸铜斤例，各关差分采。因而稍稍溢额，廷臣亦渐以议叙请行。又各关定例，四季造册送部，以免擅改商人亲填部册，而关差往往以解册需费为辞。

二十五年，上以此等情形既以充肥私橐，更图滥叨议叙，令廷臣酌议加增铜价，即于各关原额外，量增均派，以给铜直；停其议叙，无许溢额，其报部册，听其于任满汇报；至于缺额处分，原有例令。御史敦拜乃请从重议处，并刻限赔补日期，以惩亏欠。上以法令太严，必致累商，不允所请。是年，敕闽海关照粤关一例丈抽。

二十六年，令天下免刻由单，盖因官役有指称纸版之费，用一派十，民间受累，经山西抚臣奏请，遂饬免刊。是时，直省惟江苏所属仍听册报如旧。时直省征纳钱粮，设立二联印票，一给纳户，一存有司。有司竟有通同奸胥，借称磨对，将纳户票强留不给，遂有已完作未完，多征收少征者。

二十八年，创行三联票法。凡征收钱粮及豆麦等项，俱如数登填，一存州县，一付差役应比，一给纳户执照，如官吏揑不与填，及无票付执，许民间首告，以监守自盗论。是年，饬各处榷关，凡商民抵关交纳后，毋得稽留苛勒。又谕，江、浙、闽、广四处海关，有沿海捕采鱼虾及民间日用货物，仅为餬口者免税，其海关各差一员管理。嗣以闽海监督殷达礼言，减闽海关额税银六千四百九十余两，永为例。先是国初定制，绅衿户下不应差役，因而民间多诡寄绅户，绅衿亦自此包纳银米，耗羡尽入于私，甚至衙役兵丁，亦得效尤免差，通行包揽，徭役不均，官民皆累。

二十九年，乃令绅户将从前诡寄地亩尽还业户。明年，令直省州县卫所悉照赋役全书科则，勒石公署门外，使民悉知。是时，惟贵州值兵燹荒废，正当招徕劝垦，暂停勒石。每遇岁征，先期晓谕。

三十三年，设立山海关，差专员管理税务。明年，定山海关额税。时湖广省里甲有大户小户之名，小户输赋付大户收取，不敢自封投柜，甚至大户驱使小户如奴隶。然三十五年，令小户别立里甲，造册自纳，严革包揽之弊。是年，又令洋海商船，但收货物正税，免其杂费。

三十七年，减粤海关额税银三万二百八十余两，着为例。

三十八年，上谕：向来偶因军需费繁，各关差于正额外，以所得赢余支纳充用。今思官差，孰肯自捐私财，势必仍行苛处，自今一概停罢。是时，直省荒土尽辟，又屡设法清丈，升减俱符实数。自截票串票三联票行，积弊渐清，而民间犹有巧立名色，有合邑通里共摊同出者，名曰软抬；有各甲轮流独当者，名曰硬驮，官吏豪民皆得以包揽分肥。

三十九年，乃设立滚单法。滚单者，每里中，或五户，或十户，止用一单，于纳户名下注明田亩若干，该征银若干，春应完若干，秋应完若干，分作十限，每限应完银若干，给甲内首名，挨次滚催，令纳户自封投柜，不许里长银匠柜役称收，一限若完，二限又依次滚催，法行，民称甚便。

四十年，以湖南沅州、龙阳、靖州、黔阳四州县屯地，有将赋役全书讹刊之数改正减免。

四十二年，令州县征收串票，分注漕项地丁数目。

四十四年，以江南苏、松、常、镇四府赋税繁重，奏销时不能全完者，量为轻减；又豁除湖北江夏等十八州县地课银三百六十两，丈出坍地故也。

四十五年，以湖南清浪、平溪二卫屯粮艰于输运，改征折色；又丈出江西九江府属滨江地亩三千七十余顷，上则改为下则。

五十一年，四川巡抚年羹尧言：川省荒地广辟，而见征钱粮甫及原额十分之一，宜立劝惩之法，五年内有增及原额之四五者即升，不及一分者降调，无增者参革。御史段曦以为不可，略言川省自明季兵燹，地广人稀，我朝平定后，虽屡经清查增报，犹甫及原额十分之一，今遽欲增及十分之四五，是增见粮之三倍四倍，贤能之员，必罹参革，不肖有司，希图升进，必至抑勒首报，滋弊无穷，只宜严饬有司，实心劝首。上如所议。

五十二年，特谕廷臣曰：民之生齿日繁，朕故欲知人丁之实数，不在加征钱粮也。嗣后止将见在钱粮册内有名丁数，垂为定额。其滋生人丁，但核所增实数，另造清册，永不加赋。寻以廷臣议定，自康熙五十年额定人丁外，新增者补足旧额缺数，其余谓之盛世滋生册，永不加赋。

五十五年，以凤阳关税务交巡抚经理。

五十七年，以南新、北新两关交杭州捕盗同知经理。时闽浙总督觉罗满保言，船货往来台湾，必令到厦门盘验护送，但有泊处厦港者，有自台湾往四海关者，宜分别在厦港贸易者，照例征抽；往各海关者，听其在泊处报税。从之。是年，令湖北沔阳卫屯粮较湖南清浪卫减则征收，以系水洼故也。

六十年，以淮安关税交江苏巡抚经理。时因关差多以亏欠获罪，有南新关监督询之巡抚王度昭，如何不致缺额，度昭告以从宽征收，自然饶足，后如所言而验。明年，世宗宪皇帝即位，诏各关税务，悉交地方官经理，所有羡余，该督抚题解，应赏给者再行赏给。

雍正元年议定，九江、浒墅、扬州、西新、芜湖、赣、浙海、闽海、粤海、太平桥，均照淮安天津交与各抚，委地方官兼理；其崇文门仍差内务府官；山海关左右两翼、古北口、潘桃口、杀虎口、浑河等处，照例差遣部曹。按：二年，淮安关仍差部员，浒墅关交苏州织造管理。是时，屡饬督抚，毋误任属员；饬关差，毋任信家丁，纵容胥吏，扶同作弊。乃定直省征纳钱粮，该督抚于开征之始，着该府遴选贤员，与该州县同封银柜，其委员以一二旬更替，当众折封，立即起解，并坐委员以隐徇处分；又诏部臣，核减各关赢余，于是，将淮安、北新、南新、凤阳、天津、临江、江海、浙海、荆州等九关加增赢余，悉行裁去。先是康熙年间，以浙江、湖北、山东三省匠班银，自明季相沿，历年已久，而丁绝户存，有司或派民户代完，或自行赔补，乃令匀派地内带完；厥后又以广东丁银，就各州县地亩分摊；至是直隶巡抚李维钧请以直属丁随地转。诏令廷臣集议，于是议定，直隶每地赋银一两，摊人丁银二钱七厘有奇，嗣后各省计人派丁者，次第改随地亩矣。按：丁随地起之例，广东四川已先行之。此后惟奉天府民人入籍增减无数，仍旧分征；而山西省至乾隆十年始参用摊征之法。其摊丁银数，各州县按人丁多寡、地赋广狭分为等差，初无一定。大概每地一两，摊丁不过二钱。

二年，移江西湖口榷关于九江口，分设口岸于大始塘。时江西巡抚裴㳿度清厘湖口赢余①，奏请解部，上以为数过多，则必额外剥削商民，乃谕：关税多少，系于年岁丰歉，本难预定，倘不及之年，不可定求足数。又谕，各差归并巡抚，以为封疆大吏，必能加惠商旅，但各关津岸远近不一，所委家人难免额外苛求，及勒取饭食之弊，稍不遂欲，则执送有司，有司又以畏惮巡抚，狥情枉法，商民无所控告，乃令各关差将应税货物征收则例，逐项刊刷详单，遍示津口，其从前竖立之木榜，不许藏匿遮盖；又以征收钱粮，间有儒户、官户包揽，令督抚晓谕粮户，除去儒户宦户名

---

① 㳿，《中文大字典》中有此字。《玉篇》疏聿切读 shuài，行的意思。

目,其州县征粮红簿,统于上年冬季申送布政司盖钤盖印信届征给州县,眼同纳户登记,上司盘查,即取司印红簿对验;其征收卯簿,该管官亲对完欠,不使假守户书,倘纳户银色不足,州县官择银匠之信实者,连名互保,听民投铺倾销。旋谕:民间纳粮,用自封投柜法,本属便民,偶有短少,令其增补,每至多索,应将原银发还,仍于原封内照数补足;时有州县亏空钱粮,阖属百姓代赔,名曰乐捐,其实强派,上闻即行禁止。是年,以山西巡抚诺岷言,提解火耗归公,分给官吏养廉,及他公用。火耗者,加于钱粮正额之外,自明以来已有之,盖因本色折银,镕销之际,不无折耗,因而州县征收不得不稍取赢余以补耗羡之数。行之既久,州县分送上司,上司苛索州县,一切日用之资,皆取给焉;一遇公事,重加征派,名色繁多,又不止于重耗而已。至是诺岷请限定分数,将州县应得之项,听其如数扣存;上以提解火耗,使上司分火耗以养州县,诚为善策,但约定分数,将来竟成定额,必致有增无减;见在征收钱粮,皆百姓自封投柜,同城官公同折封起解,耗羡正项,同解州县,皆知重耗无益于已,孰肯加征,若将应得之数扣存,势必额外取益浮于应得之数。于是定为官给养廉之例。是时,天下草莱益辟,通计直省田赋银较康熙二十四年增至一百九十一万八千有余,粮增至四十余万石。

三年,上谕:以苏松浮粮,圣祖时切轸念,屡颁谕旨,本欲核实裁减,而彼时廷臣数以旧额相沿,国课綦重,执意覆奏,且恐以一时减免,倘后来国用不足,又开议论之端,是以从众而止。然屡蠲旧欠,实与减额无异,今国家帑藏充溢,准将苏州府正额蠲除三十万两,松江府正额蠲免十五万两,后又蠲江西南昌府额征银七万五千五百五十两。时以川陕总督岳钟琪请,定川省征收船料税,悉照淮关尺寸则例,沿途地方官不得任意需索。

四年,豁除云南太和邓州等处土军丁银,缘前明设守防于太和邓州等处,因有土军名色沿久,既非承佃军田之丁,而纳粮之外,兼输军赋,每丁额银一两,十倍民丁,不无苦累,悉令除之。又谕州县征收火耗,各省多寡不同,倘有司于应取之外稍溢分数,必罪。

五年,减浙江嘉兴府额征银四万七千二百九十余两,减湖州府额征银三万九千九百九十两。

臣等谨按:苏、松、嘉、湖之赋独重于他省者,由明洪武初,四府民人为张士诚固守,明太祖恶之,平定之后,乃籍诸豪族及富民田以为守田，按私租簿为税额。建文二年，以太祖不过惩一时顽民，岂可定为则例，悉与减免，亩不过一斗。成祖尽革建文之政，浙西之赋复重。宣德以后，屡减官田之额，然官田与民田轻重终自悬殊。至嘉靖之世，乃行权宜之法，并官民田为一例，以官田之重税摊入民田，于是官佃之困少苏，而赋额之浮于他省者，终不能议蠲。我朝定鼎以来，因陆续办理军需经费，所在未遽裁减。然圣祖加惠东南，屡念及此，旧逋新欠，不时免蠲。世宗仰承先志，次第蠲免五十余万，固征仁恩之广被，亦以见承平日久，泉府充溢云。

六年，福建巡抚常赍请，听暹罗夷商来往厦门贸易，照例征税，运米至江浙闽广各关者，亦如之。得旨，米谷不必上税，着为例。又江苏布政使高斌奏：浒墅关见行征收则例，与部颁原额不同，请饬部刊刻本榜，竖立关口。寻以部议，并直省各关，亦按见征则例，刊榜竖立；又以夔州关税，照淮关例派差监督。是年，芦沟桥盖造安歇会试举子官房，工成，饬崇文门查税官，严饬巡察人役，毋稽留举子，借端苛索。

七年，蠲除湖南武陵县之宿郎堰水淹浮粮；又命盛京户部侍郎会同奉天府尹，清查该地田亩肥瘠，分别上中下三等起科解，永为令。向来奉天地亩，概以上则征收，缘彼处多有隐匿，或三四亩只报一亩者。至是遣官清丈，皆得实数，故有是谕。又以陕西朝邑县与山西薄州接壤，界近黄河，近因河流西徙，东涨则西坍，令清丈分界，酌定二省钱粮，应豁应征之数，定为额；时直省俱有寄庄寄粮之名，人地相隔有五六百里者，至是顺庄编里之法行，悉归就近完纳。先是各关收税，皆部颁号簿，以便稽查；而关差以船只来往不齐，未必日有收数，因而设私簿征收，于报部时始将号部挨日填造，与商船过税串票毫不相符。上谕各关，嗣后于部颁号簿填写，如无船只过税之日，亦即注明，免滋弊端。是年，以浙江南北两关交该省织造办理。

八年，定征收落地税银溢额议处之例。凡地方官征收落地税，如有搜求需索，致赢余之数倍于正额，令该督抚参革，上司失察徇庇议处[①]。其实在赢余者，以八百两为率，准加一级，至多不过三级。永以为例。按：落地税者，在明季津头小岸，皆有零星抽分，名色纷杂，因为弊薮。国初已尽除之，惟于市集辐辏之处带征所收，留为本地公用。报出多者，准其加级，犹恐地方官征取

---

① 徇庇，徇私包庇。狗，同"徇"。

过多，以图议叙，至是定以限制。时仓场侍郎岳尔岱言：联三版串之法，应令有漕地方画一通行。嗣后州县征收粮米，预将花户的名填入联票如例，纳户经承州县官分存，对册完纳，即行截给归农，其未截给者，即系欠户；有粮无票，有票无粮，即系书吏侵蚀。先是湖南永顺府秋粮二百八十两，皆属永顺保靖桑植三土司交纳，名为秋粮，实不从田亩征收，在永顺名火坑钱，保靖名锄头钱，桑植名烟火钱。火坑者，民间坎窨，每一坑征银二钱二分；锄头者，贫民种山，一锄入山，纳银三五钱不等；烟火钱与火坑相等，所交钱粮，即于此内拨解。至于成熟之田土，官多择其肥者自种，民间止得零星硗确之地，每年杂派数次，此土司征民之陋规也。自改土归流之后，有司按土户均摊，或照土司旧册摊派，民已乐于输纳；然无田之家，尚以火坑等未除，而有力之家，隐占地亩多不输税，至是特令豁秋粮一年，其有产之家，令一年自首，官给印照为业，有司按肥瘠定则，一切杂派私征，永行禁止。是年，清厘四川田赋，令额粮稍重之州县，照就近适中之科则核减征输。

十年，定带征江南逋久限期，直省惟江南为财赋之区，而积久较他省倍蓰。先是雍正三年，江苏巡抚张楷清查红册，自康熙五十一年至雍正元年，惟萧、赣、榆无欠，泰州、砀山、仪征、江浦欠犹不过数百，其嘉定、长洲等四十七州县积欠至八百八十一万有奇，请匀作十分，每年带征一分，十年按数征完；其最多之州县匀作十五分，次多者作十二分。上已敕部议行。顾旧欠未清，而新欠弥重，于是特遣户部侍郎王玑、刑部侍郎彭维新等会同地方官彻底清查，通计各属积欠一千一十一万六千有奇，其中官侵吏蚀者四百七十二万六千有奇，实在民欠者五百三十九万有奇，乃令侵蚀之项，分作十年带征；民欠之项，分作二十年带征。如本年带征之数，完纳若干，即照所完之数蠲次年正额之数。

十一年，令钱粮一钱以下准纳制钱，其钱以十文折银一分。凡大户零星尾欠及拆封短少在一钱以下者，概准以钱折银。后又令小户距城路远，钱粮在一两以下者，准附大户投柜如数；在一两外及数少而愿自交者，仍遵例自封投柜。

十二年，定四川夔关商税，以见在奏报七万三千七百四十两为定额；其米税额难定，令该抚不时稽察。饬监收官尽收尽解。时以黔省永宁县并归四川，诏将永宁税裁革，止留叙永厅税，其钱粮一切俱照川省例行。

按：永宁县与叙永厅同处一城，从前，厅隶四川，县隶贵州，各设税口征收盐茶等课。至是县并属省，止留厅税。

十三年，定宽征钱粮之限。定例，地丁钱粮二月开征，五月停忙；八月接征，十一月全完。至是，以物土异宜收获早晚不同，令督抚按地方情形，酌量征期，不拘四月完半之数。时给事中尚德言：宣化府为南北通衢，来往商货经张家口居庸关上税。不应一货两征，乃过府之时，张家口监督复委家丁，照数重收，致肩背担负小物无不邀拦，民情甚为不便；又居庸关距张家口三百里，监督势难兼及，因而差家丁携印单征收，书吏得以串通家人，私用小票，隐漏偷肥。请定南北商货，已上张家口居庸关税，宣府不许重征；仍刊木榜竖立关口，其居庸关另设税课大使一员，所收税银，月解监督，照宣府例，日用小物免征。从之。又特旨颁示天下，凡市集落地税，在人烟凑集之处，准照例征收；其乡镇村落，全行禁革。时有淮关监督年希尧，于徐州所属例应地方官征收者，改为关额，私添税口，并市集买卖征物，亦勒令上税。上知之，交督抚究审，并饬查明应征之处，归地方官征收，应革者即行革除。

# 卷八十四　食货略四

## 赋税下

乾隆元年，诏蠲除天下新淤旧坍沙脊碱卤及捏报开荒浮粮。按：乾隆初年，蠲正赋额银，前后约计六十余万，详见蠲赈门。是时，各处关税遍竖木榜，商贾一目了然，惟甘肃辽远，并无部颁新例，司事者各执腐烂旧本，因而浮减不一。布政司徐杞经心察核，有府与府异，县与县异，一税而数处各别，因言甘省税课，除牙帖，外有商畜二税，内有过税、坐税之分：过税者，系贩往别地应纳过路之税；坐税者，系贩别地货物集市。发卖轻重各别，必须逐条刊刻，大张晓示，方免滥收脱漏。又两江总督赵宏恩奏称，龙江西新关旧有衙规，茶果验票诸项，在加一火耗之外，应请革除，如织造府承办差役及养廉不敷，准在赢余内支存一万两动用。俱从之。又于九江赣口二关钞课，令商人自行投柜。收银之后，发三联单，一给商人，一交巡抚，一存税署，以杜侵隐之弊。是年，以江南水灾，停征该地关津米麦税。

二年，以畿辅两泽愆期，停征天津、临清二关米麦税；又以挑浚淮扬运河，停经过该地米麦税。时廷臣多以各省税务统归旗员经理为请，上以设关原为查察奸究①，利益商民，并非为收税之员身家计，若以旗员贫乏而差遣之，是教之贪矣，乃不允所请。又原任江西巡抚俞兆岳奏报，九江、赣口两关税课赢余，较前共减九万有余。上命部臣及新任巡抚查核，旋谕之曰：前因各省关税，每多无名之征，是以屡经厘剔减除。今就江西一省少收十万两推之，各省约计不下百有余万，如果商民得沾实惠，即更逾此数亦所乐闻；但关税与物直原相表里，税轻而物价不减，是商民犹未沾实泽，徒饱胥吏之橐耳。督抚大吏宜督率司榷之员，洁己奉公，以副加

---

① 奸究，可能是"奸宄"之误。奸宄，指犯法作乱。

惠商民之意，若错会其意，又欲多报赢余，以致商民受困，罪更无可逭。时又以淮安监督唐英具陈各项经费及书役饭食不敷状，奏请动支赢余。上以淮南等关，必因书吏添设过多，以致工食不足；又关差养廉之数，亦觉太丰，着总督庆复酌量裁减，以免日久滥征。寻定浒墅关酌减人役工食养廉八千一百余两，淮关酌减人役工食养廉四千九百七十余两，定为额。

三年，诏：州县征收钱粮，有私增火耗者，该督抚严参治罪，如督抚失察，如例议处。先是四川火耗较他省独重，自雍正年间陆续裁减，有司不得中饱，因有暗加戥头，每两重至一钱有余，而收粮之书吏，倾销之银匠，又从而侵渔之。上闻传谕直省督抚，转饬布政司，制成画一之戥，饬各州县确实遵行，该上司不时密察，如有丝毫溢取者罪。是年，停临清、天津及江南各关米粮税。

四年，以江南高淳县旧有草场田五千六百余顷，系前明分给马户以供刍牧，后照民田起科，征银五百余两，一半摊入民户，一半马户承纳。而此项田地，久非马户承种，民间既输正赋，又纳场租，特令除之。时有浒墅关监督海保于离关数百里之常熟无锡江阴等县，私立栅座，滥设巡船，经御史舒赫德参奏，上令两江总督及江苏巡抚查核题报。督臣那苏密图因言，浒墅关所辖湖河海道支港纷繁，易于偷漏。从前只设崇福等三桥，望海等七港，守巡历任监督恐稽查难周，添设蠡口港等十三处船栅，以佐三桥七港之不及，后又添设板桥等二十九处；雍正八年将续增之二十九处尽行裁撤，另设王庄等十处、顾二房廊下等五处巡拦。今查见在口岸三十八处，有原报部之转水柏浹二港，既于毛塘九里二处设立栅巡，则二港可无复设，其南北角各裁巡舡一只，各处口岸暂为存留，如有应行纳税之船，俱令直赴大关报税，不许各口擅立税房，亦不许混指偷漏。至于本地土货，非捆载行远者不税，船载米麦不及十石者不税，农民交办租粮米麦，无论多寡不税。得旨，照所请行。是年，以瓜洲由闸税务交两淮盐政经管，以芜湖、凤阳两关专差监督管理。

五年，裁砖板闸，工部关归并临清关征收，从山东巡抚岳浚请也。时江南岁额地丁、漕白、芦课、杂税之外，有名杂办者，不在地丁项下编征，仍入地丁，汇作分数奏销，款目甚多，沿自前明。本朝赋役全书止编应解之款，并未开出办原委，亦未编定如何征收，于是有缺额累官者，有征收累民者，有累在官而因以及民者，至是谕该督抚查核，除有款可征无累官民之项照旧征解，其实在缺额有累官民者，即请旨豁免。

六年，谕：外省关榷口岸，惟报部有案者照旧设立，其有私行增添之处，着该督抚详查题报清厘，之后再有违例苛索者罪，督抚失察如例。时两江总督杨超曾上言，设关之意不在取盈，是以历来但有征商之令，而不及于官物，况米粮系民之所生，发帑采买，原为接济民食，与逐末不同。今既征船料，又完税银，取之司库，以输关库，于国课毫无增益。于是定各属采买赈济及祟三补仓米谷过关时，止纳船料，毋税。又湖广总督那苏图言：武昌厂关正额赢余之外，所收口岸银两，除支销外，岁得八千两，应将此项办理地方，利济军民之事，至各关口岸银两，因非正项，既不收耗，则宗关同一口岸，不应独收耗羡。从之。时以各关正额尽收尽解，赢余多寡本难每年画一，而关差报满之时，缺减上年之数；部臣往往驳查，上恐司榷者虑千部驳①，必致逐岁加增，后将无所底止，乃谕部臣关税盈缩，本不悬殊，若一年所报赢余之数，稍不及甲，可无驳查，若过于短少，亦只令督抚确查实在情形，自难逃乎公论。顾查核过严，则额数日增，害在众庶；查核稍宽，则司榷侵蚀，损于国帑，此中轻重权衡，着大学士会同该部详议具奏。寻以部臣议定，嗣后各关赢余数目与上年相仿者，即行考核具奏，如大相悬殊，令该督抚查核，有无隐漏等弊，声明覆奏。倘该督抚查奏不实，扶同徇隐，亦并议处。

七年，免直省各关米豆麦税。先是天津、临清、浒墅、芜湖各关以地方岁歉，递年停免，至是上以特恩，间举未能普及，且以养民之物而榷之，非以厚民，乃令直省各关概行豁免。其各关征收则例不一，有按梁头丈尺纳料者，有收纳船户空船料银及无论有载无载按年抽单纳课者，又有计在征税不收纳船料者。船料一项，部臣持论未定，得旨，向征船料者，应照例征收，向不征船料者，岂可因免米豆税而转加征料。时以山东临清关向征铜铺商铺，相沿已久，报部则统名船料，至是以既蠲米税，概行豁除。后又奏定，各关不得借免米粮有亏正额，其有借端缺额者，令其赔补。是年，定外洋夷商运米至闽粤俱海关自万石以上者免船货税十分之五，五千石以上者，免船货税十分之三。嗣于十一年因暹罗商人皆不足五千石之数，所载多苏木铅锡等货，更定免船货税十之二。

十年，复开云南马白口税，蠲福建浦城关缺额银二千七百余两。时直省丁银俱于雍正年间摊于地粮，惟山西以各州县贫富参差未行，至是亦按

① 此处的"千"字疑为笔误。应为"于"字，全句为"虑于部驳"。

则摊入其阳曲等二十州县，或以贸易民多，或以田多沙碱，或以多征本色，仍地丁分征。

十一年，江苏布政司安宁请复米税，略言自免米粮税后，弊窦丛生，国课日少，而米价之贵，更增于前。上以商贾乃无知愚人，宜先化导，不遽允。

十二年，以福建台湾府丁银匀入官庄田园内征收，其番民只纳丁银，所种田亩，概不征赋。又移诏安县溪雅税馆于悬钟，以防偷漏。

十三年，广东巡抚岳浚酌定太平关税务，向无定则者九十五条，照粤赣两关，权其轻重，量增者四十一条，量减者四十九条，照旧征收者二十五条，均刊入条例，竖榜太平、遇仙桥、洛光厂三处，画一抽分。是年，复各关米粮税，时以浒墅关监督图拉言，自豁免米税后，商贾惟知图利，致市价反昂，乃令如旧征收；征后遇地方歉收之年，仍停免。又以广西浔、梧二府关税、及桂南、平庆等府富川、怀集等县杂税归该分守道查察，以杜府州县隐漏。是年，东省岁歉，特开海运，免其税。

十四年，户部言，关榷赢余递年短少，应较上届短至一分以上者，按数定处分。上谕：赢余本有，而岁减一岁，其弊自在漏卮，但所称与上届比较不无流弊，有如甲盈一万，下届之乙必思盈及万有五千，再下届之丙又将增加二万，似此相竞，不已将何所止！非理财之正道。嗣后各关解交，当以雍正十三年数目为额，短少者，该部按所定分数议处。

十七年，以贵州毕节县税羡不敷，令云南镇雄州运铜、马匹回空时，承运官岁办川盐百万斤，带至镇雄行销，以所收税银补毕节之不足。是时，赢余章程既定，各关奏报较上届短数者，部议交该督抚查明，而督抚奉行故事，不过转交监督，自报取结声明，终未有察出侵蚀情节，据实参劾者。

十八年，乃谕，嗣后各关奏报赢余数目，该部复核时无庸复交督抚查奏，致滋案牍。

十九年，御史胡定上言：州县征收钱粮，有自顾考成，恐钱粮拖久，勒令富户包都图等弊①，应令该督抚即行参处。经部议准，并定贡监生员包揽钱粮罪例。先是外洋番船，俱由粤东收口，偶然一至宁波，是以粤海税则较重，闽海税则较轻。嗣后，奸牙市舶狃于税额轻微，彼此串勾，舍

---

① 都图，标明乡村区划、四至的地图。这里是说按都图令富户每人包揽一片赋税的弊端。

粤就浙，岁至定海，转运宁波。

二十二年，浙江总督喀尔吉善会同两广总督杨应琚将闽海科则较粤海课额，按时地价值稍稍加重，奏请定为章程。上意不在增税，但恐将来番舶云集，又成一粤省澳门于海疆重地，均有关系，遂如所议，以示限制。自章程既定后，外洋皆知违例纡道之无所利，亦不复收泊宁波矣。

二十三年，户科给事中黄登贤言：州县钱粮应随征随解，勿令久贮库内，致有那①移之弊。并令各布政司于奏销册内，将各属批解日月，逐一开载，以便稽核。下部议行。寻又以黄登贤言，令各省钱粮奏销册，去折征颜料一切杂项款目②。

二十五年，准两广总督李侍尧奏，删除粤海关一切官吏家人、通事、巡役人等规礼名色，悉作归公造报。

二十七年，江苏巡抚陈宏谋清厘浒墅关积弊四条：一、铺户代客完税，包揽居奇，请将包揽铺户列榜禁革，仍令商人按簿亲填；一、各处船货抵关，签验纳税给票之后，始准过关，以杜偷漏；一、坐关之员，遴选佐杂，照例半年更替，不得任其恋缺致启弊窦；一、督抚与监督原相助为理，每月所征数目，应令监督按月知会督抚，仍于年满奏报时，统咨知会。从之。

二十八年，以天津监督达色言，令天津苑口十三口岸，悉照大关部颁则例，画一征收。

三十二年，御史成德请将关税赢余归入正额，上以赢余一项，节经议定，监督按数交部，如实系侵渔，自有罪例，必定为正额，转似于税外加额；嗣于三十七年，湖广总督陈辉祖又请于新垦民屯，将丁银递年摊派；至四十一年，贵州巡抚裴宗锡言镇远关税羡不敷，请于柳寿添设税口，皆奉旨斥不准行，尤足征旷典也。其田赋科则，递年轻减，至于西邮底定，入我版籍，皇上经营，措置则壤成赋，列市开廛，自二十四年参赞大臣奏定，本地回民往外回带货物者，牲畜则抽税二十分之一，缎布皮张则十分抽一；外番商人贩来货物，牲商三十分抽一，缎布皮张二十分抽一，若不及抽分之数，马一匹抽一腾格，回部所用之普儿钱五十为一腾格。大牛一头税二十五普儿，小牛半之，大羊一牵税十二普儿，小羊半之。杂项物件，视

---

① 那（nuó），今作"挪"字。
② 颜料，据《清会典》所载，各省采办物料，有红黄熟铜、铁、黑铅、锡、白蜡、黄蜡、牛筋等物品。

其直之贵贱，折收普儿腾格。

二十七年，总督杨应琚经理屯政事宜，酌定回民纳赋则例：凡回民自种地亩，视岁收纳十分之一；承种官地，平分入官。其间有只纳田赋者，亦有带征地租者，有征本色者，亦有折征普儿腾格者，有以官石征收者，亦有就该地帕特玛折算者。回部一帕特玛合官斗五石三斗。厥后，屯田益辟，土益膏沃，而赋粮科则如其旧。

二十八年，又定伊犁、哈尔沙尔铺面，量大小作三等收税。后又增定辟展乌噜木齐、阿克苏各属贸易，照内地给票，每银一两，止税三分普儿，一百收税三文。

# 卷八十五　食货略五

## 户口丁中

皇朝户口，初亦有赋役，其制率仍前代，有分三等九则者，有一条鞭征者，有丁随地派者，有丁随丁派者；立编审之法，五年一举，丁增而赋随之。自康熙五十年，圣祖特颁恩诏，嗣后滋生人丁，永不加赋。雍正间，将额征丁粮改地征派，俾无业之民，永免催科，实万世不易之良法也。

顺治元年，百户危列宿上言①，天津避乱民万有一千余户，宜谕有司绥抚安插；而兵部侍郎金之俊亦请谕各道，臣所招寇众，悉令州县编置牌甲。于是，制编审户口之法。其法：州县城乡十户立一牌头，十牌立一甲头，十甲立一保长。户给印牌，书其姓名丁口，出则注其所往，入则稽其所来。其寺观一体颁给，以稽僧道之出入。其客店令各立一簿，书寓客姓名、行李、牲口、及往来何处，以备稽察。

三年，诏：天下编审人丁，凡年老残疾及逃亡故绝者免入。始定三年编审一次，继定五年编审一次，后又定于次年八月，各省汇齐到部。其编审事宜，责成州县官以百有十户为里，推丁多者十人为长；余百户为十甲，城中曰坊，近城曰厢，在乡曰里，各有长。凡造册，本户记丁口之数，授之甲长；甲长授之坊厢里长，坊厢里长上之州县，州县合而上之府，府别造总册上之布政司。民年六十以上者开除，十六以上增注。凡籍有四：曰军、曰民、曰匠、曰灶，各分上、中、下三等。丁有民丁，有站丁，有土军丁，卫丁，屯丁，总其丁之数而登黄册。督抚据布政司所上达之户部，户部受直省之册，汇疏以闻，以周知天下生民之数。

---

① 百户，官名。金代始置。元代沿置，为"百夫之长"。明代卫所兵制亦设百户所，统兵112人。清代也设为低级军官。

十四年，定州县官增丁二千名以上，各予纪录。

至十七年，令以户口消长课州县吏殿最。

十八年，总计直省人丁二千二百六万八千六百有九口。

康熙二十四年，天下人丁二千三百四十一万七千四百四十有八口。

二十五年，以原定编审限期太宽，民人等候无期，胥役得以任意作弊，乃更定一年，岁底汇报；明年又令编审缺额人丁，该抚臣陆续招徕，于下次查编补足。

五十年，直省人丁二千四百六十二万一千三百二十四口，于前未甚加增。上以承平已久，滋生日繁，而有司编审时不将所生实数开明具报者，特恐加增钱粮，是以匿隐，乃谕大学士等曰：民之生齿日繁，朕故欲知人丁之实数，不在加征钱粮也。嗣后只将见今钱粮册内有名丁数，弗增弗减，永为定额。以后所生人丁，免其加增钱粮，但将所增实数另造清册具报。寻定，自康熙五十年额定丁册数外，新增者补足旧额开除缺数，其余谓之盛世滋生人丁，永不加赋。至六十年，直省人丁二千五百三十八万六千二百有九口，内滋生人丁不加赋者四十六万七千八百五十口。

雍正元年，直隶巡抚李维钧言，请将直隶丁银摊入地粮内征收。嗣是各省计人派丁者，以次照例更改，不独无业之民无累，即有业民户亦甚便之。

二年，天下人丁共二千四百八十五万四千八百一十八口。时山西省有曰乐籍，浙江绍兴府有曰惰民，江南徽州府有曰伴当，宁国府有曰世仆，苏州之常熟昭文二县有曰丐户，广东省有曰蜑户者，该地方视为卑贱之流，不得与齐民同列甲户，上甚悯之，俱令削除其籍，与编氓同列。而江西浙江福建又有所谓棚民，广东有所谓寮民者，亦令照保甲之法，案户编查。

臣等谨按：乐籍因明永乐时不附靖难兵，遂编为乐籍，世世不得为良；伴档，世仆，本地呼为细民；惰民，丐籍，形情相同；蜑户，捕鱼为业，粤民轻贱，不许登岸居住，蜑民亦不敢与民杭衡；棚民乃民人搭棚山旷居住，或种麻、种菁、开炉煽铁、造纸、作菇为业；寮民系近地穷民，入山搭寮，炊薪烧炭、舂粉、取香木为业者。

乾隆五年，令直省督抚于每岁仲冬，将户口增减实数缮册具奏。其番疆苗界不入编审者，不在此例。

十四年，天下户三千六百二十六万一千六百二十有三，丁万有七千七百四十九万五千三十有九。

二十二年，更定保甲之法，自顺天府五城所属村庄暨直省州县乡村，每户岁给门牌，书家长姓名、生业，附注丁男名数，不及妇女。十户为牌，立牌长；十牌为甲，立甲长；十甲为保，立保长。凡甲内有盗窃、邪教、赌博、赌具、窝逃、奸拐、私铸、私销、私盐、踩曲、贩硝、敛财聚会等事及形迹诡秘之徒，责令专司查报。无论绅衿之家与齐民一体，听保甲稽查；其客民在内地贸易者，与土着一例顺编。其商贾来往无定者，责成客长；盐场、井灶，另编排甲，责成场员；矿厂丁户责成厂员；各处煤窑责成雇主；山居棚民责成地主；其滨海商渔舡只与内洋采捕小艇，取具澳甲、族邻保结；河内船只，责成埠头；渔船网户及水次搭棚趁食之民，归就近保甲管束；其边外种地民人，亦设牌头，总甲家长查察；其甘省番子土民，责成土司；其寺观僧道，责成僧纲道纪；其外来流丐，保正督率丐头查察；其旗民杂处村庄，苗疆寄籍内地，外省入川民人，与云南夷民杂处者，同土着一体编入保甲。是年总计天下人丁共一万九千三十四万八千三百二十八口。至二十九年，天下人丁共二万五百五十九万一千一十七口。

三十七年，上以户口实数已按年登册报部，则五年编审之例似属虚文，且滋纷扰，着令停止。

四十年，诏谕直省督抚整饬所属，于仲冬户口册核实登记，以验阜成之，概不得视为具文，迄于今万亿及秭[1]，付之史馆者，更无数可稽，而八旗之繁庶，以及外藩之归赴，回疆之濡育，又别有版图也。

八旗户口

国初定制，各旗人丁，三年编审一次。凡编审各旗壮丁，令各佐领稽查，已成丁者，增入丁册；其老弱幼丁，不应入册；有隐匿者罪。误入别佐领者，退回。初定壮丁三百名为一佐领，后改定为二百名。凡八旗新添壮丁，每旗佐领三十员，其逃亡缺少者，将诸王、贝勒、贝子等府壮丁拨补。又定家下壮丁，首先登城者，准其开户。

顺治元年，令凡旗下汉人有父母兄弟妻子愿入旗者，地方官给文，咨部入册，不准带田地。

九年，选内府及诸王府官员有劳绩者数员，令其出府佐领，各归所属

---

[1] 万亿及秭，语出《诗经·周颂·丰年》，极言数量之多。《说文》：数亿至万曰秭。

佐领。

十七年，定官员子弟有职任者，不拘岁数准其分户。

康熙四年，令佐领内丁多至百名以上，愿分两佐领者听。

十三年，八旗每佐领编壮丁一百三十名，余丁汇集另编佐领，或所余丁仅百名以上，不足额者，该旗王、贝勒、贝子、公等并都统副都统佐领酌验无误，披甲当差者，出结移送到部，亦准编入佐领。

雍正五年，定编审丁册。每户书另户某人、某官①，无官者则曰闲散。某上书父兄官职名氏，旁书子弟、及兄弟之子、及户下若干人，或在籍、或他往，皆备书之。其各省驻防旗员兵丁，以及外任文武各官子弟家属，俱行文各该将军督抚，查明造册，咨送该旗附入佐领册内。其后又定八旗正身壮丁，年十五以上，该管官查无假冒，方准入册。其或流落乡屯，向未入丁册者，令补入册内。

乾隆三年，定旗人开户例。凡旗下奴仆，原系满洲、蒙古，直省本无籍贯，带地投充人等，虽有籍贯，年远难考，均准其开户。

六年，复定八旗造丁册之例。凡各佐领下已成丁及未成丁食饷之人，皆造入丁册，分别正身开户户下，于各名下开写三代履历。其至外省驻防暨外任文武官子弟家口，先期行文该管大员，照式造册二本咨部，一留部、一付该旗覆核，附入各佐领册内。又定八旗开户养子，因出兵阵亡，及列军功一二等，改为另户者，别记档案。国初，投充俘获入旗，及旗人抱养为嗣，或民人因亲入旗，或良民随母改嫁入于他人户下，或旗奴开户与旗奴过继与另户为嗣，已入另户档内，后经自行首名者，亦别记档案，不得与宗室联姻。

七年，诏：八旗汉军，自从龙故旧之子孙外，有愿出籍者，准其与该旗民人一例编入保甲。

二十五年，复定清厘旗档之例。一、另户旗人，不许抚民人及家人之子为嗣；一、民人幼子随母改嫁旗人者，该旗详记档案，俟成丁后报部，令归民籍；一、另记档案养子开户人等，业经出籍为民，不许复行冒旗籍；一、旗下家人之子，随母改嫁另户，与民人之子随母改嫁旗下家人，或家人抚养民人之子，均以户下造报；一、八旗投充户口旗档有名者，造丁册一分送部，一分发该地方官备案。如有事故顶充，于比丁册内声明，

---

① 另户，另立门户。

报部转行该地方官注册备查。至伊等亲族不在旗档者，地方官清查编入里甲，以免混淆。又定跟役军功出户之例。凡官兵跟役，有杀敌致果者，本身及父母妻子俱准出佐领为另户。

二十六年，定汉军为民之例。凡八旗汉军，现任外省文职自同知以上，武职自守备以上，京员自主事以上，旗员五品以上，俱不准改籍。其父在旗，而子愿为民，或子在旗而父愿为民，亦不准改籍。其余愿出籍者，在京报明该旗，在外呈明督抚，咨送编入民籍，准一体考试。

二十八年，定八旗逃人之例。

二十九年，又定凡八旗另记档案，及养子开户内未经出旗之人，或因军营着绩，或因技艺出众赏为另户者，其父母弟兄子侄俱准作另户。

三十一年，又定凡八旗迷失幼丁在十五岁以下者，该管官咨部知会各旗，及步军统领衙门转饬所属，一体查缉，获日咨旗认领。如在十五岁以上者，照逃人例办理。其十五岁以前迷失，十五岁以后投回者，如实系蒙穉本无游荡恶习者，奏明请旨。

# 卷八十六　食货略六

### 蠲赈上

臣等谨按，我国家列圣相承，泽周四海，念左藏之充盈①，嘉民生之悦豫，蠲赋免漕，迭周寰宇。间遇直省偏灾②，莫不先事周谘，蠲赈备举，截漕发帑，动辄数千百万。奏报严其限，展赈宽其期，深仁厚泽，尤逾常格。兹纂辑食货略，谨增蠲赈一门，详书于篇，分为上、下卷。

顺治元年，王师入关，即诏除明季加派三饷，及召买津粮③。在京城遭贼寇蹂躏之后迁徙者，免赋役三年；大兵所经，免本年田租之半；其河北各属本年田租免三之一；凡八旗壮丁差徭粮草布匹，永停输纳。

二年，以山西地方初复，免本年田租之半。始定八旗赈济之例：凡八旗涝地，每六亩给米二石；王、贝勒、贝子、公等府属人役，给米如之。其带地投充人役不准给。口外八旗蒙古被灾，按口给银，听其沿边籴米，毋令进口。八旗游牧地，每口月给米一斗。在张家口者给米，在古北口者给银。按：是年除江南丹阳、丹徒二县加派马折银及福建落地税，皆明季所增，嗣后陆续豁免。

三年，除直隶任邱县咸水浸地租赋；免江南漕三之一，其潜山、太湖、英山、霍山诸县尽除之；以江西叠被旱涝，豁免本年漕米之未兑运者。时湖广兴国等十州县旱，直隶成安七县水，免本年田租，嗣后直省凡遇偏灾，均察明田亩，豁免本年租。

四年，免江南徐州、淮安二属无主荒地钱粮。

五年，大兵经过湖广岳州等处，免附郭钱粮之半，余三之一④；衡

---

① 左藏，国库，主掌钱币、杂采、全国赋调之物。左藏充盈即国库充实。
② 偏灾，大灾，指水旱灾难。
③ 津粮，此处指漕运的粮食。
④ 余三之一，指上述附郭地区之外，离都邑较远的乡村，免三分之一。

州、永州、辰州、靖州附郭免十之七，余免半。以山东朝城罹土贼之患，除递年逋欠粮米。定各直省驻防官兵应给涝地米，随家口所在支给。

六年，定直省被灾督抚，即详察顷亩分数具奏。其有应蠲免之处，于起存项下均减；如存留无余，即于起运款内减除；其有司藉称无项可免，使民不沾实惠者，论罪。

七年，免江南桐城、潜山、太湖、宿松、休宁、句容六县逃丁荒地额赋。又免湖广之蕲州、麻城、罗田、蕲水、黄梅、黄冈六州县荒田额赋。

八年，除山西荒地额粮、西安新荒民屯、废藩地赋、及浮报丁银，又除直隶交河芝麻、棉花折征额赋。时山东、浙江水，以仓谷赈穷民，以学租赈贫士。定凡地方被灾，有司勘明后，一切应征钱粮，暂停征比，俟题蠲后，该州县以应免数目刊免单，颁发已征者，准抵次年正额；官胥不给单票，以违旨计赃论。

九年，除陕西庄浪、西宁、肃州所属故绝抛荒水淹沙压地赋。

十年，赈八旗贫人，满洲、蒙古每佐领下给布六十匹，棉六百斤，米百石；汉军每佐领下给米布棉半之。又定灾蠲之等，凡被灾八九十分州县免田租，十分之三五六分者免二，四分者免一；有漕粮州县卫所准改折。又定劝赈之例：凡遇灾，士民捐赈米五十石或银百两者，地方官旌奖；米百石银二百两者，给九品顶带；多者递加品级。

十一年，减江西袁、瑞二府浮粮，分勘旗人涝地，以到通漕米给满洲、蒙古每佐领下二百石，汉军每佐领下百石；旱地每六亩给二斛，本折各半。其守南苑海户灾，不论旱涝，每六亩给米一斛。是年，直隶保定等八府旱，除免本年田租外，发部库银十六万，内帑银八万，分赈饥民；又诏除该省顺治六七两年逋赋。增定劝赈例：见任官并乡绅捐银千两、米千石以上者，加二级，半者纪录二次；银百两、米百石以上者，纪录一次；生员捐米二百石，准贡俊秀；三百石准入监肄业。

十二年，令各省地方照京城设厂煮赈，事竣将捐输官民姓名、银米实数汇报议叙。

十三年，诏除江西频年逋赋；又除直隶八九两年逋赋。时直隶新乐等处蝗赈，旗人满洲、蒙古每佐领米三百石，汉军百石；其富族家人充丁者不与。其旗人被灾地每六亩米一斛。又特谕发帑银三万两赈贫民。

十四年，直隶霸州、蓟州等七州，宝坻等属二十一县，保安等三卫，梁城一所雹，武清、漷二县水，免本年田租，并发内帑银十万分赈旗丁民户。

十六年，云南、贵州新入版图，发帑十五万两赈恤。

十七年，定报灾之期。凡直省被灾，有司先以情形入奏，夏灾限六月中旬，秋灾限七月中旬。州县官按期申详上司，上司以报到之日为始，如有逾限半月以外，分别议处。

康熙元年，蠲除江西之新建、丰城、进贤、奉新、靖安五县浮粮。时江南海州近海居民频罹潮患，迁入内地，所逋粮石，悉予蠲除。定八旗被水灾地，每六亩给米二斛，蝗雹灾每六亩给米一斛。

二年，诏直省自顺治十五年以前民欠银米物料概勿收责；其广东、福建沿海无主田租悉予豁除。

三年，定凡遇灾伤之地，督抚题报，即令该州县停征钱粮十分之三。时直隶庄田被灾，赈米粟二百一十三万余斛。

四年，定凡遇灾，该州县以被灾情形申报布政使司。布政使违限，照州县道府处分。又从左都御史都性纳请，凡灾田赋免若干，丁赋亦照免若干，俾贫民恩泽均沾。是年，诏除天下自顺治十六年至十八年逋赋。以山东宁海、栖霞等处被兵疫，除荒地亡丁徭赋。

六年，甘肃宁州六州县疫，田赋丁银并免。又定凡应蠲免州县，如有已经输官，不流抵次年正赋及不扣除应蠲分数，一概征比，或经题免分数后不即出示晓谕，或称止蠲起运，不蠲存留；或于由单内扣除，不及蠲数者，该有司以违旨侵蚀论；上司不行详察，并议处；其流抵实数不详载次年由单之首者如之。

七年，直隶水，被灾五十州县，灾成九分、十分者，除其租；七八分者免十之四。江南淮、扬二属水，按分数加免一分；灾较重者漕白二项分作三年带征。河南之安阳临漳水，给复三年。又申明满汉文武官弁及绅士富民捐助赈恤议叙之例。

八年，诏除江南等省康熙元年二年、三年逋欠地丁钱粮；以平凉、临洮、巩昌三府属被灾，豁除赋银七万八千三百两，粮十六万三千石；又除陕西郿县砂石所压荒地租。

九年定，凡遇灾蠲赋，并免田户之租。除江南淮安、扬州三属之邳州、海州、宿迁、沭阳、通州、泰州六州县坍田额赋。以淮安、扬州数被水灾，免本年漕及六年后逋漕银米。以山东先年地震，免赋银二十二万七千有奇，其金乡等县，本年应征漕粮，分作三年带征。是年，赈湖广竹山县被火灾民。

十年，江南淮安、扬州二属俱被水，免康熙元年至六年逋赋，遣大臣会同该督抚截漕协济、凤、徐等府，并发仓米赈恤，人给米五斗；六岁以上十岁以下，半之；并设米厂，食饥者每人日给米一升，三日一散，部差司员监视。又八旗屯地旱，赈米百六十四万七百石。是年，上以巡幸经过通州以东至山海关，本年额赋悉令除之；又除河南陕州、江南灵壁、临淮诸荒赋；又准凡从前地方官捏报垦荒，致民赔累者，勘明豁除；又定凡蠲除漕粮，并蠲随漕银米；又以浙江临海等五县、温州一卫频年饥馑，自康熙元年至三年随漕行月逋赋悉除之。嗣于明年又免石门县康熙三年轻赉银、及平阳县元年至三年月粮及随漕逋赋。

十一年，上谕：江南连年水旱，民气未复，着将旧欠钱粮并本年带征旧欠漕白银米俱暂停征，其邳州等五州县额赋加免二分，沭阳漕项银并免；兴化等五州县大河一卫本年额赋及新旧漕粮银米，概予放除。是年，又诏除各省逋赋。凡康熙元年至三年江南之仪征卫，三年至五年湖南之常宁县，四年至六年陕西之西安、凤翔、汉中，六年浙江之太平、松阳、景宁，湖南之衡州卫，七年至九年湖南之各府属，九年江南之泰州、江都、山阳，十年高邮之湖地、山东之兖州，凡未入与入而未备者，悉除之。

十二年，山西饥，发银二十万两，遣部员会赈。

十三年，蠲浙江临安等四县逋欠钱粮银米，又除江南丹徒、金坛滨江坍没田租。

十五年，定凡蠲免钱粮州县官增造粮册及未经题免之前报册填入蠲免者，并该管上司一体论罪。时以陕闽被兵，除其赋，并除陕西属宿逋。

十六年，免江西庐陵、赣州等四十一州县卫所被兵荒田本年租赋。

十七年，更定灾蠲之等，凡灾成六分者免赋十之一，七八分者免二，九十分者免三。以浙江近闽各州县卫被兵，除上年田租。

十八年，定凡流抵钱粮应蠲已征者，给予红票，次年按数豁免蠲赋；官侵蚀者，照贪官例处分，上司不行稽察者并论罪。是年，以江西、福建被兵，蠲历年逋欠。以山东灾，赈沂州十二州县饥民；以直属地震，发帑十万赈旗民。

十九年，除广西去年田租，免江南十二年以前逋赋。其十三年至十六年逋赋，分年带征。

二十一年，以山西太原、大同连岁被灾，民多流亡，除逋赋二万四千四百余两。以福建侯官二十六州县被兵之后，除十八年以前逋赋。

二十三年，诏江南、江西、浙江、湖广四省，自用兵以来，供应繁苦，免来岁运兑漕粮三之一，其自十三年至二十年积欠漕项钱粮，每年带征一年。

二十四年，浩齐特以所属蒙古饥，请赈，遣官运拜察储粟千石往赈。

二十五年，江南蝗雹，特遣大臣往赈凤阳、徐州灾民，除徽州、庐州、凤阳三府逋负银米；其直隶顺天、永平、保定、河间四府，贵州、湖北、湖南、福建四省明年地丁各项钱粮及本年未征额赋，普行恩免；又免直隶之正定、顺德、广平、大名四府田租。

二十六年，诏自用兵以来，动用钱粮，累岁未清者，皆予除洗；又谕：江苏、陕西来年应征地丁各项钱粮及本年未入者，概行豁免；又普免十三年以后加增杂税。

二十七年，上南巡，免江南省历年积欠丁粮、屯粮、芦课、米麦豆税，及安徽府属上年地丁漕粮；其直省自十七年前民欠漕银米麦通行豁免。是年，以云南供亿大兵，免二十一年以后逋赋。其鹤庆剑川地震，死者每名给银一两，伤者半之；屋坏者每间给银二两；无栖止者人给谷一石，幼者半之。嗣后凡遇地震，有伤田庐人口者，援以为例。

二十八年，诏免江南邳州淹没田赋及历年逋欠，以直隶旱，拨户部银三十万两赈济。

二十九年，谕：广东高州、琼州二府所属赋粮累年逋欠，该督抚将实系户口稀少，田亩荒芜，积欠数目条晰具奏。于是，除高州府吴川县，琼州府临高、澄迈二县递年逋欠十有二万八千六百两，米四千六百石；以直隶灾，免顺天、保定、河间、真定、顺德、广平、大名、宣化各府属上年未征及本年春夏额赋银五十七万五千两，粮八万六千余石。

三十年，诏：免天下漕粮，除江南睢宁县废阙地丁额赋，通州海门乡坍田银租；免江西南昌等五府，广东高、琼二府田租。又免直隶保安州及江西之吉水县递年带征逋赋。是年，陕西旱蝗，蠲西安、凤翔二府属民屯各赋；山西蝗，拨五台、崞县储米借给岳阳等八州县灾民；拨太原、大同二府属买贮捐米借给夏县、闻喜等十五县灾民；拨山西司库银二十万两赴陕充赈，每大口给米三合，小口半之，折价视时值直属被旱者七十七州县，每大口给米四合，小者半之。

三十一年，蠲云南邓川州水衡田赋，免广东化州、琼州等州县十八年至二十九年逋赋。以山东存贮捐谷二十八万九千余石借给穷民，以资春耕。以陕西比岁荒疫，免明年额赋，并动该地捐银借给西安、凤翔二府属灾民籽种之用。明年上犹念西安凤翔二府民气未苏，令再免来年额赋。以云南、贵州、广西系边境瘠壤，豁免来年地丁银米；时直隶顺天、保定、河间、真定四府水，免本年被灾田租及来年额赋，并除历年逋欠。

三十三年，上南巡，免山东、江南经过各州县卫所丁银及江南邳州递年逋赋。以山西平阳等属前被蝗旱，免递年积逋；以直隶顺天等属上年水，赈安州等十一州县灾民。

三十四年，山西平阳府地震，遣大臣往赈死者，大口给银二两，小口七钱五分；葺屋户给银一两。其直隶宣化府霜灾，免本年及下年田租。时又豁除山西河津、荣河等处河堧坍没田赋。

三十五年，命天津赋银宿逋皆予豁除。时王师进征厄鲁特噶尔丹，免大兵经过之直隶宣化、山西大同二府属及陕西一省一年租赋。又直隶宝坻等三十二州县水，所有钱粮先行豁免。特谕该督抚，责成地方贤能官察勘穷民，支借仓米。

三十六年，诏：免山西、甘肃明年租，陕西沿边州县卫本年田租，江南苏松等属历年逋赋。

三十七年，以山东济宁、兖州、东昌三府属比岁不登，命部臣保举贤能司员二人，会同该抚散赈。以淮安、扬州、凤阳等处频年水患，久歉之后资生匮乏，免山阳、安东等二十一州县卫所明年地丁银米漕粮及高邮等六州县旧年丁赋。

三十八年，上南巡，诏：免江浙二省三十六年以前逋赋。以淮安、扬州二府属上年被水，所有海州、山阳、安东、盐城、江都、高邮、泰州、兴化、宝应九州县，淮安、大河二卫上年未完地漕银米，及淮扬三十场灶户上年及本年盐课，并二属明年地漕银悉予放除。又免凤阳府属十一州县及泗州所上年地漕银米；以山东泰安等二十七州县从前被灾豁免三十六年未完地丁银米，其三十七年钱粮因灾宽至本年征收者，分三年带征，其直隶蓟州三十二年退地逋负、江宁市廛房号廊钞银两、浙江鄞县海潮冲没田租，至是悉予蠲除。又直隶赞皇县民人向因土贼逃亡及今复归，着借给仓粮，以安定之。

三十九年，免湖广地丁银两。

四十年，江南泗州盱眙河溢，免赋，并除淹田逋租。以直隶霸州、文安、大城三县地洼易潦，除历年逋负。赈甘肃河州属被灾土司。

四十三年，上以秦省不通水运，河西一带瘠硗，免本年及明年钱粮。寻又运西宁米借给西安穷民。

四十二年，上巡幸山西，免该省去年逋赋。时山东水，九十四州县灾，按等免赋。复命户部官驰往截漕五十万石，委八旗官各支库银三千两，协同地方官赈济。又除泰安、郯城等七州县上年未完钱粮；又免江南徐州、邳州睢宁县及河南省民欠逋赋。赈凤阳所属饥民。是年，免安徽全省钱粮。

四十三年，免山东、河南、云南、贵州、广西、四川六省地丁漕粮，其山东屡年民欠，亦着免征。定河南见存仓谷，每年存贮，一半备赈，一半借给。

四十四年，免浙江省钱粮。以山东比年歉收，直隶顺天、河间二府米价腾贵，再免钱粮一年。谕嗣后遇蠲免之年，如并免积欠，则带征俱免；如止蠲本年，则旧欠亦俟次年征收，着为例。

四十五年，免天下逋赋，其已入者作本年正赋。按：是时，直隶银八万二千七百两，粮五千九百石；山东银一百六十九万一千七百两，粮五千九百石；山西、陕西、甘肃、江苏、安徽、江西、浙江、湖北、湖南、广东银二百一十二万二千七百两，粮十万五千七百石，皆邀恩免。

四十六年，江南、浙江旱，除免灾赋外，又免两省来年丁银田赋，及江苏四十三年以前漕项银米麦。令江南总漕会同该督抚察勘被灾州县，截留本年已兑漕米以济仓谷之不足；其徐州、淮安、扬州三府仓无存谷，动司库银十五万充赈。

四十七年，再免江浙两省明年地丁银，以去年被旱故也。

四十八年，江南淮安、扬州、徐州三府属，河南归德府属水，山东兖州府属旱，各如例免租；又免灾田来年额赋。以浙江灾后，民力未纾，所有因灾缓征漕米悉除之。

四十九年，免盛京奉天、锦州、承德等府县明年租谷。除江南荒地租银。时福建漳泉二郡旱，命截留镇江漕十万石运至狼山，松江漕十万石、湖州漕十万石运至乍浦，着该省总兵官用战船接运漳泉充赈。又从兵科给事中高遐昌请，凡遇免租之岁，田主免租七分，佃户三分，着为例。是年，奉恩诏于五十年普免天下钱粮，寻定分省轮免，三年一周，总计所免天下届征正额及屡年积欠共银三千八百六万四千六百九十七两。缘蠲免之例，稻谷不应入蠲，而福建之台湾有谷无银。

五十年，闽省届轮免之期，台湾岁租已入，巡抚黄秉中以闻，诏于明年之应征者除之。是年，又免盛京之承德等县应征米豆。

五十一年，免陕西西安租。以山西大同府、陕西潼关卫本年应免之米豆薪刍已征在官者，诏于明年之应征者除之。

五十二年，免山西、河南、陕西西安府及会宁等处田租。除江苏荒地银。诏直省编审人丁，以五十年丁册为额，其余谓之滋生人丁，永不加赋。

五十三年，免天下房地租税及积年逋欠。除浙江奉化县水没田赋。时甘肃靖远二十八州县卫所旱，诏免明年额赋粮草，命大臣前往察勘。

五十四年，直隶顺天、保定、河间、永平、宣化五府谷耗不登，免来年额赋。又蒙古被雪，运谷赈乌喇特十四旗、察哈尔八旗兵民。

五十五年，免直隶通省银米谷豆草束。是时，策妄阿拉布坦侵扰，哈密设镇兵备边，上念沿边一带兵民效力，令自山西大同府属前卫、右卫，大同、怀仁、马邑至陕西延安府府谷、神木等四十二州县卫所堡来年额征赋银粮米、豆谷、草束，并从前积逋，概予放除。以直隶水溢，拨通仓米二十万石赈济顺天、永平府属。

五十六年，谕：直隶去年雨水过多，田亩间被淹没，今虽有年，然仅足支一岁之用，着将顺天、永平两府所属州县及山海、梁城等卫所本年地丁银米豆高粱，及屡年积欠之银米豆高粱兼新旧草束，通行蠲免。又免直隶、江苏、安徽、江西、浙江、湖南、湖北、陕西、甘肃等省带征屯卫银。其江苏、安徽带征漕项银米、麦豆，各除其半。

五十七年，免陕甘两省逋赋，及明年田租。又索伦水，发银一万两，遣官赈恤；又发盛京仓赈扎赉特固山贝子特古斯属下穷丁。

五十九年，以沿边民劳转输，免陕西延安、府谷、神木等六十六州县卫堡额赋。时福建台湾飓灾，人民房庐多被损伤，免番民银粟，照（诏）：赈恤例散赈；其淹没兵民，照出征病故赏给。又陕西饥，直隶延庆等五州县地震，拨运银五十万并陕、甘二省所属常平仓谷百三十余万石，遣大臣率部院官分西安、延安、兰州三路赈济；其直隶地震灾民，命大臣一人，协同地方官如例赈恤。以兵兴，故再诏：免陕、甘二省来年额赋。

明年，以陕、甘二省值灾后，拨解库银二十万两借给籽种。时陕西复旱，命大臣往勘，除其租。

六十一年，遣大臣赈直隶赞皇等四十二州县饥民，并发米煮赈。是年，世宗宪皇帝即位，以古北口一路为圣祖每年行幸之地，三河一路为陵寝经由之路，令豁免大兴、宛平、顺义、怀柔、密云、平谷、昌平、三河、通州、蓟州、遵化十一州县来岁正额钱粮。时陕西岁征地丁银，每钱浮收三厘，米每斗浮收三合，以为备荒之用。上以徒有加赋之名，而无赈济之实，诏：永行停止，如有旧欠，亦并豁除。

雍正元年，诏：免江苏等属康熙以来逋赋，及直隶宛平等十一州县本年田赋杂税；其旗地递年逋粮，陕西康熙六十年以前未入银米、豆草，并除之。以山东济南、兖州、东昌、青州四府上年灾，出司库银十三万散赈；直隶河南亦灾，俱发仓截漕充赈；其粮种无资者，量助流亡者，招集复业。又郭尔罗斯、喀喇沁、扎噜特各旗饥，发帑七万两充赈。

二年，诏：普除天下康熙五十年以前积欠，并豁免杂项银米。除浙江仁和等十州县水冲沙地租，及江西南昌、新建、丰城、进贤、奉新、宁州、靖安七州县浮粮。赈苏尼特四旗人，动帑二万两。

三年，减江南额赋，苏州府属三十万，松江府属十五万，永为例。又除丹徒县滨江坍没田租，及台湾凤山新番归民口赋。时直隶饥，截发仓米三十万石赈济；江南睢宁、宿迁二县水，用积谷煮赈。定凡贫乏兵丁需借米谷者，该管旗员详报，督抚州县验实，取该管旗员印领借给；凡民间出借米谷，州县按名面给，秋熟后按户缴完，不使假手吏胥，若吏胥朦溷虚领，追欠无着，吏胥治罪，欠项向州县追赔，仍以失察例议处。

四年，安徽所属水，赈无为、望江等州县卫所及泗州等处折银按户散给。

五年，减浙江嘉、湖二府额赋十之一，永为例。时直隶、江南、浙江、湖北、湖南俱偏灾，各发帑赈济。

六年，除陕西西乡县浮粮。免直隶来年起运银四十一万七千八百余两，福建康熙五十五年以后逋赋三十三万八千三百余两。更定灾蠲例：凡十分者，免赋十之七；九分者，六；八分者，四；七分者，二；六分者，一。凡赈济勘灾给粮，有司官亲临，毋假手胥役里甲。近城之地设粥厂，远在四乡于二十里各设米厂，赈毕刊刻所赈银米数目、户口、姓名、日月，晓谕贫民，以杜胥吏中饱。

七年，除湖南武陵县宿郎圫湖滨淹没田赋。以西藏、苗疆平定，免甘肃、山西、广西、云南、贵州明年租，免西安田赋十之三。

八年，免直隶、山东、广东、陕西、山西、安徽额赋各四十万；浙江民屯田租十之二。时南河溢，河南、山东、江南滨河州县田庐俱被淹，北河亦溢，直隶顺德诸府灾，又京师地震，损伤房屋，乃免南河被灾州县漕米，赈滨河饥民，并给银以葺庐舍之水毁者；遣侍郎都统科道翰林分四路，各领银二万两，仍截留漕米大赈直隶被水灾民。另派官分五路赈地震被灾之旗丁，每旗赏银三万两，按名分给。时湖南永顺土司改土归流，照原额秋粮分则升科，仍免科一年。

九年，免直隶、江西、湖北、湖南、山东本年额赋各四十万。以大军经过，免西安地丁银十之三，甘肃全免，并加免陕、甘二省银四十万；又免甘肃之河州厅、洮州卫、归德所、西宁、凉州府番民本年米刍。时有江南河工占废之民屯田赋，淮安府阜宁县射阳湖题升淤地租，陕西武功县之坍没田租，福建凤县地阙额赋银，皆有银无地，悉予除之。

十年，免甘肃本年永入额赋，次年，普除之。以台湾彰化县经凶番扰乱，耕种失时，其八年、九年未入银谷，悉予豁免。

十一年，免河南本年额赋四十万，甘肃二十七万九千三百余两。谕：云南元江、普洱两府猓夷蠢动，夫役频烦之后，小民输将维艰，将二府属本年额征条银公项银并行蠲免。时江南海溢，常熟等二十九州县灾，直隶丰润、蓟州等处水，咸如例赈恤。是年，赈科尔沁穷丁六千六百余名。

十三年，免云南、贵州及湖南之沅州田赋。又令贵州所属州县给复三年。是年九月，皇上登极，诏：免天下田租及雍正十年以前通欠，随谕：劝业户各计所免之数，捐十分之五以惠佃农。以陵寝兴工，除大兴、宛平、良乡、涿州、房山、涞水、易州各州县明年租。以甘肃雨泽愆期，豁免地丁钱粮。谕：苏松浮粮已蒙世宗宪皇帝裁免四十五万两，而额粮尚有浮多之处，再加恩免额征银二十万，永为例。其余奉恩诏豁免者：直隶旗丁退入官地亩银租，山西大同、偏关、老水泉三汛兵丁徭赋，太平县江夫河蓬杂赋，贵州被贼寇州县本年租粮，四川各土番本年贡赋，西安明年地丁，甘肃半之，并予放除。

# 卷八十七　食货略七

## 蠲赈下

乾隆元年，诏除天下浮粮。几江苏之桃源、宿迁、睢宁三县新淤涸后改科地粮①，安徽所属之泗州五河两岸淤地额赋，河南荥泽县河旁坍塌地银及籽粒银，郑州临河之姚店等堡碱卤地粮，祥符等四十二州县盐碱飞沙坍淤荒地额赋，山东盐城等二十八州县冲压地赋，章邱县捏报垦荒地赋，直隶吕家湾等处水冲沙压浮粮及有粮无地或粮存人亡之项，甘肃因地震缺额丁赋及狄道县缺额地粮并有额无征各项，福建南平县浮多丁赋，陕西坍地徭赋，江南网户鲥鱼折色银，悉予豁除。是年，浙江仁和等四县水，免漕白南米；湖北汉川、江陵水，免赋银及南米；云南、贵州灾，免该省及接壤之湖南沅州府本年田租；江南海州、阜宁、盐城、兴化上年被水，免未兑漕米及因灾缓征漕米。又定嗣后遇灾四五分者，亦加恩免十分之一，着为例。谕直省因灾察勘户口，造具册籍所需饭食舟车纸张等费，皆量动存公银，毋丝毫派累地方。

二年，以经理山陵大事，自京师至易州民人趋役勤慎，免本年额赋。以陕西宝丰、新渠二县招垦，新户安业未久，悉除积欠额赋，其凉州、西安等处番民粮料，照屯地科则免三之一。定凡遇灾伤，督抚勘明，或分年带征，或按分数蠲免，具题请旨；至丁银向未摊入地粮，例不并免，今既归于一，令嗣后遇灾蠲之年，统核均免，其期以奉旨之日为始，凡部文未到之前，已输在官者，准抵次年正赋；时江苏阜宁、盐城二县有滨河地亩淹涸靡常，有司误报升科与山东商河县碱卤不毛之官庄地亩钱粮，江苏高邮等五州县堤工民房租银，甘肃河西各州县卫所随征马粮，皆系荒浮累民，诏悉除之。是年，免甘肃钱粮，西安半之。

---

① 几，应是"凡"字之误。

三年，除四川射洪等六县坍没田租。免直隶逋赋及宣化、永平之粮草、旗退入官之地租各逋赋。谕直省，各府州县学田无多，遇歉岁贫生不能自给，又不便令有司与贫民一例散赈，嗣后遇赈贷之时，该督抚学政令教官核实开列，送地方官详报，即于存公项内量拨银米，交本学教官散给；至各学田租，通融散给，俾沾实惠。是年宁夏地震坏廨署庐舍，人民官弁亦间有遇灾者，命大臣一人驰驿往视，发司库银二十万逐户散赈；其官弁照巡洋被风例，恩赐恤典。又定民间被火灾，准动存公银酌赈。

四年，更定赈济米数，大口日给五合，小口半之。向例，每名日给三四合至六七合不等。是年，免直隶届征钱粮九十万，江苏百万，安徽六十万，及云南勋庄变价额赋千八百余两，以该庄地屡被水冲沙压，难以耕种，承变各户，无可追赔，特谕豁免。陕西西安、凤翔、同州三府、咸宁等十九州县水冲屯庄银米，榆林等十州县民间贷借仓粮，悉予豁除。

五年，免安徽宿州、凤台、灵璧、石埭四州县雍正十三年至乾隆二年正杂各逋赋；豁除河南中牟等十四州县水冲沙压荒地额赋及郑州地户积逋。又江南省地丁钱粮漕项芦课杂税外，有名为杂办者，沿自前明，不在地丁项下编征仍入地丁项下，奏销款目繁多，国朝赋役全书亦未开载原委及如何征收则例，至是谕，如有款可征，即立定章程，以杜浮隐之弊，其实在缺额者，着该督抚确勘请旨豁免。

六年，免陕西那克舒三十九部落本年钱粮。按：是年准噶尔来使进藏熬茶，那克舒豫备马匹毫无违误，故加恩宽免。其行围所经地，免本年额赋十之三。谨按：乾隆六年，为秋巡行围之始，我皇上爱育黎元，特沛殊恩，凡跸路经过之地，皆免额赋十之三。嗣后恭遇圣驾时巡，永着为例。又以湖南临武、湘乡二县水，除坍田额赋；安徽水，赈凤阳、颍州二属饥民。

七年，除浙江钱塘县及河南洧川等十一州县河坍沙压田赋。诏除天下正项银米豆草并杂税租谷逋欠，其江浙二省未完漕项银米豆麦，向不在豁免之例，一并免征；又除甘肃省康熙三十年至雍正六年逋赋，柳林湖、三清湾、柔远堡、毛目城、双树墩、九坝各屯户贷欠，武威、平番、永昌、古浪、西宁、碾伯等六县三年带征银。是年，黄淮交涨，淹民田庐，命大臣会该督抚勘赈，动帑千余万，破格拯济；旋蠲被灾州县本年应征钱粮：江苏所属江浦等二十九州县卫地丁、岁夫、芦课、学租等二十四万九千五十三两，本色米八千二百石；山阳等二十六州县卫漕项银三万三千五十余两，米麦豆十有二万八千八百余石；安徽所属寿州等二十州县卫所地丁漕项银十有七万八百二十余两；米、麦、豆千八百三十六石有奇。又续免各灾地蠲余带征之赋，定凡遇灾即行抚恤，先赈一月，察明户口，按灾分极贫、次贫加赈，其山西、湖广、贵州不分极贫、次贫，皆按月给赈；江南、浙江原分极贫、次贫，又次贫，其又次贫并归次贫内，凡遇夏秋其灾地岁不两熟与虽两熟而秋禾不复可种者，照秋灾例赈；风雹伤禾苗者，亦以秋灾论。

八年，上诣盛京恭谒祖陵，嘉予各庄头输将无误，免本年应交仓粮及上年未完米豆；又免那克舒三十九部落应征明年额赋；除湖北兴国、黄冈二州县荒田租税，浙江玉环涂税。按：浙江温台二洋，向为渔船采捕之所。自玉环未展，复以前汛兵需索渔船陋规，无异私税，后因展复玉环，地方官恐经费无出，将陋规改收涂税。至是上谕滨海编氓，以海为田，着将此项永远革除。又免直隶望都、静海、冀州、武邑四州县贷种宿逋，及甘肃皋兰等十二州县乾隆六年逋赋。赈直隶天津、河间、深州各属二十八州县，山东德州十三州县饥民。其上年因黄淮交涨，遣大吏视赈，至此届停赈之期，复令江南督抚察现在水淹未涸之地，按饥民口数，酌定月分接续赈恤。

九年，免肃州九家窑未完牛具银，陕西西宁县元年未完马粮，高陵、平利二县五年所贷籽种。

十年，皇上御宇周旬，奉恩诏普免天下钱粮，以十一年为始，分省轮免，三年一周。其例不入蠲者，直隶霸州、固安屯粮，奉天锦州米豆，浙江玉环山、海宁县大亹中小亹各银谷，甘肃临边各属刍粮，福建台湾粟米，湖南乾州凤皇永绥苗民杂粮，四川番民贡赋，陕西玉树那克舒马贡，山西大同、朔平二府额征米谷豆麦，亦予加恩豁免；其直隶宣化府屯粮、甘肃河东河西各屯免三之一，福建台湾官庄、山西太原等府额征本色免十之三，河南之滩地官庄、官地、义田，广东官租、学租、屯地旷军余谷各项均免十分之一。

臣等谨案：古有赐复之典，不过偶见一方，洪惟我圣朝世德相承，同符泰运。圣祖仁皇帝五十年，以国庆绵长，普免天下地丁钱粮漕米，三年一周；世宗宪皇帝登极，又尽除天下逋欠，甘肃全免正赋者至十余载。皇上御宇周旬，复普免地丁钱粮。五十年中，免地丁钱粮者三次，免漕粮者二次，湛恩汪涉，乐利恬熙①，实旷古所未有也。

---

① 湛恩，厚恩，深恩。汪涉，深广。

是年，除江西乐平、德兴、玉山、宜黄，陕西洽阳各坍荒田租，免江苏州县雍正十三年至乾隆元年未入正项杂赋，甘肃宁夏、宁朔、平乐乾隆三年因地震所贷耕具，咸宁等县民屯地及更名地因水缓征银米，皋兰、金、靖远、平番、灵州、碾伯、高台七州县乾隆八年未入赋银粮草，瓜洲安插回民未偿牛种；又以直隶宣化、延庆等州县、山西大同府，江苏、安徽所属偏灾，加赈有差。

十一年，上巡幸山西，免驻跸之五台县明年额赋十之三。又以瞻对平定，凡四川打箭炉口内外效力各番部给复二年；又特减直隶庆云县额赋十之三，着为令。其浙江云和县坑炉税、广东琼州府杂税、福建无着渔课、苏州沿城屋地租，一例永除。先是苏州城内外居民，沿城构屋，赁地输租。后屋毁他徙，租遂遗患，州县率以罚锾抵解，至是严禁滥罚，遂除其租。时江南水，免山阳等二十四州县卫民屯地漕河租各赋；其海州、沭阳、赣榆三州县未入地漕银米，板浦等六盐场未入折价银，悉予放除；又截漕二十万石充赈，并给银葺居以安栖止。时山东、河南，及广东之广州、肇庆、韶州、南雄均被水，直隶宣化府雹，均如例赈恤。

十二年，除天津苇渔课。以山东水雹，免赋银三十五万三千九百有余；江南海溢，免灾田额赋。复除山阳等二十一州县乾隆七年蠲余未完正杂各赋。截山东、河南漕运天津北仓米，协济东省，共用谷米一百五十万石，并发帑百八十余万两，充山东赈济。江苏沿海各州县所被潮灾，直隶天津、浙江杭州、江南徐州皆偏灾，蠲赈如例。

十三年，上幸山东，免銮辂所经州县田租十之三，其驻跸之曲阜、泰安、历城明年额赋全行蠲免。时浙江海潮灾，免漕项银米；以江南崇明县上年潮灾，免蠲余各赋。以直隶之庆云、盐山县地瘠，免历年贷种。又陕西、福建旱，诏：河南运粟赴陕，截江浙二省漕海运赴闽，用裨赈济。其山东邹平等二十州县水，云南、山西、甘肃俱偏灾，咸赈如例。

十五年，上谒易州陵寝，并幸河南，凡经临州县，未被灾者免钱粮十之三，被灾者免十之五；以祥符为河南省会，登封为望秩之所，全免来年地丁钱粮；嗣于次年，以豫省乡民踊跃急公，免全省十四年以前逋悬共三十五万；时江南江宁、淮安、扬州、徐州、海州五府州水，赈被灾贫民。

十六年，上南巡，除江南之武进、阳湖二县开抵田租，及江苏、安徽乾隆元年至十三年积欠地丁银共二百五十八万。浙江一省，向无积欠，蠲正额三十万以示劝奖。其山东因灾借贷籽种银，徐州、扬州二属之兴化、沛县滨湖荒田未淹以前应征逋赋，两淮灶户递年逋赋，皆以銮辂南巡，展恩除之。

臣等谨按：前明虚田领价，后因本户逃亡，株连亲族，实非原置之田，亦非当日领价之户。民间既输条粮，又纳役租，以致积年拖欠，上省方所至，令均照民田一例完纳，租银概予豁免；又以浙江向无积欠，并蠲除正赋以劝输，将恩膏稠叠施于常格之外矣[1]。

十七年，驾幸木兰，经临各州县，有被雹灾者免田租十之五，余如例免十之三；又免甘肃自元年至十年各项逋赋；除浙江滃安、临海、瑞安，陕西吴堡各县坍荒田租。是年，浙江旱，被灾者五十四州县，其直隶、山东、福建、江苏、安徽、山西、陕西俱偏灾，除免赋常赈加赈外，以浙江灾重，命截留漕米五十万石，谕：湖广协济仓米五十万石，赈粜兼施，本折并赈。又除甘肃狄道等十五州县坍荒田赋，免长芦商逋课银；山西旱，给赈如例。

十八年，清核直隶四旗通判、热河八沟同知所辖坍荒地亩，安徽太平府，福建台湾府，浙江、山东灶地各处田地坍荒者，咸免科。时淮水涨，淮、扬、徐灾，河决铜山堤，宿州、灵壁、虹县、泗州被淹，命内大臣往视，发帑截漕，拨运江西、浙江、湖北、湖南、河南、山东、四川米，协济赈粜；又山东掖、潍、昌邑三县风灾，人给口粮一月。

十九年，上谒盛京陵寝，免奉天本年田租，其庄头应纳粮石，各旗地米豆、草刍免半，壮丁米全免；时淮安、扬州水，赈农民、灶丁；福建漳州所属亦水，人给口粮一月；台湾澎湖飓风，坏商渔船及民庐舍，均饬大吏赈恤。

二十年，浙江杭、湖、绍，江南淮、扬、徐水，山东沂州秋禾灾，各如例赈恤。

二十一年，上幸阙里，诏：免曲阜来年租赋。以西陲用兵，民劳输輓，免甘州、凉州、肃州、安西各卫及皋兰一县额征银米草刍，宁夏、平凉、巩昌、兰州四府田租免十之三，其全省十一年至十五年逋赋贷种蠲免有差。时山东、江南水，咸赈如例。

二十二年，上南巡，免江苏、安徽、浙江递年逋赋、江宁、苏、杭三府本年田租；其江南十年以前漕项，浙江漕项、屯饷、沙地公租暨贷租未

---

[1] 稠叠，重叠。此句意为打破常规多次施恩。

偿者，悉除之。又免甘肃之凉州、肃州、安西、皋兰本年田租，甘省十六年至二十年逋赋，直隶之沧州、静海、南皮，山东海丰递年各顶逋赋；又以江南淮、海、徐等属频罹水患，山东鱼台、金乡、济宁、滕、峄五州县上年被水淹，田尚未涸出，除借粜展赈外，加恩将徐、淮、海三属新旧积欠及两淮灶户逋悬，山东鱼台等县并济宁、鱼台之屯户逋赋概予豁除。是年，山东、江南加赈展赈，早蒙抚恤，二省与河南之虞城、夏邑、商邱、永城犬牙相错，而中州独不言灾，至是上垂念该地民风淳朴，益用嘉悯，饬该抚速勘积水地亩，赈恤一月至五六月；间会中州复水，涸出补种之秋禾亦淹，乃令除虞城、夏邑、商邱、永城四县田租二年，免四县积逋。又谕办理水利河臣，会同督抚，查明被灾户口，无论极贫、次贫，概予一月口粮。嗣后陆续奏报：汲县、淇县、封邱、中牟、阳武、新郑、武陟、原武、辉县、滑县、新乡、延津、获嘉、许州、长葛、祥符皆被水，坏民田庐，命拨江西、湖北米协济，本折兼赈，增折直并以工代赈。越明年二月赈垂毕，上复谕曰：比如赤子在慈母之怀，未能强饭，遽断其乳，其何以堪，其再加赈一月；又是时漳河暴涨注卫河，山东、直隶被水，江南上、下亦被水，甘肃雨雹，山水大至，咸赈如例。

二十三年，免甘肃十六年至二十二年逋赋。以河东西旱，本折兼赈，增折直河东十之三，河西十之四，展赈至来年七月。

二十四年，皋兰等二十五厅州县秋禾复灾，其折赈视上年再各增十之三，仍分别展赈。时又赈山西阳曲等三十州县贫民。

二十五年，免甘肃田租。以新疆底定，大兵凯旋，再免明年田租。其江南之淮、扬、徐、海四府州县，及山东、湖南、甘肃州县间被偏灾，咸赈如例。

二十六年，上幸山西五台，免经临驻跸之地租赋十之三，其五台县二十四五两年所贷仓谷石数，与阳曲县缓征带征各银谷，概予豁免。又免直隶宣化府八年至十三年逋赋。时黄河溢，祥符等县灾，命大臣会该抚散赈；其直隶之大名、天津，山东之德州、曹州亦水，皆截漕充赈。云南新兴、江川二州县地震，照例赈倍给之。

二十七年，上南巡，免驻跸之江宁、苏州、杭州三府附郭诸县本年租赋。其安徽、江苏、浙江三省，先年因灾缓征及地丁之未入者，如例蠲免；其浙江民屯田租、漕赋、灶课诸逋负，并两淮灶课带征银，及经过畿辅等处地方应征额赋，分别蠲免。回銮后，复将直隶大兴等十州县厅所有节年未完分别带征之项，其自十二年至二十五年逋欠地粮、改折屯粮等项，概予豁除；其自十九年至二十五年因灾缓征带征地粮、改折屯粮等项，再分作三年带征。是年，赈直隶四十五州县、山东、甘肃各三十州县卫所饥民。

三十年，上谒东陵，途次周诹，以直隶上年秋霖过甚，令再行加赈，其灾较轻与不成灾之州县，亦予加赈。是年，南巡浙江，銮舆经临州县，复免田租十之三。

三十一年，奉恩诏湖南、湖北、江西、浙江、江苏、安徽、河南、山东应输漕米，照康熙三十年例，按年分省通行蠲免一次。

臣等谨按：起运漕米，例不减免。惟我圣祖仁皇帝五十年通行轮免一次。今皇上诏令，分年普免，至四十五年又普免一次，间阎盖无不享盈宁之福矣。

三十二年，上幸天津，免该属节年尾欠，并缓征出借未完银米。旋谕：翠华所至，郊圻黎庶，共切近光，着将直隶通省节年尾欠未完民地屯粮等项银谷，一体蠲免。是时，大兵进征缅匪，令于云南通省州县卫及十九姓土司本年地丁钱粮，普行蠲免；其湖南、湖北、贵州三省所有军行经过地方，钱粮亦予缓征。明年，令直隶、河南、湖南、湖北、贵州五省所有军行经过处，本年地丁钱粮，概予缓征。时安徽之合肥等十六州县卫旱，凡新旧漕项钱粮及历年贷欠，均予停缓；本年民卫屯地钱粮，各按灾分蠲免，其未蠲应征之项，仍分年带征；被灾军民及各学贫生，一体本折兼赈，缺籽种者贷；其直隶霸州、保定等十二州县洼地水，河南光山等七州县旱，蠲赈如例。

三十四年，加赈直隶、河南、安徽被灾各州县。时湖北江、湖骤涨，武昌汉阳所属被淹，饬大吏加意抚恤。其进征缅匪屯兵经过之处，应征地丁钱粮，诏令分别蠲免；在云南办理军需地方，免十分之五，直隶、河南、湖北、湖南、贵州经过各州县，免十分之三。

三十五年，皇上六旬万寿，越明年，皇太后八旬万寿，诏普免天下钱粮，其刍粮等项例不入蠲者，仍加恩分别蠲免；随谕直省督抚遇轮免之年，照应免粮银十分之四；令食力佃农，准直减租。时古北口山水涨发，坏兵民田庐，命大臣驰往抚恤，前后拨内库银四万，并发仓协济赈粜；旋命直隶总督杨廷璋遴选大员察勘东安、宝坻十一州县洼地被淹之处，加意抚恤，于是截漕二十万石，陆续拨通仓米四十万，发内库银七十万，银米兼给。其拨运内库银两，旧例，除俸饷外，俱有应扣秤余，不必悉照部颁法马。上谕：赈恤以苏民困，其事较俸饷尤重，将此次所动帑银，即于库贮元宝如数发往，嗣后如遇赈恤之项，俱照此行，永为例。是年，上幸天津，免天津所属及经过州县即年未完银谷及直隶一省三年前积欠共计三十一万有余。

三十六年，上巡幸山东，免经过州县本年额征钱粮十分之三；其上年被灾之处，免十分之五；其直隶之武清等十五州县因灾借贷谷十万有余，山东济南等六府属因灾借支麦本银十万八千余两，全行蠲除；又以浙省滨海屡被潮患，自常赈展赈外，即不成灾地亩，亦予抚恤。又直隶水，甘肃偏旱，截漕五十万、拨通仓米三十万、部库银五十万赈直隶；拨陕西藩库银三百万、仓米三十万赈甘肃。又向例届蠲免之年，即遇灾歉亦不再蠲，上念甘肃地瘠民贫，将被灾州县展至明年，按分蠲免；其该省积欠仓粮四百四万余石，全行豁除；其米银分作六年带征。是年，除临清及陵县沙压盐碱地亩、震泽县坍没公作田荡租赋。

三十七年，缓征四川兵过州县及直隶、山东上年被灾州县钱粮，又加赈去年山东偏灾，及各省偏灾贫民。

三十八年，缓征四川、湖南、陕西等省兵过各州县钱粮，及拨调湖广各营官兵经过州县漕米。又以肃州、高台、抚彝、安定、金县五厅州县皆经兵过輓运之所，免本年额征钱粮十之四，其黔省运送军装亦分别缓征。又免天津府属积欠及直隶省上年被灾州县积欠，时黄河北岸湖水盛涨，会黄下注河南正阳等府县及江南清河、桃源、安东三县，大河、淮安二卫，泗州、凤阳等属，洋津、里河二处庄地俱被水，又陕西间被偏灾，各如例赈恤。又加赈甘肃皋兰等五州县，以漕运总督嘉谟请，豁除太仓等州县所有坍没田亩租赋，并捐义冢地亩应征银米；以湖北巡抚陈辉祖请，豁除监利挽筑月堤、挖压田亩粮赋；以安徽巡抚裴宗锡请，豁除凤阳、泗州等属被水田亩应征银粮。

三十九年，加赈陕西、河南、安徽、江苏四省上年被灾各州县，除江西新昌、宁都等五州县坍没荒田及江苏江浦县坍没屯田租赋；以上年黄水漫溢，免山阳、清河、盐城、阜宁四县明年应征钱粮，其四县暨淮安、太河二卫本年漕粮漕项银米一体分别蠲免；又令缓征：川省兵过地方钱粮及番民认纳夷赋银米、贡马等项；寻以大功指日告成，谕：该省沿边番民及十姓土司所有递年缓征夷赋、贡马，分别酌免。是年，逆贼王伦滋扰山东寿张、临清数州县，弥月剿平，命该督抚查明，加意抚恤，分别蠲免。其直隶、甘肃、安徽、江苏俱偏灾，咸赈如例。

四十年，缓征甘肃积欠，其直隶上年被灾州县并毗连灾地钱粮，概予缓征。又加赈直隶、甘肃、安徽、江苏四省饥民。

四十一年，以金川荡平，命四川总督文绶会同将军阿桂将全省节年应征缓征带征钱粮，及番民杂项查明差务繁简，分别酌免；又以武功耆定，亲谒两陵，祝厘东岱，所过直隶山东，除如例免租外，并令二省递年缓征带征称贷银谷杂项酌定蠲免。计直隶免银十万六千余两，谷米、豆麦共十万余石；山东免银九万一千六百余两，谷米十有三万石。其江南被灾州县漕粮，分别展限。

四十二年，诏：普免直省地丁钱粮，自四十三年起计三年轮免一周，其不在蠲免之例者，仍令分别蠲免。

臣等谨案：普免天下钱粮，为从古所未有。圣朝累洽重熙，频加恩赉，兹复推广。圣慈将天下地丁钱粮再轮免一次，厚泽深仁，沦肌浃髓，尤推恩锡类之旷举也。

时又以甘肃屡被旱灾，豁免历年积欠，加赈上年甘肃、安徽偏灾州县。

四十三年，以山东历城等十九州县，河南汲县、淇县、临漳三县，甘肃皋兰三十二厅州县上年被灾，业与蠲缓借贷赈恤，上又念民气未苏，加恩免山东、河南被灾州县额赋十之四，其甘肃灾民展赈二月。是年，黄河漫口，被水州县奉旨截漕二十万，又留豫省新漕十万石，并先后拨两淮盐课银百万，户部库银六十万，命大臣前往董率有司赈恤。又湖北、安徽、江苏、甘肃间遇偏灾，动湖北藩库存贮银百八十万，并拨内库银五十五万赈济湖北。其安徽等省借贷赈恤，俱如例行。

四十五年，上七旬万寿，诏：免天下漕粮，以庚子年为始，如例轮免；其漕项款内例征折色，及民户输银官为办漕之项，一体蠲免。又上幸盛京，免奉天所属本年钱粮及杂项米豆。以甘肃屡灾，免二十七年至三十七年带征未完银米；河南数被灾，缓征本年地丁钱粮。时河南抚臣奏：中州漫淤未退，现奉恩诏于庚子年为始，普免七省漕粮，请即于今岁先将豫省漕粮概赐蠲免，其仪封、考城等五州县上年缓征漕粮亦请展至四十五六两年，分年带征。从之。

四十五年，仍以漫口堵筑未竟，将被灾较重之仪封、考城等十三州县接赈数月。其河南未遇灾州县暨上下两江、甘肃上年偏灾，各州县均予展赈；其河南上年应征钱粮，缓征至本年者，被灾各属仍行蠲免，余俱分作三年带征。是年，上巡幸浙江，銮辂所经，直隶山东、江南、浙江四省地方，如前免地丁钱粮十分之三，其该地每年积欠银粮暨商场逋赋，概予蠲除。直隶顺德等府属所除积欠谷米豆九万余石，折色银十万两；山东历城等州县银十三万两，谷麦万余石；江宁藩司所属银四十五万二千余两，米十七万余石；苏州藩司所属银二万三千余两，米十二万九千余石；安徽藩司所属银四万余两，米谷麦十万余石；两淮灶户节年未完银三万五千余两，两淮商民应完川饷未缴银百二十万两；浙江归安、仁和等县银五万四千两，米谷二万石有余。时直隶水，武清房山等四十一州县偏灾，截漕三十万，拨通米三十万，拨部库银三十万，与该省现贮银米协济赈恤。

四十六年，免直隶顺天等七府二州节年因灾缓征及借贷未完银谷米麦。加赈江苏、安徽、河南上年被水灾民，时黄河南北两岸漫溢，浸及江南、山东濒河各州县，又直隶天津等处低地间有积水，俱如例赈恤。先是甘肃连年被旱，准开捐监例，征收本色，以资赈恤；其后，布政使王亶望等私收折色，捏灾冒赈，上令确查历年冒赈分肥之员，俱以法论；复谕各督抚，毋得因此讳灾不报，乃谕：该督臣派委明干大员，查勘本年被灾之处，即不成灾者，亦予抚恤。续经奏报，宁朔、平乐等州河水泛溢，秋禾被灾，即照例赈恤。又屡饬直省该督抚遇有歉岁，即据实奏报，不得因噎废食。时大兵进剿逆回，其用兵之兰、河二州本年钱粮，通行豁免；又每人给仓谷二斗，加赈一月。其为逆回焚掠房屋耕具牛马者，均令给银；人口被伤者，查明抚恤。

四十七年，加赈直隶、河南、山东、甘肃、江南上年被水各州县，寻以黄河漫口未堵，令将被水较重之州县，不限月分，常予赈恤，俟堵筑后停止。

四十八年，豁免河南、山东所有开挑引渠、历次酌增夫料银共一千六十余万，甘肃历年缓征积欠银一百六十余万。是年，陕西榆林、怀远、葭州、神木、绥德、米脂、吴堡、府谷等八州县秋禾被灾，除将应征钱粮分别蠲缓外，即着于地丁项下拨银四万两，以备赈恤之用；其未成灾之清涧、靖远二县，所有本年额征并上年缓征未完，及新旧借欠常社食粮，俱着来年征还。又蠲免直隶节年民欠耗羡银三万二千七百余两。又以江南被水最重之沛县、丰县、铜山、邳州四处，不论月分，常予赈恤；其余被灾稍轻州县，不在常赈之例者，俱分别加赈。又因河南之仪封、考城、陈留三县北岸被淹加赈，赈外加赈。二月，又以山东兖州、曹州二府属及济宁州所属连年被淹，其最重之州县，不论月分，常予赈恤；其次重之各州县，俱加赈一月。又加赈安徽被水之凤阳、颍州二府，并泗州等属一月。

四十九年，谕：上年陕西榆林、缓德二属秋禾歉收①，节经降旨，令该抚加意抚恤，并加恩照乾隆二十四年散给折已之例，优予赈银，灾黎自可不至失所，第念今春正赈已毕，地气寒冷并无冬来，大田收获较迟，民食仍未免拮据，复加恩将榆林、蔚州、怀远、府谷、神木、绥德所属之米脂、吴堡所有被灾极贫户口，展赈四月，资贫户口展赈两月，以资接济。

五十年，上幸盘山，免经行地方本年正赋十之三。是年，豫省雨泽稀少，粮价日增，抚臣毕沅以河北一带各属仓石，因连年积歉，蠲缓散给，存贮无多，请于豫省应行起运米豆内截留十余万石，并于山东起运漕粮内就近截八万石以备接济。上谕河南卫辉一带，近岁被有旱灾，叠经降旨蠲免展赈，现在未得雨泽，自应宽为储备，着于豫东两省内截留漕粮三十万石，如东省漕粮不敷，着即于就近各帮拨给。又谕：明兴奏曹州、东昌、济宁、临清各府州县雨泽稀少地方未经播种者，尚有三十州县，东省仓贮历年蠲缓，借出存贮无多，请截留南米，宽裕储备等语，着于南粮头进在后各帮内截留二十万石存贮济宁、聊城水次，以备应用。又谕：江苏徐、淮、海三属本年雨泽愆期，二麦歉收，所有被灾最重之铜山、丰县、沛县、萧县、砀山、邳州、睢宁、宿迁、安东、阜宁、桃源十一州县实在贫民，着借给三个月口粮；次重之清河、盐城、海州、沭阳、赣榆五州县贫民，借给两个月口粮，以资接济；再该处州县仓石频年赈贷，存贮无多，其淮安一属，着该督抚，就近酌拨调济；所有徐、海二属，着即于邳宿一带水次，截留漕米十万石，以八万石分拨徐州各属，二万石分拨海州各属，以备赈贷之用。又谕：安省亳、凤等属，上年被水歉收，本年复雨泽愆期，业经分别借给籽种口粮，以纾民力。今尚未得透雨，着照书麟所请，于三进帮船内截留漕粮五万石，存贮备用。

---

① 缓德，应为"绥德"之误。

# 卷八十八　食货略八

**平粜**常平仓、义仓、社仓

臣等谨案：平粜之法，取以酌盈剂虚，使谷价常得其平。故岁丰增价而籴以便农，岁歉减价而粜以便民，是为常平仓法。其可与常平相辅而行者，则莫如义仓、社仓。顾自汉唐以来，积弊相沿，有储备之名，无平粜之实者，比比而然。洪惟我国家雨旸时若，年谷顺成，丰穰之休，超轶往古。列圣轸念民，依绸缪未雨，由省会以至州郡，俱建常平仓，乡村则设社仓，市镇则设义仓，而近边有营仓之制，濒海有盐义仓之制，所以预为之备者，无处不周矣。至于截漕协采，劝输通粜诸法，又复委曲周详，措施尽善，洵非前代言积贮者所可几及。兹纂依郑氏平粜之志，叙列常平诸仓，合为一卷。

崇德元年，上命户部承政英俄尔岱、玛福塔传谕八家，各出粮百石平粜，旋又令固伦公主、和硕公主、和硕格格及官民富饶者，凡有藏谷，俱令平粜。

六年，都察院参政祖可法上言二事：一、请杜囤积之弊，有粮之家，或卖或借，俾得有无相济；卖则从市平粜，借则从时起息，不许坐拥多储，妄希长价；一、请开纳粟之例，或论罪之大小，限以米数捐赎，或无罪之平人，有急公输粟者，量加奖录，俟秋成丰稔停止。从之。

顺治四年，江西水旱，令发仓米三千余石，减价平粜。

十一年，近京地饥，上谕赈济。大臣曰：米价腾贵，饥民得银犹恐难于易米。殷实之家，有能捐谷麦或减价出粜以济饥民者，先给好义匾额，及羊酒币帛，以示旌表；又令各州县常平义仓、社仓，两次造册报部，部臣按积谷多寡定有司功罪。

十三年，令各省修葺仓廒，并印烙仓斛，选择仓书籴粜平价，不许别项动支。

十七年，定仓谷籴粜之法，凡春夏出粜，秋冬籴还。平价生息，务期便民，一遇凶荒，即按数散给灾户。

康熙四年，礼科给事中黏本盛请饬地方官通籴以便民食。从之。

六年，准甘肃积贮米石，变价另籴新谷，以免浥烂。五年，陕西巡抚贾汉复请将西安等四府积谷，变价生息。上以出陈易新，原以为民，若将利息报部，反累百姓，诏停止生息。

十八年，令各地方官修常平仓，每岁秋稔，劝谕官绅士民捐输米谷，照例议叙。乡村立社仓，市镇立义仓，公举本地善良之人出陈易新，春贷秋还，每石取息一斗。每岁杪州县核数申详上司，上司报部。储谷多者，管仓人给予顶带，官吏搭克者，照侵欺钱粮例处分，强派抑勒扰民者罪。

十九年，又定常平积谷留本州县备赈。义仓、社仓积谷留本镇备赈，永免协济外郡。时以浙江杭州等府米价腾贵，动库银四万两往湖广、江西籴米平粜。又令奉天等处城守征收杂税，于米价贱时购贮内仓，遇紧急拨用，名曰备米。嗣后近边境地，如山海关、古北口、张家口、黑龙江、墨尔根、奉天、锦州、开元、辽阳、盖州及榆林等处卫堡，俱有贮备仓庾，特行于常法之外。

二十一年，命州县卫所官，劝谕积贮，以米谷多寡定议叙。

三十年，截漕米十万石，令于江宁、京口等处驻防之地建仓存贮。

三十一年，直隶永平所属及丰润玉田等县，米价腾贵，谕令发各王庄屯米转粜。

三十二年，西安米贵，令户部招募殷实商人，给以正项钱粮，于各省购米，运往发粜。其利息听商人自取，俟该省价平，但收所给原本。时畿辅米贵，谕大学士等每月发通仓米万石，减价出粜。禁商贾贩囤。

三十四年，盛京旱，谕令支海运米二万石，一半赈给，一半出粜。嗣后直属遇灾，即发京通仓米或截留漕米，并贮以备赈济。余米俟时价减粜。直省遇灾，除如例赈恤外，或多截漕米，或借拨库银，向邻近岁丰之省籴米平粜。

四十一年，以直隶各属所设常平等仓不敷赈济，令于各村庄设立社仓，如直隶行之有效，各省即照例行。寻以廷臣议定，社仓之谷，于本乡捐出，即贮本乡，令诚实乡民经管，上岁谨收，中岁粜借易新，下岁量口发赈；嗣后直属陆续劝捐米谷七万五千四百余石出借，得息米千五百余石，俱令于各属社仓存贮。其直省各州县常平等仓存粜数目，向例：大州县留一万石,中八千石,小六千石。至四十三年,乃按各省形势食指多寡分定大中小存粜。

四十三年,以河南居数省之中,宜广积仓贮,以备山陕赈济之需。乃将上年兑征漕米二十三万二千八百余石,每石易谷二石,分给河南府及近汴近洛之祥符、中牟、汜水、巩鼎、渑池、偃师、陕州、灵宝、阌乡等处造仓收贮。嗣后于江南、浙江两省开捐监例,定额贮仓,贮足即止。

五十四年,令直省劝输社仓,按数多寡分别旌赏。

雍正元年。饬直省督抚查核存仓米石,其蓄积未多之处,令比岁动帑采谷增益。

二年,奉谕旨,备荒便民之举,莫良于社仓,但劝导设建,当俟屡丰时,随民多寡,利息从轻,取偿从缓;倘值岁歉,即与展限,一切条约,有司不得预干。至积谷渐多,督抚亦止具折奏闻,不必造册题报,致社仓顿成官仓。其时督抚务求速效,多有令州县于应输赋一两者,加纳社仓谷一石,且以贮谷之多寡定牧令之殿最。上闻谕曰:是何异于正赋外每两加收四五钱火耗耶?该督抚宜会同司道府等官妥议,务得安民经久之法。嗣后复奉谕旨,奉行之道,宜缓不宜急,宜听百姓自为之,不当以官法绳之。续经议定,有司劝捐,不得苛派,所捐之数,立册登注,不拘升斗,如有捐至十石以上者,给以花红;三十石以上者,给以匾额;五十石以上者,递加奖励。其有年久不倦,捐至三四百石者,给以八品顶带;每社择立品端方,家道殷实者,设立正副社长,果能出纳有法,十年无过,亦题请给以八品顶带。其收息之法,本谷一石,收息二斗;小歉减半,大歉全免,至息倍于本,只以加一行息。<small>乾隆三年议定,每息十升,以七升归仓,以三升给社长作收仓折耗之费</small>。其出入斗斛,遵部颁公平较量,每岁四月出贷,十月完纳。每社设用印官簿二本,一社长收执,一缴州县存查。凡州县官止听稽查,不许干预出纳。如有抑勒强借粜卖侵食等弊,许社长首告。各督抚于一省之中,先择行数州县,俟一二年后,着有成效然后行于通省。

三年,直省俱丰稔,命各督抚遵行社仓之法,于是社仓之制大行。江苏巡抚何天培疏请,预造排门细册存案,凡借贷散赈,如有不务农业,游手好闲之人,不许借给;其正副社长外,再举一殷实者为总领,积谷既多,恐滋浥烂,应于夏秋之交,减价平粜,秋后较时价买补。从之。寻定各省存仓米改易稻谷,后于归化城、土拉库等各建备贮仓,于两淮浙杭建盐义仓,于江南之泰州、通州、如皋、盐城、板浦近盐社地方建仓六所,以济贫苦灶户。江宁、苏州、常州、镇江四府另建府仓。直隶之喜峰口，贵州之古州都江，广东之南澳镇右营、澄海、海门、达濠等营、惠来、平海、大鹏等营及潮州城守三营、镇标三营、提标五营、督标并水师六营，肇庆城守营，琼州镇琼协、龙门协、香山协、虎门协、广海赛①，四川之潘州协、标达建等营及新设苗疆之河西七儿堡，俱建仓丰诸。

五年，以湖广积贮较他省独少，令照江浙现开捐监之例，收捐本色贮仓，以备东南各省拨运平粜之需。

六年，按八旗分数，设立二十四米局，通州二翼设二米局，令旗丁余米欲售者，以时价收及其欲买则以平价粜。川陕总督岳钟琪请以陕省耗羡银内，拨发各州县采买谷麦，广建陕省社仓，每社贮一千石。从之。是时，陕省官员每以收贮在官即是公物，未便付之仓正仓副，但令里甲押运。

七年，岳钟琪请颁明诏，交该督抚恭录镌石，每仓颁发一本，并拟社仓条约，亦请发各社仓，使乡愚共晓。上如所请行。

八年，于五城、通州各添设米厂，俟昂贵时减价出粜。

十年，大学士鄂尔泰言：甘州、凉州、肃州为军需会齐之地，仓储紧要，请将见行捐纳款项改折本色粮石。上以本地采买，恐价直腾贵，转于军民未便，乃令除本地民人以所有粮石交纳外，其他处交纳人等，俱在别处运交，不得于甘州、凉州、肃州采买。

十二年，谕：各省设立社仓，以便济用。近闻直隶百姓借领社谷，必俟督臣咨部而后行，往返动经数月，小民守候维艰。嗣后，但当先发咨报存案，着为例。

十三年，以云南各属社仓贮谷多不满千石，议将各属常平仓及官庄等谷内动拨，或五百石，或八百石，作为社本，按地方大小，以足千石以上之数。时内阁学士方苞言：仓谷每年存七粜三，设遇谷价昂贵，必待申详定价，穷民一时不得邀惠，嗣后，请令各州县酌定官价，一面开粜，一面详报，俾民早沾实惠。从之。

乾隆元年，禁粜买派累之弊。增设河标四营及广东左翼镇标营仓。

二年，京城米价稍长，特旨，发通仓米于五城，其设十厂，六居城内，四居城外，减价平粜；寻又于近京四乡添设八厂，明年移内城六厂于

---

① 赛，通"塞"。

城外关厢；添设崇文门、宣武门外米厂，永定、德胜二门中间米厂；又于城内添设米厂三处平粜。定各处无论常平社仓借谷，歉岁还仓概免加息。

四年，西安巡抚张楷条奏社仓事例：一、社长定三年更换，以杜欺弊；一、春借时酌留一半，以防秋歉；一、限令每年清还，兼收麦石；一、粘贴借户谷数、姓名，以除捏冒；一、令地方官稽查交代分赔，以专责成。又设立浙江、福建、四川各属营仓。明年，河道总督白钟山请于黄河南北两岸，照标营例设立河营仓，以利河兵堡夫。嗣后河南、山东诸营俱建营仓。

七年，申谕遏粜之禁。令各州县买补仓谷，时值岁歉价昂，不能买补，而该处所存，尚可接济，准其展至来年买补；若谷价不敷，而贮仓又系不足，该州县即详明上司，以别州县谷价之赢余添补采买，为酌盈剂虚之计①。其减价出粜，在寻常出陈易新之际，照市价每石核减一钱；若岁荒价昂，该督抚即临时酌量不拘减一钱之数，其平粜亦视岁歉轻重，毋拘存七粜三成例；凡奸民贱籴贵粜之弊，仍有例禁。又令山东行销票盐地方，分上、中、下三等，照票输谷；其章邱、济阳、莱芜、淄川、新泰、德平、邹平、商河、临邑、惠民十县列为上等，每票输谷二石；陵县、齐东、阳信、长山、博山、乐陵、青城、临淄、乐阴、临朐、益都、高苑、沂水、费县十四县列为中等，每票输谷一石五斗；莒州、新城、博兴、滨州、兰山、海丰、乐安、蒲台、日照、沾化、利津、寿光、昌乐、潍县、郯城十五州县列为下等，每票输谷一石，通计输谷二十万五千九百七十八石，分限二年交仓，照社仓例施行。

九年，以直隶米贵，令于通州、芦沟桥、沙河、黄村四路，分设四厂平粜。仍于通州设两局粜卖官米。按：通州向设两米局，收买俸米，以备平价之需。嗣于雍正十三年并归一局，至是后开两局。是年，置河南营仓。

十一年，置山东营仓。

十三年，谕：直隶常平积聚之数，悉准康熙、雍正年间旧额，其加贮者，以次出粜至原额而止。

十六年，圣驾巡幸江浙，先期命两省截留漕粮二十万石以资平粜。嗣后遇南巡盛典，即照为例。

十七年，停止八旗及通州二翼米局。

---

① 酌盈剂虚，指以有余济不足。

二十三年，准运丁余米在通州出粜。

二十六年，令甘肃省设立府仓。明年，又令甘省建乡仓。

二十八年，户部侍郎英廉言：京通仓贮最宜充裕，而频年截漕散赈，动以亿万计，间遇京城粮价昂贵，辄发内仓，广为平粜，截留之数既多，储积之数自减，请于湖广、江西、江南、浙江四省开捐贡监，收纳本色，或以三年五年为限，捐有成数，另行收贮；遇截漕之年，即于次年照所截之数补运京仓。廷臣议如所请。遂令该督抚将见在谷价酌中定议，并一应年限拨运事宜，酌定具奏。于是安徽巡抚讬庸请将见存常平仓谷先行碾米，附漕船运京，以捐监本色，随后补仓。上谕：三农生谷，只有此数，采购于官庚，捐输于绅士，条款虽殊，其为地方所产则一，与其辗转挹注，曷若留之民间！若一概丰贮，恐小民未获粜贷之利，先受目前食贵之艰，譬诸日食四龠者，先夺其三，而语之曰，吾将为尔他日待哺计也，彼不生感而生怨矣。国家升平富庶，内府外府均为一体。凡官廪兵糈岁支之数，岂缺于供，若以补漕粮而议捐谷，又因议捐谷而先运常平仓储，不独徒费输辇之劳，且他省闻风踵事，地方因缘垄断，必致米价涌腾，间阎转滋弊累。揆之经常不易之道，惟为民食留其有余，国用自无不足。居今承平日久，户口增而产米只有此数，倘遇必资通融协济之处，亦不过临时善为补救而已，所有碾运常平仓谷之奏，不必行其江浙四省。捐纳贡监之例，并停止。嗣于三十年，讬庸又以安徽所属仓额拨碾后缺至四十万，买补维艰，请于各属捐监酌量减收本色，以补仓贮。寻议，准令减三报捐。至徽宁地僻，准令减四，粟谷兼收，俟额足即止。凡外省营贩寄居者，不准报捐，本省人亦不准折色。时以直省府仓收放俱委州县，不免回护隐徇，令改归首邑经理，知府只许照例盘查，毋庸干涉。

三十一年，停止陕甘、直隶、安徽、山西、河南等省捐监事例。其各省仓谷缺额，俱令动库项买补，如库项不敷采买，该督抚随时奏请拨给。<small>时因陕甘捐纳，多系折色，转向民采买，令将见发帑三百万两存留甘省之项，陆续购足，以崇积贮实政，于是并安徽等省亦如之。</small>

三十三年，停止福建、云南、广东三省捐监贮仓事例。

三十四年，以直隶近水州县洼地被灾，拨通仓米二十万石散各处平粜；又云南因拨运军粮，各属仓谷缺额，令将该地方有永折、改折、抵条各项米悉征本色，抵补仓额。先是通州设立米局，凡王公大臣官俸，听其出售。通州民人因私立米局，渐滋弊端。至是御史屏治奏请清理积弊，以平米价，乃令步军统领会同顺天府尹将该地米局十余座，永行停止，其王公大臣官俸，令兵弁解京交纳。

三十五年，以岁届夏闰，秋成稍迟，近畿米粮不敷接济，将王公大臣秋季俸米先期支放，以平市直；又以入夏雨少，拨京仓米给五城平粜；令步军统领派委员役严缉奸商贩买囤积。是年，于古北口地方添建仓贮八万石。

三十六年，谕：积贮既属充盈，新陈亦当量为出易，若兵食宽裕，则余粮可赡及闾阎，自为一举两得。着将该地驻防八旗兵丁及城守营提标各营绿旗兵丁应支月粮，每年支给两季本色。

三十七年，畿辅麦收歉薄，谕：河南、山东抚臣各购麦十万石，运京供粜；并令山东仍弛海禁。

四十年，京师粮价昂贵，令照例拨京仓米给五城设厂平粜。先是川省因办理军需，购粮较多，该督抚因请暂停夔关出米，以供军储。至是大功将成，而督臣文绶犹请将川地所产杂粮，饬夔关一并截留。上谕：川省产米丰饶，向由湖广一带贩运而下，东南各省均赖其利。今军储充盈，采买渐少，又本年江苏、安徽俱被偏灾，米价不免昂贵，正应将上游粮食，源源贩运，毋许再行禁遏。

四十三年，山东巡抚国泰请社仓春借时，地方呈报，州县批交社长支发，秋还时由州县开单交地方，按户催完。每岁杪，责令州县亲赴四乡盘查。上谕：此是在官又添一常平仓矣。社长侵渔原不能免，然因此而官为经营，则书役地保之藉端勒索更甚，惟仍旧令督抚饬州县实心稽核，期得实济无事更张。是年，复于五城设厂拨京仓米麦平粜。

四十四年，国泰言：东省本年二麦丰收，节年民欠仓谷，请以麦六斗抵谷一石交仓。嗣后东省仓谷多有以麦易者。是岁湖北旱，该省大吏咨商川省，川督文绶请于水次州县各仓拨谷数十万碾米运楚；上以文绶意欲以官运仓谷塞责，实则不欲夔关之米出境，意存畛域，因传谕文绶，令其将水次仓谷碾米拨运江南。向来江南下游仰给川省，会前岁江南又歉收，故有此谕。并令晓谕楚省，商贩听其照常转运，无得阻滞；其途经楚省之米，亦令该督抚任其贩运，各处发卖。

四十六年，江苏崇明县被潮，民多拮据，将本年应行起运粮米内截留十万石平粜；又以徐州府属被灾较重，拨藩库银五十五万两，及盐课银五十万两以资赈恤。寻截留漕粮五万石以备平粜。

四十七年，直隶承德府雨泽偶愆，粮价稍昂，陆续发存仓余米六千石平粜；是时直隶各仓，因赈济额缺，将天津存漕米九万二百三十二石拨补；是年又以山东兖州、曹州府属被水，截留漕米五十万石接济。

四十八年，准四川未经变价之义仓谷存贮民间，以资接济；又于江浙各兑漕米内截留二十万石，分贮平粜。

五十年，上谕：上年湖北、安徽、江苏等省被旱，屡经降旨，加恩赈恤，并为之筹酌调剂，令将四川、江西米石接济各省，俾商力流通，以平市价；命川督李世杰饬该处州县，碾运常平仓谷，接济下游各省。

# 卷八十九　食货略九

## 钱币

臣等谨按：钱币之制，汉之五铢，唐之开通，差为得中①，其余非失之太轻，即失之过重，而积弊丛生，有不可究诘者。及前明官铸渐偷②，私钱日甚，至熹怀时而其弊极矣。我国家法制详备，府事修和，泉货流通尽善无弊。自龙兴之初即铸钱二品，迨定鼎燕京，内则设宝源、宝泉二局于京师，外则开局鼓铸于直省，轮郭肉好，轻重适中，迨自西陲底定，开局于叶尔羌、阿克苏等城，遵式改铸，荒陬僻壤，一体流通，钱法之盛，超越前古。至于金银交钞之属，均以济钱之不足；而银钱互权，实为上、下通行之币，以故输纳国用，惟以银钱兼收，而钞法逐永行停止。若夫开采铜铅，转输拨济，其所以等鼓铸之需者实详且尽焉。兹辑通志，特详书钱币之大端，着于篇。

天命元年，仿古九府圜法，铸钱二品：一、国书，一、汉字。轮郭外周文曰天命通宝；其满文一品，钱质较汉文一品颇大。

天聪二年，铸钱二品，形质如旧，文曰天聪通宝。

至世祖章皇帝定鼎燕京，大开铸局以足国用；始定为一品，设宝泉局属户部，宝源局属工部，文曰顺治通宝。按：明直省铸局皆称宝泉，本朝惟京局称之。每局以汉侍郎一员督理钱法，满、汉司员各一人监管局务。开铸以一期为一卯，计数以千钱为一串，始定制以红铜七成、白铜三成搭配鼓铸，每铜百斤折耗十有二斤。以一万二千串为一卯，每年额铸三十卯。每文重一钱二分，凡钱七文，准银一分；其旧钱不如式者，以十四文准一分。

---

① 差，仅、略。
② 偷，苟且。

四年，户部议钱价既重，不便行使，请更定为每十文准银一分。又请于各省重镇颁式开铸，于是开山西、陕西省及密云、蓟、宣、大同、延绥、临清等铸局；后又开盛京、江西、河南、湖广省城及湖广之荆州、常德二府铸局。

五年，开江南之江宁府铸局，停盛京、延绥二局。

六年，移大同局于阳和城。开浙江、福建、山东各省铸局。

七年，开湖广襄阳、郧阳二府铸局。

八年，准于各布政使驻札之省城量留一局，其余各镇及湖广之荆州等府铸局俱停止。

十年，复开密云、蓟、宣、阳和、临清等镇铸局，其增炉三百零四座。先是故明诸藩窃据边省，私铸伪号，奸民因乘便盗铸。而当草窃未定时，民间杂用假银，及行使低银，物价迄无定准。至是诏令严行禁缉，而伪钱假银始不得行。又定铸钱，务重一钱二分五厘，钱背左铸汉文一厘二字，其户部铸户字，工部铸工字，各省及密云等镇并铸开局地方一字；钱形字体备极精致，不合式者即为盗铸。仍照旧例，每千准银一两。其现行旧钱厚薄不等，暂从民便。直省钱法，责成右布政使督查。凡官炉夹带私铸者，以枉法赃论。

十二年，准户部议，于每年二八月，以局钱半成配给官俸兵饷；其直省兵饷官役俸工驿站杂支等项，亦按季视钱局多寡，配银给发。是年，开山东莱州府局。

十三年，停福建局。复移阳和局于大同。按：阳和地近大同，明洪武筑城其间，景泰时置宣大总督。国初因之移大同府治于兹。六年，并移铸局，至是裁宣大总督，铸局复移。

十四年，户部议，直省征纳钱粮，银钱并收，以银七钱三为准，银则尽数起解，钱留充用；自是银钱交纳，民间便之。时开炉太多，诏令停止各省鼓铸炉座，专归京局。较旧钱体质更加阔厚，每文重一钱四分，磨炉精致，钱面铸顺治通宝四汉字，钱幕铸宝泉、宝源二满字，俟三年后，新钱足，旧钱尽营销毁。乃定私铸禁例，凡为首及匠人拟斩，为从及知情买使者拟绞；甲长知情不举首者照为首例，其余轻重有差。又定掺和旧钱废钱禁例，及各官失察处分。

十七年，复开各省鼓铸局，定钱幕、铸地名兼用满汉字。谨按：是时，定钱幕地名字，如江南江宁府铸宁字，江西铸江字，浙江铸浙字，福建铸福字，湖广武昌铸昌字，河南铸河字，山东铸东字，山西太原铸原字，陕西铸陕字，密云铸密字，蓟镇铸蓟字，宣化铸宣字，大同铸同字，临清铸临字，增置云南铸云字；满文在左，汉文在右。京局之宝泉、宝源俱用满文。前顺治十年所铸一厘，钱幕汉字，地名惟江南之江宁作江字，江西之南昌作昌字，湖广之武昌作武字，余与是年所铸同。其后至雍正元年，始定各省局钱，幕皆用满文，至今通行，盖铸年号以昭王制，铸国书以示同文，洵为不刊之制也。

十八年，户部以前议旧钱限三年后尽行销毁，至是期满，新钱铸造尚少，因请于一厘字钱暂令展限行使。先收买十年以前无一厘字制钱，每斤给直七分，发局改铸；而御史余司仁亦言，盗铸私钱及明季之旧钱废钱积聚民间，不可胜数，今禁止掺和行使，而未讲求收买之方法，令虽严难以遽尽，请于京师并直隶各省地方，设法收买，俾民间无所行使，则掺和自息。从之。是年，减大同局炉座，增入山西省城局。

康熙元年，铸康熙通宝，轻重如旧制，颁行天下。乃停各省鼓铸，止留江宁府局。

二年，户工二部以旧议一厘字钱，限二年行用，至是期满，奏请各部拨银收买，每斤给直六分，发局改铸。

三年，复申定失察私铸之例。自督抚、司道、各府州县，并使目典史，及卫所官均有处分。

四年，更定各官失察掺和旧钱废钱处分。

六年，复开各省镇鼓铸，增置湖南、江苏、甘肃三省局，照式铸地名、满汉文，其钱幕湖南铸南字，江苏铸苏字，甘肃巩昌府局铸巩字。
按：湖广左右布政使旧驻武昌府，康熙三年移左布政使于长沙府，改为湖南布政使司；江南右布政使旧驻江宁府，顺治十八年移右布政使于苏州府，康熙六年改为苏州布政使司；陕西左右布政使旧驻西安府，康熙二年移右布政使于巩昌府，五年改为甘肃布政使司，故特增铸局。

七年，开四川、广东、广西、贵州四省铸局，钱幕满汉文，四川铸川字，广东铸广字，广西桂林府局铸桂字，贵州铸贵字。

九年，四川巡抚张德地言，四川僻处边地，州县本无存留钱粮，而陆路有栈道之艰，水路有川江之险，若银钱并收，则起解甚累，现在无需钱之用，请停鼓铸。经户部议准，并江宁等十五布政使司铸局，均恐有需用非急之处，谕俱暂停。嗣后各省局镇局，更迭存留，惟视钱价低昂，期于流通，初无定限。是时钱制甚工，费铜甚钜，铜价浮于钱价，因而奸民销毁制钱，造作铜器，获利以倍。御史罗人杰请定私销制钱，照私铸例论罪，官吏失察亦如之。寻以九卿议定，民间市肆除红铜锅及已成铜器与新造黄铜器在五斤以下者不禁。其余不得滥行铸造，违禁者治罪。

十八年，议，户工二部俱令以满右侍郎一员督理钱法。又令户工二部、都察院堂官同诣铸局，清查弊端。

十九年，开福建漳州府局，钱幕铸满、汉文漳字。

二十一年，增置云南大理府禄丰县、蒙自县局，钱幕俱铸云字。

二十二年，上以京局二部钱法，向以本部右侍郎管理，不无隐徇，乃命选差详察。寻以吏部侍郎陈廷敬、兵部侍郎阿兰泰、刑部侍郎佛伦、都察院左都御史马世济管理。于是佛伦言：宝源局每月分二卯鼓铸，而各关解铜不无迟延尾欠，每年局铜仅可供铸六月有余，余月匠役各归乡村，不能保无私铸；请各将关税乃芦课银增买铜斤，一年按月铸足二十四卯，不令匠役出局，可杜私铸之弊。陈廷敬又言：钱日少而贵者，盖因奸究不法毁钱作铜所致，鼓铸之数有限，销毁之途无穷，欲除毁钱之弊，求制钱之多，莫如铸稍轻之钱，使毁钱为器，既无厚利，其弊自除；于是定每文重一钱，令宝泉局按卯增铸。其各省局俱照新定钱式。

二十三年，定宝泉局每年额铸四十卯。

二十四年，增置云南临安府钱局，钱幕亦铸云字。时福建巡抚金鋐请禁止旧钱，上以询内阁诸臣。内阁学上徐乾学言：钱者，历代通行之货，自汉五铢以来，皆古今钱相兼行使，以从民便，未有废古而专用今钱者。若随时尽销古钱，明天启以后，广兴铸局，尽括古钱以充废铜，此钱之变也。旧钱已尽，即使良工更铸，而海内之广，一时难遍。上采其言，乃谕：旧钱流布，直省皆然，若骤为禁止，恐有不肖之徒，借端生事，贻害平民，着永罢旧钱之禁。

二十五年，增广东肇庆府局，钱幕亦铸广字。越明年停止。

二十六年，户工二部钱法停止选差专员，仍令本部右侍郎督理。

二十八年，开福建台湾府鼓铸局，钱幕铸台字。

二十九年，复令收买私钱之令，在京限六月交送户部，照铜价每斤给银一钱；在外以文到日为始，亦限六月；各州县动库银照铜价收买，解交布政司。

三十三年，令宝泉局每年开铸三十六卯。

三十七年，上诣盛京谒陵，见民间私用小钱废钱，两局钱行使绝少，下廷臣确议钱法事宜。寻议定，凡有职司地方之责者，均有失察私贩私铸处分。

三十八年，议令民间自行销毁私钱，交官收买。

四十一年，大学士等会议，制钱轻小，易于掺和，钱宜改铸，每文重一钱四分，三年之内暂用旧钱、小钱，其新钱每串准银一两。旧铸小钱，每串准银七钱，俟三年后通行销毁。

四十五年，以旧小钱展限搭用，价直甚贱；大钱壅滞，令官为收买。时山东长山县多盗铸者，特差侍郎恩丕等赴长山县捕缉。其私钱流行民间者，令来年征收，山东钱粮银一两，折钱二千，俟私铸尽而止。

四十七年，严定失察私钱处分。凡有私铸及兴贩不法之徒，地方文武官不行严缉，一经发觉，知情者照私铸为首例斩决，家产入官；不知情者，以溺职论。官船户有贩运私钱，押运官知情者，与同罪；不知情者亦以溺职论。

五十三年，令宝源局每年开铸三十六卯。

五十五年，令京局暂行收买旧铜，以充鼓铸。于是奸民私销小制钱作废铜变卖，较之钱价获利以倍。谕令廷臣集议。寻议，钱局只许收买旧铜器皿，不许买新铸板块。如有毁小制钱充作废铜者，通行八旗步军统领并五城、大兴、宛平两县严缉，分首从治罪；房主邻右知情不首者，照为从例；不知者勿论。该管官亦如之。

五十八年，罢京局收买旧铜之令。

六十一年，将京师平粜官米钱文交五城市易，以平钱直，并令八旗月饷，暂以银钱各半配给，嗣后每遇平粜率以为例。

雍正元年，铸雍正通宝钱，颁行天下。令宝泉局岁铸新钱，与顺治、康熙大小制钱相兼行使；又于大兴、宛平两县设立钱行官牙，平直钱价。时云南各厂铜产日旺，于是开云南省城及临安府、大理府沾益州鼓铸局，钱幕满文，俱铸宝云字。

二年，定宝源局每年亦开铸四十卯。

三年，申私钱之禁。责令凡经纪铺户人等，不许掺入私钱一文，其从前收买在家者，限一月内赴官首明，官给半价收毁。如逾限仍搀和行使，不论钱数多寡，俱发遣边外给披甲人为奴。

四年，令宝源、宝泉二局，每年各铸四十一卯。又定宝泉局分设四厂鼓铸，增设大使各一员。停云南大理府沾益州鼓铸，增云南省城及临安府局炉座。其钱发运各省，并准于鼓铸正额外加带铸钱及外耗钱，其发各省，该督抚动藩库钱，一串易银一两，交滇省解官领回。如钱制轻薄不合式，各督抚参奏，监局官交部议处。时大学士、九卿议言，奸民销毁制钱，改铸铜器，从前立法甚严，而弊不能禁者，缘定例时但定将来未造之器，而已成之器不问；又现造之器，惟禁五斤以上，而五斤以下不问，故禁久玩生，仍然销毁铸造也。今欲杜毁钱之源，惟是除红白铜并黄铜之乐器、天平法马及五斤以下圆镜不禁，其余俱不许黄铜制造。其已成铜器，作废铜交官平买，禁官吏不得扣克，则私毁可除，于钱法实有裨益。上善其言，遂下禁铜器之诏。令下数月，民间交官者少，而市店犹行货卖。复定例，京城内除三品官以上，其余概不得用黄铜器，限三年内将所有悉行报出，当官收买，旗人交本旗佐领，汉人交五城御史处，随交随收，逾限不交者，照私藏禁物律治罪。其直省照京城例，定限交收。明年，以向议三品以上许用黄铜，犹觉过滥，嗣后惟一品之家许用，余俱遍行禁止，有藏匿私用者，概以违禁论。后复令各省有旧欠钱粮，准其以黄铜器皿按成色斤两抵算，其无旧欠之省分州县，民户有交官者，亦按成色给直，地方官不得借捐买名色，克减价直，重称收买。自是各省铜器，俱陆续首出。该督抚将所收铜斤，奏请归局开铸。

　　五年，开甘肃鼓铸局，钱幕汉文，铸宝巩字。

　　六年，令宝源局增设新厂开铸，停甘肃宝巩字铸局。

　　七年，增设宝源局大使二员，令湖北、湖南、江西、浙江、河南、山东、山西各开鼓铸局，钱幕满文，江西南昌府局铸宝昌字，浙江杭州府局铸宝浙字，湖北武昌府局铸宝武字，湖南长沙府局铸宝南字，河南开封府局铸宝河字，山东济南府局铸宝济字，山西太原府局铸宝晋字。

　　八年，开贵州毕节县铸局，钱幕满文，铸宝黔字。

　　九年，开江苏铸局于苏州府，开安徽铸局于江宁府。在江苏者，钱幕满文，铸宝苏字；在安徽者铸宝安字。按：是时安徽布政使驻札江宁府城，故铸安字。停河南、山西局。

　　十年，停江苏局。开四川成都府铸局，钱幕满文，铸宝川字。

　　十一年，开云南东川府局，钱幕亦铸宝云字。停江西宝昌局，浙江宝浙局，湖北宝武局，湖南宝南局。

　　十二年，停安徽宝安铸局，议开云南、广西州局，铸钱运京，钱幕亦铸宝云字。时上以钱重铜多，易滋销毁，着照顺治二年例，每文重一钱二分，通行各省，照式磨锉精工；其现行一钱四分之钱，听一体行使，嗣后宝源局每卯用铜铅十万二千八百五十七斤有奇，铸钱一万二千四百九十八串有奇。宝源局视宝泉之半。

十三年，定剪边钱禁例及各官失察处分。

乾隆元年，铸乾隆通宝，颁行天下。户部尚书海望言：鼓铸日增而钱价昂贵，建议者多筹禁铜之法，而奉行不良易滋弊窦。夫铜器散布民间，一旦禁使勿用，其情有所不便。往往迁延而不交，交纳而不尽。缓之则互相观望，急之则百弊丛生。胥吏借此需索，刁民借此讹诈。得贿则卖官法，不得则入人罪。搜括难尽，用法不均，民隐既难上达，有司未必皆贤。民间交纳铜器竟有除去使费空手而归者，名为收铜，实为勒取。此等铜质本极粗杂，加以锈坏，经钱局熔化，折耗甚多，而工价不减，所得不偿所失，于鼓铸全无裨益。况黄铜乃用红铜白铅配成，今禁黄铜而不禁红铜，是较未禁之先，铜又多费，适以速其私毁。是故未禁黄铜之先，白铜甚少，既禁黄铜之后，白铜甚多，皆奸匠销毁制钱和药水煮白成器，其弊如此。夫自古钱文重轻，必随铜价之低昂而增减之。上年世宗宪皇帝因私销之弊，议减钱分重一钱二分所以调剂。夫铜贵钱重者，已有成效，固不必屑屑于禁铜之末务矣。上善其言，乃停止收铜之令。

二年，出工部节慎库存留余钱八万串于京城，设官局十处出易，以平钱直。嗣后，各省钱价昂贵之时，亦设官局，以所铸余钱易换，俟价平即止。是时，京城每纹银一两，只换钱八百，故有是议。未几，钱价复平，即停止官局。

三年，停山东局及云南、广西府局。

五年，浙江布政使张若震见私毁之弊，屡禁不能杜绝，访诸炉匠。皆言配合铜铅，加入点锡，即成青钱，奸民即使销毁不能成器，因请饬户工二部，改铸黄钱为青钱，与现在黄钱相兼行，使并令开局，各省照式改铸。是年，复开江苏、浙江局，又开福建局，钱幕铸满文宝福字。

六年，开云南东川府局，复开湖南局。

七年，令宝泉宝源二局每年各开铸六十一卯，遇闰月加铸四卯。又开广西局于桂林府，钱幕铸满文宝桂字；复开江西局。时江南铸局用银一两，只铸钱八百九十六文，每岁配给饷钱以八百八十钱折银一两，余钱十六文充钱局及运脚公费。

八年，上以兵丁月饷仅敷食用，着照定例，每一两给钱一千，其钱局运脚准销公项，并饬各省鼓铸，有折扣者悉如江南例。是年，复开云南大理府局。

九年，复于京城设官钱局，令宝源宝泉二局于正额六十卯外，各加铸十卯。明年，复令二局各带铸五卯，加铸二十卯，并交官局易换。寻以钱价渐减，将官局停止，两局仍照原额为六十一卯。又开广东省铸局于广州府，钱幕满文，铸宝广字；开直隶保定府铸局，钱幕铸宝直字。

十三年，复开山西局，开陕西西安府局，钱幕铸宝陕字。

十五年，复开云南广西府局。

十六年，增定宝泉宝源二局，每年各开铸七十一卯，岁添钱十六万九千八百余串，遇钱价昂贵即发八旗米局减价出易。是时，上巡幸江浙，商民云集，乃先期命截留滇铜于江苏、浙江二局，加卯开铸，届期设立官局，减价出易，以平市直。嗣后，恭遇南巡盛典，照以为例。

二十二年，谕，前代废钱流传，今已无几，若尽行查禁，吏役转得借端滋扰，如唐宋元明之旧钱，仍听民便。至伪号钱文，例当严禁。该督抚出示晓谕，准民间检出，官为收换。

二十四年，移贵州毕节县局于省城。

二十五年，令宝泉局每年开铸七十六卯。先是二十四年，因平定回疆，甘肃经理一应屯田事宜，需钱甚伙，乃增四川、湖广钱局，按数分运协济。寻议，开西域叶尔羌城鼓铸局。回部之叶尔羌、喀什噶尔、和阗城旧有钱文，名曰普尔，以红铜为之，重二钱，制小而厚，轮郭外周而中无方孔，每五十钱当银一两，谓之腾格，至是荡平式廓。上从将军兆惠所请，令户部颁制钱式，仍用红铜，每文亦重二钱，阳幕铸汉字文曰乾隆通宝，阴幕铸叶尔羌城名，左国书右回字。先以预备军营之铜开铸五十万贯，易回部旧钱销毁。其后于本疆各城产铜之地陆续采取。至二十六年，又开阿克苏城鼓铸局，亦如叶尔羌之制，惟钱幕铸阿克苏城名，其铜设七品伯克管理，回部于该地开采。

二十九年，开云南顺宁府铸局，钱幕仍铸宝云字。

三十年，议准四川重庆、夔州二营生息银两交宝川局，每年加铸二卯。二十一年，又以云南总督刘藻请，减云南顺宁府加卯鼓铸，增省城临安鼓铸卯期；寻以铜斤不敷，将东川新设炉二十五座，大理广西各十五座，临安、顺宁各八座暂为裁减。先是晋省鼓铸，自乾隆十四年安炉十座，十八年减去四座，二十三年复添炉五座，钱价日贱。至三十六年，抚臣请酌减从前加增五炉，以疏钱法。从之。是年，又以江西巡抚海明奏，减去宝昌局炉四座，仍照旧六炉鼓铸。以乾隆壬辰年为始。

四十年，开伊犁鼓铸局，钱幕用宝伊字。伊犁为准部总汇之区，乾隆二十年，王师平定遂隶版图，既有重兵驻守，兼多商贩贸易，需用钱文较叶尔羌更为紧要。是年，遂令开局鼓铸。

四十一年，以云南铜斤足敷加铸，复定东川局增炉十五座，曲靖府安炉十八座，广西州复炉十五座，保山局增炉四座，大理局增炉三座，省局五十六炉之外，复添一座，统成一百四十一炉。除东川局二十五炉，先经加卯带炉外，余俱令每炉于正铸外一律加铸三十六卯半；又令贵州宝黔局复炉鼓铸。

四十四年，以滇省铜斤不敷各省采买，裁减大理局炉一座，省局五座移设大理；广西局裁去四座，将东川局二十炉内减去四座，移设广西，各加铸半卯；其临安、保山、曲靖三局复设十三座，尽数裁去；惟东川府需钱较多，仍令照旧鼓铸；又减广西省炉局及湖北宝武局炉座。

四十六年，又以四川铜斤不敷，将宝川局再停十二卯。

五十年，定各省钱局交代之例。凡藩臬及道员经管者，于新旧交卸时，俱着前往造册移交新任，并具结造报巡抚。倘有款项未清，即将前任经管之员参处以专责成。

# 卷九十　食货略十

**关榷**杂税附

臣等谨按：古者川泽林薮各有专司，原以崇本抑末而非与闾阎争尺寸之利也。乃唐、宋以来，视为利薮，搜索靡遗。凡竹木间架坊场扑买莫不有征，而取民之制，荡然无存矣。我国家肇造区夏①，荡涤繁苛，列圣相承，如伤厪念。虽惟正之供，犹时加裁革，况一切税额之增减，更何足论！是故设关口则勒扣必严，定牙行则胥役有禁。或开茶矿以便闾阎，或严契税以杜争占，其随宜酌取者，类皆量地制宜，务从节简，祛弊累而立经常，诚亿万世乐利无疆之源也。兹纂通志，依例登载，而附以杂税，以彰昭代尽美尽善之政焉。

顺治元年，豁免明季各项税课亏欠。免各直省关津抽税一年；禁革明末加增税额银两。

二年，定芜湖、杭关、龙江、荆州、清口五处税银，差工部官抽分。

三年，革明季加增太平府姑溪桥米税、金柱山商税、安庆府盐税。

四年，归并荆关、通惠河、中河、清口厂、杭关、芜湖、龙江等关于户部。

六年，谕：户部行文各关满汉官员，以后俱照原定则例起税，如徇情权贵，放免船只，乃于商船增收，或希充私橐，例外多征以病商民者，一经查出，定行重处。

八年，定各关专差汉官每关一人例。

九年，并西新关、江宁仓为一差。停独石口差。严关差留用保家委官之禁。凡额设巡拦，各制号衣腰牌。

十年，令各关差刊示定例，设柜征收不得勒扣火耗及陋规，并禁关役

① 区夏，指华夏，即中国。

包揽报单。

十一年，给事中杜笃佑条奏清厘关弊四事：一、裁吏役；一、查税累；一、关差回避原籍；一、批文核对限期。从之。

十二年，定各关兼差户部满汉官笔帖式例。

十三年，定各关专差汉官，两翼差笔帖式，张家口、杀虎口各差满官一人，笔帖式一人①，均照例一年更代。

康熙元年，停蒙古、汉军关差。定六部各咨送满、汉官、笔帖式各一人轮掣例。又定张家口、杀虎口专差满洲、蒙古官例。

二年，定盘诘粮船关口地方，止于仪真、瓜洲、淮安、济宁、天津五处，并许带土宜六十石以恤运丁。又定外国人携带货物入崇文门免税例。申定满汉关差例。满官差郎中、员外郎，汉官差郎中。又更定两翼、张家口、杀虎口准轮差六部司官例。

四年，罢抽税溢额议叙之例。

五年，定淮安关及直省各关税务俱委专员管理；定杭州府同知管理北新、南新两关事务。

七年，定浙江盐政管理北新关事务。

二十一年，移九江关驻湖口。

二十三年，设福建广东海税监督。满、汉各一人，笔帖式一人。又准沿海地方载五百石以下船出海贸易登载人数，给印票验放，其进海口内桥津地方贸易舟车等物免税；又议福建沿海无篷渔船税，仍听地方官征收；其有篷桅船归监督征收梁头税课，沿海要口均拨哨船兵役巡察。设江南、浙江海税监督。满、汉各一人，笔帖式一人。设西新龙江课税专官。

二十四年，免外国贡船抽税。

二十五年，定州县官隐匿海口船处分。五船至十船者罚俸，十五船至三十船者分别降调，五十船以上者革职，仍治以隐匿之罪。

二十八年，谕：采捕鱼虾船及民间日用之物并蚵口贸易悉免其收税，嗣后海关着各差一人。又以朦胧归海关、轧东归淮关管理；沙沟免税。谨按：沙沟系朦胧轧东总汇，海关有税，故沙沟不设，以二处分隶之。

三十三年，设立山海关差官管税。

---

① 笔帖式，官名，按满洲的原意为写字人（士人）。清王朝于各部院衙署皆置笔帖式，以满洲、蒙古和汉军旗人充任，职掌翻译满、汉章奏文书。

三十四年，设浙海关署于宁波府，拨沿海巡哨船二十于各口巡察。又设海关署于定海县，并设红毛馆，令监督往来巡视。严差官自京私带年满旧役、谋占总科库头名色之禁。

四十六年议准，山海关外金州、牛庄等处交与监督巡察，越关漏税所得赢余作为定额。

五十四年议准，九官台、清河、松岭子等处交山海关监督巡察收税，增课银三千两。

五十五年，北新、凤阳、天津三关监督题报阙额，谕俟监督任满，交巡抚监收。临清关亦如此例。停瓜洲税课。裁税课大使。

五十八年，议准淮关税务于两河同知内差一人管理。又议准福建糖船至厦门者，赴本关纳税，其往浙江、江南贸易者免税。

五十九年，以江海关归江宁巡抚、浙江关归浙江巡抚管理，又令横城口税归山海关兼管；增税千两，作为定额。

雍正元年，复移湖口榷关于九江，并分设口岸于大孤塘。

二年，谕：嗣后税务交与地方官监收，于钱粮地方均有裨益。至是各关差官俱停止，惟崇文门无地方官司交，仍差内务府官；山海关左右两翼、古北口、潘桃口、杀虎口、呼纳呼河差，仍照例差遣部员。又谕：凡商贾贸易之人往来关津，宜加恩恤，故将关差归之巡抚，以巡抚为封疆大吏，必能仰承德意，加惠商旅也。但各关皆有远处口岸，所委看管家人，难免额外苛求，及索取饭钱等弊，嗣后着将应上税课之货物，遵照条例刊刻详单，均给各货店，其关上条例木榜务竖立街市，使人共见。申禁关役报单不实之弊，严放关迟滞之禁；又覆准淮安关仍差部员，浒墅关交苏州织造管理；又更定凤凰城中江税务，在盛京五部司员内遴选派往例。向系城守尉等官管理。

乾隆元年，革除龙江、西新关衙规验票等项银两。谕：闻外洋红毛夹版船到广时，泊于黄埔地方，起其所带炮位，然后交易，俟事竣给还。至输税之法，每船按梁头征银二千两左右，再照例征其货物之税，此向来之例也。乃近来夷人所带之炮听其安放船中，而于额税外，将所携置货见银别征加一之税，名曰缴送，亦与旧例不符。因思从前洋船到广，既有起炮之例，此时仍当遵行，何得改易？至于加增缴送税银，尤非加惠远人之意，着察照旧例，按数裁减。又定江西九江、赣州关钞课三联单例。凡商人纳银入柜后，发给一联，一存税署，一交巡抚衙门。又准张家口、居庸关照崇文门例，车驮货物过税，收取饭钱，以资养赡。二关向无火耗。

二年，定米谷税例。倘地方偶遇旱涝，米谷船到，准其放行，俟成熟再如旧例征收。嗣又议准，验明实系贩往歉收地方者，免税放行，仍给印照，至歉收处关口验明，填注到关日月，钤印发票，回关再验；如回船载有他货，止征货税，仍免船料。免天津、临清二关粮税船料。

四年，谕：上年江、安两省岁旱歉收，朕蠲赈兼施，多方筹画，并令豁免米粮赋税，俾商贩流通，源源接济，于地方甚有裨益。绩经该督奏请，将淮安、扬州、浒墅、凤阳等关免征米税，俟乾隆四年麦熟时停止，朕允其请。今届麦熟之期，闻各属雨泽尚有未曾沾足之处，且上岁歉收之后，米价一时未能平减，若商贩稀至，仍恐民食艰难，着将上、下江各关口米税照旧免征，俟本年九月米谷盛行之时，再行征收。又议准，各关赢余银如与上年悬殊者，令将地方情形察覆，据实申明。又定黄豆非麦秋可比，虽遇歉年不准免税例。又定出海樵采船，每船准带食锅一，每名止许携斧一，人数不得过十例。定两淮盐政管理扬州各税务。又定芜湖、凤阳关税务专差管理。

五年，定山东砖坂闸税务归并临清关管理，严禁捏名讨关之弊。

六年，定凡领帑及采办铜锡铅经过关山察验，文批数目相符者，立即放行例。应纳船料关口，仍征船料。

七年，复设德州、魏家湾、尖塚、樊厂等口岸。临清关所属。

九年，定福建如遇歉收之年，委官购买海运接济，不得招商运贩例。

十年，定台湾商渔船拨运米石例。每船只许带食米六十石，于出鹿耳门之先，查明多者，分别责惩。

十一年，定各关任满具题银册到部日期例。又定各关征收赢余较上年短少，有俟督抚察核覆奏者，以奉旨之日为始，扣限四月覆奏。又崇文门、左右两翼、张家口、山海关等处，限任满三月后，将册籍送部移科磨对。

十二年，移福建诏安县溪雅税馆于悬钟地方。谕：着工部具奏，芜湖关赢余较去年短少，行令察核。今日户部议称，芜湖户关赢余较去年有余，毋庸置议等语，此案工关赢余，虽较上届不足，其户关较上年赢余之数，足敷抵补，工部再行察核之处不必行。嗣后如一人而兼两关，其比较上年赢余之处均有不足，再令该督抚据实察核。

十四年，定赢余短少处分例。凡一分以上至三分者，罚俸有差；四分五分者，分别降级调用。

二十二年，增定闽海关税则。向以外洋番船俱由广东收税，其至宁波者不过十之一二，故闽海税则较轻于粤海，市舶易于规避，至是更定。

二十五年，两广总督李侍尧疏，请革除粤海关规礼银悉归公造报。从之。

二十七年，江苏巡抚陈宏谋疏言芜湖关四弊，奏请革除：一、禁铺户代客完税，包揽居奇，仍令商人按簿亲填；一、货船抵关签验纳税给票后，始准过关，以杜偷越；一、关员遴选佐杂，照例半年更替，不得再留；一、督抚与监督本相助为理，每月所征数目，监督按月先行知会督抚，再于年满奏报时统咨知会。从之。

三十四年，谕：自来硫磺出入海口，俱有例禁，原因磺斤系火药所需，不便令其私贩。但海外硫磺运至内地，并无干碍，嗣后于海船出口时，切实禁止，不许偷带磺斤。其各省洋船入口，禁止夹带硫磺之例，概行停止，着为令。

四十二年，定打箭炉税，差照山海等关之例，于宗人府正副理事官及各部院郎中员外等官内拣选保送。又谕：户部奏查扬关征收税银，较雍正十三年短少三万三千六百余两，请着落经管之道员孙栝赔补一折，因命军机大臣交户部查该关历年赢余之数，较雍正十三年多寡若何。今阅单开各年赢余数目，惟乾隆十四、十七两年较雍正十三年有赢无绌，其余各年节次短少，并非始自近年。各关税课赢余例，与上届相比较。朕御极之初，本不知各处所收关税多寡之数，因谕部臣，即以雍正十三年为准，使胥吏不敢例外苛求，监督不能征多报少，且使每年比较，不致岁渐加增加减无所底止，实于体恤商民之中寓司关税不致作弊克减之意，并非因雍正十三年关税独多，使各关税必足其数也。乃行之未久，部臣因各关奏报赢余，较雍正十三年有赢者居多，若置上届于不问，恐监督以比旧已多，即可从中侵隐，易滋流弊，请仍与上届相比较。又复通行日久，昨岁考核淮关、凤阳关较上届屡形短绌，因令复照雍正十三年比较，则所短之数更多，自系办理不善。今扬关亦复节年短少，且通计短少最甚者，惟此三关，若因此而遍及诸关，未免窒碍，且恐无识之徒，疑朕于关税必欲从其多者相核，实不知朕体恤商民之本意矣！朕有意于帑项增多，则不三次通免天下钱粮，其所增益，不较此百倍乎！又思乾隆二十八年，临清关征收赢余较二十七年短少。朕曾谕户部令与二十五六两年再行比较，嗣经部臣奏称，该关赢余之数虽较上届少银三万余两，而较之二十五六两年尚多银一万五千余两，即予免议。盖税课赢缩，率由于年岁丰歉，固难免参差不齐，而通计三年即可得其大概，若多寡不甚悬殊，原可无庸过于拘泥，此法最为平允。嗣后各关征收赢余数目，较上届短少者，着与再上两年复行比较，如能较前无缺，即可核准；若比上三两年均有短少，再责令管关之员赔补，彼亦无辞。夫朕以雍正十三年为准者，本属美意。今既有此求全之毁，嗣后此例不必行。所有扬关本年比较赢余，交该部照此例另行核拟具奏，并将此通谕知之。

四十五年，定荆关、打箭炉两处征收税务，交该督抚照临清等关之例，派委妥员管理。向例，俱派部院司员前往管理，一年报满更换。

四十九年，免粤海关珍珠宝石等税。

## 杂税附：茶法、坑冶、契税、行帖、杂征

茶法

顺治三年，免茶马增解额数二千匹①，其应解之数，仍以旧额一万一千八匹为准。

七年，准茶马御史吴达疏，令部发之引俱照大引例②，官商平分，以为中马之用③。先是陕西茶马御史印发引有大小之分，又有大引官商平分，小引纳税，三分入官，七分给商之例。

十八年，准达赖喇嘛及根都台吉于北胜州互市，以马易茶。

康熙三十四年，刑科给事中裴元佩疏言，马政事关紧要，洮岷诸处额茶三十余万篦，可中马万匹；陈茶每年带销，又可中马数万匹，茶斤中马甚有裨益，于是遣专官管理茶马事务。

四十四年，以中马无几，停止巡视茶马官，归甘肃巡抚兼管。其西宁等处所征茶篦，仍变价充饷。

雍正八年，以川茶课税向以园树多寡为额，未有定准。定改照斤两征收。又定陕西茶商每引一道，运茶百斤，准加耗茶一十四斤；如有夹带，照私盐例治罪。官吏失察，亦如之。

---

① 茶马，指以茶向边疆少数民族易马的制度。
② 引，指商人运输货物的凭证。此处之引，指官府发给商人运销茶叶的凭证。
③ 中马，即以茶换马，以多少茶换一匹马，其价适中，公正公平。中，指不高不低，不偏不倚，适中。

九年，定五司复行中马之法，每上马一匹，给十二篦，中马九篦，下马七篦。计所收马匹，留为甘省军营之用，其有赢余，分拨河南、山西牧养。按：川省茶司，原分隶五处，西司坐落西宁府，洮司坐落岷州，河司坐落河州，壮司坐落平番县，甘司坐落兰州府。

十年，四川巡抚宪德疏言：川茶半由蒙古、西藏及打箭炉番人贩售，自引归部发，遇番客云集，分给不敷，请预颁茶引五千张贮川省巡抚衙门，随时增发。从之。

十三年，停止五司以茶中马。定嗣后甘库茶篦，遇存积过多之时，改征折色，俟各司销存无几，复征本色。

乾隆六年，减川省成都、彭、灌三县积引四千四十余张①，并除课银二千四百余两。

八年，豁免川省成都、彭、灌三县逋欠茶课。

二十四年，甘肃巡抚吴远善以甘省五司自乾隆七年改征本色以来，茶引日积，惟庄甘二司，地系冲衢，西河二司，附近青海，犹可行销；洮司最僻，甚难销售。请将各库官茶，搭给内地及燕疆兵营俸饷。又请将洮司额引归并甘庄二司征课，俟洮司库贮茶封搭给饷完日，即行裁汰。从之。嗣于二十七年并河司裁汰，统归甘庄二司颁引征课。

三十七年，准四川总督阿尔泰请，增南川县茶腹引一百张，照例征收税课。

三十八年，定四川三杂谷等处土司买茶以千斤为率，使仅敷自食，不能私行转售。从川督刘秉恬请也。

坑冶

顺治元年，开采山东临朐、招远等处银矿。后于八年停止。

康熙元年，定贵州开州斗甫厂征水银额，每岁九十五斤，闰加十斤，变价拨充本省兵饷。

二年，令四川黎汉、红卜苴二洞白铜旧厂，听民开采输税。

九年，定贵州黔西州属新开黄土坎厂征水银百斤。

十五年，遣官监视山西应州边耀山煎炼矿银。

十七年，严私开硝矿硫磺之禁。

---

① 这里的提法不准确。茶引分长引、短引、大引、小引、腹引、边引，等等，每一引茶规定的重量不同。

十九年，定各省开采，所得金银，四分解部，六分抵还工本例；又试采陕西临潼、山东莱阳等银矿；又令浙江富阳等县听民采取铜铅输税。二十年停止。

二十一年，定云南银矿，官收四分，给民六分例。

二十二年，停止山东、山西开采。

二十四年，招民开采四川邛州蒲江县黄铁山铁矿六座，官收十之二。按：四川自是年起至二十五年止，共收税铁万一千六百余斤，每斤照时价二分变卖。

三十八年，开州用砂、斗甫二厂山颓砂尽，改于修文县红白岩开采。

四十三年，谕：闻开采之事，甚无益于地方，嗣后有请开采者，悉不准行。

四十九年，开采云南昆阳州子母厂、易门县寨子山厂铜矿。

五十年，令封闭湖南产铅诸山。时以湖南山深谷邃，境通黔粤，苗猺杂处，不便开采。五十七年，并停止四川各厂。

五十一年，奏准，开采云南大姚县惠隆银厂。

五十二年，定湖南郴州黑铅矿，取出银母，官收半税例。

五十三年，令云南惠隆厂照郴州例收税。

五十七年，定云南楚雄府石羊等厂、临安府个旧等厂征收不足，照地丁杂项银例议处。开采云南金龙银厂。又定贵州威宁府属猴子厂银矿，二八收课例。六年停止。

五十八年，令云南建水县属华祝菁厂、云南县属水木支山金龙厂照惠隆厂例收税。

五十九年，定贵州威宁府观音山银铅矿厂二八收课例。

六十年，停采云南华祝菁厂。

雍正元年，开采云南马腊底银厂，停采贵州观音山等厂。又定云南厂课造册题报限期，将元年正月起至十二月止征收税项，于二年五月内册报后，着为例。

三年，开采云南古学银厂。

五年，开采云南黄泥坡并贵州威宁府属白蜡、柞子三厂。

六年，定湖南靖州属之墓坪山金砂课例，每净金一两，收课四钱，以五分作解供耗费及官役养廉，以五钱五分作商民工本。定广西苍梧县属芋荚山金砂课例。每两收课二钱，后于九年停采。定广西临桂县属之水槽野鸡二矿所出银铅铜砂二八收课例。

七年，开采贵州毕节县大鸡倭铅厂、威宁府猓木果铜矿。

八年，令四川建昌所属之迤北、兴隆，宁番之紫古咧、沙基、九龙五厂，招别省商人开采。本省商人不善开矿。所出铜斤三分收课。更定云南罗平州之卑浙、块泽二厂二八收课例，每百斤收课十斤。又定贵州大定府开采朱砂、雄黄二八征收例，其广西恩城土州朱砂厂亦如之。开采广西南宁府果化土州雄黄。

十年，开采云南阿发银厂。又以贵州大定府格得为正厂，八地为子厂。

十一年，定广西贺县蚂蚓山银矿，每两收课三钱例。

十三年，谕：广东近年以来，年谷顺成，地方宁谧，与从前风景迥异。今若举行开采之事，不免聚集多人，其中良顽不一，恐为闾阎之扰累。况现在劝民开垦，彼谋生务本之良民正可用力于南亩，何必为此侥幸贪得之计，以长喧嚣争讼之风，着行停止。又停采湖南郴州九架夹黑白银铅各矿。

乾隆二年，停采广西怀集县汶塘山，临桂县之水槽、野鸡等厂；又停采恩城土州朱砂。

三年，广西贺县之蚂蚓银矿硐深砂薄，准其封闭。又申定矿厂事宜例：凡系产铜山矿，令地方官辨明砂色，实有裨于鼓铸始准结报开采，其金银矿悉行封闭。至黑铅即系银母，亦严禁朦混开采，募招各商，设总副名目，使本地殷实良民承充，禁外省游民昌报；所收铜铅，照二八收课外，所余者每百斤别收银三厘，加收铜铅三斤，以备拆耗及官役养廉之用。

五年，贵州威宁府白蜡银矿开采年久，洞老山空；广西苍梧县金盘岭金矿砂薄，荔枝山银矿硐浅砂竭，均行封闭；又停采果化土州雄黄；又开广东锡山，即令铜商分任采办，每锡百斤，亦照例二八征收。

八年，复准贵州天柱县相公塘、东海洞等处金矿，均属旷野，无干民田庐舍，照例开采，每金一两收课三钱。

九年，定广东开采铜铅银砂等矿，并招商民承采事宜例。凡有矿之处，令地方官核实，无碍民田庐舍，确有成效再行招商开采，仍照定例二八征收；各厂该管道员，发给地方官循环流水簿连五串票，将每日所出之数，填注流水簿，分载串票，一缴道署，一存地方官署稽查，一付商人存照；其串根并流水簿一月一缴，道署察核，仍十日一次申报，督抚司道等官稽考；按月造具支销公费各册，申报道署，按季分报督抚及该有司衙门；按日所采矿砂，挨次堆贮，如某日煎炼某硙，某日矿砂若干斤，炉头报明，官商督同煎炼，分别铜铅金银，分记块数斤两，注册登填串票；至所有矿山，惟于连界处许一商兼承；其隔远不相连者，每山只许一商承充，使在山工丁便于管束；倘资本无几者，仍听合伙同充，至承充之人，先令将本银呈该管道核实，或二千或三千，不拘定数，以足敷支用为度。移贮该州县库；发领承充之时，由布政司给予印照，赴山开采；如矿少砂微之处，不能容商者，听附近民人报采，照例收课。又议准金银二矿，于鼓铸无涉，悉行停采；其铜铅矿有夹带金砂银屑者，仍照原定章程开采。封闭云南大姚县惠隆、金龙等银厂，贵州天柱县相公塘、东海洞金矿，广东海阳县水尾白坟坷、丰顺县李村湾、风吹磜，阳春县莫村、那软、瓦盎等矿。

十年，增贵州各厂官买余铅价。向例，余铅百斤，给炉民一两三钱，今增二钱。又定广西平乐府恭城县铅矿内所出密陀僧课例。每百斤收正课二十斤，撒散三斤。

十一年，增广西收买余铜价。向例，每余铜百斤，给价八两三钱，今增十三两。俟充裕之日，将余铜收买一半，余给商自行销售。

十二年，开采贵州威宁州大化里、新寨等处银铅矿砂，每煎银一两，收课四钱。又移广西镇安府天宝县孟村渌矿于那坡山开矿。

十四年，封闭贵州新寨银铅矿，云南阿发银厂。

十五年，定征收浙江炉坑课例。坑课三则：上则征银一两六钱，中一两二钱，下八钱。炉锏二则：上则六钱，下则三钱。又每坑岁纳银四钱以为疏浚洗铁诸溪河淤塞之费。十七年，又以永嘉、平阳、泰顺产铁无多，改归下则征收。豁除浚河银。

契税

顺治四年，定凡买田地房屋，增用契尾，每两输银三分。

康熙十六年，增定江南、浙江、湖广各府契税。每岁苏、松、常、镇四府大县六百两，小县二百两；安徽等十府州分别大小自五百两至百两不等；扬州府照赋役全书额征；淮安府属州县无定额，尽收尽解；杭、嘉、湖、宁、绍、金、严七府，大县三百两，中县二百两，小县百两；湖北大县百五十两，中县百两，小县五十两，僻小州县十两。

十七年，增定山东等省契税。大县一百八十两至二百四十两，中县百二十两，小县六十五两至三十五两。

二十年，增定浙江台、衢、温、处四府契税。大县百两，中县六十两，小县三十两。

三十一年，增定江西等县契税。照浙江合衢等县例。

雍正七年，准契税于额征外，每两加征一分，以为科场经费。

乾隆十二年，定民间置买田房，令布政使司颁契尾格式于州县，编列号数，前半幅备书业户姓名，买卖业产数目，价银、税银若干；后半幅于空白处预钤司印，以备投时将契价税银数目填写钤印之处，令业户当面截开，前幅给予业户，后幅同季册汇送布政司查核，以杜衙门停搁，胥吏改换之弊。

行帖

康熙三年，定当铺每年征银五两。大兴、宛平大行店铺同。

十五年，京城行铺税例：土等每年五两①，中二两五钱。

四十八年，御史张莲言：凡市集设立牙行，例给官帖，使平物价；乃地方土棍，于瓜果菜蔬细物，亦私立牙行名色，勒掯商民，请除应立牙行一切私设尽数革除。从之。

雍正六年，设典当行帖。

十一年，谕：各省商牙杂税，固有关国课，亦所以便民，是以各省额设牙帖，皆由藩司颁发，不许州县滥给，所以杜增添之弊。近闻各省岁有加增，即如各集场中有杂货小贩无藉牙行者，今概给牙帖，抽分利息，是多一牙户，即商民多一苦累。况牙帖纳税，每岁无多，徒滋繁扰，甚非平价通商之本意。着各省藩司因地制宜，着为定额，报部存案，不许有司任意加增。嗣后止将额内各牙退帖顶补，换给新帖，再有新开集场应设牙行者，酌定各数给发，亦报部存案，如此则贸易小民可永免牙户苛索之弊。

杂征

顺治元年，定牲畜每两三分收税例。

二年，革陕西落地税银。

康熙三十二年，豁除江南邳州杂课额税、阙额银。嗣后不限定额，尽收尽解。

四十八年，定四川水碾、水磨课银之例。

---

① 土等，此处有误，"土"应为"上"。前为上等，后为中等。

雍正十三年，谕：闻各省地方于关税杂税外，更有落地税之名。凡耰锄、箕帚、薪炭、鱼虾、蔬果之属，其直无几，必察明上税，方许交易。且贩自东市，既已纳课，货于西市，又复重征。至于乡村僻远之地，或差胥役征收，或令牙行总缴，交官甚微，不过饱奸胥之私橐，而细民重受其扰矣。着各省凡乡村镇落地税全行禁革。

乾隆元年，令甘肃商、畜二税，刊示条款，画一征收。申定原额牙行歇业即行开除例，凡不愿承充者，不必俟顶补有人方行退帖。除浙江甬里等处各口界址商税。又豁除广东归善、海丰、惠来、潮阳四县加增鱼课银六千两有奇。

二年，裁云南镇雄州盐税。镇雄系食川盐，业已征税，故裁。革山东鱼筏税。

四年，申新开集场滥给牙帖之禁。

五年，严衙役捏充牙行之禁。

六年，豁除直隶大陆泽水泊渔课。

# 卷九十一　食货略十一

**盐法**

臣等谨案：盐法之行，由来已旧①，列圣相承，荡涤繁苛，俾民乐利。立法之良，固前朝所不及，惠政之加，亦亘古所未闻。如加斤改引，蠲逋提纲，缉枭禁漏，减价平直，皆为裕商益民计也。至灶户场丁，则减额课，借息银；老幼孤独，则弛厉禁，准贩负。而一切设官分职，莫不尽美尽善。此岂汉唐以来，除富商为吏，使利归于上者所可及耶！至于郑志所载，盐铁使筦盐及铁与茶类为一编，盖以三者之赋，当时专设一官总司征榷，故从类纪。而我朝铁冶之产，久无征榷，茶唯甘肃、陕西尚有茶课，他省并无专司，与历代沿革互异，自不得仍因其旧。兹纂通志，谨将盐法列为一编，而于茶、铁则附见征榷杂税编，兹无赘焉。

顺治元年，詹事府通事舍人王国佐疏定长芦盐法十四事：一、复额引以疏壅滞；一、改引部以速引利；一、便引价以壮京圉；一、革防销以省商费；一、除滥赎以伸商冤；一、除变价以止奸欺；一、清焚匿以杜虚冒；一、止改引以一引盐；一、疏关禁以通引楫；一、杜扰害以清私贩；一、核场灶以清窝囤；一、复两坨以备讥察②；一、免徭助以济孤商；一、设赏例以鼓富商。从之。

二年，谕：各运司盐法，明末递年加增，有新饷、练饷及杂项加派等银，着尽行蠲免，仍免本年额课三分之一。四月，又免陕西盐课三分之二。河东巡盐御史刘今尹以河东向例，先纳银，后领引，商力不敷，请循按引纳课之例。从之。又准刘今尹请山西太原府辽沁州亦照河东例，改票行引。又准刘今尹请，原食淮盐之汝宁归两淮巡盐御史管理，原食西和、

---

① 已旧，指盐法制度相沿已久。
② 讥察：查问，检查。

漳县盐之临洮、巩昌归甘肃巡按管理。是年，谕：河南、江南等处盐课，照前朝会计录原额征解。

四年，免江南崇明县盐课；定山西盐法道归盐运司兼管。

七年，定广西驿盐事务归布政司兼管。

八年，定征解额课，不许分外勒索。

十二年，禁河东、长芦等处派民纳课积弊。

十七年，严回空粮船夹带私盐之禁。四川巡按张所志请新凿盐井照开荒例，三年起课；其贫民藉盐易食，自四十斤以上者始纳课。从之。

十八年，复免崇明县盐课。

康熙元年，以淮北引滞，改拨宁国府六千五百引，和州含山三千五百引，每年奏销，以为定额。

三年，免广东逋欠课银七万一千一百余两。是年，以江西吉安府向食粤盐，距粤场千余里，兼有滩碛之险，改食淮盐。

四年，诏：免盐课历年逋欠。时因蠲免直省旧欠钱粮，推广及之。以东省旱，免额征灶课银一万四千八百余两；定湖南衡、永、宝三府改食淮盐；又定郴州等十一州县食盐，免其销引办课。

七年，定广西布政司兼理盐务；改广东巡海道为广肇道，兼管盐法。

九年，巡盐御史席特纳疏言两淮盐务之苦有六：有输纳之苦，有过桥之苦，有过所之苦，有开江之苦，有关津之苦，有口岸之苦；又有分掣三大弊：一为加铊之弊，二为坐斤之弊，三为做斤改斤之弊。经部议严禁，勒石立于桥所及经过关津岸口，永行禁止。又停止两淮预征之例。

十二年，仍令御史巡视两淮两浙、长芦、河东盐务。谨按：顺治二年，巡视各处盐政，差监察御史各一员，岁一更代；十年，裁巡按，遂议并停巡盐御史，以盐务事交运司管理。

十三年，添设江南安徽驿盐道，其管理通省驿道，改为江苏驿盐道；添设四川督粮道，湖北驿传道，俱兼理盐务。

十四年，改陕西固原道为平庆道管理驿盐。

十七年，刊刻灶户由单，令地丁钱粮照民户地丁例。

十八年，免福建逋课。

二十年，停止盛京销引，听民人自行煎煮贩卖。

二十一年，除广东各渡口盐埠额外加增银六万五千余两。

二十五年，定江西南、赣二府，仍食粤盐。南赣二府旧食粤盐，康熙十七年，改行淮盐，至是仍如旧例。

二十七年，广东巡抚朱宏请清厘粤省盐政诸弊。从之。一、禁止课外私派；一、定商人公平者许永远承充；其作奸犯科者即行饬革另募；一、各州县销引，有官引难销，有官引不敷者，应酌量增减；一、土豪谋充卡商，据地为害，严加禁止；一、紧要津口，应择佐贰廉干之员驻守盘查；一、盐有生熟，民间嗜好不一，应随商掣运，随民买食；一、省城距佛山仅三十里，省城掣定之盐，行至佛山应免其复掣；一、盐价以水陆运费之多寡定其低昂，其搀和沙土诸弊，一并严禁。

二十八年，豁免河东本年额征盐池地租及长芦新增引课；又豁除云南黑井盐课。

二十九年，定直隶宣化府属听民有煎食盐照旧额完课。

三十二年，改广东驿盐道为运司，裁提举司，改设运同，驻扎潮州，其广、惠二属之归德淡水等场，设立分司催征、巡缉。

三十八年，减两淮额课二十万两；又减浙江盐课加征银三万一千三百两。

四十三年，江南总督阿山言：淮盐陋规，有盐政差满馈送，有盐政书差规例，有巡盐到任规费，有过所称掣盐斤，有到任预借息银，请悉行勒石严禁，以裕商民。从之。

四十八年，广东巡抚范时崇请均泒行销盐引①，并改就近食盐，以利商民。从之。

五十三年，加增川省盐引，从巡抚年羹尧请也。

五十七年，泒京口将军标下兵一百五十名，千总一员，驻扎三江营缉防私贩。

五十八年，裁山东胶莱分司，令滨乐分司兼管；裁湖北驿盐道，以粮道兼理。

五十九年，定两广盐务，交总督经理。

雍正元年，上以盐法弊窦丛生，其正项亏欠，非由官吏需索太甚，即出商人用度奢靡之故，谕各省盐政，将陋例积习尽情禁革。是年，议准湖广盐价贱时每包以一钱一分九厘为率，贵时每包不得过一钱二分四厘。

二年，议准，广西盐法，改为官运官销。是年，裁革福建盐院衙门各官，及各埠商人其应征课饷，均摊各场交州县官照数收纳。又议准广东盐

---

① 泒，水名。此处应是"派"字之误。下同。《康熙字典》曰：泒，俗混入派字。

法，委官监收，将场商停设，惟留埠商使完课运盐。其无人充商之地，着地方官领盐运销；如引多壅滞，听其通融销售。是年，增给粤省灶丁盐价。又议准两广旧裁运同一员，仍于潮州复设。又准福建汀州引课，即今该知府管理。又定各处行盐，以本年成本轻重远近，脚费酌量时价，随时销售。

三年，开荆州巴东县盐场，照淮行引分销楚北州县。是年，裁波罗冲可克地方盐务通判，并驻防官兵。

五年，云南总督鄂尔泰疏，定滇省黑白盐井减价增薪之例。

六年，定河南汝宁府引盐停止知府汇销，令各州县招募水商办课，该州县按季督催，各销各引。又准两淮盐场设立灶长、保甲稽查私弊。又严盐场灶户私置盘鐅之禁[①]。按：深者为盘，浅者为鐅，皆烧盐具。又定淮北晒扫余盐，令商人收买配运，酌加引课。

七年，清理山东盐务，添设胶莱运判一员。

八年，除山东青、登、莱三府盐商，听该属民人领票销卖，其课银摊入地粮征收。

九年，饬两江总督兼总盐务。

十年，定广东子盐配引之例。按：余盐谓之子盐，正盐倘有迟缺，即以子盐配引营销。又准加给广东灶丁盐价，每包一钱二分，从总督鄂弥达请也。

十一年，定淮南三江营设巡道一员督缉；又于仪征之青山头立专营，设守备一员，分驻巡缉。

十二年，添淮南仪所监掣，官改福建盐政衙门为盐法道，专管盐政。是年，定粤省收买场灶余盐，以清私贩。

十三年九月，皇上登极，谕两淮场灶应征折价钱粮，自雍正十二年以前逋欠悉予蠲免。

乾隆元年改浙江巡抚为总督，管理浙江盐政。旧系布政使兼管。裁滇省课务余银。按：旧例，正课外有增添赢余银，以备地方公用。定浙盐增斤改引之法，杭、嘉、湖三所引盐，每引增五十斤；松江所改行票引，每引增盐四百斤。停止浙江领发余引；定广西盐价，仍照雍正年部定之数，每斤减价二厘。

二年，免两广盐课余平银两。按：旧例，粤商完饷，每一千两余平头银外，征收饭食银十五两，余平银二十五两，是年悉令豁免。

---

[①] 鐅，煮盐用的敞口锅。

四年，定贵州省古州等处盐埠销引征课额。古州系新辟苗疆，向无引课，兹定古州为总埠，丙妹、永从、三角地等处为子埠，由古州总埠分拨销售，其商人归古州同知管辖。停止浙省储余盐之例；免云南各盐井归公之项及黑井锅课银两；定淮盐贵贱增减之价。

七年，谕：闽省有司于应征盐课加派长价，并巧立单钱各项名色，着该督抚通行禁革。定福建招商行引之法。按：雍正五年，即招水商营销，是年始行请引。准两广总督庆复疏言、粤省盐漏太多，请将沿海数处分拨改种稻田，以重本计。又准庆复疏言：粤省各埠额引有易销者，难销者，请案地匀拨，通融销售。

八年，议准，两淮乙卯纲未完引额，提入癸亥纲闰月内带销。

九年，改拨川盐增引营销滇省，接济民食。其应征课银，仍照川省盐例计算收纳。

十年，准两淮添铸煎盐盘角二十七副。

十一年，豁免海、赣二州县盐场带征银两。

十二年，定淮盐运楚装载船斤例，并于湖北汉口建常平仓廒，蓄贮递年未销盐引，以备接济。

十三年，加给两淮引额盐斤；又定运销江西盐价；价贱时每引以五两五钱七分九厘为率，贵时不得过五两九钱八分五厘。又定江西盐价照楚省例，每引加余息银二三钱。

十六年，谕：近年淮商急公输课颇为踊跃，着于引额外，每引增给十斤；又豁灶丁因灾带征折价银两；又谕两淮盐政公项内动银数万两，准煎丁逐年赴官借领，春借冬还，不必加息；又各省盐引原听自相交易，无官为限制之例，惟淮盐行运江楚，曾因抚臣题请，将各商运楚成本，分定价贵价贱，自定价后，商人总以价贵销售，经部臣议驳，请将贵价赢余追缴。上谕：恤商裕民，本属一事，若任其屡抬时价，则于民食有害，勒定贱价，商人又以成本有亏，纷纷吁请。今计各商比年行请价值于成本自可无亏，将来即遇年岁不齐，不过如今之所称歉年而止，嗣后淮商即于应贵之年，不得将现在所销价直外复议再增。至于丰稔可以酌量平减，该督抚会同盐政随时筹划，部臣亦不必执定例驳诘。至部议，已卖贵价，复令追缴，若云给还食盐之户，于势固有所不能，否则以所余归之官帑，于政体尤有不可，着免其追缴。河东盐政西宁疏，请河东续添余引二十四万道，酌减四万道，其余二十万作为定数。并请将陕西咸宁等处升斗改照部式。

旧用升斗，较部颁之数加重，故请改正。俱从之。

十七年：谕：芦商积困之余，若案斤加课，未免拮据，着将所加盐斤，减半纳课，永为定额；其积欠加斤课银十四万余两，一并豁免。按：前因长芦各商积欠甚多，令每引加盐五十斤分派行销，以裕商力。续经部覆，每年应增课银八万九千余两，至是以该商旧欠甫清，若案斤加课，未免累商，故轻减一半。

十八年，免天津余引课银。

二十一年，以河东池盐歉收，准借长芦余盐配运接济；寻又增复余引四万道；又定粤东海康等县场埠统归官办。

二十二年，圣驾南巡，加惠淮商，每引加增十斤，不在原定成本之内，以二年为限。山西巡抚塔永宁等以河东池盐歉收，请运蒙古盐接济。从之。

二十四年，以河东池盐歉收，准配销花马池盐斤接济；定广西南宁等府土民盐井仍归官办。

二十五年，两淮盐政高恒奏，甘泉、江都等州县食引壅积，请拨纲地融销。部议，两淮行盐口岸，通融改拨，例有明禁，且江甘二县逼近场灶，尤为私盐充斥之所，若派拨纲地，非特私盐易滋透漏，而纲地悉为食引所占，殊于盐法有碍，应不准行。得旨，高宝等十四州县照盐政所请，其江都、甘泉二县，着照部议。

二十六年，谕：两淮盐务经费浩繁，商力不无拮据，着廷臣会同该督抚盐臣详悉具奏。寻议：一、拟派余引，宜均摊众商，以普利泽；一、外支银两除公务应用，不得滥行开销；一、办理常贡，宜酌定用数，以备查核；一、盐政养廉，宜裁减五千归之公项；一、匦商费用①，宜严加查察，以免通纲派累；一、纲食引盐②，宜照例行销，不得滥为通融；一、私盐透漏，宜严加查缉，以疏引目。从之。又谕：长芦盐课未完银四十二万两，分作五年带征。

二十九年，加增长芦盐价及滇省黑白二井薪本；又两淮盐政高恒疏言，本年甲申一纲不敷民食，请预提乙酉纲引四十万道分给领运。从之。

三十年，准两淮豫提丙戌纲引给商接济；又准河东额外存盐照两淮例配用余引；又酌增山东行盐余票。雍正元年，增余票五万道。乾隆元年，复增

---

① 匦商费用，清两淮各级盐务机构向盐商索取的规费。在一般情况下，被各级盐务官员私分。

② 纲食引盐，清王朝对食盐实行纲法，纲商按照规定年额完税运销食盐。

一千五百道，五年、六年增一万五千道，至是又增一万五千道。

三十一年，准盐政高恒请，预提丁亥纲引二十五万道给商接济。

三十二年，上恭奉皇太后安舆巡幸天津。谕：将长芦通纲盐课改于十一月底奏销。又以两浙商人吁恳携众赴津抒诚祝嘏，忱悃可嘉，加恩将每引额定盐斤外，加盐五斤，免其输纳课项，以一年为满。是年，以淮南北各场歉收，谕将己丑纲奏销展至八月题报。

三十六年，上临幸天津，谕：长芦盐价，准每斤暂增销一文，以降旨之日为始，定限一年。仍照旧值行销。其本年引课分作三年带征，以纾商力。是年，上莅山东，谕：将乾隆三十五年正课分作八年带征，并准照长芦之例，每斤暂加销一文，定限半年，以资充裕。

三十八年，谕：长芦商众，赀业素微，前两次巡莅天津，阅视鹾务，深悉其情，是以节次加恩增价带征。今翠华临幸，各商无不踊跃欢呼，但念伊等第一次银两业已完交，而第二限带征之银与本年正课同时并纳，仍不免少形竭蹶，着再加恩，将三十七年正余课项，自三十八年奏销后起，分限六年带征。

三十九年，准长芦盐政西宁疏请，将乾隆三十六年第三限银两并三十七年六限银两统俟本年奏销后，分限十年带征。是年，山西巡抚巴延三、盐政常龄疏言：河东大池产盐歉薄，不敷配运，请于河东开浚六小池，并拨运芦盐接济。从之。又准四川总督文绶请，令开淘犍为县盐井，照例征收课银。又盐政李质颖以黄河水漫，淮盐被浸，请将淮北甲午纲未运引盐应完正课银，自乙未纲起分限五年带征。从之。

四十年，又准两淮将乙未纲限至来年八月造报，并准淮北上年被水，各商仍将丙申以后四纲带征银分作八年完纳。又谕，河东盐价未平，其小盐池六处甫经开采接济，所得赢余未能补足前两年歉收之数，商力不无拮据，着加恩照该抚巴延三等所请，将从前暂增二厘盐价再行展限三年，俾转运益资充裕。

四十一年，上奉皇太后安舆巡幸山左，谕将山东商人本年应征乾隆四十年、四十一年引票正项银及未完借项银，自本年奏销后起限，分作八年带征。

四十三年，定山西巡抚兼管河东盐务。

四十五年，上巡江浙，途经直隶、山东，谕将长芦商人应征乾隆四十四年盐课内十分之一分作五年带征，其山东商人并将乾隆四十五年应征票引盐课银，自本年奏销后起限，分作六年带征。

四十七年，豁免淮南商人应缴提引余利银二百万两。先是淮商应缴提引余利银分作二十一限，完缴时该商已完缴十三限，其余八限尚应交银三百八十六万六千余两，兹豁免二百万两，其下次一百八十六万六千余两仍照原限完交。上以河东池盐招商轮换，书吏多有捏勒情弊，谕山西巡抚农起严密查访，力为革除；其如例公平轮换不致偏枯之处，并令悉心筹划安议。寻议，商人五年轮换，最易滋弊，请行停止；现于各商中择其殷实者定为长商，并将引地分作上中下三等配搭均匀，分□掣认①，免致偏枯。又以河东池盐全系陆运，需费浩繁，商力时形竭蹶，请每斤量加价值二厘，连乾隆二十六年请加之价作为定额。

四十九年，又将淮商未缴余利银一百八十六万六千余两全行豁免。又免淮省灶户所有乾隆四十五、六等年带征未完银七千九百余两；又山东应征引课银三十六万余两，长芦应征吊课银四十九万余两，准作八年带征。两广总督舒常疏言：粤东旧设总商，派捐津贴银两，散商辘轳转运，积欠甚多，请照乾隆二十三年清查积欠例，分限带征，并将总商裁革，以杜勒派之渐。从之。

---

① □，疑为阄字。

# 卷九十二　食货略十二

**屯田**新疆屯田附

臣等谨按：屯田之制，原以宽民力而裕兵食也。自汉唐以来，或屯于兵，或屯于民，或兵民兼屯，至明而又杂出于商，纲纪不立，转输不继，而其弊出矣。我朝疆土宴安，外鲜兵兴之费，内无馈饷之劳，以故屯地升为官庄，屯军改为运军，而无运卫所，悉行裁革。内地屯田，迥非旧制。惟圣祖西事之初，谕将军费扬古、穆克登等于额德尔齐老图、锡济木鄂尔、坤图拉等处，择地驻兵屯种，开渠引水，教之稼穑。数年之间，化硗瘠而为沃土者数百万顷。皇上御宇之二十年，遣大兵征准噶尔回部，诏令军机大臣先于额尔齐斯所属及巴里坤、吐鲁番、呼图拜等处，渐次屯种，以备军兴。及回部荡平，新疆展拓二万余里，泉甘土肥，地气和暖，无异内地。皇上念切民依，复度地开屯，拨军承田，愿往者资以车辆，初垦者给其牛种，察稞种之燥寒，计收获之先后，使荒陬僻壤之民尽享盈宁之利。是岂若前代之仅以防边鄙、惜漕费为计者哉！兹辑通志，以内地屯田及新疆屯田各为类志，以彰昭代中外一统之隆规焉。

顺治元年，谕：凡州县卫所无主荒地，给流民官兵分段屯种。

二年，差御史一员，周行巡视，改卫军为屯丁，每卫设守备一员，兼管屯田；量设千总、百总，分理卫事；裁故明所设卫指挥、卫副指挥及屯田御史，而以各省巡抚兼理焉。时浙江所属金乡等卫，有运无屯；杭、宁、温、台、嘉、湖、严、衢各卫所，有屯带运；金、处、绍等卫所，无屯有运。向来漕船一只，例派屯田一百五十一亩有奇。至十三年，定屯丁贴运例。其例，凡带运卫所照数分派；征余田之租，贴无屯卫所；至有屯无运卫所愿承运，则照例给田；不愿承运则计田征租，贴无屯卫所，于是，屯运始无偏病。

康熙初，投诚兵携带家口，数倍正兵，随标者月给饷粮，岁縻八十余万。御史萧震疏请分给荒地，官给牛种，使之屯田，以足军储。又言蜀黔二省，地多人少，宜兴屯田之制，令驻一邑之兵，即耕其邑之地，驻一乡之兵，即耕其乡之地，则养兵之费既损，而荒田日益加辟。从之。

十五年，令直省督抚榄州县卫所各官，清厘民地屯地，以杜影射之弊。

雍正二年，以内地无漕运卫所隶归有司，裁山东、山西、湖广、江西、江南、浙江、广东诸省都司。

三年，裁浙江杭州等卫屯千总。时吐鲁番归附，谕令迁入内地。又以安西凉州诸驻防兵屯垦未备，家食颇艰，令不愿久住者另募民人顶换，择宜苗地土分地屯垦。其新募人众，未省耕作，兵三名，雇帮夫一名，俟资粮既裕，再移家口，永远驻防。

乾隆二年，新定贵州苗疆，督臣张广泗请将逆苗绝产安设屯军。上谕：经理苗疆，原以宁辑地方，并非利其田土，岂忍收其田亩以给内地人众？不允所请。后经王大臣议，请令实在无人承认绝产，赏给屯兵，择形胜建筑堡墙，以资捍御。又甘肃凉州府镇番县之柳林湖地，自雍正十二年招集民人屯垦，至是垦地二千三百余顷，地既辽阔，屯户亦众，乃设立屯长、总甲。

四年，复募农民及官兵余丁承种安西口外屯田，所获粮谷，官收四分，民收六分，余地任随开垦。

十二年，准提督拉布敦议，于口外八沟、塔子沟等处设兵屯田八沟，即今热河之平泉州；塔子沟即今热河之建昌县，均于乾隆四十三年新建。

二十一年，募民屯种瓜洲。瓜洲，即今甘肃安西州地。先是吐鲁番为准噶尔所逼，迁居内地瓜洲，至是准噶尔平定，复移归故土，遗成熟地亩二千四十余顷，总督黄廷桂请招就近民人屯种，每户给田三十亩。

二十四年，陕甘总督杨应琚请每户加垦田三十亩，改屯升科。

二十六年，应琚又言：安西府渊泉县之柳沟、布隆吉尔，安西府今改为安西州。渊泉县裁。与玉门县之靖远、赤金等处所招屯户，生齿渐繁，岁收不足敷养，请于原种屯田外择可垦余地，分给增垦，亦照瓜洲例，改屯升科。

二十七年，甘肃布政使吴绍诗又请于柳林湖屯田，亦照瓜洲例，改屯升科。

三十一年，计直省屯田三十九万二千七百九十五顷。先是，乾隆十二年，谕：各卫所屯田典卖民间者，听备价归赎。至四十年，湖南布政使觉罗敦福奏，湖南五卫屯田有别，伍顶买者即与同伍无异，应编入原船，按粮承差，仍听本军归赎。如民人顶买而或年远，造房筑墓及军逃地荒，另行开垦者，免赎，照旧例贴费当差；其余概令归赎未赎时，将现业按粮贴费以勷运务，并将原议民户典卖屯田编入军籍之例改正停止。湖南巡抚陈辉祖亦疏请清出武昌卫典卖屯田，加津赡运。部议，典卖屯田，未必尽系现运之丁，而执业者亦恐非起首承买之户，应加重津贴。从之。

新疆屯田附

康熙五十四年，圣祖仁皇帝西事之初，谕将军费扬古于额德尔齐老图屯田驻兵，费扬古因度定苏勒图哈喇、乌兰固木、科布多等处，请拨土默特兵一千，每旗令台吉塔布囊一人率往屯种，再遣大臣一员监管。时傅尔丹愿往効力，谕即令其董事。后又屡交附近边民，及发军前赎罪人增垦。凡锡济木、布隆吉尔、阿尔滚固楚等处，开渠引水，化积沙为沃壤者数百万顷。

雍正三年，谕振武将军穆克登开鄂尔坤图拉一带屯田。

十年，工部侍郎玛尔泰又请拨额塞勒珲城所驻步兵并发西宁马步兵合二千人，赴哈拉该图垦耕。从之。

十三年，以定边将军庆复请拨绿旗兵一百守营，绿旗兵及家选兵各二百于鄂尔坤地方，择水土佳处开设营田。

乾隆元年，王、大臣议鄂尔坤等处地界宽广，宜另拨兵三千，以庆复原折付军营将军等按地分给每兵丁种二十五亩，计可垦田七百余顷。明年，额驸策凌请以换班绿旗兵六百，再拨一千九百前往，以一千五百择地屯种，以一千分驻塔密尔、鄂尔坤两处，分守仓库。复经王大臣议定，余驻防兵外，所需兵千百五名，即以绿旗兵六百并罪人一千有余，前往开耕，不另派兵往。

二十年，大兵进征准噶尔回部。谕：先期于额尔齐斯所属驻兵屯田，以所得谷粮备往来兵丁之用。于是定屯地于伊苏图坚格尔等处，移布勒罕兵一千名，驻扎鄂伦倬尔照管。

三十一年①，谕：兆惠度伊犁地方可屯种处，预行筹报。兆惠因言：

---

① 三十一年，此年份有错，前是二十年，后是二十二年，所以这里应是二十一年而不是三十一年。

自巴里坤至济尔玛台、济木萨、乌噜木齐①、罗克伦、玛纳斯、安济海、雅尔晶及峻吉斯、珠勒都斯等处，可耕地段甚多，而伊犁附近地方，尤有万人耕种之地，请因见在回人三十余名，量增兵数百，分地试种，俟有成效时，再请增屯。乃谕：军机大臣，酌派内地兵民，携籽粮前往，照安西屯垦例屯垦。

二十二年，复设塔里雅沁屯田。又以亲王成衮扎布言，派绿旗兵丁及留新回众于吐鲁番屯田。时总督黄廷桂言：巴里坤尖山子起至奎苏一带百余里地亩，俱经先年开垦旧地，宜派甘凉肃三处官兵一千，先行疏浚水源，俟土膏萌动时，分布各兵翻犁试种。而兆惠又以乌噜木齐地广而腴，又与吐鲁番相近，奏请大兴屯田。上谕：黄廷桂奏称派兵巴里坤屯田，固应及时筹办，而乌噜木齐等处，亦须渐次开屯，其相度水利，测验地脉，派兵料理之处，仍命黄廷桂详悉具奏，并传谕：兆惠等留心经画。自是筹办屯政多于乌噜木齐矣。

二十三年，雅尔哈善言：乌噜木齐等地方，如哈喇沙尔地最广，海都河水甚足，约需兵二千名，托克三可得五百兵丁；屯种之地，其乌噜木齐约需兵丁千名，惟辟展鲁克沁与吐鲁番，除官兵回人屯种外，因水乏，尚无多垦之处，今拟于哈喇沙尔派兵二千四百，乌噜木齐原派兵五百，增派五百，托克三量增兵五百，辟展仍派兵四百，共需兵四千三百，携带牛种，驰赴开屯。其后侍郎永贵又言：乌噜木齐地广而荒，现在屯田兵三千六百名，俟查勘再议；托克三余地尽多，应再增兵四百；哈喇沙尔地广衍，应再增兵二千名。疏入，得旨允行。是时，经理回部，大功未竣。从前兆惠占度伊犁情形，尚未通行。上以伊犁地形较远，于屯政似可缓图。惟乌噜木齐及噶尔藏多尔济游牧之罗克伦等处，亟宜广行开垦，以收地利。将来由近及远，自可渐通伊犁。于是黄廷桂建言：乌噜木齐以内，如察罕乌藕、穆垒一带多系沙碛，难于开垦；由穆垒至乌噜木齐，则旷地最多，乃命努三率道员萨瀚前往详勘。努三等勘定，自穆垒至乌噜木齐，有噶尔藏多尔齐游牧之昌吉、罗克伦等处，可耕地亩十六处，计需兵六千八百名，绘图呈览；旋又言，昌吉距乌噜木齐六十余里，丈量可垦田八万余亩；罗克伦距昌吉四十里，丈量可垦田七万余亩，宜各驻兵一千五百名，更番开种。乃令黄廷桂于内地绿旗兵先派七千，续派三千，均给农工器，

---

① 乌噜木齐，即今乌鲁木齐。

具发往。越明年，总督杨应琚又请于凯旋绿旗兵截留四千，增屯特讷格尔、昌吉、罗克伦三处。

二十五年，特命周巴里坤绿旗兵九百名，赴乌噜木齐增屯。时安泰奏称，屯田以渐开扩，自乌噜木齐至罗克伦，宜择水土饶裕之处立四村庄，每庄屯兵八百。参赞大臣阿桂亦奏称，伊犁河以南之海努克与固勒扎，绵亘百里，水土沃衍，宜即于此处度形势分立村庄，先行屯种。而副都统伊柱遂领回民三百余人，驰赴伊犁，率官兵驻札海努克，经理沟渠，安设村堡。盖是时回部全定，屯政自近及远。已由乌噜木齐直通伊犁矣。于是，参赞大臣舒赫德请因伊犁见屯回民三千，再派五百，令挈眷前往。阿桂亦请再派回民二百名，绿旗兵九百名，陆续遣送其河以南之海努克筑城，屯回民三百；察罕乌苏筑城，屯绿旗兵一千。河北之固勒扎筑一大城为总汇，凡驻札大臣公署及仓库咸隶焉。

二十六年，安泰请以辟展、哈喇和卓、托克三三处兵屯，止留六百名见地屯种，其余悉拨往伊犁，其空出地亩，另招回人承佃输租。是年，安泰又请设玛讷斯库尔、喀喇乌苏、晶河等处屯田。其后又以亲王成衮扎布言，派乌里雅苏台绿旗兵一百名，赴科布多屯田；又移罗克伦兵丁六百名，屯田于呼图拜。时乌噜木齐屯田五处，比岁丰盈。安泰请以见驻绿旗兵三千，以一千屯田，二千差操，互相更换。上以千人屯田，势必不敷，乃命兵丁有愿挈眷居住及内地民人思往立业者，着杨应琚分给田亩籽种，妥协安插。应琚言：巴里坤广衍腴饶，除兵丁屯种外，应请招商民认垦，按限升科。

二十七年，以侍郎旌额理言，将发遣乌噜木齐流犯人给屯田二十五亩，携家眷者额外给地五亩，与兵丁一体轮租。时叶尔羌回人移居伊犁者，前后共三百二十四户，合经制屯种回人一千户。参赞大臣阿桂乃别老弱不能屯田者七十四户交伯克养瞻，其年力精壮者，定为一千二百五十户，分驻伊犁河之南北两岸，屯庄相望。在河南者则于霍济格尔巴克编设一屯，安置八十户；海努克编设一屯，安置七十户。其余俱屯河北固勒扎等处。

二十九年，将军明瑞言：日前迁来伊犁回人，惟于巴尔托辉筑一小城，仍于河北固勒扎内总汇。今回民俱称巴尔托辉泉甘土肥，自愿出力筑一大城，移驻屯垦，若如所请，将回人稍迁迤西，可空出摩垓图、阿里玛两处水泉为满州兵屯田之用①。又续请各回城再添回民二千赴伊犁屯田。俱从之。是岁，甘肃皋兰等二十二州县均有被灾之处，上以缘边瘠土之民，生计殊艰，年来新疆屯政屡丰，并无旱潦之虞，谕杨应琚于接壤居民有愿往者，量道里近便，开导抚绥，迁移新屯于肃州敦煌，招民七十余户，给车轮解送。

越明年，又于肃州招民八百余户，高台县招民四百余户，随移文于咪图拜、边城、昌吉、罗克伦等处，驻札大臣择膏腴地分给安种。按：二十六年，应琚招来肃州、安西高台贫民，往乌噜木齐者三百户；又续报河西一带，愿往乌噜木齐者数百户；又报招获民人往巴里坤者，首先二十七户，续招三十九户。时有山西临晋县民卢文忠率家人自备资斧，呈请往耕。应琚奏闻，上赏给监生顶带，以示鼓舞。时应琚又请添兵加垦巴里坤地亩；又言巴里坤迤西之穆垒，直接乌噜木齐新屯之特讷格尔，中间计有十余处泉水畅流，可垦上腴地数十万亩，请招就近无业贫民，照例给车轮口粮，资送屯垦；其特讷格尔并设官兵驻札。是年，开塔尔巴哈台地屯田，于雅尔、玉勒两处筑城，驻兵一千五百。谨按：新疆泉甘土肥，不减内地。皇上安抚尽善，凡驻防官兵，现屯回民及新招民众，莫不视为乐土，其于各村堡岁收，逐年造册题奏。上视所获多寡，军民赏给，官吏议叙，屯政之行，式廓无外已②。

三十六年，土尔扈特汗乌巴什率全部来归，内命舒赫德代伊勒图为将军，驻伊犁，安辑新附之众，授之牧地。其部众量地分编，安屯教耕。

三十七年，陕甘总督文绶奏：新疆屯田虽已广辟，而余地尚多，必须广为招徕，因条具五事：一、招新疆商贾佣工之人，就近认垦，以省咨送；一、指明新疆地名、道里情形，晓谕户民，以期乐从；一、嘉峪关请每日辰开酉闭，以便商民；一、乌噜木齐大路数丈，请修治宽阔，以利行旅；一、安西沟渠应疏浚畅流，以益灌溉。谕下廷臣。集议施行。

三十八年，伊犁客民四十八户，呈请入屯田户籍，开屯西河湾等处，经将军舒赫德题请，因议每户给地三十亩，愿多者听。初垦时，官供籽种，分年完项，以次酌定科则。

三十九年，乌噜木齐续垦地成熟，奏请升科。三十二年至三十七年，兵民所垦地已升科，至是以总督勒尔谨于三十四年请拨遣犯百三十户垦地已届六年，故请入额升科。

---

① 满州，应为满洲。
② 式廓，规模。

四十年，以伊勒图奏，令塔尔巴哈台等处绿营屯田，及办事大臣按照地方情形，仿伊犁、乌噜木齐等处议定分数，分别办理。其巴里坤、哈密遣犯种地交粮，亦准照该处兵丁一例劝惩。是年，巴里坤报续招民户垦地三千亩。

四十一年，两金川荡平，将军阿桂奏请于金川地方设镇安屯，凡兵丁有愿携眷者，初至垦种，于应得钱粮外，赏给盐、菜、口粮。

四十二年，四川总督文绶疏定，绿旗兵携眷远徙，应使其眷属均有所资，合力耕作，方于屯政有裨。请按各家属口名，酌借口粮，由屯员按月支给，俟成熟征还，报部。从之。

四十三年，文绶又以四川省携眷屯丁所种新疆地亩瘠薄，请照民户例，每丁给地三十亩，乌噜木齐兵丁例，每丁三十亩。各给牛一，农具一，并借给口粮。寻将军特成额又奏准每兵所种三十亩地内，以二十亩供赋，十亩给兵眷养赡，以继月饷盐米之不足。

四十八年，总督福康安奏，降番戎噶阿甲等自四十一年投诚，安插美诺等屯种，计千四百十三户，至四十七年，例应起科，请照汉牛降番例，每户征杂粮二斗一升八勺五秒。从之。

# 卷九十三　食货略十三

## 市易

臣等谨按：我朝市易之政，近自直省都会，远及外藩重洋，靡不各有定制，永昭法守。逮自西陲底定，归附益广，度地开廛，因中设市，其通商惠工，柔远能迩之规，实足为百代之良法。岂若汉唐以来，补偏救弊，经理一时者之所为！粤稽郑志所载①，平准均输，乃汉武时权宜之术，自后汉章帝时，仆射朱晖已议其失。且郑志所载，亦止武帝、章帝二事，其非经常之制，可知我国家藏富于民，盈宁乐利，家给人足，其立纲陈纪，皆准理酌宜以便民为重，迥非置平准于京师，笼天下之货物者可比②。谨于篇目，改书市易，而以市舶互市附焉。

顺治二年，上谕：江宁、苏、杭各处织造市卖绸缎，务宽长精密，母短窄松薄③，致民间徒费钱财，无裨实用；并禁止各庄头采买刍粮，勒价强买之弊。

六年，勒令东来卖参人役，止许在京均平易市，不得遣往别省滋事。按：元年，令该商于南京、扬州、济宁、临清四处开市，后以扰累地方官民商贾，故有是命。又严禁王府商人、旗下庄头人役等霸占集场，出外贸易及短价捐买之弊。

康熙初，民间有指称王、贝勒、辅政大臣名色，据关津肆行者，上饬地方官缉拿；续定包衣下人④，王、贝勒、贝子、公、大臣家人霸占关津

---

① 粤，发语词。稽，考核。郑志，指南宋郑樵所撰《通志》。
② 《清通志》的作者为了颂扬清王朝，故意贬低汉武帝时期的均输平准政策。其实，汉武时创立均输平准，是对市场和物价进行政府干预，对各地的贡物做了选择，以达到最佳效果。而清之市易仅是市场管理和边境贸易。
③ 母，这里应是古写的"毋"，不是母，今写作"毋"，禁止之意。
④ 包衣，满语"包衣阿哈"的简称。"包衣"即"家的"，"阿哈"即"奴隶"，汉译为家奴。

生理，及王、大臣以下各官以银借贷居民，指名贸易，及据关口市场者罪例。时尚、孔逆藩所属①，多有霸占广东私市者。

十九年，令该管官清厘其有霸占私税者罪之。

二十四年，以光禄寺估计物价，头绪繁多，令凡应买各物，俱照时价估计，定为条款。嗣又以核减太多，恐累商户，谕大学士等再行斟酌，随时估计。

四十三年，革除直省私设牙行，勅户部造铁斛升斗颁行天下。先是湖广道御史郝浴言：官吏采买军需，往往层扣户侵，名为市易，实系里摊，请行严禁。至五十九年，吏科给事中纪遴宜又言：河工所需物料任河厅采买，差役不无借端扰累，嗣后凡置办工料，请饬河厅协同地方官平价购买。并从之。

雍正六年，谕：向来采办军需，有司往往虚耗国帑，派累民间，节经降旨，严行禁饬，令照时价购办。又恐承办官预留为将来核减之地，稍借民力以助公事，是以特令核定折中价值。倘时直可减，即为节省；或定价不敷，据实奏明。此后再有克扣短发侵蚀之弊，一经题参，即核明克扣之数，先动军需银两，另委贤员，如数找给百姓，仍将该员治罪，勒限追完。

九年，以总督鄂尔泰言，勅各省文武官所有赏给兵营生息银两，毋得占百姓行业，或重利放债，与商贾、小民争利；时京师钱价昂贵，上言者谓商贾贩运出京及囤积居奇所致，乃于八旗五城设官局兑换，以平市价。又淮安板闸地方，向有豪民开立写船保载牙行，勒索行旅。

十三年，勅该督抚严行禁止、布政使不得滥给牙帖，其他处关口有似此者，亦一体禁缉。又禁河工运装工料，封阻客船，及采办诸物短价累民之弊。

乾隆元年，禁商人增长物价，巧取兵丁营运银两。

二年，复申饬居奇勒价之禁。是年，严牙行侵吞商客资本之禁。令地方官于牙行领帖时，取具保邻甘结，不得滥行发给。

四年，以直省牙行岁增，诏令各督抚严加核实，于是定牙行之例。凡铺户拖欠商本，追缴本牙行帖，勒令铺户清完，其不足之项，牙行赔补；

---

① 尚孔逆藩，清初封吴三桂为平西王、尚可喜为平南王，耿精忠为靖南王，是为三藩。后皆叛清，故称逆藩。

如牙行侵蚀者，并责互保牙行摊赔。旧例，仍充经纪，取同牙行互保一人，出具殷实良民互结。至于以后客之货挪补前客之欠，移弱客之货代偿强客之欠，准互保先行举首，免其治罪，容隐者责令分赔。其牙行内同事人侵吞客本，均律以牙行侵吞之例。寻又奉旨，外省衙门书役多有更名捏姓，兼充牙行，交部定例治罪；地方官失察徇纵，亦均论罪。

五年，定各省开报物料价值之例，又增宁夏采买粮食价值。

七年，于京城立钱牙以平钱价。按，此条互见钱币门。又令将平粜钱文照市价酌减易银。互见钱币门。又定额解京局铜铅及岁贡物料，皆随时增直。盐务额引，亦随时拨济，按地营销。

## 互市市舶之制

顺治二年，命哈客萨驻张家口，们都布赉驻古北口，凡外藩贸易者，该驻防官照常贸易，毋得阻抑。又定西陲招商市茶以易番马，酌量价值例。先是佛浪机商人于明季寓居壕境澳与粤商互市，后因阑入省会，遂饬禁止。

四年，以广督佟养申请，仍准番舶互市。

十一年，准暹罗贡使所携货物愿至京师贸易者，听其自运。其愿在广东贸易者，督抚委官监视。

十三年，准荷兰国及吐鲁番贡使在馆交易。

十八年，又准达赖喇嘛及根都台吉于北胜州互市。

康熙初年，定外国人非进方物之时，不准来境贸易。旋又禁沿海兵民贩米粮出海市利。

八年，广东都司刘世虎等遇风飘泊广南国境，国王遣其臣赵文炳送归，并带货物船只来粤。部议，赵文炳等虽系广南印文遣来，实系中国之人，或留或遣，请旨定夺。其带来之物，现奉海禁不便贸易，应入户部。得旨，广南国王送刘世虎等回粤，殊为可嘉，着给以照验遣归。广南船货，不必入官，仍给来使。嗣于二十二年，令厄鲁特噶尔丹博硕克图来使，酌量数人进关，其余听在张家口、归化城等处交易，事毕随即遣回。时阿达哈哈番玛拉等以茶布往征罗刹军前市易。上谕：茶布不必携往，可于户库支银四千两，量买诸物，驰驿抵该地换取牛、羊、粮米，以备军需。

二十三年，奉旨开海禁，许江南、浙江、福建、广东沿海民人，用五百石以上船只出洋贸易，地方官登记人数船号，给发印票，防汛官验放。又准暹罗国贡船在虎跳门贸易，具报之后，即放入河下，不必入店封锁，候部文批回。

二十四年，免外国贡船抽税。时王大臣等言，今海内一统，寰宇宁谧，无论满汉人等，一体令出洋贸易，以彰富庶之治。得旨，允行。又令朝鲜国照常贸易。

二十五年，定厄鲁特部落如噶尔丹等四大台吉准令来京互市，其余小台吉，俱于张家口互市，着为例。

二十八年，暂开宁夏等处互市。先是领侍卫大臣索额图等与俄罗斯来使议定分界事宜，至是遣官立碑于界，凡一切行旅，有来往文票者，许其贸易不禁。自是遣使通贡互市不绝。

三十五年，令洋海商船往天津海口运米，至奉天贩卖，给以雇值。其装载货物，但收正税，概免杂费。时进征噶尔丹，特谕：随军贸易之人，固不可少，若纵其贸易，又至紊乱。应于某营相近即令某营之夸兰达派出章京，于一里外驻札，准其贸易。倘贸易人不遵法禁，即行正法，随带之人亦治罪。军士或私售米粮及强买抢夺，定加重罪。又理藩院言：官兵经行蒙古地方，应令蒙古人沿途贩卖驼马牛羊等物。得旨，理藩院可另设一营，其贩卖驼马牛羊人等即在理藩院营内贸易，每军营派官一员，专司其事。如有指称贸易行窃者，不分首从，以军法论。

三十六年，准鄂尔多斯于定边、花马池、平罗城贸易。时朝鲜国比岁荐饥，公私困穷，八路流殍，相续于道。国王李焞吁请中江开市贸谷，上允其请，并令户部侍郎贝和诺往奉天督理朝鲜粜米事务。寻定，令殷实之户取具地方官印结，前赴奉天领米挽运，照时价交盛京户部。其朝鲜国进贡来使，有贸谷带回者，听候朝鲜国岁稔时停止。明年，复遣吏部侍郎陶岱将所运米三万石，以一万石赏赍朝鲜，以二万石平粜。时有盐商呈请愿往，令将盐务银买食米二万石运往平粜，钦差户部侍郎监视。

臣等谨案：国家怀柔远人，无所不至。朝鲜世称外藩，恭顺日久，至是因急告籴，即命部臣截漕运米以苏海邦民气，朝鲜臣庶得饫太仓玉粒，莫不忭舞忻悦，实从来未有之旷典也！

三十二年，以日本洋铜饶裕，令安徽、江苏、浙江、江西等省各商，携带绸缎、丝斤、糖药往彼处市铜，分解各省，每岁额市四百四十三万余斤。

三十九年，准哈密人于甘肃贸易。又准湖广镇筸苗民于每月三日，听其互市，限时集散。

四十一年，遣官偕喇嘛监督打箭炉贸易。

四十六年，令出洋渔船，照商船改造双桅，装载货物，兼行贸易。

四十七年，都察院佥都御史劳之辨言，江浙米价腾贵，皆由奸商贩运外洋之故，请申饬海禁，不许商船往来。户部议以开设海关，商民两益，不便禁止。祗令该督抚提镇于江南崇明、刘河，浙江乍浦、定海各口，加兵盘缉私贩米粮。于是，着部院保举贤能司员，前往巡察。

五十一年，兵部职方司郎中图理琛使土尔扈特国，假道俄罗斯，悉其山川风俗为异域录以献。初，通市诸物，有噶噶林印记者准市，余则否。

五十三年，以江苏巡抚张伯行言，编刻商船、渔船、巡哨船字号并船户人等各给腰牌，以便巡哨官兵稽查。

五十五年，给甘肃地方出口印票，听其贸易。又定福建商船往台湾澎湖贸易者，台湾厦港两汛，拨哨船护送。时以南洋有吕宋、噶喇吧两处，系红毛西洋泊船之所，其地多匿藏盗贼，官兵出哨船止一二只，一遇盗船四五只，势不能敌。又内地民人布图获利，往往私载米粮贩易，或并将去船售卖，甚至有留在彼处者，以该地常留汉人，即海贼之薮。又往年由闽运米至粤所雇民船三四百只，每只三四十人，通计数千人聚集海上，而台湾民人时与吕宋人往来，皆当加意防范。因召广州将军、浙闽总督、两广总督入京，诏大学士九卿等会同详议。嗣于五十六年议定，内地商船，照旧来往东洋，不许出南洋贸易；其外国夹板船，仍听其贸易。凡洋船初造时，报明海关监督，地方官亲验印烙，取船户甘结①，并将船只丈尺、客商姓名、货物及收泊何处，填给船单，沿海官照单严查，按月册报督抚存案；每日食米，人各一升，余米一升，以防风阻，如有越额载米者治罪；其私买船只偷越禁地，或留在外国者，杀无赦。

五十七年，定来往台湾各船取具保结，赴厦门盘验，其保结商船责之保家，商船水手责之船户，货主渔船责之澳甲同艘，各船限定人数，凡单身游民无照者，不许偷渡。犯者官兵船户民人及该管官一体论罪。时碣石总兵官陈昂言：夷商种类甚多，奸宄莫测，应令督抚关差诸臣设法防备。

---

① 甘结，旧时官府断案既定或确定财物所有权归属，均令事主作一甘愿遵命之据，书写画押，谓之甘结。又奉命承办官府事务时所立之保证，也称甘结。

□议夷商慑服有素①,应听其照常贸易。沿海文武官弁,但于夷船泊岸时不时防卫,无致失所。从之。又以两广总督杨琳言,禁止澳门夷商夹带中国人并内地商人偷往别国贸易。时以止禁商船往南洋,而夷船往南洋及内地商人往安南不在禁例。永著为令。

五十八年,议定蒙古及西藏茶禁。

六十一年,谕:暹罗国分运米石至闽粤等处贩卖,其余各边番部落及苗疆土司,祇令在就近边界交易,不得多携人众,深入内地。至硝磺、废铁、军器、火炮等物,概不准夹带出边。其进关抽税多从轻减云。

雍正二年,谕:暹罗国不惮险远,进献稻种果树等物,应加奖赉。其运来米石,所至地方官,悉照粤省时价发卖,不得任意低昂;其回空压载货物,概免征税。嗣后陆续开闽浙洋禁,及边番互市之禁。先是,青海诸部落每年于二、八月在河州、松番两处,与内地民人交易两次,后择定纳喇萨喇地方为集场,改定四季交易。而各部落多居住黄河之东,切近河州、松番等处,所有纳喇、萨喇两处交易之所,不足供黄河东西两翼蒙古易卖。

三年,将军岳钟琪言:河州土关附近之双城堡、松番黄胜关之西河口,俱有城堡房屋,地方宽阔,水草肥甘,应仍令在此互市,可为永久再住牧;黄河西诸部落相近西宁,请移贸易之地于西宁口外,当噶尔寺至蒙古贸易全藉牲畜,每在六月以后,请每年不定限期,听其不时贸易。从之。

五年,福建督臣请复开闽省洋禁,以惠商民,并令出洋之船,酌量带米以佐内地耕耘之不足。上如所议,并令该督抚立定条规,严如防范。其从前逗遛外洋之人,不准回籍。

五年,令大臣策凌等与俄罗斯使臣定议边界,立石碑,并定议,俄罗斯往哈克图互市人数不得过二百,仍令理藩院司官一员稽查。

六年,准暹罗国商人运载米石货物,在厦门发卖,止纳货物税,米谷免税,永为例。又定洋船出入海口限期,及酌带米石货物之数。

七年,准浙江洋船照闽海例,与洋船一体贸易,并准粤东商人每岁冬春间以茶叶、瓷器、色纸诸物,往柔佛诸国互市;许暹罗贡使购买驼马,并动用内库银给以价直,又赏给京弓铜线。以该贡使请采故也。定湖南民人

---

① □,疑为廷字。

往苗土贸易者，给予印照，塘汛验照放行；其苗人至内地贸易，于苗疆分界之地，设立市场，该州县派委佐贰官监视，每月以三日为期，不许越界出入。先是吕宋等国口岸多聚汉人，将南洋贸易禁止，是年复令开市如故。

十三年，议定东省豆船经海运到江，设立两联印票，出入查验。如无印票，照贩米出洋例究治。时吕宋国以麦收歉薄，请以谷、银、海参来夏门交籴。上谕该督抚提督，转饬有司照谷麦时价均平粜籴，不许内地人抑勒欺诈。其自关海以来，各项禁物仍不许出境，并申明沿边军民借端需索勒掯之弊。

乾隆元年，暹罗国请采买铜斤，部议以铜斤禁止出洋，定例已久，恐后来奸民借此为由，越境滋弊，议不准采。上命赏给八百斤，后不为例。又准山西口外民人携带日用铁器、腰刀及铁条、铁块可造军器者，仍行禁止。

二年，命朝鲜国仍循旧例，在中江地方与兵丁交易。

八年，酌定外洋货船带米万石以上者，免货税十分之五；五千石以上者，免十分之三。其米照市价公平发粜。若地方不能销售，官为收买，以补常平社义等仓，或散给滨海标营兵粮之用。自是商船往暹罗者，亦多携米归来，官照时价就厦口粜卖，分散；漳、泉二郡其商民有自备资本运米至二千石以上者，按数分别生、监民人，赏给职衔。

十一年，葫芦国酋长蚌筑愿以其地茂隆山银厂抽课报解作贡，解课三千七百九两零，赴云南投诚。且称境内银厂，自中华人吴尚贤开采以来，矿砂大旺，厂地民人各守天朝法度，路不拾遗等语。王、大臣等议，令云南督臣晓谕却之。仍令将吴尚贤等违例出境查明具奏。从之。寻葫芦国夷目吁请天恩，俯顺夷情，收受厂课，云督张允随请减半收纳，以所收之半给赏该酋长，以慰远人归顺之意。从之。先是汉人往噶喇吧贸易，留者甚众。生长其地者曰土生仔，司汉人贸易者曰甲必丹。时福建龙溪县民陈怡老久居其国，贿通夷目充甲必丹，于十四年潜回厦门，为地方官访获。上闻仍令照例速遣。

二十四年，西陲底定，自辟展库车、阿克苏、乌什、和阗、叶尔羌、喀什噶尔等处，均设市集。内地运往者，绸、缎、褐毡、色布、茶封，易回部驴、马、牛、羊、翠羽、花翎、毛、革、金、银、铜、货及麦、荞、刍菱，以实边境军储。或遣官监运，或听军民贩载，其物价悉照内地价值交易。是年，禁外洋夷船贩运丝斤。明年，江苏巡抚陈宏谋言：各关差招商采洋铜，向系置办绸缎丝斤并糖药等货，今丝斤已禁，若将绸缎一概禁止，所带粗货不敷易铜，请将绸缎纻绢等准其买办。寻议，将该商额办铜本所有应需，酌搭绸缎及装载船只，酌定卷数、斤两，责成乍浦、上海二处官照例秤验，输税，使商人不得重复影射。

二十七年，命开奉天海禁，并定给票互查之例。

二十八年禁英咭唎商船不准于浙江贸易。自是皆收泊广东。又陆续准英咭唎、咖喇吧、荷兰等国夷商及琉球国配买丝绢，以易外洋铜斤。

二十九年，准两广浙闽各商携带土丝及二蚕湖丝往柔佛诸国贸易。此后外藩贸易，悉照常例。至于西域藩部来新疆贸易者，各有常例。如哈萨克诸部于伊犁贸易，布噜特诸部于喀什噶尔贸易，痕都斯坦诸部于叶尔羌贸易，齐齐玉斯、鄂尔根齐诸部常至伊犁等处贸易。又定外藩商人在回部贸易者三十分抽一，皮币二十分抽一；回部商人往外藩贸易者二十分抽一，皮币十分抽一，其牲畜货物不及抽分之数，视所值低昂以普尔折算。

四十二年，两金川番酋平定，亦令于该地设市，定制，以通货贿。

四十九年，谕留京办事王大臣议覆，福康安、舒常等酌筹粤东洋行事宜。内称该督抚及监督等土贡内购买洋货钟表等物，务令洋行各商，公同定价。又洋行货内珍珠宝石等项抽税，易于偷漏，应令总督监督等悉心筹酌，以期永久无弊等语。国家抚驭外洋，不贵异物，每岁番民与内地洋行交易货物，俾沾利益，原所以体恤商夷，至洋货内钟表等项，不过备验时刻，向来粤海关原有官买之例，而广东督抚监督等往往于土贡内亦有呈进者，今内务府造办处皆所优为，更无事外洋购觅。嗣后督抚等于钟表一项，永不准再行呈进。至珍珠、宝石等项，原无需用之处，向来粤海关抽税，亦属无多，况此等对象，本难定价，易至居奇，且便于携带藏匿，难保无偷漏分肥，否则过于吹求；若设法严禁，逐项搜查，实属不成事体。现在京师及各处关隘商税则例内，本无此项税课，不如听商人等自行交易，免其收税。凡粤海关珍珠、宝石，概不准征收税课，着为令。

# 卷九十四　食货略十四

## 漕运

臣等谨案：秦输渤海之粟，汉运关中之粮，此漕运之名所由昉。自汉及元，率皆水陆兼运，故有长运递运之名。至明永乐间，开会通河以济漕，始罢海运、陆运，而为攒运，其后又变支运为兑运，复为改兑，于是罢民运而专以军运。国朝因之。然明代军民交兑司漕者，往往左军右民，以致军强民弱，需索无餍，始则瘠民以肥军，而民不任漕，继且瘠军以自肥，而军不胜运。我朝则改为官收官兑，而于运丁，尤加意体恤：其在家也有赡运之屯田以为世业，其在途也有官给之行月，以备糇粮；赠贴银米，费虽浮而不恤；随带土宜，利虽倍而无征。此国朝之漕运，所以民勤秸秸而额鲜侵亏①，军乐委输而期无违误也。兹仍案年胪载以永垂王刊云。至列圣相承，百余年来偶遇偏灾，或裁运，或免征，已列蠲赈中，兹无赘焉。

顺治二年，定漕运官司：挽运，设旗甲；统领，设运总；督押，则设漕道粮道；提衡巡察，则设总漕巡漕。

四年，定各省漕船额缺者给以重运银，令运军雇募民船装运。

七年，裁巡漕御史。先是漕粮军民交兑，军强民弱，每多勒索。九年，定为官收官兑，其赠贴银米，酌令征收以给运军，民甚便之。

十年，制铁斛颁发仓场。又以白粮无漕船，令攒厂成造。

十二年，定漕运限期。时运漕军丁多有窜入民籍者，是年，定五年编审一次。

十三年，定京城通州各仓收米限期。寻饬各卫所舍余闲丁，按年编审纳银，以为贴造运船之费。

---

① 秸秸，这里是指农业生产。秸，禾茎，麦秸、稻秸之类；秸，刈禾声。

十七年，令折征灰石米解部给支。明年，禁折征漕粮，毋得以兑漕为名，价外苛索。

康熙元年，谕：漕船领运官军依限抵通，回空不守成法者罪之，其沿途文武官催攒不力者，并论罪。

二年，令漕运总督刊发各省漕运全单，并定漕粮分数以严考成。时浙江白粮用漕带之法，需船百二十六号。

三年，增造六十四号，并入漕帮佥运。寻定江苏白粮，照浙江之例，抽选漕船装运。

五年，更换，又定漕船抵通限十日回空之例。

十一年，定抵通期限，以省分远近为差，违限者计月论罚，督运白粮违限者亦如之。

十七年，增定重运回空沿途限期。除江西、广东漕船行长江至仪征者，因风挽运难以立限外，惟镇江渡江，因风守候，令地方官报明免议，余俱照新定例行。淮北漕粮向例止收红米，时河患初平，民田被淤，因而有改种白稻者，以河道总督靳辅疏，准红白兼收，着为令。

二十三年，定漕船载运额数：每船载正耗米五百石，土宜六十石。又以漕运总督管理粮船是其专责，谕漕督于漕运过淮及回空之时，往来亲催，岁以为例。

二十六年，各定卫所漕船，每年见运之数成造十分之一，其各省岁修，每船给修费银七两五钱；至运军不亲押运，以子弟代行，向例运军及代运人均发边卫充军，至是并严该管官处分。又定漕船受兑离次，各省巡抚题报期限不得过二月，逾限者论。

三十三年，申严折征漕粮耗米之禁。又定佥军额例。先是漕船运军每船十名至十一二名不等，康熙二十五年定额十名。至三十五年，更定每船佥军一名，其余水手九名，择谙习撑驾者雇充。

三十七年，江南建平县漕粮改折籼米，从民便也。

四十三年，浙江运白漕船亦定为五年更换。

四十九年，定挂欠漕粮漕司各官分赔之例。寻定佥副军一人随运，凡重运到淮亏缺者，令本军驾运北上，留副军买米赶帮；如抵通欠粮，留本军完欠，副军回空，并令巡抚漕督给发漕船来往限单，饬沿河州县挨注入境出境时日。先是，州县交兑漕米，取米四升，分盛二袋印封，解仓场验收。至五十四年，令每船用米一石，着粮道验封，到淮漕督拆验加封抵通，仓场侍郎率粮厅验明起卸其样米，仍作正收。

雍正元年，诏：免江西脚耗等银五十一万两，米六十一万石有奇。嗣后仍令按全书照数支给。

二年，裁浙江船政同知其修造漕船事宜，并归粮道管理；又以漕船剥浅，多有扰害商船者，谕督抚示禁，漕督失察者论。并严漕船包揽货物及夹带私盐、私藏火器之禁。至经纪运米至大通桥，车户运米进仓，旧例每米五十袋抽掣一袋，一袋少，余袋例算，于各役脚价内扣赔。是年，更定掣欠之例，每石粳米作价银七钱，稄米六钱，仍准于脚价内扣抵。惟欠数多者照盗卖漕粮例治罪。

五年，定催漕船按汛成造，每船给银三十七两六钱三分三厘，每岁给小修银二两。十年期满，照例别造。

六年特旨，谕文学生员准免佥运。又谕浙江征收漕米，但择干圆洁净，不必较论米色，准令红白兼收，籼粳并纳，着为令。

七年，上谕，漕船过淮抵通所费，陋规甚多，各差御史二人前往稽查，不许该管官吏及经纪车户人等额外需索，以累运军。先是，漕船经过皂河、济宁、临清三处，由河道总督题报，时山东、河南增设总河，故以济宁、临清归河东总河题报。

九年，诏，豁免江南江淮、兴武二卫钻夫底料银十万八千一百余两。又以山东、河南多产黑豆，令于额征粟米内改征黑豆十二万石运供京师。

十三年，令漕运总督饬督运领运官，严禁漕船水手扰害居民之弊。

乾隆二年，特遣御史四人，分驻淮安、通州、济宁、天津等处，令各按所分之境，巡察漕运诸弊；又以江南、浙江岁征白粮，恐致累民，是年谕，裁减白粮二十万石，改征漕米；又将粟米改征黑豆，河南二万石，山东四万石。

三年，恩赏运弁银，人各四两，军半之；又改湖北通山、当阳二县漕米收征折色例，征银一两二钱五分。是年，始铸铁尺，用积方之法核算仓粮，分颁户部仓场及直省各仓，并定各仓贮米，每廒以万石为率，其奇零之数，别贮一廒。

四年，谕漕运河道总督，凡重运漕船所经遇浅起剥，即饬所在有司官具民船剥运①，其剥运雇直，凭有司官酌给，扣克勒索者罪之。

---

① 剥运即分船转运。剥，通"驳"。

七年，复定山东漕船不必由漕运总督给发限单，受兑之后，即呈报河道总督及巡漕御史稽察催行；又以浙江运白不愿更换，仍依旧例拨定运船，永远承运；免江西南昌、江南兴武、浙江绍兴各帮贷逋银四千六百四十两。

八年，以江淮、兴武二卫运军有窜入黄快船避金者，俱命归入民赋，每五年将现运及备金余军勾考一次，及定河南粟米改征黑豆二万九千三百五十六石六升有奇。先是，顺治初，以漕船至天津起剥分运至通，设红剥船六百只，每船给田四十顷养赡，免其征科。至康熙三十九年，裁革红剥船，按原给田所收租税额，分派各省于漕粮项内分给运军雇船剥浅；乾隆二年，定每船给红剥银二两，至十一年，北河增设堡船六十号，犰夫百八十名，浅夫三百名，随时疏浚，以免丁累，其制造堡船器具、夫工等费，于红剥银内动支，余银仍照数分给运军，以备剥浅之用。

十六年，又增改河南粟米征收黑豆二万石。又改江南运白漕船五年更换之例为三年。

十七年，定稽察各仓官，除都统御史在城理讼之期，均更番到仓稽察，并增定京通各仓差御史一人稽察，年终更代，其各仓收漕满廒，仓场侍郎封固，御史加封，各廒锁匙交仓场衙门收贮。

二十七年，更定京通各仓满、汉监督期满更代之例，仍以三年为准。

二十九年，谕：司漕各员不得滥收潮润米色。是年漕运总督杨锡绂请惩军籍绅官富户规避金丁诡捏脱漏之积习，以裨漕务。从之。

三十三年，以兵部尚书托庸等议，停五年盘验之法，以省糜费。先是，直省仓廒建于各州县城内，其收兑稽察，州县自监之。

四十一年，定州县不通水道者建仓于邻邑水次，以便起运。

四十七年，定载运河管泉各员巡勘章程，凡每年春夏之交，令其亲往泉源处所，请夫疏导，并饬各本管府州县实力巡查，分别劝惩。是年，奉谕旨，向来南粮余米俱准在通变卖，以资日用，现在各省粮艘陆续抵通，旗丁于兑足正供之外，其所有多余米石，情愿出售者，仍着加恩，准其就近于通州粜卖，于市价民食均有裨益。

四十八年，上谕：本年运河应挑各工比常较多，自应分头攒办，以期明春一律早竣。

# 卷九十五　食货略十五

**水利**

臣等谨案：治水之法，代无良策。惟我朝讲求尽利，凡可以施疏瀹决排之力者①，无不先事豫筹，俾无泛溢，而其最巨者，则河工海塘。自定鼎以来，列圣相承，无时不以濒海滨江之民为虑。建坊设坝，疏滞导流，所费帑金千百余万，其所以为小民保田庐谋奠安者计至周矣。迄今河流禽顺，海水晏安，巨浸之区安澜永庆。凡相度机宜，启闭疏筑，悉禀皇上圣谟，经画尽善。兹纂通志，于直省水利类为一卷，而于海塘河工别为一卷，以见我朝治水之政焉。

顺治九年，特遣官修理畿辅石景山以南芦沟桥一带堤岸。时苏州、松江、嘉兴、湖州等处，下游海口雍淤河道，工科给事中胡之俊浚吴淞以泄陈淀之水，浚刘家河以泄巴阳之水。上从其言，并令经理东南水利。

十七年，改筑江南当涂、高淳二县废圩②，更名忠惠圩，令有司不时培护。

康熙二年，近京夏潦，上遣官察勘，令经理修堤挑浅事宜，于是，发帑修筑芦沟桥及霸州等处冲决堤岸。

十年，浚江南吴江长桥一带，以泄太湖水势。

十二年，修河南安阳县之万金渠，引洹水溉田。又以江南水患，浚常熟之白茆港、武进之孟渎河及淮阳之车路、串场、白驹、丁溪、草堰场等处河口。

二十七年，修云南松华坝及金汴等六河闸坝，引水资昆明各县灌溉。时山东沭水及小清河频年漫溢，沂州、郯城、新城、高苑诸州县多被水

---

① 疏瀹，疏治河水。
② 圩，低洼地区防水护田的土围子（堤）。

患，于是修复郯城禹王台旧址，遏沭水使复故道，筑青沙泊南堤，疏浚孝妇河，俾小清河会大清河入海。

三十六年，谕漕河督臣会勘下河积水，作何归海，涸出民田之处，一一具题。漕运总督桑格因请修芒稻河，分高邵两湖之水入江；挑曹家湾、汤家绊、七节桥通高邵两湖淤塞，达芒稻河以入江；挑车儿埠之滔子河，使高泰所属积水由苦水洋以入海；挑涧河分运河之水入涧，由射阳湖以入海；挑梅陵溪使高邮所受之水通冈门以入海；挑车路、白涂、海沟三河，使兴化所受之水由丁溪草堰白驹湖以入海；挑虾须二沟、夏梁河，并朦胧河西淤塞之射阳湖，使高宝、兴泰、盐山等处之水由庙坝以入海。又经河道总督张鹏翮议，因定挑虾须二沟淤塞之处四十余里，挑鲍家庄至白驹闸地高水涌之处八十余里，挑捞鱼港淤塞之处八十余里，挑老河口淤塞之处三里有余，挑滔子河三十余里，由是下河积水悉由各口入海，民田涸出。时直隶霸州、新安等处浑河泛滥，旗民庄田被淹。命原任河道总督于成龙、河督王新命察勘，随遣旗下壮丁备器械，给以银米，挑浚分疏，越三年蒇事。并大修畿辅各州县清河、子牙河官堤、民堤共千五百二十余丈。又以山东东平州一带被水，疏濬戴村坝淤塞旧河，筑和尚林越堤。

四十六年，上以江浙苏杭等府州县或近太湖，或通潮汐，年久不无冲刷，谕工部行文该督抚，所有河渠水口，度田建闸，以时启闭。其支港淤浅者，亦宜即行疏浚建闸，以资灌溉。

四十八年，浚甘肃宁夏宗澄堡、李洋堡二渠，引黄水溉田；造木石闸坝三处，因时蓄泄。又修筑江西临江府北土桥老堤，以卫清江、丰城、高安三县田庐。修筑湖南常德府大围堤，令地方官专管。

五十年，广东海康、遂溪二县建筑围堤以卫洋田。

雍正二年，诏修畿辅石景山浑河堤工。又浚浙江西湖。先是浙江杭州城内设笕凿沟，引西湖之水入城，复由桃花港响水闸会流于城外，上下两塘河溉钱塘、仁和、海宁民田数万顷。时西湖闲地多被民人占为田荡，水道阻遏，议请清出归湖，开浚以复故址，其桃花港一带，相其浅深，酌量疏通。

三年，浚山东小盐河及胶莱新河以资民田。

四年，上以畿辅水利最关紧要，特命怡亲王允祥、大学士朱轼察勘酌议。寻议，直隶之水经流有三：北为白河，即北运河。南为卫河，即南运河。汇畿辅西南六十余河之水为巨浸，东至直沽合白卫河同入海者为淀河，淀之下流南来者为子牙河，北来者为永定河，皆水浊泥淤，为淀河患，请于永定河范雍口别开长淀河一道，引浑河绕王庆地东北入三角淀，直趋而东，俾浊水无复淤淀。子牙河上承滹、漳、滏阳、大陆诸水，水泛泥多，请将两岸之堤加高培厚束其流，使由大城王家口入淀，借淀河清流之力刷之，不致泥沙淤淀；其周淀回环千里者，曰钦堤。自康熙三十七年修筑之后，日就圮壤，请于清苑、文安一带低薄残缺之处，悉为修治补葺，建闸设坝。又开张家嘴、胜芳河以泻其流，苑家口、中亭河、十望河以泄其涨，开柴火淀、口头村引河以缓其势，掘张青口、毛儿湾等处以分其流，使钦堤巩固，河流顺轨。得旨议行。寻又浚霸州之莽牛河，新安之漕砲河，高阳之猪龙河，京南之滹沱河，以及渠口淀泊，无不次第经理。即谕：设营田水利府，以怡亲王等董其事。于是于滦州、玉田诸州县浚流筑圩，建闸开渠，招民人愿耕者，官给工本，并募江浙老农道之耕种及潴水、节水、引水、戽水之法。会秋熟时，田之获稔者已五百十顷，而民间自行播种者七百余顷。乃分立营田四局：曰京东局，京西局，京南局，天津局，局各有长，有副，有效力委员，并责成地方官以时达之营田府。后又设营田观察使二员，副使二员，所有田围渠堰，时加修理。是年，开浚河南百泉东西民渠及洹河石桥西三十三洞灌田；又开浚小丹河河口及秦渠、董下渠灌田。

五年，谕修天津教场、老君堂渠、横口、单街四处堤口，又开东省安山湖支河六道，并于六堤口建闸以利节宣。命副都统李淑德、原任山东巡抚陈世倌、巡抚陈时夏、总河齐苏勒、总督孔毓珣踏勘江浙附近太湖及通江潮之处，概行筑浚；又谕：太湖之水归海，刘、白二河为要，必径直深广方能顺下畅流，其潮沙堙塞之处，居民占耕日久，亦当尽去新涨地亩以复故道。李淑德等奏言：苏州、松江、常州、镇江水道，并藉太湖为吐纳，西北承宜兴荆溪百渎之水，西南承杭湖苕、霅诸山溪之水[①]，而皆由娄江、吴淞江、黄浦江以入海，是三江实太湖之尾闾，疏其下流自不至泛溢，请行挑吴淞江、白茆河、孟渎、德胜、九曲河。从之。又议修扬州五塘以溉民田；又以陕西郑渠、白渠、龙洞三处民田，向引泾水灌溉，年久渐致淤塞，命督臣岳钟琪疏浚建闸，以垂永久。

七年，命疏浚山东济宁、嘉祥及江南徐沛等州县水道，改陕西西安府

---

[①] 苕、霅，二溪名。苕溪，出自天目山，东西苕溪在吴兴城内汇合，称为霅溪。

管粮通判为水利通判，经理泾阳、醴泉、三原、高陵、临潼等五县堤渠修浚事宜。上以宁夏为甘肃要地，渠工乃水利攸关，特遣侍郎通智等董饬该地官属，大修渠道，于是于察罕托辉地方开凿大渠二百七十余里，建进水闸一座，退水闸三座，尾闸一座，大支渠百余道，小陡口百余道；又建大石阊洞一座，通汉唐二渠之出水渠，东筑长堤二百余里，以障黄河之旁溢；渠西浚西河三百五十余里以泄汉唐二渠。其大渠余水灌溉新渠、宝丰、宁夏、平罗各县民田；又开浚六羊渠百十有余里，建进水石闸一座，退水石闸二座，鼓水大小闸三座，开大支渠二十余道，小陡口百余道，闸房俱设水手，以司启闭。渠成，上赐大渠名曰惠农。改六羊渠名曰润昌。

又以大清、汉、唐三渠，历久淤塞，八年，命通智会同太常寺卿史在甲动工修补三渠，越二年工竣。修葺广西临桂县黄泥等十三陡[①]，凿石九处；增鲢鱼等二十陡，凿石百三十五处。开凿雒容县陆路，又修兴安、全州一带河道旧陡三十六处，以资转运米谷，灌溉田亩；又改江西柘湖、下洋二圩，别筑大岸，更名下洋、西堤二圩。

九年，上以楚省洞庭湖绵亘八百余里，横无涯际，舟行遇风无地停泊，舵杆洲居湖之中，建筑石台，于商船实有裨益，特谕将营田水利捐纳项内平余银二十万两，解送楚省，交该督抚经理，建石台于湖西之舵杆洲，东西长九十六丈，阔三十丈，南北各湾进如偃月形，以便泊舟，自是商船无风涛患。是年，议准山西太原、平阳、汾州三府同知兼管水利，其大同等府所属渠道仍责令地方官兼理。

十年，增设云南昆阳州水利同知一人，驻扎海口，修阿迷州八达以通粤河，浚嵩明州河口以通舟楫，开昭通府城濠以资灌溉。是年，直隶修玉田、丰润及马营、林南仓、宋家口一带围堰；广东修遂溪县辛、壬、丁三字号堤岸及麻烈等闸；江南修范公大堤；江西修丰城土堤；四川修新津、华阳二县之通济堰；湖南修益阳、沅江之东西堰；甘省于瓜洲疏勒河安家窝及口外柳林湖地建堤筑闸；陕西于柔远堡、镇夷堡、中卫县白马寺滩及口外双树墩开渠引水。

十三年，于福建建宁府浦城、福州府古田开凿火烧等四十三滩，平治相公等八滩、柳林等六滩、立柱指迷七里等八滩设船救济。

乾隆元年，谕管理水利河臣及滨河州县，各视所属境内，凡有河流浅

---

① 陡，为防明渠急流冲刷，顺坡挖筑（镶砌）的台阶式渠道。

阻，即定章程，每岁募夫修浚。

三年，上以直隶河道水利关系重大，特遣大臣详勘开浚修筑。于是，于芦沟桥浚引河一道，麻峪村增筑小堰三十余丈；又以东西两淀为畿辅众水之汇，设法疏通其清河堤岸周回，于顺天、保定、河间三府之境者，则筑培高厚，以防溃决，名曰千里长堤。时河南叶县、襄城等处被水患，令寓赈于工，培筑沙河、洪河、贾鲁等河堤堰；又抢修广东海康井鬼等七字堤、柳字下闸，遂溪甲、乙等十字堤，乙字闸，并丁、戊两字麻烈大闸；又加筑甘肃宁夏河忠堡长堤三十余丈；开浚陕西长安鳌屋渠工千二百余丈。

三年，两江总督那苏图请简差在京熟谙水利大员浚江南河道。乃遣大理寺汪漋总理，通政司德尔敏协办，疏山阳、阜宁之渔清河，兴化县之白驹闸下引河，高邮州之通湖桥、马饮塘河，江都之湾头河，通州分司所属之十盐场河，通州之黄河洋范公堤，及盐城之新兴场河，阜宁之庙湾场河。是年，又修筑湖北汉阳黄陂县之溪岸河堰，及福建连江、侯官、长乐等县之堤堰闸坝，闽县之海堰、仙岐之塘岸，以利农田。寻开修黔省都匀府水道，由旧施秉通清水江至湖南黔阳县，直达常德；又由独山州三脚里达来牛古州抵粤东河道纤路一概修治，以资挽运。

四年，谕直隶总督于水落之际，经理消除积水事宜。于是疏引永定、子牙、南运、北运四河及东西两淀，以治其经，加筑咸水沽茶栅垒道作为遥堤，回障天津积水，开堰贺家口之小河、何家圈双港之旧河沟，分泄蓝田郭家泊积水以治其委；又于药王庙、王家庄、韩家庄、巨葛庄等处别开引河一道，俾洼水同归于海。自是直隶之水，经流支流，咸归底定。时豫省大雨如注，川泽交盈，开封等属被水者多，上命于杞县、柘城、淮宁、鹿邑之永利沟、老黄河旧河故道，一概疏通；贾鲁河新河入淮之水，令浚泄入涡；其乾河涯乃汴河故道，亦开通导入沙河，以消省城积水，并建砌砖沟、石桥、石闸，以资保障。

五年，命廷臣会议淮扬九属水利事宜。汪漋言：淮扬下河水害有二，最甚者开放高邮三坝，次则东边易进咸水。于是平撤高邮三坝及昭关、子婴二坝以杀水势，令添石闸三座以资灌溉，其咸水易进之处，折修白驹三闸，建天妃口石闸一座；又移上冈、北草堰二闸于串场河口外，以避咸水倒灌；再于淮扬各属东塘河道，加筑范公堤以及栟茶、斜角二场堤工，落低扬子桥闸底三尺，闸内金门收小，俾一概疏通，以资蓄泄；其九属田亩之毗近河渠者，于两岸修筑田圩，以作堤防。时江宁布政使晏斯盛疏请修凤阳、颍州、滁州、泗州四属水利，上令汪漋、德尔敏会同督抚详勘定议。寻议定肥城之金斗河、越河，虹县之枯河头、亳河之干溪沟，和州之太洋河、姥下河、牛屯河，含山之铜城闸河，来安之龙尾坝河，及各州县陂塘、沟渠、圩埂、土坝共六十二所，均饬地方官劝导居民，次第兴行。又准河南巡抚尹会一请，浚贾鲁河，并江南涡河、南岸入淮之漳河。时江西丰邑沿江一带上石各堤险要，令南昌府同知于秋伏汛发时，即赴丰城防护堤工。又福建龙溪墨场堡被冲堤坝，令修补加增，以卫田庐。

七年，江水涨溢，命直隶总督高斌往赈，命大学士陈世倌会同高斌经理疏浚事宜。寻疏言，高邮、宝应诸湖，承洪泽之下流，自邵伯以上入海，自邵伯以下入江。而入海不如入江之便，请于金湾滚坝下添坝二座，分引湖水入盐河，即于盐河对岸挑引河一道，并挑凤凰桥下引河及壁虎桥下廖家沟归石草河以达江；挑深董家沟，使自为一河，直注于江。按：董家沟原归芒稻河。又修板浦以下场河及六里车轴等河，加筑六塘河西岸民堰，于五丈义泽六里河头各建石闸，以时减泄，使黄河北岸之水，不至泛滥；凤泗之水浍、沱、滩为大，而沱河淤塞为患，因导宿州之水入浍，导凤灵之水入滩，不使复入沱河；海州之水沂、沭为大，将河身淤塞者浚深，民堰残缺者坚筑。其余七府州属支河沟渠修理者，百四十余处。

八年，以高斌请于直隶之桑干河南北两岸开大渠一道，引水以溉民田。

九年，修理清江下游河道，自泰州盐河及高宝二湖相连之华家滩、大新河，高邵二湖相连之王家港，邵伯通运之引河，一律疏浚，俾循次灌注为湖河递减之法；其盐城以南二串场河，白驹闸下引河，并泄水之蚌沿梓新车路白途海沟，兴盐界河，东西官河，一律疏浚，以资利导；其范公堤各闸，多添金门，会各引河以广出水之路；又疏浚通州境内任家港等处，以备宣泄。是年，谕尚书刘于义往保定会同总督高斌疏浚河间、天津二府河渠淀泊。

十年，上以海沭一带连年被水，亲询安庆巡抚陈大受。大受言：海州之水，下苦于盐河之南北横截，使六塘南北之水，不得东流；上苦于沭河之水，尽由沭阳、海州入海宣泄不及，以致为害。于是命尹继善、白钟山兴修。明年，尹继善等议定，浚滩河南北两岸，其洪沟等处河道，建设涵洞；颍州之洮河、宋汤河，蒙城之芡河、北洮河，捱浅筑埝，建设桥梁，以分泄沭河之源，下江六塘河至沭阳分南北两股入盐河归海，乃接筑南北塘河子堰，建设涵洞，并疏诸处港河至山阳之吉家桥、盐城之九曲河、阜宁之横沟河、清江之民便河、史家荡古河、安东之尤家荡河、海州之蔷薇河、桃源之刘老涧积水河，一律挑浚，筑堰立闸；其盐河下之武障、义泽、六里三河口各设滚水石坝，赣榆之三公河、围子河，疏去淤滞，以泄盛涨；大沙河旁筑子堰，以资捍御。于是盐河无横截之弊。工竣，立修浚章程。凡各处长堤巨川大桥大闸归于岁修，官为经理，其支河小港民堰路沟分隶厅汛州县，各经管所属，督劝居民，以时修整。是年，疏山西牛站之濠渠，河南惠济之口门，甘省秦州之双桥；又浚浙江西湖之湖心亭、放生池，甘省皋兰之大通河、张达川，云南恩安之李子湾、鱼口河以及陕西泾阳之龙洞渠，福建长乐之莲花塘，以资水利。

十二年，加筑江南沭河堰工。疏浚宿迁桃源境内兜湾河，建骆马湖尾闾永济桥四十丈，开浚上下引河，以助分泄；添建甘泉县东西二湾滚水石坝，筑范公堤千百余丈；修江西九江府石硼，吉水县被冲堤岸，浙江仁和青龙田家井二涵洞。又以楚南洞庭为川黔粤楚诸水汇宿之区，必使湖面广阔，方足容纳，禁滨湖荒地，毋许筑堤开种。是年，淮水溢，山东巡抚阿里衮请浚沂兰等河，以杀上流之势。命大学士高斌董其事。明年，山东沂郯盛涨，建瓴而下，注骆马湖，冲决六塘河两岸子堰，汇归海沭。上谕左都御史刘统勋驰往，会同高斌及阿里衮详勘，淮安海州被水之田延及邻省之处，随时兴作。于斌等请将德州哨马营滚水坝落低，以消漳卫之盛涨；海丰之马颊河，聊城之徒骇河，疏导以分运河之涨；东平之戴村二坝落低以减运河涨溢之水，济宁之董家口引入白马河归湖济运，以卫民田；沂州之江标口坚筑堤坝，使入湖归运，以免旁溢。从之。

十六年，上巡幸江浙，见萧山、会稽一带，河道浅窄，舟楫难行，命河臣于当疏浚修筑者，次第兴工，以垂永久。是年，又准大学士傅恒请，于畿辅高梁桥迤西营治水田。

十八年，黄淮冲决高邮、宝应、灵璧等处被淹，命舒赫德、刘统勋等董率堵筑，以资捍御。

二十一年，荆山桥淤浅，黄流四溢，而骆马湖堤亦复残缺，命浚荆山桥下河身，以消山东滕、峄等县积水。

二十二年，筑骆马湖堤以御运河盛涨。时山东金乡、鱼台等属及上江之宿虹、灵璧、河南之永城、夏邑等处，河流漫衍，命侍郎裘曰修等察勘各属积水，将河南虞城、夏邑等处支干各河，及江南宿州之濉河，山东兖州之府河、洸河，一律疏浚。

二十四年，浚山东曹、单二县与江南丰、沛二县之顺堤河及河东之卫河泉源；又开常熟、昭文二县之白茆河、徐六泾、海口及塘外淤河，以消积水。

二十五年，改常熟、昭文二县、海口石闸为滚坝，于南关车逻等坝封土三尺，以资宣泄。

二十六年，准直隶总督方观承请，于易州泉原村开渠建坝，以资灌溉。至二十八年渠成，赐名安河。是年，开泰州丁溪、小海二闸，引河汇全家港归海。开阜宁、盐城二县之上冈、草堰、陈家冲三闸，引河汇入射阳湖归海。又浚常熟之福山塘河，灌溉民田千余万顷。时河流下趋贾鲁，怀庆府属被淹，乃筑贾鲁河夺溜急处，并添修怀庆城外月堤，以资捍御。

二十七年，闽浙总督杨廷璋请浚乌程、长与二县溇港。江西巡抚汤聘请于南昌县之富仓圩改建石闸。直棣总督方观承请修理畿辅河渠堤堰，以工代赈。

二十八年，方观承又请浚凤河上游，自南宫以上至闸子口百二十余里，以工代赈。俱从之。特命兆惠会同长芦盐政、天津知府于海河修坝，酌定水利，以时蓄泄。是年，浚松江、太仓等属水道，挑荆山桥旧河。

三十年，浚武进、丹阳之孟渎等河。

三十二年，上幸天津，亲履淀河堤闸，命筑新堤一道，自长堤之三里滩至庄儿头止，上下衔接约十余里，卫村民三千户得膏腴地数千顷。时湖北黄梅堤溃，诏自董家口至江西德化境内围堤通行坚筑。

三十六年，永定河暨北运河溢。遣大臣会同督臣经理，于芦沟桥迤下六工，凡涨湾曲处，一律浚直；其南岸之求贤桥，俱改灰工；忙牛河六工以下①，顺导东行，并筑土捻，以遏北徙；于北运河东岸，南仓上新筑横堤，以卫北仓村庄；再建桥座以泄西来之水；又疏两减河及东岸引河，培筑隔淀河及千里长堤。时以尚书裘曰修董其事。葳事时曰修请饬地方官于一切淀泊，禁民报垦让地与水，并禁横加堤埝。上谕直省，凡有此等濒水地亩，着有司严禁占耕，毋使与水争地。

四十五年，改建高家堰三堡六堡鳖石，加筑徐州旧石堤九百余丈。其

---

① 忙牛河，应为"牤牛河"，在今北京、河北境内。

韩家庄、金山一带堤堰均改筑石堤。

四十六年，邳睢、仪封等处堤溃，浸逼运河，谕河臣将曲家堤及魏家庄大堤堵筑，于兰阳、商邱等堡添建大堤一道①，内开引渠百余里，展宽番家屯六塘河等处，挑微山湖下顾家庄等引渠以泄积水。

四十八年，又新建青龙冈迤上长堤引河达河流直注商邱。时又因芦沟桥下淤沙过甚，特命金简会同刘峩查勘，并令依中泓五孔口面，全行相连挑挖，俾上下游一律宽深，河流畅达，永无沙淤停蓄之患。

四十九年，江西巡抚伊星阿奏，南昌新建、鄱阳、余干、建昌等六县下游，地接鄱湖，又当章贡诸水之冲，圩堤冲塌，田禾被淹，请借项修筑，下部议行。

五十年，大学士阿桂奏：接奉上谕，前因桐柏山为淮水发源，特谕毕沅详晰查勘支流，或有淤塞，即应设法筹办。兹据毕沅覆奏，该处发源之地，河身不甚宽广，易于疏浚，倘有需开仝之处，即勘明兴工。又贾鲁、惠济两河，即系淮水支河，现在一律疏瀹。江南洪泽湖向藉淮水挹注，今淮水发源之处经毕沅勘明疏瀹，将支小河一律浚导，该处贾鲁、惠济二河，其小流归并涡河入淮，现在亦加疏浚，俾就通畅，并于淮渎庙虔申祭告，自当仰邀灵佑，泉源涌发，众水会归，下游湖水日就充足，以助清敌黄伏。查淮河清水御黄济运，为全河最要关键，今岁淮水未经大长，仰蒙圣明远照，以桐柏山为淮水发源，谕令毕沅广为浚导，从此会流下注洪湖，自必日就充足畅出，清口永资利赖。云南巡抚刘秉恬奏请兴修剑川州剑湖水利，并挑挖昆阳州海口工程。部议从之。

---

① 兰阳，旧县名，金置，地在开封东北 90 里。

# 卷九十六　食货略十六

## 河工

顺治元年，特设河道总督一人，驻扎济宁州，后移驻清江浦。总理黄运两河事务。设分司驻扎各境，定分汛防守之法，每遇桃汛、伏汛、秋汛将临，令该管官弁，加谨分防。

二年，考城之流通口决，旋即堵塞。

八年，筑祥符单家寨堤、封邱李七寨堤，及筑陈桥堤、郑家庄堤。

九年，河决封邱大王庙口，水从长垣趋东昌，坏安平堤北入海，因于丁家寨凿渠引河，杀其势；筑祥符时和驿堤，又筑常家寨堤及商邱王家坝堤，考城王家道口堤。

十年，定南旺、临清等处煞坝浚浅，每年一小浚，三年一大浚。

十一年，筑阳武慕家楼、商邱夏家楼、虞城土楼诸堤。

十二年，筑祥符守幺寨及回龙庙月堤、陈桥堤，并筑兰阳、板厂、阳武、潭口寺、包家厂诸堤。

十四年，筑祥符之槐疙疸、清河集并陈留之孟家埠诸堤。是年，陈留孟家埠口决，于堤南筑缕月堤五百丈，并浚引河一道，以分水势。

十六年，总河朱子锡疏言两河利害，条奏十事：一、陈明南河夫役；一、酌定淮工夫役；一、查议通惠河工；一、特议建设柳围；一、严剔河工弊端；一、厘核旷尽银两；一、慎重河工职守；一、申明河官专责；一、申明激劝大典；一、酌议拨补夫食。疏入，从之。

康熙二年，准朱之锡请定河差①，满汉官仍照旧例，三年更换。按：三年一换之例，系顺治十四年河臣杨方兴奏定。嗣因六部司官轮流升转，又兼满汉并差，议将管河分司改为一年更替之例。

---

① 应为朱之锡，清初治河专家。《清史稿》有传，《清史稿·河渠志》也载其事迹。

七年，筑祥符一览台、聂家寨，及仪封石家楼、小宋集诸堤。

九年，河水盛涨，自桃源界起东至龙王庙，俱因旧址加筑高阔。

十五年，高家堰及漕堤等处溃决，特遣尚书冀如锡前往察勘，悉心筹办，于是开白洋清河以东引水河使黄河入海，开清河两旁引水河使淮水出河；又筑河岸遥堤、缕堤，修高堰堵翟坝，而扬境以内各工亦同时并举。是年，裁高邮分司及南河工部。又准总河靳辅请，挑山清高宝四州县运河，并清口、烂泥浅引河四道及清口以下至云梯关河一道。

十七年，命撤回南北中河三分司，其河道工程委该地方监司、府佐贰管理。又定河工顶冲之地，即以旧堤为缕堤，于旧堤之外别筑遥堤以为重门保障。又准靳辅请，自翟坝至周桥二十五里湖陂筑大堤一道，自桃源东界至石人沟筑缕堤一道，又自龙王庙至四铺沟接筑四千九百三十八丈。

十八年，建宿迁之朱家堂、温州庙、桃源之古城、清河之王家营、安东之茆良口减水坝，共六座。

二十三年，上南巡阅视河工，谕：朕观高家堰地势高于宝应、高邮诸水数倍，前人于此作石堤障水，实为淮阳屏蔽，且使洪泽湖与淮水并力敌黄，冲刷淤沙，关系最重，仍须岁岁防护。又谕：运道之患，在黄河御河，全凭堤岸，若南北两堤修筑坚固，则河水不致四溃，水不四溃，则浚涤淤垫，沙去河深，堤岸益可无虑。今堤防虽经整理，还宜随时修筑，以防未然。于是，于高家堰旧口、周家桥、翟坝，及萧家渡、九里冈、崔家镇、七里沟、黄家嘴、新庄一带紧要近溜之处，所筑长坝与逼水坝，均每岁加筑高厚。

二十四年，靳辅疏言：徐州、凤阳、淮安所属十九州县沿近黄河南北两岸，频受水患，请共筑束水堤三十万丈，随地高低牵筑顶高二丈、底宽六丈八尺，以资保护。从之。

三十一年，户部侍郎博济疏言：黄河南岸之杨横庄、烟墩、马逻及北岸之朱家庄、便益门、东安门六险工，向无月堤，且所下之埽，亦俱单薄，应请筑堤培埽，以资巩固。从之。

三十八年，上巡幸江浙，审视清口高家堰地方，见洪泽湖水较黄河甚低，河水逆流入湖，以致泛溢于兴化、盐城诸州县，谕总河于射阳湖淤垫处，分委效力人员，并力开浚，其黄淮交汇之口，令于黄河南岸近淮之堤，更迤东长二三里，筑令坚固；淮水近河之堤，亦迤东湾曲拓筑，使斜行会流，毋使黄水倒灌。又以河通则流自急，流急则沙自刷，而河自深，令于清口西数湾曲处，试行浚直。直浚有益，渐将上流曲处一律直浚。寻经漕运总督桑格、河道总督张鹏翮等议定，挑浚虾须二沟及饱家庄滔子河、捞鱼港、老河口等处三百余里，引积水流出归海。

四十三年，疏浚戴村坝淤塞旧河，筑和尚林月堤，逼水仍归故道，以免东平州一带水患。

四十七年，疏浚苏、松、常、镇所属支河港荡，并修建新旧闸坝。

四十九年，浚徐、邳境内房亭等河。

雍正四年，疏浚濮州之魏河、聊城之泄水河，并开浚鬲津赵牛等河。

五年，疏浚济南府属之管氏、倪伦、温聪、漯、刁强等河，又于东省安山湖开浚支河六道，并于六堤口建闸，以利节宣。又定滨河居民架水板房有碍河道者，坍圮之后，不许再行修造。至滨河未报升科之新涨地亩，并越砌石礓，实系妨碍河道之处，皆令速毁，违者罪之。该管官失于稽察，分别议处。

六年，议准吴淞天妃、七浦二闸，各设闸官一人；白茅、徐六泾二闸，其设闸官一人。又议准刘庄青龙桥改为石闸，鲍宗坝运盐河建筑土堤，盐城石哒口、天妃口、廖家口、草堰口、如皋苴河洋、黄河洋各增建石闸，董家沟、徐家涵等处建设涵洞，以资宣泄。

七年，增筑高家堰堤闸，通用石工。

八年，议准串场河王道港、新洋港、牛龙港、草堰口、廖家港五处积沙，照吴淞白茅等海口之例，用犁船犁松，用混江龙按时疏浚。又议准泰州兴化县东台地方，设立水利同知一人，统辖所属串场河道。

九年，议准戴村新坝折低与旧坝相等，并将高岸改筑漫坡，以泄水通沙。

十年，议准如皋之垦河以北至丰利场二十八里，岔河以东至掘港场五十里，各就浅深，分段增浚，俾蓄水五尺，以利运行。

十二年，修补泰州属之栟茶地方旧堤，移进三四里，别筑新堤；如皋县之丰利掘港、马塘，通州属之石港、西亭、余西、余中、余东、吕四及泰州属之丁溪草堰、兴化县属之白驹刘庄、盐城县属之伍佑等场范堤，并令镶筑防风。

乾隆元年，谕：治河之道，必将全河形势熟悉胸中。黄河自河南武陟至江南安东入海，长堤绵亘二千余里，旧设总河一人，驻扎清江浦，雍正七年复设河东总河，诚虑鞭长不及，故俾南北分隶，各有责成。惟是河流日久变迁，旧险既去，新险复生。其间防浚事宜，有病在上流，而应于下流治之者；有病在下流，而应于上流治之者。若河臣于南北形势未能洞悉，遇有开河筑堤等事，或至各怀意见，则上游、下游必有受弊之处，所关匪细。徐州府当南北之冲，为两河关键最为要紧，着将副总河移驻徐州。凡两河关筑事宜，令其就近与南北河臣公同酌议举行。其毛城铺等处减水闸坝，仍令督率徐属厅营，按时启闭。

五年，上以清口黄淮交汇，系黄运湖河之枢纽，定于风神庙前东坝及运口头坝外各接长数十丈，以资收束；其运口头坝之南，接长挑水坝，使其回流入运。

六年，又定黄运两河，自宿迁至清河通筑缕堤二万五千余丈，格堤九道；十字河至九里冈通筑缕堤百余丈，格堤五道，仍以运河南岸缕堤作黄河北岸遥堤。先是，洪泽湖滨，每遇风浪，船多漂溺。康熙年间，曾设救生桩全活甚众。

十一年，谕：夏家桥地方，有旧芦坝一座，高堰迤西，有顺水坝一座，皆有口门，为遭风船躲避之所，着于高堰老堤头、山圩高涧坝，及徐家湾、周桥增护堤救生坝四处。又以里河运口为淮扬运河关键，全赖口门收束。令头二三坝口门毋许过四丈。

十六年，上南巡周览河工，谕：洪泽湖上承清淮、汝、颍诸水，汇为巨浸，所以保障者，惟高堰一堤，天然坝乃其尾闾，伏秋盛涨，辄开此坝泄之，而下流诸县，胥被其害。冬月清水势弱，不能刷黄，往往浊流倒灌，在下游居民，深以开坝为惧。朕亲临高堰，循堤而南，越三滚坝，至蒋家闸，周览形势，乃知天然坝断不可开。近者河臣又请于三滚坝外，增建石滚坝，以资宣泄，不知增三为五，即以过水一二尺言之。向过三尺者，即五尺，向过六尺者，增而至丈，是与天然坝名异实同，亦当为之限制。上年，滚坝过水三尺五寸，天然坝仍未开放，应即以是为准。于是，于天然坝立石，永禁开放。其五坝，以仁义礼智信为之。仁、义、礼三坝，一如其旧；智、信二坝，则于石面之上加封浮土，如仁义礼三坝已过水三尺五寸，不足减盛涨，则启智坝之土，仍不减，乃次及于信坝，永着为例。至高堰石堤，南滚坝以南，旧用土工石堤，有首无尾，亦令自新建，信坝北雁翅以北，一律改建石工。

十八年，淮水盛涨，泄洪泽五坝，泛车逻、南关二闸；黄河复决铜山堤，南注灵虹诸邑，归宿洪泽夺淮而下。特命舒赫德、刘统勋往来董率堵筑，均于岁冬合龙；寻又于高堰、武家墩迤北，筑砖工堤堰千余丈以资捍御。又总督高恒疏称，海州、沭阳地方逼近海滨，地势洼下，为众流之所趋，请将下游入海道路再加疏浚。于是，挑浚高墟口汤家沟，及义泽车轴五图等河，于盐河场河大伊山洪河三汊口一带，并武障越河南股河尾修闸帮堰，以资蓄泄。

十九年，疏山阳县之涧河、泾河，宝应县之子婴河，高邮州五里、车逻三坝下之引河，泰州丁溪闸之古河。

二十年，谕：上年江省被灾，各属虽屡经抚恤，犹恐将来青黄不接之时，闾阎糊口维艰，现在下河及芒稻河等处有应行疏浚修筑者，可随宜兴举，为以工代赈之策。于是浚山阳县之市河，宝应县之黄浦河，筑安东县之平旺河子堰，挑沛县之茶城支河，及邳睢属峯山闸下之引河。又暂借公帑，修筑桃源、清河二县六塘河两岸堤堰。按：旧例，此河堤堰，原系民修，兹因灾无力兴工，故豫借帑银代修，分作三年，带征还项。

二十一年，黄河漫溢，疏荆山桥河身以泄滕、峄等县积水。

二十二年，上两度南巡，亲莅河干，指示一切疏泄捍御机宜。时微山、昭阳诸湖俱已疏通，而骆马湖堤堰浅缺，不足御运河盛涨，于是并筑骆马湖堤；又以六塘河以下余潦停积，桃源、宿迁诸洼地多成巨浸，山东之金乡、鱼台等属未涸地亩尚有十余庄，江南之宿迁、灵壁及河南之永城、夏邑等处漫衍地界，不下数百里，经山东巡抚鹤年奏报，即命鹤年赴荆山桥偕白钟山及侍郎梦麟筹济宁、金乡、鱼台、滕、峄五县水势，随遣侍郎裘曰修驰视山东、河南上江积水，并饬钦差河臣拣熟谙水利之员，先其最要者举行，余亦次第并修，统于岁内告成。于是，自濉城以东坚闭毛城铺诸闸，使不得泄黄雍滩，于亳、颍一带及虞城、夏邑、商邱、永城各属支河干河，一律疏浚，以泄中州诸水去路；挑兖州之府河、洸河，改金口涵洞为减水闸，改杨家坝为石闸，浚伊家河泄微山湖入运；又堵筑沂水，不使入运，以免沛县旁溢；添设昭关滚坝，建高邮运河东堤石闸，酌定水则，以时启闭；凌芒稻闸越河以辟湖河归江尾闾，于荆山桥上一带支河，专派道员驻扎，随涸随疏，以畅下游之势。是年，筑高堰添甃石堤，嗣又筑高堰北岸土堤。

二十四年，浚山东曹、单二县、江南丰、沛二县之顺堤河与山东之卫河泉源以济运。

二十五年，又开运河东堤金湾坝下引河，改低董家沟、廖家沟、石羊沟三坝；又添筑河南怀庆府城外月堤。

二十六年，督臣高晋疏言：下河州县境内，支河汊港及田间积水，向俱汇入串场河，北流于盐城境内诸闸归海，其闸下旧有归海引河，不可不加疏治。请将丁溪、小海二闸引河疏浚，并顺势再开一引河汇入王家沟归海；又将上冈、草堰、陈家冲三闸引河疏浚，亦再开一引河，汇入射阳湖归海，以分泄水势。从之。

二十七年，上三度南巡，驻跸苏州，命刘统勋、兆惠会同河臣详勘湖河归江之路。寻议，定开扩新挑引河下游，使有建瓴之势；拆金湾中二闸，添建石闸三十丈，落低西湾坝四尺，于河头加挑深宽以资利导；又特示宣泄机宜，令展拓清口十丈，并建立水志以垂永久；又于徐州河堤自砖工止处接筑甃石。

十七年，为经久善后之计。

三十年，谕：前因微山湖蓄水过多，濒湖洼地每致淹浸，经崔应阶等奏请宣泄微河，以水志一丈为度；于韩庄添建新闸以杀其势，并挑荆山桥以畅其流。朕今岁南巡回銮时，舟行所经，诣知洼地近多涸出，农田耕作有资，但湖水畅消，亦恐艰于济运。今据杨锡绂奏称，湖内之水须存一丈二尺，用至五月，八闸底水尚可得四尺余寸，若止存一丈，则五月间八闸底水止存二尺六七寸，重运难行，请交东省河抚，可否量改水志，或将湖口以下数十里河底，一律挑浚五尺等语，所奏于漕渠转输自有裨益，但水志改加二尺，于低洼地亩有无妨碍，及挑深河底是否可行，着崔应阶会同李宏详悉确勘具奏，期于漕运民田均得利赖。寻议，定将滚坝内机心，每孔安砌石糟，设立板片，水小之年加板拦束，其八闸河亦将新淤沙泥尽力挑占，至旧时河底而止。

三十四年，挑东省运河，一律深五尺，计工五年而后止。

三十九年，黄河老坝口漫溢，遣大学士舒赫德赴江南会同高晋设法堵筑，旬月集事，黄河大溜全由故道归海。

四十一年，谕：清口为湖河最要关建，而陶庄之水，逼河南流，清水势弱，黄河势强，每有倒灌之虞。康熙年间，圣祖亲莅河干周览形势，命于清口迤西隔岸，治陶庄引河导黄使北，其南岸筑挑水坝，横截河流，遏入陶庄河口，时河臣经理未善随浚随淤。乾隆四年，命大臣阅视，仍谓难行，乃以木龙桃溜北趋，不过聊为目前补救之计，甚属无裨，着河臣萨载、督臣高晋测量高下曲直，绘图贴说图上，上用朱笔点记其处，反复指示。于是复开陶庄引河，不期年告成，而新河顺流安轨，直抵周家庄，始会清东下。旋又命于新河头下添石坝一道，为重门保障，由是清水常胜，黄水无倒灌之虞。

四十三年，仪封、考城漫口溃决，遣大学士阿桂、刑部尚书袁守侗前往察勘，嗣据阿桂等议定，坚闭金门，展阔引河，接筑挑水坝，遏溜北趋合龙后，又请修马港河西岸残堤，接至北潮河西岸民堰，以御倒灌。从之。

四十五年，上五度南巡，阅视高家堰堤闸，命总督萨载将三堡六堡等砖工一律改建磐石，并加高数尺。其徐州旧有石堤九百七十余丈较新，筑石堤短少三层，亦令一律加高。自韩家庄至奎山一带堤堰四百五十余丈，一律改筑石堤，直接山脚，以垂巩固。

四十六年，邳睢南岸之魏家庄大堤溃，随饬河臣里护漫口预防北岸河堤，然后筹计经久良策。未几，北岸曲家堤亦漫浸逼运河，上以黄水经过河湖下游，无不淤垫之理，谕河臣急赴运河筹办分泄事宜，确勘微山湖水浅深尺丈，迅速堵筑。时大学士阿桂奉命查勘海塘工程，即令董理河务。寻经阿桂疏奏，于东西两坝下埽，追压坚实坝台，增加高厚，金门断流，大溜全归引河。引河中泓，流行迅驶，直注六塘河归海。

四十七年，南北两处漫口合龙后，陡蛰三十余丈，随谕阿桂等于上游南岸改筑坝工，俾得吸溜归槽；并令萨载展宽下游潘家屯六塘等处去路，挑微山湖下顾家庄等引渠。阿桂等勘定上游，自兰阳三堡至商邱七堡南堤外添建大堤一道，内开引渠一百六十余里，导河水入渠，下注商邱，归入正河故道入海。

四十九年，河抚李奉翰疏言：邳睢厅黄河南岸、瓦房迤上张家庄地方，因黄水盛涨，大溜趋逼，塌去外滩，应赶下大埽，签钉长桩加厢追压。从之。又挑挖荆山桥及苏家山坝引河。

五十年，以天然闸下引河，年久淤塞，自黄河岸起至韩家庄挑河筑堰。又李奉翰疏言：里河厅头坝外兜水坝，乃重门收束，兜拦湖水多入运口以济重运，应请建筑坝工。从之。河南巡抚毕沅疏言：贾鲁、会济诸河，久经淤塞，应请及时开浚，且于水旱不时，可资蓄泄。从之。

## 海塘

顺治元年，礼科给事中张惟赤疏请岁修海塘，以防潮患，于是修钱塘县石塘二十一丈。

二年，增修六十丈。按：海塘自前明崇祯二年同知刘元瀚建修海宁扞海塘，后不复修。

康熙三年，海决。修海宁县塘，筑石堤，并筑尖山石堤五千余丈。

九年，设浙江海防同知二人，专司塘务。

三十八年，修钱塘江塘。

四十年，修钱塘江岸，筑石塘。每塘一丈，用石一纵一横，固以油灰，熔铁锭镶嵌石缝，深根坚杵。加筑子塘以为重障。共建石塘六百六十七丈，子塘八百九十五丈。

四十一年，江塘圯，布政使郎廷极筑之，建潮神祠于上。

五十年，重筑江塘。布政使殷志熙董筑，其法：用石一纵一横，海层凿孔，以巨木贯之，每五六石联为一石。又于横直合缝处，用铁锭镶嵌，成塘二十丈。

五十七年，修筑海宁石塘。浚备塘河，巡抚朱轼建筑。其法：每塘丈用木柜二，每柜贮石块五十斤为塘基，外筑坦水。复开备塘河，建闸一座。

五十九年，从巡抚朱轼请于老盐仓筑鱼鳞石塘，开浚中小亹淤沙，令海防同知专督岁修。是年分修海宁塘。

六十一年，改筑草塘。

雍正元年，以赭山海口雍塞，逼近塘口，谕该督抚即行疏通，毋使潮汛留沙漫雍，以固海宁塘根。

二年，命吏部尚书朱轼会同江浙巡抚议兴海塘事宜。寻议，浙江海塘自余姚县之泘山镇至临山卫土塘，三道内有一道为老塘，年久沙淤，百姓占耕，筑土塘二道，形势卑弱，应加高厚。自上虞县之乌盆村至会稽县沥海所石塘，暨两头土塘，渐致坍塌，应于搪底填筑乱石，上铺大石，贴石筑土，以资培护。自海宁县之陈文港至尖山，乱石砌边，土塘加筑高厚，其塘如式改修，塘外乱石子塘重修完固。其原无子塘者，如式添建。海盐县自秦驻山三涧寨至演武场，石塘冲塌百五十余丈，应如式修筑。议得松江海塘，自金山卫城北至华家角，澍阙墩至东湾，金山墩至西墩，兵厂至张家舍，倪家路至三岔墩，周公墩至华家角各土塘计二百五十余里，内有最险工一段，次险工二段，俱应改土为石，其余水势稍缓之处，宜坚筑土塘，自华家角至上海之头墩塘外淤沙之处，与头墩至嘉定县界内外土塘二道，俱令径直加筑，塘外密钉排椿，以防冲溃。俱从之。

三年，命于塘内一概增建复塘，以御海啸。

五年，巡抚李卫请增筑浦儿兜草坝，并改建姚家堰草塘。从之。姚家堰旧建土堤。是年，复修海宁县钱家坂马牧港等处塘工。又修江塘。

六年，修海宁县老盐仓，西塘县南门外海塘、钱塘江塘。

七年，命建海神庙于海宁县东门内。又改建海宁县荆煦庙等处石塘。向系石塘，后改土塘，今建石塘。筑陈文港等处草坝。

八年，筑宁西塘大坝。设海防兵弁铸镇海铁牛五座。又修仁和县塘。

九年，续修海宁钱塘塘工。

十年，筑仁和沈家埠、海宁华家街草塘。

十一年，命内大臣海望查勘浙江海塘，于海宁之尖山塌山中间建石坝一道，以堵截江溜。又谕于中小亹开浚引河，以分水势。增设道员一，同知一，守备二，千总二，把总七，兵八百，专司随时修补。又修仁和、钱塘、平湖诸邑塘岸。

十二年，浚南港河，筑尖山西浮坝。

十三年，总督程元章疏定海塘事宜四：一、钱粮以分案具领；一、分别保固年限；一、令承修官会同估造；一、于紧要工所豫贮物料。从之。增筑鱼鳞石塘、葺浦儿兜旧塘，加筑海宁南门外鱼鳞石塘；又定攻沙法。大学士稽曾筠疏言：宁邑塘工之患，皆由南岸沙滩沙觜挑溜，致水势全向北趋，请于南岸沙洲，用铁具梳挖陡岸，俾河岸根脚空虚，海潮来往自为冲刷坍卸，以泄水势。从之。

乾隆元年，建筑仁和、海宁鱼鳞石塘六千余丈，并海宁南门石塘。设运石海船五十只。

三年，编石塘草塘字号。向例，各塘坍塮率以某家东西起止开报，易于朦混①。雍正年间，监督汪漋张坦麟等议，将各塘编立字号。至是大学士稽曾筠咨部，将各塘照千文编号，以二十丈为一号，建竖界碑，仁和计编七十二号，海宁编六百四十号，其余海盐等塘均照此例。改建海宁绕城坦水。

---

① 坍塮，《清通典》卷六作"坍烣"，即塌。

四年，停草塘岁修，改建浦儿兜等处石工；续筑尖山未竣坝工；前大学士稽曾筠因水势险急，难以堵塞，疏请暂停。兹抚臣卢焯以水势已平，合龙甚易，疏请补筑。复浚备塘河；兴筑仁和钱塘江海塘埭。

五年，续建东塘石工。是年，尖山水口成，乾隆二年经始。铸镇海铁牛四座。

六年，总督德沛复请老盐仓迤西至仁和县之章家庵柴塘改建石工。从之。命左都御史刘统勋查勘浙江海塘。先是，五年十一月，德沛曾有是请。部议准行。以刘统勋言：改建不必过急，乃缓兴筑。至是复请，故遣统勋会勘。

七年，总督那苏图疏言：海宁县之华家衖柴塘外，沙绵涨数里，无须改建石塘，惟老盐仓汛至，东石塘界地俱顶冲，请择其最险之观音堂汛坐字号，老盐仓汛伏字、盖字等号，建筑竹篓石坝。是年，左都御史刘统勋疏言：亲履南北两岸柴塘改建石塘，诚经久之图，请俟水缓沙停，乘机兴筑，每年以三百丈为率。督臣那苏图复疏言：老盐仓汛至，东石塘界最险，请先间段排筑石篓，俟石篓根脚坚实，再照原议改建石塘。均从之。

九年，命吏部尚书公讷亲勘，修浙江塘工。寻疏称，仁宁二县柴塘外，护沙宽广，不必改建石塘。从之。是年，海宁鱼鳞大石塘工成。乾隆二年经始。

十二年，浚中小亹工成。

十三年，增筑护塘土堰。又议增滚坝及塘汛弁兵。

十五年，海潮平。谨案：海水自乙丑岁以来大溜，直趋中亹。至是年海波不扬，臣民庆幸。冬十二月，抚臣永贵以秋汛安澜，塘工稳固疏闻。

十六年，上巡幸江浙，莅钱塘江，幸六和塔，敬念世宗宪皇帝奠安之德，勒石纪事，永示无极。

十八年，海潮平。

十九年，督臣喀尔吉善请裁改海塘营官弁。江海塘工，向设兵备道一员，统率守备二员，千总四员，把总八员，外委十六员，马步兵千分守防护。至是，以尖山石坝告成，中小亹引河畅流，塘工稳固，裁汰道员，塘工归杭嘉湖道专管。其守备以下等官兵弁均裁，改留堡夫四百名，三百名守北岸，一百名守南岸，余兵改归杭乍二营。

二十二年，上巡阅海塘，幸观潮楼，命建海神庙于城南。明年，庙成，御制碑文勒石。

二十四年，酌复海塘营弁兵。复千总一、把总二、外委三、马兵二十、步战兵六十、守兵二百名：海宁分设二汛。旧设堡夫悉行裁汰，统归兵额。加筑护塘土堰。时抚臣庄有恭言：海宁石塘近城一带护沙冲塌，故有是筑。增筑层石坦水。修海宁条石坦水。时江流海潮，复改由北大亹出入。

二十五年，修东西塘坦水及韩家池柴塘。复修筑海宁南门外堵坦水。时海宁南门外及石门绕城塘外二层坦水，为五月望汛潮损，故复修。

二十六年，修胡家兜坦水；时潮水逼塘，护沙全刷，地当顶冲，故建之。修鱼鳞石塘坦水；自雍正八年建后，已历年久，今外无护沙，故改建。修马牧港塘工坦水；筑秧田庙坦水；修韩家池柴塘。均以潮汛冲塌护沙，故修。

二十七年，上巡幸浙江，躬阅海塘，咨度经久之计。将老盐仓柴塘改建为石，因下木桩试之，奈沙质浮松，所下之桩不能牢固，其柴塘向内数十丈，虽可下桩，又皆田庐沟塍，上命仍筑柴塘，定岁修坦水，以资拥护；又改筑四里桥鱼鳞石塘，并华岳庙等处石塘盘头坦水。

二十八年，改建念里亭诸处鱼鳞石塘。

二十九年，置老盐仓护塘竹篓；增筑念里亭坦水。

三十年，命于海宁全城环绕石塘，普筑三层坦石，并随时修整，以资防护。

四十五年，上五次南巡，亲视海宁塘工。以柴塘究不如石塘巩固，因命该督抚督率所属，自海宁陈文港石塘迤上至老盐仓柴塘四千余丈，通建鱼鳞石工。旋遣大学士阿桂往来勘视工程。

四十七年，据总督陈辉祖奏：西塘头围为江海交接之处，涨沙十余里，横江截海，阻隔水道，致范公堤以东，渐致搜刷，章家庵迤西冲击滩墈，因于头围沙滩开引河一道，待春夏山水暴注时，开放引河，借山水奔腾之势顺流攻沙。会春雨涨发大溜直趋引河，范公堤正溜开向南行，渐有南坍北涨之势。

四十八年，原办续办鱼鳞工竣。又奉上谕，浙江范公塘一带，看来竟须一律改建石塘，以资捍卫，昨已谕知富勒浑等矣，明春南巡时，朕亲临阅视，指示机宜，降旨后即可兴工办理。至富勒浑有老土塘根脚同系淤沙，土性浮松之语，从前老盐仓一带，亦称淤性浮松，难以开槽打桩，乃自建石工，一律稳固坚实，可见事在人为。该处改建石工所费，不过较前三分之一。方今府藏充盈，即多费数十万帑金，捍卫民生，使闾阎永臻乐利，亦所不靳也。

四十九年，上亲视海塘工程，谕浙海建筑石塘，所以保障民生，自应于石塘既建后，砌筑坦水，保护塘根。乃督抚惟云柴塘必不可废，此受工员怂恿，为后日岁修冒销地步。况添建石塘，原欲留柴塘为重门保障，并未令其折去，若如该督抚言，复加岁修，安用费此数百万帑金为耶！又石塘之前，柴塘之后，见有沟槽一道，槽内积水并无去路，将来日积日甚，石塘根脚势必淹浸渗漏，该督抚亦并未虑及。又石塘上堆积土牛，甚属无谓，设遇异涨，又岂几尺浮土所能抵御！所有塘上土牛，即着填入积水沟槽之内。仍将柴塘后之土，顺坡斜做祇露出石塘三四层为度，并于其上栽种柳树，俾根株蟠结，塘工益资巩固，如此，则石柴连为一势，即以柴塘为石塘之坦水。至范公塘一带，亦需一律接建石工，方于省城永资巩护。着自新筑石塘工止处之现做柴塘及挑水段落起，至朱笔圈记处止，再接筑至乌龙庙止，一体添筑石塘，予限五年，分段从东而西陆续修筑，以期海疆永庆安澜。

# 后　记

　　对财经古籍的整理、句读、注释，是一件费时、费力的基础研究工作。本辑从史料收集到出版，经历了不懈努力的两年半时间。它的完成，不仅需要具有丰富的财经历史理论研究积淀和深厚古代汉语专业功底的专家，还需要一大批甘愿付出辛勤劳动的资料收集、校对人员和编辑——他们也是保证本书能够高质量、高水平出版的重要力量！

　　在此我们特别要感谢卢小生主任对本书编辑和出版自始至终的支持！感谢责任编辑熊江平先生给予本书在古代汉语专业水平方面的斧正！

　　参与本辑编著工作的还有王文雪、李广伟、韦丹丹、柴璐娟、刘梦笑、郝爽、宋雅晴、张静、张维霞、白兰、赵旸、丁曼琪、梧题、马静秋、赖治存、郭琰、何宇璇、孙泽慧、胡欣莉、金露露、李美、佟丹、何怡君、方圣滢、卜天虹、王杰华、石红、杨璐、冶小红、丁永玲、张波。非常感谢他们为本辑出版做出的贡献！

　　我们还要感谢中国财政发展协同创新中心李俊生、马海涛和王俊主任，他们非常重视财政基础理论的研究，把财政史研究作为财政基础理论研究不可分割的重要组成部分。非常感谢他们对财政历史研究始终给予的全力支持！

本书作者
2015 年 5 月 22 日